# BROCKHAUS ENZYKLOPÄDIE
## JAHRBUCH 1994

# BROCKHAUS ENZYKLOPÄDIE

## JAHRBUCH 1994

**F.A. BROCKHAUS**
Leipzig · Mannheim

Redaktionelle Leitung: Mathias Münter-Elfner
Redaktion:
Dipl.-Phys. Martin Bergmann, Martin Fruhstorfer,
Dr. Petra Kohnen-Seeker, Heike Krüger,
Klaus M. Lange, Heike Pfersdorff M.A.,
Beatrix Schneider-Nicolay, Johannes-Ulrich Wening,
Dr. Karl Henning Wolf

Die Deutsche Bibliothek – CIP-Einheitsaufnahme

**Brockhaus-Enzyklopädie:** – 19., völlig
neu bearb. Aufl. – Mannheim: Brockhaus.
18. Aufl. u.d.T.: Der große Brockhaus
ISBN 3-7653-1100-6 Hldr. Goldschnitt
ISBN 3-7653-1200-2 Hldr. Goldschnitt
(mit Vorauslexikon)

19., völlig neu bearb. Aufl.
Jahrbuch 1994.
[Red. Leitung: Mathias Münter-Elfner]. – 1995
ISBN 3-7653-1904-X
NE: Münter-Elfner, Mathias [Red.]

© F.A. Brockhaus GmbH, Leipzig – Mannheim 1995. ISBN 3-7653-1904-X,
Typographische Konzeption: H.P. Willberg, Eppstein
Satz: Bibliographisches Institut & F.A. Brockhaus AG, Mannheim (PageOne Siemens)
Druck: ColorDruck, Leimen
Papier: 135 g Offsetpapier holzfrei mattgestrichen, chlorfrei, der Papierfabrik Torras Domenech, Spanien
Bindearbeit: Großbuchbinderei Lachenmaier, Reutlingen
Printed in Germany

# VORWORT

Auch das zweite Jahrbuch zur Brockhaus Enzyklopädie ermöglicht mit seiner klaren Gliederung dem Leser den Zugriff auf die Informationen über das vergangene Jahr unter verschiedenen Gesichtspunkten. Während Jens Reich im *Einleitungsessay* die Welt im Jahre 1994 aus seiner persönlichen Perspektive betrachtet, bietet die ausführliche *Chronik* eine Übersicht über das ganze Weltgeschehen. Den größten Teil des Buches nimmt auch in diesem Jahr das *Lexikon A–Z* ein. Es erläutert aktuelle Begriffe und Schlagwörter, stellt zahlreiche ›Menschen des Jahres 1994‹ vor und berichtet über Organisationen und Institutionen sowie über sämtliche Staaten der Erde. Das Verzeichnis der *Verstorbenen* und das *Personenregister* schließen das Jahrbuch ab. Die reiche Ausstattung mit Bildern, Graphiken und Karten wurde beibehalten; in der optischen Erscheinung des Buches wurden im Interesse der Übersichtlichkeit einige Änderungen und Anpassungen vorgenommen.

Inhaltliche Schwerpunkte setzt das Jahrbuch 1994 bei *Afrika* mit den Übersichtsartikeln Nordafrika und Schwarzafrika sowie dem Essay und dem Staatenartikel zu Südafrika, bei den Entwicklungen im *östlichen Teil Europas* mit dem ausführlichen Artikel zu Rußland und dem Übersichtsartikel ›Ostmitteleuropa‹. Für Deutschland war 1994 ein ›Superwahljahr‹. Eine Doppelseite im Staatenartikel Deutschland präsentiert in einer Graphik alle Wahlergebnisse auf einen Blick und gibt eine Analyse der Bundestagswahl. In den Artikeln über die Bundesländer sind die dortigen Landtagswahlen zusätzlich und detaillierter graphisch aufbereitet.

Namhafte Autoren nehmen in zwölf Essays, die im Lexikonteil enthalten sind, zu aktuellen Themen Stellung. Innenpolitische Diskussionen greifen die Beiträge zum Arbeitsmarkt, zu Deutschland und seiner Identität, zur Forschungspolitik und zum Zwanzigsten Juli auf. Welche Vielfalt das Jahrbuch darüber hinaus bietet, zeigen die Themen der übrigen Essays. Sie reichen vom Frauenbild in der katholischen Kirche (Rita Süssmuth) über den Kulturbetrieb aus der Sicht des Autors (Günter Grass) und das Erbe der DDR in der Kunst bis zum Privatfernsehen, von der neuen Welthandelsordnung über die politische Situation Italiens und Südafrikas bis zur Olympischen Bewegung.

Bei der Festlegung der Stichwörter wurde einerseits die Brockhaus Enzyklopädie, andererseits der aktuelle und allgemeine Sprachgebrauch berücksichtigt. Zahlenangaben beruhen auf den zuletzt verfügbaren Daten; liegt der Bezugszeitraum, wie in einigen Ausnahmefällen, weit zurück, wurde er angegeben.

Der Verlag dankt allen Autoren, Firmen und Mitarbeitern, durch deren Zusammenwirken dieses Jahrbuch entstanden ist. Unser Wunsch ist, daß die Beschäftigung mit der allerjüngsten Vergangenheit der Orientierung für die Zukunft dient.

Mannheim, im Januar 1995                                          F. A. BROCKHAUS

# INHALT

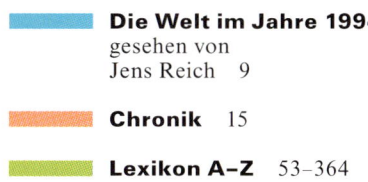

gesehen von
Jens Reich

Während ich die Niederschrift dieses Rückblicks auf 1994 in Angriff nehme, ist das Jahr noch in vollem Gange. Eine Art innerer Optimismus gibt mir die Gewißheit, daß in den verbleibenden sechs Wochen nichts von Belang mehr geschehen wird, nichts, was diesen Rückblick gegenstandslos machen könnte. Niemand garantiert uns das freilich. Das Jahr 1994 war für mich betriebsam, nicht so sehr aus privater, sondern vor allem aus politischer Veranlassung, und doch im Rückblick langweilig. Es hielt nicht, was es an Dramatik versprochen hatte, und was es anderenorts an Dramatik gebracht hat, davor haben wir Deutschen uns versteckt.

## Bundespräsidenten- und andere Wahlen

Sie verzeihen mir, wenn ich von mir selbst zuerst spreche. Ich bin bis zum 23. Mai 1994 meinem Beruf nachgegangen, habe jedoch meine gesamte freie Zeit in die Kampagne für die Wahl des Bundespräsidenten gesteckt. Ich war im Juni 1993 von einer Frankfurter Initiative parteilich nicht gebundener Personen vorgeschlagen worden. Die Idee bestand darin, die Wahl für den Bundespräsidenten aus den Wahlkämpfen des bevorstehenden ›Superwahljahres‹ 1994 herauszuhalten und einen nicht parteigebundenen Kandidaten aus den östlichen Bundesländern vorzuschlagen, auf den sich die Parteien einigen könnten. Das Amt des Bundespräsidenten gehört zu den Verfassungsinstitutionen, die sich dafür eignen, von Personen ausgefüllt zu werden, die nicht Berufspolitiker sind. Der Vorschlag der Frankfurter scheiterte bereits 1993. Keine der ausschlaggebenden Parteien, die die Bundesversammlung beschicken, war bereit, einen außerhalb der Parteien stehenden Kandidaten zu wählen. Sie betrachten das Amt als eine Domäne der Parteien und stellten Kandidaten für umkämpfte Kandidaturen auf. Was von dem Vorschlag übrigblieb, war also der Gedanke, jemanden unter Berufung auf das Grundgesetz gegen die Parteikandidaten antreten zu lassen und so sicherzustellen, daß wenigstens eine Person aus den östlichen Bundesländern dabei ist.

Die Kandidatur hat mir nur wenige Prozent der zu Fraktionen geblockten Stimmen der Bundesversammlung gebracht, aber als Symbol, daß es auch anders ginge, war sie ein Erfolg. Sie hat gezeigt, daß man auch als Normalbürger bis in die Bundesversammlung vorstoßen kann und daß dies in der Bevölkerung mit Sympathie oder wenigstens Toleranz betrachtet wird. Ich habe bei meinen zahlreichen Diskussionen und Auftritten viel gelernt, vor allem, wie heterogen die politischen und sozialen Strömungen dieses 80-Millionen-Landes sind und wie schwer es sein wird, um der Zukunft unserer Kinder und Enkel willen ein einigermaßen vernünftiges Handeln zustande zu bringen.

Ich sagte, daß das Jahr politisch langweilig war. Alle Beobachter haben für das ›Superwahljahr‹ eine völlig resignierte Wahl- und Politikverdrossenheit vorhergesagt, die von der Politik und den Medien mit einer beispiello-

Jens Reich, geb. 1939. Arzt und Molekularbiologe. 1989 Mitbegründer des Neuen Forums und 1990 Abgeordneter der Volkskammer. 1994 Kandidat für das Amt des Bundespräsidenten

sen Schlammschlacht beantwortet werden müsse, um doch noch Aufmerksamkeit zu erregen. Wir können feststellen, daß das nicht eingetroffen ist.
Der Wahlkampf lief eher zahm ab und einigermaßen fair. Das Ergebnis
der Bundestagswahl bestätigte einmal mehr, daß die Deutschen keine Erdrutsche mögen. Es bestätigte die Regierung Kohl, aber mit geschrumpfter
Mehrheit. Es dämpfte die Erwartungen der Opposition, bei deutlichem
Zuwachs der Stimmen. Und es hatte zur Folge, daß die PDS ins Parlament
gehört, obwohl sie nicht auf 5% der Stimmen kommt und sie bei 95% der
Wähler ziemlich ungeliebt ist. Diese Wahlentscheidung war weise, denn
sie zog die Schlußfolgerung aus der Einsicht, daß zur Einheit Deutschlands auch die zwei Millionen Menschen gehören, die das Ende der DDR
nicht gewünscht haben oder vom Gang der Ereignisse enttäuscht sind. Ein
Rausschmiß der PDS hätte sie zu politisch heimatlosen außerparlamentarischen Protestierern gemacht. Ebenso weise war an der kollektiven Wahlentscheidung, daß rechtsradikale und rechtsextremistische Strömungen
keine Chance erhalten sollen. Deren potentielle Wähler haben sich offensichtlich für eine der demokratischen Parteien entschieden, und das ist mit
Blick auf die historische Erfahrung von Weimar ein richtiger Entschluß.
Die dritte weise Entscheidung steht nun den gewählten Politikern bevor,
nämlich daß man Millionen hier lebender und arbeitender Bewohner
nicht-deutscher Herkunft ebenso wenig ausschließen sollte wie die Millionen, die gegenwärtig der PDS zuneigen. Mitbestimmungsrecht und Staatsbürgerschaft sollten allen zustehen, die ihre Lebensmitte in diesem Land
haben, und die Schwierigkeiten, die damit verbunden sind (z. B. die doppelte Staatsbürgerschaft), sind überwindbar.

## Die gebremste Reform des Grundgesetzes

Das Jahr 1994 hat eine gebremste Grundgesetzreform gebracht, die nach
heftigem Gerangel zu guter Letzt durchgebracht wurde. Sie hat einige notwendige Verbesserungen ergeben, aber von einer Neugestaltung der demokratischen Bürgergesellschaft nach den Umwälzungen der Jahre 1989
und 1990 kann nicht die Rede sein. Jede Analyse der gesellschaftlichen
Wirklichkeit, der sozialstaatlichen Verfassung, des Bildungswesens, der
Steuergesetzlichkeit, des ökologischen Zustandes zeigt, daß die Verfassung einem Zustand angemessen ist, den es gar nicht mehr gibt: dem der
alten Bundesrepublik. Es gibt keine klare Rahmenbedingung, wie die Bundesrepublik Deutschland in der fundamental veränderten Welt und angesichts ernster Bedrohung unserer Lebensmöglichkeiten auf dem Planeten
handeln soll; es wird kein Entwurf geliefert, wie die innere deutsche Einheit zu vollenden sei; unsere Verfassung ist weiterhin einseitig repräsentativ ausgerichtet, indem sie direkte Meinungsäußerungen und direkte Entscheidungen der Bevölkerung im gesamtstaatlichen Rahmen nahezu ausschließt, obwohl die entscheidenden politischen Leistungen der letzten
Zeit genau durch solches Handeln erreicht wurden, z. B. durch den friedlichen Aufstand der mündigen Bürger der DDR im Herbst 1989. Ich weiß
um die Schwierigkeit direkter Demokratie gut Bescheid, aber die Verlängerung der von den Alliierten in aller Vorsicht und mit viel Mißtrauen
1949 durchgesetzten Verfahrensweise ist nicht angemessen. Immer noch
haben wir ein Grundgesetz, das vom Souverän weder erlassen noch bestä-

tigt wurde. Hier bleibt die Aufgabe, den damaligen Artikel 146 zu erfüllen, nach dem das Grundgesetz in eine Verfassung übergehen soll, die sich das gesamte deutsche Volk in freier Selbstbestimmung geben soll.

### Greueltaten ...

Das monströseste Ereignis des Jahres 1994 war der Völkermord in Ruanda. Vergegenwärtigen wir uns, daß diese Katastrophe sich in einer Weltgegend ereignete, die nicht im Mittelpunkt der Aufmerksamkeit stand. Wir waren mit Bosnien und Herzegowina, Somalia, Kambodscha, Haiti, Algerien, Angola, Jemen und noch einigen anderen Krisen und Bürgerkriegen beschäftigt, als die Nachricht kam, daß das Flugzeug mit den führenden Politikern Ruandas und Burundis verunglückt sei. Vermutlich war es in Attentatsabsicht zur Explosion gebracht oder abgeschossen worden. In Ruanda brach daraufhin ein Bürgerkrieg aus, der letzten Endes ein Regime durch das andere ersetzte. Im Verständnis außenstehender Beobachter war dieser Krieg ein Stammeskrieg zwischen zwei Völkerschaften, die die Kolonialmächte in einen künstlichen Staat gebracht hätten, ohne ihre Feindschaft aufzulösen. Ob diese Deutung zutrifft oder nur unseren Wunsch nach einfachen Erklärungen befriedigt, blieb bis heute offen. Was jedenfalls folgte, war ein Massenmord unglaublichen Ausmaßes, vorgenommen von einer von der Niederlage bedrohten Soldateska mit eher ›konventionellen‹ Methoden – Messern, Knüppeln, Gewehren –, offenbar in einem Mordrausch ohnegleichen. Es soll Hunderttausende von Toten gegeben haben; einige Schätzungen sprechen von einer Million, innerhalb weniger Wochen. Ich bezweifle, ob solche Zahlen irgendwie zuverlässig ausgezählt sind, aber es kommt auf die genaue Höhe nicht an, sondern auf die schreckliche Bilanz, daß wir unversehens Zeugen eines weiteren Genozids in diesem unseligen Jahrhundert wurden.

Am Rande einer Straße nördlich von Goma müssen ruandische Flüchtlinge an unzähligen Leichen vorbei, um dem tausendfachen Massensterben durch die Cholera-Epidemie zu entkommen

Hätte die Völkergemeinschaft diesen letzten Massenmord verhindern können? Bei den früheren Genoziden dieses Jahrhunderts ist das aus machtpolitischen und militärischen Gründen fraglich. Der Armeniermord in der Türkei fand während des Ersten Weltkrieges statt – militärischer Einsatz war da nicht schnell möglich, diplomatischer Einsatz versagte. Die millionenfache Auslöschung russischer und ukrainischer Bauern in den Jahren der Stalinschen Kollektivierung 1931 bis 1933 zu unterbinden, hätte militärische Gewalt nicht ausgereicht; ebenso war es unmöglich, den Millionenmord an Juden im besetzten Europa zur Zeit des Zweiten Weltkrieges durch Waffengewalt zu verhindern. Diesmal wußten allerdings alle rechtzeitig Bescheid, und die militärische Stärke der ruandischen Truppen war gering. Ein Eingriff war ohne großes Risiko möglich, wie die zu spät erfolgte Intervention der Franzosen gezeigt hat. Um einen Massenmord in Ruanda zu verhüten, hätte es einer sofort einsetzbaren Eingreiftruppe und schneller Entschlüsse bedurft. Warum richten sich die Vereinten Nationen nicht auf beides ein? Die Antwort gibt mir die Intervention in Somalia, die im Jahre 1992 begann und bis zum März dieses Jahres dauerte. Sie war ein Erfolg, indem sie die von der militärischen Erpressung durch die ›Warlords‹ verursachte Hungersnot beendete. Sie war gleichzeitig auch ein Mißerfolg, weil sie die verfeindeten Warlords lediglich zum zeitweiligen Untertauchen veranlaßte und außerdem den Volkszorn auf die UNO-Truppen richtete. Über hundert Soldaten der Schutzarmee kamen ums Leben. Die traurige Lehre ist: Wer Frieden stiften will, läuft Gefahr, selbst in den Krieg hineingezogen zu werden, und er muß mit großer Übermacht eingreifen, um nicht selbst Opfer zu werden. Die kriegführenden Parteien haben den Vorteil der inneren Linie und warten einfach, bis der Friedensstifter wieder abgezogen ist. Da es zudem stets Dutzende von drohenden Kriegsherden gibt, müßte an vielen Stellen prophylaktisch eingegriffen werden, und das heißt, die UNO müßte zum Weltpolizisten werden. Niemand wird diese ruhmlose Rolle bezahlen wollen. Bei manchen Konflikten ist es wegen des Ausmaßes vollends unmöglich einzugreifen, z. B. beim Krieg zwischen Iran und Irak, der eine Million Opfer forderte.

So bleibt als einziges wirksames Rezept neben den Not- und Hilfsmaßnahmen nur wieder die Suche nach gründlichen, langfristigen Lösungen, so mühselig sie auch ist. Das bedeutet, daß wir bei uns selbst anfangen müssen, um eine leistungsfähige, ökologisch stabile Wirtschaft zu erreichen und das demokratische Staatswesen zu verbessern. Und daß wir dort zu Hilfe und kooperativem Eingreifen bereitstehen müssen, wo die Konfliktparteien zur Einsicht gekommen und zum Frieden bereit sind.

### ... und Wunder

Das Jahr 1994 hat neben all den traurigen Botschaften auch zwei erfreuliche Nachrichten gebracht. Das erste ist die Durchführung des Gaza-Jericho-Abkommens zwischen Israel und der PLO, später auch unter Einbeziehung Jordaniens. Daß nach Jahrzehnten blutigen und unversöhnlichen Kampfes in Israel der Versuch gemacht wird, Frieden und Autonomie für Palästinenser herzustellen, ist ein Wunder, vergleichbar dem Frieden zwischen Ägypten und Israel vor 15 Jahren, der trotz mancher Spannung gehalten hat. Der neue Frieden ist durch Terrorangriffe auf beiden extremen Seiten bedroht, und man kann nur hoffen, daß der ›Frieden der Tapferen‹, wie er etwas pathetisch genannt wird, stärker sein wird. Einzugreifen ist da nicht; außer, daß der Westen der PLO die versprochenen Hilfen endlich zukommen läßt, um sie bei der Bevölkerung politisch gegen die Radikalen in Vorteil zu bringen.

Das zweite Wunder ist Südafrika. Daß die blutige Apartheid, die vier Jahrzehnte dauerte, ohne Blutvergießen in einer freien Wahl zu Ende ge-

Auf seiner Wahlkampf-
reise für den ANC
Anfang April wird
Nelson Mandela von
seinen Anhängern
begeistert empfangen

hen und einen gemäßigten Vertreter der Mehrheit an die Macht bringen
könnte, ohne daß es zum Bürgerkrieg kommt – ich hätte es vor einigen
Jahren noch nicht für möglich gehalten. Die entscheidende Befreiungsbewegung, die zum Sieg der Vernunft führte, begann zur gleichen Zeit wie in
der DDR: im Herbst 1989. In diesem Jahr 1994 wurde NELSON MANDELA
Präsident, ein Mann, der viele Jahre im Gefängnis verbrachte und doch
weder Menschlichkeit noch politische Umsicht verlor. Freilich wird es
noch erheblicher staatsmännischer Klugheit bedürfen, um die zu erwartenden wirtschaftlichen und sozialen Turbulenzen ohne Bürgerkrieg zu
überstehen. Sowohl die ungeduldigen und enttäuschten ANC-Anhänger
als auch die Anhänger der Inkatha wie auch die radikalen Weißen: alle
stellen ein Potential für schwere Probleme und mögliche Konflikte dar, die
leicht ausbrechen und alles Erreichte gefährden können.

### Rußland und Deutschland

Ich will noch ein Ereignis nennen, das ich im Jahre 1994 zu den erfreuli-
chen zähle: den vollständigen und komplikationslosen Abzug russischer
Truppen von deutschem Boden. Ich habe längere Zeit beruflich in Rußland (damals noch zur Sowjetunion gehörig) gearbeitet und dort mit meiner Familie schöne Jahre verbracht und viele gute Freunde gefunden.
Meine Freude über den Abzug hat also nichts mit Triumph über den Abzug von Besatzern zu tun. Das Verhältnis der ostdeutschen Bevölkerung
zu Rußland hatte sich nach Jahrzehnten des Mißtrauens – nach dem Zweiten Weltkrieg und besonders seit der Niederschlagung des Aufstandes
vom 17. Juni 1953 – in den 80er Jahren zunächst entspannt und später,
nach einer Phase der Neutralität, in eine Art Hochachtung verwandelt,
von der besonders GORBATSCHOW als Vertreter eines Kurses profitierte,
der entschlossen die Einmischung in die inneren Angelegenheiten
Deutschlands beenden sollte. ›Gorbi, hilf!‹ riefen (etwas naiv) die Demonstranten des Herbstes 1989, als sie sich von der Staatssicherheitspoli-

zei bedroht fühlten. Der Abzug der Truppen wurde 1990 zusammen mit der Zustimmung auch der Sowjetunion zur deutschen Vereinigung ausgehandelt. Er kam zu uns Deutschen nicht zum Nulltarif (wir beteiligten uns an den Rückführungskosten in Milliardenhöhe; außerdem hinterlassen die Truppen an vielen Orten ökologisch verwüstete Gebiete – das ist übrigens die Erbschaft, die jede Armee hinterläßt, wenn sie ein Gebiet räumt) – trotzdem: Es gelang, es gab keine Komplikationen, und die Trennung erfolgte ohne Verzögerungen. Ich fand das Gezerre um die Abschiedsformalitäten sehr undiplomatisch: Hier hätten wir mit geringem Aufwand das Verhältnis für die Zukunft (auf das wir angewiesen sind) in Richtung guter Nachbarschaft verbessern können. Immerhin ist es in Berlin zu einem freundschaftlichen Abschied in Gegenwart der politischen Spitzen beider Staaten gekommen, und ich habe auch eingesehen, daß die westlichen Alliierten eine gemeinsame Verabschiedung nicht wünschten. Hoffentlich bringt uns die Zukunft das gutnachbarliche Verhältnis mit Rußland, das wir für den europäischen Frieden brauchen.

Eine Frau verteilt Blumen an Soldaten der russischen Berlin-Brigade, die sich am 25. Juni mit einer Militärparade aus der Hauptstadt verabschiedet

In Rußland selbst brauten sich 1994 zunächst Gewitterwolken zusammen: Die Wahl im Dezember 1993 hatte den nationalistischen Populisten SCHIRINOWSKIJ mit großem Schwung ins Parlament gebracht, und seine großspurigen und aggressiven Äußerungen bedrohten die Nachbarn Rußlands mit der Möglichkeit eines neuen Diktators. Das erste Jahr der Duma ist glücklicherweise glimpflicher verlaufen als befürchtet, und auch der Stern dieses selbsternannten Volkshelden ist im parlamentarischen Alltag verblaßt. Obwohl Rußlands Zukunft immer noch zur Sorge Anlaß gibt, können wir nach den Turbulenzen der vergangenen Jahre nun doch auf ein leidlich erträgliches Verhältnis zwischen Präsident und Duma und damit auf eine gewisse Stabilisierung hoffen.
So entlassen wir das Jahr 1994: Es war kein Jubeljahr, aber es hat doch einige Hoffnungsstreifen gebracht. Es gab schon weit schlimmere Jahre.

## JANUAR

**1.** **Deutschland.** Der Jahreswechsel bringt u. a. Erhöhungen der Mineralölsteuer, der Rentenversicherungsbeiträge und der Strompreise mit sich, außerdem eine Änderung der Bemessungsgrenze in der Sozialversicherung und Kürzungen der finanziellen Mittel bei Arbeitslosen, Kurzarbeitern und Bauarbeitern (Schlechtwettergeld).

**1. Januar.** Heinz Dürr (rechts), Vorstandsvorsitzender der neugegründeten Deutsche Bahn AG, überreicht Bundesverkehrsminister Matthias Wissmann einen ICE-Modellzug als Erinnerung an den Festakt, der anläßlich der Umstrukturierung von Bundes- und Reichsbahn am 10. Januar in Berlin begangen wird

**Deutschland.** Mit der Unterzeichnung der Gründungsurkunde in Frankfurt am Main wird aus Bundesbahn und Reichsbahn ein gemeinsames Unternehmen, die Deutsche Bahn AG.
**Mexiko.** Im ärmsten Bundesstaat, Chiapas, besetzt eine bislang unbekannte indianische Zapatistische Nationale Befreiungsarmee (EZLN) mehrere Städte und Gemeinden und fordert u. a. ein Ende der Menschenrechtsverletzungen an den Indios. Die Regierung setzt schwere Artillerie, Kampfflugzeuge und Hubschrauber gegen die Aufständischen ein.
**Afghanistan.** Milizen des Ministerpräsidenten HEKMATYAR und des Usbekengenerals DOSTUM greifen gemeinsam Regierungstruppen an. Bei schweren Artilleriegefechten kommen Hunderte von Menschen ums Leben.
**Australien.** Teilweise durch Brandstiftung verursachte Buschfeuer führen zur schwersten Brandkatastrophe in der Geschichte des Landes.
**Europäischer Wirtschaftsraum.** Der Vertrag über die Gründung des EWR, des gemeinsamen Marktes der EU und der EFTA-Länder, tritt in Kraft.
**NAFTA.** Das Vertrag über die Freihandelszone zwischen den USA, Kanada und Mexiko tritt in Kraft.

**5.** **Europäische Union/Griechenland.** Mit dem Besuch der gesamten EU-Kommission in Athen nimmt Griechenland die Arbeit seiner EU-Präsidentschaft auf.

**6.** **Togo/Ghana.** Nach einem Putschversuch gegen Präsident EYADÉMA von Togo, bei dem über 50 Menschen ums Leben kommen, bezichtigt die Regierung offiziell Ghana der Unterstützung der Putschisten.

**10.** **NATO.** Die Staats- und Regierungschefs des Bündnisses unterzeichnen auf ihrem Gipfeltreffen in Brüssel das Dokument ›Partnerschaft für den Frieden‹, mit dem sie den Staaten des ehemaligen Ostblocks sowie anderen interessierten europäischen Ländern partnerschaftliche Zusammenarbeit anbieten und die Weichen für eine später mögliche Erweiterung der NATO stellen (BILD S. 16).
**Bosnien und Herzegowina/Kroatien.** Auf dem Petersberg bei Bonn finden Gespräche der Kriegsparteien statt, die aber keinen Durchbruch bringen.
**Deutschland.** Eine 17jährige Rollstuhlfahrerin aus Halle löst mit ihrer Behauptung, Skinheads hätten sie überfallen und ihr ein Hakenkreuz auf die Wange geritzt, internationales Aufsehen und Demonstrationen gegen rechte Gewalt aus. Ermittlungen ergeben, daß sich die junge Frau die Verletzungen selbst beigebracht hat. Über ihr Motiv herrscht Unklarheit.

**11.** **Deutschland.** Bundespräsident VON WEIZSÄCKER gibt den traditionellen Neujahrsempfang erstmals in seinem Berliner Amtssitz Schloß Bellevue. Einen Tag später empfängt er dort auch das aus Bonn eingeflogene diplomatische Korps. Am 31. Januar verlegt er seinen ersten Wohnsitz nach Berlin.

**12.** **USA/Tschechische Republik.** Präsident CLINTON bietet während seines Besuches in Prag den Staatschefs der Visegrád-Gruppe (Polen, Ungarn, Slowakei und Tschechische Republik) bei Gesprächen über das NATO-Konzept ›Partnerschaft für den Frieden‹ handels- und wirtschaftspolitische Hilfe sowie militärische Zusammenarbeit an.

**5. Januar.** Anläßlich der Übernahme der EU-Präsidentschaft durch Griechenland geben der griechische Ministerpräsident Andreas Papandreu und der Präsident der EU-Kommission Jacques Delors eine Pressekonferenz in Athen

15

**Deutschland.** Der frühere Memminger Frauenarzt HORST THEISSEN wird in einem Revisionsprozeß wegen illegaler Abtreibungen und Steuerhinterziehung zu einer Bewährungsstrafe von eineinhalb Jahren verurteilt. Das Urteil des Landgerichts Augsburg liegt damit deutlich unter dem Schuldspruch des Landgerichts Memmingen von 1989. Der damalige Prozeß hatte für erhebliches Aufsehen und heftige Kontroversen in der Öffentlichkeit gesorgt.

**13.** **Italien.** Ministerpräsident CIAMPI erklärt seinen Rücktritt, um den Weg für Neuwahlen freizumachen. Am 16. Januar wird das Parlament aufgelöst.
**Deutschland.** Die Staatsanwaltschaft Schwerin stellt das Ermittlungsverfahren gegen zwei GSG-9-Beamte wegen des Verdachts der vorsätzlichen Tötung des mutmaßlichen RAF-Terroristen WOLFGANG GRAMS am 27. 6. 1993 in Bad Kleinen ein. Den Ermittlungen zufolge hat sich GRAMS selbst erschossen.

**14.** **Ukraine/Rußland/USA.** Die drei Präsidenten KRAWTSCHUK, JELZIN und CLINTON unterzeichnen in Moskau einen Vertrag über die Abrüstung aller ehemals sowjetischen Atomwaffen in der Ukraine, die als Gegenleistung Sicherheitsgarantien und umfangreiche Hilfszusagen erhält. Am 3. Februar stimmt das Parlament in Kiew dem Vertrag zu.
**Deutschland.** Eine Allparteienrunde einigt sich auf den Umzug von Regierung und Parlament nach Berlin bis spätestens zum Jahr 2000.

**15.** **Deutschland.** Eine der Partei Bündnis 90/Die Grünen nahestehende unabhängige Nachwuchsorganisation mit dem Namen Grün-Alternatives Jugendbündnis wird in Hannover gegründet.

**16.** **USA/Syrien.** Die Präsidenten CLINTON und AL-ASSAD treffen sich in Genf zu Gesprächen über eine Normalisierung der syrisch-israelischen Beziehungen.
**Rußland.** Der Radikalreformer JEGOR GAIDAR tritt als Wirtschaftsminister und Vizeministerpräsident zurück.
**Somalia.** Die zwei einflußreichsten verfeindeten Clans schließen in Mogadischu ein Friedensabkom-

**16. Januar.** Israelische Siedler von den besetzten Golanhöhen demonstrieren während des amerikanisch-syrischen Gipfeltreffens in Genf vor der amerikanischen Botschaft in Tel Aviv gegen mögliche territoriale Zugeständnisse an Syrien

**10. Januar.** Zum Abschluß des NATO-Gipfeltreffens in Brüssel am 11. Januar unterstreicht der amerikanische Präsident Bill Clinton die Drohung der NATO, Sarajevo notfalls mit Luftangriffen auf die bosnischen Serben zu schützen

men. Es soll garantieren, daß nach dem Abzug internationaler Truppen nicht erneut ein Bürgerkrieg ausbricht.

**17.** **USA.** Ein schweres Erdbeben verursacht im Süden Kaliforniens, v. a. in Los Angeles, Sachschäden in Milliardenhöhe. Es gibt zahlreiche Tote und Verletzte.

**19.** **USA.** Schneestürme, Eiswinde und Temperaturen bis −40° C lähmen das Leben im Mittleren Westen und an der Ostküste.
**Monaco/Deutschland.** Fürst RAINIER III. und Erbprinz ALBERT besuchen als erste Station ihres fünftägigen Aufenthalts in der Bundesrepublik Berlin, wo sie am 20. Januar von Bundespräsident VON WEIZSÄCKER empfangen werden.

**20.** **Niederlande.** An der Küste werden Zehntausende Beutel mit dem Pflanzenschutzmittel ›Apron plus‹ angeschwemmt, die aus Mitte Dezember 1993 im Ärmelkanal über Bord gegangenen Containern des französischen Frachters ›Sherbro‹ stammen. Die Küste muß für mehrere Tage gesperrt werden.
**Deutschland.** Ein erster gesamtdeutscher Armutsbericht, den der Deutsche Gewerkschaftsbund und der Paritätische Wohlfahrtsverband vorlegen, gibt die Zahl der derzeit unter der Armutsgrenze lebenden Deutschen mit 7,25 Mio. an, davon 2,6 Mio. in den neuen Bundesländern.
**Deutschland.** Die hessische Justizministerin ANNETTE FUGMANN-HEESING tritt in der Folge der seit Wochen schwelenden Lotto-Affäre zurück. Ihr Nachfolger wird der bisherige Finanzminister ERNST WELTEKE, dessen Amt LOTHAR KLEMM übernimmt.

**21.** **Somalia/Deutschland.** Ein deutscher Blauhelm-soldat erschießt im Bundeswehrcamp in Belet Uen (Belet Weyne) einen Somalier, der bei Nacht in das Betriebsstofflager eingedrungen ist.

**22.** **Deutschland.** Eine Mitgliederversammlung der im September 1993 auf Anhieb in das Landes-parlament eingezogenen Hamburger Statt-Partei beschließt mit großer Mehrheit die bundesweite Ausdehnung. Am 23. Januar wird eine Bundessatzung verabschiedet.

**23.** **Deutschland.** Die von dem ehemaligen bayeri-schen FDP-Vorsitzenden MANFRED BRUNNER initiierte konservativ-liberale Partei ›Bund freier Bürger‹ wird in Wiesbaden gegründet.

**24.** **Deutschland.** Die Berliner Gauck-Behörde gibt Aktenmaterial über die Tätigkeit HERBERT WEHNERS als Funktionär der Kommunistischen Partei Deutschlands in den Jahren 1937–42 heraus. Es erhärtet nicht den Vorwurf, der frühere SPD-Fraktionsvorsitzende habe für die Sowjetunion gearbeitet. Am 26. Januar veröffentlicht die ›Frankfurter Allgemeine Zeitung‹ von BRIGITTE SEEBACHER-BRANDT herausgegebene persönliche Notizen ihres verstorbenen Mannes WILLY BRANDT, die Mutmaßungen über die Rolle WEHNERS beim Sturz des Bundeskanzlers 1974 enthalten. Die Notizen werden von Historikern als wenig aussagekräftig beurteilt.
**Deutschland.** Die Führungsspitzen von CDU und CSU nominieren in München den Präsidenten des Bundesverfassungsgerichts, ROMAN HERZOG, offiziell als gemeinsamen Kandidaten für das Amt des Bundespräsidenten.
**Bosnien und Herzegowina/UNO.** Der britische General Sir MICHAEL ROSE löst den belgischen General FRANCIS BRIQUEMONT als Kommandeur der UNO-Truppen ab.
**Deutschland.** Erste Beutel mit dem Pflanzenschutz-mittel ›Apron plus‹ werden an der Küste Schleswig-Holsteins gefunden. Einen Tag später werden vorübergehend Strände gesperrt; der Fischfang vor der Westküste wird eingestellt.

**26.** **Deutschland.** Das Bundeskabinett beschließt den Jahreswirtschaftsbericht 1994 und ein ›Aktionsprogramm für mehr Wachstum und Beschäf-tigung‹. Als erste Einzelmaßnahme wird ein Gesetz-entwurf zur Aufhebung des Rabattgesetzes vorgelegt.
**Deutschland.** Der Bayerische Verwaltungsgerichtshof weist in einem Normenkontrollverfahren die Klage eines Beamten gegen die von der Staatsregierung verfügte Verlängerung der Arbeitszeit für Beamte auf 40 Wochenstunden ab, da die Neuregelung nicht gegen das Gleichheitsgebot des Grundgesetzes ver-stoße.

**28.** **Deutschland.** Ein Orkan mit Spitzengeschwindig-keiten bis zu 180 km/h (in Sachsen-Anhalt), Stürme und Sturmfluten fordern bis zum 29. Januar acht Todesopfer und richten hohe Sachschäden an. An der Nordseeküste läuft die schwerste Sturmflut seit 1976 auf. Auf der Unterelbe bei Brokdorf erreicht die Flut 10 m über Normalnull ihren Höchstpegel.
**Türkei/Irak.** Die türkische Luftwaffe bombardiert ein Lager der Arbeiterpartei Kurdistans im Norden des Irak, das rund 100 km von der türkisch-irakischen Grenze entfernt liegt.

**30.** **Somalia/Deutschland.** Die deutschen Blauhelme beenden offiziell ihren humanitären Hilfseinsatz in Belet Uen (Belet Weyne). Bis zum 31. März sollen alle nach Hause zurückkehren.

**31.** **Deutschland/Tarifpolitik.** Nach bislang ergebnis-los verlaufenen Tarifverhandlungen für die 3,6 Mio. Beschäftigten der westdeutschen Metall-industrie und nach Ablauf der Friedenspflicht beginnen Warnstreiks. Rund 60 000 Metaller legen in 140 Betrieben für mehrere Stunden die Arbeit nieder.
**Deutschland/USA.** Bundeskanzler KOHL zeichnet in Washington den früheren US-Präsidenten BUSH und dessen damaligen Außenminister BAKER für ihre Meriten um die deutsche Einheit mit dem Verdienst-orden der Bundesrepublik Deutschland aus.
**Spanien.** In Barcelona wird das historische Opernhaus der Stadt, das Gran Teatro del Liceo, durch ein Feuer völlig zerstört.

**24. Januar.** Nachdem an der Nordseeküste rund 130 000 Beutel mit dem giftigen Pestizid ›Apron plus‹ angespült worden sind, sucht ein Greenpeace-Trupp den Strand der Insel Borkum nach dem gefährlichen Treibgut ab

## FEBRUAR

**1.** **UNO/Menschenrechte.** Der bisherige Botschafter Ecuadors bei den Vereinten Nationen, JOSÉ AYALA LASSO, tritt sein Amt als erster UNO-Hochkommissar für Menschenrechte an.
**Deutschland.** Die Berliner FDP-Landesvorsitzende CAROLA VON BRAUN tritt wegen der sogenannten Figaro-Affäre zurück. Am 15. Februar legt sie auch den Fraktionsvorsitz im Abgeordnetenhaus nieder.

**2. Februar.** Gute Laune bei Bundespostminister Wolfgang Bötsch, nachdem das Kabinett der zweiten Stufe der Postreform zugestimmt hat

**2.** **Indien/Deutschland.** Ministerpräsident NARASHIMA RAO besucht Bonn, wo er an einer deutsch-indischen Wirtschaftskonferenz teilnimmt, und reist im Anschluß nach Berlin.
**Deutschland.** Das Bundeskabinett stimmt der zweiten Stufe der Postreform zu.

**3.** **USA/Vietnam.** Präsident CLINTON hebt das seit 19 Jahren geltende Handelsembargo gegen den ehemaligen Kriegsgegner auf.
**USA.** Der Senat bestätigt WILLIAM PERRY als neuen Verteidigungsminister.

**Ukraine.** Das Parlament in Kiew billigt den im Januar von den Präsidenten Rußlands, der USA und der Ukraine unterzeichneten Vertrag über den Abbau und die Zerstörung aller auf ukrainischem Gebiet lagernden Atomwaffen. Der Beitritt zum Atomwaffensperrvertrag wird jedoch vorerst abgelehnt.
**Deutschland.** RAINER ORTLEB tritt aus gesundheitlichen Gründen als Bundesminister für Bildung und Wissenschaft sowie als FDP-Vorsitzender von Mecklenburg-Vorpommern zurück. Zu seinem Nachfolger als Bildungsminister wird am nächsten Tag der nordrhein-westfälische FDP-Abgeordnete KARL-HANS LAERMANN ernannt.

**4.** **Frankreich.** In Rennes kommt es bei einem Protestmarsch von Fischern gegen den Preisverfall ihrer Fänge und billige Fischimporte zu schweren Straßenschlachten mit der Polizei. Vermutlich von einer Leuchtkugel getroffen, brennt der Dachstuhl des historischen Parlamentsgebäudes aus.

**5.** **Bosnien und Herzegowina.** Bei einem Granatangriff werden auf dem Marktplatz von Sarajevo 68 Menschen getötet und Hunderte schwer verletzt. Das Massaker hat einen Beschluß des NATO-Rats am 9. Februar zur Folge, die Artilleriestellungen der bosnischen Serben rund um Sarajevo aus der Luft anzugreifen, falls die Belagerer nicht binnen zehn Tagen ihre schweren Geschütze abziehen oder unter UNO-Kontrolle stellen. Unter dem Druck des Ultimatums und des russischen Präsidenten JELZIN erfüllen die Serben die Bedingungen bis zum 21. Februar weitgehend. Die in Aviano (Italien) zusammengezogenen NATO-Kampfflugzeuge bleiben jedoch einsatzbereit.

**6.** **Finnland.** Aus der Stichwahl um das Präsidentenamt geht der Sozialdemokrat MARTTI AHTISAARI vor Verteidigungsministerin ELISABETH REHN als Sieger hervor.
**Costa Rica.** Bei den Parlaments- und Präsidentschaftswahlen kann die sozialdemokratische Opposition die meisten Stimmen auf sich ziehen. Ihr Kandidat JOSÉ MARÍA FIGUERES OLSEN wird neuer Präsident.

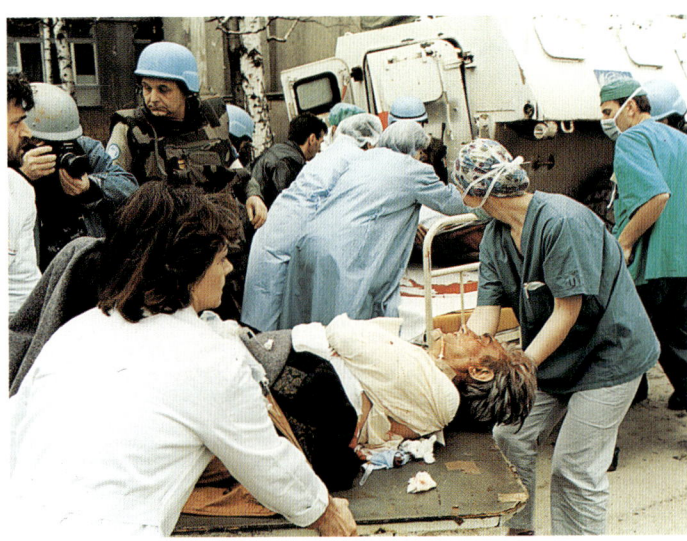

**5. Februar.** Nach dem schweren Artillerieangriff auf Sarajevo, bei dem eine Mörsergranate in einen Marktstand einschlug, werden Verwundete und Tote vom Marktplatz in das UNO-Krankenhaus abtransportiert

**13. Februar.** Die Besatzung eines Kleinpanzers ›Wiesel‹ bewacht im Hafen von Mogadischu das Einlaufen der Fregatte ›Köln‹, die die ersten deutschen Blauhelme wieder in die Heimat zurückbringen soll

**7.** **Deutschland.** Der bisherige Richter am Bundesgerichtshof, KAY NEHM, wird auf Vorschlag von Justizministerin LEUTHEUSSER-SCHNARRENBERGER zum Generalbundesanwalt ernannt. Er wird am 17. März offiziell in sein Amt eingeführt.

**9.** **Israel/PLO.** Außenminister PERES und PLO-Chef ARAFAT unterzeichnen in Kairo eine Vereinbarung über Details einer palästinensischen Teilautonomie im Gazastreifen und in Jericho.
**Deutschland.** Das Bundeskabinett beschließt einen Gesetzentwurf über Autobahngebühren für Lastkraftwagen und einen Bericht über die Situation der Jugend. Als Termin für die Bundestagswahlen wird der 16. Oktober festgelegt und am 17. Februar von Bundespräsident VON WEIZSÄCKER bestätigt.

**12.** **Deutschland.** In München wird ein Serbe als mutmaßlicher Kriegsverbrecher festgenommen. Er soll in einem Lager in Bosnien muslimische Gefangene grausam mißhandelt und getötet haben. Die Bundesanwaltschaft wirft ihm Beteiligung am Völkermord vor, ein Delikt, das – unabhängig vom Tatort – in Deutschland nach dem ›Weltrechtsprinzip‹ verfolgt wird.

**13.** **Somalia/Deutschland.** Das erste Kontingent von 102 deutschen Blauhelmen verläßt Somalia an Bord der Fregatte ›Köln‹. Bis zum Monatsende wird das Lager in Belet Uen (Belet Weyne) geräumt.

**16.** **Griechenland/Makedonien.** Athen verfügt die Einstellung aller Handelsbeziehungen zu dem Nachbarstaat und sperrt dessen einzigen Seezugang. Hintergrund ist der Streit um Name und Verfassung Makedoniens, durch die Griechenland Gebietsansprüche befürchtet. Die Europäische Union und die USA mißbilligen die Blockade.
**Deutschland.** In seiner mit Spannung erwarteten Aschermittwochsrede kündigt der Münchener CSU-Vorsitzende PETER GAUWEILER seinen Rücktritt als bayerischer Umweltminister an, der ihm nach der ›Kanzlei-Affäre‹ insbesondere von Ministerpräsident STOIBER nahegelegt worden war.

**17.** **Deutschland.** Der ehemalige Leiter der Postkontrolle im Staatssicherheitsdienst der DDR, RUDI STROBEL, wird vom Berliner Landgericht vom Vorwurf der Unterschlagung freigesprochen, da er

sich nicht persönlich bereichert habe. 1984–89 hatten Stasi-Mitarbeiter Devisen und Gegenstände im Wert von Millionen DM aus Westsendungen entnommen und an staatliche Stellen weitergeleitet.

**21.** **USA/Rußland.** Ein hoher Beamter des Geheimdienstes CIA und seine Frau werden wegen Spionage für die Sowjetunion und Rußland festgenommen, ein russischer Diplomat wird ausgewiesen. Rußland weist am 28. Februar seinerseits einen amerikanischen Botschaftsangehörigen aus.
**Deutschland.** Auf ihrem Bundesparteitag in Hamburg verabschiedet die CDU ein neues Grundsatzprogramm mit dem Titel ›Freiheit in Verantwortung‹.
**Deutschland.** Im seit Februar 1992 laufenden Prozeß gegen ehemalige Führungskräfte des Handelskonzerns co op verurteilt das Landgericht Frankfurt am Main den ehemaligen Aufsichtsratsvorsitzenden ALFONS LAPPAS zu zwei Jahren Haft auf Bewährung. Die widerrechtlich auf sein Schweizer Konto geflossene Summe von 1 Mio. DM muß er an die co-op-Nachfolgefirma Deutsche SB Kauf zurückzahlen.

**22.** **Deutschland.** Der Sachverständigenrat für Umweltfragen übergibt in Bonn seinen ersten Bericht über die Situation im wiedervereinigten Deutschland, das ›Umweltgutachten 1994‹.

**23.** **Rußland.** Das am 12. Dezember 1993 gewählte Parlament beschließt eine Amnestie der Putschisten vom August 1991 und vom Oktober 1993. Der Beschluß bedeutet eine schwere Niederlage für Staatspräsident JELZIN. Nachdem die Putschisten am 26. Februar freigelassen worden sind, treten der Generalstaatsanwalt und seine Stellvertreter zurück.

**24. Februar.** Keine Gemeinsamkeiten finden Bundesinnenminister Manfred Kanther und die ÖTV-Vorsitzende Monika Wulf-Mathies beim Auftakt der dritten Tarifverhandlungsrunde für die rund 3,5 Millionen Beschäftigten im öffentlichen Dienst

**24.** **Deutschland.** Zum Auftakt der dritten Runde der Tarifverhandlungen zwischen Arbeitgebern und ÖTV für die 3,5 Mio. Beschäftigten im öffentlichen Dienst bestehen die Arbeitgeber weiterhin auf einer Lohnpause und ihrem ›Streichkatalog‹.
**Deutschland.** Einem Bericht des Bayerischen Rundfunks zufolge haben die früheren Ministerpräsidenten FRANZ JOSEF STRAUSS und MAX STREIBL als Testamentsvollstrecker der Friedrich-Baur-Stiftung jährlich 300 000 DM Nebeneinnahmen bezogen. Die Angelegenheit war durch eine Bemer-

kung Ministerpräsident STOIBERS am 20. Februar publik geworden, daß er bei seinem Amtsantritt auf diese an das Amt des Ministerpräsidenten gebundene Nebentätigkeit verzichtet habe.

**Deutschland.** Das Bundeskabinett beschließt die Einrichtung eines Rats für Forschung, Technologie und Innovation unter Vorsitz des Bundeskanzlers. Der Bundestag verabschiedet ein Psychotherapeutengesetz, das die Behandlung durch Psychologen und Pädagogen neu regelt. 25 % der Kosten soll der Kassenpatient künftig selbst tragen. Des weiteren beschließt das Parlament eine Senkung des Höchstalters für Grundwehrdienstleistende auf 25 Jahre.

**25. Februar.** Kurz nach dem Massaker in Hebron bringen Palästinenser einen Schwerverletzten von der Moschee ins Krankenhaus

**25.** **Israel.** In einer Moschee in Hebron ermordet ein jüdischer Siedler, der Arzt BARUCH GOLDSTEIN, mit Feuerwaffen und einer Handgranate mindestens 29 betende Palästinenser und verletzt etwa 170. Bei Protesten gegen das Massaker, das von israelischen Soldaten nicht verhindert worden war, sterben weitere Palästinenser. Wegen anhaltender Unruhen erklärt die Regierung alle besetzten Gebiete zu Militärzonen und beschließt Maßnahmen gegen extremistische Siedler. Zur Entschärfung der Situation werden am 1. März rund 500 palästinensische Gefangene aus israelischen Gefängnissen entlassen.

**Bosnien und Herzegowina.** Der am 23. Februar zwischen bosnischen Kroaten und Muslimen ausgehandelte Waffenstillstand tritt in Kraft.

**Deutschland.** Das Oberlandesgericht Düsseldorf verurteilt JOHANNA OLBRICH, die unter dem Namen SONJA LÜNEBURG lange Jahre Sekretärin des FDP-Politikers und ehemaligen Bundeswirtschaftsministers MARTIN BANGEMANN war, wegen Spionage für die DDR von 1969 bis 1985 zu 30 Monaten Haft.

**Deutschland.** Mit 292 gegen 223 Stimmen gibt der Bundestag seine Einwilligung zur Verhüllung des Berliner Reichstags durch den Verpackungskünstler CHRISTO.

**Deutschland.** Auf seiner Bundesversammlung in Mannheim beschließt Bündnis 90/Die Grünen ein Wahlprogramm, in dem eine ökologische Offensive gefordert wird, und trifft eine Koalitionsaussage zugunsten der SPD.

**Großbritannien.** In Gloucester wird ein 52jähriger Bauarbeiter verhaftet, dem die Ermordung mehrerer Menschen zur Last gelegt wird. Bis Mitte März werden auf seinem Grundstück und in seinem Haus neun Frauenleichen gefunden. Nach weiteren Opfern wird gesucht.

**27.** **Libanon.** In einer christlichen Kirche im Osten Beiruts explodiert während eines Gottesdienstes ein Sprengsatz. Neun Menschen werden getötet, 40 verletzt. Libanon beschuldigt Israel, hinter dem Anschlag zu stehen, um von dem Massaker von Hebron abzulenken.

**28.** **NATO/Bosnien und Herzegowina.** Beim ersten Kampfeinsatz der Allianz seit ihrer Gründung 1949 schießen zwei NATO-Kampfflugzeuge vier in die Flugverbotszone über Bosnien eingedrungene Militärmaschinen der bosnischen Serben ab.

**Südafrika/Namibia.** Pretoria übergibt mit Wirkung zum 1. März nach 84 Jahren offiziell die Enklave Walfischbucht an Windhuk.

**Deutschland.** Das Landgericht München I stellt fest, daß der sogenannte Polizeikessel beim Weltwirtschaftsgipfel im Juli 1992 in München rechtswidrig war. Der Freistaat Bayern muß an 114 von insgesamt 500 betroffenen Demonstranten Schmerzensgeld zahlen. Der bayerische Innenminister kündigt Berufung an.

## MÄRZ

**1.** **Europäische Union.** Die Außenminister der Mitgliedstaaten einigen sich auf den Beitritt Schwedens, Finnlands und Österreichs zum 1. 1. 1995. Die Verhandlungen mit Norwegen werden am 16. März abgeschlossen. Ein Kompromiß im Streit um die Abstimmungsregeln in dem künftig erweiterten Ministerrat wird erst am 27. März gefunden.

**Bosnien und Herzegowina/Kroatien.** In Washington unterzeichnen der bosnische Ministerpräsident SILAJDŽIĆ, der kroatische Außenminister GRANIĆ und der Vertreter der bosnischen Kroaten, ZUBAK,

**1. März.** In Anwesenheit des amerikanischen Außenministers Warren Christopher (stehend) unterzeichnen (von links nach rechts) der bosnische Ministerpräsident Haris Silajdžić, der kroatische Außenminister Mate Granić und der Vertreter der bosnischen Kroaten, Krešimir Zubak, in Washington eine Vereinbarung über eine Föderation zwischen Muslimen und Kroaten in Bosnien

**8. März.** Mehrere hundert Frauen demonstrieren am Internationalen Frauentag auf dem Münchener Marienplatz gegen ihre Benachteiligung in Familie, Beruf und Gesellschaft

die von den USA vermittelte Vereinbarung über eine Föderation zwischen Kroaten und Muslimen in Bosnien.

**Georgien/GUS.** Das Parlament in Tiflis stimmt dem Beitritt Georgiens zur Gemeinschaft unabhängiger Staaten zu.

**2. Deutschland.** Das Bundeskabinett beschließt den Bau einer ersten Anwendungsstrecke der Magnetschwebebahn Transrapid zwischen Hamburg und Berlin.

**3. Deutschland.** Das Dresdener Landgericht weist die Klage eines ehemaligen Insassen der Haftanstalt für politische Gefangene in Bautzen auf Lohnnachzahlung für die dort geleistete Zwangsarbeit ab. Als Begründung wird angegeben, daß das Bundesland Sachsen nicht Rechtsnachfolger der DDR sei.

**Deutschland/Vatikanstadt/Italien.** Bundespräsident VON WEIZSÄCKER wird von Papst JOHANNES PAUL II. empfangen. Am 4. März spricht er mit Staatspräsident SCALFARO über Fragen der Europapolitik.

**4. UNO/Bosnien und Herzegowina.** Der Sicherheitsrat verabschiedet eine Resolution zur Wiederherstellung des öffentlichen Lebens in Sarajevo, die den Schutztruppen gestattet, gegebenenfalls Waffengewalt einzusetzen und Blockaden gewaltsam zu durchbrechen. Am 7. März übernehmen UNO-Truppen den Flughafen der von Muslimen kontrollierten Stadt Tuzla, der am 22. März nach fast zwei Jahren wieder für Hilfsflüge zur Versorgung der Bevölkerung geöffnet wird.

**5. Deutschland.** Die Tarifpartner der westdeutschen Metallindustrie einigen sich in Hannover auf 2% mehr Lohn für sieben Monate ab 1. Juni sowie auf Arbeitszeitverkürzungen. Der Kompromiß wird in einer bis zum 11. März laufenden Urabstimmung in Niedersachsen gebilligt.

**7. Kasachstan.** Aus den Parlamentswahlen gehen die Anhänger von Staatspräsident NASARBAJEW mit rund drei Viertel der Sitze als Sieger hervor.

**8. Deutschland.** Am Internationalen Frauentag demonstrieren in verschiedenen Städten Tausende von Frauen mit Transparenten, Flugblättern, Trommeln und Trillerpfeifen gegen ihre Benachteiligung in Beruf und Gesellschaft.

**9. Südafrika.** Als Reaktion auf die Weigerung der Regierung des nominell unabhängigen Homelands Bophutatswana, an den Wahlen Ende April teilzunehmen, kommt es in der Bevölkerung zu Streiks und Demonstrationen mit Toten und Verletzten. Nach dem Einmarsch südafrikanischer Armee-Einheiten am 11. März wird Präsident MANGOPE am 12. März von der Regierung in Pretoria abgesetzt, die am 15. März die Verwaltung des Gebiets übernimmt. Am 22. März übernimmt sie auch die Kontrolle über das Homeland Ciskei.

**Deutschland.** Ein 39jähriger Mann, dessen Einspruch gegen eine Geldstrafe in Höhe von 7200 DM vom Amtsgericht Euskirchen abgelehnt wird, erschießt im Gerichtssaal den Richter und zwei Anwälte. Dann zündet er eine Handgranate und tötet damit drei weitere Menschen und sich selbst; 15 Personen werden verletzt.

**9. März.** Bei einem Massaker im Amtsgericht Euskirchen kommen sieben Menschen ums Leben, fünfzehn werden verletzt

**10. März.** Bundes-
arbeitsminister Norbert
Blüm hebt das Glas:
Im Bundestag ist der
Kompromiß von Koalition
und SPD zur Pflegever-
sicherung mit großer
Mehrheit angenommen
worden

**Deutschland.** Bundesinnenminister KANTHER legt
den Abschlußbericht zu der kritisierten Aktion der
Antiterrorgruppe des Bundesgrenzschutzes GSG 9
auf dem Bahnhof von Bad Kleinen (Mecklenburg-
Vorpommern) vor. Dort waren am 27. 6. 1993 der
mutmaßliche RAF-Terrorist WOLFGANG GRAMS
und der GSG-9-Beamte MICHAEL NEWRZELLA
ums Leben gekommen. Der Verdacht einer
Ermordung GRAMS' wurde durch die eingeholten
Gutachten und die Untersuchungen der Staatsanwaltschaft Schwerin nicht bestätigt, sondern Selbst-
tötung festgestellt. Im Abschlußbericht werden eine
Reihe von Mängeln bei der Arbeit des Bundeskrimi-
nalamtes eingeräumt und strukturelle Änderungen in
der Behörde angekündigt.

**10.** **Algerien.** Muslimische Extremisten stürmen das
Hochsicherheitsgefängnis von Tazoult und
befreien rund 900 Häftlinge, darunter 280 zum Tode
verurteilte islamische Fundamentalisten. Die Sicherheitskräfte stellen mehr als hundert der Geflohenen
und töten mindestens 24.
**Deutschland.** Der Bundestag verabschiedet das
Berlin-Bonn-Gesetz über den Umzug von Parlament
und Regierung, billigt ein neues Arbeitszeitgesetz,
streicht den ›Schwulenparagraphen‹ 175 aus dem
Strafgesetzbuch und stimmt dem Ausführungsgesetz
zur Basler Konvention gegen illegale Müllexporte
sowie dem Entschließungsantrag zur Pflegeversicherung zu.

**11.** **USA/China.** Außenminister CHRISTOPHER
trifft zu einem von der Festnahme mehrerer
Dissidenten überschatteten Besuch in Peking ein.
Beide Seiten bekunden ihr Interesse an einer stabilen
Beziehung; eine wirkliche Annäherung der
Standpunkte, v. a. in der Frage der Menschenrechte,
wird allerdings nicht erreicht.
**Deutschland.** Die Große Tarifkommission der
Gewerkschaft ÖTV stimmt der Tarifvereinbarung für
die 3,5 Mio. Beschäftigten des öffentlichen Dienstes
zu, die u. a. bei 15monatiger Laufzeit rückwirkend
zum 1. 1. 1994 eine je nach Eingruppierung zeitlich
gestaffelte Lohn- und Gehaltserhöhung um 2%
vorsieht.

**13.** **Österreich.** Die Landtagswahlen in den Bundes-
ländern Tirol, Salzburg und Kärnten erbringen
Gewinne für die Freiheitliche Partei (FPÖ) und die
Grünen.
**Israel.** Als Folge des Massakers von Hebron verbietet
die Regierung die extremistischen jüdischen Gruppen
Kach und Kahane Chai und erklärt sie zu Terrororga-
nisationen.
**Deutschland.** Bei den Landtagswahlen in Nieder-
sachsen erreicht die SPD unter Ministerpräsident
GERHARD SCHRÖDER die absolute Mehrheit
im Parlament, in dem künftig nur noch SPD (81
Mandate), CDU (67 Mandate) und Bündnis 90/Die
Grünen (13 Mandate) vertreten sind.
**Kolumbien.** Aus den Parlamentswahlen geht
die regierende Liberale Partei als deutliche Siegerin
hervor.
**Türkei.** Beim Zusammenstoß eines Öltankers mit
einem Frachter im Bosporus gerät der Tanker in
Brand, 29 Menschen kommen ums Leben. Durch die
günstigen Wetterverhältnisse wird eine größere
Katastrophe, die Vororte von Istanbul bedrohte,
vermieden.

**14.** **Dänemark/Deutschland.** Königin
MARGARETHE II. und Prinz HENRIK werden
zu Beginn ihres viertägigen Staatsbesuches, der sie
auch in die neuen Bundesländer führt, in Bonn durch
Bundespräsident VON WEIZSÄCKER empfangen.
**Deutschland.** HANS-HENNING ATROTT, Mitbegründer und früherer Präsident der Deutschen Gesellschaft für humanes Sterben, wird vom Augsburger
Landgericht wegen illegalen Handels mit Zyankali
sowie Steuerhinterziehung zu zwei Jahren Freiheitsstrafe auf Bewährung und zu einer Geldstrafe
verurteilt.

**15.** **Weißrußland.** Das von Kommunisten
beherrschte Parlament verabschiedet eine
Verfassung, die ein Präsidialsystem einführt.

**17.** **Deutschland.** Der stellvertretende CSU-Vorsitzende GEROLD TANDLER tritt wegen seiner
Verwicklung in die Steueraffäre um den niederbayeri-
schen ›Bäderkönig‹ ZWICK zurück.
**Deutschland.** Bundesrichter KAY NEHM wird
offiziell in sein neues Amt als Generalbundesanwalt
eingeführt.

**18.** **Bosnien und Herzegowina.** Vertreter der
Muslime und Kroaten unterzeichnen in
Washington die ›Verfassung der Föderation von
Bosnien und Herzegowina‹, die die Schaffung eines
Staates nach dem Vorbild der Schweiz vorsieht.
**Deutschland.** Der SPD-Vorsitzende SCHARPING legt
den Entwurf für ein Regierungsprogramm vor. Die
darin enthaltene Forderung nach einer Ergänzungs-
abgabe für Besserverdienende in Höhe von 10% der
Einkommensteuerschuld anstatt des von der Bundes-
regierung vorgesehenen Solidarzuschlags in Höhe
von 7,5% führt zu Turbulenzen auch in der eigenen
Partei.

**19.** **UNO/Israel/PLO.** Der Sicherheitsrat verurteilt
in seiner Resolution 904 das Massaker von
Hebron vom 25. Februar und macht damit den Weg
für die seit dem Massaker unterbrochenen Friedensgespräche wieder frei.
**Deutschland.** Der ostdeutsche CDU-Politiker
RAINER EPPELMANN wird zum Vorsitzenden der

Christlich-Demokratischen Arbeitnehmerschaft (CDA) gewählt.

**20.** **Deutschland.** Die Kommunalwahlen in Schleswig-Holstein bringen – regional teilweise sehr unterschiedlich – für SPD, CDU und FDP beträchtliche Verluste, für Bündnis 90/Die Grünen und freie Wählerschaften Stimmengewinne.

**El Salvador.** Zum ersten Mal nach dem Ende des zwölfjährigen Bürgerkriegs werden der Staatspräsident, der Kongreß und die Gemeindeparlamente gewählt. Die rechtsgerichtete Regierungspartei ARENA wird Siegerin; um das Präsidentenamt wird eine Stichwahl zwischen dem Kandidaten der ARENA, ARMANDO CALDERÓN SOL, und dem Kandidaten der Linkskoalition, RUBÉN ZAMORA, nötig.

**21.** **Deutschland/Kurden.** Nach schweren Krawallen im Verlauf mehrerer Kurdendemonstrationen im Bundesgebiet fordert Bundesinnenminister KANTHER eine schnelle Abschiebung kurdischer Gewalttäter in die Türkei.

**22.** **Deutschland.** Die Ampelkoalition (SPD, FDP, Bündnis 90/Die Grünen) in Brandenburg zerbricht, nachdem die beiden vom Bündnis 90 gestellten Minister wegen Äußerungen ihres Fraktionschefs NOOKE über Ministerpräsident STOLPES Stasi-Kontakte aus ihrer Fraktion ausgetreten sind. Sie bleiben aber Kabinettsmitglieder.

**Deutschland.** Das Bundeskabinett verabschiedet den ersten gesamtdeutschen Sozialbericht, der eine Steigerung der Ausgaben für Sozialleistungen im Jahr 1993 gegenüber 1992 um 5,7% auf 1 063 Mrd. DM auflistet.

**Deutschland.** Aus Protest gegen die Haltung der Bundesrepublik und gegen die türkischen Behörden blockieren mehrere hundert militante Kurden bei offenbar koordinierten Aktionen in mehreren Bundesländern Autobahnen.

**22. März.** Die Aktionen mehrerer hundert Kurden, die in einigen Bundesländern Autobahnen blockieren, führen zu zahlreichen Festnahmen. Im Bild gefesselte Kurden an der Autobahn Frankfurt–Darmstadt

**23.** **Ukraine/Europäische Union.** Als erstes Land der ehemaligen Sowjetunion paraphiert die Ukraine ein Partnerschaftsabkommen mit der EU, das langfristig zur Errichtung einer Freihandelszone führen soll.

**Deutschland/Somalia.** Die letzten 200 deutschen Blauhelme treffen nach dem Ende ihrer Mission in Belet Uen (Belet Weyne) wieder in ihrer Heimat ein.

**23. März.** Zwei Frauen überqueren die wiedereröffnete ›Brücke der Brüderlichkeit und Einheit‹ vom serbisch besetzten Bezirk Grbavica aus, um in das von den Muslimen kontrollierte Zentrum Sarajevos zu gelangen

**Bosnien und Herzegowina.** Die von UNO-Truppen kontrollierte ›Brücke der Brüderlichkeit und Einheit‹ zwischen dem muslimischen und dem serbischen Teil Sarajevos wird nach zwei Jahren wiedereröffnet.

**24.** **Somalia.** 15 Bürgerkriegsparteien unterzeichnen in der kenianischen Hauptstadt Nairobi ein Versöhnungsabkommen, das einen Waffenstillstand und die Bildung einer Regierung vorsieht.

**Deutschland.** Bundespräsident VON WEIZSÄCKER ernennt die bisherige Berliner Justizsenatorin JUTTA LIMBACH und die bisherige Richterin am Bundessozialgericht RENATE JÄGER zu Richterinnen am Bundsverfassungsgericht.

**25.** **Deutschland.** Bei einem Brandanschlag auf die Synagoge von Lübeck entsteht erheblicher Sachschaden. Die Tat, die Rechtsextremisten zugeschrieben wird, löst bundesweit zahlreiche Aktionen gegen Antisemitismus und Fremdenhaß aus.

**Deutschland.** Die Landwirtschaftsminister von Bund und Ländern beschließen, das zur Bekämpfung der Schweinepest von der Europäischen Union über Niedersachsen verhängte Handelsverbot mit lebenden Schweinen zu befolgen.

**26.** **Deutschland/Statt-Partei.** Eine Bundesversammlung der zuerst in Hamburg als Landesverband gegründeten Statt-Partei wählt in Kassel ihren ersten Bundesvorstand. Vorsitzender wird der Münchener Strafrechtsprofessor BERND SCHÜNEMANN.

**27.** **Türkei.** Bei den Kommunalwahlen verzeichnet die islamische Wohlfahrtspartei große Erfolge. Im Vorfeld der Wahlen war es zu zahlreichen Bombenanschlägen gekommen.

**Ukraine.** Aus dem ersten Gang der Parlamentswahlen gehen die Kommunisten als stärkste Fraktion
hervor. Der größte Teil der Mandate geht jedoch an
parteilose Kandidaten.

**28.** **Italien.** Die Parlamentswahlen, die bereits am
Vortag begonnen haben, bringen für das von
dem Medienunternehmer SILVIO BERLUSCONI
angeführte Rechtsbündnis aus Forza Italia, Lega
Nord und der neofaschistischen Alleanza Nazionale
die absolute Mehrheit.

**Südafrika.** Tausende von Zulus demonstrieren in
Johannesburg für ihren König ZWELITHINI, der eine
Teilnahme an den ersten demokratischen Wahlen im
April ablehnt. Bei Zwischenfällen werden Dutzende
von Menschen getötet.

**29.** **Lettland/Rußland.** Die Regierung in Riga billigt
den Kompromiß über einen Abzug der noch
im Land verbliebenen 12000 russischen Soldaten bis
zum 31. 8. 1994.

**30.** **Bosnien und Herzegowina.** Durch Parlamentsbeschluß über eine neue Verfassung wird
die muslimisch-kroatische Föderation gegründet.

**31.** **Israel/PLO.** In Kairo unterzeichnen die
Verhandlungspartner eine Vereinbarung zum
Schutz der Palästinenser in Hebron durch eine
internationale Truppe. Das Mandat der 160
Beobachter aus Norwegen, Dänemark und Italien
ist auf drei Monate begrenzt.

**Griechenland.** Rund 2 Mio. Griechen protestieren
in Saloniki gegen die ehemalige jugoslawische
Republik Makedonien, von deren Seite sie Gebietsansprüche befürchten.

**6. April.** Nach Ausbruch des Bürgerkriegs in dem
ostafrikanischen Staat Ruanda werden die meisten
Ausländer evakuiert. Eine Bundeswehrmaschine
(im Bild nach der Landung auf dem Köln-Bonner
Flughafen) bringt am 11. April zahlreiche
Menschen, darunter ca. 120 Deutsche, in Sicherheit

**1.** **Deutschland.** Das neue Namensrecht, nach dem
Ehepaare nicht mehr zur Führung eines gemein-
samen Familiennamens verpflichtet sind, tritt in
Kraft.

**Deutschland.** Die erste in der deutschen Militärgeschichte zum General beförderte Frau, VERENA VON
WEYMARN, übernimmt die Dienststelle Generalarzt
der Luftwaffe in Lohmar-Heide bei Köln.

**2.** **Rußland.** Die nationalistische Liberal-Demokrati-
sche Partei Rußlands bestätigt WLADIMIR
SCHIRINOWSKIJ bis zum Jahr 2004 als Vorsitzenden
und erteilt ihm erweiterte Vollmachten.

**6.** **Ruanda/Burundi.** Die Präsidenten der beiden
Staaten, HABYARIMANA und NTARYAMIRA,
werden getötet, als ihr Flugzeug bei der Landung auf
dem Flughafen von Kigali vermutlich von einer
Rakete getroffen wird. Daraufhin flammt zwischen
den von Hutus dominierten Regierungstruppen
Ruandas und den v. a. der Tutsi-Minderheit angehörenden Rebellen der Patriotischen Front erneut der
jahrhundertealte Stammeskrieg mit unbeschreiblicher
Brutalität auf. Bereits im Laufe der ersten vier
Wochen werden nach Schätzungen der UNO mindestens 200000 Menschen getötet.

**Israel.** Als Rache für das Massaker von Hebron am
25. Februar richten palästinensische Extremisten in
der Stadt Afula ein Blutbad an, dem acht Israelis zum
Opfer fallen; mehr als 50 Menschen werden verletzt.
Als einen Tag später wieder ein Israeli getötet wird,
beginnen die Streitkräfte mit der völligen Abriegelung der besetzten Gebiete. Am 13. April kommen bei
einem Anschlag auf einen Bus in der Küstenstadt
Hadera fünf Israelis ums Leben.

**8.** **Moldawien/GUS.** Das Parlament ratifiziert die
Verträge für eine Mitgliedschaft in der Gemein-
schaft Unabhängiger Staaten, deren Ablehnung im
August 1993 zu Neuwahlen geführt hatte.

**Deutschland.** Nachdem ein Urteil des Verwaltungsge-
richts München vom Oktober 1993 über die Ungültig-
keit der Münchner Stadtratswahl von 1990 nach
Ablauf der Einspruchsfrist rechtskräftig geworden
ist, übernimmt Oberbürgermeister UDE bis zu den
Neuwahlen am 12. Juni die Alleinregierung der Stadt.

**10.** **Deutschland/USA.** Der SPD-Kanzlerkandidat
SCHARPING reist zu Gesprächen mit Präsident
CLINTON und weiteren führenden Politikern nach
Washington, um sich als möglicher neuer Bundes-
kanzler vorzustellen.

**11.** **Deutschland.** Das Berliner Landgericht
verurteilt den früheren Oberstleutnant des
Staatssicherheitsdienstes der DDR, HELMUT VOIGT,
u. a. wegen Beihilfe zum Mord bei dem Anschlag auf
das französische Kulturzentrum in West-Berlin im
Jahr 1983 zu vier Jahren Haft. Das Attentat hatte ein
Todesopfer und 23 Verletzte gefordert.

**Ukraine/Deutschland.** Die Verteidigungsminister
RADEZKI und RÜHE unterzeichnen in Bonn
eine Erklärung über den Ausbau der militärischen
Zusammenarbeit.

**13.** **Deutschland.** Unter starken Sicherheitsvorkehrungen beginnt in Düsseldorf der Mordprozeß
um den Brandanschlag von Solingen, bei dem Ende
Mai 1993 fünf türkische Frauen und Mädchen ums

**6. April.** In der nordisraelischen Stadt Afula kommen acht Menschen ums Leben, und mehr als 50 werden verletzt, als ein mit Sprengstoff und Gaskanistern präpariertes Auto explodiert. Die radikale Palästinenserorganisation Hamas bekennt sich zu der Tat

Leben kamen. Angeklagt sind fünf Männer zwischen 16 und 24 Jahren.

**Deutschland.** Der Landtag von Brandenburg lehnt ein an Ministerpräsident STOLPE gerichtetes Rücktrittsersuchen sowie einen Antrag auf Selbstauflösung des Parlaments ab und verhindert damit vorzeitige Neuwahlen am 12. Juni.

**Singapur/Deutschland.** Ministerpräsident GOH CHOK TONG und Bundeskanzler KOHL beschließen in Bonn einen Ausbau der Zusammenarbeit und gemeinsame Initiativen auf den Märkten Südostasiens.

**Deutschland.** Das Bundeskabinett beschließt finanzielle Hilfen für die von der Schweinepest betroffenen Landwirtschaftsbetriebe in Niedersachsen.

**14.** **USA/Irak.** Beim irrtümlichen Abschuß zweier amerikanischer Hubschrauber durch zwei US-Kampfflugzeuge über dem Nordirak werden 26 Menschen getötet.

**Deutschland.** Der Bundestag beschließt gegen die Stimmen der Opposition das Beschäftigungsförderungsgesetz 1994, das u. a. die Zulassung privater Arbeitsvermittler vorsieht.

**Deutschland.** Die Deutsche Bank stellt Haftantrag gegen den flüchtigen Immobilienkaufmann JÜRGEN SCHNEIDER. Am 15. April wird Konkursantrag gestellt. In der Affäre um das durch Milliardenschulden zusammengebrochene Immobilienimperium des Baulöwen geraten auch die Gläubigerbanken, v. a. die Deutsche Bank, wegen der leichtfertigen Kreditvergaben ins Zwielicht.

**Polen/Deutschland.** Ministerpräsident PAWLAK und Bundeskanzler KOHL erörtern in Bonn die von beiden gewünschte Mitgliedschaft Polens in der Europäischen Union.

**16.** **Italien.** SILVIO BERLUSCONI wird mit der Regierungsbildung beauftragt; seine Kandidaten für die Ämter des Senatspräsidenten und des Präsidenten des Abgeordnetenhauses, CARLO SCOGNAMIGLIO und IRENE PIVETTI, werden jeweils in Kampfabstimmungen gewählt.

**17.** **Jordanien.** Die palästinensische fundamentalistische Terrororganisation Hamas wird von der Regierung in dem Königreich verboten.

**18.** **Norwegen/Deutschland.** König HARALD V. und Königin SONJA beginnen in Berlin ihren viertägigen Staatsbesuch. Weitere Stationen ihrer Reise sind Dresden, Düsseldorf und Bonn.

**Pakistan/Deutschland.** Premierministerin BENAZIR BHUTTO besucht Bonn und Berlin, um über den Ausbau der Wirtschafts- und Finanzbeziehungen zwischen beiden Ländern zu verhandeln.

**19.** **USA.** Ein Gericht verurteilt die Stadt Los Angeles, dem Schwarzen RODNEY KING, der 1991 von vier weißen Polizisten zusammengeschlagen worden war, eine Entschädigung von 3,85 Mio. US-$ zu zahlen. Freisprüche für die Polizisten in einem ersten Prozeß hatten 1992 zu schweren Rassenunruhen in der Stadt geführt.

**20.** **Deutschland.** Bei einem Brandanschlag auf ein von Türken bewohntes Haus in Bielefeld wird ein Stockwerk verwüstet, aber niemand verletzt. Sechs Jugendliche werden festgenommen. Da der Anschlag am 105. Geburtstag ADOLF HITLERS verübt wurde, wird ein rechtsradikaler Hintergrund für die Tat vermutet.

**Frankreich.** Der wegen Verbrechen gegen die Menschlichkeit angeklagte Nazi-Kollaborateur PAUL TOUVIER wird von einem Schwurgericht in Versailles zu lebenslanger Haft verurteilt.

**18. April.** Die pakistanische Premierministerin Benazir Bhutto zu Besuch bei Bundeskanzler Kohl im Bonner Kanzleramt

**27. April.** Zum Ultimatum von UNO und NATO geben (von links nach rechts) UNO-Sonderbeauftragter Yasushi Akashi, Serbiens Präsident Slobodan Milošević und der bosnische Serbenführer Radovan Karadžić nach Beratungen am 22. April eine Pressekonferenz

**22.** **Deutschland.** Der seit fast zwei Jahren von der Polizei gesuchte Kaufhaus-Erpresser DAGOBERT wird bei einem Geldübergabeversuch in Berlin gefaßt.

**23.** **Deutschland.** Eine neue Tarifvereinbarung für die rund 120 000 Arbeitnehmer in der Stahlindustrie von Nordrhein-Westfalen, Niedersachsen und Bremen sieht vor, daß die 35-Stunden-Woche vom 1. 5. 1994 an gilt – elf Monate früher als ursprünglich geplant. Die Arbeitnehmer verzichten zur Finanzierung auf einen Teil des Weihnachtsgelds. IG Metall und Metall-Arbeitgeber sehen in dem Abschluß einen Beitrag zur Beschäftigungssicherung.
**Deutschland.** Der Bund der Vertriebenen wählt den bayerischen Juristen FRITZ WITTMANN als Nachfolger von HERBERT CZAJA zum neuen Bundesvorsitzenden.

**24.** **Israel/Rußland.** Ministerpräsident ITZHAK RABIN trifft zum ersten offiziellen Besuch eines israelischen Regierungschefs in Moskau ein.
**El Salvador.** Aus der zweiten Runde der Präsidentenwahl geht der Kandidat der rechtsgerichteten Regierungspartei ARENA, ARMANDO CALDERÓN SOL, als Sieger hervor.

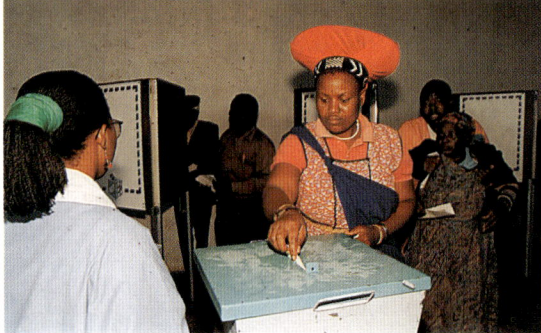

**26. April.** Eine schwarze Südafrikanerin mit traditioneller Kopfbedeckung (rechts) macht von ihrem Stimmrecht Gebrauch

**25.** **Japan.** TSUTOMU HATA wird als Nachfolger des am 8. April zurückgetretenen MORIHIRO HOSOKAWA zum Ministerpräsidenten gewählt.

**26.** **Südafrika.** Die ersten freien und demokratischen Parlamentswahlen nach Abschaffung der Apartheid beginnen. NELSON MANDELAS ANC verpaßt knapp die Zweidrittelmehrheit und erhält 62,6 % der Stimmen, die National Party des scheidenden Staatspräsidenten DE KLERK kommt auf 20,4 % und die Inkatha-Freiheitspartei von MONGOSUTHU BUTHELEZI auf 10,5 %.
**Deutschland.** In einem Beschluß vom 13. April stellt das Bundesverfassungsgericht fest, daß das Leugnen der systematischen Judenverfolgung in der Zeit des Nationalsozialismus nicht durch die Meinungsfreiheit geschützt ist. Die ›Auschwitz-Lüge‹ sei eine erwiesen unwahre Tatsachenbehauptung.

**27.** **Bosnien und Herzegowina.** Die Militärführung der Serben beugt sich einem Ultimatum von NATO und UNO vom 22. April und zieht alle schweren Waffen aus der Sperrzone um die umkämpfte Muslimenklave Goražde ab.

**28.** **Deutschland.** Der Zweite Senat des Bundesverfassungsgerichts erklärt in einem Richterspruch den Umgang mit Haschisch und Marihuana zwar weiterhin für strafbar, Erwerb und Besitz kleinerer Mengen zum Eigengebrauch sollen aber straffrei sein.
**Deutschland.** Der Bundesgerichtshof hebt ein Urteil des Landgerichts Schwerin gegen einen wegen eines Brandanschlags auf ein Asylbewerberheim verurteilten NPD-Funktionär als zu gering auf und verlangt eine härtere Strafe, da derartige Anschläge auch als versuchter Mord beurteilt werden können.
**USA.** Der ehemalige hochrangige CIA-Mitarbeiter ALDRICH AMES wird wegen Spionage für Moskau zu einer lebenslangen Freiheitsstrafe verurteilt.

**29.** **Israel/PLO.** In Paris unterzeichnen die Verhandlungspartner ein Wirtschaftsprotokoll für die autonomen Gebiete Gaza und Jericho.
**Deutschland.** Als letzte parlamentarische Instanz stimmt der Bundesrat nach jahrelangen Auseinandersetzungen dem Pflegeversicherungsgesetz zu.
**China/Deutschland.** Der DALAI-LAMA trifft zu einem dreitägigen, von der chinesischen Regierung mißbilligten Besuch in Bonn ein, wo er für ein von China unabhängiges Tibet wirbt.

**30.** **Rußland/Lettland.** Die beiden Staaten unterzeichnen einen Vertrag über den Abzug russischer Truppen bis zum 31. August 1994.

**MAI**

**3.** **Niederlande.** Bei den Parlamentswahlen erleiden die Parteien der großen Koalition aus Christ- und Sozialdemokraten schwere Stimmeinbußen und verlieren ihre Mehrheit.

**4.** **Israel/PLO.** Ministerpräsident RABIN und PLO-Chef ARAFAT unterzeichnen in Kairo das historische Abkommen über eine Autonomie für den Gazastreifen und Jericho, mit dem rund 800 000 Palästinenser zum ersten Mal ein Gebiet zur Selbstverwaltung erhalten. Israel bleibt jedoch weiterhin für die äußere Sicherheit verantwortlich.

**4. Mai.** Vor den Augen des ägyptischen
Präsidenten Hosni Mubarak (Mitte) fordern sich
der israelische Ministerpräsident Itzhak Rabin
(links) und PLO-Chef Jasir Arafat gegenseitig
zur Unterzeichnung des Gaza-Jericho-
Abkommens auf. Vor rund 2 000 Ehrengästen
mußte die Unterzeichnungszeremonie für kurze
Zeit wegen Unstimmigkeiten unterbrochen
werden

**Europäische Union.** Das Europäische Parlament
stimmt der Aufnahme Österreichs, Schwedens,
Finnlands und Norwegens in die EU zum 1. 1. 1995 zu.

**5.** **Japan/Deutschland.** Ministerpräsident HATA
trifft zu einem Arbeitsbesuch in Bonn ein, wo
er u. a. mit Bundeskanzler KOHL und Außenminister
KINKEL Gespräche über die Handelsbeziehungen
und das Streben nach einem ständigen Sitz im UNO-
Sicherheitsrat führt.

**6.** **Eurotunnel.** Der französische Staatspräsident
MITTERRAND und die britische Königin
ELISABETH II. eröffnen nach siebenjähriger Bauzeit
offiziell den rund 50 Kilometer langen Eisenbahntunnel unter dem Ärmelkanal.

**7.** **Haiti/UNO.** Der Weltsicherheitsrat beschließt ein
umfassendes Handelsembargo gegen das Militärregime der Karibikinsel. Die Sanktionen treten am
22. Mai in Kraft.

**8.** **Panama.** Bei den Präsidentschaftswahlen siegt
der Kandidat der von den Militärs gegründeten
Demokratisch-Revolutionären Partei (PRD),
ERNESTO PÉREZ BALLADARES.

**9.** **Südafrika.** NELSON MANDELA wird vom
Parlament zum ersten schwarzen Präsidenten
gewählt. Der bisherige Präsident DE KLERK
wird einer der beiden Vizepräsidenten.

**10.** **Deutschland.** Die Bundesanwaltschaft bestätigt,
daß sie Anklage wegen Spionage gegen den
früheren parlamentarischen Geschäftsführer der
SPD-Bundestagsfraktion, KARL WIENAND, erhoben
hat. WIENAND, der die Vorwürfe bestreitet,
soll zwischen 1970 und 1989 für das Ministerium für
Staatssicherheit der DDR gearbeitet haben.

**6. Mai.** Der französische Präsident François
Mitterrand und die britische Königin Elisabeth II.
(rechts) eröffnen den als Jahrhundertwerk
apostrophierten Eurotunnel unter dem
Ärmelkanal. Links im Bild Frankreichs First Lady
Danielle Mitterrand

**11.** **Italien.** SILVIO BERLUSCONI, Chef der rechtsgerichteten Forza Italia, wird als Ministerpräsident
der 53. Nachkriegsregierung vereidigt. Seinem Koali-
tionskabinett gehören auch Minister der Lega Nord
und der neofaschistischen Nationalen Allianz an.

**11. Mai.** Zwei Tage nach dem
Beginn des israelischen
Rückzugs aus großen Teilen
des Gazastreifens werden am
13. Mai Einrichtungen im
Flüchtlingslager Dschabalja,
die Polizeistation, ein Militär-
stützpunkt und Büros der
Zivilverwaltung an die Palästinenser übergeben. In
Dschabalja, einer früheren
Hochburg der Intifada, schwenken palästinensische Polizisten
ihre Fahne

**Rußland/Deutschland.** Präsident JELZIN besucht Bonn, wo er sich mit Bundeskanzler KOHL darauf verständigt, daß die russischen Truppen nicht, wie ursprünglich von der Bundesregierung vorgesehen, am 31. August in Weimar, sondern in Berlin aus der Bundesrepublik Deutschland verabschiedet werden.

**PLO/Israel.** Die ersten palästinensischen Polizisten übernehmen die Kontrolle in Teilen des Gaza-streifens. Israel schließt den Abzug seiner Truppen aus Gaza nach 27 Jahren Besetzung am 18. Mai ab (BILD S. 27).

**12.** **Deutschland.** Bei Krawallen in der Innenstadt von Magdeburg machen rund 60 Jugendliche Jagd auf eine Gruppe von Ausländern. Nach Hinweisen, daß der Verfassungsschutz schon am Vortag vor drohenden Übergriffen gewarnt hatte, wird Kritik am Verhalten der Polizei geübt. Sie soll den Gewalttätern unentschlossen gegenübergestanden und Opfer als vermeintliche Täter verfolgt haben.

**Internationaler Karlspreis.** Die norwegische Ministerpräsidentin GRO HARLEM BRUNDTLAND erhält in Aachen für ihr Engagement für Europa den Karlspreis.

**14.** **Georgien.** Tiflis und Abchasien stimmen der Stationierung von GUS-Friedenstruppen an der georgisch-abchasischen Grenze zu, die die immer wieder aufflammenden Kriegshandlungen unterbinden sollen.

**23. Mai.** Mit einem Blumenstrauß gratuliert Bundestagspräsidentin Rita Süssmuth Roman Herzog nach seiner Wahl zum neuen Bundespräsidenten durch die Bundesversammlung

**16.** **Dominikanische Republik.** Bei den Parlaments- und Präsidentschaftswahlen kommt es zu gravierenden Unstimmigkeiten zugunsten des amtierenden Präsidenten BALAGUER. Der Kandidat der Sozialdemokraten, JOSÉ FRANCISCO PEÑA GÓMEZ, verlangte die Annulierung der Wahlen und ihre Neuausschreibung unter internationaler Aufsicht.

**17.** **Ruanda/UNO.** Der Weltsicherheitsrat billigt die Entsendung von 5500 Blauhelmen in das Bürgerkriegsland, in dem Hutu-Regierungstruppen und Tutsi-Rebellen weiterhin Massaker unter der Bevölkerung anrichten. Die Zahl der Toten soll eine halbe Million bereits überschritten haben.

**Malawi.** Die ersten freien Wahlen in der Geschichte des Landes gewinnt die Vereinigte Demokratische Front (UDF) unter BAKILI MULUZI, der am 21. Mai als neuer Präsident vereidigt wird. Damit endet die 30jährige Alleinherrschaft von Präsident KAMUZU HASTINGS BANDA.

**Deutschland/Statt-Partei.** Der erst sechs Wochen zuvor zum ersten Bundesvorsitzenden der Statt-Partei gewählte BERND SCHÜNEMANN wird nach Auseinandersetzungen mit den bereits bestehenden Landesverbänden von der Mehrheit des Bundesvorstands abgesetzt. Ihm werden u. a. Verstöße gegen die Grundsätze der Partei vorgeworfen.

**19.** **Deutschland.** Der Bundestag verabschiedet eine Agrarsozialreform, die den rund 300 000 Bäuerinnen einen eigenen Rentenanspruch sichert.

**20.** **Jemen.** Die sozialistische Führung des Südens erklärt die Vereinigung mit dem Norden für beendet und kündigt die Schaffung eines unabhängigen Staates mit dem Namen ›Jemenitische Demokratische Republik‹ an.

**Deutschland.** Der Bundestag stellt im Rahmen des Verbrechensbekämpfungsgesetzes mit einer Änderung des Strafgesetzbuches das Leugnen der Judenvernichtung in der Zeit des Nationalsozialismus (›Auschwitz-Lüge‹) unter Strafe.

**Deutschland.** Der Bundesrat lehnt das Beschäftigungsförderungsgesetz 1994 mit der Zulassung privater Arbeitsvermittlung sowie das Kreislaufwirtschaftsgesetz zur Verringerung von Abfall ab. Zustimmung findet dagegen die Erhöhung der Einkommensgrenzen für den sozialen Wohnungsbau.

**21.** **Israel/Libanon.** Ein Kommando der israelischen Streitkräfte entführt ein hohes Mitglied der fundamentalistischen Hisbollah von libanesischem Territorium, um damit die Freilassung eines seit 1986 verschwundenen, in der Gewalt der Hisbollah vermuteten Luftwaffenpiloten zu erzwingen.

**23.** **Deutschland.** Die Bundesversammlung wählt in Berlin den Kandidaten der CDU/CSU, ROMAN HERZOG, im dritten Wahlgang mit 696 Stimmen zum neuen Bundespräsidenten. Sein Gegenkandidat von der SPD, JOHANNES RAU, erhält 605 Stimmen.

**24.** **USA.** Vier muslimische Fundamentalisten werden in New York für ihre Beteiligung an dem Bombenanschlag auf das World Trade Center vom 26. 2. 1993 zu je 240 Jahren Haft verurteilt. Bei dem Anschlag waren sechs Menschen ums Leben gekommen.

**25.** **Rußland.** Der Träger des Nobelpreises für Literatur, ALEKSANDR SOLSCHENIZYN, kehrt nach zwei Jahrzehnte währendem Exil aus den USA in seine Heimat zurück.

**26.** **UNO/Südafrika.** Der Weltsicherheitsrat hebt sämtliche noch bestehenden Sanktionen gegen Südafrika auf.

**Deutschland.** Der nach den Vorgaben des Bundesverfassungsgerichts neugestaltete § 218 StGB zum Schwangerschaftsabbruch wird im Bundestag nur knapp angenommen. Bei der Abstimmung verpaßt die SPD wegen abwesender Abgeordneter die Chance, das aus verschiedenen Gründen umstrittene und noch auf die Zustimmung des Bundesrats angewiesene Gesetz gemeinsam mit Abgeordneten aus dem Unionslager schon im Parlament zu Fall zu bringen.

**29. Ungarn.** Die Sozialistische Partei (MSzP) erringt im zweiten Wahlgang der Parlamentswahlen mit 53,9 % der Stimmen die absolute Mehrheit. Im ersten Wahlgang am 8. Mai hatte sie 32 % erzielt.

**Deutschland/Chile.** Der frühere Staats- und Parteichef der DDR, ERICH HONECKER, stirbt in Santiago de Chile an Krebs. Chile hatte ihm und seiner Frau MARGOT Aufnahme gewährt, nachdem er am 13. 1. 1993 in Berlin aus der Haft entlassen worden war.

**30. Deutschland.** Bundesinnenminister MANFRED KANTHER legt die polizeiliche Kriminalstatistik für das Jahr 1993 vor. Danach erreichte die Zahl der Straftaten mit 6,7 Mio. (+ 7 %) eine neue Höchstmarke. Besonders stark sind Massendelikte wie Diebstahl angestiegen.

**31. Bosnien und Herzegowina.** Der Kroatenführer KREŠIMIR ZUBAK wird in Sarajevo zum ersten Präsidenten der muslimisch-kroatischen Föderation gewählt.

## JUNI

**1. Israel/Libanon.** Bei nächtlichen Bombenangriffen der israelischen Luftwaffe auf Lager der schiitischen Extremistengruppe Hisbollah im Libanon werden 45 Menschen getötet und Dutzende verletzt. Die Hisbollah antwortet mit der Beschießung der von Israel beanspruchten Sicherheitszone und Galiläas.

**Süd-Korea/Rußland.** Staatspräsident KIM YOUNG SAM besucht Moskau, wo er mit Präsident JELZIN v. a. über den Atomkonflikt mit Nord-Korea spricht.

**2. UNO.** Das Entwicklungsprogramm der Vereinten Nationen (UNDP) legt eine Agenda für den Sozialgipfel vor, der im März 1995 in Kopenhagen stattfinden soll. In ihr wird gefordert, neben der Friedenssicherung zwischen den Nationen die Sicherung des Friedens in den Nationen anzustreben.

**3. China.** Zum fünften Jahrestag des Massakers auf dem Platz des Himmlischen Friedens zieht die Regierung ein großes Polizeiaufgebot in Peking zusammen, um neue Unruhen zu verhindern.

**Deutschland.** Der Bundesparteitag der FDP in Rostock stimmt für die Fortsetzung der Koalition mit den Unionsparteien und verabschiedet am 5. Juni das Wahlprogramm.

**USA/Italien.** Am letzten Tag seines Italienbesuchs wohnt Präsident CLINTON einer Feier auf dem amerikanischen Soldatenfriedhof in Nettuno anläßlich des 50. Jahrestags der alliierten Landung in der Normandie bei. Zuvor traf CLINTON Staatspräsident SCALFARO, Ministerpräsident BERLUSCONI und Papst JOHANNES PAUL II.

**4. Kuwait.** Ein Sondergericht für Sicherheitsfragen verurteilt fünf Iraker und einen Kuwaiter wegen eines geplanten Attentats auf den früheren amerikanischen Präsidenten GEORGE BUSH im Jahr 1993 zum Tode.

**5. D-Day.** Die Feiern zum 50. Jahrestag der alliierten Landung in der Normandie beginnen mit der Überquerung des Ärmelkanals von Portsmouth aus durch eine Flotte von 80 Schiffen unter Führung der

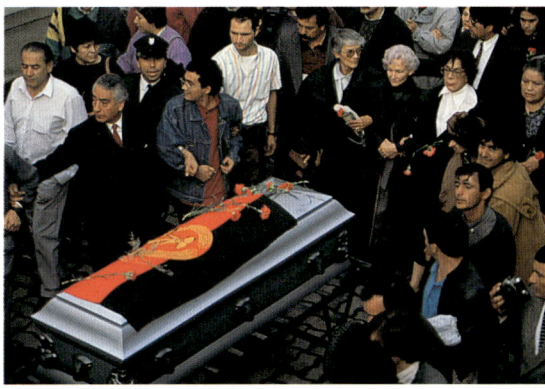

**29. Mai.** Einen Tag nach Erich Honeckers Tod wird sein mit der Flagge der ehemaligen DDR bedeckter Sarg auf den Friedhof in Santiago de Chile gebracht. Hinter dem Sarg seine Frau Margot und Tochter Sonja

königlichen Jacht ›Britannia‹ und des neuesten amerikanischen Flugzeugträgers ›George Washington‹. Staatsoberhäupter und Regierungschefs aus 14 Ländern nehmen daran teil.

**Deutschland/Statt-Partei.** Der Brite MIKE BASHFORD wird von einer Delegiertenversammlung der Statt-Partei zum neuen Vorsitzenden gewählt.

**Äthiopien.** Die Bevölkerung wählt eine Verfassunggebende Versammlung, die über die künftige Regierungsform befinden soll.

**6. Spanien/Deutschland.** Ministerpräsident GONZÁLEZ trifft zu Beratungen mit Bundeskanzler KOHL über die Europapolitik in Schwerin ein.

**Südafrika.** Die Republik wird als Mitglied in die OAU (Organisation für Afrikanische Einheit) aufgenommen.

**Jemen.** Die Lage in der Hauptstadt des abtrünnigen Südens, Aden, spitzt sich zu, nachdem Flugzeuge des Nordens das wichtigste Wasserwerk und die Ölraffinerie bombardiert haben.

**Deutschland/Irak.** Der Vorsitzende des Auswärtigen Ausschusses des Deutschen Bundestags, STERCKEN,

**6. Juni.** Feuerwehrleute transportieren ein Faß mit Löschmittel auf dem Gelände der tags zuvor bombardierten Erdölraffinerie in der Nähe der ehemaligen südjemenitischen Hauptstadt Aden

**12. Juni.** Nach Bekanntwerden der ersten Hochrechnungen zur Volksabstimmung über den Beitritt zur Europäischen Union feiern Österreichs EU-Anhänger, im Bild Vizekanzler Erhard Busek, das überraschend klare Votum für den Beitritt

reist zu einem Besuch nach Bagdad, wo er mit Präsident Saddam Husain und anderen irakischen Politikern Gespräche u. a. über die Lage der Kurden und die Freilassung Kriegsgefangener führt.

**7.** **USA/Frankreich.** Als erster amerikanischer Präsident der Nachkriegsgeschichte hält Bill Clinton eine Rede vor der französischen National-versammlung, in der er Europa und die USA zum Zusammenhalt auffordert.
**Ruanda.** Nach Angaben von Vertretern der UNO fliehen Millionen von Menschen vor den anrücken-den Tutsi-Rebellen der Patriotischen Front Ruandas (RPF).
**Deutschland.** Nach Angaben des Statistischen Bundesamts weist die Wirtschaft im Westen wieder ein kräftiges Wachstum auf, der Aufschwung im Osten verstärkt sich weiter.
**Jordanien/Israel/Syrien.** Nach jordanischen Angaben sollen sich Syrien und Israel über die Grundzüge eines israelischen Rückzugs von den Golanhöhen geeinigt haben.
**Österreich.** In Kärnten wird der bisherige Landes-hauptmann Christof Zernatto wiedergewählt. Die FPÖ hatte die Wahl mehrfach blockiert, indem sie aus dem Landtag auszog, wenn dieser Punkt auf der Tagesordnung stand.
**USA.** Der 86jährige Howard Hunter wird in Salt Lake City als neues Oberhaupt und ›Prophet‹ der Mormonen-Kirche vorgestellt. Er ist der 14. Präsident der 9 Mio. Mitglieder zählenden Glaubensgemeinschaft.

**8.** **Türkei/Kurden.** Das Parlament verlängert den Ausnahmezustand in den überwiegend von Kurden bewohnten südöstlichen Landesteilen um vier weitere Monate.
**Frankreich/Deutschland.** Staatspräsident Mitterrand und Bundeskanzler Kohl treffen sich in Heidelberg unter dem Motto ›Europa gestalten‹ zu einem ›Fest der Freundschaft‹.

**9.** **Deutschland.** Nach dem Abbruch der Tarifver-handlungen über Mitbestimmungsregelungen und Sozialleistungen bei den Postunternehmen nimmt die Deutsche Postgewerkschaft (DPG) ihre Warnstreiks wieder auf. Betroffen sind v. a. Briefzustellung und Fernmeldeämter.

**Deutschland.** Bund und Länder einigen sich auf ein Schlachtverbot für Rinder aus Großbritannien, um eine Verbreitung des sog. Rinderwahnsinns zu verhindern.

**10.** **Deutschland.** Der als ›Schwulen-Paragraph‹ bekannte §175 StGB fällt nunmehr völlig weg. Am nächsten Tag tritt eine einheitliche Vorschrift in Kraft, die Jugendliche unter 16 Jahren vor sexuellem Mißbrauch schützen soll.
**Deutschland.** Der Bundesrat lehnt mehrere Gesetzes-vorlagen ab, darunter das Verbrechensbekämpfungs-gesetz und das Entschädigungsgesetz.
**China.** Das Land unternimmt einen unterirdischen Atomtest, fordert jedoch gleichzeitig einen Teststopp und die Vernichtung aller Atomwaffen.

**12.** **Europäische Union.** Bei der vierten Direktwahl des Europäischen Parlaments sind 207 der insgesamt 269 Mio. Bürger der Mitgliedstaaten aufgerufen, unter den mehr als 10 000 Kandidaten für die 567 Sitze zu wählen. Bereits am 9. Juni hatten die Stimmberechtigten in Großbritannien, Irland, Dänemark und den Niederlanden abgestimmt. Die jeweiligen Regierungsparteien von Kopenhagen bis Athen müssen überwiegend Stimmeneinbußen hinnehmen.
**Österreich.** Die Volksabstimmung über den Beitritt des Landes zur Europäischen Union bringt eine Zustimmung von 66,4%.
**Deutschland.** Bei den Kommunalwahlen in Mecklen-burg-Vorpommern und Sachsen-Anhalt verteidigt die CDU ihre Position als stärkste Partei, SPD und PDS erzielen deutliche Gewinne. Im Saarland behauptet sich die SPD trotz Verlusten als stärkste Partei.
**Schweiz.** In einer Volksabstimmung sprechen sich die Stimmbürger gegen eine Beteiligung an friedens-erhaltenden Blauhelmeinsätzen der UNO aus.
**Rußland.** Jegor Gaidar gründet die liberal-konservative Partei ›Rußlands Demokratische Wahl‹.

**13.** **Türkei.** Bei der Explosion einer Bombe in einem Café in der Stadt Tekirdag am Marmara-Meer werden 16 Personen verletzt.
**Rußland/Deutschland.** Die Seestreitkräfte beider Staaten halten erstmals gemeinsame Übungen ab.
**Rußland.** Verteidigungsminister Gratschow gibt bekannt, daß Moskau ab Oktober 1995 nur noch 1,9 Mio. Soldaten unter Waffen halten will.

**14.** **Ukraine/Europäische Union.** Präsident Krawtschuk unterzeichnet in Luxemburg ein Partnerschafts- und Kooperationsabkommen mit der EU, die damit erstmals mit einem Nachfolgestaat der ehemaligen Sowjetunion enge wirtschaftliche und politische Beziehungen unterhält, die weit über einen Handelsvertrag hinausgehen.
**Deutschland.** Dieter Schulte wird auf dem 15. ordentlichen Bundeskongreß des Deutschen Gewerkschaftsbundes in Berlin als Nachfolger des verstorbenen Heinz-Werner Meyer zum DGB-Vorsitzenden gewählt.

**15.** **Italien/Deutschland.** Seine erste Auslandsreise als Regierungschef führt Ministerpräsident Berlusconi zu Bundeskanzler Kohl nach Bonn.
**USA.** Präsident Clinton löst ein Wahlkampfver-sprechen ein und legt ein Programm zur Reform der Sozialhilfe vor, dessen Kernstück die Begrenzung der staatlichen Sozialhilfe auf zwei Jahre ist.

**Nord-Korea/IAEO.** Der Austritt Nord-Koreas aus der Internationalen Atomenergieorganisation wird mit der Unterrichtung der USA offiziell bekanntgegeben.

**Kolumbien.** In Cartagena de Indias beginnt die vierte ibero-amerikanische Gipfelkonferenz, auf der der kubanische Präsident CASTRO die USA scharf angreift und ein Ende der Blockade Kubas fordert.

**16.** **Deutschland.** Der Bundestag beschließt in namentlicher Abstimmung die Einführung einer Autobahngebühr für Lastwagen über 12 t ab 1. 1. 1995 und die Aufhebung des Rabattgesetzes.

**17.** **Deutschland.** Im ersten Prozeß um die in den 50er Jahren verhängten politischen Todesurteile in der DDR wird der ehemalige Oberrichter HANS REINWARTH wegen Rechtsbeugung, zweifachen Totschlags und versuchten Totschlags zu drei Jahren und neun Monaten Freiheitsstrafe verurteilt.

**Deutschland.** Die Enquetekommission zur Aufarbeitung der Geschichte und der Folgen der SED-Diktatur in Deutschland legt dem Bundestag ihren Abschlußbericht vor, dessen Kernaussage lautet: Die DDR war von Anfang an eine totalitäre Diktatur.

**18.** **Deutschland.** Mit einer letzten Militärparade nehmen die drei westlichen Alliierten unter dem Applaus von rund 75 000 Zuschauern Abschied von Berlin.

**19.** **Großbritannien.** Während der Übertragung des Fußballspiels Irland gegen Italien fallen Terroristen der protestantischen Ulster Volunteer Force (UVF) in einem Dorfgasthaus im nordirischen Loughinisland ein und schießen die Zuschauer mit automatischen Waffen nieder. Sechs Menschen sterben, fünf werden z. T. schwer verletzt.

**USA/Korea.** Der ehemalige amerikanische Präsident CARTER erzielt einen diplomatischen Erfolg, als es ihm zum Abschluß seiner einwöchigen Ostasienreise gelingt, ein Gipfeltreffen zwischen Nord- und Süd-Korea zu vermitteln.

**Frankreich.** Sozialistenchef MICHEL ROCARD erklärt seinen Rücktritt, nachdem er eine Vertrauensabstimmung in seiner Partei verloren hatte.

**Guatemala.** Regierung und Guerilla schließen in Oslo ein Flüchtlingsabkommen, das die Rückführung hunderttausender Vertriebener möglich machen soll.

**17. Juni.** Rainer Eppelmann (CDU), Vorsitzender der Enquete-Kommission zur Aufarbeitung der DDR-Geschichte, und Markus Meckel, Kommissions-Obmann der SPD, berichten vor der Presse über den dem Bundestag vorgelegten Bericht

**20.** **Iran.** Bei einem Bombenanschlag auf eine Moschee in der ostiranischen Stadt Maschad, einem Zentrum der schiitischen Muslime, sterben 21 Menschen.

**Kambodscha.** Nach den gescheiterten Friedensgesprächen schließen die Roten Khmer ihre Vertretung in Phnom Penh und ziehen aus der Hauptstadt ab.

**Kolumbien.** Aus den Stichwahlen um das Präsidentenamt geht der Kandidat der Liberalen Partei, ERNESTO SAMPER PISANO, als Sieger hervor.

**Europarat.** Der schwedische Liberale DANIEL TARSCHYS tritt offiziell sein Amt als Generalsekretär der Organisation an.

**Schweiz/Deutschland.** Die beiden Nachbarländer beschließen, Studienzeiten und -abschlüsse gegenseitig anzuerkennen.

**Finnland.** Die Christliche Union verläßt aus Protest gegen die europafreundliche Politik der Regierung die Koalition.

**18. Juni.** Die drei westlichen Alliierten verabschieden sich mit einer letzten großen Militärparade von Berlin. Fast 2 000 Soldaten marschieren vor rund 75 000 Zuschauern über die geschmückte Straße des 17. Juni

**24. Juni.** Trotz des Streits um die Nominierung des neuen EU-Kommissionspräsidenten stellen sich die Staats- und Regierungschefs während des Gipfeltreffens auf Korfu gut gelaunt den Fotografen. Von links nach rechts: Jacques Santer, Helmut Kohl, Carl Bildt, Albert Reynolds, François Mitterrand, Gro Harlem Brundtland, Andreas Papandreu, Jean-Luc Dehaene

**21. Deutschland.** Der Schalck-Untersuchungsausschuß des Deutschen Bundestags legt seinen Abschlußbericht vor, aus dem hervorgeht, daß die ›KoKo‹ (Kommerzielle Koordinierung) ALEXANDER SCHALCK-GOLODKOWSKIS mit teilweise kriminellen Methoden und unter Schädigung der Bundesrepublik von 1966 bis 1989 rund 27 Mrd. DM erwirtschaftet und überwiegend an den Staatshaushalt der DDR abgeführt hat.
**Deutschland.** Sachsen öffnet als erstes Land seine Universitäten für Studienbewerber ohne Abitur ab Wintersemester 1994/95.

**22. Rußland/NATO.** Als 21. Land unterzeichnet die Russische Föderation das Rahmendokument des NATO-Programms ›Partnerschaft für den Frieden‹.
**Deutschland.** Auf ihrem Wahlparteitag in Halle wählen die SPD-Delegierten ihren Parteivorsitzenden SCHARPING mit 479 von 502 abgegebenen Stimmen offiziell zum Kanzlerkandidaten.
**Türkei.** Bei Bombenanschlägen in Marmaris und Fethiye werden insgesamt 13 Menschen verletzt, darunter zwei Deutsche. Die Anschläge werden der verbotenen PKK zugeschrieben.
**Lettland/Rußland.** Das lettische Parlament verabschiedet ein neues Staatsbürgerschaftsgesetz, das v. a. die Einbürgerung der noch aus sowjetischer Zeit in Lettland lebenden Russen erschwert.
**Südafrika.** Die Zentralregierung entsendet Truppen in die Transkei, um eine Rebellion ehemaliger Transkei-Soldaten niederzuschlagen.

**23. Frankreich/Ruanda.** Die ersten von rund 2 500 französischen Soldaten stoßen von Zaire aus nach Ruanda vor, um weitere Massaker an der Zivilbevölkerung zu verhindern. In der Nacht zuvor hatte der UNO-Sicherheitsrat mit zehn Ja-Stimmen und fünf Enthaltungen das Vorhaben Frankreichs gebilligt.
**Deutschland.** Die Krise in der Berliner großen Koalition, ausgelöst durch Kontakte des Sprechers von Innensenator HECKELMANN (CDU) zu rechts-

radikalen Kreisen, wird mit einem Kompromiß beigelegt. HECKELMANN wird die Zuständigkeit für den Verfassungsschutz entzogen, sein Pressesprecher abgelöst.
**Deutschland.** Der niedersächsische Landtag wählt GERHARD SCHRÖDER mit 83 Stimmen erneut zum Ministerpräsidenten.
**Bosnien und Herzegowina.** Das Parlament in Sarajevo wählt den bisherigen bosnischen Regierungschef SILAJDŽIĆ einstimmig zum Ministerpräsidenten der neuen kroatisch-muslimischen Föderation.

**24. Europäische Union.** Auf Korfu beginnt ein Gipfeltreffen, in dessen Mittelpunkt die Personaldebatte um den künftigen Präsidenten der Europäischen Kommission, das Partnerschaftsabkommen mit Rußland und die Beitrittsverträge mit Österreich, Finnland, Norwegen und Schweden stehen. Der russische Präsident JELZIN nimmt als Gast teil. Am Widerspruch Großbritanniens scheitert die Nominierung des Belgiers JEAN-LUC DEHAENE als neuer Kommissionspräsident.
**Weißrußland.** Bei den Präsidentschaftswahlen führt nach dem ersten Wahlgang der prokommunistische Kandidat ALEXANDER LUKASCHENKA vor dem amtierenden Ministerpräsidenten KEBITSCH.
**Ungarn.** Die Sozialistische Partei (MSzP) und der Bund Freier Demokraten (SzDSz) unterzeichnen in Budapest eine Vereinbarung über die Bildung einer Koalitionsregierung.

**25. Japan.** Ministerpräsident HATA tritt nach nur zweimonatiger Amtszeit zurück.
**Deutschland/Polen.** Bundespräsident VON WEIZSÄCKER stattet Warschau auf seiner letzten Auslandsreise einen Besuch ab und trifft mit Staatspräsident WAŁĘSA und Ministerpräsident PAWLAK zusammen.
**Kurden/Deutschland.** In Frankfurt am Main demonstrieren rund 50 000 Kurden für eine friedliche und politische Lösung des Kurdenproblems.
**Deutschland.** 40 000 Menschen nehmen an einer Abschiedsparade der russischen Streitkräfte in Berlin teil.

**26. Deutschland.** Die vorgezogenen Landtagswahlen in Sachsen-Anhalt erbringen der CDU leichte Verluste, der SPD und der PDS deutliche Gewinne. Die FDP scheitert an der Fünfprozenthürde. SPD und Bündnis 90/Die Grünen wollen zusammen eine Minderheitsregierung bilden und nehmen Koalitionsgespräche auf.
**Haiti.** Nach der Einstellung des direkten Flugverkehrs nach Port-au-Prince ist die Insel weitgehend von der Welt isoliert.
**Deutschland.** Der weltweit erste Ozonversuch geht in Heilbronn und Neckarsulm zu Ende. Er löst eine verschärfte Diskussion um ein Tempolimit auf deutschen Straßen aus.
**Ukraine.** Bei der Präsidentenwahl erhält der amtierende Präsident KRAWTSCHUK die meisten Stimmen im Westen des Landes, der frühere Ministerpräsident KUTSCHMA die meisten im Osten, so daß eine Stichwahl notwendig wird.

**27. Niederlande.** Die Verhandlungen über die Bildung einer Dreierkoalition aus sozialdemokratischer PvdA, Rechtsliberalen (VVD) und Linksliberalen (D 66) scheitern nach sechswöchigen Bemühungen.

**PLO.** In den autonomen Gebieten Gaza und Jericho findet die erste Sitzung des Palästinensischen Autonomierats statt, auf der weitere Verhandlungen mit Israel vorbereitet werden.

**28.** **Korea.** Delegationen des Nordens und des Südens verständigen sich auf ein Treffen der beiden Präsidenten vom 25. bis 27. Juli in der nordkoreanischen Hauptstadt P'yongyang.

**USA.** Präsident CLINTON bildet seine Beratermannschaft um. Wichtigste Änderung ist die Ersetzung von Stabschef MCLARTY durch den bisherigen Budgetdirektor LEON PANETTA.

**Irak/Vatikanstadt.** Der stellvertretende Ministerpräsident TARIK AZIZ wird von Papst JOHANNES PAUL II. in Privataudienz empfangen.

**29.** **Japan.** Im zweiten Wahlgang wird überraschend der Vorsitzende der Sozialdemokratischen Partei, TOMIICHI MURAYAMA, mit der Unterstützung eines Großteils der Liberaldemokraten zum neuen Regierungschef gewählt.

**Deutschland.** Der Bundestag stimmt der für die Umwandlung von Telekom, Postdienst und Postbank in drei Aktiengesellschaften notwendigen Änderung des Grundgesetzes mit den Stimmen der Regierungsfraktionen und der SPD zu.

**Haiti.** Die verschärften internationalen Sanktionen führen erneut zu einer Massenflucht. Die US-Regierung öffnet daraufhin den Stützpunkt Guantánamo auf Kuba erneut für Flüchtlinge.

**China/Österreich.** Ministerpräsident LI PENG trifft zum Auftakt seiner Europareise in Wien ein. Vizekanzler BUSEK hatte zuvor einen Boykott aller Veranstaltungen mit LI aus Protest gegen die chinesische Menschenrechtspolitik angekündigt.

**30.** **Deutschland.** Bei der größten Verfassungsdebatte seit dem 2. Weltkrieg beschließt der Bundestag ein Bündel von Grundgesetzänderungen, das u. a. die Staatsziele Umweltschutz, Förderung der Gleichberechtigung und Schutz der Behinderten sowie die finanzpolitische Eigenverantwortung der Gemeinden und Änderungen zur Neugliederung der Länder enthält.

**Hongkong.** Das Parlament der britischen Kronkolonie verabschiedet eine von Gouverneur PATTEN

**4. Juli.** Der chinesische Ministerpräsident beginnt seinen Besuch in Deutschland. Am 6. Juli demonstrieren chinesische Oppositionelle vor dem Schloß Charlottenburg gegen Li Peng, der als verantwortlich für das Massaker von 1989 gilt, und die Verstöße gegen die Menschenrechte in China

vorgelegte Wahlrechtsreform, die von China entschieden abgelehnt wird.

**Deutschland.** Der Bundestag verabschiedet den Gesetzentwurf der Bundesregierung zur Wiedereinführung der Altersgrenze von 65 Jahren bei Arbeitnehmern.

### JULI

**1.** **PLO.** Nach 27 Jahren im Exil reist JASIR ARAFAT in den nun autonomen Gazastreifen, besucht am 3. Juli Gaza und am 5. Juli Jericho,

**1. Juli.** Zehntausende von Anhängern feiern PLO-Chef Jasir Arafat entlang seiner Fahrtroute durch den Gazastreifen; im Bild sein Empfang in Gaza am 3. Juli

wo er den Palästinensischen Autonomierat ins Amt einführt. Am 11. Juli wird das Hauptquartier der PLO von Tunis nach Gaza verlegt.

**Deutschland.** Der neue Bundespräsident ROMAN HERZOG legt im Berliner Reichstag seinen Amtseid ab.

**Europäische Union.** Deutschland übernimmt als Nachfolger Griechenlands turnusgemäß für sechs Monate die Präsidentschaft der EU.

**2.** **Deutschland.** Die Deutsche Postgewerkschaft und die Arbeitgeber einigen sich in den seit dem 7. April laufenden und von massiven Warnstreiks begleiteten Tarifverhandlungen auf einen Kompromiß, der den sozialen Besitzstand für die rund 670 000 Bediensteten der künftig privatwirtschaftlichen Bereiche Postdienst, Postbank und Telekom wahren soll.

**3.** **Deutschland.** Der Bundesverband Druck und die IG Medien einigen sich nach siebenmonatigem Tarifstreit auf einen Tarifvertrag, der Lohn- und Gehaltserhöhungen von jeweils 2 % zum 1. 7. 1994 und zum 1. 7. 1995 vorsieht.

**4.** **China/Deutschland.** Ministerpräsident LI PENG beginnt sein offizielles Besuchsprogramm (bis 9. Juli) und wird am 5. Juli als erster ausländischer Staatsgast vom neuen Bundespräsidenten HERZOG empfangen. Trotz Milliardenaufträgen für die deutsche Wirtschaft mahnt u. a. Bundeskanzler KOHL die Einhaltung der Menschenrechte durch Peking an. Demonstrationen gegen die Mißachtung

**13.Juli.** Mehrere Hundertschaften der Polizei räumen das Hüttendorf bei Gorleben, das etwa 300 Demonstranten aus Protest gegen den vorgesehenen Transport von abgebrannten Kernbrennstäben aus Philippsburg nach Gorleben besetzt hatten

der Menschenrechte in China veranlassen LI PENG, einen Gang durchs Brandenburger Tor abzusagen sowie seinen Besuch in Weimar vorzeitig abzubrechen.

**6.** **Israel/PLO.** Für ihre Politik der Aussöhnung werden ITZHAK RABIN und JASIR ARAFAT in Paris mit der Verleihung des UNESCO-Friedenspreises geehrt.
**Bosnien und Herzegowina.** Die internationale Kontaktgruppe legt in Genf den Kriegsparteien einen Friedensplan und eine Karte zur Aufteilung des Landes vor. Die Kroaten stimmen zu; die Muslime ziehen ihre Zustimmung wieder zurück, nachdem die Serben Bedingungen stellen, von denen sie trotz internationalen Drucks nicht abrücken.
**Deutschland/Kurden.** Im Prozeß um die Besetzung des türkischen Generalkonsulats in München im Juni 1993 werden 13 angeklagte Kurden zu Haftstrafen zwischen zweieinhalb und viereinhalb Jahren verurteilt.

**7.** **Jemen.** Der im Mai 1994 vom ehemals sozialistischen Süden ausgelöste Bürgerkrieg geht mit der Einnahme Adens durch nordjemenitische Truppen zu Ende; die südjemenitischen Führer flüchten nach Oman.
**Algerien.** Mit dem Überfall auf Seeleute eines italienischen Frachtschiffs, bei dem sieben Menschen getötet werden, beginnt eine weitere Welle von Anschlägen islamischer Fundamentalisten gegen Ausländer.

**8.** **G 7/Italien.** In Neapel beginnt der 20. Weltwirtschaftsgipfel. Durch die Anwesenheit von Präsident JELZIN und die Schaffung einer politischen ›G 8‹ erhält Rußland künftig ein Mitspracherecht bei außenpolitischen Beratungen.
**Nord-Korea.** Zwei Wochen vor dem geplanten ersten innerkoreanischen Gipfeltreffen stirbt der als Diktator herrschende Staats- und Parteichef KIM IL SUNG mit 82 Jahren an einem Herzversagen. Über seine Nachfolge herrscht zunächst Unklarheit.
**Deutschland.** Der Bundesrat bewältigt in der Rekordzeit von nur viereinhalb Stunden die längste Tagesordnung seiner Geschichte. Zu den über 130 beratenen Gesetzen, Verordnungen und Richtlinien gehören die Postreform (angenommen), die Reform des § 218 (abgelehnt), das Transrapid-Planungsgesetz (Vermittlungsausschuß angerufen), die Autobahngebühr und die Fernstraßenfinanzierung (angenommen), die Treuhandnachfolge (angenommen), das Beschäftigungsförderungsgesetz 1994 (angenommen), das Rabattgesetz (Vermittlungsausschuß angerufen) und das neue Abfallrecht (angenommen).

**9.** **Deutschland/Kurden.** Rund 15 000 Kurden beteiligen sich in Hannover an einem Trauermarsch für einen 16jährigen Kurden, der am 1. Juli beim Kleben von Plakaten der verbotenen Arbeiterpartei Kurdistans (PKK) unter zunächst ungeklärten Umständen von der Polizei erschossen worden war.

**10.** **USA/Deutschland.** Präsident CLINTON trifft zu seinem ersten Staatsbesuch in Deutschland ein. Am Brandenburger Tor in Berlin fordert er am 12. Juli zum Brückenschlag zwischen Ost und West auf.
**Weißrußland.** Aus der Stichwahl um das Präsidentenamt geht der ehemals kommunistische Politiker ALEXANDER LUKASCHENKA als Sieger hervor.
**Ukraine.** Der für enge Beziehungen zu Rußland eintretende ehemalige Ministerpräsident LEONID KUTSCHMA gewinnt die Stichwahl um das Präsidentenamt.

**12.** **Deutschland/Bundeswehr.** Das Bundesverfassungsgericht verkündet sein Urteil zu den umstrittenen Auslandseinsätzen der Bundeswehr. Die Richter halten eine Änderung des Grundgesetzes nicht für erforderlich, verlangen aber vor der Entsendung von Soldaten zu internationalen Militäreinsätzen die Zustimmung des Bundestages mit einfacher Mehrheit.
**Bosnien und Herzegowina.** Nach den Serben stimmen auch die Muslime einer Verlängerung des Waffenstillstands um einen Monat zu. Die Kämpfe gehen trotzdem weiter und eskalieren v. a. um Sarajevo.

**13.** **Usbekistan/NATO.** Die ehemalige Sowjetrepublik tritt als 22. Staat der NATO-Initiative ›Partnerschaft für den Frieden‹ bei.
**Deutschland.** Die Blockade des atomaren Zwischenlagers im niedersächsischen Gorleben wird von der Polizei beendet, die das Hüttendorf räumt.

**14.** **Deutschland/Frankreich.** Auf Einladung Präsident MITTERRANDS nehmen erstmals seit Ende des Zweiten Weltkriegs deutsche Soldaten (als Angehörige des Eurokorps) an der Truppenparade zum französischen Nationalfeiertag auf den Champs-Elysées teil. In Frankreich hatte die Einladung starke Emotionen und Kritik hervorgerufen.

**Deutschland.** Die Nationale Armutskonferenz beklagt in einem in Bonn vorgelegten Bericht eine ihrer Ansicht nach verfehlte Sozialpolitik und warnt vor einer durch Armut hervorgerufenen sozialen und politischen Zerreißprobe in der Bundesrepublik.

**15.** **Ungarn.** Der sozialistische Parteichef GYULA HORN, dessen Partei bei den Parlamentswahlen im Mai die absolute Mehrheit erhalten hatte, wird zum neuen Ministerpräsidenten gewählt.

**Norwegen.** Oslo verschärft seine Gesetze gegen eine Behinderung des Walfangs. Wenige Tage zuvor war die Marine gewaltsam gegen Greenpeace-Aktivisten und ihre Schiffe vorgegangen.

**Deutschland.** Das Bundeskabinett verabschiedet den Etatentwurf für 1995 und die mittelfristige Finanzplanung bis 1998. Geplant sind für 1995 Ausgaben in Höhe von 484,6 Mrd. DM, die geplante Neuverschuldung beläuft sich auf 68,7 Mrd. DM.

**17.** **Israel/PLO.** Im Gazastreifen kommt es zu den schwersten Ausschreitungen seit Beginn der palästinensischen Selbstverwaltung im Mai. Wegen der schleppenden Abfertigung an den Kontrollpunkten greifen Palästinenser israelische Soldaten an; dabei werden zwei Palästinenser getötet und rund 200 weitere Menschen verletzt. Israel riegelt die Gebiete für fünf Tage ab.

**18.** **Ruanda.** Die Rebellen der Patriotischen Front (RPF), die Anfang des Monats die Hauptstadt Kigali erobert hatten, erklären den Krieg für beendet und setzen einen Tag später eine provisorische Regierung ein. Trotzdem hält der Flüchtlingsstrom an. Rund 4 Mio. Menschen sind auf der Flucht, v. a. nach Goma (Zaire). Im dortigen Lager breiten sich unter den 1,2 Mio. Flüchtlingen Seuchen aus, die mindestens 27 000 Menschenleben fordern.

**Argentinien/Israel.** Bei einem Anschlag auf das Jüdische Zentrum in Buenos Aires werden fast

**18. Juli.** Nach ihrem Sieg im Bürgerkrieg bildet die Patriotische Front Ruandas eine neue Regierung: General Paul Kagame (rechts) bekleidet das Amt des Vizepräsidenten und des Verteidigungsministers, Pasteur Bizimungu (links) ist der neue Präsident

**20. Juli.** Zu den Teilnehmern der zentralen Feier in der Gedenkstätte Deutscher Widerstand in Berlin anläßlich des 50. Jahrestages des gescheiterten Attentats auf Hitler gehören Bundespräsident Roman Herzog (links), Nina Gräfin Schenk von Stauffenberg und Bundeskanzler Helmut Kohl

100 Menschen getötet, 231 werden verletzt. Als Drahtzieher werden islamistische Kräfte im Iran vermutet.

**19.** **Italien.** Die Regierung nimmt eine umstrittene Notverordnung zurück, die die erste schwere innenpolitische Krise seit dem Amtsantritt von Ministerpräsident BERLUSCONI ausgelöst hatte. Nach Inkrafttreten des Dekrets, das die Möglichkeiten zur Verhängung der Untersuchungshaft bei Korruptionsverdacht erheblich einschränkte, waren rund 2 000 Beschuldigte freigekommen, darunter ehemals hochkarätige Politiker. Dies hatte zu wütenden Protesten der Bevölkerung und zu Rücktrittsdrohungen von Richtern und Staatsanwälten geführt. Außerdem war das Dekret vom zuständigen Parlamentsausschuß als verfassungswidrig eingestuft worden.

**Europäisches Parlament.** Der deutsche Politiker KLAUS HÄNSCH (SPD) wird zum neuen Präsidenten des Europäischen Parlaments gewählt.

**20.** **Deutschland.** Zum 50. Jahrestag des Attentats auf HITLER wird bei einer zentralen Feier an der Gedenkstätte Deutscher Widerstand im Bendler-Block in Berlin der Widerstandskämpfer im Dritten Reich gedacht.

**Südafrika.** Die Republik Südafrika wird in London wieder feierlich in das Commonwealth of Nations aufgenommen.

**21.** **Europäische Union.** Der luxemburgische Regierungschef JACQUES SANTER wird zum Präsidenten der Europäischen Kommission gewählt. Aus Protest gegen das Verfahren bei der Kandidatenauswahl fällt die Entscheidung des Europäischen Parlaments mit 260 Ja- zu 238 Nein-Stimmen bei 23 Enthaltungen sehr knapp aus.

**Deutschland.** Der Landtag von Sachsen-Anhalt wählt REINHARD HÖPPNER (SPD) im dritten Wahlgang mit 48 der 95 abgegebenen Stimmen zum neuen Ministerpräsidenten. Er wird damit Chef der bundesweit ersten rot-grünen Minderheitsregierung. Die CDU kritisiert die in einzelnen Fällen auf die Unterstützung der Oppositionsparteien CDU oder PDS angewiesene Regierung als ›Linksfront‹.

**Großbritannien.** TONY BLAIR wird zum neuen Führer der Labour Party gewählt.

**23.** **Bosnien und Herzegowina/Deutschland.** Der ehemalige Bremer Bürgermeister HANS KOSCHNICK wird in Mostar in sein Amt als EU-Administrator für den Wiederaufbau der schwer zerstörten Hauptstadt der Herzegowina eingeführt.

**Deutschland.** Die KZ-Gedenkstätte Buchenwald bei Weimar wird von einer Gruppe von Skinheads überfallen und geschändet.

**25.** **Israel/Jordanien/PLO.** Mit der Unterzeichnung der ›Washingtoner Erklärung‹ durch den israelischen Ministerpräsidenten RABIN und den jordanischen König HUSAIN wird nach 26 Jahren der Kriegszustand zwischen den beiden Nachbarstaaten beendet; die Beziehungen werden normalisiert. – Am gleichen Tag unterzeichnen Israel, Jordanien und die PLO in Oslo ein Rahmenabkommen über die Verteilung der Wasserreserven im Nahen Osten, das in bilateralen Verhandlungen noch konkretisiert werden soll.

**25. Juli.** Als Vorstufe zur Beendigung des langjährigen Kriegszustands unterzeichnen der jordanische König Husain (2. von links) und der israelische Regierungschef Itzhak Rabin (2. von rechts) auf dem Südrasen des Weißen Hauses zusammen mit dem amerikanischen Präsidenten Bill Clinton (Mitte) die ›Washingtoner Erklärung‹

**Deutschland.** Eine am Vortag von rund 40 v. a. algerischen Abschiebehäftlingen in einem Untersuchungsgefängnis in Kassel wegen schlechter Haftbedingungen begonnene Meuterei, bei der ein Justizbeamter als Geisel genommen worden war, wird von einem GSG-9-Kommando unblutig beendet.

**26.** **Großbritannien /Israel.** Die Explosion einer Autobombe zerstört einen Teil der israelischen Botschaft in London. Zwölf Stunden später

explodiert eine weitere Autobombe vor einer jüdischen Einrichtung. Bei den Anschlägen werden insgesamt 19 Menschen verletzt.

**Deutschland.** Der Bundesgerichtshof spricht die Mitglieder des ehemaligen Nationalen Verteidigungsrats der DDR, HEINZ KESSLER und FRITZ STRELETZ, in Abänderung eines Urteils des Berliner Landgerichts wegen der Todesfälle aufgrund des Schießbefehls an der innerdeutschen Grenze des Totschlags für schuldig. Das Strafmaß für HANS ALBRECHT wird erhöht.

**Deutschland.** Erstmals wird in einem Bundesland Ozonalarm ausgelöst. In Hessen werden nach wochenlangem sonnigem Wetter Tempolimits auf den Straßen verhängt. Obwohl die Effektivität der Geschwindigkeitsbegrenzungen zur Bekämpfung des Sommersmogs umstritten ist, wollen Sachsen-Anhalt und Schleswig-Holstein dem Beispiel künftig folgen.

**29.** **Deutschland.** Das Land Niedersachsen wird vom Landgericht Hannover wegen Verletzung der Amtspflicht zu Schadenersatzzahlungen in Millionenhöhe an den Bund verurteilt. Grund der Klage war ein mehrmonatiger Baustopp bei den Vorarbeiten für das atomare Endlager in Gorleben.

**30.** **Deutschland.** Im ostbrandenburgischen Ort Preschen wird mit 39,9° C die höchste im bisherigen Sommerverlauf gemessene Temperatur erreicht. Die Meteorologen sprechen am Monatsende vom heißesten Juli seit Beginn der Wetteraufzeichnungen in Deutschland.

**31.** **Haiti/UNO.** Der Weltsicherheitsrat verabschiedet eine umstrittene Resolution, die den ›Einsatz aller notwendigen Mittel‹ zur Wiederherstellung der Demokratie in dem Inselstaat zuläßt. Die Militärjunta in Port-au-Prince reagiert darauf mit der Verhängung des Belagerungszustands.

## AUGUST

**1.** **Polen/Deutschland.** Bundespräsident HERZOG bittet die Polen bei einer Gedenkfeier zum 50. Jahrestag des Warschauer Aufstands um Vergebung für die Taten der Deutschen zwischen 1939 und 1945. Die polnischen Reaktionen sind zumeist positiv, obwohl es im Vorfeld zu heftiger Kritik an der Einladung für die Feier in Warschau gekommen war. Die Bonner Parteien begrüßen HERZOGS Worte einhellig.

**Deutschland.** Das Beschäftigungsförderungsgesetz 1994, das private Arbeitsvermittlung erlaubt, tritt in Kraft. Am 3. August erhält der bundesweit erste private Vermittler in München seine Lizenz.

**3.** **Algerien/Frankreich.** Bei einem Bombenanschlag muslimischer Extremisten auf eine französische Wohnsiedlung in Algier werden fünf Franzosen getötet. Paris reagiert darauf mit verstärkten Sicherheitsmaßnahmen und der Festnahme extremistischer Algerier.

**Deutschland.** Ein am 27. Juli begonnener Hungerstreik von 13 inhaftierten RAF-Mitgliedern, mit dem die Freilassung der seit 22 Jahren in Strafhaft sitzenden IRMGARD MÖLLER erreicht werden sollte, wird ergebnislos beendet.

**5. Kuba/USA.** Nach schweren Unruhen in Havanna droht FIDEL CASTRO den Vereinigten Staaten an, künftig alle Ausreisewilligen ausreisen zu lassen. Im Laufe des Monats verlassen immer mehr Bootsflüchtlinge die Insel, bis sich Washington am 19. August entschließt, geflüchteten Kubanern nicht mehr ohne weiteres Asyl zu gewähren. Nach Verhandlungen verpflichten sich die USA am 9. September zur legalen Aufnahme von 20 000 Kubanern jährlich; im Gegenzug unterbindet Kuba die Flucht mit Booten und Flößen.

**Bosnien und Herzegowina/NATO.** Um die bosnischen Serben zu zwingen, aus einem UNO-Depot gestohlene Waffen zurückzugeben, bombardieren NATO-Flugzeuge serbische Stellungen um Sarajevo. Schließlich beugen sich die Serben.

**7. Deutschland.** Rund 800 gewalttätige Punks aus dem ganzen Bundesgebiet veranstalten in Hannover die sogenannten Chaos-Tage. Drei Tage lang randalieren sie und richten in der Innenstadt große Schäden an.

**8. Israel/Jordanien.** Israels Ministerpräsident RABIN besucht erstmals offiziell das benachbarte Jordanien.

**Deutschland/PLO.** Die Bundesregierung eröffnet die erste ausländische Vertretung in Jericho, der Hauptstadt der autonomen palästinensischen Gebiete.

**9. Deutschland.** Der Polizeipräsident von Magdeburg, ANTONIUS STOCKMANN, wird durch die Regierung von Sachsen-Anhalt wegen des Versagens der Polizei bei ihrem Einsatz am 12. Mai, als Jugendliche eine Hetzjagd auf Ausländer veranstalteten, in den einstweiligen Ruhestand versetzt.

**10. Deutschland.** Die Begründung der Urteils gegen den NPD-Vorsitzenden GÜNTER DECKERT löst im In- und Ausland Empörung aus. Das Mannheimer Landgericht hatte DECKERT wegen Volksverhetzung und Aufstachelung zum Rassenhaß zu einem Jahr Haft auf Bewährung verurteilt, ihm aber Charakterstärke und Verantwortungsbewußtsein bescheinigt.

**Nuklearkriminalität.** Auf dem Münchner Flughafen wird die bisher größte Menge kernwaffentauglichen Materials sichergestellt. Mehr als 300 g hochreines Plutonium 239 waren mit einer Maschine der Lufthansa von Moskau nach Deutschland geschmuggelt worden. In der Folge vereinbaren Rußland und Deutschland die Zusammenarbeit ihrer Geheimdienste im Kampf gegen ›Atomschmuggel‹. (BILD S. 38)

**11. Italien.** Ministerpräsident BERLUSCONI gibt erstmals zu, daß Manager seines Konzerns Fininvest Schmiergelder an die Finanzpolizei gezahlt haben.

**Deutschland.** In der ›Dresdener Erklärung‹ sprechen sich die ostdeutschen Landes- und Fraktionsvorsitzenden der SPD gegen eine Zusammenarbeit mit der PDS aus.

**13. Nord-Korea/USA.** Nach zähen Verhandlungen wird in Genf eine Einigung zur grundsätzlichen Beilegung des Streits über das nordkoreanische Atomprogramm erzielt. Nord-Korea wird Kontrollen

**7. August.** Während der sogenannten Chaos-Tage in Hannover machen rund 800 gewalttätige Punks aus dem gesamten Bundesgebiet ›Randale‹. Sowohl Punks als auch Polizisten werden schwer verletzt

**10. August.** Nach dem Fund kernwaffentaug-lichen Materials auf dem Münchner Flughafen wird das bayerische Landeskriminalamt am nächsten Tag erneut fündig; an der Autobahnrast-stätte Fürholzen bei München wird ein Uranpellet sichergestellt, das mit Aluminiumfolie in Metall-dosen verpackt ist

der Internationalen Atomenergie-Behörde (IAEO) zulassen und den angekündigten Austritt aus dem Atomwaffensperrvertrag nicht vollziehen. Im Gegenzug wird ein Länderkonsortium unter US-Leitung beim technischen Umbau der Reaktoren Hilfe leisten.

**Luxemburg/Deutschland.** Die luxemburgische Polizei nimmt rund 100 deutsche Neonazis fest, die in dem Großherzogtum den Todestag des Hitler-Stellvertre-ters RUDOLF HESS demonstrativ begehen wollten, und schiebt sie ab. In Deutschland waren die geplan-ten Aufmärsche verboten worden.

**14.** **Bosnien und Herzegowina.** Vertreter der Muslime und Serben unterzeichnen ein Abkom-men zur Einstellung der Tätigkeit aller Hecken-schützen.

**Sudan/Frankreich.** Der seit 20 Jahren international gesuchte Terrorist ›CARLOS‹, dem der Tod von mindestens 83 Menschen zur Last gelegt wird, wird im Sudan verhaftet und einen Tag später an Paris ausgeliefert.

**16.** **Sri Lanka.** Bei der Parlamentswahl siegt die linksgerichtete oppositionelle Volksallianz (PA) und beendet damit die 17jährige Herrschaft der Vereinigten Nationalen Partei (UNP). Als neue Premierministerin wird am 19. August CHANDRIKA KUMARATUNGA, die Tochter der ehemaligen Regierungschefin BANDARANAIKE, vereidigt.

**Deutschland.** 267 freiwillige Helfer der Hilfsorganisa-tion Care Deutschland treffen im Flüchtlingslager Goma in Zaire ein, um ruandische Flüchtlinge zu versorgen. Die Aktion gerät wegen mangelhafter Vorbereitung und unzureichender Organisation an Ort und Stelle in die Kritik; die Hälfte des Personals reist bereits nach wenigen Tagen wieder zurück.

**19.** **Deutschland.** Das Bundesverwaltungsgericht entscheidet, daß Gemeinden grundsätzlich eine Verpackungssteuer für die Verwendung von Einweg-geschirr und Dosen erheben dürfen.

**21.** **Frankreich/Ruanda.** Die letzten französischen Truppen verlassen planmäßig Ruanda. Die Unsicherheit über die weitere Entwicklung treibt erneut Zehntausende Ruander zur Flucht.

**Bosnien und Herzegowina.** In der Enklave Bihać nehmen muslimische Regierungstruppen die letzte Bastion der dortigen muslimischen Autonomiebewe-gung ein. Rund 30 000 ihrer Anhänger fliehen darauf-hin nach Kroatien.

**USA.** Das Repräsentantenhaus billigt in zweiter Abstimmung das größte Gesetzespaket in der amerikanischen Geschichte. Das Verbrechensbe-kämpfungsgesetz, das am 11. August zunächst abgelehnt worden war, zählt zu den Eckpfeilern des Regierungsprogramms von Präsident CLINTON. Am 25. August stimmt auch der Senat zu.

**Mexiko.** Die seit 65 Jahren regierende Partei der Institutionalisierten Revolution (PRI) gewinnt die Präsidentschafts- und Parlamentswahlen mit absoluter Mehrheit. Wahlbeobachter beklagen zahlreiche Unregelmäßigkeiten bei dem Urnen-gang.

**23.** **NATO/Deutschland.** Mit einem feierlichen Trauerakt im Bundestag, zu dem 800 Gäste geladen sind, nimmt die Bundesrepublik Abschied von dem am 13. August verstorbenen NATO-General-sekretär MANFRED WÖRNER.

**24.** **UNO.** Der deutsche Diplomat KARL-THEODOR PASCHKE wird zum Generalinspek-teur der Vereinten Nationen ernannt. In dieser Funktion soll er Mißwirtschaft und Geldverschwen-dung in der Organisation bekämpfen.

**25.** **Deutschland.** Der rheinland-pfälzische Landtag hebt das erst kürzlich beschlossene Transplanta-tionsgesetz des Landes nach Protesten einstimmig wieder auf. Das Gesetz hatte es Ärzten erlaubt, Verstorbenen Organe zu entnehmen, sofern dem zu Lebzeiten nicht ausdrücklich widersprochen worden war.

**23. August.** Bundeskanzler Kohl würdigt in seiner Trauerrede den am 13. August verstorbenen Manfred Wörner, der 1982–88 Verteidigungs-minister und seit Juli 1988 NATO-Generalsekretär war

**27.** **Bosnien und Herzegowina.** Eine zweitägige Volksabstimmung beginnt, bei der sich rund 96 % der Serben gegen den internationalen Friedensplan und die vorgeschlagene Gebietsaufteilung für das Land aussprechen.

**28.** **Jordanien/Deutschland.** König HUSAIN II. trifft zu Beginn seines dreitägigen Deutschlandbesuchs in Berlin ein.

**Deutschland/Statt-Partei.** Mit der Wahl eines neuen Bundesvorstands will die Statt-Partei ihre monatelangen Querelen beenden. HARALD KAISER wird zum neuen Parteivorsitzenden gewählt.

**29.** **Gaza-Jericho-Abkommen.** Israel und die PLO unterzeichnen einen Vertrag über die Erweiterung der palästinensischen Autonomie auf das Westjordanland.

**Deutschland.** Der SPD-Vorsitzende und Kanzlerkandidat SCHARPING stellt seine Regierungsmannschaft für den Fall seines Sieges bei der Bundestagswahl vor. Neben OSKAR LAFONTAINE gehört ihr auch der niedersächsische Ministerpräsident SCHRÖDER an.

**30.** **Deutschland.** Im ersten Prozeß um die ausländerfeindlichen Ausschreitungen am 12. Mai in Magdeburg spricht das Gericht die drei Angeklagten wegen Landfriedensbruchs schuldig und verurteilt sie zu drei bzw. zwei Jahren und drei Monaten Haftstrafe.

**31.** **Großbritannien.** Die irische Untergrundorganisation IRA erklärt nach 25 Jahren blutigem Terror ihren Verzicht auf Waffengewalt. Protestantische Terroristen beantworten die Ankündigung mit der Ermordung eines Katholiken.

**Rußland/Deutschland/Baltikum.** Die letzten russischen Soldaten werden 49 Jahre nach dem Ende des Zweiten Weltkriegs in Berlin in Anwesenheit Präsident JELZINS, Bundeskanzler KOHLS und Bundespräsident HERZOGS verabschiedet. Am gleichen Tag schließt Rußland den Abzug seiner Truppen aus den baltischen Staaten ab.

## SEPTEMBER

**1.** **Marokko/Israel.** Als zweites Land nach Ägypten nimmt das Königreich diplomatische Beziehungen zu Jerusalem auf.

**Deutschland.** Führende Politiker der CDU/CSU-Bundestagsfraktion sprechen sich in einem Grundsatzpapier über die Entwicklung der EU für ein zunächst aus Frankreich, den Benelux-Staaten und Deutschland bestehendes Kerneuropa aus. Das Echo auf diese Pläne ist im In- wie im Ausland zwiespältig.

**Deutschland/Polen.** Der Generalinspekteur der Bundeswehr, KLAUS NAUMANN, und der Chef des Generalstabs der polnischen Armee, TADEUSZ WILECKI, unterzeichnen in Danzig einen Partnerschaftsvertrag der Streitkräfte.

**2.** **China/Rußland.** Moskau ist die erste Etappe einer Europareise von Staatspräsident JIANG ZEMIN. Er unterzeichnet mit Präsident JELZIN eine Grundsatzerklärung über konstruktive Partnerschaft und vereinbart, daß die Atomraketen beider Länder nicht mehr aufeinander, sondern aufs Meer gerichtet werden.

**27. August.** Während der Stimmabgabe der bosnischen Serben über den internationalen Friedensplan für Bosnien und Herzegowina zeigt sich ein serbischer Soldat optimistisch, daß der Plan abgelehnt wird

**4.** **Rußland/Deutschland.** Der frühere sowjetische Staats- und Parteichef GORBATSCHOW besucht die Bundesrepublik, wo er bei Politikern, Wirtschaft und kulturellen Institutionen um Unterstützung für die in eine bedrohliche Lage geratene russische Kultur wirbt.

**Deutschland.** Die frühere Lagerbäckerei des ehemaligen Konzentrationslagers Sachsenhausen brennt vermutlich nach einem Anschlag teilweise ab.

**5.** **Deutschland.** Der von der SPD initiierte Treuhand-Untersuchungsausschuß überreicht Bundestagspräsidentin SÜSSMUTH seinen Abschlußbericht. Während die Abgeordneten der Koalition den Auftrag der Treuhand als erfüllt ansehen, kritisiert die SPD den Verlust zu vieler Arbeitsplätze und den riesigen Schuldenberg, den die Treuhand hinterlasse.

**6.** **Europäische Union/SADC.** In Berlin endet die zweitägige Konferenz der Außenminister der EU und der Entwicklungsgemeinschaft für das Südliche Afrika mit der ›Berliner Erklärung‹, in der eine vielseitige Zusammenarbeit zwischen beiden Regionen vereinbart wird.

**Deutschland.** Bundesfinanzminister THEO WAIGEL bringt den Entwurf des Haushalts 1995 im Bundestag ein. Am gleichen Tag billigt das Parlament elf Gesetzeskompromisse des Vermittlungsausschusses, darunter die Reform des Grundgesetzes, das Entschädigungsgesetz und das Planungsgesetz für die Magnetschwebebahn Transrapid.

**Deutschland.** Die neuen Regelungen zum Schwangerschaftsabbruch scheitern im Vermittlungsausschuß von Bundesrat und Bundestag.

**Deutschland.** Die Enquetekommission des Bundestages ›Schutz des Menschen und der Umwelt‹ übergibt ihren Schlußbericht, der u. a. Empfehlungen zur Reduzierung von Umweltgiften enthält.

**7.** **Deutschland.** Der Wahlausschuß des Bundestags bestimmt die bisherige Vizepräsidentin des Bundesverfassungsgerichts, JUTTA LIMBACH, als Nachfolgerin von ROMAN HERZOG zur Präsidentin des höchsten deutschen Gerichts.

**13. September.** Auf der dritten UNO-Konferenz über Bevölkerung und Entwicklung haben 15 000 Teilnehmer einen Aktionsplan zur Eindämmung des unkontrollierten Bevölkerungswachstums beraten

**8.** **Deutschland.** In Berlin werden die Streitkräfte der westlichen Alliierten unter Teilnahme von Bundespräsident HERZOG, Bundeskanzler KOHL sowie des französischen Staatspräsidenten MITTERRAND, des britischen Premierministers MAJOR und des amerikanischen Außenministers CHRISTOPHER offiziell verabschiedet.

**Deutschland.** Verteidigungsminister VOLKER RÜHE stellt eine neue Reservistenkonzeption für die Bundeswehr vor, nach der angesichts der veränderten Sicherheitslage die Zahl der Einberufungen zu Wehrübungen künftig erheblich reduziert werden soll.

**9.** **USA/Deutschland.** Eine Konferenz mit führenden Vertretern aus Politik und Wirtschaft beider Staaten beginnt in Berlin. Im Mittelpunkt des zweitägigen Treffens steht der Versuch, die Beziehungen zwischen den USA und dem vereinten Deutschland neu zu bestimmen.

**Deutschland.** Der Landtag von Sachsen-Anhalt lehnt einen von der CDU gegen die rot-grüne Minderheitsregierung HÖPPNER gerichteten Mißbilligungsantrag mit den Stimmen der Regierungskoalition und der PDS ab.

**10.** **katholische Kirche/Kroatien.** Papst JOHANNES PAUL II. besucht bei seiner Pastoralvisite in der kroatischen Hauptstadt Zagreb erstmals das Gebiet des ehemaligen Jugoslawien. Ein geplanter Besuch der umkämpften bosnischen Haupstadt Sarajevo war

**12. September.** Ein Feuerwehrmann inspiziert die Trümmer der Cessna 172, mit der der 38jährige Eugene Corder über dem Südrasen des Weißen Hauses abgestürzt ist

einige Tage zuvor aus Sicherheitsgründen abgesagt worden.

**Deutschland/Ungarn.** Bundespräsident HERZOG setzt sich bei einem Festakt in Budapest zur Erinnerung an die Öffnung der ungarischen Grenze für Flüchtlinge aus der DDR im Jahre 1989 für eine schnelle Integration Ungarns in die Europäische Union ein.

**Deutschland.** Der größte in der deutschen Lottogeschichte aufgelaufene Jackpot wird im Samstags-Lotto nach sich von Woche zu Woche steigerndem Wettfieber geknackt. 42 Mio. DM hatten sich in elf Wochen angesammelt. Der Gewinn geht in Anteilen von jeweils rund 10,6 Mio. DM an drei Tippgemeinschaften und einen Einzelspieler.

**11.** **Bosnien und Herzegowina.** In dem Hotelzimmer, das der EU-Administrator von Mostar, HANS KOSCHNICK, bewohnt, schlägt eine Panzerfaustgranate ein. KOSCHNICK hält sich in diesem Moment nicht in seinem Zimmer auf und entgeht dadurch dem Attentat. Mehrere ehemalige Militärpolizisten werden als Attentäter festgenommen.

**Deutschland.** Bei den als Persönlichkeitswahlen bezeichneten Landtagswahlen in Sachsen und Brandenburg erringen die Ministerpräsidenten KURT BIEDENKOPF (CDU) und MANFRED STOLPE (SPD) absolute Mehrheiten. In beiden Landesparlamenten sind nur noch CDU, SPD und PDS vertreten; Bündnis 90/Die Grünen und FDP scheitern an der 5%-Hürde.

**12.** **Kanada.** Bei den Parlamentswahlen in der nach Unabhängigkeit strebenden französischsprachigen Provinz Quebec gewinnen die Separatisten 77 der 125 Mandate. Am 26. September übernimmt JACQUES PARIZEAU das Amt des Ministerpräsidenten.

**USA.** Ein unter Drogen- und Alkoholeinfluß stehender Arbeitsloser bringt ein Sportflugzeug direkt neben dem Weißen Haus in Washington zum Absturz und kommt dabei ums Leben.

**Deutschland.** Hamburgs Innensenator WERNER HACKMANN tritt als Reaktion auf angebliche ausländerfeindliche Vorkommnisse bei der Hamburger Polizei zurück. Die am nächsten Tag aus diesen Gründen verfügte Suspendierung von 27 Polizeibeamten wird v. a. von der Gewerkschaft der Polizei heftig kritisiert. Der am 21. September gewählte neue Innensenator WROCKLAGE hebt die Anordnung am 28. September wieder auf.

**13.** **Weltbevölkerungskonferenz.** Nach neuntägigen, sehr kontroversen Debatten verabschieden Vertreter von 181 Staaten in Kairo auf der 3. Internationalen Konferenz der UNO für Bevölkerung und Entwicklung einen völkerrechtlich nicht bindenden Aktionsplan zur Eindämmung des rapiden Bevölkerungswachstums. Unter den Vertretern des Vatikans und der islamischen Staaten waren besonders Familienplanung und Schwangerschaftsabbruch umstritten.

**Israel/PLO.** In Oslo unterzeichnen Außenminister PERES und Palästinenserführer ARAFAT eine Erklärung, die neue Vereinbarungen über die wirtschaftliche Entwicklung in den autonomen Gebieten enthält.

**Jugoslawien/Bosnien und Herzegowina.** Die fünf Staaten der Kontaktgruppe einigen sich auf die Entsendung von Beobachtern, die an der Grenze zwischen Rest-Jugoslawien und den von Serben besetzten Gebieten Bosniens die Einhaltung des Embargos überwachen sollen. Die Zustimmung Belgrads am nächsten Tag macht den Weg frei für eine Lockerung der UNO-Sanktionen gegenüber Rest-Jugoslawien ab 5. Oktober.

**Deutschland.** Die schleswig-holsteinische Landesregierung beschließt zur Finanzierung der Pflegeversicherung, daß der Buß- und Bettag als allgemeiner Feiertag ab 1995 gestrichen wird.

**Deutschland.** Der Bundesgerichtshof hebt ein wegen versuchten Totschlags durch geplanten Behandlungsabbruch verhängtes Urteil des Landgerichts Kempten auf und erweitert die zulässige passive Sterbehilfe für todkranke Patienten.

**15.** **Deutschland.** Bei der Explosion einer Fliegerbombe aus dem Zweiten Weltkrieg in einer Baugrube werden in Berlin drei Arbeiter getötet.

**16.** **Indien.** Aus der Industriemetropole Surat im indischen Bundesstaat Gujarat werden die ersten Fälle von Beulen- und Lungenpest gemeldet. In der Folge greift der ›Schwarze Tod‹ auch auf andere Gebiete über; es erkranken mehrere tausend Menschen. Die Zahl der Todesopfer wird von den Behörden mit rund 50 angegeben, die Dunkelziffer dürfte aber hoch sein. Auch aus den Nachbarländern Indiens werden Pestfälle gemeldet. Anfang Oktober klingt die Epidemie ab.

**Philippinen/Deutschland.** Staatspräsident FIDEL RAMOS trifft zu einem zweitägigen Besuch in Bonn ein.

**18.** **Haiti.** Nach Verhandlungen mit einer amerikanischen Delegation unter Ex-Präsident JIMMY CARTER erklären sich die Militärmachthaber bereit, am 15. Oktober zurückzutreten, und stimmen der Stationierung internationaler Truppen unter US-Kommando zu. Am nächsten Tag landen die ersten amerikanischen Soldaten.

**Schweden.** Aus den Parlamentswahlen gehen die oppositionellen Sozialdemokraten mit 45,4% der Stimmen als Sieger hervor; INGVAR CARLSSON wird neuer Regierungschef.

**19.** **Litauen/Deutschland.** Präsident BRASAUSKAS trifft zu einem viertägigen Besuch in Bonn ein.

**Ruanda/Deutschland.** Der neue ruandische Staatspräsident PASTEUR BIZIMUNGU bittet bei seinem Besuch in Bonn um Hilfe beim Aufbau seines vom Bürgerkrieg zerstörten Landes.

**20.** **Großbritannien/Südafrika.** Als erster britischer Premierminister seit 1960 besucht JOHN MAJOR das kürzlich wieder in das Commonwealth aufgenommene Land und bietet ihm eine enge Partnerschaft für die Zukunft an.

**China.** In einem Pekinger Diplomatenviertel erschießt ein Amokläufer mindestens acht Menschen. Unter den Opfern sind auch ein iranischer Diplomat und dessen Sohn.

**Deutschland.** Ein Linienbus bricht in München durch die Straßendecke und rutscht in einen Erdkrater, der beim Bau der U-Bahn durch einen Wassereinbruch entstanden war. Dabei kommen drei Menschen ums Leben. Da sich die Bergungsarbeiten wegen der Gefahr nachrutschender Erdmassen verzögern, ragt der Bus, in dem sich noch zwei Leichen befinden, tagelang aus dem Erdloch.

**21.** **USA.** Präsident CLINTON hebt das Jackson-Vanik-Amendment auf, eine der schärfsten Handelssanktionen gegen Moskau aus der Zeit des kalten Kriegs. Sie hatte die Gewährung der Meistbegünstigung von der ungehinderten Ausreise sowjetischer Juden abhängig gemacht.

**Dänemark.** Obwohl die Mitte-Links-Koalition bei den Parlamentswahlen die absolute Mehrheit verliert, bleibt Ministerpräsident RASMUSSEN als Chef einer Minderheitsregierung im Amt.

**Norwegen/Deutschland.** Königin SONJA wird zum Auftakt eines dreitägigen Besuchs in Bayern in Würzburg von Ministerpräsident STOIBER begrüßt.

**Deutschland.** Der Bundestag hält die letzte Sitzung der 12. Legislaturperiode ab.

**22.** **Bosnien und Herzegowina/NATO.** Als Reaktion auf den Beschuß eines französischen Mannschaftswagens in der Sperrzone um Sarajevo greifen NATO-Kampfflugzeuge einen serbischen Panzer an. Es ist das fünfte militärische Eingreifen der NATO in dem Konflikt.

**18. September.** Gemäß den Vereinbarungen zwischen der haitianischen Junta und den USA treffen die ersten amerikanischen Soldaten am 19. September in Port-au-Prince ein

**23.** **UNO/Bosnien und Herzegowina/Jugoslawien.** Der Sicherheitsrat verabschiedet drei Resolutionen: Die Sanktionen gegen Belgrad werden zum 5. Oktober gelockert; die bosnischen Serben sollen zur Annahme des internationalen Friedensplans gezwungen werden; die Menschenrechtsverletzungen und ›ethnischen Säuberungen‹ auf dem Gebiet des ehemaligen Jugoslawien werden verurteilt.

**Singapur.** Ein 59jähriger Niederländer wird trotz der Bemühungen seiner Regierung und internationaler Proteste als erster westlicher Ausländer wegen Drogenbesitzes hingerichtet.

**Europäische Union/ASEAN.** Auf einer gemeinsamen Konferenz in Karlsruhe plädieren die Außenminister für eine engere Zusammenarbeit und eine weitere Öffnung der Märkte.

**Deutschland.** Der Bundesrat billigt das Gesetz zur Verfassungsreform, das Planungsgesetz zur Magnetschwebebahn Transrapid, das Verbrechensbekämpfungsgesetz sowie das Entschädigungsgesetz.

**24.** **Kroatien.** Das Parlament erklärt das zweijährige Mandat der UNO in den serbisch besetzten Gebieten für beendet. Innerhalb von 100 Tagen soll die Übernahme des von den Serben kontrollierten Gebiets durch Zagreb erfolgen.

**25.** **Deutschland.** Bei den Landtagswahlen in Bayern verteidigt die CSU unter Führung von Ministerpräsident STOIBER trotz leichter Verluste ihre absolute Mehrheit. Die SPD kann sich um vier Prozentpunkte verbessern, FDP und Republikaner scheitern an der 5%-Hürde.

**Deutschland.** Es beginnt eine Serie von Anschlägen auf Geschäftsstellen von CDU, SPD und FDP, bei denen lediglich Sachschaden angerichtet wird.

**26. September.** Als Polizeibeamte Teilnehmer einer verbotenen kurdischen Demonstration in Mannheim festnehmen, kommt es zu schweren Auseinandersetzungen, bei denen Polizisten und Kurden verletzt werden

**26.** **Deutschland/Kurden.** Bei einer verbotenen und von Gewalttätigkeiten begleiteten Demonstration von Kurden in Mannheim werden zahlreiche Teilnehmer vorübergehend festgenommen. Einen Tag später greifen kurdische Gewalttäter mehrere Polizeieinrichtungen in Südwestdeutschland mit Brandsätzen an.

**USA.** Mit der schwierigen Auswahl der Geschworenen beginnt in Los Angeles der spektakuläre Prozeß gegen den ehemaligen Footballstar und Filmschauspieler O. J. SIMPSON, eine Identifikationsfigur des schwarzen Amerika. Er wird beschuldigt, seine geschiedene Frau und deren Freund ermordet zu haben.

**27. September.** Während des fünften russisch-amerikanischen Gipfeltreffens erinnern Boris Jelzin (links) und Bill Clinton an das Zusammentreffen russischer und amerikanischer Truppen am 25. 4. 1945 im sächsischen Torgau

**27.** **Rußland/USA.** Nach seiner Rede vor der UNO-Vollversammlung in New York trifft Präsident JELZIN in Washington ein, wo er bei seinem zweitägigen Treffen mit Präsident CLINTON über nukleare Sicherheit, Rußlands Eingliederung in die Weltwirtschaft und ein neues europäisches Sicherheitssystem spricht.

**Deutschland.** Der Bund der Steuerzahler legt sein 22. Schwarzbuch vor. Darin wird die Summe der pro Jahr von Bund, Ländern und Kommunen vergeudeten Steuergelder auf 60 Mrd. DM geschätzt. Der neu zu wählende Bundestag wird dringend aufgefordert, die parlamentarische Finanzkontrolle zu verstärken.

**28.** **Estonia.** Die estnisch-schwedische Ostseefähre ›Estonia‹ sinkt vor der finnischen Küste. Dabei kommen mehr als 900 Menschen ums Leben; lediglich 137 Personen können gerettet werden. Das Unglück, als dessen Ursache eine offene Bugklappe vermutet wird, ist das schwerste in europäischen Gewässern seit dem Zweiten Weltkrieg.

**Deutschland.** Bei einem Brandanschlag auf ein Asylbewerberheim in Herford (Westfalen) sterben eine Kosovo-Albanerin und ihr elfjähriger Bruder. Als Hintergrund der Tat werden persönliche Motive vermutet.

**29.** **NATO.** Der bisherige belgische Außenminister WILLY CLAES wird als Nachfolger des im August verstorbenen MANFRED WÖRNER neuer Generalsekretär des Nordatlantikpakts.

**30.** **UNO.** Der Weltsicherheitsrat verlängert das Mandat der Schutztruppen im ehemaligen Jugoslawien (UNPROFOR) bis Ende März 1995.

**Deutschland/USA.** Der Luftwaffenstützpunkt Bitburg in der Eifel wird nach fast 42jähriger Stationierung amerikanischer Truppen an die Bundesrepublik zurückgegeben.

**Deutschland/Tschechische Republik.** Bundesaußenminister KINKEL, sein Amtsvorgänger GENSCHER und der frühere Bundesminister SEITERS nehmen in Prag an einer Feierstunde zum 5. Jahrestag der Öffnung der tschechischen Grenze für Flüchtlinge aus der DDR teil.

## OKTOBER

**1. Slowakei.** Aus der zweitägigen vorgezogenen Parlamentswahl geht, wie auch schon 1992, als stärkste Partei die von V. MEČIAR geführte ›Bewegung für eine Demokratische Slowakei‹ (HZDS) hervor.

**Palau.** In Koror, der Hauptstadt der Inselgruppe, wird die Republik Palau (auch Belau) als unabhängiger und souveräner Staat proklamiert. Damit endet die letzte UNO-Treuhandverwaltung über ein Territorium. Als Staatspräsident der bereits seit 1981 über innere Autonomie verfügenden Palauinseln amtiert KUNIWO NAKAMURA.

**2. Jemen.** Das Parlament in Sanaa wählt den Vorsitzenden des bisherigen Präsidentschaftsrats, ALI ABDULLAH SALEH, für fünf Jahre zum neuen Staatspräsidenten und vereidigt ihn auf die am 28. September gebilligte neue islamische Verfassung des Landes.

**3. Brasilien.** Bei den Präsidentschaftswahlen setzt sich der frühere Finanzminister und Kandidat der Sozialdemokratischen Partei, FERNANDO CARDOSO, bereits im ersten Wahlgang mit 54,3 % der Stimmen klar gegen seinen härtesten Widersacher LULA DA SILVA von der Sozialistischen Arbeiterpartei durch. Die gleichzeitig stattfindende Wahl der Abgeordneten sowie der Mehrheit der Senatoren des Nationalkongresses ergibt die Beibehaltung einer stabilen Mitte-Rechts-Mehrheit im Parlament.

**Deutschland.** In Berlin und Bremen werden die Feiern zur deutschen Einheit abgeschlossen.

**Rußland.** Mit dem Start des Raumschiffs Sojus TM-20 in Baikonur in Kasachstan beginnt das russisch-europäische Raumfahrtunternehmen ›Euromir '94‹. Beteiligt sind der deutsche Astronaut ULF MERBOLD sowie die russischen Kosmonauten ALEXANDR WIKTORENKO und JELENA KONDAKOWA.

**4. Europäische Union/Jugoslawien.** Die EU schließt sich dem Beschluß der UNO über eine teilweise Aufhebung der Sanktionen gegenüber Rest-Jugoslawien an.

**UNO/Ruanda.** Die UNO-Expertenkommission für Ruanda legt in Genf einen Bericht vor, dem zufolge es sich bei Vorgängen in dem afrikanischen Land in der ersten Jahreshälfte eindeutig um Völkermord durch die Hutu-Mehrheit an der Tutsi-Minderheit gehandelt habe.

**Sonnentempler.** Im kanadischen Morin Heights (Provinz Quebec) werden nach einem Brand fünf Personen in einem Haus gefunden, das dem Führer der Sonnentempler-Sekte LUC JOURET gehört. Einen Tag später werden in einem abgebrannten Bauernhof in Cheiry im schweizerischen Kanton Freiburg 23 und in zwei abgebrannten Landhäusern in Les-Granges-sur-Salvan bei Martigny im Kanton Wallis weitere 25 Anhänger der Sonnentempler-Sekte tot aufgefunden.

**6. Weltbank/Internationaler Währungsfonds.** In Madrid endet die dreitägige Jahrestagung von Weltbank und IWF, in deren Mittelpunkt die Fragen der Aufstockung der Sonderziehungsrechte und der Kreditvergabe an die osteuropäischen Länder sowie die Diskussion um die innere Reform der Organisationen standen.

**Schweden.** Der Reichstag wählt INGVAR CARLSSON als Nachfolger von CARL BILDT zum neuen Ministerpräsidenten; einen Tag später tritt der Sozialdemokrat sein Amt an.

**Nord-Korea.** Der Vizeaußenminister stellt in einer Rede vor der UNO-Generalversammlung KIM JONG IL als neuen Machthaber seines Landes vor. Nach dem Tod von KIM IL SUNG am 8. Juli war die Frage der Nachfolge eine Zeitlang unklar.

**Aserbaidschan.** Präsident GAJDAR ALIJEW entläßt als angeblichen Drahtzieher eines am 3./4. Oktober unternommenen Putschversuchs den bisherigen Regierungschef SURAT GUSSEJNOW.

**Deutschland.** Auf der konstituierenden Sitzung des sächsischen Landtags wird Ministerpräsident KURT BIEDENKOPF (CDU) im Amt bestätigt.

**7. Irak/Kuwait/USA.** Umfangreiche Verlegungen irakischer Truppen in die Nähe der Grenze zu dem Emirat lösen neue Spannungen in der Golfregion aus. Der amerikanische Präsident CLINTON macht Bagdad unverzüglich deutlich, daß die USA entschlossen seien, jeder aggressiven Handlung des Irak entgegenzutreten.

**Deutschland.** Mit dem Selbstmord des Gangsters endet ein am Tag zuvor mit einem Sparkassenüberfall in Herzogenrath bei Aachen begonnenes Geiseldrama. Der schwerbewaffnete Mann hatte am Nachmittag des 6. Oktober insgesamt 16 Personen in seine Gewalt gebracht. Nachdem er sie nach und nach freigelassen hatte, tötete er sich 14 Stunden nach Beginn des Überfalls mit einer Handgranate.

**4. Oktober.** Im schweizerisch-kanadischen Sektendrama, dem 53 Menschen zum Opfer fallen, stehen führende Mitglieder der Sonnentempler-Sekte im Verdacht, Waffenhandel und Geldwäscherei betrieben zu haben. Polizeibeamte suchen in den Trümmern der bis auf die Grundmauern niedergebrannten Villa im kanadischen Morin Heights nach Hinweisen

**9. Österreich.** Die Nationalratswahlen, zu denen rund 5,8 Mio. Österreicher aufgerufen waren, enden mit einer herben Niederlage der regierenden großen Koalition. Die SPÖ kommt nur auf 34,9 %, die christdemokratische ÖVP auf 27,7 %. Als drittstärkste Partei behauptet sich mit 22,5 % die FPÖ.

**11. Deutschland.** Der SPD-Politiker MANFRED STOLPE wird vom brandenburgischen Landtag als Ministerpräsident bestätigt.

**16. Oktober.** Nach dem knappen Sieg der Bonner Regierungskoalition werden Helmut Kohl, seine Ehefrau Hannelore und CDU-General-sekretär Peter Hintze auf dem Podium im Konrad-Adenauer-Haus von Parteifreunden gefeiert

**12. Deutschland.** In Windischeschenbach (Bayern) wird nach 1 467 Tagen die Kontinentale Tiefbohrung (KTB), die tiefste Erdbohrung Europas, bei 9 101 m abgeschlossen.

**13. Großbritannien.** Die militanten Organisationen der nordirischen Protestanten veröffentlichen eine Gewaltverzichtserklärung; sie reagieren damit auf einen entsprechenden Schritt der katholischen IRA vom 31. August.

**15. Haiti.** Präsident JEAN-BERTRAND ARISTIDE kehrt nach dreijährigem Exil aus den USA in die Hauptstadt Port-au-Prince zurück.

**16. Deutschland.** Die 13. Bundestagswahl endet mit einem knappen Sieg der regierenden Koalition. Zwar halten sich die Verluste von CDU/CSU in Grenzen (sie erhalten mit 41,5 % der Stimmen 2,3 Prozentpunkte weniger als bei der Wahl 1990), doch erleidet die FDP mit einem Verlust von 4,1 Prozentpunkten (jetzt 6,9 %) einen Einbruch. Die SPD erreicht 36,4 % (+2,9 Prozentpunkte), Bündnis 90/Die Grünen 7,3 %; obwohl die PDS mit 4,4 % (+2,0 Prozentpunkte) unter der ›5 %-Hürde‹ bleibt, schafft sie über vier Direktmandate den Einzug ins Parlament. Die Wahlbeteiligung beträgt 79,0 %.

**16. Oktober.** Junge Finnen freuen sich über den Beitritt ihres Landes zur Europäischen Union

Zeitgleich mit der Bundestagswahl werden in Mecklenburg-Vorpommern, dem Saarland und in Thüringen die Landtage, in Nordrhein-Westfalen die Kommunalparlamente neu gewählt.
**Finnland/Europäische Union.** Mit 57 % der abgegebe-nen Stimmen votieren die Bürger für den Beitritt des Landes zur EU.

**17. Großbritannien/Rußland.** Königin ELISA-BETH II. trifft zu einem viertägigen Staatsbesuch in Rußland ein.

**19. Israel.** In Tel Aviv zündet ein fanatisches Mitglied der palästinensischen Hamas in einem Bus eine Bombe. Mehr als 40 Menschen werden verletzt, 23 kommen ums Leben.
**Deutschland.** Die Bundesregierung beschließt, zum 1. 1. 1995 die Hoheitsgewässer in Nord- und Ostsee von drei auf zwölf Seemeilen auszudehnen.

**21. Nord-Korea/USA.** In Genf unterzeichnen Vertreter beider Regierungen eine Rahmenver-einbarung, in der sich das asiatische Land verpflich-tet, sein Nuklearprogramm zu beenden. Als Gegenlei-stung für Stillegung und Abbau von Graphitreaktoren erhält es Unterstützung beim Bau von Leichtwasser-reaktoren und bei der Energieversorgung.
**Deutschland.** Einen Tag nach der Konstituierung des neuen Bayerischen Landtags wird EDMUND STOIBER (CSU) als Ministerpräsident bestätigt.

**22. Kroatien.** Nach drei Jahren wird der im Krieg von 1991 stark beschädigte Güterhafen von Dubrovnik wieder geöffnet.

**23. Sri Lanka.** Bei einem Bombenanschlag in Colombo werden bei einer Wahlkampfveranstal-tung fast 60 Menschen getötet, darunter der Opposi-tionspolitiker GAMINI DISSANAYAKE, der schärfste Konkurrent von Regierungschefin CHANDRIKA KUMARATUNGA für die am 9. November stattfinden-den Präsidentschaftswahlen.

**26. Deutschland.** Der Landtag von Rheinland-Pfalz wählt den bisherigen SPD-Fraktionschef KURT BECK als Nachfolger von RUDOLF SCHARPING zum neuen Ministerpräsidenten.
**Rußland.** Die Behörden korrigieren ihre Angaben über das Ausmaß der Anfang Oktober bekanntgewor-denen Ölkatastrophe in der Teilrepublik Komi nach oben. Aus der geborstenen Pipeline in der Nähe der

**17. Oktober.** Königin Elisabeth II., hier zusammen mit Präsident Jelzin in der Zarenloge des Bolschoi-Theaters, besucht als erstes britisches Staatsoberhaupt Rußland

Stadt Usinsk sind demnach bis zu 300 000 t Rohöl ausgelaufen, genug, um die ökologische Lage in der nordrussischen Polarregion als ›äußerst bedrohlich‹ einzuschätzen.

**28.** **Deutschland.** In der Serie der sogenannten ›Flachslandenprozesse‹ , in denen sich 21 Angeklagte wegen sexuellen Mißbrauchs von Kindern verantworten müssen, wird der Vater der am meisten betroffenen Kinder vom Landgericht Ansbach zu 14 Jahren Haft verurteilt, nachdem am 19. Oktober über die Mutter 10 Jahre verhängt worden waren.

**30.** **Katholische Kirche.** Papst JOHANNES PAUL II. ernennt in Rom 30 neue Kardinäle, darunter den Deutschen ALOYS GRILLMEIER.

## NOVEMBER

**1.** **Casablanca.** Gemeinsam mit den führenden westlichen Industrienationen unterzeichnen die arabischen Teilnehmerstaaten des internationalen Wirtschaftsgipfels und Israel mit der ›Deklaration

**19. Oktober.** Bei einem Bombenattentat in einem Bus mitten in Tel Aviv, zu dem sich die palästinensische Hamas bekannt, sterben 23 Menschen, mehr als 40 werden verletzt

von Casablanca‹ eine Vereinbarung über die Belebung des Handels- und Finanzverkehrs zwischen den Staaten des Nahen Ostens und Nordafrikas.

**Algerien.** Bei einem Bombenanschlag muslimischer Fundamentalisten am Nationalfeiertag auf einen Friedhof der Stadt Mostaganem werden fünf Kinder getötet und 17 zum Teil schwer verletzt.

**Brasilien.** In Rio de Janeiro übernimmt das Militär die Polizeigewalt. Damit soll eine verstärkte Bekämpfung der organisierten Rauschgiftkriminalität gewährleistet werden.

**Kambodscha.** Die Regierung bestätigt den Tod dreier von den Roten Khmer verschleppter Touristen. Der Australier, der Franzose und der Brite waren Ende Juli aus einen Zug entführt worden, um Lösegeld zu erpressen, später waren auch politische Forderungen gestellt worden.

**2. November.** Ex-DDR-Unterhändler Wolfgang Vogel muß sich vor dem Landgericht Moabit verantworten

**2.** **Rußland.** Präsident JELZIN entläßt überraschend den stellvertretenden Verteidigungsminister und ehemaligen Oberkommandierenden der Westgruppe der Streitkräfte in Deutschland, General BURLAKOW, der unter dem Verdacht der Korruption und des illegalen Waffenverkaufs steht.

**Deutschland.** Vor dem Berliner Landgericht beginnt der Prozeß gegen den Rechtsanwalt und ehemaligen DDR-Unterhändler WOLFGANG VOGEL, dem Erpressung ausreisewilliger DDR-Bürger, Meineid und Untreue vorgeworfen werden.

**Deutschland.** Bei Driedorf im Westerwald geht mit der Festnahme der beiden Schwerverbrecher GERHARD POLAK und RAYMOND ALBERT einer der spektakulärsten Ausbruchsversuche der deutschen Nachkriegsgeschichte zu Ende. Die beiden waren am 10. Oktober aus der Hamburger Strafanstalt Fuhlsbüttel geflohen. Am Morgen des 31. Oktober entführten sie bei Stuttgart zwei Polizisten, überfielen in Fulda eine Bank und flohen nach Thüringen, wo sie die beiden Beamten freiließen. Trotz der intensiven Fahndung der Polizei konnten sie auf ihrer Flucht nacheinander insgesamt sieben weitere Geiseln nehmen, bis sie schließlich gefaßt wurden.

**8. November.** Edward Kennedy, im Bild mit seiner Familie vor der Stimmabgabe, kann bei den amerikanischen Kongreßwahlen trotz der deutlichen Niederlage der Demokraten sein schon 32 Jahre besetztes Mandat als Senator von Massachusetts verteidigen

**3.** **Deutschland.** Das Verfahren gegen den ehemaligen Minister für Staatssicherheit der DDR, ERICH MIELKE, wegen der Todesfälle an der Berliner Mauer und der innerdeutschen Grenze wird wegen Verhandlungsunfähigkeit durch Urteil eingestellt.

**7.** **Albanien/Deutschland.** Ein Frachter bringt 460 t unbrauchbarer Pflanzenschutzmittel nach Hamburg, die 1991 als Geschenk deklariert nach Albanien ausgeführt worden waren.
**Italien.** Mehrtägige heftige Unwetter führen im Nordwesten des Landes zu verheerenden Überschwemmungen, die bis zu hundert Todesopfer fordern.
**Korea.** Der Süden hebt nach fast 50 Jahren das Verbot direkter Wirtschaftsbeziehungen mit dem kommunistischen Norden auf.

**8.** **Frankreich/Afrika.** In Biarritz beginnt das 18. französisch-afrikanische Gipfeltreffen, an dem 27 afrikanische Staatschefs teilnehmen.
**USA.** Bei den Kongreß- und Gouverneurswahlen gelingt es den oppositionellen Republikanern erstmals seit 40 Jahren, die Mehrheit in beiden Häusern des Kongresses zu erringen.

**USA.** Mit großer Mehrheit stimmen die Wähler in Kalifornien der ›Proposition 187‹ zu, einem Gesetzesvorschlag, dem zufolge künftig illegalen Einwanderern alle sozialen Dienste von der Schulausbildung bis zur Heilbehandlung versagt bleiben sollen.
**Deutschland.** Der Untersuchungsausschuß des Bundestags zum AIDS-Skandal legt seinen Abschlußbericht vor, in dem er außer dem Staat auch der Pharmaindustrie und Ärzten eine Mitschuld anlastet. Rund 60 % der belegten AIDS-Infektionen bei Blutern durch Blut und Blutprodukte hätten durch die Anwendung verfügbarer Inaktivierungsverfahren gegen Hepatitis vermieden werden können.

**9.** **Ungarn.** Das Parlament folgt einem Antrag der Regierung und entschließt sich zu einer Absage der Weltausstellung Expo 1996, die als Doppelausstellung in Wien und Budapest geplant war.
**Marokko.** Das für den 14. 2. 1995 geplante Referendum unter Aufsicht der UNO über die Unabhängigkeit der Westsahara wird wegen des komplizierten Registrierungsverfahrens der Stimmberechtigten erneut auf unbestimmte Zeit verschoben.

**10.** **Irak/Kuwait.** Nach dem Parlament stimmt auch der von SADDAM HUSAIN geleitete Revolutionäre Kommandorat einem Gesetz zu, mit dem die Grenzen des Emirats anerkannt werden.
**Deutschland.** Der 13. Bundestag wird im Berliner Reichstagsgebäude mit einer Rede des Alterspräsidenten STEFAN HEYM (PDS), der Wiederwahl von Bundestagspräsidentin RITA SÜSSMUTH (CDU) und Änderungen in der Geschäftsordnung, die der Partei Bündnis 90/Die Grünen die Vertretung im Parlamentspräsidium auf Kosten der SPD ermöglichen, eröffnet. Zuvor waren STEFAN HEYM Kontakte zum Ministerium für Staatssicherheit der DDR im Jahr 1958 vorgeworfen worden.
**Deutschland.** Bundesinnenminister KANTHER verbietet mit sofortiger Wirkung die neonazistische Wiking-Jugend. Ihr Vermögen wird beschlagnahmt.
**Jordanien/Israel.** König HUSAIN besucht erstmals offiziell Israel und tauscht mit Ministerpräsident RABIN die Vertragsdokumente über den Frieden aus.

**11.** **Israel.** Bei einem Bombenattentat nahe einer jüdischen Siedlung im Gazastreifen kommen der palästinensische Attentäter und drei israelische Soldaten ums Leben.

**15. November.** Gruppenfoto bei der APEC-Konferenz (von links): Kim Young Sam (Süd-Korea), Mahathir bin Mohamad (Malaysia), Clinton (USA), Suharto (Indonesien), Murayama (Japan), Salinas (Mexiko)

**Bosnien und Herzegowina/NATO/USA.** Nach dem Beschluß Präsident CLINTONS, Waffenlieferungen an die bedrängten bosnischen Regierungstruppen nicht mehr zu verhindern, wächst in der NATO die Befürchtung, daß es zwischen Washington und seinen europäischen Verbündeten zu einem offenen Zerwürfnis kommen könnte.
**Rußland.** Die Staatsduma beschließt ein Gesetz, das alle einreisenden Ausländer zu einem AIDS-Test verpflichtet.

**12.** **Italien.** Mehr als eine Million Menschen demonstrieren in Rom gegen die Politik der Regierung Berlusconi.

**13.** **Schweden/Europäische Union.** In einem Referendum sprechen sich 52,2 % der Votierenden für einen Beitritt zur EU aus.
**Algerien/Spanien.** Ein von Fundamentalisten entführtes algerisches Passagierflugzeug landet auf dem Flughafen von Palma de Mallorca. Die Entführer drohen, das Flugzeug zu sprengen, wenn ihre Forderung nach Freilassung aller politischen Häftlinge in Algerien und einer Fortsetzung des 1991 unterbrochenen Wahlprozesses nicht erfüllt wird. Am nächsten Tag geben sie jedoch auf.
**Indonesien/USA.** In Dili, der Hauptstadt der Provinz Ost-Timor, kommt es zu heftigen Auseinandersetzungen zwischen für die Autonomie demonstrierenden Studenten und den Sicherheitskräften. Am gleichen Tag gelingt es 29 Studenten aus Ost-Timor, die mitten in Jakarta liegende amerikanische Botschaft zu besetzen. Am 22. November entscheiden sie sich, nach Portugal ins Asyl zu gehen.
**Sri Lanka.** CHANDRIKA KUMARATUNGA wird als erstes weibliches Staatsoberhaupt vereidigt.

**14.** **Westeuropäische Union.** An der Herbsttagung der Außen- und Verteidigungsminister der WEU im niederländischen Nordwijk nehmen erstmals die assoziierten Partner aus Mittel- und Osteuropa teil.
**UNO/Irak.** Trotz der Anerkennung Kuwaits durch Bagdad beschließt der Sicherheitsrat die Aufrechterhaltung der Sanktionen gegen den Irak.
**Eurotunnel.** Drei Züge mit insgesamt rund 2 100 Passagieren starten am Morgen pünktlich in Paris, London und Brüssel zu der Fahrt durch den nach vielen Verzögerungen für den Personenverkehr nach Fahrplan freigegebenen Tunnel unter dem Ärmelkanal.

**15.** **APEC.** In der indonesischen Hauptstadt Jakarta kommen die Staats- und Regierungschefs der 18 Mitgliedstaaten zu ihrem sechsten Treffen zusammen.
**Nepal.** Bei den vorgezogenen Parlamentswahlen erringen die Kommunisten 88 der 205 Sitze im Parlament und werden damit stärkste Partei.
**Deutschland.** Bundeskanzler KOHL wird vom Bundestag mit 338 gegen 333 Stimmen als Regierungschef wiedergewählt und vereidigt. Am 17. November wird sein fünftes, um zwei auf 16 Minister reduziertes Kabinett vereidigt, dem als Neulinge ›Zukunftsminister‹ JÜRGEN RÜTTGERS und CLAUDIA NOLTE als Ministerin für Frauen, Jugend, Familie und Senioren angehören.

**16.** **Ukraine.** Das Parlament ratifiziert unter Vorbehalt den Atomwaffensperrvertrag.

**Österreich/Israel.** Beim ersten Besuch eines Staatsoberhaupts aus Wien in Jerusalem hält Bundespräsident KLESTIL vor der Knesset eine Rede.
**Deutschland.** In 14 der 16 Bundesländer begehen die Menschen zum letzten Mal den Buß- und Bettag als Feiertag; er wird dort künftig zur Finanzierung des Arbeitgeberanteils an der Pflegeversicherung ein Arbeitstag sein.

**17.** **Irland.** Nach siebentägiger Regierungskrise tritt Ministerpräsident REYNOLDS zurück, um Neuwahlen zu verhindern.
**NATO/Deutschland.** Der Spion RAINER RUPP, der seit 1977 unter dem Decknamen ›Topas‹ die NATO für die DDR ausspähte, wird vom Oberlandesgericht Düsseldorf zu einer Freiheitsstrafe von zwölf Jahren verurteilt. Das Gericht kam zu der Überzeugung, er sei einer der wichtigsten Agenten der DDR gewesen.
**Deutschland.** In Thüringen werden die Verhandlungen über eine große Koalition zwischen CDU und SPD abgeschlossen. Beide Parteien stellen in dem von zehn auf acht Ressorts reduzierten Kabinett jeweils vier Minister.

**15. November.** Helmut Kohl (hinten rechts) gibt bei der Kanzlerwahl im Bundestag seine Stimme ab

**18.** **PLO.** Nachdem sich seit einigen Tagen die Lage in den autonomen Gebieten zugespitzt hatte, kommt es in Gaza nach dem Freitagsgebet vor der zentralen Moschee erstmals zu blutigen Zusammenstößen zwischen der palästinensischen Polizei und einigen tausend Anhängern von Hamas und Dschihad, als diese versuchen, trotz eines von Autonomieratschef ARAFAT verhängten Demonstrationsverbots einen Protestzug zu formieren. Es sterben mindestens elf Menschen.
**Bosnien und Herzegowina/NATO.** Die bosnischen Serben bombardieren die UNO-Schutzzone Bihać mit Napalmgeschossen und Streubomben. Die Flugzeuge kamen nach UNO-Angaben von dem Militärflughafen Udbina in der serbisch besetzten Krajina. Als Vergeltung bombardieren NATO-Flugzeuge am 21. November den Flughafen.
**Deutschland.** Mit einem Festakt in Karlsruhe wird die neue Präsidentin des Bundesverfassungsgerichts, JUTTA LIMBACH, in ihr Amt eingeführt.

**20.** **Angola.** Regierung und UNITA-Rebellen unterzeichnen in Lusaka einen Waffenstillstand, durch den der langjährige Bürgerkrieg beendet werden soll. Er tritt am 22. November in Kraft.

**21.** **UNO/Verbrechensbekämpfung.** In Neapel beginnt eine dreitägige Weltkonferenz zur Bekämpfung der organisierten Kriminalität.
**China/Vietnam.** Mit einer Absichtserklärung zur friedlichen Lösung der Probleme zwischen beiden Staaten endet der Besuch von Staatspräsident JIANG ZEMIN in Hanoi.
**Kanada/Großbritannien.** Königin ELISABETH II. ernennt ROMEO LEBLANC zum Generalgouverneur und damit zu ihrem Vertreter als Staatsoberhaupt in Kanada.

**24.** **Rechtschreibreform.** In Wien wird aus Anlaß der ›3. Gespräche zur Neuregelung der deutschen Rechtschreibung‹ ein neues Regelwerk auf den Weg gebracht, das nach einer Übergangszeit von einigen Jahren in Kraft treten soll.
**Deutschland.** Nach mehreren gescheiterten Anläufen einigen sich CDU und SPD in Mecklenburg-Vorpommern über die Details einer großen Koalition.

24. **November.** SPD-Chef Harald Ringstorff und Ministerpräsident Berndt Seite (CDU) geben nach vierwöchigen Verhandlungen die Bildung einer großen Koalition in Mecklenburg-Vorpommern bekannt

**25.** **Frankreich.** Die Regierung erklärt sich nach einem von der für die Unabhängigkeit Korsikas kämpfenden Untergrundorganisation FLNC verkündeten teilweisen Gewaltverzicht zu Gesprächen über eine politische Lösung für die Insel bereit.

**26.** **Bosnien und Herzegowina.** Die in die UNO-Schutzzone um Bihać eindringenden serbischen Truppen nehmen rund 150 niederländische und britische Blauhelme als Geiseln.

**27.** **Deutschland.** Erstmals finden in Rheinland-Pfalz landesweit Wahlen zu den Ausländerbeiräten statt. Nur 23,5 % der über 200 000 Wahlberechtigten beteiligen sich daran.
**Uruguay.** Die Präsidenten- und Parlamentswahlen bringen JULIO MARIA SANGUINETTI und seiner Colorado-Partei einen äußerst knappen Sieg.

**28.** **Norwegen/Europäische Union.** In einem Referendum sprechen sich 52,2 % der Stimmberechtigten gegen den Beitritt zur EU aus, der damit wie schon 1972 abgelehnt wird.

**Rußland.** Anhänger des gegen Moskau kämpfenden tschetschenischen Präsidenten DUDAJEW nehmen rund 200 Soldaten der moskautreuen Opposition gefangen, bei denen es sich um Russen handeln soll. Sie drohen mit deren Hinrichtung, falls Moskau nicht die Teilnahme von Soldaten der russischen Streitkräfte an den Kämpfen eingesteht. Am nächsten Tag kündigt Präsident JELZIN die Verhängung des Ausnahmezustands über die Republik und die Intervention Moskaus an, falls die Kriegsparteien nicht binnen 48 Stunden die Waffen niederlegen.
**Frankreich/Deutschland.** Präsident MITTERRAND kommt zu den 64. deutsch-französischen Konsultationen, den letzten in seiner Amtszeit, nach Bonn.
**Deutschland.** Auf dem CDU-Parteitag in Bonn bestätigen die rund 1 000 Delegierten Bundeskanzler KOHL mit 94,4 % als Vorsitzenden.
**Deutschland.** BERNHARD VOGEL (CDU) wird vom Landtag in Erfurt zum Ministerpräsidenten einer großen Koalition aus CDU und SPD gewählt.
**Deutschland.** Bündnis 90/Die Grünen reichen beim Bundesverfassungsgericht Klage gegen die bei der Wahl zum 13. Bundestag vergebenen Überhangmandate ein.
**Deutschland.** Die PDS erhält vom Berliner Finanzamt einen Bescheid über Körperschaftsteuer in Höhe von rund 67 Mio. DM. Als Reaktion veranstalten führende PDS-Mitglieder Besetzungsaktionen vor Büros der Treuhand und der Kommission zur Überprüfung des Parteivermögens und beginnen am nächsten Tag nach der Vollstreckung eines Teils der Forderungen einen Hungerstreik.
**Deutschland.** Der baden-württembergische Landtag beschließt die Abschaffung des Pfingstmontags als Feiertag zu Finanzierung des Arbeitgeberanteils an den Kosten der Pflegeversicherung.

**DEZEMBER**

**1.** **AIDS.** Bei einem eintägigen Gipfeltreffen in Paris verpflichten sich 42 Staaten, die Immunschwächekrankheit gemeinsam zu bekämpfen und die Menschenrechte von AIDS-Kranken zu wahren.
**Rußland.** Nach Ablauf des Ultimatums an Tschetschenien verlegt Moskau zwar Truppen an die Grenze zu der autonomen Republik, setzt aber noch auf eine politische Lösung des Konflikts.

**2.** **NATO/Rußland.** Die Weigerung des russischen Außenministers KOSYREW, eine über die ›Partnerschaft für den Frieden‹ hinausgehende Sondervereinbarung zu unterzeichnen, überschattet das Treffen des NATO-Kooperationsrats in Brüssel.
**Mexiko.** ERNESTO ZEDILLO übernimmt das Amt des Staatspräsidenten in einem feierlichen Akt.

**3.** **Indien.** Zum zehnten Jahrestag der weltweit größten Chemiekatastrophe in Bophal gedenken mehrere tausend Menschen der Opfer und protestieren gegen ausbleibende Entschädigungszahlungen und fehlende medizinische Betreuung.

**4.** **Schweiz.** Die Stimmbürger sprechen sich bei einer Volksabstimmung mit überwältigender Mehrheit für ein schärferes Vorgehen gegen straffällige Ausländer ohne Aufenthaltsgenehmigung aus.

**5.** **KSZE/START I.** In Budapest treffen sich die Staats- und Regierungschefs der 52 Mitgliedsländer. Die USA und Rußland tauschen die Ratifikationsurkunden des START-I-Vertrages aus, der damit drei Jahre nach seiner Unterzeichnung in Kraft tritt. Am 6. Dezember endet die Zusammenkunft im Streit über die Politik gegenüber Bosnien, aber mit dem Beschluß, die KSZE aufzuwerten. Ab 1. 1. 1995 soll sie ›Organisation für Sicherheit und Zusammenarbeit‹ (OSZE) heißen.

**Italien.** Die zweite Runde der Kommunalwahlen, bei der durch Stichentscheid in 49 Städten und Gemeinden die Bürgermeister bestimmt werden, erbringt dem Mitte-Links-Bündnis aus Volkspartei und PDS Erfolge.

**6.** **Deutschland/Israel.** Bundespräsident HERZOG besucht Israel, wo er u. a. an der Gedenkstätte Yad Vashem einen Kranz niederlegt.

**Italien.** Der Mailänder Staatsanwalt ANTONIO DI PIETRO, eine Symbolfigur im Kampf gegen Korruption und Bestechung, ersucht um seine Entlassung, da er nicht länger als politisches Streitobjekt in der Öffentlichkeit mißbraucht werden wolle.

**7.** **Großbritannien/USA.** Erstmals wird GERRY ADAMS, der Führer des politischen Arms der nordirischen Untergrundorganisation IRA, Sinn Féin, in Washington im Weißen Haus zu Gesprächen von Mitarbeitern Präsident CLINTONS empfangen.

**Großbritannien.** Premierminister MAJOR erleidet im Parlament eine schwere Abstimmungsniederlage, als neben der Opposition auch 15 Konservative gegen eine Vorlage der Regierung stimmen, die eine Steuererhöhung für Gas und Strom um 17,5 % vorsah.

**Schweiz.** Die Bundesversammlung wählt den Bundesrat KASPAR VILLIGER turnusmäßig zum Bundespräsidenten für das Jahr 1995.

**Deutschland.** In einem seit langem mit Spannung erwarteten Urteil des Bundesverfassungsgerichts wird der ›Kohlepfennig‹, der der Finanzierung der Subventionen der teuren deutschen Steinkohle dient, als verfassungswidrig bezeichnet. Er soll von 1997 an nicht mehr erhoben werden.

**Deutschland.** Der Waldzustandsbericht der Bundesregierung bezeichnet die Waldschäden als unverän-

**6. Dezember.** Nach seiner Ankunft in Israel legt Bundespräsident Roman Herzog einen Kranz an der Holocaust-Gedenkstätte Yad Vashem nieder

dert groß; jeder vierte Baum im Bundesgebiet ist deutlich geschädigt.

**Deutschland.** Die PDS setzt sich beim Berliner Verwaltungsgericht mit ihrer Forderung durch, ihre Steuerschulden in Höhe von 67 Mio. DM aus dem Jahr 1990 aus dem Altvermögen der SED begleichen zu dürfen. GREGOR GYSI und seine Mitstreiter brechen daraufhin ihren Hungerstreik ab.

**Türkei/Kurden.** Das Staatssicherheitsgericht in Ankara verurteilt trotz internationaler Proteste acht kurdische ehemalige Abgeordnete zu Haftstrafen zwischen dreieinhalb und 15 Jahren. Angesichts der Urteile beschließt die deutsche Bundesregierung am 12. Dezember, PKK-Mitglieder nicht mehr in die Türkei abzuschieben.

**9.** **Europäische Union.** An dem Gipfeltreffen in Essen nehmen auch Österreich, Schweden und Finnland teil sowie ab 10. Dezember erstmals auch die sechs assoziierten Staaten Mittel- und Osteuropas.

**9. Dezember.** Mit einem Großaufgebot setzt die Polizei das Demonstrationsverbot gegen den EU-Gipfel in Essen durch

**USA/Amerika.** In Miami beginnt die erste allamerikanische Konferenz seit 25 Jahren, zu der alle Staats- und Regierungschefs des Doppelkontinents mit Ausnahme FIDEL CASTROS eingeladen sind. Im Mittelpunkt der dreitägigen Gespräche steht der Ausbau der Nordamerikanischen Freihandelszone (NAFTA) zu einer Freihandelszone von Alaska bis Feuerland (FTAA, Free Trade Area of the Americas).

**Großbritannien.** In Belfast beginnen die ersten offiziellen Gespräche zwischen der Regierung und der Sinn Féin.

**Kuba/Panama/USA.** Bei einer Lagerrevolte kubanischer, in US-Lagern in Panama internierter Flüchtlinge werden über 200 Menschen verletzt. Die Lagerinsassen protestieren gegen die ihrer Meinung nach schleppende Verlegung in die USA.

**11.** **Rußland.** Truppen des Innenministeriums und der Armee marschieren in Tschetschenien ein. Nachdem die letzten der in tschetschenische Gefangenschaft geratenen russischen Soldaten freigelassen worden waren, hatte Präsident JELZIN die Regierung zur Gewaltanwendung in der abtrünnigen Kaukasusrepublik ermächtigt.

**11. Dezember.** Tschetschenische Soldaten entfernen sich von einem russischen Hubschrauber, dessen Explosion befürchtet wird

**Ungarn.** Die Kommunalwahlen, bei denen erstmals in der ungarischen Geschichte auch die Repräsentanten der gesetzlich anerkannten ethnischen Minderheiten gewählt werden, bestätigen die herrschenden politischen Machtverhältnisse.

**Namibia.** Bei den Parlamentswahlen erreicht die regierende SWAPO die verfassungsändernde Zweidrittelmehrheit.

**NATO/Deutschland.** Die NATO, die in einer ersten Anfrage an die Bundesregierung um die Bereitstellung von ›Tornado‹-Kampfflugzeugen für einen Einsatz in Bosnien gebeten hatte, erkundigt sich in einer zweiten Anfrage nach der Möglichkeit, deutsche Bodentruppen für den Fall eines Abzugs der UNO-Truppen aus Bosnien zur Verfügung zu stellen.

**Deutschland.** Auf dem FDP-Parteitag in Gera stellt der Vorsitzende KINKEL nach heftiger Kritik durch die Delegierten die Vertrauensfrage und wird daraufhin mit Zweidrittelmehrheit im Amt bestätigt.

**Israel/Japan.** Beim ersten Besuch eines israelischen Regierungschefs in Tokio unterzeichnet Ministerpräsident RABIN ein Abkommen über wissenschaftlichen und technischen Informationsaustausch.

**13.** **Äthiopien.** In Addis Abeba beginnt der erste in einer Reihe von Prozessen gegen die einstigen kommunistischen Machthaber und ihre Gefolgsleute wegen Völkermordes, Verbrechen gegen die Menschlichkeit und Folter.

**Brasilien.** Zwei Jahre, nachdem FERNANDO COLLOR DE MELLO vom Senat wegen Amtspflichtverletzung verurteilt worden und als Staatspräsident zurückgetreten war, spricht ihn das Oberste Bundesgericht vom Vorwurf der passiven Bestechung mit fünf zu drei Stimmen frei.

**Italien.** In einem Klima extremer politischer Unsicherheit wird mit SILVIO BERLUSCONI erstmals in der Geschichte des Landes ein amtierender Regierungschef von Staatsanwälten, die gegen ihn ermitteln, vernommen.

**Marokko.** Ein Gipfeltreffen der Organisation der Islamischen Konferenz beginnt, überschattet vom Streit zwischen Palästinensern und Jordanien um die Kontrolle der heiligen islamischen Stätten in Jerusalem, in Casablanca.

**Bosnien und Herzegowina.** Bei einem Anschlag auf UNO-Blauhelme aus Bangladesh in der Region Bihać wird ein Soldat getötet, mehrere werden zum Teil schwer verletzt.

**14.** **China.** Der Bau des größten Wasserkraftwerks der Welt, des umstrittenen Staudamms an den Drei Schluchten am Jangtsekiang, wird offiziell begonnen. Für das Vorhaben, das umgerechnet 16 Mrd. DM kosten soll, müssen mehr als eine Million Menschen umgesiedelt werden.

**15.** **Bosnien und Herzegowina/USA.** Auf Einladung von Serbenführer KARADŽIĆ und mit Zustimmung von Präsident CLINTON bereitet der ehemalige amerikanische Präsident JIMMY CARTER eine ›private‹ Friedensmission in dem vom Bürgerkrieg zerstörten Land vor.

**Deutschland/Deckert-Urteil.** Der Erste Strafsenat des Bundesgerichtshofs in Karlsruhe hebt das vom Landgericht Mannheim verhängte Bewährungsurteil über den NPD-Vorsitzenden DECKERT wegen rechtsfehlerhafter Erwägungen auf und verweist den Fall zur Neuverhandlung an das Landgericht Karlsruhe. Den Mannheimer Richtern wird vorgehalten, die positive Beurteilung des Angeklagten sei weder mit dessen Werdegang noch mit den sonstigen Feststellungen zur Tat zu vereinbaren.

**Irland.** JOHN BRUTON von der bisher oppositionellen Fine Gael wird Premierminister einer Minderheitskoalition mit der Labour Party. Seine erste Amtshandlung ist ein Treffen mit dem Vorsitzenden der nordirischen Sinn Féin, GERRY ADAMS.

**Deutschland.** Durch den Fund einer intakten Zehn-Zentner-Bombe aus dem Zweiten Weltkrieg in Wünsdorf (Brandenburg) stellt sich heraus, daß das Oberkommando der Westgruppe der sowjetischen Streitkräfte sich fast 50 Jahre lang auf einer amerikanischen Fliegerbombe befunden hat.

**16.** **Frankreich.** Die Nationalversammlung verabschiedet in erster Lesung mehrere Gesetze zur Korruptionsbekämpfung, durch die u. a. künftig Unternehmen Wahlkampfspenden untersagt sind.

**USA.** Das umstrittene kalifornische Gesetz, das illegale Einwanderer von öffentlichen Dienstleistungen ausschließt, wird wegen Zweifel an seiner Verfassungsmäßigkeit von einem Gericht in Los Angeles außer Kraft gesetzt.

**17.** **Nord-Korea/USA.** Beim mutmaßlichen Absturz eines US-Hubschraubers auf nordkoreanisches Gebiet kommt einer der beiden Piloten ums Leben. P'yöngyang seinerseits meldet den Abschuß eines feindlichen Militärhubschraubers.

**Süd-Korea.** LEE HONG KOO, bisher Minister für die Wiedervereinigung Koreas und stellvertretender Ministerpräsident, wird zum neuen Regierungschef ernannt.

**18.** **Bosnien und Herzegowina.** Der ehemalige US-Präsident CARTER trifft zur Aufnahme seiner Friedensmission in Sarajevo ein.

**Mercosur.** Brasilien, Argentinien, Uruguay und Paraguay einigen sich im ›Protokoll von Ouro Preto‹ auf die Einführung einer – unvollkommenen – Zollunion ab 1. 1. 1995.

**Bulgarien.** Bei den vorgezogenen Parlamentswahlen erringt die Bulgarische Sozialistische Partei die absolute Mehrheit.

**19.** **Israel/Ägypten.** Präsident WEIZMAN trifft zu einem dreitägigen Besuch in Kairo ein, bei dem er u. a. mit seinem Amtskollegen MUBARAK Gespräche führt.

**Europäische Union.** Der Ministerrat verabschiedet eine Richtlinie, der zufolge ab 1995 die Bürger der EU, die in einem anderen Mitgliedsland als dem eigenen leben, das aktive und passive kommunale Wahlrecht erhalten sollen.

**20.** **Deutschland.** In Köln werden die neuen Aktiengesellschaften Deutsche Post AG, Deutsche Telekom AG und Deutsche Postbank AG formell gegründet. Damit ist das Ende der Deutschen Bundespost besiegelt.

**Deutschland.** Überwiegend negativ nehmen die Repräsentanten von Gewerkschaft und Politik die Entscheidung der Daimler-Benz AG in Stuttgart auf, ein neues Werk zum Bau des ›Swatch-Autos‹ (eigentlich: ›Micro Compact Car‹) im lothringischen Hambach bau Saargemünd zu errichten.

**Türkei.** Aus Protest gegen das Sparprogramm der Regierung legen mehrere hunderttausend Angestellte des öffentlichen Dienstes für acht Stunden ihre Arbeit nieder.

**21.** **Libanon.** Bei der Explosion einer Autobombe in einem dicht besiedelten muslimischen Viertel Beiruts sterben vier Menschen, 14 werden verletzt.

**Nord-Korea/USA.** Die Leiche des bei dem Grenzzwischenfall am 17. Dezember getöteten Hubschrauberpiloten wird von P'yöngyang freigegeben. Der überlebende Pilot BOBBY HALL wird weiterhin festgehalten und verhört.

**Deutschland.** Die Staatsanwaltschaft Lübeck gibt bekannt, daß sie wegen des Todes des früheren schleswig-holsteinischen Ministerpräsidenten UWE BARSCHEL ein förmliches Ermittlungsverfahren gegen Unbekannt einleiten wird. BARSCHEL war im Oktober 1987 unter mysteriösen Umständen tot in einem Genfer Hotel aufgefunden worden.

**USA.** Mehr als 40 Menschen, darunter auch der Attentäter, werden bei einem Brandbombenanschlag zur Hauptverkehrszeit in der New Yorker U-Bahn verletzt.

**26. Dezember.** Noch während der entführte Air-France-Airbus in Marseille von einer Sondereinheit gestürmt wird, gelangen die ersten Passagiere auf einer Notrutsche ins Freie

**22.** **Italien.** SILVIO BERLUSCONI gibt auf: Nach nur sieben Monaten im Amt reicht er seine Demission als Ministerpräsident ein. Zuvor hatte die mit vier Ministern an der Regierung beteiligte Lega Nord gemeinsam mit der Volkspartei einen Mißtrauensantrag im Parlament eingebracht.

**Europäische Union.** Die Fischereiminister legen ihren Streit über die Öffnung der EU-Fanggründe für spanische Fischer bei; diese erhalten Zugang zu einem Teil der Gewässer rund um Irland.

**Türkei.** Der Unternehmer und langjährige Vorsitzende des Arbeitgeberverbands CEM BOYNER gründet in Ankara die bürgerlich-liberale Partei ›Neue Demokratiebewegung‹ (YDH).

**Liberia.** Fünf Jahre nach Ausbruch des Bürgerkriegs unterzeichnen die verfeindeten Milizen ein Friedensabkommen, das u. a. die Einsetzung eines fünfköpfigen Regierungsrates bis zu Neuwahlen im November 1995 vorsieht.

**Eurotunnel.** Die ersten ›Shuttle‹-Züge mit Autoreisenden durchqueren den 51 km langen Tunnel zwischen dem Festland und Großbritannien.

**23.** **Irland.** Als Geste des guten Willens läßt die Regierung in Dublin neun Häftlinge der nordirischen Untergrundorganisation IRA frei.

**26.** **Frankreich/Algerien.** Die Antiterroreinheit der französischen Gendarmerie (GIGN) stürmt auf Anordnung von Ministerpräsident BALLADUR auf dem Flughafen von Marseille eine Passagiermaschine der Air France, die am 24. Dezember von vier algerischen Fundamentalisten in Algier entführt worden war. Zuvor hatten die Anhänger der als äußerst gewaltbereit eingestuften ›Islamischen Bewaffneten Gruppe‹ (GIA) vier Geiseln ermordet. Alle Geiselnehmer werden bei der Befreiungsaktion getötet, mehrere Polizisten, Passagiere und Crewmitglieder verletzt. Aus Rache ermordet die GIA am nächsten Tag in Algerien drei französische und einen belgischen Priester. Als Konsequenz unterbricht Paris den Personenverkehr nach Algerien auf dem Luft- und Seeweg.

**Pakistan/Indien.** Die Regierung in Islamabad ordnet die Schließung sämtlicher indischen Konsulate an, da Indien die Unruhen in Pakistan anheize und den Terrorismus unterstütze.

**China/Birma.** Ministerpräsident LI PENG stattet Rangun einen dreitägigen Staatsbesuch ab.

**30. Dezember.** Beobachtet von nordkoreanischen Soldaten begrüßt ein amerikanischer Offizier Bobby Hall an der Demarkationslinie in Panmunjom

**27.** **Haiti.** In Port-au-Prince kommt es zu schweren Auseinandersetzungen mit Todesopfern, als zahlreiche z. T. entlassene Soldaten die Zahlung ihres Solds oder eines Übergangsgeldes fordern und in das Militärhauptquartier eindringen.

**28.** **Ägypten/Syrien/Saudi-Arabien.** Das Hauptthema eines überraschend im ägyptischen Alexandria abgehaltenen zweitägigen Gipfeltreffens der Staatsoberhäupter der drei Länder ist eine Stärkung der arabischen Solidarität durch die Beilegung der während des Golfkriegs aufgebrochenen Differenzen.

**Japan.** Das schwerste Erdbeben seit 36 Jahren erreicht die Stärke 7,5 auf der nach oben offenen Richter-Skala.

**30.** **Nord-Korea/USA.** Der US-Hubschrauberpilot BOBBY HALL wird nach 13 Tagen Gefangenschaft an der Grenze bei Panmunjom dem Befehlshaber der US-Streitkräfte in Süd-Korea übergeben. Zuvor hatte P'yŏngyang ein Schreiben veröffentlicht, in dem angeblich HALL um Entschuldigung und Nachsicht für die Verletzung der Souveränität Nord-Koreas bittet.

**PLO/Israel.** JASIR ARAFAT übt scharfe Kritik an Israel wegen des Ausbaus der jüdischen Siedlung Efrat im Westjordanland, gegen den es in den vergangenen Tagen heftige, teilweise gewaltsame Proteste gegeben hatte.

**Rußland.** Trotz der von Tschetscheniens Präsident DUDAJEW geäußerten Verhandlungsbereitschaft setzen die russischen Truppen ihre verlustreichen Versuche, die Hauptstadt Grosnyj einzunehmen, fort.

**Bosnien und Herzegowina.** Sarajevo erleidet den tausendsten Tag der Belagerung.

**31.** **Bosnien und Herzegowina.** Ein von der UNO vermittelter viermonatiger Waffenstillstand für das ganze Land wird zwischen den bosnischen Serben und der Regierung geschlossen.

**Großbritannien.** Mit der formalen Übergabe der letzten noch in Betrieb befindlichen Kohlezechen in private Hand endet nach 48 Jahren der staatliche Kohlebergbau.

# A

**Abschiebehaft:** Nach § 57 des Ausländergesetzes kann A. zur Vorbereitung der Abschiebung eines Ausländers gerichtlich angeordnet werden, wenn der Verdacht besteht, daß dieser sich der Abschiebung entziehen will. – 1994 versuchten mehrfach Abschiebehäftlinge, v.a. aus Algerien, durch Revolten auf ihre Situation aufmerksam zu machen und ein Ende ihrer Haft zu erreichen, ohne abgeschoben zu werden. Dadurch gerieten die Bedingungen, denen Abschiebehäftlinge in der Bundesrepublik Deutschland unterworfen sind, in die Schlagzeilen.

In allen Bundesländern – bis auf Nordrhein-Westfalen und Baden-Württemberg – sind Abschiebehäftlinge aus prakt. und finanziellen Überlegungen gemeinsam mit Untersuchungs- oder Strafgefangenen oder in Polizeigewahrsam untergebracht. Ersteres erscheint nicht nur unter menschl., sondern auch unter rechtsstaatl. Aspekten bedenklich. Nicht minder bedenklich erscheint die Unterbringung von Abschiebehäftlingen in Arrestzellen der Polizei, da diese aufgrund ihrer Größe und Ausstattung meist nur für einen kurzen Aufenthalt geeignet sind. Oft sind Ausländer jedoch über Monate hinweg in Haft, da die zuständigen Ausländerbehörden häufig nicht in der Lage sind, die Abschiebung eines Inhaftierten in der gebotenen Eile in die Wege zu leiten. Dafür sind in manchen Fällen Häftlinge mitverantwortlich, die ihrer Abschiebung dadurch zu entgehen hoffen, daß sie ihre Ausweispapiere vernichten und dann ihre Mitwirkung bei der Feststellung ihrer Identität verweigern. Die Ausländerbeauftragte der Bundesreg., SCHMALZ-JACOBSEN, plädierte für Änderungen bei der A. für abgelehnte Asylbewerber.

**Ace Of Base,** schwed. Popgruppe, die von den Geschwistern JENNY, MALIN und JONAS BERGREN und dem gemeinsamen Freund ULF EKBERG gegründet wurde und 1993 mit ihrem Debütalbum ›Happy Nation‹ die Hitparaden eroberte. Die Single ›All That She Wants‹ aus diesem Album war mehrere Wochen die Nummer 1 der dt. Charts, erreichte Platz 2 der US-Charts und wurde dreimal mit Gold prämiert. Ende 1994 brachten die vier Musiker ihr zweites Album heraus.

**Adams,** Gerry, nordir. Politiker, *Belfast 1948. – A., seit 1983 Präs. der Sinn Féin, des polit. Flügels der ir. Terrororganisation IRA, verkündete Ende Aug. 1994 einen einseitigen Waffenstillstand der IRA und brachte damit die Sinn Féin als polit. Faktor für die Entwicklung Nordirlands wieder ins Gespräch.

A. war 1971/72 und 1973/74 inhaftiert und entwickelte sich in dieser Zeit zum Vordenker der Sinn Féin. 1983 errang er ein Mandat im brit. Unterhaus, das er jedoch nicht annahm, weil er keinen Eid auf die Königin leisten wollte.

**Afghanistan**

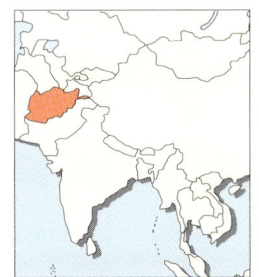

**Hauptstadt:** Kabul
**Einwohner:** 20,6 Mio.
**Einwohner/km²:** 32
**Staatsoberhaupt:**
B. Rabbani
**Regierungschef:**
G. Hekmatyar
**BSP/Einwohner:**
990 US-$

In dem am drittschwächsten entwickelten Land der Erde wurde nahezu jegl. Wirtschaftsaktivität durch den seit Jan. wieder verschärften blutigen Machtkampf verhindert. Führend war A. nur beim Export von Drogen und den dadurch finanzierten Waffenimporten.

Innerhalb der Kriegsparteien erfolgte ein Wechsel der Allianzen: Der Chef der Usbekenmiliz, ABDUL RASCHID DOSTUM, der bisher den Präs. sowie den Exverteidigungsmin. AHMAD SCHAH MASUD unterstützt hatte, verbündete sich mit dem Führer der Islam. Partei und nominellen Regierungschef GUL-

BUDDIN HEKMATYAR. Damit griffen die Auseinandersetzungen von Kabul aus auf mehrere Prov. über. Die Hauptstadt selbst wurde zu großen Teilen zerstört, ein Drittel der 1,5 Mio. Ew. floh, die Ausländer mußten evakuiert werden. Seit der Machtübernahme durch die Mudjahedin im April 1992 wurden 12 000 Afghanen getötet.

Da keine der sich bekämpfenden Parteien bereit war, ernsthaft und ohne Vorbedingungen zu verhandeln, scheiterten sowohl alle Vermittlungsbemühungen der UNO als auch der Nachbarländer sowie mehrerer nicht in die Kämpfe verwickelter Truppenkommandeure, eine polit. Konfliktlösung zu erreichen. RABBANI ließ – entgegen einem 1993 von allen maßgebl. Mudjahedingruppen unterzeichneten Abkommen, wonach er Wahlen organisieren und bis zum 28. Juni zurücktreten sollte – vom Obersten Gerichtshof verkünden, daß er bis Ende 1994 Staatspräs. bleiben werde.

**Agrarpolitik:** Die westdt. Landwirte mußten bis zur Jahresmitte starke Gewinnrückgänge hinnehmen. Die ostdt. Bauern schnitten dagegen günstiger ab, da sie über größere Betriebe verfügen.

Im Mai verabschiedete der Bundestag die lange umstrittene Agrarsozialreform. Damit erhalten die rd. 300 000 Bäuerinnen von 1995 an erstmals einen eigenen Rentenanspruch. Der Bund übernimmt für das Alterssicherungssystem der Landwirte die Defizithaftung, was einen langsameren Anstieg des Einheitsbeitrages zur Folge haben wird. Der unterschiedl. Belastbarkeit der Betriebe wird durch gestaffelte Beitragszuschüsse Rechnung getragen. Beiträge und Leistungen sollen an die Dynamik des Rentensystems gekoppelt werden.

Der dt. Agrarhaushalt für 1995 soll um 5,5% auf 12,4 Mrd. DM gekürzt werden. Den größten Ausgabenblock bilden nach wie vor die Mittel für die landwirtschaftl. Sozialpolitik, die um 1% auf 7,07 Mrd. DM reduziert werden. Mitte Juli einigten sich die EU-Landwirtschaftsmin. über das Agrarpreispaket für das Wirtschaftsjahr 1994/95. Der Konsens kam zustande, weil die Europ. Kommission auf kostenträchtige Forderungen einiger Mitgliedstaaten eingegangen war. Dazu zählt in erster Linie eine Ausweitung der beihilfefähigen Hartwei-

zenfläche zugunsten Frankreichs, Spaniens, Portugals und Italiens. Für den EU-Agrarhaushalt 1995 wurde ein Defizit von 2,4 Mrd. DM errechnet, das sich nur mit Hilfe zusätzl. Beiträge der Mitgliedsländer decken läßt. Die Agrarpreisbeschlüsse ergänzen die zweite Stufe der Agrarreform, die zum 1. Juli in Kraft trat. Weitere Preissenkungen für Getreide, Rindfleisch und Butter standen dadurch bereits fest. Ergänzend beschloß der Rat eine Kürzung der Lagerkostenbeihilfen für Zucker und Getreide. Außerdem einigten sich die Agrarmin. auf eine zusätzl. Butterpreiskürzung um 1%, verzichteten aber auf die vorgeschlagene Reduzierung der Produktionsquoten. Der Konflikt zw. der dt. Bundesreg. und der Kommission über die Bekämpfung der Rinderseuche BSE (→Rinderwahnsinn) wurde beigelegt.

## Ägypten

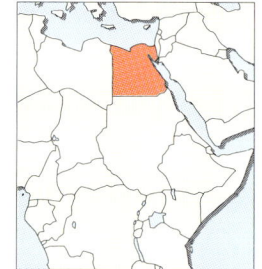

**Hauptstadt:** Kairo
**Einwohner:** 56,1 Mio.
**Einwohner/km²:** 56
**Staatsoberhaupt:**
H. Mubarak
**Regierungschef:**
A. Sidqi
**BSP/Einwohner:**
630 US-$

### Terrorismus und nationaler Dialog

Auch 1994 verübten radikale Islamisten Attentate auf Sicherheitskräfte, Touristen und öffentl. Einrichtungen mit dem Ziel, die ›unislamischen‹ polit. und gesellschaftl. Strukturen Ä.s zu zerschlagen. Sie forderten nach Angaben verschiedener Botschaften alle Ausländer wiederholt dazu auf, das Land zu verlassen. Ausländ. und ägypt. Banken, die das islam. Zinsverbot nicht beachteten, wurden Ziele religiös motivierter Sprengstoffanschläge. Insgesamt schien das harte Vorgehen der Polizei- und Sicherheitsdienste jedoch erste Erfolge zu zeitigen, denn im Vergleich zum Vorjahr war die Zahl der Attentate rückläufig. Großangelegte Razzien, Massenverhaftungen und die Verhängung von Todesurteilen führten offensichtlich zu einer Schwächung der Organisationsstruktur der extremist. Gruppierungen, wenngleich die Auseinandersetzungen in manchen Gegenden Ober-Ä.s auch 1994 mit unverminderter Härte ausgetragen wurden. Das Massaker von →Hebron war der Grund für die seit Jahren größten Massendemonstrationen gegen Israel. Der Versuch der Regierungspartei NPD, mit der legalen Opposition im Lande ins Gespräch zu kommen, verlief nur schleppend; der schon für 1993 geplante parteienübergreifende ›nat. Dialog‹ begann nach langwierigen Verhandlungen schließ-

**Ägypten**
**Wirtschaftswachstum** (realer Zuwachs des BIP in %)

| Jahr | % |
|------|-----|
| 1993 *) | 1,3 |
| 1992 | 0,4 |
| 1991 | 1,2 |
| 1990 | 2,3 |
| 1989 | 2,7 |
| 1988 | 3,5 |

0   0,5   1   1,5   2   2,5   3   3,5   4
*) Schätzung OECD

lich im Juni. Die offiziell verbotene, aber geduldete Organisation der Muslimbruderschaft war von den Gesprächen ausgeschlossen.

In der Wirtschaft wurde die Politik der schrittweisen Liberalisierung fortgesetzt. Trotz zeitweiliger Differenzen mit dem Internat. Währungsfonds, der die Abwertung des ägypt. Pfundes forderte, entwickelte sich die Zusammenarbeit mit den internat. Geldgebern positiv. Deviseneinbußen in Milliardenhöhe mußte die wichtige Tourismusbranche seit Beginn der islamist. Übergriffe auf Ausländer Anfang 1992 hinnehmen. Die Reg. versuchte dem mit einer großangelegten Werbekampagne für den Fremdenverkehr zu begegnen.

### Außenpolitischer Prestigegewinn

Ä.s Führung hatte weiterhin aktiv Anteil am Nahost-Friedensprozeß. Präs. MUBARAK bemühte sich v. a. um die Vermittlung zw. Syrien und Israel und um die wirtschaftl. Absicherung der autonomen palästinens. Gebiete. In Kairo erfolgte am 4. Mai die Unterzeichnung des israelisch-palästinens. Teilabkommens (→Gaza-Jericho-Abkommen). Ebenfalls in der ägypt. Hauptstadt wurde im Sept. die →Weltbevölkerungskonferenz der UNO abgehalten. Unter strengsten Sicherheitsvorkehrungen tagten ca. 15 000 Politiker, Wissenschaftler und Sachverständige zu den Themen Familienplanung, Verhütung und Schwangerschaftsabbruch. Ende Dez. folgten König FAHD von Saudi-Arabien und Syriens Staatschef ASSAD einer überraschenden Einladung MUBARAKS zu einer Gipfelkonferenz in Alexandria, die der Suche nach einer gemeinsamen arab. Politik für die Region dienen sollte.

**Ahtisaari,** Martti Oiva, finn. Politiker, *Wyborg (Viipuri) 23. 6. 1937. – Am 1. März 1994 trat A. die Nachfolge von Staatspräs. MAUNO KOIVISTO an, der auf eine dritte Amtszeit verzichtet hatte. In einer Stichwahl setzte sich A. am 6. Februar 1994 mit 53,9 % gegen die Kandidatin der Schwed. Volkspartei, ELISABETH REHN, durch. 1965 trat A. nach einer Lehrerausbildung in den diplomat. Dienst ein, wurde 1973 Botschafter in Tansania und 1977 UNO-Kommissar für Namibia. Als Sonderbeauftragter des UNO-GenSekr. für Namibia versuchte er seit 1978 meist vergeblich, zw. der Südwestafrikan. Befreiungsbewegung (SWAPO) und der südafrikan. Reg. zu vermitteln. Mit den freien Wahlen im November 1989, die er vorbereitet und überwacht hatte, und der Unabhängigkeit Namibias im März 1990 wurden seine jahrelangen Bemühungen von Erfolg gekrönt. 1991 wurde A. Staatssekretär im Außenministerium und 1992 Leiter der Arbeitsgruppe Bosnien innerhalb der UNO-Jugoslawienkonferenz. Im Juni 1993 nominierte ihn die Sozialdemokrat. Partei überraschend gegen den früheren MinPräs. KALEVI SORSA als Präsidentschaftskandidaten. Sein deutl. Sieg gilt allgemein als Ablehnung der zu sehr auf Moskau hin orientierten Politiker.

**AIDS-Patentstreit:** Der dreijährige Streit um die Aufteilung der Lizenzeinnahmen aus einem Schlüsselpatent zur Herstellung von HIV-Tests zw. dem frz. Inst. Pasteur und den Nat. Gesundheitsinstituten der USA (NIH) wurde im Juli zugunsten der frz. Seite beigelegt. Das Pariser Inst. erhält fortan bis zum Auslaufen des Patents im Jahr 2002 50 % der Lizenzeinnahmen, während die NIH und die Stiftung World AIDS Foundation jeweils 25 % erhalten. Mit dieser Regelung erkannte die amerikan. Reg. ausdrücklich an, daß der NIH-Forscher ROBERT GALLO für die Entwicklung des ersten HIV-Tests einen HI-Virusstamm des am Inst. Pasteur tätigen Forschers LUC MONTAGNIER benutzt hatte. Damit wurde gleichzeitig der noch ältere Streit der beiden Forscher um die Entdeckung des AIDS verursachenden HI-Virus für MONTAGNIER entschieden.

**AIDS-Skandal,** →Bundesgesundheitsamt.

Ein bewaffneter ägyptischer Polizist patrouilliert am 19. Januar im Kairoer Vorort Massarah, nachdem bei Auseinandersetzungen zwischen islamischen Fundamentalisten und der Polizei in der Nacht zuvor drei Menschen starben

**Akashi,** Yasushi, japan. Diplomat, *Akita 19. 1. 1931. – Ende des Jahres 1993 ernannte UNO-GenSekr. BOUTROS BOUTROS GHALI den japan. UNO-Diplomaten zum Sonderbeauftragten der UNO für Bosnien und Herzegowina.

A. studierte in Tokio und war anschließend Fulbright-Stipendiat in den USA. 1957–74 arbeitete er im Polit. Sekretariat der UNO, 1974–79 war er Botschafter seines Landes bei der Weltorganisation. 1979 wurde er zum Unter-GenSekr. für Öffentl. Information, 1987 für Abrüstungsfragen ernannt. 1992 erhielt er das schwierige Amt des Leiters der UNO-Mission in Kambodscha und konnte dort zwar in Verhandlungen mit allen beteiligten Konfliktparteien freie Wahlen durchsetzen, letztendlich aber eine wirkliche Befriedung nicht erreichen. Als Vermittler in Bosnien und Herzegowina ist er

Yasushi Akashi (links), UNO-Beauftragter für Bosnien und Herzegowina, wird am 12. April vom Kommandeur der UNO-Truppen, General Sir Michael Rose (rechts), auf dem Flughafen von Sarajevo empfangen

eine umstrittene Figur; er geriet in Konflikt v. a. mit den Muslimen, die ihm eine einseitige Begünstigung der Serben vorwerfen.

## Albanien

**Hauptstadt:** Tirana
**Einwohner:** 3,3 Mio.
**Einwohner/km²:** 116
**Staatsoberhaupt:**
S. Berisha
**Regierungschef:**
A. Meksi
**BSP/Einwohner:**
520 US-$

### Innere Normalität noch weit entfernt

Anfang Juli wurden führende Repräsentanten des früheren sozialist. Regimes, darunter der ehem. MinPräs. RAMIZ ALIA und Geheimdienstchef ZYLYFTAR RAMIZI, zu langjährigen Freiheitsstrafen verurteilt. Wesentlich schwieriger erwies sich die Herstellung rechtsstaatl. Verhältnisse (die meisten Gesetze aus der Zeit der Hoxha-Diktatur blieben in Kraft), die Ausbildung eines qualifizierten Richterstandes und die Beseitigung von Willkür bei den Polizeiorganen. Die Korruption und Bandenkriminalität nahmen weiter zu, wenn auch der völlige Kollaps des Wirtschafts- und Sozialsystems dank der Hilfe internat. Organisationen vermieden werden konnte und vereinzelt sogar Anzeichen einer leichten wirtschaftl. Erholung erkennbar wurden. – Die Annäherung an die westl. Vertragssysteme erfuhr durch den Beitritt des Landes zum NATO-Programm →Partnerschaft für den Frieden am 23. Febr. einen ersten Impuls.

### Gespanntes Verhältnis zu Griechenland

Das Verhältnis gegenüber der griech. Minderheit in Südalbanien oder – wie die Griechen es nennen – ›Nordepirus‹ blieb stark angespannt. Während die alban. Seite die Zahl der Griechen im Land unter Berufung auf die Volkszählungsergebnisse von 1989 auf rd. 60 000 (oder 2 % der Gesamtbevölkerung) bezifferte, sprach man auf griech. Seite von 300 000 bis 400 000 Personen griech. Abstammung in A. Die alban. Reg. wurde von der Organisation der griech. Minderheit ›Omonia‹ sowie der Athener Reg. beschuldigt, die Rechte der Minderheit massiv zu verletzen. Präs. SALI BERISHA erklärte Anfang Febr., die griech. Minderheit sei von einer ›nat. Hysterie‹ erfaßt, die durch die griech. Kampagne gegen die ehem. jugoslaw. Rep. Makedonien ausgelöst worden sei.

Wiederholt kam es zu Zwischenfällen, die das Verhältnis zu Griechenland schwersten Belastungen aussetzten: Überfall auf einen alban. Militärposten in der Nähe der griech. Grenze, bei dem zwei alban. Soldaten getötet wurden; Verletzung des alban. Luftraums durch ein griech. Flugzeug, das Propagandamaterial abwarf; Verurteilung von fünf Griechen alban. Staatsangehörigkeit wegen Spionage. In der ersten Septemberhälfte – nach Verurteilung der fünf griech. Albaner – rief die Athener Reg. ihren Botschafter aus Tirana zurück, verschärfte die Grenzkontrollen, drohte mit der Ausweisung der rd. 300 000 illegalen alban. Gastarbeiter in Griechenland und kündigte nicht näher beschriebene Vergeltungsmaßnahmen an.

## Algerien

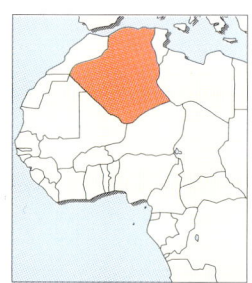

**Hauptstadt:** Algier
**Einwohner:** 27,1 Mio.
**Einwohner/km²:** 11
**Staatsoberhaupt:**
L. Zéroual
(seit 31. 1. 1994)
**Regierungschef:**
M. Sifi
(seit 11. 4. 1994)
**BSP/Einwohner:**
1 830 US-$

Die Welle islamist. Terrors fand auch 1994 kein Ende; bei den Auseinandersetzungen zw. Reg. und Islamisten starben während der letzten Jahre mehrere tausend Personen. Zu den Opfern zählten v. a. Angehörige der staatl. Sicherheitskräfte und der Untergrundgruppen, aber auch Künstler, Intellektuelle und Ausländer. Nach der Sommerpause wurden auch Schulen das Ziel islamist. Anschläge. Die Niederlande und Österreich schlossen vorübergehend ihre Botschaften; andere ausländ. Reg. reduzierten ihr diplomat. Personal und empfahlen ihren Staatsbürgern, das Land zu verlassen. Der Oberste

Staatsrat, dessen Machtübernahme im Jan. 1992 den erwarteten Wahlsieg der Islam. Heilsfront (FIS) verhindert hatte, sah sich daher zunehmend zu Verhandlungen mit den Fundamentalisten gedrängt. Am 30. Jan. wurde General a. D. LAMINE ZÉROUAL zum Staatspräs. ernannt, am 11. April folgte die Einsetzung MUKDAD SIFIS als Premiermin. und im Mai die Errichtung eines Nat. Übergangsrats anstelle des aufgelösten Parlaments. Im Aug. und Sept. gelang es der Staatsführung, mit fünf der legalen Oppositionsparteien den ›nat. Dialog‹ über die Zukunft des Landes neu zu beleben; Mitte Sept. wur-

Nach seiner Vereidigung als neuer algerischer Staatschef am 31. Januar schüttelt Lamine Zéroual (links) seinem Amtsvorgänger Ali Kafi die Hand

den drei führende Vertreter der FIS aus der Haft entlassen. Unterschiedlich waren die internat. Reaktionen auf die Lage in A.: Während die USA auf einen Kompromiß mit den gemäßigten FIS-Führern drängten, befürchtete die ehem. Kolonialmacht Frankreich im Falle einer Machtbeteiligung der FIS einen Massenexodus ins eigene Land. Die Attentate von Fundamentalisten gipfelten am 24. Dez. in der Entführung eines frz. Flugzeuges, die am 26. Dez. in Marseille blutig beendet wurde. – Die Auseinandersetzungen in A. wurden von Demonstrationen und Streiks der Berber begleitet, die eine Arabisierung der Gesellschaft ablehnen und für die offizielle Anerkennung ihrer Kultur kämpfen.
Der Niedergang der alger. Wirtschaft sollte durch die Bewilligung umfangreicher westl. Wirtschafts- und Finanzhilfen abgewendet werden. Dabei wurde nach einer Abwertung des alger. Dinars um 40% auch ein Umschuldungsabkommen mit dem Internat. Währungsfonds abgeschlossen. – Im Aug. forderte ein schweres Erdbeben in der Region um Mascara über 170 Todesopfer.

**Alpeninitiative,** erfolgreiches Volksbegehren der Schweizer Bürger, das vorsieht, zum Schutze des Alpengebiets den Gütertransitverkehr von Grenze zu Grenze (jährlich rd. 350 000 Lkw) auf die Schiene zu verlagern. Die mit knapper Mehrheit (51,9 gegen 48,1 %) am 20. Febr. in einer Volksabstimmung angenommene A. offenbart die Unter-

schiede zw. der französischsprachigen Westschweiz (gegen die A.) und der deutschsprachigen Ostschweiz (mit Ausnahme des Kantons Aargau für die A.). Mit den geplanten Maßnahmen zur Umsetzung der A. (Tunnel- und Paßgebühren und – frühestens ab 1998 – eine leistungsabhängige Schwerverkehrsabgabe) ging die Schweizer Reg. über das Volksbegehren hinaus, denn ihr Konzept umfaßt auch den inländ. Binnenverkehr. Die bundesrätl. Vorstellungen stießen letztlich auf eine positive Stellungnahme der Kommission der Europ. Union (EU), die im Nov. ihren Bericht den EU-Verkehrsmin. vorlegte.

**Alternativer Nobelpreis:** Der Ehrenpreis des Right Livelihood Award 1994 wurde am 9. Dez. an die schwed. Schriftstellerin ASTRID LINDGREN für ihr ›Engagement für Gerechtigkeit, Gewaltlosigkeit und das Verständnis für Minderheiten‹ verliehen. Weitere Preise gingen an den ind. Arzt HANNUMAPPA REDDY SUDARSHAN und seine Hilfsorganisation für ihren Einsatz gegen Kindersterblichkeit und Analphabetismus, an die Organisation SERVOL aus Trinidad und Tobago für ihr Schul- und Berufsausbildungsprogramm sowie an den Nigerianer KEN SARO-WIWA, der mit seiner Bewegung MOSOP gegen die Vertreibung und Vernichtung seines Stammes bei der Erschließung von Ölvorkommen kämpft.

**Aluminiumkarosserie:** Eine neue Karosseriekonstruktion für Pkw, bestehend aus einem Aluminiumskelett unter einer Aluminiumhülle, wurde von Audi gemeinsam mit dem Unternehmen Alcoa entwickelt, das nun bei Soest eine Fabrik zur Fertigung solcher Teile eröffnete. Die Gewichtsersparnis gegenüber der klass. Ausführung beträgt mehr als 30%. Die im Werkstoffwettbewerb hiervon bes. betroffene Stahlbranche will nun in einem Gemeinschaftsprojekt eine ultraleichte Stahlkarosserie entwickeln.

**Amigo-Affären:** Die bekanntgewordenen Verquickungen von Amts- und Privatinteressen verschiedener CSU-Spitzenpolitiker sowie ihre materiellen Verbindungen zur Großindustrie führten zur Einrichtung eines Untersuchungsausschusses des Bayer. Landtags und zu Rücktritten belasteter Politiker. Nach MinPräs. MAX STREIBL (Rücktritt im Mai 1993) zogen Umweltmin. GAUWEILER

(›Kanzlei-Affäre‹: Verpachtung seines Mandantenstamms) im Febr. sowie der stellv. CSU-Vors. GEROLD TANDLER (→Zwick-Affäre) im März die Konsequenzen aus den Vorwürfen. Zumindest moralisch zweifelhaft erschien dem parlamentar. Untersuchungsausschuß auch die Annahme eines Honorars von jährlich 300000 DM durch die damaligen MinPräs. STRAUSS und STREIBL für ihre Nebentätigkeit als Testamentsvollstrecker des Burgkunstädter Versandhausunternehmers FRIEDRICH BAUR. MinPräs. STOIBER hatte das stets dem jeweiligen bayer. Regierungschef zugedachte Amt abgelehnt.

## Andorra

**Hauptstadt:**
Andorra la Vella
**Einwohner:** 48000
**Einwohner/km²:** 106
**Staatsoberhaupt:**
F. Mitterrand und
J. Martí Alanís
**Regierungschef:**
Oscar Ribas Reig
**BSP/Einwohner:**
23680 US-$

Das in den Pyrenäen gelegene Fürstentum wurde im Nov. 1994 als 33. Mitgl. in den Europarat aufgenommen.

## Angola

**Hauptstadt:** Luanda
**Einwohner:** 10,3 Mio.
**Einwohner/km²:** 8
**Staatsoberhaupt:**
J. E. Dos Santos
**Regierungschef:**
M. Moço
**BSP/Einwohner:**
1555 US-$

Präs. JOSÉ EDUARDO DOS SANTOS besuchte im Febr. Paris, um die Beziehungen mit westl. Regierungen zu verbessern und Frankreich zu bitten, Zaires Waffenlieferungen an die UNITA zu unterbinden. Um eine nat. Aussöhnung herbeizuführen, sollten Mitgl. der UNITA in Reg., lokale Verw. und die Kommandostruktur der Streitkräfte eingebunden und für den UNITA-Führer JONAS SAVIMBI eine entsprechende Position gefunden werden. Während der Friedensverhandlungen in Lusaka kam es jedoch immer wieder zum Ausbruch von

In der Hochburg der Rebellen, Huambo, findet eine junge Mutter mit ihrem Kind Schutz vor dem ungemindert in Angola wütenden Bürgerkrieg zwischen UNITA und Regierungstruppen

Kämpfen, bei denen die Regierungstruppen an Stärke gewannen und die von ihnen kontrollierten Gebiete ausdehnten. Die zwischenzeitl. Ruhe erlaubte der UNO und versch. Hilfsorganisationen, Gebiete zu versorgen, die 1993 unzugänglich waren; ab Mai aber war die Hilfe wieder erschwert, da die Kämpfe zunahmen. Im Sept. einigten sich UNITA und MPLA bei den Verhandlungen in Lusaka auf die Stationierung von UNO-Truppen zur Überwachung des Waffenstillstands; trotzdem kam es immer wieder zu neuen Kämpfen. Im Nov. eroberten Regierungstruppen Huambo. Am 20. Nov. unterzeichneten Vertreter der Reg. und der UNITA ein Friedensabkommen. Der damit verbundene Waffenstillstand wurde jedoch in der Folge immer wieder gebrochen.
Die Wirtschaft befand sich in einer fortdauernden Krise. Das BSP fiel 1993 um 22,6%, was u.a. auf ein Minus von 49,5% im Agrarsektor zurückzuführen ist. Ende Febr. wurde ein Reform- und Stabilisierungsprogramm beschlossen, das Kürzungen im defizitären Haushalt und Maßnahmen zur Eindämmung der Inflation enthielt, die im Jan. im Vergleich zum Vorjahresmonat 1762,3% betrug.

## Antigua und Barbuda

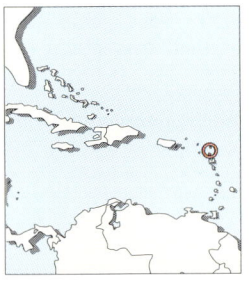

**Hauptstadt:**
Saint John's
**Einwohner:** 66000
**Einwohner/km²:** 149
**Staatsoberhaupt:**
Elisabeth II.
**Regierungschef:**
L. Bird
(seit 10. 3. 1994)
**BSP/Einwohner:**
4770 US-$

Die allg. Wahlen am 8. März gewann die führende Antigua Labour Party zum fünften Mal hintereinander mit 11 von 17 Sitzen. Nachfolger des bisherigen Premiermin. V. C. BIRD wurde sein Sohn LESTER.

## Äquatorialguinea

**Hauptstadt:** Malabo
**Einwohner:** 379 000
**Einwohner/km²:** 14
**Staatsoberhaupt:**
T. Obiang Nguema Ubasogo
**Regierungschef:**
S. Siale Bileka
**BSP/Einwohner:**
330 US-$

Nach den von den Oppositionsparteien und der Mehrheit der Wähler boykottierten Parlamentswahlen im Nov. 1993 bildete die Regierungspartei am 22. 12. 1993 die neue Reg., die weiterhin von Präs. TEODORO OBIANG NGUEMA UBASOGO und Mitgl. seines Clans bestimmt wird. Das Versprechen polit. Reformen wurde bislang jedoch nicht eingelöst.

**Arafat,** Jasir Mohammed, genannt Abu Ammar, palästinens. Politiker und Guerillaführer, *Jerusalem 24. oder 27. 8. 1929. – Zusammen mit den israel. Politikern SHIMON PERES und ITZHAK RABIN wurde A. wegen des von ihm mitgetragenen Friedensprozesses im Nahen Osten und der Autonomievereinbarung zwischen Israel und der PLO vom 13. 9. 1993 am 8. Dez. mit dem Friedensnobelpreis für 1994 ausgezeichnet. A. hatte 1994 sein Amt als Chef der Palästinens. Nationalbehörde für die autonomen Gebiete Gazastreifen und Jericho übernommen.

**Arbeitsmarkt:** Der A. in Dtl., dessen wichtigste Kenngrößen Beschäftigung und Arbeitslosigkeit bekanntlich verzögert auf die konjunkturelle Entwicklung reagieren, war auch 1994 von der tiefsten Rezession der Nachkriegszeit geprägt. Hinzu kamen fortdauernde Probleme beim Anpassungsprozeß in den neuen Bundesländern, strukturelle Probleme in den alten Bundesländern (die sich in einer hohen und verfestigten ›Sockelarbeitslosigkeit‹ niederschlagen), Haushaltsrestriktionen im Hinblick auf die aktive A.-Politik und ein immer noch zunehmendes Angebot an potentiellen Erwerbspersonen, v. a. aufgrund anhaltender Zuwanderung aus dem Ausland.

Trotz eines höher als erwartet ausgefallenen Wachstums des Bruttoinlandsprodukts von etwa 2% nahm vor diesem Hintergrund die Beschäftigung weiter ab und die Arbeitslosigkeit weiter zu. In den alten Bundesländern ging die Zahl der Be-

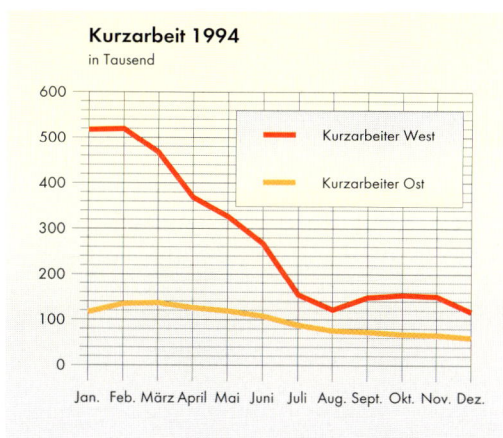

schäftigten um 345 000 auf jahresdurchschnittlich 28,65 Mio. zurück. Die Zahl der registrierten Arbeitslosen erhöhte sich um 285 600 auf jahresdurchschnittlich 2,56 Mio. Gleichzeitig nahm die ›stille Reserve‹, d. h. die Zahl jener Personen, die unter günstigen A.-Bedingungen eine Arbeit aufnehmen würden, aber nicht registriert sind, um gut 200 000 zu. In den neuen Bundesländern veränderten sich die Beschäftigung auf niedrigem und die Arbeitslosigkeit auf relativ hohem Niveau nur geringfügig. Die Zahl der Beschäftigten nahm hier um 10 000 auf 6,283 Mio. zu, die der Arbeitslosen um 6 700 Personen auf 1,14 Mio. ab.

Der Vergleich von Jahresdurchschnitten verdeckt häufig Veränderungen innerhalb der beobachteten Zeiträume. So wird aus ihnen nicht unmittelbar ersichtlich, daß der Rückgang der Beschäftigtenzahl und der Anstieg der Arbeitslosenzahl vor dem Hintergrund der konjunkturellen Belebung zur Mitte des Jahres 1994 zum Stillstand kam. Noch früher

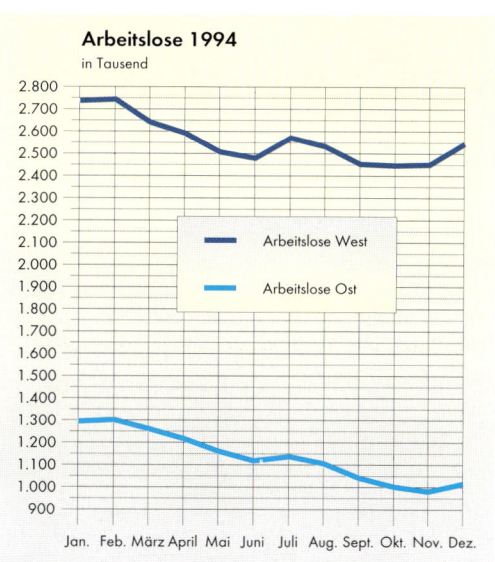

auf den wirtschaftl. Aufschwung reagierte die Kurzarbeit, die sich bereits zum Jahresende 1993 abgeschwächt hatte und seither – von geringen Saisoneinflüssen abgesehen – rückläufig blieb. Sie betrug im Westen jahresdurchschnittlich 275 000 gegenüber 767 000 (1993), im Osten erreichte sie nach 181 000 (1993) nur noch 97 000.

Die Entlastung des A. durch Arbeitsbeschaffungsmaßnahmen (ABM) sowie durch Maßnahmen der Fortbildung und Umschulung (FuU) erfolgte in ei-

nem um 10 % gegenüber 1993 reduzierten Umfang, die Zahl der Gesamtmaßnahmen sank von etwas über 1 Mio. auf etwa 900 000. Deutl. und günstige Auswirkungen ergaben sich aus der bisher auf Ost-Dtl. beschränkten Förderung nach § 249 h Arbeitsförderungsgesetz (AFG), bei der die Bundesanstalt für Arbeit (BA) Lohnkostenzuschüsse in Höhe des durchschnittl. Arbeitslosengeldes bei Maßnahmen des Umweltschutzes, in sozialen Diensten und in der Jugendhilfe gewährt.

---

**ARBEITSMARKT**

---

## Funktionsweise des Arbeitsmarktes und Ursachen der Arbeitslosigkeit – eine ökonomische Analyse

### Die weltweite Arbeitsmarktkrise

Vollbeschäftigung gehört seit geraumer Zeit und auf absehbare Zukunft zu den wirtschaftspolitischen Zielen, welche besonders nachhaltig verletzt sind. Allein im Wirtschaftsraum der OECD sind 1994 rund 35 Millionen Menschen ohne Arbeit, und ungefähr weitere 15 Millionen haben entweder die Arbeitssuche aufgegeben oder gehen unfreiwillig einer Teilzeitarbeit nach. Innerhalb der EU reichte die Spanne der nach einem einheitlichen Konzept berechneten Arbeitslosenquoten (›OECD-standardisierte Arbeitslosenquoten‹) 1993 von 2,6 % in Luxemburg bis hin zu 22,4 % in Spanien (EU-Mittelwert: 10,6 %). In Deutschland sieht es nicht minder besorgniserregend aus (→Arbeitsmarkt).

Sehr unterschiedlich verläuft die Arbeitsmarktentwicklung in den Ländern Mittel- und Osteuropas, die sich im Transformationsprozeß befinden. Während sich die Arbeitslosenquote in der Tschechischen Republik um 5 % bewegt, liegt sie in Polen, Ungarn und der Slowakischen Republik um das Zwei- bis Dreifache höher. Die Unterschiede sind u. a. durch verschiedenartige Ausgangsbedingungen bei den makroökonomischen Rahmenbedingungen und alternative Strategien bei arbeitsmarktpolitischen Maßnahmen und der Privatisierung zu

erklären. Angesichts des z. T. historisch einmaligen Produktionseinbruchs sind diese Länder im Vergleich zu westlichen Industrieländern durch zahlreiche und substantielle Besonderheiten gekennzeichnet.

Alle Regierungen der betroffenen Länder und viele internationale Organisationen haben die Dramatik des Problems erkannt und denken über Möglichkeiten einer Bekämpfung der Arbeitslosigkeit nach. Auch in den Medien werden fast wöchentlich Vorschläge zum Abbau der Arbeitslosigkeit gemacht. Das alles provoziert die Frage, warum wir dem Vollbeschäftigungsziel trotzdem nicht nähergekommen sind. Die Antwort liegt in den Ursachen der Arbeitslosigkeit, und um diese zu verstehen, ist ein zutreffendes Bild der Funktionsweise des Arbeitsmarktes erforderlich.

### Die Dynamik auf dem Arbeitsmarkt

Die langjährige Konstanz der Arbeitslosenquoten auf hohem Niveau in den achtziger Jahren in Westdeutschland könnte zu der irrigen Vorstellung eines völlig erstarrten Arbeitsmarktes Anlaß geben. Tatsächlich sind Arbeitsmärkte auch in Zeiten einer hohen Beschäftigungslosigkeit durch eine starke Dynamik gekennzeichnet. Zwei Beispiele mögen dies quantitativ belegen.

Im Zeitraum 1983–92 wurden in Westdeutschland rund 3 Millionen Arbeitsplätze geschaffen, das entspricht gut 10 % aller Erwerbstätigen. Gleichzeitig ist aber auch das Arbeitsangebot gestiegen, weil wir

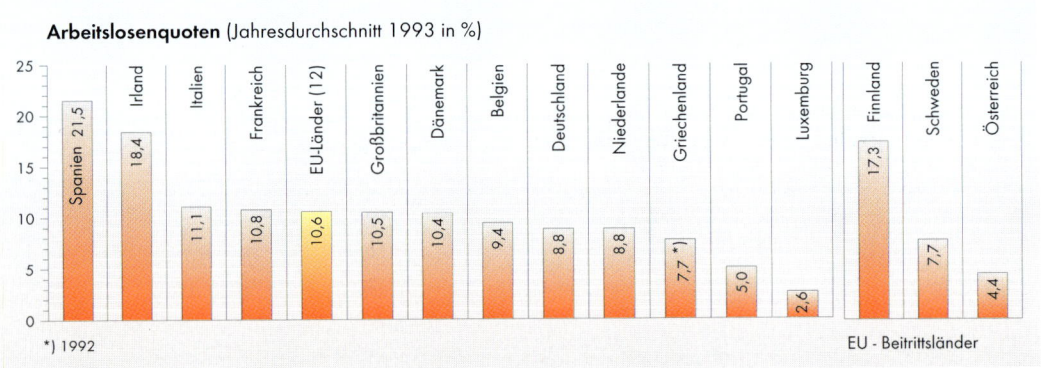

**Arbeitslosenquoten** (Jahresdurchschnitt 1993 in %)

Spanien 21,5 · Irland 18,4 · Italien 11,1 · Frankreich 10,8 · EU-Länder (12) 10,6 · Großbritannien 10,5 · Dänemark 10,4 · Belgien 9,4 · Deutschland 8,8 · Niederlande 8,8 · Griechenland 7,7 *) · Portugal 5,0 · Luxemburg 2,6 · Finnland 17,3 · Schweden 7,7 · Österreich 4,4

*) 1992                                                                 EU - Beitrittsländer

Einwanderungen zu verzeichnen hatten und die Erwerbsbeteiligung von Frauen gestiegen ist. Die Zunahme der Arbeitsplätze wurde also durch ein höheres Arbeitsangebot teilweise kompensiert, so daß sich – bei dieser Betrachtung in Form einer Arbeitsmarktbilanz – in den achtziger Jahren keine stärkere Reduktion der Arbeitslosigkeit eingestellt hat. Daraus kann indessen nicht geschlossen werden, die Zunahme des Arbeitsangebots sei eine Ursache der Arbeitslosigkeit. Auch in den sechziger Jahren stieg das Arbeitsangebot aufgrund der Beschäftigung von Gastarbeitern kräftig an, und jene Dekade war im wesentlichen durch Voll- und Überbeschäftigung gekennzeichnet. Die eigentliche Frage lautet, warum viele dieser zusätzlichen Arbeitsanbieter in den achtziger Jahren keinen Arbeitsplatz gefunden bzw. andere Beschäftigte in die Arbeitslosigkeit abgedrängt haben – im Gegensatz zu den sechziger Jahren.

Der zweite Aspekt der Dynamik der Arbeitslosigkeit ist vielleicht noch überraschender. Im Jahresdurchschnitt 1993 belief sich der Bestand an Arbeitslosen in Westdeutschland auf rund 2,3 Millionen Personen. Im gleichen Jahr verzeichnete die Arbeitslosenstatistik jedoch rund 4,5 Millionen Zugänge in und 4,1 Millionen Abgänge aus der Arbeitslosigkeit. Dabei ist zu bedenken, daß die Zahl der Langzeitarbeitslosen 1993 etwa 600 000 Personen betrug. Wenn die Vorstellung eines völlig erstarrten Arbeitsmarktes mithin falsch ist, so hat diese Dynamik indessen nicht ausgereicht, die Arbeitslosigkeit zu reduzieren. Warum?

### Arbeitslosigkeit und Inflation

Auf den ersten Blick mag es schwer verständlich sein, warum eine Ursachenanalyse der Arbeitslosigkeit so schwierig sein soll. Rein bilanzmäßig ist Arbeitslosigkeit die Differenz aus Arbeitsangebot und -nachfrage, so daß man sie doch eigentlich bei einer Aufzählung von angebots- bzw. nachfrageseitigen Bestimmungsfaktoren belassen könnte.

Diese vereinfachte Sicht läßt einen wichtigen Aspekt unberücksichtigt. Überspitzt formuliert, kann nahezu jede Arbeitslosigkeit durch entsprechend expansiv gestaltete Maßnahmen (z. B. in Form von staatlichen Programmen) beseitigt werden, allerdings in der Regel nur unter Inkaufnahme exorbitant hoher und nicht tolerabler Inflationsraten, von den staatlichen Budgetdefiziten erst gar nicht zu reden. Mit anderen Worten, es muß gefordert werden, daß eine Reduktion der Arbeitslosigkeit ohne nennenswerte Erhöhung der Inflationsrate vonstatten geht. Der Wirtschaftspolitiker muß stets das üble Zwillingspaar Arbeitslosigkeit und Inflation berücksichtigen, und es wäre ökonomisch schädlich, wollte er versuchen, Arbeitslosigkeit unter Vernachlässigung des Ziels der Preisniveaustabilität zu bekämpfen, obwohl die Versuchung mitunter groß sein mag.

### Die inflationsstabile Arbeitslosenquote

Ein wesentlicher Ausgangspunkt der Analyse ist deshalb die ›inflationsstabile Arbeitslosenquote‹.

Zahlreiche Warnstreiks begleiten die Tarifauseinandersetzungen im öffentlichen Dienst. Im Bild eine gemeinsame Kundgebung von ÖTV und DAG am 1. März in Hannover

Etwas vereinfacht ausgedrückt, wird damit die Höhe der Beschäftigungslosigkeit bezeichnet, welche die Verteilungsansprüche an das Sozialprodukt so koordiniert, daß die Inflationsrate konstant bleibt: Lohnverhandlungen sind nichts anderes als Kämpfe von Unternehmen und Arbeitnehmern – ggf. vertreten durch ihre Verbände – um einen möglichst hohen Anteil am Sozialprodukt. Das ist selbstverständlich völlig legitim, gleichwohl dürfen die Verteilungsansprüche nicht über das Verteilbare hinausgehen und damit einen Anstieg der Inflationsrate in Gang setzen. Leider ist diese Einsicht wenig ausgeprägt, so daß ein Mechanismus erforderlich ist, der uneinsichtiges Verhalten bestraft und die Parteien auf den Gleichgewichtspfad zurückführt. Arbeitslosigkeit stellt einen solchen Mechanismus dar. Sie bestraft beide Parteien für stabilitätsinkonformes Verhalten: Unternehmen leiden unter Absatzeinbußen, Arbeitnehmer unter Beschäftigungslosigkeit. Je schneller und stärker die Parteien auf diese Bestrafung reagieren, um so geringer fällt sie aus. Wohlgemerkt, freiwillige Einsicht ist allemal besser; Arbeitslosigkeit ist dann als Koordinationsmechanismus nicht notwendig. Natürlich kann eine Partei ihren Anteil am Sozialprodukt erhöhen, aber nur dann, wenn die andere Seite zu einem entsprechenden Verzicht bereit ist. Der so beschriebenen Arbeitslosigkeit als Disziplinierungsmittel ist mit wirtschaftspolitischen Mitteln wenig beizukommen, denn Lohnverhandlungen fallen aus guten Gründen unter die Tarifauto-

Der Autor:
Wolfgang Franz, geb. 1944. Seit 1988 Prof. für Volkswirtschaftslehre an der Universität Konstanz. Mitglied des Sachverständigenrats zur Begutachtung der gesamtwirtschaftlichen Entwicklung und des Beirats beim Bundeswirtschaftsminister

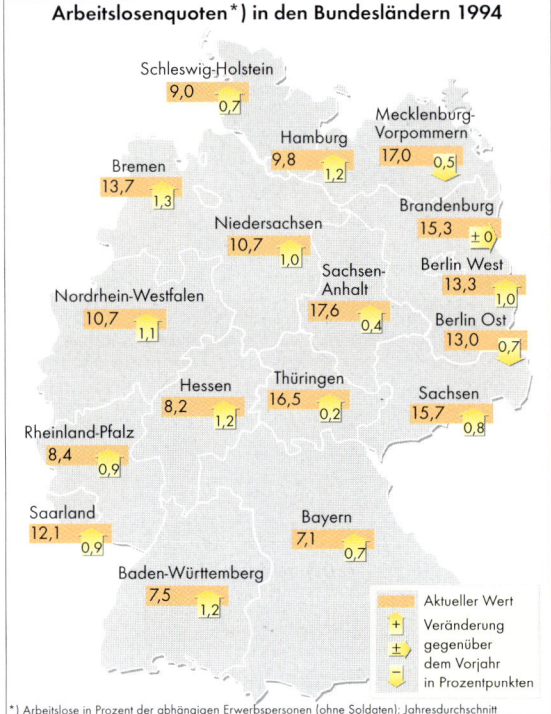

**Arbeitslosenquoten\*) in den Bundesländern 1994**

Schleswig-Holstein 9,0 · 0,7
Hamburg 9,8 · 1,2
Mecklenburg-Vorpommern 17,0 · 0,5
Bremen 13,7 · 1,3
Niedersachsen 10,7 · 1,0
Brandenburg 15,3 · ± 0
Nordrhein-Westfalen 10,7 · 1,1
Sachsen-Anhalt 17,6 · 0,4
Berlin West 13,3 · 1,0
Berlin Ost 13,0 · 0,7
Hessen 8,2 · 1,2
Thüringen 16,5 · 0,2
Sachsen 15,7 · 0,8
Rheinland-Pfalz 8,4 · 0,9
Saarland 12,1 · 0,9
Bayern 7,1 · 0,7
Baden-Württemberg 7,5 · 1,2

Aktueller Wert
+ Veränderung
± gegenüber
– dem Vorjahr in Prozentpunkten

\*) Arbeitslose in Prozent der abhängigen Erwerbspersonen (ohne Soldaten); Jahresdurchschnitt

nomie. Die Wirtschaftspolitik kann bestenfalls versuchen, durch Informations- und Überzeugungsarbeit das Verständnis für diese Zusammenhänge zu fördern und bei den Tarifverhandlungen für den öffentlichen Dienst und bei der Beamtenbesoldung mit gutem Beispiel voranzugehen.

Was die Verteilungsansprüche anbelangt, so sind die Tarifverhandlungen 1993/94 in Westdeutschland im wesentlichen durch gestiegene Einsichten in das Verteilbare und die Berücksichtigung der internationalen Wettbewerbsfähigkeit gekennzeichnet. Die Lohnzuwächse lagen unterhalb der Inflationsrate, und diese Reallohneinbuße wurde durch erhöhte staatliche Abgaben noch verstärkt. Allerdings waren die Jahre 1990–92 durch sehr hohe Steigerungsraten der Lohnstückkosten geprägt, weshalb die Tarifabschlüsse zum Teil eine Korrektur übermäßiger früherer Lohnzuwächse darstellen. Außerdem ist zu beachten, daß unsere Konkurrenten auf den Weltmärkten aufgeholt haben. In vielen Bereichen spielen nun die Herstellungskosten eine sehr viel größere Rolle als früher, als Qualität und technische Standards der deutschen Produkte deren höhere Preise vielfach überkompensiert haben.

Diese Tendenz in Form einer Reallohnzurückhaltung läßt sich auch in anderen Ländern beobachten. Betrachtet man die EU insgesamt, so ist der Anteil der Einkommen aus unselbständiger Beschäftigung am Volkseinkommen (Lohnquote) in den siebziger Jahren sehr stark gestiegen, aber in den achtziger und den bisherigen neunziger Jahren

noch mehr gefallen, so daß die Lohnquote 1994 bereits ihren Wert von 1970 unterschreitet. In Westdeutschland entspricht die Höhe der derzeitigen Lohnquote etwa der Anfang der sechziger Jahre. Die Verteilungsansprüche der Arbeitnehmer sind mithin zurückgedrängt worden, allerdings unter den immensen Kosten einer seit zwanzig Jahren bestehenden und gestiegenen Arbeitslosigkeit.

### Die konjunkturelle Arbeitslosigkeit

Die konjunkturelle Arbeitslosigkeit entsteht aufgrund eines gesamtwirtschaftlichen Nachfragedefizits nach Gütern und Dienstleistungen und bildet sich mit zeitlicher Verzögerung von etwa einem Jahr bei einem nachhaltigen Konjunkturaufschwung zurück.

Im Gegensatz zur bisher beschriebenen inflationsstabilen Arbeitslosenquote kann die Verringerung der konjunkturellen Arbeitslosenquote ohne nennenswerte Preissteigerungsraten einhergehen und prinzipiell von der Wirtschaftspolitik durch Konjunkturprogramme und geldpolitische Maßnahmen unterstützt werden. Allerdings sind die Erfahrungen mit expansiven fiskalpolitischen Maßnahmen nicht durchweg positiv. Vor allem eine Erhöhung der Staatsausgaben zwecks Konjunkturstimulierung hat mit erheblichen zeitlichen Verzögerungen zu rechnen, so daß sich eher eine Verstetigung der Staatsausgaben auf einem Wachstumspfad des Produktionspotentials und gezielte und fallweise Maßnahmen auf der Einnahmeseite (z. B. steuerliche Investitionserleichterungen) empfehlen. Geachtet werden muß auch auf eine internationale Koordinierung einer solchen Politik, da sonst die Gefahr eines Versickerns der Impulse durch gestiegene Importe besteht. Was die Situation in Deutschland anbelangt, so ist angesichts der insbesondere durch die Wiedervereinigung sprunghaft angestiegenen Staatsverschuldung wenig Spielraum für eine mit zusätzlichen Budgetdefiziten einhergehende expansive Konjunkturpolitik.

### Geringer qualifizierte Arbeit

Ein besonders brennendes Problem sind Arbeitslose mit geringer schulischer und beruflicher Qualifikation. So wichtig die Schaffung von Arbeitsplätzen im ›High-Tech‹-Bereich für die internationale Wettbewerbsfähigkeit der deutschen Volkswirtschaft auch zweifellos ist, nicht alle Erwerbspersonen können angesichts ihrer Qualifikation solche Arbeitsplätze einnehmen; es müssen auch Arbeitsplätze für geringer qualifizierte Menschen geschaffen werden. Allerdings ergibt sich das folgende gravierende Problem: Die Lohnkosten im Bereich geringer qualifizierter Arbeit sind zu hoch, als daß solche Arbeitsplätze rentabel wären. Im Gegensatz zu Nordamerika, wo sich das Lohngefälle durch Reallohnsenkungen vergrößert hat und demzufolge viele Menschen eine Arbeit im Niedriglohnbereich gefunden haben, ist dies in Europa weniger und in Deutschland nicht zu beobachten. Das liegt u. a. daran, daß sich derart niedrige Löhne in Deutschland auf das Niveau von Unterstützungszahlungen (z. B. Arbeitslosen- oder Sozialhilfe) hinbewegen würden. Damit hätten aber die betroffenen Unterstützungsempfänger wenig Anreiz, diese Arbeitsplatzangebote zu akzeptieren.

Prinzipiell gibt es zwei Lösungswege. Zum einen könnten die Sozialleistungen auf einem solchen Niveau angesiedelt werden, daß sich auch diese Arbeit ›lohnt‹. Im wesentlichen ist das der Weg, der z. B. in den USA beschritten wird, wo dann das erzielte Arbeitseinkommen allerdings unter der Armutsgrenze liegen kann (›working poor‹). Die andere Alternative besteht in einer Kürzung der Lohnkosten für gering qualifizierte Arbeit für das Unternehmen bei einer gleichzeitigen Erhöhung der Nettoentgelte für die betroffenen Arbeitnehmer. Das hat nichts mit Lohnsubventionierung zu tun. Vielmehr könnte eine Möglichkeit in der Einführung eines stufenlosen Übergangs aus der Unterstützungszone in den Bereich von Erwerbseinkommen bestehen, indem beispielsweise Sozialhilfeempfänger mehr als bisher zu ihrer Sozialhilfe hinzuverdienen können (bis zu einer bestimmten Grenze natürlich). Ein anderer Vorschlag läuft darauf hinaus, Empfängern von Arbeitslosenunterstützung zu erlauben, einen Teil ihrer Unterstützungszahlung an ein Unternehmen abzutreten, welches im Gegenzug einen Arbeitsplatz (im Niedriglohnbereich) zur Verfügung stellt. In beiden Fällen sinken die Lohnkosten für das Unternehmen, während die Nettoeinkommen der Unterstützungsempfänger steigen. Damit lohnt sich geringer qualifizierte Arbeit prinzipiell für beide Seiten, und zwar ohne zusätzliche Belastungen für den Staat. Trotz dieser Vorzüge müssen diese und ähnliche Vorschläge sorgfältig konzipiert werden, damit es nicht zu unerwünschten Mitnahmeeffekten kommt.

### Selbstverstärkungseffekte

Eng verwandt mit dem Aspekt geringer qualifizierter Arbeit ist das Problem der Langzeitarbeitslosigkeit. Es ist vornehmlich ein Problem der Arbeitsmärkte in der EU mit einem über 40%igen Anteil an allen Arbeitslosen (Belgien und Irland: 60%), während sich die entsprechende Ziffer in den USA und Japan auf 11 bzw. 15% beläuft (alle Zahlen für 1992). Diese Arbeitslosen sind besonders schwer zu vermitteln, nicht nur, weil sie zu einem großen Teil gering qualifiziert sind, sondern weil die lange Erfahrung mit Arbeitslosigkeit stigmatisierend wirkt. In der Regel sinkt die Chance, als Arbeitsloser in ein Beschäftigungsverhältnis zu wechseln, mit steigender Dauer der Arbeitslosigkeit. Gründe dafür sind der zunehmende Verlust an beruflicher Erfahrung sowie Entmutigungseffekte als Folge zahlreicher vergeblicher Bewerbungen.

Die wirtschaftspolitische Konsequenz dieses Phänomens besteht darin, daß die Bekämpfung von Arbeitslosigkeit um so teurer wird, je länger damit gewartet wird. Letztlich kann nur versucht werden, einmal vorhandene Langzeitarbeitslosigkeit mit Umschulungs-, Fortbildungs- und Arbeitsbeschaffungsmaßnahmen zu bekämpfen. Diese Arbeitsmarktpolitik ist mit hohem finanziellem Aufwand verbunden und überdies nur in Grenzen erfolgreich.

### Flexibilisierung des Arbeitsmarktes

Das Jahr 1994 war in vielen Ländern der EU, insbesondere aber in Deutschland, durch eine verstärkte Diskussion über Flexibilisierungspotentiale auf dem Arbeitsmarkt gekennzeichnet. So wurden in Deutschland beispielsweise private Arbeitsvermittler zugelassen, wobei allerdings anzumerken ist, daß von einem ›Vermittlungsmonopol‹ der Bundesanstalt für Arbeit ohnehin keine Rede sein konnte. Jedem Unternehmen und Arbeitnehmer blieb es auch vorher unbenommen, sich aktiv auf die Suche nach einem Beschäftigungsverhältnis (z. B. durch Inserate) zu begeben, von privaten Vermittlern für Führungskräfte und Künstler ganz zu schweigen. Prinzipiell können private Vermittler möglicherweise effizienter arbeiten als die überlastete Bundesanstalt für Arbeit, jedoch sollte man sich vor Illusionen bezüglich etwaiger Beschäftigungsgewinne hüten. Private Arbeitsvermittler schaffen keine zusätzlichen Arbeitsplätze, sie brechen häufig in bestehende Arbeitsverhältnisse ein (›Headhunting‹), und vom Arbeitsamt angebotene Bewerber können dann vielleicht als minder geeignet angesehen werden.

Seit dem 1. August erteilen die Landesarbeitsämter die ersten Zulassungen für privatwirtschaftliche Arbeitsvermittlungen, im Bild ein neugegründetes Büro in Halle

Eine Kehrseite der Medaille gibt es auch bei diversen Vorschlägen einer Lohnflexibilisierung, welche im Kern darauf hinauslaufen, die Lohnbestimmung stärker an jeweiligen betrieblichen Gegebenheiten festzumachen (Tariföffnungsklauseln, Tarifkorridor usw.), im Gegensatz zum flächendeckenden Tarifvertrag. Allerdings besteht auch schon heute eine solche Möglichkeit, denn die Tariflöhne liegen je nach Branche bzw. Firma etwa 10–20% unter den Effektivlöhnen. Die Differenz bilden freiwillig gewährte Zusatzleistungen des Unternehmens, die dann je nach betrieblichen Erfordernissen variiert werden (können). Den Vorteilen einer solchen betrieblichen Lohnfindung ist indessen gegenzurechnen, daß die allfälligen Konflikte, die mit Lohnverhandlungen nun einmal verbunden sind, ebenfalls auf die betriebliche Ebene verlagert werden und die Lohnanpassung nach oben im Konjunkturaufschwung auch schneller vonstatten geht.

Beklagt werden schließlich institutionelle Hemmnisse für mehr Beschäftigung wie z. B. rigide Kündigungsschutzgesetze, Lohnfortzahlung im Krankheitsfall und Sozialpläne. In der Tat ist nicht von der Hand zu weisen, daß der Kündigungsschutz für spezielle Gruppen (ältere Arbeitnehmer, Schwangere) in erster Linie die Arbeitsplatzbesitzer schützt, den entsprechenden Gruppen von Arbeitslosen eine Wiederbeschäftigung jedoch erschwert. Angesichts der hohen Lohnnebenkosten, die in Westdeutschland über 80 % der Entgelte für gelei-

stete Arbeit ausmachen, ist ferner zu erwägen, dem individuellen Arbeitnehmer durch Abschluß einer privaten Versicherung anheimzustellen, in welchem Umfang er eine Absicherung im Krankheits- oder Entlassungsfall wünscht. Allerdings verbieten sich Radikalkuren, denn der soziale Friede ist ebenfalls ein wichtiger Produktionsfaktor.

Die Mach- und Beherrschbarkeit des Wirtschaftsprozesses ist begrenzt, das gilt auch für den Arbeitsmarkt. Illusionslos heißt aber nicht tatenlos. Die Bekämpfung der Arbeitslosigkeit ist zwar teuer, aber Nichtstun kommt uns noch teurer zu stehen, wenn alle direkten und mittelbaren Kosten der Arbeitslosigkeit in Rechnung gestellt werden.

**Arbeitsvermittlung:** Zum 1. August wurde aufgrund des →Beschäftigungsförderungsgesetzes 1994 für das gesamte Bundesgebiet und ohne Beschränkung auf bes. Personengruppen oder Berufe die private gewerbsmäßige A. eingeführt. Auf den zunächst vorgesehenen Modellversuch in einzelnen Regionen wurde verzichtet. Danach kann jeder, dessen Zuverlässigkeit und Eignung (u. a. angemessene Geschäftsräume, geordnete finanzielle Verhältnisse) von der Arbeitsverwaltung überprüft wurde, eine Vermittlungserlaubnis erhalten. Die private gewerbsmäßige A. erfolgt für den Arbeitssuchenden kostenfrei; die Vermittlungsgebühren tragen ausschließlich die Arbeitgeber. Bis zum Jahresende 1994 wurden 1 650 Lizenzen vergeben.

## Argentinien

**Hauptstadt:**
Buenos Aires
**Einwohner:** 33,5 Mio.
**Einwohner/km²:** 12
**Staatsoberhaupt:**
C. S. Menem
**Regierungschef:**
C. S. Menem
**BSP/Einwohner:**
6 050 US-$

### Wirtschafts- und Sozialpolitik

Die Arbeitslosenquote stieg im Mai auf 12 %, was eine Verdoppelung innerhalb eines Jahres bedeutete. Ca. 11 % der Erwerbstätigen galten als unterbeschäftigt. Die hohen Defizite in der Handels- und Leistungsbilanz konnten nicht gesenkt werden. Die rigide Sparpolitik hatte jedoch einen ausgeglichenen Staatshaushalt mit Devisenreserven in Höhe von rd. 17 Mrd. US-$ zur Folge. Die niedrige Inflationsrate von weniger als 4 %, aber auch die Abschaffung der bisher notwendigen Einfuhrlizenzen förderte ausländ. Investitionen.

Vor dem Hintergrund der sozialen Entwicklung beschloß das Kabinett am 13. Jan. einen Sofortplan zur Schaffung von Arbeitsplätzen und Hilfsmaßnahmen für die acht ärmeren Nordprovinzen. Gleichzeitig erhöhte Präs. CARLOS S. MENEM das Aufgebot an Sicherheitskräften, um Unruhen vorzubeugen. Trotz des Anfang Mai von der Reg. angekündigten Programms zur Bekämpfung von Arbeitslosigkeit und Armut in Höhe von 7 Mrd. US-$ kam es am 7. Juli zu Massenprotesten gegen die Wirtschaftspolitik, und am 2. Aug. lähmte ein Generalstreik die meisten ökonom. Bereiche.

### Innen- und Außenpolitik

Am 10. April wurde die 305 Mitgl. umfassende verfassunggebende Versammlung gewählt, die das Grundgesetz von 1853 gemäß der Absprache vom Dez. 1993 revidieren und Präs. MENEM eine zweite Amtsperiode ermöglichen sollte. Die Peronisten kamen auf 37,7 % der Stimmen (136 Sitze), die Unión Cívica Radical auf 19,2 %. Die eigentl. Gewinnerin, die Linkskoalition Frente Grande (FG; dt. Große Front), die die Verfassungsreform ablehnt, erhielt 13,5 %. Nach der neuen, am 24. Aug. in Kraft getretenen Verfassung ist eine einmalige Wiederwahl des Präs. zulässig; die Amtszeit wurde von sechs auf vier Jahre verkürzt; der Präs. muß nicht mehr notwendigerweise Katholik sein. Eingeführt wurden der Posten eines Kabinettschefs sowie Referendum und Stichwahl, sofern die erforderl. Mehrheit (45 % oder 40 % mit einem 10%igen Vorsprung) nicht erreicht wird. Verankert wurden ferner der Anspruch A.s auf die Falkland-Inseln und die Anerkennung der Rechte der indigenen Bevölkerung. Am 7. Febr. wurde in der Prov. Formosa die Qompiwi-Partei, die erste Indianerpartei A.s, registriert.

Als Reaktion auf den Bombenanschlag am 18. Juli auf das Jüd. Verwaltungszentrum und Sozialhilfewerk AMIA in Buenos Aires, der fast hundert Todesopfer forderte, erließ A. gegen vier der Beteiligung verdächtige iran. Diplomaten einen internat. Haftbefehl (10. Aug.); aus Mangel an Beweisen wurde jedoch nicht Anklage erhoben. In der Folge verschlechterten sich die iranisch-argentin. Beziehungen.

Besondere Aufmerksamkeit widmete die argentin. Außenpolitik dem Freihandelsabkommen NAFTA, dem A. beitreten möchte. Zum Schutz amerikanischer Firmen verlangten indes die USA unter Androhung von Handelssanktionen, daß A. bis Ende Febr. 1995 ein Gesetz zur Sicherung von Urheber- und Patentrechten verabschieden müsse. Gleichzeitig mit →Chile wurde A. am 18. Jan. Vollmitgl. des Vertrags von Tlatelolco. Während seines Besuchs in den USA (24. Juni) sicherte MENEM Präs. CLINTON die Unterstützung A.s bei der Bewältigung der Haiti-Krise zu.

**Aristide,** Jean-Bertrand, haitian. Politiker, * Port-Salut 15. 7. 1953. – Nach dreijährigem Exil kehrte A. am 15. Okt. nach Haiti zurück, nachdem das Militärregime unter verstärktem internat. Druck und unmittelbar vor dem Einmarsch einer multinat. Interventionsstreitmacht unter amerikan. Führung aufgegeben hatte.
A. studierte mit Hilfe des kath. Salesianerordens Theologie und wurde Priester. Selbst sehr arm aufgewachsen, wurde er zu einem engagierten Verfechter der Befreiungstheologie. Im Sept. 1988 verübten die Anhänger der herrschenden Militärs einen Anschlag auf seine Pfarrkirche, A. selbst wurde danach zu seinem Schutz von seinen Ordensoberen ins Ausland geschickt. Als er sich dem widersetzte, schloß man ihn aus dem Salesianerorden aus. Zu den Präsidentschaftswahlen 1990 trat A. als Kandidat an, nachdem der Chef der Geheimpolizei des Diktators JEAN-CLAUDE DUVALIER (›Baby Doc‹) aus dem Ausland nach Haiti hatte zurückkehren können und trotz eines bestehenden Haftbefehls unbehelligt blieb. A. errang bei den Wahlen am

Ein Mitglied der jüdischen Gemeinde hilft nach dem schweren Bombenanschlag am 18. Juli bei Rettungsarbeiten im zerstörten jüdischen Zentrum in Buenos Aires

16. 12. 1990 mit 67,5 % der Stimmen einen nicht erwarteten Erfolg. Am 29. 9. 1991 putschte das Militär unter dem von A. ernannten Generalstabschef General RAOUL CÉDRAS, und A. mußte ins Exil gehen. Die Organisation Amerikan. Staaten forderte seitdem die Rückkehr des gewählten Präs., die mit der Intervention vom 19. 9. 1994 schließlich durchgesetzt wurde.

## Armenien

**Hauptstadt:** Jerewan
**Einwohner:** 3,6 Mio.
**Einwohner/km²:** 120
**Staatsoberhaupt:**
L. Ter-Petrossjan
**Regierungschef:**
G. Bagratjan
**BSP/Einwohner:**
780 US-$

Seit etwa 1992 zeichnet sich der Zusammenbruch der Wirtschafts- und Versorgungsstrukturen nicht nur als Folge der Insellage und des sechs Jahre andauernden Krieges um Bergkarabach (Nagorny Karabach), sondern auch wegen nicht greifender Reformversuche immer deutlicher ab. Nur sporadisch funktionierten 1994 die Verkehrsmittel; in Gesundheitseinrichtungen konnte wie in allen öffentl. Bereichen nur zeitweilig gearbeitet werden. Die Industrie des Landes produzierte wegen Rohstoff- und akuten Energiemangels nur noch zu 20 %. Weder die Landwirtschaft noch die durch die Wirtschaftsblockade eingeschränkten Getreideeinfuhren konnten die Lebensmittelversorgung absichern. Inzwischen leben nach Regierungsangaben 94 % der Bevölkerung unter der Armutsgrenze, was nach der Definition der Weltbank 1 US-$ pro Tag und Person bedeutet. 350 000 Armenier (darunter ca. 15 000 in Deutschland 1993/94) leben in und außerhalb A.s als Flüchtlinge.
Die schwierige wirtschaftspolit. Situation brachte die Reg. von LEWON TER-PETROSSJAN unter schärferen innen- und außenpolit. (Diaspora) Druck. Dieser begleitete die Diskussionen um den Verfassungsentwurf seit dem Frühjahr und führte bis zur Forderung aus dem kommunist. Lager, das über 25 der offiziell 240 Parlamentssitze verfügt, sich Rußland direkt im Rahmen einer Konföderation anzuschließen (28. Sept.).
Die unter Vermittlung Rußlands geführten Verhandlungen und Waffenstillstandsabkommen (12. Mai) zur Beilegung des armenisch-aserbaidschan. Konflikts führten nicht zu dessen Lösung, sondern stellten lediglich die russische militär. Einflußnahme in der Region wieder her. Dies zeigte sich auch in dem am 23. Juni geschlossenen Vertrag, in dem Rußland zugestanden wurde, in A.

Militärstützpunkte zu unterhalten. A.s Interesse an Moskau war v.a. von der Aussicht auf wirtschaftl. und militär. Hilfe im Konflikt mit Aserbaidschan geleitet. Am 5. Okt. trat A. der NATO-Initiative ›Partnerschaft für den Frieden‹ bei.

**Armutsbericht:** Am 20. 1. 1994 wurde der erste gesamtdt., u. a. vom Dt. Gewerkschaftsbund (DGB) und vom Parität. Wohlfahrtsverband erarbeitete A. vorgestellt, demzufolge in Dtl. zur Zeit rd. 7,25 Mio. Menschen ganz oder teilweise Sozialhilfe beziehen und damit in Armut leben: 4,65 Mio. im Westen und 2,6 Mio. im Osten. Damit ging der Anteil der Einkommensarmen in der ostdt. Bevölkerung von (1991) 16,2% auf (1992) 14,8% zurück, in der westdt. blieb er mit 7,5% relativ konstant. Bei Familien mit drei und mehr Kindern lebten 1992 im Westen 16,2%, im Osten sogar 45,5% unterhalb der Armutsgrenze. Als einkommensarm gelten einer europ. Definition zufolge jene Haushalte, die mit weniger als 50% der durchschnittl. Haushaltseinkommen auskommen müssen. Bundesfamilienmin. HANNELORE RÖNSCH nannte die Zahlen überhöht. Nach Angaben des Reichsbundes der Kriegs- und Wehrdienstopfer leben in Deutschland fast 8 Mio. Menschen unterhalb der Armutsgrenze.

Der erste bayer., vom DGB in Bayern vorgelegte A. weist darauf hin, daß in Bayern seit 1980 die Zahl der Sozialhilfeempfänger um 68% gestiegen sei; hinzu komme eine hohe Dunkelziffer jener, die die Sozialhilfe erst gar nicht in Anspruch nehmen. Auf den Sozialhilferegelsatz von derzeit 600 DM (ohne Wohngeld oder andere Zusätze) sind neben Arbeitslosen v.a. alte Menschen (darunter wiederum v.a. Frauen) und immer mehr alleinerziehende Mütter angewiesen.

**ASEAN,** Abk. für Association of South-East Asian Nations (dt. Vereinigung südostasiat. Staaten), gegr. am 8. 8. 1967. Mitgl.: Thailand, Malaysia, Singapur, Indonesien, Brunei, Philippinen. – Die ASEAN suchte 1994 verstärkt der Aufrüstung und den Gebietsansprüchen Chinas im ölreichen Südchin. Meer zu begegnen. Nachdem die ASEAN-Außenministerkonferenz im Juli in Bangkok ihre Bereitschaft erklärt hatte, Vietnam als siebtes Mitglied aufzunehmen, wurde Anfang Dez. der Vertrag für die Aufnahme zum Juni 1995 paraphiert.

### Aserbaidschan

**Hauptstadt:** Baku
**Einwohner:** 7,3 Mio.
**Einwohner/km²:** 85
**Staatsoberhaupt:**
G. Alijew
**Regierungschef:**
F. Guliew
(seit 7. 10. 1994)
**BSP/Einwohner:**
870 US-$

Trotz Waffenstillstandsverhandlungen und -abkommen (12. Mai) blieb die Front im armen.-aserbaidschan. Konflikt unruhig. Die Zahl der Flüchtlinge im Zusammenhang mit dem Krieg um Bergkarabach lag lt. UNO-Flüchtlingskommissariat bei 1,4 Mio.; auf seiten beider Kriegsparteien starben bereits ca. 26 000 Menschen. Anfang Dez. sprach sich die Mehrheit der KSZE-Staaten für die Entsendung von Friedenstruppen aus; sie würden Rußlands Rolle als derzeitige Schutzmacht A.s beschneiden.

Auch stärkere Kontroll- und Regulationsmechanismen in der Wirtschaft konnten die rapide Verarmung der Mehrheit der Bevölkerung nicht stoppen. Mit Hilfe des Präsidentenerlasses vom 15. Juni wurde der Mindestlohn rückwirkend ab 1. Juni auf 2 000 Manat festgesetzt. Einen Tag später wurden jedoch die Preise für Elektroenergie und Brot freigegeben. Zum Ausgleich der Inflation (Okt. 1994: 70 Manat in staatl. Geschäften = 200 bis 300 Manat auf dem freien Markt) sollten nicht nur die Auswirkungen des Währungsverfalls für die Bevölkerungsmehrheit gemildert, sondern auch der äußerst defizitäre Staatshaushalt aufgebessert werden.

Der Abschluß (20. Sept.) des seit drei Jahren verhandelten Erdölkonzessionsvertrages mit amerikan., brit., norweg., türk. und russ. Partnern soll A. Investitionen in Höhe von mehreren Mrd. Dollar zuführen. Er rief aber auch Gegenreaktionen seitens der nur mit 10% berücksichtigten russ. Seite und der aserbaidschan. Opposition hervor, die nat. Ausverkauf ebenso beklagte wie die autoritäre Präsidialmacht ALIJEWS. Am 3./4. Okt. kam es zu einem (mißglückten) Putschversuch, woraufhin ALIJEW am 6. Okt. Regierungschef SURAT GUSSEJNOW (HUSSEINOW), der der Planung des Umsturzversuchs verdächtigt wurde, absetzte. Am 14. Okt. wurde seine Immunität aufgehoben, womit der Weg für eine Anklage wegen Hochverrats frei wurde.

**Association of Caribbean States,** Abk. ACS, Vereinigung karib. Staaten, deren Gründungsurkunde die Staats- und Regierungschefs aus 25 Insel- und Anrainerstaaten sowie 12 abhängigen Territorien der Karibik am 24. Juli in der kolumbian. Küstenstadt Cartagena de Indias unterzeichneten. Die USA lehnten die Mitarbeit in der ACS wegen der Einbeziehung Kubas ab. Neben den karib. Inselstaaten und -territorien sind die G-3-Staaten Kolumbien, Venezuela und Mexiko sowie die zentralamerikan. Länder in die Gemeinschaft eingebunden. In der UNO kann die ACS bei einem gemeinsamen Auftreten ihr Gewicht in Form von 25 Stimmen zum Ausdruck bringen. Die ACS umfaßt einen Wirtschaftsraum von 202 Mio. Menschen und verzeichnet ein gemeinsames Bruttosozialprodukt von mehr als 500 Mrd. US-$ sowie ein jährl. Außenhandelsvolumen von 180 Mrd. US-$. Damit ist sie die weltweit viertgrößte regionale Wirtschaftsgemeinschaft. Hauptziele der ACS sind neben der Intensivierung der Handelsbeziehungen auch eine engere Zusammenarbeit in Kultur, Politik, Wiss. und Technologie sowie beim Umweltschutz.

## Äthiopien

**Hauptstadt:**
Addis Abeba
**Einwohner:** 54,6 Mio.
**Einwohner/km²:** 45
**Staatsoberhaupt:**
M. Zenawi
**Regierungschef:**
T. Layne
**BSP/Einwohner:**
110 US-$

Bei der Wahl einer verfassunggebenden Versammlung, die mit großer Wahlbeteiligung am 5. Juni, in zwei Regionen am 17. Juli, abgehalten wurde, siegte die Regierungspartei Ethiopian People's Revolutionary Democratic Front (EPRDF): Sie erhielt 484 von 547 Sitzen. Die Versammlung erstellte für Ä. eine föderale Verfassung mit neun unter ethn. Gesichtspunkten gebildeten Regionen, die am 7. Dez. verabschiedet wurde. Nach mehr als dreijähriger Vorbereitung wurde am 13. Dez. der Prozeß gegen den im Exil lebenden ehem. Präs. MENGISTU HAILE MARIAM und die ersten der mehr als 1 000 inhaftierten Verantwortlichen des Terrorregimes eröffnet.

Von den Experten der Weltbank wurde die wirtschaftl. Situation Ä.s 1994 positiv beurteilt; die afrikan. Bank für Entwicklung vergab Anfang des Jahres einen Kredit in Höhe von 150 Mio. US-$ zur Finanzierung u. a. der Straße zw. Awash und Mile und für den Wiederaufbau des Flughafens von Addis Abeba, die EU gewährte 40 Mio. Ecu für die Instandsetzung von Straßen. Geolog. Untersuchungen ergaben im S des Landes ein Vorkommen von 25 Mio. t Tantal; der Abbau wird voraussichtlich 150–200 t pro Jahr fördern.

**Atrott,** Hans Henning, Soziologe, *Memel (heute Klaipėda) 12. 1. 1944. – A., der 1980 die ›Dt. Gesellschaft für Humanes Sterben‹ (DGHS) gegründet hatte und deren Geschäftsführer und ehrenamtl. Präs. war, wurde am 14. März zu einer zweijährigen Bewährungsstrafe wegen Zyankalihandels in 120 Fällen verurteilt. Schon 1985 hatte der Arzt JULIUS HACKETHAL, damals noch Mitgl. der DGHS, A. beschuldigt, Zyankali an Mitgl. der Gesellschaft zu verkaufen, mußte aber nach einem Rechtsstreit die Behauptung unterlassen. Im Jan. 1993 wurde A. jedoch bei einem von der Polizei arrangierten Zyankaligeschäft, bei dem er eine Kapsel für 3 000 DM verkaufen wollte, festgenommen und kurz danach von der DGHS ausgeschlossen. Nach seiner Verurteilung versuchte A. mehrfach, sich wieder an die Spitze der Gesellschaft zu setzen.

**Audiodescription,** ›Fernsehen für Blinde‹, ein von GREGORY FRAZIER und AUGUST COPPOLA entwickeltes Verfahren zur Beschreibung von Filmen und Theaterstücken. In den Pausen zw. den Dialogen erklärt ein Sprecher den blinden Zuschauern Mimik und Gestik der Darsteller, ferner Dekoration, Kostüme und Maske, und schildert dialogfreie Szenen. Diese Erläuterungstexte werden von Stereo-Fernsehgeräten über den zweiten Tonkanal oder digital über freie Videotextkapazitäten übertragen. Die bisher einzige im dt. Fernsehen ausgestrahlte A.-Sendung war ›Eine unheilige Liebe‹ von MICHAEL VERHOEVEN (ZDF, Okt. 1993).

**Auschwitz-Lüge,** urspr. eine Propagandaformel unbelehrbarer Alt- und Neonazis, bezeichnet die A. heute die strafbare Leugnung der NS-Verbrechen. Mit Verabschiedung des →Verbrechensbekämpfungsgesetzes ist jetzt mit Freiheitsstrafe bis zu fünf Jahren bedroht, wer eine ›unter der Herrschaft des Nationalsozialismus begangene Handlung‹ in einer Weise, ›die geeignet ist, den öffentl. Frieden zu stören, öffentlich oder in einer Versammlung billigt, leugnet oder verharmlost‹ (§130, Abs. 3 StGB Volksverhetzung). Den letzten Anstoß für den Gesetzgeber gab die Diskussion zum Fall DECKERT (→Deckert-Urteil). Nach alter Gesetzeslage hatte die Rechtsprechung Fallgestaltungen, in denen ›nur‹ die histor. Tatsache des nat.-soz. Völkermords geleugnet wurde, nicht als volksverhetzenden Angriff auf die Menschenwürde gewertet, sondern allenfalls als privates Beleidigungsdelikt abgeurteilt. Das Bundesverfassungsgericht hat in einem Beschluß die Leugnung des Verfolgungsschicksals als strafwürdigen Angriff auf den Achtungsanspruch und die Menschenwürde ›der durch das Schicksal herausgehobenen Menschengruppe‹ bezeichnet. Dem Persönlichkeitsschutz dürfe hier der Vorrang vor der Meinungsfreiheit eingeräumt werden.

## Australien

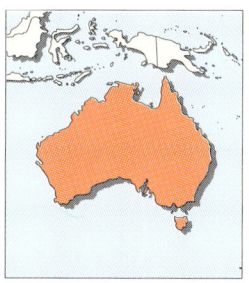

**Hauptstadt:**
Canberra
**Einwohner:** 17,8 Mio.
**Einwohner/km²:** 2
**Staatsoberhaupt:**
Elisabeth II.
**Regierungschef:**
P. J. Keating
**BSP/Einwohner:**
17070 US-$

### ›Ökologische‹ Außenpolitik

Premiermin. PAUL J. KEATING warf Anfang Aug. auf der 25. Tagung des Südpazif. Forums in Brisbane den wohlhabenden asiat. Nationen vor, die kleinen Inselstaaten im Südpazifik skrupellos auszubeuten. Dies zeige sich v. a. daran, daß bei der Ausbeutung der südpazif. Holzvorkommen sowie der Fischbestände nur wenige Prozent dessen bezahlt werde, was die entsprechenden Güter auf dem Weltmarkt wert seien. Sehr bedenklich sei überdies

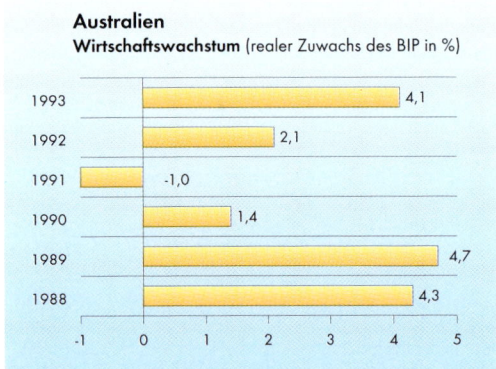

**Australien**
**Wirtschaftswachstum** (realer Zuwachs des BIP in %)

| | |
|---|---|
| 1993 | 4,1 |
| 1992 | 2,1 |
| 1991 | -1,0 |
| 1990 | 1,4 |
| 1989 | 4,7 |
| 1988 | 4,3 |

das derzeitige Ausmaß des Rohstoffabbaus in der Inselwelt, z. B. im Bereich der Forstwirtschaft, wo das Abholzen in keinem Verhältnis mehr zur Aufforstung stehe.

### Ereignisse im Innern

Im Jan. kamen bei den schlimmsten Buschbränden in A. seit 15 Jahren vier Menschen ums Leben. Tausende Hektar Wald fielen den Flammen zum Opfer. Ein Vordringen der Buschfeuer auf Sydney konnte erst in letzter Minute verhindert werden. Im Sommer erregte der Regierungschef erneut große Aufmerksamkeit mit dem Vorschlag, A. bis zum Jahr 2000 zur Republik zu machen und sich von der brit. Monarchie zu lösen. Laut Umfragen befürworteten dies rd. 60 % der Bevölkerung.

### Wirtschaftliche Entwicklung

Der Wachstumskurs der austral. Volkswirtschaft hielt bei minimaler Inflation an und wurde für das Gesamtjahr 1994 auf 5,5 % geschätzt. Das Leistungsbilanzdefizit, das sich im ersten Halbjahr insgesamt auf 16,4 Mrd. US-$ belief, rückte wieder in den Vordergrund. Die Ausgabenpolitik der Reg. war ungebrochen, die Sparquote für den öffentl. Sektor betrug im ersten Vierteljahr −3,6 %. A.s Verschuldung erreichte Ende Juni 161,5 Mrd. US-$ (37,5 % des BIP) und lag damit 4,3 % unter dem Vergleichswert von 1993.

**Automobilindustrie:** Die Automobilproduktion in Deutschland stieg im ersten Halbjahr nach den schweren Einbrüchen des Vorjahres wieder um 6 % auf 2,2 Mio. Kfz an, davon rd. 2,1 Mio. Pkw. Die positive Entwicklung war v. a. auf den gestiegenen Export zurückzuführen, bei dem sich ein Zuwachs um 8 % ergab. Die Inlandsnachfrage lag im ersten Halbjahr lediglich in etwa auf dem Vorjahresniveau und konnte nur einen Zuwachs von rd. 0,2 % erzielen. Seit Juli war jedoch eine Stagnation sowohl der Inlands- als auch der Auslandsnachfrage zu beobachten. Der Abbau der Arbeitsplätze in der A. verlangsamte sich. Die dt. Hersteller profitierten sehr unterschiedlich vom leichten Aufschwung der Branchenkonjunktur. Während Mercedes Benz, BMW und Ford Deutschland bereits

wieder Gewinne gegenüber dem Vorjahr verzeichnen konnten, gelang es Porsche, VW und dessen Tochterunternehmen Audi lediglich, die Verluste gegenüber dem Vorjahr zu reduzieren.

**Autostereogramm,** →Magisches Auge.

**Ayala Lasso,** José, ecuadorian. Diplomat, * Quito 29. 1. 1932. – Am 1. 2. 1994 ernannte UNO-GenSekr. GHALI den ecuadorian. UNO-Botschafter A. L. zum ersten UNO-Hochkommissar für Menschenrechte.

A. L. studierte Internat. Recht und Wirtschaftswiss. und trat danach in den diplomat. Dienst. Seit 1989 vertrat er Ecuador bei der UNO und leitete u. a. eine Arbeitsgruppe, die sich mit der Umsetzung der Beschlüsse der Wiener Menschenrechtskonferenz befaßte. Als Vors. des UNO-Ausschusses für das Embargo gegen Serbien bewies er Augenmaß und die Fähigkeit zu unbürokrat. Handeln. Obwohl ein jahrelanger Streit über die Kompetenzen des Hochkommissars vorausgegangen war, wurde A. L. von der UNO-Vollversammlung bestätigt. Er selbst hatte in einer Verhandlungsgruppe einen Kompromiß zwischen den Staaten gefunden, die weitergehende Kompetenzen gefordert hatten, und denen, die eine Einmischung in innere Angelegenheiten befürchteten.

**B** ▬▬▬▬

**Babykost:** Im April berichtete das ZDF, nach Erkenntnissen des baden-württemberg. Umweltministeriums fänden sich in Baby-Fertignahrung Pestizidrückstände aus Pflanzenschutzmitteln. In Folge wurden ähnl. Untersuchungen aus Bayern

Eine Lebensmittelchemikerin des Chemischen Untersuchungsamts in Bielefeld überprüft Anfang April Kindernahrung auf Pestizide, nachdem in einer Probe der Marke ›AS Baby‹ erhöhte Werte festgestellt worden waren

bekannt, wo im ›Gemüseallerlei‹ der Drogeriekette Schlecker sogar Spuren des hochgiftigen Pflanzenschutzmittels Lindan gefunden wurden. Nach Angaben der Bonner Verbraucherinitiative war der gesetzlich erlaubte Höchstwert für Pestizide um ein Vielfaches überschritten. Schlecker nahm daraufhin elf B.-Produkte vom Markt und forderte die Kunden zur Rückgabe von Restbeständen auf. Das baden-württemberg. Umweltministerium teilte mit, eine akute Gesundheitsgefahr sei durch die Produkte nicht gegeben. Eine Untersuchung im Auftrag der Zeitschrift ›Öko-Test‹ ergab, daß auch in B. der Firmen Milupa und Aldi mehr Giftrückstände als erlaubt enthalten waren. Fleischhaltige B. von Schlecker enthielt danach sogar krebsverdächtige Weichmacher in größeren Mengen.

## Baden-Württemberg

**Hauptstadt:** Stuttgart
**Einwohner:** 10,1 Mio.
**Einwohner/km²:** 284
**Regierungschef:**
E. Teufel
**BIP/Einwohner:**
45 700 DM

### Anhaltende Wirtschafts- und Strukturkrise

Zum ersten Mal in seiner mehr als vierzigjährigen Geschichte sah sich auch das Land B.-W. mit gravierenden wirtschaftl. Strukturproblemen konfrontiert. Einbrüche bei den Automobil- und Datenverarbeitungsunternehmen im Stuttgarter Raum wirkten sich negativ auf die Zahl der Arbeitsplätze und das Steueraufkommen aus. Das einstige ›Musterländle‹ wurde von Hessen als Hauptzahler des Länderfinanzausgleichs abgelöst und steuert nur noch ein Drittel für den Ausgleichstopf bei. Die seit 1992 regierende große Koalition unter MinPräs. ERWIN TEUFEL (CDU) war bemüht, durch Förderprogramme der Wirtschaftskrise entgegenzuwirken und die Ausgaben zu begrenzen.
Finanzminister GERHARD MAYER-VORFELDER (CDU) versuchte, die Personalkosten, die rd. 40% der Landesausgaben ausmachen, durch weitere Einsparungen zu senken; ausgenommen von einer viermonatigen Sperre freigewordener Stellen waren der Polizeidienst sowie Schulen, Gerichte und Krankenhäuser.

### Stuttgarter große Koalition – trotz offenkundiger Probleme große Geschlossenheit

Im Frühjahr zog die große Koalition eine positive Halbzeitbilanz. Trotz aller Betonung des Zusammenhalts entstanden erhebl. Spannungen wegen des Lottoskandals (→Lotto-Affären), in dessen Sog Finanzmin. MAYER-VORFELDER geriet. Als weitere Konfliktpunkte in der Koalition galten die Zukunft der Kernenergie, die Schaffung zusätzl. Lehrerstellen sowie die Praxis der Telefonüberwachung. Mit der Genehmigungsgeschichte und dem Sicherheitszustand des Kernkraftwerks Obrigheim, des ältesten kommerziellen Reaktors in der Bundesrepublik, sowie mit dem Ausmaß der Telefonüberwachung in B.-W. beschäftigten sich auf Antrag von Bündnis 90/Die Grünen und der FDP zwei Untersuchungsausschüsse des Landtages.

### Ergebnis der Kommunalwahlen

Bei den Kreistagswahlen im Juni erzielte die CDU 37,6% der Mandate und behauptete sich auf Platz eins vor der SPD (23,2%) und den Freien Wählern (20,3%); in 32 der 35 Kreistage stellt die CDU die Mehrheit der Mitglieder. Die eigentl. Gewinner der Kreistagswahlen waren jedoch die Grünen, die 37 Sitze in den Kreistagen hinzugewannen. In den Gemeinderäten errangen die in der B.-W. traditionell starken Freien Wählervereinigungen knapp 43% der Sitze, die CDU 29,1%. Die Republikaner verzeichneten nach ihrem aufsehenerregenden 10,9%-Erfolg bei den Landtagswahlen 1992 massive Einbrüche.

**BAföG,** Abk. für **B**undes**a**usbildungs**fö**rderungsgesetz: Im Sept. scheiterte die geplante Anhebung der nach dem BAföG gewährten staatl. Unterstützung für Studenten und Schüler an einem Streit zw. Bund und Ländern sowie zw. Reg. und Opposition. Ein Kompromißvorschlag, der u. a. vorsah, die Bedarfssätze um 4% zu erhöhen, fand zwar im Vermittlungsausschuß von Bundestag und Bundesrat eine Mehrheit, wurde aber im Bundestag von den Fraktionen der Regierungskoalition als zu teuer abgelehnt.
Leistungen nach dem BAföG kommen einer stattl. Anzahl Lernender zugute. 1992 waren es in den alten Bundesländern 29% aller Universitätsstudenten, 44% aller Studierenden an Fachhochschulen und 92 000 Schüler. In den neuen Bundesländern erhalten rd. 75% der Studenten an den Hochschulen BAföG.

**Bagger,** Hartmut, General, *Braunsberg (Ostpreußen) 17. 7. 1938. – Am 21. März wurde B. neuer Inspekteur des Heeres. Er löste in dieser Position HELGE HANSEN ab, der – zum Vier-Sterne-General befördert – das Kommando über die Alliierten Streitkräfte Europa-Mitte übernahm.
B. trat nach dem Abitur 1958 als Panzergrenadier in die Bundeswehr ein. Seit 1960 Offizier, durchlief er in regelmäßigem Wechsel Führungs- und Stabsfunktionen auf allen militär. Ebenen und in versch. Bereichen. Er war u.a. Fachgruppenleiter Sicherheitspolitik an der Führungsakademie der Bundeswehr sowie Chef des Stabes einer Division, später eines Korps. Ab 1990 Kommandeur der 12. Panzerdivision, wurde er am 1. 4. 1992 zum Generalleutnant und zum Stellv. des Inspekteurs des Heeres ernannt.

## Bahamas

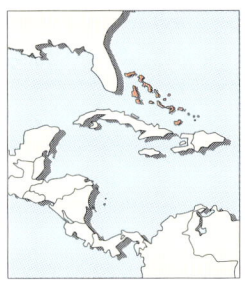

**Hauptstadt:** Nassau
**Einwohner:** 268 000
**Einwohner/km²:** 19
**Staatsoberhaupt:**
Elisabeth II.
**Regierungschef:**
H. Ingraham
**BSP/Einwohner:**
12 020 US-$

## Bahrain

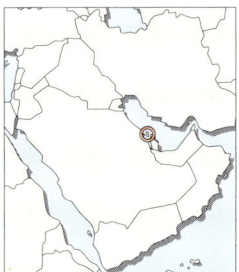

**Hauptstadt:** Menama
**Einwohner:** 548 000
**Einwohner/km²:** 808
**Staatsoberhaupt:** Isa
Ibn Sulman al-Chalifa
**Regierungschef:**
Chalifa Ibn Sulman
al-Chalifa
**BSP/Einwohner:**
7 130 US-$

**Ballhaus,** Michael, Kameramann, *Berlin 5. 8. 1935. – Im Winter 1993 und Frühjahr 1994 hielt sich B., der seit über einem Jahrzehnt in den USA arbeitet, in Deutschland auf, um ›Lenya‹, den ersten Film, bei dem er Regie führt, vorzubereiten und einige Werbespots zu drehen.
B. begann als Kameramann beim Fernsehen und arbeitete ab 1970 mit dem Regisseur RAINER WERNER FASSBINDER zusammen, für den er bei 14 Fil-

Während der Dreharbeiten zu ›Bram Stokers Dracula‹ (1992) diskutiert Kameramann Michael Ballhaus (Mitte) mit Regisseur Francis Ford Coppola und der Schauspielerin Sadie Frost

men, u. a. bei ›Die Ehe der Maria Braun‹ (1978), die Kamera führte. Durch den Regisseur PETER LILIENTHAL kam B. mit der amerikan. Filmszene in Kontakt. Am produktivsten verlief seine Zusammenarbeit mit MARTIN SCORSESE, in dessen Filmen er seine fließende Kameraführung perfektionieren konnte. Mit SCORSESE drehte er u. a. ›Die Zeit nach Mitternacht‹ (1985), ›Die Farbe des Geldes‹ (1986), ›Die letzte Versuchung Christi‹ (1988), ›Goodfellas‹ (1990) und zuletzt ›Die Zeit der Unschuld‹ (1993).

**Balsam AG,** bundesweit führender Sportbodenhersteller mit Sitz im ostwestfäl. Steinhagen und weltweit rd. 1 500 Beschäftigten in über 30 Tochterfirmen. Das Unternehmen erschütterte mit einem schwer durchschaubaren Milliardenbetrug (geschätzter Schaden: bis zu 1,8 Mrd. DM) die Finanzwelt. Vorstände der hoch verschuldeten Balsam AG hatten sich mit gefälschten Aufträgen, Rechnungen und Bilanzen Kredite in Milliardenhöhe von Banken und von der Wiesbadener Exportfinanzierungsgesellschaft Procedo GmbH erschlichen, die zu Spekulationen an den internat. Devisenmärkten verwendet wurden. Gegen vier Vorstandsmitgl. der B. AG sowie den Chef der Procedo wurde ein Ermittlungsverfahren wegen des Verdachts des Betruges, Kreditbetruges, der Steuerhinterziehung sowie der Urkundenfälschung eingeleitet. Zum Jahresende war nahezu die gesamte Unternehmensgruppe an versch. Interessenten verkauft.

**Bananenstreit:** Im April erhob die dt. Bundesreg. Klage vor dem Europ. Gerichtshof gegen die zum 1. 7. 1993 erlassene EU-Marktordnung für den Bananenimport aus mittel- und südamerikan. Ländern; diese sieht die Reduzierung der Einfuhrmengen von insgesamt 2,5 auf 2 Mio. t jährlich vor und legt für diese Einfuhrmenge einen einheitl. Zoll in Höhe von 20 % fest. Die traditionell Bananen exportierenden Länder Costa Rica, Ecuador, Guatemala, Honduras, Jamaika, Kolumbien, Nicaragua und Panama sind von der Importbeschränkung der EU am stärksten betroffen. Die Verbraucher in N-Europa mußten einen Preisanstieg von rd. 63 % hinnehmen. Die EU-Regelung sollte einen Ausgleich zw. den ›Dollar-Bananen‹ und den teureren Bananen aus den mit der EU assoziierten AKP-Staaten schaffen. Aber auch Produzenten in Spanien, Griechenland und den überseeischen Gebieten Frankreichs sollten vor der preiswerteren lateinamerikan. Konkurrenz geschützt werden.
Anfang Okt. wies der Europ. Gerichtshof die Klage Deutschlands in vollem Umfang ab. Auch die USA traten in dem Streit auf den Plan, als im Sept. die beiden großen amerikan. Handelsunternehmen Chiquita und Dole im US-Handelsbüro eine Klage gegen die EU-Bananenmarktordnung einbrachten, die sich auf Handelsdiskriminierung und Verletzung amerikan. Wirtschafts- und Handelsinteressen stützte. – Nachdem im Sept. der Wirbelsturm ›Debbie‹ Bananenplantagen in der Karibik zerstört hatte, erhöhte die Kommission der Europ. Union im Nov. die Importquote für ›Dollar-Bananen‹ für 1994 um 53 400 auf 2,17 Mio. t.

## Bangladesh

**Hauptstadt:** Dhaka
**Einwohner:**
122,2 Mio.
**Einwohner/km²:** 849
**Staatsoberhaupt:**
Abdur Rahman
Biswas
**Regierungschef:**
Khaleda Zia
**BSP/Einwohner:**
220 US-$

### Streit zwischen Regierung und Awami-Liga

Das Jahr begann mit Auseinandersetzungen zw. der mächtigen Oppositionspartei Awami-Liga und der Bangladesh National Party der Premiermin. KHALEDA ZIA. Die Awami-Liga forderte Neuwahlen; nachdem KHALEDA ZIA diese Forderung entschieden abgelehnt hatte, organisierte die Awami-Liga im April Streiks und Massendemonstrationen und begann – zus. mit anderen Oppositionsparteien – einen Parlamentsboykott, den im Dez. ein Gericht in Dhaka für illegal erklärte.

### Verfolgung der Schriftstellerin Taslima Nasrin

Internat. Aufsehen erregte die Verfolgung der jungen Schriftstellerin TASLIMA NASRIN, der schließlich in Schweden Asyl gewährt wurde, nachdem ihr bereits im Juli im Namen der EU ein entsprechendes Angebot gemacht worden war. Durch die Veröffentlichung eines Interviews in der ind. Zeitung ›The Statesman‹ (10. Mai), in dem sie die frauenfeindl. Haltung des Islam. Rechts beklagt und für dessen Revision plädiert hatte, geriet sie ins Kreuzfeuer der Fundamentalisten. Diese behaupteten, sie habe eine Revision des Korans gefordert, und setzten einen hohen Preis auf ihren Kopf aus. Die Awami-Liga verteidigte sie, die Reg., die sich von den Fundamentalisten polit. Unterstützung versprach, zögerte und zeigte sich sogar geneigt, ein Gesetz gegen Blasphemie einzubringen, das eine strafrechtl. Verfolgung von TASLIMA NASRIN ermöglicht hätte. Das Gericht, das sie um Schutz gebeten hatte, entschied zu ihren Gunsten, und ihre Ausreise wurde von den Behörden nicht verhindert.

**Banken:** Die Betriebsergebnisse der ›Big Five‹ (Dresdner Bank, Dt. Bank, Bayer. Vereinsbank, Bayer. Hypo-Bank, Commerzbank) fielen für das Jahr 1993 überaus positiv aus. So verzeichnete die Commerzbank ein Plus von 24,5%, die Dresdner Bank einen Zuwachs von 23,5%, und die Dt. Bank legte um 15,7% zu. Für 1994 sind die Aussichten auf weitere Ertragssteigerungen zwar günstig, doch war das erste Halbjahr für die Branche sehr schwierig; der Imageschaden, den die Geldhäuser durch ihre Engagements bei der Metallgesellschaft und in der Schneider-Affäre (→Schneider-Konkurs) erlit-

ten, sowie der Anstieg der Anleiherenditen bescherten ihnen herbe Kursverluste. Die Branchenzahlen fielen dann aber in der zweiten Jahreshälfte erheblich günstiger aus.
Die Dt. Bank AG als Hauptgläubiger der Schneider-Immobiliengruppe (insgesamt 50 Gläubigerbanken mit Forderungen in Höhe von rd. 5 Mrd. DM) betonte, daß für eine Vertrauenskrise in die Dt. Bank und das dt. Bankensystem kein Grund bestehe. Der Zusammenbruch der Schneider-Gruppe ließ dennoch in Dtl. eine Diskussion über die ›Macht der Banken‹ wiederaufleben, in der das Universalbanksystem kritisch in Frage gestellt wurde.

## Barbados

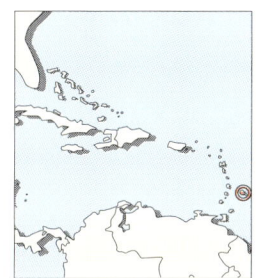

**Hauptstadt:**
Bridgetown
**Einwohner:** 260 000
**Einwohner/km²:** 605
**Staatsoberhaupt:**
Elisabeth II.
**Regierungschef:**
O. Arthur
(seit 9. 9. 1994)
**BSP/Einwohner:**
6 530 US-$

Vor dem Hintergrund der hohen Arbeitslosigkeit von 27% und der rigorosen Sparpolitik der Reg. gewann die größte Oppositionspartei, die Barbados Labour Party unter ihrem Vors. OWEN ARTHUR, die allg. Wahlen am 6. September. Sie zog mit 19 von 28, die frühere Regierungspartei (DLP) unter E. SANDIFORD mit 8 Sitzen in die Volkskammer ein; die National Democratic Party erhielt ein Mandat. Als sie sich im Juni von der DLP abgespalten hatte, sprach das Parlament SANDIFORD das Mißtrauen aus. Daraufhin hatte der Premier vorgezogene Neuwahlen angekündigt.

**Barbie:** 35 Jahre alt wurde die B.-Puppe, die für Millionen Mädchen in aller Welt mit ihren langen Beinen, der Wespentaille, dem wohlgeformten Busen und den blonden Haaren das Traumbild der ei-

genen Entwicklung verkörperte. In den 80er Jahren erhielt B. Geschwister, Freunde und Töchter und wurde zur meistverkauften Puppe der Welt. Die Puppe, oft als Symbol eines sexist. Frauenbilds kritisiert, wurde 1994 in Kuwait als ›Gefahr für die sexuelle Entwicklung von Kindern‹ verboten.

## Bayern

**Hauptstadt:**
München
**Einwohner:** 11,8 Mio.
**Einwohner/km²:** 167
**Regierungschef:**
E. Stoiber
**BIP/Einwohner:**
44 600 DM

### Wirtschaftsstandort Bayern

MinPräs. EDMUND STOIBER rechtfertigte weitere Privatisierungsmaßnahmen in der Industrie: Der Verkaufserlös in Höhe von 2,7 Mrd. DM, den der Freistaat durch die Veräußerung von Beteiligungen einnimmt, soll in eine ›Zukunftsoffensive B.‹ investiert werden. Im Aug. hatte B. im Vergleich der Bundesländer mit 6,8 % nach wie vor die niedrigste Arbeitslosenquote. Schwere Krisenerscheinungen gab es in Schweinfurt, dem Zentrum der dt. Kugellagerindustrie.

### Fortsetzung der ›Amigo-Skandale‹

Am 17. Febr. erklärte Umweltmin. PETER GAUWEILER seinen Rücktritt. Die Oppositionsfraktionen hatten seine Entlassung wegen der Beschuldigung gefordert, er habe hohe finanzielle Vorteile im Zusammenhang mit der Verpachtung seines ›Mandantenstammes‹ als ehem. Rechtsanwalt erzielt und seine ehem. Kanzlei gleichzeitig durch Aufträge

des Ministeriums begünstigt. Nachfolger im Amt wurde THOMAS GOPPEL, dessen Europaministerium MinPräs. STOIBER mitübernahm. Am 17. März folgte der Rücktritt des stellv. CSU-Vors. und früheren bayer. Finanzmin. GEROLD TANDLER, der private Finanzbeziehungen zu dem untergetauchten Steuerflüchtling EDUARD ZWICK unterhalten hatte. – →Amigo-Affären, →Zwick-Affäre. Das Landgericht München bezeichnete im Febr. den Polizeieinsatz zum Schutz des Weltwirtschaftsgipfels 1992 (›Münchner Kessel‹) als z.T. rechtswidrig und sprach 114 Personen Schmerzensgeld zu.

### Jahr der Wahlkämpfe

Bei Oberbürgermeisterwahlen im März mußte die CSU in Hochburgen wie Freising, Eichstätt und Bamberg empfindl. Niederlagen hinnehmen. Bei den Europawahlen am 12. Juni konnte sich die CSU jedoch mit einem für alle Beobachter überraschenden Wahlerfolg von 48,9 % aus ihrer Krise befreien. Gleichzeitig überholte sie bei der Wiederholung der Münchener Stadtratswahlen im Juni knapp die SPD. Die Republikaner, die in B. ihre Hochburg hatten, verloren bei der Europawahl über die Hälfte ihrer Stimmen. Schließlich bestätigten die Landtagswahlen am 25. Sept. den sich abzeichnenden Aufwärtstrend der CSU. Sie gewann deutlich mit 52,8 % der Stimmen vor der SPD mit 30,0 % und den Grünen mit 6,1 % der Stimmen. Die FDP verpaßte hingegen den Einzug in den Landtag. Die CSU führte ihren Wahlerfolg nicht zuletzt auf die erfolgreiche Arbeit der ›Doppelspitze‹ STOIBER/ WAIGEL zurück und wertete ihn als persönl. Erfolg des MinPräs. Die SPD-Spitzenkandidatin RENATE SCHMIDT, die als erste wirkl. Herausforderung der CSU seit langem gilt, bekräftigte nach ihrem Achtungserfolg ihren Führungsanspruch und übernahm den Fraktionsvorsitz im Landtag.

**Beck,** Kurt, Politiker (SPD), *Bad Bergzabern 5. 2. 1949. – Am 26. Okt. wählte der Landtag von Rheinland-Pfalz B. zum neuen MinPräs., nachdem der bisherige Amtsinhaber RUDOLF SCHARPING als Fraktionsvors. der SPD nach Bonn gewechselt war.

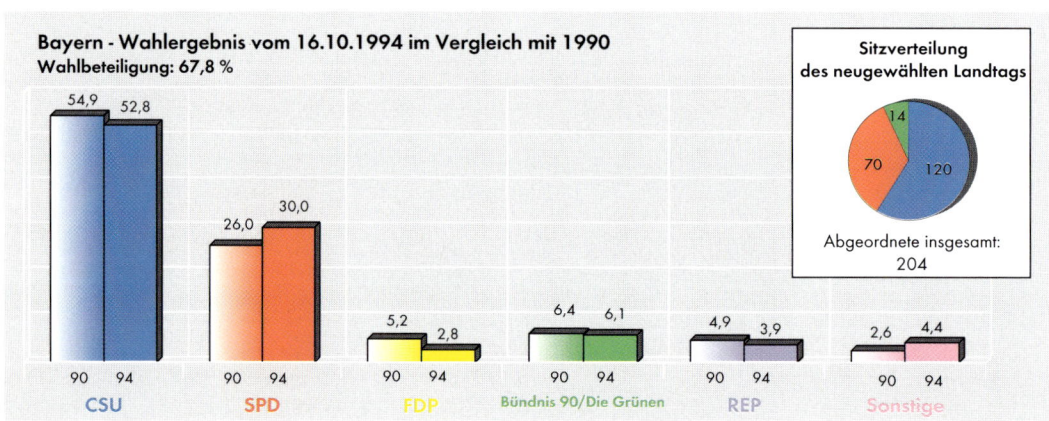

Bayern - Wahlergebnis vom 16.10.1994 im Vergleich mit 1990
Wahlbeteiligung: 67,8 %

| | CSU | SPD | FDP | Bündnis 90/Die Grünen | REP | Sonstige |
|---|---|---|---|---|---|---|
| 90 | 54,9 | 26,0 | 5,2 | 6,4 | 4,9 | 2,6 |
| 94 | 52,8 | 30,0 | 2,8 | 6,1 | 3,9 | 4,4 |

Sitzverteilung des neugewählten Landtags
14 / 70 / 120
Abgeordnete insgesamt: 204

B. absolvierte 1963–66 eine Lehre als Elektrome-chaniker und qualifizierte sich über den zweiten Bildungsweg weiter. Er gelangte erstmals 1979 in den Landtag von Rheinland-Pfalz, wurde 1982 so-zialpolit. Sprecher der SPD-Landtagsfraktion und 1985 deren parlamentar. Geschäftsführer. 1991, nach SCHARPINGS Wahl zum ersten sozialdemo-krat. Regierungschef von Rheinland-Pfalz, folgte ihm B. als Fraktionsvorsitzender. Als SCHARPING 1993 nach seiner Wahl zum SPD-Bundesvors. das Amt des SPD-Landesvors. aufgab, wurde B. sein Nachfolger in diesem Amt. Nachdem SCHARPING vor der Bundestagswahl 1994 als MinPräs. zurück-getreten war, trat B. erneut dessen Nachfolge an. Mit der Einsparung von drei Min. setzte er Zeichen des Sparwillens und kündigte verstärkte Anstren-gungen beim Umbau der aufgelassenen militär. Strukturen zu zivilen Produktionsstandorten an.

**Behindertenrechte,** →Grundgesetz.

**Behindertensport:** Die VI. Winter-Paralym-pics auf den Wettkampfstätten der Olymp. Winter-spiele in Lillehammer (10.–19. März) erlebten eine begeisternde Anteilnahme des Publikums, das den 129 Wettbewerben in acht Sportarten (darunter Schlitten-Eishockey), einen außergewöhnl. Rah-men schenkte. Mehr als 1 000 Behinderte aus 31 Ländern nahmen in versch. ›Schadensklassen‹ (Einteilung der Sportler nach der Art der Behinde-rung) teil. Den Dreikampf in der Nationenwertung gewann Gastgeber Norwegen mit 29 Siegen; Dtl. belegte mit 25 ersten Plätzen, dazu 21mal Silber und 18mal Bronze, den zweiten Rang vor den USA (24 Siege). Österreich als Siebter gewann sieben Gold-, 16 Silber- und zwölf Bronzemedaillen. Zwei Gold-, neun Silber- und fünf Bronzemedaillen gin-gen an die Schweiz.

Die erste Leichtathletik-Weltmeisterschaft der Be-hinderten in Berlin (22.-31. Juli) litt unter einer schwachen Publikumsresonanz, wenngleich Gast-geber Dtl. in MARIANNE BUGGENHAGEN eine vier-fache Siegerin stellte und die Nationenwertung mit 26 Gold-, 31 Silber- und 27 Bronzemedaillen vor Australien (24), den USA und Kanada (je 22 Siege) für sich entschied. Wie bei den Winter-Paralympics wurde auch in Berlin der Ruf nach Straffung des Programms (Zusammenlegung von Schadensklas-sen) laut, um die Attraktivität zu steigern.

## Belgien

**Hauptstadt:** Brüssel
**Einwohner:** 10,1 Mio.
**Einwohner/km²:** 330
**Staatsoberhaupt:**
Albert II.
**Regierungschef:**
Jean-Luc Dehaene
**BSP/Einwohner:**
20 880 US-$

### Anhaltende wirtschaftliche Schwierigkeiten

Im Schatten der übrigen europ. Märkte konnte sich die Brüsseler Börse im Jahr 1993 gut behaupten; die Aktienkurse stiegen durchschnittlich um knapp 30 % – ein gutes Ergebnis angesichts der schwachen Konjunktur, der steigenden Arbeitslosigkeit (Höchststand im Aug.: 521 517 Arbeitslose) und der höchsten Staatsverschuldung in der Europ. Union (EU). Die Affäre um den Kauf der italien. Hubschrauber des Typs Agusta A-109 führte zu einem Vertrauensverlust an den belg. Finanzmärk-ten, ausländ. Investoren trennten sich von belg. Ak-tien. Eine Vielzahl von Unternehmen wies struktu-relle Schwierigkeiten auf, v.a. im S aufgrund der Überalterung der Industrien. Auch die frz.-belg. Industrieverflechtungen gestalteten sich 1994 kon-fliktreich. Der frz. Zugriff auf die größten belg. Versicherungsunternehmen verstärkte die Furcht vor einem ›frz. Wirtschaftsimperialismus‹.

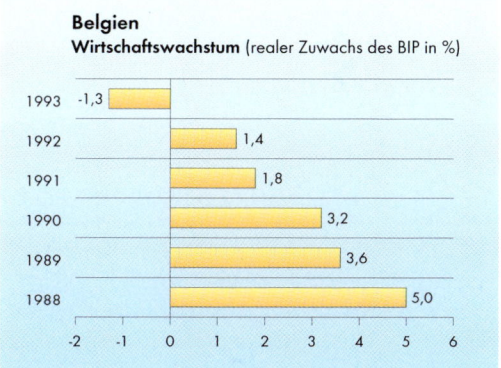

**Belgien**
**Wirtschaftswachstum** (realer Zuwachs des BIP in %)

| Jahr | Wert |
|------|------|
| 1993 | -1,3 |
| 1992 | 1,4 |
| 1991 | 1,8 |
| 1990 | 3,2 |
| 1989 | 3,6 |
| 1988 | 5,0 |

### Innenpolitische Turbulenzen

Der Ankauf von 46 italien. Hubschraubern des Typs Agusta A-109 im Jahre 1988 stürzte die wal-lon. Sozialisten in eine schwere Krise. Die Ermitt-lungen im Fall des ermordeten wallon. Sozialisten-chefs ANDRÉ COOLS förderten Unregelmäßigkei-ten und Schmiergeldzahlungen – Beträge bis 9 Mio. DM wurden genannt – zutage. In Mißkredit gerie-ten GUY COËME, belg. Vizepremier und Verkehrs-min., damals Verteidigungsmin., GUY SPITAELS, MinPräs. der Wallonie, 1988 Vors. der sozialist. Partei, und GUY MATHOT, wallon. Innenmin., da-mals Lütticher Parlamentsabgeordneter. Die dro-hende Regierungskrise konnte durch den Rücktritt der ›drei Guys‹ am 21. Jan. und eine Umbildung der Bundesreg. abgewendet werden. Der sozialist. wal-lon. Erziehungs- und Technologiemin. ELIO DI RUPO trat am 23. Jan. die Nachfolge des zurückge-tretenen stellv. Regierungschefs an. DI RUPO gilt als einer der Hoffnungsträger der wallon. Soziali-sten.

Ein Jahr nach dem Tod König BAUDOUINS ist die positive Aufbruchstimmung verflogen. König AL-BERT II. trat sein Amt wenige Monate nach der

73

Staatsreform an, ihm kommt ein größeres, wenn auch symbol. Gewicht in der Zusammenarbeit mit den Regionalgewalten zu.

Die Kommunalwahlen vom 9. Okt. brachten in allen Landesteilen einen großen Stimmengewinn für rechtsgerichtete und extrem rechte Kräfte. Der Vlaamse Blok (VB), der zum ersten Mal bei den Parlamentswahlen von 1991 in Erscheinung getreten war und bei den Wahlen zum Europaparlament im Juni 12,6% der Stimmen errang, wurde mit 28,0% zur stärksten Partei im Rathaus von Antwerpen. Weitere hohe Stimmengewinne erzielte der VB in Mechelen (20,0%) und in Gent (13%). Der belgizist. frankophone rechtsextreme Front National verbuchte beachtl. Erfolge in Brüssel (10,0%), Verviers (14,2%) und in Charleroi (10,5%). Auch die wallon. fremdenfeindl. Partei AGIR (Avant-garde d'initiative régionaliste) ist in vielen Gemeinderäten vertreten, z. B. in Lüttich mit zwei Sitzen. Der Erfolg der rechten ausländerfeindl. Parteien löste in allen Landesteilen eine Diskussion über belg. gesellschaftl. Konzeptionen aus. MinPräs. DEHAENE ließ Überlegungen über eine Wahlrechtsreform anstellen, die nach dt. Vorbild den Einzug in die Parlamente durch Prozenthürden erschwert.

Am 11. Okt. wurde die Bundesreg. umgebildet: Der Vors. der fläm. Sozialisten, FRANK VANDENBROUCKE, löste den scheidenden WILLY CLAES, der am 17. Okt. sein Amt als NATO-GenSekr. antrat, als Außenmin. ab, JOHAN VAN DE LOTTE (fläm. Sozialisten) trat als Innenmin. die Nachfolge von LOUIS TOBBACK an, der bei den Kommunalwahlen das Rathaus von Löwen errang.

### Außenpolitik im Zeichen bilateraler Beziehungen

Die Wahl des belg. Außenmin. WILLY CLAES zum NATO-Generalsekr. war ein großer außenpolit. Erfolg für B. und ließ die mißlungene Nominierung DEHAENES für die Präsidentschaft der EU-Kommission vergessen. Die belg. und die niederländ. Marine streben eine weitreichende Kooperation an, bei der die Schiffe der jeweiligen nat. Souveränität unterstellt bleiben, die Kommandozentrale aber der niederländ. Marine untersteht.

Ganz im Zeichen der Intensivierung der dt.-belg. Beziehungen stand der Staatsbesuch von Bundespräs. ROMAN HERZOG am 11. und 12. Oktober.

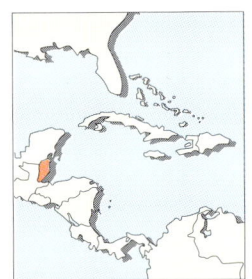

**Hauptstadt:**
Belmopan
**Einwohner:** 202 000
**Einwohner/km²:** 9
**Staatsoberhaupt:**
Elisabeth II.
**Regierungschef:**
M. Esquivel
**BSP/Einwohner:**
2 010 US-$

**Hauptstadt:**
Porto Novo
**Einwohner:** 5,1 Mio.
**Einwohner/km²:** 45
**Staatsoberhaupt:**
N. Soglo
**Regierungschef:**
N. Soglo
**BSP/Einwohner:**
410 US-$

Im Hinblick auf die geplanten Parlamentswahlen 1995 und die Präsidentschaftswahlen 1996 kam es zu mehreren Parteigründungen, was die Polarisierung zwischen Regierungskoalition und Opposition jedoch nicht aufhob. Die Beziehungen zw. Präs. NICÉPHORE SOGLO und dem Parlament blieben gespannt; der Präs. war heftigen Angriffen wegen Begünstigung, Verschwendung öffentl. Gelder durch seine Familie, vereinzelter Fälle von Menschenrechtsverletzungen und wegen seiner Politik nach der Abwertung des CFA-Franc ausgesetzt. Eine Streikwelle der Gewerkschaften, deren Protestaktionen mehrfach verboten wurden, zeigte den wachsenden Unmut der Bevölkerung.

**Benjamin,** Walter, →Port-Bou.

**Einwohner:** 3,5 Mio.
**Einwohner/km²:** 3 898
**Regierungschef:**
E. Diepgen
**BIP/Einwohner:**
37 800 DM,
48 600 DM (B.-West),
19 900 DM (B.-Ost)

### Truppenabzug und Hauptstadtfragen

Am 31. Aug. wurden die russ. Streitkräfte, eine Woche später auch die Truppen der drei Westmächte offiziell aus B. verabschiedet. Die Zeit von Teilung und Besatzung war damit endgültig beendet. Normalisierung zeigte sich auch im voranschreitenden Ausbau der Verkehrswege und der umfangreichen privaten und öffentl. Bautätigkeit. Mit der Verlegung des Amtssitzes des Bundespräs. nach B. Anfang des Jahres erfolgte ein wichtiger symbol. Teilschritt des Umzugs der Bundesorgane. Das Gesetz zur Vollendung der Einheit Deutschlands

(B./Bonn-Gesetz) vom März legt Einzelheiten des Umzugs von Bundestag und Bundesreg. (möglichst bis zum Jahr 2000), Ausgleichsleistungen für Bonn und den finanziellen Gesamtrahmen von 20 Mrd. DM fest.

### Das schwierige Zusammenwachsen der Stadthälften

Die Berliner Landespolitik ist durch das direkte Aufeinandertreffen von Ost und West geprägt, die Disparitäten sind in der Stadt sicht- und spürbarer als anderswo in Deutschland. Ausgetragen wurden diese Konflikte v. a. bei den öffentl. Einkommen, wo die Differenzierung in Ost- und Westeinkommen zu bes. Absurditäten führte. Die Stadt gewährte daher eine Anhebung der Ost-Gehälter im öffentl. Dienst, was den Ausschluß aus der Tarifgemeinschaft dt. Länder zur Folge hatte, die ein stufenweises Ansteigen vereinbart hatte. Die Arbeitslosigkeit im Ostteil B.s ist seit Aug. – wenn auch auf hohem Niveau – zum ersten Mal niedriger als im Westteil der Stadt (13,1 % gegenüber 13,2 %). Die Ost-West-Divergenzen spiegeln sich auch im Wählerverhalten wider: Während die CDU stärkste Partei im Westen ist, hat die SPD ihre Basis eher im Osten. Letztere erhielt dort verstärkt Konkurrenz von der PDS, die neben Bündnis 90/Die Grünen bei den Europawahlen von den Schwierigkeiten der spannungsreichen großen Koalition (CDU/SPD), die Verluste hinzunehmen hatte, profitierte. Anfang Nov. sorgte bei den SPD-Gremien der Rücktritt von DITMAR STAFFELT von allen polit. Ämtern für große Überraschung. STAFFELT war ein zu stringenter Kooperationskurs mit dem Koalitionspartner CDU vorgeworfen worden. Der Sonderparteitag im Dez. wählte DETLEF DZEMBRITZKI zum neuen Landesvors.; neuer Fraktionsvors. der Berliner SPD wurde KLAUS BÖGER. Ökonomisch vollzieht sich in B. ein rapider Veränderungsprozeß. Im Rahmen der Bonner Sparmaßnahmen wurde Anfang des Jahres die B.-Hilfe des Bundes für 1994 um 641 Mio. DM gekürzt, was – auch angesichts des hohen Personalbestandes in der Verwaltung – die Verhängung eines totalen Ausgabenstopps durch den Finanzsenator ELMAR PIEROTH bewirkte. Zudem konnte wegen der langwierigen Hauptstadt-Entscheidung bisher keine neue hochwertige Beschäftigungsstruktur aufgebaut werden (nur acht der 500 größten dt. Unternehmen hatten in B. ihren Sitz).

### Berliner Spreeinsel und Museumsinsel, Potsdamer Platz

Mitte des Jahres wurde über drei Ausschreibungen für die baul. Umgestaltung der Spreeinsel und die im N angrenzende Museumsinsel entschieden: Der Berliner Architekt BERND NIEBUHR, ein ehem. Mitarbeiter J. STIRLINGS, errang den ersten Preis im Ideenwettbewerb zur Bebauung der Spreeinsel. Auf dem Gelände, wo u. a. der Palast der Rep. an der Stelle des 1950 gesprengten Stadtschlosses errichtet worden war, plante er ein neues Konferenzzentrum, das Innen- und das Außenministerium.

Der Kölner Künstler GERHARD MERZ siegte mit seinem Lustgartenentwurf; mit dem Architekten OSWALD MATHIAS UNGERS konzipierte er einen querriegelartigen Pavillon, der das Alte Museum F. SCHINKELS jedoch z. T. verdecken würde. Der Mailänder GIORGIO GRASSI gewann den Wettbewerb für das Neue Museum.

Der legendäre Potsdamer Platz, in den 1920er Jahren als verkehrsreichster Platz in Europa gefeiert, wird wiederbelebt. Die Neugestaltung stellt das größte innerstädt. Bauprojekt der Welt dar. In den nächsten sechs Jahren soll auf dem 68 000 m² großen Gelände eine Art Mini-Stadt mit Theater, Spielcasino und Hotel, Shopping-Center, einigen Wohnungen und v. a. zahlreichen Büroräumen entstehen; Ende Okt. wurde der Grundstein gelegt.

Anwohner demonstrieren gegen die zukünftige Verkehrsbelastung, als am 9. November die ausgebaute Oberbaumbrücke, der ehemalige Grenzübergang zwischen den Berliner Stadtbezirken Kreuzberg und Friedrichshain, wiedereröffnet wird

**Berlusconi,** Silvio, italien. Unternehmer und Politiker, * Mailand 29. 9. 1936. – Staatspräs. O. L. SCALFARO beauftragte nach dem Wahlsieg der ›Forza Italia‹ deren Vors. B. am 11. April mit der Regierungsbildung. Am 11. Mai wurde er vom Parlament zum neuen MinPräs. gewählt, trat aber am 22. Dez. zurück, nachdem seine Koalitionsreg. durch das Ausscheren der Lega Nord UMBERTO BOSSIS zerbrochen war.

B. studierte Jura und wurde bereits mit 23 Jahren Bauunternehmer. Seine 1969 entstandene Satellitenstadt ›Milano due‹ erfuhr wegen ihres Verkehrskonzeptes große Anerkennung. Seit 1973 verlagerte B. seine geschäftl. Interessen nahezu vollständig in den Medienbereich. 1984 nannte er bereits drei TV-Sender sein eigen; 1985 kaufte er einen span. Sender und erwarb Beteiligungen am frz. Fernsehkanal ›La Cinq‹ und dem dt. Sender ›Tele 5‹. Beteiligungen und Übernahmen von Warenhausketten und Printmedien machten B. bis 1988 zum drittgrößten Unternehmer Italiens.

Ende 1993 verkündete B. seinen Eintritt in die aktive Politik und gründete zum Zwecke der Beteiligung an den Parlamentswahlen im März 1994 die Gruppierung ›Forza Italia‹. In zahlreichen medienwirksamen Auftritten stellte er sich den Italienern als neue, von Korruptionsaffären unbelastete und unabhängige Kraft dar. Zusammen mit der ›Lega Nord‹ und der neofaschist. ›Nat. Allianz‹ errang die ›Forza Italia‹ 366 von 629 Parlamentssitzen.
Die Reaktionen auf die Beteiligung der Neofaschisten an der Reg. waren im Ausland wesentlich heftiger als in Italien, wo v. a. die Konzentration von wirtschaftl., polit. und Medienmacht in den Händen des neuen MinPräs. mit Sorge betrachtet wird. Im Nov. wurde ein Ermittlungsverfahren gegen B. wegen Korruptionsverdachts eröffnet. B., der sämtl. Vorwürfe zurückwies und einen Rücktritt kategorisch ausschloß, wurde von mehreren Zeugen belastet, direkt über die Zahlung von Bestechungsgeldern seines Konzerns an die Finanzpolizei informiert gewesen zu sein.

Nach dem Auftrag zur Regierungsbildung trifft Silvio Berlusconi (Mitte) am 23. April im Quirinalspalast zu Konsultationen mit Staatspräsident Scalfaro zusammen

«... hab' ich schon immer gesagt, die FDP ist für alle da!»

### Beschäftigungsförderungsgesetz 1994:
Am 1. Aug. trat das B. 1994 in Kraft. Neben der Zulassung privater →Arbeitsvermittlung enthält es folgende Bestimmungen: höheres Arbeitslosengeld bei neuen Teilzeitvereinbarungen, Erweiterung der produktiven Arbeitsförderung, niedrigere Bemessungsgrundlagen für geförderte Arbeiten, Verlängerung des Struktur-Kurzarbeitergeldes, kurzzeitige Qualifizierungsmaßnahmen bei Weiterbezug der Arbeitslosenunterstützung, Erleichterung des Berufseinstiegs für Ausgebildete, Überbrückungsgeld in die Selbständigkeit, Erleichterung beim Abschluß befristeter Arbeitsverhältnisse, Verlängerung befristeter beschäftigungspolit. Maßnahmen, Arbeitslosenhilfe auch bei Gemeinschaftsarbeiten, Erleichterung der Arbeitnehmerüberlassung für Schwervermittelbare.

**Beschäftigungsgipfel,** im März in Detroit auf Anregung Präs. CLINTONS abgehaltene Konferenz hochrangiger Fachmin. der G 7, die nach Wegen aus der weltweiten Arbeitsmarktkrise suchte. Der B. diskutierte Beschäftigungsprobleme (Regulierung der Arbeitsmärkte, Löhne, Bildungsfragen) sowie Handels-, Subventions- und Steuerfragen.

**Besserverdienende:** Die Passage im Entwurf des FDP-Wahlprogramms, wonach sich die Liberalen als die Partei der ›Besserverdienenden‹ verstehen, stieß außerhalb und innerhalb der FDP auf teils scharfe Kritik. Der Fraktionsvors. der FDP im Bundestag, SOLMS, sprach von einer unglückl. Formulierung und einem Mißverständnis, denn die Partei habe zum Ausdruck bringen wollen, sie wende sich gegen die Diffamierung der B. durch die SPD. In diesem Sinne wurde vom Präsidium eine Neuformulierung beschlossen, in der es heißt, daß man Partei ergreife für die, die zu bes. Leistung und Verantwortung bereit seien.
Der von der SPD in die polit. Debatte eingeführte Begriff B. und seine Definition war auch in der polit. Auseinandersetzung um die Ergänzungsabgabe sehr umstritten und führte zu Irritationen hinsichtlich der Festlegung von Einkommensgrenzen.

**Bet Din,** traditioneller jüd.-rabbin. Gerichtshof, der sich v. a. mit religiösen Streitfragen befaßt (z. B. Ehescheidungen, Übertritte zum Judentum). Wie in Israel und bereits in Belgien, Frankreich und Großbritannien wurde ein solches Gericht 1994 auch in Deutschland (Sitz: München) eingerichtet. Das dt. B. D. besteht aus drei orthodoxen Rabbinern und wird im Rahmen eines freiwilligen, auf Schlichtung zielenden Schiedsspruchverfahrens tätig, zu dem die betroffenen Parteien zuvor schriftlich ihr Einverständnis erklären müssen.

### Bhutan

**Hauptstadt:** Thimphu
**Einwohner:** 1,7 Mio.
**Einwohner/km²:** 35
**Staatsoberhaupt:** Jingme Singye Wangchuk
**Regierungschef:** Jingme Singye Wangchuk
**BSP/Einwohner:** 180 US-$

**Bioethik:** Nach kontroverser Diskussion wies die Versammlung des Europarats in Straßburg im Okt. die vorliegende Fassung der geplanten B.-Konvention zurück. Vor allem zwei der 20 Punkte umfassenden Konvention führten zur Ablehnung: die Zulassung von Versuchen an menschl. Embryonen bis zum 14. Tag nach der künstl. Befruchtung und die in Ausnahmefällen zu Forschungszwecken mögl. Eingriffe an nicht geschäftsfähigen Personen, auch wenn diese nicht unmittelbar dem Wohl der behandelten Personen dienen. Beide Punkte stießen in Deutschland auf breiten Widerstand der polit. Parteien und der Kirchen. Selbst im Falle ihrer Verabschiedung hätte eine solche Konvention jedoch keine Rechtsverbindlichkeit; so widerspricht etwa die Erlaubnis zur Forschung an menschl. Embryonen dem dt. Embryonenschutzgesetz.

## Birma

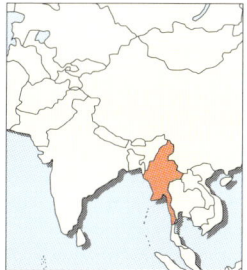

**Hauptstadt:** Rangun
**Einwohner:** 44,6 Mio.
**Einwohner/km²:** 66
**Staatsoberhaupt:**
Than Shwe
**Regierungschef:**
Than Shwe
**BSP/Einwohner:**
523 US-$

### Wirtschaftsentwicklung gebremst durch Menschenrechtssituation

Neue Gesetze in B. (Myanmar) ermutigten ausländ. Investoren, v.a. aus den USA, China, Thailand, Japan, Süd-Korea, Hongkong und Singapur, Joint-venture-Projekte abzuschließen. Aus Singapur wurde insbes. im Hotel- und Tourismussektor investiert. Dt. Investoren versuchten, mit Hilfe chin. Partner stärker in den Markt für Telekommunikation vorzudringen.
Erschwerend wirkte sich jedoch die erschreckende Menschenrechtssituation auf die wirtschaftl. Entwicklung aus. So blieb die Entwicklungshilfe des Westens weiterhin eingestellt, und Kredite wurden durch die Weltbank und die Asiat. Entwicklungsbank nicht gewährt.

### Innenpolitik

Im Jan. schloß die Militärjunta mit einer weiteren großen ethn. Minderheit, den christl. Karen, ein Waffenstillstandsabkommen; damit folgte die größte der ethn. Rebellenarmeen den beiden anderen großen Gruppen der Kachin und der Shan, die bereits Ende 1993 einen Kompromiß mit den Generälen gefunden hatten. Zw. der Militärreg. und der Friedensnobelpreisträgerin AUNG SAN SUU KYI

gab es erste Annäherungen. Im Febr. durfte die Oppositionspolitikerin, die am 20. 7. 1989 in ihrem Haus unter Isolationshaft gestellt worden war, erstmals Besuch von Politikern und UNO-Vertretern empfangen. Im Sept. traf auch Junta-Chef THAN SHWE mit der Dissidentin zusammen.

### Außenpolitik

Ungeachtet anhaltender Menschenrechtsverletzungen nahm ein Vertreter der Militärjunta im Juli in Bangkok an der jährlich stattfindenden ASEAN-Konferenz teil und erklärte sich überraschend bereit, mit der UNO über Verbesserungen der Menschenrechte in B. zu sprechen. Die westl. Länder vollzogen dort eine Kursänderung: ›Krit. Dialog‹ soll an die Stelle der ›Isolierung‹ treten. Im Sept. fand bei der UNO-Vollversammlung ein erstes Treffen von EU-Vertretern mit dem Außenmin. B.s statt. B. und Kambodscha nahmen im Aug. nach 19 Jahren wieder diplomat. Beziehungen auf.

**Blair,** Tony, brit. Politiker (Labour Party), *Edinburgh 6. 5. 1953. – Am 21. Juli 1994 wählte die brit. Labour Party auf ihrer Parteikonferenz B. mit 57 % der Stimmen zum Nachfolger des verstorbenen Labourführers JOHN SMITH.
B. studierte nach dem Besuch einer Privatschule Jura in Oxford und wurde 1983 erstmals in das Unterhaus gewählt. Bereits 1985 nahm ihn der damalige Parteichef NEIL KINNOCK in sein Schattenkabinett auf; zuletzt bekleidete er das Amt des ›Schatten-Innenmin.‹ und lief mit seinen Forderungen nach ›law and order‹ sogar den regierenden Konservativen den Rang ab.
B. tritt für eine grundlegende Modernisierung der Labour Party ein und gehört zu den entschiedenen

Der neue Vorsitzende Tony Blair, im Bild bei der Beerdigung seines Vorgängers John Smith am 20. Mai, will die britische Labour-Party den bürgerlichen Wählerschichten noch stärker öffnen

Verfechtern einer europ. Integration. Seine Fähigkeit, die Menschen für seine oft visionären Vorstellungen einzunehmen, bescherten ihm jetzt den Parteivorsitz. Sollte B. die nächsten Unterhauswahlen gewinnen können, wäre er der erste von Labour gestellte Premiermin. seit 1979 und der jüngste Premier seit 1784.

**BMW:** Der Münchner Automobilhersteller erwarb Anfang des Jahres überraschend 80% der Anteile an der brit. Rover Group, Birmingham, vom bisherigen Mehrheitsaktionär British Aerospace. Der Kaufpreis belief sich auf rd. 2 Mrd. DM. Für den japan. Konzern Honda, der weitere 20% an Rover besaß, war die Aktienmehrheit von BMW Grund, die Überkreuzbeteiligung mit Rover zu lösen. Durch die Übernahme der Rover-Mehrheit will BMW v. a. die Modellpalette nach unten und in Nischenmärkten erweitern (Mehrmarkenstrategie) und rückt zu einem der zehn größten Automobilhersteller in Europa auf. Mit einem Abkommen, das Motorenlieferungen von BMW an die Autohersteller Rolls Royce und Bentley, die zur Vickers Group gehören, vorsieht, festigte BMW seine Stellung.
Im Nov. wurde das BMW-Werk bei Spartanburg im US-Bundesstaat South Carolina offiziell eröffnet. Es bietet rd. 2000 Arbeitsplätze und kostete rd. 600 Mio. US-$.

Im Januar besiegeln Dick Evans (links), Geschäftsleiter der British Aerospace, und BMW-Vorstandsvorsitzender Bernd Pischetsrieder den Zusammenschluß der beiden Automobilhersteller BMW und Rover

---

**Hauptstadt:** Sucre
**Einwohner:** 7,7 Mio.
**Einwohner/km²:** 7
**Staatsoberhaupt:**
G. Sánchez de
Lozada
**Regierungschef:**
G. Sánchez de
Lozada
**BSP/Einwohner:**
680 US-$

**Wirtschafts- und Innenpolitik**

Die stark defizitäre Handelsbilanz war auch 1994 der größte Schwachpunkt der bolivian. Wirtschaft. Dessenungeachtet verfolgte Wirtschafts- und Finanzmin. Fernando Alvaro Cossío, der am 26. März berufen worden war, entschieden die stabilitätsorientierte Wirtschaftspolitik weiter. Bis März 1995 sollen Einzelgesetze vorliegen.
Außer der Privatisierung nahm Präs. Gonzalo Sánchez de Lozada die Dezentralisierung der staatl. Administration in Angriff. Mit dem im Rahmen des ›Plan de Todos‹ (dt. Plan aller) am 20. April verabschiedeten ›Gesetz über die Beteiligung des Volkes‹ beabsichtigt die Reg. in erster Linie, sozialen Sprengsatz in den ländl. Regionen zu entschärfen und Alternativen zur zunehmenden Landflucht zu schaffen: B. wurde in 301 Munizi-

pien (vorher 114 vorwiegend städtische) unterteilt, wobei die Haushaltsmittel für Großstädte zugunsten ländl. Gegenden reduziert wurden; die Zuweisung von Subventionen soll gerechter werden und sich fortan an der Bevölkerungsdichte orientieren. Ein Tarifkonflikt, der am 30. Mai in einen Generalstreik mündete, wurde am 7. Mai mit dem Kompromiß beigelegt, die Löhne um 12% (urspr. 6%) und den Mindestlohn von umgerechnet 55 DM auf 75 DM zu erhöhen. Mitte Sept. protestierten Kokabauern in La Paz gegen die Drogenbekämpfungspolitik der Reg., die die Vernichtung sämtl. Kokafelder ins Gespräch gebracht hatte. Am 21. Sept. kündigte die Unión Cívica Solidaridad (UCS) das Regierungsbündnis auf, das damit seine absolute Mehrheit verlor.

**Außenpolitik**

Am 15. März setzten Staatsoberhaupt Sánchez de Lozada und sein paraguayischer Amtskollege Juan Carlos Wasmosy einen definitiven Schlußpunkt hinter den Chacokrieg von 1932–35. Außerdem wurden Gespräche über die wirtschaftl. Zusammenarbeit der beiden Nachbarländer und über einen mögl. Beitritt B.s zum Wirtschaftsraum Mercosur geführt. B., die sehr um eine stärkere Integration in den Welthandel bemüht ist, unterzeichnete weitere Wirtschaftsabkommen, u. a. mit Argentinien und Deutschland.

**Börse:** Aufgrund steigender Zinsen setzten zu Beginn des Börsenjahres Gewinnmitnahmen ein, die den Dt. Aktienindex (Dax) bis Anfang März von seinem bisherigen histor. Höchststand um ca. 10% fallen ließen. Sinkende Inflationsraten, verbunden mit Zinserleichterungen durch die Dt. Bundesbank, sowie Signale einer positiven konjunkturellen Entwicklung führten in der Folgezeit zu einem verstärkten Engagement in- und ausländ. Anleger. Der Dax erreichte Mitte Mai mit 2271 Punkten einen neuen histor. Höchststand. Inflationsbefürchtungen in den USA, die von dort ausgehenden Zinssteigerungseffekte und ein zunehmend schwacher US-Dollar mit mögl. negativen Auswirkungen auf die Entwicklung der Unternehmensgewinne und die Exporte übten Druck auf den dt. Aktienmarkt aus. So rutschte der Dax Mitte Juni unter die psychologisch wichtige Marke von 2 000 Punkten und schloß bei seinem bisherigen Jahrestiefststand von 1 969 Punkten. Bedingt durch über den Erwartungen liegende Unternehmensberichte und deutlich heraufgesetzte Gewinnprognosen für 1995 erreichte der Dax Anfang Sept. aber wieder einen Stand von 2 172 Punkten.

Auf dem dt. Rentenmarkt waren festverzinsl. Wertpapiere von erhebl. Schwankungen betroffen. Nach einer kurzen Phase niedriger Renditen zu Jahresbeginn stieg das Zinsniveau in den Folgemonaten kontinuierlich an. Mit 7,25 % lag die Durchschnittsrendite der Dt. Bundesbank Anfang Sept. um fast zwei Prozentpunkte über dem Jahresauftakt.

Am 8. Juli wurde das Gesetz über den Wertpapierhandel und zur Änderung börsenrechtl. und wertpapierrechtl. Vorschriften (zweites Finanzmarktförderungsgesetz) vom Bundesrat verabschiedet. Die aktien-, depot- und investmentrechtl. Änderungen (u. a. Reduzierung des Mindestnennwertes bei Aktien von 50 auf 5 DM) sowie der Insidertatbestand (Insidergeschäfte können mit Freiheitsstrafen bis zu fünf Jahren oder mit einer Geldstrafe geahndet werden) traten am 1. Aug. in Kraft.

## Bosnien und Herzegowina

**Hauptstadt:** Sarajevo
**Einwohner:**
ca. 2,9 Mio.
**Einwohner/km²:** 85
**Staatsoberhaupt:**
A. Izetbegović
**Regierungschef:**
H. Silajdžić
**BIP/Einwohner:**
1 600 US-$

### Die Fortsetzung des Krieges

Anfang 1994 war ein Ende der Feindseligkeiten zw. Serben, Kroaten und Muslimen nicht abzusehen. Die zum Jahreswechsel von den Kriegsparteien vereinbarte Feuerpause wurde nicht eingehalten, und auch die fortgesetzten internat. Bemühungen um eine Beendigung der Kampfhandlungen kamen keinen Schritt voran.

In praktisch allen Teilen der Rep. wurde gekämpft. In Mittelbosnien lieferten sich Muslime und Kroaten die schwersten Gefechte seit Sommer 1993, v. a.

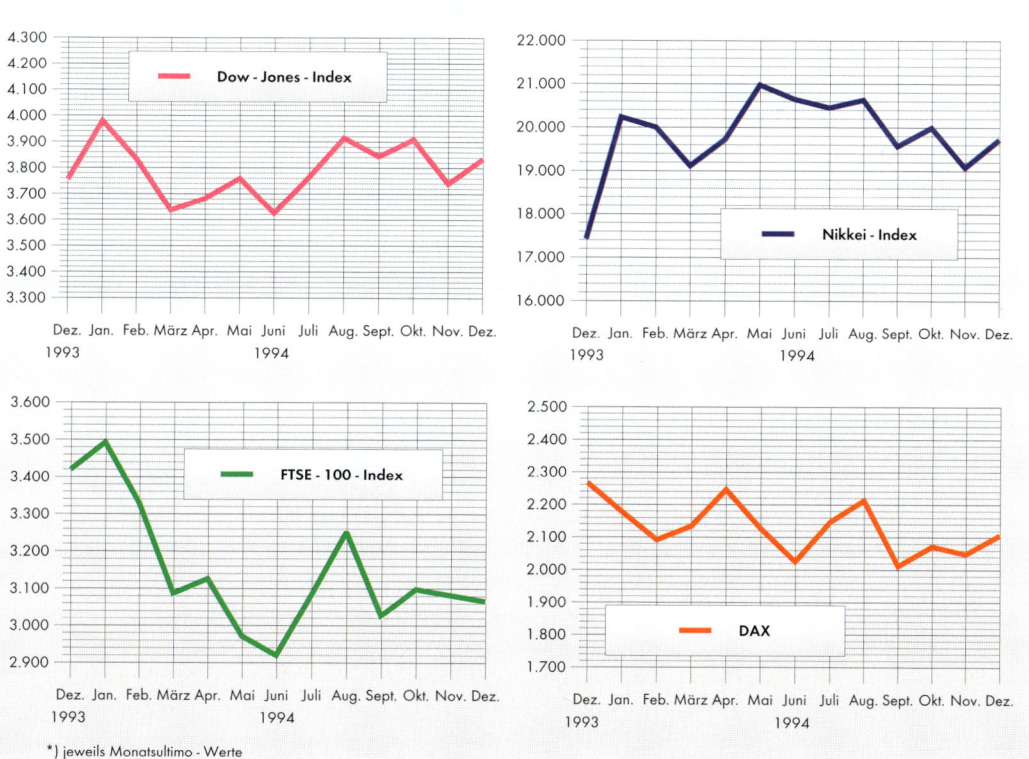

**Entwicklung der internationalen Aktienmärkte \*)**

Dow - Jones - Index

Nikkei - Index

FTSE - 100 - Index

DAX

\*) jeweils Monatsultimo - Werte

in der herzegowin. Hauptstadt Mostar und Umgebung kam es zu heftigen Kämpfen. Im NO Bosniens kämpften Muslime gegen bosn. Serben, in der westbosn. Enklave Bihać bosn. Regierungstruppen gegen muslim. Autonomisten. Der Beschuß Sarajevos durch serb. Artillerie hielt unvermindert an. Am 31. Jan. berief die Führung der bosn. Serben alle wehrfähigen Männer zum Dienst an der Front ein, während die Frauen zum Arbeitsdienst abgestellt wurden. Die als ›Mobilisierung aller Kräfte zur erfolgreichen Beendigung des Krieges‹ bezeichnete Maßnahme wurde mit der zunehmenden Unterstützung der bosn. Armee durch den Westen und mit Anzeichen für eine Frühjahrsoffensive der Muslime begründet.

Viele Anzeichen deuteten darauf hin, daß die bosn. Muslime, die bei Beginn des Krieges militärisch hoffnungslos unterlegen waren, die Schlagkraft ihrer Truppen durch eine gestraffte Kommandostruktur und verbesserte Ausrüstung deutlich hatten steigern können. Vor allem in den Gefechten mit den bosn. Kroaten in Zentralbosnien konnte die muslim. Truppe erhebl. Raumgewinne erzielen. Der bosn. Präs. ALIJA IZETBEGOVIĆ behauptete, daß er 200 000 Mann unter Waffen habe – eine vermutlich stark übertriebene Angabe – und warnte den kroat. Präs. FRANJO TUDJMAN, sich mit den Serben über eine Aufteilung von B. u. H. zu verständigen.

An allen Fronten ging auch der Kampf gegen die Zivilbevölkerung weiter. Der UNO-Menschenrechtsbeauftragte TADEUSZ MAZOWIECKI warf der internat. Gemeinschaft im Febr. vor, sie dulde massive Verstöße aller bosn. Kriegsparteien gegen grundlegende Menschenrechte. Die von der Führung der bosn. Serben eingeleitete Politik der ›ethn. Säuberung‹ werde nach wie vor praktiziert. Auch

Kroaten hätten brutale Verbrechen größeren Ausmaßes begangen, während die Übergriffe der Muslime geringer seien. Am Mittag des 5. Febr. wurde eine Granate auf einen belebten Marktplatz in Sarajevo abgefeuert, die 68 Menschen tötete und zahlreiche weitere verletzte. Das Massaker löste Empörung in aller Welt aus. Am Abend des 9. Febr. richtete die NATO nach einem Hilfeersuchen des UNO-GenSekr. ein Ultimatum an die serb. Belagerer Sarajevos, ihre schweren Waffen innerhalb von zehn Tagen 20 km von der Stadt zurückzuziehen oder der Kontrolle der UNPROFOR zu unterstellen. Auch die bosn. Armee wurde aufgefordert, ihre Waffen im Bereich Sarajevos von der UNO kontrollieren zu lassen. Bei Nichterfüllung des Ultimatums drohte die NATO mit Luftangriffen.

Zwar konnten die unmittelbar Verantwortlichen für das Massaker in Sarajevo nicht ermittelt werden, doch waren sich nahezu alle Beobachter einig, daß die bosn. Serben für die entstandene Situation die Hauptverantwortung trügen. Während die USA, Frankreich und Italien für Luftangriffe aussprachen, warnte Rußland vor einem NATO-Einsatz. Am 17. Febr. übergab der russ. Sonderbeauftragte für Jugoslawien, WITALIJ TSCHURKIN, dem bosn. Serbenführer RADOVAN KARADŽIĆ einen Brief seines Präs. JELZIN, in dem dieser die Verlegung russ. UNO-Soldaten nach Sarajevo ankündigte und die Serben aufforderte, sich dem NATO-Ultimatum zu unterwerfen. Diese Initiative und die Entschlossenheit der NATO zwangen die Serben zum Einlenken. Am 20. Febr. verlautete aus Kreisen der Allianz, daß das Ultimatum von den Serben weitgehend erfüllt worden sei. Die Präs. CLINTON und JELZIN stimmten daraufhin überein, daß damit keine Luftangriffe erforderlich seien.

Die Wirkung des ›Modells Sarajevo‹ blieb jedoch begrenzt. Ende März begannen die bosn. Serben eine Offensive im Bereich der UNO-Schutzzone Goražde, wobei die Stadt heftigem Artilleriefeuer ausgesetzt wurde. Am 10./11. April griffen NATO-Kampfflugzeuge serb. Stellungen um Goražde an. Wenngleich JELZIN dagegen protestierte, daß er nicht konsultiert worden sei, bemühte sich die russ. Seite um eine Schadensbegrenzung. Außenmin. KOSYREW forderte die Serben am 17. April vergebens auf, die Beschießung von Goražde sofort einzustellen, und bemühte sich weiterhin um eine vermittelnde Position. TSCHURKIN übte dagegen scharfe Kritik an den Serben. Er habe noch nie erlebt, daß in so kurzer Zeit so viele Versprechen gebrochen worden seien. Ein Teil der bosn. Serben benutze die russ. Politik als Deckmantel für ihre Ziele. Es sei an der Zeit, die Verhandlungen mit diesen Extremisten einzustellen. Am 22. April stellte die NATO den Serben das Ultimatum, alle schweren Waffen bis zum 27. April aus Goražde abzuziehen und ab 24. April UNO-Kräften, humanitären Hilfskonvois und medizin. Hilfsteams den Zugang nach Goražde sowie den Abtransport Kranker und Verwundeter zu ermöglichen. Nachdem sich die Serben zurückgezogen hatten, konnte Goražde am 27. April von der Bedrohung befreit werden.

### Die Bildung der muslimisch-kroatischen Föderation

Seit Beginn der kroat.-muslim. Feindseligkeiten im Frühjahr 1993 hatte sich die Position der kroat. Seite militärisch und politisch ständig verschlechtert. Über die Hälfte der kroat. Vorkriegsbevölkerung von B. u. H. befand sich auf der Flucht. Rund 40 % des kroatisch kontrollierten Territoriums waren verlorengegangen, zumeist an die Muslime. Zw. den Kroaten in Nord- und Mittelbosnien auf der einen und kroat. ›Hardlinern‹ in der Herzegowina auf der anderen Seite kam es zu Zerwürfnissen. Die Beteiligung von Truppenverbänden aus der Rep. Kroatien an den innerbosn. Kämpfen provozierte scharfe internat. Kritik. Der UNO-Sicherheitsrat drohte Kroatien am 3. Febr. mit ernsten Konsequenzen, falls es seine Truppen nicht zurückzöge. Die Politik Präs. TUDJMANS und seiner ›herzegowin. Lobby‹ stieß auch in Kroatien auf harsche Kritik. Anläßlich eines Treffens mit seinem bosn. Amtskollegen IZETBEGOVIĆ am 9. Jan. auf dem Petersberg bei Bonn legte TUDJMAN eine Landkarte des künftigen B. u. H. vor, nach der die kroat. Rep. Herceg-Bosna 17,5 % und die Rep. der Muslime 33,5 % des Territoriums von B. u. H. erhalten sollten. Die Einzelheiten des Plans wurden jedoch von IZETBEGOVIĆ als unzureichend zurückgewiesen. Die USA setzten die kroat. Reg. in der Folgezeit massiv unter Druck und drängten sie zu substantiellen Kompromissen. Ein erster Erfolg zeichnete sich ab, als MATE BOBAN – ein entschiedener Gegner jeder Verständigung mit den Muslimen – am 8. Febr. sein Amt als Präs. von Herceg-Bosna niederlegte. Sein Nachfolger wurde der als gemäßigt geltende KREŠIMIR ZUBAK. Bereits elf Tage später einigten sich der bosn. MinPräs. HARIS SILAJDZIĆ und der kroat. Außenmin. GRANIĆ in Frankfurt am Main grundsätzlich über einen Zusammenschluß von bosn. Kroaten und Muslimen in einer Union, die mit der Rep. Kroatien eine Art Konföderation bzw. eine Wirtschafts-, Währungs- und Zollunion nach EU-Muster eingehen sollte. Vier Tage nach dieser grundsätzl. Einigung unterzeichneten die Militärbefehlshaber der bosn. Kroaten und Muslime ein Waffenstillstandsabkommen. Die konkreten Einzelheiten der geplanten Föderation wurden unter Vermittlung der USA in den folgenden Tagen in Washington und Wien ausgehandelt. Am 13. März verständigten sich bosn. Muslime und Kroaten nach zehntägigen Verhandlungen in Wien auf die Bildung einer Föderation, die mindestens 51 % der (nach wie vor fast zu 70 % von Serben beherrschten) Rep. B. u. H. umfassen sollte. Für Sarajevo war eine zeitweilige UNO-, für Mostar eine EU-Verwaltung vorgesehen. Die EU bestimmte den ehem. Bremer Bürgermeister HANS KOSCHNICK zum verantwortl. Leiter (›Administrator‹) für den Wiederaufbau der stark zerstörten Stadt. Am 26. und 29. März billigten das Kroaten-Parlament von Herceg-Bosna in Mostar und das bosn. Parlament in Sarajevo das Föderationsabkommen. Unmittelbar darauf wurde die Gründung

Im Beisein von US-Präsident Bill Clinton (hinten Mitte) unterzeichnen der bosnische Präsident Alija Izetbegović (sitzend links) und der kroatische Präsident Franjo Tudjman (sitzend rechts) am 18. März in Washington das bosnisch-kroatische Abkommen, in dem sich die bosnischen Muslime und Kroaten auf die Gründung eines gemeinsamen neuen Staats verständigten

der Föderation durch das gemeinsame Parlament formal abgesegnet und eine neue Verfassung verabschiedet. Die Abgeordneten wählten den Kroaten ZUBAK zum Präs. der Föderation und bestätigten den muslim. Politiker SILAJDZIĆ als Regierungschef. Es wurde ferner vereinbart, daß der bisherige bosn. Staatspräs. IZETBEGOVIĆ zumindest für eine Übergangszeit als Vorsitzender des bosn. Staatspräsidiums weiter amtieren solle. ZUBAK erklärte nach seiner Vereidigung, daß Kroaten und Muslime sich einig seien, den Staat B. u. H. in seiner Gesamtheit wiederherzustellen, und bot den bosn. Serben den Anschluß an die Föderation an. Innerhalb des völkerrechtlich anerkannten, aber nur auf dem Papier stehenden Staates B. u. H. existierten nun faktisch eine Serb. Republik unter KARADŽIĆ und eine Föderation B. u. H. unter ZUBAK. Die neue muslim.-kroat. Föderation sollte in acht Kantone untergliedert werden, von denen vier von den Muslimen, zwei von den Kroaten und zwei gemischt verwaltet werden sollten. Die Repräsentanten der neuen Föderation überraschten die internat. Öffentlichkeit am 11. Mai mit der Forderung, ihr Staat solle 58 % des Territoriums von B. u. H. umfassen. Die bosn. Serben wiesen die geplante Aufteilung scharf zurück.

### Der Friedensplan der Kontaktgruppe für Bosnien

Am 26. April kam die Kontaktgruppe für Bosnien, der Vertreter der USA, Rußlands, Großbritanniens, Frankreichs und Deutschlands angehören, in London zu ihrer ersten Sitzung zusammen. Am 13. Mai forderte sie die Kriegsparteien auf, die Republik B. u. H. auf der Grundlage des Verhältnisses 51:49 aufzuteilen und einen viermonatigen Waffenstillstand zu schließen. Die Ende des Monats geführten Verhandlungen der Kontaktgruppe mit den Konfliktparteien führten zu keinen Ergebnissen, da weder in der Frage der Gebietsaufteilung noch

TEILUNGSPLAN DER "KONTAKTGRUPPE"
FÜR BOSNIEN UND HERZEGOWINA

hinsichtlich der Dauer eines Waffenstillstands Einigung erzielt werden konnte.

Am 5. Juli schließlich legte die Kontaktgruppe einen fertigen Teilungsplan vor, der im wesentlichen auf ihrem Vorschlag vom 13. Mai basierte. Nach den von den UNO- und EU-Vermittlern VANCE/OWEN bzw. STOLTENBERG/OWEN vorgelegten Plänen von Anfang und Mitte 1993 war dies der dritte internat. Plan zur Lösung des Bosnienproblems. Er konnte nach dem Willen seiner Verfasser nur angenommen oder abgelehnt werden. Lediglich über kleinere Details sollten Verhandlungen möglich sein. Die Außenmin., die ihre Vorlage als ›letzte Chance für den Frieden‹ bezeichneten, warnten die Kriegsparteien vor der Ablehnung des Teilungsplanes. Dies könne die Aufhebung des Waffenembargos gegen die muslim.-kroat. Föderation und den Rückzug aller Blauhelme aus B. u. H. zur Folge haben. Im Falle der Annahme des Plans wurde eine Aufhebung der Wirtschaftssanktionen gegen Rest-Jugoslawien in Aussicht gestellt. Die Konfliktparteien wurden aufgefordert, ihre Stellungnahme zum Plan bis zum 19. Juli abzugeben.

Während TUDJMAN und ZUBAK den Plan vorbehaltlos begrüßten, fiel IZETBEGOVIĆ und SILAJDŽIĆ die Zustimmung schwerer. Die bosn. Serben vermieden auf einer Sondersitzung ihres Parlamants in Pale am 18./19. Juli eine eindeutige Stellungnahme und forderten weitere Verhandlungen. Daraufhin ging auch IZETBEGOVIĆ auf Distanz zum Friedensplan. Für das Votum der bosn. Serben waren nicht allein und wohl auch nicht in erster Linie die vorgeschlagenen Prozentanteile problematisch. Seit langem hatten sich die Standpunkte der Konfliktparteien in dieser Frage angenähert, so daß die fortbestehenden Unterschiede zumeist nur noch zw. 2 und 4 % schwankten. Entscheidend waren vielmehr die Grenzziehung im Detail und die Frage, wie die einzelnen ethnisch definierten Territorien miteinander zu verbinden seien. Zu den Schlüsselfragen gehörte die Ausgestaltung des serb. Korri-

dors entlang der Save in Nordbosnien bei Brčko. Nach dem Friedensplan sollte der Korridor stellenweise bis auf Straßenbreite verengt werden, so daß dieser ›Flaschenhals‹ von muslim.-kroat. Truppen jederzeit hätte geschlossen werden können. Auch hinsichtlich einer Reihe anderer Fragen (z. B. Teilung der Stadt Višegrad an der Drina oder Erweiterung der Schutzzone Goražde zu einem breiten muslim. Korridor) erschien der Teilungsplan den bosn. Serben unannehmbar.

### Der Bruch zwischen Rest-Jugoslawien und den bosnischen Serben

Indem sie einerseits die Lockerung der Sanktionen gegenüber Rest-Jugoslawien in Aussicht stellte, andererseits mit deren Verschärfung drohte, versuchte die Kontaktgruppe, die bosn. Serben doch noch zur Annahme des Teilungsplans zu bewegen. Das Parlament in Pale erneuerte am 3. Aug. aber die Ablehnung des Genfer Friedensplans und beschloß eine Volksabstimmung für Ende Aug. Wie nicht anders zu erwarten war, sprach sich die überwältigende Mehrheit der bosn. Serben (rd. 97 %) am 28. Aug. gegen den internat. Friedensplan aus.

Bereits am 4. Aug. hatte die Reg. Rest-Jugoslawiens die polit. und wirtschaftl. Beziehungen zu den bosn. Serben abgebrochen und die Grenzen geschlossen. Anfang Sept. drohte KARADŽIĆ mit der Blockade der ostbosn. Muslim-Enklaven Srebrenica, Goražde und Žepa, falls Rest-Jugoslawien seine Grenze nicht wieder öffne. Da Belgrad zu diesem Schritt nicht bereit war, verstärkten die bosn. Serben den Beschuß von Sarajevo und nahmen zeitweilig UNO-Soldaten als Geiseln. Nach einem von der NATO am 22. Sept. durchgeführten Vergeltungsschlag gegen Stellungen der bosn. Serben drohten diese ihrerseits mit einer totalen Blockade der UNO-Truppen. Im N und W Bosniens kam es zu heftigen Kämpfen zw. Serben und bosn. Regierungstruppen, v. a. um die Enklave Bihać.

Die Reaktionen des Auslands auf die erneute Eskalation in B. u. H. waren unterschiedlich. Die USA setzten den bosn. Serben eine Frist bis zum 15. Okt.: Sollten sie bis dahin den Friedensplan nicht angenommen haben, wollte Washington im UNO-Sicherheitsrat die Aufhebung des Waffenembargos gegen die muslim.-kroat. Föderation beantragen oder das Embargo notfalls im Alleingang durchbrechen. Der russ. Präsident ließ dagegen erkennen, daß Moskau sein Veto gegen einen entsprechenden Antrag einlegen würde. Brit. und frz. Diplomaten kündigten für den Fall einer Aufhebung des Waffenembargos den Rückzug ihrer UNO-Truppen aus B. u. H. an. Nach einem Gipfelgespräch zw. CLINTON und JELZIN erklärte der amerikan. Außenmin. Ende Sept., daß die USA Anfang Nov. im Weltsicherheitsrat eine Resolution einbringen würden, mit der nach einer Übergangszeit von sechs Monaten das Waffenembargo gegen die bosn. Muslime aufgehoben werden solle. Während dieser Frist sollten alle Möglichkeiten ausgeschöpft werden, die bosn. Serben zur Annahme des Friedensplans zu bewegen. Gleichzeitig sprachen sich die NATO-Verteidigungsmin. für ein härteres Vorgehen in Bosnien aus, stießen damit aber auf Vorbehalte des UNO-Sondergesandten YASUSHI AKASHI.

### Hoffnungsschimmer zum Jahresende

Ende Okt./Anfang Nov. gelang es den muslim. Regierungstruppen, aus der Enklave von Bihać auszubrechen, die Serben zurückzudrängen und ihnen – unterstützt von Truppen des kroat. Verteidigungsrates – in Mittelbosnien die größte Niederlage seit Beginn des Krieges im April 1992 zuzufügen. Bereits nach wenigen Tagen verstärkte sich jedoch der Widerstand der bosn. Serben, in einer Gegenoffensive eroberten sie die meisten der gerade verlorenen Gebiete wieder zurück. Nach heftigen serb. Angriffen v.a. im Raum Bihać dehnten UNO und NATO ihr Einsatzgebiet für Luftangriffe gegen die Serben aus, Ende Nov. spitzte sich die Lage im eingeschlossenen Bihać zu.

Im Dez. wurde in enger Verknüpfung mit der Möglichkeit der einseitigen Aufhebung des Waffenembargos gegen B. u. H. durch den amerikan. Kongreß die Beendigung des UNPROFOR-Einsatzes diskutiert; für diesen Fall wurde eine Evakuierung der UNO-Truppen unter NATO-Schutz vorgesehen. Nach Verzögerungen kam es am 24. Dez. zu einer vom früheren amerikan. Präs. JIMMY CARTER vermittelten Waffenruhe; am Silvestertag schlossen die bosn. Serben und die Reg. B. u. H.s einen ab 1. 1. 1995 geltenden viermonatigen Waffenstillstand, der auf eine Mischung aus Skepsis und Hoffnung stieß.

In den Überresten des Treppenhauses der zerbombten Nationalbibliothek in Sarajevo sammelt im Februar ein Mann verwertbare Kupferteile

**Bossi,** Umberto, italien. Politiker, *Cassago Magnago (Prov. Varese) 19. 9. 1941. – B., der Vors. der Lega Nord, erreichte mit seiner Partei bei den Wahlen im März 1994 ein Ergebnis von 165 Mandaten in der (630 Sitze umfassenden) italien. Abgeordnetenkammer.

Umberto Bossi, Chef der Lega Nord, auf einer Wahlkampfveranstaltung in Bologna im Februar

B. stammt aus einem Arbeiterhaushalt, schlug sich mit versch. Jobs durch und studierte – ohne Abschluß – einige Jahre Medizin in Pavia. 1981 gründete er die ›Lega Lombarda‹, die zum Sammelbecken unzufriedener Mittelständler wurde. Mit ihr propagierte er eine Konföderation von drei Großregionen anstelle des italien. Staates. 1987 wurde er Senator; im Mai 1990 erreichte die Lega Lombarda bereits 20,2 % bei den Regionalwahlen. 1991 gründete B. die Lega Nord, die bereits bei den Parlamentswahlen im April 1992 in der Kammer 55 Sitze und im Senat 25 Sitze erreichen konnte. Nach den Parlamentswahlen im März 1994, die die Parteienlandschaft völlig veränderten, trat B.s Lega Nord in die von SILVIO BERLUSCONI gebildete Koalitionsreg. ein, er selbst übernahm jedoch kein Ministeramt. Nach Auseinandersetzungen mit BERLUSCONI erzwang B. durch das Ausscheiden der Lega Nord aus der Koalition Ende Dez. dessen Rücktritt.

### Botswana

**Hauptstadt:**
Gaborone
**Einwohner:** 1,4 Mio.
**Einwohner/km²:** 2
**Staatsoberhaupt:**
Q. K. J. Masire
**Regierungschef:**
Q. K. J. Masire
**BSP/Einwohner:**
2 790 US-$

Am 26. Aug. löste Präs. QUETT KETUMILE JONI MASIRE das Parlament auf und setzte für Mitte Okt. Neuwahlen an. Bei diesen gewann die regierende Botswana Democratic Party 26 von 40 Sitzen, die oppositionelle Botswana National Front erhielt drei Mandate. MASIRE wurde nach dem Sieg seiner Partei als Präs. wiedergewählt.

Nachdem der Haushalt 1994 erstmals nach neun Jahren ein Defizit aufwies, wurde für 1994/95 aufgrund von Großvorhaben im Hoch- und Tiefbau und des gestiegenen Diamantenexports ein reales Wirtschaftswachstum von 6,7% erwartet.

## Brandenburg

**Hauptstadt:** Potsdam
**Einwohner:** 2,5 Mio.
**Einwohner/km²:** 86
**Regierungschef:**
M. Stolpe
**BIP/Einwohner:**
17 700 DM

Am 22. März zerfiel die Ampelkoalition aus SPD, FDP, Bündnis 90/Die Grünen, nachdem der Vorsitzende der Bündnisfraktion Günter Nooke (links) Regierungschef Stolpe (rechts) vorgeworfen hatte, dieser haben den Untersuchungsausschuß zur Aufklärung seiner Stasi-Kontakte belogen

### Von der ›Brandenburger Linie‹ zum Wahltriumph für die SPD

Der außerordentlich populäre MinPräs. MANFRED STOLPE stand auch 1994 wegen seiner ungeklärten Stasi-Kontakte im Kreuzfeuer der Öffentlichkeit. Die harte Kritik westdt. Medien schien aber bei der brandenburg. Bevölkerung eher Solidarität für den Regierungschef zu bewirken. Am 22. März zerbrach die Potsdamer Ampelkoalition aus SPD, FDP und Bündnis 90/Die Grünen an der Weigerung von Bündnis-Fraktionschef GÜNTER NOOKE, seine Vorwürfe gegen MinPräs. STOLPE, den Untersuchungsausschuß zur Aufklärung seiner Stasi-Kontakte belogen zu haben, zurückzunehmen. SPD und FDP regierten ohne Mehrheit weiter, die Oppositionsparteien stimmten jedoch vielfach deren Vorlagen zu. Die Fortsetzung dieser All-Parteien-Zusammenarbeit wurde als ›Brandenburger

Linie‹ bezeichnet. Mit dem Mitte Juni vorgelegten Abschlußbericht des Ausschusses wurde STOLPE von dem Vorwurf freigesprochen, mit der Stasi zum Nachteil der Menschen paktiert zu haben. Die Europawahlen am 12. Juni erbrachten Gewinne der PDS, wie sie auch in den anderen neuen Bundesländern zu verzeichnen waren.

Die Landtagswahl am 11. Sept. brachte der nur 5 000 Mitgl. zählenden SPD einen triumphalen Sieg (54,1%), der hpts. auf die Popularität des MinPräs. zurückgeführt wurde. Das Kabinett blieb weitgehend unverändert, neuer Wirtschaftsmin. wurde der Bochumer Oberstadtdirektor BURGHARD DREHER. Die CDU lieferte sich wie bei den Europawahlen ein ›Kopf-an-Kopf-Rennen‹ mit der PDS und erhielt 18,7% der Stimmen (72 Stimmen mehr als die PDS). Bündnis 90/Die Grünen und die FDP verpaßten mit 2,9% bzw. 2,2% der Stimmen deutlich den Einzug in den Landtag.

### Gebietsreform

In ökonom. Hinsicht bestand ein großes Investitionsinteresse im ›Speckgürtel‹ um Berlin, während die weiter abliegenden Landesteile struktur-

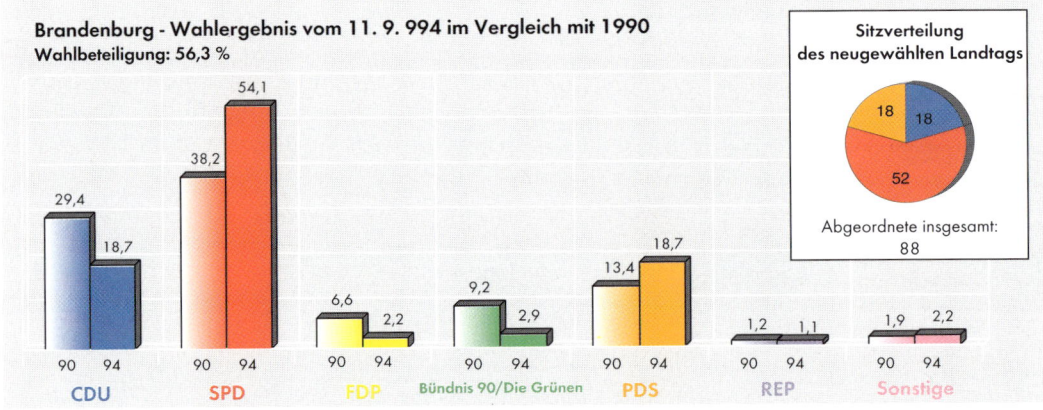

**Brandenburg - Wahlergebnis vom 11. 9. 994 im Vergleich mit 1990**
Wahlbeteiligung: 56,3 %

Sitzverteilung des neugewählten Landtags

Abgeordnete insgesamt: 88

| | CDU | SPD | FDP | Bündnis 90/Die Grünen | PDS | REP | Sonstige |
|---|---|---|---|---|---|---|---|
| 90 | 29,4 | 38,2 | 6,6 | 9,2 | 13,4 | 1,2 | 1,9 |
| 94 | 18,7 | 54,1 | 2,2 | 2,9 | 18,7 | 1,1 | 2,2 |

schwach blieben. Die Landesreg. versuchte, den Disparitäten durch raumordner. Maßnahmen entgegenzuwirken. Die am 1. Jan. in Kraft getretene Gebietsreform, die die Zahl der Landkreise von 38 auf 14 verringerte, beinhaltet ein sektorales Konzept, das jeweils berlinnahe und berlinferne Gebietstypen zusammenfaßt. Die Arbeitslosigkeit war mit 14,7 % (Aug. 1994) geringer als in den anderen östl. Ländern.

Die Verhandlungen um die geplante Fusion des Landes B. mit Berlin wurden erfolgreich weitergeführt, wobei in beiden Ländern bei zu gering angesetzten finanziellen Zuweisungen des Bundes die Umsetzung als gefährdet angesehen wird.

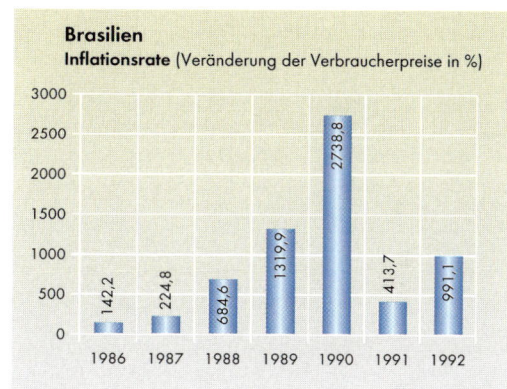

**Brasilien**
**Inflationsrate** (Veränderung der Verbraucherpreise in %)

| Jahr | Rate |
|------|------|
| 1986 | 142,2 |
| 1987 | 224,8 |
| 1988 | 684,6 |
| 1989 | 1319,9 |
| 1990 | 2738,8 |
| 1991 | 413,7 |
| 1992 | 991,1 |

## Brasilien

**Hauptstadt:** Brasilia
**Einwohner:** 156,6 Mio.
**Einwohner/km²:** 18
**Staatsoberhaupt:** I. Franco
**Regierungschef:** I. Franco
**BSP/Einwohner:** 2 770 US-$

### Währungsreform und Wahlkampf

Hauptanliegen der Reg. Franco war die Eindämmung der Hyperinflation, die am Jahresanfang fast 3 000 % betrug. Die am 1. März eingeführte Kunstwährung Unidade Real de Valor (URV; dt. Reale Werteinheit) bildete die Vorstufe zu dem ab 1. Juli geltenden, ebenfalls an den US-Dollar gebundenen ›Real‹ (vorher: ›Cruzeiro Real‹). Die treibende Kraft des Stabilisierungsplans war Finanzmin. FERNANDO HENRIQUE CARDOSO, der am 30. März zurücktrat, um sich auf seine Kandidatur für das Amt des Staatspräs. konzentrieren zu können. Die Währungsreform sollte von Einsparungen im Staatshaushalt flankiert werden, die jedoch aufgrund ihrer Unpopularität im Wahljahr ausblieben. Mit der Senkung der monatl. Inflationsrate von 50 % im Juni auf 2 % im Sept. erwarb sich CARDOSO großes Ansehen bei der Bevölkerung und in der Wirtschaft: Der Industriesektor verzeichnete eine deutl. Produktionszunahme, und die Arbeitslosenquote von rd. 5 % blieb weitgehend stabil.

Die Währungsstabilität stellte neben den zahlreichen Korruptions- und Veruntreuungsaffären das Hauptwahlkampfthema der Wahlen am 3. Okt. dar. Schärfster Konkurrent des Sozialdemokraten CARDOSO war der Chef der sozialist. Arbeiterpartei (PT), LUIZ INÁCIO ›LULA‹ DA SILVA, der Meinungsumfragen zufolge lange Zeit vor CARDOSO lag. CARDOSO, der als Kandidat des sozialdemokrat. PSDB und der konservativen Parteien PFL

und PTB antrat, ging bereits aus dem ersten Wahlgang mit 54,3 % der Stimmen als eindeutiger Sieger hervor. Selbst die Affäre seines Nachfolgers (bis 3. Sept.) im Amt des Finanzmin., RUBENS RICÚPERO, der sich u. a. über Manipulationen zugunsten CARDOSOS im Präsidentschaftswahlkampf geäußert hatte, überstand er unbeschadet. SILVA kam auf lediglich 27 %.

Der neue Präs. wird für vier (vorher: fünf) Jahre an der Spitze B.s stehen. Eine entsprechende Verfassungsänderung war am 9. März im Kongreß mit dem Ziel verabschiedet worden, durch die Kongruenz der Amtszeiten des Abgeordnetenhauses und des Präs. höhere polit. Stabilität zu gewährleisten. Gleichzeitig fanden am 3. Okt. bzw. 15. Nov. die Wahl der Gouv. der 27 Bundesstaaten, die Wahl von 54 der 81 Senatoren und die des Abgeordnetenhauses statt. Nach der neuen Sitzverteilung entfallen auf CARDOSOS Allianz aus PSDB und dem konservativen Partido da Frente Liberal (PFL) 63 und 90 Mandate. Im Senat errang sie 10 und 28 Sitze.

Am 1. Nov. übertrug die Reg. den Streitkräften den Kampf gegen die Drogenmafia in Rio de Janeiro; ferner wurde ihnen die unter Korruptionsverdacht stehende Polizeiführung unterstellt. Am 13. Dez. sprach der Oberste Gerichtshof den 1992 vom Amt suspendierten Expräs. FERNANDO COLLOR DE MELLO aus Mangel an Beweisen vom Korruptionsvorwurf frei.

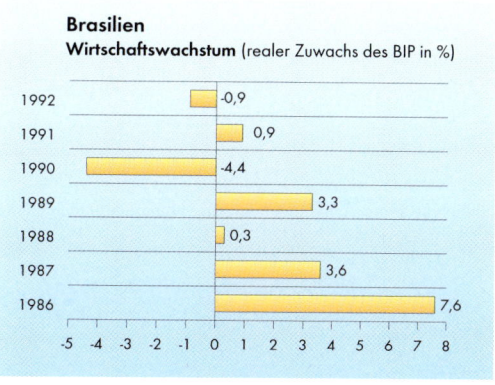

**Brasilien**
**Wirtschaftswachstum** (realer Zuwachs des BIP in %)

| Jahr | Wert |
|------|------|
| 1992 | -0,9 |
| 1991 | 0,9 |
| 1990 | -4,4 |
| 1989 | 3,3 |
| 1988 | 0,3 |
| 1987 | 3,6 |
| 1986 | 7,6 |

Mehrere Tage lang feiern die brasilianischen Fans den Gewinn der Fußballweltmeisterschaft am 17. Juli

Am 10. Febr. ratifizierte B. das Atomkontrollabkommen mit Argentinien und der Internat. Atomenergiebehörde (IAEO)

## Bremen

**Einwohner:** 685 800
**Einwohner/km²:** 1 697
**Regierungschef:**
K. Wedemeier
**BIP/Einwohner:**
53 700 DM

### Anhaltende wirtschaftliche Strukturschwäche und extreme Haushaltsnotlage

Das kleinste Bundesland wird seit 1991 von einer Ampelkoalition aus SPD, FDP und Bündnis 90/ Die Grünen unter Bürgermeister KLAUS WEDEMEIER regiert. Eine anhaltende wirtschaftl. Strukturschwäche und eine dadurch mitbedingte übermäßige Verschuldung verstärkten die Haushaltsnotlage Bremens. Die Sanierungshilfen des Bundes und der Länder, die sich für 1994 auf 1,8 Mrd. DM beliefen und bis 1998 rd. 9 Mrd. DM umfassen, werden zur Teilentschuldung des Landes benötigt. Das Sanierungsprogramm für die Hansestadt geht auf das Urteil des Bundesverfassungsgerichts vom 27. 5. 1992 zurück, wonach die Sanierung einen Verfassungsauftrag darstellt. V. a. gravierende ökonom. Probleme der wichtigsten Branchen Stahl und Fahrzeugbau bedrohten die Finanzkraft und die Selbständigkeit des Stadtstaates. Die Arbeitslosenquote erreichte im Aug. mit 13,9 % einen neuen Höhepunkt und lag höher als in allen anderen westdt.

Bundesländern. Die Lebensqualität war nach vergleichenden Untersuchungen gleichwohl hoch, die Landespolitik versuchte, sie mit innovativer Sozial- und Bildungspolitik zu verbessern.
Am 16. Okt. stimmten fast 80 % der Bremer Wahlberechtigten für die neue Landesverfassung, die Ende Juni in der Bremer Bürgerschaft abgelehnt worden war. Die Landesverfassung, die am 2. Nov. in Kraft trat, sieht Verfassungsänderungen durch Zweidrittelmehrheit der Bürgerschaft sowie das Recht des Parlaments auf Selbstauflösung vor.

### Feiern zum Tag der Deutschen Einheit

Turnusmäßig fanden die zentralen Feiern zum Tag der Dt. Einheit am 3. Okt. in B. statt. Während der Feiern lieferten sich Gruppen aus der autonomen und linksextremen Szene heftige Auseinandersetzungen mit der Polizei. Die Krawalle der etwa 1 000 Demonstranten wurden vom Vors. der Gewerkschaft der Polizei als Armutszeugnis für eine wehrhafte Demokratie und Wasser auf die Mühlen von Rechtsradikalen bezeichnet.

**Brennstoffzelle:** Die B., die aus einem gasförmigen Brennstoff, meist Wasserstoff oder Erdgas, und Luftsauerstoff elektrochemisch Strom erzeugt, gilt wegen der erzielbaren hohen Wirkungsgrade und der schadstoffarmen Technik als energiepolit. Zukunftsoption. Weltweit laufen Entwicklungen, die noch schlechte Wirtschaftlichkeit zu erhöhen. Für den stationären Betrieb in Blockheizkraftwerken dienen Hochtemperatur-B. wie die Phosphorsäure-B. ($H_3PO_4$ als Elektrolyt, Betriebstemperatur etwa 200 °C). Bei den Stadtwerken Düren z. B. liefert eine derartige B. in einem Feldtest Strom ins Netz, und mit der Abwärme wird ein Schwimmbad beheizt; dabei sollen Gesamtwirkungsgrade von 88 % erreicht worden sein. Auch bei den Stadtwerken Bochum speist eine B. Strom ins Niederspannungsnetz, mit der Wärme werden Betriebsgebäude beheizt. Im Labormaßstab testet man z. Z. außerdem Schmelzcarbonat-B. ($CaCO_3$, 650 °C) und Festelektrolyt-B. ($ZrO_2$, 950 °C). Neben der

Stromerzeugung gibt es Bemühungen, Niedertemperatur-B. in Form von Polymer-Elektrolyt-Membran-B. (Polymermembrane, 20–120 °C) für den Betrieb von Elektrofahrzeugen zu nutzen.

**Brockhouse,** Bertram Neville, kanad. Physiker, *Alta 15. 7. 1918. – B. wurde mit CLIFFORD G. SHULL für die ›Entwicklung von Neutronenstreuungstechniken für das Studium kondensierter Materie‹ mit dem Nobelpreis für Physik 1994 ausgezeichnet. Seine Arbeiten bereiteten den Weg für detaillierte Strukturanalysen von Flüssigkeiten und Festkörpern mit Hilfe von Neutronen.
B. arbeitete 1950–62 als Forscher bei der Atomic Energy of Canada, Ltd., in Chalk River (Ontario), ab 1960 als Leiter der Abteilung Neutronenphysik und war bis 1984 Prof. für Physik an der McMaster University in Hamilton (Ontario).

**Brundtland,** Gro Harlem, norweg. Politikerin (Arbeiterpartei), *Oslo 20. 4. 1939. – Am 12. 5. 1994 erhielt Frau B. als 35. Preisträgerin den Internat. Karlspreis der Stadt Aachen. Diese Ehrung ist ausschließlich Personen vorbehalten, die sich um die europ. Einigung verdient gemacht haben.

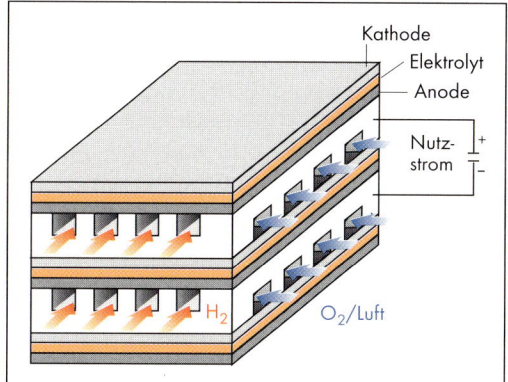

Festelektrolyt-Brennstoffzellen bestehen aus einem Zellenstapel, in dem der Wasserstoff durch längsverlaufende Kanäle an die Anode, die Luft durch querverlaufende Kanäle an die Kathode geführt wird. Gleichzeitig leiten die kanaldurchzogenen Platten den elektrischen Strom ab

Den Karlspreis 1994 erhält am 12. Mai Norwegens Ministerpräsidentin Gro Harlem Brundtland

Nach Studien in Oslo und Harvard verschrieb sich Frau B. schon früh der Politik. 1965–67 war sie Gesundheits- und Sozialmin., 1974–79 Umweltministerin. 1981 wurde sie erstmals für einige Monate MinPräs., 1986 wählte sie das Parlament erneut, seitdem bekleidet sie – mit einer kurzen Unterbrechung 1989/90 – dieses polit. Amt.

**Bruton,** John Gerard, ir. Politiker (Fine Gael), *Dublin 18. 5. 1947. – Der Landwirt B. wurde am 15. Dez. zum neuen Premiermin. gewählt, nachdem er eine Koalition aus Fine Gael und Labour Party bilden konnte. Sein Amtsvorgänger REYNOLDS (Fianna Faíl) mußte zurücktreten, nachdem es über die Ernennung des als reaktionär geltenden Generalstaatsanwalts HARRY WHELEHAN zum Präs. des Obersten Gerichts am 16. Nov. zum Bruch der Koalition mit Labom gekommen war. Der Regierungswechsel zu Beginn des nordir. Friedensprozesses wurde vielerorts mit Unbehagen aufgenommen. – B. ist seit 1969 Mitgl. des Parlaments und war 1972–73 und 1977–81 agrarpolit. Sprecher seiner Partei. 1981–87 war er Min. (Finanzen und v.a. 1982–86 für Industrie). Die Fine Gael wählte B. 1987 zum stellv. Parteivors., seit 1990 ist er deren Vorsitzender. 1989–91 gehörte B. der Parlamentar. Versammlung des Europarats an.

**BSE,** Abk. für **b**ovine **s**pongiforme **E**ncephalopathie, ›schwammartige Gehirnerkrankung beim Rind‹, umgangssprachlich →Rinderwahnsinn.

**BST,** Abk. für engl. **b**ovine **s**omato**t**ropin, ein →Rinderwachstumshormon.

---

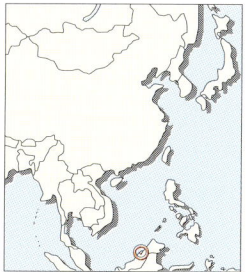

**Hauptstadt:** Bandar Seri Begawan
**Einwohner:** 276 000
**Einwohner/km²:** 48
**Staatsoberhaupt:**
Haji Hassan al-Bolkiah Mu'izzaddin Waddaulah
**BSP/Einwohner:**
44 970 US-$

**Hauptstadt:** Sofia
**Einwohner:** 8,9 Mio.
**Einwohner/km²:** 80
**Staatsoberhaupt:**
S. Schelew
**Regierungschef:**
R. Indschowa
(seit 17. 10. 1994)
**BSP/Einwohner:**
1 330 US-$

### Düstere Wirtschaftslage

Das Bruttoinlandsprodukt ging erneut zurück, diesmal um 3 %. Der Wert des Lew fiel sehr stark, was die Importe verteuerte, dem Export hingegen kaum zugute kam, da die bulgar. Produkte nur selten international wettbewerbsfähig sind. Die Arbeitslosenquote blieb mit 19 % auf einem hohen Niveau, die Inflationsrate sank nur geringfügig auf etwa 160 %. Etwa die Hälfte der Bulgaren lebt an oder unter der Armutsschwelle. Eine Verbesserung dieser prekären Situation erhofft man sich von der Halbierung der drückenden Auslandsschulden gegenüber dem ›Londoner Club‹ durch Umschuldung von 8,1 Mrd. US-$.

### Innenpolitik im Zeichen der Selbstlähmung

Das ›Kabinett der Experten‹ unter MinPräs. LJU-BEN BEROW ließ 1994 weder den Willen noch die Kraft zu weiteren durchgreifenden Schritten in Richtung Marktwirtschaft erkennen, v. a. die urspr. angekündigte Privatisierung der Industrie kam kaum voran. Hintergrund hierfür war der wachsende Einfluß der exkommunist. Bulgar. Sozialist. Partei (BSP) auf die Reg. und die damit verbundene Wiedererstarkung der alten Nomenklatura. Die Uneinigkeit zw. den polit. Kräften des Landes über den einzuschlagenden Weg und die Geschwindigkeit des nachkommunist. Reformprozesses führten ebenso wie Parteienzersplitterungen, Intrigen und Fälle persönl. Bereicherung zu einer Blokkierung des innenpolit. Lebens. Auf die undurchschaubaren Streitereien der Politiker reagierte die Bevölkerung mit wachsendem Desinteresse, auf die sich ausbreitende Korruption und Pfründenwirtschaft mit wachsendem Mißtrauen gegenüber den polit. Vertretern. – Am 4. Sept. trat die Reg. Berow zurück. Nachdem danach dreimal die Bildung einer neuen Reg. im Parlament gescheitert war, löste Staatspräs. SCHELJU SCHELEW schließlich die Volksvertretung auf, setzte Neuwahlen für den 18. Dez. an und beauftragte RENETA INDSCHOWA (bis dahin Direktorin der staatl. Privatisierungsagentur) mit der Leitung eines geschäftsführenden Kabinetts. Aus den Wahlen gingen die Sozialisten mit 43,5 % der Stimmen als überraschend deutl. Sieger hervor und konnten mit 125 von 240 Mandaten die absolute Mehrheit im Parlament erringen.

### Außenpolitische Normalisierung

Nach 45 Jahren polit. Unselbständigkeit ist B. dabei, seine Außenpolitik gemäß seinen ureigensten Interessen zu definieren. Das Land ist Mitglied des Europarats und assoziiertes Mitglied der EU, gleichzeitig pflegt es seine Beziehungen zu den südosteurop. Nachbarn. Im Febr. 1994 wurde mit der NATO der Vertrag über die ›Partnerschaft für den Frieden‹ unterzeichnet.

**Bundesamt für Naturschutz:** Am 28. Jan. wurde die neugegr. Behörde mit Sitz in Bonn von Bundesumweltmin. TÖPFER eröffnet. In ihr sind alle Aufgaben im Natur- und Artenschutz zusammengefaßt, die vormals auf mehrere Bundesbehörden verteilt waren. Das Amt soll Forschung betreiben und die Bundesreg. beim Artenschutz sowie über gefährdete Lebensräume wiss. beraten und insbes. an der Verwirklichung der EU-Richtlinie zur Erhaltung natürl. Lebensräume, wildlebender Tiere und Wildpflanzen mitwirken.

**Bundesgesundheitsamt,** Abk. **BGA:** Aufgrund des AIDS-Skandals um HIV-verseuchte Blutkonserven im Herbst 1993 leitete Bundesgesundheitsmin. HORST SEEHOFER die sofortige Auflösung dieser Bundesoberbehörde ein. Bereits im Nov. 1993 hatte er sich die sechs Institute des BGA direkt unterstellt. Im Frühjahr 1994 billigten schließlich Bundestag und Bundesrat die Auflösung der Behörde.
Die Mehrzahl der Aufgaben des BGA übernehmen drei unmittelbar dem Gesundheitsmin. unterstellte, aus den früheren Instituten des BGA neugeformte Institute: 1) das Bundesinstitut für gesundheitl. Verbraucherschutz und Veterinärmedizin, 2) das Bundesinstitut für Arzneimittel und Medizinprodukte, das seinen Sitz von Berlin nach Bonn verlegt, und 3) das Bundesinstitut für Infektionskrankheiten. Das BGA-Institut für Wasser-, Boden- und Lufthygiene wurde dem Umweltbundesamt angegliedert.

**Bundesversammlung,** vom Bundestagspräs. einberufenes Organ zur Wahl des Bundespräs. Es setzt sich zusammen aus den MdB und einer gleich großen Zahl von Mitgl., die von den Landtagen nach den Grundsätzen der Verhältniswahl bestimmt werden. Die Zahl der von jedem Land zu wählenden Mitgl. richtet sich nach seiner Einwohnerzahl. Die B. umfaßte 1994 insgesamt 1 324 Mitgl. Auf die CDU/CSU entfielen 619, die SPD 502, die FDP 111, Bündnis 90/Die Grünen 44, PDS 33, die Republikaner 8 und auf Sonstige 7. Von den 1 321 Anwesenden stimmten 1 313 ab. Eine Stimme war ungültig, als am 23. Mai im dritten Wahlgang ROMAN HERZOG (CDU/CSU) vor JOHANNES RAU

**Bundesversammlung**

Die Ergebnisse der Bundespräsidentenwahl am 23. 5. 1994

| Kandidat | Herzog | Rau | Hamm-Brücher | Reich | Hirzel |
|---|---|---|---|---|---|
| 1. Wahlgang | 604 | 505 | 132 | 62 | 12 |
| 2. Wahlgang | 622 | 559 | 126 | – | 11 |
| 3. Wahlgang | 696 | 605 | – | – | 11 |

(SPD) und HANS HIRZEL (Republikaner) zum neuen Bundespräsidenten gewählt wurde. JENS REICH (Bündnis 90/Die Grünen) hatte nach dem ersten, HILDEGARD HAMM-BRÜCHER (FDP) nach dem zweiten Wahlgang die Kandidatur zurückgezogen. Die FDP votierte daraufhin für HERZOG.

**Bundeswehr:** Am 18. Jan. erklärte Finanzmin. THEO WAIGEL, daß im Bundeshaushalt 1994 nachträglich noch 5 Mrd. DM einzusparen seien und hierbei der Verteidigungshaushalt mit 1,25 Mrd. DM das größte Opfer zu bringen habe. Vor diesem Hintergrund setzte eine erneute Diskussion über Stärke und Struktur der Streitkräfte sowie die Dauer der Wehrdienstzeit ein. Auf der Grundlage von Berechnungen, denen zufolge mit den für 1994 zur Verfügung stehenden 47,23 Mrd. DM nicht mehr als ein Streitkräfteumfang von 340 000 Mann zu finanzieren sei, legte Verteidigungsmin. VOLKER RÜHE im April ein Konzept zur Streitkräftereduzierung unter die 1990 international vereinbarte und seither als Planungsgröße geltende Zahl von 370 000 auf 340 000 Mann vor; ferner schlug er die Verkürzung des Grundwehrdienstes von 12 auf 10 Monate vor. Nachdem dieses Konzept in den Fraktionen der Regierungsparteien zunächst auf Widerstand gestoßen und eine Koalitionsarbeitsgruppe eingesetzt worden war, billigte diese jedoch im Mai die Stärkereduzierung, knüpfte die Zustimmung jedoch an die Bedingung, daß in einer Krise das schnelle und problemlose ›Hochfahren‹ auf den urspr. Umfang möglich bleiben müsse.
Bezüglich der Dauer und Ausgestaltung der Wehrdienstzeit konnte man sich erst am 8. Juli unter Einschaltung der Partei- und Fraktionsvors. der Regierungsparteien einigen. Festgelegt wurde, daß ab dem 1. 1. 1996 der Grundwehrdienst zehn Monate dauern soll. Die Wehrpflichtigen erhalten in dieser Zeit 22 Tage Urlaub, jedoch keinen Dienstzeitausgleich mehr; geleistete Überstunden sollen nur noch finanziell abgegolten werden. Auf freiwilliger Basis sollen sich Wehrpflichtige flexibel für eine Dienstzeit von 12 bis 23 Monaten bei entsprechend höherer Bezahlung verpflichten können, möglich soll dies jedoch nur bei einem Eintritt in einen Truppenteil der Krisenreaktionskräfte sein. Parallel zur Verkürzung des Grundwehrdienstes soll die Dauer des zivilen Ersatzdienstes von 15 auf 13 Monate verringert werden. Die Koalition verständigte sich außerdem darauf, daß der Verteidigungsetat vorläufig nicht mehr gekürzt und mittelfristig auf 47,5 Mrd. DM festgeschrieben wird. Bezüglich der Grobstruktur der Streitkräfte wurde vereinbart, daß die Krisenreaktionskräfte (KRK) 50 000 und die Hauptverteidigungskräfte (HVK) 290 000 Mann umfassen sollen.

### Vorläufiger Abschluß der Umstrukturierung

Am 30. Sept. endete im wesentlichen die nach der dt.-dt. Vereinigung 1990 eingeleitete Umstrukturierung der B., die in vielen Bereichen einem Neuaufbau gleichkam. Zum besagten Termin wurde die Zusammenführung von Territorial- und Feldheer

mit der Auflösung der Territorialkommandos und der Verteidigungskreiskommandos im Sinne der ›Heeresstruktur 5‹ abgeschlossen. Mit der Herstellung der vollen Arbeitsbereitschaft am 1. Okt. übernahm das schon im Frühjahr in Dienst gestellte neue Heeresführungskommando in Koblenz (HFüKdo) den Befehl über die Korps und das ›Kommando Luftbewegliche Kräfte‹ (ehemals 4. PzGrenDiv). Unterhalb der Korpsebene wurden – ebenfalls im Frühjahr – die acht Wehrbereichskommandos mit jeweils einer der verbleibenden acht Divisionen vereint. Den WBK/Div-Stäben unterstehen nun sowohl die Kampfbrigaden (ohne die dt.-frz. Brigade noch 23, davon 7 zu den Krisenreaktionskräften zählend) als auch die 46 Verteidigungsbezirkskommandos (VBK). Im Osten Deutschlands endete am 1. Okt. endgültig die Phase des Übergangs, deutlich wird dies v. a. an Umbenennungen und Unterstellungswechseln. Aus dem Korps-/TerrKdo Ost wurde das IV. Korps, die sechs Heimatschutzbrigaden in den neuen Ländern wurden umbenannt in Panzer- und Panzergrenadierbrigaden. – Ebenso wie das Heer hat die dt. Luftwaffe mit der Einnahme der ›Luftwaffenstruktur 4‹ (hierbei u. a. Auflösung der drei Alpha-Jet-Geschwader) und auch die Bundesmarine ihre Umgliederung weitgehend abgeschlossen.

**Zur Frage der Auslandseinsätze – das Urteil des Bundesverfassungsgerichts vom 12. Juli**

Nachdem im März mit dem Somaliaeinsatz bereits ein Einsatz der B. außerhalb der Bündnisländer von NATO und WEU (›out of area‹) beendet worden war, entschied das Bundesverfassungsgericht (BVerfG) am 12. Juli die jahrelange Streitfrage, ob Out-of-area-Einsätze der B. verfassungskonform sind, im Sinne der überwiegenden Mehrheit der dt. Staats- und Völkerrechtler: Bereits nach der heutigen Verfassungslage sind alle Arten von Auslandseinsätzen der B. gemäß Art. 24 Abs. 2 GG im Rahmen eines Systems kollektiver Sicherheit oder kollektiver Verteidigung zulässig. Die Formulierung des Art. 87a Abs. 2 GG, wonach die Streitkräfte außer zur Verteidigung nur eingesetzt werden dürfen, soweit es das GG ausdrücklich zulasse, stehe dem nicht entgegen. Vorbedingung für einen Einsatz sei allerdings eine grundsätzlich vorherige Zustimmung des Bundestags mit einfacher Mehrheit. Dies leitet das BVerfG her aus der dt. Verfassungstradition und der Stellung der Streitkräfte im System des GG (B. als ›Parlamentsheer‹). Die Karlsruher Richter stellten auch klar, daß die Zustimmung des Bundestags unabhängig von den versch. Einsatzformen von Friedenstruppen einzuholen sei, da die Grenze zw. traditionellen ›friedenerhaltenden‹ Blauhelmeinsätzen und der Befugnis zu bewaffneten ›friedenschaffenden‹ Einsätzen in der Realität fließend geworden sei. – Mit seinem Urteil wies das Gericht die Klagen der SPD gegen die Beteiligung an der Adria-Flottenmission und den Somaliaeinsatz der B. sowie diejenigen von SPD und FDP gegen die Beteiligung an den AWACS-Flügen über Bosnien zurück.

Mit einer satirischen Mahnwache begleiten am 12. Juli Mitglieder der Friedenskooperative Bonn die Urteilsverkündung des Bundesverfassungsgerichts zu Auslandseinsätzen der Bundeswehr. Das Transparent trägt die Aufschrift: ›Karls-Rühe, nein danke!‹

Nach dem Urteil bleibt die Verantwortung über Beteiligung oder Nichtbeteiligung an internat. Einsätzen in Händen der jeweiligen Bundesreg. und der sie tragenden Parlamentsmehrheit. In jedem Fall wird künftig von Fall zu Fall abzuwägen sein, wann der Einsatz der B. außer zur unmittelbaren Landesverteidigung oder zur ›erweiterten Landesverteidigung‹ im Rahmen des NATO-Bündnisses sinnvoll oder sogar unerläßlich ist. – Als Reaktion auf das Urteil erweiterte die Bundesreg. unverzüglich die Aufgaben und Befugnisse der im Adria- und AWACS-Einsatz stehenden Soldaten; in einer Sondersitzung am 22. Juli stimmte das Parlament

nachträglich beiden Einsätzen mit großer Mehrheit zu.

**Bündnis 90/Die Grünen:** Auf ihrer Bundesdelegiertenkonferenz im Febr. 1994 in Mannheim sprachen sich die Anwesenden mit nur einer Gegenstimme für eine Koalition mit der SPD nach den Bundestagswahlen im Okt. aus und setzten mit der Aufgabe ihrer prinzipiellen Oppositionshaltung eine Zäsur. Programmatisch forderten sie u. a. eine soziale und ökolog. Kurskorrektur in Deutschland, den Ausstieg aus der Atomenergie binnen zwei Jahren sowie die sukzessive Auflösung von NATO und Bundeswehr.

Im Juni schieden die Bündnisgrünen in Niedersachsen aus der Reg. aus, nachdem die SPD dort bei den Wahlen im März die absolute Mehrheit erreicht hatte. In Sachsen-Anhalt traten sie dagegen im Juli in eine Minderheitsreg. mit der SPD ein. Bei den parallel zur Bundestagswahl am 16. Okt. abgehaltenen Landtagswahlen in Mecklenburg-Vorpommern, Thüringen und im Saarland erlitt die Partei erhebl. Verluste; lediglich im Saarland errang sie 5,5 % der Stimmen. Ähnlich erfolgreich wie bei den Wahlen zum Europ. Parlament am 12. Juni, als sie 10,1 % der Stimmen auf sich ziehen konnte, schnitt sie bei der Bundestagswahl ab, bei der ihr ein Comeback in den Bundestag gelang. Gleichberechtigte Fraktionssprecher wurden Ende Okt. der ehem. hess. Umweltmin. JOSCHKA FISCHER und KERSTIN MÜLLER. Ein weiterer Erfolg war im Nov. die Wahl ANTJE VOLLMERS zur Bundestagsvizepräsidentin. Zu neuen Sprechern wählte der Bundesparteitag in Potsdam Anfang Dez. KRISTA SAGER und JÜRGEN TRITTIN.

## Burkina Faso

**Hauptstadt:** Ouagadougou
**Einwohner:** 9,8 Mio.
**Einwohner/km²:** 36
**Staatsoberhaupt:** B. Compaoré
**Regierungschef:** M. C. R. Kaboré (seit 20. 3. 1994)
**BSP/Einwohner:** 290 US-$

Am 16. März trat Premiermin. YOUSSOUF OUÉDRAOGO, dessen Amtsführung v. a. von der größten Regierungspartei kritisiert worden war, zurück. Daraufhin löste Präs. BLAISE COMPAORÉ die Reg. auf und ernannte am 20. März MARC CHRISTIAN ROCH KABORÉ zum neuen Premiermin. Wie ihre Vorgängerin, die mit dem Hinweis auf die Abwertung des CFA-Franc vom Jan. 1994 Forderungen der Gewerkschaften abgelehnt hatte, war die neue Reg. sogleich mit gewerkschaftl. Protesten konfrontiert.

Bundesvorstandssprecher Ludger Vollmer,
Hamburgs Fraktionsvorsitzende Krista Sager und
Hessens Umweltminister Joschka Fischer am
Rande der Bundesversammlung von Bündnis 90/
Die Grünen am 26. Februar in Mannheim

Anfang April kam es zu einem dreitägigen Generalstreik. Zur Bewältigung der Folgen der Abwertung
erhielt B. F. Hilfen von Weltbank, EU und Frankreich. Zudem wurden u. a. der Mindestlohn angehoben, die Gehälter der Staatsangestellten erhöht und
Beschäftigungsprogramme begonnen.

## Burundi

**Hauptstadt:**
Bujumbura
**Einwohner:** 6 Mio.
**Einwohner/km²:** 215
**Staatsoberhaupt:**
S. Ntibantunganya
(seit 30. 9. 1994)
**Regierungschef:**
A. Kanyenkiko
**BSP/Einwohner:**
210 US-$

Vor dem Hintergrund anhaltender Gewalttaten zw.
Hutu und Tutsi wurde am 13. Jan. CYPRIEN NTA-
RYAMIRA, ein gemäßigter Hutu, nach einem neuen
Verfassungszusatz vom Parlament zum Präs. gewählt. Zum Premiermin. ernannte er am 7. Febr.
den Tutsi ANATOLE KANYENKIKO, der eine Koali-
tionsreg. aus beiden im Parlament vertretenen Par-
teien bildete.
Mit den ethn. Massakern, denen bis Anfang April
ca. 100 000 Menschen zum Opfer fielen, und den
anhaltenden Menschenrechtsverletzungen befaßte
sich eine internat. Untersuchungskommission, die
vom 27. Jan. bis zum 10. Febr. u. a. in B. tagte.
Am 6. April kamen bei einem Flugzeugabsturz in
Kigali der Präs. und zwei Min. ums Leben. Die
Amtsgeschäfte des Präs. übernahm der Präs. der
Nationalversammlung SYLVESTRE NTIBANTUNGA-
NYA. Ende April scheiterte ein Putschversuch von
Teilen des Militärs, die Lage in B. blieb jedoch wei-

terhin instabil. Zunehmende Probleme bereitete
der Zustrom von Flüchtlingen aus Ruanda, zu deren Versorgung infolge des Welternährungspro-
gramms der UNO am 2. Juni eine Luftbrücke zw.
Daressalam und Bujumbura eingerichtet wurde. Es
kam auch zu Übergriffen ruand. Hutu-Milizen der
Gruppe ›Interahamwe‹, die im Flüchtlingslager in
Bugabira ein Massaker anrichteten. Nach erneut
wachsenden Spannungen und blutigen Zusammenstößen zw. Hutu und Tutsi einigten sich Reg. und
Opposition am 10. Sept. auf eine Konvention zur
Zusammenarbeit, die die polit. Krise beenden soll.
Am 30. Sept. wurde NTIBANTUNGANYA vom Parlament in seinem Amt bestätigt; er ernannte am
11. Okt. einen nat. Sicherheitsrat, unter dessen
neun Mitgl. vier Vertreter der Opposition und zwei
Unabhängige sind.
Angesichts des großen Verlustes bei der Kaffee-
Ernte – der Ertrag sank in der Saison 94/95 von
373 000 Säcken auf 55 000 – äußerte sich die Organisation der UNO für Ernährung und Landwirtschaft besorgt über die Situation in Burundi.

**Buthelezi,** Gatsha Mongosuthu, südafrikan.
Politiker und Parteiführer der Inkatha Freedom
Party (IFP), *Mahlabatini (Natal) 27. 8. 1928. –
Staatspräs. N. MANDELA erregte mit der Ernennung des Führers der IFP am 11. Mai zum Innenmin. Südafrikas bes. Aufsehen.
B. studierte Geschichte und Verwaltungsrecht und
unterstützte 1953–68 Zulu-König CYPRIAN in Ver-
waltungsfragen. Von 1976 bis zu den Wahlen 1994
bekleidete er das Amt des Chefmin. des Homelands
KwaZulu. Die von ihm straff geführte IFP knüpft
in ihrer Zielsetzung stark an die histor.-polit. Traditionen und gesellschaftl. Strukturen der Zulu-
Nation an; diese Programmatik suchte B. zunächst
unter dem Vorzeichen des südafrikan. Apartheid-
systems, nach dessen Abschaffung im Rahmen

Der Chef der Inkatha-Freiheitspartei,
Mongosuthu Buthelezi, bei seiner letzten
Wahlkampfkundgebung am 24. April in
Soweto

eines föderativen Systems der Republik Südafrika zu beleben und zu festigen. Diese Ziele lösten einen starken Konflikt B.s und seiner Anhänger mit dem African National Congress (ANC) aus. 1980 kam es zum Bruch mit dem ANC. Im Zusammenhang mit der Machtübergabe an die schwarze Bevölkerung verweigerte B. lange seine Beteiligung an der Ausarbeitung der Übergangsverfassung und an den Wahlen, wohl weil er die Feststellung der eigentl. Kräfteverhältnisse fürchtete.

## C

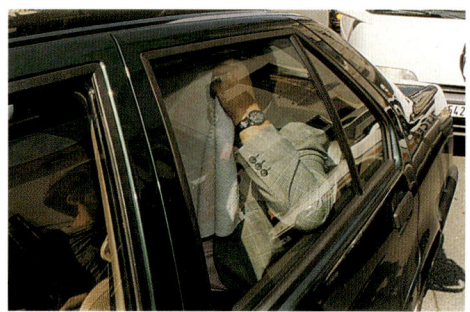

Der im Sudan gefaßte Terrorist Carlos wird am 14. August an Frankreich ausgeliefert, wo er bereits im Juni 1992 in Abwesenheit zu lebenslanger Haft verurteilt worden ist

**Calderón Sol,** Armando, salvadorian. Politiker (ARENA-Partei), * San Salvador 24. 6. 1948. – Im zweiten Wahlgang der Präsidentschaftswahlen am 24. April in El Salvador setzte sich C. S., der Kandidat der rechtsgerichteten ARENA-Partei, mit 68,3% der Stimmen klar gegenüber dem Kandidaten eines Linksbündnisses, RUBÉN ZAMORA (31,7%), durch.
Nach dem Besuch eines von Jesuiten geführten Gymnasiums studierte C. S. Jura. 1985 wurde er Abgeordneter. Ab 1988 bekleidete C. S. das Amt des Oberbürgermeisters der Hauptstadt San Salvador. Wenngleich C. S., der am 1. Juni sein Amt antrat, versicherte, daß er eine Reg. aller Salvadorianer bilden werde, setzte er die neoliberale Wirtschaftspolitik seines Vorgängers und Parteifreundes ALFREDO CRISTIANI fort. Hinsichtlich des von der Reg. Cristiani und der Guerilla 1992 ausgehandelten Friedensvertrags wiesen Andeutungen des neuen Präs. auf eine Verzögerung v. a. der Landreform zugunsten der ehem. Guerilleros hin.

**Cardoso,** Fernando Henrique, brasilian. Politiker (Partido da Social Democracia Brasileira, PSDB) und Soziologe, * Rio de Janeiro 18. 6. 1931. – Am 3. Okt. wählten die Brasilianer C. zu ihrem neuen Präs. (Amtsantritt: 1. 1. 1995). C. erreichte bereits im ersten Wahlgang 54,3% der Stimmen. Sein stärkster Konkurrent, LUIZ INÁCIO ›LULA‹ DA SILVA von der Arbeiterpartei (PT), kam auf nur 27%.
C. studierte Sozialwiss. und war 1952–61 Assistent an der Univ. São Paulo. 1962/63 ging er nach Paris und war nach dem Militärputsch 1964–67 Dozent an verschiedenen Univ. im Ausland. 1968 wurde er Prof. für Polit. Wiss. in São Paulo. 1969 wurden C. die Bürgerrechte entzogen, und er ging bis Mitte der 1979er Jahre ins Exil, während dessen er sich als Begründer der Dependenztheorie einen Namen machte. 1980 begründete er die Partei der Brasilian. Demokratiebewegung (PMDB) mit, als deren Vertreter er 1983 in den Senat einzog. 1988 trennte sich C. von dem PMDB und gehörte zu den Gründungsmitgl. des PSDB. 1992 wurde er Außen-, im Juni 1993 Finanzmin. In diesem Amt leitete er ein wirtschaftl. Sanierungsprogramm ein; die dazu notwendigen Verfassungsänderungen konnte er allerdings nur durch eine Rücktrittsdrohung durchsetzen. Am 30. März trat C. schließlich zurück, um

sich auf den Präsidentschaftswahlkampf vorzubereiten. Nach seinem Wahlsieg bot C. seinem Kontrahenten DA SILVA eine konstruktive Zusammenarbeit an.

**Care Deutschland e.V.,** Hilfsorganisation, die 1994 im Zusammenhang mit dem Flüchtlingsdrama in Ruanda in die Schlagzeilen geriet. C. D. ist eine von elf Mitgliedsorganisationen von CARE International (CARE, Abk. für Cooperative for American relief to everywhere). 1993 standen ihr rd. 52 Mio. DM zur Verfügung, zwei Drittel davon aus Spenden. Den größten Teil des Geldes gibt die Organisation für gesundheitl. Basisversorgung sowie Sofort- und Katastrophenhilfe aus. Unter Leitung ihres Vors. KLAUS NÖLDNER beteiligte sich C. D. an der Hilfsaktion ›Menschlichkeit für Ruanda‹. Mangelhafte Vorbereitung und unzureichende Organisation des Einsatzes in den Lagern Goma und Bukavu führten jedoch zu internem Streit und öffentl. Kritik. Ende Nov. wurde C. D. vom Dt. Zentralinstitut für soziale Fragen (DZI) das Spendensiegel aberkannt, da das innerbetriebl. Berichts- und Kontrollwesen nicht mehr den Standards entsprach. Ende Dez. trat NÖLDNER zurück, neuer Vors. wurde der niedersächs. CDU-Landtagsabgeordnete KUNO WINN.

**Carey,** Mariah, amerikan. Sängerin und Texterin, * New York 22. 3. 1970. – 1994 feierte die Sängerin mit ihrem Song ›I Can't Live Without You‹ ihren größten Erfolg in der dt. Musikszene. Ihre Karriere hatte 1990 mit dem Debütalbum ›Mariah Carey‹ begonnen, das bisher neunmillionenmal verkauft wurde und mit der Popballade ›Love Takes Time‹ für drei Wochen an der Spitze der US-Charts stand. Mit dem Titelsong des Albums ›Emotions‹ erreichte sie 1992 schon zum fünften Mal mit einer Single die Nummer 1 der US-Charts.

**Carlos,** eigtl. **Illich Ramírez Sánchez,** venezolan. Terrorist, * 12. 10. 1949. – C., dessen Name Symbol für den polit. Terrorismus der 1970er und 1980er Jahre geworden war, wurde am 14. Aug. im Sudan verhaftet und nach Frankreich ausgeliefert. Er tötete nach eigener Aussage in seiner mehr als 20 Jahre dauernden terrorist. ›Laufbahn‹ 83 Menschen.

C., Sohn eines Arztes, betätigte sich in der kommunist. Partei Venezuelas, bevor er 1968 ein Studium an der Lumumba-Univ. in Moskau begann, die als Rekrutierungsort für Befreiungsbewegungen der dritten Welt galt. Erstmals erregte er Aufsehen, als er im Dez. 1975 am Überfall auf den Sitz der OPEC in Wien beteiligt war, wobei mehrere Ölmin. als Geiseln genommen und erst gegen ein Lösegeld in Millionenhöhe freigelassen wurden. Bei dieser Aktion starben drei Minister. 1983 verübte C. Sprengstoffanschläge vorwiegend gegen frz. Einrichtungen, darunter auch das frz. Kulturinstitut in Berlin, um seine Lebensgefährtin MAGDALENA KOPP freizupressen, die sich wegen Sprengstoffbesitzes in frz. Gewahrsam befand. Als Basis für seine Aktivitäten dienten C. v. a. die Länder des Ostblocks, bis diese Mitte der 1980er Jahre ihre Unterstützung einstellten. C. setzte sich in den Nahen Osten ab, wo er v. a. wohl von Syrien unterstützt wurde, das mehrere dt. Auslieferungsersuche unbeantwortet ließ. Schließlich mußte C. auch Syrien verlassen, das von seinem Ruf als Land, das Terroristen unterstützt, loskommen will. C. ging über Libyen in den Sudan, wo er zunächst observiert und schließlich verhaftet wurde.

**Carlsson,** Ingvar Gösta, schwed. Politiker (Sveriges Socialdemokratiska Arbetareparti, SAP), * Borås (Südschweden) 9. 11. 1934. – Nach dem Sieg der SAP bei den Reichstagswahlen vom 18. Sept. wurde C. neuer MinPräs. Schwedens. Er trat sein Amt am 7. Okt. an.

Helmut Kohl stellt Mitte Juni das Buch ›Und der Zukunft zugewandt‹ des CDU-Fraktionsvorsitzenden Wolfgang Schäuble vor, der immer wieder als Nachfolger des amtierenden Bundeskanzlers genannt wird

C. studierte Polit. Wiss. mit dem Schwerpunkt Volkswirtschaft. 1961–67 leitete er die Jugendorganisation der schwed. Sozialdemokraten. C. war ab 1969 Min., u. a. 1982–86 Min. für Forschungsfragen und stellv. MinPräs. Nach der Ermordung von MinPräs. OLOF PALME 1986 folgte er diesem in den Ämtern des MinPräs. und des Parteivors. der SAP.

Ingvar Carlsson führt die schwedischen Sozialdemokraten mit einem deutlichen Wahlsieg am 18. September wieder an die Regierung

Nach der Ablehnung seines Maßnahmenpakets zur Wirtschaftssanierung durch den Reichstag trat C. Anfang Febr. 1990 zurück, wurde aber nach elf Tagen wiedergewählt und behielt sein Amt bis zur vorgezogenen Reichstagswahl 1991.

**Casablanca,** Wirtschaftszentrum Marokkos und Ort des internat. Gipfeltreffens von Politikern und Wirtschaftsvertretern aus 59 Staaten (u. a. mehrere Regierungschefs aus Europa, Israel und Arabien), die über ein milliardenschweres Hilfsprogramm für die wirtschaftl. Flankierung des Friedensprozesses im Nahen Osten verhandelten. Zum Abschluß der Konferenz am 1. Nov. einigten sich die arab. Teilnehmerstaaten mit Israel auf eine wirtschaftl. Zusammenarbeit und unterschrieben gemeinsam mit den führenden Industrieländern die ›Deklaration von C.‹. Diese bekundet den Willen der Staaten des Nahen Ostens und Nordafrikas, den Handel und Finanzverkehr zu beleben sowie die Grundlage für eine regionale Freihandelszone zu schaffen. Darüber hinaus sollen regelmäßig israel.-arab. Wirtschaftsgipfelkonferenzen stattfinden; das erste Treffen dieser Art wurde für das Frühjahr 1995 in Amman (Jordanien) verabredet. Die formale Aufhebung des arab. Wirtschaftsboykotts gegen Israel erfolgte auch in C. noch nicht. Auf die Gründung einer Nahost-Entwicklungsbank, die die Finanzierungsaufgaben übernehmen sollte, konnte man sich ebensowenig einigen und berief deshalb eine Expertengruppe ein, die binnen sechs Monaten Bericht erstatten soll.

**CDU,** Abk. für **C**hristlich **D**emokratische **U**nion: Die ca. 685 000 Mitgl. umfassende CDU konzentrierte ihre polit. Arbeit 1994 ganz auf die im Bundesgebiet anstehenden Wahlen. Trotzdem setzte sich die Serie der Niederlagen der Partei bei den Urnengängen in Niedersachsen, Sachsen-Anhalt, Mecklenburg-Vorpommern und Brandenburg fort. In Thüringen blieb sie trotz leichter Verluste stärkste Partei. Im Saarland verbesserte sie ihr Ergebnis gegenüber 1990. Lediglich bei der als Persönlichkeitswahl apostrophierten Landtagswahl in Sachsen gelang ihr ein großer Erfolg. 1994 führte die CDU schließlich außer im Bund nur noch in Baden-Württemberg (große Koalition), Berlin (große Koalition), Thüringen (Koalition mit der FDP, nach den Landtagswahlen mit der SPD) und Sachsen sowie in Mecklenburg-Vorpommern (Koalition mit der FDP, nach den Landtagswahlen mit der SPD) die Regierung. Bei den Europawahlen im Juni konnte die CDU den negativen Trend umkehren und ihren Stimmenanteil von 29,5% (1989) auf 32,0% steigern.

Auf dem 5. CDU-Parteitag in Hamburg im Febr. wurde ein neues Grundsatzprogramm beschlossen, in dem eine zukunftsorientierte Sozialpolitik ebenso verabschiedet wurde wie die Erweiterung der sozialen Marktwirtschaft um die ökolog. Dimension. Zur Stärkung des Wirtschaftsstandorts Deutschland tritt die CDU für die Rückführung der Staatsquote, die Verbesserung von Aus- und Weiterbildung, die Förderung von Wissenschaft und Zukunftstechnologien, Privatisierung, Deregulierung und Verringerung bürokrat. Vorschriften ein.

Im Mai konnte die Union ihren Kandidaten ROMAN HERZOG bei der Wahl zum Bundespräs. durchsetzen. Im Bundestagswahlkampf setzte die CDU ganz auf den Parteivors. Bundeskanzler KOHL und warnte vor einem mögl. ›Linksbündnis aus Rot und Grün‹. Bei der Bundestagswahl am 16. Okt. erhielt die CDU 34,2 % der Zweitstimmen und bildete anschließend wieder eine Koalitionsreg. mit CSU und FDP.

Im Nov. kündigte der frühere Generalsekretär HEINER GEISSLER den Verzicht auf seinen Präsidiumssitz zugunsten von JOHANNES GERSTER an, der auf dem Parteitag in Bonn Ende Nov. ins Präsidium gewählt wurde. Bestätigt in ihren Ämtern wurden der Vors. KOHL und seine Stellv. BLÜM, EGGERT, TEUFEL und MERKEL. Nach langer, kontroverser Debatte beschloß der Parteitag, einen die Satzung ändernden verbindl. Beschluß über die Einführung einer Frauenquote auf den Parteitag des Jahres 1995 zu verschieben. Die Satzungsänderung soll zeitlich befristet (bis 1999) gültig sein.

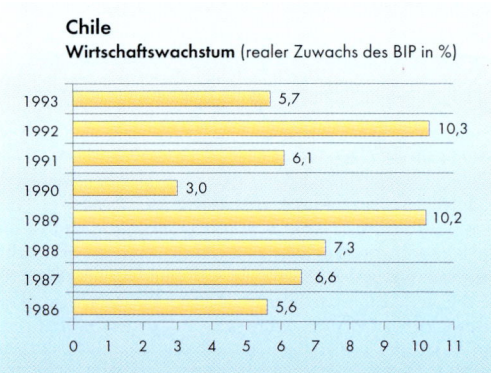

**Chile**
**Wirtschaftswachstum** (realer Zuwachs des BIP in %)

| Jahr | Wert |
|---|---|
| 1993 | 5,7 |
| 1992 | 10,3 |
| 1991 | 6,1 |
| 1990 | 3,0 |
| 1989 | 10,2 |
| 1988 | 7,3 |
| 1987 | 6,6 |
| 1986 | 5,6 |

**Chile**
**Inflationsrate** (Veränderung der Verbraucherpreise in %)

| Jahr | Wert |
|---|---|
| 1987 | 21,5 |
| 1988 | 12,7 |
| 1989 | 21,4 |
| 1990 | 27,3 |
| 1991 | 18,7 |
| 1992 | 12,7 |
| 1993 | 12,2 |

## Wirtschaftliche Kontinuität

Am 11. März trat EDUARDO FREI RUIZ-TAGLE das Amt des Staatspräs. an. Seinem Kabinett gehörten zunächst neun Christdemokraten (PDC), sechs Sozialisten (PS), ein Radikaler (UCR) und fünf Unabhängige an; durch die Ablösung des der PS angehörenden Innenmin. im Zuge der Kabinettsumbildung am 20. Sept. verloren die Sozialisten an Einfluß. Die Reg. Frei sprach sich dafür aus, die Integration C.s in den Weltmarkt weiter voranzutreiben. Trotz der merkl. Abkühlung der Konjunktur gegenüber dem Vorjahr kam es 1994 zu zahlreichen ausländ. Investitionen. Das Leistungsbilanzdefizit konnte trotz Gewinneinbußen bei den Hauptexportgütern Kupfer und Früchten verringert werden, was v.a. auf den gestiegenen Zellulose- und Fischmehlexport zurückzuführen war. Das ehrgeizige Ziel, die Inflationsrate unter 10 % zu senken, konnte nicht erreicht werden; jedoch war die Arbeitslosenquote von rd. 5 % im lateinamerikan. Vergleich sehr niedrig.

## Schatten der früheren Militärdiktatur

Einen Tag vor Ende seiner Amtszeit begnadigte PATRICIO AYLWIN AZÓCAR vier lebenslänglich verurteilte Angehörige der linksgerichteten ›Patriot. Front Manuel Rodríguez‹, darunter auch Häftlinge, die an dem Anschlag auf den ehem. Diktator

**Chile**

**Hauptstadt:** Santiago
**Einwohner:** 13,8 Mio.
**Einwohner/km²:** 18
**Staatsoberhaupt:**
E. Frei Ruiz-Tagle
(seit 11. 3. 1994)
**Regierungschef:**
E. Frei Ruiz-Tagle
(seit 11. 3. 1994)
**BSP/Einwohner:**
2 730 US-$

AUGUSTO PINOCHET im Jahr 1986 beteiligt gewesen waren. Am 31. März wurden erstmals drei ehem. Polizeioffiziere zu lebenslängl. Haft wegen der Ermordung von drei Oppositionellen verurteilt. Die Gewerkschaften protestierten Mitte Juli gegen die scharfen Arbeitsgesetze (Verbot kollektiver Tarifverhandlungen u. a.) aus der Zeit der Militärdiktatur, und der Oberste Gerichtshof beschloß am 6. Sept. die Auflösung der unter dt. Führung stehenden Colonia Dignidad, einem Folterzentrum der Geheimpolizei PINOCHETS in den 1970er Jahren. Zu heftigen Zusammenstößen zw. Studenten und Polizei führten schließlich auch die Gedenkfeiern anläßlich des Putsches von 1973.

Am 18. Jan. wurde C. wie Argentinien Vollmitgl. des Vertrags von Tlatelolco. Nach der Ratifizierung des Vertrags 1974 hatte C. gefordert, daß erst alle Länder der Region mit Nuklearprogrammen dem Vertrag beitreten müßten.

## China

**Hauptstadt:** Peking
**Einwohner:**
1 184 Mio.
**Einwohner/km²:** 124
**Staatsoberhaupt:**
Jiang Zemin
**Regierungschef:**
Li Peng
**BSP/Einwohner:**
380 US-$

### Außenwirtschaft: Abbau des Außenhandelsdefizits

Ursächlich für den Abbau des Außenhandelsdefizits war die Vereinheitlichung des Wechselkurssystems und die damit verbundene effektive Abwertung der chin. Währung um rd. 30 % sowie die stärkere Kontrolle über den Devisenzugang für die Finanzierung von Importen chin. Unternehmen. Die bes. Bedeutung der Auslandsunternehmen für die Entwicklung des Außenhandels wird an ihrem auf über 30 % gestiegenen Anteil am Außenhandelsumsatz deutlich. Die Beziehungen zu den USA als dem drittgrößten Handelspartner nach Japan und Hongkong intensivierten sich nach der Verlängerung der Meistbegünstigung und dem Besuch des amerikan. Handelsministers. Allerdings bestanden weiterhin erhebl. Divergenzen über Fragen der Urheberrechte, des Textilhandels und der außenwirtschaftl. Öffnung C.s, die die krit. Position der USA gegenüber einem GATT-Beitritt C.s begründeten (→WTO). Zur Finanzierung der Infrastruktur und Modernisierung veralteter Industrieanlagen griff C. verstärkt auf Auslandskredite zurück; im Fiskaljahr 1994 (bis 30. Juni) war C. auch der größte Abnehmer von Krediten der Weltbank. Der Besuch des chin. MinPräs. LI PENG in Deutschland im Juli

galt als Zeichen für eine weitere Intensivierung der wirtschaftl. Beziehungen zwischen den Ländern. Während des Besuchs wurden Lieferverträge und Kooperationsabkommen im Wert von rd. 5 Mrd. DM abgeschlossen. Begleitet wurde die wirtschaftl. Annäherung von Protesten gegen die Menschenrechtspolitik C.s, die LI PENG zu einem vorzeitigen Abbruch seiner Visite veranlaßten.

### Binnenwirtschaft: Hohe gesamtwirtschaftliche Dynamik, doch auch Inflation und ungelöste Probleme der Staatsindustrie

Die binnenwirtschaftl. Dynamik wurde 1994 durch die hohe Inflation und die Krise der Staatsindustrie überschattet. Trotz einer Abbremsung der Preissteigerungen durch Festsetzung von Preisobergrenzen und administrative Kontrollen gelang es der Zentralreg. nicht, die Inflation unter die geplante 10 %-Marke zu drücken. Für den Jahresdurchschnitt wurde vielmehr mit einer Inflation von rd. 20 % gerechnet. Um Realeinkommensverluste der Bevölkerung zu verhindern, wurden die Löhne in den Betrieben und Verwaltungen gleichzeitig erhöht und die staatl. Ankaufspreise für landwirtschaftl. Produkte angehoben. Obwohl die Staatsindustrie insgesamt nur noch die Hälfte der Industrieproduktion stellte und der nichtstaatl. Sektor wesentlich höhere Wachstumsraten aufwies, verbrauchten die staatseigenen Unternehmen jedoch auch 1994 fast drei Viertel der Anlageinvestitionen und waren demnach weiterhin von krit. Bedeutung für die Gesamtwirtschaft. Zur Bewahrung der sozialen Stabilität wurden jedoch die notwendigen radikalen Maßnahmen zur Reform der Staatsunternehmen nicht durchgeführt, um Massenentlassungen und damit einhergehende soziale Unruhen zu vermeiden. Der nichtstaatl. Sektor expandierte demgegenüber auch 1994 mit hohem Tempo und gewann durch die Bereitstellung neuer Arbeitsplätze in den ländl. Industriebetrieben und im Dienstleistungssektor erneut an Gewicht.

Der amerikanische Außenminister Warren Christopher trifft am 13. März mit dem chinesischen Staats- und Parteichef Jiang Zemin in Peking zusammen. Dabei wird die Verknüpfung der Handelsvorteile mit der Menschenrechtsfrage von China zurückgewiesen

### Innenpolitik: Entspannung des innenpolitischen Klimas, doch kein Verzicht der KPCh auf Führungsanspruch

Während der Einfluß der KPCh auf die gesellschaftl. Werte und Normen der Bevölkerung stark zurückgegangen war, setzte die Partei auch weiterhin mit allen Mitteln ihr polit. Machtmonopol durch. Sich formierende Oppositionsgruppen oder sich spontan bildende unabhängige Gewerkschaftsvertretungen wurden auch 1994 konsequent unterdrückt und kriminalisiert. Die Behandlung ethn. Konflikte, beispielsweise in Tibet und Xinjiang, erfolgte unter dem Aspekt der unbedingten Stabilität der innenpolit. Entwicklung ohne Zugeständnisse an weitergehende Autonomieforderungen.

Als Begleiterscheinungen der Wirtschaftsreformen wuchsen die sozialen Spannungen in Form von Arbeitslosigkeit, zunehmenden individuellen und regionalen Einkommensunterschieden sowie hoher Gewaltkriminalität. Um die soziale Stabilität zu erhalten, wurde das Tempo der Wirtschaftsreformen abgebremst, insbes. die Reform der Staatsbetriebe. Gleichzeitig versuchte die KPCh, den Machtverlust der Zentrale, der durch die Verfolgung regionaler wirtschaftl. Sonderinteressen entstanden war, über die Durchsetzung des Nomenklatursystems aufrechtzuhalten. Zu den wichtigen innenpolit. Entwicklungen zählte außerdem die wachsende Bedeutung polit. Institutionen wie des Nat. Volkskongresses (NVK), in dem sich inzwischen das Abstimmungsverhalten der Delegierten stark differenziert hatte. Ob sich der Ständige Ausschuß des NVK als drittes Machtzentrum neben Partei und Staatsrat entwickeln kann, bleibt abzuwarten. Innenpolitisch von Bedeutung waren weiterhin die Lockerung der Wohnsitzkontrolle als Reaktion auf die starke Binnenmigration sowie die Aufstockung des Personals des Sicherheits- und Justizapparats, um die Kontrolle über die öffentl. Ordnung zu erhöhen.

### Außenpolitik: Weitere Annäherung an asiatische Nachbarn

Auch 1994 lag einer der Schwerpunkte der außenpolit. Aktivitäten C.s auf der Verbesserung der Beziehungen zu den asiat. Nachbarstaaten. Mit Vietnam, Laos, Indien und Rußland wurden weitere Grenzverhandlungen geführt und Abkommen über bilateralen Truppenrückzug, vertrauensbildende Maßnahmen und Öffnung von Grenzübergängen geschlossen. Kontakte zu Pakistan und Bangladesh dienten der Sicherung des außenpolit. Gleichge-

Der chinesische Dissident Xu Wenli (im Bild nach seiner Freilassung am 26. Mai 1993) wird am 7. April erneut festgenommen

wichts gegenüber Indien, wobei diese Länder auch als Vermittler bei mögl. Konflikten C.s mit den neuen islam. Staaten der Region betrachtet werden. Stärker noch als bisher erhielt die Südostasienpolitik C.s regionalpolit. Merkmale, da sich die südwestchin. Provinzen in Anknüpfung an frühere Handelsrouten der südl. Seidenstraße weiter gegenüber ihren unmittelbaren Nachbarländern zu öffnen begannen. C.s Teilnahme am ersten ASEAN-Regionalforum in Bangkok im Juli, das künftig jährlich im Anschluß an das ASEAN-Außenministertreffen stattfinden soll, diente dem Ziel, die Bereitschaft zur Einbindung in sicherheitspolit. Diskussionsplattformen zu signalisieren und bestehende Ängste der asiat. Nachbarstaaten vor einem Hegemonialanspruch C.s abzubauen. Die von Japan und Süd-Korea gewünschte Vermittlertätigkeit C.s in der Nord-Korea-Krise war nur wenig erfolgreich, da C.s Einfluß auf Nord-Korea seit der Aufnahme diplomat. Beziehungen zu Süd-Korea gesunken ist. Peking war aber Gastgeber bei den ›Atomgesprächen‹ zw. Nord-Korea und den USA Ende 1994.

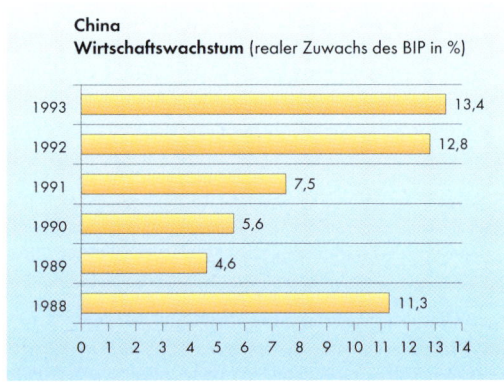

**China**
**Bevölkerungsentwicklung** (in Tausend)

| | |
|---|---|
| 1.200.000 | |
| 1.100.000 | |
| 1.000.000 | |
| 900.000 | |
| 800.000 | |
| 700.000 | |
| 600.000 | |
| 500.000 | |
| 400.000 | |
| 300.000 | |
| 200.000 | |
| 100.000 | |
| 0 | |

1950  60  70  80  90 92 93

**China**
**Wirtschaftswachstum** (realer Zuwachs des BIP in %)

| Jahr | % |
|------|-----|
| 1993 | 13,4 |
| 1992 | 12,8 |
| 1991 | 7,5 |
| 1990 | 5,6 |
| 1989 | 4,6 |
| 1988 | 11,3 |

0  1  2  3  4  5  6  7  8  9  10  11  12  13  14

Im außenpolit. Bereich nahm auch der Konflikt zw. den USA und C. über die Verlängerung der Meistbegünstigung und ihre Bindung an eine Verbesserung der Menschenrechtspolitik C.s einen breiten Raum ein. Während sich beim Besuch des amerikan. Außenmin. in C. im Frühjahr noch keine Lösung abzeichnete, setzte sich Anfang Juni die pragmat. Fraktion in den USA durch, die eine Entkoppelung von Wirtschaft und Menschenrechtspolitik gefordert hatte. Das Verhältnis zu den europ. Staaten, v.a. zu Frankreich und Deutschland, entspannte sich weiter.

**Claes,** Willy, belg. Politiker (Sozialist. Partei, SP), *Hasselt 24. 11. 1938. – Auf ihrer Tagung im Sept. 1994 einigten sich die MinPräs. der NATO-Staaten auf den belg. Außenmin. C. als Nachfolger des im Sommer verstorbenen NATO-Generalsekr. MANFRED WÖRNER. C. trat sein neues Amt am 17. Okt. an.
C., Sohn eines Musikers, studierte in Brüssel Polit. Wiss. 1968 errang er ein Mandat in der Deputiertenkammer, wo er schnell zum Vors. der fläm. Sozialisten aufstieg. Zus. mit ANDRÉ COOLS teilte er die gesamtbelg. Partei in einen jeweils selbständigen flämisch- und französischsprachigen Zweig. 1972 wurde C. Erziehungsmin., in den Jahren 1973/74, 1977–81 und 1988–92 war er Wirtschaftsmin. Im Frühjahr 1992 erhielt er das Amt des Außenministers.

## Costa Rica

**Hauptstadt:** San José
**Einwohner:** 3,3 Mio.
**Einwohner/km²:** 64
**Staatsoberhaupt:**
J. M. Figueres Olsen
(seit 8. 5. 1994)
**Regierungschef:**
J. M. Figueres Olsen
(seit 8. 5. 1994)
**BSP/Einwohner:**
2 000 US-\$

Bei den Präsidentschaftswahlen am 6. Febr. ging JOSÉ MARÍA FIGUERES OLSEN, der dem sozialdemokratisch orientierten Partido Liberación Nacional (PLN; dt. Partei der nat. Befreiung) angehört, mit 49,6% der Stimmen knapp als Sieger hervor. Bei den gleichzeitig stattfindenden Parlamentswahlen entfielen auf den PLN 28 und auf die frühere Regierungspartei, den Partido Unidad Social Cristiana (PUSC; dt. Partei der christl.-sozialen Einheit) 25 von 57 Parlamentssitzen.
FIGUERES kündigte bei seiner Amtseinführung am 8. Mai eine gemäßigtere Wirtschaftspolitik als die neoliberale seines Vorgängers RAFAEL ANGEL CALDERÓN an, die sich jedoch seit 1992 v.a. hinsichtlich Wachstum, Beschäftigung und Geldwert-

Ihren großen Überraschungserfolg verdanken die Crash Test Dummies vor allem der tiefen und sonoren Stimme ihres Sängers Brad Roberts

stabilität im lateinamerikan. Vergleich positiv darstellte. Zu den Zielen seiner Politik zählte FIGUERES bes. die Bekämpfung der Armut mit Hilfe von Sozialprogrammen; nur durch eine Anhebung des allg. Wohlstandsniveaus könnten Korruption, Drogenkonsum und Verbrechen reduziert werden.
Am 5. April unterzeichneten C. R. und Mexiko ein Freihandelsabkommen, das am 1. 1. 1995 in Kraft trat und die Beseitigung aller Zölle in den nächsten zehn Jahren anstrebt. Das dritte, von der Weltbank und der Interamerikan. Entwicklungsbank gemeinsam getragene Strukturanpassungsprogramm in Höhe von 180 Mio. US-\$, für dessen Annahme eine Zweidrittelmehrheit im Parlament nötig war, wurde auch unter der neuen Reg. blockiert.

**Cottier,** Anton, schweizer. Politiker und Vors. der Christlich-Demokrat. Volkspartei (CVP), *Jaun 4. 12. 1943. – Am 30. April wurde C. mit 236 von 247 Stimmen zum neuen CVP-Präs. gewählt.
C. studierte in Freiburg im Üechtland Jura und etablierte sich als Wirtschaftsanwalt. 1976 ließ er sich in den Großen Rat des Kantons Freiburg wählen, 1982–91 war er Mitgl. der Freiburger Kantonsreg.; seit 1987 ist er Ständerat in der Berner Länderkammer. In seiner Antrittsrede kündigte C. an, mit Hilfe des von ihm vorgelegten Programmentwurfs die innerparteil. Diskussion zu intensivieren, Quereinsteigerkarrieren zu fördern und mehr Frauen in die vorderen Reihen der Partei zu bringen. Eine Profilschärfung sei auch deshalb vonnöten, weil die CVP in der aktuellen Reg. zw. Freisinnigen und Sozialdemokraten zu oft als Vermittler gefordert sei, sich dadurch innerparteil. Flügelkämpfen aussetze und somit von der Öffentlichkeit kaum noch als eigenständige Kraft erkannt werde.
**Crash Kids,** Kinder und Jugendliche, die durch extreme Autofahrten mit zumeist gestohlenen Autos auffallen und sich untereinander und mit der Polizei Verfolgungsjagden liefern, die oft zu schweren, manchmal tödl. Unfällen führen. Die Kinder stammen oft aus dem Armutsmilieu der Groß-

Die CSU wählt auf ihrem Parteitag am 2. September Bundesgesundheitsminister Seehofer (Mitte) – im Bild im Gespräch mit CSU-Generalsekretär Huber und CSU-Chef Waigel – zum stellvertretenden Parteivorsitzenden

städte, aus z. T. problematischen, sozial desintegrierten Familien, und leben überwiegend in Heimen oder auf der Straße (z. B. auf Bahnhofsvorplätzen). Autocrashing ist für sie häufig die einzige Möglichkeit zur Selbstdarstellung und Partizipation – um den Preis der extremen Selbst- und Fremdgefährdung.

**Crash Test Dummies,** kanad. Popgruppe, die von dem Sänger und Gitarristen BRAD ROBERTS, von ELLEN REID an Piano und Keyboard, BENJAMIN DARVILL (Mundharmonika), dem Baßgitarristen DAN ROBERTS und dem Drummer MICHEL DORGE gegründet wurde. Mit den eher konventionellen, aber sehr melod. und etwas melanchol. Liedern ihres zweiten Albums ›God Shuffled His Feet‹, v. a. dem sentimentalen Song ›MMM MMM MMM MMM‹, erzielte die Gruppe 1994 ihren Durchbruch in Deutschland. (BILD S. 97)

**CSU,** Abk. für **C**hristlich-**S**oziale **U**nion: Obwohl die Partei 1994 zunächst durch Skandale wie die →Amigo-Affären und die →Zwick-Affäre in die polit. Defensive gedrängt war, konnte sie bei den Wahlen zum Europ. Parlament im Juni gegenüber 1990 um 3,5 Prozentpunkte auf insgesamt 48,9% der Stimmen zulegen. Im Zentrum der Politik der ca. 175 000 Mitgl. umfassenden Partei standen aber v. a. die bayer. Landtagswahl und die Bundestagswahl. Die Landtagswahl vom 25. Sept. brachte der CSU zwar erneut die absolute Mehrheit, aber auch ein schlechteres Ergebnis als 1990. Bei der Bundestagswahl erreichte die CSU 7,3% der Stimmen und ist weiterhin in der Reg. vertreten.

**D**

**Dagobert:** Seit Juni 1992 hielt der gelernte Elektriker ARNO FUNKE unter dem Decknamen D. die Polizei in der Bundesrepublik mit seinen Versuchen, den Kaufhauskonzern Karstadt zu erpressen, in Atem. Seine Forderungen nach 1,5 Mio.

DM hatte er mit bundesweit insgesamt fünf Bombenanschlägen auf Karstadt-Filialen unterstrichen, bei denen jeweils hoher Sachschaden entstand, aber niemand ernsthaft verletzt wurde. Berühmtheit erlangte D. durch die über 30, teils spektakulären Geldübergabeversuche, bei denen er die Fahnder – bisweilen unter Einsatz raffinierter selbstgebastelter Elektronik – narrte. Am 22. April faßte ihn schließlich die Berliner Polizei beim Verlassen einer Telefonzelle, von wo aus er einen neuen Geldübergabetermin vereinbart hatte.

**Dänemark**

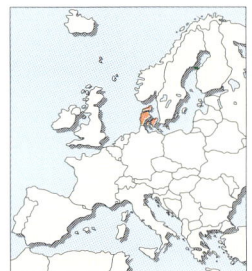

**Hauptstadt:** Kopenhagen
**Einwohner:** 5,2 Mio.
**Einwohner/km²:** 120
**Staatsoberhaupt:** Margarete II.
**Regierungschef:** P. N. Rasmussen
**BSP/Einwohner:** 25 930 US-$

### Anziehende Konjunktur

Die Wirtschaftsentwicklung verlief 1994 wesentlich positiver als im Vorjahr. Das BIP nahm real um über 3% zu. Konjunkturmotor waren die Anlageinvestitionen der öffentl. Hand und der gewerbl. Wirtschaft sowie v. a. der private Verbrauch (+ 5,5%). Die seit Ende der 1980er Jahre unternommene Sanierung des Staatshaushalts stellte die öffentl. Finanzen wieder auf eine relativ gesunde Grundlage, was sogar eine leichte Ankurbelung der Nachfrage durch den Staatshaushalt erlaubte. Der

Die dänische Königin Margarete II. und ihr Mann Prinz Henrik besuchen Deutschland. Am 14. März werden sie in Bonn von Bundespräsident Richard von Weizsäcker und dessen Frau Marianne empfangen

Export konnte nach dem Einbruch 1993 wieder Zuwächse verzeichnen, was v. a. auf die gestiegene Nachfrage – nicht zuletzt aus den neuen dt. Bundesländern – zurückgeführt wurde (Deutschland importierte etwa ein Viertel der dän. Produktion). Die Inflationsrate blieb mit 2% gering, wozu moderate Lohnabschlüsse ihren Teil beitrugen. Ferner wies die dän. Leistungsbilanz einen ansehnlichen Überschuß auf. Die dän. Krone konnte gegenüber den westl. Leitwährungen ihre Stabilität behaupten.

Lediglich die Arbeitslosenquote in Höhe von 11% trübte das Konjunkturbild. Sie war das wirtschaftspolit. Hauptproblem und führte auf seiten der Reg. zu bisher abgewiesenen Überlegungen, stärker in den Wirtschaftskreislauf einzugreifen.

Als epochales verkehrstechn. Ereignis galt der Tunneldurchstich zw. den Inseln Seeland und Fünen am 15. Okt. Die knapp 8 km langen Parallelröhren werden künftig in Verbindung mit einer 7 km langen Brücke die Hauptverkehrsader zw. den beiden bisher nur durch Fähren verbundenen großen Inseln bilden.

### Innen- und Außenpolitik

Die Koalitionsreg. unter dem Sozialdemokraten POUL NYRUP RASMUSSEN verlor im März ihre Mehrheit von einer Stimme, weil Sozialministerin JUNCKER wegen Verwicklungen mit der Presse nicht nur von ihrem Amt zurücktrat, sondern auch aus der kleineren Koalitionspartei, den Zentrumsdemokraten, austrat. Bei den Neuwahlen zum Folketing am 21. Sept. verlor die bisherige Koalition aus vier Parteien zwar ihre Majorität, doch konnte MinPräs. RASMUSSEN eine Minderheitsreg. aus Sozialdemokraten, Radikal- und Zentrumsdemokraten bilden; die Christl. Volkspartei war an der 2%-Hürde gescheitert. Die Sozialist. Volkspartei und die Rot-Grüne Allianz kündigten an, die Reg. in Einzelfragen unterstützen zu wollen.

Zur europ. Außenpolitik kündigte die neue Reg. an, an den von der Reg. Schlüter erkämpften Ausnahmebestimmungen festzuhalten; die Mitgliedschaft in der Westeurop. Union (WEU) ist damit faktisch ausgeschlossen.

Mit 8 km Länge wird der Tunnel unter dem Großen Belt der zweitlängste Europas. Am 15. Oktober erfolgt der Durchstich der Tunnelröhre

**Danquardt,** Pepe, Filmregisseur, *1. 3. 1955. – 1994 gewann D., wie vor ihm erst drei andere dt. Regisseure, einen Oscar für seinen Kurzfilm ›Schwarzfahrer‹, der 1992 entstanden war. Der Film erzählt von einem alltägl. Vorfall: In einer Straßenbahn beschimpft eine ältere Frau einen Schwarzen, die Mitfahrer verhalten sich teilnahmslos. Als ein Kontrolleur kommt, rächt sich der Schwarze an der Frau, indem er ihren Fahrschein verschlingt und sie bezichtigt, schwarz zu fahren. D. kommt aus der ›alternativen‹ Filmarbeit der Bundesrepublik. Er war mit seinem Zwillingsbruder DIDI Mitbegründer der 1978 ins Leben gerufenen Medienwerkstatt Freiburg, die durch gründlich dokumentierende oder frech argumentierende Videos auf sich aufmerksam machte. 1984–86 war er Dozent an der Dt. Film- und Fernsehakademie Berlin und drehte 1989 seinen ersten Spielfilm ›Daedalus‹, der vor den Gefahren der Gentechnologie warnt.

**Datenautobahn,** dem amerikan. **Information Highway** nachgebildeter, schlagwortartig verwendeter Begriff für ein mit hoher Geschwindigkeit arbeitendes digitales Telekommunikationsnetz. Vor-

**Dänemark**

Ergebnisse der Wahlen zum Folketing am 21. 9. 1994

| Partei | 1994 % | 1994 Mandate | 1990 % | 1990 Mandate |
|---|---|---|---|---|
| Sozialdemokratische Partei | 34,6 | 62 | 37,4 | 69 |
| Radikaldemokraten | 4,6 | 8 | 3,5 | 7 |
| Zentrumsdemokraten | 2,6 | 5 | 4,9 | 9 |
| Konservative Volkspartei | 15,0 | 27 | 16,0 | 30 |
| Venstre | 23,3 | 42 | 15,8 | 29 |
| Christliche Volkspartei | 1,8 | – | 2,3 | 4 |
| Fortschrittspartei | 6,4 | 11 | 6,4 | 12 |
| Sozialistische Volkspartei | 7,3 | 13 | 8,3 | 15 |
| Rot-Grüne Einheitsliste | 3,2 | 6 | 1,7 | – |
| Unabhängige | – | 1 | – | |
| Sonstige | 1,2 | | 3,7 | |

aussetzung für die gemeinsame Übermittlung von Sprache, Text, Daten und bewegten Bildern ist ein einheitl., mit Glasfaserkabel ausgestattetes Breitbandnetz sowie der hohe Kapazitäten (bis zu 155 Mbit/s) aufweisende Übertragungsmodus ATM (Abk. für Asynchronous Transfer Mode). Beispiele für bereits bestehende D. sind das **Datex-M-Netz** der Telekom, das europ. **Global European Network (GEN),** die **Trans-Europe-Line (TEL)** oder das amerikan. Computernetz **Internet.**

Zwei 1995 startende Pilotprojekte in Nürnberg und Stuttgart sollen das Marktpotential und die Akzeptanz sog. ›Consumer-Multimedia‹ (Interaktives Fernsehen, Teleshopping, Telespiele, Lernprogramme) erfragen sowie deren techn. Infrastruktur entwickeln und aufbauen. In dem von Telekom zw. den Städten Hamburg, Berlin und Köln/Bonn errichteten Breitband-ISDN-Pilotnetz hingegen liegt der Schwerpunkt des Anwendungstests auf der geschäftl. Kommunikation zw. Bundesbehörden, Organisationen und Forschungsinstituten. Um im Wettbewerb mit anderen Industrienationen nicht ins Hintertreffen zu geraten, drängen Forschungs- und Wirtschaftministerium auf die Abschaffung nationaler Netzmonopole und einen forcierten Ausbau der Datenautobahnen.

Catherine David wird die Kasseler documenta X im Jahre 1997 leiten

**David,** Catherine, frz. Kunsthistorikerin, * Paris 19. 9. 1954. – Am 1. Juli wurde mit D. erstmals eine Frau mit der Betreuung der documenta in Kassel beauftragt. Für die documenta X 1997 möchte sie bes. Akzente setzen und beabsichtigt gegenüber ihrem Vorgänger JAN HOET, die Anzahl der Künstler, Zusatzveranstaltungen und das Ausmaß der Sponsorenwerbung einzuschränken. Zudem sollen über die traditionellen Kunstzentren hinaus Kulturlandschaften wie Afrika oder Südamerika sowie Randbereiche der Bildenden Kunst Beachtung finden. Die documenta X soll keine mod. Trends aufzeigen, sondern zum ›Ort der Konfrontation in der Gegenwartskunst‹ werden.

D. studierte 1972–80 Literatur, Sprachen und Kunstgeschichte; danach war sie in Paris als Kuratorin am Musée National d'Art Moderne im Centre Georges Pompidou und an der Galerie nationale du Jeu de Paume tätig.

Mit einer Mahnwache vor dem Mannheimer Landgericht demonstrieren am 13. August zahlreiche Menschen gegen die heftig umstrittene Urteilsbegründung im Deckert-Prozeß

**D-Day,** im engl. Sprachbereich Bez. für den Tag, an dem ein größeres militär. Unternehmen beginnt; v. a. verwendet für den 6. 6. 1944, dem Tag im Zweiten Weltkrieg, an dem in der Normandie die Landung der Westalliierten (Operation ›Overlord‹) begann. 50 Jahre nach Beginn der umfangreichsten amphib. Operation der Geschichte gedachten am 5. und 6. Juni Staats- und Regierungschefs aus 14 Nationen (Deutschland nahm nicht teil), etwa 50 000 Veteranen sowie rd. 100 000 Schaulustige dieses Ereignisses. Den Auftakt bildete ein großer Gedenkgottesdienst in Portsmouth, dem sich eine zeremonielle Kanalüberquerung einer Flotte von mehreren Dutzend Schiffen anschloß. Höhepunkt der Feiern auf frz. Boden waren die von Veteranen und aktiven Soldaten durchgeführten Fallschirmabsprünge im Raum Sainte-Mère-Eglise und in der Nähe der ›Pegasus Bridge‹ bei Caen.

**Deckert-Urteil:** Als Versagen der Justiz gilt die schriftl. Begründung des Urteils der 6. Strafkammer des Landgerichts Mannheim vom 22. Juni gegen den NPD-Bundesvors. GÜNTER DECKERT. Dieser war u. a. wegen Volksverhetzung und Aufstachelung zum Rassenhaß zu einer Freiheitsstrafe von einem Jahr auf Bewährung verurteilt worden. 1991 hatte er auf einer ›Revisionismustagung‹ in Weinheim die pseudowiss. Ausführungen des amerikan. ›Gaskammer-Experten‹ und Auschwitz-Leugners FRED LEUCHTER übersetzt, sich damit identifiziert und die Zuhörer aufgehetzt. In der Urteilsbegründung bescheinigten der Vors. Richter WOLFGANG MÜLLER und der schriftführende Richter RAINER ORLET DECKERT eine ›charakterstarke, verantwortungsbewußte Persönlichkeit‹; er sei ›kein Antisemit im Sinne der NS-Rassenideologie‹, nehme jedoch ›den Juden ihr ständiges Insistieren auf dem Holocaust (...) bitter übel‹. Man könne zwar der Ansicht sein, daß ›der Angeklagte ein berechtigtes Interesse wahrgenommen hat, indem er bestrebt war, die nach Ablauf fast eines halben Jahrhunderts immer noch aus dem Holocaust gegen Deutschland erhobenen Ansprüche abzuwehren‹. Doch habe er dazu nicht ›das erforderl. und angemessene Mittel eingesetzt‹.

Der Bundesgerichtshof hob am 15. Dez. das Urteil (Strafmaß und Aussetzung zur Bewährung) auf. Er rügte u.a. die rechtsfehlerhaften Erwägungen der Mannheimer Richter und verwies den Fall zur Neuverhandlung an das Landgericht Karlsruhe.

**Dehaene,** Jean-Luc, belg. Politiker (Christelijke Volkspartei, CVP), *Montpellier 7. 8. 1940. – Am 17. Juni meldete der belg. MinPräs. D. offiziell seine Kandidatur für die Nachfolge des aus dem Amt scheidenden Präs. der EU-Kommission, JACQUES DELORS, an. D. erfuhr mit Ausnahme der Niederlande die Unterstützung fast aller Regierungschefs der EU-Mitgliedstaaten, scheiterte beim EU-Gipfeltreffen in Korfu Ende Juni indessen am Widerstand Großbritanniens, das eine zu zentralist. Politik der EU durch D. fürchtete.
D. übte 1972–79 für verschiedene belg. Ministerien eine jurist. und wirtschaftspolit. Beratertätigkeit aus und trat 1979 als Kabinettschef in die Dienste von MinPräs. WILFRIED MARTENS. 1981–88 war D. Min. für Soziales und Institutionelle Reformen, 1988 erhielt er die Zuständigkeit für Kommunikation und Verkehr sowie die Institutionellen Reformen. In diesem Amt hatte er v. a. die Umwandlung Belgiens in einen Bundesstaat voranzutreiben. Nachdem die Reg. Martens Ende Sept. 1991 nicht die notwendige Zweidrittelmehrheit für die Staatsreform erhalten hatte, wurden im Nov. 1991 Neuwahlen notwendig, aus denen am 7. 3. 1992 eine christl.-sozialist. Koalitionsreg. unter D. hervorging.

**Deutsche Bahn AG:** Die DB AG schloß das erste Halbjahr nach der Bahnreform mit einem ausgeglichenen Betriebsergebnis ab und erzielte bis zum 30. Juni eigenen Angaben zufolge einen Umsatz von 11,7 Mrd. DM. Das bedeutete eine geringfügige Steigerung von 0,3 % gegenüber den Halbjahresergebnissen von Bundesbahn und Reichsbahn 1993. Das Plus wurde ausschließlich im Personenverkehr gemacht, wobei der Nahverkehr seine Position als stärkster Umsatzträger der DB weiter ausbaute.
Im April legte die DB AG ein umfassendes Aktionsprogramm vor, das Maßnahmen zur Verbesserung des Angebots im Personen- und Güterverkehr sowie zur Steigerung der Produktivität und zum Aufbau eines modernen Unternehmensmanagements vorsieht; gedacht wird u.a. an den Einsatz moderner Züge mit Neigungstechnik, zusätzl. schnelle Direktverbindungen zw. großen Städten mit integrierten Taktfahrplänen und leicht merkbaren Zeitintervallen, Verbesserung des Reservierungssystems sowie neue Fahrpreissysteme.

**Deutsche Lufthansa AG:** Im Mai wurde das Kooperationsabkommen der nat. dt. Fluggesellschaft mit der amerikan. United Airlines genehmigt und am 1. Juni der gemeinsame Flugbetrieb aufgenommen; dadurch entstand das weltweit größte Liniennetz, das täglich mehr als 3 000 Flüge zu über 400 Zielorten in 90 Ländern anbietet. Möglich wurde die Allianz durch das von den USA und Deutschland geschlossene →Luftverkehrsabkommen.

Der belgische Ministerpräsident Jean-Luc Dehaene scheitert mit seiner Kandidatur für die Präsidentschaft der EU-Kommission am Einspruch Großbritanniens

In einem ersten Schritt der geplanten vollständigen Privatisierung des Unternehmens bis Ende 1995 führte der Bund seine Beteiligung von 51,4% auf 35,68% zurück. Die Privatisierung wird als Voraussetzung für eine Kapitalerhöhung und die weitere Sanierung des Konzerns gesehen. Neben der vom Bund gestarteten Privatisierung wurde im Sept. seitens des Aufsichtsrates einer neuen Konzernstruktur zugestimmt, der zufolge mehrere Geschäftsfelder ab 1995 rechtlich verselbständigt werden sollen.

## Deutschland

**Hauptstadt:** Berlin
**Einwohner:** 80,6 Mio.
**Einwohner/km²:** 226
**Staatsoberhaupt:**
R. Herzog
(seit 1. 7. 1994)
**Regierungschef:**
H. Kohl
**BSP/Einwohner:**
38 300 DM
(23 030 US-$)

### Wirtschaftliche Entwicklung in den alten und den neuen Bundesländern

Die dt. Wirtschaft verzeichnete Mitte des Jahres 1994 eine sich belebende Konjunktur im Westen und ein weiterhin hohes Wirtschaftswachstum im Osten. Das BIP des vereinten Deutschland lag im ersten Halbjahr um rd. 3% über dem Vorjahresniveau, wobei der Anteil Westdeutschlands 2,2% und der Ostdeutschlands 9% ausmachte. In den alten Bundesländern konnte das verarbeitende Gewerbe durch den wachsenden Einfluß einer steigenden Inlands- und Auslandsnachfrage seine Produktion um rd. 4% gegenüber dem vergleichbaren Vorjahreszeitraum steigern. Die Expansion der Produktion erstreckte sich dabei auf alle wichtigen Industriezweige. Die betriebliche Kapazitätsauslastung

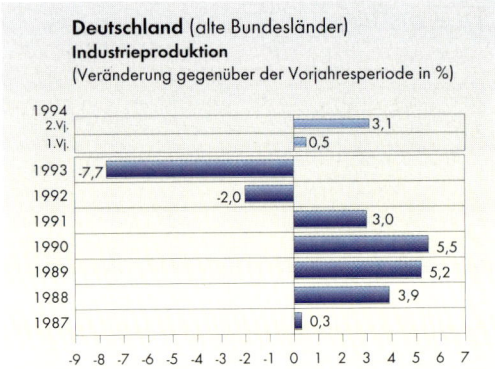

**Deutschland** (alte Bundesländer)
**Industrieproduktion**
(Veränderung gegenüber der Vorjahresperiode in %)

| | |
|---|---|
| 1994 2.Vj. | 3,1 |
| 1.Vj. | 0,5 |
| 1993 | -7,7 |
| 1992 | -2,0 |
| 1991 | 3,0 |
| 1990 | 5,5 |
| 1989 | 5,2 |
| 1988 | 3,9 |
| 1987 | 0,3 |

-9 -8 -7 -6 -5 -4 -3 -2 -1 0 1 2 3 4 5 6 7

nahm damit im verarbeitenden Gewerbe Westdeutschlands weiterhin zu und lag im Juni um 5,5 % höher als im Sept. 1993, als die zurückliegende Rezession ihren Höhepunkt erreichte. In Ostdeutschland hat – bedingt u. a. durch eine weitgehende Privatisierung – das verarbeitende Gewerbe einen entscheidenden Beitrag zur Steigerung des BIP geleistet. Infolge einer Ausweitung der Nachfrage, an der im wesentlichen sämtl. Hauptbereiche des verarbeitenden Gewerbes beteiligt waren, haben die ostdt. Industrieunternehmen im ersten Halbjahr 1994 ihre Produktion – im Vergleich zum entsprechenden Zeitraum des Vorjahres – um 25 % steigern können. Ein wesentl. Faktor war dabei ein Aufschwung des Baugewerbes, von dem seit Beginn der konjunkturellen Belebung wesentl. Impulse auf andere Bereiche der ostdt. Wirtschaft ausgingen.

Nach Prognosen des Ifo-Instituts für Wirtschaftsforschung (München) sollte das gesamtwirtschaftl. Wachstum in D. 1994 bei rd. 2 % liegen und 1995 auf 3 % anwachsen. Die Wachstumsraten in Westdeutschland wurden mit 1,5 % für 1994 und 2,5 % für 1995 prognostiziert. In den neuen Bundesländern sollte sich die Zuwachsrate des realen BIP sowohl 1994 als auch 1995 zw. 8 und 9 % bewegen.

Die Preisentwicklung verzeichnete im längerfristigen Vergleich einen deutl. Stabilisierungstrend. In den alten Bundesländern war die Teuerungsrate in den Monaten Mai und Juni mit jeweils 3 % im Ver-

gleich zu 1993 so niedrig wie seit drei Jahren nicht mehr (viertes Quartal 1993: 3,7 %; Jahresdurchschnitt 1993: 4,2 %). In den neuen Bundesländern stiegen die Lebenshaltungskosten im Verlauf des Jahres 1994 nur um einiges mehr als in Westdeutschland; so lag die Inflationsrate im Sept. bei 3,4 % (Jahresdurchschnitt 1993: 8,8 %) gegenüber 3,0 % in den alten Bundesländern.

Der Aufschwung machte sich am →Arbeitsmarkt zeitverzögert bemerkbar. Die Beschäftigung in Westdeutschland lag noch Mitte des Jahres 1994 um rd. 400 000 oder 1,4 % unter der des Vorjahres. Die Zahl der Erwerbslosen belief sich Ende Juli auf 2,57 Mio; damit waren 250 000 Personen mehr als zum vergleichbaren Zeitraum des Vorjahres erwerbslos; die Arbeitslosenquote lag damit bei 8,3 %. In Ostdeutschland waren – nicht saisonbereinigt – 1,14 Mio. Menschen von der Arbeitslosigkeit betroffen. Im Vergleich zum entsprechenden Monat des Vorjahres nahm die Zahl der Arbeitslosen damit um 30 000 ab; die Arbeitslosenquote betrug 15,1 %. Die Zahl der Kurzarbeiter ging im Juli sowohl in den alten als auch in den neuen Bundesländern zurück.

Das Auslandsgeschäft der dt. Wirtschaft war im Verlauf des Jahres 1994 ein entscheidender Faktor des konjunkturellen Aufschwungs. Der dt. Außenhandelsüberschuß stieg im ersten Halbjahr saisonbereinigt auf 21,5 Mrd. DM, das sind 5,5 Mrd. DM mehr als im entsprechenden Vorjahreszeitraum. Den gestiegenen Warenexporten standen jedoch in der Dienstleistungs- und in der Übertragungsbilanz weiterhin hohe Defizite gegenüber; die gesamte Leistungsbilanz schloß somit im zweiten Quartal erneut mit einem Minussaldo ab.

Die finanzielle Situation der Gebietskörperschaften gestaltete sich im ersten Halbjahr relativ positiv. Das Defizit betrug – verglichen mit 41 Mrd. DM im vergleichbaren Zeitraum des Vorjahres – lediglich 23 Mrd. DM. Die Verringerung des Defizits beruhte jedoch im wesentlichen auf einer Reihe von Sonderfaktoren, die in der zweiten Jahreshälfte nicht zum Tragen kamen. Zum einen ist der an den Bund im April abgeführte Bundesbankgewinn mit 18,3 Mrd. DM weitaus höher ausgefallen als 1993 (13,1 Mrd. DM). Zum anderen sind die Steuerein-

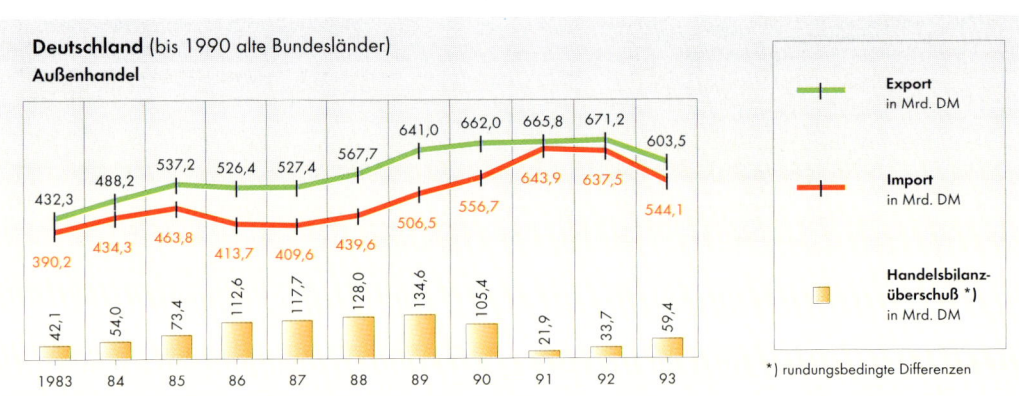

**Deutschland** (bis 1990 alte Bundesländer)
**Außenhandel**

| Jahr | Export | Import | Handelsbilanzüberschuß |
|---|---|---|---|
| 1983 | 432,3 | 390,2 | 42,1 |
| 84 | 488,2 | 434,3 | 54,0 |
| 85 | 537,2 | 463,8 | 73,4 |
| 86 | 526,4 | 413,7 | 112,6 |
| 87 | 527,4 | 409,6 | 117,7 |
| 88 | 567,7 | 439,6 | 128,0 |
| 89 | 641,0 | 506,5 | 134,6 |
| 90 | 662,0 | 556,7 | 105,4 |
| 91 | 665,8 | 643,9 | 21,9 |
| 92 | 671,2 | 637,5 | 33,7 |
| 93 | 603,5 | 544,1 | 59,4 |

**Export** in Mrd. DM
**Import** in Mrd. DM
**Handelsbilanzüberschuß** *) in Mrd. DM

*) rundungsbedingte Differenzen

Auf Einladung von Außenminister Kinkel treffen der scheidende Bundespräsident Richard von Weizsäcker und die Kandidaten für seine Nachfolge am 6. Mai in Berlin zu einem Abendessen zusammen. Von links: Roman Herzog, Johannes Rau, Christina Rau, Ursula Kinkel, Hildegard Hamm-Brücher, Richard von Weizsäcker, Klaus Kinkel, Eva Reich, Marianne von Weizsäcker, Jens Reich

nahmen des Bundes im Vergleich zu Beginn des Jahres 1993 stark angestiegen. Den Vorausschätzungen zufolge sollten die Defizite aller öffentl. Haushalte im Jahre 1994 rd. 115 Mrd. DM erreichen.

### Parteienwettbewerb und Wahlen

Zu Beginn des Jahres 1994, von vielen als Superwahljahr bezeichnet, ebbte die Diskussion um die Politikverdrossenheit ab, die die Jahre 1992 und 1993 beherrscht hatte. Im Zusammenhang mit den Tarifverhandlungen in den ersten Monaten führten Reg. und Wirtschaftsverbände die Debatte um den ›Standort Deutschland‹ weiter, die Bundeskanzler

In der vom Wahlkampf zum Europäischen Parlament geprägten Europadebatte des Bundestags am 27. Mai antwortet der SPD-Vorsitzende Rudolf Scharping (vorne) auf die Regierungserklärung des Kanzlers zur Europapolitik. Links Außenminister Klaus Kinkel

KOHL bereits mit einer Bemerkung über den →kollektiven Freizeitpark akzentuiert hatte. In der Bevölkerung trug dies zu wirtschaftl. Pessimismus bei. Nach Meinungsumfragen schätzten viele die allg. Wirtschaftslage negativer ein als die persönl. Lage. In den ersten Monaten deuteten dementsprechend alle Anzeichen auf einen Sieg der SPD bei den Bundestagswahlen am 16. Okt. hin. Mit der absoluten Mehrheit für GERHARD SCHRÖDER bei den niedersächs. Wahlen am 13. März und den Wahlerfolgen in bayer. Städten erreichte die Stimmung für die SPD einen Höhepunkt; bes. in Ostdeutschland wurde mit hohen Gewinnen gerechnet. Das Prestige des Kanzlers wurde durch die vielfältige Kritik an der von ihm durchgesetzten Präsidentschaftskandidatur des sächs. Justizmin. STEFFEN HEITMANN beeinträchtigt, die im Nov. 1993 zur Aufgabe der Kandidatur HEITMANNS geführt hatte. Zudem erregten die →Amigo-Affären führender CSU-Politiker Aufsehen.

Zu einem Spannungsverlust in der polit. Auseinandersetzung und einem Profilverlust der SPD führte der Versuch ihres Vors. und Kanzlerkandidaten RUDOLF SCHARPING, seine Partei in der polit. Mitte zu positionieren und entsprechende Themen in den Mittelpunkt zu rücken: Er plädierte für die Möglichkeit, auch in Wohnungen – nach richterl. Genehmigung – abhören zu können und darüber hinaus für die Beschlagnahme von Drogengeldern. Als Thema seines Wahlkampfs stellte er die Wirtschafts- und Sozialpolitik in den Vordergrund. Die Wahl des CDU/CSU-Kandidaten ROMAN HERZOG zum Bundespräs. durch die →Bundesversammlung am 23. Mai gegen den populären SPD-Kandidaten JOHANNES RAU markierte den Umschwung zugunsten der CDU. Die FDP, die im ersten und zweiten Wahlgang für ihre Kandidatin HILDEGARD HAMM-BRÜCHER gestimmt hatte, votierte im dritten Wahlgang für HERZOG.

Bei der Wahl zum Europ. Parlament, deren Wahlbeteiligung niedrig war, konnte die CDU/CSU mit 38,8 % der Stimmen indes einen klaren Vorsprung gegenüber der SPD (32,2 %) erzielen. Die FDP scheiterte, wie schon 1984, an der 5 %-Klausel. Seit der Hamburger Bürgerschaftswahl vom Sept. 1993 konnte die FDP in keiner der Landtagswahlen die 5%-Hürde überspringen; sie ist in den Landesparlamenten von Hamburg, Niedersachsen, Sachsen-Anhalt, Sachsen, Brandenburg und Bayern nicht mehr vertreten. Bündnis 90/Die Grünen erreichten bei der Europawahl mit 10,1% ein außerordentlich gutes Ergebnis. Die PDS profilierte sich als ostdt. Protestpartei und konnte sich bei allen Wahlen in Ostdeutschland verbessern.

Nachdem die CDU auch bei den Landtagswahlen in Sachsen-Anhalt am 26. Juni knapp stärkste Partei geblieben war, sah sich die SPD damit konfrontiert, wie in Berlin und Baden-Württemberg als schwächerer Koalitionspartner der CDU, noch mehr Profil zu verlieren und zugleich die Vermutungen, daß sie auf Bundesebene eine große Koalition eingehe, zu bestärken. In dieser Situation favorisierte SPD-Bundesgeschäftsführer GÜNTER VERHEUGEN für Sachsen-Anhalt eine zusammen mit Bündnis 90/Die Grünen gebildete, SPD-geführte Minderheitsreg. Diese Regierungsbildung, die zu einem Gleichstand mit der CDU/CSU im Vermittlungsausschuß führte, wurde wegen ihrer faktischen Tolerierung durch die PDS von scharfer Kritik begleitet. Abgrenzung von der PDS und SCHARPINGS Versicherung, ein derartiges Modell im Bund nicht anzuwenden, waren Antwort auf diese Kritik. Gleichwohl reagierte die CDU/CSU mit Polemik, insbes. mit einem Plakat zu ›roten Socken‹, das jedoch bei den ostdt. CDU-Landesverbänden u. a. wegen der damit vorgenommenen Ausgrenzung der PDS-Wähler auf wenig Verständnis stieß.

Bundeskanzler KOHL konnte im Juni bei den Popularitätswerten seinen Kontrahenten RUDOLF SCHARPING überholen. Während die CDU daraufhin ihren Wahlkampf ganz auf KOHL konzentrierte, stellte die SPD am 29. Aug. eine Regierungsmannschaft vor, in der GERHARD SCHRÖDER mit einem Ressort Wirtschaft, Verkehr, Umwelt und OSKAR LAFONTAINE als Schattenfinanzmin. bes. Rollen zugewiesen wurden. Als positiven Trend werteten beide großen Parteien den Wahlsieg der SPD in Brandenburg bzw. der CDU in Sachsen am 11. Sept., aber auch das bayer. Wahlergebnis vom 25. Sept., das der CSU den Erhalt der absoluten Mehrheit und der SPD erhebl. Zuwachs brachte.

### Gesetzgebung

Dem Einigungsvertrag folgend war eine Gemeinsame Verfassungskommission von Bundestag und Bundesrat zur Änderung des →Grundgesetzes gebildet worden. Da die CDU/CSU-Fraktion deren Empfehlungen nur teilweise folgen wollte, kam nach langen Auseinandersetzungen eine Einigung auf ein Minimalprogramm zustande, das die gleichberechtigte gesellschaftl. Teilhabe von Behinderten und Frauen, den Schutz der Umwelt und die Rechte der Länder in der Gesetzgebung stärkte. Eine Verankerung des Schutzes von Minderheiten wurde hingegen von der Regierungskoalition verhindert. Das →Verbrechensbekämpfungsgesetz und die Planung des →Transrapid wurden am Ende der Legislaturperiode verabschiedet. Strittig blieb die Neugestaltung der Gesetzgebung zum Schwangerschaftsabbruch, die nach einem Urteil des Bundesverfassungsgerichts notwendig geworden ist. Energiepolitik, Sozialpolitik sowie →Haushalts- und Steuerpolitik blieben Schwerpunkte des Wahlkampfs. Im April verabschiedeten Bundestag und Bundesrat schließlich die soziale →Pflegeversicherung, die zur Hälfte durch Arbeitgeber- und Arbeitnehmerbeiträge finanziert wird. Die Arbeitgeberbeiträge sollen über den Wegfall von Feiertagen kompensiert werden.

Angesichts der hohen Arbeitslosigkeit und wirtschaftl. Unsicherheit (insbes. von Frauen) setzte sich der Bevölkerungsrückgang in den östl. Bundesländern fort. Die Zahl der Geburten beträgt dort nur noch ein Drittel des Standes von 1989. Der →Armutsbericht des Dt. Gewerkschaftsbunds und des Parität. Wohlfahrtsverbands vom Jan. 1994 konstatierte eine Verschärfung der Disparitäten zw. Arm und Reich in den letzten Jahren und eine Verlagerung der Armutsrisiken von den Alten auf die kinderreichen Familien. Dabei spielte der Einsatz von Sozialversicherungsmitteln für staatl. Zwecke eine wesentl. Rolle, insbes. die Finanzierung von Vereinigungslasten. Politiker beider großer Parteien sprachen in diesem Zusammenhang von einer ›Gerechtigkeitslücke‹. Ende Aug. wurde der Entwurf einer Denkschrift der beiden Kirchen bekannt, in der ebenfalls die Verschärfung der sozialen Ungleichheit angesprochen wurde; ihre Veröffentlichung war erst für die Zeit nach der Bundestagswahl vorgesehen.

Im Bundeshaushalt 1994 ging der Anteil der Bildungsausgaben zurück. Nach dem Rücktritt von Bildungsmin. RAINER ORTLEB (FDP) am 3. Febr. setzte sich sein Nachfolger KARL-HANS LAERMANN für eine Erhöhung der BAFöG-Freibeträge für 1995 und 1996 ein. Eine vom Bundesrat im Vermittlungsverfahren beschlossene BAFöG-Erhöhung scheiterte an der Koalitionsmehrheit im Bundestag.

### Einwanderungspolitik, Fremdenfeindlichkeit und Rechtsextremismus

Kontroverse Aussagen machten die Regierungsparteien zur künftigen Einwanderungs- und Einbürgerungspolitik. Während die FDP ebenso wie die SPD und Bündnis 90/Die Grünen ein Einwanderungsgesetz beschließen und die Einbürgerung erleichtern wollten, hielten CDU und CSU in ihrem Wahlprogramm an der These fest, Deutschland sei kein Einwanderungsland. Eine doppelte Staatsangehörigkeit soll nach ihren Vorstellungen nur im Ausnahmefall zugelassen werden. Die Zahl der Ausländer stieg bis Aug. 1994 auf 7 Mio., der Zustrom von Asylbewerbern ging zurück.

Ende März blockierten Anhänger der Arbeiter Kurdistans (PKK) Autobahnen, um gegen die Unterstützung der türk. Armee mit Ausrüstung und Waffen durch die Bundesreg. zu protestieren. Zwei junge Frauen unterstützten den Protest durch Selbstverbrennung. CDU- und CSU-Politiker reagierten mit Forderungen nach erleichterter Abschiebung von Kurden.

Nach dem Ende der Kampagnen gegen ›Asylanten‹ und dem Rückgang der Zahl der Asylanträge traten Asylthemen in der öffentl. Diskussion zurück. Fremdenfeindlichkeit wurde in der Öffentlichkeit und durch den Verfassungsschutz verstärkt als rechtsextremes Phänomen definiert und bekämpft; Gerichtsurteile gegenüber Gewalttätern wurden härter. Die rechtsextremist. Parteien büßten nach dem Relevanzverlust des Asylthemas ihre Wahlchancen ein. Die Zahl der fremdenfeindl. Gewalttaten ging nach Angaben des Verfassungsschutzes im ersten Halbjahr 1994 zurück. Im Aug. wurde auch ein Rückgang der Kriminalität insgesamt in allen Bundesländern außer Bayern im ersten Halbjahr 1994 bekannt.

Der Brandanschlag auf die Synagoge in Lübeck am 25. März und die Gewaltaktionen gegen Afrikaner am Himmelfahrtstag in Magdeburg wurden in der Öffentlichkeit allgemein verurteilt, ebenso die Angriffe des Republikaner-Chefs SCHÖNHUBER auf IGNAZ BUBIS, den Vors. des Zentralrates der Juden. Nachdem die Republikaner nicht wieder ins Europ. Parlament hatten einziehen können, führte SCHÖNHUBER im Aug. Bündnisgespräche mit seinem langjährigen Rivalen, dem DVU-Vors. FREY. Als dies auf Kritik in seiner Partei stieß, kündigte

SCHÖNHUBER an, er werde nicht wieder für den Parteivorsitz kandidieren. Wenige Wochen vor der Bundestagswahl wurde er vom Parteivorstand der Republikaner seines Amtes als Vors. enthoben. Nach ihrem schlechten Abschneiden bei den Wahlen befinden sich die rechtsextremist. Parteien auch in einer Finanzkrise. Eine Analyse der Konrad-Adenauer-Stiftung wies nach, daß gewählte Vertreter der Republikaner kaum Sacharbeit leisteten und sich die meisten Fraktionen aufgelöst hatten. Im Aug. kritisierten Presse und Politiker aller Bundestagsparteien die Urteilsbegründung des Landgerichts Mannheim im Prozeß gegen den NPD-Vors. GÜNTER DECKERT, der der Leugnung der Massenvernichtung von Juden (›Auschwitz-Lüge‹) angeklagt war. Der Bundesgerichtshof hob am 15. Dez. das →Deckert-Urteil auf.

**Bundestagswahl und Regierungsbildung**

Aus der Bundestagswahl am 16. Okt. gingen die bisherigen Regierungsparteien geschwächt hervor. Die CDU/CSU verlor 2,3 %, die FDP gar 4,1 % der gültigen Zweitstimmen. Die SPD konnte 2,9 % gewinnen und ihren Abstand zur CDU/CSU auf 5,1 % halbieren. Bündnis 90/Die Grünen kehrten als gesamtdt. Partei ins Parlament zurück, und die PDS sicherte mit dem Gewinn von vier Direktmandaten ihren Verbleib im Bundestag. Stimmen, die bei dem knappen Wahlergebnis – auch angesichts der starken SPD-Mehrheit im Bundesrat – von der Möglichkeit einer großen Koalition gesprochen hatten, verstummten bald wieder, doch sagte der SPD-Vors. RUDOLF SCHARPING, der nun auch die Führung der Bundestagsfraktion übernahm, der erneuerten Regierungskoalition aus CDU, CSU und FDP ein Scheitern vor Ablauf der Legislaturperiode voraus.

Nach Abschluß der Koalitionsverhandlungen wählte der Bundestag am 15. Nov. HELMUT KOHL mit 338 Stimmen – einer Stimme mehr als erforderlich – wieder zum Bundeskanzler. In der um zwei Ministerien verkleinerten Bundesreg. stellt die FDP drei (statt bisher fünf) Minister. Neu ins Kabinett

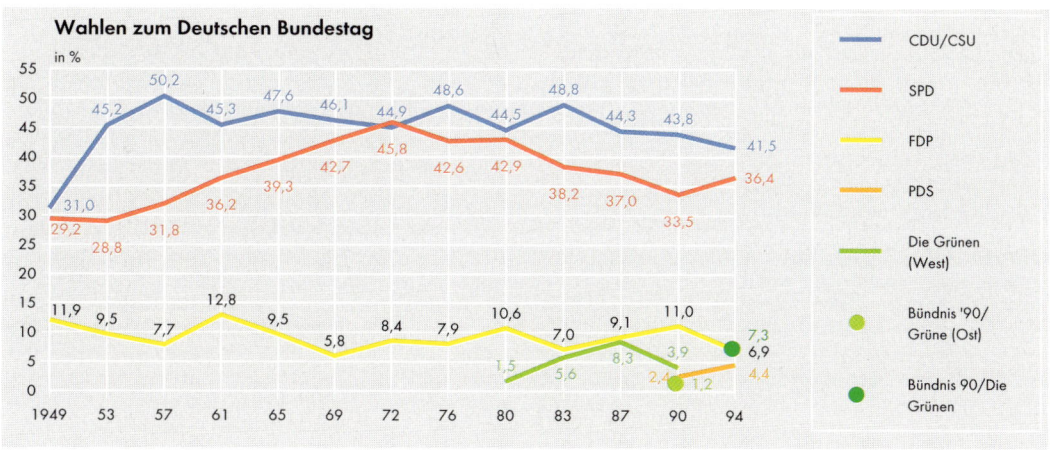

## Analyse der Bundestagswahl vom 16. Oktober 1994 – von Dieter Roth, Vorstand der Forschungsgruppe Wahlen e. V.

Mit einem Vorsprung von nur 0,3 Prozentpunkten haben die Regierungsparteien CDU/CSU und FDP vor den im Parlament vertretenen Oppositionsparteien SPD, Grüne und PDS die Wahl am 16. Oktober gewonnen. 15 kleine und kleinste Parteien kamen insgesamt auf 3,6%, davon als stärkste die Republikaner mit 1,9%. Durch zwölf Überhangmandate für die CDU und vier für die SPD, die nach dem Bundestagswahlrecht nicht ausgeglichen werden, hat sich die denkbar knappe Mandatsmehrheit der Regierung von zwei auf zehn erhöht. Das Regieren ist schwieriger geworden. Wegen der klaren Bundesratsmehrheit der SPD-regierten Länder, die sich durch die am 16. Oktober gleichzeitig durchgeführten Landtagswahlen im Saarland, in Mecklenburg-Vorpommern und Thüringen noch verfestigt, bleibt der Spielraum für die Regierungsparteien, politische Änderungen herbeizuführen, äußerst begrenzt. Die FDP hat einen herben Verlust gegenüber 1990 (–4,1 Prozentpunkte) und eine ganz schwache Wählerbasis. Nach einer Serie von Mißerfolgen bei Landtagswahlen und der Europawahl ist sie nur deshalb in den Bundestag eingezogen, weil sie in bisher nicht gekanntem Ausmaß von Unionsanhängern gewählt wurde (63%). Trotzdem hat sich die strategische Position der FDP innerhalb der Koalition verbessert, denn im Gegensatz zur letzten Legislaturperiode gibt es rein rechnerisch eine Mehrheit für eine Ampelkoalition. Die Wählerbewegungen waren in den neuen Ländern sehr viel stärker als in den alten Ländern. So haben die Regierungsparteien im Westen weniger als ein Zehntel ihres Stimmenanteils von 1990 verloren, im Osten büßten sie mehr als ein Viertel ein. Allerdings zeichneten sich 1992/93 und auch noch bis Anfang 1994 noch dramatischere Änderungen ab. Die Regierungsparteien schienen kaum in der Lage zu sein, ihre Mehrheit zu verteidigen.

Die wichtigste Veränderung zugunsten der Regierung war der Stimmungsumschwung in der Bevölkerung in bezug auf die ökonomische Situation. Vom Februar 1994 an glaubten immer mehr Wähler an den wirtschaftlichen Aufschwung sowohl im Westen als auch im Osten. Mit diesen Erwartungen hat sich v. a. die Kompetenzbeurteilung für die Lösung wirtschaftlicher Probleme zugunsten der Regierungsparteien verändert. Parallel dazu steigen die Unterstützung der Unionsparteien und auch die Zufriedenheit mit der Regierung. Gleichzeitig gibt es am Arbeitsmarkt keineswegs Entspannung, die Arbeitslosigkeit steigt sogar noch im Bewußtsein der Wähler. Zwei ökonomische Zielsetzungen, Wirtschaftsaufschwung und Bekämpfung der Arbeitslosigkeit, partiell im Konflikt stehend und die beiden großen Parteien unterschiedlich begünstigend, beherrschten den Wahlkampf. Andere Probleme treten in dieser Auseinandersetzung deutlich in den Hintergrund; auch das Asyl- und Ausländerthema ist nach dem Asylkompromiß weitgehend aus den Schlagzeilen geraten oder zum Alltag geworden. Bei der Kompetenzbeurteilung für die Lösung sozialer Probleme und auch beim Umweltschutz schneidet die SPD gut ab, was sicherlich ein wesentlicher Grund für ihre Stimmengewinne war, wahlentscheidend war jedoch der sich abzeichnende ökonomische Aufschwung, der als Erfolg der Regierung gewertet wurde und insbesondere der Union zugute kam.

Veränderungen in der Medienlandschaft führten zu einer Vergrößerung der Chancen, über Personen Politik darzustellen und Identifikationsstrategien mit Führungspersonen in den Vordergrund zu stellen. Insbesondere hat HELMUT KOHL diese Chancen genutzt. Seine optimistische Sicht der ökonomischen und politischen Entwicklungen, die im Laufe dieses Jahres immer wieder bestätigt wurde, hat schließlich dazu geführt, daß er alle wichtigen Führungseigenschaften eines Politikers, die er im Laufe des Jahres 1993 an RUDOLF SCHARPING hatte abgeben müssen, wieder zurückgewann. Vom Frühsommer 1994 an galt KOHL wieder als führungsstärker, tatkräftiger und verantwortungsbewußter als sein Herausforderer. HELMUT KOHL war deshalb ein ganz wichtiger Faktor für das Erreichen der Regierungsmehrheit.

Wahlen werden aber nicht nur mit Spitzenkandidaten und Sachkompetenz gewonnen; ohne ihre strukturelle Basis hätte die Union wohl kaum ihre Position als stärkste Partei verteidigen können. Die Union hat ihr Stammwählerpotential gut ausgeschöpft, sie konnte in den ländlichen Gebieten fast jede zweite Stimme für sich gewinnen, bei den Katholiken war sie mit über 50% ähnlich erfolgreich. In ihrer klassischen Stammwählerschaft im Westen, bei den Katholiken mit einer starken Kirchenbindung, erreicht die Union nahezu eine Dreiviertelmehrheit. Daran hat die CSU einen überdurchschnittlichen Anteil. Der Union half schließlich auch, daß sie bei den über 60jährigen, das sind immerhin mehr als ein Viertel der Wähler, besonders gut abschnitt. Die höchsten Ergebnisse erzielte sie dabei bei den über 60jährigen Frauen, den treuesten Unionswählern überhaupt.

Auch die SPD konnte ihre klassische Stammwählerschaft gut mobilisieren. Im Westen kommt sie bei den Arbeitern auf 50%, bei den gewerkschaftlich organisierten Arbeitern sogar auf 60%. Allerdings schrumpft diese Klientel anteilsmäßig immer stärker und macht nur noch etwa 13% der SPD-Wählerschaft insgesamt aus. Probleme der SPD werden auch beim Wahlverhalten der Arbeiter im Osten deutlich. Dort kommt die CDU mit 41% auf einen besseren Anteil als die SPD mit 35%.

Die Grünen gewinnen überall im Westen im Vergleich zu 1990 und schaffen die 5%-Hürde ohne Probleme. Gleichzeitig verlieren sie überall im Osten, wo die ökonomischen Probleme einer ökologischen Partei keine Entwicklungschancen lassen.

Die PDS hat sowohl im Osten wie im Westen gewonnen. Im Westen verdreifacht sich ihr Stimmenanteil von 1990, trotzdem bleibt sie eine Regionalpartei. Sie erreicht im Westen 1% und im Osten 19,8% der Stimmen. Ihre besten Ergebnisse erzielt die PDS in den alten Verwaltungszentren des Ostens: 28%. In Ost-Berlin bekommt sie sogar 35%. Sie erhielt viele Stimmen von Angestellten und Beamten in Verwaltungspositionen, wird aber auch überproportional von Arbeitslosen und von Jüngeren in Ausbildung gewählt. Insgesamt sind die PDS-Wähler eine sehr heterogene Gruppe. Diese besteht sowohl aus Wählern, die dem alten DDR-Regime nahestanden, als auch solchen, die mit der Ideologie und den politischen Zielen der PDS kaum übereinstimmen, die sie aber wählen, weil die PDS am klarsten den Protest gegen die Regierenden und die spezielle Situation im Osten artikuliert.

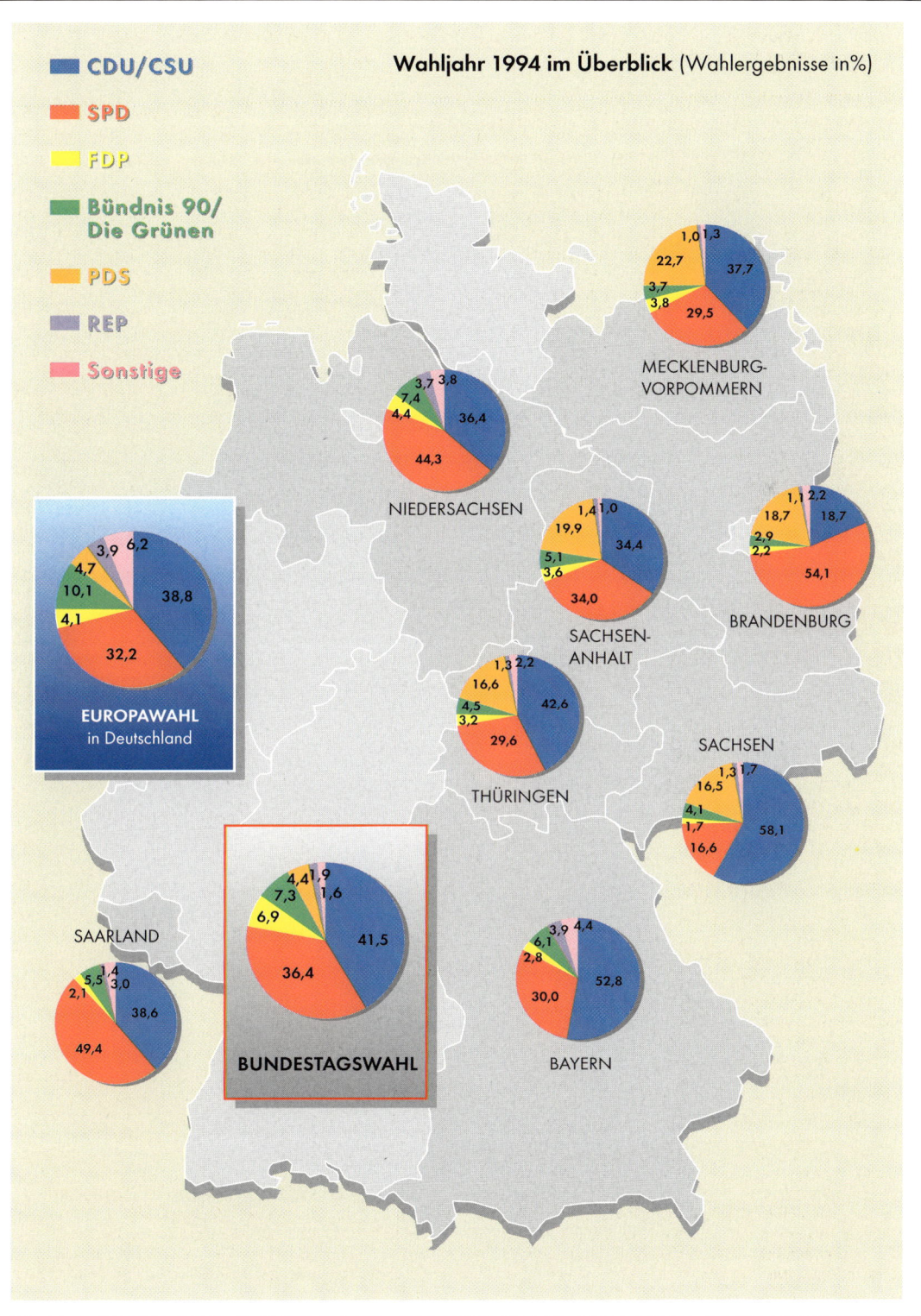

**Wahljahr 1994 im Überblick** (Wahlergebnisse in%)

CDU/CSU
SPD
FDP
Bündnis 90/
Die Grünen
PDS
REP
Sonstige

**MECKLENBURG-VORPOMMERN**
1,0 1,3
22,7
3,7
3,8
37,7
29,5

**NIEDERSACHSEN**
3,7 3,8
7,4
4,4
36,4
44,3

**EUROPAWAHL**
in Deutschland
6,2
3,9
4,7
10,1
4,1
38,8
32,2

**SACHSEN-ANHALT**
1,4 1,0
19,9
5,1
3,6
34,4
34,0

**BRANDENBURG**
1,1 2,2
18,7
2,9
2,2
18,7
54,1

**THÜRINGEN**
1,3 2,2
16,6
4,5
3,2
42,6
29,6

**SACHSEN**
1,3 1,7
16,5
4,1
1,7
58,1
16,6

**SAARLAND**
1,4
5,5
2,1
3,0
38,6
49,4

**BUNDESTAGSWAHL**
4,4 1,9
7,3
6,9
1,6
41,5
36,4

**BAYERN**
3,9 4,4
6,1
2,8
52,8
30,0

107

**Kabinett der Bundesrepublik Deutschland nach der Vereinigung am 17. 11. 1994**

| Ressort | | Partei |
|---|---|---|
| Bundeskanzler | Helmut Kohl | CDU |
| Auswärtiges Amt | Klaus Kinkel | FDP |
| Inneres | Manfred Kanther | CDU |
| Justiz | Sabine Leutheusser-Schnarrenberger | FDP |
| Finanzen | Theodor Waigel | CSU |
| Wirtschaft | Günter Rexrodt | FDP |
| Ernährung, Landwirtschaft und Forsten | Jochen Borchert | CDU |
| Arbeit und Sozialordnung | Norbert Blüm | CDU |
| Verkehr | Matthias Wissmann | CDU |
| Post und Telekommunikation | Wolfgang Bötsch | CSU |
| Verteidigung | Volker Rühe | CDU |
| Familie, Senioren, Frauen und Jugend | Claudia Nolte | CDU |
| Gesundheit | Horst Seehofer | CSU |
| Umwelt, Naturschutz und Reaktorsicherheit | Angela Merkel | CDU |
| Wirtschaftliche Zusammenarbeit und Entwicklung | Carl Dietrich Spranger | CSU |
| Raumordnung, Bauwesen und Städtebau | Klaus Töpfer | CDU |
| Bildung, Wissenschaft, Forschung und Technologie | Jürgen Rüttgers | CDU |
| Besondere Aufgaben | Friedrich Bohl | CDU |

kamen der bisherige parlamentar. Geschäftsführer der CDU/CSU-Bundestagsfraktion JÜRGEN RÜTTGERS als ›Zukunftsmin.‹ und die 28jährige thüring. CDU-Abgeordnete CLAUDIA NOLTE als Min. für Familie, Senioren, Frauen und Jugend. Die Koalitionsvereinbarung sieht u. a. vor, den Staat schlanker zu machen, Bürokratie abzubauen und den Personalbestand der Bundesbehörden um jährlich 1 % abzubauen. Die Staatsfinanzen sollen konsolidiert, die Staatsquote auf 46%, das Niveau vor der dt. Einheit, zurückgeführt werden. Der Solidaritätszuschlag wurde nicht befristet, soll aber jährlich überprüft werden. Die Sicherung und Schaffung von Arbeitsplätzen sowie der Aufbau im Osten sollen Vorrang in der Regierungsarbeit haben. Der ›Umbau des Sozialstaates‹ soll fortgeführt werden. Hierzu hatte die Bundesvereinigung der Dt. Arbeitgeberverbände bereits zwei Tage nach der Wahl weitreichende Forderungen erhoben (u. a. Verringerung der Lohnfortzahlung, Selbstbeteiligung von etwa 10 % sowie Beitragspflicht nichterwerbstätiger Ehegatten in der Krankenversicherung, Absenkung des Rentenniveaus). In seiner Regierungserklärung am 23. Nov. kündigte Bundeskanzler KOHL außerdem die Bildung eines ›Rates für Forschung, Technologie und Innovation‹ und die Gründung einer ›Dt. Akademie der Wissenschaften‹ an.

**Außenpolitik**

Außenpolit. Fragen spielten 1994 eine geringe Rolle. Im Jan. sprach sich der bayer. MinPräs. STOIBER spektakulär gegen das Ziel eines europ. Bundesstaates aus, das bis dahin zum Kern der CSU-Programmatik gehört hatte. Nicht zuletzt aus wahltakt. Erwägungen beugte er damit der Konkurrenz von gegen die Europ. Union (EU) gerichteten Parteien vor.

Der Abzug der sowjet. Truppen aus D. wurde am 31. Aug. im Beisein von Präs. JELZIN und Bundeskanzler KOHL beendet. Ihr Abzug wie der der westalliierten Truppen aus der Bundeshauptstadt Berlin am 8. Sept. standen symbolhaft dafür, daß D. seine außenpolit. Handlungsfreiheit zurückgewonnen hatte. Von versch. Seiten wurde D. aufgefordert, eine größere weltpolit. Rolle zu spielen, u. a. von dem amerikan. Präs. CLINTON, dem UNO-Gen.-Sekr. BOUTROS BOUTROS GHALI und dem israel. Außenmin. SHIMON PERES. Verstärkt wirkten Deutsche auch in internat. Führungspositionen mit. Die Bedeutung des im Aug. 1994 verstorbenen NATO-GenSekr. MANFRED WÖRNER für die Neuformulierung der NATO-Politik, nicht zuletzt der →Partnerschaft für den Frieden, und den Einsatz in Bosnien erhielt internat. Würdigung. Mit KARL-THEODOR RASCHKE wurde im Aug. ein dt. Diplomat UNO-Generalinspekteur für Finanzen. Bremens ehem. Bürgermeister HANS KOSCHNICK wurde im Juli im Auftrag der EU Administrator in der bosn. Stadt Mostar. Der Wunsch der Bundesreg. nach Mitgliedschaft im Sicherheitsrat der UNO fand international immer mehr Zustimmung,

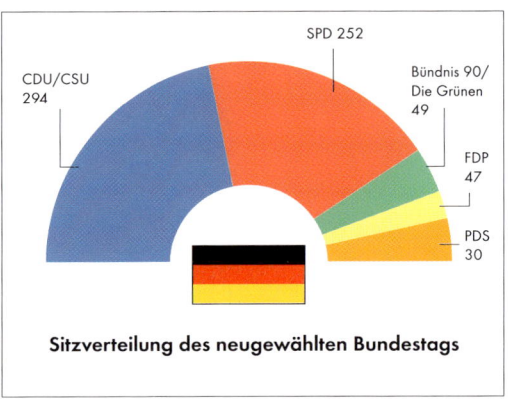

**Sitzverteilung des neugewählten Bundestags**

wurde allerdings im amerikan. Senat mit der Forderung nach voller Beteiligung D.s an UNO-Aktionen verbunden. Mit dem Urteil des Bundesverfassungsgerichts im Juli zur Klage von SPD und FDP gegen militär. Einsätze der →Bundeswehr außerhalb des NATO-Gebiets wurde der Weg zu einer solchen Beteiligung frei.

Bei den Beitrittsverhandlungen der EU mit Österreich, Schweden, Dänemark und Norwegen im Frühjahr spielte Außenmin. KINKEL eine aktive Rolle. Der EU-Beitritt dieser Staaten, deren Wirtschaft eng mit D. verbunden ist, ist für 1995 vorgesehen. Der gemeinsame Vorschlag von Bundeskanzler KOHL und Präs. MITTERRAND, den belg. MinPräs. DEHAENE zum EU-Kommissionspräs. zu wählen, rief Kritik in den Niederlanden hervor, deren MinPräs. LUBBERS Ansprüche auf dieses Amt geltend machte. Nachdem der brit. Premiermin. MAJOR die Wahl Ende Juni durch sein Veto verhindert hatte, wurde auf Vorschlag des EU-Ratspräs. KOHL Anfang Juli der luxemburg. MinPräs. JACQUES SANTER nominiert.

Anerkennung im In- und Ausland riefen die auf Verständigung gerichteten Aktivitäten des alten und des neuen Bundespräsidenten RICHARD VON WEIZSÄCKER und ROMAN HERZOG in Osteuropa hervor. Zum Abschied VON WEIZSÄCKERS veranstaltete der tschech. Staatspräs. VÁCLAV HAVEL ein Treffen der Staatsoberhäupter Mitteleuropas in Leitmeritz (Nordböhm. Kreis). HERZOG wurde kurz nach seinem Amtsantritt am 1. Juli zur 50-Jahr-Feier des Warschauer Aufstands eingeladen und bekannte sich in seiner Rede am 1. Aug. zur dt. Schuld für die nat.-sozialist. Verbrechen an den Polen und zur dt.-poln. Verständigung.

D. entwickelte sich ökonomisch und auch politisch zum wichtigsten Partner der ost- und mittelosteurop. Staaten, in denen die Investitionstätigkeit dt. Firmen bes. hoch war; in den Grenzregionen wurden regionale Kooperationsabkommen abgeschlossen. D. plädierte für einen Beitritt Polens, der Tschech. Republik, der Slowakei und Ungarns

Zum Auftakt eines zweitägigen Deutschlandbesuchs wird UNO-Generalsekretär Boutros Boutros Ghali (links) am 12. April von Außenminister Kinkel im Bonner Gästehaus der Bundesregierung begrüßt. Thema ist die verstärkte Zusammenarbeit Deutschlands mit der UNO im militärischen Bereich

zur NATO und EU. Mit seinem Eintreten für ein aus Frankreich, D. und den Benelux-Staaten bestehendes ›Kerneuropa‹ löste der CDU/CSU-Fraktionsvors. SCHÄUBLE allerdings bei den Beitrittskandidaten und den anderen EU-Mitgliedstaaten erhebl. Irritation aus.

Die NATO-Anfrage nach dt. Tornado-Flugzeugen zur Ausschaltung serb. Flugabwehrstellungen in Bosnien führte innerhalb und außerhalb der Koalition zu heftigen Diskussionen. SPD-Politiker warnten davor, die auch histor. begründete gemeinsame Position aufzugeben, dt. Soldaten im ehem. Jugoslawien nicht einzusetzen. Mitte Dez. entschied die Koalition, daß zum Schutz humanitärer Hilfsaktionen Tornados zur Verfügung gestellt werden. Ein eventueller Abzug der UNO-Truppen soll u. a. durch Schiffe und Sanitätseinrichtungen außerhalb Bosniens unterstützt werden. Der Einsatz dt. Bodentruppen in Bosnien komme nicht in Betracht.

---

**DEUTSCHLAND**

## Deutschland und seine Identität

### Grundsatzfragen fünf Jahre nach der Europäischen Revolution

Im fünften Jahr nach der Europäischen Revolution befinden sich die Deutschen intensiver denn je auf der Suche nach ihrer Identität. Die praktischen Themen des politischen Alltags in Deutschland werden überlagert von einer Reihe grundsätzlicher Fragen:

Wachsen Ost- und Westdeutsche zusammen, oder werden die Gräben tiefer? Wie kann es sein, daß nur fünf Jahre nach der ›Wende‹ die Nachfolgepartei der SED in den Bundestag *gewählt* wird? Was ist in einem Land geschehen, in dem nur 50 Jahre nach dem Holocaust wieder Rassismus und Ausländerfeindlichkeit um sich greifen? Und schließlich: Welche Rolle spielt das wiedervereinigte Deutschland in der Welt? War die Westorientierung nur eine strategische Notwendigkeit im kalten Krieg, oder sind europäische Integration und atlantische Bindung für das neue Deutschland ein Teil der Staatsräson? Ist die Debatte über eine mögliche Beteiligung deutscher Soldaten an UNO-Kampfeinsätzen Ausdruck von neuem Großmachtdenken oder, im Gegenteil, die selbstverständliche Mitwirkung an internationaler Verantwortung und damit die Absage an einen deutschen Sonderweg?

Fertige Antworten gibt es nicht. Die Debatte wird weitergehen, und niemand sollte das als überflüssige Nabelschau abtun. Vor dem Hintergrund unserer Geschichte muß es solche Auseinandersetzungen geben. Je offener und fairer sie geführt werden, desto eher werden die Deutschen sich selbst und ihren Platz in Europa finden. Einige Gedanken, hier nur skizziert, sollen zu dieser Diskussion beigetragen werden.

### Staatliche, wirtschaftlich-soziale und innere Einheit

Die wirtschaftlichen und sozialen Schwierigkeiten, noch mehr aber die menschlichen Probleme zwischen Ost- und Westdeutschen nach der Wiedervereinigung sind lange unterschätzt worden. Daß die Überwindung der Teilung auch Teilen bedeuten würde, d. h. ca. 160 Mrd. DM-Transfers jährlich in die neuen Bundesländer, hatten 1990 nur wenige vorausgesehen. Verbreitet war dagegen der Glaube, die Wiedervereinigung primär aus der Verteilung der Zuwächse finanzieren zu können, das übrige würde eine entfesselte marktwirtschaftliche Ordnung und die Einführung der stabilen DM in der ehemaligen DDR leisten. Solche Hoffnungen haben getrogen. Der jetzt langsam erkennbare ›Aufschwung Ost‹ hat viel mehr Anschubfinanzierung von staatlicher Seite erfordert als vorausgesagt. Dies gilt nicht zuletzt für die Infrastruktur.

Wer heute durch die neuen Bundesländer fährt, kann überall die gewaltigen Veränderungen seit 1989 feststellen: Tausende Kilometer ausgebesserter Straßen und Schienenwege, fast drei Millionen neuer Telefonanschlüsse, neue Wohnungen, renovierte Fassaden, unzählige kleine Geschäfte und Dienstleistungsbetriebe, noch mehr neue und bunte Automobile und dann und wann sogar eine hochmoderne Fertigungsstätte. Und dennoch: Der ökonomische Anpassungsprozeß hat ein Heer von Arbeitslosen und der gesellschaftliche Umbruch zahllose Menschen mit Orientierungsproblemen hinterlassen. Stört nicht auch die Haltung mancher aus dem Westen, die alles besser wissen (›Besser-Wessis‹) und nicht selten das Gefühl geben, daß nicht nur das politische System der DDR schlecht war, sondern auch die einzelnen Menschen Nichts-

nutze und Versager? Das Gefühl, als Deutsche zweiter Klasse behandelt zu werden, ist bis heute für viele ehemalige DDR-Bürger nicht geschwunden. Vor diesem Hintergrund versucht sich die PDS als *die* Partei der Ostdeutschen zu etablieren, hilft den Menschen bei ihren alltäglichen Problemen und schürt nebenbei kräftig DDR-Nostalgie. Im Westen hat man für die psychologischen Probleme des Umbruchs zumeist relativ wenig Verständnis, hält die Forderungen nach rascher Angleichung der Lebensverhältnisse für übertrieben und die Stimmen für die PDS für einen Ausdruck von Undankbarkeit gegenüber der Großzügigkeit der Westdeutschen.

In dieser Lage schwelen Spannungen und Konflikte, redet man nicht selten aneinander vorbei oder wendet sich ab. Letzteres aber ist das Schlimmste. Notwendig ist heute mehr denn je, aufeinanderzuzugehen, sich gegenseitig die Biographien zu erzählen und so die gesellschaftliche und kulturelle Kluft zu überwinden. Unterschiede und Ängste müssen dabei beim Namen genannt und sollten nicht als ›unpatriotisch‹ diffamiert werden. Die Herstellung der inneren Einheit im menschlichen Bereich wird aller Voraussicht nach noch viel längere Zeit in Anspruch nehmen als die wirtschaftliche, ökologische und sozialpolitische Sanierung der ehemaligen DDR.

### Umgang mit der DDR-Geschichte: Wahrheit und Versöhnung

Dies gilt auch besonders für den Umgang mit der DDR-Vergangenheit. Die innere Einheit kann nur wachsen, wenn es den Deutschen gelingt, sich auch hinsichtlich des Geschichtsverständnisses zu vereinigen. Selbstgerechte (Vor-)Verurteilung von Menschen, die in Aktivitäten von Stasi und kommunistischer Partei verstrickt wurden, stellen eine große Gefahr dar – ebenso allerdings das Verdrängen von Unrecht, die Nichtunterscheidung von Tätern und Opfern oder der um sich greifende Glaube, man habe aufgrund der Probleme der Gegenwart keine Zeit für die Aufarbeitung der Vergangenheit. In sei-

Als am 18. November Leipziger Bürger dem Aufruf des Neuen Forums zur Montagsdemonstration folgen, steht noch die Forderung nach Reformen in der DDR im Vordergrund. Die Warnungen der Bürgerbewegung vor einem Ausverkauf der DDR finden in dem deutschdeutschen Vereinigung in dem Gefühl vieler Ostdeutscher ihre Entsprechung, im Vergleich zu den Westdeutschen benachteiligt zu werden

ner Rede bei der Entgegennahme des Heinrich-Heine-Preises 1991 hat der damalige Bundespräsident RICHARD VON WEIZSÄCKER dazu ausgeführt: ›Versöhnung unter Menschen kann ohne Wahrheit nicht gelingen. Wahrheit ohne Aussicht auf Versöhnung aber ist unmenschlich. Die Kraft zur Einsicht in eigene Schwäche, Versagen und Schuld kann Wunder bewirken. Sie bedeutet nicht den Ausschluß, sondern sie bietet den tiefsten Ansatz für die Chance zu einem neuen Anfang. Er ist lebenswichtig für die Zukunft.‹

### Die NS-Vergangenheit: Gegen Geschichtsrevisionismus, Relativierung und Verdrängung – für Erinnerung und Verantwortung für die Zukunft

Problematisch gestaltet sich zunehmend aber auch der Umgang mit Nationalsozialismus und Holocaust. Einerseits wurden Millionen nicht zuletzt junger Menschen durch den Film ›Schindlers Liste‹ im Jahre 1994 wieder mit dem Greuel der Nazi-Diktatur konfrontiert. Andererseits hat der Geschichtsrevisionismus des ERNST NOLTE an Boden gewonnen. Die Leugnung der Singularität des organisierten Massenmordes, die These, daß der ›Archipel Gulag‹ ursprünglicher war als Auschwitz, und der Glaube, daß es ein halbes Jahrhundert nach Ende des Zweiten Weltkrieges an der Zeit ist, den Holocaust nicht ›wie eine Monstranz vor sich her zu tragen‹, sondern ›einzuordnen‹ (STEFFEN HEITMANN), finden vermehrt Anhänger. Warum die Jugend belasten mit Untaten, für die sie genausowenig können wie junge Amerikaner für die Ausrottung der Indianer? Der Wunsch, endlich normal zu sein, mag verständlich sein. Aber die Leugnung, Verdrängung oder Relativierung des Nazi-Terrors können neuen Stolz und Selbstbewußtsein der Deutschen nicht herbeiführen. Schuld ist niemals kollektiv, sondern immer persönlich. Deshalb kann kein denkender Mensch ein Interesse daran haben, daß junge Deutsche sich schuldig fühlen für das, was in der Zeit der Väter und Großväter in Deutschland geschah. Aber die Aufrechterhaltung der Erinnerung, aus der politische Verantwortung für die Zukunft folgt, ist und bleibt für das Selbstverständnis der Bundesrepublik von entscheidender Bedeutung. Wer das Unrecht relativiert, läuft Gefahr, neuem Unrecht den Weg zu bereiten.

### Westorientierung und Westbindung

Eine andere tragende Säule der freiheitlichen Demokratie in Deutschland bildet die von KONRAD ADENAUER über WILLY BRANDT bis HELMUT KOHL von einem breiten Grundkonsens getragene Politik der Westbindung Deutschlands. Das Ziel des europäischen Bundesstaates, die sicherheitspolitische Partnerschaft in der NATO, die Freundschaft zu den Vereinigten Staaten von Amerika – und damit die Absage an einen nationalen deutschen Sonderweg – all dies muß auch nach dem Ende des kalten Krieges ein Teil der ›Staatsräson‹ (WOLFGANG SCHÄUBLE) bleiben. Die Westbindung war mehr als ein notwendiges Zusammenrük-

Vor dem Hintergrund des in der Vergangenheit belasteten Verhältnisses zwischen Deutschland und Polen bittet Bundespräsident Roman Herzog anläßlich einer Feier zum 50. Gedenktag des Warschauer Aufstands am 1. August die Polen um Vergebung für das durch Deutsche verursachte Unrecht. Mit einem Kranz ehrt er die Opfer des Aufstands

ken gegenüber den militärischen und ideologischen Bedrohungen aus dem Osten. Europäische Union und NATO sind vielmehr auch politische Wertegemeinschaften, geprägt von den Postulaten der amerikanischen und der französischen Revolution. Die Einbettung in die westliche Staatengemeinschaft hat nicht nur den Frieden erfolgreich gewahrt, sondern auch die Freiheit in der Bundesrepublik Deutschland gesichert. In den siebziger Jahren wurde, nicht zuletzt vor dem Hintergrund des Vietnam-Krieges von der politischen Linken gegen diese Westbindung polemisiert. Heute kommen die Angriffe in erster Linie von rechtsaußen: Jetzt, nach Ende der Blockkonfrontation, könne Deutschland endlich wieder seinen eigenen nationalen Weg suchen. In Wahrheit aber liegt es im Interesse der Deutschen, an den gewachsenen Bindungen festzuhalten, da mit nationalen Lösungen keine einzige Herausforderung der Zukunft mehr bewältigt werden kann.

### Nation nur noch in Bindung an die universalen Menschen- und Bürgerrechte

Nation ist kein Grundwert, kein Selbstwert, kein Selbstzweck. Es darf kein ›right or wrong – my country‹ geben. Vielmehr kann die Nation nach den Erfahrungen von zwei Weltkriegen nicht mehr ohne die Bindung an die universalen Menschen- und Bürgerrechte gedacht werden. Eine politische

Der Autor: Friedbert Pflüger, geb. 1955, studierte Politikwissenschaft, Staatsrecht und Volkswirtschaft. 1981–84 Mitarbeiter des Regierenden Bürgermeisters von Berlin, 1984–89 Pressesprecher des Bundespräsidenten. Seit 1990 MdB (CDU)

Haltung, die Heimatliebe an Menschenwürde und Freiheit bindet, das ist der wahre Patriotismus. Dagegen wird er pervertiert, wenn ein ›Deutschland-zuerst-Denken‹ um sich greift, wenn die eigene Nation überhöht und andere ausgegrenzt werden. Man darf getrost Stolz für sein Deutschsein empfinden, wenn es als Aufgabe verstanden wird, sich für die Bewahrung der Schöpfung zu engagieren, sich für Frieden und Menschenrecht einzusetzen oder für soziale Gerechtigkeit zu arbeiten.

Einvernehmen besteht allerdings nicht einmal darüber, was eigentlich Nation bedeutet: der Glaube an die Gemeinsamkeit von Geschichte und Abstammung, Sprache, Literatur und Sitten oder aber *der Wille* (ERNEST RENAN). Ein sozialer Verband wird danach erst zur Nation, wenn er Nation sein *will,* indem er sich als Einheit zu organisieren beginnt. Geht es um den Volksstaat oder das Staatsvolk? Ist das Ethnische für die Nationenbildung entscheidend, oder aber entwickeln wir ein Verständnis von Nation als selbstkonstituierter Verfassungs- und Rechtsgemeinschaft? Solche Fragen haben Auswirkungen auf das Staatsbürgerrecht, die Einwanderungspolitik, den Umgang mit Fremden im allgemeinen. Beifall klatschende Bürger vor einem brennenden Asylbewerberheim, antisemitische Ausschreitungen in KZ-Gedenkstätten oder Gleichgültigkeit angesichts von Menschenjagden am hellichten Tag – das alles zeigt, daß Nationalismus und Rassismus in Deutschland noch nicht überwunden sind. Eine Klärung des heutigen Verständnisses von Nation kann dazu beitragen, extremen Agitatoren den Wind aus den Segeln zu nehmen. Sie sind die eigentlich Fremden in der deutschen Republik.

### Europäischer Bundesstaat bleibt das Ziel

Derzeit gewinnen jedoch Kräfte an Boden, die von der Vision der Vereinigten Staaten von Europa Abschied nehmen und in der Stärkung des Nationalstaates den richtigen Weg in die Zukunft sehen. Zwei umfangreiche Sammelbände, die 1993 und 1994 im Ullstein-Verlag erschienen – ›Westbindung‹ (herausgegeben von RAINER ZITELMANN und KARL-HEINZ WEISSMANN) und ›Die selbstbewußte Nation‹ (herausgegeben von HEIMO SCHWILK und ULRICH SCHACHT) – gehen in diese Richtung und ebenfalls ein Diskussionspapier von Berliner FDP-Politikern vom Oktober 1994, das die Partei nach dem Vorbild der österreichischen FPÖ rechts von der CDU/CSU etablieren will. Aber auch der bayerische Ministerpräsident EDMUND STOIBER bezeichnete die Entwicklung Europas zu einem Staat als ›Irrweg‹. In einem Interview im November 1993 forderte er – zeitgleich mit dem Inkrafttreten des Maastrichter Vertrages – eine Verlangsamung des europäischen Integrationsprozesses. Nicht mehr ein europäischer Bundesstaat, sondern ein bloßer Staatenbund solle am Ende der Entwicklung stehen. Europa sei lediglich eine Kopfgeburt. Es gelte, ›einen historischen Bruch in der Tradition der Union seit KONRAD ADENAUER‹ zu vollziehen. Wenn nun aber der europäische Bun-

desstaat durch ein ›Europa der Vaterländer‹ abgelöst wird, in das man nach Belieben ein- oder austreten kann, wird dann nicht schon bald eine Situation eintreten, in der es nur noch Vaterländer und kein Europa mehr gibt?

Nationalismus und Rassismus sind in Deutschland noch nicht überwunden. Den Ausschreitungen vom August 1992 in Rostock folgen weitere fremdenfeindliche und antisemitische Anschläge, denen auch Menschen zum Opfer fallen

Die Gefahr, daß die europäische Idee verwässert wird, nimmt paradoxerweise auch mit der geplanten Nord- und Osterweiterung der Europäischen Union zu. Wird eine auf 20 oder mehr Staaten erweiterte Gemeinschaft noch regierbar sein? Wird die Aufnahme weiterer Staaten nicht den in Maastricht angestrebten Prozeß der Vertiefung der europäischen politischen Zusammenarbeit bremsen oder gar umkehren? Einen Weg aus diesem Dilemma könnte ein Diskussionspapier des CDU/CSU-Fraktionsvorsitzenden WOLFGANG SCHÄUBLE vom September 1994 zeigen, der zu einer raschen Erweiterung der EU rät, gleichzeitig aber einem Kerneuropa, bestehend aus Deutschland, Frankreich und den Benelux-Ländern, eine ebenso rasche Beschleunigung der Integration empfiehlt. Durch ein Europa mit mehreren Geschwindigkeiten lassen sich die Ziele Vertiefung und Erweiterung der Europäischen Union vielleicht tatsächlich erreichen – und dem deutschen Nationalismus ein realistisches Konzept entgegenstellen.

Wie dem auch sei: Die Europapolitik und damit ein Herzstück der deutschen Identitätsdebatte wird in den kommenden Jahren heftig umstritten sein. Besondere Beachtung kommt dabei der europäischen

Regierungskonferenz im Herbst 1996 zu. Bisher waren die Deutschen – in den letzten zwölf Jahren mit Bundeskanzler HELMUT KOHL – die Motoren der europäischen Entwicklung. Wird das so bleiben?

### Weder Großmachtrolle noch Nischenexistenz, sondern Mitwirkung an der Sicherung völkerrechtlicher Umgangsformen

Bleibt die Frage nach der Rolle des wiedervereinigten Deutschland in der Welt. Eine Großmachtrolle sollte die Bundesrepublik nicht anstreben, ebensowenig aber kann es sich in den Nischen der internationalen Politik verstecken. Die meisten Staaten der Welt erwarten, daß Bonn/Berlin das Gewicht Deutschlands nutzt, um die globalen Krisen zu meistern. Es gibt keinen Grund, warum die Bundesrepublik auf allen Gebieten ihre globale Verantwortung wahrnimmt, oft sogar an die Spitze der Bewegung marschiert (wie z. B. beim Umweltgipfel in Rio 1992), dann aber, wenn militärische Maßnahmen zur Schaffung und Sicherung des Friedens notwendig werden, die Arbeit anderen überläßt. Die Beteiligung deutscher Soldaten an ›Out-of-area‹-Einsätzen der UNO zum Friedenserhalt oder zur Friedensschaffung hat nichts mit Interventionismus oder Kanonenbootpolitik zu tun. Es geht nicht um einen deutsch-nationalen Imperialismus, sondern ganz einfach um eine *Mitwirkung* der Deutschen an der Sicherung völkerrechtlich verankerter Umgangsformen zwischen den Nationen. Die Lehre der Geschichte besteht nicht in dem Verzicht auf militärische Macht, sondern darin, daß ihr Einsatz zur Verteidigung der Freiheit dienen soll. Diktatoren und Aggressoren in dieser Welt werden nicht durch Friedensgebete an Unterdrückung und Krieg gehindert. Beschreitet nicht in Wahrheit der eine nationalen Sonderweg, der die Verteidigung der Menschenrechte anderen überläßt? Nach der Wiedervereinigung und der europäi-

Der amerikanische Präsident Bill Clinton (Mitte) versichert Bundeskanzler Kohl (dahinter) am 12. Juli in Berlin, daß die USA auch zukünftig an der Seite Deutschlands stehen werden. Er ermuntert die Deutschen, im Inneren friedlich auch mit Menschen fremder Herkunft zusammenzuleben und in der Welt ihre politische Verantwortung wahrzunehmen

schen Revolution 1989/90 ist zu Recht das ›Ende der Bonner Republik‹ (MARGARITA MATHIOPOULOS) konstatiert worden.

Das neue Deutschland ist mehr als die alte Bundesrepublik plus 17 Millionen Menschen. Es gibt eine veränderte geopolitische Lage, vor allem aber leben die grundsätzlichen Debatten um das Selbstverständnis und den Kurs Deutschlands wieder auf, die in der Bonner Republik als entschieden galten. Zu hoffen bleibt, daß die historischen Grundentscheidungen, die die Bundesrepublik unter ihrem ersten Bundeskanzler KONRAD ADENAUER getroffen hat, – namentlich die normative Westbindung – erhalten und der neue Nationalismus beherrschbar bleiben.

**DGB:** Der Dt. Gewerkschaftsbund (DGB) befand sich 1994 in einer Phase grundlegender Veränderungen. Die Strukturreform, die mit dem Reformkongreß im Nov. 1996 abgeschlossen werden soll, umfaßt einen deutl. Personalabbau, die Konzentration auf Kernaufgaben (u. a. Rechtsschutz, Frauen- und Jugendarbeit, Wirtschafts- und Strukturpolitik, Sozial- und Bildungspolitik, Gesellschaftspolitik und Europafragen) sowie die Neuorganisation der DGB-Abteilungen. Der DGB-Vors. HEINZ-WERNER MEYER, der die Strukturanpassungen vorantrieb und nach seiner Wiederwahl auf dem Bundeskongreß im Juni noch zwei Jahre im Amt bleiben wollte, verstarb überraschend im Mai.
Auf Vorschlag des DGB-Bundesvorstands wählte der Bundeskongreß in Berlin das IG-Metall-Vorstandsmitglied DIETER SCHULTE zum Vors. der mit einem starken Mitgliederrückgang kämpfenden Dachorganisation. Neben der Wahl SCHULTES und

der Mitgl. des Bundesvorstands wurde u. a. über weitere Schritte der DGB-Reform entschieden.
**digitaler Hörfunk,** Übertragungsverfahren des Tonrundfunks, bei dem die akust. Informationen (Sprache, Musik usw.) nicht wie herkömmlich durch analoge Modulation, sondern durch digitalisierte Signale übertragen werden. Digitaler Hörfunk ist weniger störanfällig und weist bessere Tonqualität auf als der herkömml. Hörfunk; zusätzlich können Nebeninformationen übermittelt werden. Als Digitales Satelliten Radio (DSR) wurde der d. H. 1989 auf der Funkausstellung in Berlin in Betrieb genommen. Über die Fernmeldesatelliten DFS 1 – Kopernikus und TV-SAT werden 16 Hörfunkprogramme (sowohl öffentl.-rechtl. als auch private) in hoher, sog. ›CD-Qualität‹ ausgestrahlt, die über die Fernsehsatelliten- oder eine eigene Planarantenne mit einem bes. DSR-Tuner zu empfangen sind. Ende 1993 gab es ca. 150 000 DSR-Teilnehmer. Mit Beteiligung u. a. des Südwestfunks soll

ab Frühjahr 1995 Astra Digital Radio (ADR) über den Satelliten Astra ausgestrahlt werden.

Der terrestr. d. H. (Digital Audio Broadcasting; DAB), der langfristig den analogen UKW-Hörfunk ablösen soll und im Unterschied zum Satellitenhörfunk auch regionale und lokale Programme gezielt abstrahlen kann sowie mobilen Empfang ermöglicht, befindet sich demgegenüber noch in der Versuchsphase. Verschiedene in Bayern, Baden-Württemberg, Berlin und Köln/Bonn 1995–97 laufende, von den Landesmedien- und Landesrundfunkanstalten getragene Pilotprojekte zielen auf eine flächendeckende Markteinführung von DAB im Herbst 1997, um den Systemvorsprung der dt. Endgeräteindustrie zu sichern.

## Djibouti

**Hauptstadt:** Djibouti
**Einwohner:** 481 000
**Einwohner/km²:** 21
**Staatsoberhaupt:**
H. Gouled Aptidon
**Regierungschef:**
B. Gourad Hamadou
**BSP/Einwohner:**
600 US-$

Anfang März ging die Reg. erneut militärisch gegen die vom N aus operierenden Afar-Rebellen der Front zur Wiederherstellung von Einheit und Demokratie (FRUD) vor, erreichte jedoch keinen vollständigen Sieg. Mit dem Ziel, den seit Nov. 1991 andauernden Konflikt beizulegen, wurden mit frz. Vermittlung Mitte des Jahres Gespräche zw. der von den Issa dominierten Reg. unter Präs. HASSAN GOULED APTIDON und der FRUD-Führung aufgenommen. Als Zeichen djibout.-frz. Entspannung wurde der Besuch des frz. Min. für Kooperation MICHEL ROUSSIN im Frühjahr gewertet. Am 27. Dez. schlossen Reg. und Afar-Rebellen überraschend ein Friedensabkommen.

## Dominica

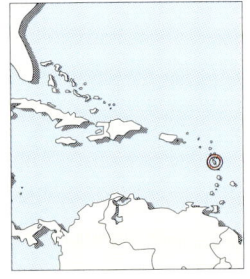

**Hauptstadt:** Roseau
**Einwohner:** 72 000
**Einwohner/km²:** 96
**Staatsoberhaupt:**
C. A. Seignoret
**Regierungschef:**
M. E. Charles
**BSP/Einwohner:**
2 520 US-$

## Dominikanische Republik

**Hauptstadt:**
Santo Domingo
**Einwohner:** 7,6 Mio.
**Einwohner/km²:** 156
**Staatsoberhaupt:**
J. Balaguer
**Regierungschef:**
J. Balaguer
**BSP/Einwohner:**
1 040 US-$

### Wirtschaftliche Entwicklung

Trotz der seit Jahren bei ca. 20 % liegenden Arbeitslosenquote, konnte sich die Wirtschaft leicht konsolidieren. Die vielerorts mangelhafte Stromversorgung, die v. a. die verarbeitende Industrie schwer belastete, konnte merklich verbessert werden. Durch forcierte Exporte im Bergbausektor erfuhr der Außenhandel eine Stärkung. Neue Handlungsspielräume verschaffte der Reg. Mitte Febr. ein internat. Bankenkonsortium, das der D. R. einen großen Teil der Auslandsschulden erließ.

### Umstrittene Präsidentschafts- und Parlamentswahlen

Mit einem knappen Vorsprung von 22 291 Stimmen gegenüber JOSÉ FRANCISCO PEÑA GÓMEZ, dem Kandidaten des Partido Revolucionario Dominicano (PRD; Revolutionäre Dominikan. Partei), wies die Wahlkommission am 2. Aug. JOAQUÍN BALAGUER (Partido Reformista Social Cristiano, PRSC) als Sieger der Wahlen vom 16. Mai aus. Der Oppositionsführer PEÑA GÓMEZ warf BALAGUER Wahlbetrug durch Manipulation des Wahlverzeichnisses vor: 200 000 Wähler hätten ihre Stimme nicht abgeben können. Auch die internat. Wahlbeobachter erhoben den Vorwurf gravierender Unregelmäßigkeiten. Die Wahlbehörde, die eine Woche nach den Wahlen eine neue Auszählung angekündigt und die Überprüfung der Wählerlisten versprochen hatte, gab am 17. Juni bekannt, daß Neuwahlen ausgeschlossen seien. Damit konnte BALAGUER, der beim Militär, dem größten Teil der freien Wirtschaft und dem konservativen Flügel der kath. Kirche Rückhalt hat, am 16. Aug. vereidigt werden und trat seine siebte Amtszeit an. Anfang Aug. räumte BALAGUER Unregelmäßigkeiten bei den Wahlen, nicht jedoch Betrug ein und kündigte vorgezogene Neuwahlen an.

Mitte Aug. billigte das Parlament, in dem die Opposition seit den Wahlen mit 57 (von 120) Sitzen die Mehrheit stellt (PRSC: 50 Sitze), eine Verfassungsänderung; sie sieht eine Stichwahl vor, wenn ein Präsidentschaftskandidat im ersten Wahlgang nicht die absolute Mehrheit erzielt. Auch ist die Kandidatur eines amtierenden Staatsoberhaupts für eine direkt anschließende Amtszeit zukünftig untersagt. Im Senat ergab die neue Mandatsverteilung für die regierende PRSC 14 Sitze, auf die PRD entfielen 15.

Als Nachbarland Haitis erhielt die D. R. bei der Durchsetzung des Waffen- und Treibstoffembargos gegen Port-au-Prince sowie bei der Errichtung einer allg. Handelssperre (23. Mai) besondere Bedeutung. Mitte Aug. wurde an der Grenze beider Staaten eine internat. Beobachtergruppe stationiert.

**Doping:** Trotz zunehmender Kontrollen bereits in der Trainingsphase haben sich die Manipulationen mit D. nicht eindämmen lassen. Bei den Asienspielen in Hiroshima Mitte Okt. wurde bei elf chin. Sportlern (darunter acht Schwimmer) das Mittel Dehydrotestosteron festgestellt. Nach Bestätigung der positiven Fälle wurden den Chinesen 22 Medaillen aberkannt, außerdem mehrere Schwimmer (u.a. die vierfache Goldmedaillengewinnerin Lu Bin) vom Schwimm-Weltverband für zwei Jahre gesperrt. In Deutschland wurden erste Verfahren gegen frühere DDR-Ärzte und deren Mitarbeiter eingeleitet, die zu körperl. Schäden und Deformationen führende D.-Mittel verabreicht oder Kindern bei Versuchen mit Anabolika mißbraucht haben sollen. Der vom Internat. Olymp. Komitee in Paris verabschiedete ›Medical Code‹, die Anti-D.-Charta des IOC, will alle olymp. Sportverbände auf Kontrollen auch im Training verpflichten und Strafen vereinheitlichen. Noch zögern die Radsport-, Tennis- und Fußballverbände, dieser Einheitsfront beizutreten. Bei der Fédération Internationale de Football Association (FIFA) leitete jedoch der Fall des argentin. Fußballstars Maradona, der bei der Fußballweltmeisterschaft 1994 der Einnahme eines Aufputschmittels überführt und zu einer Sperre verurteilt wurde, einen Umdenkprozeß ein.

**Dresdener Frauenkirche:** Am 27. Mai begann offiziell der Wiederaufbau der D. F., die bei den alliierten Luftangriffen im Febr. 1945 zerstört worden war. 30 % der Sichtsteine können voraussichtlich aus der Trümmermasse und den Ruinenteilen original rekonstruiert werden; die Finanzierung der auf 250 Mio. DM geschätzten Arbeiten scheint durch die Neugründung einer öffentl.-rechtl. Stiftung gesichert. Die 1726–34 erbaute Kirche mit der glockenförmigen Kuppel aus Stein gilt als einzigartiges Zeugnis mitteleurop. Barockkunst.

**Drogenpolitik:** Nach wie vor gab es in den alten Bundesländern erheblich mehr Drogentote (1993: 1 736 ) als in den neuen (1993: 2 Tote); dort

Die Fotografie aus dem Jahre 1893 zeigt die im Februar 1945 zerstörte Dresdener Frauenkirche, die 1726–34 von Georg Bähr erbaut wurde

wächst die Szene nur langsam weiter. Insgesamt stieg die Zahl der Drogenopfer 1994 wieder an. Auch die Zahl der erfaßten Erstkonsumenten harter Drogen erhöhte sich im 1. Halbjahr 1994. Als Gesamtzahl der Konsumenten harter Drogen gibt das Bundeskriminalamt (BKA) für 1994 als Richtwert 139 000 bis 184 000 an.

In der anhaltenden Diskussion um Änderungen der drogenpolit. Strategien setzte sich insbes. die SPD wie im Vorjahr für antiprohibitive Maßnahmen wie z. B. niederschwellige Hilfen ein. So erhalten im SPD-geführten Hamburg rd. 1 200 Drogenkranke sog. Ersatzdrogen wie Polamidon und Codein. Im Mai wurde eine vierjährige Begleitstudie (1990 bis 1994) zur Substitutionsvergabe vorgestellt, die eine Verbesserung der gesundheitl. und psych. Lage der Abhängigen, einen Anstieg der Anzahl der Ausstiegswilligen sowie einen deutl. Rückgang der Beschaffungsdelinquenz feststellte. Bundesgesundheitsmin. Seehofer kündigte indes im selben Monat an, daß die Reg. die Suchtkrankentherapie mit Codein und Dihydrocodein verbieten will. Im Juni wies Frankfurts Oberbürgermeister von Schöler

| Erstkonsumenten ›harter‹ Drogen | | | | | |
|---|---|---|---|---|---|
| (Heroin, Kokain, Amphetamin, Sonstige) | | | | | |
| | 1990 | 1991 | 1992 | 1993 | 1994*) |
| Insgesamt | 10 784 | 13 083 | 14 346 | 13 009 | 5 614 |
| davon Kokain | 2 308 | 2 467 | 2 600 | 3 238 | 1 629 |
| davon Heroin | 7 252 | 9 371 | 10 452 | 8 384 | 3 459 |

*) 1. Halbjahr
Quelle: Bundeskriminalamt

**Betäubungsmittel-Sicherstellungen**

| Droge | 1991 | 1992 | 1993 | 1994*) |
|---|---|---|---|---|
| Cannabisharz (in t) | 10,8 | 3,8 | 4,2 | 1,885 |
| Cannabiskraut (in t) | 1,4 | 8,3 | 7,1 | 0,157 |
| LSD (in Stück) | 13 887 | 26 571 | 23 442 | 10 440 |
| Heroin (in t) | 1,59 | 1,43 | 1,09 | 0,724 |
| Rohopium (in kg) | 1,74 | 19 | 232,4 | rd. 20 |
| Kokain (in t) | 0,96 | 1,33 | 1,05 | 0,299 |
| Amphetamin (in kg) | 88 | 113 | 109 | 54 |

*) 1. Halbjahr
Quelle: Bundeskriminalamt

darauf hin, daß die Stadt gegen die Ablehnung eines Antrags zur (kontrollierten) Freigabe von Heroin für Schwerstabhängige durch das Bundesgesundheitsamts (BGA) im Jan. gerichtlich vorgehen werde, und daß Frankfurt im Dez. den ersten offiziellen Gesundheitsraum (›Fixerraum‹) Deutschlands eröffnet. Der Justizmin. von Nordrhein-Westfalen, KRUMSIEK, löste im Mai eine bundesweite Debatte aus, als er §31a des Betäubungsmittelgesetzes (i. d. F. v. 1992) so auslegte, daß der Besitz von bis zu 0,5 g Heroin, Kokain oder Amphetamin in Nordrhein-Westfalen straffrei ist.

In der drogenpolit. Diskussion wurde diese Interpretation oft fälschlich dem sog. **Haschisch-Urteil** angelastet: Am 28. April veröffentlichte der Zweite Senat des Bundesverfassungsgerichts (BVerfG) seine Entscheidung über ein verbundenes Verfahren, dem sechs Richtervorlagen über versch. Formen des Umgangs mit Cannabis (Haschisch) zugrunde lagen. Grundsätzlich, so das BVerfG, bleibt der Umgang mit Haschisch strafbewehrt. Doch soll der Erwerb und Besitz kleiner Mengen zum gelegentl. Eigenverbrauch nicht mehr von den Staatsanwaltschaften verfolgt werden (die Polizei als erstermittelnde Strafverfolgungsbehörde wird von der BVerfG-Entscheidung nicht tangiert). Die Länder wurden vom BVerfG verpflichtet, Begriffe (›kleine Menge‹) zur Vereinheitlichung der Verfahren bei der Einstellung der Strafverfolgung durch Vorschriften zu ergänzen. Die Haschisch-Grenzwerte in den Ländern variierten 1994 von 0,5 g (Brandenburg) über 5 g (Bayern) und 10 g (Nordrhein-Westfalen, Bremen) bis 30 g (Schleswig-Holstein). Aufsehen erregte Ende Okt. das Landgericht Lübeck, das in einem Urteil den Grenzwert für strafbaren Handel mit Haschisch auf 4 kg festlegte.

In der Schweiz entschied Mitte Aug. das Bundesgericht in Lausanne, daß es bei der Strafbarkeit des Umgangs mit Cannabis bleibt. Nach Ansicht des höchsten Gerichts müsse berücksichtigt werden, daß Cannabisprodukte bes. für problembeladene Jugendliche nicht unbedenklich seien.

**E** ▬▬▬▬▬

**Ecuador**

**Hauptstadt:** Quito
**Einwohner:** 11,3 Mio.
**Einwohner/km²:** 40
**Staatsoberhaupt:**
S. Durán Ballén
**Regierungschef:**
S. Durán Ballén
**BSP/Einwohner:**
1 070 US-$

### Wirtschaftliche Entwicklung

Die 1992 nach der Wahl SIXTO DURÁN BALLÉNS eingeschlagene Sparpolitik, gegen die es zunächst mehrfach zu Streiks und Demonstrationen gekommen war, führte zu einem Rückgang der jährl. Inflationsrate von (1992) 60% auf 26,9% im Mai 1994. Sinkende Exporte und eine höhere Einfuhrquote infolge des gestiegenen Konsums vergrößerten das Leistungsbilanzdefizit.

Ende April vereinbarte die Reg. mit den privaten Gläubigerbanken ein Umschuldungsabkommen in Höhe von 7,2 Mrd. US-$, wodurch E. 45% seiner Schulden erlassen wurden. Für 4,5 Mrd. US-$ Kapitalschuld wurde eine Absicherung über 30jährige Anleihen vorgesehen, während die längst fälligen Zinsrückstände von insgesamt 2,7 Mrd. US-$ in 20jährige Zinsbonds umgewandelt wurden. Durch dieses Sanierungsprogramm war E. wieder in der Lage, die Zinszahlungen an die Banken aufzunehmen. Der Internationale Währungsfonds (IWF) gewährte E. zur Unterstützung einen Stand-by-Kredit von rd. 184 Mio. US-$.

**Drogentote**

| 1990 | 1991 | 1992 | 1993 | 1994*) |
|---|---|---|---|---|
| 1 491 | 2 125 | 2 099 | 1 738 | 785 |

*) 1. Halbjahr
Quelle: Bundeskriminalamt

## Inneres

Nach den Teilwahlen am 1. Mai für den National-kongreß, bei denen von insgesamt 77 Abgeordneten die 65 Provinzvertreter für zwei Jahre neu zu wählen waren – die restl. zwölf (nat.) Parlamentarier werden alle vier Jahre gewählt –, war die Koalition der Minderheitsreg. mit nur noch neun Mandaten vertreten: Dabei entfielen auf den Partido de Unidad Republicana (PUR; dt. Partei der Republikan. Einheit) von Präs. DURÁN drei Sitze und auf den Koalitionspartner Partido Conservador Ecuatoriano (PCE; dt. Konservative Ecuadorian. Partei) sechs. Der oppositionelle rechtsgerichtete Partido Social Cristiano (PSC; dt. Christl.-Soziale Partei) konnte seine Vormachtstellung auf 26 Abgeordnete (+ 5 Sitze) ausbauen. Als zweitstärkste Partei ging mit elf Mandaten der Partido Roldosista Ecuatoriano (PRE) aus den Wahlen hervor. Mit der Volksabstimmung vom 28. Aug. wurde die Wiederwahl u. a. des Staatsoberhaupts möglich.

Gegen das am 13. Juni verabschiedete Agrargesetz erhoben sich, u. a. unterstützt von den Gewerkschaften und der kath. Kirche, E.s Indios, da mit ihm Reformen von 1964 und 1973 aufgehoben werden sollten, mit denen Ureinwohnern und Kleinbauern Land von Großgrundbesitzern kollektiv übereignet worden war (ca. 58% der landwirtschaftl. Anbauflächen). Am 23. Juni wurde das Agrargesetz durch einen Beschluß des Verfassungsgerichts suspendiert. Gegen das Vorhaben der Reg., die Förderung von Erdöl, einem der wichtigsten Exportgüter E.s, auszubauen, kündigte die Indioorganisation Confeniae Mitte Nov. ihren Widerstand an.

Anfang des Jahres schädigt eine Brand-katastrophe die einzigartige Tierwelt der zu Ecuador gehörenden Galapagos-Inseln. Erst nach mehreren Wochen können die Brände gelöscht werden

Spielszene aus der Begegnung Deutschland gegen Kanada (1:2) beim Deutschland-Cup in Stuttgart am 5. November; Georg Holzmann (Nr. 11) im Angriff auf das mit Andrew Verner besetzte kanadische Tor, mit (Nr. 21) Peter Allen, mit (Nr. 6) Jeff Sebastian

**Eishockey:** Bei den Olymp. Spielen bezwang Schweden das ›Team Canada‹ im Endspiel mit 3:2 nach Penaltyschießen, die Bronzemedaille holte sich Finnland durch einen 4:0-Sieg über Rußland. Die dt. Mannschaft scheiterte im Viertelfinale und belegte abschließend Rang 7. – Der Weltmeistertitel ging nach 33 Jahren wieder einmal an Kanada. Im Finale der in Italien (Mailand und Bozen) ausgetragenen WM siegten die ›Ahornblätter‹ gegen Finnland im Penaltyschießen mit 4:3. Schweden wurde durch einen 7:2-Sieg über die USA Dritter. Verlierer der Titelkämpfe waren die einst führenden Russen und Tschechen, die bereits im Viertelfinale ausschieden. Österreich, das überraschend die Runde der letzten Acht erreichte, scheiterte dort aber mit einer 0:10-Niederlage an Finnland. Die dt. Mannschaft verpaßte nach enttäuschenden Leistungen den Einzug ins Viertelfinale. – Beim B-Turnier in Kopenhagen gelang der Schweiz der Wiederaufstieg in die A-Gruppe.

Neuer dt. E.-Meister wurde Anfang April der EC Hedos München durch drei Siege in der abschließenden Finalrunde gegen die Düsseldorfer EG. Im übrigen wurde das nat. Geschehen vom Thema ›Dt. Eishockey-Liga‹ (DEL) beherrscht. Die sich an das Vorbild der nordamerikan. Profiliga National Hokkey League anlehnende neue dt. Eliteklasse soll die prekär gewordene wirtschaftl. Situation des professionellen E. in Deutschland, v. a. durch Neugründung der Profiabteilungen aus den alten Vereinen als Kapitalgesellschaften, auf eine gesicherte Grundlage stellen. Am 15. Sept. startete die DEL mit 18 Mannschaften in ihre erste Saison. Mitte Dez. stellten die mit rd. 7 Mio. DM verschuldeten Münchener Maddogs (ehemals EC Hedos München) den Spielbetrieb ein.

**EKO Stahl,** ostdt. Stahlbetrieb in Eisenhüttenstadt, der in die Rolle des unrentablen Staatsbetriebes zurückfiel, als die italien. Riva-Gruppe im Mai ihren endgültigen Rückzug von der Übernahme des Unternehmens erklärte. Dies bedingte die erneute Suche nach einem Investor, wobei die Diskussion um die Rettung der EKO Stahl AG mit der Errichtung einer Warmwalzanlage am Standort und damit der Schaffung neuer Kapazitäten im übersättigten europ. Stahlmarkt verknüpft war. Der belg. Stahlkonzern Cockerill Sambre erzielte im Okt. eine Einigung mit der Treuhandanstalt, derzufolge das Unternehmen eine moderne Warmwalzstraße baut, das Kaltwalzwerk modernisiert und dafür staatl. Beihilfen in Höhe von 910 Mio. DM erhält; gleichzeitig werden Kapazitäten im brandenburg. Stahlwerk Hennigsdorf abgebaut und die Warmbreitbandstraße im sachsen-anhaltin. Burg geschlossen. Am 9. Dez. stimmte der EU-Ministerrat diesem Rettungsplan formell zu, nachdem zuvor in zähen Verhandlungen die brit., frz. und luxemburg. Vorbehalte ausgeräumt werden konnten.

**elektronische Zeitung,** schlagwortartige Zusammenfassung für verschiedenartige, i. d. R. digitale Medien: 1) elektronisch aufbereitete Version von Tageszeitungen (z. B. FAZ, taz, Süddeutsche Zeitung, Tagesspiegel, Handelsblatt), Wochenzeitungen (u. a. Die Woche, VDI Nachrichten), Nachrichtenmagazinen (Focus, Der Spiegel, Stern) und zahlreichen Fachzeitschriften, abrufbar im Volltext oder als Artikelauswahl on line aus Datenbanken über Datennetze; 2) CD-ROM-Version eines Printprodukts, meist in Form eines vollständigen Jahrgangs oder im vierteljährl. Abonnement; 3) zeitschriftenähnl. Information auf einer Computerdiskette (z. B. Hörzu-Teledisk); 4) eigens für die audiovisuelle Rezeption hergestelltes Produkt, z. B. die seit Juli 1994 über Videotext ausgestrahlte Programminformation Express TV des Senders ›Pro 7‹ oder die ab Frühjahr 1995 über das Kabelnetz in Bremen und Bremerhaven verbreiteten Texttafeln, die Lokalnachrichten, Veranstaltungshinweise und Werbung enthalten (›Bildschirmzeitung‹).

## Elfenbeinküste

**Hauptstadt:**
Yamoussoukro
**Einwohner:** 13,4 Mio.
**Einwohner/km²:** 42
**Staatsoberhaupt:**
H. K. Bédié
**Regierungschef:**
D. K. Duncan
**BSP/Einwohner:**
670 US-$

Präs. HENRI KONAN BÉDIÉ gelang es, seine Macht, u. a. durch repressive Maßnahmen (Verhaftung krit. Journalisten, zeitweise Pressezensur, Niederschlagung student. Proteste), zu konsolidieren; Schaltstellen in Reg. und Verwaltung wurden mit Vertrauten und der für Wahlen zuständige, neu geschaffene Verfassungsrat mit Mitgl. der regierenden Demokrat. Partei (PDCI) besetzt. Am 30. April wurde BÉDIÉ nach Ausschaltung der innerparteil. Kritiker, die im Juni eine neue Partei gründeten, zum PDCI-Vors. gewählt. Die Politik gegenüber der muslim. Bevölkerung führte zu religiösen und ethn. Spannungen, die auch durch den Machtkampf zw. dem Präs. und dem ehem. Premiermin. ALASSANE OUATTARA angeheizt wurden. Die Wirtschaft entwickelte sich, nachdem die Abwertung des CFA-Franc vom Jan. durch Gehaltserhöhungen von bis zu 25 %, Erhöhung der Produzentenpreise und Entschuldung aufgefangen worden war, positiv, u. a. bedingt durch die gestiegenen Weltmarktpreise für Kaffee und Kakao.

Ernst Elitz, der erste Intendant des Deutschlandradios, wurde vor allem als Moderator der Diskussionssendung ›Pro & Contra‹ bekannt

**Elitz,** Ernst, Journalist, * Berlin 24. 7. 1941. – E. wurde im März 1994 zum ersten Intendanten des Deutschlandradios ernannt. Der neue Sender war zum 1. 1. 1994 aus dem Deutschlandfunk, dem Deutschlandsender-Kultur (DS-Kultur) und RIAS Berlin gebildet worden und strahlt als einziger nat. Sender zwei werbefreie Hörfunkprogramme aus. Um bundesweit Sendefrequenzen für das Deutschlandradio zu erhalten, wird sich E. allerdings gegen erhebl. Widerstand einzelner Landesrundfunkanstalten durchsetzen müssen.

Nach seinem Studium der Germanistik und Theaterwiss. in Berlin arbeitete E. v. a. für Rundfunk und Fernsehen; zuletzt war er ab 1985 Chefredakteur des Süddt. Rundfunks in Stuttgart und leitete dort die Sendung ›Pro & Contra‹. 1989 bewarb sich E. erfolglos um die Stelle des Intendanten des Süddt. Rundfunks.

## El Salvador

**Hauptstadt:**
San Salvador
**Einwohner:** 5,5 Mio.
**Einwohner/km²:** 262
**Staatsoberhaupt und Regierungschef:**
A. Calderón Sol
(seit 1. 6. 1994)
**BSP/Einwohner:**
1 170 US-$

### Fortsetzung des neoliberalen Wirtschaftskurses

Das Wirtschaftswachstum, das 1993 bereits 5% erreicht hatte, hielt auch 1994 an. Diese Entwicklung wurde begünstigt durch eine deutl. Steigerung der staatl. Investitionen. Auch erholten sich die Weltmarktpreise für das Hauptexportprodukt Kaffee, was das Leistungsbilanzdefizit eindämmte. Die geringe Auslandsverschuldung von weniger als 2 Mrd. US-$ erleichterte die Konsolidierung.

### Erste allgemeine Wahlen seit Beendigung des Bürgerkriegs

Während ARMANDO CALDERÓN SOL von der konservativen Regierungspartei ARENA bei den allgemeinen Wahlen am 20. März die erforderl. absolute Mehrheit mit 49% knapp verfehlte, setzte er sich in der Stichwahl am 24. April mit 68,3% klar durch gegen RUBÉN ZAMORA, den Kandidaten der Linkskoalition, der u.a. die ehem. Guerillaorganisation Farabundo Martí para la Liberación Nacional (FMLN) angehörte. In der neuen Zusammensetzung des Parlaments nimmt die ARENA-Partei 39 von 84 Sitzen ein, das Linksbündnis 22 und der Partido Demócrata Cristiano (PDC) 18. Das neue Staatsoberhaupt wurde am 1. Juni in sein Amt eingeführt.

Der überraschend faire Wahlkampf wurde v. a. auf das Wahlgesetz zurückgeführt, das jegliche, die Periode des Bürgerkriegs betreffende Anschuldigungen untersagte. Auch wenn die UNO-Beobachtermission (Mandatsverlängerung bis 30. Nov.) feststellte, daß trotz des neuen Wahlregisters 3% der Wahlberechtigten keinen Wahlausweis erhalten hatten, verliefen die Wahlen ohne nennenswerte Störfälle, und die UNO zeigte sich insgesamt mit dem Ablauf zufrieden. Hinsichtlich der Durchführung des Friedensabkommens der früheren Bürgerkriegsparteien beklagte sie zeitl. Verzögerungen, z. B. die Verschiebung der Auflösung der Nat. Polizei auf Anfang 1995 durch den früheren Staatspräs. ALFREDO CRISTIANI Anfang Mai.

Im Grenzgebiet zu →Honduras kam es zu blutigen Übergriffen der honduran. Armee.

**E-Plus-Netz,** →Mobilfunk.

**Eppelmann,** Rainer, Politiker (CDU), * Berlin 12. 2. 1943. – Am 19. 3. 1994 wurde E. zum Nachfolger von ULF FINK als Bundesvors. der ›Christlich-Demokrat. Arbeitnehmerschaft Deutschlands‹ (CDA) – häufig auch als ›Sozialausschüsse der CDU‹ bezeichnet – gewählt.

Da sein Vater nach dem Bau der Berliner Mauer im Westen geblieben war, durfte E. in der DDR kein Abitur machen und lernte Maurer und Dachdecker. 1964 wurde er zu acht Monaten Gefängnis verurteilt, weil er als einer der ersten ›Bausoldaten‹ dem Staat DDR keinen unbedingten Gehorsam schwören wollte. 1969 nahm E. ein Theologiestudium an einer theolog. Fachschule auf und übernahm als Pfarrer Mitte der 1970er Jahre die Samariterkirche in Ost-Berlin, die bald zum Treffpunkt für oppositionelle Intellektuelle und Künstler

wurde. Im Okt. 1989 zählte E. zu den Mitbegründern des Demokrat. Aufbruchs und nahm als dessen Sprecher am ›runden Tisch‹ teil. In der letzten Regierung der DDR (ab April 1990) wurde E. Min. für Verteidigung und Abrüstung und am 3. 12. 1990 Mitgl. des Bundestages.

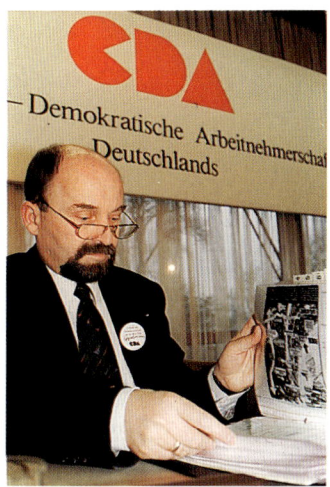

Rainer Eppelmann wird am 19. März zum neuen Bundesvorsitzenden der Christlich-Demokratischen Arbeitnehmerschaft (CDA) gewählt

## Eritrea

**Hauptstadt:** Asmara
**Einwohner:** 3,5 Mio.
**Einwohner/km²:** 28
**Staatsoberhaupt:**
I. Afewerki
**Regierungschef:**
I. Afewerki
**BSP/Einwohner:**
77 US-$

Am 29. Jan. klagte Präs. ISSAIAS AFEWERKI das sudanes. Regime und die sudanes. National Islamic Front (NIF) an, umstürzlerische Aktivitäten lokaler und internat. Fundamentalisten gegen E. zu unterstützen. Auf ihrem Kongreß im Febr. benannte sich die Eritreische Befreiungsfront (EPLF), die stärkste polit. Kraft, in Volksfront für Demokratie und Gerechtigkeit (PFDJ) um. In der Folge bildete die Nationalversammlung eine neue Reg., eine Kommission zur Ausarbeitung einer neuen Verfassung und einen Ausschuß zur Neugliederung der Provinzen. Während allg. die Privatisierung vorangetrieben wurde, stellte die Reg. den Verkauf staatl. Industrien zurück.

Nach dem Abzug der russischen Truppen im August verbleiben im Marine-Ausbildungszentrum im estnischen Paldiski nur unbrauchbare Gerätschaften

AFEWERKI und der europ. Kommissar für Entwicklung MANUEL MARIN vereinbarten in Asmara ein Hilfsprogramm in Höhe von 39 Mio. US-$ für den Ausbau der Infrastruktur. Von der EU wurden zudem Hilfeleistungen von knapp 75 Mio. US-$ für Wasseranschlüsse, Gesundheit und die Entwicklung des Hinterlands bereitgestellt. Nach einem Besuch AFEWERKIS in China erhielt die Gesellschaft China State Construction and Engineering Ende Mai den Zuschlag für die Konstruktion des Tewalet Fishery Centre im Hafen Massawas. Am 7. Juli trat E. dem Internat. Währungsfonds bei. Am 13. Aug. gaben Außenmin. PETROS SOLOMON und der sudanes. Außenmin. HUSSEIN ABOU SALEH eine Übereinkunft über die Sicherheitsmaßnahmen und die Rückführung der 400 000 Flüchtlinge aus dem Südsudan bekannt. Die Demobilisierung der früheren EPLF-Kämpfer schritt zügig fort.

## Estland

**Hauptstadt:** Reval
**Einwohner:** 1,6 Mio.
**Einwohner/km²:** 35
**Staatsoberhaupt:** L. Meri
**Regierungschef:** A. Tarand (seit 27. 10. 1994)
**BSP/Einwohner:** 2 750 US-$

### Positive Wirtschaftslage

Im wirtschaftl. Bereich setzte sich der Aufschwung mit einem realen Wachstum von 3% fort. Da die Reg. unter MinPräs. MART LAAR stabile rechtl. Rahmenbedingungen gewährleistete, wurden zahl-

reiche private Investoren angezogen. Nachdem die Inflationsrate im Jahresdurchschnitt 1992 noch bei etwa 1 000% und 1993 bei rd. 90% gelegen hatte, konnte sie 1994 auf 40% gesenkt werden. Die Arbeitslosenquote verharrte mit offiziell 3% auf sehr niedrigem Niveau. – Am 18. Juli schlossen Estland, Lettland und Litauen mit der EU ein Freihandelsabkommen ab, das am 1. 1. 1995 in Kraft trat.

### Rußland, der schwierige Nachbar

Nach langen, zähen Verhandlungen unterzeichneten am 26. Juli der estn. Präs. LENNART MERI und sein russ. Amtskollege B. JELZIN ein Abkommen über den Abzug der zu diesem Zeitpunkt noch im Lande stationierten rd. 2 000 russ. Soldaten (von ehemals 30 000), demzufolge diese bis zum 31. Aug. das Land verließen. Im Gegenzug wurde den etwa 10 500 pensionierten russ. Militärs (zusammen mit den Familienangehörigen rd. 40 000 Personen) die Möglichkeit eingeräumt, nach jeweiliger Einzelfallprüfung die Aufenthaltsgenehmigung in E. zu erlangen. In einem dritten Abkommen verpflichtete sich Rußland, die Schulungs-Kernreaktoren in der ehem. Marinebasis auf der Halbinsel Paldiski bis zum 30. 9. 1995 zu räumen. Offen blieb vorläufig die Auseinandersetzung um Territorien bei Pskov und Narva, die 1920 E. zugeschlagen und 1940 an Rußland abgetreten worden waren. – Rückhalt gegenüber dem östl. Nachbarn suchte E. durch eine enge Anlehnung an den Westen; seinen Ausdruck findet diese Haltung in dem am 4. Febr. vollzogenen Beitritt zum NATO-Programm ›Partnerschaft für den Frieden‹.

### Neuer Ministerpräsident

Seit Anfang des Jahres geriet MinPräs. MART LAAR wegen undurchsichtiger Waffengeschäfte mit Israel und unsauberer Rubeltransaktionen während der Währungsreform von 1992 zunehmend unter Druck. Schließlich wurde er am 26. Sept. durch ein Mißtrauensvotum des Parlaments zum Rücktritt gezwungen; zu seinem Nachfolger wählten die Abgeordneten am 27. Okt. den parteilosen bisherigen Umweltmin. ANDRES TARAND.

**Estonia:** In der Nacht zum 28. Sept. ereignete sich die größte Schiffskatastrophe auf der Ostsee seit dem Zweiten Weltkrieg, als das estnisch-schwed. Passagierfährschiff E. zw. Tallinn und Stockholm mit über 1 000 Passagieren und Seeleuten an Bord in schwerem Sturm sank. Die Rettungsmaßnahmen konnten den Tod von mehr als 900 Menschen nicht verhindern. Die meisten Todesopfer stammten aus Estland, Schweden und Finnland; in diesen Ländern wurde Staatstrauer angeordnet.

Aufnahmen des Wracks ergaben, daß aus ungeklärten Gründen das Bugvisier der E. abgerissen war. So konnten in kürzester Zeit große Wassermengen in das Fahrzeugdeck eindringen, die das Schiff destabilisierten; es kenterte und sank in Minutenschnelle. Diese Tatsache entfachte erneut die Diskussion über die Sicherheit der sog. Ro-Ro-Schiffe (roll-on-roll-off, nach der Art des Be- und Entladens), die schon nach dem Untergang der brit. Fähre ›Herold of Free Enterprise‹ bei Zeebrügge 1987 aufgekommen war. Als erste Maßnahme zur Verbesserung der Sicherheit und zur Beruhigung der Kunden ließen mehrere Fährlinien die Bugvisiere ihrer Schiffe zuschweißen.

Finnische Soldaten bereiten am 29. September die Überführung geborgener Estonia-Opfer von der Insel Utö nach Turku vor

**Euro-Betriebsräte:** Am 22. Sept. einigten sich die Arbeits- und Sozialminister der Europ. Union (EU) auf die Schaffung Europ. Betriebsräte (EBR). Nach der vom Ministerrat beschlossenen Richtlinie muß ein EBR von denjenigen Betrieben eingesetzt werden, die europaweit mehr als 1 000 Mitarbeiter haben und dabei in zwei EU-Staaten jeweils mind. 150 Menschen beschäftigen. Von der Regelung sind in der EU rd. 1 200 Unternehmen und Konzerne (davon 290 in Deutschland) mit etwa 4,5 Mio. Arbeitnehmern betroffen. Nach Übernahme der Richtlinie in nat. Recht, was voraussichtlich zwei Jahre dauern wird, haben die Firmen drei weitere Jahre Zeit, ihren jeweiligen EBR einzurichten.

**Eurofighter 2000:** Nach Fertigstellung der ersten beiden Prototypen des in Deutschland bislang allg. als ›Jäger 90‹ bezeichneten Kampfflugzeugs fand nach einem erfolgreichen Jungfernflug am 27. März der offizielle Erstflug mit Präsentation vor der Öffentlichkeit am 4. Mai in Warton (Großbritannien) statt. Mehr Aufsehen als die erfolgreich verlaufenen Erstflüge erregte in Deutschland die erneute Kritik des Bundesrechnungshofs an diesem Rüstungsprojekt. Dem u. a. geäußerten Vorwurf, daß der Systempreis pro Stück bei 150 Mio. DM liegen werde, trat Bundesverteidigungsmin. VOLKER RÜHE entgegen und betonte, daß der endgültige Systempreis des E. um bis zu 30 % unter dem von der Industrie im April 1992 genannten Preis von 133 Mio. DM liegen werde.

**Euromir '94,** erste gemeinsame bemannte Mission der europ. Raumfahrtorganisation ESA und der russ. Raumfahrtstellen. Am 4. Okt. startete Sojus TM-20 mit den Kosmonauten ALEXANDR WIKTORENKO, JELENA KONDAKOWA und dem dt. ESA-Astronauten ULF →MERBOLD vom kasach. Raketengelände Baikonur und koppelte 50 Std. später in 380 km Höhe an die russ. Raumstation Mir an. Dort befanden sich drei weitere Kosmonauten schon seit Jan. bzw. Juli an Bord. Während der 31tägigen Flugdauer führte MERBOLD 30 Experimente der ESA in Raumflugmedizin (23), Materialwiss. und Technologie durch. Am 4. Nov. landeten JURI MALENTSCHENKO, TALGAT MUSABAJEW (nach je vier Flugmonaten) und MERBOLD mit Sojus TM-19 in Kasachstan.

Nachdem E. '94 als russ.-europ. Kooperation 1992 beschlossen worden war, begannen sich im Aug. 1993 MERBOLD und der Spanier PEDRO DUQUE bei Moskau vorzubereiten; die Entscheidung der ESA fiel schließlich für den weltraumerfahrenen MERBOLD. Im Herbst 1995 soll die Fortsetzung des Programms (Euromir '95) sogar 135 Tage dauern.

**Europäisches Parlament:** Kurz vor dem Ende seiner fünfjährigen Amtszeit stimmte das dritte direkt gewählte E. P. am 4. Mai mit großer Mehrheit dem zum 1. 1. 1995 vorgesehenen Beitritt Österreichs, Schwedens, Finnlands und Norwegens zur Europ. Union zu.

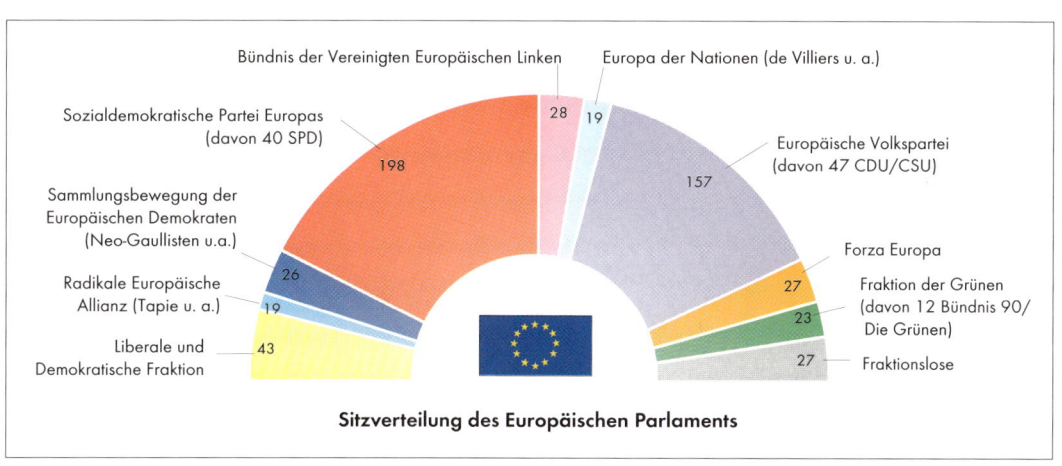

Bündnis der Vereinigten Europäischen Linken

Europa der Nationen (de Villiers u. a.)

Sozialdemokratische Partei Europas (davon 40 SPD) — 198

28  19

Europäische Volkspartei (davon 47 CDU/CSU) — 157

Sammlungsbewegung der Europäischen Demokraten (Neo-Gaullisten u.a.)

Radikale Europäische Allianz (Tapie u. a.) — 19

26

Forza Europa — 27

Fraktion der Grünen (davon 12 Bündnis 90/ Die Grünen) — 23

Liberale und Demokratische Fraktion — 43

Fraktionslose — 27

**Sitzverteilung des Europäischen Parlaments**

Bei den am 9. und 12. 6. 1994 abgehaltenen vierten Direktwahlen zum E. P. spielten bei der Stimmabgabe in den meisten Ländern nat. Motive eine Rolle. Die Wahlbeteiligung lag in Deutschland mit knapp 57% um zwei Punkte unter der vor fünf Jahren. Die Stimmberechtigten entsandten nur die Vertreter von CDU/CSU (38,8%), SPD (32,2%) und Bündnis 90/Die Grünen (10,1%) in die Abgeordnetenversammlung. FDP (4,1%), Republikaner (3,9%) und PDS (4,7%) scheiterten wie andere Kleinparteien an der 5%-Sperrklausel.

Zum neuen Präs. für die erste Hälfte der Wahlperiode wurde am 19. Juli der dt. Sozialdemokrat KLAUS HÄNSCH gewählt. Entsprechend dem Maastrichter Vertrag bestätigte das E. P. am 21. Juli den vom Europ. Rat vorgeschlagenen EU-Kommissionspräs., den luxemburg. Premiermin. JACQUES SANTER.

## EUROPÄISCHE UNION (EU)

### Weichen für die Zukunft

In der schwelenden Identitäts- und Identifikationskrise stellte die ungelöste Frage um die Vertiefung oder die Erweiterung der EU eine Konstante der polit. Diskussion dar. Daneben rückten nationalstaatl. Interessen in den Vordergrund. Sie fanden nicht zuletzt in den unterschiedl. Positionen bei der Nachfolge des Kommissionspräs. JACQUES DELORS ihren Ausdruck. Die Dominanz einer dt.-frz. Achse stieß auf Kritik und Ablehnung der Briten und der kleinen Länder. Wenn man auch nicht von einer gesamteurop. Öffentlichkeit sprechen kann, verschafften doch die Wahlen zum Europ. Parlament – bei denen erstmals Angehörige aus EU-Mitgliedstaaten in dem Land, in dem sie wohnen, abstimmen konnten – einen großen Resonanzboden für Fragestellungen wie: Soll es ein Europa mit versch. Geschwindigkeiten geben? Soll es eine einheitl. europ. Währung geben? Soll Europa eher dezentral oder stärker zentralist. strukturiert werden?

Die offiziellen Angaben zu Armut (rd. 55 Mio. EU-Bürger leben unter der Armutsgrenze), Arbeitslosigkeit (ca. 18 Mio.) und Obdachlosigkeit (etwa 3 Mio.) werfen die Frage nach der sozialen Dimension der EU-Politik auf, wenn sie sich nicht mit dem Status einer riesigen Freihandelszone zufrieden geben will. Das in Maastricht beschlossene Protokoll über die Sozialpolitik sieht zudem vor, daß Großbritannien ›mißliebige sozialpolitische Beschlüsse‹ ignorieren kann. Mit der Richtlinie über die →Euro-Betriebsräte vom 22. Sept. wurde der erste sozialpolit. Beschluß ohne Großbritannien verabschiedet.

Die griech. Präsidentschaft im ersten Halbjahr 1994 war von dem schwierigen Verhältnis Griechenlands zu der slaw. Rep. Makedonien überschattet. In diese Zeit fielen auch die zähen Schlußverhandlungen (geplanter Abschluß: 1. März) über die konkreten Beitrittsbestimmungen für Österreich, Schweden, Finnland und Norwegen. Schwierigkeiten bereiteten v. a. das Agrarpreissystem, die Fischereipolitik, die Sperrminorität bei Entscheidungen des Ministerrats und – im Fall Österreichs – der Alpentransit. Nachdem das Europ. Parlament am 4. Mai zugestimmt hatte, konnten die Beitrittsabkommen durch die Unterschriften der Staats- und Regierungschefs auf dem EU-Gipfel von Korfu am 24. und 25. Juni besiegelt werden. Der EU-Beitritt der vier Staaten zum 1. 1. 1995 mußte indes noch durch nat. Referenden bestätigt werden. Am 12. Juni gaben die Österreicher mit einer überraschenden Zweidrittelmehrheit bei der Volksabstimmung ihre Zustimmung, das Parlament ratifizierte den Beitritt am 11. November. Ein Signal für die nord. Länder setzte am 16. Okt. Finnland, das mit 57% Jastimmen die Weichen für die plebiszitären Tests in Schweden (13. Nov.) und Norwegen (28. Nov.) setzte. In Schweden befürworteten 51,2% der Bevölkerung den Beitritt, die Norweger lehnten ihn jedoch mit 52,2% ab. Zum EU-Gipfel vom 9./10. Dez. in Essen wurden auf Vorschlag von Bundeskanzler HELMUT KOHL erstmals die assoziierten Staaten Mittel- und Osteuropas eingeladen.

### Wirtschaftliche Entwicklung und Wirtschaftspolitik

1994 kam es in den Ländern der EU zu einer wirtschaftl. Erholung. Rege Export- und Investitionstätigkeit führten zu einer Steigerung des Bruttoinlandsprodukts (BIP) um knapp 2% (1993: −0,3%). Hauptfaktoren für die ökonom. Entwicklung waren ein günstiges internat. wirtschaftl. Umfeld, ein weiterer Rückgang der kurzfristigen Zinsen in der EU, die Wiederherstellung des Unternehmer- und Konsumentenvertrauens und ein günstiges Sparverhalten der Privathaushalte. Trotz mäßigen Wachstums wurde die Beschäftigung weiter abgebaut. Die Arbeitslosenquote stieg von (1992) 10,9 auf (1994) 11,7%. Mit einer Entspannung der Arbeitsmarktlage wurde erst 1995 gerechnet. Die Inflation verlangsamte sich von (1992) 3,9 auf (1994) 3,3%. Die höhere Wachstumsrate, zus. mit niedrigeren Zinsen, führte zu einer geringfügigen Reduzierung der Budgetdefizite. Zur Jahresmitte wurde das Budgetdefizit der EU-Länder für das Gesamtjahr auf 5,6% geschätzt (1993: 6%). Der Haushalt der EU soll 1995 um 3,9% auf 76,3 Mrd. ECU wachsen. Die größten Aufwendungen (37 Mrd. ECU) fließen weiterhin in die Landwirtschaft (rd. 1,5% mehr als

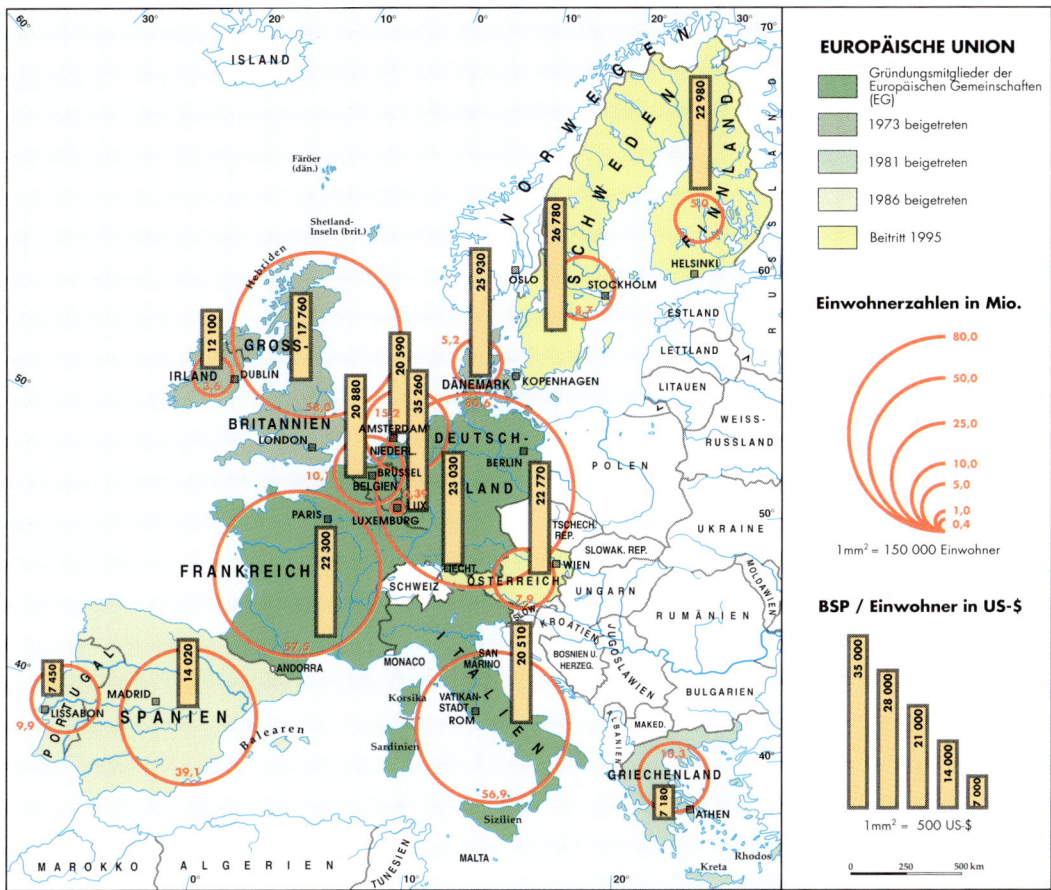

Gründungsmitglieder der Europäischen Gemeinschaften (EG)

1973 beigetreten

1981 beigetreten

1986 beigetreten

Beitritt 1995

**Einwohnerzahlen in Mio.**

80,0
50,0
25,0
10,0
5,0
1,0
0,4

1mm² = 150 000 Einwohner

**BSP / Einwohner in US-$**

35 000
28 000
21 000
14 000
7 000

1mm² = 500 US-$

0      250      500 km

1994). Die Strukturausgaben zugunsten schwächer entwickelter Gebiete sollen 1995 um 9 % auf 25,3 Mrd. ECU angehoben werden.

Am 1. Jan. begann die zweite Stufe der Europ. Wirtschafts- und Währungsunion (WWU), in der entsprechend den Verträgen von Maastricht bis zum Jahr 1999 eine einheitl. Währung vorbereitet werden soll. Sichtbarster Ausdruck war das Europ. Währungsinstitut (EWI) mit Sitz in Frankfurt am Main, das am 11. Jan. zu seiner ersten Sitzung zusammenkam. Zudem trat der Vertrag über den Europ. Wirtschaftsraum (EWR) in Kraft, in dem die zwölf EU-Staaten und die sechs EFTA-Länder Österreich, Liechtenstein, Schweden, Norwegen, Finnland und Island zusammengeschlossen sind.

**Gemeinschaft mit gemeinsamer Außenpolitik**

Auf dem EU-Gipfel von Korfu am 24./25. Juni wurde ein umfangreiches Kooperations- und Partnerschaftsabkommen zw. Rußland und der EU unterzeichnet. Die Ukraine hatte zwei Wochen zuvor ein ähnliches Abkommen abgeschlossen. Assoziierungsabkommen (›Europaverträge‹) mit Polen und Ungarn traten am 1. Febr. in Kraft; beide stellten am 1. April einen Antrag auf Vollmitgliedschaft.

Vor dem Hintergrund des Bürgerkriegs in Ruanda, in den nur Frankreich eingegriffen hatte, beabsichtigt der frz. Premiermin. BALLADUR, während der am 1. 1. 1995 beginnenden frz. Ratspräsidentschaft eine europ. Interventionseinheit für humanitäre Fälle zu erörtern.

Erstes Zeichen einer konsolidierten europ. Jugoslawienpolitik ist die EU-Verwaltung der Stadt Mostar für zwei Jahre. Die Rep. Bosnien und Herzegowina und die Stadt Mostar haben die Rechte der Exekutive in der Stadt zum Wiederaufbau und die der Rechtssetzung auf den EU-Administrator, den ehem. Bürgermeister Bremens, HANS KOSCHNICK, übertragen. Für den Wiederaufbau stellte die EU 30 Mio. ECU zur Verfügung.

Der Ausschuß der Regionen (AdR), dem innerhalb der EU nur eine beratende Funktion zukommt, konstituierte sich am 9. und 10. März; er wählte den Franzosen JACQUES BLANC, konservativer Präs. der Region Languedoc-Roussillon, zu seinem ersten Präsidenten. Nach dem Vertrag von Maastricht muß der AdR bei Entscheidungen der EU u. a. in den Bereichen Bildung, Kultur und Maßnahmen zur Förderung des wirtschaftl. und sozialen Zusammenhalts angehört werden.

Die neuen Bildungsprogramme, SOCRATES (allg. Bildung) und LEONARDO (berufl. Bildung) – die Aktionsprogramme der ersten Generation liefen 1994 aus –, sollen die transnat. Komponente in der Ausbildung stärken, den Forschungstransfer intensivieren, die Mobilität des Nachwuchses erhöhen und v. a. den Grundstein für eine gesamteurop. Bildungspolitik legen.

Am 23. 1. 1995 beginnt die Amtsperiode der neuen EU-Kommission. Sie hat die Aufgaben, die strukturellen Veränderungen durch die Norderweiterung zu bewältigen und Weichen für die künftige Zusammenarbeit mit Osteuropa zu stellen. Weiterhin fällt in diese Amtszeit die für 1996 geplante Regierungskonferenz zur Weiterentwicklung des Vertrags von Maastricht. Hier soll eine Europ. Verfassung angestrebt werden. Große gestalter. Fähigkeiten werden von der neuen Kommission erwartet. Um die Delors-Nachfolge bemühten sich die amtierenden Premiermin. von Belgien, JEAN-LUC DEHAENE, und den Niederlanden, RUUD LUBBERS, sowie der brit. EG-Kommissar Sir LEON BRITTAN. Diplomat. Ungeschicklichkeiten führten dazu, daß sich die Beratungen nicht auf das eher atlant. oder eurozentrist. Profil des potentiellen Kandidaten konzentrierten, sondern das Mächtespiel unter den Regierungschefs spiegelten. Die von MITTERRAND und KOHL favorisierte Kandidatur DEHAENES

scheiterte letztlich an dem von innerbrit. Motiven geleiteten Veto JOHN MAJORS. Auf dem Sondergipfel von Brüssel am 15. Juli wurde schließlich in dem luxemburg. Premiermin. JACQUES SANTER ein konsensfähiger Kandidat gefunden, der am 21. Juli auch vom Europ. Parlament bestätigt wurde. Die zukünftigen, von den nat. Reg. vorgeschlagenen EU-Kommissare stellten sich am 14. Dez. dem Europ. Parlament in einem Hearing.

**Europarat:** Am 12. April wurde DANIEL TARSCHYS, liberaler schwed. Parlamentsabgeordneter und Vors. der Liberalen in der beratenden Versammlung des E., mit 119 Stimmen für einen Zeitraum von fünf Jahren zum neuen GenSekr. des E. gewählt. Die amtierende GenSekr., die frz. Sozialistin CATHÉRINE LALUMIÈRE, erhielt 109 Stimmen. Der Ministerausschuß billigte am 21. April Reformen, um die Verfahrensdauer am Europ. Gerichtshof für Menschenrechte zu verkürzen. Fälle und Anfragen müssen einer gesonderten Kommission vorgelegt werden, die darüber entscheidet, ob der Gerichtshof damit befaßt werden soll. Verfahren sollen nun durch einen Senat von sieben Richtern entschieden werden und nur noch in Ausnahmefällen durch einen Großen Senat von 17 Richtern.

**Eurotunnel, Kanaltunnel:** Mit rd. einjähriger Verspätung am 6. Mai offiziell eingeweiht, schuf

## Die Kommission der Europäischen Union ab 23. 1. 1995

| Name, Vorname | Herkunftsland | Amtsantritt | Ressort |
|---|---|---|---|
| Bangemann, Martin | Deutschland | 1989 | Industriepolitik, Kommunikationstechnologie |
| Bjerregaard, Ritt | Dänemark | 1995 | Umwelt, nukleare Sicherheit |
| Bonino, Emma | Italien | 1995 | Verbraucherpolitik, Humanitäre Hilfe, Fischereipolitik |
| Brittan, Sir Leon | Großbritannien und Nordirland | 1989 | Beziehungen zu den Industrienationen |
| Broek, Hans van den | Niederlande | 1994 | Beziehungen zu Osteuropa und den Nachfolgestaaten der Sowjetunion |
| Cresson, Edith | Frankreich | 1995 | Forschung, Aus- und Weiterbildung |
| Deus Pinheiro, João de | Portugal | 1993 | Beziehungen zu den AKP-Staaten, südliches Afrika, Lomé-Konventionen |
| Fischler, Franz | Österreich | 1995 | Landwirtschaft |
| Flynn, Padraig | Irland | 1993 | Sozialpolitik |
| Gradin, Anita | Schweden | 1995 | Einwanderung, Innen- und Rechtspolitik, Finanzkontrolle, Betrugsbekämpfung |
| Kinnock, Neil | Großbritannien und Nordirland | 1995 | Transport und Verkehr |
| Liikanen, Erkki | Finnland | 1986 | Haushalt |
| Marín, Manuel | Spanien | 1986 | Beziehungen zu den Mittelmeeranrainerstaaten, Lateinamerika und Teilen Asiens |
| Miert, Karel van | Belgien | 1988 | Wettbewerbspolitik und Beihilfenkontrolle |
| Monti, Mario | Italien | 1995 | Binnenmarkt und Steuern |
| Oreja Aguirre, Marcelino | Spanien | 1994 | Institutionelle Fragen |
| Papoutsis, Christos | Griechenland | 1995 | Kleine und mittlere Unternehmen, Energiepolitik, Tourismus |
| Santer, Jacques | Luxemburg | 1995 | Präsident der EU-Kommission |
| Silguy, Yves-Thibault de | Frankreich | 1995 | Wirtschaft und Finanzen |
| Wulf-Mathies, Monika | Deutschland | 1995 | Regionalpolitik, Kohäsionsfonds, Beziehungen zum Ausschuß der Regionen |

**Eurotunnel**

| Länge insgesamt | 49,4 km |
|---|---|
| Länge unter Wasser | 38 km |
| Tiefe unter dem Meeresboden | 18 bis 45 m |
| Tiefe unter dem Wasserspiegel | bis 100 m |
| Durchmesser der 2 Eisenbahnröhren | 7,6 m |
| Durchmesser der Versorgungsröhre | 4,8 m |
| Querverbindung der Röhren | alle 375 m |
| Fahrtzeit Calais–Folkstone | ca. 35 min |
| Fahrtzeit Paris–London | ca. 180 min |
| Bauzeit | 6½ Jahre (1987–1993) |

der 49,4 km lange Tunnel nach 6½ Jahren Bauzeit eine Landverbindung zw. Großbritannien und Frankreich. Auch die Baukosten waren mit 24 Mrd. DM fast doppelt so hoch wie anfangs kalkuliert; realisiert wurde das Projekt privatwirtschaftlich von der brit.-frz. Gesellschaft ›Eurotunnel‹, die Eigentümer und Betreiber des Bauwerks mit einer Konzession für 55 Jahre ist. Der E. wurde von einem Konsortium aus zehn Baufirmen erstellt; auf beiden Seiten des Kanals waren insgesamt 13 000 Arbeiter beschäftigt. Die beiden je eingleisigen Tunnelröhren und der zusätzl. Servicetunnel verlaufen auf 38 km Länge unter dem Ärmelkanal, durchschnittlich 40 m tief unter dem Meeresboden. Die Hochgeschwindigkeitszüge werden in der Tunnelröhre statt der geplanten 180 km/h allerdings nur mit 130 km/h fahren, da die höhere Geschwindigkeit sehr viel teurere Installationen erfordert hätte. Zudem werden die vom frz. TGV abgeleiteten Züge ihre Spitzengeschwindigkeit von 300 km/h auch nur zw. Paris und Calais erreichen. Von Folkstone bis London hingegen sind sie noch langsamer als im Tunnel, da sie auf altem Gleis fahren müssen; die umstrittene Neubaustrecke wird frühestens ab 2003 zur Verfügung stehen. Die Fahrzeit ist jedoch entscheidend in der Konkurrenz der Verkehrsträger, denn die kalkulierten Fahrgastzahlen im Hochgeschwindigkeitsverkehr hängen u. a. davon ab, ob in der Gesamtreisezeit der Zug, etwa zw. Paris und London, schneller ist als das Flugzeug. Als großen Gewinnbringer haben die Betreiber deshalb den Huckepack-Verkehr eingeplant, der Pkw, Lkw und Busse bei einer Fahrzeit von 35 Minuten unter dem Ärmelkanal hindurchschleust.
Der neue Konkurrent sorgte schon im Vorfeld der Betriebsaufnahme für Veränderungen im Schiffsverkehr, der bislang das Transportmonopol innehatte. So wurden einige kleinere Fährverbindungen zum Kontinent eingestellt, und die Fährgesellschaften reagierten mit Preis- und Komfortangeboten auf den zukünftigen Mitbewerber. Beobachter rechnen allerdings damit, daß der Konkurrenzkampf v. a. über einen erbitterten Preiskrieg ausgetragen wird. Damit aber werde es noch ungewisser, ob mit dem Kanaltunnel jemals die erhofften Gewinne eingefahren werden. Am 14. Nov. starteten von Paris, London und Brüssel drei Personenzüge zu der Fahrt durch den nach vielen Verzögerungen auch für den Personenverkehr nach Fahrplan freigegebenen Tunnel.

**evangelische Kirchen:** Durch Staatskirchenverträge wurde das Verhältnis zw. den Bundesländern Mecklenburg-Vorpommern (20. Jan.) und Sachsen (24. März) und den ev. Landeskirchen geregelt; ähnl. Verträge gab es schon in Thüringen und Sachsen-Anhalt. Sie regeln gemeinsame Bereiche von Staat und Kirche wie die Erteilung von ev. Religionsunterricht, die theolog. Ausbildung, Sonderseelsorge, Staatsleistungen an die Kirchen usw. Neben der Diskussion um →Kirchenasyl war in den Landeskirchen v. a. die Neuregelung des Vertrags zur →Militärseelsorge umstritten. Als neue Landesbischöfe traten HERMANN VON LOEWENICH (Bayern), WOLFGANG HUBER (Berlin-Brandenburg), CHRISTIAN KRAUSE (Braunschweig), VOLKER KRESS (Sachsen), EBERHARDT RENZ (Württemberg) und KLAUS WOLLWEBER (Oberlausitz) ihr Amt an. Neuer anhaltin. Kirchenpräs. wurde der bisherige Leiter des Templiner Pastorenkollegs, HELGE KLASSOHN. Neue GenSekr. des Dt. Ev. Kirchentags wurde MARGOT KÄSSMANN, neuer Präs. des Diakon. Werks JÜRGEN GOHDE.
In den meisten Gliedkirchen der Ev. Kirche in Deutschland (EKD) wurde zum 1. Advent das ›Ev. Kirchengesangbuch‹ von 1950 durch die Einführung des neuen ›Ev. Gesangbuchs‹ abgelöst. Diese Sammlung von geistl. Gesängen der Gegenwart und altem, aus Reformationszeit und Barock stammendem Liedgut, erscheint in einer Stammausgabe, die jeweils durch Regionalteile ergänzt wird. Mit einer Predigt des EKD-Ratsvors., Landesbischof KLAUS ENGELHARDT, wurde am 27. Febr. in Berlin eine umfangreiche Hilfsaktion für Osteuropa gestartet, die durch Spenden Aufbauhilfe für die Menschen und Kirchen im ehem. kommunist. Herrschaftsbereich leisten will. Vier prot. Hilfswerke aus Deutschland, England und den Niederlanden (Brot für die Welt, Ev. Zentralstelle für Entwicklungshilfe, Christian Aid, ICCO) schlossen sich zur Initiative ›Discerning the way together‹ (›Den gemeinsamen Weg erkennen‹) zusammen, um angesichts zunehmender Armut in der Welt

Eine der drei Röhren des Eurotunnels zwischen Frankreich und Großbritannien in ausgebautem Zustand

Hilfsprogramme und polit. Einflußnahme effektiver zu gestalten.

Auf der 4. Vollversammlung der Leuenberger Konkordie (3.–10. Mai in Wien), einer Gemeinschaft von 80 e. K. Europas, die untereinander seit 20 Jahren Kanzel- und Abendmahlsgemeinschaft haben, wurde der von vielen gewünschte engere Zusammenschluß nicht vollzogen. Zwar wurde in dem Papier ›Die Kirche Jesu Christi‹ erklärt, die zusammengeschlossenen Kirchen seien bereits eine Kirchengemeinschaft, doch wurden keine entsprechenden Strukturen, etwa nach dem Vorbild der EKD, beschlossen. Es wurde lediglich ein zwölf Mitgl. umfassendes Exekutivkommitee mit vier Präs. gebildet.

Die Konferenz Europ. Kirchen in Genf nahm vier neue Mitgliedskirchen aus Estland, Frankreich, Georgien und Nordeuropa auf und vertritt nun 118 nichtkath. europ. Kirchen mit über 200 Mio. Mitgl. Bei der Jahrestagung des Luther. Weltbunds (LWB) in Genf wurde mit ISHMAEL NOKO aus Simbabwe erstmals ein Afrikaner zum GenSekr. gewählt. NOKO arbeitet bereits seit zwölf Jahren in versch. Gremien des LWB und will die internen Spannungen (v. a. bei den Themen Ehe, Familie, Homosexualität und Frauenordination) überwinden helfen.

Die Ev.-luther. Volkskirche in Dänemark errichtete ein eigenes Bistum für Grönland, zu dessen erstem Bischof KRISTIAN MORCH geweiht wurde. Auf Sumatra (Indonesien) setzte sich in der Toba-Batak-Kirche, der mit 2,4 Mio. Mitgl. größten e. K. Südostasiens, ein Konflikt fort, der im Febr. 1993 entstanden war, als durch Einfluß des Militärs Bischof SONTILON SIAHAAN an die Spitze der Kirchenleitung kam. Es bildete sich eine Opposition ›verfassungstreuer Christen‹, die weiterhin Bischof SORITUA NABABAN als rechtmäßiges Oberhaupt ansieht. Drei Pfarrer dieser Oppositionsgruppe wurden Mitte des Jahres verhaftet und gefoltert.

## F

**Familienpolitik:** Vor dem Hintergrund von Grundsatzurteilen des Bundesverfassungsgerichts hat die F. in der öffentl. Diskussion an Gewicht gewonnen. 1990 hatten die Verfassungsrichter den Gesetzgeber aufgefordert, in einem angemessenen Zeitraum die Mindestaufwendungen für Kinder (gemessen an den Bedarfssätzen der Sozialhilfe) von der Einkommensbesteuerung der Eltern freizustellen. 1992 mahnte das Gericht den Gesetzgeber mit Nachdruck, die wirtschaftl. Benachteiligung von Familien mit Kindern zumindest schrittweise – unter Berücksichtigung der öffentl. Haushalte – bis zum Jan. 1996 abzubauen. Auf die Karlsruher Urteile zur F. haben sich auch jene Kläger berufen, die, unterstützt von Fachleuten aus den Familienverbänden, im Juli 1994 Verfassungsbeschwerde gegen das Gesetz über die →Pflegeversicherung einlegten. Das Gesetz benachteilige in unangemessener Weise Familien mit Kindern, weil diese im

Ishmael Noko wird im Juni in Genf als erster Afrikaner zum Generalsekretär des Lutherischen Weltbunds gewählt

Ggs. zu kinderlosen Versicherten einen doppelten Beitrag leisteten: Finanzierung der Pflegeversicherung und Erziehung von Kindern. Überdies werde durch die Beiträge zur Pflegeversicherung das Familieneinkommen vieler Haushalte unter das Sozialhilfeniveau gedrückt.

Ungeachtet der von Reg. und Opposition geforderten Aufwertung der F. waren 1994 einige familienpolit. Leistungen von Sparmaßnahmen betroffen: Mit Wirkung 1. 1. 1994 wird das Kindergeld Ausländern nur noch bei vorliegender Aufenthaltsberechtigung gewährt. Ferner werden sonstige Einkünfte des Kindes (z. B. Ausbildungsvergütungen) auf das Kindergeld angerechnet. Überdies wird das Kindergeld bei dritten und weiteren Kindern auf den monatl. Sockelbetrag von 70 DM ab einem Bruttojahreseinkommen von 140 000 DM für Verheiratete bzw. 110 000 DM für Ledige (oder einem Nettoeinkommen nach Kindergeldbestimmungen von 100 000 DM bzw. 75 000 DM) vermindert. Auch entfällt bei Überschreitung dieser Einkommensgrenzen in den ersten sechs Lebensmonaten eines Kindes das Erziehungsgeld.

Im Wahlkampf zur Bundestagswahl 1994 wurde von der SPD der Vorschlag unterbreitet, das Kindergeld auf einheitlich 250 DM für jedes Kind zu erhöhen und das steuermindernde Ehegattensplitting für kinderlose Paare zu beschränken. Die CDU und die FDP hingegen befürworteten das Familiensplitting.

**Familiensplitting,** innerhalb der Diskussion um eine gerechtere steuerl. Berücksichtigung von Familien mit Kindern eingebrachter Vorschlag, der Eheleute mit Kindern steuerlich besser stellen soll als kinderlose Paare, von CDU und CSU im Bundestagswahlkampf 1994 vorgetragen.

**FCKW,** Abk. für Fluorchlorkohlenwasserstoffe: FCKW gelten als Hauptschädiger der Ozonschicht der Erdatmosphäre. In Deutschland sorgte das Chemieunternehmen Hoechst, einst Produzent von jährlich 90 000 t FCKW, für Schlagzeilen: Es stellte am 21. April als erstes Unternehmen die Produktion von FCKW ein. In der EU ist die FCKW-Produktion erst ab dem 1. 1. 1995 verboten (nicht allerdings die FCKW-Verwendung in alten und neuen Kühlanlagen). Empörung bei Umweltschützern und bei der dt. Industrie löste die Erlaubnis der EU für einige europ. Unternehmen aus, insgesamt 26 000 t angeblich recycelte FCKW zu importieren.

**FDP,** Abk. für **F**reie **D**emokratische **P**artei: Die FDP wurde 1994 von einer Serie von Niederlagen heimgesucht. Nachdem sie bereits bei der Wahl zur Hamburger Bürgerschaft im Sept. 1993 an der 5%-Sperrklausel gescheitert war, gelang ihr 1994 auch bei den Landtagswahlen in Niedersachsen (März), Sachsen-Anhalt (Juni), Sachsen, Brandenburg und Bayern (Sept.) nicht der Einzug in die Landtage. Bei der Wahl zum Europ. Parlament im Juni erreichte sie nur 4,1% der Stimmen. Die insbes. vom Vors. KLAUS KINKEL betriebene frühzeitige Koalitionsaussage zugunsten von CDU/CSU auf dem Rostocker Parteitag Anfang Juni hatte den Negativtrend nicht umkehren können. Der Werbeslogan, die ›Partei der Besserverdienenden‹ zu sein, mußte nach heftigen Protesten umgewandelt werden in ›Partei der Leistungsträger‹. Die ca. 92 000 Mitgl. umfassende FDP ging auf den Landesebenen ihrer traditionellen Funktion als Mehrheitsbeschaffer wie auch als dritter Kraft verlustig. Bei den gleichzeitig mit der Bundestagswahl am 16. Okt. stattfindenden Landtagswahlen in Mecklenburg-Vorpommern, Thüringen und im Saarland scheiterte sie jeweils an der 5%-Hürde. Nichtsdestoweniger gelang ihr mit 6,9% der Stimmen (47 Mandate) erneut der Einzug in den Bundestag; damit ist sie weiterhin an der Bundesreg. beteiligt.

Im Nov. legte die stellv. Parteivors. IRMGARD SCHWAETZER nach einer Abstimmungsniederlage sämtl. polit. Mandate außer ihrem Bundestagsmandat nieder. Auf dem Sonderparteitag in Gera im Dez. wurde RUTH WITTELER-KOCH zu ihrer Nachfolgerin bestimmt. Generalsekretär WERNER HOYER trat am 11. Dez. ebenfalls zurück. Sein Nachfolger wurde der ehem. Vors. der Jungen Liberalen, GUIDO WESTERWELLE.

Ein Sonderparteitag der nordrhein-westfäl. FDP in Castrop-Rauxel am 3. Dez., dem der geschlossene Rücktritt des Landesvorstands und in der Folge der Rücktritt des Landesvors. JÜRGEN MÖLLEMANN im Nov. vorausgegangen war, beendete endgültig den parteiinternen Machtkampf zw. KLAUS KINKEL und MÖLLEMANN. Letzterer unterlag bei der Wahl des neuen Landesvors. mit 34,8% gegen 63,9% im zweiten Wahlgang dem als Außenseiter angetretenen JOACHIM SCHULTZ-TORNAU.

**Feuerstein,** Herbert, Kabarettist und Autor, * Zell am See 1937. – F., der seit 1992 dt. Staatsbürger ist, um ›als Deutscher über Deutschland schimpfen zu können‹, erhielt 1994 den Adolf-Grimme-Preis für Buch und Präsentation der Samstagnachtshow ›Schmidteinander‹. F. war bis 1992 Chefredakteur des Satiremagazins ›Mad‹ und ist seit 1984 als Autor versch. anarch.-skurriler Serien und Shows in Rundfunk und Fernsehen tätig. Seinen größten Erfolg hatte er in ›Schmidteinander‹ als Autor und Partner HARALD SCHMIDTS.

## Fidschi

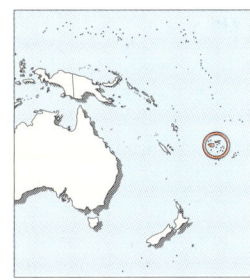

**Hauptstadt:** Suva
**Einwohner:** 747 000
**Einwohner/km²:** 41
**Staatsoberhaupt:** Ratu Sir Kamisese Mara (seit 18. 1. 1994)
**Regierungschef:** Sitiveni Rabuka
**BSP/Einwohner:** 2 010 US-$

Eine parlamentar. Abstimmungsniederlage der aus der Fijian Political Party (FPP) und der General Voters' Party (GVP) gebildeten Koalitionsreg. führte zu vorgezogenen Neuwahlen vom 18. bis 25. Febr. 1994. Aus diesen ging die FPP mit 31 der für die eingeborenen Fidschianer reservierten Parlamentssitze erneut als stärkste polit. Kraft hervor. Koalitionspartner blieb die GVP, auch wenn sie nur noch vier der sechs für die Minderheitsgruppen (Europäer, Chinesen und Personen von anderen Inseln) reservierten Sitze gewann. Zum Regierungschef wurde erneut SITIVENI RABUKA gewählt. Wichtigste Oppositionspartei ist die ›National Federation Party‹ (NFP), die v.a. die indischstämmige Bevölkerungsgruppe vertritt.

Carola von Braun verläßt am 1.Februar neben dem stellvertretenden Landesvorsitzenden, Bundeswirtschaftsminister Günter Rexrodt, den Tagungssaal der Partei im Gebäude des Preußischen Landtags, wo sie zu der von ihr ausgelösten Figaro-Affäre Stellung bezogen hatte

**Figaro-Affäre,** im Febr. ausgelöste polit. Affäre um die Berliner FDP-Landes- und Fraktionsvors. CAROLA VON BRAUN, die sich acht Friseurrechnungen über 1 138 DM, darüber hinaus Flug- und Taxirechnungen sowie Kosten für Zeitungen in Höhe von ca. 9 000 DM aus der mit öffentlichen Geldern bezuschußten Fraktionskasse hatte erstatten lassen. Nach schwerer innerparteil. Kritik trat VON BRAUN am 15. Febr. von ihren Ämtern zurück; ihr Nachfolger im Parteivorsitz wurde Bundeswirtschaftsmin. GÜNTER REXRODT. Die F.-A. stellte auch einen Höhepunkt in langen innerparteil. Auseinandersetzungen zw. einem eher sozialliberalen (VON BRAUN) und einem eher konservativen Flügel der Berliner FDP dar.

**Figueres Olsen,** José María, costarican. Politiker (Sozialdemokrat. Partei, PLN), *San José 24. 12. 1954. – Am 6. Febr. wurde der Sohn des legendären ehem. Staatspräs. JOSÉ FIGUERES FERRER mit 49,6% der Stimmen zum neuen Präs. gewählt, am 8. Mai trat er sein Amt an.
F. O. studierte nach dem Schulbesuch an der Militärakademie der US-Streitkräfte in West Point Ingenieurwiss. und anschließend in Havard Polit. Wiss., danach wurde er Diplomlandwirt. Ab 1979 arbeitete er als Generalmanager des Landwirtschaftsverbandes und war dessen Präs. 1988–90. 1988 berief ihn Präs. OSCAR ARIAS SÁNCHEZ zum Landwirtschaftsmin. (bis 1990). Nach dem Regierungswechsel 1990 arbeitete F. O. wieder für den Landwirtschaftsverband, den er bis 1992 auch in Finanzfragen beriet.

## FILM

›Yabbadabbadoo‹ lautete der mag. Schrei im Kinojahr 1994. Die Filmwirtschaft boomte: Fast ein Drittel mehr Umsatz erzielten Verleiher und Kinobesitzer, u. a. durch die Abenteuer der Steinzeitfamilie Feuerstein, deren Familienoberhaupt mit Hilfe seines Freundes Barney Geröllheimer in sei-

nem Steinbruch Karriere macht. ›The Flintstones‹ war aber nicht nur einer der Publikumsmagneten des Jahres, sondern auch charakteristisch für die neueste Entwicklung in Hollywood: Mehr denn je vertraute die amerikan. Filmindustrie Althergebrachtem. Schon in vorausgegangenen Jahren kopierten die Studios TV-Serien v. a. aus den 60er Jahren (z. B. ›Batman‹, ›Auf der Flucht‹), mit den ›Flintstones‹ adaptierten sie aber erstmals eine Zeichentrickserie, die ab 1960 insgesamt 166 Mal über die Bildschirme in den USA und der ganzen Welt geflimmert war.

**Renaissance des Western**

Auch der Western ›Maverick‹ entstand nach einer gleichnamigen Fernsehserie, die Ende der 50er Jahre kreiert wurde. Im Film spielt MEL GIBSON die Rolle des Kartenkünstlers Bret Maverick, der zu einem Pokerturnier reitet und unterwegs mit allerlei Tricks noch mehrere tausend Dollar Startgeld auftreiben muß. An der Komödie ›Maverick‹ wurde deutlich, daß Hollywood sich mit dem Western wieder eines Genres besinnt, das die amerikan. Filmgeschichte seit ihren ersten Anfängen begleitet. Schon seit den Erfolgen von CLINT EASTWOODS ›Erbarmungslos‹ und des Indianerwesterns ›Der mit dem Wolf tanzt‹ von und mit KEVIN COSTNER zeichnete sich ab, daß das lange totgesagte, aber uramerikan. Genre nichts von seiner Faszination verloren hat.

In ›Wyatt Earp‹ verkörpert Kevin Costner eine der bekanntesten und meistverfilmten Westernlegenden. Durch ›Der mit dem Wolf tanzt‹ hatte Costner 1989 selbst das Western-Revival in Hollywood eingeleitet

Seit JOHN FORDS ›Der Mann, der Liberty Valance erschoß‹ (1962) ist im Western der Prozeß der Legendenbildung selbst immer wieder thematisiert worden. Auch LAWRENCE KASDAN erzählt in ›Wyatt Earp‹ von einer Legende und schildert die Biographie des US-Marshals von dessen Jugendzeit an. ›Wyatt Earp‹ ist aber keine Heldendarstellung, sondern z.T. sogar eine Dekonstruktion des Mythos von Recht und Ordnung. Als Wyatt Earp Frau und Kind verloren hat, verkommt er zum Pferdedieb und Säufer, und nur sein einflußreicher

›Forrest Gump‹ mit Tom Hanks (zweiter von links) in der Hauptrolle wendet sich auf skurrile Weise der amerikanischen Geschichte zu

Vater kann ihn vor dem Galgen retten. Der spätere Kampf für das Gesetz erscheint so auch als der Prozeß der gesellschaftl. Wiedereingliederung eines Outlaws, in dem die alten seel. Verletzungen aber weiter wirken. Seine Auseinandersetzung mit der Clanton-Bande wirkt wie ein bibl. Rachefeldzug, und die berühmte Schießerei am O. K. Corral ist kein heroischer Showdown, sondern blutige Schlächterei.

Eine Revision des in vielen Western kultivierten Indianerklischees unternimmt WALTER HILL in ›Geronimo‹. Der Film rekapituliert im Stil einer Chronik die letzten zwei Jahre des Apachenhäuptlings vor seiner endgültigen Kapitulation und Deportation nach Florida. ›Geronimo‹ wird erzählt aus der Perspektive eines jungen Leutnants der Kavallerie; diese Erzählhaltung erlaubt eine Ambivalenz gegenüber den Indianern, die nicht einfach als ›edle Wilde‹ gezeichnet werden.

## Forrest Gump

Auch der neben SPIELBERGS →Schindlers Liste und ROBERT ALTMANS ›Short Cuts‹ wichtigste Hollywoodfilm des Jahres 1994 beschäftigte sich mit der amerikan. Geschichte, allerdings mit der jüngeren: In ›Forrest Gump‹ läßt ROBERT ZEMECKIS die 50er, 60er und 70er Jahre der USA Revue passieren. Forrest Gump, gespielt von TOM HANKS, ist ein Mann mit unterdurchschnittl. Intelligenz, der gerade aufgrund seiner Einfältigkeit entscheidende Entwicklungen der amerikan. Politik und Kultur auslöst. So inspiriert er als Jugendlicher nicht nur ELVIS PRESLEYS berühmten Hüftschwung, sondern erfindet auch das ›Smiley‹-Abzeichen und bringt aus Versehen die Watergate-Affäre ins Rollen. Versch. Prominente aus Politik und Pop kreuzen seinen Lebensweg: Gump diskutiert mit JOHN LENNON, begegnet dem rassist. Gouverneur G. C. WALLACE, schüttelt JOHN F. KENNEDY die Hand, zeigt Präs. JOHNSON seine Vietnam-Verwundung und bekommt von NIXON ein Hotel empfohlen. Möglich wurden diese Szenen durch bislang für nicht realisierbar gehaltene, computergestützte Manipulationen an dokumentar. Filmmaterial. In der Szene mit KENNEDY etwa hatte dieser im Original Mitglieder des Peace-Corps empfangen; mittels Computerschnitt wurden diese durch nach-

gedrehte Aufnahmen mit TOM HANKS und anderen Schauspielern ersetzt. Der Aufwand lohnte sich: In den USA überschritt ›Forrest Gump‹ 18 Tage nach seinem Start die 100-Mio.-Dollar-Grenze.

---

**Filmhits 1994 in Deutschland**

1. **Der König der Löwen**
   USA 1994. 7,53 Mio. Zuschauer. Start: 17. 11. 1994. Regie: Roger Allers, Rob Minkoff.
2. **Flintstones – Die Familie Feuerstein**
   USA 1994. 6,24 Mio. Zuschauer. Start: 21. 7. 1994. Regie: Brian Levant. Mit John Goodman, Elizabeth Perkins, Rick Moranis, Rosie O'Donnell, Kyle Machlachlan.
3. **Schindlers Liste**
   USA 1993. 5,98 Mio. Zuschauer. Start: 3. 3. 1994. Regie: Steven Spielberg. Mit Liam Neeson, Ben Kingsley, Ralph Fiennes, Caroline Goodall.
4. **Mrs. Doubtfire – Das stachelige Kindermädchen**
   USA 1993. 5,44 Mio. Zuschauer. Start: 27. 1. 1994. Regie: Chris Columbus. Mit Robin Williams, Sally Field, Pierce Brosnan, Harvey Fierstein.
5. **Forrest Gump**
   USA 1994. 5,26 Mio. Zuschauer. Start: 13. 10. 1994. Regie: Robert Zemeckis. Mit Tom Hanks, Robin Wright, Gary Sinise.
6. **Vier Hochzeiten und ein Todesfall**
   Großbritannien 1993. 4,25 Mio. Zuschauer. Start 11. 8. 1994. Regie: Mike Newell. Mit Hugh Grant, Andie Mac Dowell, Kristin Scott Thomas, Simon Callow.
7. **Der bewegte Mann**
   Deutschland 1994. 4,01 Mio. Zuschauer. Start 6. 10. 1994. Regie: Sönke Wortmann. Mit Til Schweiger, Katja Riemann, Joachim Król, Rufus Beck.
8. **Free Willy – Ruf der Freiheit**
   USA 1993. 3,32 Mio. Zuschauer. Start: 10. 2. 1994. Regie: Simon Wincer. Mit Jason James Richter, Lory Petty, Jayne Atkinson.
9. **Die nackte Kanone 33 1/3**
   USA 1993. 3,25 Mio. Zuschauer. Start: 12. 5. 1994. Regie: Peter Segal. Mit Leslie Nielsen, Priscilla Presley, George Kennedy, O. J. Simpson.
10. **Philadelphia**
    USA 1993. 3,15 Mio. Zuschauer. Start: 24. 2. 1994. Regie: Jonathan Demme. Mit Tom Hanks, Denzel Washington, Mary Steenburgen, Jason Robards.

### Der europäische Film in der Krise

So gut geht es dem europ. Film nicht. Zwar konnte im Dez. 1993 bei den GATT-Verhandlungen eine ›exception culturelle‹ vereinbart werden, die den Medienbereich von diesem Abkommen ausschließt und weiterhin die Förderung der auf Subventionen angewiesenen nat. Filmindustrien ermöglicht. Dennoch scheint der Kampf Europas gegen Hollywood längst verloren. Rd. 4 Mrd. DM Umsatz erzielten amerikan. Gesellschaften 1994 auf dem europ. Film- und Fernsehmarkt, europ. Filme werden dagegen kaum in den USA gezeigt. In fast allen europ. Ländern liegt der Marktanteil der US-Kinoproduktionen bei über 80%. Und selbst der Austausch innerhalb der europ. Länder funktioniert nicht mehr: So sank etwa der Marktanteil frz. Filme in der Bundesrepublik zw. 1982 und 1992 von 7% auf 2,7%. Selbst ein aufwendiger Kostümfilm wie PATRICE CHÉREAUS ›Bartholomäusnacht‹ oder die ›Drei-Farben‹-Trilogie des poln. Regisseurs KRZYSZTOF KIEŚLOWSKI haben hierzulande kaum eine Chance, obwohl ihre künstler. Qualität außer Frage steht.

Noch schlechter als um den europ. steht es um den dt. Film. Im Herbst 1994 machte die Schreckensnachricht die Runde, daß im ersten Dreivierteljahr der Anteil des dt. Films am eigenen Markt auf 4% gefallen sei. Selbst einer Großproduktion wie ›Die Sieger‹, die mit enormem Medienaufwand gestartet

Mit seinem Film ›Der bewegte Mann‹ bringt Sönke Wortmann eine originelle deutsche Komödie in die Kinos

wurde, war nur ein Achtungserfolg beschieden, der niemals die Produktionskosten von 14 Mio. DM einspielt. Dabei geriet ›Die Sieger‹ zu einem erstaunlich professionellen Kinoabenteuer, in dessen Mittelpunkt ein Sondereinsatzkommando der Düsseldorfer Polizei steht.

Obwohl DOMINIK GRAF, der Regisseur von ›Die Sieger‹, schon zu Beginn der 80er Jahre seinen ersten eigenen Film drehte, gehört er doch zu einer Generation von Regisseurinnen und Regisseuren, der ein Bekenntnis auch zur Unterhaltung im Kino und eine bewußte Abkehr von der Subjektivität des ›Autorenfilms‹ gemeinsam sind. SÖNKE WORTMANN etwa, der mit seinem Erstling ›Allein unter

Gianfranco Fini, Chef der Alleanza Nazionale, triumphiert über das Abschneiden seiner Partei bei den italienischen Parlamentswahlen am 27./28. März

Frauen‹ 1991 auf sich aufmerksam machte, hat immer wieder seinen Respekt vor dem Publikum betont. Mit ›Der bewegte Mann‹ verfilmte er zwei Comics des Zeichners RALF KÖNIG. Ihm gelang ein zw. Klamotte und Komödie schwankender Film, in dem ein schöner junger Frauenheld von seiner Freundin aus der gemeinsamen Wohnung geworfen wird und auf einer Schwulenparty landet. Der Witz des Films entsteht aus dem Zusammenprall des Heterosexuellen mit der Schwulenszene, die in keiner Weise diskriminierend beschrieben wird. Aus ›Der bewegte Mann‹ wurde so der dt. Überraschungsfilm des Jahres.

**Fini,** Gianfranco, italien. Politiker (Movimento Sociale Italiano, MSI), *Bologna 3. 1. 1952. – Nicht erst mit den Parlamentswahlen vom 27./28. 3. 1994 wurde der Führer der Neofaschisten einer internat. Öffentlichkeit bekannt. F. erreichte im Dez. 1993 als Kandidat für das Amt des Bürgermeisters in Rom mit 47 % der Stimmen mehr als nur einen Achtungserfolg.
Bei den Parlamentswahlen errangen die Neofaschisten um F. mit ihrer ›Nat. Allianz‹ 13 % der Stimmen und stellten damit 105 der insgesamt 324 Abgeordneten des Rechtsbündnisses unter SILVIO BERLUSCONI. Es gelang F., den mühsamen Prozeß der Regierungsbildung mit der ›Lega Nord‹ von UMBERTO BOSSI und der ›Forza Italia‹ von SILVIO BERLUSCONI zu versachlichen und fünf seiner Mitstreiter mit Regierungsämtern zu versehen.
Viele Italiener sahen die Regierungsbeteiligung der Neofaschisten im Ggs. zu ausländ. Politikern und Kommentatoren mit äußerster Gelassenheit. Äußerungen von F. wie, MUSSOLINI sei der größte Staatsmann des Jahrhunderts gewesen, werden als reine Rhetorik abgetan.

**Hauptstadt:** Helsinki
**Einwohner:** 5 Mio.
**Einwohner/km²:** 15
**Staatsoberhaupt:**
Martti Oiva Ahtisaari
(seit 1. 4. 1994)
**Regierungschef:**
Esko Aho
**BSP/Einwohner:**
22 980 US-$

## Langsamer Wirtschaftsaufschwung

Nach drei Jahren tiefer Rezession, in dem das BIP um ingesamt rd. 14 % gesunken ist, ging es mit der finn. Wirtschaft 1994 langsam wieder bergauf; am Jahresende wurde mit einem Wachstum von 4 % gerechnet. Getragen wurde der Aufschwung v. a. vom Export (+ 13 %), der vom Zusammenbruch des so-

Finnlands neuer Staatspräsident Martti Ahtisaari neben seiner Frau Eeva am Wahltag (6. Februar) nach Bekanntgabe der ersten Hochrechnung

wjet. Marktes bes. hart getroffen worden war. Die wirtschaftl. Erholung in vielen westl. Industrieländern führte auch zu einer verstärkten Nachfrage nach finn. Produkten. Der Binnenmarkt zeigte dagegen noch keine Anzeichen einer nachhaltigen Belebung; der private Konsum schrumpfte noch einmal um 2 %. Dies nimmt nicht wunder bei einer Arbeitslosenquote von 19 % (sektoral noch höher), die damit höher als im Vorjahr war, und angesichts der Tatsache, daß sich die finn. Lohnempfänger in den beiden letzten Jahren mit realen Nullrunden bei Lohnerhöhungen abfinden mußten. Da half auch die niedrige Inflationsrate von 1,6 % wenig. Hemmend auf die Investitions- und Konsumbereitschaft wirkten sich die im internat. Vergleich hohen Realzinssätze aus. Die Staatsverschuldung lag Anfang der 1990er Jahre noch unter 15 %, sie stieg inzwischen auf über 60 % des BIP. Die Auslandsschulden kletterten in der zweiten Jahreshälfte auf über 300 Mrd. Fmk (ca. 100 Mrd. DM). Entsprechend war die Haushaltspolitik der Reg. von MinPräs. ESKO AHO vom Zwang zu Einsparungen gekennzeichnet.

### Innen- und Außenpolitik

Zu Jahresbeginn wählten die Finnen einen neuen Staatspräs. als Nachfolger des zum 1. März aus dem Amt geschiedenen MAUNO KOIVISTO. Im zweiten Wahlgang konnte sich der Kandidat der Sozialdemokraten, MARTTI AHTISAARI, durchsetzen.

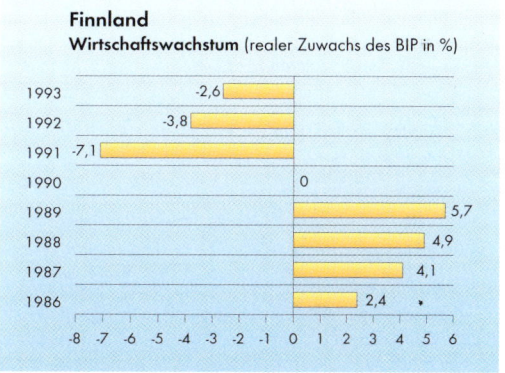

**Finnland**
**Wirtschaftswachstum** (realer Zuwachs des BIP in %)

| Jahr | Wert |
|------|------|
| 1993 | -2,6 |
| 1992 | -3,8 |
| 1991 | -7,1 |
| 1990 | 0 |
| 1989 | 5,7 |
| 1988 | 4,9 |
| 1987 | 4,1 |
| 1986 | 2,4 |

Ein wesentl. Themenschwerpunkt der finn. Politik war, wie in den nord. Nachbarländern, die Debatte um den EU-Beitritt. Bes. heftig ging es dabei um die Agrarfragen. In diesem Zusammenhang kam es im Juni sogar zu einem Mißtrauensantrag gegen die von der Bauernpartei gestellte Reg. Aho, der nur knapp mit 97 gegen 80 Stimmen bei 18 Enthaltungen abgewehrt werden konnte. Die finn. Bauern gehören neben den norwegischen zu den am höchsten subventionierten der Welt. Anders aber als die vom Golfstrom begünstigten Norweger brauchen die finn. Bauern unbedingt staatl. Hilfen, um ihre subarkt. Areale kostendeckend bewirtschaften zu können. Dies und die Autarkiebestrebungen der finn. Politik haben über Jahrzehnte dazu geführt, daß eine völlig überdimensionierte Landwirtschaft entstanden ist, die nur mit weit überhöhten Preisen leben kann und sich angesichts der EU-Konkurrenz existentiell bedroht sieht. Vor der Abstimmung rückten allerdings die sicherheitspolit. Aspekte wieder in den Vordergrund, was letztlich dazu führte, daß sich bei der Volksabstimmung am 16. Okt. 57% der Finnen für eine EU-Mitgliedschaft entschieden.

**Formel 1:** Als erster Deutscher gewann MICHAEL SCHUMACHER die Weltmeisterschaft in der ›Königsklasse‹ des Automobilsports, nach Abschluß der schlagzeilenträchtigen Rennsaison 1994 lag er mit einem Wertungspunkt knapp vor dem Briten DAMON HILL. Nach dem Rücktritt des Weltmeisters 1993, ALAIN PROST, begann die WM mit einer Siegesserie SCHUMACHERS, nach den ersten sieben Rennen führte er bereits mit 37 Punkten vor HILL. Nach dem dritten Rennen in Imola, bei dem der Brasilianer AYRTON SENNA und zuvor im Training der Österreicher ROLAND RATZENBERGER ums Leben kamen, erfolgten einschränkende Regeländerungen. Für 1995 wurde u. a. beschlossen, die Motorenleistung auf 600 PS zu beschränken und das Mindestgewicht der Wagen (einschließlich Fahrer) auf 625 kg zu erhöhen.
Das Rennen in Silverstone am 10. Juli machte die WM wieder spannend, da SCHUMACHER infolge

Bei dem Staatsbegräbnis für Formel-1-Rennfahrer Ayrton Senna am 4. Mai in São Paulo erweisen ihm (von links nach rechts) Emerson Fittipaldi, Alain Prost, Christian Fittipaldi, Jackie Stewart und Gerhard Berger die letzte Ehre

des Überfahrens der zum sofortigen Stopp auffordernden schwarzen Flagge mit Disqualifikation und Sperre für zwei Läufe bestraft wurde; sein Rennstall Benetton mußte 500 000 US-$ Buße zahlen. Um im Vorfeld des Großen Preises von Deutschland in Hockenheim die dt. Motorsportfans zu beruhigen und finanzielle Einbußen zu vermeiden, setzten die FIA-Funktionäre die Strafsperre aus, SCHUMACHER mußte jedoch nach der Hälfte des Rennens aufgeben. Die Pechsträhne des Deutschen setzte sich in Spa-Francorchamps fort, als ihm wegen einer um 2,6 mm zu dünnen Unterboden-Holzplatte der Sieg aberkannt wurde. Während der Zwangspause des Deutschen kam sein brit. Konkurrent schließlich bis auf einen Punkt an ihn heran. Das letzte Rennen der Saison 1994 um den Großen Preis von Australien in Adelaide verlief wie erwartet dramatisch. An der Spitze fahrend, kollidierte SCHUMACHER in einer Kurve mit dem ihm dicht folgenden HILL und schied aus. Kurze Zeit später mußte aber auch der Brite wegen angebrochener Radaufhängung aufgeben, der WM-Titel ging damit an den Deutschen.

## FORSCHUNG

### Das Dilemma der Forschungspolitik: Erkenntnisgewinn versus Nutzenorientierung

#### Vom Selbstverständnis der Forschung

Als FRIEDRICH VON SCHILLER in seinem Musenalmanach für das Jahr 1797 die bekannte Xenie über die Wissenschaft schrieb: ›Einem ist sie die hohe, die himmlische Göttin, dem andern eine tüchtige Kuh, die ihn mit Butter versorgt‹, da redete man noch nicht öffentlich über den Unterschied zwischen Grundlagenforschung, angewandter Forschung und Entwicklung oder gar über die feinere Differenzierung zwischen erkenntnisorientierter Grundlagenforschung, anwendungsorientierter Grundlagenforschung und produktorientierter Anwendungsforschung. Dennoch: SCHILLER hatte ahnend einen Nerv getroffen. Dieser Nerv schmerzt in regelmäßigen Abständen moderne Industriegesellschaften, und in ganz besonderem Maße die deutsche. Dabei ist der Schmerz je nach Wirtschaftslage eher im ideologischen Diskurs der Wissenschaft selbst angesiedelt oder im Streit der Tagespolitik darüber, ob die grundgesetzlich zugesicherte Freiheit der Forschung ihre institutionelle und finanzielle Absicherung ohne Auflagen impliziert.
Als in der Mitte der 1980er Jahre im Zeichen blühender deutscher Konjunktur ODO MARQUARD die These aufstellte, daß ›die Geisteswissenschaf-

ten um so unvermeidlicher werden, je moderner die Welt wird‹, und als LOTHAR SPÄTH formulierte: ›Das Wissen expandiert viel schneller als die zur Verfügung stehende zeitliche und individuelle Lernkapazität ... Immer mehr Leute wissen immer Genaueres über immer weniger, und sie finden immer seltener jemanden, dem sie dies wenige noch mitzuteilen vermögen‹, verstanden die Natur- und Ingenieurwissenschaften dies weithin als einen zwar interessanten Beitrag zur Diskussion über die ›zwei Kulturen‹, aber nicht als existentiell bedrohlich für sich selber. Man fühlte sich – trotz HANS JONAS – in der von JÜRGEN MITTELSTRASS angefachten Diskussion über das Auseinanderklaffen von Verfügungswissen (was kann man?) und Orientierungswissen (was soll man?) auf der sicheren Seite als der unverzichtbare Zulieferer des für die Bewältigung der Zukunft notwendigen Verfügungswissens. HANS JONAS’ Vorschrift, daß der Unheilsprophezeiung mehr Gehör zu geben sei als der Heilsprophezeiung, was in letzter Konsequenz als Forschungsverbot interpretiert werden kann, wurde im Sinne FRANCIS BACONS beantwortet: ›Das Unterlassen und der Mißerfolg sind von ganz ungleicher Gefahr; beim Unterlassen steht ein unermeßliches Gut, beim Mißlingen ein geringer Aufwand menschlicher Arbeit auf dem Spiel.‹ Drastischer formulierte HUBERT MARKL, der seinerzeitige Präsident der Deutschen Forschungsgemeinschaft (DFG), die Notwendigkeit weiterer Forschung mit dem Hinweis, man brauche die Feuerwehr auch dann zum Löschen, wenn sie das Feuer selbst gelegt habe. Der Streit – wie man sieht – war eher ideologisch. Die professionelle Qualität der ›Feuerwehr‹ stand zunächst nicht zur Debatte.

**Balanceverlust im deutschen Forschungssystem**

Die naturwissenschaftlich-technische Forschung der Bundesrepublik segelte – von Kern- und Gentechnik abgesehen – in scheinbar ruhigem Wasser. Die Stürme des Thatcherismus, die in Großbritannien weite Teile der Grundlagenforschung ruinierten, wurden nur aus der Ferne wahrgenommen. Die strukturellen Mängel der deutschen Universitäten, in denen Studentenflut und Geldmangel gleichzeitig die Forschung strangulierten, konnten durch die erfolgreiche Förderpolitik der DFG und einige spektakuläre Erfolge in der internationalen Szene zunächst verdeckt werden. Das Bundesministerium für Forschung und Technologie (BMFT) steigerte unter seinem Minister HEINZ RIESENHUBER, selbst ein Naturwissenschaftler, in den 1980er Jahren seine Aufwendungen für die Grundlagenforschung ebenso wie seine Unterstützung der Hochschulen im Rahmen der Verbundforschung. Gleichzeitig reduzierte RIESENHUBER die Projektförderung bei der Industrie. Ordnungspolitiker wie Forscher zeigten sich einigermaßen zufrieden. Nobelpreise häuften sich. Kassandrarufe wie der des Diplomaten KONRAD SEITZ zum Thema ›amerikanisch-japanische Herausforderung‹ wurden behandelt wie seinerzeit in Troja, nämlich nicht ernstgenommen.

Selbst die Abschaffung der steuerlichen Begünstigung von Forschungs- und Entwicklungsausgaben der Industrie im Jahre 1989 fand zunächst kaum öffentlichen Widerhall. Dabei markiert sie in den Worten von WOLFGANG FRÜHWALD, dem derzeitigen DFG-Präsidenten, den Zeitpunkt, zu dem das deutsche Forschungssystem aus der Balance gekommen ist. Durch die Euphorie der deutschen Vereinigung, die der Wirtschaft bei weltweiter Rezession die Atempause einer binnenmarktgetriebenen Scheinblüte verschaffte, wurde sowohl diese Tatsache in den Hintergrund gedrängt wie auch die genauso fatale Entwicklung der Industrieforschung in den neuen Ländern. Deren fast völliges Verschwinden wurde kaum wahrgenommen hinter den gewaltigen Staubwolken, welche die Umstrukturierungen der Akademie der Wissenschaften und der Hochschulen in der ehemaligen DDR aufwirbelten. Als sich diese Staubwolken zu legen begannen, da hatte die Rezession auch Deutschland fest im Griff, und viele zogen aus, Bilanz zu ziehen und nach einem tragfähigen Koordinatensystem für eine zukunftsweisende Forschungspolitik zu fragen. Bestimmende Randbedingung dieser Diskussion war und ist eine starke Verringerung des BMFT-Anteils am Staatshaushalt des vereinigten Deutschland von 2,6 % im Jahr 1989 auf unter 2 % im Jahr 1994 sowie eine Reduktion des Gesamtaufwands für Forschung und Entwicklung in der Bundesrepublik von fast 2,9 % auf knapp 2,6 % des Bruttosozialprodukts in den Jahren 1989 bis 1994.

**Grundlagenforschung in der Kritik**

Es zeigte sich, daß die wirtschaftliche Krise einherging mit einer Krise in der Wechselwirkung zwischen Wissenschaft, Wirtschaft und Politik: Forschung, insbesondere naturwissenschaftliche Grundlagenforschung, kam ins Gerede. Die Diskussion wanderte aus dem Feuilleton zum einen in die Leitartikel, zum anderen in die Wissenschaftsseiten, schließlich gar in die Wirtschaftsteile der Tages- und Wochenzeitungen.
Unter der Überschrift ›Zerreißprobe für die Forschung‹ berichtete HANS SCHUH in der ›Zeit‹ vom 5. 6. 1992 über die Krise der deutschen Grundlagenforschung. Die von ihm aufgeführte Sorgenliste ist lang:
– Die Spannung zwischen Forschung einerseits, Politik und Gesellschaft andererseits ist gestiegen. Immer häufiger stößt Forschung auf Mißtrauen.
– Bei zunehmender Komplexität der Forschung wird die Ergebnisvermittlung immer schwieriger.

Der Autor:
Joachim Treusch, geb.1940.
Physiker, Vorstandsvorsitzender des Forschungszentrums Jülich (KFA).
1984–86 Präsident der Deutschen Physikalischen Gesellschaft. Seit 1993 Vorsitzender der Arbeitsgemeinschaft der Großforschungseinrichtungen

– Die Reglementierungssucht ist in Deutschland besonders ausgeprägt.

– Die politische Instrumentalisierung der Wissenschaft wächst. Bei abnehmenden Ressourcen wird sie verstärkt nach ihrer Nützlichkeit beurteilt.

In der ›Standortdiskussion‹, die zunehmend auf das Superwahljahr 1994 ausgerichtet wurde, gewann die Nutzenorientierung weiten Vorsprung vor dem Erkenntnisgewinn. Bevorzugtes Ziel der Kritik wurden die Großforschungseinrichtungen, zum einen wegen ihres großen Gesamtetats, dessen Bundesanteil etwa ein Viertel des BMFT-Haushalts ausmacht und der in Zeiten der Knappheit die Begehrlichkeit vieler weckt, zum anderen, weil sie das Dilemma der Forschungspolitik in sichtbarster Form verkörpern. Den Wissenschaftsorganisationen und Hochschulen muß nach dem Prinzip ›wehret den Anfängen‹ mißfallen, daß der Staat ›seine‹ Großforschungseinrichtungen inhaltlich zu steuern versucht, dem Staat mißfällt, daß er auf dem Wege von der Globalsteuerung zur Detailsteuerung mit dem Widerstand der Großforschungseinrichtungen selbst zu rechnen hat.

Eine der größten und teuersten Forschungsanlagen ist der 1991 in Betrieb gegangene Proton-Elektron-Speicherring HERA am Deutschen Elektronen-Synchrotron (DESY) in Hamburg. Während der Bauphase entstand das Bild vom Aufbau der Schildvortriebsmaschine für den 6,45 km langen Tunnel

### Wissenschaftsstandort Deutschland

1993 erlebte das BMFT zwei Amtswechsel. Der neue Minister, Paul Krüger, betrieb die Standortdebatte energisch weiter. Er, seine Kabinettskollegen und auch die Opposition bewegten ebenso wie die Wirtschaftsverbände und führende Verteter der Industrie in unzähligen Symposien, Podiumsdiskussionen, Talk-Shows und Konferenzen mit Vertretern der Wissenschaft das Thema ›Wirtschaftsstandort – Wissenschaftsstandort Deutschland‹. Der Journalist Georg Hartmut Altenmüller brachte die Situation im Septemberheft 1994 des ›Spektrums der Wissenschaft‹ unter der

Überschrift ›Anwendungsorientierte Grundlagenforschung – wird der Bastard Hätschelkind?‹ mit der folgenden Formulierung auf den Punkt: ›In Deutschland ist ein fataler Streit darüber ausgebrochen, ob Staat und Industrie erst eine Zukunft bestimmen und dann die dafür benötigte Forschung fördern oder ob sie nicht umgekehrt Wissenschaft um ihrer selbst willen unterstützen und dann fragen sollten, was mit den Ergebnissen zu machen sei.‹ Erkennbar ist die Verschärfung der Schnittstellenproblematik in der Sequenz Wollen – Wissen – Können – Tun. Sie besteht vornehmlich in Kommunikations- und Umsetzungsproblemen zwischen

– Politik (Gesellschaft) und Wissenschaft: Was wollen wir, und was müssen wir dazu wissen? Was wissen wir, und was folgt daraus für unser Wollen?

– Wissenschaft und Industrie (Wirtschaft): Was wissen wir, und wie können wir es effektiver umsetzen? Beziehungsweise: Was wollen wir können, und was müssen wir dazu wissen?

– Industrie und Gesellschaft: Was können wir, und wie können wir es umsetzen? Was wollen wir tun, und was müssen wir dazu können? Was dürfen wir möglicherweise nicht tun, obwohl wir es können?

Es besteht Einigkeit darüber, daß die Beantwortung all dieser Fragen eine Verbesserung der Dialoge, eine Öffnung der Gruppierungen Wissenschaft, Wirtschaft und Politik füreinander und für gemeinsame Zielsetzungen erfordert. Hier sind ermutigende Schritte getan worden. Wenn aber Kommissionen, Beiräte, Strategiekreise und Innovationszirkel, wie Wolfgang Frühwald in den Mitteilungen der DFG vom Februar 1994 feststellt, ein immer dichteres Netz über die deutsche Wissenschaftslandschaft ziehen, dann ist die Gefahr des Erstickungstodes nahe.

Das amerikanische Beispiel strategischer Forschungspolitik, die nur noch geplantem Fortschritt in staatlich vorgegebener Richtung Raum lassen will, greift auf Europa über. Hier hat gerade das föderale deutsche Forschungs- und Wissenschaftssystem mit seiner in der DFG in einzigartiger Weise ausgeprägten Bottom-up-Steuerungsphilosophie viel zu verlieren.

Für die Fortführung des öffentlichen Dialogs lohnt es sich, einige Thesen festzuhalten, über die breite Zustimmung zu herrschen scheint und die Grundlage der weiteren Diskussion sein sollten.

### Chancen für die Zukunft sichern

I. Im rohstoffarmen Deutschland gilt unbestritten, daß die Qualität des Forschungsstandorts und die Qualität des Wirtschaftsstandorts einander untrennbar bedingen.

In Zeiten der Blüte stellt sich die Frage nach der Reihenfolge nicht. Forschung und Wirtschaft blühen gleichzeitig. Zu Zeiten der Krise stellt sich die Frage, ob blühende Wirtschaft Voraussetzung für ausreichende Forschungsförderung sei. Kurzfristig heißt die politische Antwort ›ja‹, überproportionale Etatkürzungen werden mit der Forderung nach Effizienzsteigerung umkleidet. Langfristig gilt natür-

Im 1993 eingeweihten Cooler Synchrotron (COSY) des Forschungszentrums Jülich werden extrem genau fokussierte Protonen- und Ionenstrahlen für die physikalische und medizinische Forschung erzeugt. COSY erschließt dabei den Energiebereich zwischen 40 und 2 500 MeV

lich der umgekehrte Satz: Erfolgreiche Forschung liefert die Grundlagen wirtschaftlicher Kraft. Nur Forschung bietet uns Chancen und Wahlmöglichkeiten zur eigenständigen Gestaltung unserer Zukunft.

Deutschland ist auf die Verfügbarkeit heutiger und künftiger Schlüsseltechnologien angewiesen. Dies setzt einen weiten Zeithorizont voraus, denn auch heute noch gilt: Moderne Schlüsseltechnologien, die mehr sind als bloße Weiterentwicklungen, brauchen vom Labor zum Weltmarkt typischerweise 15–20 Jahre. Vorlaufforschung im High-Tech-Bereich hat den Charakter von Grundlagenforschung. Sie muß primär nach Qualität beurteilt werden, und ihre Finanzierung darf nicht vom Grade der Beweisbarkeit ihres künftigen Nutzens abhängen, sonst schließen sich die Fenster kreativer Phantasie.

II. Forschung muß in ihrer Ergebnisoffenheit von einer zukunftsorientierten Gesellschaft angenommen werden. Reduzierung der Forschung allein auf ihren Technologiebezug und reine Nutzenorientierung ihrer Maßstäbe verengt die Wege in eine lebenswerte Zukunft. Neugier ist prägendes Merkmal der biologischen Natur des Menschen, Forschung als Manifestation dieser Neugier ist auch Kulturgut.

Über die vier Hauptaufgaben der Forschung besteht Einigkeit:

1. *Grundlegung der Ausbildung* zur Sicherung der Leistungsfähigkeit durch hochqualifizierten Nachwuchs;

2. *Erweiterung unseres Wissens* durch allgemeine, erkenntnisorientierte Grundlagenforschung und spezifische Langzeitprogramme wie Polar-, Weltraum-, Fusionsforschung;

3. *Vorsorge für eine tragfähige Welt* durch Forschung in den Bereichen Gesundheit, Umwelt, ›global change‹;

4. *Bewahrung des Wohlstands* durch Beherrschung der Schlüsseltechnologien wie Biotechnologie, Informationstechnik, Energietechnik, Materialforschung.

Es besteht auch Einigkeit darüber, daß diese vier Kategorien nur in enger Vernetzung den rechten Sinn machen.

**Zeitgemäße Forschungsstrukturen schaffen**

III. Das in Jahrzehnten ausstrukturierte und differenzierte Forschungssystem der Bundesrepublik Deutschland – mit Hochschulen, Max-Planck-Gesellschaft, Großforschungseinrichtungen, Fraunhofer-Gesellschaft und Industrie – ist in seiner Ausgewogenheit und seiner auf Kooperation und Arbeitsteilung angelegten Grundstruktur im Prinzip beispielhaft.

Die Frage nach der konkreten Gewichtung, Arbeitsteilung und Kooperation zwischen staatlich geförderter Forschung in Hochschulen und außeruniversitären Forschungsinstitutionen auf der einen, Industrieforschung auf der anderen Seite bedarf allerdings immer wieder zeitgemäßer Antworten. Dabei gilt:

1. Deutschland darf sich aus keinem der vier genannten Felder ausklinken, denn

– gut ausgebildeter Nachwuchs ist unser wichtigstes Kapital;

– Grundlagenforschung legt die Basis jeder Entwicklung;

– Vorsorgeforschung liegt in der Verantwortung, aber auch im wohlverstandenen Eigeninteresse der reichen Industrienationen;

Ausstellungen anläßlich wissenschaftlicher Veranstaltungen, wie hier bei einer Tagung des Vereins Deutscher Ingenieure (VDI), bieten Gelegenheit zum Dialog zwischen Forschung und Industrie

– Beherrschung der Schlüsseltechnologien sichert diesen Reichtum.

2. Eine Ordnung, die trennscharf den Hochschulen die Ausbildung, der Max-Planck-Gesellschaft die Erweiterung unseres Wissens, der Großforschung die Vorsorge und der Industrie gemeinsam mit der Fraunhofer-Gesellschaft die Bewahrung unseres Wohlstands zuwiese, griffe zu kurz. Die vier Aufgabenebenen sind zunehmend vernetzt, weil sowohl die Probleme unserer modernen Gesellschaften wie auch die unserer überbevölkerten Erde immer stärker miteinander vernetzt sind. Schwerpunktbildung im eigenen Kompetenzbereich darf die Kooperations- und Sprechfähigkeit über die eigenen fachlichen, institutionellen und nationalen Grenzen hinaus nicht beschädigen.

IV. Der Versuch einer Differenzierung zwischen erkenntnisorientierter (›reiner‹) Grundlagenforschung, anwendungsorientierter Grundlagenforschung und produktorientierter Anwendungsforschung, wie sie Jürgen Mittelstrass vorschlägt, ist hilfreich im Sinne eines Koordinatensystems, wenn man dabei im Auge behält, daß die Wirklichkeit des Innovationsprozesses nicht länger sequentiell, sondern interaktiv in vielen, oft auch zufälligen Rückkopplungsschleifen durch den von diesen Koordinaten aufgespannten Raum verläuft. Im Sinne kategorischer Einteilung wäre diese Differenzierung kontraproduktiv.

Auch die staatlich geförderte Forschung muß sich der Forderung nach schnellerer Umsetzung von Forschungsergebnissen in technische Anwendungen stellen. Dabei muß sie aber gemeinsam mit ihren Partnern aus Wirtschaft und Politik darauf achten, daß eine vernünftige Balance zwischen Technology-push, Market-pull und Society-demand erhalten bleibt. Eine einseitige Marktorientierung führt auf lange Sicht zu irreparablen Schäden.

Zur ›Bringschuld‹ der Forschung gesellt sich die ›Holschuld‹ der Wirtschaft und der Gesellschaft. Zu ›research‹ gehört ›search‹, wenn man gemeinsam erfolgreich sein will. In der weltweit zu beobachtenden Suche nach dem richtigen Gleichgewicht zwischen ›research‹ und ›search‹ haben uns die Japaner in den ›Such‹-Prozessen viel voraus. *Unsere* Ergebnisse werden nur zu oft zu *ihren* Produkten.

**Gemeinsame Anstrengungen sind nötig**

V. Die Motivation der Forscher, der Mut zur Innovation und die Fähigkeit und der Wille zur Kooperation können durch Anreizsysteme in einem Klima positiver Aufgeschlossenheit gefördert werden. Durch Sanktionen und übermäßige bürokratische Regulierung werden sie gehemmt.

Es ist notwendig, in Deutschland wieder deutlich ins öffentliche Bewußtsein zu rücken, daß Wissenschaft und Forschung unverzichtbar für die künftige Entwicklung unseres Landes sind. Dies ist auch eine Aufgabe der Politik. Politik, Wissenschaft und Wirtschaft müssen darüber hinaus gemeinsame Anstrengungen unternehmen, damit Forschung und Technologie der ihrer Bedeutung entsprechenden Stellenwert auch in den öffentlichen Haushalten und in der langfristigen Industrieplanung erhalten und damit Planungssicherheit und Anziehungskraft für den Nachwuchs zurückgewinnen. Die Neugier der Besten auf Erkenntnisse, die noch niemand hat, und ihre Motivation, diese Erkenntnisse umzusetzen, sind die beste Garantie für den Erfolg einer nutzenorientierten Forschungspolitik.

Wenn diese Einigkeit auch nach dem Superwahljahr lebendig bleibt, kann das Dilemma zur Chance werden.

---

**Forschungsreaktor München II,** Abk. FRM II, →Garching.

**fortgesetzte Handlung, fortgesetztes Delikt:** Die Rechtsfigur der f. H. fügt an sich selbständige Straftaten zu einer rechtl. Einheit zusammen: Liegen gleichartige Vorgehensweise, räuml. und zeitl. Zusammenhang der einzelnen Delikte und ein verbindender ›Gesamtvorsatz‹ des Serientäters vor, führt dies zur Verurteilung nur wegen einer Tat mit entsprechendem ›Mengenrabatt‹ bei der Strafhöhe. Der Aufklärungsaufwand der Justiz ist entsprechend geringer. Der BGH hat 1994 diese 100 Jahre alte Rechtsprechung als untauglich für Straftaten des →sexuellen Mißbrauchs und des Betrugs erklärt, da sie den speziellen Deliktcharakter verfälschten.

**Forza Italia,** zur Beteiligung an den Parlamentswahlen am 27./28. März um die Jahreswende 1993/94 von Silvio →Berlusconi gegr. polit. Gruppierung der Rechten. Schon Ende Jan. konnte die F. I. (›Vorwärts Italien‹) eine Mitgliederzahl von rund 200 000 vorweisen. Bei den Wahlen wurde die F. I., die mit der föderalist. Lega Nord und der neofaschist. Nat. Allianz unter dem Namen ›Pol der Freiheit und der guten Reg.‹ ein polit. Bündnis eingegangen war, stärkste Partei (21,1%) und stellte mit BERLUSCONI bis Dez. den Regierungschef.

**Foster,** Sir (seit 1990) Norman Robert, brit. Architekt, * Manchester 1. 6. 1935. – Im Sommer befürwortete der Ältestenrat des Bundestags einen Vorschlag F.s für den Umbau des Berliner →Reichstags mit einer modernen Glaskonstruktion statt des Wiederaufbaus der zerstörten Kuppel. Das Vorhaben bleibt umstritten, bis zum voraussichtl. Umzug des Bundestags 1999 müssen die Arbeiten aber fertiggestellt sein. Im Febr. 1993 hatte F. den Wettbewerb mit einer Studie gewonnen, die einen freischwebenden gläsernen Baldachin über dem Gebäudekomplex vorsah. Aufgrund der Diskussionen über den Umfang des Projekts und die Kuppellösung mußte F. seinen Entwurf vollständig überarbeiten. – F. leitet seit 1967 das Londoner Architekturbüro Foster Associates.

**Franc-Zone:** Mitte Jan. beschlossen die 14 Staaten (Senegal, Elfenbeinküste, Burkina Faso, Mali, Togo, Benin, Niger, Tschad, Kamerun, Kongo, Gabun, Äquatorialguinea, Zentralafrikan. Rep., Komoren) der afrikan. F.-Z. (Communauté Financière Africaine, CFA) in der senegales. Hauptstadt Dakar, den seit 1948 in einem festen Wechselkursverhältnis zur frz. Währung stehenden CFA-Franc um 50% abzuwerten; einzige Ausnahme bildete die Inselgruppe Komoren, deren Währung nur um gut ein Drittel abgewertet wurde. Das zunehmende Abrutschen der monetären Union in die Bedeutungslosigkeit, die katastrophale wirtschaftl. Lage in der F.-Z. und nicht zuletzt starker äußerer Druck führten zu dem Abwertungsschritt. Im Gegenzug sprachen Frankreich und der IWF den 14 afrikan. Staaten mehr als 10 Mrd. frz. Francs an neuer Finanzhilfe zu, um den Abwertungsschock abzufedern und den Grundstock für einen wirtschaftl. Neubeginn zu legen.

## Frankreich

**Hauptstadt:** Paris
**Einwohner:** 57,5 Mio.
**Einwohner/km²:** 104
**Staatsoberhaupt:** François Mitterrand
**Regierungschef:** Édouard Balladur
**BSP/Einwohner:** 22 300 US-$

### Die wirtschaftliche Entwicklung

Die regierende bürgerl. Koalition unter Führung von ÉDOUARD BALLADUR legte nach wie vor ihre

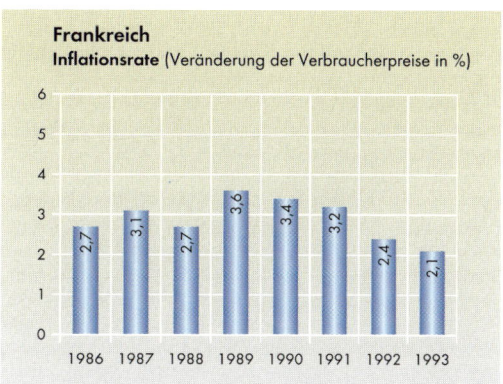

**Frankreich**
**Inflationsrate** (Veränderung der Verbraucherpreise in %)

| 1986 | 1987 | 1988 | 1989 | 1990 | 1991 | 1992 | 1993 |
|------|------|------|------|------|------|------|------|
| 2,7 | 3,1 | 2,7 | 3,6 | 3,4 | 3,2 | 2,4 | 2,1 |

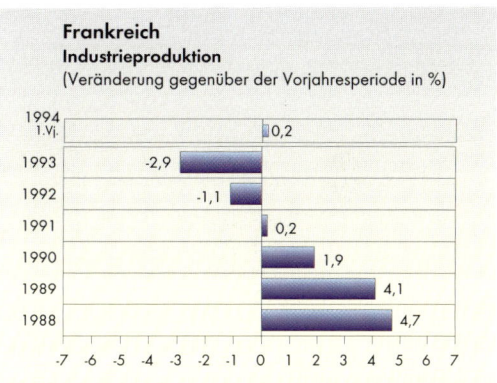

**Frankreich**
**Industrieproduktion**
(Veränderung gegenüber der Vorjahresperiode in %)

| | |
|------|------|
| 1994 1. Vj. | 0,2 |
| 1993 | -2,9 |
| 1992 | -1,1 |
| 1991 | 0,2 |
| 1990 | 1,9 |
| 1989 | 4,1 |
| 1988 | 4,7 |

Priorität auf eine Politik des harten Franc im EWS, unterstützt von der nunmehr unabhängigen Bank von F., die nach dem Gesetz auf die Stabilität des Franc verpflichtet ist. Sie nahm gleichzeitig auch im Interesse einer wirtschaftl. Belebung eine weitere Steigerung der Staatsverschuldung in Kauf, es gelang ihr aber nicht, die Arbeitslosigkeit wirksam zu bekämpfen, vielmehr stieg die Arbeitslosenquote auf 12,5% an, die der Jugendlichen lag bei 25%. Die Privatisierung staatlicher Unternehmen wurde fortgesetzt (Banque Nationale de Paris, Rhône-Poulenc, Elf Aquitaine, Union des Assurances de Paris), ihr Rhythmus jedoch verlangsamt. Sie war weder Ausdruck einer liberalen Wirtschaftspolitik, vielmehr Instrument zur Lenkung von Kapital- und Unternehmensstrukturen, noch war sie mit tiefgreifenden Reformen verbunden. Die Unfähigkeit der Reg., die sozialen Folgen der Wirtschaftskrise zu bewältigen (so waren z. B. Maßnahmen zur Bekämpfung der sozialen Ausgrenzung zu ergreifen), forderte zunehmend nicht nur die Kritik der linken oppositionellen Kräfte, sondern auch aus den eigenen Reihen heraus. Da man im rechten Lager aber keineswegs einig über die zu ergreifenden Maßnahmen war, erfolgten während der Kohabitation, die bis zum Frühjahr 1995 dauern wird, keine grundlegenden Strukturreformen; vielmehr beschränkte man sich auf eine rechtschaffene Verwaltung der Mängel.

In Paris demonstrieren am 25. März Zehntausende von Schülern und Studenten gegen die Einführung des Niedriglohns für Jugendliche, die sie als Entwertung ihrer Diplome betrachten

### Innenpolitik

Die andauernde gesellschaftl. Krise, durch die fast die Hälfte der Bevölkerung von wirtschaftl. und sozialem Abstieg bedroht ist, löste z. T. sehr massive Demonstrationen und Arbeitskonflikte aus (bei Post, Telefon- und staatl. Elektrizitätsgesellschaft, in Krankenhäusern, Finanzämtern, im staatl. Schulwesen, bei Fischern, Schülern, Studenten usw.). Die Reg. war wiederholt gezwungen, Gesetzentwürfe und Erlasse zurückzunehmen, z. B. die Einführung eines Eingliederungsvertrags für jugendl. Arbeitskräfte bei niedrigerem gesetzlich festgelegtem Mindestlohn oder eine Schulreform zur besseren finanziellen Förderung von (kath.) Privatschulen. Die Popularität des Regierungschefs BALLADUR blieb jedoch, abgesehen von kurzfristigen Einbrüchen, unverändert groß. Selbst die im Sommer und Herbst bekanntgewordenen Korruptionsaffären, in die Regierungsmitgl. (drei Min. mußten zurücktreten) und Persönlichkeiten der Wirtschaft verwickelt waren, änderten dies nicht wesentlich. Dieser wie schon zuvor anderen Schwierigkeiten begegnete BALLADUR mit der ›Politik des runden Tisches‹, um die Entscheidungsfindung auf eine breitere Basis zu stellen. So wirkte sich der soziale Protest bei den Kantonalwahlen vom März 1994 (zur Bestimmung der parlamentar. Vertreter in den Départements) nicht gegen die Reg. aus. Die bürgerl. Rechtskoalition konnte im wesentl. ihre Stimmenanteile halten.

Die Wahlen zum Europ. Parlament, die in F. gern genutzt werden, um gegen die bestehende Reg. zu protestieren, erbrachten eine extreme Zersplitterung des Parteiensystems. Die traditionellen großen Parteien, der neogaullist. RPR, die liberalkonservative UDF und der sozialist. PS, erhielten insgesamt nur 40 % der Stimmen. Die Regierungskoalition, die mit einer gemeinsamen Liste angetreten war (25,6 %), mußte aus ihren eigenen Reihen eine Dissidenz in Form der Anti-Maastricht-Liste hinnehmen (12,3 %), und auch die sozialist. Partei

bekam Konkurrenz aus dem linken Lager – durch den Nationalrepublikaner CHEVÈNEMENT (2,5 %) und v. a. durch den populist. Skandalpolitiker und Unternehmer BERNARD TAPIE (12 %) –, so daß sie mit nur 14,4 % einen spektakulären Einbruch erlitt, der ihren GenSekr. MICHEL ROCARD zum Rücktritt bewog. Auf den Extremen des Parteienspektrums konnte die kommunist. Partei unter ihrem neuen Parteiführer HUE, der GEORGES MARCHAIS nach über 20jähriger Amtszeit ablöste, wieder nur 6,9 % der Wähler für sich gewinnen, während der rechtsextreme Front Nationale sich bei 10 % stabilisierte. Die Grünen erhielten mit zwei getrennten Listen 5 % der Stimmen. Die Reg. Balladur stand somit einer sehr geschwächten Opposition gegenüber. Die Regierungsarbeit beeinträchtigte weniger die Auseinandersetzungen mit der Opposition als vielmehr die Zerstrittenheit im eigenen Lager. Die parteiinternen Auseinandersetzungen um die Kandidatenaufstellung für die im Frühjahr 1995 anstehende Präsidenschaftswahl begannen sehr früh. Zu den zahlreichen Anwärtern innerhalb des RPR zählten Regierungschef BALLADUR und Parteiführer CHIRAC, der im Nov. die Parteiführung aufgab, um sich auf seine Kandidatur vorzubereiten. Die UDF behielt sich vor, einen eigenen Kandidaten ins Rennen zu schicken. In dieser Lage hätte der bisherige Präs. der Europ. Kommission, JACQUES DELORS, gute Chancen für die Nachfolge MITTERRANDS gehabt; er war indes nach anfängl. Zögern zu einer Kandidatur nicht bereit.

In dem von Krisen und gesellschaftl. Auseinandersetzungen geschüttelten, durch den frühzeitigen Präsidentschaftswahlkampf teilweise lahmgelegten F. besann man sich auf traditionelle nat. Werte (Gesetz zur Reinhaltung der →französischen Sprache, Inkrafttreten eines neuen Strafgesetzbuches in der Nachfolge des ehrwürdigen Code Napoléon) und auf die glorreiche Geschichte (großartige Feierlichkeiten zum 50. Jahrestag der Landung der Alliierten in der Normandie und der Befreiung der Hauptstadt Paris). Schatten der Vergangenheit warfen der erste, vielbeachtete Prozeß, der gegen einen Franzosen (den Nazi-Kollaborateur PAUL TOUVIER) wegen Verbrechens gegen die Menschlichkeit geführt wurde, sowie die Enthüllung, daß Staatspräs. MITTERRAND als junger Mann zu den aktiven Anhängern Marschall PÉTAINS gehört hatte.

**Außenpolitik**

In der frz. Außenpolitik konnte MITTERRAND seine führende Stellung erhalten. Seine europapolit. Zielsetzungen, die er zum Ende seiner Amtszeit zu einem bes. Anliegen gemacht hatte, wurden weitgehend von der Reg., wenn auch nicht immer von der Koalition in der Nationalversammlung geteilt: Förderung der EU auf wirtschaftl., polit. und zunehmend außen- und sicherheitspolit. Gebiet in enger Zusammenarbeit mit dem dt. Partner. Die dt.-frz. Beziehungen waren aber immer wieder u. a. durch die Angst vor zu großem Einfluß Deutschlands innerhalb eines seinen Schwerpunkt nach Osten verlagernden Europas belastet. Um F.s Position hier zu festigen, fand ein intensiver diplomat. Austausch mit den Ländern Mittel- und Osteuropas statt. Die Fortsetzung der vorsichtigen Annäherungspolitik an die NATO entsprach der sich immer mehr durchsetzenden Erkenntnis, daß sich der sicherheitspolit. Handlungsspielraum F.s nach der Auflösung der Ost-West-Polarität verringert hat und daß F. unter diesen Bedingungen nicht mehr über ausreichende finanzielle Mittel verfügt, um seinen Sicherheitsbedürfnissen durch eigene Rüstungsprogramme gerecht zu werden. Konsens bestand im Festhalten an der eigenen nuklearen Abschreckung, umstritten war jedoch die Beibehaltung des von MITTERRAND zunächst durchgesetzten Moratoriums bei den Atomwaffentests.

**französische Sprache:** Am 30. Juni wurde vom frz. Senat das von Kulturmin. JACQUES TOUBON eingebrachte Reinhaltungsgesetz der f. S. in dritter Lesung gebilligt. Das Gesetz sah vor, den Sprachgebrauch zu regeln und die Verwendung fremdsprachl., bes. engl., Begriffe unter Strafe zu stellen. Nach massiven Protesten setzte der Verfassungsrat am 29. Juli fest, daß der Staat zwar die Verwendung der f. S. im staatl. Bereich und von Repräsentanten des Staates regeln und Mißbrauch bestrafen könne, Privatpersonen sowie Medienschaffenden und Werbeleuten aber kein Sprachdiktat auferlegen dürfe.

**Frauenbewegung:** Die F. in Deutschland hat, wie nicht erst die geringe Resonanz auf den →Frauenstreiktag am 8. März zeigte, an Kraft verloren. Obwohl sie in den letzten Jahren Erfolge im rechtl. Bereich (z. B. das →Gleichberechtigungsgesetz) und im gesellschaftl. Leben vorweisen kann, wird unter dem Stichwort Backlash (dt. Rückschlag) die Frage diskutiert, ob sich die Errungenschaften der F. seit den 1980er Jahren in Niederlagen verwandeln. Der F. wird z. B. vorgeworfen, sie habe eine Generation unglücklicher, alleinstehender, kinderloser Frauen hervorgebracht oder sie sei Schuld am Werteverlust der Gesellschaft, am Nie-

dergang der Familie und am Anwachsen rechtsradikaler Gewalt unter männl. Jugendlichen. Gleichzeitig sieht sich die F. zunehmend einer in dem traditionellen Frauenverständnis gründenden Familien- und Arbeitsmarktpolitik gegenüber, die Frauen aus Bereichen, in denen sie bereits an Einfluß gewonnen hatten, zurückdrängt; dabei bleiben die Bedingungen, die die Vereinbarkeit von berufl. und gesellschaftl. Engagement mit dem Leben in familiären Beziehungen erschweren, weitgehend unberücksichtigt. Neben dem Rückgang der polit. Einflußnahme wurde auf der UNO-Frauenkonferenz in Wien Ende Okt. v. a. auf den Verlust der wirtschaftl. Gleichstellung für Frauen in den USA und Europa, insbes. aber in Mittel- und Osteuropa, hingewiesen.

**FrauenMediaTurm,** im Juni 1994 eröffnetes, im Kölner Bayenturm untergebrachtes Informationszentrum zu Frauenfragen, das mit seinem von histor. Originalen bis zu Flugblättern der Neuen Frauenbewegung reichenden Dokumentationsbestand Erfahrung und Wissen von Frauen sichern und ihnen die Möglichkeit verschaffen will, auf dem aufzubauen, was andere gedacht und getan haben. Die vor zehn Jahren als **Feministisches Archiv und Dokumentationszentrum** gegr., in Frankfurt am Main ansässige gemeinnützige Stiftung zog 1988 nach Köln um, wo sie mind. bis zum Jahre 2061 den Turm nutzen wird.

Mit der Priesterweihe von 32 Diakoninnen am 12. März in der Kathedrale von Bristol wird 460 Jahre nach Gründung der anglikanischen Kirche durch Heinrich VIII. eine ihrer wichtigsten Reformen vollzogen

**Frauenordination:** In der Kirche von England empfingen am 12. März erstmals 32 Frauen die Priesterweihe, nachdem die Generalsynode bereits im Nov. 1992 diesen Schritt beschlossen und das brit. Ober- und Unterhaus ihn gebilligt hatte. Bis Ende des Jahres wurden in den 43 anglikan. Bistümern über 1 000 Frauen geweiht. Mehrere Bischöfe und einige hundert Geistliche verließen aus Protest dagegen die anglikan. Kirche bzw. kündigten ihren Austritt an. Dabei stellte der Übertritt verheirateter Priester zur kath. Kirche diese vor schwierige Probleme.

Im Vorfeld des Frauenstreiktags machen ›Medienfrauen‹ am 2. März in München ›Putz‹: Zum Auftakt
der Landeskonferenz der Medienfrauen weisen
sie auf die besondere Benachteiligung von Frauen
auf dem Arbeitsmarkt hin

Die altkath. Kirche in Deutschland beschloß im
Mai auf ihrer Synode in Mainz ebenfalls die Zulassung von Frauen zum Priesteramt. In der anglikan.
Kirche von Wales scheiterte ein entsprechender
Beschluß an der Kammer der Geistlichen. Der Vatikan bekräftigte anläßlich der ersten Priesterwei-
hen von Frauen seine ablehnende Position nochmals. In einem ›Apostol. Schreiben über die nur
Männern vorbehaltene Priesterweihe‹ (Ordinatio
Sacerdotalis) vom 22. Mai schloß Papst JOHANNES
PAUL II. die Zulassung von Frauen zum Priesteramt in der röm.-kath. Kirche ›endgültig und
verbindlich‹ aus. Die in der kath. Kirche entfachte
Debatte um Priesterinnen wurde in der Öffentlichkeit aber weiterhin kontrovers geführt. (Essay →ka-
tholische Kirche)

**Frauenrechte:** Nach einer am 26. 1. 1994 veröffentlichten Entscheidung (Beschluß vom 16. 11.
1993) des Bundesverfassungsgerichts handelt es
sich um eine unzulässige Benachteiligung von
Frauen (die schon seit 1980 verboten ist), wenn für
den Arbeitgeber das Geschlecht einer Bewerberin
auch nur einer unter mehreren Gründen für die Ablehnung der Einstellung ist. Damit bereits sei der
Tatbestand der Diskriminierung erfüllt. Sie könne
darüber hinaus auch zu einer Schadensersatz-
pflicht des potentiellen Arbeitgebers führen, die
über den Ersatz der reinen Bewerbungskosten hin-
ausgeht.

**Frauenstreiktag:** Am Internat. Frauentag
(8. März), der 1994 von zahlreichen Organisationen
zum F. erklärt worden war, nahmen Tausende von
Frauen in Deutschland an Demonstrationen und
Aktionen teil. Während auch Bundestagspräs.
RITA SÜSSMUTH zum Protest aufgerufen hatte,
wandte sich der Dt. Gewerkschaftsbund (DGB) gegen die Bezeichnung ›F.‹, da Streiks im Sinne des
Arbeitsrechts nicht gemeint seien.

**Frei Ruiz-Tagle,** Eduardo, chilen. Politiker
(Christdemokrat. Partei, PDC), *Santiago 24. 6.
1942. – Der Sohn des ehem. Staatspräs. (1964–70)
EDUARDO FREI MONTALVA wurde am 11. 12. 1993
mit 58% der Stimmen zum Nachfolger von Staats-

präs. PATRICIO AYLWIN gewählt und trat am
11. März sein Amt an.

F. R.-T. studierte Ingenieurwiss. und war schon mit
16 Jahren in den PDC eingetreten. Nach dem Militärputsch von 1973 blieb er der Politik fern und
übte bis 1988 seinen Beruf aus. Als der Ausnahmezustand aufgehoben wurde, führte er mit allen
anderen demokrat. Oppositionskräften erfolgreich
die ›Kampagne für das Nein‹, die eine erneute
Amtszeit von Staatspräs. AUGUSTO PINOCHET im
Okt. 1988 verhinderte. Bei den Wahlen von 1989
siegte der demokrat. Gemeinschaftskandidat, der
PDC-Führer AYLWIN. F. R.-T. wurde Senator.
Nachdem Präs. AYLWIN auf eine zweite Amtszeit
verzichtet hatte, wurde im Dez. 1991 F. R.-T. zum
PDC-Vors. und Präsidentschaftskandidaten gewählt.

**Fußball:** Das beherrschende Ereignis um das
runde Leder war die im Sommer in den USA
ausgetragene →Fußball-Weltmeisterschaft. In den
europ. Vereinswettbewerben 1993/94 dominierten
einmal mehr die italien. Klubs. Den UEFA-Pokal
holte sich Inter Mailand durch zwei 1:0-Siege
gegen das Überraschungsteam von Austria Salzburg, das vorher zwei dt. Mannschaften aus dem
Rennen geworfen hatte. Im Landesmeisterwettbe-
werb besiegte in einem denkwürdigen Endspiel der
AC Mailand den FC Barcelona unerwartet hoch
mit 4:0. Einen totalen italien. Triumph in allen drei
Wettbewerben verhinderte Arsenal London, das im
Finale des Europapokals der Pokalsieger den AC
Parma 1:0 schlug.

Dt. Fußballmeister 1994 wurde Bayern München
mit einem Punkt Vorsprung vor dem 1. FC Kaiserslautern. Absteigen in die 2. Bundesliga mußten der
Vorjahresaufsteiger VfB Leipzig, die SG Wattenscheid 09 sowie ganz knapp aufgrund des schlech-
teren Torverhältnisses gegenüber dem SC Freiburg
der Traditionsverein 1. FC Nürnberg. Freuen über

Der neue Präsident Chiles, der Christdemokrat Eduardo Frei, tritt am 11. März
sein Amt an

den Aufstieg in die 1. Bundesliga konnten sich die Vorjahresabsteiger VfL Bochum und Bayer Uerdingen, dazu sensationell der im Vorjahr gerade erst in die 2. Liga gekletterte TSV 1860 München. Den Vereinspokal des Dt. Fußballbundes errang der SV Werder Bremen durch einen 3:1-Endspielsieg über Rot-Weiß-Essen.

## FUSSBALL-WELTMEISTERSCHAFT

Bei der vom 17. Juni bis zum 17. Juli in den USA ausgetragenen 15. Fußball-WM gewann Brasilien als erstes Land zum viertenmal den Weltmeistertitel. Im Endspiel, das nach 120 torlosen Minuten erstmals in der WM-Geschichte durch ein Elfme-

## Fußballweltmeisterschaft

### Vorrundenspiele

| Gruppe A | | Gruppe B | |
|---|---|---|---|
| **USA** – **Schweiz** | 1:1 | Kamerun – **Schweden** | 2:2 |
| Kolumbien – **Rumänien** | 1:3 | **Brasilien** – Rußland | 2:0 |
| **Rumänien** – Schweiz | 1:4 | **Brasilien** – Kamerun | 3:0 |
| **USA** – Kolumbien | 2:1 | **Schweden** – Rußland | 3:1 |
| Schweiz – **Kolumbien** | 0:2 | Rußland – Kamerun | 6:1 |
| USA – **Rumänien** | 0:1 | **Brasilien** – **Schweden** | 1:1 |

| Gruppe C | | Gruppe D | |
|---|---|---|---|
| **Deutschland** – Bolivien | 1:0 | **Argentinien** – Griechenland | 4:0 |
| **Spanien** – Süd-Korea | 2:2 | **Nigeria** – Bulgarien | 3:0 |
| **Deutschland** – **Spanien** | 1:1 | **Argentinien** – Nigeria | 2:1 |
| Süd-Korea – Bolivien | 0:0 | **Bulgarien** – Griechenland | 4:0 |
| Bolivien – **Spanien** | 1:3 | Griechenland – **Nigeria** | 0:2 |
| **Deutschland** – Süd-Korea | 3:2 | Argentinien – **Bulgarien** | 0:2 |

| Gruppe E | | Gruppe F | |
|---|---|---|---|
| Italien – **Irland** | 0:1 | **Belgien** – Marokko | 1:0 |
| Norwegen – **Mexiko** | 1:0 | **Niederlande** – **Saudi-Arabien** | 2:1 |
| **Italien** – Norwegen | 1:0 | **Saudi-Arabien** – Marokko | 2:1 |
| **Mexiko** – Irland | 2:1 | **Belgien** – Niederlande | 1:0 |
| Irland – Norwegen | 0:0 | Marokko – **Niederlande** | 1:2 |
| **Italien** – **Mexiko** | 1:1 | Belgien – **Saudi-Arabien** | 0:1 |

| Achtelfinale | | Viertelfinale | |
|---|---|---|---|
| **Deutschland** – Belgien | 3:2 | **Italien** – Spanien | 2:1 |
| **Spanien** – Schweiz | 3:0 | Niederlande – **Brasilien** | 2:3 |
| **Rumänien** – Argentinien | 3:2 | Rumänien – **Schweden** | 2:2 n. V. |
| Saudi-Arabien – **Schweden** | 1:3 | | 4:5 n. E. |
| **Brasilien** – USA | 1:0 | **Bulgarien** – Deutschland | 2:1 |
| **Niederlande** – Irland | 2:0 | | |
| Nigeria – **Italien** | 1:2 | | |
| Mexiko – **Bulgarien** | 1:1 n. V. | | |
| | 1:3 n. E. | | |

| Halbfinale | | Spiel um den 3. Platz | |
|---|---|---|---|
| Schweden – **Brasilien** | 0:1 | Schweden – Bulgarien | 4:0 |
| Bulgarien – **Italien** | 1:2 | (in Pasadena bei Los Angeles) | |

### Endspiel

| Brasilien – Italien | 0:0 n. V. | Die Siegermannschaft Brasiliens: |
|---|---|---|
| (in Pasadena bei Los Angeles) | 3:2 n. E. | |

Taffarel; Jorginho (Cafu), Aldair, Marcio Santos, Branco; Dunga, Mauro Silva, Mazinho, Zinho (Viola); Romário, Bebeto.

fettgedruckt: die Mannschaft erreichte die nächste Runde
n. V. = nach Verlängerung
n. E. = nach Elfmeterschießen

Jürgen Klinsmann, Deutschlands Fußballer des Jahres 1994, jubelt über seinen Siegtreffer für die deutsche Mannschaft beim Eröffnungsspiel der Fußball-WM gegen Bolivien

terschießen entschieden wurde, setzte sich die gegen Italien favorisierte brasilian. Mannschaft mit 3:2 durch. Das von der ›Angst vor dem Gegentor‹ geprägte Finale war untypisch für die Titelkämpfe, die mit fairen, offensiv geführten Spielen dem Fußballsport wichtige Impulse gaben. Mit 3,5 Mio. Zuschauern, hohen Fernseh-Einschaltquoten und geschätzten Einnahmen um 350 Mio. US-$ erzielte die Veranstaltung neue Rekorde. Ob ›soccer‹ im Fußball-Entwicklungsland USA nun aber Fuß faßt, bleibt weiterhin ungewiß.

Neben Brasilien und Italien bereicherten die ins Halbfinale vorgedrungenen kessen Außenseiter Schweden und Bulgarien sowie besonders Rumänien und Saudi-Arabien das Turnier. Titelverteidiger Deutschland zeigte lediglich im Achtelfinale gegen Belgien die gewohnt kämpferische Einstellung, scheiterte dann aber im Viertelfinale unerwartet gegen eine unbekümmert aufspielende bulgar. Mannschaft. Bundestrainer BERTI VOGTS geriet angesichts des relativ frühen Scheiterns ins Kreuzfeuer der Kritik, verblieb jedoch im Amt. Die

Der Superstar der Fußball-WM, Romário, küßt den Weltpokal, den Brasilien am 17. Juli als erstes Land zum vierten Mal gewinnen konnte. Mit ihm freuen sich Mannschaftskapitän Dunga (rechts) und Branco

Schweiz erreichte das Achtelfinale, schied dort aber gegen Spanien aus. Als ›bester Spieler der WM 1994‹ wurde der brasilian. Stürmer ROMÁRIO mit dem ›Goldenen Ball‹ ausgezeichnet. Erfolgreichste Torschützen waren mit je sechs Treffern der bulgar. Star CHRISTO STOITSCHKOW und der Russe OLEG SALENKO, der mit seinen fünf in einem Spiel erzielten Toren einen neuen WM-Rekord aufstellte.

Ein ›Ephedrin-Cocktail‹ beendete nach zwei WM-Spielen die Rückkehr DIEGO A. MARADONAS auf die internat. Bühne. Der argentin. Fußballstar, der bereits 1991 von der FIFA wegen Kokainmißbrauchs für 15 Monate gesperrt worden war, wurde von der weiteren Teilnahme an der WM ausgeschlossen. Überschattet wurde der Wettbewerb durch die Ermordung des kolumbian. Spielers ANDRES ESCOBAR nach der Rückkehr in die Heimat. Fanatiker machten ihn aufgrund seines Eigentores in der Partie gegen die USA für das Ausscheiden Kolumbiens verantwortlich und töteten ihn mit mehreren Pistolenschüssen.

**G** ▬▬▬▬

**G 7, Gruppe der Sieben, Siebenergruppe,** Bez. für die sieben wichtigsten westl. Industrieländer (Deutschland, Frankreich, Großbritannien, Italien, Japan, Kanada, USA), die seit 1975 insbes. Fragen der Weltwirtschaft gemeinsam erörtern. Bei der IWF-Frühjahrstagung der G-7-Finanzmin. in Washington präsentierte der russ. Delegierte sein Land als künftiges G-8-Mitglied. Ende Febr. hatten die Finanzmin. und Notenbankchefs bei ihrem Treffen in Kronberg im Taunus noch ihre Besorgnis über den Mangel an Fortschritten bei der Stabilisierung der russ. Wirtschaft zum Ausdruck gebracht und bekräftigt, daß sie weitere westl. Hilfe von Reformfortschritten abhängig machen wollten. Der russ. Präs. BORIS JELZIN nahm dann im Rahmen des 20. Weltwirtschaftsgipfels, der im Juli in Neapel stattfand, an den polit. Gesprächen teil, was als Ereignis von großer Tragweite gewürdigt wurde. Dort lehnten die Wirtschaftsmin. der führenden westl. Industrienationen den amerikan. Wunsch nach einer raschen Aktivierung der geplanten Welthandelsorganisation (→WTO) ab. Auf der Grundlage der Beratungen des →Beschäftigungsgipfels vom März sollen laut Schlußdokument zur Bekämpfung der Arbeitslosigkeit – 24 Mio. Arbeitslose allein im G-7-Raum – Arbeitsmarktverkrustungen und Wettbewerbsbehinderungen abgebaut, Erleichterungen bei der Arbeitsvermittlung sowie Innovationshilfen geschaffen und vermehrt in Schul- und Berufsausbildung investiert werden. Unter den Erwartungen lagen die Gipfelresultate im Hinblick auf die nukleare Sicherheit. Der Ukraine wurde angeboten, aus nat. Haushaltsmitteln vorläufig bis zu 200 Mio. US-$ zur Stillegung der Atomreaktoren sowjet. Bauart in Tschernobyl zur Verfügung zu stellen. Weitere Mittel würden bereitgestellt, wenn die Ukraine markt-wirtschaftl. Reformen, eine vernünftige Energie-politik und Privatisierungen einleite. Rußland da-gegen wurde von der G7 weiteres Geld aus der geplanten Erhöhung der IWF-Ziehungsgrenze, der Zuteilung von Sonderziehungsrechten an neue IWF-Mitglieder und der Beschleunigung der Kre-ditvergabe durch die Weltbank in Aussicht gestellt.

## Gabun

**Hauptstadt:**
Libreville
**Einwohner:** 1,3 Mio.
**Einwohner/km²:** 5
**Staatsoberhaupt:**
O. Bongo
**Regierungschef:**
C. Oyé-Mba
**BSP/Einwohner:**
4 450 US-$

Nachdem OMAR BONGO bei den Präsidentenwah-len im Dez. 1993 in seinem Amt bestätigt und die Einsprüche der Opposition wegen Wahlbetrugs vom Obersten Gerichtshof zurückgewiesen worden waren, weigerte sich die Opposition, in die neue Reg. unter CASIMIR OYÉ-MBA einzutreten. Am 21. Febr. verhängte die Reg. wegen eines unbefri-steten Generalstreiks, der die Forderung der Ge-werkschaften nach Lohnerhöhungen als Ausgleich für die Abwertung des CFA-Franc unterstrich, den Ausnahmezustand, was zu neuen Unruhen führte. Die Aufhebung der Maßnahme im April besserte das innenpolit. Klima kaum. Am 7. Okt. unter-zeichneten Vertreter von Reg. und Opposition eine Vereinbarung, eine gemeinsame Reg. zu bilden und

Gabuns Präsident O. Bongo (links) am Rande des 18. französisch-afrikanischen Gipfels auf einer Pressekonferenz mit F. Mitterrand und A. O. Konaré, den Präsidenten Frankreichs und Malis (9. November). Die Teilnehmer verständigen sich auf den Aufbau einer eigenen afrikanischen Eingreiftruppe

Die Staats- und Regierungschefs der G-7-Länder tagen im Palazzo Reale in Neapel; zum ersten Mal nimmt Rußland als gleichberechtigter politischer Partner teil. Am Konferenztisch (von links): John Major, Tomiichi Murayama (verdeckt), Jacques Delors, Jean Chrétien, Helmut Kohl, François Mitterrand, Silvio Berlusconi, Bill Clinton und Boris Jelzin

binnen 18 Monaten Neuwahlen abzuhalten. – Nach Vorlage eines Umstrukturierungsprogramms beim Internat. Währungsfonds wurden 740 Mio. CFA-Franc umgeschuldet.

## Gambia

**Hauptstadt:** Banjul
**Einwohner:** 1 Mio.
**Einwohner/km²:** 91
**Staatsoberhaupt:**
Y. Jammeh
(seit 26. 7. 1994)
**Regierungschef:**
Y. Jammeh
(seit 26. 7. 1994)
**BSP/Einwohner:**
390 US-$

Der seit 1963 regierende Präs. Sir DAWDA JAWARA wurde am 22. Juli durch einen unblutigen Militär-putsch unter Leutnant YAHAYA JAMMEH aus dem Amt vertrieben. Der Putsch war u. a. durch die sich verschlechternden sozialen Verhältnisse der Bevöl-kerung, ausufernde Korruption, wachsende Prosti-tution in Folge des Aufschwungs in der Tourismus-industrie hervorgerufen worden. In der Nacht zum 11. Nov. wurde erneut ein Putschversuch einiger Offiziere niedergeschlagen.

**Garching:** Über den Bau des geplanten **For-schungsreaktors München II (FRM II)** unterzeich-neten die TU München und der Siemens-Bereich Energieerzeugung (KWU) im Sept. einen General-unternehmervertrag. Die Anlage soll zur Jahrtau-sendwende als zentrale Neutronenquelle der For-schung zur Verfügung stehen und das Garchinger

›Atom-Ei‹ von 1957, den ersten dt. Forschungsreaktor, ersetzen. Gegenwärtig läuft das atomrechtl. Genehmigungsverfahren, begleitet von polit. Auseinandersetzungen, in denen Kritiker die Verwendung hochangereicherten Urans und Sicherheitsdefizite bemängeln. Neben der Grundlagenforschung dienen Neutronenquellen auch angewandten Wiss. wie Werkstofftechnik und Medizin.

Bei der Vergabe der Bundesfilmpreise Anfang Juni erhält die Nachwuchsregisseurin Katja von Garnier für ihre Komödie ›Abgeschminkt‹ ein Filmband in Gold

**Garnier,** Katja von, Filmregisseurin, *Wiesbaden 15. 12. 1966. – Mit ihrem Film ›Abgeschminkt‹, der Mitte des Jahres 1993 in die Kinos kam und 1994 die ›mag.‹ Zahl von 1 Mio. Zuschauer überschritt, avancierte G. zur großen Regiehoffnung des dt. Films. G. studierte in Frankfurt am Main Germanistik sowie Theater- und Filmwiss. und nahm 1989 ein Studium an der Hochschule für Film und Fernsehen in München auf. Hier entstand 1992, nach zwei Kurzfilmen, als Übungsfilm die Komödie ›Abgeschminkt‹, für die sie am 29. Jan. den Ernst-Lubitsch-Preis, im April von der amerikan. Filmakademie den Studenten-Oscar und im Juni ein Filmband in Gold erhielt. Der 55 Minuten lange Film begleitet zwei Frauen, eine Comiczeichnerin und eine Krankenschwester, durch ein Wochenende auf ihrer Suche nach Männern. Von der Kritik wurden die Rollenklischees in ›Abgeschminkt‹ als Abkehr vom emanzipator. ›Frauenfilm‹ der 70er und 80er Jahre gesehen, doch zeigt der Film viel vom Lebensgefühl der Generation der Endzwanziger.

**GATT,** Abk. für **G**eneral **A**greement on **T**ariffs and **T**rade, das am 1. 1. 1948 in Kraft getretene Allgemeine Zoll- und Handelsabkommen, eine Sonderorganisation der UNO mit Sitz in Genf. – Die Schlußerklärung der Uruguay-Runde, die 28 Gesetze umfaßt, wurde im April in Marrakesch von

111 der 125 GATT-Mitglieder unterzeichnet; sie mußte allerdings noch in den einzelnen Vertragsstaaten ratifiziert werden, um Anfang 1995 in Kraft treten zu können. Die Ergebnisse stellen einen wesentl. Beitrag zur weiteren Liberalisierung des →Welthandels dar. Die erzielten Vereinbarungen umfassen als wichtigste Regelung die Zollsenkungen beim Marktzugang für Industriegüter. Weltweit sollen sämtl. Handelsschranken wie Einfuhrquoten, techn. Standards und Lizenzsysteme vereinheitlicht, ihr Wert in Zölle umgerechnet und diese Zölle um durchschnittlich 30% gesenkt werden. Darüber hinaus wurden Rahmenabkommen über den internat. Handel mit Dienstleistungen (Abk. GATS) sowie zum Schutz geistigen Eigentums (Abk. TRIPS), die neuen Subventions- und Antidumping-Kodizes sowie der Abbau nichttarifärer Handelshemmnisse beschlossen. Vereinbart wurde auch die Gründung einer neuen Welthandelsorganisation (→WTO), die ab 1995 das GATT ablösen und einen neuen institutionellen und rechtl. Rahmen der multilateralen Handelsbeziehungen bilden soll.

Ein wichtiges Thema zw. Industrie- und Entwicklungsländern, nämlich der Konflikt um ›Sozial- und Umweltdumping‹, blieb beim Abschluß der achten großen GATT-Verhandlungsrunde vorerst ausgespart. Hier wollen v. a. die USA und Frankreich erreichen, daß Produkten, die durch Gefangenenarbeit, Kinderarbeit oder bei extremen Billiglöhnen hergestellt wurden, der Marktzugang versperrt werden kann; gleiches gilt für gefährl. Müll oder →FCKW. Die Entwicklungsländer wehren sich dagegen mit dem Argument, daß derartige Bestimmungen den Industrieländern die Möglichkeit eröffnen würden, nach Belieben Sonderzölle auf Importe aus diesen Ländern zu erheben.

**Gauweiler,** Peter, Politiker (CSU), *München 22. 6. 1949. – Der bayer. Umweltmin. G. legte am 17. 2. 1994 sein Amt nieder. An G. wurde heftige innerparteil. Kritik geübt, nachdem bekannt geworden war, daß er den Mandantenkreis aus seiner früheren Tätigkeit als Rechtsanwalt (1979–82) verpachtet und sich auf diese Weise ein zusätzl. Monatseinkommen von 10 000 DM gesichert hatte. Neben Einzelheiten dieser ›Kanzleiaffäre‹ war bekannt geworden, daß der Politiker einer Gaststätte, die als Treffpunkt organisierter Kriminalität galt, großzügig Sperrstundenverlängerung gewährt hatte. Mit seinem ›inszenierten Abgang‹ kam G. einer Entlassung aus der Staatsreg. zuvor.

G. studierte Rechtswiss. in München und Berlin. 1972 wurde er jüngster Stadtrat in München, 1982 dort Leiter des Kreisverwaltungsreferats, 1986 Staatssekretär im bayer. Innenministerium und 1990 bayer. Staatsmin. für Landesentwicklung und Umwelt.

**Gaza-Jericho-Abkommen,** die zwischen Israel und der PLO vereinbarte ›Grundsatzerklärung‹ über die Übergangsregelungen für die Autonomie‹. Durch unterschiedl. Standpunkte in Detailfragen und Aktionen von Extremisten beider Seiten (z. B. Massaker von →Hebron im Febr., Entführung und

Die Unterzeichnung der ›Erklärung von Kairo‹ über Detailfragen des Gaza-Jericho-Abkommens am 4. Mai löst in Jericho Freudenfeiern aus: Palästinenser werfen Blumen auf einen vorbeifahrenden Polizeiwagen

Ermordung eines israel. Soldaten sowie ein Bombenanschlag in Tel Aviv durch die Hamas mit über 20 Toten im Okt.) gerieten die Verhandlungen immer wieder unter Druck. Der letztlich durch den Erfolgswillen der Verhandlungsparteien in Gang gehaltene Dialog führte am 4. Mai zu der ›Erklärung von Kairo‹, durch die der Abzug der israel. Soldaten und die Übernahme der Ordnungsmacht durch eine palästinens. Sicherheitstruppe in Jericho und im Gazastreifen noch im gleichen Monat möglich wurde. Ein Palästinens. Autonomierat wurde gebildet, der im Juni erstmals zusammentrat und von JASIR ARAFAT Anfang Juli bei dessen bejubeltem Besuch in den autonomen Gebieten ins Amt eingeführt wurde. Ende Aug. einigten sich Israel und die PLO auf die Übernahme der zivilen Verwaltung des israel. besetzten Westjordanlands durch den Autonomierat. Am 15. Nov. übergab I. die Zuständigkeit für den Tourismus und das Sozialwesen in den besetzten Gebieten, Ende des Monats auch für das Gesundheitswesen und die Steuererhebung den Palästinensern. Im Dez. kam ARAFAT israel. Sicherheitsinteressen entgegen und verzichtete auf die Koppelung von Wahlen in den palästinens. Gebieten mit dem breiten Abzug israel. Truppen.

**Geldmarktfonds,** überwiegend von international tätigen Banken gegr. Fonds, wobei das Fondsvermögen durch die Ausgabe von Fondsanteilen an institutionelle Anleger, auch Kleinanleger, gebildet wird. G., die es in fast allen europ. Staaten gibt, wurden im Rahmen des im Juni verabschiedeten Zweiten Finanzmarktförderungsgesetzes nun auch in Deutschland zugelassen; sie sollen Vorteile gleichermaßen für Anleger und Emittenten bringen und die Wettbewerbsfähigkeit des Finanzplatzes Deutschland stärken.

**Geldmengenkonzept, Geldmengensteuerung,** die seit Mitte der 1970er Jahre v. a. in den westl. Industrieländern praktizierte Form der monetären Steuerung, die auch unter der Bez. **Geldmengenziele** formuliert wird. Dabei geben die jeweiligen Zentralbanken i. d. R. zum Jahresende ihre

Zielvorstellungen für den Geldmengenzuwachs – bezogen auf jeweils bestimmte Geldmengenaggregate – des nächsten Jahres bekannt. Dahinter steht die Auffassung, daß die Ankündigung solcher Geldmengenziele die Inflationserwartungen verringern würde.

Die Dt. Bundesbank legte erstmals für 1975 als Zwischenzielgröße die angestrebte Wachstumsrate der Zentralbankgeldmenge fest und formuliert seit 1988 die Geldmenge M 3 (Bargeldumlauf, die von inländ. Nichtbanken – ohne den Bund – gehaltenen Sichteinlagen, Termingelder unter vier Jahren sowie Spareinlagen mit dreimonatiger Kündigungsfrist). Mit dem G. strebt die Bundesbank eine Zunahme der Geldmenge M 3 im Einklang mit dem Wachstum des gesamtwirtschaftl. Produktionspotentials und die Vermeidung eines Inflationsspielraums von der monetären Seite her an. Für die erwünschte Geldmengenexpansion 1994 in der Abgrenzung M 3 hatte die Bundesbank einen Zielkorridor von 4 bis 6% formuliert, um den Preisanstieg 1994 weiter zu drosseln und gleichzeitig die monetären Voraussetzungen für ein dauerhaftes Wirtschaftswachstum zu sichern.

**Geld- und Währungspolitik:** In den ersten fünf Monaten setzte die Dt. Bundesbank die Lok-

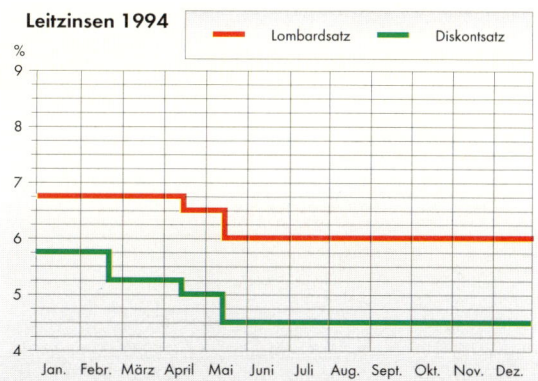

Leitzinsen 1994 — Lombardsatz — Diskontsatz

kerung ihrer Geldpolitik aufgrund der rückläufigen Inflationserwartungen weiter fort. Diskont- und Lombardsatz wurden mit Wirkung zum 18. Febr., 15. April und 13. Mai um jeweils insgesamt 0,75 Prozentpunkte auf 4,5 bzw. 6% reduziert. Die Mindestreservesenkung zum 1. März sollte v. a. die Wettbewerbsnachteile der inländ. Finanzmärkte gegenüber den Euromärkten und damit Anreize zur Umgehung der Mindestreserven abbauen. Der Bankensektor wird durch diese Maßnahme kostenmäßig um jährlich rd. 1 Mrd. DM entlastet – ein Effekt, der einer Leitzinssenkung um einen halben Prozentpunkt entspricht.

Bei ihren Wertpapierpensionsgeschäften ging die Zentralbank Anfang März wieder zu Zinstendern über; der marginale Zuteilungssatz gab seither von 6,0% auf 5,1% nach. Gegenüber dem Höhepunkt der Notenbankzinsen im Sommer 1992 kam es fast zu einer Halbierung der Sätze – eine Entwicklung, die sich voll auf die Geldmarktzinsen auswirkte.

Die Zinspolitik der Bundesbank befand sich im Konflikt zw. dem sich verbessernden stabilitätspolit. Umfeld und der Entwicklung im finanziellen Bereich. Auf der einen Seite ließ der Inflationsdruck deutlich nach, so daß eine Senkung der Leitzinsen geraten schien. Auf der anderen Seite hatte die Geldmengenexpansion deutlich zugenommen, was für eine härtere Zinspolitik gesprochen hätte (→Geldmengenkonzept). Die Geldmenge M 3 (Sicht-, Spar- und Termineinlagen sowie Bargeld) stieg in den ersten drei Monaten mit einer Jahresrate von 18% und lag damit sehr weit vom Zielkorridor (4–6%) entfernt. Die Senkung der Leitzinsen sollte zur Auflösung des Liquiditätsstaus beitragen und die Sparer dadurch zum Umsteigen auf die langfristige Geldanlage bewegen. Hinter dem Vorgehen der Zentralbank verbarg sich keine neue zinspolit. Strategie, sondern das pragmat. Eingehen auf eine spezif., durch Sonderfaktoren geprägte Situation auf den Finanzmärkten. Am 21. Juli überprüfte der Zentralbankrat das Geldmengenziel für 1994 und beschloß, daran prinzipiell festzuhalten. Mitte des Jahres trat eine deutl. Abschwächung der Geldmengenexpansion ein (Juli: 9,8%), im Nov. bewegte sie sich mit 6,0% an der Obergrenze des Zielkorridors.

**Gentherapie:** Rund dreieinhalb Jahre nach der ersten G. weltweit reklamierten im April gleich zwei klin. Forschergruppen – am Freiburger Univ.-Klinikum das Team um ROLAND MERTELSMANN und am Berliner Univ.-Klinikum Rudolf Virchow das Team um BURGHARDT WITTIG – den ersten klin. Einsatz in Deutschland jeweils für sich. Nach Angaben der Forscher begann die Behandlung in Berlin am 28. März und in Freiburg am 22. April. Beide Teams fügten in Zellen von Krebspatienten menschl. Gene ein, welche die Bauanleitung für einen Botenstoff enthalten, der die Körperabwehr der Patienten speziell auf deren Tumor lenken soll. In Freiburg, wo zunächst drei Patienten (51, 70 und 72 Jahre alt) mit Nierenzell- und Dickdarmkrebs gentherapeutisch behandelt wurden, setzt man auf die Wirkung des Botenstoffs Interleukin-2, dessen

Gen in Bindegewebszellen aus der unmittelbaren Nachbarschaft des Tumors eingefügt wird. In Berlin behandelten die Ärzte einen 53jährigen Mann mit Nierenzellkrebs, bei dem Tochtergeschwulste in Lunge, Knochen und Gehirn aufgetreten waren. Hier setzen die Ärzte auf die immunstimulierende Wirkung des Botenstoffs Interleukin-7, dessen Gen sie in spezielle Abwehrzellen (Killerzellen) des Patienten einfügten, der allerdings Ende Mai seiner Erkrankung erlag. Beide Gruppen berichten von einer akzeptablen Verträglichkeit der Behandlung. Angaben zu Art und Umfang der therapeut. Wirkung konnten sie noch nicht machen.

Professor Roland Mertelsmann, Krebsforscher und Leiter des Gentherapie-Teams an der Freiburger Universitätsklinik

**Gentomate:** Im Mai erteilte die amerikan. Food and Drug Administration erstmals die Marktfreigabe für ein gentechnisch verändertes Gemüse. Dem kaliforn. Hersteller Calgene gelang es, im Erbgut einer Tomate – Markenname ›Flavr Savr‹ – das Gen für das Enzym Polygalakturonase zu blockieren. Dieses Pektin abbauende Enzym beschleunigt das Faulen reifer Tomaten, ihre Haut weist daher nach dem Pflücken rasch Runzeln auf. Zweck der Genblockade ist es, den Reifungsprozeß zu verlangsamen bzw. erst ausgereifte Tomaten zu ernten, ohne daß sie sogleich zu faulen beginnen. Der von Gentechnikkritikern geforderten Kennzeichnungspflicht entsprach die Genehmigungsbehörde nicht. Inzwischen bemüht sich Calgene auch in mehreren europ. Ländern um eine Zulassung der G. Umstritten ist etwa der Einbau eines Antibiotika-Resistenzgens als molekularem Marker im Tomatenerbgut. Kritiker befürchten, daß eine Verbreitung dieses Gens negative Auswirkungen auf die Gesundheit der Verbraucher haben könnte.

**GEO 600,** dt.-brit. Gemeinschaftsprojekt zum Bau eines Gravitationswellendetektors in Hannover, mit dem man Gravitationswellen von Pulsaren, Neutronen-Doppelsternen oder Supernovae aufspüren will. Geplant ist ein hochempfindl. Laserinterferometer mit zwei 600 m langen Armen ca. 1,5 m unterhalb der Erdoberfläche. Als Lichtquelle dient ein Neodym-YAG-Laser mit 20 W Leistung bei 1064 nm Wellenlänge. Anlagen mit größeren Armlängen sind in den USA (je 4 km) und für ein italien.-frz. Gemeinschaftsprojekt (3 km) geplant.

## Georgien

**Hauptstadt:** Tiflis
**Einwohner:** 5,5 Mio.
**Einwohner/km²:** 79
**Staatsoberhaupt:**
E. Schewardnadse
**Regierungschef:**
O. Pazazia
**BSP/Einwohner:**
850 US-$

Trotz eines Wirtschaftsabkommens mit Rußland im Jan. über einen Kredit von 10 Mio. Rubel sowie Abkommen mit der Türkei und dem Iran sank der Wert der Nationalwährung Kupon von (April 1993) 1 Kupon = 1 Rubel auf (April 1994) 250 Kupon = 1 Rubel. Die tägl. Brotration wurde auf 300 g reduziert; der Energiemangel betraf die Bevölkerung und zahlreiche Betriebe gleichermaßen. Die Schulden beliefen sich allein beim Erdgaslieferanten Turkmenistan auf 140 Mio. US-$.

### Der georgisch-abchasische Konflikt

Nach dem Scheitern der Friedensverhandlungen zu Beginn des Jahres kam es erneut zu heftigen Kämpfen zw. Georgiern und Abchasen. Zur Befriedung der Konfliktregion beantragte EDUARD SCHEWARDNADSE am 10. März die sofortige Entsendung von UNO-Friedenstruppen. Zwar wurde das Mandat der 22 in Abchasien stationierten UNO-Beobachter bis zum 30. Juni verlängert, aber die Entsendung von Blauhelmen wurde von einem dauerhaften Abkommen zw. Georgiern und Abchasen abhängig gemacht, das 1994 nicht zustande kam. Nach einer Vereinbarung vom 4. April über einen Waffenstillstand und die Rückführung von Flüchtlingen konnte am 14. Mai in Moskau ein Abkommen unterzeichnet werden, das die Stationierung von 2 500 bis 3 000 mehrheitlich russ. GUS-Soldaten an der georgisch-abchas. Grenze und die etappenweise Rückkehr der ca. 250 000 Flüchtlinge vorsah (im Herbst kehrten die ersten in ihr Land zurück). Mit dem offiziellen UNO-Mandat (Juli) als Friedenstruppe versehen, konnte Rußland seine militär. Position in der Region weiter stärken, sieht doch ein bereits am 3. Febr. geschlossener Freundschaftsvertrag nicht nur wirtschaftl. Unterstützung, sondern die weitere Stationierung von russ. Soldaten über 1995 hinaus auf drei georg. Stützpunkten vor. Am 2. Dez. verabschiedete das abchas. Parlament eine Verfassung und ernannte W. ARDZINBA zum Präsidenten.
Als Gegengewicht wurden zugleich die Beziehungen zu Westeuropa und zu den USA intensiviert. Die USA kündigten als Ergebnis des Besuchs von SCHEWARDNADSE (7./8. März) eine humanitäre Hilfe von weiteren 70 Mio. US-$ an, und am 23. März unterzeichnete G. den Rahmenvertrag für die NATO-Initiative Partnerschaft für den Frieden.

### Innenpolitik

Am 9. Jan. bestätigte die Reg. den Tod von SWIAD GAMSACHURDIA, der am 31. 12. 1993 Selbstmord begangen haben soll. Die Ausstattung SCHEWARDNADSES mit Sondervollmachten am 18. Jan. spiegelte die innenpolit. Krise im Zusammenhang mit Kaderentscheidungen des Präs. wider: Handgreifl. Debatten begleiteten die Einsetzung des u. a. als korrupt geltenden neuen Innenmin., und Verteidigungsmin. GEORGI KARKARASCHWILI trat aus Protest gegen die Rußlandpolitik wie unter dem Vorwurf der Schwäche gegenüber Milizen (v. a. der Privatarmee des früheren Staatsratsmitgliedes DSCHABA JOSELIANI) zurück. Auch die Ratifizierung des GUS-Beitrittsdokuments (1. März) und das Moskauer Abchasienabkommen (Mai) führten zu heftigen Auseinandersetzungen.

Frauen einer georgischen Friedensinitiative schwenken weiße Schals als Zeichen ihrer Ablehnung der andauernden Kämpfe in ihrem Land. Damit knüpfen sie an einen alten kaukasischen Brauch an, nach dem Frauen durch Winken mit weißen Halstüchern die Kampfeslust ihrer Männer dämpfen konnten

**Gewaltprävention,** in der öffentl., z. T. emotionalisierten Debatte um Möglichkeiten der Verhinderung jugendlicher Gewalt aufgekommenes Schlagwort. Insbes. hinsichtlich der fremdenfeindl. Gewalt, der in Gruppen ausgeübten Gewalt und der Gewalt an Schulen wird in dieser Diskussion an die besondere Verantwortung von Eltern, Lehrern und Medien erinnert, an die aber auch pauschale Schuldzuweisungen ergingen.
Vor dem Hintergrund des gewachsenen Problemdrucks wurden Fördermittel für die Arbeit mit ›gewaltbereiten‹ Jugendlichen zur Verfügung gestellt, wobei versucht wurde, über verschiedene Zugänge – z. B. mobile, akzeptierende Jugendarbeit, Abenteuerpädagogik, internat. Jugendaustausch – die sog. Randgruppen verstärkt einzubeziehen. Die Konzentration der Finanzmittel auf diesen Teil der Jugend war mit einer Kürzung der Budgets für traditionelle Jugendarbeit verbunden. Kritiker dieser Form von G. weisen daraufhin, daß sie ohne flankierende Maßnahmen in der Jugend-, Bildungs-,

Sozial- und Familienpolitik wenig wirkungsvoll sei. Vertreter anderer Positionen befürworten eine Verschärfung des (Jugend-)Strafrechts oder sprechen sich für den Versuch aus, die Gewalt in den Medien zu beschränken.

## Ghana

**Hauptstadt:** Accra
**Einwohner:** 16,5 Mio.
**Einwohner/km²:** 69
**Staatsoberhaupt:**
J. J. Rawlings
**Regierungschef:**
J. J. Rawlings
**BSP/Einwohner:**
450 US-$

Ab Febr. kam es im N zu ethn. Zusammenstößen zw. Konkomba und Dagomba (2 000–5 000 Tote). Landknappheit und das unterschiedl. Recht zu Landerwerb waren Hauptursachen der Auseinandersetzungen in sieben Distrikten. Nur unter großen Schwierigkeiten konnte der N befriedet werden. Alle Parteien nutzten im Hinblick auf die für 1996 geplanten Wahlen die Lokalwahlen im Frühjahr, zu denen theoretisch keine Parteien zugelassen waren, zur Profilierung. Der Verkauf von Regierungsanteilen an der zuletzt profitabel arbeitenden Ashanti Goldfields Corporation war Anlaß heftiger Diskussionen. Neben weiteren Privatisierungen sollte die Förderung des Außenhandels und der lokalen Industrien Schwerpunkt der Wirtschaftspolitik sein.

**Gilman,** Alfred Goodman, amerikan. Pharmakologe und Biochemiker, * New Haven (Connecticut) 1. 7. 1941. – Gemeinsam mit MARTIN RODBELL erhielt G. den Nobelpreis für Physiologie oder Medizin 1994 für die ›Entdeckung der G-Proteine und deren Bedeutung für die Signalübertragung in Zellen‹. G-Proteine – so genannt, weil sie die Substanz Guanosin-Triphosphat binden – dienen als Mittler zw. den Reizrezeptoren an der Zelloberfläche und den Effektoren (›Boten‹) im Zellinnern. Funktionsstörungen der G-Proteine werden als Ursache vieler Krankheitssymptome angesehen, z. B. bei Cholera, Diabetes und einigen Krebsarten. Anfang der 1980er Jahre konnte G. bei Untersuchungen an Blutkrebszellen G-Proteine und ihre Wirkung exakt identifizieren.
G. studierte 1962–69 Pharmakologie in Yale und an der Case Western University. Anschließend arbeitete er für die Nat. Gesundheitsinstitute (NIH) in Bethesda (Maryland), bevor er 1971–81 als Prof. an der University of Virginia tätig war. Seit 1981 ist G. Leiter der Pharmakolog. Fakultät der University of Texas in Dallas.

**Gleichberechtigungsgesetz:** Der verbesserten prakt. Gleichstellung von Frauen im öffentl. Dienst sollen die am 1. 9. 1994 in Kraft getretenen gesetzl. Frauenfördermaßnahmen dienen. Das G. legt insbes. in der öffentl. Verwaltung das Recht auf eine Frauenbeauftragte in Dienststellen ab 200 Beschäftigten und die Aufstellung von jährlich zu aktualisierenden Frauenförderplänen fest, die die Unterrepräsentanz von Frauen beseitigen sollen. Der Rechtsanspruch auf Teilzeitarbeit soll zudem die Vereinbarkeit von Beruf und Familie verbessern. Ein weiterer wichtiger Bestandteil des Gesetzes ist der Schutz vor →sexueller Belästigung am Arbeitsplatz und der Entschädigungsanspruch in Höhe von zwei bis drei Monatsverdiensten bei einer Benachteiligung von Frauen im Falle ihrer Bewerbung um einen Arbeitsplatz (→Frauenrechte).
Kritisiert wurde an dem Gesetz, daß es die Privatwirtschaft nicht ebenfalls zu Frauenfördermaßnahmen verpflichtet und daß die Vergabe von Arbeitsplätzen in der öffentl. Verwaltung angesichts der hohen Erwerbslosigkeit von Mädchen und Frauen nicht an eine qualifikationsbezogene Quote bzw. an eine Ausbildungsplatzquote gebunden ist.

Medizin-Nobelpreisträger Alfred Gilman zeigt seinen Arbeitsplatz im Labor

**Gloucester,** Stadt in SW-England, rd. 90 000 Ew.: Ende Febr. wurde der 52jährige Bauarbeiter FREDERICK WEST verhaftet, nachdem in seinem Haus in G. die Überreste des Leichnams seiner 16jährigen Stieftochter gefunden worden waren. Bei Grabungen im Keller wurden bis Mitte März die Skelette von sieben weiteren getöteten Frauen entdeckt. Bei Nachforschungen in früheren Wohnsitzen WESTS stieß die Polizei bis Juli auf vier weitere Leichen, von denen eine als seine erste Ehefrau identifiziert wurde; bei einer anderen soll es sich um WESTS achtjährige Tochter aus erster Ehe handeln. Alle Toten waren im Zeitraum zw. 1973 und 1987 umgebracht worden. WESTS zweite Ehefrau ROSEMARY wurde im Laufe der Ermittlungen der Mittäterschaft in neun Fällen (darunter ihre Tochter) beschuldigt.

**Goisern,** Hubert von, eigtl. H. Achleitner, österr. Rockmusiker, * Bad Goisern 17. 11. 1952. – Anfang der 80er Jahre gründete G. die ›Alpinkatzen‹, eine Gruppe, der seit 1991 noch SABINE KAPFINGER (Gesang und Jodeln), RAINHARD STRAN-

ZINGER (Gitarre und Gesang), STEFAN ENGEL (Keyboard) und WOLFGANG MAIER (Schlagzeug) angehören. 1992 erschien das Album ›Aufgeigen statt niederschiassen‹ mit einer bislang nicht gehörten Mischung aus Rock- und alpenländ. Volksmusik; gegen alle Erwartungen der Musikszene hatte die Platte mit über 350 000 verkauften Exemplaren einen durchschlagenden Erfolg. 1994 brachten die Musiker mit ›Omunduntn‹ ihr bisher letztes Album heraus.

**Goldschmidt,** Berthold, brit. Komponist und Dirigent, *Hamburg 18. 1. 1903. – G., der aus einer jüd. Kaufmannsfamilie stammt, mußte 1935 nach England flüchten und nahm 1947 die brit. Staatsbürgerschaft an. Seine Oper ›Beatrice Cenci‹ gewann 1951 einen ersten Preis der ›Arts Council's competition‹. 1958 hörte G., dessen Musik durch lyr. Klang und orchestrales Pathos charakterisiert ist, auf zu komponieren und schuf erst 1982 ein neues Werk. Auf den Berliner Festwochen 1994 wurde der Komponist mit mehreren Konzerten geehrt. Seine Oper ›Der gewaltige Hahnrei‹ wurde im Sept. in einer Inszenierung von HARRY KUPFER an der Kom. Oper Berlin aufgeführt und mit Ovationen aufgenommen. Die Oper ›Beatrice Cenci‹ wurde 45 Jahre nach ihrer Fertigstellung vom Opernensemble des Theaters Magdeburg szenisch uraufgeführt, die Einspielungen beider Werke wurden Verkaufserfolge.

**Goldstone,** Richard, südafrikan. Jurist, *Boksburg 26. Okt. 1938. – Am 15. Aug. trat G. das im Vorjahr neugeschaffene Amt des Chefanklägers beim Internat. Kriegsverbrechertribunal für das frühere Jugoslawien an. Auf Vorschlag von UNO-GenSekr. BOUTROS GHALI hatte der Weltsicherheitsrat am 10. Juli G. einstimmig ernannt. G., der Jura in Harvard studiert hatte, wurde 1991 bekannt, als er in Südafrika die nach ihm benannte Kommission leitete, die die polit. Gewalt in Südafrika untersuchte und erheblich eindämmen half und so die Grundlage dafür legte, daß staatl. Gewalt gegen Regimekritiker beschränkt wurde.

**Golfkriegs-Syndrom,** Bez. für das noch ungeklärte Auftreten einer Anzahl von Krankheitserscheinungen (chron. Müdigkeit, Gedächtnisverlust, Muskel- und Gelenkschmerzen, Hautausschlag), unter denen in den USA drei Jahre nach Ende des Golfkrieges mindestens 20 000 Teilnehmer an der damaligen Militäraktion leiden. Im Juni veröffentlichte das amerikan. Verteidigungsministerium Teile eines Berichtes über das G.-S. Demnach gibt es weiterhin keinen Aufschluß über die konkreten Ursachen der ›Krankheitenbündel mit sich überlappenden Symptomen‹ (so die Bewertung des staatl. Gesundheitsinstituts). Ansatzpunkte für eine mögl. Erklärung sieht man v. a. in der psych. Belastung, der die Soldaten ausgesetzt waren. So hätten diese vielfach Angst vor Gefangennahme durch die Iraker, vor Verwundung und Tod, aber auch vor dem Einsatz chem. und biolog. Kampfmittel durch den Gegner gehabt. Als weitere Gründe für die Erkrankungen kämen Streß, das ungewohnte Klima oder parasitäre Erreger in Frage.

Der österreichische Rockmusiker Hubert von Goisern

Ausgeschlossen sei aber mit Sicherheit, daß die Beschwerden Spätfolge eines Einsatzes chem. Waffen durch den Irak sind, denn dieser habe nachweislich zu keiner Zeit des Krieges stattgefunden.

## Grenada

**Hauptstadt:**
Saint George's
**Einwohner:** 92 000
**Einwohner/km²:** 267
**Staatsoberhaupt:**
Elisabeth II.
**Regierungschef:**
N. Brathwaite
**BSP/Einwohner:**
2 310 US-$

Im April gab die Reg. die Wiederaufnahme der seit 1983 unterbrochenen diplomat. Beziehungen mit Kuba bekannt. Mitte Mai machten die USA ihre Ankündigung, ihre Botschaft in G. aus Gründen der Wirtschaftlichkeit zu schließen und die diplomat. Angelegenheiten von Barbados aus zu erledigen, rückgängig.

**Grenoble:** An der europ. Synchrotronstrahlungsanlage (ESRF) in G. (Frankreich) wurde im Sept. der Experimentierbetrieb aufgenommen. Die von einer Glühkathode ausgesandten Elektronen werden auf eine Endenergie von 6 GeV beschleunigt und emittieren eine Synchrotronstrahlung, die klass. Röntgenlicht an Brillanz weit übertrifft; sie besteht aus extrem kurzen Lichtblitzen und hat ein kontinuierl., durchstimmbares Energiespektrum. Auch ihre Polarisation und potentielle Kohärenz bieten der Forschung mit Röntgenstrahlung neue Möglichkeiten. Die Wiss. erhofft sich neue Einsichten in die Grundlagen von Physik, Chemie und Biologie, aber auch prakt. Ergebnisse für Materialforschung und Mikrotechnik sowie in der Medizin.

Blick in die Neutronenleiterhalle des Instituts Max von Laue – Paul Langevin (ILL) in Grenoble. Die hintereinander aufgestellten Spektrometer nutzen die auf niedrige Energien gekühlten Neutronen der sogenannten ›kalten Quelle‹

Am Inst. Max von Laue – Paul Langevin (ILL) in Grenoble war Ende Juli der Neutronen-Hochflußreaktor technisch wieder startbereit. Der Reaktor mit 57 MW therm. Leistung und dem höchsten Neutronenfluß weltweit legte eine Zwangspause von gut drei Jahren ein, weil der Reaktortank komplett ersetzt werden mußte, in dem sich das Brennelement befindet. Der Tank wird von schwerem Wasser durchströmt, das als Kühlmittel für das Brennelement und als Moderator bzw. Reflektor für die erzeugten Spaltungsneutronen dient. Der wiss. Betrieb wird 1995 wieder aufgenommen und mindestens für die nächsten 15 Jahre gesichert sein. Im Normalbetrieb werden dort pro Jahr 800 Experimente mit Neutronen durchgeführt.

## Griechenland

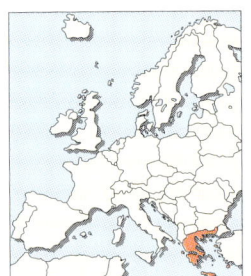

**Hauptstadt:** Athen
**Einwohner:** 10,3 Mio.
**Einwohner/km²:** 78
**Staatsoberhaupt:**
K. Karamanlis
**Regierungschef:**
A. Papandreu
**BSP/Einwohner:**
7 180 US-$

### Verbesserte Wirtschaftslage

Infolge der Verlagerung wirtschaftspolit. Prioritäten (Investitionen, Bekämpfung der Steuerflucht, Besteuerung der Gewinne von Gesellschaften) stieg das BIP um 1,0 % (1993: 0 %), ohne jedoch den Stand von 1980 zu erreichen. Im Juni 1994 sank die Steigerungsrate der Verbraucherpreise von 15,8 % auf 10,9 %. Die Staatsverschuldung betrug 162 % des BIP.

### Innenpolitische Veränderungen

Ihren Erfolg bei der Parlamentswahl vom Okt. 1993 konnte die Panhellen. Sozialist. Bewegung (PASOK) unter ANDREAS PAPANDREU bei den Wahlen zum Europaparlament im Juni 1994 wiederholen (PASOK 10, Nea Dimokratia [ND] 9, Polit. Frühling 2, KP 2, Linkskoalition 2 Sitze). Angesichts der Wahlniederlage trat der Vors. der ND, der ehem. MinPräs. KONSTANTINOS MITSOTAKIS, zurück, den Parteivorsitz übernahm der frühere Bürgermeister von Athen, MILTIADIS EVERT. MITSOTAKIS ist inzwischen durch seine Verwicklung in eine aufsehenerregende Telefonabhöraffäre und den Verdacht passiver Bestechung bei der Reprivatisierung der größten griech. Zementfabrik AGET-Iraklis schwer belastet. Der frühere Gouverneur der Nationalbank, MICHAIL VRANOPOULOS, der an der Privatisierungsaktion beteiligt war, wurde am 24./25. Jan. durch die Terrororganisation ›17. November‹ ermordet. Trotz jahrelanger intensiver Fahndung gelang es bisher noch nicht, einen entscheidenden Erfolg gegen die Terrororganisation zu erzielen. Ihr fiel 1994 auch der stellv. Botschafter der Türkei, OMER HALUK SIPAHIOGLU, zum Opfer; außerdem verübte sie Bombenanschläge auf ausländ. Unternehmen.

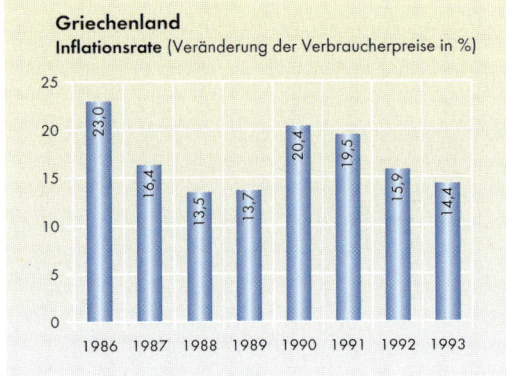

**Griechenland**
**Inflationsrate** (Veränderung der Verbraucherpreise in %)

| 1986 | 1987 | 1988 | 1989 | 1990 | 1991 | 1992 | 1993 |
|------|------|------|------|------|------|------|------|
| 23,0 | 16,4 | 13,5 | 13,7 | 20,4 | 19,5 | 15,9 | 14,4 |

### Außenpolitische Spannungen

Allg. internat. Anerkennung fand die Wahrnehmung der EU-Präsidentschaft durch G. im 1. Halbjahr, insbes. die Bemühungen Athens um die Erweiterung der Gemeinschaft. Hingegen erwies sich die Schließung der Grenzen zur ehem. jugoslaw. Rep. Makedonien am 16. Febr. außenpolitisch als Bume-

Mit einer Massenkundgebung unter dem Motto ›Makedonien ist griechisch‹ unterstützen Hunderttausende am 30. März in Saloniki die Politik von Ministerpräsident Andreas Papandreu

rang. Die Reg. mußte heftige Kritik der europ. Partner hinnehmen und geriet in wachsende Isolierung. Sie war außerstande, die nationalist. Emotionen zu kontrollieren (Massendemonstrationen, Ausschreitungen vor dem US-Konsulat in Thessaloniki). Später mäßigte Athen jedoch seine Bedingungen für die Aufnahme von Verhandlungen (Entfernung des antiken Sonnensymbols von der Staatsflagge sowie irredentistischer Verfassungsartikel). Der Europ. Gerichtshof in Luxemburg, bei dem die EU-Kommission eine einstweilige Verfügung gegen die Blockade Makedoniens beantragt hatte, gab dem Ansinnen nicht statt, setzte aber das Hauptverfahren darüber, ob Athen geltendes Recht der EU verletzt habe, fort.

Das Verhältnis zur Türkei ist nach wie vor gespannt. Athen behält sich das – faktisch jedoch nicht ausgeübte – Recht vor, seine Hoheitsgewässer auf zwölf Seemeilen auszudehnen, was Ankara als aggressiven Akt bewertet, weil dadurch die westtürk. von den internat. Gewässern abgeschnitten würden. Auf einer neuen Doktrin der Verteidigung des griech. Raumes einschl. Zyperns beruhen griech.-zypr. Kooperationsverträge sowie eine Beistandszusage.

Am 10. April kam es zu einem folgenschweren Zwischenfall bei Episkopi an der alban. Grenze, bei dem zwei alban. Soldaten von Mitgl. einer irredentist. Splitterorganisation getötet und drei verwundet wurden. Tiranas heftige Reaktion (Ablehnung einer gemeinsamen Untersuchung, Appell an UNO und EU, Ausweisung des griech. Konsuls von Gjirokastro) und die (erst in zweiter Instanz etwas gemilderte) Verurteilung von Mitgl. der Minderheitsorganisation ›Omonia‹ zu hohen Haftstrafen wegen Zusammenarbeit mit dem griech. Geheimdienst vergifteten die Beziehungen zw. beiden Ländern. Ein Dilemma der Athener Politik bleibt die Duldung Zehntausender illegaler, aber für die griechische Wirtschaft kaum entbehrlicher albanischer Schwarzarbeiter.

## Großbritannien und Nordirland

**Hauptstadt:** London
**Einwohner:** 58 Mio.
**Einwohner/km²:** 237
**Staatsoberhaupt:** Elisabeth II.
**Regierungschef:** John Major
**BSP/Einwohner:** 17 760 US-$

### Wirtschaftlicher Aufschwung?

Die brit. Wirtschaft hat sich weiter erholt und gefestigt, der konjunkturelle Aufschwung war im Herbst deutlich ausgeprägt. Manche Konjunkturbeobachter, darunter der Verband der brit. Industrie, rechneten für das ganze Jahr mit einem Zuwachs des Sozialprodukts von real 3 %. Die Produktivität, die infolge prompter Massenentlassungen in der Abstiegsphase gestiegen war, besserte sich im Aufstieg weiter, da die Unternehmen bei wachsendem Auftragseingang mit Neueinstellungen zögerten. Der Abstand zur dt. Produktivität dürfte sich damit weiter verringert haben. Allerdings sind die in den Jahren zuvor mit einer Reorganisation angestrebten Verbesserungen in der Berufsausbildung, der Achillesferse der brit. Wirtschaft, noch nicht überzeugend zutage getreten.

Gleichzeitig hielt sich die Inflation auf dem für brit. Verhältnisse bescheidenen Satz von nicht viel mehr als 2,5 %. Etwaige Zweifel an dem guten Fortgang der Konjunktur wurden hpts. an den Steuererhöhungen festgemacht, die zum 1. April in Kraft traten. Schatzkanzler KENNETH CLARKE hatte sie durchgesetzt, um mit den zusätzl. Einnahmen den

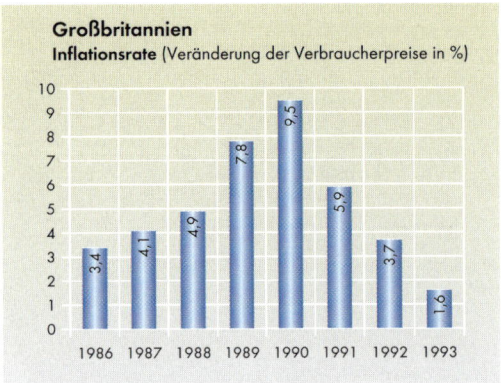

**Großbritannien**
Inflationsrate (Veränderung der Verbraucherpreise in %)

| 1986 | 1987 | 1988 | 1989 | 1990 | 1991 | 1992 | 1993 |
|------|------|------|------|------|------|------|------|
| 3,4 | 4,1 | 4,9 | 7,8 | 9,5 | 5,9 | 3,7 | 1,6 |

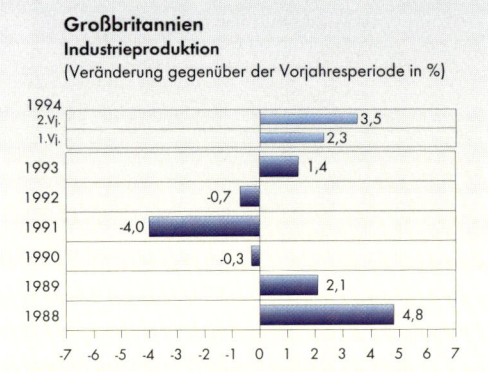

**Großbritannien**
Industrieproduktion
(Veränderung gegenüber der Vorjahresperiode in %)

| 1994 2.Vj. | 3,5 |
|---|---|
| 1.Vj. | 2,3 |
| 1993 | 1,4 |
| 1992 | -0,7 |
| 1991 | -4,0 |
| 1990 | -0,3 |
| 1989 | 2,1 |
| 1988 | 4,8 |

bedenklich hohen Fehlbetrag im Staatshaushalt herunterzudrücken. Auf einige wichtige Artikel des täglichen Bedarfs wurden höhere indirekte Steuern gelegt, und bei der Einkommensteuer wurden, neben anderem, gewisse für den Steuerzahler günstige Regelungen verschärft. Große Empörung rief die Entscheidung hervor, den Verbrauch von Strom, Gas und sonstigen Brennstoffen mit Mehrwertsteuer zu belegen. Die Kritik machte geltend, daß davon die Ärmsten am härtesten betroffen würden. Die Reg., die sich auch aus anderen Gründen, besonders wegen ihrer Sozialpolitik, zeitweilig in arger Bedrängnis befand, sah sich aufs neue dem Vorwurf einer antisozialen Haltung ausgesetzt. Die Arbeitslosigkeit nahm zwar ab, aber es wurde deutlich, daß eine hohe Sockelarbeitslosigkeit bleiben würde. Um der Gefahr einer Überhitzung der Konjunktur entgegenzuwirken, erhöhte Schatzkanzler CLARKE im Sept. den Leitzins um einen halben Prozentpunkt auf 5,75%. Das war die erste Zinserhöhung seit fast fünf Jahren.

### ›Waffenstillstand‹ im Nordirland-Konflikt

Dem Blutvergießen und den Unruhen in Nordirland ein Ende zu bereiten, war eines der Hauptziele der Regierung. Die Hoffnungen, die auf die ›Downing Street Declaration‹ des brit. und des ir. Regierungschefs vom Dez. 1993 gesetzt worden waren, hatten sich fast verflüchtigt. Am 31. Aug.

verkündete Sinn Féin, der polit. Flügel der IRA, einen einseitigen Waffenstillstand. Die Kampforganisationen der Gegenseite gaben daraufhin ebenfalls Bedingungen für eine Waffenruhe bekannt. Die brit. Reg. verlangte jedoch einen dauerhaften Verzicht auf Gewalt. Premiermin. JOHN MAJOR verpflichtete sich dann, das Ergebnis polit. Gespräche mit den verschiedenen Parteien Nordirlands der Wählerschaft der Prov. zur Billigung in einem Referendum vorzulegen. Zugleich erlaubte er, im Rundfunk und Fernsehen wieder die eigenen Stimmen von Sprechern der Sinn Féin zu übertragen – bis dahin waren sie zwar zu sehen, aber nicht zu hören gewesen. Ein Sprecher der Sinn-Féin bezeichnete die Idee seines Referendums als ›verfrüht und anmaßend‹. Nachdem sich am 13. Okt. auch die protestant. Terrororganisationen in Nordirland bereiterklärt hatten, eine Waffenruhe einzuhalten, nahm die brit. Reg. im Dez. offiziell Gespräche mit den Konfliktparteien auf. Damit stiegen die Aussichten auf einen dauerhaften Frieden beträchtlich.

### Die Europa-Politik

Während im Sommer der Frachtverkehr durch den Kanaltunnel langsam anlief, kam es zu einem neuen Konflikt innerhalb der EU, als WOLFGANG SCHÄUBLE, der Vors. der dt. CDU/CSU-Fraktion, vorschlug, einen Kern aus einigen Ländern der Union zu bilden, die die weitere wirtschaftl. Integration untereinander rascher vorantreiben sollten. Neben Deutschland sollten Frankreich und die Benelux-Länder diese ›Vorhut‹ bilden. Premiermin. MAJOR protestierte gegen diese Pläne. Sie würden zu ›gefährl. Spaltungen‹ innerhalb der Union führen. Er verlangte statt dessen mehr Beweglichkeit für die einzelnen Mitgliedsländer, zu der z. B. Entscheidungsfreiheit darüber gehören sollte, wieweit sie bei gewissen Vorhaben, etwa auf dem Wege zu einer Währungsunion, mitgehen wollten. G. u. N. wolle sich die Flexibilität bewahren, die für eine hohe wirtschaftl. Leistung und internat. Wettbe-

Während einer Debatte im britischen Unterhaus über den Kampf gegen den Terrorismus haben vermutlich Terroristen am 9. März fünf Granaten auf den Londoner Flughafen Heathrow abgefeuert. Menschen kamen nicht zu Schaden, lediglich mehrere Autos gerieten in Brand

werbsfähigkeit nötig sei. G. u. N. lehnte denn auch als einziges Land unter den Zwölf der EU den gesetzl. Vaterschaftsurlaub und die gesetzl. Verankerung von Betriebsräten ab. Der Regierungschef hatte bei seinem Taktieren in der EU-Politik nach wie vor den Widerstand eines beträchtl. und rührigen Teils seiner Partei, die sich v. a. einer polit. Integration des Landes in die Union widersetzt, in Rechnung zu stellen.

### Das ›politische Personal‹

Für die Konservative Partei war zumindest die erste Hälfte des Jahres 1994 eine böse Zeit: Bei Nachwahlen zum Unterhaus, bei Kommunalwahlen und schließlich bei den Wahlen zum Europ. Parlament erlitt sie schwere Niederlagen. Monatelang schien es, als werde JOHN MAJOR das Jahr nicht als Premiermin. überleben. Seine Antwort auf die Wahlschlappen war eine Umbildung des Kabinetts mit dem Ziel, wichtige Ressorts an Politiker zu vergeben, die das Profil der Partei stärken könnten.
Aber auch die Labour Party erlebte einen schweren Rückschlag: Ihr Führer, JOHN SMITH, der Überzeugskraft ausgestrahlt und seiner Partei neue Hoffnung gegeben hatte, erlag im Mai einer Herzschwäche. Aber rascher als erwartet drückte der jugendliche TONY BLAIR, nachdem er mit großer Mehrheit zum Nachfolger gewählt worden war, der Labour-Politik seinen eigenen Stempel auf. Mit der Erklärung, auf Steuererhöhungen verzichten zu wollen, versuchte er, einen schweren wahltakt. Fehler seiner Vorgänger zu vermeiden. Er erntete bald einiges Mißtrauen des linken Flügels und der Gewerkschaften, die fürchteten, daß er die Partei mehr und mehr von den Gewerkschaften abkoppeln könnte. Aber sein Auftreten auf dem Gewerkschaftskongreß widerlegte diese Befürchtungen. Allerdings ließ BLAIR manche Fragen dabei offen, z. B. in welchem Maße er die antigewerkschaftl. Reformgesetze von MARGARET THATCHER und JOHN MAJOR beseitigen oder aufweichen würde, falls er ins Regierungsamt gelangte.
Bei den Liberal-Demokraten, der dritten bedeutenden Partei, machte sich im Herbst eine Tendenz bemerkbar, die Partei nicht mehr auf gleicher Distanz zu Konservativen und Labour zu halten, sondern eher zur Labour Party hinzurücken.

**Grünbein,** Durs, Lyriker, *Dresden 9. 10. 1962. – 1994 veröffentlichte G. zwei Gedichtbände, die seinen mit ›Schädelbasislektion‹ (1991) begründeten Ruf als interessantester Lyriker der jüngeren Generation festigten: die Sammlung ›Falten und Fallen‹ sowie 33 Epitaphe unter dem Titel ›Den Teuren Toten‹. G.s Verse, die als ein neues lyr. Sprechen nach der Wende gewertet werden, bestechen durch die Leichtigkeit, mit der die myth. Verweise, das Vokabular der Moderne und ein gleichsam naturgeschichtl. Blick kombiniert werden. Ausgezeichnet wurde G. u. a. mit dem Marburger Literaturpreis (1992), dem Kunstpreis der Akademie der Künste Berlin (1993) und dem Nicolas-Born-Preis (1993).

**Grundgesetz,** Abk. **GG:** Die durch den Einigungsvertrag notwendig gewordene umfangreichste Verfassungsänderung seit Inkrafttreten des GG wurde nach zähem polit. Ringen von den gesetzgebenden Körperschaften des vereinten Deutschland im Sept. verabschiedet. Rund 800 000 Bürgereingaben mit verfassungspolit. Zielsetzungen hatten die Gesetzgeber erreicht. Das Ergebnis hat die Hoffnungen derer enttäuscht, die eine grundlegende Verfassungsreform mit anschließender Volksabstimmung zum Zeichen des gemeinsamen Neuanfangs gewünscht hatten, da sich die Gegner der ›Totalrevision‹ des GG nicht nur im Regierungslager durchsetzten. Der im Okt. 1993 vorgelegte Abschlußbericht der am 16. 1. 1992 konstituierten Gemeinsamen Verfassungskommission von Bundestag und Bundesrat und der darin geführte streitige Diskurs bieten allerdings auch für künftige Verfassungsdiskussionen eine umfassende Bestandsaufnahme der gesellschaftl. Standpunkte und Kräfteverhältnisse in wichtigen Gegenwartsfragen. Bedeutsam für die polit. Praxis waren die Empfehlungen und auch die Nichtempfehlungen der Kommission zu den Grundrechten, zu weiteren Staatszielbestimmungen, zur Staatsorganisation sowie zur erweiterten Bürgerbeteiligung in der Politik.
Die – einklagbaren – Grundrechte wurden um eine staatl. Förderpflicht der Gleichberechtigung und einen Schutz für jedermann gegen Benachteiligung wegen einer Behinderung ergänzt. Dadurch soll künftig auch fakt. Gleichberechtigung durch Frauenförderung (wenn auch nicht in Gestalt starrer Quoten) erzielt sowie ein wirksameres Vorgehen gegen praktizierte Diskriminierung und Stigmatisierung Behinderter im Alltagsleben und gegen Vollzugsdefizite bei den Behörden erreicht werden. Ein Verbot der Benachteiligung wegen ›sexueller Identität‹, ein – erweiterter – Familienschutz auch für andere auf Dauer angelegte Lebensgemeinschaften, verstärkte Kinderrechte, schließlich auch die Aufnahme des Gebots zu ›Mitmenschlichkeit und Gemeinsinn‹ ins GG (Einzelinitiative) scheiterten im Gesetzgebungsverfahren. Als neues Staatsziel eingefügt wurde der Schutz der natürl. Lebensgrundlagen. Weitere soziale Staatsziele wie

Recht auf Arbeit, Wohnung, soziale Sicherheit, Bildung und Kultur sowie der Schutz ethn. Minderheiten fanden nicht die verfassunggebende Zweidrittelmehrheit. Im Bereich der Staatsorganisation wurde das Selbstverwaltungsrecht der Gemeinden und ihre finanzielle Verantwortung gestärkt sowie das Gesetzgebungsrecht des Bundes zu Lasten der Länderkompetenzen eingeschränkt. Die aktuelle rechtspolit. Debatte brachte dem Bund schließlich auch das Gesetzgebungsrecht bei Fortpflanzungsmedizin, Organtransplantation und Gentechnologie.

Das GG wird auch weiterhin keine Formen unmittelbarer Demokratie wie Volksinitiative, Volksbegehren und Volksentscheid kennen: Die Gemeinsame Verfassungskommission hatte dazu keine Empfehlungen abgegeben. Die Bedenken, nur dem Ja oder Nein zugängl. Plebiszite widersprächen der notwendigen Kompromißsuche in einer pluralist. Demokratie, behielten die Oberhand über Warnungen vor ansonsten weiter steigender Politik- und Parteiverdrossenheit.

**grüner Pfeil,** das noch aus der DDR bekannte Zusatzzeichen nach der Straßenverkehrsordnung (StVO), das das Rechtsabbiegen bei roter Ampel erlaubt. Es wurde im Jan. bundesweit eingeführt.

## Guatemala

**Hauptstadt:** Guatemala
**Einwohner:** 10 Mio.
**Einwohner/km²:** 92
**Staatsoberhaupt:** R. de León Carpio
**Regierungschef:** R. de León Carpio
**BSP/Einwohner:** 980 US-$

### Schwieriger Reformprozeß

Nachdem die Friedensbemühungen in den letzten Jahren mehrmals gescheitert waren, beschlossen die Reg. und die Guerrillaorganisation Unidad Revolucionaria Nacional Guatemalteca (URNG) am 23. Juni in Oslo die Bildung einer ›Wahrheitskommission‹, die die Menschenrechtsverletzungen während des über 30 Jahre andauernden Bürgerkriegs aufklären soll; zum anderen soll die Wiedereingliederung von rückkehrwilligen Flüchtlingen vorangetrieben werden. Der schleppende Reformprozeß wurde indessen von anhaltenden Menschenrechtsverletzungen und mehreren Bombenanschlägen überschattet.

Am 30. Jan. wurde in einem Referendum mit einer Wahlbeteiligung von nur 16 % die Änderung von 43 Verfassungsartikeln gebilligt, die v. a. auf eine Entflechtung von Legislative, Exekutive und Judika-

tive und auf die Verhinderung des Mißbrauchs öffentl. Gelder insbes. durch Parlamentarier und Richter abzielt. Des weiteren wurde die Wahl eines Interimsparlaments spätestens Mitte Aug. beschlossen. Die Wahlen vom 14. Aug. stärkten die neuen Rechtsparteien Frente Republicano Guatemalteco (FRG; dt. Republikan. Front) des Exdiktators von 1982/83, EFRAÍN RÍOS MONTT, (32 von 80 Parlamentssitzen) und Partido Avanzada Nacional (PAN; dt. Partei des Nat. Fortschritts; 24 Sitze). Die geringe Wahlbeteiligung von nur 21 % spiegelte die weit verbreitete polit. Apathie wider und ging u. a. auf die ungenügende Einbeziehung der indian. Bevölkerungsmehrheit in den Wählerverzeichnissen zurück (von rd. 10 Mio. Einwohnern waren nur 3,4 Mio. aufgeführt).

## Guinea

**Hauptstadt:** Conakry
**Einwohner:** 6,3 Mio.
**Einwohner/km²:** 26
**Staatsoberhaupt:** L. Conté
**Regierungschef:** L. Conté
**BSP/Einwohner:** 510 US-$

Der Wahlsieg des Staatschefs LANSANA CONTÉ bei den ersten freien Präsidentschaftswahlen seit der Unabhängigkeit 1958 im Dez. 1993 bewirkte keine innenpolit. Entspannung, erst im Aug. kam es zu der angekündigten Regierungsumbildung. Die ausstehenden Parlamentswahlen fanden nicht statt, die wirtschaftl. Lage verschlechterte sich weiter. Trotzdem fand sich die Opposition mit dem zunächst bestrittenen Sieg CONTÉS ab. Auf die allg. Unzufriedenheit (auch Folge des neu aufgeflammten Liberia-Konflikts) reagierte die Reg. mit der vorübergehenden und nicht begründeten Verhaftung einzelner hoher Offiziere.

## Guinea-Bissau

**Hauptstadt:** Bissau
**Einwohner:** 1 Mio.
**Einwohner/km²:** 28
**Staatsoberhaupt:** J. B. Vieira
**Regierungschef:** C. Correira
**BSP/Einwohner:** 210 US-$

Bei den ersten freien Parlaments- und Präsident-schaftswahlen, die im März erneut verschoben worden waren, gewann die bisherige Einheitspartei Partido Africano da Independência da Guiné e Cabo Verde (PAIGC) im Juli ca. zwei Drittel der 100 Sitze; der bisherige Präs. JOÃO BERNARDO VIEIRA behauptete sich erst im zweiten Wahlgang am 7. Aug. Die Opposition, die den ordnungsgemä-ßen Verlauf der Wahlen trotz der Bestätigung internat. Beobachter zunächst anzweifelte, lehnte eine Beteiligung an der Reg. ab. Zur wirtschaftl. Gesundung des Landes, das v. a. durch die Verteuerung der Reisimporte unter der Abwertung des CFA-Franc litt, bemühte sich die Reg. erneut um die Aufnahme in die Franc-Zone. Mit Senegal einigte sich G.-B. darauf, künftige Erdölfunde im umstrittenen Grenzgebiet zu teilen.

**GUS,** Abk. für Gemeinschaft Unabhängiger Staaten: Als zwölfte der 15 einstigen Republiken der Sowjetunion trat am 8. April Moldawien der GUS bei (nur die drei balt. Staaten bleiben außerhalb der Gemeinschaft). Die Ukraine beharrte allerdings (15. April) darauf, lediglich als assoziiertes Mitgl. in die GUS-Wirtschaftsunion aufgenommen zu werden. Auf Reserviertheit bis Ablehnung stieß der in Moskau Ende März geäußerte Vorschlag des kasach. Präs. NURSULTAN NASARBAJEW einer ›Euras. Union‹ als einer GUS ›auf höherem Niveau‹. Durch wirtschaftl. Druck und Schutzerklärungen für die russ. Minderheiten versuchte Moskau die Reintegration der GUS-Staaten voranzutreiben – nicht zuletzt veranlaßt durch den ungeregelten Übertritt mehrerer tausend Flüchtlinge aus den Nachbarrepubliken auf russ. Territorium. In der Praxis kam der Ausbau der Gemeinschaft aber nur schleppend voran. Ein im Jan. verabschiedetes Statut und ein neues Organisationsprogramm vom Mai blieben vorerst Absichtserklärungen. Konkreter waren bilaterale Abkommen einzelner Mitgliedstaaten mit Rußland, die von der wirtschaftl. Not diktiert waren und die Vormachtstellung Moskaus stärkten. Die mit Weißrußland am 13. April verabredete Währungsunion blieb wegen dessen ökonom. Schwäche vorerst ohne Auswirkungen. Das 1993 verabschiedete Rahmenabkommen für einen einheitl. Wirtschaftsraum mit freiem Waren-, Kapital- und Arbeitskräftetransfer konnte auch nach einem Gipfeltreffen Mitte April nicht umgesetzt werden. Die am 9. Sept. in Moskau vereinbarte und am 21. Okt. bekräftigte Bildung eines koordinierenden Wirtschaftskomitees konnte wegen der Vorbehalte einzelner Staaten keine große Wirkung entfalten. Souveräne Außenbeziehungen der Einzelstaaten bildeten die Ausnahme.
Auch als Verteidigungsunion konnte die GUS wenig zur Schlichtung akuter Konflikte beitragen. Am 20. Juli einigte sich der Verteidigungsrat der GUS grundsätzlich auf einen Vertrag über kollektive Sicherheit, den allerdings Aserbaidschan und Weißrußland nicht unterzeichneten; die Ukraine, Moldawien und Turkmenistan wiederum gehörten dem Verteidigungsrat weiterhin nur als Beobachter an.

Ökonom. Gründe verhinderten, daß sich die Mitgliedstaaten mit Truppen an den vornehmlich russ. Friedensmissionen in Tadschikistan und im georg.-abchas. Konflikt beteiligten. Im letzteren Fall erhielt Rußland im Juli einen offiziellen Auftrag der UNO und konnte sich darin bestärkt fühlen, internat. als Friedensmacht in der euras. Großregion anerkannt zu werden. Am 7. April berief sich JELZIN ausdrücklich auf den Wunsch der GUS-Partner nach ständiger russ. Militärpräsenz. Bereits im Mai hatte Rußland einen neuen Waffenstillstand für Bergkarabach zw. Aserbaidschan und Armenien vermittelt und an der Vorbereitung eines Friedensvertrags mitgewirkt.

### Guyana

**Hauptstadt:**
Georgetown
**Einwohner:** 816 000
**Einwohner/km²:** 4
**Staatsoberhaupt:**
C. B. Jagan
**Regierungschef:**
S. Hinds
**BSP/Einwohner:**
330 US-$

### H

**Hackl,** Georg, Rennrodler, * Berchtesgaden 9. 9. 1966. – Für ein olymp. Novum sorgte der erfolgsverwöhnte Sportler 1994 in Lillehammer. Als erster Einsitzerrodler verteidigte er seinen bei den vorangegangenen olymp. Winterspielen errungenen Titel. Zu den beiden Goldmedaillen von 1992 und 1994 kommt noch ein beim Olympiadebüt 1988 erzielter 2. Platz hinzu. Die lange Erfolgsliste H.s umfaßt bislang u. a. vier Weltmeistertitel (1989 und 1993 im Einsitzer, 1991 und 1993 mit der Mannschaft) und die Weltpokalsiege 1989 und 1990 im Einsitzer. (BILD S. 156)

### Haiti

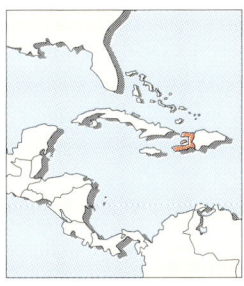

**Hauptstadt:**
Port-au-Prince
**Einwohner:** 6,9 Mio.
**Einwohner/km²:** 248
**Staatsoberhaupt:**
J.-B. Aristide
**Regierungschef:**
S. Michel
(seit 8. 11. 1994)
**BSP/Einwohner:**
370 US-$

Riesiger Jubel bei Georg Hackl nach seinem
Siegeslauf in Lillehammer am 14. Februar, der ihm
seine zweite olympische Goldmedaille nach 1992
einbringt

### Politischer Druck durch Wirtschaftssanktionen

Vom 14. bis 16. Jan. fand in Miami eine Konferenz
mit rd. 400 Teilnehmern, vornehmlich Anhängern
JEAN-BAPTISTE ARISTIDES, statt, auf der ARI-
STIDE die internat. Gemeinschaft aufforderte, ihm
zur Rückkehr nach H. zu verhelfen, ggf. auch mit
einer militär. Intervention. Zwar lehnten die USA
eine Militärintervention ab, kündigten jedoch an,
das Handelsembargo gegen H. zu verschärfen. Drei
weitere Friedenspläne wies ARISTIDE im Febr. und
März zurück, da er u. a. die geplante Einsetzung einer Reg. aufgrund der mangelnden persönl. Sicherheit der Minister nicht verantworten wollte.
Menschenrechtsberichten zufolge waren seit 1991
Hunderte polit. Morde zu verzeichnen. Die Men-

Am ersten Tag des amerikanischen Einmarschs
in Haiti am 19. September tanzen Haitianer auf einem
Panzer des Konvois zum Flughafen

schenrechtskommission der Organisation Amerikan. Staaten (OAS) sprach sogar von 3 000 Tötun-
gen und verlangte die Anklage der Militärreg. vor
einem internat. Gericht. Angesichts dieser Situation übte ARISTIDE Anfang April heftige Kritik an
der Politik des amerikan. Präs. BILL CLINTON gegenüber den haitian. Bootsflüchtlingen, die auf
dem Meer abgefangen und rücksichtslos den haitian. Behörden ausgeliefert würden. Am 8. Mai
sagte CLINTON zu, den festgehaltenen Flüchtlingen
noch auf See die Möglichkeit zu geben, den amerikan. Einwanderungsbehörden ihr Anliegen vorzu-
tragen und ggf. einen Asylantrag zu stellen.
Am 11. Mai setzten die Militärmachthaber als Antwort auf die am 6. Mai beschlossene Verschärfung
der UNO-Sanktionen den 81jährigen ÉMILE JO-
NASSAINT als ›provisorischen Präs.‹ ein, der fünf
Tage später ein Kabinett berief, ohne jedoch einen
MinPräs. zu benennen. In der Nacht vom 22. auf
den 23. Mai trat das Handelsembargo in Kraft,
demzufolge sich die Liste der erlaubten Einfuhr-
produkte im wesentl. auf Grundnahrungsmittel
und Medikamente reduzierte. Mit einer Anfang
Aug. zw. den USA und der Dominikan. Rep. unterzeichneten Vereinbarung wurde die Entsendung
amerikan. Truppen in das dominikan.-haitian.
Grenzgebiet beschlossen, die dort, zus. mit kanad.
und argentin. Militärberatern, den Treibstoff-
schmuggel aus der Dominikan. Rep. unterbinden
sollten.

### Androhung einer militärischen Invasion

Im Juni/Juli begann sich ein Wechsel der amerikan.
Politik abzuzeichnen, die bis Jahresmitte bestrebt
war, den Konflikt friedlich beizulegen. Als die haitian. Militärreg. am 11. Juli die UNO- und OAS-Be-
obachter aufforderte, H. binnen 48 Stunden zu verlassen, verurteilte der UNO-Sicherheitsrat diese
Entscheidung aufs schärfste, und die USA ließen 13
Kriegsschiffe vor H. aufkreuzen. Sie nannten den
1. Okt. als endgültigen Termin, bis zu dem der Konflikt gelöst sein werde.
Auf Drängen der USA billigte der UNO-Sicherheitsrat am 31. Juli eine ›multinat. Intervention‹ mit
dem Zweck, Sicherheit und Frieden auf H. zu gewährleisten und die Voraussetzungen für die Rückkehr ARISTIDES zu schaffen. Ausschlaggebend für
die amerikan. Haltung war nicht zuletzt der haitian.
Massenexodus: Allein zw. Mitte Juni und Anfang
Aug. verließen mehr als 10 000 Boat people das von
gewalttätigen Ausschreitungen gekennzeichnete H.
Angesichts dieses Flüchtlingsstroms in Richtung
Florida beschloß die Clinton-Administration, daß
die Flüchtlinge nicht mehr amerikan. Territorium
betreten dürften, sondern an ›sichere Orte‹ (u. a.
nach Panama und auf den amerikan. Militärstütz-
punkt Guantánamo auf Kuba) zu bringen seien.
Diese Flüchtlingspolitik wie auch die militär. Inter-
ventionsabsichten – gegen die auch die Mehrheit
der lateinamerikan. Staaten protestierten – löste in
den →USA heftige innenpolit. Kontroversen aus.
Begünstigt durch den Abschluß eines Abkommens
mit →Kuba zur Lösung der kuban. Massenflucht,

begannen Anfang Sept. intensive Invasionsvorbereitungen. Um noch im letzten Moment Gewaltanwendung bei der Absetzung der Militärjunta abzuwenden, traf am 17. Sept. überraschend der frühere amerikan. Präs. JIMMY CARTER im Auftrag CLINTONS in Port-au-Prince ein. Nach zähen Verhandlungen sagte Juntachef RAOUL CÉDRAS am 18. Sept. den Rücktritt der Militärs bis spätestens 15. Okt. zu, wenn das Parlament zuvor eine Amnestie für die Putschisten verabschiede. Um einen reibungslosen Übergang zur Demokratie zu gewährleisten, begann am 19. Sept. der Einmarsch der ersten von urspr. 15 000 (später 20 000) vorgesehenen amerikan. Soldaten. Als deutlich wurde, daß die gewalttätigen Übergriffe der haitian. Sicherheitskräfte gegenüber der Zivilbevölkerung trotzdem andauerten, wurden Maßnahmen zur Entwaffnung der Milizen (u. a. der rechtsgerichteten FRAPH) und von Teilen der Armee ergriffen. Der Verfall der Polizeiautorität führte zu Plünderungen und Lynchmorden.

Émile Jonassaint (links), der am 11. Mai als neuer Präsident vereidigt worden ist, gilt als Marionette von Haitis Militärchef Raoul Cédras

Am 28. Sept. wurden die amerikan. Handelssanktionen aufgehoben. Am 7./8. Okt. beschloß das haitian. Parlament die Amnestie für polit. Verbrechen. Daraufhin traten Juntachef CÉDRAS und General PHILIPPE BIAMBY zurück und gingen nach Panama ins Exil. JOSEPH-MICHEL FRANÇOIS, der als eigentl. Urheber des Staatsstreichs vom Sept. 1991 gilt, hatte H. bereits am 4. Okt. verlassen. Der von den Militärs eingesetzte Übergangspräs. JONASSAINT trat am 11. Okt. von seinem Amt zurück. Am 15. Okt. kehrte der rechtmäßige Präs. ARISTIDE nach H. zurück; einen Tag später hob die UNO ihr Embargo gegen H. auf. Mit einer personellen Neubesetzung wurde am 18. Okt. die Umstrukturierung der Streitkräfte eingeleitet; Übergangschef der Armee wurde JEAN CLAUDE DUPERVAL und BERNARDIN POISSON Nachfolger von Generalstabschef BIAMBY. Neben finanzieller Hilfe kündigte Frankreich seine Unterstützung beim Neuaufbau der Polizei an. Um die Wirtschaft zu sanieren, erhielten Vertreter der Unternehmerschaft, wie der neue Regierungschef S. MICHEL, Schlüsselpositionen. Am 11. Nov. führte ARISTIDE das neue Kabi-

nett ins Amt ein. Die für Dez. vorgesehenen Parlamentswahlen mußten aus organisator. Gründen verschoben werden.

Anfang Okt. traf das erste größere Kontingent der karib. Friedenstruppe ein, und auch mehrere Hundert der rd. 14 000 haitian., auf Guantánamo untergebrachten Flüchtlinge kehrten in ihr Land zurück. Die amerikan. Truppen begannen ihren Abzug aus H. (bis 1. Dez. 6 000 Soldaten). Um zu verhindern, daß die Sicherheitskräfte der früheren Militärmachthaber in den Untergrund gehen, kündigte die amerikan. Reg. 5 Mio. US-$ für Gehälter und Umschulungen an; diese Zahlungen sind Teil eines Hilfsprogramms in Höhe von 216 Mio. US-$ für die Wiederankurbelung der Wirtschaft, demokrat. Reformen und humanitäre Hilfe.

## Hamburg

**Einwohner:** 1,7 Mio.
**Einwohner/km²:** 2 236
**Regierungschef:**
H. Voscherau
**BSP/Einwohner:**
72 800 DM

### Problemfelder: Schlechte Haushaltslage, Hafenstraße

Die schlechte Haushaltslage des Landes H. – die Staatsschulden beliefen sich auf 28,5 Mrd. DM – und die dadurch bedingten Sparzwänge sowie die Auseinandersetzungen um die seit 1981 umstrittenen Häuser an der Hafenstraße bestimmten v. a. die Stadtpolitik. Angesichts sinkender Steuereinnahmen sowie Belastungen durch den Aufbau in Ostdeutschland wurden Gebühren erhöht, Personalausgaben begrenzt, wurde öffentl. Vermögen verkauft und hart gespart. Im Dez. verabschiedete die Hamburger Bürgerschaft den Haushalt 1995, der trotzdem – v. a. wegen höherer Investitionsausgaben – mit einem Umfang von knapp 18 Mrd. DM um etwa 4,5 % steigen wird. Den Abriß der besetzten Häuser an der Hafenstraße, die durch Sozialwohnungen ersetzt werden sollen, bestätigte im Febr. ein Urteil des Bundesverfassungsgerichts.

### Hamburger Parteienlandschaft und Polizeiskandal

Die Hansestadt wird seit Dez. 1993 von einer ›Kooperation‹ aus SPD und ›Statt-Partei‹ unter Bürgermeister HENNING VOSCHERAU regiert. Nach ihrem spektakulären Erfolg bei der Bürgerschaftswahl vom Sept. 1993 erregte die Statt-Partei zunächst auch bundesweites Interesse, rieb sich aber seit dem Frühjahr in zunehmenden inneren

Der neue Hamburger Innensenator Hartmuth Wrocklage (rechts) gibt auf einer Pressekonferenz am 28. September bekannt, daß die Suspendierung von 27 Polizisten aufgehoben wurde, da sich die Vorwürfe wegen rechtsextremistischer Tendenzen nicht konkretisieren ließen

Streitigkeiten auf. In der CDU, aus der Statt-Partei-Gründer MARKUS WEGNER kam, gab es im Rahmen der Nominierung der Bundestagskandidaten erbitterte Auseinandersetzungen um die Person des Parlamentar. Staatssekr. im Bundesfinanzministerium und früheren Hamburger CDU-Vors. JÜRGEN ECHTERNACH; dieser gab dann im März bekannt, nicht mehr auf der Landesliste der Hamburger CDU für einen Sitz im Bundestag zu kandidieren. Im Jan. verzichtete der SPD-Landesvors. HELMUTH FRAHM auf eine erneute Kandidatur bei den Landesvorstandswahlen Ende Febr. wegen Streitigkeiten zw. dem rechten und linken Parteiflügel; sein Nachfolger, JÖRG KUHBIER, wurde zum ersten Mal durch eine Mitgliederbefragung direkt bestimmt.

Im Sept. trat Innensenator WERNER HACKMANN zurück und übernahm damit die Verantwortung für brutale Übergriffe von Hamburger Polizisten auf Ausländer. Gegen 27 Polizeibeamte wurden diszi-

Tom Hanks in seiner Rolle eines aidskranken Anwalts in ›Philadelphia‹, für die er einen Oscar erhielt

plinar- und strafrechtl. Ermittlungen eingeleitet. Den Beamten wurde Körperverletzung, Strafvereitelung im Amt sowie Freiheitsberaubung und Nötigung mit ausländerfeindl. Motivation vorgeworfen. Nachfolger im Amt des Innensenators wurde der Jurist HARTMUTH WROCKLAGE.

### Errichtung des Erzbistums Hamburg

Am 22. Sept. wurde der Vertrag über die Errichtung des Erzbistums und der Kirchenprovinz H. im Rathaus der Hansestadt unterzeichnet und Anfang Nov. durch die Länderparlamente ratifiziert. Das neue Bistum H., das aus dem Bistum Osnabrück herausgelöst wurde und in dem etwa 410 000 Katholiken leben, umfaßt die Freie und Hansestadt H., das Land Schleswig-Holstein sowie den mecklenburg. Teil von Mecklenburg-Vorpommern. Neuer Erzbischof wurde der ehem. Bischof von Osnabrück LUDWIG AVERKAMP.

**Hanks,** Tom, amerikanischer Filmschauspieler, *Concord (Calif.) 9.7. 1956. – Für seine Darstellung eines aidskranken homosexuellen Rechtsanwalts in dem Film ›Philadelphia‹ von JONATHAN DEMME erhielt H. 1994 einen Oscar. Lange Zeit galt H. nur als Komiker, der meist etwas infantile Typen verkörperte. Einer seiner frühen Erfolge war PENNY MARSHALLS Film ›Big‹ (1988), in dem er einen 13jährigen Jungen spielte, der sich plötzlich im Körper eines 35jährigen Mannes wiederfindet und mit der Psyche eines Kindes unter New Yorker Yuppies Karriere macht. Einen Yuppie spielte er auch in ›Fegefeuer der Eitelkeiten‹ (1990), der Verfilmung des Romans von TOM WOLFE, in der H. erstmals sein Talent auch für ernsthafte Rollen bewies. Der Film enthält grelle satir. Momente und tiefe Tragik – eine Mischung, die auch den Film ›Schlaflos in Seattle‹ (1993) auszeichnet, in dem H. die Hauptrolle spielte. 1994 kam mit ›Forrest Gump‹ der neueste Film mit H. in die dt. Kinos.

**Hänsch,** Klaus, Politiker (SPD), *Sprottau (Schlesien) 15.12. 1938. – Der dt. Sozialdemokrat H. wurde auf der konstituierenden Sitzung des Europ. Parlaments am 19. Juli mit großer Mehrheit zu dessen Präs. gewählt.

Nach einem Studium der Betriebswirtschaft, Politikwissenschaft und Geschichte an der Freien Univ. Berlin wirkte H. zunächst als Assistent am Otto-Suhr-Institut der FU Berlin. Nach der Promotion (1970) arbeitete H. in den 1970er Jahren im Wissenschaftsministerium und der Staatskanzlei Nordrhein-Westfalens in enger Zusammenarbeit mit dem damaligen Wissenschaftsmin. und MinPräs. JOHANNES RAU. H. war 14 Jahre lang Unterbezirksvors. der SPD in Mettmann.

Bei den ersten Direktwahlen 1979 wurde H. ins Europ. Parlament (EP) gewählt. Seit dieser Zeit ist H. ununterbrochen Mitgl. des EP; 1989 wurde er stellv. Fraktionsvors. der Sozialdemokrat. Partei Europas. Bei der Europawahl 1994 war H. Spitzenkandidat der SPD.

**Harsanyi,** John Charles, amerikan. Wirtschaftswissenschaftler ungar. Herkunft, *Budapest

Freudestrahlend nimmt der deutsche SPD-Politiker Klaus Hänsch am 19. Juli einen Rosenstrauß entgegen, nachdem er in Straßburg zum neuen Präsidenten des Europäischen Parlaments gewählt wurde

29.5.1920. – Für seine Beiträge zu Gleichgewichtsanalysen in der nichtkooperativen Spieltheorie wurde H. zus. mit REINHARD SELTEN und JOHN F. NASH der Nobelpreis für Wirtschaftswissenschaften 1994 zuerkannt. H. untersuchte v.a. die Annahmen, die Spielteilnehmer von den Strategien ihrer Mitspieler entwickeln. So hängt z.B. das Verhalten eines Unternehmens davon ab, ob es von seinem Marktkonkurrenten eine Preiserhöhung oder -senkung erwartet.

Nach Abschluß seines Studiums und Promotion in Budapest ging H. 1948 nach Australien, wo er zunächst in Sydney weiterstudierte und 1954–56 in Brisbane lehrte. Es folgten Tätigkeiten in Stanford (Kalifornien) und Canberra, bevor er 1961–63 Prof. an der Wayne State University in Detroit (Michigan) wurde. Von 1964 bis zu seiner Emeritierung 1990 hatte H. einen Lehrstuhl für Business administration an der University of California in Berkeley inne.

Eines der populärsten Ausstellungsstücke im Haus der Geschichte ist der ›Adenauer-Mercedes‹, der nach seiner Zeit als Dienstwagen des Kanzlers in die USA verkauft wurde und jetzt nach Bonn zurückgekehrt ist

**Haschisch-Urteil,** →Drogenpolitik.

**Hata,** Tsutomu, japan. Politiker (Erneuerungspartei), *Tokio 24.8.1935. – Am 26.4.1994 wählte das japan. Parlament den bisherigen Außenmin. H. zum neuen MinPräs. und Nachfolger von MORIHIRO HOSOKAWA, der infolge einer Koalitionskrise Anfang April zurückgetreten war. Schon am 25.Juli gab H. indessen sein Amt wieder auf, nachdem es ebenfalls unüberbrückbare Differenzen innerhalb seiner Koalition gegeben hatte.

1985/86 und 1987–89 war H. in versch. Reg. Landwirtschaftsmin., 1991/92 Finanzminister. Zus. mit dem ehem. Generalsekretär der Liberaldemokrat. Partei (LDP), ICHIRO OZAWA, initiierte H. eine innerparteil. Opposition, die ein neues Wahlrecht und innerparteil. Reformen durchsetzen wollte. Die Aktivitäten führten im Juni 1993 zum erfolgreichen Mißtrauensvotum gegen MinPräs. MIYAZAWA und zur Wahl HOSOKAWAS. H., dessen Erneuerungspartei bei den Parlamentswahlen etwa 25% der Sitze innerhalb der neuen Koalition erhielt, wurde stellv. MinPräs. und Außenminister.

Der japanische Ministerpräsident Tsutomu Hata (links) während seines zweitägigen Deutschlandbesuchs (5./6. Mai) mit Bundeskanzler Kohl

**Haus der Geschichte:** Nach vier Jahren Bauzeit eröffnete Bundeskanzler HELMUT KOHL am 14.Juni in Bonn das H. der G., das die Museumsmeile mit dem Städt. Kunstmuseum und der Bundeskunsthalle fortsetzt. Die Dauerausstellung in dem Bau der Braunschweiger Architekten INGEBORG und HARTMUT RÜDIGER vermittelt durch das Ineinandergreifen von Dokumenten, Objekten, Kunstwerken, rekonstruierten Inneneinrichtungen und audiovisuellen Präsentationen Einblicke in das polit., gesellschaftl. und kulturelle Leben der Bundesrep. Deutschland und der DDR vom Ende des Zweiten Weltkriegs bis in die heutige Zeit. Ergänzt wird die Schau durch zeitgeschichtl. Wechselausstellungen, ein Informationszentrum und einen Museumsgarten. Im ›röm. Keller‹ sind beim Bau entdeckte Siedlungsreste zu sehen. Bereits 1982 hatte KOHL in seiner Regierungserklärung ein zeitgeschichtl. Museum mit Blick auf die ›geteilte Nation‹ angeregt. Ab 1984 wurden in zwei vorläufigen Museumsgebäuden fremde und eigene Ausstellungen gezeigt. – Im Nov. wählte der Kulturausschuß des Europ. Parlaments das H. der G. zum europ. Museum des Jahres 1995.

**Haushalts- und Steuerpolitik:** Für den Unternehmensbereich sank zum 1. Jan. der Körperschaftsteuersatz von 50% auf 45% für einbehaltene und von 36% auf 30% für ausgeschüttete Gewinne; für gewerbl. Einkünfte ermäßigte sich der Spitzensatz der Einkommensteuer von 53% auf 47%, und bei der Erbschaftsteuer trat ein spezieller Freibetrag für Betriebsvermögen (500 000 DM) in Kraft. Die bisherige, auf 20% erhöhte Investitionszulage für gewerbl. Betriebe in der Hand von Personen mit Hauptwohnsitz am 9. 11. 1989 in der ehem. DDR mußte vorzeitig beendet werden, weil die Europ. Union (EU) die Regelung wegen der Diskriminierung von EU-Ausländern beanstandet hatte. Per 1. Juli wurde eine neue erhöhte Investitionszulage von 10% eingeführt (für ein Investitionsvolumen von max. 5 Mio. DM und für Betriebe mit nicht mehr als 250 Arbeitnehmern), die unabhängig vom Wohnsitz der begünstigten Person gewährt wird. Die einkommensteuerliche Absetzbarkeit von Mitgliedsbeiträgen und Spenden an polit. Parteien wurde neu geregelt: Ermäßigung der Steuerschuld um 50% der Ausgaben, max. 1 500 (bisher 600) DM, sowie Sonderausgabenabzug bis zu 3 000 (bisher 60 000) DM. Bei den Werbungskosten erhöhte sich die km-Pauschale für Fahrten mit dem PKW zw. Wohnung und Arbeitsstätte um 5 Pf auf 0,70 DM. Gleichzeitig stieg die Mineralölsteuer auf Dieselkraftstoff um 7 Pf/l (auf 62 Pf/l) und auf Benzin um 16 Pf/l (auf 98 Pf/l bei bleifreiem und 108 Pf/l bei verbleitem Benzin), und die Kfz-Steuer für Diesel-PKW erhöhte sich um 7,50 DM je angefangene 100 cm$^3$ Hubraum, während die Sätze für Nutzfahrzeuge zum 1. April gesenkt wurden.

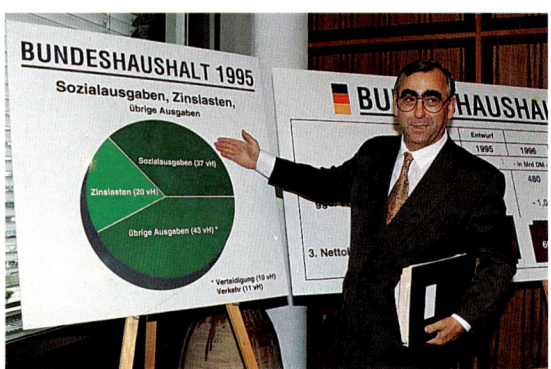

Bundesfinanzminister Theo Waigel erläutert am 15. Juli mit Hilfe einer Grafik den Entwurf des Bundeshaushalts 1995

In der →Familienpolitik ergaben sich Änderungen hinsichtlich des Kinder- und Erziehungsgelds. Die Arbeitnehmersparzulage für Vermögensbeteiligungen (bisher 20%) wurde auf den Satz für Bausparanlagen (10%) gesenkt. Die Sätze für Lohnersatzleistungen wurden um 3 Prozentpunkte, bei Fami-

lien mit Kindern um 1 Prozentpunkt gekürzt: bei Arbeitslosen-, Kurzarbeiter- und Schlechtwettergeld von 63 auf 60% (von 68 auf 67%), bei Arbeitslosen- und Eingliederungshilfe von 56 auf 53% (von 58% auf 57%). Am 6. Sept. beschloß der Bundestag die Abschaffung des Schlechtwettergeldes zum 1. 1. 1996.

Während des Bundestagswahlkampfs spielten die steuerpolit. Probleme der Unternehmensbesteuerung, die vom Bundesverfassungsgericht angemahnte Neuregelung des einkommensteuerl. Existenzminimums, der Familienlastenausgleich und der zum 1. 1. 1995 in Kraft tretende Solidaritätszuschlag zur Lohn-, Einkommen- und Körperschaftsteuer (7,5%) eine bedeutende Rolle. Zum Abschluß der Koalitionsverhandlungen zw. CDU/CSU und FDP nach der Bundestagswahl wurde für Anfang 1996 ein umfassendes Steueränderungsgesetz angekündigt, das eine schrittweise Abschaffung der Gewerbesteuern (beginnend mit der Streichung der Gewerbekapitalsteuer zum 1. 1. 1996) in Aussicht stellt. Eine von der FDP zunächst geforderte verbindl. Festlegung eines stufenweisen Abbaus des Solidaritätszuschlags bereits ab 1996 kam nicht zustande, vereinbart wurde nur eine jährl. Überprüfung. Umstritten war auch innerhalb der CDU die bereits im Entwurf des Bundeshaushalts (mit Einsparungen von 4 Mrd. DM) für den 1. April veranschlagte zeitl. Begrenzung des Bezugs von Arbeitslosenhilfe auf zwei Jahre. Offen blieb v. a. die dringlichste steuerpolit. Aufgabe, die bis zum 1. 1. 1996 vorzunehmende Neuregelung der einkommensteuerl. Freistellung des Existenzminimums sowie die geplante Reform der Kinderfreibeträge bzw. des Kindergeldes und deren Finanzierung: Im Nov. wurden die Vorschläge der eingesetzten Expertenkommission bekannt, die auf eine Ausdehnung des jährl. Grundfreibetrags (Nullzone) auf 13 000 DM und einen anschließenden Eingangssteuersatz von 22% bei weiterhin linearem Anstieg der Grenzsteuersätze und einem Spitzensteuersatz von 53% bei 120 000 DM hinauslaufen; die Steuerausfälle bei dieser Lösung wurden auf ca. 40 Mrd. DM für Bund, Länder und Gemeinden beziffert. Das Bundesfinanzministerium legte im Dez. ein Konzept vor, das eine Festlegung des Existenzminimums bis 12 000 DM für Alleinstehende und 24 000 DM für Verheiratete vorsieht und mit Steuerausfällen von nur 15 Mrd. DM rechnet.

### Bundeshaushalt 1995

Der im Dez. wegen der Bundestagswahl neu eingebrachte Entwurf des Bundeshaushalts 1995 sieht ein gegenüber 1994 nominell um 0,9% gestiegenes Ausgabenvolumen von 484,1 Mrd. DM und eine Nettoverschuldung von 58,6 Mrd. DM vor. Die in der mittelfristigen Finanzplanung bis 1998 vorgesehene Reduzierung der Nettokreditaufnahme auf 27 Mrd. DM wurde allerdings von Kritikern als unrealistisch bezeichnet. Nach Schätzungen der Bundesbank wird das Defizit in den Haushalten der Gebietskörperschaften zusammen (ohne Treuhandanstalt) 1994 120 Mrd. DM (1993: 133 Mrd. DM betragen.

Insgesamt wurde für 1995 mit einem öffentl. Schuldenvolumen in Höhe von ca. 64% des BIP gerechnet; das wäre dann allerdings mehr als der in den Maastrichter Abkommen für die EU vereinbarte Schwellenwert von 60%.

Der israelische Siedler Baruch Goldstein richtet am 25. Februar in Hebron ein Massaker unter betenden Palästinensern an, bei dem 29 Menschen ums Leben kommen und rund 170 verwundet werden. Bei den darauffolgenden schweren Unruhen läuft ein junger Palästinenser mit einer Tränengasgranate auf israelische Polizisten zu

**Hebron,** arab. Stadt im Westjordanland (1967 bis Sept. 1994 unter israel., seither unter palästinens. Verwaltung) 30 km südlich von Jerusalem, rd. 80 000 Ew. Über der Machpela-Höhle mit der angebl. Begräbnisstätte des Patriarchen Abraham befinden sich sowohl eine Synagoge als auch eine vielbesuchte Moschee, die ein islam. Volksheiligtum ist. Dort richtete am 25. Febr. der 38jährige jüd. Siedler und Nationalist BARUCH GOLDSTEIN, ein 1983 aus Brooklyn (New York) eingewanderter Arzt, ein Massaker unter betenden Palästinensern an, dem 29 Menschen zum Opfer fielen; rd. 170 wurden verletzt. GOLDSTEIN, der seine israel. Offiziersuniform trug, verschoß mehrere Magazine aus einem Sturmgewehr und zündete anschließend eine Handgranate, bevor er selbst den Tod fand. Die israel. Wachsoldaten vor der Moschee griffen nicht ein.
Nach Bekanntwerden der Tat kam es in den besetzten Gebieten zu schweren Auseinandersetzungen zw. Palästinensern und israel. Sicherheitstruppen, bei denen mehr als 20 Palästinenser getötet wurden. In der Folge verbot die israel. Reg. die extremist. jüd. Organisationen Kach und Kahane und setzte eine Untersuchungskommission ein; die UNO entsandte zum Schutz der Palästinenser eine Beobachtertruppe nach Hebron.

**Henkel,** Hans-Olaf, Industriemanager, * Hamburg 14. 3. 1940. – Am 28. Nov. wurde der designierte Aufsichtsratsvors. von IBM Deutschland zum neuen Präs. des Bundesverbandes der Dt. Industrie (BDI) gewählt und wird damit Anfang Jan. 1995 die Nachfolge von TYLL NECKER antreten.
Nach einem volks- und betriebswirtschaftl. Studium an der Hamburger Akademie für Wirtschaft und Politik begann H. 1962 als Mitarbeiter der damals noch relativ kleinen IBM Deutschland. Es folgten Tätigkeiten bei der IBM im In- und Ausland, u. a. bei der IBM Europa in Paris, als Direktor in der IBM-Zentrale in Armonk (New York), wieder in Paris als Generalmanager für den Raum Europa, Afrika und Mittlerer Osten und als Vizepräs. der IBM Europa. Zum 1. 6. 1985 als stellv. Vors. der Geschäftsführung mit erhebl. Kompetenzen zur IBM Deutschland zurückgekehrt, übernahm H. zum 1. 1. 1987 deren Geschäftsführung. Unter seiner Regie wurden strukturelle Anpassungen eingeleitet, u. a. eine deutl. Gewichtsverlagerung von der Computer-Hardware zur -Software. Im Juni 1989 rückte H. als einer der Vice Presidents in den Board of Directors der IBM Corporation und damit in die obere Führungscrew der Muttergesellschaft auf.
Im Sept. 1993 berief IBM-Chef LOUIS GERSTNER H. zum Präs. der IBM-Europazentrale in Paris (ab Okt. 1993). Ein Jahr später kam es dann jedoch zur überraschenden Demission des europ. IBM-Chefs, wobei die Gründe für sein Ausscheiden letztlich unklar blieben.

**Herzog,** Roman, Jurist und Politiker, * Landshut 5. 4. 1934. – H. wurde am 23. Mai zum siebten dt. Bundespräs. mit 696 Stimmen im dritten Wahlgang gewählt. Am 1. Juli trat er sein Amt an.
H. studierte an der Univ. München Jura, legte seine jurist. Staatsprüfungen 1957 und 1961 ab, promovierte 1958 und habilitierte sich 1964. 1965 erhielt H. einen Lehrstuhl für Staatsrecht und Politik an der FU Berlin, von wo er 1969 an die Verwaltungshochschule Speyer wechselte. 1973 begann H., Mitgl. der CDU, seine polit. Karriere, als er Leiter der rheinland-pfälz. Landesvertretung in Bonn

Bundespräsident Roman Herzog während seines Flugs am 1. August zu der Gedenkfeier zum 50. Jahrestag des Warschauer Aufstands

Im Rahmen der 1 200-Jahrfeier Frankfurts balanciert der französische Seiltänzer Philippe Petit am 12. Juni auf einem 300 m langen Stahlkabel, das die Paulskirche mit dem Dom verbindet

wurde. 1978 wurde H. baden-württemberg. Kultusmin. und 1980 Innenminister.

1983 schließlich begann seine ›dritte Karriere‹, als er zum Bundesverfassungsrichter und Vizepräs. des Bundesverfassungsgerichts gewählt wurde; 1987 wurde H. dessen Präsident. H., der für unorthodoxe Meinungen bekannt ist, entzieht sich dem gängigen Rechts-Links-Schema: Während er in seiner Zeit als Innenmin. z. T. als ein Vertreter von ›Law and order‹ betrachtet wurde, hob andererseits das Bundesverfassungsgericht unter seinem Vorsitz das Verbot einer Demonstration gegen das Kernkraftwerk Brokdorf mit der Begründung auf, ›der von der Verfassung jedem Staatsbürger garantierte Schutz der Versammlungsfreiheit‹ sei auch dann zu erhalten, ›wenn mit Ausschreitungen durch einzelne oder eine Minderheit zu rechnen ist‹.

## Hessen

**Hauptstadt:**
Wiesbaden
**Einwohner:** 5,9 Mio.
**Einwohner/km²:** 281
**Regierungschef:**
H. Eichel
**BSP/Einwohner:**
51 600 DM

### Wirtschaftslage

Die dynam. wirtschaftl. Entwicklung des Rhein-Main-Gebietes setzte sich auch 1994 fort. Insbes. die Entscheidung über die Ansiedlung des Europ. Währungsinstituts in Frankfurt, die Gewinne der Großbanken und die Entwicklung des Rhein-Main-Flughafens (Eröffnung des Terminal 2 im Okt., Planung eines neuen Frachtzentrums) trugen dazu bei. Andererseits gingen erneut Arbeitsplätze v. a. im dort stark vertretenen Chemie-, Maschinenbau- und Automobilsektor verloren. Frankfurt, die am höchsten verschuldete Kommune Deutschlands, beschloß im März, ihre Beteiligung an dem Energie- und Versorgungsunternehmen VEBA AG für rd. 650 Mio. DM an die Dt. Bank zu verkaufen; der Erlös soll Neuverschuldungen bis 1998 verhindern. Die Metropole am Main stand das ganze Jahr über im Zeichen der Festlichkeiten anläßlich ihres 1 200jährigen Bestehens.

### Streit um Biblis

Der Streit zw. Umweltmin. JOSCHKA FISCHER (Bündnis 90/Die Grünen) und Bundesumweltmin. KLAUS TÖPFER (CDU) um die Sicherheit der Hanauer Nuklearanlagen eskalierte im März, als TÖPFER den hess. Umweltmin. mit einer bundesaufsichtl. Weisung daran hinderte, den 20 Jahre alten Reaktorblock A des Kernkraftwerks Biblis bis auf weiteres stillzulegen. Nach Auffassung der Landesreg. stellt das von der Rhein.-Westfäl. Elektrizitätswerk AG (RWE) betriebene Kraftwerk eine erhebl. Gefahr dar. Im April wurde die alte Anlage zur Verwertung von Plutonium in Mischoxid-Brennelementen (Mox) in Hanau stillgelegt, was mit dem Verlust von mehr als 200 Arbeitsplätzen verbunden war.

### Personelle Veränderungen in der Regierung

Für den Skandal um die landeseigene Lottogesellschaft (→Lotto-Affären) übernahm Finanzmin. ANNETTE FUGMANN-HEESING die polit. Verantwortung und trat am 20. Jan. von ihrem Amt zurück. Im Juni legte überraschend Innenmin. HERBERT GÜNTHER, der wegen des Polizeiversagens in Fulda 1993 in die Kritik geraten war, sein Amt aus gesundheitl. Gründen nieder. Durch die Ernennung neuer Min. für Inneres (GERHARD BÖKEL), Finanzen (ERNST WELTEKE) und Wirtschaft (LOTHAR KLEMM) (alle SPD) sollten auch die Landtagswahlen am 19. 2. 1995 vorbereitet werden. Nachfolger des Umweltmin. JOSCHKA FISCHER, der nach der Bundestagswahl in die Bundespolitik zurückkehrte und das Amt des Fraktionsvors. im Bundestag übernahm, wurde der Fraktionsvors. der Grünen im hess. Landtag, RUPERT VON PLOTTNITZ.

**Hitler-Hoffmann-Ausstellung:** Vom 20. Jan. bis 4. April zeigte das Münchener Stadtmuseum die Ausstellung ›Hoffmann & Hitler‹ über die Manipulation der Öffentlichkeit durch die Photographien des nat.-soz. Propagandisten HEINRICH HOFFMANN (1885–1957) im Dienste des Führermythos.

Die geplanten Folgestationen Berlin und Saarbrükken wurden aufgrund der polit. Brisanz trotz des wiss. Anspruchs der Dokumentation abgesagt. Befürchtungen waren laut geworden, die Schau könne zum Anziehungspunkt für Rechtsradikale werden, da eine histor. Gesamtdarstellung der Zeit fehle; außerdem könne man den Opfern des Nationalsozialismus die öffentl. Präsentation von Hitlerbildern nicht zumuten.

**Hitzewelle:** Im ›Jahrhundertsommer‹ 1994 lag die Sonnenscheindauer von Anfang Juni bis Ende Aug. in allen dt. Regionen über dem Durchschnittswert für diese Jahreszeit, teilweise sogar über 25 % darüber. Der Juli war der heißeste Juli dieses Jahrhunderts, und Ende des Monats waren in vielen Kaufhäusern Ventilatoren und Kühlgeräte ausverkauft. Der Temperaturrekord wurde allerdings am 5. Aug. mit 39,6 °C in Gera-Leumnitz gemessen. Auch in vielen anderen Orten stieg die Quecksilbersäule nahe an die 40 °C im Schatten; selbst nachts kühlte es sich oft nur bis 21 oder 22 °C ab. Viele Städte wiesen mehr als doppelt so viele echte Sommertage (mit Temperatur über 25 °C) auf als üblich. In Arkona auf Rügen schien die Sonne im Juli etwa so lange wie astronomisch möglich, und die Zugspitze hatte nur 33 Sommertage mit Tiefsttemperaturen unter 0 °C (1993: 48 Tage).

**Hochschulpolitik:** Die Hochschulerneuerung in den neuen Bundesländern wurde 1994 weiter vorangetrieben: Zw. 1992 und 1994 nahmen 7 500 Prof. einen Ruf an die dortigen Univ. an, womit 60 % der Berufungen abgeschlossen sind. In den neu gegr. Fachhochschulen studierten in einzelnen Regionen bereits 40 % eines Studienjahrgangs (23 % im Westen).

In der 1994 fortgesetzten öffentl. Debatte über die Schwierigkeiten der Hochschul- und Forschungslandschaft lasteten insbes. die Bundesländer und Hochschulvertreter dem Bund eine Unterfinanzierung im Hochschulbau an. Die gescheiterte mittelfristige Finanzplanung in Bund und Ländern in Folge der dt. Einheit führte in Sachsen und Nordrhein-Westfalen zur Einrichtung von Modellversu-

Zu heftigen Kontroversen führt die Hitler-Hoffmann-Ausstellung in München

chen zur finanziellen Autonomie einzelner Hochschulen (TU Dresden, Fachhochschule Zittau-Görlitz bzw. Univ. Bochum und Wuppertal), die sich nach ersten Einschätzungen positiv auswirkte.

Die finanziellen Restriktionen v. a. im akadem. Mittelbau haben 1994 den akadem. Hochschulnachwuchs in die Diskussion gerückt, dessen Voraussetzungen für eine Habilitation sich verschlechterten. Kritiker merkten an, daß im Jahr 2005 50 % der Hochschullehrer fehlen werden. Um diesen Bedarf kurzfristig decken zu können, zeichnete sich schon 1994 eine Debatte über die Abschaffung der Habilitation ab, ungeachtet des damit evtl. einhergehenden Qualitäts- und Anerkennungsverlusts der dt. Wissenschaftslandschaft.

Mit einem von Bund und Ländern in Auftrag gegebenen Bericht legte der Wissenschaftsrat im Mai

Vor dem Bonner Kunstmuseum protestieren am 2. Februar Studenten gegen schlechte Studienbedingungen und die geplanten Einschränkungen beim BAföG

1994 die Ergebnisse einer zweijährigen Evaluation der mit 1,5 Mrd. DM geförderten Umweltforschung in Deutschland vor, in die westdt. wiss. Einrichtungen und Forschungsschwerpunkte einbezogen waren. Damit wurde auch ein Zeichen in Richtung der neuen Länder gesetzt, die immer auf die Einbeziehung der alten Bundesländer Wert gelegt hatten.

**Hochwasser:** Anfang Jan. traten viele dt. Flüsse über die Ufer und überschwemmten dabei zahlreiche Städte. Der höchste Pegelstand des Rheins bei Köln betrug 8,80 m. Im Bonner Regierungsviertel wurde der Rohbau des →Schürmann-Baus durch das H. bis zu 70 cm angehoben, in Koblenz wegen Überflutung der Innenstadt am 7. Jan. der Ausnahmezustand verhängt. Auch die mittlere Mosel trat über die Ufer und überschwemmte z. B. die Innenstadt von Zell. Die Saar in Saarbrücken stieg auf 5,34 m; üblich sind 2,40 m.

Als Ursachen für das schnell steigende H. werden weniger die heftigen Regenfälle angesehen, sondern menschl. Eingriffe in die Natur: Durch versiegelte Oberflächen wie Straßen, Dächer und Plätze sowie Felder und Wiesen mit Drainage wird Regenwasser sehr schnell oberirdisch in die Flüsse geleitet, statt sich wie früher zunächst im Boden zu sammeln. Außerdem sind die meisten betroffenen Flüsse weitgehend begradigt oder sogar kanalisiert, um sie besser schiffbar zu halten. Natürl. Wasserspeicher neben den Flüssen gibt es heute kaum noch. Die Auengebiete etwa wurden weitgehend vernichtet, andere Überschwemmungsgebiete trockengelegt oder durch Deiche ihrer natürl. Funktion beraubt und in landwirtschaftlich genutzte Flächen umgewandelt.

## Honduras

**Hauptstadt:**
Tegucigalpa
**Einwohner:** 5,6 Mio.
**Einwohner/km²:** 50
**Staatsoberhaupt und Regierungschef:**
C. R. Reina Idíaquez
(seit 27. 1. 1994)
**BSP/Einwohner:**
580 US-$

Die im Dez. 1993 einsetzenden polit. Spannungen um ein Öffentlichkeitsministerium, dem die Drogenbekämpfung und Verbrechensaufklärung zugewiesen wurden und das den vom Militär geführten nat. Ermittlungsdienst ersetzen soll, setzten sich auch Anfang des Jahres fort. Der Ankündigung der Reg., die bisher dem Militär untergeordnete Polizei dem Innenministerium zu unterstellen, stimmte der Oberbefehlshaber der Streitkräfte, LUIS ALONSO DISCUA, erst am 25. Jan. zu. Ihm werden ebenso

Während eines Fernsehinterviews am Wahlabend verfolgen SPD-Spitzenkandidat Reinhard Höppner (links) und sein Kontrahent Christoph Bergner (CDU) die Hochrechnungen zum knappen Ergebnis der Landtagswahl in Sachsen-Anhalt

wie weiteren Angehörigen von Armee und Polizei in einem Bericht des staatl. Menschenrechtsbeauftragten Verschleppungen von Oppositionellen vorgeworfen, die der Oberste Gerichtshof von H. untersuchen will. Unter diesen politisch ungünstigen Vorzeichen übernahm CARLOS ROBERTO REINA IDÍAQUEZ am 27. Jan. als Nachfolger von RAFAEL LEONARDO CALLEJAS ROMERO das Amt des Staatspräsidenten.

Notwendige Reformen wie u. a. die Sanierung des Staatshaushalts und die Privatisierung von Staatseigentum liefen nur zögernd an, weshalb sich die Verhandlungen über die Vergabe neuer Kreditprogramme durch den Internat. Währungsfonds (IWF) schwierig gestalteten. Die wirtschaftl. Misere war nach wie vor in der engen Verflechtung zw. Politik, Wirtschaft und Militär begründet. Am 24./25. Okt. fand in der Hauptstadt Tegucigalpa eine Internat. Konferenz für Frieden und Entwicklung in Zentralamerika statt.

Der im Urteil des Internat. Gerichtshofs in Den Haag von 1992 offen gebliebene genaue Grenzverlauf zw. H. und El Salvador führte zu blutigen Übergriffen der honduran. Armee an der salvadorian. Zivilbevölkerung.

**Hongkong:** Nachdem London und Peking ein Jahr lang vergeblich über eine Reform des Wahlsystems in der brit. Kolonie verhandelt hatten, verabschiedete der Gesetzgebende Rat H.s am 30. Juni die von Gouv. CHRIS PATTEN vorgelegte demokrat. Parlamentsreform. Als eine Reaktion darauf beschloß der chin. Nat. Volkskongreß, die von Gouv. PATTEN reformierten Regierungsgremien nach der Rückgabe H.s an China 1997 abzuschaffen und dann Neuwahlen nach chin. Vorstellungen abzuhalten. Doch will die chin. Reg. ihre Verhandlungen mit den Briten über andere Fragen wie z. B. die Finanzierung des Flughafenprojekts auf der Insel Lantau (größtes Infrastrukturvorhaben der Kronkolonie) aufrechterhalten.

Die positive Konjunkturlage H.s hielt auch 1994, v. a. dank des unverminderten Booms in China, an.

So ging die Reg. für 1994 von einem Zuwachs des BIP von 5,7% aus (1993: 5,9%); das BSP je Einwohner belief sich auf (1993) 15 380 US-$, die Inflationsrate blieb mit 8,5% nahezu konstant. Die Handelsbilanz wies ein Halbjahresdefizit von 5,8 Mrd. US-$ auf.

**Höppner,** Reinhard, Mathematiker und Politiker (SPD), *Haldensleben 2. 12. 1948. – Am 21. Juli wählte der Landtag in Magdeburg H. zum neuen MinPräs. des Landes Sachsen-Anhalt. Der Wahl vorangegangen waren heftige Auseinandersetzungen mit der in der Landtagswahl vom 26. Juni unterlegenen CDU um die Tolerierung einer SPD-Minderheitsreg. durch die PDS.
Nach dem Abitur studierte H. Mathematik, schloß zunächst als Diplom-Mathematiker ab, um dann als Externer an der Univ. Dresden zu promovieren. Er mußte wegen seiner Mitarbeit in der Ev. Studentengemeinde die Univ. Dresden verlassen und wurde Fachlektor im Akademie-Verlag in Ost-Berlin. H. engagierte sich in der Ev. Kirche; seit 1971/72 gehörte er der Leitung der Kirchenprov. Sachsen an, deren Präses der Synode er 1980 wurde. Im Dez. 1989 schloß er sich der neugegründeten DDR-SPD an. H. wurde Vizepräs. der am 18.3. 1990 ersten frei gewählten Volkskammer der DDR. In der Landtagswahl in Sachsen-Anhalt am 14. 10. 1990 gewann H. als einziger SPD-Kandidat seinen Wahlkreis und wurde Fraktionsvors. im Landtag. Bei der vorgezogenen Landtagswahl am 26. Juni verlor die CDU ihren Koalitionspartner FDP, und auch SPD und Bündnis 90/Die Grünen konnten aufgrund des starken Zugewinns der PDS keine Mehrheit erreichen. So ließ sich H. durch Tolerierung der PDS zum MinPräs. einer Minderheitsreg. aus SPD und Bündnis 90/Die Grünen wählen.

**Horn,** Gyula, ungar. Politiker (Magyar Szocialista Párt, MSzP), *Budapest 5. 7. 1932. – Nachdem die MSzP bei den Wahlen im Mai die absolute Mehrheit errungen hatte, wurde H. am 15. Juli als neuer MinPräs. vereidigt.
Nach Abschluß einer Feinmechanikerlehre holte H. an einer Arbeiterbildungsstätte das Abitur nach

und studierte Wirtschaftswiss. 1959–71 arbeitete er im Außenministerium und wechselte anschließend in das ZK der Magyar Szocialista Munkáspárt (MSzMP), wo er bis 1983 bis zum Abteilungsleiter aufstieg. Im ZK war H. v. a. für die Kontakte zu den ausländ. kommunist. Parteien zuständig. 1985 zum Vollmitgl. des ZK berufen, wurde H. Staatssekr. im Außenministerium und am 10.5. 1989 selbst Außenmin. Er war einer der ersten Min., die der MinPräs. und nicht mehr das ZK vorschlug und anschließend vom Parlament bestätigt wurden. H., der seit 1985 zu den Reformkräften in der MSzMP zählte, setzte im Sommer 1989 das Reiseabkommen mit der DDR außer Kraft und öffnete die ungar.-österr. Grenze für die ausreisewilligen DDR-Bürger. Im Jan. 1990 erhielt er den Internat. Karlspreis der Stadt Aachen. Nach den Wahlen März/April 1990 wurde er Vors. des Auswärtigen Ausschusses im Parlament und im Mai zum Vors. der aus der MSzMP hervorgegangenen MSzP gewählt.

Wolfgang Huber (rechts) im Gespräch mit seinem Vorgänger Martin Kruse, der das Bischofsamt am 30. April in einem Gottesdienst in der Berliner St. Marienkirche übergab

**Huber,** Wolfgang, ev. Theologe, *Straßburg 12.8. 1942. – Nachdem er bereits im Nov. 1993 von der Landessynode gewählt worden war, trat der Heidelberger Theologieprof. am 1. Mai sein neues Amt als Bischof der Ev. Kirche in Berlin-Brandenburg an und wurde damit Nachfolger des nach 17 Jahren ausscheidenden Martin Kruse.
H. studierte in Heidelberg, Göttingen und Tübingen Theologie. Nach der Promotion 1966 und anschließender Pfarrtätigkeit war er 1968–88 Mitarbeiter und stellv. Leiter der Ev. Studiengemeinschaft in Heidelberg. Anschließend trat er eine Professur für Sozialethik in Marburg an und übernahm dann 1984 den Lehrstuhl für systemat. Theologie (Ethik) an der Univ. Heidelberg. Neben seiner wiss. Arbeit wirkt H., der für den gesellschaftspolitisch engagierten und weltoffenen Typ eines Theologen steht, u. a. in der EKD-Kammer für öffentl. Verantwortung und im Präsidium des Dt. Ev. Kirchentags mit, dessen Präs. er 1983–85 war.

Der ungarische Ministerpräsident Gyula Horn mit Bundeskanzler Kohl bei seiner Ankunft in Bonn am 18. Juli

**Hunger:** Die Zahl der Todesfälle durch Verhungern und die Fälle akuter Unterernährung nahmen laut einem Sonderbericht der UNO-Organisation für Ernährung und Landwirtschaft (FAO) auch 1994 zu; dies gilt v. a. für die ostafrikan. Staaten, wo wegen Dürre und des Bürgerkriegs in Ruanda Millionen Menschen auf Nahrungsmittelhilfen angewiesen sind. In dem Bericht stellte die FAO weiter fest, daß in Schwarzafrika 15 Länder (darunter Sudan, Tansania, Angola und Somalia) akuten Lebensmittelmangel beklagten. Insgesamt leiden nach Schätzungen der FAO rd. 800 Mio. Menschen in den Entwicklungsländern an chron. Unterernährung, und auch in Bosnien und Herzegowina, im Irak und in einigen GUS-Staaten herrscht großer Nahrungsmittelmangel.

Die 107. FAO-Tagung, die im Nov. in Rom stattfand, stellte fest, daß sich mit dem Getreideangebot 1994/95 (Anstieg der weltweiten Landwirtschaftsproduktion 1994 um schätzungsweise 2,2%) die Weltnachfrage zwar voraussichtlich decken lasse, es aber nicht zur Aufstockung der niedrigen Getreidevorräte ausreiche. Trotz wachsender Not waren weltweit 20% weniger Nahrungsmittelhilfen verfügbar als 1993, zumal die Hilfe verstärkt auch auf Staaten außerhalb Afrikas (v. a. die ehem. Sowjetunion und Osteuropa) ausgedehnt wurde.

Holly Hunter in dem Film ›Die Firma‹

**Hunter,** Holly, amerikan. Filmschauspielerin, \*Atlanta (Georgia) 20. 3. 1958. – 1994 erhielt H. den Oscar für die beste Darstellerin für ihre Rolle in ›Das Piano‹ (1993), dem dritten Film der neuseeländ. Regisseurin JANE CAMPION. H. spielt darin eine anfänglich stumme Frau, die in der Mitte des 19. Jh. an einen Siedler im neuseeländ. Busch verheiratet wird. Durch ihre wandlungsfähige Darstellung wurde aus ›Das Piano‹ eine Parabel über die Selbstbefreiung und Selbstfindung einer Frau im viktorian. Zeitalter.

H. begann ihre Karriere in den frühen 80er Jahren zunächst in Nebenrollen im Theater. Erst ihre Rollen in ›Arizona Junior‹ (1987) und ›Broadcast News‹ (1988) brachten für sie den Durchbruch. Zuletzt spielte sie eine Sekretärin mit Privatdetektiv-Ambitionen in der Verfilmung des Grisham-Bestsellers ›Die Firma‹ (1993).

**I**

## Indien

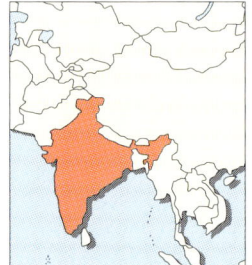

**Hauptstadt:** Delhi
**Einwohner:**
896,6 Mio.
**Einwohner/km²:** 273
**Staatsoberhaupt:**
Shankar Dayal
Sharma
**Regierungschef:**
P. V. N. Rao
**BSP/Einwohner:**
310 US-$

### Innenpolitik und Liberalisierung der Wirtschaft

Zur Jahreswende 1993/94 konnte Premiermin. P. V. NARASIMHA RAO einen weiteren Machtzuwachs verbuchen. Zehn oppositionelle Parlamentsabgeordnete der Janata-Dal-Partei schlossen sich der regierenden Kongreßpartei an, die damit 266 der insgesamt 528 Abgeordnetensitze erreichte. Die von RAO nach den Wahlen von 1991 mit 227 Sitzen gebildete Minderheitsreg. verfügt seitdem über eine Mehrheit im Parlament, die es dem Premiermin. erlaubt, die Legislaturperiode bis 1996 unangefochten durchzustehen. Allerdings schwächte der Verlust der Regierungsmehrheit der Kongreßpartei bei Wahlen in drei Bundesstaaten im Dez. seine Position.

Im Sept. sah sich die Reg. mit dem überraschenden Wiederauftreten der →Pest konfrontiert. Am 25. Okt. sah die Weltgesundheitsorganisation (WHO) keine Gefahr mehr und erklärte die Pest für beendet. Nach Angaben des Handelsministeriums verursachte die Epidemie Exportverluste in Höhe von 600 Mio. US-$.

Auf dem Gebiet der Liberalisierung, insbes. auch in bezug auf die Konvertibilität der Rupie, machte I. weitere Fortschritte. Die Wachstumsrate lag bei ca. 6%, v. a. amerikan. und japan. Auslandsinvestitionen nahmen zu. Die ind. Reg. kündigte bei der Vorlage des Staatshaushalts 1994/95 weitere Reformschritte an (u. a. Senkung der Körperschaftsteuer auch für ausländ. Unternehmen, grundlegende Vereinfachung des Steuersystems, weitere Reduzierung der Einfuhrzölle). Das Exportvolumen stieg rasant an, doch der Anteil I.s am Welthandel blieb mit 0,5% noch sehr bescheiden. Im Juli wurde I. für das Fiskaljahr 1994/95 Entwicklungshilfe in Höhe von rd. 6 Mrd. US-$ zugesprochen.

### Der Zankapfel Kaschmir und weitere außenpolitische Aktivitäten

Um das zw. I. und Pakistan geteilte Kaschmir, dessen pakistan. Teil I. zurückfordert, lieferten sich die beiden Länder auch 1994 erbitterte Auseinandersetzungen, so daß ihre Beziehungen Mitte des Jahres einen Tiefpunkt erreichten. Der Kampf gegen Aufständische in Kaschmir und gegen von Pakistan nach Kaschmir eindringende Freischärler, darunter auch frühere afghan. Freiheitskämpfer, beanspruchte I.s Kräfte und war mit einer Aufstockung des Verteidigungsetats verbunden. Neben dem bereits über eine Mio. Soldaten umfassenden Heer (›der Welt größte Armee zu Fuß‹) baute I. seine paramilitär. Einheiten weiter aus.

Der Premiermin. entfaltete 1994 eine rege diplomat. Reisetätigkeit. Er besuchte im Febr. Deutschland, im Mai die USA, Ende Juni Rußland und im Sept. SO-Asien. In den USA, die mit dem Plan eines Einfrierens der Nuklearprogramme zw. I. und Pakistan vermitteln wollten, ging es dem Premiermin. darum, gute Beziehungen zu der Supermacht herzustellen, ohne Zugeständnisse im Hinblick auf die amerikan. Abrüstungsinitiative machen zu müssen. Die weiterhin ungelöste Kaschmir-Frage und das Ausbleiben einer Friedenslösung hinderten I. und Pakistan daran, den Atomwaffensperrvertrag zu unterzeichnen. Von amerikan. Seite wurden v. a. Bedenken gegen die ind. Prithvi-Rakete geäußert, die mit 150–250 km Reichweite speziell für Angriffe auf Pakistan geeignet zu sein scheint. In Rußland ging es um die Privatisierung (durch Versteigerung) der durch frühere Rüstungslieferungen bedingten ind. Schulden und um die weitere Rüstungszusammenarbeit, insbes. auf dem Gebiet der MiG-Kampfflugtechnik.

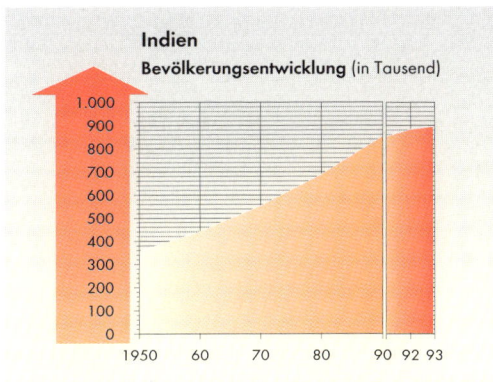

**Indien**

**Bevölkerungsentwicklung** (in Tausend)

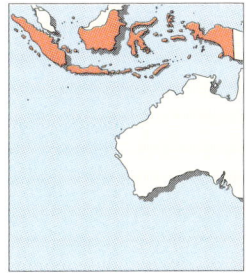

**Indonesien**

**Hauptstadt:** Jakarta
**Einwohner:**
194,6 Mio.
**Einwohner/km²:** 102
**Staatsoberhaupt:**
Suharto
**Regierungschef:**
Suharto
**BSP/Einwohner:**
670 US-$

Arbeiter versprühen DDT in einem Armenviertel der westindischen Stadt Surat, in dem mehrere Pestfälle aufgetreten sind

I., das durch aktiven Vulkanismus, verbunden mit starker Erdbebentätigkeit, gekennzeichnet ist, wurde im Jan. von einem starken Erdbeben in Ost-I., im Febr. vom Ausbruch des Vulkans Semeru im O der Insel Java sowie von einem weiteren starken Erdbeben auf Sumatra, bei dem mehr als 150 Menschen ums Leben kamen, heimgesucht.

Nach Gerüchten um ein vorzeitiges Ende seiner Amtszeit teilte Präs. SUHARTO im Febr. mit, daß er, wie von der Verfassung vorgesehen, bis 1998 im Amt bleiben werde. Der niederländ. Premiermin. RUUD LUBBERS versuchte mit einer offiziellen Visite vier Wochen vor Ende seiner Regierungszeit, die wechselvollen Beziehungen Den Haags zu der früheren Kolonie zu normalisieren.

Streiks und Ausschreitungen von Arbeitern in versch. Städten auf Sumatra, die am 14. April begannen und oft in antichin. Gewaltausbrüche mündeten, wandten sich gegen das wachsende soziale Gefälle im Land, das sich mit dem wirtschaftl. Wachstum laufend vergrößert hatte. Die Protestbewegung forderte eine Erhöhung des Mindestlohns und die Zulassung freier Gewerkschaften.

Die ehem. portugies. Kolonie Ost-Timor stand auch 1994 im Zeichen anhaltender Repression. So gingen am 14. Juli indones. Sicherheitskräfte in der Inselhauptstadt Dili mit Gewalt gegen einige hundert kath. Demonstranten vor, die das Ende der indones. Herrschaft über Ost-Timor verlangten. Der Zwischenfall galt als der schwerste seit dem Massaker in Dili im Nov. 1991 und rief den scharfen Protest Portugals hervor. Mitte Nov. kam es im Vorfeld des in I. stattfindenden Gipfeltreffens der APEC (Abk. für **A**siatic **P**acific **E**conomic **C**ooperation) zu Studentenprotesten in der Provinz Ost-Timor und in Jakarta, wo 29 osttimor. Studenten das Botschaftsgelände der USA besetzten und u. a. ein Treffen mit dem in I. weilenden amerikan. Präs. CLINTON forderten. Dieser appellierte vor dem Hintergrund der Unruhen an Präs. SUHARTO, die Menschenrechte, die in Osttimor laut Amnesty International systematisch verletzt werden, einzuhalten.

**Info-Illustrierte,** neuer Zeitschriftentyp, der Elemente der aktuellen informationsorientierten Nachrichtenmagazine und der unterhaltungsbetonten, reich bebilderten Illustrierten in sich vereint, neben Berichten über Politik, Wirtschaft, Sport, Kultur und Prominenz ebenso Enthüllungsstories, Klatsch, Sex, Lifestyle, Einkauftips usw. beinhaltet und sich an eine jüngere, aufstiegsorientierte Leserschaft wendet. Neu auf den Markt kam Ende Sept. ›Tango‹ (Gruner + Jahr); der Heinrich Bauer Verlag beabsichtigt, ab Frühjahr 1995 das Blatt ›Feuer‹ herauszubringen.

**Infopost,** Massensendungen (u. a. Werbedrucksachen und Kataloge), deren Beförderung liberalisiert wurde. So dürfen ab 1. 1. 1995 private Lizenznehmer Massendrucksachen mit einem Gewicht von mehr als 250 Gramm außerhalb des Postdienstes befördern. In einem zweiten Liberalisierungsschritt Anfang 1996, mit dem sich 1995 noch der neue Regulierungsrat von Bund und Ländern beschäftigen muß, soll die Gewichtsgrenze bis auf 100 Gramm gesenkt werden.

**Inntalunnel:** Mit 12,72 km längster Eisenbahntunnel Österreichs, umfährt die Stadt Innsbruck. Ende Mai in Betrieb genommen, erhöht der I. die Kapazität im Alpentransit und verkürzt die Fahrzeit. Im Tunnelinnern ist bereits der Anschluß für den geplanten Brennerbasistunnel vorbereitet, der künftig einmal den Alpenhauptkamm mit einem rd. 35 km langen Tunnelnebenbau umfahren soll.

**Institut für Wissenschaft und Ethik,** neugegr. Einrichtung in Bonn, die das interdisziplinäre Gespräch zw. den Wiss. und der Ethik fördern und organisieren will. Dem Trägerverein gehören die Univ. Bonn und Essen, die Dt. Forschungsanstalt für Luft- und Raumfahrt sowie das Forschungszentrum Jülich an. Die Vors. des Inst., die Philosophen LUDGER HONNEFELDER (Bonn) und KARL FRIEDRICH GETHMANN (Essen), leiten jeweils eine der beiden Forschungsabteilungen für Bioethik bzw. Naturwiss. und Technik.

**internationale Finanzmärkte:** Die Anfang 1994 an den i. F. gehegten Erwartungen eines Anstiegs des US-Dollar und einer Fortsetzung der Hausse an den europ. Kapitalmärkten erfüllten sich nicht. Das Geschäft war im ersten Quartal durch Umschichtungen gekennzeichnet. Bes. hoch waren die Umsätze mit sog. Finanzderivaten (Terminkontrakte und Optionen), wobei die zugrundeliegenden Anleihemärkte starke Schwankungen aufwiesen, während sich das Volumen der Zinskontrakte im ersten Halbjahr gegenüber dem Vorjahr um 73 % erhöhte.
Auf den Wertpapiermärkten wurde im ersten Quartal ein Rekordwert von 113,8 Mrd. US-$ beim Absatz von Euronotes und internat. Anleihen erzielt; das entspricht auf Jahresbasis einer Zunahme von 23 %. Der Wertpapierumsatz an den Sekundärmärkten erreichte im gleichen Zeitraum einen Höchststand. In der zweiten Jahreshälfte tätigten einige wichtige Bankengruppen Nettoverkäufe von Wertpapieren, nachdem sie im ersten Quartal Nettokäufer gewesen waren. Auf dem Primärmarkt für internat. Anleihen gingen die Ankündigungen in der zweiten Jahreshälfte um 33 % zurück, der Nettoabsatz sogar um 61 %. Im Bankgeschäft schrumpften die Brutto-Forderungen aus den Industrieländern im ersten Quartal um 27 Mrd. DM, weil sich die Positionen im Interbankenmarkt verringerten. Im internat. Kreditgeschäft hielt die Verlagerung von Lateinamerika nach Asien an.

**Internationaler Währungsfonds,** Abk. **IWF:** 1944 wurde mit den Verträgen von Bretton Woods das Fundament für ein neues Weltwährungssystem gelegt. Wenngleich die alte Währungsordnung inzwischen zerbrochen ist, ist doch der umstrittene IWF nicht bedeutungslos geworden, denn mit dem dramat. Wandel in der Weltwirtschaft kamen neue Aufgaben auf den IWF zu: v. a. die Etablierung der Marktwirtschaft in Osteuropa und die Eingliederung der neuen Länder in die internat. Gemeinschaft. So wurden 1994 Bulgarien, Rumänien, die Slowakei und Polen Bereitschaftskredite gewährt. Zugleich wurde Bulgarien und Rumänien eine erste, der Slowakei eine zweite Kredittranche im Rahmen der Systemübergangsfazilität (STF) ausbezahlt. Als erstes Land der ehem. Sowjetunion erhielt Kirgisien einen IWF-Kredit im Rahmen der erweiterten Strukturanpassungsfazilität (ESAF). Den Ländern Rußland, Kasachstan, Litauen und Lettland wurde die zweite Tranche aus der STF zugesprochen.
Auf seiner Washingtoner Tagung Ende Okt. erhöhte der IWF die Kreditobergrenze für normale Beistandskredite. Während der nächsten drei Jahre kann er kreditnehmenden Mitgliedsländern jährlich bis zu 100 % statt bisher 68 % ihrer Mitgliedsquote zur Verfügung stellen. Die maximale Kreditbeanspruchung teilt während dieser Zeit bei 300 % der Mitgliedsquote. Für Rußland könnte sich dadurch der maximal mögl. Kreditbetrag von 4 auf 6 Mrd. US-$ erhöhen.

**Internationales Jahr der Familie:** Im Dez. 1993 erklärte die Generalversammlung der UNO 1994 zum I. J. der F., um damit auf die Bedeutung ›der kleinsten Demokratie im Herzen der Gesellschaft‹, der ›elementaren Einheit menschl. Zusammenlebens‹ aufmerksam zu machen. Politiker sollten damit nicht zuletzt aufgerufen werden, ein familienfreundl. Umfeld zu schaffen bzw. zu erhalten, bei dem v. a. die Belange von Frauen und Kindern berücksichtigt werden (→Familienpolitik).

**Ipsen,** Knut, Jurist und Präs. des Dt. Roten Kreuzes (DRK), *Hamburg 9. 6. 1935. – Der Prof. für Völkerrecht an der Univ. Bochum wurde von der Bundesversammlung des DRK am 11. Nov. zum Präs. und damit zum Nachfolger von BOTHO PRINZ ZU SAYN-WITTGENSTEIN gewählt.
I. studierte nach dem Schulbesuch Jura in Kiel und habilitierte sich 1973 für Öffentl. Recht. 1974 erhielt er einen Ruf auf den Lehrstuhl für Öffentl. Recht (Völkerrecht) an der Univ. Bochum, 1979–89 war er deren Rektor. Ab 1975 war I. Mitgl. versch. dt. Regierungsdelegationen bei UNO-Konferenzen zu Fragen des humanitären Völkerrechts. 1986 be-

stellte ihn das DRK zum Bundeskonventionsbeauf-tragten für die Genfer Konventionen. 1991–93 war I. der Gründungsrektor der Europ. Univ. ›Via-drina‹ in Frankfurt/Oder. Seit 1991 gehört I. auch dem Ständigen Schiedsgerichtshof in Den Haag an.

**IRA,** Abk. für **I**rish **R**epublican **A**rmy, →Nord-irlandkonflikt.

## Irak

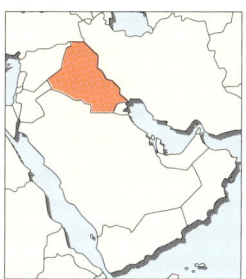

**Hauptstadt:** Bagdad
**Einwohner:** 19,9 Mio.
**Einwohner/km²:** 45
**Staatsoberhaupt:**
Saddam Husain
**Regierungschef:**
Saddam Husain
(seit 30. 5. 1994)
**BSP/Einwohner:**
8 730 US-$

### Saddam Husain unter Druck

Nach der Zustimmung des I. zur langfristigen Inspektion seiner Waffensysteme befürworteten Frankreich, Rußland und China im UNO-Sicher-heitsrat eine Lockerung des Embargos. Die USA und Großbritannien sperrten sich jedoch dagegen, da das Regime die kuwait. Grenze nicht aner-

kannte und die Minderheiten im N und S des Lan-des weiter unterdrückt. Gegen eine Lockerung der Sanktionen machten auch Saudi-Arabien und Ku-wait mobil, die einen Preisverfall auf dem Welt-markt für Rohöl befürchteten, wenn der I. wieder als Exporteur einsteigt. So blieben die Bemühungen des I. zur Aufhebung der Sanktionen letztlich ohne Erfolg; die wirtschaftl. Situation verschlechterte sich noch mehr. Ersatzteilmangel legte weite Berei-che der Industrie lahm. Explodierende Inflations-raten brachten das Währungssystem an den Rand des Ruins. Immer breitere Schichten der Bevölke-rung leiden unter chron. Hunger, Unter- und Fehl-ernährung. Die Verelendung erfaßte auch den Mit-telstand. Devisenmangel führte zur Streichung wei-terer Güter des Grundbedarfs aus den Import-listen. Die Wirtschaftspolitik zielte notgedrungen auf die Erhöhung der Selbstversorgung bei Nah-rungsgütern und auf weitere Privatisierungen. Ende Mai entließ SADDAM HUSAIN den dritten Premiermin. seit 1990 und übernahm das Amt selbst.

### Säbelrasseln

Um der Forderung nach Aufhebung der Sanktio-nen Nachdruck zu verleihen und wohl auch, um ein Ventil für den innenpolit. Druck zu schaffen, setzte SADDAM HUSAIN Anfang Okt. Elitetruppen in Richtung Kuwait in Marsch. Nachdem jedoch der Sicherheitsrat seine Garantien für die Souveränität Kuwaits erneuerte und die USA unverzüglich Flug-zeugträger und Marineinfanterie an den Golf schickten, zog der I. seine Truppen zurück und er-kannte am 10. Nov. die Grenzen Kuwaits an. Dies wurde von der UNO begrüßt, führte aber nicht zur Aufhebung der Sanktionen.

## Iran

**Hauptstadt:** Teheran
**Einwohner:** 63,2 Mio.
**Einwohner/km²:** 38
**Staatsoberhaupt:**
A. A. Rafsandjani
**Regierungschef:**
A. A. Rafsandjani
**BSP/Einwohner:**
2 190 US-$

Irakische Kriegsfreiwillige demonstrieren am 9. Oktober in Bagdad mit Fotos ihres Präsidenten Saddam Husain

### Liberalisierungstempo abgebremst

Vor dem Hintergrund hoher Außenverschuldung und Inflation sowie des Preisverfalls bei Rohöl setzte die Reg. Rafsandjani auf drast. Sparmaßnah-men, Importkürzungen und den weiteren struktu-rellen Umbau der Wirtschaft zur Reduzierung der Abhängigkeit vom Erdöl. Die 1990 eingeleitete wirtschaftl. Liberalisierung geriet unter wachsenden Druck der Islamisten sowie der von den negativen sozialen Folgen wie Inflation, Preisanstieg und Arbeitslosigkeit am stärksten Betroffenen. Es kam zu Streiks und sozial motivierten Unruhen. Angesichts des anhaltenden Währungsverfalls wurde die 1993 erfolgte Vereinheitlichung des Wechselkurses wieder rückgängig gemacht. Korrekturen im Preissystem und Privatisierungsmaßnahmen wurden verlangsamt. Für das Problem der Auslandsverbindlichkeiten konnten Umschuldungsregelungen gefunden werden. Außenwirtschaftlich gewannen Süd-Korea, China, Indien, die Türkei und die neuen Staaten Mittelasiens als Partner an Bedeutung.

### Präsident Rafsandjani unter Druck

Obgleich das System nicht ernsthaft gefährdet wurde – die Opposition blieb angesichts massiver Repressionen und Uneinheitlichkeit schwach – destabilisierten die innenpolit. Konflikte die Zentralmacht. Dies veranlaßte den Präs. (der am 1.Febr. einem Attentat entging) zu Zugeständnissen an radikal- und konservativ-fundamentalist. Kritiker, z.B. in der rigiden Nationalitäten- und Religionspolitik, den Kompetenzerweiterungen für den konservativ-islamist. Innenmin., der Bestätigung des Todesurteils gegen SALMAN RUSHDIE, den Debatten zum Verbot des Satellitenfernsehens und der vehementen Ablehnung des Nahost-Friedensprozesses. Dies stand der vom I. angestrebten internat. Akzeptanz natürlich entgegen und veranlaßte erstmals seit 15 Jahren 134 iran. Schriftsteller im Nov., in einem aufsehenerregenden offenen Brief gegen Zensur, Meinungsunterdrückung und Menschenrechtsverletzungen zu protestieren. Auch mehrere Bombenanschläge, die die Reg. den oppositionellen Volksmudjahedin anlastete, deuten darauf hin, daß der Widerstand gegen die Mullahs wächst.

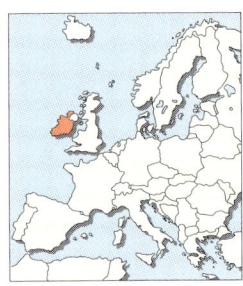

**Hauptstadt:** Dublin
**Einwohner:** 3,6 Mio.
**Einwohner/km²:** 51
**Staatsoberhaupt:**
M. Robinson
**Regierungschef:**
J. Bruton
(seit 15. 12. 1994)
**BSP/Einwohner:**
12 100 US-$

### Innen- und Außenpolitik

Am 16. Nov. zerfiel die Koalitionsreg. aus Fianna Fáil und Labour Party, nachdem die Labour-Party wegen der übereilten Ernennung des als reaktionär angesehenen Generalstaatsanwalts HARRY WHELEHAN zum Präs. des Obersten Gerichts ihre Min.

zurückgezogen hatte. Am 17. Nov. erklärte auch Premiermin. REYNOLDS seinen Rücktritt. Die Nachfolge trat am 15. Dez. JOHN BRUTON an der Spitze einer Koalition aus Fine Gael und Labour Party an.

Nachdem der brit. Premiermin. JOHN MAJOR und der ir. Premiermin. ALBERT REYNOLDS in der Londoner Nordirlanderklärung vom 15.12. 1993 die Sinn Féin, den legalen polit. Arm der IRA, als Gesprächspartner für eine gesamtir. Friedenslösung akzeptiert hatten, war der Weg zu den Waffenstillstandserklärungen der nordir. Konfliktgegner (→Nordirlandkonflikt) gebahnt. Offen blieb jedoch der traditionelle Hauptstreitpunkt zw. der ir. und der brit. Reg., wie nämlich der in der ir. Verfassung verankerte Wiedervereinigungsanspruch und der im ›Government of Ireland Act‹ (1920) formulierte brit. Herrschaftsanspruch über Ulster im Sinne eines Kompromisses gelöst werden können.

### Wirtschaftspolitik

Viel Aufmerksamkeit verdient I. für seine Wirtschaftspolitik der letzten Jahre. Das Bruttosozialprodukt je Kopf liegt nur noch weniger als ein Fünftel unter dem britischen. Das reale gesamtwirtschaftl. Wachstum des Jahres 1994 wurde auf 4,75 % geschätzt. Die Inflation hielt sich mit 2,5 % ebenso wie das Defizit im Staatshaushalt mit 2,7 % des BSP in vertretbaren Grenzen. Die bereits seit Jahren anhaltend hohen Überschüsse in der Zahlungsbilanz lagen etwa bei 8,25 % des BSP. Die große wirtschaftl. Schwäche I.s war auch 1994 die hohe Arbeitslosigkeit von etwa 15 % als Folge des raschen Bevölkerungswachstums.

**Hauptstadt:**
Reykjavik
**Einwohner:** 263 000
**Einwohner/km²:** 3
**Staatsoberhaupt:**
V. Finnbogadóttir
**Regierungschef:**
D. Oddson
**BSP/Einwohner:**
23 670 US-$

Trotz pessimist. Prognosen wies die island. Wirtschaft 1994 eine leichte Tendenz zur Besserung auf. Getragen wurde sie v.a. vom Fischfang und vom Tourismus. Nachdem die Reg. die Fangquote für Kabeljau auf 155 000 t für das Fangjahr 1994/95 festgesetzt hatte, steigerten die Fischer den Fischfang außerhalb der island. Gewässer, v.a. in der Barentssee und vor Neufundland. Die Einbeziehung der Insel in den Vertrag über den Europ. Wirtschaftsraum (EWR) seit Jahresbeginn war insofern belebend, als dadurch die EU-Zollbarrieren stark

Die nach dem Massaker von Hebron ausgebrochenen Unruhen in den von Israel besetzten Gebieten dauern an. In der Stadt Gaza flüchten bei schweren Auseinandersetzungen am 2. März zwei Palästinenser vor israelischen Soldaten

abgebaut wurden. Die Senkung der Zollsätze um rd. 75% entsprach einer Preisentlastung von mehr als 2% des Warenwerts. Das größte wirtschaftspolit. Problem war für die Reg. Oddson der Zwang eines nachhaltigen Abbaus der überdimensionierten Fischereiflotte, da eine sukzessive Verringerung der Fangquoten durch die OECD zu erwarten ist. Bei der pragmat. Steuerreform konnte die Reg. erste Erfolge verbuchen; die Mehrwertsteuer wurde von 24,5% auf 14% gesenkt und der Unternehmensteuersatz durch eine Absenkung von 39% auf 33% ebenfalls ›europagerecht‹ gestaltet. Ein Problem für den Staatshaushalt blieben die Subsidien für die Landwirtschaft, die nur mit 3% zur isländ. Wertschöpfung beitrug, aber mehr als 7% der gesamten Staatsausgaben band. Die Arbeitslosenquote lag weiterhin bei 6%.

Am 17. Juni beging I. feierlich den 50. Jahrestag seiner Unabhängigkeit von Dänemark.

## Israel

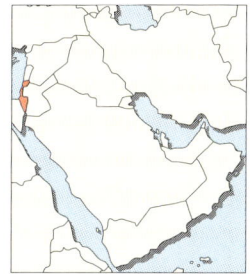

**Hauptstadt:**
Jerusalem
**Einwohner:** 5,4 Mio.
**Einwohner/km²:** 257
**Staatsoberhaupt:**
E. Weizman
**Regierungschef:**
I. Rabin
**BSP/Einwohner:**
13 230 US-$

### Wirtschaft weiterhin optimistisch

Um 16% gestiegene Investitionen, insbes. in der Elektronik- und in der chem. Industrie, Exportsteigerungen, Rückgang der Arbeitslosigkeit auf 7,8%

sowie rd. 40 000 Neueinwanderer sind die wichtigsten Indikatoren der anhaltenden Konjunktur. Die Industrieproduktion wuchs im Jahresdurchschnitt um 8%, ihr um 24% erhöhter Export agierte wesentlich als Motor der Wirtschaftsentwicklung. Die Reg. verabschiedete ein umfangreiches Maßnahmenpaket zur Sicherung des Wirtschaftswachstums. Ungeachtet der zeitweisen Beschäftigung von bis zu 20 000 Gastarbeitern aus Osteuropa und Asien bewirkte die signifikante Reduzierung der Zahl der palästinens. Arbeitskräfte aufgrund der Absperrung der besetzten Gebiete einen markanten Rückgang im Industriebau und beträchtl. Produktions- und Exportausfälle in der Landwirtschaft.

### Gefahr der Radikalisierung

Anschläge radikaler Gegner einer israel.-palästinens. Aussöhnung auf beiden Seiten, Aktionen militanter jüd. Siedler und die Absperrungen der palästinens. Gebiete durch das Militär verschärften die Spannungen. Insbes. das Massaker von →Hebron im Febr., das die palästinens. Attentate von Afula und Hadera (Febr.) nach sich zog, die Entführung

**Einwanderung nach Israel**

Einw.

| | 1989 | 1990 | 1991 | 1992 | 1993 *) |
|---|---|---|---|---|---|
| andere Länder | 35,4% | 5,0% | 14,5% | 14,8% | 12,1% |
| UdSSR bzw. GUS | 64,6% | 95,0% | 85,5% | 85,2% | 87,9% |

■ UdSSR bzw. GUS   □ andere Länder

*) Stand Juli 1993

und Ermordung eines israel. Soldaten und ein Bombenattentat in Tel Aviv durch Mitgl. der radikalen Hamas im Okt. führten zu schweren Unruhen und zur vorübergehenden Stagnation des Friedensprozesses. Mit dem Verbot von Kach und Kahane Chai im März wandte die Reg. das Antiterrorgesetz erstmalig auf jüd. Gruppen an und zeigte damit den Willen, künftig auch gegen Extremisten der eigenen Seite vorzugehen. Sowohl I. als auch die PLO hielten trotz aller Probleme an ihrer Verhandlungsbereitschaft fest. Mit der Verleihung des Friedensnobelpreises 1994 an SHIMON PERES, ITZHAK RABIN und JASIR ARAFAT wurde dies honoriert.

### Die palästinensische Autonomie tritt in Kraft

Die Unterzeichnung des Abkommens über die Realisierung der palästinens. Autonomie im Gazastreifen und Jericho am 4. Mai in Kairo kündigte politisch und wirtschaftlich eine neue Dimension in den Nahost-Beziehungen an. Am 18. Mai schloß die israel. Armee den Rückzug aus den autonomen Gebieten ab, palästinens. Behörden übernahmen die Verwaltung. Am 2. Aug. begann der freie Import palästinens. Waren nach I. Am 29. Aug. unterzeichneten I. und die PLO ein Abkommen über die Ausweitung der palästinens. Autonomie in fünf Bereichen auf das gesamte Westjordanland ab 1. Sept. Weitere Maßnahmen erfolgten auf versch. Gebieten entsprechend der abgeschlossenen Verträge zur Durchsetzung der Autonomie (Freilassung von Gefangenen, Fortsetzung der Wirtschaftsgespräche usw.). Durch die innerpalästinens. Konflikte und die bürgerkriegsähnl. Ausschreitungen im Gazastreifen im Nov. zw. den palästinens. Sicherheitskräften und Anhängern der fundamentalist. Hamas und Dschihad wuchs allerdings in I. die Skepsis, ob der von der PLO dominierte Autonomierat die Situation auf Dauer beherrschen kann.

### Erweiterte Regionalbeziehungen

Die diplomat. Anerkennung durch arab. Länder läßt auf sich warten; lediglich Marokko eröffnete eine Interessenvertretung. Jedoch gab es Signale für ein zunehmendes Interesse an Wirtschaftskontakten mit I. (z. B. wurden Telefonverbindungen mit Tunesien und Jordanien installiert). Der arab. Boykott blieb in Kraft, wurde aber durchlässiger. Durch die ›Hintertür‹ multilateraler Friedensverhandlungen besuchten erstmals offizielle israel. Regierungsvertreter die Golfländer. Mit dem Treffen von MinPräs. RABIN und König HUSAIN von Jordanien, der Unterzeichnung der ›Washingtoner Erklärung‹ am 25. Juli, der Eröffnung des ersten gemeinsamen Grenzübergangs und schließlich mit der Unterzeichnung eines Friedensvertrags am 26. Okt. begann eine neue Ära im Verhältnis beider Länder. Ein Erfolg war auch die Unterzeichnung der ›Deklaration von Casablanca‹ (→Casablanca) in Marokko am 1. Nov., die u. a. eine Vereinbarung über regelmäßige israel.-arab. Wirtschaftsgipfelkonferenzen enthält. Syrien allerdings hält an seiner ablehnenden Haltung gegenüber dem Friedensprozeß fest, solange I. die Golanhöhen nicht räumt.

### Verbesserte Beziehungen zu Österreich

In eine neue Ära traten die Beziehungen zw. I. und Österreich, die in der Zeit der Präsidentschaft KURT WALDHEIMS auf einem Tiefpunkt angelangt waren, durch den ersten Besuch eines österr. Staatsoberhaupts in Jerusalem. Bundespräs. KLESTIL sagte im Nov. bei seiner Rede vor der Knesset, es sei eine Tatsache, daß viele der schlimmsten Helfershelfer der nat.-soz. Herrschaft Österreicher gewesen seien und erkannte damit eine Mitschuld der Donaurepublik an den nat.-soz. Verbrechen an.

## Italien

**Hauptstadt:** Rom
**Einwohner:** 56,9 Mio.
**Einwohner/km²:** 189
**Staatsoberhaupt:**
O. L. Scalfaro
**Regierungschef:**
S. Berlusconi
(seit 11. 5. 1994)
**BSP/Einwohner:**
20 510 US-$

### Der Umbruch des Parteiensystems

Am 13. Jan. bot MinPräs. CARLO CIAMPI seinen Rücktritt an; Präs. OSCAR LUIGI SCALFARO löste daraufhin am 16. Jan. das Parlament auf und schrieb Neuwahlen aus. Statt des erwarteten Kopf-an-Kopf-Rennens zw. den um den postkommunist. Partito Democratico della Sinistra (PDS; dt. Demokrat. Partei der Linken) gescharten Parteien der Linken und den Resten der Christdemokraten kam es jedoch zu einer weitreichenden Umgestaltung des Parteiensystems. Die seit Kriegsende regierende Democrazia Cristiana löste sich am 18. Jan. auf, am 22. Jan. gingen aus ihr der Partito Popolare Italiano (PPI; dt. Italien. Volkspartei) und am 23. Jan. der Centro Democratico Cristiano (CDC; dt. Christl.-Demokrat. Zentrum) hervor.
Überraschend trat am 26. Jan. der Unternehmer SILVIO BERLUSCONI in die Politik ein, der sich früher als Freund des in Abwesenheit angeklagten ehem. sozialist. MinPräs. BETTINO CRAXI bezeichnet hatte. BERLUSCONI versprach dabei seinen Rückzug von der Spitze der vielfach verschachtelten Fininvest-Gruppe, des drittgrößten privaten Unternehmens, und aus seiner politisch umstrittenen Stellung als größter Medienunternehmer des Landes (u. a. drei private Fernsehketten). Zu seinem Programm zählte u. a. die Senkung der Steuerlast und der Staatsquote, um damit 1 Mio. neue Arbeitsplätze zu schaffen.
Wegen des neuen Wahlgesetzes von 1993, das weitgehend die direkte Mehrheitswahl in kleinen Wahlkreisen vorsieht, verband BERLUSCONI seine

rechtsorientierte, seit Sept. 1993 vorbereitete und binnen kurzem in 13 000 Clubs organisierte Bewegung Forza Italia mit der im industrialisierten N starken föderalist. und autonomist. Lega Nord von UMBERTO BOSSI und der im S starken Alleanza Nazionale (am 22. Jan. v. a. aus den Neofaschisten gebildet) von GIANFRANCO FINI zum Wahlbündnis Polo della libertà (dt. Pol der Freiheit). Die konkurrierenden Parteienbündnisse der Linken (Progressisten unter Führung des PDS von ACHILLE OCCHETTO) und der Mitte (PPI unter MINO MARTINAZZOLI und Patto per l'Italia [dt. Pakt für Italien] von MARIO SEGNI) unterlagen bei den Wahlen am 27./28. März.

In der neuen Abgeordnetenkammer (630 Mitgl.) stehen den 366 Abgeordneten von BERLUSCONIS Bündnis 213 Progressisten und 46 der Mitte gegenüber; im neuen Senat (315 gewählte Mitgl.) dagegen stützt sich BERLUSCONI nur auf 156 Senatoren gegenüber 122 Progressisten und 31 der Mitte.

Die Regierungsbildung verzögerte sich wegen weitreichender bündnisinterner Differenzen bis zum 11. Mai; unter den 26 Min. des Kabinetts Berlusconi gehören sechs der Lega Nord und fünf der Alleanza Nazionale an, darunter aber nicht die Parteiführer BOSSI und FINI. Der Amtswechsel von CIAMPI zu BERLUSCONI bedeutete den Bruch mit der Nachkriegstradition einer führenden polit. Rolle der Christdemokraten; die Ernennung auch

Am 15. April tritt die neue italienische Abgeordnetenkammer zur konstituierenden Sitzung zusammen. Vor ihrer Wahl zur Parlamentspräsidentin diskutiert Irene Pivetti (Lega Nord) mit ihrem Parteichef Umberto Bossi (links) und Silvio Berlusconi (rechts)

neofaschist. Min. führte zu distanzierenden Äußerungen u. a. des Europ. Parlaments und des frz. Präs. MITTERRAND.

Bei den Europawahlen im Juni wiederholte v. a. Berlusconis Forza Italia ihren Wahlerfolg, als sie allein 30,6 % der Stimmen erzielte; die Alleanza Nazionale kam auf 12,5 % und die Lega Nord auf 6,6 %; unter den Oppositionsparteien erreichten der PDS noch 19,1 % und der PPI nur 10,0 %.

## Schwieriges Regieren: Korruptionsvorwürfe und Großdemonstrationen

Eine schwere Regierungskrise entzündete sich im Juli, als MinPräs. BERLUSCONI wegen eines Dekrets, das für 1 800 der Korruption Verdächtige die Untersuchungshaft aufhob, von seinem Stellv. und Innenmin. ROBERTO MARONI (Lega Nord) heftig angegriffen wurde; das Dekret wurde schließlich als verfassungswidrig zurückgenommen. Der Korruptionsverdacht gegen BERLUSCONIS Fininvest-Gruppe führte am 27. Juli zur Verhaftung seines Bruders PAOLO. Am 21. Nov. wurden auch gegen MinPräs. BERLUSCONI staatsanwaltl. Untersuchungen wegen des Verdachts der Bestechung eingeleitet. Am 13. Dez. vernahm ihn die Staatsanwaltschaft erstmals zur Sache. BERLUSCONI trat schließlich am 22. Dez. zurück, nachdem Vertrauensabstimmungen im Parlament zu scheitern drohten. Die von BERLUSCONI angestrebten Neuwahlen lehnte Staatspräs. SCALFARO ab.

Ausbleibende oder verzögerte Reformen, der immer wieder nur angekündigte, aber nicht vollzogene Rückzug BERLUSCONIS aus seiner Fininvest-Gruppe und die Regierungspläne zur Konsolidierung des Haushalts riefen in der Bevölkerung Unzufriedenheit hervor. BERLUSCONIS Absicht, den Staatshaushalt auf Kosten der Renten und Pensionen zu konsolidieren, führte zu Demonstrationen in den Großstädten und schließlich am 14. Okt. zu einem ersten Generalstreik. BERLUSCONI konnte im Nov. den Haushalt nur in Verbindung mit der

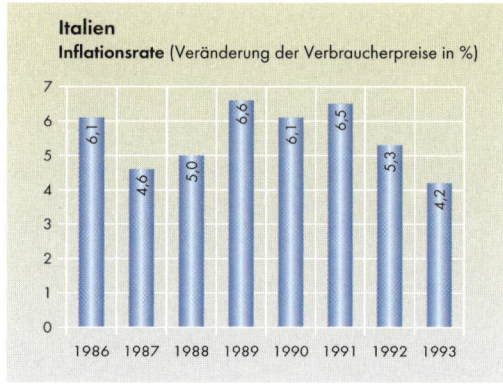

**Italien**
**Inflationsrate** (Veränderung der Verbraucherpreise in %)

| Jahr | Wert |
|------|------|
| 1986 | 6,1 |
| 1987 | 4,6 |
| 1988 | 5,0 |
| 1989 | 6,6 |
| 1990 | 6,1 |
| 1991 | 6,5 |
| 1992 | 5,3 |
| 1993 | 4,2 |

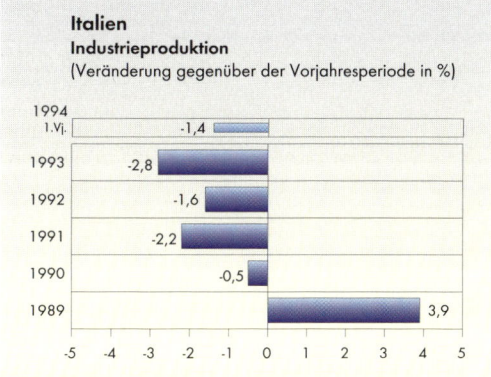

**Italien**
**Industrieproduktion**
(Veränderung gegenüber der Vorjahresperiode in %)

| Jahr | Wert |
|------|------|
| 1994 1. Vj. | -1,4 |
| 1993 | -2,8 |
| 1992 | -1,6 |
| 1991 | -2,2 |
| 1990 | -0,5 |
| 1989 | 3,9 |

Vertrauensfrage im Parlament durchbringen. Die Kommunalwahlen im Nov./Dez. verlor die Regierungskoalition.

### Außenpolitik und Außenwirtschaft

MinPräs. BERLUSCONI war vom 8.–10. Juli Gastgeber des Weltwirtschaftsgipfels in Neapel, an dessen polit. Beratungen erstmals Rußland als gleichberechtigter Partner teilnahm. Ab 21. Nov. fand ebenfalls in Neapel die UNO-Gipfelkonferenz zur Bekämpfung des organisierten Verbrechens statt.

Dank ihrer gesteigerten Exporte, v. a. in Schwellenländer, konnte die italien. Wirtschaft für 1993 erstmals wieder einen Handelsbilanzüberschuß erzielen. Allerdings stieg die Staatsquote auch 1993 weiter auf 57,2 % (1992: 55,8 %) an.

## ITALIEN

### Italiens Erneuerung der Politik: Selbstreinigung oder Selbsttäuschung?

Das Jahr 1994 sollte das Jahr der vollzogenen ›Wende‹ werden, der Start einer neuen Epoche, nachdem die alte, fast 50 Jahre währende Nachkriegsperiode eher unrühmlich mit gigantischen Korruptionsaffären zu Ende gegangen war. Die alten Führungsschichten waren – zumeist über spektakuläre Strafverfahren – in Pension geschickt worden, alles schien bereit für eine Neugestaltung von Staat und Gesellschaft. Eine ›Zweite Republik‹ sollte die Anfälligkeiten der ›Ersten Republik‹ beseitigen, von der Instabilität der Regierungen über die Mängel der öffentlichen Dienstleistungen (Gesundheits-, Transport-, Fernmelde-, Rentenwesen) bis zur Überalterung der Bürokratie und der staatlichen Einrichtungen. Bessere Bedingungen für die Wirtschaft, mehr Sicherheit für die Bürger versprachen alle, die nun auf die Besetzung wichtiger Positionen hofften.

Von alledem war Ende des Jahres wenig zu erkennen – und doch ist die Veränderung im Lande deutlich; sie geht allerdings in eine ganz andere Richtung als erwartet: Nicht ein – für Italien erstmaliger – Wechsel zur bisherigen Opposition, der Linken also, trat mit den Parlamentswahlen am 27./28. März 1994 ein, sondern etwas, das noch wenige Wochen zuvor als undenkbar erschienen war: Mit einem Mal gab es auf dem alten Kontinent wieder eine Regierung, in der erklärte Anhänger des Faschismus saßen.

### Die politische Wende

Noch bei den Teilwahlen zu den Kommunalparlamenten Mitte 1993 schien alles ganz anders zu laufen: Mit satten Mehrheiten hatte der aus dem ehemaligen Partito Comunista Italiano (PCI, Kommunistische Partei Italiens) hervorgegangene Partito Democratico della Sinistra (PDS; Demokratische Partei der Linken) im Verbund mit anderen linken oder linksliberalen Gruppen (Rifondazione Comunista [Kommunistische Neugründung], Grüne, die aus dem einst industrienahen Partito Repubblicano Italiano [Republikanische Partei] abgespaltene Alleanza Democratica [Demokratische Allianz] sowie die Antikorruptionsbewegung La Rete [›Das Netz‹]) Bürgermeister- und Stadtratsposten erobert und die bisherigen Mehrheitsparteien (Christdemokraten und Sozialisten) auf nur noch wenige Prozent reduziert. Doch im Dezember 1993 kam es erstmals zu gewaltigen Überraschungen bei weiteren Kommunal- und Regionalwahlen: Nur noch mit größter Mühe gelang es der vereinigten Linken, ihre Kandidaten durchzubringen – aber nicht etwa gegen die herkömmlichen konservativen Kräfte, sondern gegen die äußerste Rechte. In einigen der größten Städte des Landes, Rom und Neapel insbesondere, kamen die Neofaschisten des Movimento Sociale Italiano-Destra Nazionale (MSI-DN; Italienische Sozialbewegung/Nationale Rechte) auf mehr als 40 %, in zahlreichen Provinzhauptstädten wurden ihre Kandidaten zu Bürgermeistern gewählt.

Mächtigen Auftrieb hatte dieser äußersten Rechten gegeben, daß sich einer der wichtigsten Wirtschaftsführer des Landes, SILVIO BERLUSCONI, öffentlich zugunsten des jungen Führers der Neofaschisten, GIANFRANCO FINI, geäußert hatte. Wenig später, Anfang 1994, stieg BERLUSCONI selbst mit einer neuen Formation ein, die er ›Forza Italia‹ nannte. BERLUSCONI kontrolliert mit seiner Superholding Fininvest nicht nur das gesamte Privatfernsehen Italiens, sondern ist auch Eigner zahlreicher Bau- und Immobilienfirmen, Handelsketten und Großkaufhäuser sowie von Bücher- und Zeitschriftenverlagen. Sein Einstieg in die Politik geschah dabei nicht unbedingt aus gesellschaftlichem Erneuerungsantrieb heraus: Ihm waren vielmehr im Gefolge der Schmiergeldaffären seine politischen Tutoren in Rom abhanden gekommen, vor allem der langjährige Chef des Partito Socialista Italiano (PSI; Sozialistische Partei) und ehemalige Regierungschef BETTINO CRAXI, der BERLUSCONI mehrfach durch Sonderdekrete vor dem Ruin bewahrt hatte. Da sich keine der nun im Rennen befindlichen Parteien hinreichend disponibel und gleichzeitig entsprechend stark zeigte, BERLUSCONI weiterhin Schutz angedeihen zu lassen, blieb dem Unternehmer Anfang 1994 nur die Gründung einer eigenen Formation und der persönliche Einstieg in die politische Arena. ›Forza Italia‹ (Vorwärts Italien) hieß die neue Bewegung, die nach Art der Fußballfanclubs des von ihm betriebenen AC Milan aufgebaut war und die ihre Mitarbeiter auch vorwiegend in diesem Ambiente rekrutierte.

Medienzar Silvio Berlusconi wirbt auf einer Wahlveranstaltung im Februar für die von ihm gegründete Bewegung ›Forza Italia‹

Der mit allen Mitteln des Fernsehherrschers und Milliardärs geführte Wahlkampf war am Ende erfolgreich: Bei den Parlamentswahlen vom 27. und 28. März 1994 wurde die Forza Italia trotz eines widersprüchlichen Wahlbündnisses mit dem zentralistischen MSI-DN (durch Monarchisten und einige Parteilose zur ›Alleanza Nazionale‹ erweitert) und der auf Auflösung des zentralistischen Staates zugunsten einer lockeren Föderation von Regionen ausgerichteten Lega Nord (die nur in Norditalien kandidiert) zur stärksten Partei. Sie bekam 21,1 % und lag damit knapp vor den Linksdemokraten mit 20,4 %. Zusammen mit den nun auf 13,4 % (von vormals knapp 7 %) gewachsenen Neofaschisten und der bei 8,4 % angelangten Lega Nord sowie einigen Splittergruppen (Centro Democratico Cristiano [CDC, Christl.-Demokrat. Zentrum] und Liste Pannella) übertraf das Berlusconi-Bündnis die Vereinigte Linke (›Progressiver Pool‹) um mehr als 15 %, so daß auch eine – theoretisch mögliche – Verbindung mit den moderaten Kräften der ehemaligen Christdemokraten (Partito Popolare Italiano [PPI, Italien. Volkspartei] und Patto per l'Italia [Pakt für Italien], zusammen 14 %) nicht zur Mehrheit gereicht hätte. Das neue Wahlrecht, bei dem der Kandidat mit der einfachen Mehrheit gewinnt, hatte überdies die Berlusconi-Formation aufgrund ihrer populistischen Kandidatenauswahl stark begünstigt, so daß die Koalition im Abgeordnetenhaus am Ende über mehr als hundert Abgeordnete (von 538) Mehrheit verfügte. Im Senat hatte es dazu allerdings nicht gereicht: Hier blieben die Parteien um BERLUSCONI vier Sitze unter der absolu-

ten Mehrheit. Zur Regierungsbildung reichte es trotzdem, weil einige Senatoren der moderaten Parteien durch Stimmenthaltung oder Abwesenheit bei der Wahl des Ministerpräsidenten mithalfen.

### Neue Kräfte – alte Politik

Mit der Einrichtung der Regierung Berlusconi verband die Mehrheit der Wähler Italiens die Hoffnung auf eine effiziente, nicht mehr nach der Logik der Parteien und des politischen Machterhalts, sondern an unternehmerischen Prinzipien ausgerichtete Administration: ein starker Regierungschef, neue Köpfe, neue Ideen. Schon bei der Regierungsbildung zeigte sich jedoch, daß alle drei Elemente nicht hielten.

Zunächst erwies sich schon bald der ›starke‹ Mann als so stark auch wieder nicht; die Formierung des Kabinetts zog sich über Wochen hin, das Programm bestand fast nur aus Ausklammerungen der wichtigsten Themen wie Gesundheits- und Steuerreform, Neuordnung des Rentenwesens und Beseitigung der Arbeitslosigkeit. Zu mächtig waren nicht nur die Dissonanzen zwischen den Neofaschisten und der Lega Nord, sondern auch zwischen BERLUSCONIS eigener Bewegung und den Partnern: Forza Italia bestand vornehmlich aus ehemaligen Managern und Imagebildnern der Fininvest-Holding, allesamt am großunternehmerischen Denken geschult und weitgehend unzugänglich für die Probleme von Bauern und Mittelständlern (die Klientel der Alleanza Nazionale) und für regionale Partikularinteressen, wie sie die oberitalienische Ligen-Bewegung vorangetrieben hatte. Wenngleich Neofaschistenchef GIANFRANCO FINI mit brillanter Rhetorik BERLUSCONI als treuer Paladin zur Seite stand, brachten doch auch die Rechtsextremisten den Regierungschef immer wieder in Bedrängnis, so etwa mit einer von BERLUSCONI nur mit Mühe wieder unterdrückten Debatte um eine Novellierung der liberalen Abtreibungsgesetze oder über eine politische Kontrolle der angesehenen Zentralbank und schließlich auch mit harten Angriffen auf unmittelbare Nachbarstaaten wie Slowenien und Kroatien wegen der Istrienfrage. Die Folge waren nahezu wöchentlich wiederkehrende schwere Reibereien im Kabinett, häufiger aber noch Schlagabtausche in den Medien. Bereits Mitte 1994 mußte BERLUSCONI genau zu jenem Verhalten zurückkehren, das er am ›alten Regime‹ am heftigsten kritisiert hatte: Statt die Entscheidungen dort zu treffen, wo die Verfassung sie vorsieht, im Kabinett, mußte er sich vor jedem wichtigen Schritt

Der Autor:
Werner Raith, geb.1940. Studierte Mathematik, Physik und Philosophie, Lehrtätigkeiten an den Universitäten München und Palermo. Lebt seit Ende der 1970er Jahre als freier Publizist und Italienkorrespondent bei Rom

Italienischer Saubermann

von den (nicht dem Kabinett angehörenden) Vorsitzenden seiner Koalitionspartner das Plazet holen. Tat er dies nicht, annullierten die Alliierten die Entscheidung umgehend.

Auch die ›neuen‹ Köpfe erwiesen sich bei genauem Hinsehen als nicht unbedingt neu. Sechs von 25 Ministern waren schon in der ›Ersten Republik‹ relativ hohe politische Entscheidungsträger gewesen, und bei den Staatssekretären überwogen gar die Leute, die schadlos aus dem alten Regime herübergewechselt hatten. Oft handelte es sich um enge Vertraute der früheren Regenten, etwa des siebenmaligen christdemokratischen Ministerpräsidenten GIULIO ANDREOTTI (inzwischen wegen Verdachts mafioser Bandenbildung und Anstiftung zum Mord vor Gericht) oder des Sozialistenchefs BETTINO CRAXI (in mehr als 30 Fällen wegen Korruption angeklagt). Der Versuch, gleich zu Beginn der Regierungszeit weitere hochrangige Vertreter der alten Garden wieder hoffähig zu machen, schlug allerdings fehl: Ein Dekret, das die Möglichkeit der Untersuchungshaft bei politischer Korruption verbot und damit die schmählich im Gefängnis gelandeten Politiker triumphal wieder in Freiheit geholt hätte, mußte nach einem Millionenprotest der Bürger zurückgenommen werden.

Daß mit einer vor allem aus Höflingen und vom alten System kompromittierten Wendehälsen bestehenden Regierungsmannschaft keine neue Politik möglich war, schien absehbar. Die Frage war, ob BERLUSCONI diese auch wirklich wollte. Vorrangiges Ziel, das ergibt sich sowohl aus seinen Maßnahmen wie seinen Unterlassungen, war ihm von Anfang an die Sanierung seiner eigenen Interessen, speziell durch gesetzliche Gängelung des staatlichen Fernsehens RAI zugunsten seiner eigenen Sender Italia 1, Rete 4 und Canale 5.

### Wirtschaftliche und gesellschaftliche Konsequenzen

Der deutlichste Negativaspekt der Regierung Berlusconi zeigt sich im Mangel durchschlagender neuer Ideen, vor allem auf wirtschaftlichem und sozialem Gebiet. Daß BERLUSCONI schon aufgrund seiner Herkunft und seiner Interessen ganz allgemein nicht gerade eine unternehmerfeindliche Haltung fahren werde, galt als ausgemacht – dennoch kommen gerade aus der Wirtschaft die bösesten Enttäuschungen.

Das rührt zum Teil daher, daß sich BERLUSCONI an jenen rächt, die ihm nicht sofort nach seinem Start in die Politik volle Rückendeckung gegeben haben – dazu gehören alte Wirtschaftskapitäne wie der FIAT-Eigner GIANNI AGNELLI, aber auch Aufsteiger wie Olivetti-Chef CARLO DE BENEDETTI. So strich er zum Beispiel die bereits abgemachte Förderung umweltfreundlicher Autos, auf die FIAT seit zwei Jahren setzt, und reduzierte die staatlichen Fördergelder für High-Tech-Entwicklungen, die besonders im Olivetti-Konzern gebraucht werden, um bei der immer stärkeren internationalen Konkurrenz mitzuhalten. Konsequenz: Der Wirtschaftsaufschwung, den alle Industriestaaten seit dem Ende der weltweiten Rezession spüren, macht sich in Italien allenfalls sektoral bemerkbar (etwa im Bau- oder Medienbereich), bleibt aber im Ganzen hinter der globalen Entwicklung zurück. Derlei wirkt sich dann immer wieder auf die Kreditwürdigkeit und die Lira-Stabilität aus.

Über eine Million Italiener demonstrieren am 12. November gegen die Sparpolitik der Regierung, insbesondere gegen die geplanten Einschnitte beim Rentensystem

BERLUSCONI suchte den Währungsverfall durch eine rigorose Haushaltspolitik zu stoppen. Doch auch hier geriet alles zum Gegenteil: Weil er sich beim Abbau des bei weit über einer Billion DM liegenden Schuldenberges vor allem an den Renten und Hilfsgeldern für die Schwächsten vergriff, mobilisierten sich erstmals seit zwei Jahrzehnten wieder Millionen Arbeiter, Angestellte, Bauern und Pensionäre. Mehr als 15 Millionen Menschen legten am 14. Oktober die Arbeit nieder; am 12. November kamen über 1,25 Millionen Menschen zur größten europäischen Demonstration der Nachkriegsgeschichte in Rom zusammen – und dies, obwohl Überschwemmungen in Oberitalien Zehntausende am Kommen gehindert hatten. Trotzig zog BERLUSCONI seine Sparmaßnahmen mit Hilfe von Vertrauensabstimmungen weiter durch.

Die Auswirkungen für die Glaubwürdigkeit der Regierungsmaßnahmen waren katastrophal: Statt an eine Stabilisierung durch einen ausgewogenen Haushalt zu glauben, erwartet das Ausland und insbesondere die Wirtschaft anlegerstarker Nationen für Italien immer mehr wirtschaftslähmende soziale Auseinandersetzungen. Ende 1994 wurde bereits offen über eine ›Nach-Berlusconi-Zeit‹ spekuliert – auch innerhalb der eigenen Partei des Regierungschefs.

### Rechtsruck in der Kultur

Dennoch blieb BERLUSCONI in Umfragen weithin bei den Werten der Märzwahl, auch wenn sich regierungsintern die Gewichte etwas verschoben. Daß sich hier nur wenig verändert, hängt auch mit einer eigenartigen Wende auf einem anderen Gebiet zusammen – dem der Kultur. Mehr noch als im Volk herrscht hier ein weitgehend demokratieabstinentes Verhalten – man biedert sich denen an, die die Macht haben.

Mit frappanter Geschwindigkeit hat sich ein ansehnlicher Teil der intellektuellen Elite wie auch der Alltagsunterhalter der neuen Rechten zugewandt. Ehemals eindeutig der Linken zugeordnete Philosophen wie der neue venezianische Bürgermeister MASSIMO CACCIARI treffen sich mittlerweile schon häufiger mit ihren rechtsradikalen Pendents denn mit ehemaligen Genossen, CACCIARIS Kollegen GIANNI VATTIMO oder SALVATORE VECA rühmen die ›einende Kraft des Nationalen‹. Modedesigner wie LAURA BIAGIOTTI werben für Forza Italia, berühmte Entertainer wie ADRIANO CELENTANO oder Sänger wie JOVANOTTI haben plötzlich Lieder gegen Randgruppen und ›Andersartige‹ im Programm.

Skurrilerweise versucht die neue Kultur-Rechte jedoch gerade ihr eigenes Markenzeichen abzustreifen, die Bezeichnung ›Rechts‹. Zu sehr scheint ihnen das Wort für Willkür und Diktatur, für Faschismus und Gewalt zu stehen, während ›Links‹ trotz der historischen Folgenlosigkeit allseits noch immer große Projekte und humane Gesellschaftsformen beschwört. So wollen sich die Neofaschisten inzwischen lieber als Postfaschisten bezeichnet sehen, die moderaten Teile der Alleanza Nazionale

bevorzugen den Namen Neukonservative, BERLUSCONI möchte gar nur eine Farbbezeichnung für seine Gefolgsleute zulassen: ›Azzurri‹, die Blauen, so wie die italienischen Nationalmannschaften genannt werden.

Weniger als befürchtet scheint sich jedoch die unverhüllte Machtergreifung der neuen Regierung im öffentlich-rechtlichen System auf die Meinung der Bürger auszuwirken. Obwohl BERLUSCONI und seine Alliierten bereits seit dem Frühsommer faktisch alle landesweit ausstrahlenden Sender kontrollieren, ist ihnen eine Konditionierung der öffentlichen Meinung bisher nicht gelungen: Als die Regierung das Dekret zur Freilassung Korruptionsverdächtiger erließ, überschwemmten Hunderttausende von Faxbriefen die Redaktionen und Parteizentralen, obwohl die Medien die Sache weitgehend unter der Decke zu halten versucht hatten, und beim Generalstreik im Oktober und November mobilisierten sich die Massen trotz eines wahren Trommelfeuers der Regierungsmedien gegen den Ausstand. Diese Resistenz ist auf eine angestammte italienische Spezialität zurückzuführen, die auf keinen Fall auf ähnliche Vorgänge im Ausland übertragbar ist: Schon aus Tradition glauben Italiener – dies bestätigen alle Meinungsumfragen – regierungsamtlichen Verlautbarungen niemals; bereits in den 1980er Jahren hielt nur ein Drittel der Bürger das für korrekt, was die Fernsehnachrichten ausstrahlten; mittlerweile ist die Glaubwürdigkeit der elektronischen Medien auf nicht einmal mehr 25 % geschmolzen.

Auch wenn sich G. Fini, der Chef der Alleanza Nazionale, immer wieder von neofaschistischen Straßentrupps distanziert, sind sie in der Öffentlichkeit präsent: Am 15. Mai ziehen sie durch Vizenza

### Reaktionen des Auslandes

Eher gespalten stellt sich die Haltung des Auslandes gegenüber der neuen Regierung dar. Gleich zu Beginn hatten einzelne Regierungen – wie die norwegische – oder einflußreiche Minister – etwa in Belgien – einen absoluten Boykott neofaschistischer Amtskollegen verkündet.

Davon ist nicht viel geblieben: Der Chef der Alleanza Nazionale, FINI, hat mit einer schlauen Strategie die Haupthindernisse für eine langsame Anerkennung der ›demokratischen Wende‹ beiseite geräumt: Seine Parteimitglieder sind zu absoluter Friedfertigkeit verdonnert, selbst verbale Ausfälle und gar tätliche Angriffe – wie im Oktober anläßlich der Diskussion um die Machtergreifung der Rechten im Fernsehen – tadelt er scharf, MUSSOLINI stellt er als ›historisch überwunden‹ dar und besucht Grabstätten von Opfern des Faschismus; auch Israel versuchte FINI mit dem Versprechen einer Entschädigung der von Libyens Staatschef GADDHAFI 1980 aus dem Land gejagten italienischen Juden zu gewinnen.

Dennoch gilt die Regierung Berlusconi inzwischen den anderen Europäern mehr und mehr als Störenfried. Mit ANTONIO MARTINO ist ein erklärter Europakritiker ins Amt des Außenministers gekommen, der entschieden Nachbesserungen und Neuverhandlungen für bereits geltende Verträge fordert. Gleichzeitig sucht Italien immer stärkeren Einfluß im Mittelmeergebiet und insbesondere auf dem Balkan. Besonders hartnäckig betreibt es die Blockadepolitik gegenüber einem – von sonst allen Staaten der EU gewünschten – Beitritt Sloweniens und Kroatiens zur Europäischen Union mit der Begründung, die Frage der Reparationen für die aus Istrien vertriebenen Italiener sei nicht geregelt. In Brüssel macht sich die Sorge breit, die italienische Regierung wolle mangels innenpolitischer Erfolge neuen Konsens durch außenpolitische Aggressivität erreichen – was sich als Sprengsatz für die Zukunft der gesamten Union erweisen könnte.

## J

### Jamaika

**Hauptstadt:**
Kingston
**Einwohner:** 2,5 Mio.
**Einwohner/km²:** 227
**Staatsoberhaupt:**
Elisabeth II.
**Regierungschef:**
P. J. Patterson
**BSP/Einwohner:**
1 340 US-$

### Japan

**Hauptstadt:** Tokio
**Einwohner:** 125 Mio.
**Einwohner/km²:** 331
**Staatsoberhaupt:**
Akihito
**Regierungschef:**
T. Murayama
(seit 29. 6. 1994)
**BSP/Einwohner:**
28 220 US-$

### Mehrfacher Regierungswechsel

Nach nur achtmonatiger Amtszeit trat Premiermin. MORIHIRO HOSOKAWA am 9. April zurück. HOSOKAWA war über eine Spendenaffäre aus den 1980er Jahren gestolpert und somit Opfer seiner eigenen Maßstäbe einer ›sauberen Politik‹ geworden. Sein Nachfolger wurde TSUTOMU HATA, der in der Reg.

Hosokawa das Amt des Außenmin. bekleidet hatte und nun eine Minderheitsreg. bildete. Die wichtigsten Vorhaben HOSOKAWAS, eine Wahlgesetzreform sowie Maßnahmen zur Bekämpfung der Korruption, wurden am 29. Jan. im zweiten Anlauf vom Oberhaus gebilligt (das Unterhaus hatte das Reformpaket schon Ende 1993 passiert). HOSOKAWA, der der Neuen Japan. Partei (NJP) angehört, mußte jedoch weitgehende Zugeständnisse an die oppositionelle Liberaldemokrat. Partei (LDP) machen. Als Nutznießer der Wahlreformen, die am 25. Dez. in Kraft traten, galt v. a. die LDP, die als größte polit. Partei J.s von dem Übergewicht der 300 Direktmandate über die 200 Listenmandate profitieren wird. Mit dem Wahlrecht eng verbunden ist das Problem der Korruption, die sog. ›Wahlkreispflege‹. Im ursprüngl. Reformentwurf war ein generelles Verbot von Spenden an Einzelpersonen vorgesehen; das nun verabschiedete Paket beinhaltet zwar Obergrenzen pro Jahr und Spender, aber jeder Politiker darf unbegrenzt Spenden annehmen, sofern er sie anzeigt. Der ›Sumpf der Korruption‹ dürfte so kaum auszutrocknen sein. HOSOKAWAS Nachfolger HATA von der Shinseito (Erneuerungspartei) blieb nur 59 Tage im Amt. Am 25. Juni kam er mit seiner Rücktrittserklärung einem Mißtrauensantrag der LDP zuvor. Auch innerhalb der Bevölkerung hatte sich die Reg. Hata keiner großen Beliebtheit erfreut: Umfragen zufolge unterstützten im Mai nur 47 % der Befragten das Kabinett.

Der neue Regierungschef TOMIICHI MURAYAMA von der Sozialdemokrat. Partei (SDP) steht einer Koalition vor, die sich aus Liberaldemokraten, Sozialdemokraten und der Partei der neuen Initiative (Sakigake), einer Abspaltung von der LDP, zusammensetzt. Stellvertretender MinPräs. und Außenmin. wurde der LDP-Vors. YOHEI KONO, auf dessen strateg. Geschick sowohl die Aufweichung der Reformpolitik HOSOKAWAS als auch die Rückkehr der LDP in die Reg. zurückzuführen ist.

Einen innenpolit. Skandal löste die Behauptung des Justizmin. SHIGETO NAGANO aus, in der dieser das

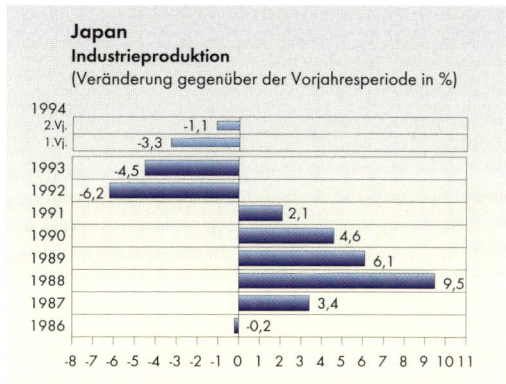

**Japan
Industrieproduktion**
(Veränderung gegenüber der Vorjahresperiode in %)

| Jahr | Wert |
|---|---|
| 1994 2.Vj. | -1,1 |
| 1994 1.Vj. | -3,3 |
| 1993 | -4,5 |
| 1992 | -6,2 |
| 1991 | 2,1 |
| 1990 | 4,6 |
| 1989 | 6,1 |
| 1988 | 9,5 |
| 1987 | 3,4 |
| 1986 | -0,2 |

-8 -7 -6 -5 -4 -3 -2 -1 0 1 2 3 4 5 6 7 8 9 10 11

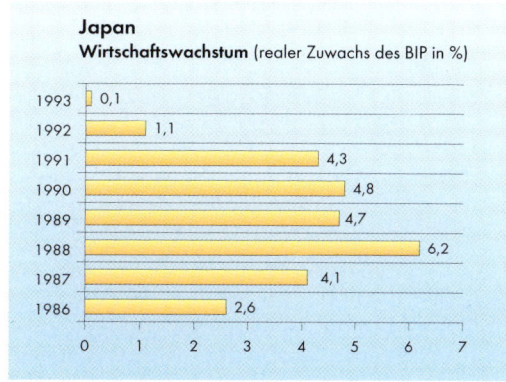

**Japan
Wirtschaftswachstum** (realer Zuwachs des BIP in %)

| Jahr | Wert |
|---|---|
| 1993 | 0,1 |
| 1992 | 1,1 |
| 1991 | 4,3 |
| 1990 | 4,8 |
| 1989 | 4,7 |
| 1988 | 6,2 |
| 1987 | 4,1 |
| 1986 | 2,6 |

0 1 2 3 4 5 6 7

von japan. Truppen 1937 im chin. Nanking verübte Massaker leugnete. Empörung im In- und Ausland bewog NAGANO, am 8. Mai zurückzutreten.

Die von Ex-Premier HATA geführte Erneuerungspartei trat der am 10. Dez. gegr. Neuen Fortschrittspartei (NFP) bei, zu der sich außer den Kommunisten fast alle Oppositionsparteien zusammenschlossen.

### Wirtschaftliche Erholung trotz Handelsstreit mit den USA

J. verzeichnete 1994 eine allmähl. Konjunkturbelebung, denn sowohl in der Industrieproduktion als auch in der Inlandsnachfrage waren deutl. Zeichen für eine Erholung spürbar. Maßgeblich für die Rückbildung des positiven Saldos im Außenhandel war der kräftige, deutlich über der Ausweitung der Exporte liegende Anstieg der Importe. Im Sept. wurde für das Gesamtjahr mit einem realen Wirtschaftswachstum von 1 bis 1,5% gerechnet.

Die Handelsbeziehungen zw. J. und den USA erfuhren allerdings eine Verschärfung. Dafür sorgte, anläßlich eines Besuchs im Febr. in Washington, MinPräs. HOSOKAWAS klares ›Nein‹ zu amerikan. Forderungen, den japan. Markt stärker für Importe

zu öffnen. Das amerikan. Defizit im Handel mit J. betrug 1993 immerhin 60,4 Mrd. US-$ . Die starre Haltung J.s in dieser Frage veranlaßte Präs. CLINTON, am 3. März die sog. Super-301-Klausel des amerikan. Handelsrechts in Kraft zu setzen, die es dem Präs. ermöglicht, gegen Partnerländer Strafsanktionen zu verhängen. Zu dem befürchteten Handelskrieg zw. den beiden weltweit größten Industrienationen kam es jedoch aufgrund der engen wechselseitigen wirtschaftl. Verflechtungen letztlich nicht. So wurden, wie die amerikan. Reg. Ende April mitteilte, vorerst keine Sanktionen gegen J. verhängt, um den Reformprozeß nicht zu stören und keine antiamerikan. Stimmung zu provozieren. Washington gewährte Tokio bis Ende Sept. Zeit zum Einlenken. Anfang Okt. konnte dann schließlich der Handelsstreit mit dem Abschluß des japan.-amerikan. Handelsabkommens, das japan. Zugeständnisse an die amerikan Reg. beinhaltet, beigelegt werden.

Anfang Sept. wurde in der Osaka-Bay der neue internationale Kansai-Flughafen eingeweiht, dessen Fertigstellung siebeneinhalb Jahre Bauzeit in Anspruch nahm. Die Anlage befindet sich auf einer künstl. Insel von 510 ha Größe.

Der am 4. September eröffnete Kansai International Airport von Osaka gilt als der modernste, aber auch teuerste Flughafen Japans. Schneller als zuvor berechnet sinkt die künstlich angelegte Insel ab, was die Kosten in die Höhe treibt

Am 7. August beginnt der sechstägige
Welt-AIDS-Kongreß in Yokohama, an dem
über 11 000 Gäste aus rund 130 Ländern
teilnehmen. Auf dem Pflaster ausgebreitete
Stepparbeiten erinnern an die Opfer
der Immunschwächekrankheit

### Außenpolitik im Zeichen von Sicherheits-
### interessen

Angesichts Nord-Koreas Weigerung, Inspektionen
an den Atomanlagen des Landes durch die Internat. Atomenergiebehörde durchführen zu lassen –
im Falle eines militär. Konflikts auf der korean.
Halbinsel würde auch J. nicht unbehelligt bleiben –
mahnte MinPräs. HOSOKAWA bei seinen Gesprächen mit der chin. Führung im März an, Peking
möge seinen Einfluß auf P'yŏngyang geltend machen. Eine große japan. Tageszeitung meldete Anfang Juni, J. sei ›auf den Notstand vorbereitet‹. Zuvor hatte der nordkorean. Botschafter in China ge-
droht, sein Land werde Sanktionen als eine Kriegs-
erklärung auffassen. Folgerichtig bezeichnete das
japan. Verteidigungsweißbuch, das am 15. Juli in
Tokio vorgestellt wurde, Nord-Korea als größte Bedrohung J.s im ostasiat. Raum. Aber auch die politisch instabile Lage Rußlands gibt nach Meinung
des Weißbuchs Anlaß zur Beunruhigung. Dies bezieht sich v. a. auf die Anwesenheit der russ. Streit-

Südjemenitische Einheiten beschießen am 6. Juni
Stellungen der nordjemenitischen Truppen bei
Aden, um deren Vormarsch aufzuhalten

kräfte im Fernen Osten. Von Bedeutung war auch
der Besuch des japan. Kaiserpaares im Juni in den
USA. Kurz zuvor hatte die japan. Reg. beschlossen, das Protokoll zu ändern und den geplanten Besuch auf Pearl Habour abzusagen; sie beugte sich
damit dem innenpolit. Druck von rechts.

## Jemen

**Hauptstadt:** Sanaa
**Einwohner:** 13 Mio.
**Einwohner/km²:** 25
**Staatsoberhaupt:**
A. A. Saleh
**Regierungschef:**
H. Abu Bakr al-Attas
**BSP/Einwohner:**
540 US-$

Die 1990 vollzogene Wiedervereinigung des kon-
servativ-islam. N mit dem sozialistisch orientierten
S erwies sich trotz der Wahl eines gemeinsamen
Parlaments und der Bildung einer Koalitionsreg.
als instabil. V. a. im militär., wirtschaftl. und sozialen Bereich dauerte die Trennung beider Landesteile fort. Massenarbeitslosigkeit, Inflation und
Devisenmangel beeinträchtigten bes. die Lebens-
lage der Bevölkerung im S, zumal das Vorhaben,
Aden zur Finanz-, Wirtschafts- und Handelsmetro-
pole zu machen, scheiterte. Nach der Aufnahme
der Ölförderung in den Lagerstätten Hadramauts
forderte die polit. Elite des S unter Führung von
Vizepräs. AL-BAIDH eine Dezentralisierung v. a. bei
der Verteilung der Einkommen aus dem Erdöl.
Die ökonom. Krise eskalierte zur polit.; es kam zu
Mordanschlägen auf Politiker, Stammesfehden,
schließlich zur Einstellung der Tätigkeit der Vertreter des S in der gemeinsamen Reg. Versöhnungs-
versuche unter Vermittlung arab. Staaten schlugen
fehl. Militär. Auseinandersetzungen zw. Truppenteilen des N und des S leiteten Ende April den Bürgerkrieg ein. Am 21. Mai erklärte der S die Sezes-
sion und seine Unabhängigkeit, wobei er Unterstützung (jedoch keine staatliche Anerkennung) von
Saudi-Arabien, Kuwait, Oman und den Vereinigten
Arab. Emiraten erhielt. Präs. SALEH setzte auf eine
militär. Lösung des Konflikts; die Truppen des N
rückten in den folgenden Wochen unter für den N
verlustreichen Kämpfen auf Aden vor und nahmen
es am 7. Juli ein. AL-BAIDH und seine Anhänger
flüchteten nach Saudi-Arabien und Oman. Damit
endete der dreimonatige Bruderkrieg, der ca.
15 000 Todesopfer gefordert hatte. Präs. SALEH
kündigte eine Generalamnestie an und prokla-
mierte ein Kabinett der nat. Versöhnung. Nachdem
das Parlament am 28. Sept. eine neue islam. Verfassung gebilligt hatte, wählte es SALEH am 2. Okt. für
fünf Jahre zum Staatspräsidenten.

## Jordanien

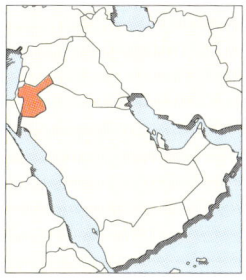

**Hauptstadt:** Amman
**Einwohner:** 4,4 Mio.
**Einwohner/km²:** 45
**Staatsoberhaupt:**
Husain II.
**Regierungschef:**
A. as S. al-Majali
**BSP/Einwohner:**
1 120 US-$

### Frieden mit Israel

Um nach den israel.-palästinens. Abkommen seine Marginalisierung in Nahost zu vermeiden, wagte J. den Alleingang und nahm am 18. Juli offiziell Gespräche mit Israel auf (inoffiziell hatten sich Spitzenpolitiker beider Länder in den vergangenen Jahrzehnten mehrfach zu vertraul. Gesprächen getroffen). Am 25. Juli beendeten MinPräs. ITZHAK RABIN und König HUSAIN mit der von der Muslimbruderschaft und den Palästinensern im jordan. Parlament kritisierten ›Washingtoner Erklärung‹, die die Vorstufe zu einem Friedensabkommen darstellte, nach 46 Jahren den Kriegszustand zw. ihren Ländern. Am 8. Aug. wurden der erste gemeinsame Grenzübergang für Touristen eröffnet und eine Te-

In Anwesenheit des amerikanischen Außenministers Warren Christopher übergeben Jordaniens Kronprinz Hasan (rechts) und Israels Minsterpräsident Itzhak Rabin den neuen Grenzübergang Arava bei Eilat seiner Bestimmung

lefonverbindung eingerichtet, am 16. Aug. ein Wirtschaftsabkommeń paraphiert. Expertenkommissionen setzten ihre Gespräche über Kernprobleme (Wasser, Grenze, Sicherheit, Wirtschaft) fort und einigten sich bereits Anfang Okt. über die gemeinsame Grenze und die Wasserverteilung, so daß einem Friedensabkommen nichts mehr im Weg stand. Dieses wurde am 17. Okt. von König HUSAIN

und MinPräs. RABIN in Amman paraphiert und am 26. Okt. in Anwesenheit des amerikan. Präs. CLINTON in der Oase Ein Evrona bei Eilat von den beiden Regierungschefs feierlich unterzeichnet. Ende Nov. ernannte König HUSAIN den Sprecher der jordan. Delegation bei den Friedensverhandlungen, MARWAN MUASCHIR, zum Botschafter in Israel, Anfang Dez. wurde die diplomat. Vertretung J.s in Tel Aviv eröffnet.

## Jugoslawien

**Hauptstadt:** Belgrad
**Einwohner:** 10,5 Mio.
**Einwohner/km²:** 102
**Staatsoberhaupt:**
Z. Lilić
**Regierungschef:**
M. Marjanović
(seit 15. 3. 1994)
**BSP/Einwohner:** -

### Währungsreform und wirtschaftliche Lage

Am 24. Jan. führte die jugoslaw. Nationalbank eine radikale Währungsreform durch und brachte den ›Super-Dinar‹ heraus, der im Verhältnis 1 : 1 an die Deutsche Mark gekoppelt wurde. Anfang März teilte die Reg. mit, die Hyperinflation von zuletzt 313 Mio. % sei besiegt. Gleichzeitig verlautete, daß das jugoslaw. BIP 1993 im Vergleich zu 1992 um 30 %, die Industrieproduktion um 37,4 % und die Realeinkommen um 61 % gesunken seien. Die anhaltende Verarmung immer größerer Teile der Bevölkerung infolge der finanziellen Belastungen durch den Krieg in Bosnien und Herzegowina und der UNO-Sanktionen gegen J. konnte allerdings auch durch die drast. Währungsreform nicht aufgehalten werden.

### Innenpolitische Lage

Die Innenpolitik des aus Serbien und Montenegro bestehenden Rest-J. war auch 1994 vom Konflikt um Bosnien und Herzegowina geprägt. Am 24. Jan. trat das am 19. 12. 1993 neugewählte serb. Parlament zu seiner konstituierenden Sitzung zusammen. Die Regierungsbildung gestaltete sich schwierig, da die Sozialist. Partei Serbiens (SPS) des serb. Präs. SLOBODAN MILOŠEVIĆ nur 123 von 250 Sitzen errungen hatte. Die vier Parteien und zwei Koalitionen der Opposition waren weder bereit, mit der SPS gemeinsam eine Reg. zu bilden, noch konnten sie sich untereinander einigen. 11 der 45 Abg. der Serb. Erneuerungsbewegung (SPO) waren Mitte Jan. aus Protest gegen den selbstherrl. Führungsstil ihres Vors. VUK DRAŠKOVIĆ aus der Partei ausgetreten. In der Demokrat. Partei (DS) brachen gleichfalls Machtkämpfe aus, so daß MILOŠEvić die Opposition erfolgreich gegeneinander ausspielen konnte.

Am 22. Febr. beauftragte MILOŠEVIĆ den Wirtschaftswissenschaftler MIRKO MARJANOVIĆ mit der Regierungsbildung. Dieser stellte am 15. März sein Kabinett vor, das sich aus Mitgl. der SPS, parteilosen Experten, zwei ehemaligen Mitgl. der DS und dem Vertreter einer kleinen Gruppe (Neue Demokratie) zusammensetzte. Angesichts der Zerstrittenheit und Kraftlosigkeit der Opposition sowie der sehr gemischt zusammengesetzten Reg. behielt MILOŠEVIĆ die Fäden der Politik Serbiens wie Rest-J.s insgesamt in seiner Hand. Die Opposition erwies sich weiterhin als unfähig, eine klare Alternative zur nationalist. Politik MILOŠEVIĆS zu formulieren. Als der Führer der 1993 noch mit MILOŠEVIĆ verbündeten chauvinist. Serb. Radikalen Partei, VOJISLAV ŠEŠELJ, den Präs. ab Mitte des Jahres wegen dessen Bosnienpolitik als ›größten Verbrecher‹ in Rest-J. attackierte, wurde er von diesem im Frühherbst mühelos kaltgestellt und vorübergehend inhaftiert.

Auf der Suche nach Wasser wandern serbische Lkw-Fahrer am 5. August die 2,5 km lange Fahrzeugschlange ab, die bei Raca an der geschlossenen Grenze zwischen Serbien und dem durch die bosnischen Serben kontrollierten Gebiet wartet. Um wirtschaftlichen Druck auszuüben, hat Rest-Jugoslawien tags zuvor die politischen und wirtschaftlichen Beziehungen zu den bosnischen Serben abgebrochen

Die Lage in den mehrheitlich von Muslimen bewohnten Teilen Serbiens, im Kosovo und im Sandschak Novi Pazar, blieb dank massiver Repression des Regimes das ganze Jahr über in angespannter Ruhe. Ende Jan. begann in Novi Pazar ein Prozeß gegen 25 Muslime, denen vorgeworfen wurde, einen bewaffneten Aufstand mit dem Ziel einer Abspaltung des Sandschaks von J. vorbereitet zu haben. Einen Monat später verurteilte ein Gericht in Priština 17 junge Kosovo-Albaner zu hohen Haftstrafen, weil sie geplant hätten, die territoriale Integrität Serbiens bzw. J.s gewaltsam zu zerstören. Weitere Prozesse folgten. Die Reg. in Belgrad lehnte am 8. März die Entsendung einer KSZE-Mission in die von Muslimen bewohnten Gebiete

ab. Eine Woche später warnte der alban. Präs. BERISHA vor einem ›neuen Balkankrieg‹ im Kosovo.

## Miloševićs außenpolitische Kurskorrektur

Rest-J. blieb auch den größten Teil des Jahres 1994 außenpolitisch isoliert. MILOŠEVIĆS Versuche, die Isolation durch eine im Jan. mit der kroat. Reg. verabredete Normalisierung der Beziehungen sowie durch Verbesserung des Verhältnisses zu Slowenien und Ungarn zu durchbrechen, brachten angesichts der vielen ungelösten Probleme keine wesentl. Erfolge. Nur Griechenland betrieb nach wie vor eine proserb. bzw. projugoslaw. Politik und geriet damit seinerseits in Isolation. Die erhoffte Unterstützung Rußlands, die von der dortigen nationalist. Opposition nachdrücklich befürwortet wurde, fiel bei weitem nicht so vorbehaltlos aus, wie die Scharfmacher in Belgrad erwartet hatten. Weder Präs. JELZIN noch die russ. Diplomaten waren bereit, sich vor den Karren einer großserb. Politik spannen zu lassen.

Diese Erfahrung mag es gewesen sein, die MILOŠEVIĆ veranlaßte, die bosn. Serben zur Annahme des internat. Friedensplans vom 5. Juli zu drängen (→Bosnien und Herzegowina). Als der bosn. Serbenführer KARADŽIĆ sich weigerte, dem Drängen aus Belgrad zu folgen, kam es zu einem offenen Konflikt zw. ihm und MILOŠEVIĆ. Am 4. Aug. schloß Rest-J. seine Grenzen zu Bosnien und Herzegowina. Da das Ausland die Ernsthaftigkeit der Maßnahme bezweifelte und die UNO die Lockerung der Sanktionen gegen Rest-J. von einer internat. Überwachung der jugoslaw.-bosn. Grenze abhängig machte, stimmte MILOŠEVIĆ Mitte Sept. der Stationierung von Grenzbeobachtern zu. Daraufhin leitete der Weltsicherheitsrat mit der Öffnung des Flughafens von Belgrad Anfang Oktober eine erste Lockerung der Sanktionen ein. Das jugoslaw. Embargo gegen die bosn. Serben stieß bei der Opposition im Belgrader Parlament auf scharfe Kritik, und auch die Bischöfe der serb.-orthodoxen Kirche verurteilten die Blockade gegen die Landsleute jenseits der Drina.

**Jupiter:** Vom 16.–22. Juli schlugen die Trümmer des zerbrochenen Kometen Shoemaker-Levy 9 auf dem zu diesem Zeitpunkt 770 Mio. km von der Erde entfernten Gasplaneten ein und boten eines der außergewöhnlichsten jemals beobachteten astronom. Naturschauspiele. 20 große Fragmente von je rd. 0,5–2 km Durchmesser stürzten nacheinander – in Abständen von 3–14 Stunden und mit einer Geschwindigkeit von 60 km/s – bei 44° südl. Breite auf der erdabgewandten Seite in die J.-Atmosphäre, so daß sie nur durch die Raumsonde Galileo direkt beobachtet werden konnten. Die Planetenrotation brachte die Einschlagstellen dann auf die erdzugewandte Seite, wo sie auch von ird. Observatorien sowie dem Hubble-Weltraumteleskop erfaßt wurden. Die nach den Trefferfolgen A bis W genannten Fragmente erzeugten in der Atmosphäre riesige, helle ›Feuerbälle‹ aus extrem heißem Gas und Staub (bis 30 000 °C), deren Größe bis zu 2000 km Höhe und 30000 km Durchmesser betrug. Als Folge breiteten sich außerdem heftige Stoßwellen in Form dunkler Ringe um die Einschlagstellen aus. Die Masse aller Fragmente betrug etwa 500 Mio. t, ihre Gesamtenergie entsprach der Sprengkraft von 40 Mio. Mt TNT. An Molekülen, die aus dem Kometenkern stammen oder durch chem. Reaktionen entstanden sind, konnten z. B. Kohlenmonoxid, Schwefelkohlenstoff und Blausäure spektroskopisch nachgewiesen werden.

Der Komet Shoemaker-Levy 9 wurde am 24. 3. 1993 von den amerikan. Astronomen CAROLYN und EUGENE SHOEMAKER und DAVID LEVY am Mount-Palomar-Observatorium bei San Diego entdeckt, als er bereits in mehrere Teile zerborsten war und sich auf Kollisionskurs mit J. befand. Berechnungen ergaben, daß der Komet von J. in einem langellipt. Orbit eingefangen und vermutlich 1992 bei einer Annäherung an den Planeten durch dessen Gravitationswirkung zerstört worden war.

**K** ▬▬▬▬

## Kambodscha

**Hauptstadt:** Phnom Penh
**Einwohner:** 9 Mio.
**Einwohner/km²:** 50
**Staatsoberhaupt:** N. Sihanouk
**Regierungschef:** N. Ranariddh und Hun Sen
**BSP/Einwohner:** 200 US-$

### ›Marshallplan‹ und Wechsel im Finanzministerium

Auf der Konferenz für den Wiederaufbau K.s, die im März in Tokio stattfand und an der Vertreter von rd. 40 Staaten und internat. Organisationen teilnahmen, forderte König NORODOM SIHANOUK einen neuen ›Marshallplan‹ für sein Land (u. a. zur Wiederinstandsetzung der Infrastruktur, Entwicklung der Landwirtschaft und Minenräumung), und die Hauptgeberländer Japan, Frankreich und die USA kündigten für 1994 Hilfen in Höhe von 170 Mio. US-$ an. Finanzmin. SAM RAINSY, der für eine entschlossene wirtschaftl. Liberalisierung eingetreten und gegen Korruption und marode Staatsfirmen vorgegangen war, wurde im Okt. entlassen. Nachfolger wurde KIET CHON.

### Regierungstruppen und Rote Khmer

Auch das Jahr 1994 war bestimmt von den Kämpfen zw. kambodschan. Regierungstruppen und den kommunist. Rebellen der Roten Khmer. Eine Anfang des Jahres gestartete großangelegte militär.

Die Bruchstücke des Kometen Shoemaker-Levy 9 schlagen im Juli in die Jupiteratmosphäre ein und bieten ein spektakuläres astronomisches Schauspiel. Im Bild eine Infrarotaufnahme des 3,5 m-Teleskops am Calar-Alto-Observatorium in Spanien, das die Einschlagstellen der sogenannten Q-Fragmente am 20. Juli zeigt

Offensive der kambodschan. Regierungstruppen gegen Stützpunkte der Roten Khmer ließ die Reg. in Phnom Penh in arge Bedrängnis geraten. Die kambodschan. Reg. verstärkte dabei ihre Truppenpräsenz an der Grenze zum Nachbarland Thailand, dem K. vorwirft, den Roten Khmer Zuflucht zu bieten. Die Kämpfe zw. Guerillaverbänden und Einheiten der königl. Armee im NW K.s wurden von Militärbeobachtern als die schwersten seit dem Abzug der vietnames. Besatzungstruppen 1989 aus diesem Gebiet bezeichnet. Zwar konnten die Regierungstruppen im Februar und März zwei wichtige Lager der Freischärler nahe der thailänd. Grenze einnehmen, diese mußten sie jedoch schon kurz danach unter dem Ansturm der Rebellen wieder zurückgeben. Der an Krebs erkrankte König SIHANOUK bemühte sich unermüdlich um Verhandlungen zw. der Reg. in Phnom Penh und den Roten Khmer und verlangte darüber hinaus eine Einbindung der Freischärler in die Regierungsverantwortung und Integration der bewaffneten Verbände in die nat. Armee. Dies lehnten die beiden MinPräs. K.s, Prinz RANARIDDH und HUN SEN ab. Die auf Einladung des kambodschan. Königs vereinbarten Friedensgespräche zw. den verfeindeten Bürgerkriegsseiten (2.–7. Mai) platzten, da die Gegner sich nicht auf einen Waffenstillstand einigen konnten und die Rebellen ein solches Treffen auf neutralem Boden verlangten. Das Bürgerkriegschaos in K. dauerte an; Mitte Mai setzten Kämpfer der Roten Khmer ihre militär. Offensive fort und lieferten sich um die Einnahme der strategisch wichtigen Stadt Mongkol Borey 300 km nordwestlich von Phnom Penh Artilleriegefechte mit den Regierungstruppen.

Anfang Januar erwarten Regierungstruppen im Nordwesten Kambodschas den Angriffsbefehl an der Frontlinie zu Gebieten, die von den Roten Khmer kontrolliert werden

### Putschversuch, Verbot der kommunistischen Rebellenorganisation, Tod der westlichen Geiseln

Nach dem Scheitern einer abermaligen Friedensinitiative des Königs Mitte Juni wurden die Vertreter der Roten Khmer aus Phnom Penh ausgewiesen. Ein Putschversuch unter Anführung zweier ehem. Min. in der Nacht zum 2. Juli scheiterte; die anschließenden Verhaftungen sowie die Schließung des Flughafens heizten die innenpolit. Krise an. Der wegen der Putschbeteiligung in Abwesenheit zu 20 Jahren Haft verurteilte ehem. Innenmin. SIN SONG wurde Wochen später in Bangkok festgenommen. Am 7. Juli verbot die Nationalversammlung mit sofortiger Wirkung und ohne Gegenstimme die Rebellenorganisation; dieses Verbot war der erste klare Bruch zw. dem König, der das Gesetz ablehnte, und der Regierung. Die Roten Khmer gaben daraufhin am 11. Juli die Bildung einer provisor. Reg. mit Sitz in der Nordprovinz Preah Vihear bekannt.

Am 1. Nov. wurde von MinPräs. HUN SEN der Tod der drei bei einem Zugüberfall am 26. Juli entführten westl. Touristen (ein Brite, ein Franzose und ein Australier) bestätigt. Mitte Nov. gaben die Roten Khmer nach anfängl. Leugnen die Tat zu.

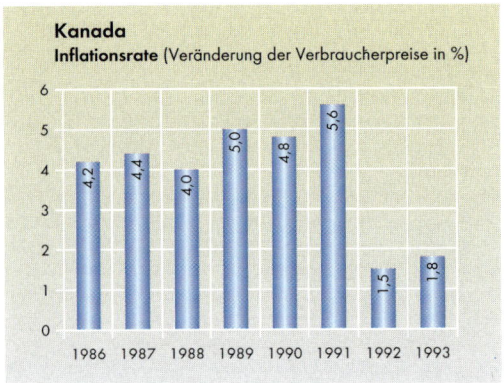

**Kanada**
**Inflationsrate** (Veränderung der Verbraucherpreise in %)

| 1986 | 1987 | 1988 | 1989 | 1990 | 1991 | 1992 | 1993 |
|------|------|------|------|------|------|------|------|
| 4,2 | 4,4 | 4,0 | 5,0 | 4,8 | 5,6 | 1,5 | 1,8 |

**Kamerun**

**Hauptstadt:** Yaoundé
**Einwohner:** 12,6 Mio.
**Einwohner/km²:** 26
**Staatsoberhaupt:**
P. Biya
**Regierungschef:**
S. Achidi Achu
**BSP/Einwohner:**
820 US-$

Der im Dez. 1993 neu entflammte Grenzstreit mit Nigeria um die ölreiche Region Bakassi wurde trotz der Schlichtungsbemühungen Frankreichs und versch. afrikan. Staaten nicht beigelegt; K. rief daraufhin den Internat. Gerichtshof in Den Haag an. Die Auseinandersetzungen mit der Opposition um Demokratisierung und Dezentralisierung verschärften sich; angekündigte Kommunalwahlen wurden verschoben. – Durch den Konsolidierungshaushalt für 1994/95 gewann K. das Vertrauen der internat. Kreditgeber zurück.

**Kanada**

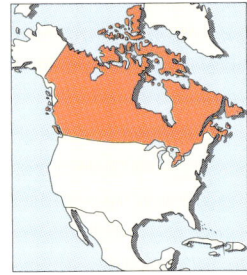

**Hauptstadt:** Ottawa
**Einwohner:** 27,8 Mio.
**Einwohner/km²:** 3
**Staatsoberhaupt:**
Elisabeth II.
**Regierungschef:**
J. Chrétien
**BSP/Einwohner:**
20 320 US-$

### Wirtschaft und Finanzen

In der durch den Generalgouverneur verlesenen Thronrede verkündete Premiermin. JEAN CHRÉTIEN am 19. Jan. sein Regierungsprogramm: Im Mittelpunkt standen die Wiederherstellung der Vertrauenswürdigkeit des polit. Systems (u. a. Einrichtung eines Regierungsberaters für eth. Fragen, Begrenzung des Lobbyismus) und die Förderung des Wirtschaftswachstums. Ende Jan. leitete die Reg. ein Infrastrukturreformprogramm ein, das in enger Zusammenarbeit mit den Prov. und Gemeinden kleinen und mittleren Betrieben Strukturhilfen bei der Schaffung neuer Arbeitsplätze gewähren soll. Angesichts der Verschuldung von Bund und Prov., die die Marke von 100 % des BIP erreicht hat, steht die Gesundung der Finanzen auf der Prioritätenliste ganz oben, zumal die Staatsverschuldung das hohe Niveau der sozialen Vorsorgeeinrichtungen bedroht. Angesichts der bedrängten Lage der Staatsfinanzen reduzierte die Reg. den Militärhaushalt, begründete dies jedoch gleichzeitig mit der veränderten Bedrohungslage nach dem Ende des Ost-West-Konflikts.

Am 12. September gewinnt Jacques Parizeau, im Bild mit seiner Frau Lisette Lapointe, vom separatistischen Parti Québécois die Wahlen in der kanadischen Provinz Quebec. Als Premierminister strebt er eine Volksabstimmung über die Unabhängigkeit Quebecs an

### Wahlsieg der Separatisten in Quebec

Mit dem Sieg des separatistisch eingestellten ›Parti Québécois‹ (PQ) bei den Wahlen in der Provinz Quebec am 12. Sept. trieb die Frage eines eventuellen Ausscheidens dieser Provinz aus dem kanad. Staatsverband einem neuen Höhepunkt zu. Von den 125 Parlamentssitzen gewann der PQ 77, die Liberalen (PLC), die seit 1985 die Provinz regierten, erhielten 47 Sitze. Neuer Premiermin. Quebecs wurde JACQUES PARIZEAU, der Vors. des PQ. Er kündigte für 1995 eine Volksabstimmung über die Zugehörigkeit der Provinz Quebec zur kanad. Föderation an. Der nunmehr in der Opposition stehende PLC setzt sich in der Verfassungsfrage für den Verbleib der Provinz im kanad. Staatsverband ein.

### Autonomierechte der Ureinwohner

In seiner Regierungserklärung sicherte Premiermin. CHRÉTIEN den Ureinwohnern des Landes (Indianer, Metis und Inuits) ein ›inhärentes Recht auf Autonomie‹ zu. Unter Beibehaltung der von der brit. Krone überkommenen treuhänder. Verantwortung gegenüber allen Ureinwohnern will die Reg. das Indianerministerium auflösen sowie administrative Verantwortung an die neu zu schaffenden autonomen Strukturen übergeben. Schwierigkeiten bereiten jedoch nicht nur die vielschichtigen Spannungen zw. den aus Europa stammenden Einwohnern und den Ureinwohnern, sondern auch die Interessengegensätze zw. einzelnen Indianerstämmen.

**Kanaltunnel,** der →Eurotunnel.

**Hauptstadt:** Praia
**Einwohner:** 395 000
**Einwohner/km²:** 98
**Staatsoberhaupt:** A. Mascarenhas Monteiro
**Regierungschef:** C. A. W. de Carvalho Veiga
**BSP/Einwohner:** 850 US-$

Das polit. Leben wurde durch den Machtkampf in der regierenden Bewegung für Demokratie (MPD) gelähmt. Auf einem außerordentl. Parteikongreß im Febr. führte die Bestätigung der auf Liberalisierung und Privatisierung ausgerichteten Position von MinPräs. CARLOS DE CARVALHO VEIGA zu einer Spaltung der Partei.

**Hauptstadt:** Almaty (Alma-Ata)
**Einwohner:** 17,2 Mio.
**Einwohner/km²:** 6
**Staatsoberhaupt:** N. Nasarbajew
**Regierungschef:** A. Kaschegeldin (seit 12. 10. 1994)
**BSP/Einwohner:** 1 680 US-$

### Verschlechterung der Wirtschaftslage

Die wirtschaftl. Kurskorrektur zugunsten verstärkter staatl. Kontrolle in allen Wirtschaftsbereichen konnte die Inflation (1993: 2 240 %), die Arbeitslosigkeit (Febr. 1994: offiziell 43 000 Personen), den Produktionsstillstand (1 194 Betriebe) und die Verschuldung (Rußland gegenüber allein 1,25 Mrd. US-$) nicht abbauen. Die hohe Gewinnbesteuerung von 90 %, neue Preisfixierungen und staatlich verfügte oberste Gewinnmargen verliehen dem Schwarzmarkt weiteren Auftrieb.

### Innenpolitik

Bei den ersten Parlamentswahlen seit Erlangung der Unabhängigkeit am 7. März konnte die erst im Febr. gegr. ›Union der Volkseintracht K.s‹ die meisten der 176 Sitze erringen: 30 Vertreter der Union wurden über Direktmandate gewählt, 42 zogen über eine von Staatspräs. NURSULTAN NASARBAJEW dekretierte ›staatl. Liste‹ ins Parlament. 23 Mandate gingen an oppositionelle Parteien (davon

Das Erdbeben am 17. Januar in Kalifornien fordert zahlreiche Opfer und verursacht große Schäden. Beim Einsturz einer Autobrücke auf den Santa-Monica-Highway kommt ein Polizist ums Leben

acht an die Sozialist. Partei). Der Bund der Gewerkschaften errang 11 Sitze; 60 Mandate verteilten sich auf parteilose Kandidaten, v.a. Wissenschaftler, Journalisten und Unternehmer. Unter den gewählten Abgeordneten gehören 71 nicht zur kasach. Titularnation (darunter 49 Russen, 10 Ukrainer, drei Deutsche).

Differenzen in der Wirtschaftspolitik führten am 11. Okt. zum Rücktritt der Reg. unter SERGEJ TERESCHTSCHENKO, dem Präs. NASARBAJEW vorgeworfen hatte, die Reformen gingen nicht zügig genug voran. Einen Tag später wurde AKESCHAN KASCHEGELDIN zum neuen MinPräs. gewählt.

### Atomare Abrüstung und Wirtschaftshilfe

Für die Verschrottung bzw. den Abtransport der 104 in K. stationierten Interkontinentalraketen mit je zehn atomaren Sprengköpfen erhob K. u.a. finanzielle Forderungen gegenüber westl. Staaten. Hilfszusagen der USA erhöhten sich beim Staatsbesuch NASARBAJEWS in Washington (14./15. Febr.) auf 85 Mio. US-$ Abrüstungs- und 311 Mio. US-$ Wirtschaftshilfe. Zugleich wurde eine Zusammenarbeit bei der Erschließung der auf 35 Mrd. Barrel geschätzten Erdöl- und Erdgasvorkommen vereinbart. Ende Mai trat K. als 19. Land der NATO-Initiative Partnerschaft für den Frieden bei.

Mit Rußland, dem Hauptpartner K.s, wurden vom 27. bis 30. März wichtige Aspekte der strateg., militärtechn., sozialökonom., wiss. und kulturellen Zusammenarbeit vertraglich fixiert: Die Raumstation Baikonur wurde für die nächsten zwanzig Jahre für 115 Mio. US-$ jährlich verpachtet, gleichzeitig wurden Kompensationen für Umweltschäden in Semipalatinsk, dem größten Atomtestgelände der Sowjetunion, und ein gemeinsames Entscheidungsrecht des russ. und des kasach. Präs. über die in K. lagernden Atomwaffen vereinbart. Am 26. Juli unterzeichnete MinPräs. TERESCHTSCHENKO eine Vereinbarung, der zufolge K. der Kontrolle seiner Atomanlagen durch die Internat. Atomenergiebehörde zustimmte. Auf dem GUS-Gipfel vom 8. bis

12. Juli in Almaty wurde ein Vertrag über die Konkretisierung eines 1993 beschlossenen Wirtschaftsraums zw. K., Usbekistan und Kirgisien unterzeichnet.

## Katar

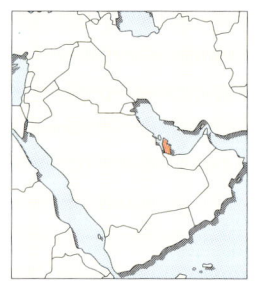

**Hauptstadt:** Doha
**Einwohner:** 466 000
**Einwohner/km²:** 42
**Staatsoberhaupt:** Chalifa Ibn Ahmed ath-Thani
**Regierungschef:** Chalifa Ibn Ahmed ath-Thani
**BSP/Einwohner:** 16 240 US-$

### KATASTROPHEN UND UNGLÜCKSFÄLLE

**1. Januar.** Teilweise durch Brandstiftung enstandene Buschbrände, die erst nach Tagen gelöscht werden können, führen zur größten Brandkatastrophe in der Geschichte Australiens. Vier Menschen kommen ums Leben, mehr als 600 000 ha Wald werden vernichtet. Tausende von Tieren, v.a. Koalas, kommen in den Flammen um. Der Sachschaden wird auf umgerechnet rd. 130 Mio. DM geschätzt.

**3. Januar.** Beim Absturz einer russ. Verkehrsmaschine in der Nähe von Irkutsk (Ostsibirien) kommen 120 Menschen ums Leben, darunter neun Deutsche und ein Österreicher.

**17. Januar.** Ein schweres Erdbeben erschüttert den Süden Kaliforniens, besonders Los Angeles ist betroffen. 61 Menschen sterben, Tausende werden verletzt. Der Sachschaden beläuft sich auf mehr als 30 Mrd. US-$.

**19. Januar.** Im Mittleren Westen und an der Ostküste der USA lähmen Eiswinde, Schneestürme und Temperaturen bis −40 °C das Leben. Mindestens 130 Menschen sterben an den Folgen der Kältewelle.

**13. März.** Beim Zusammenstoß des unter zypr. Flagge fahrenden Tankers ›Nacciea‹ mit dem zypr. Frachter ›Ship Broker‹ im Bosporus kommen 29 der insgesamt 55 Besatzungsmitglieder ums Leben. Der mit 98 500 t Rohöl beladene Tanker gerät in Brand und kann erst fünf Tage später gelöscht werden. Günstige Wetterverhältnisse verhindern eine Katastrophe für zwei Istanbuler Vororte.

**16. März.** Bei einem Brand in einem vorwiegend von Ausländern bewohnten Haus in der Stuttgarter Altstadt sterben sieben Menschen, 16 erleiden Verletzungen.

**1. April.** Der Orkan ›Kundry‹ fordert in Deutschland, Westeuropa und auf den Kanar. Inseln innerhalb von zwei Tagen mindestens 15 Menschenleben.

**13. April.** Das Tief ›Pallas‹ bringt Teilen Deutschlands ein Jahrhunderthochwasser. Besonders betroffen sind Bayern, Baden-Württemberg, Thüringen und Sachsen-Anhalt.

**26. April.** Den Absturz eines taiwanesischen Airbusses auf dem Flughafen von Nagoya (Japan) überleben nur sieben Menschen; 264 kommen dabei zu Tode.

**6. Juni.** Ein Erdbeben fordert in Kolumbien mind. 628 Menschenleben.

**29. Juni.** In Lausanne entgleist ein mit hochgiftigem Epichlorhydrin beladener Güterzug; dabei entweichen einige hundert Liter der Chemikalie. 5 000 Menschen müssen evakuiert werden.

**30. Juni.** Bei einem Testflug stürzt ein Airbus A 330 in der Nähe von Toulouse ab. Die siebenköpfige Besatzung kommt dabei ums Leben.

**1. Oktober.** Nach einem Leck in einer Pipeline im Gebiet Komi, das möglicherweise schon im Aug. entstanden ist, laufen nach Schätzungen von Experten 300 000 t Rohöl aus und verseuchen eine Fläche von rund 68 km². Die ökologische Katastrophe betrifft auch die hochempfindl. Barentssee.

**19. Oktober.** Sieben Arbeiter werden bei einer Explosion in einem Bonner Heizkraftwerk von ausströmendem Dampf verbrüht; fünf von ihnen sterben.

**1. November.** Bei einer Gasexplosion im neuen Leipziger Heizkraftwerk kommen vier Personen ums Leben, vier werden verletzt. – Am gleichen Tag sterben beim Absturz einer zweimotorigen Turbopropmaschine in der Nähe von Chicago 68 Menschen.

Nachdem ein Güterzug in Lausanne am 29. Juni entgleist ist, kühlen Feuerwehrleute die die mit der Chemikalie Epichlorhydrin beladenen Waggons, um eine Explosion zu verhindern

**2. November.** Bei schweren Unwettern in Ägypten kommt es in der Provinz Assiut zur Explosion eines Treibstofflagers der Armee, in deren Folge über 400 Menschen sterben.

**2. November.** Ein poln. Sattelzug kippt auf der Autobahn A 6 bei Kaiserslautern um und begräbt einen mit neun Personen besetzten Kleinbus unter sich, dessen Insassen sofort tot sind.

**5. November.** Gewitterstürme und sintflutartige Regenfälle haben in Südfrankreich, Nordspanien und Norditalien zu schweren Verwüstungen geführt. Besonders betroffen sind auch die italienischen Provinzen Piemont und Ligurien, wo 100

Schaulustige verfolgen am 5. November die reißenden Wassermassen des südfranzösischen Flusses Tarn bei Saint-Juery

Menschen sterben. Erst am 7. Nov. beruhigt sich die Lage wieder.

**16. November.** Nachdem der tropische Sturm ›Gordon‹, der zuvor in Florida gewütet hatte, über Haiti fegt und fast 400 Menschenleben fordert, ruft die Regierung den Notstand aus.

**21. November.** Ein dt. Alpinistenteam birgt die Leichen von acht der elf Bergsteiger (darunter neun Deutsche), die am 12. Nov. am Pisang Peak im Himalaya tödlich verunglückt waren. Drei Tote müssen im ewigen Eis bleiben.

**29. November.** Bei einer Brandkatastrophe in einem Tanzlokal in der chin. Stadt Fuxin kommen 233 Menschen ums Leben.

**30. November.** Bei einem Brand auf dem italien. Kreuzfahrtschiff ›Achille Lauro‹ vor der Küste Somalias sterben zwei Passagiere, acht werden verletzt.

**9. Dezember.** In der chin. Stadt Kelamy kommen bei einer Brandkatastrophe in einem Kinosaal mehr als 300 Menschen, die meisten von ihnen Schulkinder, ums Leben.

**28. Dezember.** Bei einem schweren Erdbeben im nördl. Teil Japans, das die Stärke 7,5 auf der Richterskala erreicht, sterben zwei Menschen, mehr als 200 werden verletzt.

**29. Dezember.** Eine türkische Verkehrsmaschine mit 76 Menschen an Bord prallt beim Landeanflug in der Provinz Edremit gegen einen Berg. Mehr als 50 Menschen kommen dabei ums Leben.

**katholische Kirche:** Am 7. Juli wurde mit dem Austausch der Ratifizierungsurkunden zw. dem Vatikan und vier neuen Bundesländern die Errichtung der kath. Bistümer Erfurt, Görlitz und Magdeburg offiziell besiegelt; Berlin wurde zum Erzbistum erhoben. Der Vertrag über die Errichtung des Erzbistums →Hamburg wurde Anfang Nov. ratifiziert. Neuer Bischof des mit 55 000 Gläubigen kleinsten dt. Bistums Görlitz wurde RUDOLF MÜLLER; in den übrigen wurden die bisherigen Apostol. Administratoren zu Bischöfen erhoben.

Papst Johannes Paul II. verfolgt während der Synode der afrikanischen Bischöfe im April die Ausführungen eines Teilnehmers

In einem in der k. K. singulären Verfahren wurde vom Domkapitel des Bistums Basel HANSJÖRG VOGEL zum Bischof gewählt und am 14. Jan. vom Papst bestätigt. Im Bistum Chur begann am 4. Juni

die ›Tagsatzung der Bündner Katholikinnen und Katholiken‹, eine vom Kirchenrecht ermöglichte, aber von Bischof WOLFGANG HAAS nicht gewünschte freie Versammlung der Gläubigen.

Der 92. Dt. Katholikentag fand vom 29. Juni bis 3. Juli unter dem Motto ›Unterwegs zur Einheit‹ in Dresden statt. Er war die erste Versammlung dieser Art nach der dt. Vereinigung, die wesentlich von ostdt. Seite mitgestaltet wurde. Mit rd. 30 000 Dauerteilnehmern und über 1 000 Einzelveranstaltungen war er kleiner als frühere Katholikentage, aber pluraler und von größerer ökumen. Breite.

Durch ein Schreiben der Gottesdienstkongregation wurde den Bischöfen freigestellt, ob sie in ihrer Diözese weibl. Ministranten zulassen oder nicht, womit eine vielerorts bereits positiv entschiedene Frage auch offiziell geregelt wurde. Eine Zulassung der →Frauenordination jedoch wiesen Papst JOHANNES PAUL II. mit einem Apostol. Schreiben im Mai sowie die Dt. Bischofskonferenz in einer Erklärung vom 23. Sept. entschieden zurück. Die strikte Ablehnung des Vorschlags der Bischöfe WALTER KASPER (Rottenburg-Stuttgart), KARL LEHMANN (Mainz) und OSKAR SAIER (Freiburg) durch den Papst, Geschiedene in Einzelfällen und im Rahmen einer Gewissensentscheidung bei der Kommunion zu tolerieren, wurde im Okt. z. T. heftig kritisiert. Innerkirchlich von großer Bedeutung war die vom 10. April bis 8. Mai in Rom stattfindende Bischofssondersynode für Afrika, die seit 1989 vorbereitet worden war. Sie verabschiedete eine ›Botschaft der Synode‹, in der zur Solidarität mit diesem von vielen Problemen belasteten Kontinent aufgerufen wird, sowie ein für den Papst bestimmtes Grundlagedokument. Bei der →Weltbevölkerungskonferenz vom 5.–13. Sept. in Kairo wurden vom Vatikan künstl. Verhütungsmittel, Sterilisierung und Abtreibung als Mittel zur Begrenzung des Bevölkerungswachstums scharf kritisiert. Am 26. November führte der Papst während des Konsistoriums 30 neue Kardinäle in ihr Amt ein, darunter der dt. Jesuit und ehem. Dogmatikprofessor ALOIS GRILLMEIER.

Am 10./11. Sept. besuchte der Papst Kroatiens Hauptstadt Zagreb; er warnte vor ca. 700 000 Gläubigen in Gegenwart islam., ev. und jüd. Vertreter die mehrheitlich kath. Kroaten vor ›nationalist. Unduldsamkeit‹ und rief zum Frieden auf dem Balkan auf. Der geplante Besuch des Papstes in Serbien (Belgrad) und Bosnien (Sarajevo) wurde aus Sicherheitsgründen kurzfristig abgesagt.

Der kath. Theologin TERESA BERGER, die einen Ruf an die Bochumer Ruhr-Univ. erhalten hatte und deren wiss. Qualifikation unbestritten ist, wurde ohne Angabe von Gründen vom Vatikan die kirchl. Lehrerlaubnis verweigert. Dies führte zu scharfen Protesten sowohl gegen diese konkrete Entscheidung als auch gegen den zentralist., staatskirchenrechtlich bedenkl. Verfahrensweg.

Neuer Leiter der für ihre konservative Ausrichtung bekannten kirchl. Gemeinschaft ›Opus Dei‹, der weltweit ca. 1 500 Priester und 77 000 Laien angehören, wurde der bisherige Generalvikar der Organisation JAVIER ECHEVARRIA.

## KATHOLISCHE KIRCHE

### Neue Perspektiven für Frauen?
### Das Frauenbild der katholischen Kirche

1994 – ein Jahr, in dem kirchlich-theologisch gesehen die Debatte über die Zulassung von Frauen zum Priesteramt, darüber hinaus aber auch die grundsätzliche Frage nach der Stellung der Frauen in den Kirchen wieder stark in den Vordergrund dessen trat, was die Öffentlichkeit bewegte und die Gemüter erhitzte. Nachdem die anglikanischen Kirchen von England und Irland nun Frauen zu Priesterinnen geweiht haben sowie die altkatholische Kirche in Deutschland den entsprechenden Beschluß gefaßt hat, ist auch die Kontroverse insbesondere in der katholischen Kirche wieder heftig entbrannt.

Die vielerorts schon lange übliche Praxis, daß Mädchen und junge Frauen als Meßdienerinnen die Messe mitgestalten, wird 1994 vom Vatikan endlich offiziell zugelassen

Tatsächlich scheint das Bild, das die katholische Kirche in der Öffentlichkeit abgibt, zwiespältig zu sein. In den Gemeinden vor Ort dominieren die Frauen; offizielle Äußerungen der Kirche stehen auf den ersten Blick in direktem Gegensatz dazu: Unumstößlich äußerte Papst JOHANNES PAUL II., daß Frauen nicht zur Priesterweihe zugelassen werden. Die Meldung aus Rom, daß nun endlich Mädchen *offiziell* Meßdienerin sein dürfen, konnte die aufgeregten Gemüter auch nicht mehr besänftigen. Die Ämterfrage erweist sich nur als eine Facette der größeren Gesamtproblematik, die für Gesellschaft und Kirche nicht neu ist. Schon Papst JOHANNES XXIII. nennt in seiner berühmten Enzyklika ›Pacem in terris‹ 1963 die Emanzipation der Frauen ein ›Zeichen der Zeit‹. Er hat hier v. a. das gesellschaftliche Leben im Blick. Daß das gewandelte, neue Selbstverständnis der Frauen aber auch Einfluß ausübt auf den Glauben und die Lebensvorgänge von Frauen und damit auf das Leben der Kirche insgesamt, liegt auf der Hand.

### I. In Amt und Würden?
### Die Frauen und die Weihe

Kirche existiert nicht fernab von allen gesellschaftlichen und zeitgeschichtlichen Entwicklungen. Vielmehr hat der jeweilige gesellschaftliche Bewußtseinsstand auch seine Konsequenzen für die Kirche, und so haben die Entwicklungen, die sich im gesamten Umfeld der Frauenbewegung abspielen, auch ihre unübersehbaren Spuren im Glaubensleben der Frauen hinterlassen: ›das, was in der weiblichen Durchschnittsbiographie trotz aller noch verbleibenden Spannungen schon jetzt als normaler Bestandteil des Lebenszusammenhangs von Frauen gilt, (wird) automatisch auch auf den Erfahrungsraum Kirche ausgedehnt. In diesem Gegenlicht aber erweist sich die kirchliche Realität ... plötzlich als widersprüchlich und konfliktbesetzt‹ (KONRAD HILPERT):
Einerseits findet die Gleichheit von Frau und Mann in ihrer Würde auch kirchlicherseits bereits seit längerem einen wirkungsgeschichtlich zukunftsweisenden Ausdruck. Andererseits erklärt man, die Frau sei qua Frau nicht berufen zum besonderen Priesteramt. Hier wird deutlich, daß vom Lehramt das Menschenrechtsethos v. a. auf die Gesellschaft angewandt wird, weniger aber auf das innerkirchliche Leben. Somit erscheint nun der prinzipielle Ausschluß der Frauen von allen kirchlichen Ämtern, deren Voraussetzung eine Weihe ist, begründungs- und rechtfertigungsbedürftig.
Genau an dem Punkt aber, wo die Ämterfrage für Frauen in den Kontext einklagbarer Menschenrechte gestellt wird, setzt das kirchliche Lehramt mit seinen theologischen Argumenten ein: Demnach sei es nicht angebracht, sich auf ein Menschen*recht* auf Priesterweihe zu berufen, handele es sich doch bei dem Priesteramt nicht um etwas, das der Mensch im Sinne einer menschlichen Karriere anstrebt oder als Recht einklagen kann. Damit wird zugleich versucht zu verdeutlichen, daß es der Kirche bei dieser ›Regelung‹ sicherlich nicht um Vorordnung der Männer, nicht um eine willkürlich

Die Autorin:
Rita Süssmuth, geb. 1937. Erziehungswissenschaftlerin und Politikerin (CDU), seit 1988 Bundestagspräsidentin. 1979–91 Mitglied im Zentralkomitee der deutschen Katholiken. – Der Beitrag entstand unter Mitarbeit von Ursula Nothelle-Wildfeuer

erdachte, disziplinäre Maßnahme gegen Frauen gehe, auch nicht um eine Konsequenz aus einem frauenfeindlichen Menschenbild.

Vielmehr verweist die Kirche auf JESUS, der nur Männer zu Aposteln wählte, auf die konstante Praxis der Kirche, die in der ausschließlichen Wahl von Männern CHRISTUS nachahmte, und schließlich auf ihr Lehramt, das beharrlich daran festhält, daß der Ausschluß von Frauen vom Priesteramt in Übereinstimmung stehe mit Gottes Plan für seine Kirche. Die Kirche legt nachdrücklich Wert darauf, daß JESU Wahl von zwölf *Männern* als Apostel nicht kulturell oder soziologisch bedingt sei, sondern theologische Motive hatte (so das im Mai erschienene ›Apostolische Schreiben über die nur Männern vorbehaltene Priesterweihe‹ von Papst JOHANNES PAUL II.). Begründet wird dies mit JESU sonstigem Verhalten Frauen gegenüber, das sich ganz in Gegensatz zu Tradition und Sitte seiner Zeit stellte und die Würde der Frau betonte. Theologisch gesehen könne und dürfe es bei der Ämterfrage nicht primär um eine Frage der Anpassung an gängige und aktuelle, mehrheitsfähige Zeittendenzen gehen, sondern vielmehr gelte es zu klären, ob das männliche Geschlecht unabdingbar zum Sakrament der Priesterweihe gehört.

Vom Vatikan strikt abgelehnt: Eine neu geweihte anglikanische Priesterin tauft im März in Bristol ein Kind

Diese lehramtliche Argumentation scheint allerdings den Menschen der Gegenwart nicht mehr einsichtig oder wenigstens glaubwürdig zu sein – fällt es ihnen doch schon sehr schwer, sich auf die antiquiert anmutende kirchliche Sprache einzulassen, und noch viel schwerer, sich mit etwas abzufinden, das nicht einfachhin den rational nachvollziehbaren Kriterien menschlicher Logik entspricht, sondern dem Aspekte wie Offenbarung und Gnade vorausliegen. Hinzu kommt sicher auch, daß selbst in der wissenschaftlichen Theologie die angeführten Argumente nicht als unumstößlich anerkannt sind.

Als Lösungsweg wird angeführt, daß sich die theologische Argumentation an der Bibel orientieren solle. Folglich gerät die Frage, ›wie es früher war‹,

neu in das Zentrum des Interesses. Allerdings läßt sich weder im Neuen Testament, viel weniger noch in der Weiterentwicklung unter den Kirchenvätern, eine einheitliche Linie ausmachen, besteht doch schon in der frühen Kirche eine bleibende Spannung zwischen Gemeindeordnung und Sozialordnung (GERHARD DAUTZENBERG). Insgesamt stehen sich ›im Neuen Testament Äußerungen über die aktive Mitarbeit von Frauen in der Gemeindeleitung einschließlich der Wortverkündigung in den urchristlichen paulinischen Gemeinden und Zeugnisse der 3./4. Generation über ein striktes Rede- und Lehrverbot für Frauen gegenüber‹ (ROSEMARIE NÜRNBERG). Diese Spannung löste sich also offensichtlich im Laufe der Entwicklung aus Gründen der Schicklichkeit immer mehr zuungunsten der Frauen auf. Nicht naive Nachbildung der frühchristlichen Ämterstruktur kann folglich die Lösung unserer gegenwärtigen Ämterproblematik sein. Dabei bliebe außerdem zu fragen, welche der sehr unterschiedlichen Formen zum Maßstab genommen werden soll! Vielmehr muß es um das Aufgreifen der frühchristlichen ›Sorge um das Ansehen der Gemeinde bzw. die Glaubwürdigkeit des Wortes Gottes‹ gehen (R. NÜRNBERG).

## II. Mehr als Gleichberechtigung – eine neue Hermeneutik und Kultur

In den vergangenen Jahren scheint die Diskussion über die Stellung der Frau in der Kirche an Intensität und Qualität zugenommen zu haben. Es ist interessant, welch relativen Stellenwert Katholikinnen heutzutage der Ämterproblematik beimessen: Sie verorten sie umfassender im Kontext der größeren Frauenfrage; für sie steht mehr in Frage als nur die Öffnung männlich geprägter Strukturen für Frauen.

Einer Repräsentativbefragung von Katholikinnen im Jahr 1993 durch das Institut für Demoskopie Allensbach zufolge hat die große Mehrheit katholischer Frauen starke Zweifel daran, daß die Kirche – gemeint ist hier immer die ›Institution‹, die Amtskirche, nicht der Nahbereich, die konkret erfahrbare Gemeinde – sie in ihren Anliegen und Problemen, in ihrer Mentalität versteht. Hinzu kommt laut Studie, daß sich Frauen von den ›anhaltenden Kontroversen über kirchliche Normen für Familie und Sexualität ... überdurchschnittlich betroffen fühlen‹. Der Blick ist also vor allen Dingen auf Positionen der Kirche zu Themen fixiert, die verstärkt als Ausfluß der vielzitierten kirchlichen Frauenfeindlichkeit empfunden werden. Zwei Drittel aller Katholikinnen zählen neben den Verdienstchancen, den beruflichen Aufstiegsmöglichkeiten und der Politik die katholische Kirche zu den Bereichen, in denen die Gleichberechtigung zu wünschen übrig läßt.

Die Allensbacher Studie kommt aber zu dem Ergebnis, daß weder die Frage nach der Gleichberechtigung von Männern und Frauen in der Kirche noch die Ämterfrage im Mittelpunkt der weiblichen Kritik an der Kirche steht. Gleichberechtigt fühlen sich die meisten Frauen zwar nicht, aber diese Frage ist ihnen für andere Felder ihres Alltags, besonders für ihre Partnerschaft und ihren Beruf, wichtiger.

Mittlerweile ist die Beschäftigung mit der Frauenfrage in ein Stadium eingetreten, in dem diese nicht einfach als eine ›geschlechtsspezifische Problematik‹ angesehen wird. Die Frauen wollen nicht einfach nur das Gleiche dürfen wie die Männer. Vielmehr handelt es sich um ›eine Frage des Umgangs ... mit neuzeitlicher Kultur‹ (ANNETTE SCHAVAN) überhaupt.

Es geht also um mehr und anderes als um das Kurieren an Symptomen einer patriarchalischen Ordnung. – Das zeigt übrigens auch die Tatsache, daß die evangelischen Kirchen trotz der für die römisch-katholische Kirche spezifischen Ämterproblematik sehr ähnliche Probleme haben. – Gefragt ist nämlich eine neue Hermeneutik, die Öffnung der gesamten Sichtweise auf Kirche und Welt für die Erfahrungen, Lebensprozesse, für das Denken und Fühlen von Frauen, für die weibliche Weise der Wirklichkeitssicht und -erfahrung also, die bislang in der Formulierung und der Praxis des Glaubens weniger vorkommen als männliche Topoi (SCHAVAN).

In der Debatte um die Frauenfrage ist häufig der Verweis auf große Frauengestalten der Kirchengeschichte wie etwa THERESIA VON ÁVILA, KATHARINA VON SIENA oder HILDEGARD VON BINGEN zu hören. Auch wenn deren Bedeutung nicht in Frage gestellt werden soll – dieser Verweis allein genügt nicht. Denn er trifft nicht den Kern des Anliegens der in dieser Frage engagierten Frauen. Diese weiblichen Glanzpunkte der Kirchengeschichte sind ja gerade deswegen Glanzpunkte, weil sie die Ausnahmen von der Regel darstellen. Deshalb können sie gar nicht die angestrebte Kultur der gleichberechtigten Anerkennung der Frau in ihrer Würde garantieren – wohl können sie Hoffnung machen, daß großes Engagement von Frauen auch in fundamentalen Fragen Erfolg haben kann.

### III. Eine Nagelprobe der Glaubwürdigkeit – der Beitrag der Kirche zur Diskussion der Frauenfrage

Immer wieder wird das Argument laut, die Frauenfrage habe eigentlich wenig mit Glaube und Kirche zu tun, sondern sei der Kirche eher von der ›Welt‹ aufgedrängt worden. Läßt sich die Welt aber tatsächlich einfach als eine dem Glauben und der Kirche entgegengesetzte Größe interpretieren? Eine solche Position übersieht völlig, daß zwar Kirche und Welt keine identischen Größen sind, wohl aber in lebendigem Austausch miteinander stehen und voneinander lernen können. In der Frage der Emanzipation muß sich die Kirche mithin von der ›Welt‹ die Dringlichkeit des Themas sagen lassen. Gleichzeitig wird die Kirche von der ›Welt‹ auf ihre eigenen und zutiefst christlichen, hier relevanten Kriterien und Maßstäbe hingewiesen.

Auf diesem Hintergrund erscheint es obsolet, die (kirchlich-theologische) Beschäftigung mit der Frauenfrage als einen ›Tick‹ einiger gebildeter Mittelschichtfrauen hinzustellen. Zwar ist es in der Tat nicht das Problem aller Frauen, wohl aber ein Problem von Frauen aller ›Schichten‹ (SCHAVAN). Die Beschäftigung mit der Frauenfrage und das Drängen auf innerkirchliche Veränderung als reine Machtfrage und als Agieren aus egoistischem Interesse abzutun, wird dem Anliegen der Frauen nicht gerecht. Für die Kirche liegt in der Gesamtproblematik eine große, anthropologisch und theologisch qualifizierte Herausforderung. Diese zu erkennen und positiv anzunehmen, erscheint als ein wichtiger, wenn auch zunächst recht formaler Beitrag in der Debatte.

Während das Engagement von Frauen als Ordensschwestern eine lange Tradition hat, bleibt ihnen der Zugang zum Priesteramt in der katholischen Kirche noch verwehrt. Im Bild Papst Johannes Paul II. bei einem Treffen mit jamaikanischen Nonnen

Konkretisieren läßt sich dieser Beitrag der Kirche nun in verschiedene Richtungen:

Zunächst einmal müßte es der Kirche ein Anliegen sein, die innerkirchlichen Kommunikationsstörungen zu beheben, die sich speziell auch in der Frauenfrage bemerkbar machen. Trotz verschiedener aussagekräftiger amtlicher Äußerungen hat die Kirche wichtige Aspekte ihrer neueren Aussagen zum Verhältnis zwischen Mann und Frau, zur Partnerschaft, zur Rolle der Frau in Kirche und Gesellschaft nicht entsprechend publik und plausibel machen können. *Ein* wesentlicher Grund hierfür scheint die sprachliche Gestalt der Texte zu sein – dies noch einmal besonders deswegen, weil die Frauenbewegung es als einen ihrer wesentlichen Erfolge verbuchen kann, ein waches Bewußtsein für die Bedeutung von Sprache geschaffen zu haben. Man hat gelernt: Sprache prägt Bewußtsein und Bewußtsein prägt Sprache. Darum ist die Untersuchung und ggf. die umsichtige Änderung der Sprache auch ein wichtiger Schritt auf dem Weg zu der angestrebten neuen Hermeneutik. Nicht Verengung, nicht Neutralisierung der Sprache ist gemeint, sondern vielmehr das ›Bemühen um eine inklusive, das heißt die Welt der Frauen wahrnehmende und einschließende Sprache‹ (ALBERT GERHARDS).

Der Kirche muß auch daran gelegen sein, ›Argumente‹ aus der Perspektive heutiger Bibelwissenschaft zu korrigieren, die jahrhundertelang fälschlicherweise als biblische ausgegeben wurden und so zu einem fatalen, für kirchenamtlich gehaltenen Frauenbild geführt haben.

Der Sündenfall, Hugo van der Goes, um 1480. Die Interpretation der biblischen Erzählung vom Sündenfall spielt im Hinblick auf das christliche Frauenbild immer wieder eine wichtige Rolle

Die Forderung nach Unterwerfung der Frau unter den Mann wurde (und wird) aufgrund naiver Exegese immer wieder damit begründet, daß Eva aus der Rippe Adams geschaffen sei. Dabei verfehlt eine solche Interpretation völlig die Sinnspitze dieses Teils der Schöpfungsgeschichte: In der damaligen Kultur des Nahen Ostens wurde die Frau tatsächlich nicht als vollwertiger Mensch betrachtet. Die Schöpfungsgeschichte will in diesem Kontext gerade aussagen, daß auch die Frau durch das Wirken Gottes entstanden und somit dem Mann völlig gleichwertig ist (HERMANN-JOSEF FRISCH).
Ist Eva an allem schuld? Bei diesem ebenso naiv-biblischen Argument steht Eva ›stellvertrend für die *Frau. ... Die* Frau trägt als erste und oft auch allein die Schuld dafür, daß die Sünde und das Unheil in die Welt gekommen sind. Begehrlich und verführbar ... sorgt (sie) für die Fortdauer des Unheils. Sie

bringt den Tod und hat selbst den Tod verdient. Von Gott und der ganzen Schöpfung verdammt, fristet sie ihr ganzes Leben in Unterwerfung unter den Mann‹ (SUSANNE HEINE). Eine historisch-kritische Analyse dieser Stelle kann dagegen verdeutlichen, daß es hier um den Versuch geht, mit einer Erzählung mythologischen Charakters die ›bittere Realität der unparadiesischen Existenz des Menschen (zu erklären). Auf die Frage, warum das so sein *muß,* antwortet die Erzählung vom Sündenfall‹ (HEINE).
Um das kirchlich-christliche Frauenbild positiv zu entwickeln und darzustellen, wäre es von außerordentlich großer Bedeutung, daß die Kirche Themen wie Sexualität und Fortpflanzung nicht länger nur mahnend und verbietend behandelt, sondern ihre wert- und würdevolle Dimension in den Vordergrund rückt. Es gilt zu verdeutlichen, daß gerade die kirchliche Sorge um das Mütterliche nicht automatisch das gerade überwunden geglaubte Frauenbild aus der ersten Hälfte unseres Jahrhunderts meint, nicht per se wirtschaftliche Abhängigkeit vom Partner bedeutet, nicht notwendiger Preis sexueller Betätigung ist, nicht zwangsläufiges und unumgehbares Schicksal im Sinne einer naturrechtlichen Bestimmung der Frau, sondern Übernahme von Verantwortung, persönliche Erfüllung in der frei gewählten Lebensform der Mutter bedeutet.
Wer nun meint, die gesamte Problematik führe zu sehr zu innerkirchlicher Nabelschau und lenke den Blick der Kirche zu weit weg von deren eigentlicher Aufgabe, der Verkündigung der Frohen Botschaft an alle Menschen, übersieht, daß hier durchaus Fundamente des Glaubens und der Kirche tangiert sind: Nicht mehr und nicht weniger als die Glaubwürdigkeit der Kirche steht auf dem Spiel. Wo Menschen einen offenkundigen Widerspruch zwischen Theorie und Praxis, zwischen Glaubensverkündigung und Glaubensleben ausfindig machen oder zumindest meinen machen zu können, nützt die beste und intensivste Verkündigung nichts mehr. Vielmehr muß die Kirche schnellstens versuchen, das Dilemma aufzulösen und die darin liegende Herausforderung aufzugreifen, indem sie erstens ihre Position in verständlicher Sprache und rational nachvollziehbarer Argumentation darlegt und zweitens auch und gerade innerhalb ihrer eigenen Reihen einen wesentlichen und sichtbaren Beitrag leistet zur Entwicklung einer Kultur der Partnerschaftlichkeit von Mann und Frau, einer Kultur der Solidarität zwischen den Geschlechtern und einer Kultur der Ganzheitlichkeit in der Sicht von Glaube und Welt.

**Kaufhausfusionen:** Das Bundeskartellamt genehmigte zwei ›Elefantenhochzeiten‹ im Warenhausbereich, die eine beträchtl. Konzentration im Einzelhandel bedeuten. Im Febr. wurde die erste Fusion, nämlich der Karstadt AG in Essen und der Hertie Waren- und Kaufhaus GmbH, Frankfurt,

freigegeben. Dabei entstand ein Handelskonzern mit einem Jahresumsatz von knapp 28 Mrd. DM. Daraufhin kam die positive Entscheidung der Kartellbehörde über das Ende 1993 angemeldete Vorhaben des zur Metro-Gruppe gehörenden Kölner Kaufhof-Konzerns (u. a. mit den Tochtergesellschaften Kaufhof Warenhaus AG und Kaufhalle AG, Media Markt/Saturn-Gruppe und Vobis-Microcomputer-Gruppe), sich mit der Horten AG in Düsseldorf zusammenzuschließen, nicht überraschend. Die fusionierten Unternehmen Kaufhof und Horten repräsentieren ein Umsatzvolumen von mehr als 25 Mrd. DM, wovon gut 20 Mrd. DM auf die Kölner entfallen.

## Kenia

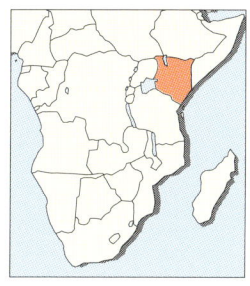

**Hauptstadt:** Nairobi
**Einwohner:** 26,1 Mio.
**Einwohner/km²:** 45
**Staatsoberhaupt:**
D. arap Moi
**Regierungschef:**
D. arap Moi
**BSP/Einwohner:**
330 US-$

Die Wiederaufnahme der internat. Hilfe für K. Anfang des Jahres stärkte die Reg. unter Präs. DANIEL ARAP MOI, der sich trotz zunehmender Kritik aus den Reihen der Regierungspartei Afrikan. Nationalunion K.s (KANU) um die Fortsetzung der wirtschaftl. Reformpolitik (Liberalisierung, verstärkte Ausgabenkontrolle, Steigerung der Staatseinkünfte) bemühte. Zugleich wurde deutlich, daß die KANU-Partei auch nach den ersten Mehrparteienwahlen von 1993 danach strebt, ihr altes Machtmonopol wiederherzustellen. Von Repressionen betroffen waren v.a. Oppositionspolitiker

Kim Jong II, ältester Sohn des am 8. Juli verstorbenen nordkoreanischen Staats- und Parteichefs Kim II Sung, ist der designierte Staatschef des Landes (Archivbild von 1992)

und die Medien. Im März kam es im W des Landes zu blutigen ethn. Auseinandersetzungen, an denen Armee und Polizei beteiligt waren. Mitte Mai wurden 58 Mitgl. der KANU, die zur Oppositionspartei Forum für die Wiederherstellung der Demokratie (FORD-Kenya) übergetreten waren, festgenommen. Anfang Juni bildete die bisher gespaltene Opposition eine neue Koalition für die Zwischenwahlen in sieben Wahlbezirken am 27. Juni, die United National Democratic Alliance (UNDA); sie gewann in vier Bezirken. Im Aug. drohte der Präs. den Ärzten des öffentl. Dienstes, die am 16. Juni einen Streik begonnen hatten, mit Sanktionen und entließ alle Streikenden. Ausländ. Kritik an seiner Reg. und den Vorwurf anhaltender Menschenrechtsverletzungen wies Präs. MOI scharf zurück. Zur weiteren wirtschaftl. Stabilisierung K.s, die durch den erneuten Zustrom von Flüchtlingen aus dem Sudan beeinträchtigt wurde, unternahm der Pariser Klub eine Neuordnung der Staatsschulden, die sich Ende 1993 auf 850 Mio. US-$ beliefen, zahlbar in den nächsten sieben Jahren.

**Kieślowski,** Krzysztof, poln. Filmregisseur, *Warschau 27. 6. 1941. – Seine von den Farben der frz. Nationalflagge inspirierte Filmtrilogie ›Drei Farben‹ beherrschte die wichtigen Filmfestivals der letzten Zeit: ›Blau‹ gewann den Goldenen Löwen der Filmfestspiele von Venedig (1993), ›Weiß‹ auf der Berlinale 1994 einen Silbernen Bären,° ›Rot‹ wurde in Cannes präsentiert, ging aber leer aus. K.s frühe Filme sind präzise Analysen der poln. Gegenwart, seine zeit- und gesellschaftskrit. Filme ›Der Zufall möglicherweise‹ (1981) und ›Blick aus dem Fenster‹ (1981) wurden erst Jahre nach ihrer Entstehung bzw. nie von der Zensur freigegeben. 1987 erhielt K. das Angebot, den ›Dekalog‹ zu realisieren, eine zehnteilige Fernsehserie, deren Handlung sich an die Zehn Gebote anlehnt. Der Europ. Filmpreis Felix für ›Ein kurzer Film über das Töten‹, die Kinofassung einer Episode des ›Dekalog‹, machte K. auch im Westen bekannt. Den Film ›Die zwei Leben der Veronika‹ (1991), eine Variation des Doppelgängermotivs, drehte er schon in Frankreich, wo auch die ›Drei Farben‹-Trilogie entstand.

**Kim Jong II,** nordkorean. Politiker, *bei Chabarowsk oder in einem geheimen Lager der antijapan. Widerstands am Mount Paekdu 16. 2. 1942 (?). – Nach dem Tod seines Vaters, des nordkorean. Diktators KIM IL SUNG, am 8. Juli, hat K. J. IL dessen Nachfolge angetreten. Inwieweit er über die gleiche polit. Macht verfügt wie KIM IL SUNG, blieb der Weltöffentlichkeit zunächst verborgen. Allerdings wird befürchtet, er könnte zu größeren außenpolit. Risiken bereit sein als sein Vater. Nach dem Studium der Wirtschaftswiss., das er angeblich 1963 abschloß, war K. J. IL Privatsekr. seines Vaters, ab 1964 auch Abteilungsdirektor im ZK der Partei. 1973 wurde er Sekr. für Organisation und Propaganda im ZK und organisierte in dieser Funktion eine Kampagne gegen den ›Bürokratismus in der Partei‹, der viele altgediente Parteifunktionäre zum Opfer fielen. 1979 rückte K. J. IL in das

Politbüro auf und gehörte neben seinem Vater zum dreiköpfigen Präsidium des Politbüros; seit dieser Zeit galt er als ›Kronprinz‹ KIM IL SUNGS. Seit 1991 erscheint er als Oberbefehlshaber der Streitkräfte. Den Absturz eines südkorean. Passagierflugzeugs 1987 und einen Attentatsversuch gegen den südkorean. Präs. 1983 soll er veranlaßt haben.

**Kirchenasyl:** Die mißverständlich als K. bezeichnete Praxis von Kirchengemeinden, unmittelbar von der Abschiebung bedrohte Ausländer bei sich aufzunehmen, führte zu Kontroversen zw. Kirchenvertretern und staatl. Stellen. Nach Angaben des ökumen. Arbeitskreises ›Asyl in der Kirche‹ waren bundesweit etwa 200 Gemeinden zum K. bereit. Von kirchl. Seite wurde auf die bes. Pflicht der Christen hingewiesen, Fremde und Verfolgte zu schützen. Damit würden Recht und Gesetz nicht generell bestritten, sondern im konkreten Einzelfall werde gefragt, ob sie angemessen angewandt worden seien. Die vorübergehende Schutzgewährung könne nur das Ziel einer erneuten Prüfung des Asylgesuchs haben. Die beiden großen Kirchen warben in einer gemeinsamen Erklärung vom 9. März um Verständnis für diese Haltung, die Ev. Kirche in Deutschland (EKD) nahm zudem im Sept. mit einem Thesenpapier Stellung.

Von staatl. Seite wurde den Kirchen abgesprochen, im demokrat. Rechtsstaat ein Widerstandsrecht be-

anspruchen zu können. K. sei illegal und Beihilfe zu Vergehen gegen das staatl. Ausländerrecht. Trotz dieser Position ließen staatl. Stellen nur in wenigen Fällen mit Flüchtlingen besetzte Kirchenräume von der Polizei räumen. In der Schweiz wurden im Herbst rd. 100 Berner Bürger, darunter der kath. Bischof HANSJÖRG VOGEL, wegen der Gewährung von K. an über 100 Kosovo-Albaner zu Geldbußen verurteilt.

## Kirgisien

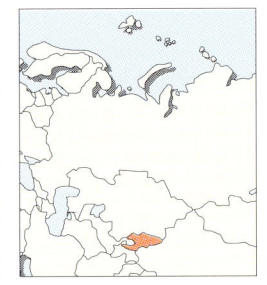

**Hauptstadt:** Bischkek
**Einwohner:** 4,6 Mio.
**Einwohner/km²:** 23
**Staatsoberhaupt:** A. Akajew
**Regierungschef:** A. Dschumagulow
**BSP/Einwohner:** 810 US-$

### Regierungskrise

Nachdem die Reg. am 13. 12. 1993 nach mehrtägigen Diskussionen über einen illegalen Verkauf von Goldreserven ins Ausland zurückgetreten war, ließ sich Präs. ASKAR AKAJEW durch ein Referendum am 30. Jan. bis zu Neuwahlen 1996 in seinem Amt bestätigen. Er kündigte eine Radikalisierung der Reformpolitik an, als deren Ziele er neben dem Kampf gegen die Korruption v. a. die Förderung des Unternehmertums sowie den Schutz der sozial Bedürftigen nannte. Im zweiten Halbjahr 1994 flammten die Auseinandersetzungen zw. der Reg. und konservativen Parlamentariern derart auf, daß AKAJEW am 5. Sept. Parlamentswahlen in Aussicht stellte. In einer Volksabstimmung sprach sich die Bevölkerung K.s am 22. Okt. dafür aus, künftig ein aus zwei Kammern bestehendes Parlament zu wählen; die für den 24. Dez. vorgesehene Wahl wurde später kurzfristig auf den 5. Febr. 1995 verschoben.

### Wirtschafts- und Sicherheitspolitik

Trotz Verlangsamung der Inflation hielt die wirtschaftl. Talfahrt an. Die Produktion ging um 30% bis 50% zurück, und die Preise stiegen, v. a. im Energiesektor (1. Juli), um 100 bis 550% im Vergleich zu 1993. Über 100 000 Menschen waren offiziell als arbeitslos oder ›beurlaubt‹ registriert. Einen Ausweg aus der Wirtschaftskrise sollten die Erschließung der Rohstoffreserven mit Hilfe internat. Kredite und die Intensivierung der Zusammenarbeit mit den Nachbarstaaten (Beitritt zur kasach.-usbek. Wirtschaftsunion am 30. April; Staatsbesuch des chin. Präs. am 23. April) bahnen. Am 1. Juni unterzeichnete K. die NATO-Initiative Partnerschaft für den Frieden.

Wim Kok, der neue Ministerpräsident der Niederlande, nach seiner Vereidigung durch Königin Beatrix am 22. August

## Kiribati

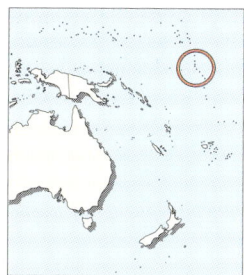

**Hauptstadt:** Bairiki
**Einwohner:** 75 000
**Einwohner/km²:** 103
**Staatsoberhaupt:**
T. Teannaki
**Regierungschef:**
T. Teannaki
**BSP/Einwohner:**
700 US-$

**Kohlepfennig,** Bez. für eine Ausgleichsabgabe zugunsten des heim. Steinkohlebergbaus, die von den Stromversorgungsunternehmen zu entrichten ist und von diesen an die Stromverbraucher (seit 1975) weitergegeben wird. Der K. (1974: 7,5%, ab 1. 1. 1995: 8,5% der Stromrechnung) kann nach einer Entscheidung des Bundesverfassungsgerichts vom Dez. 1994 nur noch bis zum 31. 12. 1995 erhoben werden, da er eine nur ausnahmsweise zulässige Sonderabgabe darstelle.

**Kohlevergasungskraftwerk:** Das weltweit größte Gas- und Dampfturbinenkraftwerk mit integrierter Steinkohlevergasung nahm Mitte April in Buggenum (Niederlande) den Betrieb auf. Bei einer elektr. Leistung von 253 MW verbraucht es 2 000 t Steinkohle je Tag. Die ökolog. Vorzüge bestehen im emissionsärmeren Betrieb dieses Verfahrens, die Investitionskosten sind allerdings höher als bei einem konventionellen Kraftwerk. Der hohe Energieverbrauch für die Kohlevergasung drückt zudem den Wirkungsgrad mit 43% unter den von erdgasbefeuerten Kombi-Kraftwerken. Ein K. unter dt. Beteiligung wird z. Z. im span. Puertollano gebaut. In Deutschland ist ein 300-MW-Block in Lübeck und ein weiterer auf Braunkohlebasis im Rhein. Braunkohlerevier in Planung.

**Kok,** Wim, niederländ. Gewerkschafter und Politiker (Partij van de Arbeid, PvdA), *Bergambacht (Südholland) 29.9. 1938. – Nach der Wahl vom 3. Mai bildete K. eine sozialliberale Koalitionsreg. und trat am 22. Aug. sein Amt als MinPräs. an. K. absolvierte ein Studium an der Schule für Außenhandel und trat 1961 in die Verwaltung der Bauarbeitergewerkschaft ein. 1969 wurde er in den Exekutivausschuß des Niederländ. Gewerkschaftsbundes berufen, 1973–86 war er dessen Präs., 1979 wählte ihn der Europ. Gewerkschaftsbund als Nachfolger von HEINZ OSKAR VETTER zum Vorsitzenden. 1986 folgte er JOOP DEN UYL im Partei- und Fraktionsvorsitz der PvdA. Im Nov. 1989 übernahm K. in der großen Koalition aus Christen Demokratisch Appel und PvdA das Amt des Vizepremiers und des Finanzministers.

**kollektiver Freizeitpark,** von Bundeskanzler HELMUT KOHL am 21.10. 1993 in der Regierungserklärung zur ›Zukunftssicherung des Standortes Deutschland‹ verwendetes Schlagwort:

›Bei der wöchentlichen Arbeitszeit liegen wir mit durchschnittlich 37,5 Stunden niedriger als alle unsere Konkurrenten. Dennoch scheint es für viele nichts Wichtigeres zu geben, als über mehr Freizeit nachzudenken. Meine Damen und Herren, wir können die Zukunft nicht dadurch sichern, daß wir unser Land als einen k. F. organisieren‹.

Eine Jury des Frankfurter Zweiges der Gesellschaft für dt. Sprache (GfdS, Wiesbaden), die 1991 von der GfdS autorisiert worden war, wählte im Febr. k. F. unter mehr als 500 Vorschlägen für das ›Unwort‹ des Jahres 1993 aus und setzte es als ›unangemessene Pauschalierung der sozialen Situation‹ hinter ›Überfremdung‹ auf Rang zwei.

Nach heftiger Kritik aus dem Kanzleramt distanzierte sich Ende Febr. der Wiesbadener Hauptstand in seiner Mehrheit von der Frankfurter Entscheidung und kritisierte v. a. deren zu knappe Begründung; damit sei der Eindruck entstanden, der ›k. F.‹ sei in zyn. Weise auf den Arbeitsmarkt bezogen, was dem Sachzusammenhang aber nicht zu entnehmen sei. – Die Auswahl der Unwörter 1994 soll unabhängig von der GfdS erfolgen.

Mit dem Victory-Zeichen begrüßt der neugewählte Präsident Kolumbiens, Ernesto Samper Pisano, am 19. Juni seine Anhänger

## Kolumbien

**Hauptstadt:** Bogotá
**Einwohner:** 34 Mio.
**Einwohner/km²:** 30
**Staatsoberhaupt:**
E. Samper Pisano
(seit 7.8. 1994)
**Regierungschef:**
E. Samper Pisano
(seit 7.8. 1994)
**BSP/Einwohner:**
1 290 US-$

### Instabile innenpolitische Situation

Nach den Parlamentswahlen vom 13. März, die im Vorfeld von Drohungen und gewalttätigen Ausschreitungen versch. Guerillaorganisationen geprägt waren, sind der regierende Partido Liberal (PL) mit 90 von 163 und der oppositionelle Partido Social Conservador (PSC) mit 53 Sitzen im Abgeordnetenhaus vertreten. Für die Präsidentschaftswahlen ließ der scheidende Präs. CÉSAR GAVIRIA TRUJILLO, der zum neuen GenSekr. der Organisation Amerikan. Staaten (OAS) berufen wurde (Amtsantritt: 15. Sept.), sämtl. Wahllokale von 200 000 Soldaten sichern. Der Kandidat des PL, ERNESTO SAMPER PISANO, der im ersten Wahlgang am 28. Mai mit 45,3 % nur einen hauchdünnen Vorsprung vor dem konservativen ANDRÉS PASTRANA ARANGO (44,98 %) erzielt hatte, konnte sich erst bei der Stichwahl am 19. Juni gegen seinen Konkurrenten durchsetzen; der frühere Guerilla-Anführer ANTONIO NAVARRO WOLFF, der für die Allianza Democrática M-19 angetreten war, erhielt im ersten Wahlgang nur 3,8 % der Stimmen.

Nur wenige Tage nach dem zweiten Wahlgang geriet der designierte Präs. in den Verdacht, daß das Kokainkartell von Cali seinen Wahlkampf finanziert habe. SAMPER, der im Wahlkampf Schwerpunkte bei der Bekämpfung der Korruption und v. a. in der Guerilla- und Drogenpolitik gesetzt hatte, wies die Anschuldigungen entschieden zurück. Zur wirksameren Bekämpfung von Guerilla und Drogenhandel besetzte er Ende Nov. die Führungsspitze von Polizei und Militär neu.

Anders als die Untergrundorganisation Corriente de Renovacíon Socialista (CRS; dt. Sozialist. Erneuerungsströmung), die ihre Tätigkeit nach dem im Dez. 1993 mit der Reg. geschlossenen Abkommen weitgehend einstellte, setzten insbes. der Ejército de Liberación Nacional (ELN) und die Fuerzas Armadas Revolucionarias de Colombia (FARC) mit einer Offensive im Juli den bewaffneten Kampf fort. Einem im März veröffentlichten Bericht von Amnesty International zufolge gingen die zahlreichen Menschenrechtsverletzungen aber nur z. T. auf Drogenkartelle und Guerillagruppen zurück, der überwiegende Teil der polit. Morde gehe auf das Konto der Sicherheitskräfte.

### Wirtschaftliche Entwicklung

Der marktwirtschaftl. Reformkurs führte, unterstützt durch gestiegene Weltmarktpreise für die Hauptexportprodukte Erdöl, Kohle und Kaffee, zu einem wirtschaftl. Aufwärtstrend; die Inflationsrate stieg jedoch auf über 20 %. Ein Investitionsschutzabkommen mit Großbritannien sowie die Vereinbarung über ein Freihandelsabkommen mit Mexiko und Venezuela (am Rande des 4. iberoamerikan. Treffens am 14./15. Juni in K.) und mit den CARICOM-Staaten am 24. Juli sollen die wirtschaftl. Rahmenbedingungen verbessern. Zeitgleich wurde der Gründungsvertrag der →Association of Caribbean States in Bogotá unterzeichnet.

**kombinierter Verkehr:** Im Ggs. zur klass. Variante des Gütertransports über Straße und Schiene (z. B. mit Containern), der den Nachteil aufwendiger Umschlagtechnik und festgelegter La-

dezentren hat, können bei den neueren, bimodalen Systemen an beliebigen befestigten Gleisanschlüssen die Sattelauflieger vom Lkw auf Drehgestelle geschoben und zu Zügen zusammengestellt werden; zusätzl. Einrichtungen entfallen. Mehrere konkurrierende Systeme dieses schnellen Straße-Schiene-Umschlags sind in versch. Ländern in Erprobung, teils schon im Einsatz.

**kommunale Finanzen:** Die Finanzlage der Gemeinden in den alten Bundesländern war geprägt durch stagnierende oder sinkende Einnahmen aus Steuern und aus Zuweisungen von Bund und Ländern im Rahmen des Finanzausgleichs sowie durch eine überdurchschnittl. Zunahme der sozialen Leistungen (insbes. der Sozialhilfe). Im Rahmen eines damit unausweichl. Sparkurses wurden Kürzungen v. a. bei den Sachinvestitionen vorgenommen. Eine Entlastung bei den Sozialhilfelasten ergab sich aus der 1993 durch Bundesgesetz vorgenommenen Begrenzung des Anstiegs der Sozialhilferegelsätze und aus dem Rückgang der Asylbewerberzahl infolge des neuen Asylrechts.

Bei den Gemeinden in den neuen Bundesländern lagen je Ew. die Gesamteinnahmen und -ausgaben wie bereits 1993 über dem Niveau in den alten Ländern. Trotz steigender Steuereinnahmen ist die originäre Finanzkraft aber nach wie vor niedrig. Die Steuereinnahmen je Ew. betrugen lediglich 30 % des Westniveaus, und die Steuern bestritten lediglich 10 % der Gesamteinnahmen (gegenüber 36 % in den westl. Ländern), so daß die ostdt. Kommunen weiterhin in hohem Maße von Zuweisungen des Bundes und der Länder bzw. des Fonds ›Dt. Einheit‹ abhängig sind. Charakteristisch für die Ausgabenstruktur waren das gegenüber westl. Kommunen hohe Investitionsniveau und die trotz eines starken Personalabbaus immer noch hohen Personalausgaben (je Ew. 136 % des Niveaus in den westdt. Gemeinden). Die Leistungen aus dem Fonds ›Dt. Einheit‹, an dem die ostdt. Kommunen mit 40 % partizipieren, entfallen ab dem 1. 1. 1995. Die fünf neuen Bundesländer werden ab diesem Zeitpunkt durch die Einbeziehung in den Länderfinanzausgleich und durch die Anhebung des Länderanteils an der Umsatzsteuer von 37 % auf 44 % erhebl. Transfers aus dem alten Bundesgebiet erhalten.

## Komoren

**Hauptstadt:** Moroni
**Einwohner:** 607 000
**Einwohner/km²:** 272
**Staatsoberhaupt:**
S. M. Djohar
**Regierungschef:**
M. A. Madi
(seit 2. 1. 1994)
**BSP/Einwohner:**
500 US-$

Aus den Parlamentswahlen vom Dez. 1993 gingen die Präs. SAÏD MOHAMED DJOHAR unterstützenden Parteien gestärkt hervor. Die neue Reg. unter Premiermin. MOHAMED ABDOU MADI trieb die von Internat. Währungsfonds und Weltbank geförderten Wirtschaftsreformen voran.

## Kongo

**Hauptstadt:**
Brazzaville
**Einwohner:** 2,4 Mio.
**Einwohner/km²:** 7
**Staatsoberhaupt:**
P. Lissouba
**Regierungschef:**
J.-J. Yhombi-Opango
**BSP/Einwohner:**
1 030 US-$

Der 1993 ausgebrochene blutige Konflikt zw. Reg. und Opposition endete fürs erste am 6. Aug. mit der Unterzeichnung eines Versöhnungsabkommens in Brazzaville. Die Armeereform von Präs. PASCAL LISSOUBA erhielt im April Unterstützung durch Frankreich. – Im gleichen Monat verabschiedete die Reg. ein Gesetz zur Privatisierung von Staatsbetrieben, das die Grundlage für ein mit dem Internat. Währungsfonds vereinbartes Strukturanpassungsprogramm bildete.

## Korea (Nord-Korea)

**Hauptstadt:**
P'yŏngyang
**Einwohner:** 23,1 Mio.
**Einwohner/km²:** 191
**Staatsoberhaupt:**
Kim Jong Il
**Regierungschef:**
Kang Song San
**BSP/Einwohner:**
990 US-$

### Wirtschaftliche Misere

Die wirtschaftl. Lage des kommunist. Nord-K. war auch 1994 katastrophal: Energiemangel, Materialverschleiß und v. a. der Wegfall früherer Handelsbeziehungen zu Ländern Osteuropas, zur Sowjetunion und auch zu China belasteten die Wirtschaft der Korean. Demokrat. Volksrepublik. 1993 betrug das Außenhandelsvolumen nur 2,64 Mrd. US-$, davon 904 Mio. US-$ mit China; der Warenaustausch mit Japan erreichte 470 Mio. U$-$, mit Süd-

Korea nur 170 Mio. US-$. Die Auslandsverschuldung lag bei rd. 10 Mrd. US-$ (50% des Bruttosozialprodukts). Auch die Nahrungsmittelversorgung gestaltete sich aufgrund von Mißernten problematisch. Nord-K. setzt auf ausländ. Investitionen, v. a. in der Region am Mündungsbiet des Tumen, wo eine ›Wirtschaftssonderzone‹ entstehen soll. Wegen Infrastrukturproblemen und bürokrat. Ineffizienz blieben aber größere Investitionszusagen aus. Nicht zuletzt der ›Atompoker‹ manövrierte das Land auch wirtschaftlich ins Abseits.

### Machtwechsel

Am 8. Juli starb der ›große und geliebte Führer, Genosse KIM IL SUNG‹ an Herzversagen; mitten in den schwierigen Atomverhandlungen mußte der Machtwechsel zu seinem Sohn KIM JONG IL vollzogen werden. Zwar hatte dieser wohl längst schon die konkrete Macht inne, aber es gab Widerstände gegen diese Erbfolge – nicht zuletzt in der eigenen Familie. Im Okt. aber hatte sich KIM JONG IL offenbar durchgesetzt.

### Anhaltender Atomstreit

Nord-K. setzte auch 1994 die Angst der Nachbarstaaten vor nuklearer Rüstung gezielt ein. Die Inspektion der nordkorean. Atomanlagen wurde zu einem Konfliktthema zw. der Volksrep., der Internat. Atomenergiebehörde (IAEA) und den USA. Zudem verschärften sich die Spannungen zw. Washington und P'yŏngyang wegen der geplanten Stationierung des amerikan. Raketenabwehrsystems ›Patriot‹ in Süd-Korea. Im Febr. schloß Nord-K. mit den USA eine Vereinbarung, die der IAEA eine umfassende Inspektion von sieben deklarierten Nuklearanlagen erlaubte; Sonderinspektionen in zwei mutmaßl. Atomanlagen wurden jedoch strikt abgelehnt. Die Arbeit der Inspektionsdelegation (3.–15. März) wurde behindert, und die Ungewißheit über das Nuklearpotential Nord-K.s dauerte an. In dieser Auseinandersetzung im März drohte die Volksrep. zum wiederholten Male mit der Kündigung des Atomwaffensperrvertrages und richtete Kriegsdrohungen gegen Süd-Korea und Japan. Im Juni spitzte sich der Konflikt zu, und Nord-K. mußte mit ersten Sanktionen als Antwort auf den Widerstand gegen eine umfassende Kontrolle seiner Atomanlagen rechnen. Im Mittelpunkt der sich zuspitzenden Auseinandersetzungen stand ein sog. experimentelles Atomkraftwerk, in dem eine Neubestückung des Reaktorkerns mit mehr als 7000 Brennstäben im Eilverfahren vorgenommen wurde. Der Streit eskalierte weiter mit der offiziellen Bekanntgabe Nord-K.s gegenüber den USA im Juni, aus der IAEO ausgetreten zu sein.

Bei den im Juli/Aug. in Genf stattfindenden Verhandlungen zw. den USA und Nord-K. über das umstrittene Atomprogramm, die durch Vermittlung des ehem. amerikan. Präs. JIMMY CARTER zustande gekommen waren, wurde mit einer gemeinsamen Erklärung am 13. Aug. ein erster Durchbruch erzielt. Gemäß der Erklärung soll eine Normalisierung der Beziehungen zu den USA vorangetrieben werden. Darauf aufbauend wurden Ende Sept. die Genfer Atomgespräche wieder aufgenommen, und am 21. Okt. wurde ein Rahmenabkommen unterzeichnet. Es sieht eine grundlegende Umstrukturierung des nordkorean. Atomprogramms binnen zehn Jahren vor. Nord-K. wurden zwei Leichtwasser-Reaktoren zugesagt, die weniger waffenfähiges Plutonium produzieren als die bisherigen Graphitreaktoren. Im Gegenzug verpflichtete sich Nord-K., die laufenden Atomprogramme einzufrieren und den Atomwaffensperrvertrag einzuhalten.

### Korea (Süd-Korea)

**Hauptstadt:** Seoul
**Einwohner:** 44,5 Mio.
**Einwohner/km²:** 450
**Staatsoberhaupt:**
Kim Young Sam
**Regierungschef:**
Lee Hong Koo
(seit 17. 12. 1994)
**BSP/Einwohner:**
6 790 US-$

### Wirtschaftlicher Aufschwung

Wirtschaftlich befand sich Süd-K. weiterhin auf Wachstumskurs. Das schon chron. Defizit in der Leistungsbilanz konnte bis Jahresanfang drastisch verringert werden. Dies hatte aber zur Folge, daß sich Süd-K. mit immer dringlicheren Forderungen nach Liberalisierung und Deregulierung im Außenhandel konfrontiert sah. Trotz bürokrat. Hemmnisse wurden erste Erfolge auch bei der Entflechtung der übermächtigen Großkonzerne erreicht.

### Neue Ministerpräsidenten

Staatspräs. KIM YOUNG SAM konnte große Erfolge bei der Bekämpfung der Korruption vorweisen; es gelang ihm, auch das Militär ziviler Kontrolle zu unterstellen und die Macht des früher gefürchteten

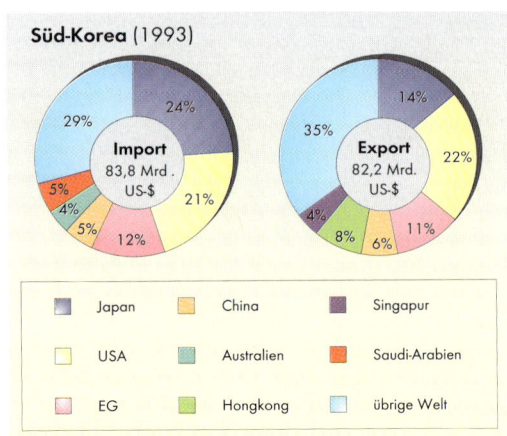

**Süd-Korea (1993)**

Import 83,8 Mrd. US-$: 29%, 24%, 21%, 12%, 5%, 4%, 5%

Export 82,2 Mrd. US-$: 35%, 14%, 22%, 11%, 6%, 8%, 4%

Japan — USA — EG — China — Australien — Hongkong — Singapur — Saudi-Arabien — übrige Welt

Geheimdienstes zu beschneiden. Fast die gesamte militär. Führungsspitze wurde wegen Korruptionsverdachts entlassen. Der Stärke des Präs. stand die Schwäche des jeweiligen Regierungschefs gegenüber. Der erst im Dez. 1993 berufene LEE HOI CHANG trat nach nur viermonatiger Amtszeit am 22. April zurück; Nachfolger im Amt wurde sein Stellv., der bisherige Min. für Wiedervereinigung LEE YUNG DUG. Nachdem sein Kabinett im Nov./ Dez. in die Kritik geraten war, ernannte Präs. KIM YOUNG SAM am 17. Dez. LEE HONG KOO zum neuen Regierungschef.

### Außenpolitik im Zeichen atomarer Drohungen aus dem Norden

Zentrales Thema der Außenpolitik blieb das Verhältnis zu Nord-Korea. Der wegen der Kontrolle der nordkorean. Atomanlagen schwelende Streit eskalierte im März. Die Drohung Nord-Koreas, den Atomwaffensperrvertrag zu kündigen und die Hauptstadt Seoul in ›ein Flammenmeer‹ zu verwandeln, veranlaßte Süd-K., die USA um die Wiederaufnahme der gemeinsamen Manöver und um Stationierung von Patriot-Flugabwehrraketen zu ersuchen. Süd-K. unterhielt zu diesem Zeitpunkt 655 000 Soldaten, während Nord-Korea 1 010 000 Mann unter Waffen hatte. Diplomat. Kontakte wurden zur Unterstützung nicht nur zu den USA, sondern anläßlich zweier Auslandsreisen KIM YOUNG SAMS auch zu Japan und China aufgenommen, um mäßigend auf Nord-Korea einzuwirken. Der Konflikt mit Nord-Korea führte im Juni zu erneuten Kriegsdrohungen gegen Süd-K. und hierauf zur Erneuerung der Hilfszusagen der USA. Auf den Tod des nordkorean. Diktators KIM IL SUNG reagierte Süd-K. mit einer Propagandaoffensive; diese zeigte allerdings wenig Wirkung, da etwa die Behauptung, Nord-Korea verfüge über fünf Atombomben, internat. als unglaubwürdig galt. Die harte Haltung Seouls, die von der Furcht diktiert war, daß eigene Interessen bei den Atomverhandlungen zw. den USA und Nord-Korea unberücksichtigt blieben, konnte nicht durchgehalten werden. Schon im Aug. sagte Süd-K. für den Fall einer

Einigung im Atomstreit Geld und Unterstützung für den Aufbau einer modernen Nuklearindustrie in Nord-Korea zu. Zusätzlich wurden Stromlieferungen angeboten. Eine Rolle spielte bei diesem Kurswechsel auch die Furcht, daß bei einem Zusammenbruch Nord-Koreas die Kosten einer Wiedervereinigung die Leistungskraft Süd-K.s übersteigen würden.

**Koschnick,** Hans Karl-Heinrich, Politiker (SPD), *Bremen 2.4. 1929. – Mit der Koordination des Wiederaufbaus von Mostar, der Regionalhauptstadt der Herzegowina, wurde K. am 18. April von der EU beauftragt. Seit dem 23. 7. 1994 versucht er als Unparteiischer, die verfeindeten ethn. Parteien der Muslime und der Kroaten, die sich wieder versöhnen wollen, zum Wohle der zerschossenen Stadt zusammenzuführen. K. will mit seiner etwa 200 Mann starken Mannschaft und einem Etat von ca. 60 Mio. DM zunächst aufräumen, dann die Grundversorgung mit Wasser und Strom sichern sowie Schulen und Krankenhäuser für den Winter herrichten.
K. war nach einer Verwaltungslehre in Bremen 1954–63 Gewerkschaftssekretär der ÖTV und wurde 1963 Leiter der Abteilung Jugendhilfe und Sport beim Senator für Wohlfahrt und Jugend in Bremen. 1963 wurde er dort Innensenator, 1965 zweiter Bürgermeister und 1967 Präs. des Senats und Bürgermeister. 1985 trat K. von diesem Amt zurück und war seit 1987 MdB. 1975–79 war er stellv. Bundesvors. der SPD.

**Krebs-Gen:** Einer Gruppe amerikan. Molekulargenetiker fand im Herbst auf dem 17. Chromosom des Menschen ein Gen, das bei einem kleinen Teil von an Brustkrebs erkrankten Frauen diesen Tumor auslöst. Das BRCA-1 genannte Gen ist allerdings nur bei höchstens 5% aller Brustkrebsfälle ursächlich, und ein Routinetest, der die betreffende Mutation nachweist, wird erst in mehreren Jahren verfügbar sein. Kritiker verweisen auf die eth. Probleme solcher Tests, v. a. wenn Krankheiten lange

Hans Koschnick (rechts) übernimmt am 23. Juli im Auftrag der EU die Verwaltung von Mostar. Noch verbindet lediglich eine Behelfsbrücke die beiden Teile der zerstörten Stadt

vor ihrem Ausbruch diagnostizierbar werden, ohne daß die Medizin adäquate Heilverfahren anbieten kann.

**Kreislaufwirtschaftsgesetz:** Seit 1. Aug. gilt die erste Stufe des neuen K. Es ermächtigt die Bundesreg., z. B. Verordnungen zur Rücknahme von Altautos, Elektronikschrott u. ä. zu erlassen. Das K. schreibt u. a. vor, daß abfallarme Produkte entwickelt werden sollen. Es läßt allerdings die Abfallverbrennung statt Recycling zu, wenn die Verbrennung dazu dient, Energie zu gewinnen. Die zweite Stufe soll im Aug. 1996 in Kraft treten.

**Kreß,** Volker, ev. Theologe, *Dresden 25.7. 1939. – Nachdem ihn die Landessynode im Dez. 1993 zum neuen Landesbischof der Ev.-Luther. Landeskirche Sachsens gewählt hatte, übernahm K. am 9. April in der Dresdener Kreuzkirche das Amt von seinem Vorgänger JOHANNES HEMPEL.

Polizisten mit Schutzausrüstung räumen am 10. April das Tempelgelände des Buddhistenordens Chogye in Seoul, nachdem es zu schweren Ausschreitungen zwischen rivalisierenden Mönchsgruppen des Ordens gekommen ist. 38 Personen werden verletzt, etwa 140 Mönche zum Verhör abgeführt

K. absolvierte erst eine Lehre zum Industriekaufmann im elterl. Handwerksbetrieb in Dresden, bevor er 1962 das Theologiestudium in Leipzig aufnahm. Nach der Ordination 1969 übernahm er zunächst eine Pfarrstelle in Stollberg im Erzgebirge, wurde aber bald mit der Jugendarbeit im Kirchenkreis betraut und 1973 zum Landesjugendpfarrer berufen. Ab 1979 arbeitete K. dann als Superintendent im ostsächs. Kirchenbezirk Bautzen. Vor seiner Wahl zum Landesbischof war er seit 1989 als Oberkirchenrat im Dresdener Landeskirchenamt tätig, wo er sich mit polit. Grundsatzfragen beschäftigte. Unter den Aufgaben in seinem neuen Amt will sich K. v. a. um Lösungen bei der umstrittenen Gestaltung der →Militärseelsorge bemühen.

**Kriegsverbrechertribunal,** 1993 vom UNO-Sicherheitsrat eingerichtet zu dem Zweck, Kriegsverbrechen im ehem. Jugoslawien seit dem 1. 1. 1991 zu ahnden; konstituierte sich im Nov. 1993. – Chefankläger RAMÓN ESCOVAR SALOM aus Venezuela gab im Frühjahr sein Mandat zurück, um Innenmin. seines Landes zu werden. Neuer Chefankläger wurde am 25. Aug. der südafrikan. Richter RICHARD GOLDSTONE. Schließlich trat das K. am 8. Nov zu einer ersten öffentl. Anhörung zusammen, auf der Anklage gegen den in Bosnien befindl. Serben DRAGAN NIKOLIĆ erhoben und ein Haftbefehl für ihn ausgestellt wurde. Außerdem wurde Deutschland um die Auslieferung des dort nach dem →Weltrechtsprinzip als mutmaßl. Kriegsverbrecher angeklagten Serben DUŠKO TADIĆ ersucht.

**Krim:** Nach der Wahl des proruss. Nationalisten JURIJ MESCHKOW zum Präs. der K. am 30. Jan. trat der Streit um die Stützpunkte des russ. Flottenanteils, bes. auf der K., in ein neues Stadium. Gegen ein Verbot des ukrain. Präs. wurde am 27. März, gleichzeitig mit den ersten freien Parlamentswahlen in der Ukraine, bei denen MESCHKOWS Block Rossija (dt. Rußland) auf der K. die absolute Mehrheit erhielt, ein Referendum über den Status der K. abgehalten. Eine große Mehrheit der zu 67 % von Russen bewohnten K. sprach sich für die K. als unabhängige Republik aus.

Die Einigung JELZINS und KRAWTSCHUKS vom Sept. 1993, die Schwarzmeerflotte zw. Rußland und der Ukraine aufzuteilen, wurde am 15. April am Rande eines GUS-Gipfeltreffens durch eine Verabredung der beiden Staatschefs ergänzt, den ukrain. Anteil überwiegend zur Kompensation von Schulden an Rußland abzutreten, was eine Welle nat. Entrüstung in Kiew hervorrief. Weder die Verteidigungsmin. am 22. April noch die MinPräs. am 23. und 24. Mai vermochten den Konflikt um die Flotte zu lösen; damit besteht das gemeinsame Oberkommando fort. Am 23. Aug. erklärte das Stadtparlament von Sewastopol seine Zugehörigkeit zu Rußland und wurde darin von Simferopol bestätigt.

Als am 20. Mai das Parlament (Oberster Sowjet) der K. in Simferopol gegen den Widerstand der Ukraine die Regionalverfassung von 1992 wieder in Kraft setzte, in der eine weitgehende Loslösung der K. deklariert wird, und das Recht auf eine eigene

Armee bekräftigte, verhielt sich Rußland offiziell neutral. Am 4. Aug. folgte ein Beschluß über die doppelte Staatsbürgerschaft. Am 17. Okt. hob das ukrain. Parlament alle Gesetze der Krim-Republik auf, die nicht der Verfassung und Gesetzgebung der Ukraine entsprechen (u. a. das Präsidentenamt). Das Parlament, aus dessen Sicht MESCHKOW zu halbherzig den Anschluß an Rußland betrieb, geriet v. a. in der Frage der Privatisierung mit dem Präs. in Konflikt. Am 7. Sept. schränkte das Parlament MESCHKOWS Vollmachten erheblich ein, der es am 11. Sept. auflöste und es am 11./12. Sept. von Polizeikräften abriegeln ließ. Die Reg. trat am 15. Sept. zurück.

## Kroatien

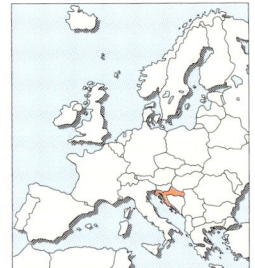

**Hauptstadt:** Zagreb
**Einwohner:** 4,8 Mio.
**Einwohner/km²:** 83
**Staatsoberhaupt:**
F. Tudjman
**Regierungschef:**
N. Valentić
**BSP/Einwohner:**
1 800 US-$

Auch 1994 hielt die Teilung der Rep. K. an. Etwa ein Drittel des Staatsgebiets gehörte zur ›Serb. Rep. Krajina‹ (RSK, Hauptstadt Knin), deren Politiker über eine direkte Verbindung mit den serb. Teilen Bosniens den Anschluß an Rest-Jugoslawien anstrebten. Das Krajina-Problem und der Krieg in Bosnien standen dementsprechend weiterhin im Zentrum der kroat. Innen- und Außenpolitik.

**Bewegung und Stillstand in der Krajina-Frage**

Im Dez. 1993 waren in der RSK Parlaments- und Präsidentschaftswahlen durchgeführt worden. Aus den Präsidentschaftswahlen ging nach Stichwahl am 23. Jan. der Wunschkandidat des serb. Präs. SLOBODAN MILOŠEVIĆ, MILAN MARTIĆ, als Sieger hervor. Am 1. Febr. erklärte der neue Präs. der RSK, daß seine Reg. auf einem eigenen Staat bestehen und nur auf der Grundlage völliger Gleichberechtigung einem Friedensabkommen mit K. zustimmen werde.

Am 30. März verständigten sich die kroat. Reg. und die Krajina-Serben auf einen umfassenden Waffenstillstand und auf die Einrichtung einer von UNO-Truppen kontrollierten Truppenentflechtungszone auf beiden Seiten der Front. Da aber weder die Reg. in Zagreb noch die in Knin bereit war, von grundsätzl. Positionen abzuweichen, kam es bald zu einem abermaligen Stillstand in den Beziehungen.

Weiterhin hing das Krajina-Problem eng mit dem Bosnien-Konflikt zusammen. Ab Mitte des Jahres wurde wiederholt von der RSK aus in die Kämpfe in Westbosnien eingegriffen, nachdem die bosn. und kroat. Serben infolge der Zustimmung MILOŠEVIĆS zum Friedensplan der internat. Kontaktgruppe für Bosnien zunehmend isoliert worden waren. Mitte Sept. erklärte sich die NATO auf Anfrage der UNO bereit, serb. Stellungen in der Krajina, von denen UNO-Soldaten in Bosnien angegriffen würden, zu bombardieren. NATO-Flugzeuge griffen dementsprechend am 21. Nov. den Flughafen Udbina in der Krajina an, von dem aus kroat. Serben wenige Tage zuvor Luftangriffe gegen das bosn. Bihać unternommen hatten.

### Innenpolitischer Streit über Bosnien-Politik

Am 19. Jan. unterzeichneten die Außenmin. K.s und Rest-Jugoslawiens eine Erklärung über die Normalisierung der Beziehungen zw. ihren beiden Ländern. Die Krajina wurde in dem Dokument mit keinem Wort erwähnt. Die kroat.-serb. Verständigung wurde von vielen Beobachtern als Teil eines geheimen ›Deals‹ zw. Präs. FRANJO TUDJMAN und seinem serb. Amtskollegen MILOŠEVIĆ zur Aufteilung Bosniens gewertet. Die in den folgenden Wochen unter massivem ausländ. Druck vollzogene Vereinigung der bosn. Kroaten und Muslime in einer Föderation (→Bosnien und Herzegowina) kam für die kroat. Öffentlichkeit völlig überraschend und löste stürm. Auseinandersetzungen aus. Nicht nur aus den Reihen der Opposition, auch aus Teilen der Regierungspartei HDZ wurde massive Kritik laut. Der Präs. der zweiten Kammer des Parla-

ments, JOSIP MANOLIĆ, forderte den Rücktritt des Verteidigungsmin. GOJKO ŠUŠAK, der als Führer der herzegowin. ›hardliner‹ für den Krieg gegen die bosn. Muslime verantwortlich gemacht wurde. Am 22. März wurde MANOLIĆ aus der Führung der HDZ ausgeschlossen, woraufhin sich Parlamentspräs. STIPE MESIĆ, ebenfalls führendes HDZ-Mitglied, auf dessen Seite stellte und verlangte, daß diejenigen HDZ-Politiker zur Verantwortung gezogen werden sollten, die den Krieg gegen die Muslime in Bosnien und Herzegowina initiiert und damit die Schädigung des kroat. Ansehens im Ausland bewirkt hätten. Am 30. April gründeten MESIĆ und MANOLIĆ die Partei der Kroat. Unabhängigen Demokraten (HND). Es gelang ihnen aber nicht, so viele Abgeordnete des linken Flügels der HDZ auf ihre Seite zu ziehen, daß die Mehrheit der Tudjman-Partei im Parlament gefährdet worden wäre. Rückendeckung in der Krajina- und Bosnienfrage erhoffte sich TUDJMAN vom Besuch des Papstes in Zagreb am 10. Sept., JOHANNES PAUL II. vermied jedoch eine dementsprechende Stellungnahme.

### Anhaltende Wirtschafts- und Sozialkrise

Angesichts der territorialen Zerrissenheit K.s, der damit verbundenen Unterbrechung der Verkehrswege, der hohen Rüstungsausgaben und Kriegsfolgelasten sowie der Probleme bei der Versorgung einer halben Million Flüchtlinge kam die Stabilisierung der Wirtschaft nur schleppend voran. Zwar konnten bei der Bekämpfung der Inflation und bei der Stabilisierung der Währung (Einführung der kroat. Kuna anstelle des kroat. Dinar) einige Fortschritte erzielt werden, doch die tiefen Einbrüche in der Industrieproduktion, im Außenhandel und Tourismus ließen sich nicht ausgleichen. Der dramat. Verfall der Einkommen, die 1994 weniger als die Hälfte des Durchschnittseinkommens von 1990 betrugen, sorgten für eine fortschreitende Verarmung großer Teile der Bevölkerung.

Zögernd beginnt im Frühjahr der Wiederaufbau der kroatischen Stadt Dubrovnik. Auch Teile der von der UNESCO zum Weltkulturerbe erklärten Altstadt waren 1991 von den Serben zerstört worden

**KSZE,** Abk. für **K**onferenz über **S**icherheit und **Z**usammenarbeit in **E**uropa: Auf dem KSZE-Gipfeltreffen Anfang Dez. in Budapest wurde beschlossen, zum 1. 1. 1995 die Umbenennung in ›OSZE‹ (**O**rganisation für **S**icherheit und **Z**usammenarbeit in **E**uropa‹) vorzunehmen, um damit der beabsichtigten institutionellen Aufwertung des Zusammenschlusses Ausdruck zu verleihen. Parallel dazu wechseln wichtige KSZE-Institutionen ihre Bezeichnung, so z. B. der KSZE-Rat (höchstes Entscheidungsorgan der einmal jährlich tagenden Außenminister), der dann ›Ministerrat‹ heißt. In der Schlußerklärung äußerten die 52 Staats- und Regierungschefs den Willen, einer erneuerten KSZE eine größere polit. Rolle zuzuweisen. So solle sie das wichtigste Instrument sein, im Gebiet zw. Vancouver und Wladiwostok Krisen zu lösen, Konflikte zu vermeiden und vor deren Entstehen zu warnen.

Erfolglos endete das Treffen im Hinblick auf den Bürgerkrieg in Bosnien und Herzegowina. In einer emotionsgeladenen letzten Plenarsitzung am 6. Dez. scheiterte die Verabschiedung zweier Erklärungen zur Lage im früheren Jugoslawien und in der von den Serben bedrängten UNO-Schutzzone von Bihać am Widerspruch der bosn. Reg., da die Verurteilung Belgrads als Aggressor gefehlt habe. Rußland und eine Reihe anderer Staaten hatten auf einer allgemeinen Formulierung der Erklärungen bestanden, da sie weiterhin eine klare Parteinahme im Konflikt ablehnen.

## Kuba

**Hauptstadt:** Havanna
**Einwohner:** 10,9 Mio.
**Einwohner/km²:** 98
**Staatsoberhaupt:**
F. Castro Ruz
**Regierungschef:**
F. Castro Ruz
**BSP/Einwohner:**
3 540 US-$

### Dramatische Versorgungskrise

Auch 1994 lag der Ernteertrag des Hauptexportprodukts Zucker trotz einer leicht gestiegenen Menge weit unterhalb der Erwartungen. Der Mangel an Treibstoff, Ersatzteilen und Düngemitteln sowie die weitere Verknappung der Grundnahrungsmittel verschlechterten weiter die Lebensbedingungen der Bevölkerung. Auf die allgemeine Energieknappheit wurde mit einer Stromsperre der Privathaushalte von täglich mehreren Stunden

reagiert, und einige Fabriken mußten geschlossen werden. Lediglich die Tourismusbranche blieb profitabel, und der Tabakexport erfuhr eine leichte Erholung.

### Maßnahmen zur Eindämmung der Wirtschaftskrise

Im April begann das Regime FIDEL CASTROS mit der Umorganisation der Wirtschaftsführung, die als härteste wirtschaftl. Maßnahme seit der Revolution gewertet wurde. Zum Zeichen der wirtschaftl. Öffnung konnte Anfang April die Netherlands Carribean Bank als erste ausländ. Bank eine Niederlassung eröffnen. Am 21. April wurden sieben neue Ministerien gebildet (u. a. für Wirtschaft und Planung, Finanzen und Preise, Auslandsinvestitionen und wirtschaftl. Zusammenarbeit), die an die Stelle staatl. Kommissionen traten; die planwirtschaftl. Arbeitsweise der Ministerien blieb jedoch erhalten. Bis Mitte des Jahres wurden zudem 6 der 14 Parteisekr. durch jüngere ersetzt. Dieser Generationswechsel stand wie die vom 22. bis 24. April erstmals seit 1976 stattfindenden Gespräche mit Exilkubanern im Zusammenhang mit den Versuchen, K. aus seiner schweren Wirtschaftskrise herauszuführen. Auf der außerordentl. Nationalversammlung am 1. und 2. Mai wurden zur Verringerung des auf rd. 4 Mrd. US-$ geschätzten Haushaltsdefizits u. a. ein Subventionsstopp für Staatsbetriebe und Preiserhöhungen angekündigt, die am 1. Juni für Tabak, Alkohol, Strom u. a. in Kraft traten. Am 5. Aug. beschloß das Parlament die Einführung einer Lohn- und einer Mehrwertsteuer und die Erhebung von Sozialversicherungsbeiträgen für Arbeitnehmer ab 1995. Zur Verbesserung der Versorgungslage wurden am 1. Okt. 130 freie Bauernmärkte eröffnet.

### Anschwellender Flüchtlingsstrom in die USA

Hunderte von Kubanern suchten einen Ausweg aus ihrer Misere, indem sie sich in versch. Botschaften flüchteten, darunter die Chiles (15. Juni), Belgiens (28. Mai) und Deutschlands (13. Juni). Das Regime reagierte darauf mit der Abriegelung des Diplomatenviertels in Havanna durch Sicherheitskräfte und verbot die Ausreise der Botschaftsflüchtlinge.
Als viel schwerwiegender erwies sich der Anfang Aug. einsetzende und täglich stärker werdende Strom von Flüchtlingen über den Seeweg in die USA. Am 5. Aug. kam es zu Plünderungen und schweren Auseinandersetzungen zw. Regierungsgegnern und der Polizei in Havanna, wo bereits im März Hungerrevolten ausgebrochen waren. Die polit. Führung K.s drohte den USA, die der Aufhetzung beschuldigt wurden, mit einem Massenexodus wie 1980. Auf ein Verhandlungsangebot K.s (8. Aug.) reagierten die USA zunächst mit der Entsendung von Schiffen, um Flüchtlinge aufzugreifen. Als die Fluchtversuche auf selbstgebastelten Flößen und Booten weiter dramatisch zunahmen, wobei etwa 60 % der Flüchtenden umkamen, beschloß die amerikan. Reg. am 19. Aug., die kuban. ›Boat people‹ künftig auf dem amerikan. Militär-

Zahlreiche Kubaner helfen am 7. September, ein
selbstgebautes Floß durch eine belebte Straße
Havannas zu transportieren

richtet war die Verhängung schärferer Wirtschaftssanktionen am 20. August.

Gegen die Änderung der amerikan. Immigrations-
politik protestierten sowohl die kuban. Reg. wie in
Florida lebende Exilkubaner, die darin einen Ver-
stoß gegen den Guantánamo-Pachtvertrag von
1903 bzw. gegen den Cuban Adjustment Act von
1966 sahen, der jedem illegal einreisenden Kubaner
ein Aufnahmerecht verbürgte. Angesichts von allein 16 970 geflohenen Kubanern im Aug. nahmen
die USA schließlich Gespräche mit K. auf, die allerdings die Wirtschaftssanktionen ausklammer-
ten. Am 9. Sept. kam ein Abkommen zustande, das
die USA verpflichtete, jährlich mind. 20 000 Kubaner legal einreisen zu lassen, während K. im Gegenzug zusagte, die Flüchtlingswelle nach Florida
durch die Überwachung der Küsten zu unterbinden; die 25 000 nach Guantánamo oder später nach
Panama Verbrachten sollten nach K. zurückkehren
und dort einen Visumsantrag stellen.

Nach Abschluß des Abkommens ging die Zahl der
Flüchtenden drastisch zurück. Ende Okt. verfügte
jedoch ein amerikan. Bundesrichter auf den Ein-
spruch einer Gruppe von kubanisch-stämmigen
US-Anwälten den Stopp der Rückführung kuban.
Flüchtlinge.

stützpunkt Guantánamo im O Kubas zu internie-
ren, wohin bereits rd. 15 000 geflüchtete Haitianer
gebracht worden waren. Gegen die kuban. Reg. ge-

---

**KULTUR**

## Über das Sekundäre aus primärer Sicht – Eine Rede von Günter Grass

Preisvergaben haben es in sich. Autoren können ein
Lied davon singen; und sie haben auch eins gesun-
gen, ob MAX FRISCH seinerzeit in Zürich oder ich
dazumal – lang ist's her – in Bremen. Preisträger
haben es in sich! Und Vorsicht ist geboten, sobald
sie danksagen.

Doch bevor ich meinen Dank ausspreche, sind Fragen zu stellen. Etwas ist geschehen, muß sich verschoben haben, außer Kontrolle geraten sein. Was
hat, haben mich meine wenigen Freunde gefragt,
dazu geführt, daß dir der Bayerische Staatspreis
zugesprochen wird? Welches Kalkül steckt dahinter? Wieso wollte man nicht abwarten, bis du in ab-
sehbarer Zeit 70 bist? Oder hast du dich etwa um
den Freistaat Bayern verdient gemacht?

Geduld, Freunde, hört meine Vermutungen. Es
könnte zu dieser Preisvergabe gekommen sein, weil
die allein regierende Staatspartei zur Zeit einzig
mit sich und ihrem Vorleben beschäftigt ist. Probleme stehen an: Ein Heiliger war nicht heilig, ein
Großflughafen muß demnächst umbenannt werden. Ein Kalkül sehe ich nicht, es sei denn, man
wollte Brandenburg, mithin den Preußen zuvorkommen. Die letzte Frage kann ich bejahen: Ja, ich
habe mich um Bayern verdient gemacht. Schon vor
Jahrzehnten ist mir der Heilige nicht heilig gewesen. Meine Warnungen vor alleinregierenden
Staatsparteien, meine Kritik an jeglicher Partei-
herrschaft betrafen nicht nur die Einheitspartei des

Arbeiter- und Bauernstaates, auch DDR genannt,
ihre Roß und Reiter nennende Direktheit wurde
auch hier, im Freistaat, als Sakrileg mißverstanden,
bis, nun ja, bis es hüben wie drüben, trotz aller
Freundschaft von Metzger zu Metzger, verzwickt
wurde. Jetzt plötzlich und spät, wenn nicht zu spät
sieht man ein, daß dieser Autor überlanger Bücher
nicht nur – was nie bezweifelt wurde – ein Natur-
talent ist, sondern auch über ein Frühwarnsystem
verfügt, auf dessen rechtzeitige, wenn auch zu
schrille Signale man hätte hören sollen. Also steht
ihm ein Preis zu, zumal er heidnisch-katholisch genug ist, um selbst hierzulande adoptiert zu werden.
So etwa mag eine Entscheidung zur Reife gekommen sein. Doch ich bin sicher: Es trug sich anders
zu. Die Bayerische Akademie der Schönen Künste
hat souverän entschieden. Und ich bedanke mich.
Aber nicht nur Preisvergaben, auch Danksagungen
haben es in sich. Der Preis wird für mein literari-
sches Werk vergeben, von dem anzunehmen ist,
daß es gleichfalls etwas in sich hat. In viereinhalb

Der Autor:
Günter Grass, geb. 1927,
nahm am 5. Mai 1994 den
Großen Literaturpreis der Bayerischen Akademie der Schönen
Künste entgegen. Seine Rede
zu diesem Anlaß ist hier – mit
Genehmigung des Steidl Verlags –
im Wortlaut wiedergegeben

›Sehen und gesehen werden‹
ist auch 1994 Devise eines
Teils des Opernpublikums bei
den Festspielen in Bayreuth

Jahrzehnten entstanden, mit seinen epischen, lyrischen, szenischen Auswucherungen, aus Zeitgenossenschaft entworfen, widerfuhr ihm von Buch zu Buch Kritik, so daß sich die Frage nach meinem Verhältnis zu dieser Kritik stellen könnte. Wer so lange den Buckel hinhält und sich sogar gelegentlich öffentlichen Auspeitschungen unterwerfen mußte, der soll gefälligst seine Narben vorzeigen. Ist doch interessant. Hat es sehr weh getan? Wie lebt man mit lebenslänglich anhaltender Kritik?

Mir könnte die Feststellung genügen: Ich bin Kritik gewohnt, sie überrascht mich nur selten. Weder war sie besonders hilfreich, noch hat sie nachhaltigen Schaden angerichtet. Und da es mir als Schriftsteller nicht an Selbstbewußtsein mangelt, fällt es mir auch nicht schwer, den Autor als Arbeitgeber zu begreifen: ohne ihn gäbe es die Kritiker nicht, ohne sein vorliegendes Werk müßten sie sich selbst zerfleischen; arbeitslose Sozialfälle wären sie ohne den Schriftsteller, der sie in Lohn und Brot hält, indem er ihnen wiederholt Gelegenheit bietet, an den Früchten seiner Arbeit zu partizipieren, er nährt sie.

Doch da ich es mir nicht leichtmachen will, habe ich meine Dankesrede grundsätzlicher gefaßt und unter den ein wenig hochtrabenden Titel ›Über das Sekundäre aus primärer Sicht‹ gestellt; schließlich rede ich vor einer Akademie, die es in sich hat, vergleichbar Preisvergaben und Danksagungen, die es gleichfalls in sich haben.

Schneller Szenenwechsel vom Ich zum Wir; denn sobald ich von mir absehe – was gar nicht schwerfällt –, liest sich die Frage nach der Kritik anders und komplexer. Auffallend ist zum Beispiel eine seit Jahren immer deutlicher werdende Tendenz, derzufolge sich das Sekundäre vor das Primäre geschoben hat. Mehr noch: die permanente Selbstfeier des Sekundären bestimmt nicht nur den Zeitgeist, sie verkörpert ihn. Das Sekundäre erlaubt sich, als Original aufzutreten. Nicht das neuerschienene Buch ist Ereignis, sondern der sekundäre Reflex. Nicht das Theaterstück des Autors SHAKESPEARE

darf uns anrühren, verwirren, entsetzen, in Frage stellen, vielmehr soll die Inszenierung genannte Verwurstung des Shakespeare-Textes bedeutsam sein: ein auf zehn bis zwanzig Prozent verknappter Digest, den Fremdzitate und Zitate aus Fremdzitaten aufmotzen müssen, damit er mit Hilfe von Geräuschen, Gebrüll und motorischem Gestampfe wieder auf passable Spiellänge kommt. Wie hieß nur der Autor? – Den hat es sowieso nie gegeben. Zwar waren wir es gewohnt, auf Programmankündigungen ganz groß und fettgedruckt den Namen KARAJAN zu lesen und darunter verschwindend klein die Information zu finden, daß unter anderem etwas von MOZART, MAHLER oder BEETHOVEN der Interpretation anheimfallen werde, doch mittlerweile hat sich die Selbstherrlichkeit der Dirigenten in allen Kunstsparten breitgemacht, selbst Gemäldeausstellungen – gleich, aus welchem Jahrhundert – sind Anlaß für Inszenierungen. Der Ausstellungsmacher tritt als der eigentliche Künstler auf, entsprechend bläht sich der zur Ausstellung gehörende Katalog, in dem die einzelnen Werke nur noch als Material stillhalten dürfen für etwas, das über die Einzelwerke hinausreicht, ja diese sogar beliebig und austauschbar macht.

Da das vorherrschende Sekundäre dazu neigt, sich selbst zu bespiegeln und – bei tunlicher Aussparung des primären Werkes – nur noch mit Querverweisen auf seinesgleichen zu deuten, vermehrt sich von Buchmesse zu Buchmesse die Zahl sekundärer Bücher, die sich als Original ausgeben. Die postmoderne Philosophie, die solchen Etikettenschwindel unter Brüdern und Schwestern konsensfähig macht, wird mitgeliefert und ist im Preis inbegriffen.

Nun könnte man sagen: Immerhin gibt der Autor das Stichwort, sein Buch, sein Bild, sein Theaterstück, seine Musik stiftet an, er ist es, der – wenngleich in der Regel unterbezahlt – die vielen Arbeitsplätze – in der Regel gutdotierte – im Bereich des Kulturbetriebs schafft; doch selbst dieser eher bescheidene Hinweis auf den Autor als Urheber könnte sich demnächst als gegenstandslos erweisen, weil mittlerweile das Sekundäre autark ist: Es herrscht nicht nur vor, es beherrscht den Betrieb und vermehrt sich auf parasitäre Weise.

Eine Vielzahl von Festivals, Foren, Workshops und sich international nennende Begegnungen dieser und jener Spielart bedienen einander wechselseitig, wobei eine Technik der Selbstdarstellung entwickelt worden ist, die auf das Produzieren von Primärereignissen spezialisiert wurde. Man möchte dabei sein. Die Täuschung gelingt zumeist. Und der Verdacht, aus zweiter Hand abgefüttert zu werden, also in einen glitzernden Second-hand-shop geraten zu sein, wird in der Regel dadurch zerstreut, daß zu den diversen Kongressen und Foren Gäste aus dem nächstliegenden Zoo, doch auch aus weitentfernten zoologischen Anlagen – koste es, was es wolle – eingeflogen worden sind: exotisch anmutende Exemplare, die immer noch glauben, als Autor firmieren zu dürfen. Ich rede von jener Kulturabteilung, die sich, innerhalb der Sparte Reisekultur, aufs Spesenmachen versteht. Ich rede von der Hybris des Sekundären. Meine Rede handelt vom Ausverkauf. Wir werden aus zweiter Hand bedient.

Doch da meine kühnsten Übertreibungen der vorherrschenden Anmaßung womöglich nicht gewachsen sind, will ich mit einigen Behauptungen nachhelfen. Bei den Angeboten aus zweiter Hand geht es nicht mehr, um ein die Literatur mißbrauchendes Beispiel zu nennen, um THOMAS MANN und dessen Lebenswerk, allenfalls ging es eine Zeitlang darum, teils spekulierend, teils tüftelnd herauszufinden, anhand welcher Personen im fiktiven Erzählstrom der überlieferten Bücher sich die Homosexualität des Autors nachweisen lasse.

Weil aber der Umgang als Leser mit den Romanen und Erzählungen langwierig, sprich: zeitraubend und außerdem verstörend, weil zu direkt ist, griff man zu den Tagebüchern; sie boten verwertbares Material an. Sie ließen sich leicht flöhen. Sie verhalfen zu Aha-Erlebnissen. Ihre einschlägigen Stellen wurden in einer Flut von Artikeln abgehandelt und weitergereicht; eine zweite Hand wusch die andere.

In der Fernsehsendung ›Das literarische Quartett‹ besprechen (von links) Hellmuth Karasek, Marcel Reich-Ranicki, Sigrid Löffler und ein Gast Neuerscheinungen auf dem Buchmarkt

Am Ende war THOMAS MANN ertappt, in seinem Wesenskern gedeutet und auf den Punkt gebracht. Frech konnte eine sekundäre Findung zur Erkenntnis aufgeblasen und als Sichtblende vor das Werk des Urhebers gestellt werden. So abgeblendet wird er uns vorerst nicht mehr verstören können. Endlich haben wir ihn im Griff. Wurde auch Zeit. Glaubte wohl, den Zauberer spielen zu können. Meinte, als Autor hinter dem Werk verschwinden zu dürfen. Aber nun haben wir ihn doch noch heimgeholt nach langer Emigration. Jetzt ist er unser. Wir kennen ihn durch und durch. Wir müssen ihn nicht mehr lesen.

Hier will ich anknüpfen und einen weiteren Fall sekundärer Besitznahme nennen, denn es stand zu befürchten, daß das Werk des Schriftstellers UWE JOHNSON, noch bevor es als kompliziertes Erzählgeflecht den Leser erreicht und beglückt hat, durch Abschöpfung privater Delikatessen verstellt werden könnte. Der Autor konnte die Zugriffe seines Biographen nicht mehr abwehren, wohl aber kann, wie inzwischen geschehen, sein Verlag ihn schützen, indem er verhindert, daß sich der chronische Neid des Sekundären am Primären rächt.

Diesen und weiteren Abschottungen aller Zugänge zum Original entspricht das zur Zeit auf ungezählten Kongressen abgehandelte Lieblingsthema subventionierter Kulturbetreiber, es heißt: ›Vom Ende der Lesekultur‹. Mit bedauerndem Tremolo wird der Sieg der neuen Medien verkündet. Schon ist der lesende Mensch durch den visuell konsumierenden abgelöst. Die diesen Wandel beklagen oder verkünden, geben sich zwar immer noch – wenn auch ein wenig verschämt – als Lesende aus, doch besteht ihre Lektüre zumeist aus sekundären Gewinnabschöpfungen, deren Marktlage vorerst gesichert ist. Und wo bleibt die Kritik? Ich meine die hergebrachte, die noch altmodisch vom Buch zehrt. Sie beginnt sich gemein zu machen mit den Zulieferern aus zweiter Hand. Schon hat sie akzeptiert, daß das Schaugeschäft die Tendenz bestimmt. Der einzelne Entertainer, der sich als Quartett aufspielt, der literarische Stammtisch gibt den Ton an. Wer mag noch lesen bei so viel Fernbedienung?

Schalten wir ab. Blicken wir wenn nicht ins Buch, dann doch aufmerksam um uns. So viele Wirklichkeiten, die sich nackt, häßlich, mit Resten von Anmut zu erkennen geben; doch sehen wir sie tatsächlich, das heißt unverstellt? Es muß nicht verwundern, daß sich die Vorherrschaft der zweiten Hand auch im gesellschaftlichen und damit politischen Bereich beweist. Kräftig langt sie zu, denn die Schlammschlachten des sich gegenwärtig hinziehenden Wahljahres wollen mit Sekundärmaterial munitioniert werden. Zuwachsrätlich lächelnd bieten die Wirtschaftsweisen als Gurus der Konjunktur Daten an, die ins hoffnungsvoll Positive hochgerechnet wurden. Und die im Primären handlungsunfähige Regierung greift in ihrer Not auf Dossiers zurück, die der einstige Gegner, ja der erklärte Feind während Jahrzehnten erstellt und gehortet hat.

Weniger die Musik selbst als der gemeinsame
Auftritt der drei Startenöre (von links nach
rechts) Placido Domingo, José Carreras und
Luciano Pavarotti während der Fußball-
Weltmeisterschaft stehen am 16. Juli in Los
Angeles im Vordergrund

Mit diesem Pfund aus zweiter Hand läßt sich wuchern. Noch nie ist der Staatssicherheitsdienst der DDR so erfolgreich gewesen wie nach dem Untergang des von ihm gesicherten Staates. Endlich darf seine Saat aufgehen. Denn weil nicht vom Primären geredet werden soll – das hieße, von der Arbeitslosigkeit, vom Elend der Obdachlosen, von der gescheiterten deutschen Einheit und von der aufgetürmten Schuldenlast zu sprechen –, wird sekundäres Gift in Umlauf gebracht, fein dosiert oder massiv angereichert. Es liegt ja genug auf Vorrat; denn eins muß man der Stasi lassen, sie ist fleißig gewesen, und Fleiß ist, wie wir von Kindheit an wissen, eine Sekundärtugend.

Nach diesen Ausflügen in die allgemeine Befindlichkeit ziehe ich mich zurück. Zurück zum Autor, also zum Preisträger, der es in sich hat. Ist es nicht anmaßend, wenn er einzig sein Tun als das Primäre begreift? Spielt er sich nicht gottähnlich auf, wenn er das Original, dieses Ergebnis eines altmodischen Schöpfungsaktes, als fortdauernde Premiere fei

ert? – Ich glaube nicht. Er weiß und sagt, daß er nicht allein steht. Sein Werk knüpft an und setzt fort, was andere Autoren begonnen haben. Er sieht sich in Tradition. Und unbekümmert ist seine Gewißheit, daß sein Werk Leser finden wird, gleich, wie klein oder groß ihre Zahl sein mag; und ist die Zahl groß, um so besser.

Denn wer liest, der läßt sich auf ein primäres Erlebnis ein. Ein Erlebnis ohnegleichen. Nichts kann den Vorgang des Lesens ersetzen. In einer Welt der Surrogate verhält sich der Leser einzigartig. Nichts drängt sich telegen schwatzhaft zwischen ihn und das Buch. Er imaginiert, was ihm abstrakt als Satzspiegel vorliegt. Er ist mit dem Buch allein. Und diese Einsamkeit des Lesers mit dem Buch entspricht der oft jahrelangen Einsamkeit des Autors mit seinem Manuskript. Es ist der Leser, der die ihm vorliegende Erzählung, die von anderen totgesagt wurde, belebt, durch seine Vorstellungskraft ergänzt und manchmal sogar bereichert. Er sorgt dafür, daß der Faden nicht abreißt. Er benutzt das Buch, und sei es als Spiegel.

So sind es denn Leserbriefe, die dem Autor – und also auch mir – den Roman, die Erzählung, das Gedicht zurückspiegeln in freilich angelesener Gestalt, verwandelt sogar oder verfremdet. Ich erinnere mich insbesondere an Leserbriefe, die auf meinen Roman ›Der Butt‹ Antwort gegeben haben. Einige dieser Briefe kamen aus Krankenhäusern, in denen sich Leser und Leserinnen mit Hilfe dieses dickleibigen Schmökers über langwierige Heilungsprozesse hinweggebracht hatten. Dem Autor wurde sogar versichert, es habe dieses fettleibige, unflätig lebenshungrige und hemmungslos vor sich hin erzählende Buch aufs lebendigste zum Heilungsprozeß beigetragen.

Seitdem weiß ich, daß das Erzählen eine medizinische Dienstleistung primärer Art sein kann. Und gewiß ist mir auch, daß unsere Welt, sollte sie jemals zur Besinnung kommen, nicht am Sekundären genesen wird. Das Buch hat es in sich, wie Preisvergaben es in sich haben. So auch der Preisträger, der aus erster Hand danksagt.

## KULTURCHRONIK

**15. Januar.** In einer Doppelinszenierung haben die Opern ›Simplicius Simplicissimus‹ (1934/35) von KARL AMADEUS HARTMANN und ›Der Kaiser von Atlantis‹ des 1944 in Auschwitz ermordeten jüd. Komponisten VIKTOR ULLMANN am Dt.-Sorb. Theater Bautzen Premiere.
**16. Januar.** Das Von der Heydt-Museum Wuppertal zeigt Gemälde des 15. bis 19. Jh. aus dem Nat. Kunstmuseum Bukarest (bis 10. April; vorher Bad Homburg; →Kunstausstellungen).
**19. Januar.** Die politisch brisante Ausstellung ›Hoffmann & Hitler‹ im Münchner Stadtmuseum beleuchtet die Rolle der Propagandaphotographie im Führerkult (bis 4. April; →Hitler-Hoffmann-Ausstellung).

**21. Januar.** Für die Salzburger Mozartwoche stellen die Bühnenbildner und Regisseure URSULA und KARL-ERNST HERRMANN aus Konzertarien MOZARTS das Bühnenwerk ›Ombra felice‹ (Glückl. Schatten) zusammen; die musikal. Leitung hat HEINZ HOLLIGER.
**22. Januar.** In Los Angeles verleiht die Foreign Press Association die Golden Globes. Der Preis für den besten Film geht an STEVEN SPIELBERGS ›Schindlers Liste‹, die Darstellerpreise in der Kategorie Drama erhalten HOLLY HUNTER für ›Das Piano‹ und TOM HANKS für ›Philadelphia‹, der Preis für die beste Regie geht ebenfalls an SPIELBERG.
**29. Januar.** PETER STEINS Moskauer Wiederaufnahme seiner legendären Inszenierung der ›Orestie‹ des AISCHYLOS hat am Akadem. Theater der Russ. Armee Premiere.

**30. Januar.** XAVER PAUL THOMAS' Oper ›Draußen vor der Tür‹ nach WOLFGANG BORCHERT wird in Hannovers Theater am Ballhof uraufgeführt.

**3. Februar.** Dem amerikan. Vertreter der Minimal Art ROBERT MORRIS widmet das New Yorker Museum of Modern Art eine Werkausstellung (bis 24. April).

**4. Februar.** In München wird die Ausstellung ›Production Design: Ken Adam‹ eröffnet. Der Brite KEN ADAM ist einer der wichtigsten Filmarchitekten der Nachkriegszeit; er stattete viele ›James Bond‹-Filme aus.

**10. Februar.** Stadtvisionen seit 1870 in 1 000 Zeugnissen von Künstlern und Architekten versammelt die Schau ›La Ville‹ im Pariser Centre Georges Pompidou (bis 9. Mai; dann in Barcelona).

**12. Februar.** Ein Hauptwerk der Moderne, EDVARD MUNCHS ›Der Schrei‹ von 1893, wird in der Osloer Nationalgalerie gestohlen, kann aber im Mai in einem Hotel nahe der norweg. Hauptstadt ausfindig gemacht werden.

**12. Februar.** Das Stück ›In den Augen eines Fremden‹ von WOLFGANG MARIA BAUER wird am Münchner Residenztheater uraufgeführt.

**16. Februar.** Die Londoner Tate Gallery stellt in 200 z. T. bislang nicht gezeigten Arbeiten PABLO PICASSO als Maler und Bildhauer vor (bis 8. Mai).

**16. Februar.** Das Stück ›Herr Paul‹ von TANKRED DORST wird am Dt. Schauspielhaus in Hamburg uraufgeführt.

**20. Februar.** Das Museum of Modern Art New York richtet dem amerikan. Architekten FRANK LLOYD WRIGHT eine Retrospektive mit fast 500 Zeichnungen, Architekturmodellen, Photos, Rekonstruktionen und Designobjekten aus (bis 10. Mai).

**21. Februar.** Mit der Verleihung des ›Goldenen Bären‹ für den Film ›Im Namen des Vaters‹ von JIM SHERIDAN gehen die Internat. Filmfestspiele von Berlin zu Ende. Für ihr Lebenswerk wird die italien. Schauspielerin SOPHIA LOREN mit einem weiteren ›Goldenen Bären‹ geehrt.

**26. Februar.** Mit einem Festakt wird →Lissabon zur Kulturhauptstadt Europas 1994 erklärt.

**26. Februar.** Den ›César‹, den wichtigsten frz. Filmpreis, erhält ›Smoking/No Smoking‹ von ALAIN RESNAIS.

**27. Februar.** Zum 80. Geburtstag zeigt das Albertinum in Dresden eine Retrospektive des dt. Informellen K. O. GÖTZ (bis 1. Mai; →Kunstausstellungen).

**1. März.** Im Frankfurter Schauspielhaus findet die dt. Premiere von STEVEN SPIELBERGS Film ›Schindlers Liste‹ in Anwesenheit des Regisseurs, des Hauptdarstellers LIAM NEESON und von Bundespräsident RICHARD VON WEIZSÄCKER statt.

**4. März.** CATHERINE DAVID wird künstler. Leiterin der documenta X 1997 in Kassel (→David).

**4. März.** Die Berliner Neue Nationalgalerie zeigt eine Retrospektive der dt. Multimediakünstlerin REBECCA HORN (bis 1. 5.; Wanderausstellung bis 1995 in New York, Eindhoven, Berlin, Wien, London, Grenoble; →Kunstausstellungen).

**4. März.** 60 Meisterwerke der Moderne aus dem New Yorker Guggenheim-Museum sind im Kunstforum Wien zu sehen (bis 5. Juni; dann in Hamburg).

**11. März.** Eine Ausstellung mit Werken PICASSOS aus der Sammlung Ludwig beginnt im Wiener Museum des 20. Jh. (bis 19. Juni, vorher in Köln; →Ludwig, Peter).

**11. März.** In der Frankfurter Festhalle hat PETER MAFFAYS Märchen-Musical ›Tabaluga und Lilli‹ Premiere.

Mit großer Erleichterung nimmt die Norwegische Nationalgalerie in Oslo einen ihrer größten Schätze, Edvard Munchs Gemälde ›Der Schrei‹, wieder in Empfang. Drei Monate nach dem Raub am 12. Februar entdeckte die Osloer Polizei am 7. Mai das berühmte Werk unversehrt in einem Hotelzimmer

**13. März.** Zum 60. ›Geburtstag‹ von Donald Duck würdigt das Wilhelm-Busch-Museum Hannover den Disney-Zeichner und Erfinder der Duck-Familie CARL BARKS in einer Werkausstellung (bis 22. Mai; dann in München).

**15. März.** JEAN GENETS im Nachlaß entdecktes Stück ›Splendid's‹ wird an der Berliner Schaubühne von KLAUS MICHAEL GRÜBER uraufgeführt.

**21. März.** Die Kölner Rockgruppe BAP gastiert auf ihrer Tournee mit dem neuen Album ›Pik Sibbe‹ in der Frankfurter Festhalle.

**21. März.** Bei der 66. ›Oscar‹-Verleihung geht STEVEN SPIELBERG als großer Gewinner hervor: Er erhält zehn der begehrten Trophäen, sieben für das Holocaust-Drama ›Schindlers Liste‹, darunter den ›Oscar‹ für den besten Film, drei für ›Jurassic Park‹. Den Oscar für die beste Hauptdarstellerin erhält HOLLY HUNTER für ihre Rolle in ›Das Piano‹, den des besten Hauptdarstellers TOM HANKS für ›Philadelphia‹. Eine Überraschung ist die Auszeichnung des dt. Beitrags ›Schwarzfahrer‹ von PEPE DANQUART mit dem Preis für den besten kurzen Realfilm.

**27. März.** Im Münchner Stadtmuseum endet die Schau ›München. Hauptstadt der Bewegung‹, die in Zeitdokumenten und Kunstwerken die Entwicklung und das Umfeld des Nationalsozialismus ab dem Ersten Weltkrieg beleuchtete (seit 22. Okt. 1993; →Kunstausstellungen).

**27. März.** Die Oper ›Die Verlobung im Traum‹ nach DOSTOJEWSKIJ von dem in Auschwitz ermordeten HANS KRASÁ aus dem Jahr 1933 wird in Koproduktion mit dem Nationaltheater Mannheim vom Prager Opernhaus aufgeführt.

In Speyer eröffnen Leonida Romanowa (links) und ihre Tochter Maria Romanowa, Angehörige der ehemaligen russischen Zarenfamilie, am 15. Mai die Zarenschatz-Ausstellung im Historischen Museum der Pfalz

**30. März.** Das wiedervereinigte Berliner Kupferstichkabinett eröffnet den Neubau am Kulturforum mit einer Ausstellung von 500 seiner Meisterwerke aus einem Jahrtausend (bis 29. Mai).

**7. April.** Mit der Enthüllung des ›Jüngsten Gerichts‹ ist die 1980 begonnene Restaurierung der Fresken der →Sixtinischen Kapelle abgeschlossen.

**7. April.** KURT COBAIN, der Sänger und Texter der Rockgruppe ›Nirvana‹, wird tot in seinem Haus in Seattle aufgefunden. Die Kultfigur der Jugend der 90er Jahre hatte zwei Tage zuvor den Freitod gewählt.

**9. April.** Die Kunsthalle Tübingen würdigt den amerikan. Pop-Künstler TOM WESSELMANN in einer Ausstellung mit etwa 100 Gemälden, Collagen, Objekten und Skulpturen (bis 29. Mai; danach bis 1996 u. a. in Brüssel, London und Madrid).

**9. April.** Auf seiner Tournee mit einer musikalischen Hommage an RAYMOND CHANDLER macht der Jazzkontrabassist CHARLIE HADEN in Berlin Station.

**10. April.** Die Kunsthalle Baden-Baden zeigt mit 40 Werken die erste dt. Retrospektive des amerikan. Realisten CHUCK CLOSE (bis 22. Juni; danach in München).

**14. April.** Kloster Maulbronn wird in die UNESCO-Liste des Weltkulturerbes aufgenommen; am Tag darauf wird auch die Altstadt Bambergs zum Weltkulturerbe erklärt.

**16. April.** 450 Zeichnungen AMEDEO MODIGLIANIS aus der Sammlung Paul Alexandre werden erstmals vom Museum Ludwig in Köln gezeigt (bis 10. Juli; dann in Brügge, Tokio, Luxemburg, New York, Madrid, Rouen).

**16. April.** In Berlin findet die konzertante Urauff. der vollständigen Fassung der Oper ›Flammen‹ des

1942 in einem Konzentrationslager ermordeten jüd. Komponisten ERWIN SCHULHOFF statt.

**18. April.** Der Rocksänger MEAT LOAF feiert in der Frankfurter Festhalle sein Comeback.

**21. April.** Das choreograph. Theaterstück ›Nietzsche‹ von JOHANN KRESNIK wird am Bremer Theater uraufgeführt.

**22. April.** Die Wittener Tage für Neue Kammermusik präsentieren 17 Urauff., u. a. von Werken KLAUS HUBERS, MAURICIO KAGELS, IANNIS XENAKIS' und WOLFGANG RIHMS.

**30. April.** Der Schriftsteller ERICH LOEST wird auf dem Kongreß des Verbandes dt. Schriftsteller (VS) in Aachen zum neuen Vors. gewählt.

**12. Mai.** Die Münchener Neue Pinakothek gedenkt des 150. Geburtstags WILHELM LEIBLS mit der ersten großen Werkschau des dt. Malers seit 1929 (bis 24. Juli; dann in Köln).

**15. Mai.** Im span. →Port-Bou wird die Gedenkstätte für WALTER BENJAMIN eingeweiht.

**15. Mai.** Im Histor. Museum der Pfalz in Speyer beginnt die Ausstellung ›Der Zarenschatz der Romanov‹ aus der St. Petersburger Eremitage, die über 300 000 Besucher sehen werden (bis 18. Sept.).

**15. Mai.** Die ›Freiwillige Selbstkontrolle Fernsehen‹ nimmt ihre Arbeit in Berlin auf. Die von privaten TV-Sendern angesichts wachsender Klagen über Gewalt im Fernsehen eingerichtete Institution soll Serien und Filme vor der Ausstrahlung prüfen.

**17. Mai.** Dem Maler LUCAS CRANACH D. Ä. widmet sein Geburtsort Kronach in der Festung Rosenberg eine Ausstellung über Leben und Werk (bis 21. Aug.; dann in Leipzig).

**20. Mai.** Das Stück ›Der Drang‹ von FRANZ XAVER KROETZ wird an den Münchner Kammerspielen unter der Regie des Autors uraufgeführt.

**20. Mai.** Das Münchener Haus der Kunst wird mit der Ausstellung ›Elan vital oder das Auge des Eros‹ mit Werken KANDINSKYS, KLEES, ARPS, MIRÓS u. a. wiedereröffnet (bis 14. Aug.).

**23. Mai.** Im Museum Wiesbaden endet die Werkschau mit Kunst und Design des im Febr. verstorbenen amerikan. Vertreters der Minimal Art DONALD JUDD (seit 12. Dez. 1993; dann in Chemnitz, Karlsruhe, Oxford).

**23. Mai.** Die ›Goldene Palme‹ der Filmfestspiele von Cannes erhält der amerikan. Beitrag ›Pulp Fiction‹ von QUENTIN TARANTINO. Den heiml. Favoriten des Festivals, KRZYSZTOF KIEŚLOWSKIS Film ›Drei Farben: Rot‹, läßt die Jury leer ausgehen. Die chin. Reg. untersagte dem Regisseur ZHANG YIMOU, dessen Film ›Leben!‹ in Cannes Premiere hatte, die Teilnahme am Festival.

**26. Mai.** Der 35jährige Popstar MICHAEL JACKSON, der wegen des Vorwurfs, minderjährige Knaben sexuell mißbraucht zu haben, in den Schlagzeilen stand, heiratet in der Dominikan. Republik LISA MARIE PRESLEY, die Tochter des unvergessenen ELVIS PRESLEY.

**27. Mai.** Die Bonner Bundeskunsthalle zeigt in ›Europa, Europa‹ die Bedeutung der osteurop. Avantgarde für die Kunst dieses Jahrhunderts (bis 16. Okt.).

**27. Mai.** Der russ. Schriftsteller ALEKSANDR SOLSCHENIZYN kehrt nach über 20 Jahren Exil, das er größtenteils in den USA verbrachte, nach Rußland zurück.

**29. Mai.** Der Neubau des Wolfsburger Kunstmuseums wird mit einer Schau über das Frühwerk des frz. Malers FERNAND LÉGER (bis 14. Aug., dann in Basel) und der Präsentation eigener Bestände eröffnet (bis 25. Sept.).

**29. Mai.** In einem Beitrag für die WDR-Sendung ›Kulturweltspiegel‹ macht der Journalist TILMAN JENS öffentlich, daß der Literaturkritiker MARCEL REICH-RANICKI Ende der 1940er Jahre Mitarbeiter des poln. Geheimdienstes war.

**29. Mai.** Die von HANS MAGNUS ENZENSBERGER zusammengestellte dramatische Gedichtsammlung ›Delirium‹ wird von GEORGE TABORI am Hamburger Thalia Theater uraufgeführt.

**2. Juni.** Die 18. Leipziger Jazztage wurden von dem in Merseburg geborenen Saxophonisten HEINZ SAUER eröffnet.

**7. Juni.** FRANZ HUMMELS Oper ›Gorbatschow‹ wird in Bonn uraufgeführt.

**7. Juni.** Das Stück ›Tolmezzo‹ von MARLENE STREERUWITZ wird am Wiener Schauspielhaus uraufgeführt.

**9. Juni.** Das ›Filmband in Gold‹, der höchste dt. Filmpreis, geht an den Film ›Kaspar Hauser‹ von PETER SEHR. Als bester Darsteller erhält ein Filmband in Gold ANDRÉ EISERMANN (›Kaspar Hauser‹), als beste Darstellerin CHRISTIANE HÖRBIGER (›Tafelspitz‹ und ›Alles auf Anfang‹). Im Vorfeld protestierten der Hauptverband Dt. Filmtheater und der Verband der Filmverleiher dagegen, daß die populärsten dt. Filme ›Das Geisterhaus‹ und ›Texas – Doc Snyder hält die Welt in Atem‹ nicht nominiert wurden.

**11. Juni.** Mit einer opulenten Schau gibt die Essener Villa Hügel einen Einblick in Politik und Kultur der Pariser Belle Époque (bis 13. Nov.).

Der am 29. Mai eröffnete Neubau des Kunstmuseums Wolfsburg setzt bereits durch seine Architektur neue Akzente

**12. Juni.** Der dt. Beitrag ›Abgeschminkt‹ von KATJA VON GARNIER erhält den ›Oscar‹ für den besten ausländ. Studentenfilm.

**18. Juni.** Am Dt.-Sorb. Volkstheater wird KURT WEILLS satir. Operette ›Der Kuhhandel‹ uraufgeführt.

**21. Juni.** Vor der Frankfurter DG Bank wird ›Inverted Collar and Tie‹ des amerikan. Pop-Künstlerpaares COOSJE VAN BRUGGEN und CLAES OLDENBURG, eine fast 12 m hohe, kopfstehende Krawatte aus Fiberglas, Stahl, Beton und Granit, eingeweiht.

**30. Juni.** Das Pariser Centre Georges Pompidou stellt JOSEPH BEUYS erstmals in Frankreich in einer umfassenden Werkschau vor (bis 3. Okt.; zuvor in Zürich und Madrid).

**Juli.** Die ersten Bewohner ziehen in einen von dem Wiener Künstler FRIEDENSREICH HUNDERTWASSER mitgestalteten Gebäudekomplex in Plochingen bei Stuttgart ein.

**1. Juli.** Das ›Berlin Document Center‹, das weltweit größte Archiv des Nationalsozialismus, geht

Bei den Bayreuther Festspielen vom 26.–31. Juli wird der ›Ring des Nibelungen‹ neu inszeniert. Im Bild eine Szene aus ›Rheingold‹, in der Wotan mit den Riesen Fafner und Fasold verhandelt

als Außenstelle Zehlendorf des Bundesarchivs in dt. Hände über.

**7. Juli.** Zum 100. Geburtstag von Carl Orff eröffnet die Kammeroper Rheinsberg im Kloster Andechs das Festival ›Orff in Andechs‹ mit dessen Oper ›Die Kluge‹ (bis 10. Juli.).

**17. Juli.** Der frz. Staatspräs. François Mitterrand enthüllt in Paris ein Denkmal für die 13 152 Juden, die am 16. 7. 1942 interniert und später nach Auschwitz deportiert worden waren.

**17. Juli.** In Hildesheim stellen Roemer- und Pelizaeus-Museum China als ›Wiege der Weltkultur‹ in 300 Werken aus 5 000 Jahren vor (bis 27. Nov.).

**24. Juli.** Das Schleswig-Holstein Musik-Festival legt einen Schwerpunkt auf das Schaffen jüd. Komponisten wie Erwin Schulhoff und Viktor Ullmann, deren Werke nach 1933 in Deutschland verboten waren und nach 1945 vergessen wurden (bis 2. Aug.).

**26. Juli.** Die womöglich letzte Bayreuther Ring-Inszenierung dieses Jahrhunderts wird von James Levine (musikal. Leitung), Alfred Kirchner (Regie) und Rosalie (Bühnenbild und Kostüme) dargeboten. Kirchners Regiekonzept einer verfeinerten Personenführung bei Vermeidung von Zeitbezügen harmoniert mit dem verspielt-phantasievollen Bühnenbild von Rosalie (Bild S. 209).

**27. Juli.** Die Salzburger Festspiele präsentieren als themat. Schwerpunkt Werke von Igor Strawinsky: Peter Mussach inszeniert die Oper ›The rake's Progress‹, Peter Sellars verbindet das szen. Oratorium ›Oedipus Rex‹ mit der Psalmen-Sinfonie; Veit Volkert und Barbara Mundel lassen ›L'histoire du Soldat‹ als Kasperletheater und Revue in einem Zirkuszelt spielen. Am zweiten Tag der Festspiele musizieren, untereinander sowie mit dem Publikum durch Lautsprecher verbunden, die Musiker des Arditti-Quartetts über der Stadt Salzburg in vier Hubschraubern die Uraufführung des ›Helicopter-Streichquartetts‹ von Karlheinz Stockhausen (bis 30. Aug.).

**28. Juli.** Aus der Ausstellung ›Goethe und die Kunst‹ in der Frankfurter Schirn (21. Mai bis

Seit dem 4. August können sich auch die deutschen Kinobesucher am britisch-skurrilen Humor der Beziehungskomödie ›Vier Hochzeiten und ein Todesfall‹ freuen

Richard Avedon vor einer 1968 entstandenen Aufnahme des Models Twiggy, die ab 10. September in der Kunsthalle Köln zu sehen ist

7. Aug.; dann in Weimar) werden zwei Gemälde William Turners und eines von Caspar David Friedrich im Versicherungswert von rd. 70 Mio. DM gestohlen (→Kunstausstellungen).

**30. Juli.** Die Kunstsammlung Nordrhein-Westfalen in Düsseldorf stellt Figurinen, Gemälde und Entwürfe des Bauhauskünstlers Oskar Schlemmer aus (bis 16. Okt.; dann in Wien und Hannover).

**31. Juli.** Das Wiener Kunsthistor. Museum präsentiert Porträts des venezian. Malers Tintoretto zu dessen 400. Todesjahr (bis 30. Okt.).

**2. August.** In Kölns Müngersdorfer Stadion erleben 65 000 Fans den Auftakt der Deutschlandtournee der engl. Rockgruppe ›Pink Floyd‹.

**4. August.** Der brit. skurril-humorvolle Film ›Vier Hochzeiten und ein Todesfall‹ hat seine dt. Premiere in Hamburg; er wird zum europ. Überraschungsfilm des Jahres.

**10. August.** Taslima Nasrin, der von islam. Fundamentalisten in Bangladesh mit dem Tode bedrohten Ärztin und Schriftstellerin, gelingt die Ausreise nach Schweden (→Nasrin).

**12. August.** Das Groeningemuseum in Brügge begeht den 500. Todestag des fläm. Malers Hans Memling mit der Präsentation von rd. 50 Porträts, Andachts- und Altarbildern im Zusammenhang dessen künstler. Umfeld (bis 15. Nov.; →Kunstausstellungen).

**14. August.** Bei den 47. Internat. Filmfestspielen von Locarno siegt der iran. Beitrag ›Der Krug‹ von Ibrahim Forusesch.

**24. August.** Während der Luzerner Festwochen wird Ingomar Grünauers Oper ›Winterreise‹ über die Person Walter Benjamins uraufgeführt.

**26. August.** Frankfurt feiert zum letzten Mal in der Alten Oper die ›Frankfurt Feste‹, da Stadt und Institution den Betrag von 3 Mio. DM in Zukunft nicht mehr aufbringen wollen. Hauptereignisse sind die Urauff. der Kammeropern ›Seraphin‹ von Wolfang Rihm, ›An der schönen blauen Donau‹ von Franz Hummel und ›Viva la Vida‹ von Minas Alexiades.

**30. August.** Die 44. Berliner Festwochen legen den Schwerpunkt auf das Schaffen des Komponisten und Oboisten HEINZ HOLLIGER sowie auf die Werke des 1935 nach England geflüchteten Komponisten BERTHOLD GOLDSCHMIDT.

**3. September.** Vier ausverkaufte Konzerte an aufeinanderfolgenden Tagen vor insgesamt 190 000 Zuschauern in Hannovers Niedersachsenstadion kann der Popsänger PHIL COLLINS zum Auftakt seiner Deutschlandtournee geben.

**4. September.** Den 1943 in Majdanek ermordeten ›Wegbereiter der abstrakten Kunst‹ OTTO FREUNDLICH würdigt die Ostdt. Galerie Regensburg mit einer Retrospektive (bis 30. Okt.).

**8. September.** Das KunstHausWien veranstaltet eine große Werkschau des 1989 verstorbenen Porträt- und Aktphotographen ROBERT MAPPLETHORPE (bis 29. Jan. 1995).

**10. September.** Die Kölner Kunsthalle stellt den amerikan. Photographen RICHARD AVEDON mit Porträts und Modeaufnahmen seit den 40er Jahren vor (bis 30. Okt., zuvor in New York).

**10. September.** BERTHOLD GOLDSCHMIDTS Oper ›Beatrice Cenci‹ wird 45 Jahre nach ihrer Fertigstellung in Magdeburg szenisch uraufgeführt.

**12. September.** Der ›Goldene Löwe‹ der Filmfestspiele von Venedig geht zu gleichen Teilen an den makedon. Film ›Before the Rain‹, das Erstlingswerk MILCHO MANCHEVSKIS, und den taiwanes. Beitrag ›Vive l'amour‹ von TSAI MING-LIANG.

**14. September.** Die Niedersächs. Musiktage beginnen mit einem Doppelporträt der Komponisten GYÖRGY KURTÁG und GYÖRGY LIGETI in Hannover-Herrenhausen.

**16. September.** Die Hamburger Deichtorhallen zeigen eine Retrospektive mit Bildern, Plastiken und Keramiken des New Yorker Graffitikünstlers KEITH HARING (bis 20. Nov.; zuvor in Malmö).

**16. September.** Die Kunsthalle Weimar widmet dem frühen Bauhaus und dessen Lehrer JOHANNES ITTEN zum 75. Gründungsjahr der Institution eine Ausstellung mit über 400 Arbeiten (bis 13. Nov.; dann in Berlin und Bern).

**16. September.** BERTHOLD GOLDSCHMIDTS Oper ›Der gewaltige Hahnrei‹ (1932) wird in der Kom. Oper Berlin in einer Inszenierung von HARRY KUPFER mit Ovationen gefeiert.

**19. September.** Die Stoffassade, die seit dem 30. Juni 1993 den Anblick des 1950 gesprengten Berliner Stadtschlosses zeigte, wird abgenommen. Eine Rekonstruktion des Baus wird weiterhin diskutiert.

**23. September.** In Saarbrücken wird WERNER SCHWABS Komödie ›Endlich tot. Endlich keine Luft mehr‹ postum uraufgeführt.

**24. September.** Ihre Urauff. erlebt in Wuppertal die satir. Szenenfolge ›Ich bin das Volk‹ von FRANZ XAVER KROETZ.

**29. September.** Die Londoner Hayward Gallery beleuchtet den ›Romant. Geist in der dt. Kunst‹ mit Werken aus 200 Jahren von CASPAR DAVID FRIEDRICH bis JOSEPH BEUYS (bis 8. Jan. 1995; Wanderausstellung Edinburgh, London, München).

**Oktober.** Der 1916 von ERNST LUBITSCH gedrehte, bislang verschollene Film ›Als ich tot war‹ wird im Keller eines slowen. Filmmuseums in Ljubljana gefunden. – Eine Gruppe dt. Wissenschaftler besichtigt in Moskau den von HEINRICH SCHLIEMANN ausgegrabenen ›Schatz des Priamos‹, der seit Ende des Zweiten Weltkriegs als verschollen galt.

**1. Oktober.** Das Pariser Grand Palais zeigt die bisher größte Retrospektive des frz. Malers NICOLAS POUSSIN anläßlich dessen 400. Geburtstag (bis 2. Jan. 1995; dann ohne Zeichnungen in London).

**5. Oktober.** Auf der 46. Frankfurter Buchmesse mit dem Schwerpunktthema ›Brasilian. Literatur‹ sind 8 628 Aussteller aus 105 Ländern vertreten. Mit rd. 322 000 Titeln und etwa 298 000 Besuchern verzeichnet die Messe abermals einen Rekord (bis 10. Okt.).

Schwerpunktthema der am 5. Oktober eröffneten Frankfurter Buchmesse ist Brasilien

**9. Oktober.** Die Mannheimer Kunsthalle präsentiert als Teil eines Kulturprojektes der Rhein-Neckar-Region über die 20er Jahre unter dem Titel ›Neue Sachlichkeit‹ figurative Malerei, u.a. von OTTO DIX und GEORGE GROSZ (bis 29. Jan. 1995).

**9. Oktober.** ROLF RIEHMS Musiktheaterstück ›Das Schweigen der Sirenen‹ nach KAFKAS gleichnamigem Text wird unter der Regie von CHRISTOF NEL uraufgeführt.

**14. Oktober.** KENZABURŌ ŌE erhält als zweiter Japaner nach YASUNARI KAWABATA den Nobelpreis für Literatur.

**27. Oktober.** Der amerikan. Spielfilm ›Natural Born Killers‹ startet in den dt. Kinos. Der von der Freiwilligen Selbstkontrolle der Filmwirtschaft (FSK) ab 18 Jahren freigegebene Film geriet aufgrund der exzessiven Gewaltdarstellungen für kurze Zeit in die öffentl. Kritik; Vertreter der Bundestagsparteien diskutierten ein Verbot des Films.

Am 3. Dezember wird das
Aachener Suermondt-Ludwig-
Museum wieder eröffnet.
Links ein schwäbischer Altar
aus dem 16. Jahrhundert

**29. Oktober.** Der Kölner Aktionskünstler HA SCHULT gestaltet in St. Petersburg eine nach Berlin und New York übertragene ›Medienskulptur‹ mit dem Titel ›Krieg und Frieden‹: Zwei bemalte russ. Panzer zerreißen ein überdimensionales beleuchtetes Band mit der Aufschrift ›Der Krieg‹.

**29. Oktober.** In Potsdam findet postum die Urauff. von WERNER SCHWABS Goethe-Paraphrase ›Faust: Mein Brustkorb: Mein Helm‹ statt.

**5. November.** ELFRIEDE JELINEKS Porno-Komödie ›Raststätte oder Sie machens alle‹ wird von CLAUS PEYMANN am Wiener Akademietheater uraufgeführt.

**8. November.** Das Kölner Museum Ludwig und die Düsseldorfer Kunstsammlung Nordrhein-Westfalen richten gemeinsam die bisher größte Retrospektive YVES KLEINS mit rd. 140 Bildern und Objekten aus (bis 8. Jan. 1995).

**11. November.** In der Stadtkirche von Kemberg bei Wittenberg wird ein Altar aus dem Jahr 1565 von LUCAS CRANACH D. J. fast völlig durch einen Schwelbrand zerstört.

**17. November.** Auf dem Berliner Jazzfest geht eine Ära zu Ende: Nach 23 Jahren Verantwortung übergibt GEORGE GRUNTZ die Leitung an ALBERT MANGELSDORF (bis 20. Nov.).

**19. November.** An der Berliner Volksbühne hat ›Der Eindringling‹, das neue Projekt von CHRISTOPH MARTHALER, Premiere.

**22. November.** Überraschend erklärt JUSTUS FRANTZ seinen Rücktritt als künstler. Leiter des Schleswig-Holstein Musik-Festivals.

**27. November.** Die European Film Academy verleiht den europ. Filmpreis ›Felix‹ zum drittenmal an den Italiener GIANNI AMELIO, diesmal für ›Lamerica‹. Der Regisseur ROBERT BRESSON wird für sein Lebenswerk geehrt, der Nachwuchs-Felix geht zu gleichen Teilen an den Ungarn JANOS SZASZ (›Woyzeck‹) und die Niederländerin AGNES MERLET (›Les fils du requin‹).

**2. Dezember.** In Stuttgart erlebt das Musical ›Miss Saigon‹ von ALAIN BOUBLIL (Text) und CLAUDE-MICHEL SCHÖNBERG (Musik) eine stürmisch gefeierte Premiere.

**3. Dezember.** In Aachen wird das Suermondt-Ludwig-Museum nach dreijährigen Um- und Neubauarbeiten wieder eröffnet.

**11. Dezember.** Der Kortner-Preis 1994 wird dem Regisseur und Intendanten FRANK CASTORF verliehen.

**14. Dezember.** In Berlin hat MOZARTS ›Zauberflöte‹ in der Regie von AUGUST EVERDING und unter der musikal. Leitung von DANIEL BARENBOIM Premiere. Bes. Beachtung findet das Bühnenbild nach den Enwürfen KARL FRIEDRICH SCHINKELS von 1816.

**16. Dezember.** Die Altstadt von Quedlinburg und die Eisenhütte in Völklingen werden von der UNESCO in die Liste des Weltkulturerbes aufgenommen.

**18. Dezember.** ›Nach Jerusalem‹ von TANKRED DORST wird in Hamburg uraufgeführt.

**18. Dezember.** An den 50. Todestag des niederländ. Abstrakten PIET MONDRIAN erinnert das Gemeentemuseum in Den Haag mit einer umfassenden Werkschau (bis 30. April 1995; danach bis 1996 in Washington, D. C., und New York).

**21. Dezember.** In Dresden wird CHRISTOPH HEINS Stück ›Randow‹, eine Komödie über die Nachwendezeit, in der Regie von KLAUS DIETER KIRST uraufgeführt.

**30. Dezember.** Die Tanz-Biographie ›Ernst Jünger‹, JOHANN KRESNIKS obsessive Abrechnung mit dem Schriftsteller, erlebt an der Berliner Volksbühne ihre Uraufführung.

**kulturelle Identität:** Der Wegfall des Ost-West-Gegensatzes, der im Osten Europas nationalstaatl. Ordnungen ins Zentrum der polit. (und militär.) Anstrengungen rückte (wie etwa in den Staaten Osteuropas und im zerfallenden Jugoslawien), und die dt.-dt. Vereinigung im Gefolge der Leipziger Montagsdemonstrationen (›Wir sind ein Volk‹) ließen eine öffentl. Debatte aufkommen, in der die

Begriffe ›Nation‹, ›Nationalbewußtsein‹ und ›nat. Identität‹ – aufs engste mit dem Begriff der k. I. verknüpft – eine Renaissance erfahren (→Deutschland, Essay Deutschland und seine Identität).

Auf der Suche nach identitäts- und integrationsstiftenden Mustern – auch als ›kollektive Identität‹ gefaßt – wird versucht, diese aus kulturellen Überlieferungen zu bestimmen und verbindlich zu machen. In der Perspektive des ›echten Nationalstaats‹, der auf ›Sitte, Glaube und Sprache‹ beruhe (FRIEDRICH MEINECKE), verschmelzen ›Kultur‹ und ›Nation‹ zur ›Nationalkultur‹ oder ›Kulturnation‹ als (vermeintlich objektiv definierbare) Kulturtraditionen, die gegen das ›Fremde‹ und alle Formen von Multiethnizität und Multikulturalität abgegrenzt und geschützt werden müßten.

Dementgegen wird die Annahme von Kulturen, die von ›fremden‹ Einflüssen frei seien, als unhistorisch zurückgewiesen und auf die Bedeutung von kulturellen Konflikten und kulturellen Austauschs als Motor jedes kulturellen Wandels in Gegenwart und Vergangenheit hingewiesen. Zudem wird auch betont, daß die Multikulturalität nicht nur faktisch gegeben (Deutschland ist mit ca. 7 Mio. Ausländern ein Einwanderungsland), sondern auch verfassungsrechtlich verankert sei: Die in Art. 4 GG verbürgte Glaubens- und Gewissensfreiheit sowie die Meinungs- und Pressefreiheit (Art. 5 GG) erlauben insbes. Minderheiten, ihre kulturellen Werte nicht nur passiv, sondern auch aktiv zu vertreten.

Das einem auf das ›Abstammungsprinzip‹ gegründeten völkischen Nationalismus entgegengestellte republikan. Verständnis von Nation, die auf der Zustimmung ihrer Staatsbürger beruht und deren Werte sich immer wieder neu legitimieren müssen, läßt auch Raum für ethn. und kulturelle Vielfalt und die Partizipation aller Mitgl. der Gesellschaft an Kultur. In dieser Sicht erscheinen auch übernat. Zusammenschlüsse und das Aufgeben nat. Souveränitätsrechte (Europaidee) nicht als Einebnung der ›gewachsenen‹ Vielfalt der Völker und Kulturen.

**Kulturhauptstadt Europas,** →Lissabon.

**Kumaratunga,** Chandrika, Politikerin in Sri Lanka, * 1945(?). – Am 19. Aug. wurde die Tochter der ehem. Premiermin. Sri Lankas, SIRIMAVO BANDARANAIKE, als neue Premiermin. des Landes vereidigt. Nachdem sie die Präsidentschaftswahlen vom 9. Nov. gewonnen hatte, trat sie als Regierungschefin zurück und wurde am 13. Nov. als Staatspräs. vereidigt.

Frau K. hatte in Paris an der Sorbonne Polit. Wiss. studiert und sich auch an der 1968er Studentenrevolte beteiligt. Nach ihrer Rückkehr nach Colombo heiratete sie den Filmstar VIJAY K., mit dem sie in den 1970er Jahren in Sri Lanka eine marxist. Partei gegründet hatte, die auch Kontakte zu den revolutionären Tamilen im S Sri Lankas knüpfte. Frau K. begann nach dem Mord an ihrem Mann 1989 eine polit. Karriere in der von ihrer Mutter geführten sozialdemokrat. Sri Lanka Freedom Party (SLFP). Es gelang ihr, ihren Bruder ANURA BANDARANAIKE aus der Rolle des designierten Nachfolgers zu drängen und selbst die Führung der SLFP zu übernehmen. Wahlsiege der SLFP bei den Provinzwahlen 1993 festigten ihre Position innerhalb der Partei. Mit dem Sieg ihrer Koalition über die marktwirtschaftlich orientierte Regierungspartei United Freedom Party wurde Frau K. Premierministerin. Nachdem sie Anfang Nov. zur Staatspräs. gewählt worden war, ernannte sie postwendend ihre Mutter, SIRIMAVO BANDARANAIKE, zur neuen Premierministerin.

## Das Erbe der DDR:
## Kultivieren oder demontieren?

Über Bilder und Denkmäler in der Kunstgeschichte Ostdeutschlands nach 1945 hat man im Westen immer debattiert. Nun sind sie in das eigene Land getreten. Man prüft die bescheidenen Guthaben der ehemaligen DDR jetzt genauer, skeptischer. Die Urteile werden konträr. Der immer wieder gehörte Vorwurf von den maroden Verhältnissen berührt harte Realitäten. Als pauschaler Vorwurf einer Vergangenheit hingegen entmutigt er die Neubürger, entzieht ihnen Räume, die über 40 Jahre mit eigenen Lebensbildern ausgefüllt waren. Mögen sie gut oder schlecht gewesen sein – ohne den Schutz solcher Erinnerungen werden die noch immer in der offenen Tür Stehenden den Übergang in die Demokratie und Selbstverantwortung des mündigen Bürgers nicht vollführen können. Der Entzug der sozialen und kulturellen Erinnerungen über das aus politischen und wirtschaftlichen Erwägungen gebotene Maß hinaus förderte jene zur Genüge bekannten Symptome, die als Einheitsfrust, Nostalgie, Vereinsamungsdruck der neuen Freiheit beschrieben werden.

Das hindert nicht, die Verhältnisse beim Namen zu nennen. Die DDR war kein Garten, in dem man die Blumen goß. Sie mischte Hoffnungen und Entwürdigungen, ihre Phrasen und abgrenzende Radikalitäten in unberechenbarer Ergiebigkeit. Nicht zuletzt zeigt das auch die Geschichte ihrer Kunst.

Der Autor:
Klaus Werner, geb. 1940,
Leiter der Hauptabteilung
Bildende Kunst/Museen/Denkmalpflege im Kulturministerium
der Regierung de Maizière.
Seit 1991 Vorstand des Förderkreises der Leipziger Galerie für
Zeitgenössische Kunst

Ausschnitt aus Werner Tübkes 123 m langem und 14 m hohem Panoramabild in Bad Frankenhausen. Mit der Niederlage Thomas Müntzers in der Schlacht von Frankenhausen endete der Bauernkrieg in Thüringen

Die Benennung und Bewältigung des künstlerischen Erbes ist ohne Einfühlungsvermögen nicht denkbar. Sie muß aus den Klischees von Anpassung und Widerstand, von Staatskunst und Nische heraus. Sie muß freilich auch jene Hoffnung abstreifen, daß die Insellage Ostdeutschlands die Sprache einer kritischen sozialistischen Anti-Moderne in der Kunst hätte überlebensfähig machen können. Das Erbe trägt die Spuren der Zeit. Es wird nicht vor die Füße gerollt, um es aufzunehmen. Man muß es durchschreiten und das zersprungene Glas unter den Füßen spüren. Die Zeit der Wende war zu kurz dafür.

### Der Bilderstreit

Am Beginn dieses Jahres hatte der Direktor der neuen Berliner Nationalgalerie, DIETER HONISCH, in Zusammenarbeit mit Wissenschaftlern von der Museumsinsel eine Neuhängung der zeitgenössischen Kunst dergestalt vorgenommen, daß die übernommenen Sammlungsbestände Ost in einem ›repräsentativen‹ Fenster als didaktisch wirkende Gegenüberstellung zum Erbe West zelebriert wurden. Das überraschte, weil man nach Bekanntwerden der Planungen zur künftigen Dependance Hamburger Bahnhof als Wegweiser eines klassisch gewordenen Zeitgeistes das Ostberliner Lasten-Erbe schon abgeschrieben glaubte. So spannend die Ausführung des Entschlusses hätte werden können, das Resultat erfreute wenige und empörte viele. Boykottaufrufe wurden laut, Schließung angeraten. Der Wortwechsel um die Künstlerprominenz der DDR um WILLI SITTE und die Leipziger WOLFGANG MATTHEUER, WERNER TÜBKE und BERNHARD HEISIG, der schon die Auflösung und Übernahme der Akademie der Künste begleitet hatte, etablierte sich als Museumsstreit. Sein Echo übertrug sich auf andere Häuser in den neuen Ländern. SUSANNE ANNA eröffnete das Chemnitzer Museum am Theaterplatz mit Avantgarde vom Rhein unter völligem Ausschluß der eigenen DDR-Bestände. HERWIG GURATZSCH zeigte im Museum der Bildenden Künste sein Depot ›wie es war‹, Leipzig pur, fast ohne Alternative.

Für sich genommen ist die Suche einer individuellen Lösung als Lösung im Kleinen ein vernünftiger Weg. Die vielfältigen Ebenen, die Sichten von innen und außen, der Blickwinkel verschiedener Generationen und verschiedener Belastungen oder die Unterschiede der methodischen Programme lassen ein Generalrezept nicht zu. Ein Haus mit dem Namen Nationalgalerie mußte sich allerdings am Modell der ›Großen Vier‹, das schon MANFRED SCHNECKENBURGER 1977 auf der documenta 6 fast zur Verzweiflung brachte, als er vom Kulturressort des ZK getroffene Paketauswahl von Spitzenkünstlern hinnehmen mußte, die Finger verbrennen. Es war auch keine originelle Lösung mehr. Daß ›Gegenbilder‹ in der Sammlung der DDR-Kunst auf der Museumsinsel nicht oder nur gering vorhanden waren, lag einmal an den politischen Zwängen und dann an der Bequemlichkeit der seinerzeit berufenen Sammler, über die Berliner Reviermarkierungen hinauszusehen. Die Jahre nach 1989 verstrichen ohne Nachbesserung.

### In der Druckkammer der Geschichte

Ostdeutsche Kunst mußte sich nach einem kurzen Befreiungserlebnis tief bücken, um sich langsam erheben zu können. Sie war von der Geschichte ihrer Geschichtsherren abhängig. Diese breiteten am Anfang für die Kriegsheimkehrer und Exilanten durchaus Hoffnungen aus. Bei der gleichzeitigen Wiedereröffnung der Kunstakademie und der Hochschule für Werkkunst am 17. 4. 1947 in Dresden saßen am Tisch die Rektoren HANS GRUNDIG und WILL GROHMANN, auch ein junger russ. Kulturoffizier und ein SED-Funktionär; GRUNDIG war Kommunist, GROHMANN, ein Freund KLEES, Kunsthistoriker und liberaler Weltbürger. Das Bild trog schon, als es aufgenommen war. GROHMANN und die ›bürgerliche‹ Leitung der Werkkunstschule wurden des Amtes enthoben. Die Kulturoffiziere, die gerade Theater und Verlage wiedereröffneten oder Weihnachtsmann für die Künstler spielten, drängten unter den unerbittlichen Mahnungen SCHDANOWS und STALINS die Deutschen zunächst auf MENZEL, LEIBL, LIEBERMANN, später auf

REPIN und GERASSIMOW zurück. GRUNDIG sah sich eine Zeit als Formalist denunziert.

Die kulturpolitischen Präzeptoren der Partei von ANTON ACKERMANN (KPD) bis KURT HAGER (SED) hatten die Oberhoheit einer moralisch-politischen Instanz übernommen. Auf der ersten zentralen Kulturtagung der KPD im Februar 1946 intonierte ACKERMANN: ›Alle Freiheit für Wissenschaft und Kunst‹, um leise anzuhängen: ›aber nicht für Abweichler‹. Das war bis zum Ende des Sozialismus die ›kulturpolitische Internationale‹ – eine klassische Wahrheit mit verhängnisvollen Folgen.

Wie man heute weiß, waren die Siege der Partei immer Pyrrhussiege. Der vermeintlich größte hatte das kürzeste Leben: die III. Deutsche Kunstausstellung der DDR. Von ihr sagte einer der entschiedensten Demagogen und unbegabtesten Künstler, der Leipziger Maler KURT MAGRITZ, triumphierend, sie habe ›die Hieroglyphen des Formalismus beseitigt‹. Beseitigt schien vielmehr die Kunst überhaupt.

Die Zeit war voller dramatischer Tage. In einer langen Nacht rangen die deutschen Maler KARL HOFER und HEINRICH EHMSEN mit Kulturoffizier ALEXANDER DYMSCHITZ über das Zugeständnis, das neue Realismusbild wenigstens mit einer zeitgenössischen nationalen Tradition besetzen zu können. HOFER resignierte. Wenig später mußte ein sichtlich gebrochener EHMSEN einem unbekannten Russen mit seiner zweitklassigen Biedermeiermalerei als einem Vorreiter im Kampf gegen Formalismus und abstrakte Kunst Reverenz erweisen.

Der Enttäuschung der aus äußerer und innerer Emigration, aus Krieg und KZ zurückgekehrten Künstler in ihrer Hoffnung, eine neue Zeit mitzugestalten, muß man mit Verständnis entgegentreten. Für einen erneuten Widerstand waren sie zu schwach. Ihr Feuer war erloschen. Die listigen Kulturpolitiker hatten frei nach LENIN mit den zusammengeschmiedeten Essenzen von Volksverbundenheit, Parteilichkeit und Wahrheit für Ordnung gesorgt. Es blieb zum Erwärmen das dünne Süppchen der Kunst der späten 20er Jahre.

Nicht nur die Lenkversuche der Russen, auch der kalte Krieg zwischen den Großmächten, die politische Polbildung mit der stupiden Gleichsetzung von Freiheit und Abstraktion, der spiegelbildlich im Osten die Gleichsetzung von Dekadenz (Formalismus) und Kapitalismus entsprach, hat viele verunsichert. RUDOLF SCHLICHTER war nicht der einzige, der 1949 die ›Kunst der Nachkriegszeit als bengalisches Leuchten eines Blendfeuerwerks‹ sah. Vom Realismus der Aktivisten und Großbaustellen erholte sich die DDR nur langsam. Die Bilderflut schwoll an, sie sickerte in alle Bereiche der Staatskultur in Sport, Armee, Gewerkschaft, Ferienheime, volkseigene Betriebe. Beileibe nicht alles war politische Kunst. Nicht alles ist heute noch Kunst. Wenn es irgendwie ging, rettete man sich in Landschaftsbilder und Stilleben. DYMSCHITZ mokierte sich einmal vor deutschen Künstlern über das Dekret der Reichskunstkam-

mer, daß eine deutsche Familie mit mindestens vier Kindern dargestellt werden müsse. Das leistete sich die DDR nicht. Aber noch in den 70er Jahren fielen bei den Jurys großer Ausstellungen Bilder durch, die der ›neuen Technik‹ der sozialistischen Volkswirtschaft nicht gerecht zu werden suchten: Statt des hochmodernen Mähdreschers E 610 hatte man eben das poesienähere Auslaufmodell bevorzugt. Jahrzehnte später hatten sich Politiker und Künstler besser bekannt gemacht. Man suchte nicht mehr die Bruderhand, zerbrach aber auch nicht so schnell. Beide versuchten sich zu überlisten. Als TÜBKE mit dem größten vom sozialistischen Hausherrn jemals vergebenen Auftrag versuchte, das Panorama des revolutionären Bauernkrieges im babylonischen Desaster eines universalen Historienbildes zu verhüllen, hatte er nicht nur an Ost-Berlin, sondern an die ganze Welt gedacht. Der Künstler wollte den Quantensprung, der ihn vom Auftrag befreite, ohne ihn der Täuschung verdächtig zu machen. Für den Staat war dieser Microcosmos historicus schließlich nur noch als Vorwand nutzbar. Es genügte. Der Sozialismus hatte sich längst mit Fiktionen abgefunden. ›Weltbilder‹ waren deren schönste gewesen.

›Blick auf Eisenhüttenstadt‹ (1955/58) von Bernhard Kretzschmar

Der Druckkammer der Geschichte zu entkommen und sie in Energie aufzulösen, hatten unabhängige Künstler schon in den 60er Jahren ins Visier genommen. Man erinnere sich an PENCKS Ideologiekritik mittels sich selbst steuernder und selbst vernichtender, prähistorischer Metaphern, an die antikontemplativen Utopien, mit denen CLAUS dem mißliebigen Blochschen Kommunismus in seinen Denk-Schrift-Kombinaten ein Denkmal setzte, oder an den Versuch von METZKES, dem Ethos der Realität im Ethos der Natur wiederzubegegnen.

### Identität und Erbfähigkeit

Was ist nun das Erbe? Was sind seine Bedingungen? Die DDR war ein relativ geschlossenes System. Es hatte eigene Hierarchien und eigene Begriffe von Kunst, Identität, Tradition, Geschichte. Der Wert des Erbes wird nicht allein abhängig sein von der Stellung der Kunst im geschlossenen alten

System. Kreativität strebt zur Expansion, um sich ›unvergleichlich‹ zu machen. Umgekehrt sind die Bedingungen der zweiten, dritten oder welcher Avantgarde auch immer nicht allein dafür zuständig, was man abschlagen oder annehmen, was man pflegen oder verwerfen darf. Kulturelles Erbe ist folglich keine Entscheidung, sondern ein Prozeß. Wenn aber Entscheidungen zu treffen sind, müssen die Grenzen der Toleranz weit gefaßt sein. Das betrifft die Demontage eines Denkmals, eines Architekturensembles ebenso wie die Abnahme eines Wandbildes. Die Deutschen lieben den raschen Wechsel. Vielleicht sind die Erfahrungen dieses Jahrhunderts dazu angetan, daß wir mit unserem Eifer maßvoller umgehen als bisher.

Bilder, Skulpturen, Denkmäler der DDR sind über ihre Zeitzeugenschaft hinaus Dokumente einer Mit- und Gegenarbeit in einer Gesellschaft, die in ihrem immer stärker werdenden Verfall nicht nur ihre eigenen Hohlheiten demaskierte, sondern auch die Mittel der persönlichen Rettung und Verdrängung erfand. Die politischen Theorien vom griffigen Zeitbild als Erziehungsbild sorgten durch die politisch verordneten Kurswechsel für eine riesige Produktion. Genauso stark war der kalkulierte Verschleiß. Eine zunehmende Zahl von Menschen erkannte in den Werken der Kunst die Differenz zwischen Wirklichkeit und Illusionen und deren Herausforderung. Die Bilder über Ikarus, Prometheus, Christus in der Passion wurden populär, weil sie Handlungen vorwegnahmen, die Schicksale betrafen. In dieser Vergesellschaftung von Kunst, die in den späten 70er Jahren auf einen Höhepunkt zueilte, erreichte die Kulturpolitik des Ostens zwar ein vermeintliches Ziel. Zugleich aber verlor sie die Fähigkeit, Kunst zu lenken und zu manipulieren, weil sich diese aus den politischen Begriffen gelöst und zum Versuch einer Selbsterfahrung mit den Instrumenten der klassischen Kunst bekannt hatte. Das geschah über Bücher und Bilder. Vermutlich entdeckten Menschen in diesen Augenblicken an sich in solchen konservativen Malereien mehr, als ein vergleichbares Publikum in Konzepten und Installationen an anderen Orten der Welt. Das hatte mit dem Klima der Krise zu tun.

Im Grunde war aber der Konflikt zwischen Staatsnähe und Nonkonformismus ein zwar mühsam verborgen gehaltenes, aber latentes Spiel der Kräfte. Man kann darin nicht nur die Trennung sehen, sondern zeitweise eine gemeinsame Hebelwirkung. Nicht wenige junge Nonkonformisten verloren sich als Künstlerfunktionäre, was den Staat zu einer verzögerten Assimilation zwang. Dieser fortschreitende Gegensatz trennte ja nicht nur die Cliquen, sondern auch manchen Künstler zwischen Kopf und Rumpf.

Die Bedeutung unabhängiger Künstler dabei zu unterschätzen, wäre ein fataler Fehler. Man unterstellte ihnen in Ost wie West lange Zeit eine Art Nachhutrolle, eine epigonale Mittlerschaft – von den permanenten Vorwürfen des Agent provocateur aus dem eigenen Haus ganz zu schweigen. Das große Verdienst der GLÖCKNER, CLAUS, ALTEN-

BOURG, PENCK, BARTNIG, BÖTTCHER, UHLIG und vieler anderer war – abgesehen von ihrer künstlerischen Dichte und Ausdauer – die Bewahrung der Unabhängigkeit, das Verständnis für die Internationalität der modernen Kunst, der Wille zum Experiment, zur Überwindung des zweidimensionalen Flächenbildes und des statisch begriffenen Raumes. Auch sie waren authentische Seismographen einer Gesellschaft, ohne die Botschaften immer nach den sozialen Wirkungen hin ausrichten zu wollen. Ihre Werke sind oft nicht so populär geworden. Zuweilen fehlt die Konsistenz über einen längeren Zeitraum. Aber sie sind es zuerst, die dem Mit-sich-Identischen und der regionalen Authentizität einen übergreifenden Akzent verleihen.

Das Erbe ist also geteilt und verwoben, wenn es als Erbe der DDR gesehen werden will. Die Spannung der Teile sind die des Landes gewesen. Es ist vielleicht eine Schwäche dieser gesamten Kunst, daß die einen ihre Stärke zu sehr im ausgesuchten Flair des Günstlings, die anderen im moralischen Gefühl der Verweigerung gesucht haben.

Der heutige Platz Am Roten Turm in Chemnitz mit dem von Lew Kerbel gefertigten Karl-Marx-Monument

## Depot oder Museum

Nach der Vereinigung begannen unterschiedliche Kreise aus unterschiedlichen Gründen die Auftragskunst einzusammeln, wo sie durch Privatisierung oder ›Abwicklung‹ oder Unmut der Bevölkerung bedroht war. HERBERT SCHIRMER, der letzte Kulturmininister der DDR, richtet weitab im märkischen Beeskow ein Schaumuseum für die Auftragsbilder des Sozialistischen Realismus ein. Regionale Büros des alten Kulturfonds in den neuen Ländern – wie in Dresden – holen gefährdete Stücke zurück. Die Hohenlieder der Waffenbrüderschaft finden im Armeemuseum ihren Frieden. Das

Gros besitzt vorerst noch die Treuhand. Ein Zweckbündnis mit dem Deutschen Historischen Museum Berlin startete 1993 eine Offensive ›zur wissenschaftlichen Bestandserfassung der Auftragskunst‹ mit anschließender Quarantäne-Überführung in ein neu zu errichtendes Super-Depot oder in die Asservatenkammer der nationalsozialistischen Kunst.

Eine Erhaltung und Erfassung der Auftragswerke von Parteien, Verbänden, Betrieben und Massenorganisationen – so noch nicht verjubelt, verschenkt oder vernichtet – ist zweifellos verdienstvoll. Eine Blockbehandlung der ›Luft- und Lügengebilde‹ (MARTIN WARNKE) wäre würdelos. Das heterogene Erbe ist hinreichend beschrieben worden und legt die Pflicht zu einer Auswahl nahe. Der Plan des Historischen Museums, von der ›Westkante‹ die Defizite und Irrtümer zu vermessen und zu vergessen, ist am Einspruch der ostdeutschen Länder gescheitert. Jetzt müssen sie mit Plänen aufwarten.

Der wissenschaftliche Ertrag wurde ohnehin überschätzt. Die Register des Auftragswesens sind bekannt. Die weißen Flecken liegen in den systeminternen Zonen ostdeutscher Kunstpolitik (Partei/Staat, Hochschule, Verband) und in den verschütteten Biographien. Sinnvoll wird die Selektion, wenn man sie mit den Chancen einer Verwendung verknüpft (von den Museen bis zu den Verwaltungen), nicht ausgeschlossen erscheint auch Verkauf zum Zwecke gemeinnütziger Kunstförderung, Rückgabe an die Künstler oder Depotverwahrung exemplarischer Dokumente.

Schwieriger ist der Umgang mit den Kunstimmobilien. Die ideologisch komplexen Großinstallationen sind durch ihre städtebauliche Verankerung besonders umstritten. Sie haben allerdings auch einen enthüllenden dokumentarischen Wert. Hier kann man nur hoffen, daß Kommunen und Denkmalpfleger mit Sorgfalt entscheiden.

Das schon genannte Wandbild TÜBKES in Frankenhausen ist in seiner Überanstrengung ein deutsches Indiz. Das Monumentale als Idee. Die Besucher nehmen gern den Weg vom Bauernkriegspanorama zum Barbarossa am nahen Kyffhäuser. Ähnlich – aber vom formelhaften Pathos stärker gezeichnet – der Marx-Kopf in Chemnitz, das Lenin-Monument am Berliner Friedrichshain (1993 abgerissen). Die Marx-Plastik hatte ERICH HONECKER höchstpersönlich bei dem russischen Künstler LEW KERBEL in Auftrag gegeben. Die deutschen Bildhauer hatten sich geweigert. Ein Denkmalpfleger hat das ideologische Stadtensemble in Chemnitz inzwischen unter Denkmalschutz gestellt. Die Stadtregierung protestierte: ›Investoren könnten verschreckt werden‹.

## KUNSTAUSSTELLUNGEN

Trotz der Sparmaßnahmen im Kulturbereich machte das Jahr 1994 durch bedeutende Einzel- und Überblicksausstellungen von sich reden. Auffallend war erneut die Tendenz, die Kunst der ersten Hälfte dieses Jahrhunderts zu beleuchten, doch auch viele ›Klassiker‹ unter den zeitgenöss. Künstlern wurden mit Bestandsaufnahmen ihres Schaffens bedacht. Die große Anzahl geplanter oder neu eröffneter Kulturinstitute läßt auf eine weitere Belebung der Ausstellungslandschaft hoffen.

### Jubiläumsausstellungen

Künstlerjubiläen boten den Anlaß für hochrangige Ausstellungsprojekte: Das Groeningemuseum in Brügge konnte von Aug. bis Nov. zum 500. Todestag des niederl. Malers HANS MEMLING mit 50 religiösen Bildern und Porträts über die Hälfte des Gesamtwerks vereinen. Zum 150. Geburtstag des dt. Realisten WILHELM LEIBL präsentierten die Münchener Neue Pinakothek und das Kölner Wallraf-Richartz-Museum im Sommer und Herbst die erste große Überblicksausstellung seit 1929 mit über 200 Bildern, Zeichnungen und Graphiken des Künstlers. An PIET MONDRIANS 50. Todestag erinnerte ab Dez. 1993 eine große Retrospektive im Gemeentemuseum Den Haag. Zum 80. Geburtstag des dt. Vertreters der informellen Kunst KARL OTTO GÖTZ zeigte im Frühjahr das Albertinum in Dresden ab 1935 entstandene Gemälde.

Ohne an ein Jubiläum gebunden zu sein, machte eine Ausstellung in Mantua eine Wiederentdeckung des norweg. Malers AKSEL WALDEMAR JOHANNESSEN möglich. Der Zeitgenosse MUNCHS, der sein Werk von 1910 bis zu seinem Tod 1922 schuf, war völlig vergessen und bleibt mit seinen teils kunsthandwerkl., teils expressiv verzweifelten Werken eine rätselhafte Gestalt der Kunstgeschichte.

### Wanderausstellungen – Möglichkeit zum Sparen

Auch 1994 prägten Wanderschauen das Ausstellungswesen. Die Zusammenarbeit von Museen und privaten Leihgebern ermöglichte umfasse Werk- und Themenüberblicke; so war eines der großen Ereignisse des Frühjahrs die Retrospektive der dt. Künstlerin REBECCA HORN in der Berliner Neuen Nationalgalerie. Die vom New Yorker Guggenheim-Museum konzipierte Schau, die bis 1995 in versch. Ländern Europas zu sehen ist, stellt 60 der poet. Maschinen und Installationen der Künstlerin vor. Die wachsende Popularität der Photographie zeigte sich u. a. in der vielbeachteten Ausstellung des amerikan. Mode- und Porträtphotographen RICHARD AVEDON, die im Sept. und Okt. in der Kölner Kunsthalle Station machte. Doch auch kürzlich verstorbenen Künstlern wurden Werküberblicke gewidmet. In den Hamburger Deichtorhallen war die durch Europa wandernde Ausstellung von Plastiken, Bildern und Keramiken des Graffitikünstlers KEITH HARING ab Sept. zu sehen. Eine umfangreiche Werkschau von JOSEPH

Anläßlich des 50. Todestags
von Piet Mondrian findet ab
Dezember 1993 im
Gemeentemuseum in Den
Haag eine Retrospektive statt.
Im Bild ›Der Rote Baum‹
(1908)

BEUYS in Zürich, Madrid und Paris vereinte Objekte, Vitrinen, Installationen und fast 500 Zeichnungen. Im Pariser Centre Georges Pompidou startete im Febr. die themat. Ausstellung ›La Ville‹ über urbane Visionen seit 1870 mit rd. 1 000 Kunstwerken, Stadtentwürfen, literar. Zeugnissen und Dokumenten, u. a. von LE CORBUSIER, GEORGE GROSZ und den Nouveaux Réalistes. Den ›Romant. Geist in der dt. Kunst‹ bis zur Gegenwart beschwor eine Wanderausstellung, die von Juli 1994 bis Mai 1995 in Edinburgh, London und München Station macht.

Doch die Tendenz, Meisterwerke auf Reisen zu schicken, ist nicht nur aus restaurator. Gründen umstritten. Der zweite spektakuläre Kunstdiebstahl dieses Jahres nach dem Raub des Gemäldes ›Der Schrei‹ von EDVARD MUNCH ereignete sich im Juli in der Frankfurter Schirn während der Überblicksausstellung ›Goethe und die Kunst‹, in der ein umfassender Blick auf GOETHES Verhältnis zur Kunst mit Goethe-Zeichnungen und Werken von Künstlern wie JOHANN HEINRICH FÜSSLI und RAFFAEL möglich war. Zwei Bilder WILLIAM TURNERS (›Schatten und Dunkelheit‹, ›Licht und Farbe‹) der Londoner Tate Gallery und eines von CASPAR DAVID FRIEDRICH (›Nebelschwaden‹) der Hamburger Kunsthalle im Versicherungswert von insgesamt rd. 70 Mio. DM wurden nachts aus dem Ausstellungsgebäude gestohlen. Noch ist nicht abzusehen, wie sich der Kunstraub auf die Bereitschaft der Leihgeber, ihre Bilder in Wanderausstellungen zu zeigen, auswirken wird.

Neben Wanderausstellungen gab es auch parallel von mehreren Kulturinstitutionen organisierte Themenschauen: Von Sept. 1994 bis Jan. 1995 trat der Rhein-Neckar-Raum mit dem Kulturprojekt ›Widerstreit der Bilderwelten‹ über die 20er Jahre hervor. Das Kernstück bildeten zwei Ausstellungen von Okt. bis Jan., die Formen der Wirklichkeitsdarstellung dieser Jahre beleuchteten: Die Mannheimer Kunsthalle zeigte in der Ausstellung ›Neue

Sachlichkeit‹ figurative Malerei, während sich das Ludwigshafener Wilhelm-Hack-Museum abstrakten Tendenzen widmete.

**Kunst totalitärer Systeme**

1994 arbeiteten zahlreiche Ausstellungen die Zeit der Diktaturen in Europa auf. Im Münchener Stadtmuseum endete im März die aufwendig inszenierte Schau ›München. Hauptstadt der Bewegung‹, die in Zeitdokumenten, Kunstwerken und Kitschobjekten die Entstehung des Nationalsozialismus zeigte. Die Ausstellung wurde leidenschaftlich diskutiert; Kritiker bemängelten, der Präsentation der nat.-soz. Selbststilisierung fehle eine entsprechende Darstellung der Verbrechen des Systems. Von März bis Aug. präsentierte das Wiener Künstlerhaus 300 Kunstwerke aus den totalitären Systemen Deutschlands, Italiens und Osteuropas. Die Auseinandersetzung mit der Vergangenheit provozierte jedoch auch Ausstellungsabsagen, denn die Welle rechtsradikaler Ausschreitungen der letzten Jahre hatte ein sensibles Klima gegenüber Künstlern mit nat.-soz. oder faschist. Vergangenheit aufkommen lassen. So wurde die Wanderschau des ital. Malers MARIO SIRONI, die nach ihrer Station in Rom ab März auf der Darmstädter Mathildenhöhe gezeigt werden sollte, durch Proteste zu Fall gebracht. SIRONI, der sich erst dem Futurismus und später der Pittura metafisica zugewandt hatte, war ab den 20er Jahren Faschist und 1922 Mitbegründer der dem Faschismus nahestehenden Gruppe Novecento. Ähnlich wie bei der in Berlin und Saarbrücken abgesagten →Hitler-Hoffmann-Ausstellung fürchteten die Gegner, die Schau könne rechtsradikale Umtriebe auslösen und dem Ansehen Deutschlands schaden.

**Bisher unbekannte Schätze aus Osteuropa**

Kunst aus Osteuropa, die bislang in diesem Umfang im Westen nicht zu sehen war, präsentierte sich in vielbesuchten Ausstellungen: Das Nat.

Kunstmuseum Bukarest zeigte 1993/94 eine Auswahl seiner Werke, u. a. von REMBRANDT und MONET, in Bad Homburg und Wuppertal, nachdem die bei dem Umsturz in Rumänien 1989 beschädigten Bilder durch internat. Spenden restauriert werden konnten. Über 300 000 Besucher sahen im Histor. Museum der Pfalz in Speyer den ›Zarenschatz der Romanov‹: 250 kostbare Exponate, darunter Kunsthandwerk aus Silber, Gold und Edelsteinen sowie Gewänder, Möbel, Porzellan und Gemälde, die erstmals von der St. Petersburger Eremitage ausgeliehen wurden. Einen ersten umfassenden Überblick über die Entwicklung der Kunst Osteuropas und den Einfluß der östl. Avantgarde in den Zentren des Westens seit Beginn dieses Jahrhunderts versuchte die Bonner Bundeskunsthalle mit der Schau ›Europa, Europa‹ von Mai bis Okt. mit rd. 900 Bildern, Skulpturen, Zeichnungen, Photographien, Videos, Dokumenten, Architektur- und Theaterentwürfen.

**Neue Museumsbauten**

Im Mai und Juni wurden trotz eingeschränkter öffentl. Finanzmittel dank der Initiativen von Kulturstiftungen bedeutende Museumskomplexe eröffnet. Durch die Kunststiftung Volkswagen konnte der Neubau des Kunstmuseums Wolfsburg fertiggestellt werden, der sich mit einer Fernand-Léger-Schau und dem Einblick in die neuerworbenen Bestände zeitgenöss. Kunst vorstellte. Zwei Pariser Kulturzentren, der Glasbau der ›Fondation Cartier‹ des frz. Neominimalisten JEAN NOUVEL

Wilhelm Leibls ›Bildnis der Frau Apotheker Rieder‹ (1893), Exponat der Ausstellung der Münchener Neuen Pinakothek und des Kölner Wallraf-Richartz-Museums

und das ›American Center‹ des amerikan. Dekonstruktivisten FRANK OWEN GEHRY, präsentieren zeitgenöss. Kunst. Daneben machten Sammler durch ihren Wunsch nach Ausstellungsmöglichkeiten für ihre Kunstwerke Museumspolitik: PETER und IRENE LUDWIG veränderten mit ihrer Picasso-Schenkung die Kölner Museumslandschaft, indem sie den Auszug des Walraff-Richartz-Museums aus dem bis dahin mit dem Museum Ludwig geteilten Gebäude verlangten (→Ludwig, Peter). Im Juli beschloß das österr. Parlament den Ankauf der Sammlung RUDOLF LEOPOLDS für 314 Mio. DM. Im Gegenzug für den günstigen Preis der rd. 5 000 Möbel und Kunstwerke, darunter bedeutende Bilder des österr. Expressionismus, soll das Leopold-Museum bis 1997 als Kernstück des geplanten Wiener Museumsquartiers fertiggestellt sein. Wien bemüht sich zudem seit der erfolgreichen Frühjahrsausstellung von Guggenheim-Beständen im Kunstforum um die dritte europ. Guggenheim-Dependance, die der Wiener HANS HOLLEIN nach dem Scheitern des Salzburger Guggenheim-Projekts bauen soll.

**Kunstoffrecycling:** Ab 1995 muß die Kunststoffbranche laut Verpackungsverordnung 64 % des Kunststoffverpackungsmülls ›stofflich wiederverwerten‹. Deshalb wurden schon 1994 einige Anlagen zum K. in Betrieb genommen. Die meistbeachtete war eine Modellanlage in Bottrop, in der unter Druck und Erhitzung aus Kunststoffmüll Öl gewonnen wird. Die Anlage, die der VEBA und der Ruhrkohle AG gehört, besitzt eine Jahreskapazität von 40 000 t verwertetem Kunststoff. Das Duale System Deutschland bezahlt für jede von Müll in Öl verwandelte Tonne 757 DM. Rund 500 000 t Verpackungsmüll fallen in Deutschland jährlich an.
Etwa 60 % des vom Dualen System erfaßten Kunststoffmülls wird allerdings ins Ausland exportiert, der größte Teil nach China. In China soll der dt. Müll eingeschmolzen und zu neuem Kunststoff verarbeitet werden. Von dem bes. problemat. Kunststoff PVC, einem Produkt der Chlorchemie, werden etwa 7 % der jährlich 450 000 t Abfälle recycelt – durch Zermahlen und neues Einschmelzen. Spezielle PVC-Recyclinganlagen, die mit Verbrennung arbeiten sollen, sind bisher nur geplant.

**Kurden,** Volk mit einer iran. Sprache in einem zusammenhängenden Verbreitungsgebiet im Grenzbereich Türkei/Iran/Irak und NO-Syrien, zw. 20 und 25 Mio. Menschen.

**Bruderzwist und türkische Angriffe im Nordirak**

Kämpfe zw. der Patriot. Union Kurdistans (PUK) unter J. TALABANI und der Islam. Bewegung Kurdistans, die bereits im Dez. 1993 ausgebrochen waren, bildeten den Auftakt zur inneren Destabilisierung des ›Bundeslandes Kurdistan‹. Ab Mai eskalierten Rivalitäten zu einem blutigen Hegemoniekampf zw. der Demokrat. Partei Kurdistans (KDP) unter M. BARZANI und der Islam. Bewegung auf der einen sowie der PUK auf der anderen Seite, der im Laufe des Jahres mehrere tausend Tote forderte. Weitere Menschenleben forderten grenzüberschreitende Angriffe der türk. Armee, die im Kampf gegen die Arbeiterpartei Kurdistans (PKK) mehrmals auf irak. Gebiet vorstieß; auch bombardierte die türk. Luftwaffe im Laufe des Jahres wiederholt Ziele im Nordirak.

### Politische Verfolgung in der Türkei

Anfang März hob das türk. Parlament die Immunität mehrerer Abgeordneter der prokurd. Demokratie-Partei (DEP) auf; sechs wurden festgenommen und wegen ›Separatismus‹ (Verletzung der Integrität des türk. Staates, kann mit der Todesstrafe geahndet werden) angeklagt. Mitte Juni verbot das Verfassungsgericht die DEP. Zwei weitere Abgeordnete wurden verhaftet und im Okt. angeklagt; sechs von einer Verhaftung bedrohte Parlamentarier ersuchten in Brüssel um polit. Asyl. Von den ehemals 17 gewählten DEP-Abg. konnten lediglich drei, die vor der Eröffnung des Verbotsverfahrens die Partei verlassen hatten, ihre Parlamentsarbeit fortsetzen. Noch im Juni etablierte sich die Volksdemokratie-Partei (HADEP) als Nachfolgepartei der DEP. Trotz internat. Proteste wurden die acht angeklagten Parlamentarier im Dez. zu Haftstrafen zw. dreieinhalb und 15 Jahren verurteilt.

### Der Krieg gegen die PKK

In der ersten Märzhälfte bot PKK-Führer A. ÖCALAN der Türkei einen Waffenstillstand an. Weiterhin schlug er Verhandlungen vor, bei denen auch über ein föderatives System in der Türkei gesprochen werden könne. Wie schon im Vorjahr reagierte die Türkei nicht auf Verhandlungsangebote, sondern begann Ende März im SO eine neuerl. Großoffensive zur ›endgültigen Lösung‹ des PKK-Problems. Dabei entvölkerte und zerstörte das Militär kurd. Dörfer mit rigoroser Härte. Trotz der Konzentrierung von ca. 220 000 Mann Militär und

Aus Protest gegen die türkischen Behörden und die Haltung Deutschlands blockieren am 22. März Hunderte von Kurden in mehreren Bundesländern Autobahnen. Einige Demonstranten übergießen sich mit Benzin und zünden sich an

Vor Journalisten kommentiert Leonid Kutschma am 11. Juli das Wahlergebnis, das ihn zum neuen Präsidenten der Ukraine bestimmt

Gendarmerie und des Einsatzes von speziellen Antiterror-Einheiten errang die Türkei keinen eindeutigen militär. Erfolg gegen die beiden Militärorganisationen der PKK, die Nat. Befreiungsfront Kurdistans (ERNK) und die Nat. Befreiungsarmee Kurdistans (ARNK). Die PKK ihrerseits setzte ihre terrorist. Aktivitäten (u. a. Bombenanschläge auf Tourismuszentren) fort. Im Nov. bot die PKK der türk. Reg. einen Waffenstillstand an, den diese jedoch ablehnte. Der Ende Nov. von ÖCALAN angebotene Verzicht auf die Forderung nach einem unabhängigen Kurdenstaat wurde mit der Eröffnung einer Winteroffensive durch die türk. Streitkräfte beantwortet.

### Kurdenproblematik in Deutschland

Seitdem bekannt wurde, daß dt. Waffen, die im Rahmen von NATO-Absprachen an die Türkei geliefert wurden, im Kampf gegen die K. eingesetzt werden, ist Deutschland zunehmend in den Sog der Kurdenproblematik geraten. Gutorganisierte, z.T. der (auch in Deutschland verbotenen) PKK nahestehende Gruppen veranstalteten im ganzen Bundesgebiet immer wieder Demonstrationen, bei denen es teilweise zu schweren gewalttätigen Krawallen kam. Die in der Folge von Bundesinnenmin. KANTHER geforderte Abschiebung straffällig gewordener K. in die Türkei stieß v. a. bei den SPD-geführten Ländern auf Kritik und führte auch innerhalb der Regierungskoalition zum Streit. Weil abgeschobene K. in der Türkei Gefahren für Leib und Leben ausgesetzt seien, entschieden sich neun der 16 Bundesländer im Mai für eine vorläufige Aussetzung von Abschiebungen.

**Kushner,** Tony, amerikan. Dramatiker, \* New York 16. 7. 1956. – Im dt. Sprachraum war K.s Drama ›Engel in Amerika‹, das im Sept. 1993 seine dt. Erstaufführung in Zürich erfuhr, eines der meistinszenierten neuen Stücke der Spielzeit 1993/94. Mit dem Zweiteiler ›Angels in America‹, der von Homosexualität und AIDS in der Reagan-Ära handelt und 1990 in Los Angeles uraufgeführt wurde, avancierte K. zu einem der führenden Theaterautoren der USA. Seit Mai bzw. Nov. 1993 laufen die beiden Teile ›Millennium Approaches‹ und ›Perestroika‹ mit großem Erfolg am Broadway und wurden mit mehreren Tony Awards prämiert, K. erhielt überdies einen Pulitzerpreis zugesprochen; eine Verfilmung unter der Regie von ROBERT ALTMAN ist geplant. Im dt. Sprachraum wurde bisher nur der erste Teil gezeigt, die Erstaufführung des zweiten Teils soll im Jan. 1995 stattfinden.

**Kutschma,** Leonid Danilowitsch, ukrain. Politiker, *Tschajkino (nördl. von Kiew) 1938. – Am 19. Juli trat K. sein neues Amt als Staatspräs. der Ukraine an.

K. studierte bis 1960 Ingenieurwesen an der Univ. Dnjepropetrowsk und arbeitete danach in einem Maschinenbaukombinat der Luft- und Raumfahrtindustrie, wo er es bis zum stellv. Chefkonstrukteur brachte. Als Generaldirektor der Produktionsvereinigung (ab 1986) gehörte K. zu den führenden Männern der sowjet. Industrie. 1990 wurde er in den Obersten Sowjet der Ukraine gewählt. Am 30. 9. 1992 wählte ihn das Parlament zum neuen MinPräs., er reichte aber aufgrund der mangelnden Reformbereitschaft des Parlaments bereits im Frühjahr 1993 zweimal seinen Rücktritt ein, den Staatspräs. LEONID KRAWTSCHUK indessen ablehnte, und trat am 21. 9. 1993 endgültig zurück. Bei den Präsidentschaftswahlen in der Ukraine am 26. Juni und 10. Juli war K. der einzige Herausforderer KRAWTSCHUKS mit ernsthaften Chancen auf das Präsidentenamt. Im ersten Wahlgang lag Staatspräs. KRAWTSCHUK mit 37,7 % der Stimmen noch in Führung, die Stichwahl am 10. Juli entschied jedoch K. mit 52,1 % deutlich für sich.

### Kuwait

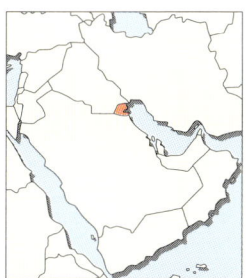

**Hauptstadt:** Kuwait
**Einwohner:** 1,8 Mio.
**Einwohner/km²:** 102
**Staatsoberhaupt:**
J. al-Ahmad
as-Sabbah
**Regierungschef:**
S. al-Abdullah
as-Salim as-Sabbah
**BSP/Einwohner:**
11 170 US-$

Der Wiederaufbau nach der irak. Invasion wurde weitergeführt. Infolge des Preisverfalls für Erdöl auf dem Weltmarkt nahmen die strukturellen Schwierigkeiten jedoch zu. Das wirtschaftl. Wachstum verlangsamte sich; die Staatsverschuldung nahm zu. Eine 19 %ige Budgetreduzierung führte zur Streichung bzw. Reduzierung von Subventionen für staatl. Dienstleistungen (Elektrizität, Wasser, Mieten, medizin. Betreuung), konnte das Haushaltsdefizit jedoch nicht beseitigen. Privatisierungen sollen die Dominanz des Staatssektors (mit einem Anteil am BSP von etwa 76 %) reduzie-

ren und die Effektivität der Wirtschaft wesentlich verbessern.

Die versprochene Demokratisierung ließ auf sich warten. Im Parlament setzte sich jedoch die Opposition mit dubiosem Finanzgebaren von Mitgl. der königl. Familie auseinander und forderte größere Rechenschaftspflicht und Transparenz bei den Staatsfinanzen. Der Rüstungshaushalt 1994/95 ist der bisher größte des Landes. K. sah sich erneut durch den Irak bedroht, der im Okt. Truppen bis kurz vor die kuwait. Grenze marschieren ließ. Ein Besuch des amerikan. Präs. CLINTON Ende Okt. verlief in herzl. Atmosphäre. Anfang Dez. fanden Manöver statt, an denen die meisten der im Golfkrieg alliierten Staaten teilnahmen.

## L

### Laos

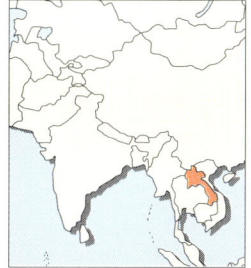

**Hauptstadt:**
Vientiane
**Einwohner:** 4,6 Mio.
**Einwohner/km²:** 19
**Staatsoberhaupt:**
Nouhak
Phoumsavanh
**Regierungschef:**
Kamtay Siphandone
**BSP/Einwohner:**
250 US-$

Am 8. April weihten der Regierungschef von L., der König von Thailand und der Vertreter des Geldgebers, der austral. Premiermin. KEATING, die erste Brücke über den Mekong außerhalb Chinas ein, die Nong Khai in Thailand mit der laot. Hauptstadt Vientiane verbindet. Die 1,2 km lange ›Freundschaftsbrücke‹, die L. wirtschaftlich helfen soll, symbolisiert zugleich den Auftakt für eine verstärkte Zusammenarbeit der Mekong-Anrainer China, Birma, L., Thailand, Kambodscha und Vietnam.

**Lehrerbesoldung:** Der Versuch der Bundesländer Sachsen und Nordrhein-Westfalen, über einen Gesetzentwurf im Bundesrat ostdt. Grundschullehrer prinzipiell ein bis zwei Besoldungsstufen unter ihren westdt. Kollegen einzustufen, weil sie in der DDR nicht an Hochschulen ausgebildet wurden, führte zu Arbeitsniederlegungen in Brandenburg und einer der größten Lehrerdemonstrationen seit Jahren von 40 000 Lehrern am 14. Juni. Nach einem Beschluß des Bundestags vor der parlamentar. Sommerpause, den Ländern die Entscheidung über die gleiche Dotierung ihrer Lehrkräfte frei zu stellen, ließ Mecklenburg-Vorpommern als erstes neues Bundesland eine Änderung des Lehrerbesoldungsgesetzes vornehmen.

## Lesotho

**Hauptstadt:** Maseru
**Einwohner:** 1,9 Mio.
**Einwohner/km²:** 62
**Staatsoberhaupt:**
Letsie III.
**Regierungschef:**
N. Mokhehle
**BSP/Einwohner:**
590 US-$

Trotz des formalen Abschlusses des Demokratisierungsprozesses 1993 blieben die innenpolit. Gegensätze bestehen und lösten im Jan. Kämpfe in Maseru zw. regierungstreuen und rebellierenden Truppenteilen, im April eine Meuterei in der Armee aus (Ermordung des stellv. MinPräs. SELOMETSI BAHOLE). Die oppositionelle Basotho National Party (BNP), die unter dem Vorwurf der Wahlfälschung das Wahlergebnis von 1993 nicht anerkannte, schürte die Spannungen zw. Reg. und Armee. Die Entlassung des MinPräs. NTSU MOKHEHLE durch König LETSIE III. am 17. Aug. führte zu einer schweren Krise: Es kam zu Protesten gegen die Absetzung MOKHEHLES, darüber hinaus wurde die Forderung nach Ausrufung der Rep. laut. Unter dem ultimativen Druck der Staats- und Regierungschefs der Nachbarstaaten Südafrika, Simbabwe und Botswana setzte LETSIE III. am 14. Sept. MOKHEHLE wieder als MinPräs. ein.

## Lettland

**Hauptstadt:** Riga
**Einwohner:** 2,7 Mio.
**Einwohner/km²:** 41
**Staatsoberhaupt:**
G. Ulmanis
**Regierungschef:**
M. Gailis
(seit 15. 9. 1994)
**BSP/Einwohner:**
1930 US-$

### Schwierigkeiten mit Rußland

Im Mittelpunkt der lett. Politik stand 1994 erneut das Verhältnis zu Rußland: Am 30. April unterzeichneten der lett. Präs. GUNTIS ULMANIS und sein russ. Kollege B. JELZIN in Moskau ein Abkommen über den Abzug der rd. 12 000 noch stationierten russ. Soldaten, demzufolge diese bis zum 31. Aug. das Land verließen. Im Gegenzug verpflichtete sich L., Rußland die Kontrolle über die Frühwarnstation zur Raketenabwehr in Skrunda für weitere vier Jahre zu belassen. Am 22. Juli wurde das lange umstrittene Staatsbürgergesetz vom Parlament verabschiedet. Es sieht bis zum Jahr 2000 die schrittweise Einbürgerung der bis zu 30jährigen, in L. geborenen Russen vor; die übrigen etwa 0,5 Mio. Russischstämmigen können erst ab dem Jahr 2000 die lett. Staatsbürgerschaft beantragen. Die urspr. für die Zeit ab dem Jahr 2000 vorgesehene Anwendung einer Einbürgerungsquote von 1 Promille der lett. Bevölkerung pro Jahr wurde v. a. auf Druck des Auslandes gestrichen. – Nicht zuletzt, um Rückhalt gegenüber Rußland zu gewinnen, trat L. am 14. Febr. dem NATO-Programm ›Partnerschaft für den Frieden‹ bei.

### Regierungskrise trotz wirtschaftlicher Stabilisierungserfolge

Mitte Juli brach eine seit längerem schwelende Regierungskrise aus. Nach einjähriger Dauer wurde die Koalition der Bauernunion und dem Wahlbündnis ›Lett. Weg‹ wegen der Bauernunion wegen des Streites um die Einführung von Agrarschutzzöllen aufgekündigt; die drei Min. der Bauernunion verließen am 13. Juli die Reg. Daraufhin trat MinPräs. VALDIS BIRKAVS zurück, blieb aber geschäftsführend im Amt. Nachdem der Versuch der Bildung einer neuen Reg. unter dem Führer der nationalkonservativen Partei (LNNK), ANDREJS KRASTINS, gescheitert war, wurde Ende Aug. der stellv. MinPräs. MARIS GAILIS vom Lett. Weg für das Amt des Regierungschefs nominiert, sein Kabinett vom Parlament mit 49 gegen 33 Stimmen bestätigt. – Wirtschaftlich zeichnet sich eine Wende zum Besseren ab, auch wenn die Privatisierung weiterhin schleppend verläuft. Die Inflationsrate, die 1992 noch rd. 1 000 % und 1993 jahresdurchschnittlich 120 % betragen hatte, konnte durch die Finanzdisziplin der Reg. auf etwa 30 % gesenkt werden. Das Bruttoinlandsprodukt ging zwar nochmals zurück, anders als im Vorjahr (−15 %) jedoch nur noch um 2,5 %.

**Leuna,** Stadt in Sachsen-Anhalt und Sitz der noch in Treuhandbesitz befindl. L.-Werke (größtes Chemiekombinat der ehem. DDR). Zur Sicherung der Rohstoffbasis für die Großchemie im Dreieck Halle–Merseburg–Bitterfeld wurde am 25. Mai in Spergau (Nachbarort von L.) offiziell mit dem Bau einer Erdölraffinerie begonnen, die von dem Konsortium Mitteldt. Erdöl-Raffinerie GmbH für 4,8 Mrd. DM errichtet wird. Mitgl. des Konsortiums sind die Elf-Aquitaine S. A., Paris, die Thyssen Handelsunion AG, Düsseldorf, und das russ. Staatsunternehmen Rosneft; mittelfristig soll die bislang noch treuhandeigene Buna GmbH die Anteile der Thyssen Handelsunion übernehmen. In der modernsten und umweltfreundlichsten Raffinerie Europas soll Mitte 1997 mit der Produktion begonnen werden, die nach einer Anlaufphase eine Kapazität zur Verarbeitung von 9–10 Mio. t Rohöl im Jahr erreichen soll; insgesamt 2 500 Mitarbeiter sollen beschäftigt werden.

## Libanon

**Hauptstadt:** Beirut
**Einwohner:** 2,9 Mio.
**Einwohner/km²:** 279
**Staatsoberhaupt:**
E. Hrawi
**Regierungschef:**
R. al-Hariri
**BSP/Einwohner:**
1 420 US-$

## Liberia

**Hauptstadt:**
Monrovia
**Einwohner:** 2,9 Mio.
**Einwohner/km²:** 26
**Staatsoberhaupt:**
D. Kpormakor
(seit 28. 2. 1994)
**Regierungschef:**
D. Kpormakor
(seit 28. 2. 1994)
**BSP/Einwohner:**
500 US-$

Die teilweise zerstrittene Reg. eint das Ziel, den L. wieder als Zentrum der Finanz- und Geschäftswelt im Nahen Osten zu etablieren. Als erster Schritt wurde eine Entwicklungsgesellschaft mit dem Wiederaufbau des Stadtzentrums von Beirut betraut, an der Auslandskapital stark beteiligt ist. Des weiteren soll der Ausbau von Energieversorgung, Transportwesen, Wasserversorgung, Gesundheitswesen und Telekommunikation die Rahmenbedingungen für wirtschaftl. Aktivitäten verbessern und die Arbeitslosigkeit reduzieren. Dank des wirtschaftl. Wachstums (1993 rd. 7%, 1994 rd. 10%) und des Rückgangs der Inflationsrate unter 10% nahm der Rückfluß von libanes. Kapital aus dem Ausland zu. Hohe Schuldentilgung und Zinszahlungen belasten die Staatsfinanzen jedoch schwer; das Defizit beträgt etwa 50% des Gesamtbudgets. Zwar gelang es der Reg., den Einfluß der libanes. Streitkräfte auszudehnen, doch erschwerten wachsende soziale Spannungen, ethn. und religiöse Probleme, die Aktivitäten militanter Gruppierungen sowie die zahlreichen Flüchtlingslager der Palästinenser eine Konsolidierung der Staatsgewalt. Die Bemühungen der Reg., Normalität herzustellen, wurden auch durch die proiran. Hisbollahmiliz gestört, deren Stützpunkte im S des Landes immer wieder Ziel israel. Militäraktionen waren.

Im März brachen innerhalb der Vereinigten Befreiungsbewegung L.s (ULIMO) Machtkämpfe aus, die den Bürgerkrieg wieder aufflammen ließen. Er wurde auch nach Guinea und Sierra Leone getragen. Es bildeten sich weitere z. T. ethnisch fundierte Gruppierungen, die an den bisherigen Waffenstillstandsvereinbarungen nicht beteiligt waren, im Sommer kam es zu Kämpfen innerhalb der Nat. Patriot. Front (NPFL). Trotz der Bildung von Gremien einer Übergangsreg. wurden keine Wahlen abgehalten, da der hierfür notwendige Entwaffnungsprozeß nicht stattfand. Trotz wachsender Unzufriedenheit verlängerte die UNO das Mandat für ihre Beobachtertruppe; beim Gipfeltreffen der OAU und der Wirtschaftsgemeinschaft Westafrikan. Staaten (ECOWAS) war der L.-Konflikt Thema intensiver Diskussionen. Lösungsversuche gingen von einer durch zivile Gruppen einberufenen Nationalkonferenz, vom ehem. amerikan. Präs. JIMMY CARTER, vom ghanaischen Präs. JERRY RAWLINGS und vom neuen Präs. der ECOWAS aus. Im Sept. einigten sich die größten Bürgerkriegsparteien auf ein Friedensabkommen, das das Mandat der Übergangsreg. bis Okt. 1995 verlängerte, doch kam es kurz darauf erneut zu heftigen Kämpfen; der Waffenstillstand konnte jedoch am 29. Dez. in Kraft treten.

Bei Luftangriffen der israelischen Armee auf Stellungen der proiranischen Hisbollah in der südlibanesischen Stadt Deir az Zahrani Anfang August werden sechs Menschen getötet und mehrere verletzt

In Tripolis gedenkt man am 1. September feierlich der Ausrufung der Arabischen Republik Libyen vor 25 Jahren

## Libyen

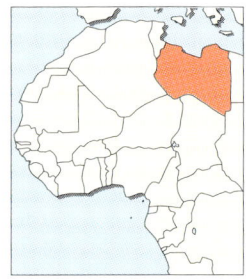

**Hauptstadt:** Tripolis
**Einwohner:** 5,1 Mio.
**Einwohner/km²:** 3
**Staatsoberhaupt:**
M. al-Gaddhafi
**Regierungschef:** Abd
al-Madjid al-Kaud
(seit 29. 1. 1994)
**BSP/Einwohner:**
5 270 US-$

## Liechtenstein

**Hauptstadt:** Vaduz
**Einwohner:** 28 000
**Einwohner/km²:** 175
**Staatsoberhaupt:**
Hans-Adam II.
**Regierungschef:**
Mario Frick
**BSP/Einwohner:**
33 770 US-$

Der Vorschlag L.s, die beiden des Bombenanschlags auf ein amerikan. Passagierflugzeug über dem schott. Lockerbie verdächtigten Libyer vor dem Internat. Gerichtshof in Den Haag anzuklagen, fand nur die Zustimmung der VR China. Das Geständnis eines Anhängers der palästinens. Terrororganisation ABU NIDALS und Mutmaßungen über eine Stasi-Verwicklung in die Affäre ließen allerdings Zweifel an der Rechtmäßigkeit der UNO-Sanktionen gegen L. aufkommen, die seit April 1992 in Kraft sind. Den Auswirkungen der Sanktionen suchte L. durch Haushaltskürzungen und verstärkte Investitionen auf den europ. und asiat. Märkten zu begegnen. Die weltweit gesunkenen Rohölpreise erschwerten die wirtschaftl. Lage zusätzlich. – Im Grenzstreit mit dem Tschad akzeptierte L. im April die Entscheidung des Internat. Gerichtshofs vom Febr. und zog sich bis Ende Mai unter Aufsicht von UNO-Beobachtern aus dem Aouzou-Grenzstreifen zurück. Im Juni schlossen L. und Tschad einen Vertrag über Freundschaft und Zusammenarbeit. Die ägypt.-libyschen Beziehungen wurden zu Beginn des Jahres belastet, als der libysche Oppositionspolitiker MANSUR KIKHIA während einer Konferenz in Kairo spurlos verschwand und eine Verwicklung L.s vermutet wurde. – Im Sept. feierte MOAMAR AL-GADDHAFI den 25. Jahrestag der Machtübernahme.

Fürst HANS-ADAM II. regte im Frühjahr 1994 eine Verfassungsänderung an, welche die Absetzung des Staatsoberhauptes sowie die Abschaffung der Monarchie ermöglichen könnte. Im Aug. unterbreitete die Reg. dem Parlament einen Bericht über eine Regierungsreform. Neben dem Regierungschef und seinem Stellv. sollen drei weitere Regierungsräte vollamtlich tätig sein. Eine Erweiterung der Reg. auf sieben Regierungsräte sowie ein Departementsystem nach Schweizer Vorbild wurden abgelehnt.
Nach zwei Treffen des Regierungschefs MARIO FRICK mit dem Schweizer Bundesrat OTTO STICH (28. Juni und 4. Aug.) konnte im Okt. eine Einigung über die Einführung der Mehrwertsteuer im Fürstentum erzielt werden. L. beabsichtigt, die Mehrwertsteuer ab 1995 im Lande gemäß Steuerhoheit selbst zu erheben und zu kontrollieren. Am 4. Okt. konnten zw. der Schweiz und L. Vertragstexte paraphiert werden, die es dem Fürstentum ermöglichen, gleichzeitig Mitgl. des EWR zu werden und die Zollunion mit der Schweiz beizubehalten. Mit der Anpassung an das EWR-Recht werden zukünftig unterschiedl. Regelungen im Handelsverkehr mit der Schweiz und den EWR-Staaten bestehen. L. hat aber dafür zu sorgen, daß kein unerlaubter Umgehungsverkehr mit EWR-Waren erfolgen kann.

**Limbach,** Jutta, Juristin und Politikerin (SPD), *Berlin 27. 3. 1934. – Am 4. März wurde Frau L. einstimmig vom Richterwahlausschuß des Bundestages als Richterin am Zweiten Senat des Bundesverfassungsgerichts gewählt. Darüber hinaus wurde sie vom gleichen Gremium auch zur Vizepräs. bestellt. Beide Funktionen übernahm sie am 24. März nach dem Ausscheiden von ERNST GOTTFRIED MAHRENHOLZ. Schon Ende Mai zur Nachfolgerin des zum Bundespräs. gewählten Präs. des Bundesverfassungsgerichts ROMAN HERZOG vorgeschlagen, wurde sie am 7. Sept. gewählt und am 18. Nov. als Präs. in ihr Amt eingeführt.

Frau L. studierte Rechtswiss., promovierte 1966 und habilitierte sich 1971. Im gleichen Jahr erhielt sie eine Professur am Fachbereich Rechtswiss. der FU Berlin. 1989 wurde sie Senatorin für Justiz im rot-grünen Senat unter WALTER MOMPER. Im Senat der großen Koalition unter EBERHARD DIEPGEN, nach den Wahlen im Januar 1991 gebildet, behielt L. ihr Ressort.

**Lissabon,** portugies. Lisboa, Hauptstadt Portugals. – Am 26. Febr. wurde im Kulturzentrum von Belém L. mit der Übergabe der offiziellen Insignien durch den Antwerpener Bürgermeister zur Kulturhauptstadt Europas 1994 erklärt. Die Stadt am Tejo, deren Aussehen v. a. geprägt ist durch den einheitl. spätbarocken Wiederaufbau nach dem Erdbeben von 1755, gab unter dem Motto ›L., Treffpunkt der Kulturen‹ mit vielfältigen Darbietungen auf allen Gebieten der Kunst nicht nur den europ., sondern auch den Kulturen der ehem. portugies. Kolonien Raum zur Darstellung. Ein Höhepunkt war die Ausstellung des Nationalmuseums um das Triptychon ›Die Versuchung des hl. Antonius‹, ein 1506/07 entstandenes Hauptwerk des Malers HIERONYMUS BOSCH. In ihr wurden die dunklen Seiten der menschl. Existenz mit Werken u. a. von DÜRER, GOYA und DALÍ aufgezeigt. – Für den Wiederaufbau des 1988 durch Brand zerstörten Chiado-Viertels erhielt L. den Premio Gubbio.

Jutta Limbach, die neue Vizepräsidentin des Bundesverfassungsgerichts und Vorsitzende des Zweiten Senats, hier neben Verfassungsrichter Ernst-Wolfgang Böckenförde, in ihrer ersten Verhandlung am 19. April über den Streit um Bundeswehreinsätze außerhalb des NATO-Gebiets

## Litauen

**Hauptstadt:** Wilna
**Einwohner:** 3,8 Mio.
**Einwohner/km²:** 58
**Staatsoberhaupt:**
A. Brasauskas
**Regierungschef:**
A. Slezevicius
**BSP/Einwohner:**
1 310 US-$

Als zweiter osteurop. Staat schloß sich L. bereits am 27. Jan. dem NATO-Programm ›Partnerschaft für den Frieden‹ an. Der zugleich offiziell gestellte Antrag auf Aufnahme in das westl. Bündnis wurde jedoch in Brüssel mit Rücksicht auf Rußland zurückhaltend aufgenommen. Im Febr. wurden mit der Ukraine Verträge über Freundschaft und Zusammenarbeit sowie über Wirtschafts- und Verkehrsfragen abgeschlossen. Das aus histor. Gründen nicht unproblemat. Verhältnis zu Polen wurde mit der Unterzeichnung eines Vertrages über Freundschaft und Zusammenarbeit am 26. April auf eine neue Grundlage gestellt. Bes. die in dem Abkommen schließlich unerwähnt gebliebene poln. Besetzung des Wilna-Gebietes im Jahre 1920 hatte zur Verzögerung des Vertragsabschlusses geführt, ein weiteres Problem stellte die Sicherung der Minderheitenrechte der 260 000 in L. lebenden Polen dar. Am 9. Mai nahm die Westeurop. Union L., Est-

Ein Blick über Lissabon, die Kulturhauptstadt Europas 1994, mit dem Castelo de São Jorge im Hintergrund

land und Lettland als assoziierte Partner auf. Als Zeichen gemeinsamer balt. Politik wurde am 13. Juni zur Ergänzung der ›Balt. Assemblée‹ der ›Balt. Ministerrat‹ in Tallinn gegründet.

Von den drei balt. Staaten stellte sich die wirtschaftl. Situation L.s v. a. aufgrund der stockenden Privatisierung am schwierigsten dar, doch konnte der Rückgang des BIP gebremst (4 % gegenüber 20 % im Vorjahr) und die Inflation gezügelt werden: Nach 1 000 % 1992 und 200 % 1993 erreichte sie nun 50 %. – Am 18. Juli schlossen die balt. Länder mit der EU ein Freihandelsabkommen mit Wirkung zum 1. 1. 1995 ab.

## LITERATUR

### Die ›Alten‹ und die ›Neuen‹ in der deutschsprachigen Literatur

Großereignisse sind rar in der dt. Gegenwartsliteratur. Dieser Satz gilt auch für 1994, doch es läßt sich erkennen, woran die Großen diesmal gescheitert sind und warum dies nichts ausmachte. Andere, die nachrückten, entschädigten dafür. Zuerst kam BOTHO STRAUSS, dann PETER HANDKE. STRAUSS kam mit ›Wohnen dämmern lügen‹, einem Erzählzyklus von knapp 40 vielfältig verknüpften Einzelstückchen, deren realistisch anmutender Sprachduktus märchenhafte Elemente aufnimmt. Der Vorwurf des ästhet. Mißlingens wegen allzu gewollter Verrätselung war aber möglicherweise nicht der entscheidende, den STRAUSS in diesem Jahr hinnehmen mußte: Wie kein anderer deutschsprachiger Autor war er zum Gegenstand der Auseinandersetzung geworden, weil sich an seinen Essay ›Anschwellender Bocksgesang‹ von 1993 eine Gruppe neuer Nationalisten angehängt hatte, um den in ihren Augen linksliberalen Konsens zu zerstören und gegen ›Denkverbote‹ (das Zauberwort der neuen Rechten) aufzubegehren. Mit Literatur hatte das alles nichts zu tun.

PETER HANDKE löste mit seinem über 1 000 Seiten starken Roman ›Mein Jahr in der Niemandsbucht‹ erheblich mehr Interesse, z. T. gar Begeisterung aus. Das Buch teilt die Kritiker in zwei Lager: Für die ›Gemeinde‹ ist das großangelegte, teils autobio-

›Sofies Welt‹ von Jostein Gaarder begeistert Leser aller Altersklassen und erobert damit die Bestsellerlisten

graph., teils auf frühere Bücher anspielende Werk der letzte Beweis für HANDKES weltliterar. Bedeutung, für die Skeptiker eine bes. lästige Ermahnung, den Erzähler nebst seinen Spielfiguren, einsamen Schauplätzen und erlesenen Wahrnehmungen zu feiern und zu verehren. Leider nur wenig wahrgenommen wurde dagegen ein anderes Buch von 1 000 Seiten: der Roman ›Wolpertinger oder Das Blau‹ von ALBAN NIKOLAI HERBST, ein vielstimmiges, anspielungsreiches Protokoll der Bewußtseinslagen der 80er Jahre.

Neben den Werken etablierter Erzähler wie BRIGITTE KRONAUER (›Das Taschentuch‹), WOLFGANG HILBIG (›Die Arbeit an den Öfen‹, ›Die Kunde von den Bäumen‹) oder HERTA MÜLLER (›Herztier‹) sowie dem nachgelassenen Roman ›Die kleine Stechardin‹ von GERT HOFMANN wurde eine Handvoll Bücher jüngerer Autoren bes. beachtet. BRIGITTE BURMEISTER schrieb ›Unter dem Namen Norma‹, einen lesenswerten Berlin-Roman. DURS GRÜNBEIN legte mit ›Falten und Fallen‹, einem souveränen Rückgriff auf poet. Muster der Moderne bei gleichzeitig ›phänomenolog.‹ Blick auf die dt.-dt. Gegenwart, den wohl interessantesten Gedichtband des Jahres vor. RALF ROTHMANN (›Wäldernacht‹) gelang eine sowohl spannende wie auch ästhetisch überzeugende Jugendgeschichte aus der alten Bundesrepublik. Und STEPHANIE MENZINGER lieferte mit ›Schlangenbaden‹ ein stilistisch kühnes Erzähldebüt.

Von ungewöhnl. Charme und sicherer Handhabung der erzähler. Mittel zeugt der Band ›Franio‹ des 1964 in Polen geborenen, in Wien lebenden und deutsch schreibenden RADEK KNAPP, der für sein Debüt mit dem ›Aspekte‹-Literaturpreis ausgezeichnet wurde. Die fünf Erzählungen sind warmherzige, bisweilen auch unbarmherzig groteske Dorfgeschichten über die Macht des Erfindens, die Dauer, den Teufel und den Tod.

---

### Literaturpreise 1994

(Auswahl)

Friedenspreis des Börsenvereins des Deutschen Buchhandels: Jorge Semprún
Georg-Büchner-Preis: Adolf Muschg
Heinrich-Böll-Preis: Vergabe nur noch alle zwei Jahre
Hörspielpreis der Kriegsblinden: Christian Geissler
Ingeborg-Bachmann-Preis: Reto Hänny
Johann-Heinrich-Merck-Preis für literarische Kritik und Essay: Peter Demetz
Johann-Heinrich-Voss-Preis für Übersetzung: Werner von Koppenfels
Kleist-Preis: Herta Müller
Kranichsteiner Literaturpreis: 1994 nicht verliehen
Ludwig-Börne-Preis: Marie-Luise Scherer
Nobelpreis für Literatur: Kenzaburō Ōe

MARTIN WALSER meldete sich mit gesammelten Essays unter dem Titel ›Vormittag eines Schriftstellers‹ zu Wort, von denen sich namentlich einer, ›Dt. Sorgen‹, mit dem ihm seit 1989 liebgewordenen Thema befaßt: Wie den Deutschen ein gelassener Umgang mit dem Begriff ›Nation‹ beigebracht werden könne. Fünf Jahre nach dem Fall der Mauer legte auch CHRISTA WOLF Essays und Selbstauskünfte vor (›Auf dem Weg nach Tabou‹), die dem Bild der Autorin weder etwas nehmen noch etwas hinzufügen. Interessanter ist da der Einblick in die Verhältnisse der ostdt. Künstler- und Intellektuellenszene, den ADOLF ENDLER in seinen ›Sudelblätter 1981–1983‹ gibt, erschienen unter dem Titel ›Tarzan am Prenzlauer Berg‹.

Neben so vielen Selbsterklärungen gibt es auch Blicke in die weitere Geschichte. Exemplarisch sowohl in seiner Zurückhaltung wie auch in der stilist. Qualität ist der Bericht ›Wo gehörte ich hin?‹ des 1991 verstorbenen jüd. Lyrikers LUDWIG GREVE, dessen schmales Werk erst mit einer Auswahl seiner gesammelten Gedichte Anerkennung fand.

### Internationale Erfolge und Neuentdeckungen

Einige der internat. Bestseller des Jahres 1994, neben den übl. Romanerfolgen von JOHN GRISHAM (›Die Jury‹, ›Der Klient‹) oder STEPHEN KING (›Schlaflos‹), kamen aus Skandinavien. Der erste heißt ›Sofies Welt‹, stammt von dem 42jährigen norweg. Philosophielehrer JOSTEIN GAARDER und ist eine leichthändig erzählte Philosophiegeschichte in Romanform, von der sich Jugendliche und Erwachsene gleichermaßen in den Bann ziehen ließen. Im Herbst 1993 auf den Markt gekommen, entwickelte sich das Buch im Frühjahr und Sommer 1994 mit über 400 000 verkauften Exemplaren zum Bestseller der Saison. Der zweite bemerkenswerte Skandinavier ist der Däne PETER HOEG mit dem Kriminal- und Eisfahrerroman ›Fräulein Smillas Gespür für Schnee‹. Und ein dritter mag der stillste unter ihnen sein, ist aber dafür vielleicht auch der beste: PER OLOV ENQUIST erzählte von ›Kapitän Nemos Bibliothek‹.

Ein ungewöhnlich spätes literar. Debüt war das des in Polen geborenen, seit langem in New York lebenden Anwalts LOUIS BEGLEY. Der Roman ›Lügen in Zeiten des Krieges‹ erzählt in trügerisch einfacher Sprache von dem neunjährigen Maciek und seiner Familie in Polen, von den Pogromen gegen poln. Juden, dem Aufstand im Warschauer Getto und schließlich von der Flucht aufs Land, wo Maciek und seine Tante eine neue Identität annehmen.

Mag sein, daß GABRIEL GARCÍA MÁRQUEZ ein verführer. Erzähler ist, der seine Leser auch in dem Roman ›Von der Liebe und anderen Dämonen‹ auf seine Seite zu ziehen vermag; aber ein wenig nach Massenproduktion sieht es inzwischen aus, was der Literaturnobelpreisträger schreibt. Überhaupt erst ins Bewußtsein rückte dagegen der Japaner KENZABURŌ ŌE, der Nobelpreisträger des Jahres 1994, aus dessen Werk außer dem jüngsten Buch ›Verwandte des Lebens‹ nur weniges ins Deutsche übersetzt ist.

### Das Jahr der Autobiographien

Die außergewöhnl. internat. Literatur des Jahres 1994 trug den Stempel des Autobiographischen. So übersetzte der Lyriker PETER WATERHOUSE das ›Journal‹ des engl. Dichters GERARD MANLEY HOPKINS, in dem noch im 19. Jh., Jahrzehnte vor der literar. Moderne und abseits von den ästhet. Diskussionen der Zeit, eine unerhörte Verschmelzung von Naturbeobachtung und Dichtungstheorie geleistet wird.

Mit immerhin über dreißigjähriger Verspätung wurde 1994 auch die ›Autobiographie‹ von WILLIAM CARLOS WILLIAMS, dem wohl einflußreichsten amerikan. Dichter seiner Generation, ins Deutsche übersetzt, und mit nur zwölfjähriger Verspätung die des austral. Nobelpreisträgers PATRICK WHITE, in seinem Selbstporträt ›Risse im Spiegel‹ mit großer stilist. Genauigkeit die Isolation des Intellektuellen in Australien, des Australiers in England und des Homosexuellen in seiner Zeit beschreibt.

Bekenntnisse, wohin man blickt: in den so erschütternden wie monotonen ›Tagebüchern‹ des schon 1982 verstorbenen amerikan. Erzählers JOHN CHEEVER, in den Gesprächen und Essays aus dem

Nachlaß von DANILO KIŠ (›Homo poeticus‹), aus denen nicht nur eine Poetik des Erzählers KIŠ zu gewinnen ist, sondern autobiograph. Klarheit auch dort, wo er in seinem Schreiben schwieg, außerdem in ›Jagdverbot‹, JUAN GOYTISOLOS Meisterwerk der Selbstentblößung, in dem er die Motive für seinen Haß auf das Franco-Spanien und sein Exil freilegt, und schließlich im dritten Band der Autobiographie der Neuseeländerin JANET FRAME (›Der Gesandte aus der Spiegelstadt‹), dessen Aufnahme von der Bekanntheit der Filmemacherin JANE CAMPION profitierte, die einen Teil von FRAMES Autobiographie unter dem Titel ›Ein Engel an meiner Tafel‹ verfilmt hatte.

Am Tag nach dem Brandanschlag auf die Lübecker Synagoge zeigen Bürger der Stadt, darunter viele Jugendliche, ihre Betroffenheit und Empörung über den rechtsradikalen Anschlag. Einige haben sich den Davidstern mit der Aufschrift ›Jude‹ oder ›Solidarität‹ angeheftet

**Loest,** Erich, Pseudonym Hans Walldorf, Schriftsteller, * Mittweida 24. 2. 1926. – 1994 wurde L. zum Vors. des Verbandes dt. Schriftsteller (VS) gewählt. Er hatte seine Kandidatur vom Fortbestehen der 1991 gegründeten Geschichtskommission des VS abhängig gemacht, die das Paktieren von Schriftstellern mit dem Staatsapparat der DDR untersucht.
1957–64 war L. wegen seiner krit. Haltung zur DDR inhaftiert und 1979 aus dem DDR-Schriftstellerverband ausgeschlossen worden. Die Wahl des ab 1981 in der Bundesrepublik, seit 1990 wieder in Leipzig lebenden L. zum VS-Vors. spricht dafür, daß der Verband mit seiner polit. Vergangenheit ins reine kommen will. Zu L.s wichtigsten Werken zählen ›Durch die Erde ein Riß. Ein Lebenslauf‹ (1981), ›Völkerschlachtdenkmal‹ (1984), ›Der

vierte Zensor‹ (1984) und ›Die Stasi war mein Eckermann oder: mein Leben mit der Wanze‹ (1991).

**Loewenich,** Hermann von, ev. Theologe, * Nürnberg 26. 10. 1931. – Zum 1. Juli trat L. in Nachfolge von JOHANNES HANSELMANN das Amt des Landesbischofs der Ev.-Luther. Kirche in Bayern an, in das er im April von der Landessynode gewählt worden war. Die Amtseinführung wurde am 10. Juli mit einem Gottesdienst in der Nürnberger Lorenzkirche begangen.
Nach dem Theologiestudium in Erlangen, Tübingen und Heidelberg und dem Vikariat in Windsbach war L. 1958–62 als Studieninspektor am Predigerseminar Nürnberg tätig, arbeitete als Studenten- und Gemeindepfarrer in Nürnberg und gehörte 1967 zu den Gründern des ›Arbeitskreises Ev. Erneuerung‹. 1969 wurde L. Dekan zunächst in Kulmbach, 1976 in Nürnberg; 1972–85 war er Mitgl. der Landessynode und des Landessynodalausschusses. 1985 wurde er Kreisdekan für den Kirchenkreis Nürnberg und Mitgl. des Landeskirchenrats. Daneben engagierte sich L. v. a. beim Dt. Ev. Kirchentag sowie in der Generalsynode und Kirchenleitung der Vereinigten Ev.-Luther. Kirche Deutschlands.

**Lotto-Affären:** Die Landesparlamente in Hessen und Baden-Württemberg mußten sich 1993/94 mit den sog. L.-A. befassen. In der hess. Affäre ging es um Vorwürfe, wonach die Gewinne des Hessen-Lottos durch überhöhte Abfindungszahlungen und hohe Ruhestandsbezüge an einen vorzeitig entlassenen Geschäftsführer, überzogene Repräsentationsausgaben sowie eine großzügige Gehaltsregelung für den neuen Geschäftsführer und eine aufgeblähte Verwaltung geschmälert wurden. Hessens Finanzmin. ANNETTE FUGMANN-HEESING (SPD), die die polit. Verantwortung trug, trat im Jan. zurück. Ebenfalls ausscheiden mußten der Lottogeschäftsführer HANNS-DETLEF VON UCKRO und Finanzstaatssekr. OTTO GESKE. In Baden-Württemberg geriet der Geschäftsführer der Toto-Lotto-GmbH, PETER WETTER (CDU), unter Verdacht finanzieller Interessenverquickung und mußte im Juni aus seinem Amt scheiden. Ein neuer ›Geschäftsbesorgungsvertrag‹ verpflichtet nun die baden-württemberg. Lottogesellschaft, Abstriche an den Kosten für Öffentlichkeitsarbeit und Reisen sowie bei Spenden zu machen.

**Lübeck,** Hansestadt L., kreisfreie Stadt in Schleswig-Holstein, rd. 210 000 Ew. – In der Nacht zum 25. März verübten vier Jugendliche im Alter zw. 19 und 24 Jahren einen Brandanschlag auf die Synagoge der Stadt, in der auch sechs Familien wohnten. Niemand wurde verletzt, das jüd. Gotteshaus jedoch schwer beschädigt. Die Täter, die kurze Zeit später verhaftet wurden, haben laut Haftbefehl ›aus Haß gegen Ausländer und Juden‹ gehandelt. Ihnen wird fünffacher Mordversuch und schwere Brandstiftung zur Last gelegt; im Sept. wurde Anklage erhoben.
Erstmals seit der Zeit des Nationalsozialismus brannte in Deutschland wieder eine Synagoge. Die Betroffenheit darüber drückte sich in Mahnwa-

chen, Gedenkgottesdiensten und Schweigemärschen in der ganzen Bundesrepublik aus.

**Ludwig,** Peter, *Koblenz 9.7.1925, Fabrikant, Kunsthistoriker und Kunstsammler. – Im Juni schenkten L. und seine Frau IRENE der Stadt Köln 90 Werke aus ihrer Picasso-Sammlung – der größten in Privatbesitz – sowie 82 Arbeiten zeitgenöss. Künstler. Zudem überließen sie weitere 53 Werke, 15 Druckstöcke und fast 700 Graphiken PICASSOS der Stadt als Dauerleihgabe und signalisierten weitere Schenkungen. Köln verpflichtete sich im Gegenzug, den 1986 eröffneten Neubau am Dom bis Ende 1997 ausschließlich den Kunstschätzen des Museums Ludwig zur Verfügung zu stellen, muß dafür aber erst noch dem Wallraf-Richartz-Museum mit seinem bedeutenden Bestand an Kunst vom Mittelalter bis zum Anfang des 20.Jh., das seit 1968 mit dem Museum Ludwig unter einem Dach vereint war, ein neues Gebäude zuweisen. Ausgangspunkt der umstrittenen Transaktion war eine spektakuläre Präsentation von Werken der Picasso-Sammlung L.s in Köln 1993.

**Lufthansa,** →Deutsche Lufthansa AG.

**Luftverkehrsabkommen,** zw. den USA und Deutschland geschlossenes Verkehrsabkommen, das es amerikan. und dt. Fluggesellschaften ermöglicht, Flüge mit gemeinsamer Flugnummer (Code-Sharing) anzubieten. Die Unterzeichnung am 24.Mai in Frankfurt am Main folgte einer Absichtserklärung beider Staaten vom März. Das L. ermöglicht die Zusammenarbeit der →Deutschen Lufthansa AG mit der amerikan. United Airlines, die Bundesverkehrsmin. MATTHIAS WISSMANN als ›strateg. Perspektive‹ für die Lufthansa und als Schritt zu einem weltweiten liberalen Luftverkehrsmarkt sieht.

**Lukaschenka,** Alexander Grigorjewitsch, weißruss. Politiker, *Kopys (Gebiet Witebsk) 30.8.1954. – Im zweiten Wahlgang setzte sich am 10.Juli der Leiter einer Sowchose bei den Präsident-

Alexander Lukaschenka ist der erste Präsident der GUS-Republik Weißrußland: Am 20.Juli legt er vor dem Parlament den Eid auf die Verfassung ab

schaftswahlen in Weißrußland deutlich gegen den amtierenden MinPräs. WJATSCHESLAW KEBITSCH durch. L. erreichte 81,7% der Stimmen, KEBITSCH nur 14,1%.

L. studierte Geschichte und Landwirtschaft, war 1975–77 Instrukteur bei den Grenztruppen und 1980–82 Politkommissar in der Roten Armee. Nach seinem Wechsel in die Wirtschaft wurde er 1985 stellv. Leiter einer Baustoffirma und 1987 Leiter einer Sowchose. 1990 in den Obersten Sowjet Weißrußlands gewählt, machte er sich einen Namen als Vors. des Antikorruptionsausschusses und trug entscheidend dazu bei, den reformwilligen weißruss. Staatspräs. STANISLAW SCHUSCHKJEWITSCH zu entmachten und am 26.Jan. durch das Parlament des Amtes entheben zu lassen. L., der als einziger Abgeordneter im Dez. 1991 gegen die Errichtung der GUS gestimmt haben will, möchte die Republiken Rußland, Ukraine und Weißrußland wieder zu einem Staat zusammenführen.

Mit der Unterzeichnung des deutsch-amerikanischen Luftverkehrsabkommens am 24.Mai beenden Bundesverkehrsminister Matthias Wissmann (rechts) und sein amerikanischer Amtskollege Frederico Pena den monatelangen schwelenden Streit über zusätzliche Verkehrsrechte deutscher Fluggesellschaften auf dem US-Markt

## Luxemburg

**Hauptstadt:**
Luxemburg
**Einwohner:** 395000
**Einwohner/km²:** 153
**Staatsoberhaupt:**
Großherzog Jean
**Regierungschef:**
J. Santer
**BSP/Einwohner:**
35260 US-$

Jagdszenen aus Magdeburg

Im Wahlkampf zum luxemburg. Parlament dominierten zwei Themen: soziale Absicherung im Alter und das Ausländerstatut. Ein Drittel der Bevölkerung ist bereits im Ruhestand, der Anteil dieser Bevölkerungsgruppe nimmt ständig zu. Es besteht eine große Diskrepanz zw. dem Ruhegehalt aus dem öffentl. Dienst (83% des letzten Gehalts) und dem der Privatwirtschaft. Der Ausländeranteil an der aktiven Bevölkerung beträgt 25%, dazu kommen 50 000 Grenzgänger aus den Nachbarstaaten. Bei den Parlamentswahlen vom 12. Juni mußte die seit zehn Jahren bestehende Regierungskoalition aus Christl.-Sozialer Volkspartei (CSV) und Luxemburg. Sozialist. Arbeiterpartei (LSAP) zwar leichte Verluste hinnehmen, doch konnte MinPräs. JACQUES SANTER (CSV) die Koalition fortsetzen. Die Regierungserklärung vom 22. Juli stand im Zeichen eines moderaten Wirtschaftswachstums bei einem Anstieg der Arbeitslosenquote auf 2,3% (die niedrigste Rate in der EU). Seit dem 15. Juli ist SANTER designierter Präs. der EU-Kommission; bis zu seinem Amtsantritt soll das luxemburg. Kabinett aber keine Umbildung erfahren.
1995 wird die Hauptstadt Luxemburg Kulturhauptstadt Europas sein; das Bild L.s soll dann um eine kulturelle Komponente erweitert werden.

**M**

**Madagaskar**

**Hauptstadt:**
Antananarivo
**Einwohner:** 13,3 Mio.
**Einwohner/km²:** 23
**Staatsoberhaupt:**
A. Zafy
**Regierungschef:**
F. Ravony
**BSP/Einwohner:**
230 US-$

**Magdeburg,** Hauptstadt von Sachsen-Anhalt, rd. 290 000 Ew. – Am Nachmittag des 12. Mai, des Himmelfahrtstags, begann eine Gruppe ausländerfeindl. Jugendlicher, fünf Schwarzafrikaner zu belästigen und durch die Straßen zu verfolgen. Dabei wuchs die Gruppe auf rd. 150 teils angetrunkene Personen an, die die Flüchtenden durch die Innenstadt hetzten. Die Afrikaner fanden schließlich Zuflucht in einer türk. Gaststätte, wo sie von den Angestellten des Lokals, die sich mit Messern zur Wehr setzten, geschützt wurden. Dabei wurden etl. der Angreifer z. T. schwer verletzt.
Der Vorfall führte abends zu erneuten Ausschreitungen, als rechtsradikale Jugendliche randalierend durch die Stadt zogen und dabei auf gewaltbereite Jugendliche aus der Türkei und arab. Ländern trafen. Augenzeugen sprachen von bürgerkriegsähnl. Zuständen. Die Polizei, die, obwohl durch einen Hinweis des Verfassungsschutzes auf geplante ›Randale‹ gewarnt, bei den Vorfällen ein schlechtes Bild abgab, wurde heftig kritisiert. Sie hatte weder nachdrücklich eingegriffen, um die Ausländer zu schützen, noch die bestehenden gesetzl. Möglichkeiten ausgeschöpft, um an den Krawallen Beteiligte festzuhalten.
In ersten Prozessen wurden gegen sechs Rädelsführer Haftstrafen zw. zwei und dreieinhalb Jahren ohne Bewährung verhängt; das Gericht ging damit erheblich über das von der Staatsanwaltschaft geforderte Strafmaß hinaus.

**magisches Auge,** Bez. für eine bes. Sehweise, durch die es gelingt, in bestimmten zweidimensionalen Mustern, den **Autostereogrammen,** Strukturen räumlich, d. h. dreidimensional zu sehen, und die man daher besser als ›mag. Blick‹ bezeichnet. Ein Autostereogramm unterscheidet sich von einem herkömml. Stereogramm, das aus zwei separaten, ein Stereopaar bildenden Bildteilen besteht, v. a. dadurch, daß in ihm das Stereopaar in nur einer Darstellung vereinigt ist; sein Merkmal ist ein horizontal sich wiederholendes Muster, das ansonsten aber nahezu beliebig sein kann. Indem man nun so auf ein Autostereogramm blickt, daß der Fixationspunkt, d. h. der Schnittpunkt der Sehachsen der beiden Augen, in passendem Abstand vor oder hinter der Darstellung liegt, kommen zwei benachbarte Perioden des Musters zur ›Fusion‹. Wichtig ist dabei, daß man Augenstellung und Akkomodation ›entkoppelt‹, indem man nicht versucht, im Fixationspunkt scharf zu sehen.
Für den räuml. Eindruck ist es erforderlich, daß das period. Muster – der wiederzugebenden dreidimensionalen Figur entsprechend – in der Phase und in der Frequenz moduliert wird. Es liegt in der Natur der Autostereogramme, daß in ihnen die räumlich gesehenen Strukturen immer mit dem Hintergrundmuster bedeckt sind. – Abbildungen von Autostereogrammen waren 1994 als Bücher, Poster, Postkarten u. ä. ein Verkaufsschlager. Das Prinzip des Autostereogramms wurde 1979 von CHRISTOPHER W. TYLER erfunden. Grundlage dafür war das 1960 von BELA JULESZ erfundene Zufallspunkte-Stereopaar.

## Makedonien

**Hauptstadt:** Skopje
**Einwohner:** 2 Mio.
**Einwohner/km²:** 79
**Staatsoberhaupt:**
K. Gligorov
**Regierungschef:**
B. Crvenkovski
**BSP/Einwohner:**
972 US-$

### Der Konflikt mit Griechenland

Am 9. Febr. erkannten die USA als letztes ständiges Mitgl. des UN-Sicherheitsrats die ›Ehem. Jugoslaw. Rep. M.‹ offiziell an. Am 16. Febr. sperrte die griech. Reg. den Hafen Saloniki für den Verkehr mit M. und schloß das griech. Konsulat in Skopje. MinPräs. ANDREAS PAPANDREOU, gab bekannt, Griechenland sei zu dieser Maßnahme ›gezwungen‹ worden, weil M. sich unnachgiebig im Streit mit Griechenland um Staatsnamen und Staatssymbole zeige. Die Maßnahme kam einer Blockade M.s gleich, das rd. 80 % seiner Güter im Hafen von Saloniki umschlägt. Die Proteste des bei den Parlaments- und Präsidentschaftswahlen im Okt. im Amt bestätigten Staatspräs. KIRO GLIGOROV und des MinPräs. BRANKO CRVENKOVSKI konnten die griech. Reg. von ihrer Haltung ebensowenig abbringen wie die Kritik des westl. Auslands und die von der EU-Kommission beim Europ. Gerichtshof gegen Griechenland eingereichte Klage. Um die griech. Blockade zu unterlaufen, verständigten sich Vertreter Italiens, Albaniens, M.s, Bulgariens und der Türkei am 18. Febr. über den Ausbau west-östl. Verkehrswege. – Die griech. Blockade traf M. bes. hart, weil der wirtschaftl. Niedergang seit dem Zerfall Jugoslawiens nicht aufzuhalten ist.

### Die Probleme mit der albanischen Minderheit

Schwierig blieb das Verhältnis zur alban. Minderheit, laut der Volkszählung vom Juni 23 % der Bevölkerung. Deren Partei für den Demokrat. Fortschritt (PDP) war zwar in der Reg. vertreten, beklagte aber, daß die in den letzten Jahren etwa 150 000 zugewanderten Albaner vorerst nicht die makedon. Staatsbürgerschaft erwerben können. Auf einem außerordentl. Parteitag der PDP Mitte Febr. spaltete sich der radikale Flügel mit der Forderung nach Autonomie für West-M. von der Partei ab. Staatspräs. GLIGOROV lehnte es noch einmal entschieden ab, die Albaner zum ›zweiten staatstragenden Volk M.s‹ zu erklären.

## Malawi

**Hauptstadt:** Lilongwe
**Einwohner:** 10,7 Mio.
**Einwohner/km²:** 90
**Staatsoberhaupt:**
B. Muluzi
(seit 21. 5. 1994)
**Regierungschef:**
B. Muluzi
(seit 21. 5. 1994)
**BSP/Einwohner:**
210 US-$

›Der Rubin-Pokal‹, ein Autostereogramm von Shiro Nakayama. Liegt der Fixationspunkt beim Betrachten des Stereogramms hinter der Papierebene, so sieht man in der Bildmitte einen Pokal; liegt er vor der Papierebene (schielendes Betrachten), so sieht man zwei einander zugewandte Köpfe im Profil. Die beiden schwarzen Punkte am oberen Bildrand markieren die horizontale Periode des Bildmusters; beim Betrachten mit dem ›magischen Blick‹ fallen sie etwa aufeinander

Nachdem das Parlament eine provisor. Verfassung gebilligt hatte, fand mit den ersten freien Parlaments- und Präsidentenwahlen seit der Unabhängigkeit 1964 der Übergang zu einem Mehrparteiensystem im Mai seinen formellen Abschluß. HASTINGS KAMUZU BANDA, der M. 30 Jahre lang diktatorisch regiert hatte, unterlag seinem ehem. Vertrauten BAKILI MULUZI von der United Democratic Front (UDF), die mit rd. 48% der abgegebenen Stimmen und 84 von 177 Sitzen als stärkste Kraft ins Parlament einzog. BANDAS ehem. Staatspartei Malawi Congress Party (MCP) erreichte 33,5% und 55 Sitze, die Alliance for Democracy (AFORD) rd. 19% und 36 Sitze. Nachdem die AFORD eine Koalition mit der UDF ablehnte und überraschend eine Art oppositioneller Allianz mit der MCP schloß, bleibt die Zukunft des heruntergewirtschafteten Landes unter der UDF-Minderheitsreg. ungewiß.

Als ersten Schritt zur Bekämpfung der Korruption löste die Reg., die einen Neuanfang ohne polit. Willkür versprach, die Vorstände aller Staatsbetriebe auf und kündigte die Freilassung aller polit. Gefangenen an.

### Malaysia

**Hauptstadt:**
Kuala Lumpur
**Einwohner:** 19,2 Mio.
**Einwohner/km²:** 58
**Staatsoberhaupt:**
Ja'afar Abdul Rahman (seit 22.9.1994)
**Regierungschef:**
D.S. Mahathir bin Mohamad
**BSP/Einwohner:**
2790 US-$

M. rechtfertigte auch 1994 seinen Platz unter den →Tigerstaaten, v.a. hinsichtlich der Wettbewerbsfähigkeit seiner Wirtschaft. Das BIP wuchs real um mehr als 8%, und dabei blieb die Inflationsrate deutlich unter 4%.

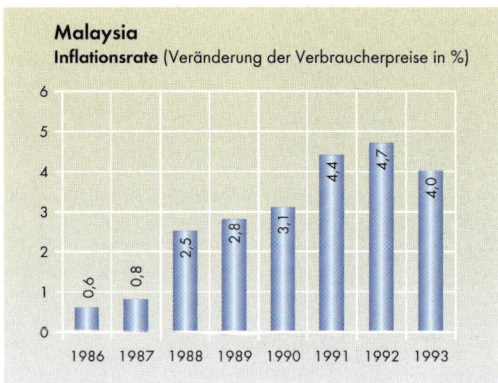

**Malaysia**
**Inflationsrate** (Veränderung der Verbraucherpreise in %)

| 1986 | 1987 | 1988 | 1989 | 1990 | 1991 | 1992 | 1993 |
|------|------|------|------|------|------|------|------|
| 0,6 | 0,8 | 2,5 | 2,8 | 3,1 | 4,4 | 4,7 | 4,0 |

Die für 1994 erwarteten allg. Wahlen fanden nicht statt. Am 22. Sept. wurde der ehem. Diplomat und Erbherrscher von Negri Sembilan, JA'AFAR ABDUL RAHMAN, offiziell als neuer König M.s inthronisiert.

Die Landtagswahlen von Sabah führten am 18./19. Febr. erneut zum Sieg des v.a. in den christl. Bevölkerungsgruppen verankerten Parti Bersatu Sabah (PBS). Dennoch mußte der alte und neue Regierungschef JOSEPH PAIRIN KITINGAN, der Sabah seit 1985 regiert hatte, knapp einen Monat nach seiner Wahl zugunsten des UMNO-Kandidaten zurücktreten, nachdem zahlreiche PBS-Abgeordnete die Seiten gewechselt hatten.

Außenpolitisch bedeutsam war, daß MAHATHIR Anfang Febr. als erster malays. MinPräs. offiziell die Philippinen besuchte. Priorität behielten die Beziehungen zu China.

### Malediven

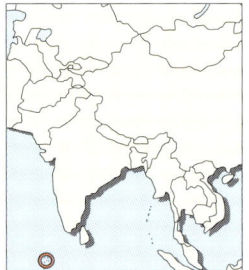

**Hauptstadt:** Male
**Einwohner:** 234000
**Einwohner/km²:** 785
**Staatsoberhaupt:**
Maumoon Abdul Gayoom
**Regierungschef:**
Maumoon Abdul Gayoom
**BSP/Einwohner:**
500 US-$

### Mali

**Hauptstadt:** Bamako
**Einwohner:** 10,1 Mio.
**Einwohner/km²:** 8
**Staatsoberhaupt:**
A.O. Konaré
**Regierungschef:**
I.B. Keita
(seit 4.2.1994)
**BSP/Einwohner:**
300 US-$

Am 3. Febr. trat MinPräs. ABDOULAYE SOW nach Machtkämpfen in der Regierungspartei und Studentenunruhen infolge der Abwertung des CFA-Franc zurück. Neuer MinPräs. wurde IBRAHIM KEITA. Die sozialen Konflikte eskalierten und bedrohten den Demokratisierungsprozeß. Der wieder aufgeflammte Tuaregkonflikt drohte trotz des Einsatzes von Staatspräs. ALPHA KONARÉ und alger. Vermittlung ein Regionalkonflikt zu werden; eine schwarzafrikan. Bewegung (Ganda Koi) ging gezielt gegen Tuareg und Araber vor. – Die Abwertung des CFA-Franc erzwang nach den Differenzen des letzten Jahres eine Einigung mit dem Internationalen Währungsfonds, beunruhigte jedoch die Kleinunternehmer.

In einer prunkvollen Zeremonie wird der 72jährige Ja'afar Abdul Rahman am 22. September in Kuala Lumpur zum neuen König Malaysias gekrönt

**Hauptstadt:** Valletta
**Einwohner:** 361 000
**Einwohner/km²:** 1 142
**Staatsoberhaupt:**
U. M. Bonnici
(seit 4. April 1994)
**Regierungschef:**
E. Fenech Adami
**BSP/Einwohner:**
7 340 US-$

Das Parlament wählte am 4. April den bisherigen Erziehungsmin. UGO MIFSUD BONNICI von der regierenden Nationalist. Partei zum neuen Präsidenten. Zur Förderung des seit 1990 durch ein Gesuch förmlich angestrebten Beitritts zur EU liberalisierte die Reg. die bisher stark protektionist. Wirtschaft und bereitete für den 1. 1. 1995 die Einführung der Mehrwertsteuer vor.

**Mandela,** Nelson Rolihlala, südafrikan. Politiker (African National Congress, ANC), *Qunu 18. 7. 1918. – Am 5. Mai wählte die südafrikan. Nationalversammlung den Führer des ANC einstimmig zum neuen Präsidenten. Damit endeten Jahrzehnte des Kampfes für ein freies Südafrika.

M. wurde 1942 einer der ersten schwarzen Anwälte Südafrikas. 1944 trat er dem ANC bei und rückte bald in die Führungsspitze auf. Bis zum Verbot der Organisation 1960 war M. einer der Führer der Kampagne des Ungehorsams gegen die Reg. und wurde 1964 zu lebenslanger Haft verurteilt. Nach 27 Jahren entließ ihn Staatspräs. FREDERIK W. DE KLERK aus der Haft und begann zus. mit ihm den Prozeß des polit. Dialogs, der 1994 in die ersten freien Wahlen in Südafrika mündete. Für ihren Versöhnungswillen und ihre Fähigkeit, weiße und schwarze Extremisten in Schranken zu halten, wurden beide 1993 mit dem Friedensnobelpreis ausgezeichnet.

### Marokko

**Hauptstadt:** Rabat
**Einwohner:** 27 Mio.
**Einwohner/km²:** 60
**Staatsoberhaupt:**
Hasan II.
**Regierungschef:**
A. Filali
(seit 26. 5. 1994)
**BSP/Einwohner:**
1 040 US-$

Im Mai wurde der parteilose frühere Außenmin. ABDELLATIF FILALI von König HASAN II. zum neuen Premiermin. ernannt. Eine von HASAN II. im Juli angeregte Regierungsbeteiligung der Oppositionsparteien scheiterte, da die Forderungen der Opposition nach realen Entscheidungsbefugnissen nicht erfüllt wurden. Die Gewährung größerer Pressefreiheit, die Abschaffung des Antidemonstrationsgesetzes von 1935 und die Freilassung von 424 polit. Gefangenen galten dagegen – wie die gleichzeitige Kabinettsumbildung – als Zeichen für eine schrittweise Liberalisierung des polit. Lebens.

Auf einer Wahlkampfkundgebung drei Tage vor der Wahl hört Nelson Mandela der Rede eines ANC-Mitglieds zu

In der Wirtschaftspolitik standen Privatisierung und finanzielle Stabilität im Vordergrund.

Im Aug. kam es zu einer Konfrontation zw. Algerien und M., als M. nach der Festnahme zweier alger. Islamisten, die des Überfalls auf ein Hotel in Marrakesch beschuldigt wurden, für Algerier die Visumspflicht einführte, worauf Algerien mit Visumspflicht für Marokkaner und der Schließung

In Marrakesch eröffnet Marokkos Kronprinz Sidi Mohamed am 12. April die viertägige GATT-Konferenz, an der Minister aus 122 Staaten teilnehmen

der Grenze zu M. reagierte. Mit der überraschenden Bekanntgabe der Einrichtung von Verbindungsbüros in Tel Aviv und Gaza im Sept. nahm M. als drittes arab. Land nach Ägypten und Jordanien Beziehungen zu Israel auf. – Das seit zwei Jahren geplante und für den 14. 2. 1995 angesetzte Referendum über die Westsahara wurde wiederum auf unbestimmte Zeit verschoben; ein Hauptgrund waren Unstimmigkeiten über die Zusammensetzung der Wählerlisten.

**Marthaler,** Christoph, schweizer. Theaterregisseur, * Erlenbach 17. 10. 1951. – Für seine Inszenierungen ›Goethes Faust 1+2‹ am Dt. Schauspielhaus Hamburg und ›Der Sturm‹ an der Volksbühne am Rosa-Luxemburg-Platz, Berlin, wurde M. in der Kritikerumfrage der Zeitschrift ›Theater heute‹ 1994 zum ›Regisseur des Jahres‹ gewählt. Der Musiker und Komponist machte mit Liederabenden und ersten Inszenierungen am Theater Basel auf sich aufmerksam, ehe er mit dem DDR-Abgesang ›Murx den Europäer! Murx ihn! Murx ihn! Murx ihn! Murx ihn ab!‹ 1993 zum Berliner Theatertreffen eingeladen wurde; seit der Spielzeit 1993/94 inszeniert er abwechselnd in Hamburg und Berlin. In M.s freien, sehr musikal. Aufführungen ist der Text eher zweitrangig: Rhythmus und Stille, Liedgesang und Slapstick sind die wesentl. Elemente seiner Regieführung.

## Mauretanien

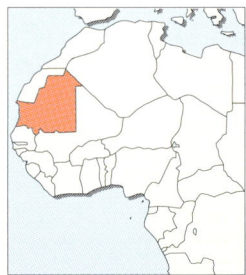

**Hauptstadt:** Nouakchott
**Einwohner:** 2,2 Mio.
**Einwohner/km²:** 2
**Staatsoberhaupt:** M. O. S. A. Taya
**Regierungschef:** S. M. O. Boubacar
**BSP/Einwohner:** 530 US-$

Die Regierungspartei Parti Républicain Démocratique et Social, der die innere Zerrissenheit der Oppositionsparteien und deren Mangel an polit. Konzeptionen zugute kam, konnte die Kommunalwahlen im Jan. und die Senatswahlen im April für sich entscheiden. Erneut beklagten internat. Organisationen Menschenrechtsverletzungen in M., unter denen bes. die schwarze Bevölkerung im S zu leiden hatte. Gemeinsam mit der UNO und Mali bemühte sich die Reg., die Tuareg-Flüchtlinge von M. nach Mali zurückzuführen.

## Marshallinseln

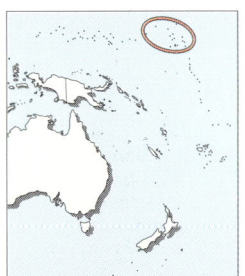

**Hauptstadt:** Uliga
**Einwohner:** 45 560
**Einwohner/km²:** 252
**Staatsoberhaupt:** A. Kabua
**Regierungschef:** A. Kabua
**BSP/Einwohner:** 7 560 US-$ (1980)

## Mauritius

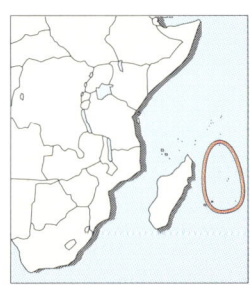

**Hauptstadt:** Port Louis
**Einwohner:** 1,1 Mio.
**Einwohner/km²:** 544
**Staatsoberhaupt:** C. Uteem
**Regierungschef:** Sir A. Jugnauth
**BSP/Einwohner:** 2 700 US-$

M. nahm mit Südafrika, dem drittgrößten Handelspartner, und Israel volle diplomat. Beziehungen auf. Im Zuge der Reformen des Finanzsystems zum Ausbau der Marktwirtschaft wurden Devisenhändler zugelassen und die Befugnisse der Zentralbank im Devisenhandel auf Kauf und Verkauf beschränkt.

**Mbeki,** Thabo Mvuyelwa, südafrikan. Politiker (African National Congress, ANC), *Idutywa (Kapprov.) 18. 6. 1942. – Am 9. Mai wählte das erste frei gewählte Parlament Südafrikas M. zum ersten Stellv. von Staatspräs. MANDELA, zweiter Vizepräs. wurde F. W. DE KLERK.
Nach dem Verbot des ANC 1960 ging M. zunächst in den Untergrund, wurde aber 1962 von MANDELA ins Ausland geschickt und studierte in London Volkswirtschaft. 1967–89 koordinierte M. von London, später von Lusaka aus Anti-Apartheid-Aktionen in der ganzen Welt; 1984–89 leitete er die Öffentlichkeitsarbeit des ANC und führte regelmäßig Geheimgespräche mit südafrikan. Oppositionspolitikern. Ab 1989 war M. an den Gesprächen zwischen ANC und Reg. beteiligt. Im Aug. 1993 wählte das Exekutivkomitee des ANC M. zum ›Nat. Präsidenten‹. Er rückte damit in der ANC-Hierarchie hinter MANDELA auf Platz zwei.

**Meat Loaf** [engl. ›Fleischkloß‹], eigtl. Marvin Lee Aday, amerikan. Rocksänger, *Dallas 27. 9. 1947. – Mit dem Ende 1993 veröffentlichten Album ›Bat Out Of Hell II – Back To Hell‹ gelang dem schwergewichtigen Sänger ein unerwartetes Comeback, mit dem er wieder Anschluß an seine Erfolge Ende der 1970er Jahre finden konnte. Nachdem er mit seinen pompös arrangierten Rockballaden am Jahresbeginn die Charts erobert hatte, wurde er auf der anschließenden Tournee, u. a. in Deutschland, von den Fans gefeiert.
M. L. wurde einem breiteren Publikum erstmals bekannt, als er 1976 im Kultfilm ›The Rocky Horror Picture Show‹ mitwirkte. Sein Debütalbum ›Bat Out Of Hell‹ (1977) wurde zehnmillionenmal verkauft: kraftvoll und ausdrucksstark vorgetragene Stücke seines Komponisten und Produzenten JIM STEINMAN, die oft als ›Bombast-Rock‹ bezeichnet wurden. Nach dem Ende der Partnerschaft mit STEINMAN wurde es stiller um M. L. Erst die neuerl. Zusammenarbeit auf ›Bat Out Of Hell II‹ brachte dem Star wieder neue Popularität.

**Mečiar,** Vladimir, slowak. Politiker (HZDS), *Zvolen 26. 7. 1926. – Die vorgezogenen Parlamentswahlen in der Slowak. Rep. vom 30. Sept./ 1. Okt. konnte M. mit seiner HZDS überlegen gewinnen. Am 13. Dez. trat er erneut das Amt des MinPräs. an.
M. war Jugendfunktionär der KPČ und stieg bis 1969 zum stellv. Leiter eines Volkskontrollkomitees im Industrierevier bei Zvolen auf. Nach dem Prager Frühling aus allen Parteiämtern entlassen, studierte er während seiner Tätigkeit als Hilfsschmelzer in Abendkursen Jura und war danach als Betriebsjurist tätig. Nach dem Umbruch 1989 gehörte M. bald zu den führenden Personen der slowak.

Die aktionsgeladene Bühnenshow von Meat Loaf nutzt ganz die Präsenz des massigen Sängers aus Texas

Bürgerbewegung ›Öffentlichkeit gegen Gewalt‹ (VPN), die sich 1990 in eine Partei umwandelte.
M. wurde im Jan. 1990 zunächst Innenmin., nach den Wahlen vom 9. 6. 1990 MinPräs. des slowak. Bundesstaates der ČSFR. Nach Auseinandersetzungen mit dem MinPräs. der Föderationsreg., VÁCLAV KLAUS, um die Wirtschaftspolitik und nach Gründung der Plattform ›Für eine demokrat. Slowakei‹ (VPN-ZDS) innerhalb der VPN wurde M. als MinPräs. im April 1991 abgewählt; kurz darauf spaltete sich die Plattform ›Für eine demokrat. Slowakei‹ von der VPN ab und bildete unter seiner Führung die neue Partei ›Bewegung für eine demokrat. Slowakei‹ (HZDS). Nachdem die HZDS die Parlamentswahlen im Juni 1992 souverän gewonnen hatte, verabschiedete das slowak. Parlament im Juli 1992 eine Souveränitätserklärung; gegenüber seinem tschech. Amtskollegen setzte M. die Auflösung der ČSFR zum 31. 12. 1992 durch. In der souveränen Slowak. Rep. zunächst MinPräs., wurde M. am 11. 3. 1994 wegen seines Führungsstils vom Parlament abgesetzt und durch Außenmin. JOSZEF MORAVČÍK ersetzt.

## Mecklenburg-Vorpommern

**Hauptstadt:** Schwerin
**Einwohner:** 1,9 Mio.
**Einwohner/km²:** 80
**Regierungschef:**
B. Seite
**BIP/Einwohner:**
17 000 DM

### Anhaltende Strukturschwäche

M.-V. war weiterhin das strukturschwächste Bundesland, es wurde von den Problembranchen Landwirtschaft, Seeschiffahrt und Werften geprägt. Da die Landwirtschaft in der DDR-Zeit personell übersetzt war, gab es v.a. auf dem Lande eine sehr hohe Arbeitslosigkeit. Zugespitzt waren von daher auch die Auseinandersetzungen um die Restitutionsansprüche von Großgrundbesitzern, deren Bevorzugung bei der Verteilung von Agrarflächen durch die Treuhandanstalt von ansässigen Bauern beklagt wurde. Die großen Infrastrukturprojekte Autobahn A 20 Lübeck–Stettin, Flugplatz Parchim und Transrapid betreffen zwar das Land, reichen aber nicht aus, die Strukturschwäche – die v.a. hohe Abwanderungsraten bedingt – zu beheben. Positiv entwickelte sich der Tourismus an der Ostseeküste.

### Schwierige Regierungsbildung

Die Landesverfassung wurde am Tag der Europawahl am 12. Juni in einer Volksabstimmung mit nur 61,1 % angenommen, obwohl sich der Landtag 1993 mit der großen Mehrheit von 59 gegen 9 Stimmen dafür ausgesprochen hatte. Dieses knappe Ergebnis war ein Beleg für die Unzufriedenheit der Bevölkerung. Die PDS hatte im Vorfeld 70 000 Unterschriften für das Recht auf Arbeit, das Recht auf Wohnen und andere soziale Grundrechte gesammelt. Bei der Europawahl schnitt sie mit 27,3 % der Stimmen besser ab als in allen anderen Bundesländern und wurde nach der CDU zweitstärkste Partei. In den drei ehem. Bezirkshauptstädten Rostock, Schwerin und Neubrandenburg stellt sie seit den parallel durchgeführten Kommunalwahlen die jeweils stärkste Fraktion in den Stadtparlamenten. Bei den Landtagswahlen am 16. Okt., bei denen der SPD-Landesvors. HARALD RINGSTORFF gegen den MinPräs. BERNDT SEITE antrat, verlor die CDU ihren Koalitionspartner FDP und ging nach zähen Verhandlungen mit der SPD eine große Koalition ein. B. SEITE (CDU) wurde am 8. Dez. erneut zum MinPräs. gewählt. – Die Kommunalreform wurde mit der Übertragung von Aufgaben

Auf einer Pressekonferenz der Menschenrechtsorganisation Amnesty International im Mai in Washington demonstriert die Tibetanerin Tsultrim Dolma (rechts), wie in China Gefangene mit elektrischen Schlägen gefoltert werden

an die Kreise und Gemeinden abgeschlossen, nachdem in den Vorjahren eine Gebietsreform durchgeführt worden war.

**Media Service GmbH,** Abk. MSG, am 1. 4. 1994 von der Telekom, dem Bertelsmann-Konzern und dem Münchener Filmhändler LEO KIRCH gegr. Unternehmen zur techn. und betriebl. Abwicklung von Diensten im Pay-TV-Bereich (Abonnementfernsehen, Pay-per-View, Video-on-Demand, Tele-Shopping). Aufgaben der Gesellschaft sind Marketing und Vertrieb der Programme, Verwaltung und Abrechnung der Abonnements sowie Entwicklung und Vermarktung einheitlicher Decoder zur Umwandlung digitaler in analoge Signale. Als Programmanbieter selbst hingegen will die Gesellschaft (Bertelsmann und KIRCH sind bereits am Pay-TV-Sender ›Premiere‹ beteiligt) nicht auftreten. Die EU-Wettbewerbskommission untersagte im Nov. den Zusammenschluß, da die Gefahr der Konzentration und vorzeitigen Monopolstellung auf einem sich erst entwickelnden Markt bestehe, und subtile Möglichkeiten der Einflußnahme, z.B. durch Nichtzulassung außenstehender Pay-TV-Veranstalter, nicht ausgeschlossen werden könnten.

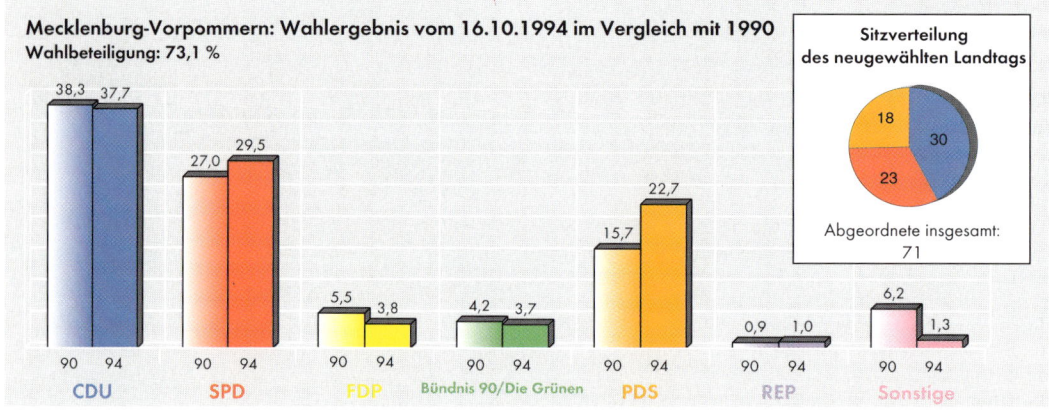

**Mecklenburg-Vorpommern: Wahlergebnis vom 16.10.1994 im Vergleich mit 1990**
Wahlbeteiligung: 73,1 %

| | 90 | 94 |
|---|---|---|
| CDU | 38,3 | 37,7 |
| SPD | 27,0 | 29,5 |
| FDP | 5,5 | 3,8 |
| Bündnis 90/Die Grünen | 4,2 | 3,7 |
| PDS | 15,7 | 22,7 |
| REP | 0,9 | 1,0 |
| Sonstige | 6,2 | 1,3 |

Sitzverteilung des neugewählten Landtags
18 / 30 / 23
Abgeordnete insgesamt: 71

**Mengenbrief,** neues Produkt des Postdienstes, dessen Einführung zum 1.4. 1995 Ende Okt. von Bundespostmin. Bötsch genehmigt wurde. Der Tarif des verbilligten M. beträgt dann 70 Pf (statt 1 DM) und gilt ab einer Stückzahl von 50 inhaltsgleichen Sendungen (z. B. Geburtsanzeigen).

**Menschenrechte:** Nach einer Aufstellung von Amnesty International wurden 1993 Folter und Mißhandlungen in 112 Staaten registriert. – Bei der im Febr./März in Genf abgehaltenen 50. Konferenz der UNO-Menschenrechtskommission offenbarte sich ein Konflikt zw. demokrat. Staaten des N und Entwicklungsländern des S, wobei es erhebl. Streit über Resolutionen zum Thema Rassismus sowie zu den sozialen und wirtschaftl. Rechten gab. Die Genfer Konferenz setzte mit Zustimmung der meisten Mitgliedsländer eine Sonderberichterstatterin zum Thema ›Verletzung der M. von Frauen‹ ein. – Im Febr. wurde José Ayala Lasso zum ersten →UNO-Hochkommissar für Menschenrechte ernannt.

**Merbold,** Ulf, Physiker und Astronaut der European Space Agency (ESA), *Greiz 20. 6. 1941. – M. nahm vom 4. Okt. bis 4. Nov. bei seinem dritten Raumflug an der russ.-europ. Mission →Euromir '94 teil.

M. studierte 1961–68 Physik an der Univ. Stuttgart und arbeitete anschließend im Stuttgarter Max-Planck-Inst. für Metallforschung. Nach seiner Promotion 1976 wurde er 1977 ESA-Astronaut für die erste bemannte amerikan.-europ. Mission Spacelab-1, an der er vom 28. 11. bis 8. 12. 1983 als erster Ausländer im Spaceshuttle und erster Raumfahrer aus der Bundesrepublik Deutschland teilnahm. Ab 1987 leitete M. das Astronautenbüro der Dt. Forschungs- und Versuchsanstalt für Luft- und Raumfahrt (DLR). Sein zweiter Raumflug fand vom 22. bis 30. 1. 1992 während der Mission Spacelab IML-1 (International Microgravity Laboratory) statt. 1985 und 1993 wirkte er außerdem an der Flugkontrolle der Spacelab-Missionen D-1 und D-2 mit. M.s Raumflugzeit beträgt insgesamt 50 Tage (rd. 780 Erdumkreisungen).

**Mercosur,** Bez. für einen gemeinsamen Markt in Südamerika (›Mercado Común del Cono Sur‹), der von den Präs. Argentiniens, Brasiliens, Paraguays und Uruguays im Aug. in Buenos Aires besiegelt wurde (in Kraft ab 1. 1. 1995). Während innerhalb der Freihandelszone die Zollschranken fallen, werden die vier Staaten künftig gegenüber Drittstaaten einen gemeinsamen Außenzoll erheben. Bisher verfügt der M. über keine institutionelle Struktur.

**Metallgesellschaft AG,** Abk. **MG,** Rohstoff- und Anlagenbaukonzern (Sitz: Frankfurt) mit 251 Beteiligungsgesellschaften und rd. 350 Minderheitsbeteiligungen; Jahresumsatz: ca. 27 Mrd. DM, Beschäftigte: rd. 58000. Der Konzern stand zur Jahreswende 1993/94 am Rande des Zusammenbruchs – eine der größten Unternehmenskrisen in der dt. Nachkriegsgeschichte. Die New Yorker Tochter MG Corp. hatte sich bei riskanten Öltermingeschäften einen Verlust von rd. 2,3 Mrd. DM eingehandelt und damit den ohnehin in die roten

Zahlen geratenen Konzern an den Rand der Zahlungsunfähigkeit manövriert. Insgesamt betrugen die Verbindlichkeiten der MG Anfang des Jahres rd. 9 Mrd. DM.

Als ›Feuerwehrmann‹ wurde Karl-Josef (Kajo) Neukirchen von der Dt. Bank – einer der Gläubigerbanken – zur MG geschickt und löste dort im Dez. 1993 Heinz Schimmelbusch als Vorstandsvors. ab. Neukirchen entwickelte für die MG ein rigoroses Sanierungskonzept, das den Gläubigerbanken Finanzhilfen in Höhe von 3,4 Mrd. DM abverlangte, die Mitte Jan. auch gebilligt wurden. Die Sanierungsmaßnahmen, die die Kapitalbasis belasteten, umfaßten u. a. den Verkauf von Unternehmensbeteiligungen (u. a. Rückzug aus dem Raffinerie-Engagement) und einen geplanten Personalabbau von insgesamt 7500 Stellen.

Der deutsche ESA-Astronaut Ulf Merbold trainiert im Sojus-TM-Simulator des russischen Kosmonautenausbildungszentrums bei Moskau im Juli für die Euromir-Mission

## Mexiko

**Hauptstadt:** Mexiko
**Einwohner:** 90 Mio.
**Einwohner/km²:** 46
**Staatsoberhaupt:**
E. Zedillo Ponce de León (seit 1. 12. 1994)
**Regierungschef:**
E. Zedillo Ponce de León (seit 1. 12. 1994)
**BSP/Einwohner:**
3470 US-$

### Wirtschaftliche Konsolidierung

M. verzeichnete im ersten Halbjahr ein Wirtschaftswachstum von 2,2%. Die Inflation konnte erheblich reduziert werden, und das Budgetdefizit sank in den letzten Jahren v. a. durch den Verkauf

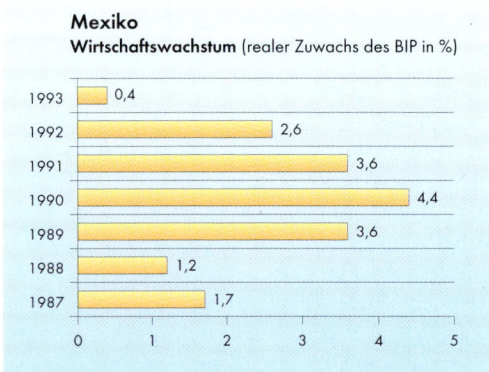

**Mexiko**
**Wirtschaftswachstum** (realer Zuwachs des BIP in %)

| Jahr | Wert |
|------|------|
| 1993 | 0,4 |
| 1992 | 2,6 |
| 1991 | 3,6 |
| 1990 | 4,4 |
| 1989 | 3,6 |
| 1988 | 1,2 |
| 1987 | 1,7 |

von 366 der 618 Staatsunternehmen. Positive Impulse gingen von der am 1. Jan. in Kraft getretenen Nordamerikan. Freihandelszone (NAFTA) aus; die Exporte in die USA nahmen um 30 % zu. Die außenwirtschaftl. Verflechtung wurde am 14. April durch ein Abkommen über den Beitritt M.s zur OECD vorangebracht. Obwohl der Außenhandel zunahm, stieg das Handelsbilanzdefizit erheblich.

**Unruhen durch Indioaufstände in Chiapas**

Die Modernisierungspolitik der letzten Jahre vernachlässigte insbes. die im S des Landes lebenden Indios. Ab 1. Jan. sah sich die Reg. von Präs. CARLOS SALINAS DE GORTARI mit einem bewaffneten Indioaufstand im südmexikan. Bundesstaat Chiapas konfrontiert, den der Ejército Zapatista de Liberación Nacional (EZLN; dt. Zapatist. Nationale Befreiungsarmee) organisierte. Der Aufstand begann mit der Besetzung von fünf Rathäusern, nahm aber rasch ein viel größeres Ausmaß an: Die Zapatisten führten 400 Landbesetzungen durch und beschlagnahmten kleine Landwirtschaftsbetriebe. Daraufhin entsandte die Reg. Truppen in die Krisenregion, die sich mit den Aufständischen blutige Gefechte lieferten. SALINAS übertrug am 10. Jan. dem bisherigen Außenmin. MANUEL CAMACHO

In einem Trainingscamp der Zapatisten-Rebellen in Chiapas werden Indiojungen militärisch ausgebildet und auf ihren Kampfeinsatz vorbereitet

SOLÍS die Führung der Kommission für Frieden und Versöhnung in Chiapas. Zur weiteren Entschärfung des Konflikts bot SALINAS am 17. Jan. eine Generalamnestie an. Die am 21. Febr. aufgenommen Verhandlungen führten am 2. März zu einer vorläufigen Friedensvereinbarung, derzufolge die Forderungen des EZLN nach Arbeit und Land, Selbstverwaltung sowie einem besseren Gesundheits- und Bildungswesen für Indios, weitgehend erfüllt wurden. Der EZLN lehnte sie aus undurchsichtigen Gründen jedoch ab und setzte die Protestaktionen und Landbesetzungen fort. Immerhin wurde am 14. Juni ein mind. bis zu den Wahlen dauernder Waffenstillstand geschlossen. Der als integer geltende CAMACHO SOLÍS legte am 16. Juni sein Amt nieder, da ihm zu wenig Spielraum eingeräumt werde. Nur zögerlich erkannten die Zapatisten den neuen Vermittler JORGE MADRAZO CUÉLLAR an. Mitte Okt. brach der EZLN den Dialog ab.

**Wahlsieg des PRI**

Die Präsidentschafts- und Kongreßwahlen am 21. Aug. konnte der Partido Nacional Revolucionario (PRI) mit seinem Kandidaten ERNESTO ZEDILLO PONCE DE LEÓN mit einem überraschend hohen Vorsprung vor den beiden großen Oppositionsparteien für sich entscheiden. ZEDILLO errang 48,8% der Stimmen, DIEGO FERNÁNDEZ DE CEVALLOS (Partido Acción Nacional) 25,9% und CUAUHTÉMOC CÁRDENAS SOLORZANO (Partido de la Revolución Democrática) 16,6%. Bei den Kongreßwahlen konnte der PRI seine Mehrheit in beiden Kammern leicht ausbauen. Zeitgleich wurde ein neuer Gouv., ein Mitgl. des PRI, für Chiapas gewählt; die anfänglich friedl. Protestaktionen des EZLN gegen seinen Amtsantritt eskalierten Ende Dezember. ZEDILLOS überraschende Aufnahme eines Oppositionsvertreters als Justizmin. ins Kabinett wurde als erster Schritt in Richtung einer Trennung von Reg. und Partei gewertet.
Im Vorfeld der Wahlen war am 23. März der reformwillige PRI-Präsidentschaftskandidat LUIS DONALDO COLOSIO MURRIETA ermordet worden. Sein Tod sowie der des GenSekr. JOSÉ FRANCISCO RUIZ MASSIEU – enger Vertrauter von SALINAS und ›Nummer zwei‹ des PRI – am 28. Sept. wurden mit parteiinternen Hintergründen in Verbindung gebracht.

**Mikronesien**

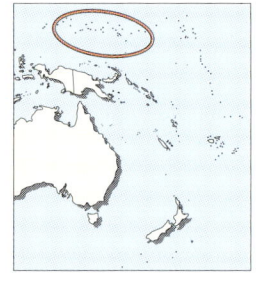

**Hauptstadt:** Pohnpei
**Einwohner:** 118 000
**Einwohner/km²:** 164
**Staatsoberhaupt:**
B. Olter
**Regierungschef:**
B. Olter
**BSP/Einwohner:**
1 500 US-$

Bei den ersten freien Wahlen in
Moçambique werben
14 Parteien für ihren Einzug
ins Parlament

**Militärseelsorge:** Die Struktur der M., die bisher auf dem 1957 zw. Kirchen und Staat geschlossenen M.-Vertrag beruhte, war in den ev. Kirchen heftig umstritten. Nach der dt. Vereinigung lehnten die ostdt. Landeskirchen die Übernahme des bundesdt. Systems ab und verliehen so der Forderung nach größerer Eigenständigkeit der kirchl. Seelsorge an Soldaten Nachdruck. Die Synode der Ev. Kirche in Deutschland (EKD) legte daraufhin im Nov. 1993 den Landeskirchen zwei Modelle zur Abstimmung vor: Modell A sah eine stärkere kirchl. Anbindung der M., jedoch ohne Vertragsänderung, vor, Modell B eine vertragl. Neuregelung, nach der die Militärpfarrer den Status von Kirchenbeamten erhalten (bisher Staatsbeamte auf Zeit) sowie das Ev. Kirchenamt für die Bundeswehr aus dem Verteidigungsmin. herausgelöst und als rein kirchl. Amt geführt wird. Im Laufe des Jahres gaben die Gliedkirchen der EKD ihre Stellungnahmen ab, wobei 17 von 24 für Modell B votierten. Die EKD-Synode im Nov. in Halle einigte sich schließlich auf eine duale Lösung, die unterschiedl. Rechtsformen der M. ermöglicht, aber eine einheitl. kirchl. Leitung und gleiche Arbeitsbedingungen vor Ort gewährleistet. Jede Landeskirche soll dabei wählen können zw. Militärpfarrern als Staatsbeamte und solchen im kirchl. Dienst. Der Rat der EKD wurde beauftragt, mit dem Bund über eine entsprechende Vertragsänderung zu verhandeln.

**Mobilfunk:** Als drittes digitales M.-Netz in Deutschland ging Ende Mai das **E-Plus-Netz** der Düsseldorfer E-Plus M. GmbH in Betrieb, hinter dem die dt. Unternehmen Thyssen und VEBA sowie die amerikan. Bell South Enterprises und die brit. Vodafone stehen. Zunächst auf einige Großstadtregionen beschränkt, soll der Netzausbau bis 1997 bundesweit abgeschlossen sein. Wegen geringerer Reichweite als im D1- und D2-Netz sind mehr Basisstationen nötig, die kleineren Zellen ermöglichen aber eine hohe Funkdichte und geringe Sendeleistung. Bes. bei Service und Preisgestaltung will E-Plus die Konkurrenten übertrumpfen.

## Moçambique

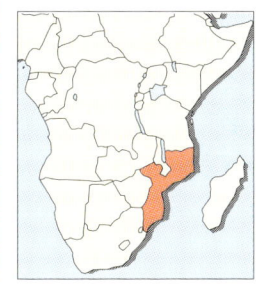

**Hauptstadt:** Maputo
**Einwohner:** 15,3 Mio.
**Einwohner/km²:** 19
**Staatsoberhaupt:**
J. A. Chissano
**Regierungschef:**
M. F. d. G. Machungo
**BSP/Einwohner:**
60 US-$

Die im Friedensvertrag zw. der Regierungspartei FRELIMO und der Rebellenorganisation RENAMO 1992 vereinbarte Demobilisierung der Truppen und der Aufbau einer neuen, zu gleichen Teilen aus ehem. FRELIMO- und RENAMO-Kämpfern bestehenden Armee ging nur schleppend voran. Ursachen waren neben dem gegenseitigen Mißtrauen der ehem. Bürgerkriegsparteien v. a. der Verzug beim Aufbau der Sammellager der UNO, in denen die Kämpfer zusammengezogen und entwaffnet wurden, und bei der Renovierung von Kasernen und Ausbildungslagern sowie Probleme bei der Rekrutierung von Soldaten für die neue Armee, die in Simbabwe von dortigen sowie von brit., frz. und portug. Offizieren ausgebildet wurde. Zudem kam es wegen der noch mangelhaften Versorgungslage und der Unzufriedenheit der ehem. Kämpfer, für die im Rahmen des Reintegrationsprogramms eine finanzielle Unterstützung von sechs Monaten durch die Reg. und 18 Monaten durch die UNO vorgesehen war, immer wieder zu Unruhen, in denen Lebensmittel, eine raschere Entlassung der Soldaten und bessere Bezahlung gefordert wurden. Bis zu den Parlaments- und Präsidentenwahlen, die Präs. JOACHIM CHISSANO und der RENAMO-Führer ALFONSO DHLAKAMA für den 27./28. Okt. vereinbarten, sollte jedoch die Aufstellung der neuen Armee abgeschlossen sein. Im Aug. löste sich die RENAMO als militär. Bewegung auf und ließ sich als Partei registrieren; zugleich gab die Regierungsarmee ihre Befugnisse an die neue Armee ab. Die bis zum 29. Okt. verlängerten Wahlen erbrachten für die FRELIMO eine knappe Mehrheit im Parlament und bestätigten CHISSANO in seinem Amt. Die Erholung der Wirtschaft ging trotz fortschreitender Privatisierung langsam und nur mit internat. finanzieller Hilfe voran. Im Juli unterzeichneten der südafrikan. Präs. NELSON MANDELA und CHISSANO einen Vertrag über Zusammenarbeit in Sicherheits- und Handelsfragen.

9,2 % auf die Oppositionsbank verwiesen. Die neue Reg. unter A. SANGHELI revidierte den stark nationalist. Kurs der früheren Kabinette. Dies führte zu einer Annäherung zw. Chișinău und den ethn. Sonderrechte verlangenden Gagausen und brachte mit Hilfe der KSZE erste Verhandlungen über einen Sonderstatus für Transnistrien in Gang. Dazu trug auch die Volksbefragung am 6. März bei, in der sich eine Mehrheit für die staatl. Selbständigkeit M.s aussprach und damit eine Vereinigung mit Rumänien ablehnte. Am 29. Juli verabschiedete das Parlament eine neue Verfassung (in Kraft getreten am 27. Aug.), die einen autonomen Status für die selbstproklamierte ›Dnjestr-Republik‹ und die Gagausen vorsieht.

Am 8. April ratifizierte das neue Parlament den Beitritt zur GUS. Teilnehmer am NATO-Programm Partnerschaft für den Frieden wurde M. am 16. März. Mit Rußland wurde am 10. Aug. ein Abkommen über den Abzug der 14. Armee (8 000 Soldaten) geschlossen.

### Moldawien

**Hauptstadt:** Chișinău
**Einwohner:** 4,4 Mio.
**Einwohner/km²:** 129
**Staatsoberhaupt:**
M. Snegur
**Regierungschef:**
A. Sangheli
**BSP/Einwohner:**
1 260 US-$

### Monaco

**Hauptstadt:** Monaco
**Einwohner:** 30 000
**Einwohner/km²:**
15 390
**Staatsoberhaupt:**
Rainier III.
**Regierungschef:**
P. Dijoud
(seit 2. 12. 1994)
**BSP/Einwohner:**
ca. 51 000 US-$

### Mongolei

**Hauptstadt:**
Ulan-Bator
**Einwohner:** 2,4 Mio.
**Einwohner/km²:** 2
**Staatsoberhaupt:**
P. Otschirbat
**Regierungschef:**
P. Jasray
**BSP/Einwohner:**
1 312 US-$

Die krisenhafte Situation der moldauischen Wirtschaft spitzte sich weiter zu. Positiv entwickelte sich lediglich die im Vorjahr eingeführte Währung, der Leu, der eine beachtenswerte Stabilität zeigte. Dagegen ging die Produktion in Industrie und Landwirtschaft zurück und führte zu einem Anstieg der Arbeitslosenquote. Schwere Ernteeinbußen aufgrund einer ungewöhnlich langen Dürreperiode brachten im gesamten Agrarsektor große Verluste. Eine im Mai gestartete Entstaatlichungsinitiative brachte die Privatisierung der Wirtschaft ein wesentl. Stück voran. Kapitalmangel und fehlende Investoren verzögerten jedoch insgesamt den ökonom. Transformationsprozeß.

Bei den ersten freien Parlamentswahlen seit Erlangung der Unabhängigkeit 1991 gelang den exkommunist. Parteien am 28. April ein überraschender Sieg. Die Agrardemokrat. Partei erhielt 43,2 % der Stimmen; zusammen mit der Koalition aus Sozialist. Partei und der kommunistischen Bewegung Jedinstwo (rd. 25 %) verfügen die Altkommunisten damit über die absolute Mehrheit im Parlament. Die Parteien der Volksfront wurden mit 7,5 % bzw.

Die schwere Wirtschaftskrise hielt auch 1994 an. Zwar verbesserte sich die Lebensmittelversorgung durch Privatisierungen und den Ausbau des Kleinhandels. Die Haushaltslage blieb aber desolat; Anfang 1994 wurde für das Gesamtjahr ein Haushaltsdefizit von 40 % veranschlagt. Sämtl. Investitionen und der Erhalt der noch funktionierenden Industrie sind abhängig von ausländ. Hilfsgeldern. Inflation und Verfall des Außenwertes der Währung konnten nicht unter Kontrolle gebracht werden. Der Außenhandel mit dem bislang wichtigsten Partner, Rußland, litt unter einem hohen russ. Lieferüberschuß und der immensen Verschuldung der M. gegenüber Rußland (ca. 17 Mrd. US-$). Der Handel mit China konnte ausgeweitet werden, doch konnten große Teile der notwendigen Importe nur durch Entwicklungshilfe finanziert werden.

**Moravčík,** Joszef, slowak. Jurist und Politiker, *Očova (Mittelslowakei) 19. 3. 1945. – Nach dem erfolgreichen Mißtrauensvotum gegen MinPräs. VLADIMIR MEČIAR beauftragte Staatspräs. KOVÁČ am 17. März M. mit der Regierungsbildung. Nach der Parlamentswahl vom 30. Sept./1. Okt. verlor M. das Amt des Min.Präs. wieder.
M. studierte Rechts- und Wirtschaftswiss. und wurde Prof. an der Komenius-Univ. in Preßburg. Gleichzeitig arbeitete er als Anwalt, ohne mit dem kommunist. System in Konflikt zu geraten. Nach dem polit. Umschwung 1989 schloß er sich der Bürgerbewegung ›Öffentlichkeit gegen Gewalt‹ (VPN) an, aus der 1991 die ›Bewegung‹ für eine demokrat. Slowakei (HZDS) hervorging. Zunächst Außenmin. der tschechoslowak. Föderationsreg., wurde M. im März 1993 nach Auflösung des Bundesstaates Außenmin. der Slowak. Republik. Er trat im Febr. 1994 zurück, da er die sprunghafte Politik, die verbalen Ausfälle im Ausland und das unausgegorene Wirtschaftsprogramm des MinPräs. MEČIAR nicht länger mittragen wollte.

**Muluzi,** Bakili, malaw. Politiker (Vereinigte Demokrat. Front, UDF), *1942. – Bei den ersten freien Parlaments- und Präsidentschaftswahlen nach 30jähriger Diktatur errang die UDF am 17. Mai 84 von 175 Sitzen. M. selbst wurde mit 47,2 % der Stimmen zum Präs. gewählt. Er kündigte an, die Korruption zu bekämpfen – die Vorstände der Staatsunternehmen wurden schon am Tag nach seiner Vereidigung (21. Mai) entlassen –, die polit. Gefangenen freizulassen und die geknebelte Wirtschaft von ihren Fesseln zu befreien.
Nach einem Technikstudium in Dänemark und Großbritannien wurde M. 1976 Erziehungsmin. und ein Jahr später GenSekr. der Einheitspartei des Präs. HASTINGS KAMUZU BANDA. 1983 trat er von allen Ämtern zurück und kaufte eine Transportgesellschaft. Zum Vors. der Oppositionspartei UDF wurde er 1992 gewählt.

**Murayama,** Tomiichi, japan. Politiker (Sozialdemokrat. Partei, SDP), *Präfektur Oita 3.3. 1924. – Am 29. Juni trat M. sein neues Amt als japan. MinPräs. an, nachdem er mit den Stimmen der Liberaldemokrat. Partei (LDP), die 1955–93 allein regiert hatte, ins Amt gewählt worden war. M. trat die Nachfolge von TSUTOMU HATA an, der nur wenige Wochen im Amt gewesen war.
M., Sohn eines Fischers, studierte nach dem Schulbesuch mit Hilfe der Gewerkschaften Wirtschaftswiss. und Polit. Wiss. an der Univ. Tokio. Er engagierte sich zunächst gewerkschafts- und lokalpoli-

tisch in Oita. 1955 in den Stadtrat gewählt, später mehrfach in das Parlament der Präfektur, wurde M. erstmals 1972 Abgeordneter im Unterhaus. Im Sept. 1993 wählte die SDP M., der als integer und Anwalt der einkommensschwachen Bevölkerungsschichten gilt, zum Parteivors., nachdem Parteiführer SADAO YAMAHANA Min. in der Reformreg. MORIHIRO HOSOKAWAS geworden war. Nachdem HOSOKAWA zurückgetreten und auch die Reg. Hata gescheitert war, einigten sich LDP und SDP auf M. als neuen MinPräs. einer Koalition, der auch die Sakigake-Partei angehört.

**Muschg,** Adolf, schweizer. Schriftsteller und Literaturwissenschaftler, *Zollikon 13.5. 1934. – 1994 erhielt M. den Georg-Büchner-Preis, die bedeutendste literar. Auszeichnung im dt. Sprachraum.
Als anerkannter Meister der kurzen Erzählform und Literaturwissenschaftler von ungewöhnl. Klarheit legte M. 1993 nach zehnjähriger Arbeit sein episches Hauptwerk ›Der Rote Ritter‹ vor. Die Parzival-Adaption stieß bei der Kritik auf Respekt, wegen des Umfangs jedoch auch auf Vorbehalte. Als scharfer und undogmat. Analytiker hat M. in Essays, Kommentaren und Interviews die polit. Veränderungen der letzten Jahre, bes. die Neuorientierung Europas, begleitet. Zu seinen wichtigsten Werken zählen ›Albissers Grund‹ (1974), die Monographie ›Gottfried Keller‹ (1977), ›Das Licht und der Schlüssel‹. Erziehungsroman eines Vampirs‹ (1984) und der Erzählband ›Der Turmhahn u. a. Liebesgeschichten‹ (1987).

## MUSIK

### Streichkonzert

Die Kürzungen in den Kulturetats der Länder und Kommunen hielten auch 1994 an. Die künstler. Substanz vieler Opernhäuser und Orchester wurde dadurch empfindlich getroffen. Gleich vier Leiter von Dreisparten- bzw. Opernhäusern warfen angesichts der Finanzlöcher das Handtuch: WOLFGANG ZÖRNER (Basel), KURT HORRES (Düsseldorf), MICHAEL LEINERT (Kassel) und PETER GIRTH (Darmstadt).
Der Südwestfunk-Intendant PETER VOSS setzte das Experimentalstudio für elektron. Musik der Heinrich-Strobel-Stiftung sowie die Donaueschinger Musiktage auf seiner Sparliste obenauf. Die Kürzung des Frankfurter Kulturhaushalts um 50 Mio. DM betraf das Opernhaus ebenso wie die Alte Oper, in der zukünftig kaum mehr Konzerte mit avancierter zeitgenöss. Musik durchgeführt werden können. Schlimmer jedoch für das Musikleben ist die ersatzlose Streichung der seit 1981 jährlich stattfindenden ›Frankfurt Feste‹ ab 1995. In Berlin, der einzigen dt. Stadt mit drei Opernhäusern, überlegte man derweil, wie das vorjährige Defizit von 9 Mio. DM allein für die Berliner Staatsoper im Rezessionsjahr 1994 wieder ausgeglichen werden könnte. Das reduzierte Programm des Schleswig-Holstein Musik-Festivals umfaßte immerhin noch gut 120 Veranstaltungen. Als Ende Nov. dessen

Das kühle Bühnenbild zu
Igor Strawinskys Oratorium
›Oedipus rex‹ setzt neuartige
Akzente in der Inszenierung
dieses griechischen Mythos'

Finanzkrise bekannt wurde, trat sein Intendant
JUSTUS FRANTZ zurück.

In den neuen Ländern bestimmten Orchesterzusammenlegungen die Sparpläne. Nach den Orchestern der Städte Rudolstadt und Saalfeld, Greiz und Reichenbach, Altenburg und Gera, fusionierten auch die von Gotha und Erfurt sowie von Nordhausen und Sondershausen. Hingegen überstand die Jenaer Philharmonie die Umstrukturierungswelle unbeschadet. Dank der Unterstützung durch die Carl-Zeiss-Werke sind die 85 Planstellen des Orchesters vorerst gesichert.

### Festspiele im Aufwind

Die Bayreuther und die Salzburger Festspiele, für Deutschland und Österreich auch staatlich-repräsentative Prestigeobjekte der Musikpflege, waren nach wie vor finanziell gut gestellt. Die Neuinszenierung des ›Ring des Nibelungen‹ in der Regie von ALFRED KIRCHNER wurde insbes. wegen des Bühnenbilds und der Kostüme von ROSALIE gelobt und gescholten: Man lobte die skulpturalen, phantasievollen Objekte wegen ihrer genre- und kulturübergreifenden Originalität, man vermißte aber bei der Dominanz der Bilder eine lebendige, erzählende Personenführung: KIRCHNER habe sich die Schau stehlen lassen und in dieser womöglich letzten Bayreuther Ring-Inszenierung dieses Jahrhunderts auf eine Deutung der Fabel verzichtet.

In Salzburg feierte man das Schaffen IGOR STRAWINSKYS. Dessen Oratorium ›Oedipus rex‹, verbunden mit der ›Psalmensinfonie‹, deutete PETER SELLARS im Bühnenbild der Wiener Architektengruppe ›COOP HIMMELB(L)AU‹ als Sozialdrama. Die Bühnenbildner schufen gemäß STRAWINSKYS Vorstellung eine ›Bühne, von kalten Farben beherrscht, nur als Andeutung‹, indem sie eine hohe Glaswand seitlich einschoben. Diese Glaswand gab entweder den Blick auf die dahinter agierenden Sänger frei oder verdeckte sie durch einen Milchglaseffekt. Die karge Ausstrahlung der Bühne sollte der bisherigen Rezeptionsgeschichte mit ihren tiefenpsycholog. Deutungen des Ödipusstoffes eine Objektivierung entgegenstellen.

Die dritte Großveranstaltung des Opernjahres war die von HANS WERNER HENZE geleitete 4. Münchner Biennale für neues Musiktheater. Zum Publikumserfolg wurde die Fußballoper ›Playing away‹ des 42jährigen Londoner Komponisten BENEDICT MASON: eine Geschichte über die Verknüpfung von Sport und Geschäft, gleichzeitig eine Parabel über den Willen des Stürmers Terry Bond, aus armseligen Verhältnissen den sozialen Aufstieg zu schaffen.

### Wiedergutmachung

Seit Jahren schon gibt es Bemühungen, das Schaffen derjenigen Komponisten wiederzuentdecken, die während des Nationalsozialismus in Deutschland verfolgt und nach dem Ende des Zweiten Weltkriegs vergessen wurden. Die Berliner Ausstellung ›Verdrängte Musik. Berliner Komponisten im Exil‹ 1987 und die ein Jahr später in Düsseldorf rekonstruierte und kommentierte Ausstellung ›Entartete Musik‹ von 1938 riefen einige Namen wieder ins Gedächtnis zurück. Eine umfassende Darstellung der Musik in den Konzentrationslagern leistete 1990 das Buch ›Musik an der Grenze des Lebens‹ von MILAN KUNA, das 1993 in dt. Sprache erschien. Die Ergebnisse dieser Arbeiten waren 1994 überall in den Opernprogrammen und Konzertplänen zu finden. So wurde die Oper ›Der Kaiser von Atlantis‹ des tschech. Komponisten VIKTOR ULLMANN, der 1944 in Auschwitz ermordet worden war, im Jan. am Dt.-Sorb. Theater Bautzen aufgeführt. Das Nationaltheater Mannheim beschloß für die Inszenierung der Oper ›Die Verlobung im Traum‹ des ebenfalls 1944 in Auschwitz ermordeten Prager Komponisten HANS KRÁSA eine Zusammenarbeit mit der Oper in Prag; die dt. Erstaufführung fand im Juni in Mannheim statt.

Möglicherweise auch aus dem Bedürfnis nach Wiedergutmachung, auf jeden Fall jedoch wegen ihrer Qualität wurden die Werke des 91jährigen, 1935 nach England geflüchteten BERTHOLD GOLDSCHMIDT mit Ovationen gefeiert. Die Berliner Festwochen ehrten den Komponisten mit einer Werkschau, HARRY KUPFER inszenierte dessen Oper

›Der gewaltige Hahnrei‹ (1932) an der Kom. Oper Berlin, und schließlich konnte das Theater Magdeburg 45 Jahre nach Fertigstellung der Partitur die szen. Urauff. von GOLDSCHMIDTS Oper ›Beatrice Cenci‹ vermelden (→Goldschmidt, Berthold).

### Tournee mit Rekordaufwand

Die Tournee der brit. Rockgruppe Pink Floyd war 1994 das herausragende Ereignis im Bereich der Popmusik. Die laufende Welttournee der Formation gilt als größte aller Zeiten: 49 Sattelschlepper transportierten das Equipment von Konzert zu Konzert. Aus den USA wurden drei ident. Bühnenaufbauten eingeflogen; während die Band spielte, wurde anderswo eine Bühne abgebaut und gleichzeitig die Bühne für das nächste Konzert aufgebaut. Das Timing und Marketing der Tournee war bis ins kleinste ausgefeilt, schon Monate vor dem ersten Auftritt der Gruppe konnte der Fan den Volkswagen aus der Sonderserie ›Pink Floyd‹ bestellen.

**Myanmar,** →Birma.

## N

**nachwachsende Rohstoffe:** In der Öffentlichkeit zumeist als Energiealternative diskutiert, gewinnen n. R. vermehrt Aufmerksamkeit als Rohstofflieferanten in der Produktion. Dabei denkt die Industrie derzeit weniger an Grundchemikalien, sondern an höherveredelte Zwischenprodukte und Feinchemikalien, bei denen die Syntheseleistung der Pflanzen voll genutzt werden kann. Die verwendeten Naturstoffe bleiben also in ihrer Molekularstruktur weitgehend erhalten. Beispiele sind Pharmaka und Tenside, aber ebenso Rohstoffe für Waschmittel oder Polyurethane. Entwickelt wurden auch Folien aus Stärke und Biopolymere aus Faserpflanzen. Mit klass. und biotechn. Methoden werden interessante Pflanzen auf die industrielle Anwendung hin gezüchtet, etwa erucasäurehaltiger Raps für die Oleochemie. Im Ggs. zu Energiepflanzen, deren ökonom. und ökolog. Nutzen genau abgewogen werden muß, benötigt der Anbau n. R. für die industrielle Nutzung relativ wenig Fläche.

**NAFTA,** Abk. für North American Free Trade Agreement, am 1. 1. 1994 in Kraft getretenes Freihandelsabkommen zw. den USA, Kanada und Mexiko; bereits 1989 war das Abkommen zw. den USA und Kanada gegr. worden. Durch einen stufenweisen Abbau von Handelshemmnissen soll bis spätestens 2015 mit einem Markt von 360 Mio. Verbrauchern die zweitgrößte Freihandelszone der Welt nach dem Europ. Wirtschaftsraum (EWR) entstehen. Für 20000 gewerbl. Güter, Dienstleistungen und den Kapitalverkehr, nicht aber für den Personenverkehr, soll die Freizügigkeit hergestellt werden. Kanada und Mexiko erhalten freien Zugang zum US-Markt, für die USA ist bes. die Marktöffnung für elektron. und Printmedien sowie die Ausdehnung des Patentschutzes von Bedeutung. Als Organe der NAFTA fungieren die trilaterale Wirtschaftskommission, das paritätisch besetzte Schiedsgericht sowie die mit Vertretern der USA und Mexikos besetzte Umweltkommission zur Sanierung des 3000 km langen Rio Grande.

**Namibia**

**Hauptstadt:** Windhuk
**Einwohner:** 1,6 Mio.
**Einwohner/km²:** 2
**Staatsoberhaupt:**
S. D. Nujoma
**Regierungschef:**
H. G. Geingob
**BSP/Einwohner:**
1610 US-$

Beim Pink-Floyd-Konzert am 30. Juli füllen 70000 Fans die Chantilly-Rennbahn im Norden von Paris

Die wegen Gotteslästerung angeklagte Schriftstellerin Taslima Nasrin (mit Brille) erscheint am
3. August in Begleitung ihres Anwalts vor Gericht,
das sie gegen Kaution freiläßt

Am 1. März wurde die Walfischbucht in das Territorium N.s wiedereingegliedert; zudem übernahm
N. den ehem. südafrikan. Luftwaffenstützpunkt
Rooikop. Bei den ersten Parlaments- und Präsidentenwahlen seit der Unabhängigkeit 1990 am 7./8.
Nov. erhielt die Regierungspartei SWAPO 53 von
72 Mandaten, NUJOMA wurde mit 76,3 % als Präs.
bestätigt. Die oppositionelle Demokrat. Turnhallenallianz will das Ergebnis wegen Wahlbetrugs anfechten.
In wirtschaftl. Hinsicht litt N. bes. unter der verbreiteten Korruption, Mißmanagement und den
hohen Personalkosten für die große Zahl von
Staatsangestellten, die mit 47 % der Staatsausgaben
den Haushalt schwer belasteten. Dies wirkte sich
negativ auf die Entwicklungsprojekte aus und ließ
auch ausländ. Hilfsgelder spärlicher fließen. Der
Bergbau, der wichtigste Wirtschaftssektor N.s, geriet wegen der niedrigen Weltmarktpreise unter
Druck. Demgegenüber verzeichnete der Dienstleistungsbereich, bes. der Tourismus, eine positive
Tendenz.

**Nash,** John F., amerikan. Mathematiker, * Bluefield (West Virginia) 1928. – Neben REINHARD
SELTEN und JOHN C. HARSANYI erhielt N. für
grundlegende Arbeiten zum Gleichgewichtsbegriff
in der nichtkooperativen Spieltheorie den Nobelpreis für Wirtschaftswiss. 1994. In seinen Veröffentlichungen Anfang der 1950er Jahre unterschied
N. erstmals zw. kooperativen und nichtkooperativen Spielen und formulierte ein allgemeingültiges Lösungskonzept, das als ›Nash-Gleichgewicht‹
bekannt ist.
Sein Studium absolvierte N. bis 1948 am Carnegie
Institute of Technology in Pittsburgh (Pennsylvania) und promovierte dann 1950 an der Princeton
University (New Jersey). Er arbeitete später auch
auf dem Gebiet der reinen Mathematik und lehrte
am Massachusetts Institute of Technology in Cambridge. Heute ist N. wieder in Princeton ansässig.
**Nasrin, Nasreen,** Taslima, Schriftstellerin aus
Bangladesh, * 1962(?). – N. reiste im Aug. aus ihrer

Heimat nach Schweden aus, da sie in Bangladesh
wegen ihrer Veröffentlichungen von islam. Fundamentalisten mit dem Tod bedroht wird.
N. studierte Medizin und arbeitete danach in einem
Krankenhaus. Der Umgang der muslim. Männergesellschaft mit den Frauen prägte sie nachhaltig
und ließ sie zur radikalen Feministin werden. In ihren Schriften attackiert sie schonungslos die durch
die Auslegung des Korans gestützte Unterdrükkung der Frauen und provozierte damit ebenso wie
durch ihren persönl. Lebensstil (z. B. in Jeans und
mit Zigarette im Fernsehen auftretend) strenggläubige Muslime. 1993 setzte eine Gruppe fundamentalist. Islamisten ein Preisgeld auf ihren Kopf aus
und verhängte wegen ›Blasphemie‹ die Todesstrafe
gegen sie. Als Folge ihres 1993 erschienenen Buches ›Laija‹ (dt. Schande) kam es zu Unruhen fanatisierter Muslime. Nachdem sie in einem Interview
im Mai 1994 gefordert hatte, den Koran von Grund
auf zu revidieren (N. sagte später, diese Aussage sei
falsch zitiert worden), demonstrierten radikale
Muslime gegen sie. Nachdem am 4. Juni ein Haftbefehl gegen N. erlassen worden war, tauchte sie
unter, stellte sich aber am 3. Aug. den Behörden
und beantragte erfolgreich ihre Freilassung gegen
Kaution. Wenige Tage später reiste N. nach Schweden aus. Hier wurde sie u. a. mit dem Kurt-Tucholsky-Preis ausgezeichnet.
**NATO:** Beherrschende Themen waren 1994 zunächst die Frage der weiteren Zusammenarbeit mit
den osteurop. Staaten (→Partnerschaft für den Frieden) und die Verwicklung in den Konflikt um →Bosnien und Herzegowina. Hier erfolgte am 28. 2. der
erste bewaffnete Einsatz der NATO seit Gründung
der Allianz, als zwei amerikan. Jagdflugzeuge in der
Flugverbotszone vier Militärmaschinen der bosn.
Serben abschossen, die Bodenziele bei Novi Travnik
bombardiert hatten. Ende Nov. dehnte die Allianz
in Abstimmung mit der UNO das Einsatzgebiet für
Luftangriffe im ehem. Jugoslawien auf die serbisch
kontrollierten Gebiete in Südkroatien aus.
Große Bestürzung löste der Tod des seit 1988
amtierenden GenSekr. MANFRED WÖRNER am
13. Aug. aus. Zu seinem Nachfolger wurde auf der
NATO-Außenministerkonferenz Ende Sept. der
belg. Außenmin. WILLY CLAES gewählt. An der
ebenfalls Ende Sept. stattfindenden Konferenz der
NATO-Verteidigungsmin. in Sevilla nahm erstmals
seit 28 Jahren wieder ein frz. Verteidigungsmin.
teil. Die NATO-Außenministerkonferenz Anfang
Dez. befaßte sich hauptsächlich mit der Möglichkeit der Osterweiterung.
Mit dem Umzug des ›Allied Rapid Reaction Corps‹
(ARRC) von Bielefeld nach Rheindahlen bei
Mönchengladbach, der In-Dienst-Stellung der
›Multinational Division Central‹ (MND-Central;
Sitz ebenfalls Rheindahlen) sowie der Installierung
des neuen Kommandobereichs ›Alliierte Streitkräfte Nordwesteuropa‹ (AFNORTHWEST; Sitz
High Wycombe, Großbritannien) wurden die Umstrukturierung der NATO-Kommandobehörden
und die Neuformierung der Krisenreaktionskräfte
des Bündnisses im wesentlichen abgeschlossen.

## Nauru

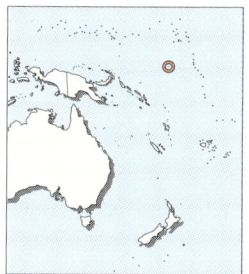

**Hauptstadt:** Yaren
(Verwaltungssitz)
**Einwohner:** 10 000
**Einwohner/km²:** 476
**Staatsoberhaupt:**
B. Dowiyogo
**Regierungschef:**
B. Dowiyogo
**BSP/Einwohner:**
19 640 US-$

## Nepal

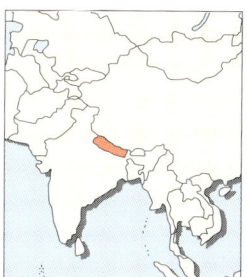

**Hauptstadt:**
Kathmandu
**Einwohner:** 21,1 Mio.
**Einwohner/km²:** 150
**Staatsoberhaupt:**
Birendra Bir Bikram
**Regierungschef:**
M. M. Adhikary
(seit 30. 11. 1994)
**BSP/Einwohner:**
170 US-$

**Nehm,** Kay, Jurist, * Flensburg 4. 5. 1941. – Am 7. 2. 1994 wurde der parteilose bisherige Richter am Bundesgerichtshof auf Vorschlag von Bundesjustizmin. LEUTHEUSSER-SCHNARRENBERGER als Nachfolger des im Juli 1993 im Zusammenhang mit dem umstrittenen Anti-Terror-Einsatz der GSG 9 in Bad Kleinen in den einstweiligen Ruhestand versetzten ALEXANDER VON STAHL zum Generalbundesanwalt ernannt.

Der neue Generalbundesanwalt Kay Nehm nach seiner Vereidigung durch Bundesjustizministerin Sabine Leutheusser-Schnarrenberger

N. ging nach einer kurzen Tätigkeit als Staatsanwalt 1973 als wiss. Mitarbeiter an die Bundesanwaltschaft in Karlsruhe. 1978 wechselte er zum Bundesverfassungsgericht, kehrte 1981 aber zur Bundesanwaltschaft zurück, wo er das Prozeß- und Rechtsreferat leitete. Nach seiner 1988 erfolgten Ernennung zum Bundesanwalt leitete er ein Referat in der Abteilung für Terrorismusstrafsachen. Ab 2. 10. 1990 übernahm N. die Dienststelle des Generalstaatsanwalts der DDR in Ost-Berlin und löste diese Behörde auf. 1991 erfolgte seine Wahl zum Richter am BGH, wo er vorwiegend im 4. Strafsenat als Berichterstatter mit Revisionen in Verkehrsstrafsachen befaßt war.

Im März scheiterte ein Mißtrauensantrag der kommunist. Opposition gegen die regierende Kongreßpartei. Am 10. Juli reichte MinPräs. G. P. KOIRALA bei König BIRENDRA seinen Rücktritt ein, nachdem das Parlament seine Zustimmung zum Jahresprogramm der Reg. verweigert hatte. Am 11. Juli verfügte der König die Auflösung der Legislativkammer sowie die Ausschreibung vorgezogener Neuwahlen (Nov.). Die Entscheidung BIRENDRAS – v. a. aber die Wiedereinsetzung KOIRALAS bis zur Bildung eines neuen Kabinetts – führte zu Protestkundgebungen und einem Generalstreik.

Die dann am 15. Nov. stattfindende Parlamentswahl, bei der sich 24 Parteien um die 205 Sitze im Abgeordnetenhaus von Kathmandu bewarben, ging mit 88 errungenen Sitzen zugunsten der Vereinigten Marx.-Leninist. Partei N.s aus. Ihr Vors. MAN MOHAN ADHIKARY bildete eine Minderheitsreg. und wurde am 30. Nov. als erster kommunist. MinPräs. einer Monarchie vereidigt.

### NEUE WÖRTER

Eine lebende Sprache ist ständig in Bewegung. Tagtäglich werden neue Wörter gebildet; Wörter aus fremden Sprachen werden in die Sprache aufgenommen. Bereits bekannte Wörter erhalten zusätzlich eine neue Bedeutung. Manche Wörter oder Wendungen bekommen plötzlich Aktualität und können vorübergehend zu Modewörtern werden. Viele geraten gleich wieder in Vergessenheit, andere dagegen werden zum festen Bestandteil der Sprache. Nur selten lassen sich genaue Daten der Entstehung ermitteln.

**Atomschmuggel,** *der,* (umgangssprachlich) illegaler Handel mit Plutonium.

**Blümchensex,** *der,* (Jargon) üblicher Sex im Gegensatz zum Sadomaso-Sex.

**Cloud nine** [engl. ›Wolke neun‹; nach der Wendung to be on cloud nine ›über alle Maßen glücklich sein‹, ›im siebten Himmel sein‹], *die,* (im Gegensatz zu den Designerdrogen als natürlich angesehene) aus bestimmten, in Rußland und Afrika wachsenden Kräutern hergestellte Droge.

**Faction** [engl., zu fact ›Tatsache‹ und action ›Handlung‹], *die,* literarische Gattung, bei der Fakten mit Fiktion ausgemalt werden.

**hip/etwas ist hip** [engl., zu hip ›auf dem laufenden sein‹], etwas ist gerade üblich, zeitgemäß, in;
**jemand ist hip** jemand hat Energie.

**Immobilienlyrik,** *die,* (scherzhaft) in Immobilienanzeigen positive Darstellung negativer Gegebenheiten, zum Beispiel: *Biotop im Garten* für *ungepflegter Schlammtümpel mit Froschgequake.*

**Laserdrome** [griech., zu dromos ›Lauf‹], *das,* Laserschießen zu Technomusik; Todesspiel in Spielstätten, wo die Kontrahenten mit pistolenähnlichen Zielgeräten aufeinander schießen, um den Gegner im Spiel zu töten, wobei der Computer Täter und Opfer speichert und die Treffer registriert.

**Mafiosnik** [italien., zu Mafioso ›Mitglied der Mafia‹ und russ. zu ...nik, die Zugehörigkeit zu einer Gruppe kennzeichnende Nachsilbe], *der,* Mitglied einer im Gebiet der ehemaligen Sowjetunion entstandenen Verbrecherorganisation.

**mehrig,** in der *Jugendsprache* abscheulich, furchtbar.

**Peanuts** [engl., ›Erdnüsse‹], (in übertragener Bedeutung) etwas, das nicht der Rede wert ist.

**prollig,** in der *Jugendsprache* proletenhaft.

**Slacker** [engl., zu slack ›nachlässig‹, ›schlampig‹], *der,* Jugendlicher, der die Lebenshaltung eines Versagers, den niemand braucht, den niemand versteht, zur Schau trägt.

**Streß machen,** in der *Jugendsprache* Krawall machen, randalieren.

**Swatch-Auto, Swatchmobil** [engl., zu swatch ›Muster‹], *das,* Kleinstwagen; kleines Stadtauto für zwei Personen.

**Swatch-Haus** [engl., zu swatch ›Muster‹], *das,* Einfamilien-Eigenheim mit geringeren Standards, aber nicht in Billigbauweise; ›Soziallaube‹.

**Telekratie** [griech., zu tēle ›fern‹, ›weit‹ und krátos ›Kraft‹, ›Macht‹], *die,* (abwertend) Herrschaft, politischer Einfluß, Machtausübung aufgrund der Verfügungsgewalt über die Medien: *Seit Berlusconis Erfolg weiß man, was Telekratie ist.*

**unkult,** in der *Jugendsprache:* abscheulich, furchtbar.

## Neuseeland

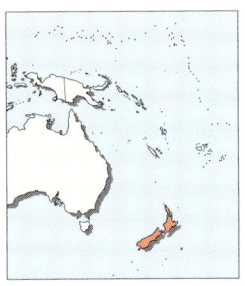

**Hauptstadt:**
Wellington
**Einwohner:** 3,5 Mio.
**Einwohner/km²:** 13
**Staatsoberhaupt:**
Elisabeth II.
**Regierungschef:**
J. Bolger
**BSP/Einwohner:**
12 060 US-$

Die positive Wirtschaftsentwicklung des Landes setzte sich auch nach den Wahlen vom Nov. 1993 fort. Auf der Basis des weitergeführten Sparpro-

gramms stieg das Bruttoinlandsprodukt um knapp 4 %, während die Inflationsrate auf dem niedrigen Wert von 1 % verblieb. Die Arbeitslosenquote betrug jedoch weiterhin 10 %.

Durch die im Nov. 1993 per Volksabstimmung getroffene Entscheidung, ein Verhältniswahlrecht nach dt. Vorbild einzuführen, setzte eine Auflösung des traditionellen Zwei-Parteien-Systems ein. Dies zeigte sich schon bei einer regionalen Nachwahl im Aug., bei der die Labour-Partei nur noch 10 % (1993: 37 %) der Stimmen errang und von der bis dahin kleinen Linkspartei Alliance mit 40 % weit überholt wurde. – Im Mai beschloß das Kabinett, für den UNO-Einsatz in Bosnien und Herzegowina ein 250 Mann starkes Kontingent für ein Jahr zur Verfügung zu stellen.

## Nicaragua

**Hauptstadt:**
Managua
**Einwohner:** 4,1 Mio.
**Einwohner/km²:** 32
**Staatsoberhaupt:**
V. Barrios de
Chamorro
**Regierungschef:**
V. Barrios de
Chamorro
**BSP/Einwohner:**
410 US-$

Anfang des Jahres richteten sich mehrere Streiks gegen die desolate wirtschaftl. Lage N.s. Der Abschluß eines Abkommens zw. der Reg. und der größten Gruppe der Recontras im Febr. ermöglichte es, daß deren erneute Entwaffnung Ende April abgeschlossen werden konnte. Anfang Juni forderten rd. 40 ehem. sandinist. Soldaten mit der Besetzung der venezolan. Botschaft die Auszahlung von Entschädigungen, die ihnen Präs. VIOLETA BARRIOS DE CHAMORRO bei ihrer Entlassung in Aussicht gestellt hatte.

Auf einem außerordentl. Parteitag des Frente Sandinista de Liberación Nacional (FSLN; dt. Nat. Befreiungsfront der Sandinisten) vom 20. bis 23. Mai, der von innerparteil. Flügelkämpfen geprägt war, wurde der ehem. Präsident DANIEL ORTEGA, der dem linksradikalen Lager angehört, im Amt des Generalsekr. des FSLN bestätigt. Das Ausscheiden des liberalen Reformers SERGIO RAMÍREZ aus dem Parteivorstand spiegelte die Niederlage des reformorientierten, zu einem sozialdemokrat. Kurs tendierenden Teils der Partei wider; Ende Okt. traten der Dichter und ehem. Kulturmin. ERNESTO CARDENAL sowie drei weitere FSLN-Mitgl., die die harte Linie ORTEGAS nicht mittragen wollten, aus der Partei aus. Wenig später wurde CARLOS FERNANDEZ CHAMORRO, Führer der sandinist. Opposition (und Sohn der Präs.), aus der Partei ausgeschlossen.

Elco Brinkman, christdemokratischer Spitzenkandidat, und Wim Kok, Führer der Sozialdemokraten, diskutieren am Wahlabend in Amsterdam das für die Regierungsparteien
enttäuschende Ergebnis

### Neues Militärgesetz und Verfassungsänderung

Anfang Sept. wurde – ohne die Stimmen der ehemals mit der Reg. Chamorro verbündeten, inzwischen auf sieben Parteien zusammengeschrumpf-
ten Oppositionsallianz UNO (anfangs 14 Partner) –
ein neues Militärgesetz verabschiedet, das heftige
Kontroversen im Parlament und in der Öffentlichkeit auslöste: Die Einrichtung des Amtes eines zivilen Verteidigungsmin., ein Wahlversprechen CHA-
MORROS, entfiel gänzlich. Die Amtszeit des Oberkommandierenden der Armee wurde zwar erstmals
auf fünf Jahre begrenzt, doch ist seine Ernennung
durch den Präs. nicht frei, sondern folgt dem Vorschlag des Militärrats (das Ausscheiden von General HUMBERTO ORTEGA wurde auf den 21.2. 1995
festgesetzt). Auch die unter den Sandinisten eingeführte Militärgerichtsbarkeit bleibt erhalten; ferner
kann der Armeechef sogar vier gleichberechtigte
Militärrichter in den Obersten Gerichtshof entsenden.
Am 24. Nov. beschloß das Parlament, die Armee,
die zuvor ›Sandinist. Volksheer‹ hieß, in ›Nicara-
guan. Streitkräfte‹ umzubenennen, die Wehrpflicht
abzuschaffen und die Wiederwahl des Staatsoberhaupts und seiner engsten Angehörigen auf zwei
einander nicht unmittelbar folgende Amtsperioden
zu begrenzen.

### Niederlande

**Hauptstadt:**
Amsterdam
**Einwohner:** 15,2 Mio.
**Einwohner/km²:** 373
**Staatsoberhaupt:**
Beatrix
**Regierungschef:**
W. Kok
(seit 22. 8. 1994)
**BSP/Einwohner:**
20 590 US-$

### Gesellschaft im Wandel

Die niederländ. Gesellschaft befindet sich in einem
grundlegenden Umstrukturierungsprozeß. Ein
wichtiger Indikator ist die zunehmende ›Entkirchli-
chung‹, die während der letzten Jahre zu konstatie-
ren war. Der Anteil der Kirchenmitgl. fiel von 76 %
(1958) auf 43 % (1991). Das 1993 von der Reg. eingeleitete Reformprogramm – u.a. progressiver
Abbau der Truppenstärke, eine liberale Sterbehilfe-
gesetzgebung, eine restriktivere Asylregelung –
hatte 1994 einen weiteren Sozialabbau zur Folge.
Im Jan. beschloß die Reg., die Renten für vier Jahre
einzufrieren. Die Arbeitslosenrate beträgt z. Z. im
Durchschnitt 8 %, in den drei nördl. Provinzen allerdings 11 % und in Amsterdam, Rotterdam, Den
Haag und Utrecht sogar 15 %.
Soziale Themen bestimmten schon die Kommunalwahlen am 3. März, bei der die beiden großen Regierungsparteien Christen Demokratisch Appel
(CDA, Christl. Demokrat. Appell) und Partij van
de Arbeid (PvdA, Partei der Arbeit) erwartungsge-
mäß landesweit Verluste von 10,2 bzw. 12 % hinnehmen mußten. Die linksliberalen Demokraten '66
(D'66) und die rechtsliberale Volkspartij voor
Vrijheid en Democratie (VVD, Volkspartei für
Freiheit und Demokratie) konnten Erfolge verbuchen, die ausländerfeindl. Centrum Demokraten
(CD, Zentrumsdemokraten) erzielten beachtl. Gewinne in Rotterdam (10,2 %), Den Haag (9,2 %) und
in Amsterdam (7,9 %).

Das neue niederländische Kabinett mit Königin Beatrix
(Mitte, vorn) nach der Vereidigung in Den Haag

Die Sozialpolitik gab auch bei den Wahlen zur
Zweiten Kammer am 3. Mai den Ausschlag. Die
Wahlbeteiligung betrug 78,3 % (1989: 79,9 %) und
war damit die niedrigste seit 1971. Die Tendenzen,
die sich in den Kommunalwahlen abgezeichnet hatten, bestätigten sich: Die CD erzielten 2,5 % (3
Sitze); die drei protestant. Rechtsparteien Staat-
kundig Gereformeerde Partij (SGP, Polit. Refor-
mierte Partei), Reformatorische Politieke Federa-
tie (RPF, Reformator. Polit. Föderation) und Gere-
formeerd Politiek Verbond (GPV, Reformierter
Polit. Verbond) erhielten zus. 4,8 % (7 Sitze); die
Rentnerpartei Unie 55+ (Union 55+) und der den

Rentenanpassungsstopp bekämpfende Algemeen Ouderen Verbond (AOV, Allg. Altenverband) kamen zus. auf 4,5 % (7 Sitze); GroenLinks (Grün Links) büßte mit nur noch 3,5 % (5 Sitze) einen Parlamentssitz ein. Die PvdA verlor mit 24,0 % (37 Sitze) zwar zwölf Sitze, durch den spektakulären Niedergang des CDA von 13,1 auf 22,2 % (34 Sitze) wurde sie allerdings stärkste Fraktion in der zweiten Kammer. Von der Wählerschaft wurde dem CDA die Hauptverantwortung für die restriktive Sozialpolitik angelastet; als traditioneller Vertreter der konservativen Werte kann er in der ›entsäulten‹, liberalisierten Gesellschaft auch nicht mehr auf ein breites Wählerpotential bauen. Gleichzeitig schlugen für den CDA auch die Schwierigkeiten beim Führungswechsel negativ zu Buche: Der eher farblose ELCO BRINKMAN mußte sich gegen den scheidenden Premier RUUD LUBBERS parteiintern profilieren.

Die Regierungsbildung zog sich über Monate hin und provozierte schließlich ein vielbeachtetes Eingreifen von Königin BEATRIX Ende Juli. Finanzmin. WIM KOK (PvdA) gelang es endlich, mit den D '66 eine sozialliberale Regierung zu bilden, die am 22. Aug. vereidigt wurde. Erstmals seit 1917 gehört der Reg. keine christl. Partei an.

Die niederländ. Post- und Telekommunikationsbetriebe KPN, die seit dem 1. Jan. als Aktiengesellschaft arbeiten, wurden am 13. Juni an der Börse eingeführt. Bei der Teilprivatisierung der KPN (30 % der Anteile) handelte es sich um die größte Emission in der Geschichte der Niederlande.

### Außenpolitik

Die N. bemühten sich um eine Verbesserung der Beziehungen sowohl zu Belgien, um nicht noch einmal einen belg.-niederländ. Bruderzwist wie bei der Parallelkandidatur von JEAN-LUC DEHAENE und RUUD LUBBERS um die EU-Präsidentschaft entstehen zu lassen, als auch zum dt. Nachbarn. Bilaterale Programme sollen das negative Bild der Deutschen v. a. bei der jungen Generation verbessern. Am 22. April unterzeichneten die Verteidigungsmin. TER BEEK und RÜHE ein Rahmenabkommen für die Konstituierung eines dt.-niederländ. Korps.

Der integrierte Stab des bilateralen Korps nahm am 1. Okt. seinen Sitz im westfäl. Münster. Der Großverband in Stärke von 40 000 bis 50 000 Soldaten soll bis Ende 1995 aufgestellt sein.

### Niedersachsen

**Hauptstadt:** Hannover
**Einwohner:** 7,6 Mio.
**Einwohner/km²:** 160
**Regierungschef:** G. Schröder
**BIP/Einwohner:** 36 500 DM

### Wirtschaft hofft auf Expo 2000

N. wies auch 1994 wirtschaftl. Strukturschwächen auf, wobei das Land in großem Maße von der Wirtschaftskraft des VW-Konzerns abhängt. Einen positiven Schub erhofft sich die Wirtschaft N.s von der Expo 2000 in Hannover. Im Mai wurden nach langwierigen Verhandlungen zw. dem Bund, dem Land N., den betroffenen Gemeinden und den Spitzenverbänden der Wirtschaft die Verträge (Rahmenvereinbarung, Gesellschaftsvertrag, Finanzierungs- und Haftungsvereinbarungen) für die Weltausstellung unterzeichnet.

### Regierungsbildung ohne Bündnis 90/Die Grünen

Am 13. März gewann die SPD mit MinPräs. GERHARD SCHRÖDER 44,3 % der Stimmen und eine knappe absolute Mehrheit der Parlamentsmandate. Die FDP und rechtsradikale Splittergruppen scheiterten an der 5 %-Klausel. Bündnis 90/Die Grünen trat aber wegen der absoluten Mehrheit des ehem. Koalitionspartners nicht mehr in die Landesreg. ein. Große Bedeutung für SCHRÖDERS Wahlerfolg

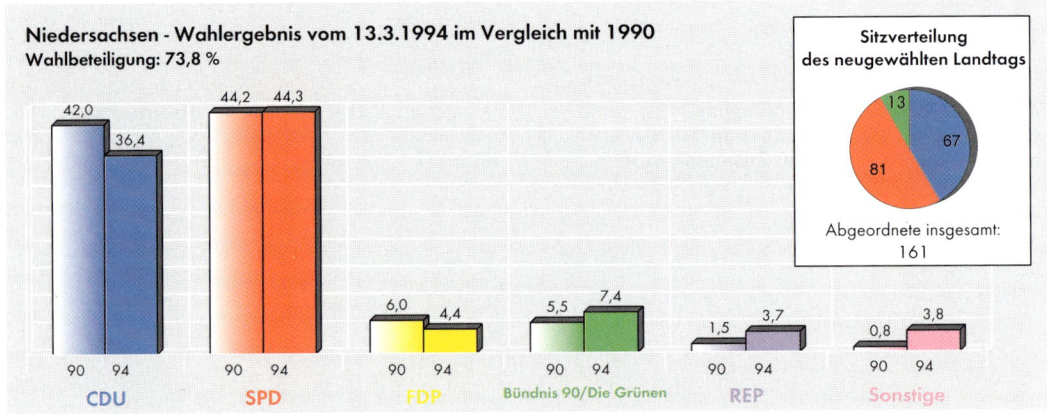

Niedersachsen - Wahlergebnis vom 13.3.1994 im Vergleich mit 1990
Wahlbeteiligung: 73,8 %

CDU: 90 42,0 / 94 36,4
SPD: 90 44,2 / 94 44,3
FDP: 90 6,0 / 94 4,4
Bündnis 90/Die Grünen: 90 5,5 / 94 7,4
REP: 90 1,5 / 94 3,7
Sonstige: 90 0,8 / 94 3,8

Sitzverteilung des neugewählten Landtags
13 · 67 · 81
Abgeordnete insgesamt: 161

hatte offenbar die öffentl. Aufmerksamkeit, die er der Arbeitsplatzsicherung zuwandte, u. a. im Fall der Werft Lemwerder. Die CDU, die mit dem 34jährigen Spitzenkandidaten CHRISTIAN WULFF antrat, verlor gegenüber der Landtagswahl 1990 5,6 % und erreichte nur noch 36,4 % der Stimmen. SCHRÖDER wurde erneut zum MinPräs. gewählt und erhielt zwei Stimmen aus den Oppositionsfraktionen. Zum neuen Vors. der CDU-Fraktion wurde am 15. März in einer Kampfabstimmung CHRISTIAN WULFF bestimmt, der am 5. Juni auch neuer Landesvors. der CDU wurde. Aufgrund einer Volksinitiative mit 120 000 Unterschriften ergänzte der Landtag am 19. Mai die neue Landesverfassung durch eine Präambel mit religiösem Bezug.

### Problemfelder Schweinepest und Gorleben

Die Maßnahmen der Europ. Union zur Bekämpfung der →Schweinepest lösten unter den Tierhaltern beträchtl. Unruhe und Proteste aus, obwohl Entschädigungen angeboten wurden. Im Konflikt um Atommülltransporte aus dem Kernkraftwerk Philippsburg ins Zwischenlager Gorleben vereinbarte MinPräs. SCHRÖDER im Aug. mit Bundesumweltmin. TÖPFER ein Moratorium bis zu den Bundestagswahlen. Der Streit um den sog. Castor-Transport hielt danach unvermindert an; Ende Nov. stoppte das Verwaltungsgericht Lüneburg kurzfristig den geplanten Transport.

**Hauptstadt:** Niamey
**Einwohner:** 8,5 Mio.
**Einwohner/km²:** 7
**Staatsoberhaupt:**
M. Ousmane
**Regierungschef:**
S. Abdoulaye
(seit 28. 9. 1994)
**BSP/Einwohner:**
300 US-$

Die wirtschaftl. und sozialen Probleme des Landes wurden durch die Abwertung des CFA-Franc und die innere Krise verschärft. Die andauernden Streiks verstärkten die Spannung zw. Reg. und Gewerkschaften. Die Einschränkung des Streikrechts im März führte zu neuen Zusammenstößen und einem Konflikt mit der parlamentar. Opposition, die eine Regierungsbeteiligung erzwingen wollte. Neben Protesten in der Hauptstadt äußerte sich die allg. Unzufriedenheit in Übergriffen islamist. Gruppierungen. Die Verhandlungen mit den aufständ. Tuareg im N gingen, begleitet von Zusammenstößen mit der Armee, nur langsam voran. Zur Bewältigung der Folgen der CFA-Abwertung (N. war eines der am stärksten betroffenen Länder) erhielt Präs. MAHAMANE OUSMANE vom Parlament

Notstandsbefugnisse. Am 28. Sept. ernannte er SOULEY ABDOULAYE zum neuen MinPräs., löste jedoch am 17. Okt. das Parlament auf, nachdem dieses zuvor der Reg. das Vertrauen entzogen hatte.

Am Tag vor seiner Verhaftung am 23. Juni gibt der sozialdemokratische Oppositionspolitiker Moshood Abiola, der sich zwei Wochen zuvor zum Präsidenten Nigerias erklärt hatte, noch eine Pressekonferenz

**Hauptstadt:** Abuja
**Einwohner:**
119,3 Mio.
**Einwohner/km²:** 129
**Staatsoberhaupt:**
S. Abacha
**Regierungschef:**
S. Abacha
**BSP/Einwohner:**
320 US-$

Das innenpolit. Leben war durch die Bemühungen der Demokratiebewegung, die Militärherrschaft zu beenden, und durch Repressionen seitens der Militärreg. gekennzeichnet. Das verbotene Oppositionsbündnis National Democratic Council (NADECO) und die Gewerkschaften forderten die Ernennung MOSHOOD ABIOLAS, des mutmaßl. Gewinners der Wahlen von 1993, zum Präs. und die Wiederzulassung demokrat. Institutionen. Die Militärreg. unter General SANI ABACHA bildete hingegen eine unter ihrem Einfluß stehende Verfassungskonferenz zur Erstellung eines Übergangsprogramms. Am Vorabend des Jahrestages der annullierten Wahlen vom 12.6. 1993 erklärte sich ABIOLA zum Präs. und ging in den Untergrund, wurde aber nach Verhängung eines Haftbefehls wegen Landesverrats am 23. Juni festgenommen und angeklagt. Am 4. Juli riefen die Gewerkschaften der Öl- und Gasarbeiter NUPENG und PENGASSAN zu einem polit. Streik auf, der bis zum 6. Sept. andauerte. Das gesamte öffentl.

Leben kam zum Erliegen, und die Wirtschaft erlitt einen Zusammenbruch. Die Streikenden forderten die Freilassung aller polit. Gefangenen einschließlich ABIOLAS und seine Ernennung zum Präs. Mit denselben Forderungen rief der nigerian. Gewerkschaftsbund NLC am 3. Aug. zum Generalstreik auf, der in Lagos und im SW des Landes vollständig befolgt wurde. ABACHA ordnete am 17. Aug. die Absetzung der Gewerkschaftsvorstände an und ließ neben zahlreichen Menschenrechtsaktivisten auch den NUPENG-Vors. FRANK KOKORI verhaften. Am 7. Sept. erließ die Reg. acht Dekrete, die u. a. die wichtigsten Zeitungen verboten und die Haftdauer ohne Prozeß verlängerten.

Bedeutendstes außenpolit. Ereignis war der Grenzstreit mit Kamerun um die erdölreiche Halbinsel Bakassi. Nach militär. Auseinandersetzungen zu Beginn des Jahres rief Kamerun im Sept. den Internat. Gerichtshof in Den Haag zur Klärung an.

**Nobelpreise:** Die Würdigung der israel.-palästinens. Friedensbemühungen durch den Friedensnobelpreis für JASIR ARAFAT, SHIMON PERES und ITZHAK RABIN wurde teilweise wegen des noch fragl. Erfolgs und wegen ARAFATS terrorist. Vergangenheit heftig kritisiert. Ein Mitglied des norweg. Nobelkomitees, der christdemokrat. Politiker KARE KRISTIANSEN, trat nach der Bekanntgabe am 14. Okt. aus Protest zurück. Überschattet wurde die Bekanntgabe außerdem durch die am selben Tag gescheiterte Befreiungsaktion für einen von der islam.-fundamentalist. Terrororganisation Hamas entführten israel. Soldaten, bei der die Geisel und drei weitere Menschen ums Leben kamen.

Mit dem N. für Physik wurden Pionierleistungen bei der Untersuchung kondensierter Materie mittels Neutronenstreuung ausgezeichnet, während der N. für Chemie für neue Wege in der Kohlenwasserstoffchemie und der Preis für Physiologie und Medizin für die Entdeckung der sog. G-Proteine vergeben wurden. In den Wirtschaftswiss. ehrte das Nobelkomitee drei Hauptvertreter des Gebiets der nichtkooperativen Spieltheorie, darunter mit REINHARD SELTEN erstmals einen Deutschen. Der N. für Literatur ging nach 26 Jahren wieder nach Japan.

Claudia Nolte präsentiert sich an ihrem neuen Schreibtisch im Ministerium den Fotografen

**Nolte,** Claudia, Politikerin (CDU), * Rostock 7. 2. 1966. – Am 17. Nov. wurde Frau N. als Bundesmin. für Frauen, Jugend, Familie und Senioren vereidigt. Die thüringische Bundestagsabgeordnete ist die jüngste Bundesmin. in der Geschichte der Bundesrep. Deutschland.

Nach dem Abitur 1985, das sie über den Weg der Berufsfachausbildung erreicht hatte, studierte sie Automatisierungstechnik und Kybernetik an der TH Ilmenau und wurde 1990 dort als Diplomingenieurin wiss. Mitarbeiterin. Im Herbst 1989 kam sie zum Neuen Forum, im Febr. 1990 trat sie der CDU bei und wurde Mitgl. im Kreisvorstand Ilmenau. In der ersten frei gewählten Volkskammer der DDR war sie von März bis Okt. 1990 Abgeordnete, seit 3. 10. 1990 ist sie MdB. In der CDU/CSU-Bundestagsfraktion stieg die Abtreibungsgegnerin zur familienpolit. Sprecherin auf.

## NORDAFRIKA

### Die Ausbreitung des Islamismus – Ausdruck sozioökonomischer Mißstände

Angesichts des krisengeschüttelten Nahen Ostens galt N. lange Zeit als vergleichsweise stabil. Dies änderte sich, als in den letzten Jahren immer häufiger über gewalttätige Konfrontationen zwischen islam. Extremisten und staatl. Sicherheitskräften berichtet wurde: In Algerien herrschen seit Jan. 1992 bürgerkriegsähnl. Zustände, in denen bisher mehr als 10 000 Menschen starben. Schätzungsweise 400 Opfer forderten in Ägypten während der letzten drei Jahre die Auseinandersetzungen zw. Polizisten und islamist. Gamaat-Anhängern. Dort allerdings gelang es den Sicherheitskräften bisher weitgehend, die Kontrolle über die innenpolit. Situation zu behalten.

Das Beispiel Algerien zeigt deutlich, daß v. a. soziales Elend und die Enttäuschung über das Versagen

### Nobelpreise 1994

| | |
|---|---|
| Physik | Bertram N. Brockhouse<br>Clifford G. Shull |
| Chemie | George A. Olah |
| Physiologie oder Medizin | Alfred G. Gilman<br>Martin Rodbell |
| Literatur | Kenzaburō Ōe |
| Erhaltung des Friedens | Jasir M. Arafat<br>Shimon Peres<br>Itzhak Rabin |
| Wirtschaftswissenschaften | John C. Harsanyi<br>John F. Nash<br>Reinhard Selten |

der Politik gegenüber wirtschaftl. Krisensituationen wichtige Faktoren für den zunehmenden Einfluß islam. Extremisten sind: Die jahrzehntelange Mißwirtschaft des alleinherrschenden Front de Libération Nationale (FLN) hinterließ eine Gesellschaft voller sozialer Spannungen. Drastische Wohnungsnot, hohe Arbeitslosigkeit und starkes Bevölkerungswachstum – schätzungsweise 50 % der Algerier sind jünger als 20 Jahre, und ca. 75 % der Jugendlichen sind ohne Arbeit – verhalfen der 1989 entstandenen Islam. Heilsfront (FIS) trotz ihres Verbots im März 1992 zu einem steten Zulauf zumeist junger und gebildeter Anhänger. Zudem hatten Moscheen – als religiöse Zentren – Versorgungsleistungen übernommen, die der Staat nicht mehr anbieten konnte. In Not Geratene erhielten dort schnelle Hilfe und hörten zugleich die Parolen islamist. Führer, die den Islam pauschal als Allheilmittel gegen alle Arten von Mißständen propagierten. Anders als die Islam. Heilsarmee – der bewaffnete Arm der FIS –, die die Anschläge auf Ausländer und die Zerstörung von Schulen und anderen sozialen Einrichtungen des Staats ablehnt, trägt die Bewaffnete Islam. Gruppe, die neben der FIS den islamist. Untergrund dominiert, die Hauptverantwortung für den wachsenden Terror dieses Jahres. Wenngleich sich alle Länder N.s spätestens seit Ende der 1980er Jahre verstärkt mit dem Phänomen islamist. Opposition konfrontiert sehen, ist doch die jeweilige Verbreitung und damit der Einfluß der religiösen Extremisten unterschiedlich. Die alger. FIS unterhält keine organisator. und logist. Verbindungen in die Nachbarländer Marokko und Tunesien. Im übrigen ist die Bewegung an-Nahda in Tunesien seit 1987 verboten und in Libyen und in dem erst seit jüngster Zeit stärker betroffenen Mauretanien sind islamist. Organisationen durch staatl. Repression weitestgehend unterbunden. In Marokko sind Islamisten bisher nur sporadisch gewalttätig in Erscheinung getreten, was auf die integrative Kraft König HASSANS II. als religiöses Oberhaupt und die staatl. Unterdrückung zurückgeführt wird.

Gegen die islamischen Extremisten, die für die zahlreichen Anschläge auf Touristen verantwortlich gemacht werden, wird am 19. Januar eine der größten Fahndungsaktionen im Großraum Kairo durchgeführt. Zwei bewaffnete ägyptische Polizisten decken in dem Kairoer Vorort Massareh den Leichnam eines dabei getöteten Fundamentalisten zu

**Die Beziehungen zwischen Europa und Nordafrika**

Die jüngste Zunahme islamist. Gewalttaten stärkte in Europa das Bewußtsein, daß die sozioökonom. Entwicklungen in der südl. Mittelmeerregion auch Auswirkungen auf die innereurop. Situation haben werden. Inbes. Frankreich, das als ehem. Kolonialmacht traditionell enge Beziehungen zu den Maghrebländern unterhält, befürchtet bei einer eventuellen Machtübernahme der FIS in Algerien eine Einwanderungswelle. Auf europ. Ebene wurden in den letzten Monaten verstärkt entwicklungs- und finanzpolit. Ansätze diskutiert, die zu einer po-

Mit Protestmärschen demonstrieren am 22. März Menschen in der Hauptstadt Algeriens gegen die Anschläge islamischer Extremisten, durch die in den vergangenen zwei Jahren bereits Tausende von Menschen ums Leben gekommen sind

lit. und ökonom. Stabilisierung N.s beitragen könnten. Dabei wurde erneut deutlich, daß die Europ. Union (EU) über kein einheitliches polit. Konzept gegenüber der Mittelmeerregion verfügt; bisher prägten in erster Linie nat. Interessen der einzelnen EU-Staaten das außenpolit. Engagement gegenüber den südl. Nachbarn.

1989 schlossen sich die fünf Maghrebstaaten (Libyen, Algerien, Tunesien, Marokko und Mauretanien) nach dem Vorbild der Europ. Gemeinschaften in der Arabischen Maghreb-Union (AMU) zusammen. Mit Hilfe dieser Organisation sollen bis 1995 eine Zollunion und bis zum Jahre 2000 ein Binnenmarkt entstehen, der der nordafrikan. Region international größeres Gewicht verleihen sollte. Die Aufrechterhaltung und Intensivierung der engen wirtschaftl. Beziehungen zu den europ. Staaten – durchschnittlich werden zwei Drittel des gesamten Außenhandels mit den Staaten der Europ. Union (EU) abgewickelt – und der forcierte Ausbau intramaghrebin. Wirtschaftsverflechtungen gehören zu den erklärten Zielen der AMU. Die anfängl. Euphorie ist mittlerweile einer realistischeren Sichtweise gewichen: Der marginale Stellenwert des innermaghrebin. Handelsaustauschs von durchschnittlich 3 % des gesamten Handelsvolumens konnte nicht überwunden werden. Kontraproduktiv auf den maghrebin. Markt wirkte sich u. a. der Druck der AMU-Schuldnerländer aus, wegen des Schuldendienstes Devisengeschäfte durchführen zu müssen. Dieser hatte sich durch den Liberalisierungstrend in der Wirtschaft seit den 1980er Jahren, abgesehen von Libyen, allg. zu einer großen finanziellen Belastung für die AMU-Volkswirtschaften entwickelt.

Die Süderweiterung der EG (Beitritt Spaniens und Portugals 1986) und das derzeitige starke europ. Engagement auf den Ostmärkten verschlechtern zudem die Aussichten auf einen Ausbau der europ.-maghrebin. Zusammenarbeit. Ungelöst bleiben darüber hinaus regionale Konflikte, wie die Westsahara-Frage, die einer polit. und ökonom. Stabilisierung N.s entgegenwirken.

**Nordirlandkonflikt:** In der Frage des sich seit 25 Jahren hinziehenden Konflikts auf der irischen Insel konnten wesentl. Fortschritte erzielt werden. Nachdem der brit. Premiermin. JOHN MAJOR und der irische MinPräs. ALBERT REYNOLDS in der Londoner Nordirlanderklärung vom 15. 12. 1993 u. a. erstmals die von GERRY ADAMS geführte Sinn Féin, den legalen polit. Arm der Irisch Republikan. Armee (IRA), als Gesprächspartner über die Zukunft Nordirlands akzeptiert hatten, war die Möglichkeit zur Aufnahme des Dialogs zw. den Konfliktparteien geschaffen. Während die Sinn Féin den im Zusammenhang mit dem Gesprächsangebot geforderten Gewaltverzicht zunächst noch ablehnten, verkündete die IRA am 31. Aug. eine unbefristete und bedingungslose Waffenruhe, ›um den demokrat. Friedensprozeß voranzubringen‹.

Hintergrund des Eingehens auf die Friedensinitiative Londons und Dublins scheint zu sein, daß IRA

Der Chef der nordirischen Partei Sinn Féin, Gerry Adams, spricht am 31. August vor seinen Anhängern über den Gewaltverzicht der IRA

und Sinn Féin offenbar erkannt haben, daß der Rückhalt für ihren Kampf gegen den Verbleib Nordirlands bei Großbritannien in der kath. Minderheit Nordirlands schwindet und daß die Rep. Irland die ›irische Wiedervereinigung‹ nicht mehr als vorrangig erachtet. Am 13. Okt. riefen auch die nordirisch-prot. Terrorgruppen einen Waffenstillstand aus, machten aber dessen Einhaltung von der Waffenruhe auf der Gegenseite abhängig. Eine Woche später bot MAJOR in Belfast der Sinn Féin Gespräche an und konkretisierte erstmals die weitere Vorgehensweise auf dem Weg zu einer umfassenden und dauerhaften Friedenslösung. Entscheidend sei zunächst, so der brit. Premier, die Übergabe der Waffen- und Sprengstoffarsenale.

## Nordrhein-Westfalen

**Hauptstadt:**
Düsseldorf
**Einwohner:** 17,7 Mio.
**Einwohner/km²:** 519
**Regierungschef:**
J. Rau
**BIP/Einwohner:**
40 000 DM

### Konjunkturlage

Für das Ruhrgebiet bedeutete die Konjunkturkrise einen empfindl. Arbeitsplatzabbau, v. a. in den Bereichen Kohle und Stahl und bei den Zulieferern. N.-W. als Ganzes entwickelte sich dagegen im Bundesdurchschnitt, wobei die Dienstleistungszentren und die ländl. Räume besser abschnitten. Mit dem Berlin-Bonn-Gesetz wurde festgelegt, daß acht Bundesministerien auch nach dem Jahr 2000 in Bonn bleiben sollen. Die Bundesreg. will sich darüber hinaus um die Ansiedlung internat. Institutionen in Bonn bemühen, scheiterte allerdings im Aug. mit der Bewerbung Bonns um den Sitz der Welthandelsorganisation (WTO) an der Mitbewerberstadt Genf.

### Kontinuität in der politischen Entwicklung

Politisch zeichnete sich weiterhin Kontinuität ab, nachdem MinPräs. RAU – bei der Bundespräsidentenwahl ROMAN HERZOG unterlegen – in der Landeshauptstadt blieb. Gegen RAU wird bei den kommenden Landtagswahlen am 14. 5. 1995 der CDU-Fraktionsvors. HELMUT LINSSEN antreten, den 59,6 % der CDU-Mitgl. in N.-W. im Mai zum Spitzenkandidaten ihrer Partei wählten. Zwei Untersuchungsausschüsse des Landtags befaßten sich mit Vorwürfen gegen Umweltmin. KLAUS MATTHIESEN wegen einer Anzeigenkampagne 1990 und der Nichtveröffentlichung von Dioxinwerten 1992/93.

Ein polit. Konflikt mit dem Bund zeichnete sich wegen der Kürzung der Koks-Kohle-Beihilfen im Haushaltsentwurf des Bundes ab.

### Reformen

Innenmin. SCHNOOR führte eine große Polizeireform durch. Kriminal- und Schutzpolizei wurden zusammengelegt, um die Effektivität zu verstärken und über mehr Polizisten im direkten Einsatz zu verfügen. Die großen Bereitschaftspolizei-Einheiten werden auf die Regierungspräsidien verteilt.

Mit der kommunalen Verfassungsreform vom 6. Mai wird die nach dem Krieg von der brit. Besatzungsmacht eingeführte ›Doppelspitze‹ in den Kommunen 1999 abgeschafft werden. Auch in N.-W. sind damit in Zukunft die Bürgermeister und Landräte direkt zu wählen. Das neue Wahlsystem galt jedoch noch nicht für die Kommunalwahlen, die parallel zur Bundestagswahl am 16. Okt. durchgeführt wurden und bei denen sich die polit. Kräfteverhältnisse zu Lasten von CDU und FDP verschoben. Mit dem Ausscheiden der FDP aus vielen Kommunalparlamenten bildeten sich in zahlreichen Städten rotgrüne Mehrheiten, es kam aber auch zu schwarzgrünen Koalitionen.

## Norwegen

**Hauptstadt:** Oslo
**Einwohner:** 4,3 Mio.
**Einwohner/km²:** 13
**Staatsoberhaupt:**
Harald V.
**Regierungschef:**
G. Harlem
Brundtland
**BSP/Einwohner:**
25 800 US-$

### Verbesserte Wirtschaftslage

Die Wirtschaft konnte die positive Entwicklung des Vorjahres im Jahre 1994 nochmals verbessern. Der private Verbrauch lag im ersten Halbjahr um rd. 5 % über dem von 1993. Die Exporte stiegen in einzelnen Bereichen um 10 %, die Importe gar um 13 %. Insgesamt lag das Wachstum des BIP 1994 deutlich über 4 % und wies damit die größte Steigerung in den letzten zehn Jahren auf. Die Privathaushalte konsumierten erstmals seit Jahren wieder auf Kosten der Sparquote, die Nachfrage konzentrierte sich v. a. auf langlebige Konsumgüter. Die private Nachfrage wuchs zwar stärker als die verfügbaren Realeinkommen, doch war der Anstieg der inländ. Kreditnachfrage noch sehr gebremst, er lag bei 1,3 %. Diese Zurückhaltung erklärt sich aus den schlechten Erfahrungen, die mit der Kredithochkonjunktur der 1980er Jahre und dem daraus resultierenden Bankenkollaps Anfang der 1990er

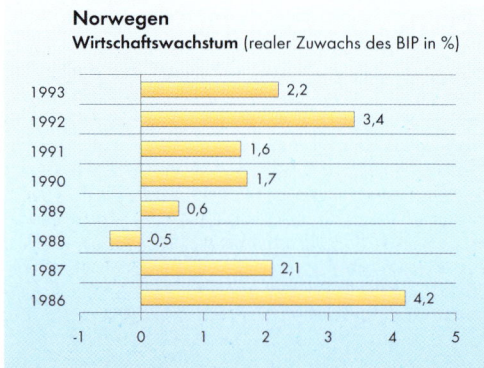

**Norwegen**
Wirtschaftswachstum (realer Zuwachs des BIP in %)

| Jahr | Wert |
|------|------|
| 1993 | 2,2 |
| 1992 | 3,4 |
| 1991 | 1,6 |
| 1990 | 1,7 |
| 1989 | 0,6 |
| 1988 | -0,5 |
| 1987 | 2,1 |
| 1986 | 4,2 |

weise an Landwirtschafts- und v. a. Fischereifragen zu scheitern drohten) und die Volksabstimmung über den EU-Beitritt. Trotz des vehementen Einsatzes von MinPräs. BRUNDTLAND stimmten am 28. Nov. 52,2 % der Votierenden dagegen.

**Nuklearkriminalität:** Die internationale N. erreichte 1994 eine neue Qualität. Die Zahl der Verdachtsfälle war schon im Vorjahr auf 241 gestiegen (1991: 41; 1992: 158), doch nun wurde mehrfach kernwaffenfähiges Material sichergestellt. So gelangten im Aug. fast 350 g Plutonium 239 über einen Flug aus Moskau nach München, zuvor waren bereits im Mai im badischen Tengen 6 g des Stoffs gefunden worden. Schon einige Kilogramm Plutonium 239 gelten als ausreichend für den Bau einer Bombe.
Der ehem. Ostblock gilt als Hauptquelle geschmuggelten Nuklearmaterials, der Zusammenbruch der UdSSR erschütterte auch die Strukturen der Nuklearindustrie des Landes. Schätzungen zufolge lagert in den Nachfolgestaaten ein Potential von rd. 200 t Plutonium. Moskau bestritt allerdings die Herkunft des Münchner Funds aus seinem Bestand. Unklar blieben bislang auch die Zielländer der Schmuggelfälle, vermutet wurden etwa Libyen, Iran und Irak. Deutschland und Rußland sind bestrebt, die N. gemeinsam zu bekämpfen; die Internat. Atomenergiebehörde (IAEO) plant ebenfalls

Jahre gemacht worden waren. Gleichwohl haben starke Zinssenkungen ihren Teil zum Aufschwung der Konjunktur beigetragen. Bes. konjunkturbelebend wirkten sich v. a. die privaten und öffentl. Investitionen in Wohnungsbau und Verkehrsinfrastruktur aus (Anstieg in einzelnen Sektoren von über 20%). Dagegen waren die Investitionen in die Industrie, holzverarbeitende und chem. Industrie ausgenommen, im Vorfeld der Abstimmung zur EU eher von Zurückhaltung geprägt.
Die Preissteigerungsrate konnte im Vergleich zum Vorjahr nochmal reduziert werden; sie lag deutlich unter 2%. Die Lohnsteigerungen zw. 2 und 3% fielen, wie in den Jahren zuvor, moderat aus. Die Arbeitslosenquote schrumpfte auf 5,5%. Das Defizit des Staatshaushalts wurde weiter abgebaut, lag aber immer noch bei 5% des BIP. Die Bedeutung des Off-shore-Wirtschaftszweiges übertraf mittlerweile die des Industriesektors (inkl. Bergbau). Vom realen BIP entstanden hier 16,5% gegenüber 13,5% in Industrie und Bergbau.

### Innen- und Außenpolitik

Zum 1. Jan. trat das Abkommen über den Europ. Wirtschaftsraum (EWR) in Kraft. Nachfolger des am 13. Jan. verstorbenen Außenmin. JOHAN JØRGEN HOLST, durch dessen Vermittlung das Gaza-Jericho-Abkommen (1993) zustande gekommen war, wurde der bisherige Handels- und Schiffahrtsmin. BJØRN TORE GODAL, ein Befürworter der EU-Mitgliedschaft. Im Mai konnte nur knapp eine Regierungskrise abgewendet werden, als ein Mißtrauensantrag der Opposition gegen Finanzmin. JOHNSEN mit Hilfe von vier Stimmen aus dem rechten Lager mit 83 gegen 80 Stimmen abgewehrt und die sozialdemokratische Minderheitsreg. unterstützt wurde. Ausgelöst wurde die Krise durch die Ernennung von JOHNSENS Parteifreund MOLAND zum Zentralbankdirektor. Kurz darauf wurde bekannt, daß MOLAND als Finanzchef des größten staatl. Holzverarbeitungsunternehmens Norske Skog in dunkle Finanzgeschäfte, u. a. Steuermanipulationen, verwickelt war.
Im Mittelpunkt der polit. Diskussion standen die Mitgliedschaft in der EU, die zähen Beitrittsverhandlungen mit Brüssel im Frühjahr (die phasen-

Spektakulär seilen sich Greenpeace-Aktivisten an der Bordwand der aus dem Kieler Hafen auslaufenden Fähre ›Kronprins Harald‹ ab und entrollen ein Transparent gegen die Verletzung des Walfangverbots durch Norwegen. Begleitet wird die gefährliche Aktion von Greenpeace-Schlauchbooten, die das norwegische Schiff mit einer 15m langen Walattrappe umkreisen

Gegenmaßnahmen. Auch Interpol beschloß die Gründung einer Sondergruppe, die dem illegalen Handel mit Nuklearmaterial nachgehen soll. Offene Kritik galt der Ukraine, die erst im Nov. dem Kernwaffensperrvertrag (unter dem Vorbehalt von Sicherheitsgarantien) beitrat.

Ein schönes Mitbringsel

## O

**Ōe,** Kenzaburō, japan. Schriftsteller, *Ose (Präfektur Ehime) 31. 1. 1935. – 1994 erhielt Ōe den Nobelpreis für Literatur. Für sein am europ. Roman geschultes Werk, das Erzählungen, Essays und zahlreiche Romane umfaßt, war die Geburt eines geistig behinderten Sohnes im Jahre 1963 prägend. In seinem in Deutschland bekanntesten Buch ›Eine persönl. Erfahrung‹ (dt. 1972) wird dadurch die schonungslose Selbstanalyse des Protagonisten ausgelöst. Ōes metaphernreicher, kunstvoller Stil vermag zw. groteskem Realismus und fast brutalem Naturalismus zu wechseln. In vielen seiner Bücher behandelt er, ein überzeugter Linker, der das Kaisertum und jede staatl. Auszeichnung ablehnt, kritisch die moral. Situation Japans in der Nachkriegszeit. – Weitere in dt. Übersetzung erschienene Werke sind ›Der stumme Schrei‹ (dt. 1980), ›Der Stolz der Toten‹ (dt. 1994), ›Der kluge Regenbaum. Vier Erzählungen‹ (dt. 1994), ›Verwandte des Lebens. Parientes de la vida‹ (dt. 1994).

**Ökumene:** In dem von ev.-luther. und röm.-kath. Seite geführten Dialog, der auf Weltebene 1967 begonnen hatte, wurde mit der Veröffentlichung eines umfangreichen Dokuments über ›Kirche und Rechtfertigung‹ Anfang des Jahres die dritte Phase abgeschlossen. In einer vierten Phase soll sich künftig eine neue Kommission auf jene Lehrpunkte konzentrieren, bei denen zw. beiden Kirchen noch kein ausreichender Konsens besteht. Am 21. Febr. verabschiedeten Vertreter der christl. Kirchen von Großbritannien, Frankreich und Deutschland eine Erklärung, in der mehr Transparenz für die Rüstungsexportpolitik gefordert und die Einrichtung eines Fonds zur Umstellung auf zivile Produktion begrüßt wird.

Anläßlich des Weltgebetstags der Frauen am 4. März kam es zu Auseinandersetzungen um die vorgeschlagenen Gebetstexte. Diese artikulieren – 1990, also vor dem Gaza-Jericho-Abkommen, von palästinens. Frauen verfaßt – das Leid von Frauen in ihrem Land, was zum Vorwurf des Antijudaismus führte. Es wurden Alternativ- und Ergänzungstexte verbreitet, die ausdrücklich auch die Not jüd. Frauen ansprachen.

Nach einem Beschluß der kath. dt. Bischofskonferenz im Febr. sind unter bestimmten Bedingungen auch am Sonntagvormittag ökumen. Gottesdienste erlaubt. Im Sept. erregte ein ›Gemeinsames Wort zur wirtschaftl. und sozialen Lage in Deutschland‹ der kath. dt. Bischofskonferenz und der Ev. Kirche in Deutschland (EKD) größeres Aufsehen wegen seiner deutl. Kritik an den bestehenden sozialen Verhältnissen, aber auch wegen des Zeitpunkts seines Bekanntwerdens. Offiziell erschien das Papier erst im Nov. nach der Bundestagswahl, wurde aber vorzeitig der Presse zugespielt und so als Stellungnahme der Kirchen im Wahlkampf verstanden. – Die von den beiden großen Kirchen in Deutschland gestaltete Fernsehreihe ›Wort zum Sonntag‹ (ARD) feierte 1994 ihr 40jähriges Bestehen.

BARTHOLOMAIOS I., der Ökumen. Patriarch von Konstantinopel, richtete am 19. April vor dem Europ. Parlament in Straßburg den Appell an die EU, sich den europ. Ländern mit orth. Tradition nicht zu verschließen. Der russ.-orth. Patriarch ALEXIJ II. besuchte im März Ungarn und im Mai das ehem. Jugoslawien. Vor dem ungar. Parlament leistete er im Namen seines Volks Abbitte für die Niederschlagung des Volksaufstands 1956 durch sowjet. Truppen. In Belgrad rief er zu einem Ende des Bürgerkriegs auf, hütete sich aber vor Schuldzuweisungen, und in Sarajevo bezeichnete er in einer gemeinsamen Erklärung mit dem kath. Kardinal FRANJO KUHARIĆ den derzeitigen Konflikt als eine Sünde gegen jede Religion.

In der anglikan. Kirche von England wurde erstmals ein Farbiger zum Bischof ernannt: MICHAEL NAZIR-ALI, der aus Pakistan stammt, wurde Bischof von Rochester.

Kenzaburō Ōe ist der Nobelpreisträger für Literatur 1994

**Olah,** George Andrew, amerikan. Chemiker ungar. Herkunft, *Budapest 22.5. 1927. – Für seine ›Leistungen auf dem Gebiet der Carbokation-Chemie‹ wurde O. mit dem Nobelpreis für Chemie 1994 gewürdigt. O. verlangsamte mittels tiefer Temperaturen und eines stark sauren Lösungsmittels organ. Reaktionen, bei denen Carbokationen – positiv geladene Kohlenstoffverbindungen – als nur kurzlebige Zwischenprodukte auftreten, so daß diese einer detaillierten Untersuchung zugänglich wurden. O.s Arbeiten eröffneten dabei neue Möglichkeiten

bei der Herstellung höherwertiger Kohlenwasserstoffe und der Kohleverflüssigung.
O. promovierte 1949 an der Techn. Hochschule in Budapest, wo er noch bis 1954 tätig war. Nachdem er 1954–56 stellv. Direktor am Chem. Inst. der Ungar. Akademie der Wiss. in Budapest war, arbeitete er in Kanada und den USA zunächst bei Dow Chemical und ging 1965 als Prof. an die Case Western Reserve Univ. in Cleveland (Ohio). 1977 wurde O. Prof. an der Univ. of Southern California, 1980 Direktor des Hydrocarbon Research Institute.

## OLYMPISCHE BEWEGUNG

Einige Dutzend idealistisch gestimmter Herren beschlossen zum Ende ihres internationalen Kongresses am 23. Juni 1894 in der Pariser Sorbonne-Universität unter Führung des Pädagogen PIERRE DE COUBERTIN, die antiken Olympischen Spiele ›entsprechend den Bedingungen der modernen Zeit‹ wiedererstehen zu lassen. Sie fühlten sich als Rebellen, wollten sie doch mit ihren erstaunlichen, längst in der Luft liegenden Vorstellungen eines ›élan vital‹ – Körperkult als erzieherischer Auftrag – ›die Anhänger der alten Schule erzittern lassen‹.

1894 gründete Pierre de Coubertin das Internationale Olympische Komitee (IOC), um die olympische Idee wiederzubeleben. Zwei Jahre später konnten in Athen die ersten Olympischen Spiele der Neuzeit veranstaltet werden

Das gelang diesem zugleich aristokratischen und demokratischen Herrenclub – freilich unter veränderten Prinzipien. Denn 100 Jahre später zog an gleicher Stätte die Führung der Olympischen Bewegung, das International Olympic Committee (IOC), ein Fazit des Überlebenskampfes im Zeichen ›fröhlicher Hoffnung‹. Im Rampenlicht stand ein zweiter Revolutionär, freilich anderen Zuschnitts, der

Spanier JUAN ANTONIO SAMARANCH: In seinen 14 Präsidentenjahren hat er die universale Olympische Bewegung als unübersehbare soziale und friedensfördernde Kraft im Weltbewußtsein verankert, den Olympismus als einheitsbildende Verschwisterung des Sports mit der Philosophie und Kultur zu legitimieren versucht und das größte Weltereignis im Sport, die Olympischen Spiele, zu einer einmaligen Attraktion als ›Spiele der Einheit und der Besten‹ umfunktioniert sowie der nahezu fatalen politischen Einvernahme durch Boykotte und als Schaubühne im Wettstreit der Ideologien von Ost und West entrissen.
Mit der Anpassung an den Zeitgeist und mit den tiefgreifenden Reformen, wie der (offiziellen) Öffnung der Spiele für Profis, verfestigte der nicht unumstrittene Steuermann SAMARANCH die für alle Partner lukrative Vernunftehe mit der Unterhaltungsindustrie, vor allem dem Fernsehen, den Sponsoren und den Vermarktungstrategen. COUBERTINS Vision vom Sport als ›Freihandelssystem der Zukunft‹ hat sich auf eigenwillige Weise erfüllt. Die Allianz von Sport und Kommerz nutzt die ungebrochene Faszination der Olympischen Spiele, die Tiefenwirkung der olympischen Symbole und das vage Ideal des Olympismus. Diese als Lebensidee verstandene Grundhaltung vertritt ein Wertesystem, das ›auf der Freude bei den Anstrengungen, dem erzieherischen Wert des guten Beispiels und dem Respekt universeller ethischer Grundprinzipien‹ beruht.

### Einendes Zentrum des Weltsports

Die Olympische Bewegung versteht sich als das einende und krönende Zentrum aller Organisationen und Protagonisten des Sports, die sich der Autorität des IOC unterstellen. Dessen Führungsrolle wurde nach dem Olympischen Kongreß 1981 in Baden-Baden festgeschrieben und legitimiert die Politik des Radikalreformers SAMARANCH. Die Umwandlung der Olympischen Spiele zum medialen Weltsportereignis Nummer 1 ist zwangsläufig mit veränderten Strukturen und Kompetenzen verbunden. Zugleich müssen sich Olympia und seine Repräsentanten an den hohen Ansprüchen messen lassen, die die Olympier in ihrer Charta stellen. Die Olympische Bewegung will zur Entwicklung einer

Die Eröffnungsfeier am
12. Februar mit Motiven aus
der norwegischen Märchen-
welt und Mythologie bildet den
stimmungsvollen Auftakt für
die vielgelobten Olympischen
Winterspiele in Lillehammer

friedlicheren und besseren Welt beitragen, indem sie die Jugend mittels Sport ohne jegliche Diskriminierung im olympischen Geist erzieht, der gegenseitiges Verständnis, den Geist der Freundschaft und Solidarität sowie das Fair play fordert. Den Kulminationspunkt mit seiner ideellen, materiellen und publizistischen Wirkung bilden in diesem Spannungsfeld von ethischen Ansprüchen und pragmatischem Sportgeschäft die Olympischen Spiele, schwere Bürde und reicher Besitz des IOC zugleich.

In den vergoldeten Bannkreis drängt nahezu die gesamte Sportwelt, nicht allein mit dem begierigen Blick auf Subventionen aus der olympischen Schatulle. Die offenbar unüberwindbaren Widerstände gegen die überfällige Straffung oder gar Reform des olympischen Programms eröffnen neuen Sportarten den Eintritt in die olympische Arena. Beim Amtsantritt von SAMARANCH 1980 wurden bei den Moskauer Spielen in 21 Sportarten 203 Wettbewerbe ausgetragen. Nach der Aufnahme von Taekwondo und Triathlon finden im Jahre 2000 in Sydney 280 Wettbewerbe in 28 Sportarten statt. Viele andere Bewerber klopfen mahnend an die olympischen Pforten. Die Aufblähung der Wettkämpfe ist auch ein Ergebnis der unter SAMARANCH konsequent vorangetriebenen Gleichberechtigungskampagne für Frauen im olympischen Programm und im IOC: 1981 endete mit der Aufnahme zweier Damen das 87 Jahre während Patriarchat im olympischen Senat.

### Die Kluft zwischen Elite und Statisten

Den gewaltigen Wachstumsprozeß der Spiele bis zur Grenze des Organisierbaren kann nur die strikte Limitierung auf 10 000 Aktive und 5 000 offizielle Begleiter stoppen. Das beschwört indes ein weiteres Dilemma herauf: Alle nahezu 200 Nationalen Olympischen Komitees bestehen auf dem Recht einer nicht nur symbolischen Repräsentanz, für viele Staaten die einzige Chance weltweiter Selbstdarstellung. Doch die Kluft zwischen den

Spitzenkönnern aus den sportlich hochgerüsteten Industriestaaten und den teils exotischen Statisten im Coubertinschen Geist des ›Dabeiseins‹, weil ihnen ein Sieg nahezu unmöglich ist, vergrößert sich zusehends. Die Top-Show zerstört die Universalität. Die oft beschworene olympische Einheit basiert eher auf Zahlen als auf universaler Chancengerechtigkeit. Die telegenen Gladiatoren der ›Dream Teams‹ im Basketball und vielleicht auch im Eishockey treiben die Konfrontation auf die Spitze.

Gigantismus – Kommerzialisierung – Professionalisierung – diese drei Hauptgefahren aus dem eigenen Lager verlangen neben dem Erhalt der Selbstbestimmung des Sports gegenüber den mitgestaltenden Einflüssen aus Politik, Wirtschaft und Medien von der Olympischen Bewegung und ihren Führern mehr als bloße kosmetische Korrekturen. Die zerbrechliche Balance in diesem Spannungsfeld der Einflüsse und Interessen so vieler Partner ist im Jahre 100 der neuen olympischen Zeitrechnung kaum weniger bedroht als unter der politischen Ausbeutung durch den Nationalsozialismus oder auf dem Schlachtfeld des Ost-West-Konflikts.

Wenngleich sich SAMARANCH bescheiden als Dirigent eines gut gestimmten Orchesters bezeichnet und er durch ein geschicktes Taktieren starke Gegenkräfte gespalten und neutralisiert hat, so blieben doch die Kulissenkämpfe um Einfluß, Posten und materielle Ressourcen. Auch hinter dem wohlklingenden Begriff der ›Olympischen Familie‹

Der Autor:
Hans-Dieter Krebs, geb. 1932.
Journalist. Stellvertretender
Leiter der Zentralredaktion
Sport der Deutschen Welle in
Köln und ARD-Hörfunkbericht-
erstatter zu olympischen
Themen

steckt nicht allein Harmoniegefühl, sondern die auszugleichende Konkurrenz handfester Interessen. In diesem komplexen Spannungsfeld ist der geschickte Diplomat SAMARANCH keineswegs der unangefochtene Herrscher seines olympischen Imperiums, denn die exekutive Gewalt liegt bei den Weltfachverbänden. Sie können wie im selbst- und machtbewußten Fußball oder in der Leichtathletik trotz der Verankerung ihrer Spitzenrepräsentanten im IOC eigene Vorstellungen durchdrücken.

### Bedrohungen: Geld, Korruption, Betrug

Zumal unter der fragwürdigen und rekordtreibenden Devise des ›citius – altius – fortius‹ (schneller – höher – stärker) sind der moderne Sport und seine Hochleistungselite ohne Geld nicht denkbar. Dies gilt besonders für die Darsteller auf der olympischen Bühne, die Athleten. Sie verkörpern die Olympische Bewegung und haben zu Recht Anspruch auf Gewinnanteile. Rückgriffe von Kritikern auf ein unrealistisches Amateurideal sind pure Heuchelei. Der olympische Wiederbegründer DE COUBERTIN hat die ›Mumie des Amateurismus‹ ironisiert. Dennoch geißelte beim Olympischen Jahrhundertkongreß 1994 in Paris die selbst in zweifelhafte Geschäfte verwickelte französische Sportministerin MICHÈLE ALLIOT-MARIE offener noch als einer der Kandidaten für die Samaranch-Nachfolge, der Australier KEVAN GOSPER, die eigentlichen Bedrohungen des Sports und ›seiner edlen Mission‹: Geld, Korruption, Betrug.

Die Gewissensfrage lautet: Sind der Sport und sein Bannerträger, die Olympische Bewegung, ihren Verpflichtungen als unübersehbare soziale Kraft nachgekommen? Bleiben die Verantwortlichen nicht zu oft in den Niederungen technischer Entwicklungen oder der Anpassung von Regeln und Abläufen an Wünsche des Fernsehens oder der niemals uneigennützigen Sponsoren hängen? Erzwangen nicht unzureichende Telegenität und ungenügende olympische Attraktivität die radikalen Veränderungen im Volleyball, im Segeln, beim Schießen, Rudern und Kanusport oder im auf einen Tag reduzierten Modernen Fünfkampf? Die gar nicht immer so geheimen Mitgestalter engen längst den Spielraum der Autonomie des Sports ein, der seinerseits die Nebenherrschaft von Managern bekämpft. Das Schlagwort von der ›kontrollierten Kommerzialisierung‹ besitzt im Zeichen des Goldrausches der Sponsorengelder mitunter nur Alibicharakter. Damit wird nicht die Ehrlichkeit des Bemühens in Frage gestellt, das Risiko dieser ›Liaison dangereuse‹ zu beherrschen.

Als Gegengewicht zu den bisher dominierenden Fernseheinnahmen wird das zweite Standbein geschaffen, ein der gesamten Olympischen Bewegung zugute kommendes Marketing-Programm. Das als ›The Olympic Program‹ (TOP) bezeichnete Unternehmen soll von 1993 bis 1996 350 Millionen US-$ beisteuern. Die Fernsehrechte für die Winterspiele 1994 in Lillehammer und die Jahrhundertspiele 1996 in Atlanta, wo das erste olympische Jahrhundert nach Athen 1896 endet, bringen rund 1,4 Mrd.

Die weltweit große Anteilnahme an den Olympischen Spielen scheint nicht abzubrechen. Allerdings stellen die immer zahlreicheren Besucher – im Bild bei den Spielen in Lillehammer – die Veranstalter vor erhebliche logistische Probleme

US-$ ein. (Zu den Relationen: Die von der Olympischen Bewegung in vier Jahren eingenommenen 1,7 Mrd. US-$ entsprechen dem Saisonumsatz der US-amerikanischen Baseball-Profiliga NBA!) Nicht das IOC zieht den Hauptnutzen aus der olympischen Geldquelle. Ihm fließen nur 7 % zu. 60 % der Fernsehantiemen gehen an die Olympiaorganisatoren, die übrigen 33 % teilen sich die Weltfachverbände, die Nationalen Olympischen Komitees oder sie fließen dem sich nutzbringender profilierenden Entwicklungshilfefonds ›Olympische Solidarität‹ zu. Zweifel bestehen, ob sich der 1994 begonnene eigenständige Vierjahreszyklus der Winterspiele zur gewinnsteigernden Entzerrung des Sponsoren- und Fernsehengagements in steigenden Einnahmeziffern für den ›olympischen Weltkonzern‹ IOC auszahlt.

### Disparate Facetten der fünf Ringe

In der ›Olympischen Hauptstadt‹ Lausanne, seit 1915 Sitz des IOC, wurde 1993 das Olympische Museum eröffnet. Die einzige Immobilie im Besitz des IOC will einen Auftrag PIERRE DE COUBERTINS erfüllen: die Demonstration olympischer Historie und der mitunter zwiespältigen Verquickung von Kultur und Sport. Das Museum ist bereits ein Publikumsmagnet. Gleichzeitig soll es Zentrum kritischer Studien werden, die eine so selbstbewußte Bewegung nicht zu scheuen braucht, und zweiter geistiger Brennpunkt der Olympischen Bewegung neben dem antiken Ursprungsort im griechischen Olympia.

So weht ein Hauch von UNESCO durch den prosperierenden Weltkonzern unter den fünf Ringen voller disparater Facetten. Der Völkerbund der Sporttreibenden zählt zu ihnen, die grenz- und ideologieüberschreitende Kommunikation, die Rolle eines Anwalts für den Breitensport und alle organisatorischen Ausfaserungen (einschließlich der durch das IOC aufgewerteten Paralympics-Bewegung der Behinderten) sowie die Friedensliga des Sports. Der Rückgriff auf die Idee der antiken ›Ekecheiria‹, die von den Vereinten Nationen unterstützte olympische Waffenruhe im Jubeljahr 1994, ermöglichte allen zynischen Kommentaren zum Trotz zumindest für kurze Zeit in Sarajevo oder Bergkarabach Feuerpausen – die wehrlos-symbolische Umsetzung der Formel ›Frieden auf Zeit‹. Mit ihr rechtfertigte HELMUT SCHELSKY nach dem Münchner Terroranschlag 1972 den Erhalt der Olympischen Spiele.

**Gefährdetes Fair play**

Als das alle Gefahren überlebende Hoffnungszeichen gilt das Ethos vom Fair play. Zwar stets bedroht und verletzt, verdeutlicht es einen weltweit verstandenen ermutigenden Wert, der weit über den Sport hinauswirkt. Diesen nicht nur pädagogischen Auftrag hat WILLI DAUME auf dem Olympischen Kongreß 1994 in Paris bewegend beschworen. In der täglichen Praxis wird Fair play durch Gewalt, Unfairneß und im Sumpf der Dopingmanipulationen ständig herausgefordert und unterlaufen. Die Olympische Bewegung schloß sich bisher noch nicht zu einer überzeugenden konzertierten Aktion gegen die medikamentösen und anderen Manipulationen von Körper und Leistung zusammen. Selbst die Anti-Doping-Charta (›Medical Code‹) von Paris 1994 ist nur ein Ansatz für den mühevollen Schulterschluß aller Partner besonders in den Weltfachverbänden. Die bedrohte Glaubwürdigkeit des Sports und seiner Führer durch den Medikamentenmißbrauch hat noch längst nicht alle Verantwortlichen im Weltsport aufgeschreckt. Zögern und Zurückhaltung nähren die Zweifel an der Aufrichtigkeit der gemeinsamen Kampagne gegen Drogen, die noch immer als unentbehrlich beim Ausreizen der letzten Leistungsreserven um höchste Ehren und Rekorde angesehen werden. Nur ausreichende Kontrollen in Wettkampf und Training dürfen den Zutritt zur olympischen Arena gestatten.
Eine rasche Kurskorrektur verordnete SAMARANCH nach den Winterspielen 1992 von Albertville, wo grobe Umweltsünden mit aller Deutlichkeit in den Blickpunkt gerückt wurden. Der Umweltverträglichkeit der Olympischen Spiele wurde

erste Priorität eingeräumt. Lillehammer führte 1994 vorbildsetzende Spiele in möglichst unversehrter Natur durch – verbunden mit einer unvergleichlichen Stimmung –, was weltweit höchste Anerkennung fand. Lillehammer hat die Denkschule innerhalb des IOC, die für ein Zurück zu den Quellen votierte, bestätigt. Ihre knappe Mehrheit entschied 1993 die Vergabe der Sommerspiele 2000 an Sydney. Die Fürsprecher der gescheiterten Kandidatur Pekings erblickten – ohne Selbstzweifel – in einem Zuschlag an die chinesische Hauptstadt auch eine Chance, Olympia als Instrument der politisch-wirtschaftlichen Umgestaltung einsetzen zu können. Nicht zu Unrecht sehen Kritiker in der Selbstüberschätzung die größte Gefahr für das IOC. Der exklusivste Klub der Welt verteidigt zwar seine wenigen Privilegien, die Zuwahl seiner Mitglieder und die Bestimmung der Olympiastädte; doch die von SAMARANCH angestrebte Umgestaltung zum effektiven Legitimationszentrum der Olympischen Be-

Vor allem dem vorbildlichen, ökologisch orientierten Gesamtkonzept verdankt Sydney die Olympischen Spiele des Jahres 2000. Im Bild das unter Umweltgesichtspunkten geplante olympische Dorf

wegung über die stärkere Einvernahme der mächtigen Weltfachverbände ist nur gebremst. Für ein unübersehbares Symbol sorgte SAMARANCH dennoch: Zum einhundertjährigen Bestehen zählt das IOC exakt 100 Mitglieder. Die eigentliche Macht bleibt mehr denn je in den Händen des elfköpfigen Exekutivausschusses, einer ›Regierung‹ mit einem Präsidenten eher gaullistischen Stils als einem Kanzler mit Richtlinienkompetenz an der Spitze.
Wenn Konfrontationen und Spannungen die Lebendigkeit der Olympischen Bewegung erhalten, dann scheint dem 100 Jahre jungen Methusalem doch eine lange Zukunft bevorzustehen.

## OLYMPISCHE WINTERSPIELE

Bereits zwei Jahre nach den Winterspielen in Albertville fanden vom 12. bis 27. Febr. die XVII. O. W. im norweg. Lillehammer statt. Grund für die

Durchbrechung des übl. Vierjahresrhythmus war die Absicht, die O. W. nicht mehr im jeweiligen Austragungsjahr der Olymp. Sommerspiele stattfinden zu lassen und ihnen auf diese Weise ein größeres Eigengewicht zu verleihen.

Während der Eröffnungsfeier der Spiele in Lillehammer trägt ein Skispringer die olympische Fackel die Schanze hinunter ins Stadion

In Lillehammer wurden zum ersten Mal Spiele mit einer bereits im Ansatz ökolog. Ausrichtung veranstaltet. Die positive Atmosphäre und der Umstand, daß kommerzielle Interessen nicht im Mittelpunkt standen, überzeugte die Kommentatoren, daß Lillehammer 1994 den Olymp. Spielen ihr ›menschl. Gesicht‹ zurückgegeben habe. In 61 Entscheidungen kämpften 1847 Sportler aus 67 Nationen um die Medaillen, Deutschland war mit 117 Aktiven vertreten.

**Skilauf alpin:** Herausragender Athlet bei den Herren war mit seinen Siegen im Super-G und im Riesenslalom MARKUS WASMEIER. Den Abfahrtslauf gewann der Amerikaner TOMMY MOE, den Spezialslalom der Österreicher THOMAS STANGASSINGER. In der Kombination ging die Goldmedaille an den Norweger LASSE KJUS. Bei den Damen siegte KATJA SEIZINGER in der Abfahrt, den Riesenslalom gewann die Italienerin DEBORAH COMPAGNIONI. Im Slalom errang die Schweizerin VRENI SCHNEIDER Gold, den Super-G entschied die Amerikanerin DIANN ROFF-STEINROTTER für sich. In der Kombination belegte die Schwedin PERNILLA WIBERG den 1. Platz.

**Freestyle:** Bei den Herren siegte auf der Buckelpiste der Kanadier JEAN-LUC BRASSARD, im Springen ANDREAS SCHÖNBÄCHLER aus der Schweiz. Bei den Damen gewannen auf der Buckelpiste die Norwegerin STINE LISE HATTESTAD, im Springen LINA TSCHERJASOWA aus Usbekistan.

**Nordischer Skisport, Skispringen:** Den Wettbewerb auf der Normalschanze entschied der Norweger ESPEN BREDESEN für sich, auf der Großschanze dominierte Deutschland durch Siege von JENS WEISSFLOG und im Mannschaftsspringen.

**Nordischer Skisport, Langlauf:** Der Star bei den Herren hieß BJØRN DAEHLIE. Der Norweger gewann über 10 und 15 km Gold, außerdem Silber über 30 km und in der Staffel (4 × 10 km). Über 30 km siegte THOMAS ALSGAARD (Norwegen), über 50 km WLADIMIR SMIRNOW aus Kasachstan. Die 4 × 10-km-Staffel gewann Italien. Bei den Damen war die Russin LJUBOW JEGEROWA mit 3 Goldmedaillen über 5 und 10 km sowie in der von Rußland gewonnenen 4 × 5-km-Staffel die überragende Athletin. Nicht viel nach stand ihr die Italienerin MANUELA DI CENTA mit Siegen über 15 und 30 km.

**Nordischer Skisport, Nordische Kombination:** Die Einzelwertung gewann der Norweger FRED BØRRE LUNDBERG, im Mannschaftswettbewerb siegte Japan.

**Biathlon:** Bei den Herren gewann die dt. Staffel (4 × 7,5 km) die Goldmedaille. Die beiden Einzelwettbewerbe über 10 und 20 km entschieden die Russen SERGEJ TSCHEPNIKOW und SERGEJ TARASSOW für sich. Das As bei den Damen war MYRIAM BEDARD aus Kanada mit Siegen über 7,5 km und 15 km, in der 4 × 7,5-km-Staffel siegte Rußland.

**Eiskunstlauf:** Bei den Herren siegte der Russe ALEXEJ URMANOW, bei den Damen OKSANA BAJUL aus der Ukraine. Im Paarlauf errang das russ. Paar JEKATERINA GORDEJEWA/SERGEI GRINKOW, im Eistanz deren Landsleute OKSANA GRITSCHUK/JEWGENI PLATOW die Goldmedaille.

**Eisschnellauf:** Bei den Herren siegte über 500 m ALEXANDER GOLUBJEW aus Rußland, über 1000 m DAN JANSEN aus den USA. Beherrscht wurde die Disziplin jedoch durch den dreimaligen Goldmedaillengewinner JOHAN OLAV KOSS aus Norwegen, der die Läufe über 1500, 5000 und 10000 m für sich entschied. Bei den Damen stand die Kurzstrecke im Zeichen der 500- und 1000-m-

| **Olympische Winterspiele 1994 in Lillehammer** | | | | | | | |
|---|---|---|---|---|---|---|---|
| Medaillenspiegel | | | | | | | |
| | Gold | Silber | Bronze | | Gold | Silber | Bronze |
| Rußland | 11 | 8 | 4 | Kasachstan | 1 | 2 | 0 |
| Norwegen | 10 | 11 | 5 | Ukraine | 1 | 0 | 1 |
| Deutschland | 9 | 7 | 8 | Usbekistan | 1 | 0 | 0 |
| Italien | 7 | 5 | 8 | Weißrußland | 0 | 2 | 0 |
| USA | 6 | 5 | 2 | Frankreich | 0 | 1 | 4 |
| Korea (Süd) | 4 | 1 | 1 | Finnland | 0 | 1 | 4 |
| Kanada | 3 | 6 | 4 | Niederlande | 0 | 1 | 3 |
| Schweiz | 3 | 4 | 2 | China | 0 | 1 | 2 |
| Österreich | 2 | 3 | 4 | Slowenien | 0 | 0 | 3 |
| Schweden | 2 | 1 | 0 | Großbritannien | 0 | 0 | 2 |
| Japan | 1 | 2 | 2 | Australien | 0 | 0 | 1 |

Siegerin BONNIE BLAIR (USA), im 1 500-m-Lauf ging die Goldmedaille an EMESE HUNYADY aus Österreich. Über 3 000 m gewann die Russin SWETLANA BASCHANOWA, auf der 5 000-m-Strecke ging der Sieg an CLAUDIA PECHSTEIN.

**Short Track:** Süd-Korea spielte in dieser Disziplin die dominierende Rolle und gewann viermal Gold: bei den Herren über 500 m (JI HOO CHAE) und 1 000 m (KIM KI HOON), bei den Damen über 1 000 m (LEE KYUNG CHUN) und in der 3 000-m-Staffel. In der 5 000-m-Staffel der Herren durchbrach die italien. Mannschaft das südkorean. Monopol, die 500 m bei den Damen entschied die Amerikanerin CATHY TURNER für sich.

**Bobsport:** Im Zweier siegte das schweizer. Team GUSTAV WEDER/DONAT ACKLIN, im Vierer gewann der von HARALD CZUDAJ gesteuerte Bob Deutschland II Gold.

**Rodeln:** Bei den Herren gewann GEORG HACKL die Goldmedaille im Einsitzer, im Doppelsitzer ging der 1. Platz an Italien. Im Einsitzer der Damen siegte GERDA WEISSENSTEINER aus Italien.

**Eishockey:** Zum ersten Mal in der Geschichte des Turniers wurde Schweden, das im Finale Kanada mit 3:2 im Penalty-Schießen bezwang, Olympiasieger. Bronze ging an Finnland, das Rußland mit 4:0 schlug. Das dt. Team überzeugte in der Vorrunde, wo es u.a. gegen Rußland mit 4:2 gewann, schied dann jedoch wieder einmal im Viertelfinale eines wichtigen Turniers aus und belegte am Ende Rang 7.

Am 22. Februar gewinnen die deutschen Skispringer, von links Jens Weißflog, Hansjörg Jäckle, Dieter Thoma und Christof Duffner, die Goldmedaille im Mannschaftswettbewerb

## Oman

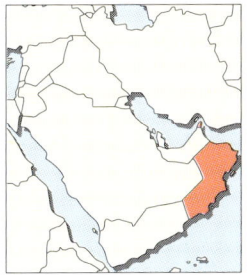

**Hauptstadt:** Maskat
**Einwohner:** 1,7 Mio.
**Einwohner/km²:** 8
**Staatsoberhaupt:** Kabus ibn Said ibn Taimur
**Regierungschef:** Kabus ibn Said ibn Taimur
**BSP/Einwohner:** 6 490 US-$

## Österreich

**Hauptstadt:** Wien
**Einwohner:** 7,9 Mio.
**Einwohner/km²:** 93
**Staatsoberhaupt:** T. Klestil
**Regierungschef:** F. Vranitzky
**BSP/Einwohner:** 22 770 US-$

### Wirtschaftswachstum

Im ersten Halbjahr 1994 entwickelte sich die Konjunktur aufgrund des stark expandierenden Außenhandels und der steigenden Industrieproduktion durchaus erfreulich. Ende Sept. korrigierten die Wirtschaftsforscher daher ihre Prognosen zum Wirtschaftswachstum von 2,5 % zu Sommerbeginn auf 2,8 %. Die Arbeitslosigkeit allerdings werde nur leicht (von 6,8 auf 6,5 %) zurückgehen, die Inflationsrate hingegen von 2,8 auf 2,9 % steigen.

### Unfinanzierbares Sozialsystem

Die Anfang 1994 von Sozialmin. JOSEF HESOUN angeregte Einkommensobergrenze für Sozialleistungen war der Beginn einer grundsätzl. Debatte um Sozialabbau, Umverteilung und Effizienz des Sozialsystems, in deren Verlauf sehr deutlich (z.T. dann wieder zurückgenommen) u.a. Kürzung des Arbeitslosengeldes für Arbeitsunwillige, Wegfall der Zulagen bei Krankheit, ›Flexibilisierung‹ der Arbeitszeit, aber auch Maßnahmen zur Bekämpfung der Schwarzarbeit gefordert wurden. Im Kern ging es darum, wer bzw. welche gesellschaftliche Gruppen zur Finanzierung des Sozialsystems beitragen sollten, aber auch um die Infragestellung alter Rechte und Privilegien. Die SPÖ steht in der Debatte vor dem Problem, daß sie zwar die Notwendigkeit anerkennt, das Sozialsystem zu reformieren, dies aber gegen den erbitterten Widerstand der mit ihr verbündeten Gewerkschaften durchsetzen müßte. Wesentliche Grundüberzeugungen in Frage stellte ihr Anfang Aug. geforderter Beitrag der Beamten, Bauern und Freiberufler zur Arbeitslosenversicherung.

### Wahlen und Entscheidungen

Die innenpolit. Diskussionen in Ö. waren 1994 durch eine Reihe von Wahlgängen bestimmt. Dazu gehörten neben der entscheidenden EU-Volksabstimmung am 12. Juni die Wahlen in einigen Bundesländern im März und insbes. die Nationalratswahl am 9. Oktober. Abgesehen vom Ausgang des Referendums über den EU-Beitritt, das eine breite Zustimmung zum Regierungskurs brachte, mußten SPÖ und ÖVP in den übrigen Wahlen oft empfindl. Niederlagen hinnehmen.

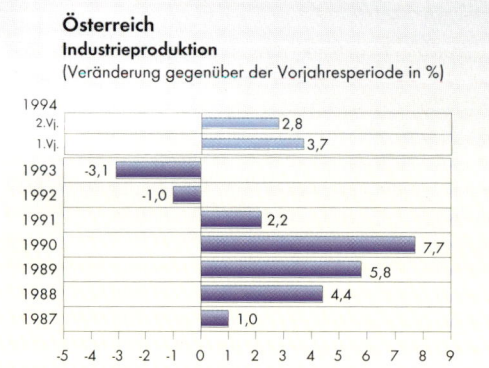

**Österreich**
**Industrieproduktion**
(Veränderung gegenüber der Vorjahresperiode in %)

1994
2. Vj. — 2,8
1. Vj. — 3,7
1993 — -3,1
1992 — -1,0
1991 — 2,2
1990 — 7,7
1989 — 5,8
1988 — 4,4
1987 — 1,0

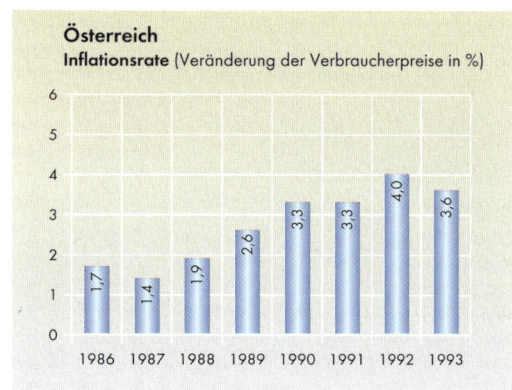

**Österreich**
**Inflationsrate** (Veränderung der Verbraucherpreise in %)

1986 — 1,7
1987 — 1,4
1988 — 1,9
1989 — 2,6
1990 — 3,3
1991 — 3,3
1992 — 4,0
1993 — 3,6

Die Landtagswahlen in Kärnten, Salzburg und Tirol am 13. März brachten den großen Parteien beträchtl. Verluste. In Salzburg verlor die ÖVP ihre absolute Mehrheit (ÖVP: 14, SPÖ 11, FPÖ: 8, Grüne: 3 Mandate). In Tirol hingegen konnte sie den Mandatsstand gerade noch halten (ÖVP: 19, SPÖ: 7, FPÖ: 6, GAL: 1). Die SPÖ verlor in Kärnten die absolute Mehrheit und konnte statt bisher 46% nur noch 37% der Wähler für sich gewinnen. Als Konsequenz aus dem Debakel wurde die Führungsspitze ausgewechselt. Nach dem spektakulären Scheitern des FPÖ-ÖVP-Paktes vom 18. April knapp zwei Tage später einigten sich ÖVP und SPÖ

Bundeskanzler Franz Vranitzky (rechts) und ÖVP-Chef Erhard Busek verfolgen am 9. Oktober die Ergebnisse der Nationalratswahlen

am 25. April auf den ÖVP-Obman CHRISTOF ZERNATTO als Landeshauptmann. Die endgültige Wahl ZERNATTOS freilich blockierten die FPÖ-Landtagsabgeordneten wochenlang, sie war erst am 7. Juni möglich. Bei den Vorarlberger Landtagswahlen am 18. Sept. behielt die ÖVP mit 20 Mandaten trotz Stimmenverlusten weiterhin die absolute Mehrheit, die FPÖ rückte zur zweitstärksten Partei auf (ÖVP 20, SPÖ 6, FPÖ 7, Grüne 3).
Die Nationalratswahlen vom 9. Okt. erfolgten nach einem neuen Wahlrecht: Zuteilung der Mandate in drei (statt bisher in zwei) Ermittlungsverfahren, Neuorganisation der Wahlkreise (43 Regionalwahlkreise, 9 Landeswahlkreise, 1 Bundeswahlkreis), Möglichkeit der Vergabe von zwei Vorzugsstimmen

und 4%-Klausel. Bestimmend für den Wahlkampf war die von FPÖ-Parteiobmann JÖRG HAIDER angeregte Diskussion über Privilegien von Arbeiterkammerfunktionären. Daß diese Diskussion wirkte, zeigte sich bei den kurz vor den Nationalratswahlen angesetzten Wahlen zu den Arbeiterkammern. Bei einer katastrophal niedrigen Wahlbeteiligung von knapp 30% mußten die Regierungsparteien beträchtliche Stimmenverluste hinnehmen, während die FPÖ ihren Stimmenanteil fast verdoppeln und 14% der Stimmen erreichen konnte. Der Ausgang der Nationalratswahlen bestätigte den Trend der vorhergegangenen Wahlgänge: SPÖ und ÖVP verloren erneut und gewannen nur 65 bzw. 52 Mandate. Das Liberale Forum erreichte mit 10 Mandaten den Einzug in den Nationalrat, und auch die Grünen konnten ihren Mandatsstand auf 13 Mandate erhöhen. Eigentl. Sieger der Nationalratswahl wurde die FPÖ, die ihre Mandatszahl von 31 auf 42 steigern konnte.
Nach Gesprächen mit den Parteien betraute Bundespräs. KLESTIL am 14. Okt. FRANZ VRANITZKY, den Vertreter der stimmenstärksten Partei mit der Regierungsbildung. Obwohl rein rechnerisch eine Koalition ÖVP-FPÖ möglich gewesen wäre, verhandelte die ÖVP um eine Fortsetzung der Koalition mit der SPÖ. Die Verhandlungen wurden am 25. Nov. abgeschlossen.

**Veränderungen im politischen System**

Bisher nicht in Frage gestellte Bereiche des polit. Systems in Ö. sind 1994 durchaus fragwürdig geworden. Bundespräs. KLESTIL z. B. beansprucht für sich, seine Rolle innerhalb des polit. Systems Ö.s zw. ›Staatsnotar‹ und ›Nothelfer‹ stärker als seine Vorgänger zu konturieren, ebenso versucht er, im Zusammenhang mit dem Eintritt Ö.s in ein größeres Europa in der Europapolitik der Bundesreg. mehr in Erscheinung zu treten. Auch der Vorschlag des Rechnungshofspräs. FRANZ FIEDLER Ende Sept., den Rechnungshof aus seiner Bindung an die Legislative zu lösen, gehört in die Reihe der angestrebten Veränderungen. Ein Novum war, daß der Bundesrat gegen das Gesetz zur Erhebung einer Energieabgabe Einspruch erhob und damit dieses Gesetz zumindest vorläufig verhinderte.

Auch in der öffentl. Verwaltung geriet einiges in Bewegung: Die im Juni beschlossene Besoldungsreform stellt einen entscheidenden Traditionsbruch dar: Die Einführung eines neuen Gehaltsschemas soll nun die Bezahlung nach Leistung und weniger nach Dienstalter und die Besetzung bürokrat. Spitzenfunktionen auf Zeit möglich machen.

### Skandale und Skandälchen

Zu Jahresbeginn bewegte zumindest die mediale Öffentlichkeit die Ehekrise des Bundespräs., die manche sogar für eine ›Staatskrise‹ halten wollten. Weitaus ernsteren polit. Gehalt hatte hingegen der Mitte Febr. bekanntgewordene Vorwurf an die Bank Austria, sie sei (während sich die Bundesreg. gleichzeitig im gegenteiligen Sinne bemühte) an der Finanzierung des Kraftwerks Temelin mitbeteiligt. Im Mai folgte die Aufdeckung der Karibik-Geschäfte der Bank für Arbeit und Wirtschaft (Bawag). Auch Bundeskanzler VRANITZKY mußte sich zum Bericht des Rechnungshofs zur Donaudampfschiffahrtsgesellschaft (DDSG) in seiner Funktion als ehem. Finanzmin. der Kritik stellen und im Sommer vor einem Ausschuß des Rechnungshofes wegen des Debakels der Austria Metall AG (AMAG) Rede und Antwort stehen.

### Selbstwertgefühl und Fremdenangst

Folgt man den Umfragen, so waren die Österreicher 1994 mit sich durchaus zufrieden – keine andere Nation findet sich (so Umfrageergebnisse vom Juli) selbst so sympathisch. Im Umgang mit den in Ö. lebenden Ausländern freilich zeigte sich die österr. Gesellschaft weniger freundlich. In Reaktion auf die von JÖRG HAIDER bei den Wiener Landtagswahlen 1991 ins Spiel gebrachten Fremdenangst hatte die Reg. mit dem Asylgesetz (Juni 1992), dem Fremdengesetz (Anfang 1993) und dem Aufenthaltsgesetz (Mitte 1993) versucht, Handlungsstärke zu demonstrieren, damit aber zugleich Ö.s traditionell guten Ruf als liberales Asylland ganz entscheidend in Frage gestellt. Im April 1994 hat das Flüchtlingshilfswerk der Vereinten Nationen Ö. nur mehr bedingt als ›sicheres Drittland‹ bezeichnet, da hier Deserteuren und Wehrdienstver-

weigerern kein ausreichender asylrechtl. Schutz mehr gewährt werde. Trotz der Erkenntnis des Verfassungsgerichtshofs, daß das Asylgesetz teilweise verfassungswidrig sei, fühlte sich Innenmin. FRANZ LÖSCHNAK in seiner Asylpolitik bestätigt.

### Auf dem Weg nach Europa

Nachdem Anfang März in den Verhandlungen in Brüssel die grundsätzl. Einigung über die Modalitäten des österr. EU-Beitritts erzielt worden war – wichtige Streitpunkte waren u. a. der Transit und die Landwirtschaft gewesen –, war auch der innerösterr. Weg zum Vertrag frei. Am 15. April passierte der EU-Vertrag den Ministerrat, am 5. Mai nahm der Nationalrat gegen die Stimmen der FPÖ den Regierungsbericht über den Beitrittsvertrag zur Kenntnis und beschloß ein Referendum für den 12. Juni. Die Kritik und Diskussion konzentrierte sich im Vorfeld der Abstimmungskampagne auf die künftige Stellung Ö.s als neutraler Staat, die Miteinbeziehung in EU-Bestimmungen (Aufhebung des Atomsperrgesetzes), aber auch die zusätzl. Kosten und die Sorge um die Gefährdung des Sozialstandards in Ö. oder die Befürchtung, in den Trend der europ. Arbeitslosigkeit mit hineingezogen zu werden. Zur Zustimmung wichtiger Sektoren der österr. Gesellschaft trugen sicherlich u. a. die Einigung über die Agrar-Anpassungshilfen (Ende April), aber auch die Zusicherung der Bundesreg. zum Brenner-Basis-Tunnel und Unterinntaltrasse zur Entlastung des Verkehrs auf der Transitstrecke in Tirol (Anfang Mai) oder die im Mai zugesagte Regionalförderung der EU bei.

Das Referendum vom 12. Juni brachte ein auch für die Befürworter überraschend eindeutiges Ergebnis: 66,4 % entschieden sich für einen Beitritt. Am 24. Juni unterzeichnete die österr. Delegation unter Bundeskanzler VRANITZKY beim EU-Gipfeltreffen in Korfu den Beitrittsvertrag, der am 1. Jan. 1995 in Kraft treten wird. Der Nationalrat ratifizierte am 11. Nov. das Gesetz über den Beitritt mit 140 zu 40 Stimmen. Die Wahl österr. Vertreter für das Europaparlament ist für das Frühjahr vorgesehen. Als EU-Kommissar wurde im Okt. Landwirtschaftsmin. FRANZ FISCHLER nominiert.

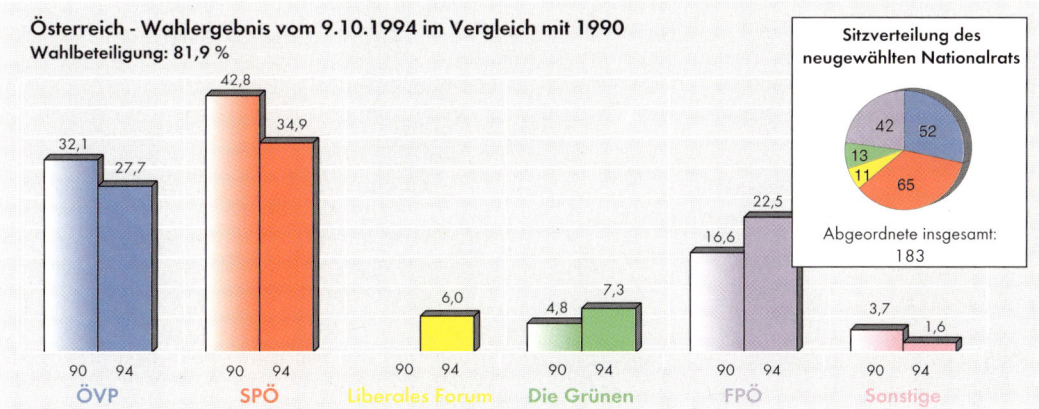

Österreich - Wahlergebnis vom 9.10.1994 im Vergleich mit 1990
Wahlbeteiligung: 81,9 %

Sitzverteilung des neugewählten Nationalrats

Abgeordnete insgesamt: 183

ÖVP 90 32,1 / 94 27,7
SPÖ 90 42,8 / 94 34,9
Liberales Forum 94 6,0
Die Grünen 90 4,8 / 94 7,3
FPÖ 90 16,6 / 94 22,5
Sonstige 90 3,7 / 94 1,6

## OSTMITTELEUROPA

Der öffentl. Diskurs über das erweiterte Europa im Sinne der Integration der neuen Demokratien in das ›karolingische Europa‹ bzw. in die europ.-nordatlant. Institutionen weist weit über den ostmitteleurop. Raum im geograph. Sinne, zu dem Polen, Ungarn, die Tschech. und die Slowak. Rep. sowie Slowenien gehören, hinaus. Dennoch spricht die aktuelle Diskussion über Integration und ›Europareife‹ dafür, den gesamten ostmittel- und südosteurop. Raum weiterhin differenziert zu betrachten. Dies geschah 1994 nicht zuletzt unter dem prakt. Gesichtspunkt der fortdauernden konzeptionellen Überforderung der europ.-nordatlant. Institutionen EU, WEU und NATO, die noch mitten im Prozeß der Anpassung an die neuen europ. Realitäten stecken.

Blickt man auf die Frage der Osterweiterung der EU, dann bestätigten 1994 die auseinanderdriftenden Indikatoren innenpolit., wirtschaftl. und regionaler Stabilisierung die pragmat. Haltung, denjenigen Ländern besondere Aufmerksamkeit zu schenken, die sich den ›europ. Standards‹ – wie immer sie definiert seien – schon am weitesten angenähert hatten. Die sog. Visegrád-Staaten wurden hier zuerst genannt. Von Anfang an argumentierten die Befürworter einer etwa um das Jahr 2000 beginnenden EU-Mitgliedschaft von Staaten wie Polen, Ungarn und der damaligen Tschechoslowakei eher mit der allgemeinpolit. Stabilisierung als mit wirtschaftspolit. Notwendigkeiten. Die Differenzierung des engeren ostmitteleurop. Raums kam 1994 zusätzlich durch die zentrifugalen Tendenzen in der an sich schon lockeren Visegrád-Kooperation zum Ausdruck, die von der tschech. Reg. gefördert wurden. Da es seine Chancen für eine baldige Integration in die EU und die NATO eher in einem Alleingang als in der Kooperation mit Ländern wie Polen und der Slowakei gewahrt sah, hielt sich Prag mit polit. Gesten zurück und favorisierte die rein handelspolit. Kooperation in der 1993 gegründeten CEFTA (Zentraleurop. Freihandelszone). V. a. Po-

len und Ungarn fühlten sich durch die abwartende tschech. Haltung zu Fragen sicherheitspolit. Zusammenarbeit brüskiert.

Andere Staaten, die, gemessen an der Stabilität der demokrat. Institutionen und an wirtschaftspolit. Erfolgen, ebenso wie die Visegrád-Staaten das Privileg für sich beanspruchen könnten, in der ersten Reihe der Beitrittsaspiranten für die EU zu sitzen, blieben – vorläufig? – außen vor. So gehörten Slowenien und Estland aus unterschiedl. polit. Erwägungen nicht zu den Partnern des ›strukturierten Dialogs‹, den die Union den Beitrittswilligen auf dem EU-Gipfel in Essen (9./10. 12. 1994) mit dem Ziel einer schrittweisen Annäherung und dem späteren Beitritt anbot. Im Fall Slowenien weigerte sich die italien. Reg. wegen ungeklärter Entschädigungs- und Minderheitenprobleme, Assoziationsverhandlungen zuzustimmen, mit Estland (und den

Im deutsch-polnischen Grenzgebiet blühen die kleinen Märkte wie in Zgorzelec, wo Deutsche beispielsweise unversteuerte Zigaretten einkaufen

anderen balt. Republiken) wurden entsprechende Verhandlungen wegen polit. Rücksichten auf Rußland aufgeschoben. Andererseits gehören die reformpolitisch zurückbleibenden und durch den Bosnienkrieg nachhaltig betroffenen Randstaaten Rumänien und Bulgarien zu den sechs Ländern, mit denen die EU ›Europaabkommen‹ abgeschlossen hat.

Die Europaabkommen mit Polen und Ungarn (vom 16. 12. 1991) traten am 1. 2. 1994 in Kraft. Für die später unterzeichneten Abkommen mit Rumänien (1. 2. 1993), Bulgarien (8. 3. 1993), der Tschech. und der Slowak. Rep. (4. 10. 1993) ließen die Ratifizierungsverfahren in den EU-Mitgliedstaaten noch auf sich warten. Am 1. 4. 1994 stellte Ungarn offiziell einen Antrag auf EU-Beitritt bei der Kommission in Brüssel, Polen folgte am 8. 4. 1994.

Die ostmitteleurop. Länder i. e. S., an vorderster Stelle Polen, waren es auch, die der sicherheitspolit. Dimension großes Gewicht beimaßen. Ausgehend von dem auf dem NATO-Gipfel im Jan. jedem Land unterbreiteten Angebot, mit dem nordatlant. Bündnis eine ›Partnerschaft für den Frieden‹ einzugehen, erhöhten die Ostmitteleuropäer den psycholog. Druck auf das westl. Bündnis, ein weitergehendes Programm für eine stufenweise zu erreichende Vollmitgliedschaft in der NATO vorzulegen, auf dessen Basis die Aspiranten ihre polit. und militär. Anpassungsleistungen zu vollbringen hätten. Hintergrund des Begehrens um Aufnahme in die NATO war das Streben nach sicherheitspolit. Stabilität (auch mit Blick auf den Nachbarn Rußland) und nach Integration in das polit. und wirtschaftl. System der europ. Demokratien.

Die WEU, der sicherheitspolit. Arm der EU, hatte als polit. Geste auf ihrem Gipfeltreffen am 9. Mai mit neun Reformstaaten (Visegrád-Staaten, Rumänien, Bulgarien, balt. Staaten) eine ›assoziierte Partnerschaft‹ abgeschlossen. Die Unverbindlichkeit der Vereinbarung erlaubte es, diese Länder ohne Unterschied ihres Stabilisierungsgrades einzubeziehen.

Insgesamt standen die ostmitteleurop. Reformstaaten auch 1994 vor der polit. Aufgabe, mit Hilfe einer Schritt-für-Schritt-Strategie in engem Einvernehmen mit der westl. Gemeinschaft innere und äußere Stabilität als Voraussetzung für die institutionelle Integration in das ›karoling.-nordatlant. Europa‹ zu fördern.

**OSZE,** Abk. für **O**rganisation für **S**icherheit und **Z**usammenarbeit in **E**uropa, →KSZE.

**Ozonwerte:** Erhöhte Werte des Ozongehalts in der Atemluft, die bei vielen Menschen, v. a. Kindern, zu Augenjucken, Halsbrennen und weiteren Gesundheitsbeeinträchtigungen führen, sorgten im Sommer unter dem Schlagwort ›Ozonsmog‹ erneut für öffentl. Diskussionen. Am 23. Juni begann unter Regie des baden-württemberg. Umweltministeriums in Heilbronn und Neckarsulm der erste ›Ozonversuch‹. Alle Pkw ohne Katalysator, alle nicht abgasarmen Lkw und eine Reihe von Betrieben hatten stillzustehen. Die wiss. Auswertung des

Das Interesse des Westens am Baltikum symbolisiert ein Besuch des amerikanischen Präsidenten Bill Clinton in Riga (Lettland) am 6. Juli, wo er die drei baltischen Staatschefs (von links nach rechts) Brasauskas (Litauen), Meri (Estland) und Ulmanis (Lettland) trifft. Auf dem Gipfeltreffen in Riga hatten alle vier Staatschefs Rußland gedrängt, seine Truppen planmäßig bis zum 31. August abzuziehen

Versuchs wurde für 1995 angekündigt. In der örtl. Wirtschaft gab es heftigen Widerstand gegen den Versuch; in der Bevölkerung waren die Ansichten geteilt. In Hessen, das als erstes Bundesland eine Ozonsmog-Verordnung erlassen hatte, gab es am 26. Juli den ersten ›Ozonalarm‹ in Deutschland. Auf Autobahnen durften nur noch 90 km/h, auf Landstraßen 80 km/h gefahren werden, nachdem an elf von 33 hess. Meßstationen der Ozongrenzwert von 240 ng/m$^3$ überschritten war.

Im Sommer 1994 mehrten sich auch die Berichte über Ozon als Pflanzenschädiger. Die höchsten Konzentrationen von Ozon in Bodennähe treten abseits der Ballungsgebiete auf. Ozon gilt deshalb mittlerweile als ein Mitverursacher des Waldsterbens. Die Umweltschutzorganisation Greenpeace stellte bei Messungen in Bayern fest, daß in Höhenlagen die O. zw. 120 und 180 ng/m$^3$ über 24 Std. etwa konstant blieben. Die Weltgesundheitsorgani-

Während des viertägigen Ozonversuchs im Raum Heilbronn überwacht die Polizei die Einhaltung der Fahrbeschränkung auf Fahrzeuge mit geregeltem Katalysator und schadstoffarme Dieselfahrzeuge

«Ich glaube, du bist schon wieder zu schnell!»

sation WHO gibt an, daß Waldschäden schon ab 65 ng/m$^3$ auftreten. Laut einer Untersuchung des Umweltinstituts München dringt das Ozon in die Spaltöffnungen der Pflanzen ein und schädigt dort die Zellen. Bei Sommerweizen müsse deshalb mit Ernteeinbußen von etwa einem Drittel gerechnet werden.

**P**

## Pakistan

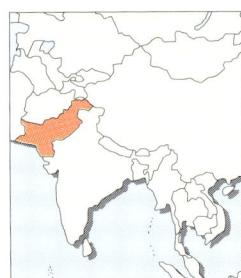

**Hauptstadt:**
Islamabad
**Einwohner:**
128,1 Mio.
**Einwohner/km²:** 161
**Staatsoberhaupt:**
F. A. Leghari
**Regierungschef:**
B. Bhutto
**BSP/Einwohner:**
410 US-$

### Innenpolitische Auseinandersetzungen und Atompolitik

Premiermin. BENAZIR BHUTTO befand sich seit Jahresbeginn unter mannigfaltigem polit. Druck. Immer wieder kam es zu ethnisch motivierten Unruhen. Sie konnte die von ihrem Vorgänger, Interimspremier MOEEN QURESHI, eingeführten Reformen nicht durchhalten. Ihr Erzrivale, der frühere Premiermin. NAWAZ SHARIF, ließ keine Gelegenheit aus, BENAZIR BHUTTO Schaden zuzufügen und ihre Reg. auch vor internat. Publikum bloßzustellen. In diesem Sinne ist auch seine sensationelle Äußerung zu verstehen, daß P. über Atomwaffen verfüge. Damit durchkreuzte SHARIF die Versuche Frau BHUTTOS, mit den USA einen nuklearpolit. ›Modus vivendi‹ zu finden. P. bemüht sich schon

seit langer Zeit um die Auslieferung der F-16-Kampfflugzeuge, die die USA jedoch verweigern. Noch vor NAWAZ SHARIFS Enthüllung erklärte bereits im Frühjahr der frühere Generalstabschef MIRZA ASLAM BEG, P. habe seit 1987 mit Wissen der USA Atomwaffen. BEG bestätigte ferner, daß P. chin. M-11-Raketen besitze, was die Reg. bisher stets geleugnet hatte.

### Außenpolitik

Außenpolitisch wurde P. 1994 zunehmend isoliert, obwohl es sich sehr darum bemühte, internat. Aufmerksamkeit zu erregen. Das 1972 mit Indien getroffene ›Simla Agreement‹, das besagt, daß die beiden Länder alle anstehenden Probleme in bilateralen Verhandlungen lösen werden, wurde von P. als Fessel empfunden. Deshalb wurde versucht, den Kaschmirkonflikt unter Hinweis auf seine mögl. Folgen zu ›internationalisieren‹. Im April kam die Premiermin. zu einem Staatsbesuch nach Deutschland, wobei die Unterredungen v. a. der wirtschaftl. Zusammenarbeit galten.

## Palau

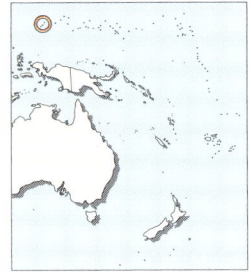

**Hauptstadt:** Koror
**Einwohner:** 16 000
**Einwohner/km²:** 35
**Staatsoberhaupt:**
K. Nakamura
(seit 1. 10. 1994)
**Regierungschef:**
K. Nakamura
**BIP/Einwohner:**
2 260 US-$ (1986)

P. wurde zum 1. Okt. souverän; damit endete die seit 1947 bestehende UNO-Treuhandverwaltung, die durch die USA ausgeübt worden war. Die Inseln waren 1593 von Spaniern entdeckt worden, waren 1899–1919 dt. Kolonie und standen anschließend bis 1945 unter japan. Verwaltung.

## Panama

**Hauptstadt:** Panama
**Einwohner:** 2,5 Mio.
**Einwohner/km²:** 32
**Staatsoberhaupt:**
E. Pérez Balladares
(seit 1. 9. 1994)
**Regierungschef:**
E. Pérez Balladares
(seit 1. 9. 1994)
**BSP/Einwohner:**
2 130 US-$

Bei den Präsidentschafts- und Parlamentswahlen am 8. Mai vereinigte der Oppositionskandidat Ernesto Pérez Balladares (Partido Revolucionario Democrático, PRD) mit 33,3% die meisten Stimmen auf sich. Im Parlament erhielt der PRD 24 der 71 Sitze, die Ende Jan. gegr. Demokrat. Allianz, der u. a. der Partido Arnulfista (PA) des früheren Präs. Guillermo Endara, der Partido Liberal Auténtico und der Partido Liberal angehören, kam ebenfalls auf 24; die liberale Koalition Cambio 94 erhielt 11 und der Movimiento Papa Egoró (MPE) 6 Mandate. Am 1. Sept. übernahm die neue Reg. die Amtsgeschäfte. Pérez erklärte sich Mitte Juli auf Wunsch der USA bereit, Bootsflüchtlinge aus →Haiti aufzunehmen. Anfang Okt. gewährte P. den haitian. Militärmachthabern Raoul Cédras und Philippe Biamby Asyl. Unter den kuban. Flüchtlingen brachen Anfang Dez. schwere Unruhen aus. Am 4. Okt. billigte das Parlament eine Verfassungsänderung, durch die die Armee offiziell abgeschafft wurde.

**Panetta,** Leon, amerikan. Politiker, *Monterey (Kalifornien) 28. 6. 1938. – Der amerikan. Präs. Bill Clinton ernannte im Juni seinen bisherigen Budgetdirektor zum neuen Stabschef des Weißen Hauses. In dieser Funktion hat der studierte Jurist P. die Aufgabe, den Arbeitsstab des Präs., dem dessen schwankende Haltung zu wichtigen Fragen angelastet wird, zu führen und zu koordinieren.

## Papua-Neuguinea

**Hauptstadt:**
Port Moresby
**Einwohner:** 4,2 Mio.
**Einwohner/km²:** 9
**Staatsoberhaupt:**
Elisabeth II.
**Regierungschef:**
P. Wingti
**BSP/Einwohner:**
950 US-$

## Paraguay

**Hauptstadt:**
Asunción
**Einwohner:** 4,6 Mio.
**Einwohner/km²:** 11
**Staatsoberhaupt:**
J. C. Wasmosy Monti
**Regierungschef:**
J. C. Wasmosy Monti
**BSP/Einwohner:**
1 340 US-$

### Wirtschaftliche Entwicklung

Gute Ernten, v. a. von Sojabohnen, die etwa ein Drittel des gesamten Exports ausmachten, führten zu einem leichten Wachstum der Wirtschaft, die in hohem Maße vom Agrarsektor abhängig ist. Die Probleme der anhaltend hohen Arbeitslosigkeit von über 10% sowie der ausgedehnte Schmuggel mit den Nachbarländern Argentinien und Brasilien blieben ungelöst.

### Bauernproteste und Generalstreik

Aus Protest gegen die ungerechte Landverteilung – nur 350 Großgrundbesitzer besitzen rd. vier Fünftel der landwirtschaftl. Nutzfläche – und gegen die damit einhergehende Armut von über 70% der ländl. Bevölkerung kam es im Febr. und März zu Unruhen von zehntausenden Landarbeitern und Bauern. Auf ihre Hauptforderungen, zügige Landreformen, bessere soziale Versorgung und höhere, staatlich garantierte Baumwollpreise, reagierte Juan Carlos Wasmosy Monti am 1. März mit der Ankündigung einer wirksamen Landreform. Am 3. Mai fand der erste Generalstreik seit 37 Jahren statt, mit dem eine 40%ige Lohnerhöhung durchgesetzt und die Regierungspläne zur Privatisierung defizitärer Staatsbetriebe gestoppt werden sollten.

### Schwieriger Demokratisierungsprozeß

Mit dem am 13. Jan. unterzeichneten ›Demokrat. Kompromiß‹ zw. der aus der Colorado-Partei von Präs. Wasmosy gebildeten Minderheitsreg. und der Opposition wurde der Streit über die Justizreform beigelegt. Danach konnte die Ernennung der Richter des Obersten Gerichtshofs und des Obersten Wahlgerichts vorgenommen werden. Die Opposition erschwerte den Demokratisierungsprozeß durch ihre geringe Kooperationsbereitschaft bei der Umstrukturierung von Militär-, Verwaltungs- und Finanzwesen.

**Partnerschaft für den Frieden,** von den USA initiiertes, auf der NATO-Gipfelkonferenz am 10./11. Jan. in Brüssel verabschiedetes Programm, das den Ländern des ehem. Ostblocks sowie anderen interessierten europ. Ländern die Grundlage für eine jeweils noch auszugestaltende partnerschaftl. Zusammenarbeit mit der NATO bietet und die Weichen für eine später mögl. Erweiterung der Militärallianz stellt. Den früheren Satellitenstaaten (→Ostmitteleuropa) und Nachfolgestaaten der Sowjetunion wurden jedoch aus Rücksicht auf die Sicherheitsinteressen Rußlands und dessen machtpolit. Ambitionen keine konkreten Zusagen für eine Aufnahme in die NATO gemacht. In der Folge nahmen über 20 Staaten das Partnerschaftsprogramm an. Als erste neutrale Staaten Europas traten im Mai Schweden und Finnland bei. Rußland, das sich beitrittswillig gezeigt hatte, verweigerte im Dez. aus Widerstand gegen eine mögl. Osterweiterung der NATO die Unterschrift einer über das Rahmenabkommen hinausgehenden Sondervereinbarung.

Der parteilose Schriftsteller Stefan Heym
kandidiert für die PDS und wird Alterspräsident
des 13. Bundestages; neben ihm der am
27. Oktober wiedergewählte Vorsitzende der
PDS-Bundestagsgruppe Gregor Gysi

**Paschke,** Karl-Theodor, Diplomat, *Berlin 12.11.1935. – Im Aug. ernannte UNO-GenSekr. GHALI den Leiter der Zentralabteilung des dt. Auswärtigen Amtes zum ersten Generalinspekteur der UNO. Seine Aufgabe besteht v.a. in einer wirksamen Kontrolle des Finanzgebarens, der Projekte und des Personals der UNO. P., im Range eines Untergeneralsekretärs, hat eine relativ starke Stellung, da Ernennung wie Entlassung durch den UNO-GenSekr. von der Vollversammlung bestätigt werden müssen. Er trat sein neues Amt am 1. Okt. an. P. studierte Jura und trat dann in den dt. diplomat. Dienst ein. Ab 1972 leitete er die Ausbildungsstätte für den diplomatischen Nachwuchs, 1980 wurde er Pressesprecher des Auswärtigen Amtes; 1984–86 war er Botschafter bei den Wiener UNO-Behörden, 1987–90 Gesandter in Washington. Danach leitete P. die Zentralabteilung im Auswärtigen Amt.

**Pauschalreiserecht:** Im April beschloß der Bundestag die Umsetzung der EG-Pauschalreiserichtlinie vom 13.6.1990. Damit sind Pauschalurlauber ab der Wintersaison 1994/95 besser gegen Zahlungsunfähigkeit und Konkurs der Reiseveranstalter geschützt. Die Regelungen traten am 1. Juli in Kraft, jedoch nur für solche Verträge, bei denen der Reiseantritt nach dem 31.10.1994 liegt. Kern der neuen Bestimmungen ist, daß Reiseveranstalter nur noch dann auf Vorauszahlung bestehen dürfen, wenn sie garantieren, daß bei Zahlungsunfähigkeit oder Konkurs der Reisepreis zurückgezahlt wird und der Rückflug gesichert ist. Der Kunde erhält dafür mit den Buchungsunterlagen einen sog. Sicherungsschein als Beleg. Im ersten Jahr stehen nach dem 31. Okt. für solche Fälle etwa 70 Mio. DM zur Verfügung, im zweiten Jahr soll die Summe auf 100, im dritten Jahr auf 150 Mio. DM steigen. Für die darauffolgende Zeit soll die Haftungshöchstsumme dann 200 Mio. DM betragen. Die Kosten für die Zusatzversicherung werden auf die Reisekunden umgelegt. Darüber hinaus wurde der Maximalbetrag für die Anzahlung bei der Buchung einer Pauschalreise ohne Sicherungsschein unter Beibehaltung der Grenze von 10% auf 500 DM festgesetzt.

**Pay-TV,** →Media Service GmbH, →Privatfernsehen.

**PDS,** Abk. für **P**artei des **D**emokratischen **S**ozialismus: Der Nachfolgeorganisation der SED gelang es, sich als ostdt. Regionalpartei zu etablieren. In vier Kommunalwahlen, der Europawahl sowie den Landtagswahlen in Sachsen-Anhalt, Brandenburg, Sachsen, Mecklenburg-Vorpommern und Thüringen ist die PDS 1994 in Ostdeutschland nach CDU und SPD eindeutig zur dritten polit. Kraft geworden. In rd. 12 000 Basisgruppen sind 131 000 Mitgl. organisiert. Eine ihrer Hochburgen bei der Bundestagswahl, bei der sie 30 Sitze erringen konnte, war Ost-Berlin. Durch ihre Wahlerfolge in den neuen Ländern gelangte die PDS dort in eine strategisch bedeutsame Position. Da sie auf Landesebene als nicht koalitionsfähig gilt, mußten die übrigen Parteien entweder große Koalitionen (Mecklenburg-Vorpommern, Thüringen) oder eine Minderheitsreg. (Sachsen-Anhalt) bilden.

**Peres,** Shimon, israel. Politiker, *Wotozyn (Weißrußland) 15.8.1923. – Gemeinsam mit dem Palästinenserführer JASIR ARAFAT und MinPräs. ITZHAK RABIN wurde der israel. Außenmin. P. am 8.12.1994 mit dem Friedensnobelpreis für 1994 ausgezeichnet.
P., der seit 1934 in Palästina lebt, arbeitete zunächst in der jüd. Verteidigungsorganisation Haganah, nach Gründung des Staates Israel im Verteidigungsministerium und war 1959–65 stellv. Verteidigungsminister. 1977 übernahm er die Führung der Arbeiterpartei und war kurzfristig MinPräs., ab Mai 1977 Oppositionsführer. 1984–86 erneut MinPräs., 1986–88 Außen- und 1989/90 Finanzmin., danach wieder Oppositionsführer, trat P. schon früh für einen israel.-jordan. Ausgleich ein, lehnte aber einen autonomen Palästinenserstaat ab. In den 1993 unter norweg. Vermittlung zustande gekommenen Geheimgesprächen mit der PLO ebnete er allerdings auf israel. Seite den Weg für die Autonomie des Gazastreifens und der Stadt Jericho.

**Pérez Balladares,** Ernesto, panamaischer Politiker (Partido Revolucionario Democrático, PRD), *1947. – P.B. gewann am 8. Mai die ersten freien Präsidentschaftswahlen und trat am 1. Sept. sein neues Amt an.
Nach einem in den USA absolvierten Wirtschafts- und Verwaltungsstudium, leitete P.B. 1971 die Citibank von Panama. General OMAR TORRIJOS, Gründer des PRD, ernannte ihn 1976 zum Finanzminister. In den 1980er Jahren arbeitete P.B. in versch. Funktionen für Militärmachthaber MANUEL A. NORIEGA. Allerdings distanzierte er sich mehr und mehr von NORIEGA und mußte schließlich sogar das Land verlassen. Nach der amerikan. Militärintervention 1989 und dem Sturz NORIEGAS kehrte P.B. zurück und gewann als Kandidat des PRD die ersten freien Wahlen seit rd. 25 Jahren. Angesichts der zersplitterten Opposition und aufgrund des Wahlrechts genügte ihm eine einfache Mehrheit von 33,3% der Stimmen.

**Perry,** William James, amerikan. Politiker, *Vandergrift (Pennsylvania) 11.10.1929. – Am

20. 1. 1994 ernannte Präs. CLINTON P. zum neuen Verteidigungsmin., eine Entscheidung, die auch republikan. Abgeordnete und Senatoren begrüßten. P. studierte Mathematik an der Stanford Univ. und promovierte 1957 an der Univ. von Pennsylvania. 1954–64 war er Direktor einer im Rüstungsbereich tätigen Elektronikfirma. 1967–77 techn. Berater des Verteidigungsministeriums, war er unter Präs. CARTER 1977–81 Staatssekretär für Forschung und Entwicklung. 1993 berief ihn Präs. CLINTON zum stellv. Verteidigungsminister. Im Dez. 1993 trat Verteidigungsmin. LES ASPIN zurück – er war u. a. an seiner Unfähigkeit gescheitert, beim Militär unpopuläre Beschlüsse wie Etatkürzungen und Standortschließungen durchzusetzen –, und CLINTON machte P. zu dessen Nachfolger.

Nachdem Bill Clinton am 24. Januar William Perry (rechts) zum neuen amerikanischen Verteidigungsminister nominiert hat, stellen sich die beiden Politiker den Fragen der Journalisten

## Peru

**Hauptstadt:** Lima
**Einwohner:** 22,9 Mio.
**Einwohner/km²:** 18
**Staatsoberhaupt:**
A. Fujimori
**Regierungschef:**
E. Goldenberg
(seit 21. 2. 1994)
**BSP/Einwohner:**
950 US-$

### Innenpolitische Ereignisse

Für erneutes Aufsehen sorgte die ›Affäre von La Cantuta‹, als am 4. Jan. elf Militärangehörige unter dem Verdacht festgenommen wurden, bei der Entführung und Ermordung von zehn Angehörigen der Univ. La Cantuta im Juli 1992 beteiligt gewesen zu sein. Peruan. Menschenrechtsgruppen hatten die Verhandlung vor einem Zivilgericht gefordert, Präs. ALBERTO FUJIMORI billigte jedoch am

12. Febr. das Kompetenzstreitgesetz und verwies damit den Prozeß an ein Militärgericht. Aus Empörung über diese Entscheidung trat MinPräs. ALFONSO BUSTAMENTE am 16. Febr. zurück; zum Nachfolger wurde EFRAÍN GOLDENBERG ernannt. Der am 18. Febr. eröffnete Prozeß endete am 21. Febr. mit langjährigen Haftstrafen für die meisten Angeklagten; der Oberbefehlshaber der Streitkräfte, NICOLÁS DE BARI HERMOZA RÍOS, der als Drahtzieher des Verbrechens galt, ging jedoch straffrei aus.

Am 31. Jan. trat die neue Verfassung in Kraft, die FUJIMORI die erneute Kandidatur bei den für April 1995 angesetzten Wahlen erlaubt. Das Anfang Aug. verabschiedete Wahlgesetz, das seiner Frau SUSANA HIGUCHI als Familienmitgl. eine Bewerbung um das Amt des Präs. untersagt, löste eine Krise aus: Die First Lady zog zeitweilig aus dem Präsidentenpalast aus. Ihre Kampagne gegen die Korruption und ihre Kritik an der Regierungspolitik ließen neben dem öffentlich ausgetragenen Ehekrach auch polit. Differenzen des Präsidentenpaares erkennen.

### Weniger Terror durch den Sendero Luminoso

Mitte April begann die peruan. Armee mit einer neuen Offensive gegen die in ein gemäßigteres, gesprächsbereites und ein radikales Lager gespaltene Terrororganisation Sendero Luminoso (SL), der die Reg. im Juli ein Ultimatum bis Anfang Nov. stellte; bis dahin legten angeblich 6 000 Guerilleros die Waffen nieder. Die Leichen von mind. tausend Ashaninka-Indianern wurden Ende Aug. entdeckt – einer der größten Völkermorde der letzten Jahrzehnte, für den der SL verantwortlich gemacht wurde.

Die merkl. Abnahme des Terrors ließ die Auslandsinvestitionen spürbar ansteigen. Gute Ergebnisse in der Fischerei, der Bauwirtschaft und der verarbeitenden Industrie sorgten dafür, daß das 1993 erzielte Wirtschaftswachstum von 7,1 % weiter ausgebaut werden konnte. Die Privatisierung staatl. Betriebe konnte vorangebracht werden. Anfang April kehrte P. in den Andenpakt zurück, nachdem die Zusammenarbeit mit dem Wirtschaftsbündnis seit dem Staatsstreich von 1992 unterbrochen war.

**Pest:** Im Spätsommer wurde Indien von einer P.-Epidemie erfaßt, die sich vermutlich von der Stadt Latur, 350 km südöstlich von Bombay, rasch großräumig ausbreitete. Bis Anfang Okt. starben offiziellen Angaben zufolge 55 Menschen an Beulen- oder Lungenpest, 234 Personen waren nachweislich mit dem Pesterreger, dem Bakterium Yersinia pestis infiziert. Der Pesterreger lebt im Blut von Nagetieren und wird über Flohbisse auf den Menschen übertragen. Am 25. Okt. erklärte die Weltgesundheitsorganisation (WHO) schließlich, es bestehe keine Gefährdung durch die P. mehr. Ein Jahr zuvor hatte ein schweres Erdbeben die Region von Latur erschüttert, bei dem mehr als 10 000 Menschen starben und rd. 23 000 Häuser zerstört wurden. Internat. Fachleute und ind. Ärzte sehen zw. beiden Ereignissen einen direkten Zusammenhang. Sie machen die ind. Behörden für den Ausbruch der P. verantwortlich, da diese es versäumten, die Rattenplage in dem vom Erdbeben betroffenen Gebiet einzudämmen. Die Ausbreitung der Seuche wurde zudem durch die einsetzende Massenflucht der Bevölkerung aus den betroffenen Gebieten in andere Regionen Indiens begünstigt. – Nach Angaben der WHO traten von 1978 bis 1992 14 856 Pestfälle in insgesamt 21 Ländern auf, 1 451 Menschen starben in diesem Zeitraum an Pest.

**Pflegeversicherung:** Nach langem Tauziehen einigten sich am 10. März 1994 die Parteien der Regierungskoalition und die SPD auf einen Kompromiß in der Frage der P., im April verabschiedeten Bundestag und Bundesrat das entsprechende Gesetz. Als fünfte Säule der Sozialversicherung soll die am 1. 1. 1995 in Kraft getretene P. das finanzielle Risiko bei Pflegebedürftigkeit absichern helfen und die als ›Pflegenotstand‹ bezeichnete unzureichende Versorgung pflegebedürftiger Personen verbessern. Als pflegebedürftig galten 1994 rd. 1,7 Mio. Menschen, von denen 450 000 stationär versorgt werden mußten.

Über die Notwendigkeit der Absicherung des Pflegerisikos bestand unter den wichtigsten polit. Gruppierungen und in breiten Kreisen der Bevölkerung weitgehend Einigkeit. Umstritten waren jedoch Form und Finanzierung der P. Die FDP und die Interessenverbände der privaten Wirtschaft hatten zunächst ein privatwirtschaftl. Kapitaldeckungsmodell favorisiert. Konservativen Kritikern des Sozialstaats zufolge schwächt die Einführung der gesetzl. P. die Bereitschaft zur Pflege in der Familie und fördert die Abschiebung von Pflegefällen in anonyme Versorgungseinrichtungen. Auch wird befürchtet, daß aufgrund der zunehmenden Alterung der Gesellschaft die P. finanziell bald überlastet sein wird oder durch substantielle Beitragserhöhungen funktionsfähig gehalten werden muß. Hingegen sind den Wohlfahrtsverbänden zufolge die Leistungen der P. zu niedrig angesetzt. Gegen die P. wurden mittlerweile familienpolitisch begründete Verfassungsbeschwerden erhoben (→Familienpolitik).

Das Gesetz zur P. sieht unter dem Dach der gesetzl. Krankenversicherung die Errichtung einer im Umlageverfahren zu finanzierenden **sozialen P.** mit Versicherungspflicht für die Mitgl. der gesetzl. Krankenversicherung vor. Beitragsfrei mitversichert sind unterhaltsberechtigte Kinder und Ehepartner, deren monatliches Einkommen unter der Geringfügigkeitsgrenze liegt (1994: 560 DM in den alten und 440 DM in den neuen Ländern). Für freiwillig Versicherte der gesetzl. Krankenversicherung gilt die Pflicht zur P. mit zeitlich befristetem Wahlrecht auf Beitritt zu einer **privaten Pflegeversicherung.** Versicherte der privaten Krankenversicherungen haben eine private P. abzuschließen, genießen aber Beitrittsrecht zur sozialen Pflegeversicherung. Die P. der Beamten wird über die Beihilfe und die Verpflichtung zur ergänzenden privaten Versicherung gegen Pflegerisiken abgewickelt.

Vor dem Kieler Landtag protestieren die Gemeinden der Nordelbischen Kirche am 12. Oktober gegen den Beschluß der schleswigholsteinischen Landesregierung, den Buß- und Bettag zur Finanzierung des Arbeitgeberanteils an der Pflegeversicherung abzuschaffen

Die P. wird in drei Schritten eingeführt. Am 1. 1. 1995 beginnen die Mitgliedschaft und die Beitragserhebung. Ab 1. 4. 1995 werden Leistungen zur häusl. Pflege gewährt. Am 1. 7. 1996 kommen die Leistungen für stationäre Pflege hinzu. Der Beitrag wird ab 1. 1. 1995 zunächst auf 1%, mit Einsetzen der 3. Stufe ab 1. 7. 1996 auf 1,7% des Bruttoeinkommens eines Arbeitnehmers bis zur Beitragsbemessungsgrenze der gesetzl. Krankenversicherung (5 700 DM in den alten Ländern, 4 425 DM in den neuen Bundesländern) festgesetzt. Die Beiträge werden je zur Hälfte vom Arbeitnehmer und vom Arbeitgeber (im Falle der Altersrentner zur Hälfte von den Rentnern und der jeweiligen Rentenanstalt) bezahlt, doch werden die Arbeitgeberkosten zur Entlastung der Wirtschaft voll kompensiert. Hierzu wurde festgelegt, daß die Bundesländer im Zusammenhang mit der 1. Stufe der P. einen gesetzl. Wochenfeiertag streichen oder, wo dies nicht geschieht, die Arbeitnehmer den gesamten Beitrag übernehmen. Die meisten Bundesländer entschieden sich für die Streichung des Buß- und Bettages von 1995 an, Baden-Württemberg schaffte den Pfingstmontag ab; lediglich Sachsen behält alle Feiertage bei. Ob zur weiteren Kompensation in der 2. Stufe der P. die Abschaffung eines weiteren Feiertags notwendig ist, soll im Laufe des Jahres 1995 ein Sachverständigenrat prüfen.

Die Pflegebedürftigen werden in drei Pflegestufen eingeteilt, die Höhe der häusl. Pflegeleistungen richtet sich nach der jeweiligen Pflegestufe. Dabei steht dem Pflegebedürftigen ein Wahlrecht zw. der Sachleistung (Leistung für eine durch einen Vertragspartner der Pflegekasse gestellte häusl. Pflegehilfe) und der Geldleistung (›Pflegegeld‹ zur Finanzierung einer selbstbeschafften Pflegekraft) zu, eine Kombination aus beidem ist möglich. ›Erheblich Pflegebedürftige‹ (Stufe I) erhalten monatlich 750 DM Sachleistung oder 400 DM Geldleistung, ›Schwerpflegebedürftige‹ (Stufe II) 1 800 oder 800 DM, ›Schwerstpflegebedürftige‹ (Stufe III) 2 800 oder 1 300 DM; in Stufe III kann in bes. Härtefällen bis zu 3 750 DM gewährt werden. Bei der 1996 einsetzenden stationären Pflege beträgt die Höhe der monatl. Geldleistungen maximal 2 800 DM, für Schwerstpflegebedürftige stehen zur Vermeidung von Härtefällen bis zu 3 300 DM zur Verfügung.

## Philippinen

**Hauptstadt:** Manila
**Einwohner:** 66,5 Mio.
**Einwohner/km²:** 222
**Staatsoberhaupt:**
F. Ramos
**Regierungschef:**
F. Ramos
**BSP/Einwohner:**
770 US-$

### Wirtschaftskurs stimmt optimistisch

Zur wirtschaftl. Erholung, die sich 1994 abzeichnete, trug wesentlich der Ausbau des Energiesektors und der Verkehrswege bei. Die Fortführung der Privatisierung von staatl. Unternehmen und Unternehmensanteilen sowie steuergesetzl. Maßnahmen zur Erhöhung der Staatseinnahmen waren Teil der Bedingungen für einen mittelfristigen Kredit durch den Internat. Währungsfonds (IWF). Die Durchführung des Gesetzes, das eine Ausdehnung der Mehrwertsteuer auch auf Dienstleistungen vorsah und heftige Proteste beim Mittelstand und bei den Reichen des Landes hervorrief, wurde vom Obersten Gerichtshof blockiert.

### Innen- und Außenpolitik

Nach Wiedereinführung der Todesstrafe zu Beginn des Jahres wurde im April erstmalig ein Todesurteil wegen Raubs und Vergewaltigung verhängt. Menschenrechtsorganisationen klagten beim Obersten Gerichtshof auf Überprüfung der Verfassungsmäßigkeit der Todesstrafe; sie begründeten dies u.a. mit der weitverbreiteten Korruption in Justiz- und Polizeibehörden sowie der Klassenjustiz.
Internat. Aufmerksamkeit erregte eine Menschenrechtskonferenz zu Ost-Timor (→Indonesien) Ende Mai. Aus Furcht vor Wirtschaftssanktionen durch die indones. Reg. versuchte die philippin. Reg., die Konferenz zu verhindern. Nachdem der Oberste Gerichtshof der P. ein Konferenzverbot kurz vor deren Beginn aufgehoben hatte, wurde jedoch zahlreichen prominenten ausländ. Delegierten die Einreise verweigert. Indonesien reagierte mit der Absage einer gemeinsamen Wirtschaftskonferenz. Auch eine weitere Runde der in Jakarta anberaumten Friedensgespräche zw. der philippin. Reg. und der separatistischen muslim. Moro National Liberation Front (MNLF), bei der Indonesien als Gastgeber und Vermittler fungieren sollte, wurde verschoben. Im Rahmen einer Europareise besuchte Präs. Ramos im Sept. auch Deutschland.

**Photonik,** neuere techn. Disziplin, die sich mit der Übertragung und Speicherung von Information durch Licht beschäftigt. Die P. gilt als eine Schlüsseltechnologie der Zukunft und konkurriert in Teilbereichen mit der Halbleiterelektronik. Da Photonen (Lichtteilchen) anders als Elektronen wechselwirken, können sehr kleine Strukturen und opt. Leitungen von hoher Dichte realisiert werden. Die Informationsübertragung erfolgt dabei mit Lichtgeschwindigkeit. Zu den klass. Halbleitermaterialien, die außer in der Mikroelektronik auch in der Optoelektronik eine Rolle spielen, tritt zunehmend die NLO-Polymertechnologie: Die nichtlinearen opt. (NLO) Eigenschaften mancher Kunststoffe eröffnen neue Möglichkeiten etwa für sehr schnelle opt. Schalter mit geringer Verlustleistung und hoher Miniaturisierbarkeit.
Unter Marktgesichtspunkten erhält die P. gegenwärtig ihre wesentl. Impulse durch die Glasfaserkommunikation, die zunehmend auch Computer zu

Während einer Demonstration gegen das Regierungsprogramm zur Geburtenkontrolle am 14. August in Manila, an der über 500 000 Menschen teilnehmen, verbrennt Kardinal Jaime Sin pornographische Schriften. Links im Bild die ehemalige philippinische Präsidentin Corazon Aquino

271

An den Feierlichkeiten zum 50. Jahrestag des Warschauer Aufstands nehmen am 1. August (von links) John Major, Roman Herzog, Lech Wałęsa und Al Gore teil

zur Verfügung stehenden Bauteilen und fallenden Preisen werden dann auch opt. Bussysteme und die Verbindung von Peripheriegeräten im Nahbereich zur interessanten Alternative. In kleinen Dimensionen reicht das bis zur opt. Verknüpfung von Chips auf Leiterplatten. Ein Vorzug der NLO-Polymere besteht darin, daß sie mit der eingespielten Halbleitertechnik kompatibel sind. Zudem lassen sie sich günstig verarbeiten und in die etablierte Fertigung integrieren.

**PLO,** Abk. für **P**alestine **L**iberation **O**rganization, Palästinensische Befreiungsorganisation: Die PLO und Israel führten ungeachtet blutiger Anschläge militanter israel. Nationalisten und palästinens. Fundamentalisten die Verhandlungen zur Umsetzung des →Gaza-Jericho-Abkommen enthaltenen Autonomieplans weiter und unterzeichneten am 4. Mai in Kairo ein auf fünf Jahre befristetes Teilabkommen über die prakt. Modalitäten des Übergangs zur Selbstverwaltung. Es wurde von einer Reihe prominenter Palästinenser aus den betroffenen Gebieten heftig abgelehnt, da alle israel. Staatsbürger und Siedlungen in den Gebieten sowie die allg. Sicherheit, die Verteidigung und die Außenbeziehungen nicht der palästinens. Kompetenz unterliegen.
Der Ende Mai von JASIR ARAFAT berufene, unter seiner Leitung stehende 24köpfige Palästinens. Autonomierat übernahm in den Bereichen Bildung und Kultur, Gesundheit, direkte Besteuerung, Tourismus und soziale Fürsorge die innere Verwaltungshoheit. Gleichzeitig wurde auch mit der Stationierung der ersten Einheiten der palästinens. Polizei begonnen. Die am 29. Aug. vereinbarte Ausdehnung der begrenzten Autonomie auch auf die noch israelisch besetzten Gebiete trat im Nov. in Kraft.
Die Lage in den autonomen Gebieten blieb explosiv, zumal es ARAFAT bisher nicht gelang, die nötigen Verwaltungsstrukturen aufzubauen und die Lebensverhältnisse eindeutig zu bessern. Hauptgegner der palästinens. Behörden sind die Extremisten

der fundamentalist. Organisationen Hamas und Dschihad, die mit blutigem Terror (Attentate, Geiselnahmen) und der Mobilisierung Tausender Anhänger zu meist gewalttätigen Protesten versuchen, den Friedensprozeß zu torpedieren. Im Nov. eskalierte die Situation im Gazastreifen zu bürgerkriegsähnl. Auseinandersetzungen zw. palästinens. Sicherheitsbehörden und Fundamentalisten, bei denen mindestens elf Menschen starben.
**Plutoniumschmuggel,** →Nuklearkriminalität.

## Polen

**Hauptstadt:** Warschau
**Einwohner:** 38,5 Mio.
**Einwohner/km²:** 119
**Staatsoberhaupt:** L. Wałęsa
**Regierungschef:** W. Pawlak
**BSP/Einwohner:** 1 960 US-$

### Stabilisierte Wirtschaftslage

Die seit 1992 sichtbaren Wachstumsprozesse setzten sich 1994 fort. Das Bruttoinlandsprodukt (BIP) wuchs 1994 um 4,5 % (1993: 4 %). Die Inflationsrate sank auf 29 % ab (1993: 36 %), das Handelsbilanzdefizit verringerte sich von 1,8 Mrd. US-$ 1993 auf nur noch 1,3 Mrd. Das Budgetdefizit erreichte 4 % des BIP. Weiter gestiegen ist die Arbeitslosigkeit (1993: 17 %). Das Umschuldungsabkommen zw. der Reg. und dem Londoner Club der 425 privaten Gläubigerbanken vom 14. Sept. wurde als Zeichen wachsenden Vertrauens in die Reformpolitik gewertet.

### Innenpolitik im Zeichen des Koalitionsstreits

Die im Okt. 1993 auf Grundlage einer Koalition aus SLD (Allianz der demokrat. Linken) und PSL (Poln. Bauernpartei) gebildete Reg. unter MinPräs. WALDEMAR PAWLAK (PSL) erlebte bereits zu Jahresbeginn 1994 eine erste Krise. Wegen Uneinigkeit über den finanz- und wirtschaftspolit. Kurs trat Finanzmin. MAREK BOROWSKI (SLD) zurück. Während PAWLAKS Bauernpartei im Staatshaushalt für das Jahr 1994 die Sozialausgaben über das von BOROWSKI angestrebte Maß erhöhen wollte, vertrat dieser die Auffassung, man müsse das Budgetdefizit durch einen strikten Reform- und Sparkurs begrenzen. Zwar wurde nach dreimonatiger Vakanz mit G. KOŁODKO ein anderer reformorientierter Finanzmin. gefunden; dieser stieß jedoch mit seinem auf mehrere Jahre angelegten Reformprogramm unter dem Titel ›Strategie für P.‹ und dem Massenprivatisierungsprogramm (PPP) für 1994 auf den Widerstand der auf Protektionismus,

Staatsintervention und Subvention setzenden Bauernpartei. Auf Betreiben der PSL wurde die auf Dezentralisierung angelegte Verwaltungsreform fast völlig gestoppt. Auch das innerhalb der Koalition strittige, von der früheren Reg. unter MinPräs. HANNA SUCHOCKA ausgehandelte Konkordat, das eine enge Zusammenarbeit von Staat und Kirche vorsieht, führte im Sommer 1994 zu einer Eskalation der gegenseitigen Vorwürfe. Um die noch ausstehende Ratifizierung des Konkordats zu ermöglichen, gingen die kath. Kirche und die Regierungsparteien, insbes. die laizist. SLD, aufeinander zu. Die Liberalisierung der Abtreibungsgesetzgebung, die sowohl Regierungs- als auch Oppositionsparteien spaltete, scheiterte im Sept. am Veto des Präs., das nicht durch eine Zweidrittelmehrheit im Sejm aufgehoben werden konnte.

Die stärkste Oppositionspartei im Parlament, die Demokrat. Union (UD) unter HANNA SUCHOCKA, fusionierte im April 1994 mit dem bei den letzten Wahlen an der 5%-Hürde gescheiterten Liberal-Demokrat. Kongreß (KLD) des ehem. MinPräs. JAN KRZYSZTOF BIELECKI zur Union der Freiheit (UW) als neue Gruppierung des polit. Zentrums. Bei den Gemeinderatswahlen im Juni gelangen der UW erste Erfolge.

Die seit Jahren schwelende Krise im Machtgefüge zw. dem Staatspräs. einerseits sowie Reg. und Parlament andererseits setzte sich fort und erreichte im Okt. einen neuen Höhepunkt. Nachdem Präs. LECH WAŁĘSA zwei Mitgl. des Rundfunk- und Fernsehrates abberufen und Verteidigungsmin. KOŁODZIEJCZYK zum Rücktritt gedrängt hatte, forderte der Sejm den Präs. in einem Antrag dazu auf, künftig alles zu unterlassen, was zu einer Staatskrise führen könnte.

Eng verbunden mit den Auseinandersetzungen um die Kompetenzen des Präs. blieb die Diskussion um die noch zu beschließende neue Verfassung des Landes. Dem Verfassungsausschuß unter dem sozialdemokrat. Politiker ALEKSANDER KWAŚNIEWSKI wurden sieben Entwürfe vorgelegt, in denen sehr unterschiedl. Staatsauffassungen zum Ausdruck kommen. Kernpunkt des Verfassungsstreits blieb die Frage, ob P. – wie von WAŁĘSA gewünscht – dem Modell eines Präsidialsystems folgen oder dem Parlament und Reg. das Schwergewicht einräumen soll.

## Außenpolitik im Zeichen der Anlehnung an den Westen

Das strateg. Ziel der vollständigen Westintegration und der Förderung gutnachbarschaftl. Beziehungen mit den östl. Nachbarn (Litauen, Rußland, Ukraine) wurde 1994 weiterverfolgt. Am 1. Febr. trat der Assoziationsvertrag mit der EU in Kraft. Einen Tag darauf unterzeichnete P. das Rahmendokument des NATO-Programms ›Partnerschaft für den Frieden‹. Am 8. April stellte das Land den EU-Beitrittsantrag, am 9. Mai wurde es ›assoziierter Partner‹ der WEU. Mit Litauen kam es am 26. April zur Unterzeichnung eines Vertrages über Freundschaft und Zusammenarbeit.

**Political correctness,** Abk. **PC,** in den 90er Jahren in den USA geprägter Begriff, mit dem kulturelle und soziale Gleichberechtigung und Nichtdiskriminierung, insbes. von Frauen, Minderheiten und anderen benachteiligten Gruppen, eingefordert wird. Ausgangspunkt waren Auseinandersetzungen in den allgemeinbildenden Abteilungen der Colleges, in denen es seit Jahrzehnten Pflichtkurse in ›westl.‹ (sprich weißer und männl.) Kultur und Literatur gab, gegen die und deren Vertreter (polemisch als ›dead white males‹ bezeichnet) nun Afro-American-Studies, feminist. Studien usw. gesetzt wurden. Dem folgte ein Begriffskrieg, in dem eine Vielzahl von Bezeichnungen angeprangert und durch neue ersetzt wurden: Statt von Schwarzen sei von ›Afro-Amerikanern‹ zu sprechen, Indianer sollen ›Native Americans‹ heißen, Behinderte sollen als ›Physically Challenged‹ bezeichnet werden. Kritiker sprechen von einer Bewegung zur totalen sprachl. Uniformierung, die sich an die puritan. Traditionen des moral. Rigorismus anschließe.

In Großbritannien hat PC aufgrund der sprachlich leicht vermittelbaren amerikan. Einflüsse große Bedeutung gewonnen, während sie im übrigen Europa eher auf Unverständnis stieß.

**Port-Bou:** Am 15. Mai wurde die Installation ›Passagen‹ des israel. Künstlers DANI KARAVAN zur Erinnerung an WALTER BENJAMIN und die europ. Exilierten der Jahre 1933–45 der span. Gemeinde Port-Bou und der Öffentlichkeit übergeben. Der dt.-jüd. Philosoph hatte im Sept. 1940 in dem Pyrenäengrenzort Selbstmord begangen, weil er die Abschiebung nach Frankreich und die Auslieferung an die Gestapo fürchtete. KARAVANS begehbares Monument besteht aus einem teilweise nach oben geöffneten stählernen Schacht mit Treppenstufen. Durch eine Glastafel mit einem Benjamin-Zitat zum ›Gedächtnis der Namenlosen‹ wird am Ende des Weges der Blick auf die Steilküste frei. 1989 hatte Bundespräs. VON WEIZSÄCKER angeregt, zum 50. Todestag BENJAMINS eine Gedenkstätte zu errichten, die vom Bund finanziert werden sollte. Nachdem im Bundestag die Zusage für das auf knapp 1 Mio. DM veranschlagte Karavan-Projekt gescheitert war, konnte das Vorhaben jedoch ab 1993 mit Hilfe der Bundesländer verwirklicht werden.

## Portugal

**Hauptstadt:** Lissabon
**Einwohner:** 9,9 Mio.
**Einwohner/km²:** 107
**Staatsoberhaupt:** M. Soares
**Regierungschef:** A. Cavaco Silva
**BSP/Einwohner:** 7450 US-$

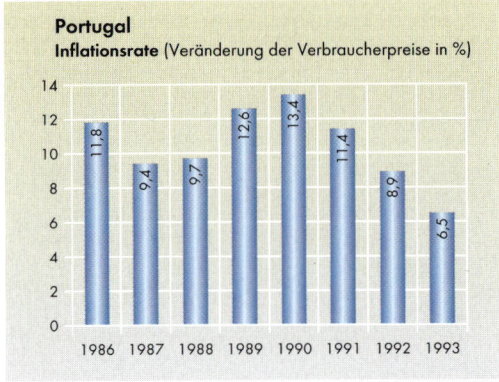

**Portugal**
Inflationsrate (Veränderung der Verbraucherpreise in %)

### Wirtschaft im Wandel

Rezession und Strukturwandel hinterließen auch in der seit einigen Jahren sich im Aufwärtstrend befindl. Wirtschaft von P. deutl. Spuren. So konnte der Anstieg der Arbeitslosenquote, die (1992) 4% und 1993 noch weniger als 6% betragen hatte, nicht verhindert werden.

Die Reg. mußte bei ihrem ehrgeizigen Privatisierungsprogramm, das 1994 in erster Linie staatl. Unternehmen aus dem Banken-, dem Versicherungs- und dem Transportsektor umfaßte, einige Rückschläge hinnehmen. Dennoch verlieh die Reg. ANÍBAL CAVACO SILVAS ihren Privatisierungsabsichten Nachdruck, indem sie die Beschränkungen für kaufwillige Ausländer merklich lockerte. Zudem wurde die generelle Beteiligungshöchstgrenze von 10% auf 20% heraufgesetzt. Die Gewerkschaften und der Nat. Unternehmerverband hingegen protestierten gegen die sich anbahnende vollständige Liberalisierung des Kapitalmarktes, weil sie den ›Ausverkauf von P.‹ befürchteten.

### Innen- und Außenpolitik

Am 10. Febr. unterzeichneten sieben portugiesischsprachige Länder (Portugal, Brasilien, Angola, Moçambique, Guinea-Bissau, Kap Verde und São Tomé e Príncipe) in der brasilian. Hauptstadt eine Absichtserklärung zur Gründung einer ›Gemeinschaft lusophoner Staaten‹. Geplant ist ein lockerer Zusammenschluß mit dem Ziel, auf kultureller, sozialer und wirtschaftl. Ebene zusammenzuarbeiten, wobei bestehende internat. Verpflichtungen der jeweiligen Länder unberührt bleiben.

Staatspräs. MÁRIO SOARES verfolgte weiterhin seine europafreundliche Integrationspolitik und sprach in diesem Zusammenhang wiederholt von einem Bundesstaat Europa, den es anzustreben gelte. Der aus dem Partido Socialista (PS) stammende SOARES mußte dafür nicht nur von den Kommunisten und den Nationalkonservativen harsche Kritik einstecken. Auch in Kreisen des Partido Social Democrático (PSD) des MinPräs. CAVACO SILVA wurde SOARES vorgehalten, seine Europapolitik impliziere die vollständige Aufgabe der Souveränität. Bei der Europawahl am 12. Juni lie-

ferten sich PS (37,79%, 10 Sitze) und PSD (34,36%, 9 Sitze) ein Kopf-an-Kopf-Rennen; das Demokrat. und Soziale Zentrum (12,48%) sowie das Bündnis aus Kommunisten und Grünen (11,2%) entsenden jeweils drei Abgeordnete ins Europ. Parlament. Nur ein gutes Drittel der Wahlberechtigten machte von seinem Stimmrecht Gebrauch.

Das innenpolit. Geschehen P.s war zunehmend von der im Herbst 1995 anstehenden Parlamentswahl geprägt. Die Spekulationen um Personalfragen hatten schon mit den Kommunalwahlen im Dez. 1993 begonnen, die CAVACO SILVA mit seinem PSD ohne die vorhergesagten großen Verluste überstanden hatte.

**Postreform II,** die im Juli vom Bundesrat beschlossene und für den 1. 1. 1995 vorgesehene Umwandlung der bislang in Behördenform geführten Postunternehmen – Postdienst (Gelbe Post), Telekom und Postbank – in Aktiengesellschaften. Dabei soll eine neu zu errichtende Bundesanstalt als hoheitl. Holding die Anteile an den operativen Unternehmen erwerben, halten oder veräußern. Als erste der Aktiengesellschaften soll die Telekom am Kapitalmarkt eingeführt werden. Das Reformpaket, das neben dem Postneuordnungsgesetz auch eine Änderung des Grundgesetzes umfaßte, ist v. a. als Ergänzung zur ersten Postreform aus dem Jahre 1989 zu verstehen und soll den Spielraum der Unternehmen, insbes. der Telekom, im Hinblick auf den internat. Wettbewerb ausweiten.

Aus Protest gegen die Postreform wird ab 11. Juni die Bearbeitung der Briefe bestreikt

Während der Beratungen der Reform auf polit. Ebene kam es zu ausgedehnten Streikaktionen der Postbeschäftigten, die sich gegen die Privatisierungspolitik wandten und sich v. a. für den Erhalt der Sozialleistungen einsetzten.

**Primzahl:** Die bislang größte P. wurde auf einem Supercomputer des amerikan. Unternehmens Cray Research Inc. (Minnesota) berechnet. Es ist die Zahl $2^{859433}-1$ vom Typ der Mersenne-Zahlen, in

Dezimalschreibweise hat sie 258 716 Stellen. Der frühere Rekordhalter besaß 227 832 Dezimalstellen.

**Privatfernsehen:** Der Trend zu den privaten Fernsehanstalten hielt, insbes. in der Gruppe der jüngeren Zuschauer unter 30 Jahren, auch 1994 weiterhin an. Wie 1993 war RTL mit einem Marktanteil von 18,4% der erfolgreichste Sender – noch vor ZDF (16,8%) und ARD (16,4%); es folgten SAT 1 (14,1%), PRO 7 (9,7%) und RTL 2 (3,5%). Nach Ansicht von Medienexperten ist der Markt für werbefinanzierte Vollprogramme allmählich gesättigt; auch im Hinblick auf das künftige digitale und interaktive Fernsehen, das die Ausstrahlung von bis zu 500 Kanälen ermöglicht und eine revolutionäre Veränderung der Fernsehkultur bringen wird, hätten deshalb neu zu gründende Sender nur eine Chance als Pay-TV oder Spartenprogramm bzw. in Kombination beider Formen. Auf Sendung gehen wollen deshalb 1994/95 zwei sich an ältere Zuschauer richtende Programme, Sun TV und Kanal 2, zwei kinder- und familienorientierte Programme, Super RTL und Premiere 2, ferner die Dienstleistungsprogramme ZAP-TV, Reise-TV, Wetter-TV und zwei Teleshopping-Kanäle der Versandhäuser Otto und Quelle.

## PRIVATFERNSEHEN

### Zehn Jahre privates Fernsehen in der Bundesrepublik

Im ›Schicksalsjahr‹ 1984 begannen in der Bundesrepublik Deutschland zwei private Anbieter – RTL plus und SAT 1 – mit der Ausstrahlung von Fernsehprogrammen. Heute, zehn Jahre später, beschweren sich v. a. konservative Politiker über zu viel Sex & Crime auf der Mattscheibe: Es sind dieselben Politiker, die seinerzeit durch die Frequenzfreigabe dem Privatfernsehen den Boden bereitet hatten. Man wollte damals den Linksintellektuellen in den öffentlich-rechtlichen Anstalten botmäßige Programm-Macher entgegenstellen und so die über das Fernsehen verbreitete öffentliche Meinung nach rechts auffächern. Erreicht wurde, daß Fernsehen ganz wie in den meisten anderen europäischen Ländern (und in Amerika seit jeher) zu einer Werbetrommel wurde. War es in der Bundesrepublik einst ein Unterhaltungsmedium mit starken pädagogisch-aufklärerischen Tendenzen gewesen, das nebenbei auch Werbung sendete, ist es heute, da ›die Privaten‹ zu Marktführern aufgestiegen sind, eine Apparatur zum Verkauf von Waren, die nebenbei Programm macht. Es ist Unterhaltungsmedium geblieben und immer noch für schnelle, anschauliche Information gut. Aber ›Kultur‹ findet nur noch am Rande statt – auf spezialisierten und subventionierten Kanälen (›arte‹) bzw. in den Nachtstunden bei den öffentlich-rechtlichen Sendern ARD und ZDF (oder bei RTL unter ALEXANDER KLUGES Firma DCTP); die Prime time gehört der Werbung und der Unterhaltung.

### Fernsehen und politischer Einfluß

Daß das an Werbekunden, Werbeumfeld und Zuschauerquoten orientierte ›Vollprogramm‹ der Kommerzsender im Meinungs- und Informationsbereich konservativ ausgerichtet ist, wie die Befürworter des Privatfernsehens einstmals hofften, läßt sich kaum nachweisen; in Magazinen und Nachrichtensendungen gibt es sehr wohl politische Pluralität. Was man beobachten kann, ist ein schwindendes Interesse an Politik überhaupt – aber das betrifft nicht nur das Fernsehen, auch in anderen Medien reichern sich politische Themen immer stärker mit persönlichen Aspekten an – das, was in den 60er und 70er Jahren Analyse hieß, ist lange schon ›out‹. Eine ältere Vermutung besagt: Wo nicht von Politik geredet wird, gewinnt der Konservatismus. Ob das heute noch triftig ist, muß offenbleiben. So viel aber läßt sich festhalten: Der Plan der an die Regierungsmacht zurückgekehrten CDU, sich mit privaten Fernsehsendern eine leicht zugängliche Einflußzone zu schaffen, konnte sich so nicht realisieren lassen. Vielmehr hat das Medium Fernsehen durch die werbefinanzierten Sender und durch den von ihnen ausgehenden Konkurrenzdruck auf die gebührenfinanzierten Anstalten erheblich an Ausstrahlung und Überzeugungskraft verloren. Es ist banal geworden.

Die privaten Fernsehsender sind eher apolitisch als rechts, auch wenn im Wahljahr 1994 HELMUT KOHL in SAT 1 kostenlos für sich werben durfte und die Hauptgesellschafter dieses Senders, LEO KIRCH und der Axel Springer Verlag, auf der politischen Rechten zu finden sind. Als Propagandamittel war Fernsehen während der Zeit des öffentlich-rechtlichen Monopols, in der das gesprochene Wort auch im Fernsehen noch etwas galt, wahrscheinlich brauchbarer. Auch wurde ja damals keineswegs nur sozialdemokratisch oder gar systemverändernd in den Kommentaren und Talk-Shows Position bezogen – die berühmte Ausgewogenheit war schon durch den Parteienproporz in den Anstalten annähernd erreicht. Nein, die Zulassung des Privatfernsehens hat bewirkt, daß Politik als Debatte, Streit, Kampf, Analyse und Bericht statt eine führende Rolle, wie vor 1984, nur noch eine Neben-

Die Autorin:
Barbara Sichtermann, geb. 1943. Publizistin, lebt in Berlin. Sie ist ständige Fernsehkritikerin der Wochenzeitung ›Die Zeit‹

rolle spielt. Das von den Verkaufsinteressen der Werbekunden – statt, wie vordem, vom Aufklärungs- und Mitteilungsinteresse der Redaktionen – bestimmte Programm will es so. Wenn Sender, um sich zu finanzieren, den Produzenten von Duschgels, Windeln, Personenwagen und Tiefkühlpizzen teure Werbesekunden verkaufen wollen, müssen sie ihre Werbekunden davon überzeugen, daß ein kaufwilliges Publikum mit Interesse für Duschgels, Windeln usw. in einer gleichsam kommerziellen Stimmung vor den Geräten sitzt. Das Werbeumfeld darf nicht bedrückend, nachdenklich stimmend oder sonst allzu quer zu den Werbespots gelagert sein. Das ist der Zusammenhang, und er ist ehern.

### Verzicht auf Qualitätsfernsehen?

Bedeutet das nun, daß wir keine interessanten und anspruchsvollen Sendungen mehr haben, daß das Qualitätsfernsehen abdankt? Nein, vorderhand verlangt die Rundfunkverfassung von den gebührenfinanzierten Sendern, daß sie einen bestimmten Programmauftrag erfüllen: jedem etwas bringen, auch den Minderheiten, auch den an Politik und Kultur Interessierten. Da ARD und ZDF nur in der Vorabendzeit werben dürfen, bleibt bei ihnen die Prime time und die Nacht vom ›Umfeld‹-Zwang verschont. Sie können anspruchsvolle und schwierige Beiträge liefern, ohne durch Werbe-Einbußen dafür zahlen zu müssen. Lange Zeit haben die öffentlich-rechtlichen Anstalten geglaubt, die New-comer auf

deren eigenem Terrain schlagen zu können, und mit allem gepowert, was die langjährige Erfahrung auch sie auf dem Gebiet der trivialen Unterhaltung – Game-Shows, Talk-Shows, Sport, Volksmusik, Krimis, Melodramen, Glamour-Shows – gelehrt hatte; von der Kritik wurde dies als ›Anpassung nach unten‹, an ein Niveau, das die Privaten viel skrupelloser und deshalb auch besser bedienen, gerügt. Zu Recht. Denn als sich nach verlorener Schlacht die großen Anstalten wie WDR und ZDF auf ihre uneinholbaren Stärken, Information, politische Hintergrundberichte, teure, interessante Mehrteiler, besannen, zeigte sich, daß die Zuschauer dankbar zurückkehrten. Inzwischen wird immer wieder darüber diskutiert, ob nicht die öffentlich-rechtlichen Sender ganz auf Werbeeinnahmen verzichten sollten, um so den Konkurrenzdruck zumindest teilweise loszuwerden und sich, finanziell allein aus dem – dann vielleicht zu vergrößernden – Gebührentopf versorgt, an die Rettung des Qualitätsfernsehens begeben zu können.

Qualitätsfernsehen ist nicht nur teuer, seine Bedingungen müssen auch politisch erstritten werden. Ein Publikum, das ein solches Fernsehen will, muß bereit sein, dafür zu zahlen (Gebühren), und es durch gesetzgeberische Initiativen auch durchdrücken. Seriöses, qualitativ hochstehendes und innovatives Fernsehen kann nur von nicht-kommerziellen Anbietern, also von einem ›public service‹ – wofür als Beispiel gern die Londoner BBC genannt wird – kommen. Solange sich Anstalten mit einem solchen Ehrgeiz Geldsorgen machen und sich Gesundschrumpfungskuren unterziehen müssen, wie derzeit ARD und ZDF, werden sie scheitern. Der gegenteiligen Gefahr, daß ein allzu reich alimentierter Sender dazu neige, sich wie eine Behörde aufzublähen, in Bürokratie zu ersticken und ineffektiv zu arbeiten, muß man durch innere und äußere Kontrollen und Prüfungen entgegenarbeiten. In den reichen Ländern der westlichen Zivilisation genießen bestimmte Institutionen – die Schulen, die Universitäten, die Bibliotheken, die Orchester, die Opernhäuser u.a. – das Privileg staatlicher Finanzierung oder Bezuschussung, in manchen Ländern mehr (Deutschland), in anderen weniger (USA). Ganz ohne Subvention gibt es nirgends Bildung und Kultur. Daß auch das Fernsehen in diesen förderungswürdigen Bereich hineingehört bzw. dort bleiben soll, wird erst jetzt, wo mit dem Ausbruch der Konkurrenz im Äther die Gefahr eines allgemeinen Niveauverlustes droht, so richtig deutlich. Man kann nur hoffen, daß die deutsche Medienpolitik die Weichen doch noch richtig stellt.

### Abstimmung mit den Fingerspitzen

Natürlich wehren sich die Privatsender gegen den Vorwurf der Niveaulosigkeit und bestehen darauf, daß sie dem Publikum geben, was es wirklich wünscht – anstatt es mit langweiliger ›Kultur‹ und allerlei Erziehungsabsichten zu schurigeln. So populistisch-verlogen dieser Einwand dem Beobachter der Medienszene in den Ohren klingt, man kann ihn nicht einfach vom Tisch wischen. Der ›Massen-

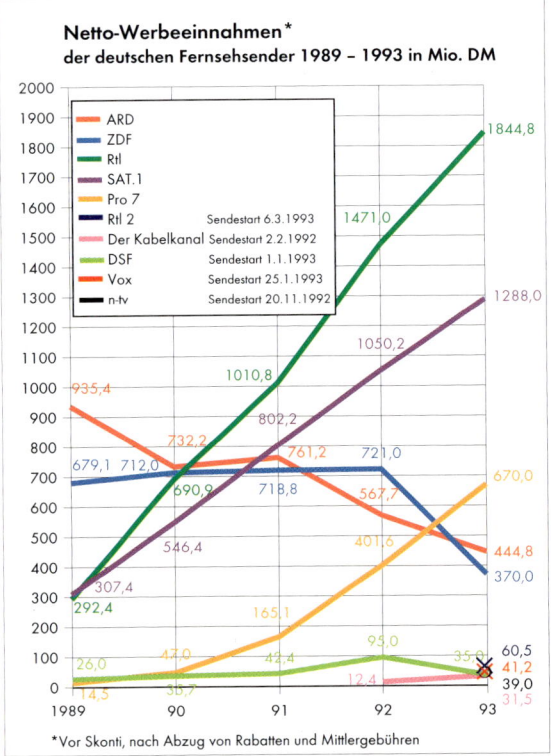

**Netto-Werbeeinnahmen\***
**der deutschen Fernsehsender 1989 – 1993 in Mio. DM**

| | | |
|---|---|---|
| ARD | | |
| ZDF | | |
| Rtl | | |
| SAT.1 | | |
| Pro 7 | | |
| Rtl 2 | Sendestart 6.3.1993 |
| Der Kabelkanal | Sendestart 2.2.1992 |
| DSF | Sendestart 1.1.1993 |
| Vox | Sendestart 25.1.1993 |
| n-tv | Sendestart 20.11.1992 |

1844,8
1471,0
1288,0
1050,2
1010,8
935,4
802,2
761,2  721,0
732,2
690,9  718,8
679,1  712,0
670,0
567,7
546,4
444,8
401,6
370,0
307,4
292,4
165,1
95,0
60,5
47,0  42,4  35,0  41,2
26,0  39,0
35,7  12,4  31,5
14,5

1989   90   91   92   93

\*Vor Skonti, nach Abzug von Rabatten und Mittlergebühren

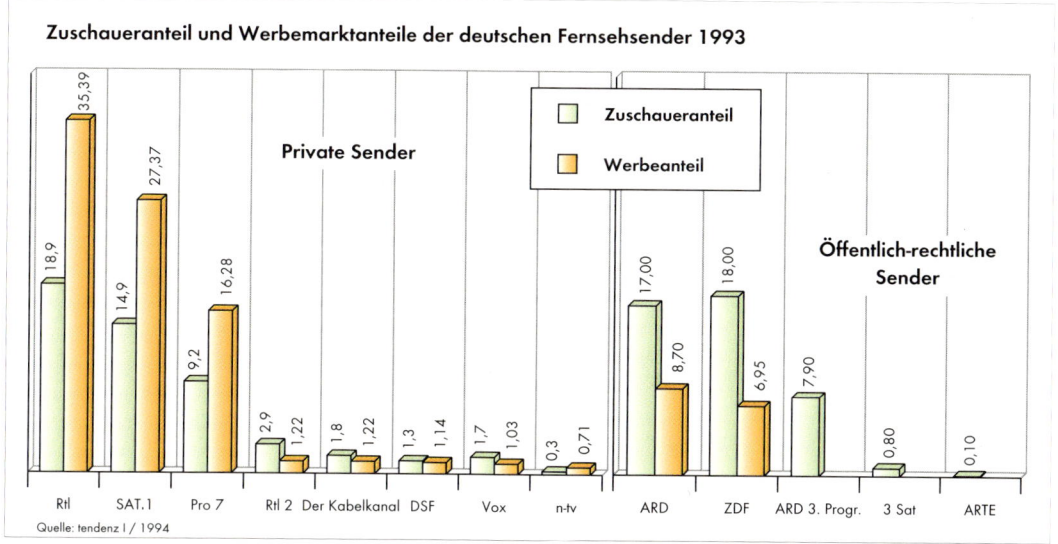

Zuschaueranteil und Werbemarktanteile der deutschen Fernsehsender 1993

Private Sender

Zuschaueranteil
Werbeanteil

Öffentlich-rechtliche Sender

RtI 18,9 / 35,39
SAT.1 14,9 / 27,37
Pro 7 9,2 / 16,28
Rtl 2 2,9 / 1,22
Der Kabelkanal 1,8 / 1,22
DSF 1,3 / 1,14
Vox 1,7 / 1,03
n-tv 0,3 / 0,71
ARD 17,00 / 8,70
ZDF 18,00 / 6,95
ARD 3. Progr. 7,90
3 Sat 0,80
ARTE 0,10

Quelle: tendenz I / 1994

geschmack‹, obschon immer nur hypothetisch als Nachfragedruck am Markt präsent und natürlich letztlich doch bildbar, hat sich sein Recht auf Sex & Crime genommen – abgestimmt wird mit den Fingerspitzen auf der Fernbedienung. Wenn die Programmchefs der Privatsender süffisant erklären, sie wunderten sich manchmal selber, aber das Publikum habe nun mal für Sendungen ›mit niedriger Eintrittsschwelle‹, sprich für Schund und Kitsch, viel übrig und man tue nur, was in der Konsumgesellschaft alle Anbieter tun, man bediene die Kundschaft optimal, so ist es nicht ganz leicht, dem zu entgegnen. Die Zuschauerquote (bei Zeitungen ist es die Auflage, bei Speiseeis der Umsatz) ist nun mal ein starkes Argument. Man kommt diesem kaufmännisch-zynischen Gesichtspunkt nur bei, wenn man sich den Erfolg der Privatsender im Verlauf und in der Perspektive zu erklären sucht.

Kommerzielles Fernsehen war in Deutschland vor 1984 unbekannt. Soap-Operas im Tagesrhythmus, Talk-Shows, in denen ein rüder Ton brüsk mit der bislang geübten Höflichkeit brach, Magazine mit sog. respektlosen (häufig auch unprofessionellen) Moderatoren, Action-Filme mit harten Gewaltszenen auch im Tagesprogramm, Musik zu blitzenden, flackernden Clips und Pornos, all das war ungewohnt und wurde schon deshalb zunächst staunend konsumiert. Auch Schund kann den Reiz des Neuen ausstrahlen. Doch der Reiz schwand, und die Privatsender sahen sich genötigt, um Eigenproduktionen um Profil zu kämpfen und auch ein gewisses finanzielles Risiko einzugehen. Fazit: Der Schock über die Primitivität des Massengeschmacks wird sich insofern verflüchtigen, als dieser Geschmack schlimmer erscheint, als er wirklich ist – was seine tendenzielle Abkehr von Gewalt- und Pornostreifen nach anfänglicher bewußtloser Faszination vermuten oder zumindest hoffen läßt. Das bedeutet: Auch die Kommerzsender können

nicht ewig auf Billigimporte und Sensations-TV bauen – zumal das deutsche Massenpublikum infolge der jahrelangen Erziehung durch die öffentlich-rechtlichen Anstalten doch einigermaßen anspruchsvoll ist – im Vergleich zum amerikanischen. Auch die Privatsender also müssen sich anpassen – nach oben.

## Das Verschwinden der Fernsehgemeinde

Apropos Amerika: Es ist weniger die Amerikanisierung der deutschen populären Kultur oder die Überschwemmung des deutschen TV-Marktes mit US-Unterhaltungsware als vielmehr der Umbau des Fernsehens zu einer Werbetrommel, der dafür gesorgt hat, daß sich die deutschen Sehgewohnheiten nun den amerikanischen angleichen – in den USA war ja Werbung von Anbeginn Hauptzweck des Fernsehens. Man ersieht daraus, daß es nicht so sehr nationale Einstellungen als vielmehr Langzeitwirkungen der Medienstruktur und -funktion sind, welche die Sehgewohnheiten prägen. Als es außer ARD und ZDF nur noch die Dritten Programme gab, ließ sich das abendliche Fernsehprogramm noch gut überblicken. Die Nutzer wählten zwischen höchstens drei Alternativen und wußten auch, was sie nicht sahen. In der Treue zu bestimmten Sendungen oder TV-Stars fühlten sich die Zuschauer in einer Gemeinde aufgehoben, im Gespräch über das Programm (am Arbeitsplatz, in der Schule) wurde diese Treue bekräftigt. Der gemeindeförmigen Organisation eines Fernsehabends ist bei zwanzig und mehr Sendern (es sollen schon bald über hundert sein) das Fundament entzogen worden. Fernsehkonsum ist einsam geworden und, da die Vermittlung in die Gesellschaft oder einfach gesagt, zu anderen Nutzern, fehlt, auch bedeutungsärmer. Der Einfluß des Fernsehens nimmt mit der Sendervielfalt ab. Das scheint auf den ersten Blick paradox. Auf den zweiten Blick aber erkennt man: Je mehr Funker ihre Botschaft loswerden wollen, je lauter die Konkurrenten auf den potentiellen Nutzer einreden und ihn zum Konsum verführen, ja drängen wollen (›Bleiben Sie dran‹, ›Ich zähl' auf Sie‹), desto konsequenter entwerten sie ihr Angebot. Das umbuhlte Publikum spürt das genau, wird nörglerisch und abweisend. Zwar hat die tägliche Fernsehzeit (durchschnittlich etwas mehr als zwei Stunden) nicht abgenommen; sie ist aber nach der Zulassung des Privatfernsehens nur unerheblich angewachsen, was rechnerisch bedeutet, daß die dem einzelnen Sender gewidmete Zeit abgenommen hat. Fernsehen hat die große Faszination, die in seinen ersten Dekaden von ihm ausging, verloren; es ist – seit 1984 – zu einer beliebigen, alltäglichen Veranstaltung ohne Aura geworden, die häufig in den Wohnzimmern mitläuft, ohne daß jemand hinguckt.

Wie wird es, wie sollte es weitergehen? Für die öffentlich-rechtlichen Sender führt kein Weg um den Spagat herum – d. h. um ein Programm mit herausragenden und herausfordernden Spitzen, die aber zugleich das große Publikum nicht abschrecken. Das Massenwirksame muß nicht immer trivial sein und das Gute nicht elitär – gerade das Massenmedium Fernsehen sollte seine wichtigste Aufgabe darin erblicken, die Spannung zwischen Qualität und Quote auszuhalten, anstatt sie durchreißen zu lassen und hochspezialisierte Sondersendungen in der Nacht sowie Routine- und Massenware untertags und am Abend zu bieten. Niemand bestreitet Schlagerfans und Opernfreunden das Recht auf

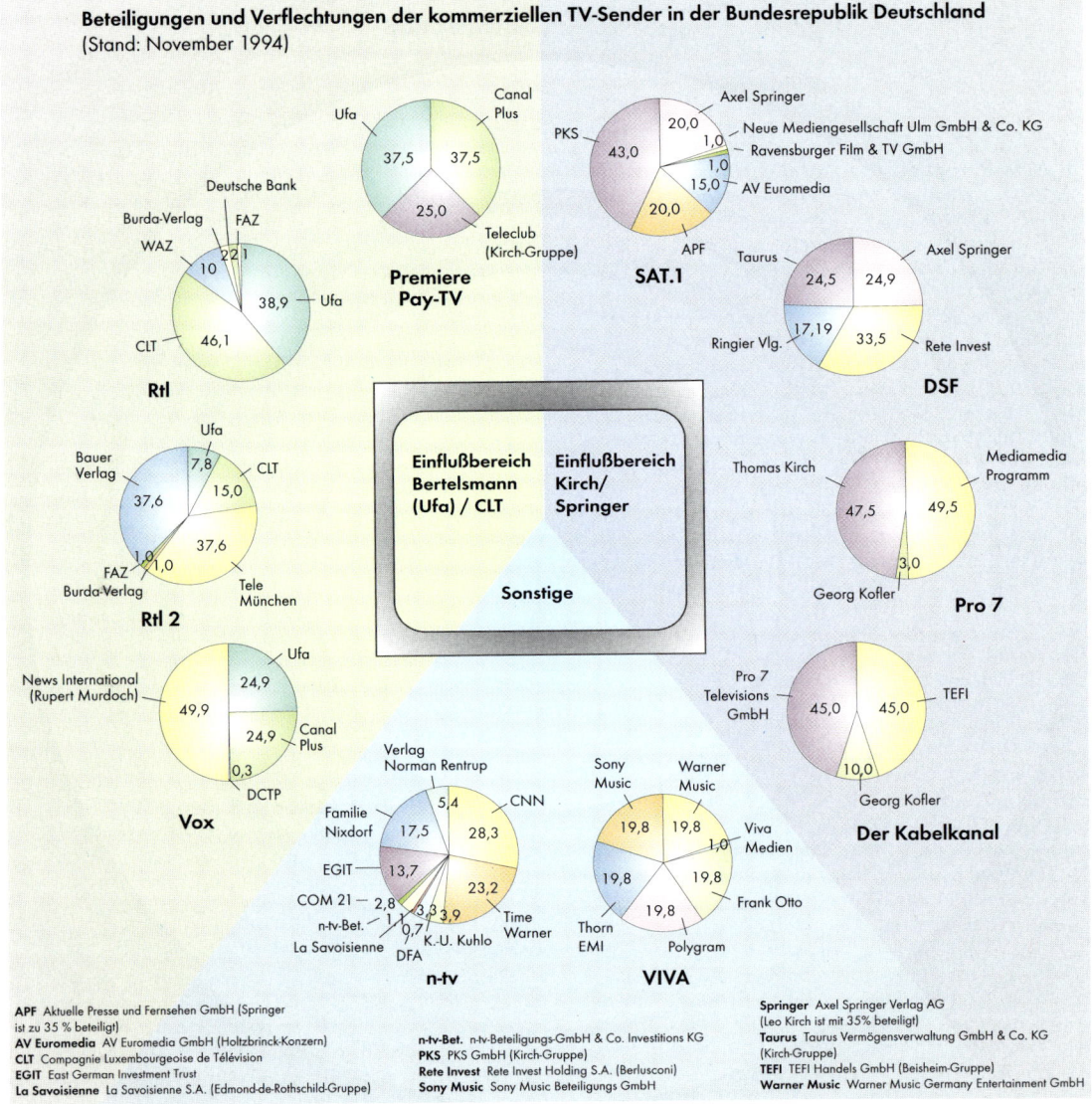

**Beteiligungen und Verflechtungen der kommerziellen TV-Sender in der Bundesrepublik Deutschland** (Stand: November 1994)

**APF** Aktuelle Presse und Fernsehen GmbH (Springer ist zu 35 % beteiligt)
**AV Euromedia** AV Euromedia GmbH (Holtzbrinck-Konzern)
**CLT** Compagnie Luxembourgeoise de Télévision
**EGIT** East German Investment Trust
**La Savoisienne** La Savoisienne S.A. (Edmond-de-Rothschild-Gruppe)

**n-tv-Bet.** n-tv-Beteiligungs-GmbH & Co. Investitions KG
**PKS** PKS GmbH (Kirch-Gruppe)
**Rete Invest** Rete Invest Holding S.A. (Berlusconi)
**Sony Music** Sony Music Beteiligungs GmbH

**Springer** Axel Springer Verlag AG (Leo Kirch ist mit 35% beteiligt)
**Taurus** Taurus Vermögensverwaltung GmbH & Co. KG (Kirch-Gruppe)
**TEFI** TEFI Handels GmbH (Beisheim-Gruppe)
**Warner Music** Warner Music Germany Entertainment GmbH

ihre Vorlieben. Und weil es mehr Schlagerfans als Opernfreunde gibt, fanden sich auch immer mehr Glitzerparaden als Mozart-Inszenierungen im Programm. Aber wenn letztere ganz wegfallen, stirbt ein Stück Fernsehkultur, auf die der Gebührenzahler ein Recht hat. Und da die Orientierung an Werbekunden immer gegen MOZART spricht, sollte die Idee, öffentlich-rechtliche Sender über höhere Gebühren zu finanzieren und ihnen die Werbung ganz zu ersparen (bei der ARD macht sie ohnehin nur noch 3% des Etats aus), nicht zu rasch ad acta gelegt werden.

## Neue Wege

Schließlich sollte man sich noch einmal in Erinnerung rufen, daß die Orientierung am kurzfristigen Erfolg zwar menschlich, aber unvernünftig ist. Gerade ein Sender, der Geld für sein Angebot nimmt, ist verpflichtet, einen Teil dieses Geldes in Programme zu investieren, die ungewohnt, innovativ, mithin riskant sind. Neue Formen verlangen immer Mut – und Geld; aber in der Wirtschaft steht eins fürs andere. Wer sich nur auf das Bewährte verläßt, fährt von heute auf morgen sicher, von morgen auf nächstes Jahr aber nicht mehr, denn irgendwann setzt sich etwas Neues durch. Fragt sich nur, ob mit, durch oder gegen die öffentlich-rechtlichen Sender. Neue Wege und künstlerische Experimente führen hin und wieder ins Aus oder in ein Minderheitenghetto, andererseits waren alle heute erfolgreichen Programmformen irgendwann mal neu und ungewohnt. – Heute haben wir den Eindruck: Alles ist schon einmal dagewesen. Wir fühlen uns übersättigt und glauben nicht mehr an die Innovation. Aber sie wartet längst auf ihre Stunde. Und wenn die öffentlich-rechtlichen Sender ihr Gebührenprivileg nicht nutzen, die Innovation zu fördern, werden ihnen die Kommerzsender zuvorkommen.
Um das Programm menschenfreundlich zu gestalten, empfehlen sich bei den Privatsendern Kontrollen, wie sie auch sonst in der Wirtschaft üblich sind.

Zunächst einmal müßten die Landesmedienanstalten sich eine Strategie überlegen, die der unheilvollen Konzentration (KIRCH und Springer bei SAT 1, Pro 7, Kabelkanal und DSF, sowie Bertelsmann bei RTL und VOX ) auf dem Fernsehmarkt entgegenwirkt. Es ist doch eine ironische Pointe, daß sich genau jene Monopolstrukturen, die aufzubrechen das Kommerzfernsehen antrat, jetzt bei diesen Sendern wiederholen. Was das Programm betrifft, so ist Außenkontrolle gleichfalls nicht überflüssig. Der Jugendschutz – Sex und Gewalt pur nicht vor 23 Uhr – ließe sich strenger formulieren, die Einhaltung der Vorschriften genauer überwachen. Letzten Endes sind aber alle solche Maßnahmen längst nicht so effektiv wie eine ›freiwillige Selbstkontrolle‹, die sich auch journalistisches Ethos nennt und die nur in Kraft bleibt, wenn eine ständige, in Deutschland glücklicherweise einigermaßen lebhafte Debatte zwischen Machern, Publikum und Politik für ihre Entwicklung einsteht.

## Bilanz

Eine Bilanz, welche die Errungenschaften des Privatfernsehens gegen die Verluste verrechnet, fällt schwer. Zweifellos haben die kommerziellen Sender die Fernsehlandschaft auch belebt. Das alte Zeigefinger-Fernsehen der öffentlich-rechtlichen Anstalten, häufig auch, vermittelt über das Proporzgerangel, vordergründig politisch getönt, hatte sich lange schon totgelaufen; hier haben der Einfluß der Privatsender, ihre Unbekümmertheit und Direktheit, befreiend gewirkt. Andererseits ist die Dominanz der Werbung auf dem Schirm und in der Programmgestaltung ein hoher Preis. Ferner ist die Ausdünnung des ›Kultur‹-Fernsehens und der anspruchsvollen Sendungen ebenfalls zu beklagen; man kann nur hoffen, daß das Bedürfnis des Publikums nach differenzierten politischen Features und künstlerisch interessanten und anspruchsvollen Fernsehspielen, das sich doch immer wieder zeigt, auf Erfüllung besteht.

---

**R**

**Rabin,** Itzhak, israel. General und Politiker, *Jerusalem 1. 3. 1922. – Am 8. Dez. erhielt der israel. MinPräs. R. gemeinsam mit dem Palästinenserführer JASIR ARAFAT und Außenmin. SHIMON PERES den Friedensnobelpreis 1994 für die gemeinsamen Bemühungen um den israel.-palästinens. Ausgleich, die zum Abschluß des Gaza-Jericho-Abkommens geführt hatten.
R. machte ab 1940 eine militär. Karriere, deren Höhepunkt seine Tätigkeit als Generalstabschef im Sechstagekrieg 1967 war. 1974 als Abgeordneter in die Knesset gewählt, bemühte er sich als MinPräs. 1974–77 unter amerikan. Vermittlung erfolgreich um Truppenentflechtungsabkommen mit Syrien und Ägypten. 1984–90 und seit 1992 war R. Verteidigungsmin., seit 1992 ist er zugleich MinPräs. Den

israel.-palästinens. Gesprächen, die unter norweg. Vermittlung 1993 zustande gekommen waren, stand R. zunächst kritisch gegenüber, förderte sie dann aber, bis sie im Sept. 1993 schließlich zum histor. Händedruck zw. ihm und dem Palästinenserführer ARAFAT führten.

**Rapid prototyping** [engl.], computergestütztes Verfahren zur schnellen Erzeugung von Musterteilen. Die rasche Verfügbarkeit von Prototypteilen erlaubt es, Eigenschaften der Konstruktion und ihr Einbauverhalten in komplexe Systeme schon in frühen Entwicklungsstadien zu testen. Der Konstrukteur kann schnell eventuelle Änderungen vornehmen. Alle Verfahren greifen auf die im CAD-System erstellten Geometriedaten des Bauteils zurück. Ein Rechner erstellt daraus ein Schichtmodell, nach dem das Teil aufgebaut wird, indem z. B. ein Laserstrahl in einem Polymerbad schichtweise das Musterteil aushärtet.

**Rau,** Johannes, Politiker (SPD), *Wuppertal 16. 1. 1931. – Bei der Wahl des Bundespräs. am 23. Mai gelang es R., der vom SPD-Vorstand im Sept. 1993 als Kandidat nominiert worden war, nicht, die Mehrheit der Bundesversammlung für sich zu gewinnen; der MinPräs. von NRW unterlag dem Kandidaten von CDU und CSU, ROMAN HERZOG.

## RAUMFAHRT

### Weitere russische Langzeit-Rekordaufenthalte

1994 war die russ. Raumstation Mir das achte Jahr ständig bemannt. Am 8. Jan. begann für den 52jährigen Russen WALERI POLJAKOW mit 14 Monaten bis zur geplanten Rückkehr im März 1995 der längste Aufenthalt eines Menschen im All unter den Bedingungen der Schwerelosigkeit. POLJAKOW, der selbst Arzt ist und bereits 1988/89 einen achtmonatigen Mir-Aufenthalt absolviert hatte, bewertete die mit medizin. Untersuchungen befaßte Mission als weitere Vorstufe für den Flug von Menschen zum Mars. Kommandant und Bordingenieur der Mir wurden im Juli bzw. im Nov. abgelöst. Probleme entstanden Ende Aug., als die automat. Ankopplung des unbemannten Frachtraumschiffs Progress M-24 an die Station mißlang; Mir-Kommandant JURI MALENTSCHENKO konnte jedoch am 2. Sept. eine manuelle Ankopplung durchführen und damit die Terminplanung mehrerer Missionen sicherstellen.

Am 4. Okt. brachte Sojus TM-20 mit der 37jährigen Russin JELENA KONDAKOWA für sechs Monate erstmals eine Bordingenieurin in die Mir. Als Wissenschaftskosmonaut kam dabei der Deutsche ULF MERBOLD (ESA) im Rahmen der russ.-europ. Mission →Euromir '94 an Bord. Für die 1995 geplante erste russ.-amerikan. Mir-Mission begannen im Febr. BONNIE DUNBAR und NORMAN THAGARD mit dem Training im Ausbildungszentrum bei Moskau.

### Internationale Kooperationen auch bei Shuttle-Flügen

Ebenfalls im Febr. umrundete die erste amerikan.-russ. Space-shuttle-Mission mit fünf US-Astronauten und dem Russen SERGEI KRIKALJOW die Erde. Bei diesem 60. Shuttle-Einsatz führte der kleine dt. Satellit Bremsat (63 kg Masse), gebaut von der Univ. Bremen und dem Bremer Unternehmen OHB-System, zunächst in der Ladebucht Messungen zur Wärmeleitfähigkeit von Flüssigkeiten, Mikrogravitation u. a. durch. Nach dem Ausstoß in einen eigenen Orbit am 9. Febr. untersuchte er auftreffende Mikrometeorite und Staubteilchen sowie Druck und Temperatur beim eigenen Verglühen Anfang 1995. Im April lieferte das SRL-1 (Space Radar Lab) in der Shuttle-Ladebucht erstmals hochauflösende multispektrale Radarbilder der Erde. Amerikan. Geräte (SIR-C) und das dt.-italien. Radar X-SAR (Dornier, Alenia) erfaßten für Anwendungen in Geologie, Hydrologie und Vegetationskunde u. a. Gebiete in Deutschland und Österreich.

US-Astronauten und die erste Japanerin im All, CHIAKI MUKAI, absolvierten im Juli im Spacelab die 15tägige Mission IML-2 (International Microgravity Laboratory) mit 82 Experimenten in Material- und Biowiss. aus den USA, Japan, Kanada und zehn ESA-Staaten einschl. Deutschland. Nutzerzentren u. a. in Belgien, Frankreich, den Niederlanden und in Köln konnten die Experimente z. T. selbst fernsteuern (sog. Telescience). Im Sept. wurden außerhalb der Ladebucht die Raumanzüge mit neuen Düsensäcken für Außenbordarbeiten ohne Sicherheitsleine getestet. In Fortsetzung des Einsatzes im Frühjahr sandte SRL-2 im Okt. erneut detailreiche Radarbilder für ökolog. Studien. Am 18. Aug. war der Start dieser Mission nur zwei Sekunden vor Zündung der Booster-Raketen wegen eines Defekts der Haupttriebwerke automatisch abgebrochen worden.

Im Reinraum der Deutschen Aerospace AG in Ottobrunn installieren Techniker das Teleskop (Mitte) und andere Instrumente für die Mission CRISTA-SPAS auf der Satellitenplattform, die im Oktober mit dem Space-shuttle im Erdorbit ausgesetzt wird

Ein Shuttle-Flug im Nov. unter Beteiligung des Franzosen JEAN-FRANÇOIS CLERVOY (ESA) galt mit ATLAS-3 (Atmospheric Laboratory for Applications and Science) Messungen von Bestandteilen der Erdatmosphäre. Die dt. wiederverwendbare Plattform Astro-SPAS (Shuttle Pallet Satellite, MBB), neuinstrumentiert mit CRISTA (Cryogenes Infrarot-Spektrometer und Teleskop für die Atmosphäre, Univ. Wuppertal) wurde am 4. Nov. ausgesetzt. In siebentägigem Freiflug von CRISTA-SPAS wurden Spurengase in der Atmosphäre gemessen, bevor der Manipulatorarm die Plattform wieder in die Ladebucht setzte.

### Satelliten und Raumsonden

Am 25. Jan. wurde in Rußland mit dem Wettersatelliten Meteor der kleine dt. Tubsat-B in eine polnahe, rd. 1 200 km hohe Umlaufbahn gestartet. Der Satellit der Techn. Univ. Berlin hat 40 kg Masse und besitzt ein Teleskop und eine Kamera für meteorolog. Aufnahmen. Am 4. Nov. gelangte mit dem russ. Erderkundungssatelliten Resurs der deutsche SAFIR-R1 (Satellite for Information Relay) der OHB-System in eine polare Umlaufbahn. Der würfelförmige Satellit mit 55 kg Masse erfaßt und verteilt Daten von Umweltmeßnetzen.

Die militär. US-Testsonde Clementine startete am 25. Jan. in langellipt. Erdumlaufbahnen bis zur Mondentfernung. Um Kameras zum Erkennen von Raketen im All zu testen, fotografierte sie dabei ihre abgetrennte Antriebsstufe. Am 20. Febr. trat die Sonde in eine polare Bahn um den Mond ein und übermittelte aus rd. 400 km Höhe 1,5 Mio. Fotos der Mondoberfläche für mineralog. Karten. Am 3. Mai verließ Clementine den Mond wieder in langellipt. Erdumlaufbahnen. Ein Fehler im Computerprogramm vereitelte jedoch die für Anfang Sept. geplanten Nahaufnahmen vom Asteroiden Geographos.

Die ESA-Raumsonde Ulysses durchquerte vom 26. Juni bis 5. Nov. bei 70° südl. heliograph. Breite zuvor unerforschte Bereiche der Heliosphäre in rd. 320 Mio. km Entfernung von der Sonne. Am 13. Sept. erreichte Ulysses bei 80,2° südl. heliograph. Breite die tiefste Position einer Sonde unter der Ekliptik. Nach vier Jahren im Orbit der Venus verglühte die amerikan. Sonde Magellan planmäßig am 12. Okt. in der Atmosphäre des Planeten. Das einzige Objekt, das im Juli die Einschläge der Fragmente des Kometen Shoemaker-Levy 9 auf der erdabgewandten Seite des →Jupiter direkt sehen konnte, war die US-Raumsonde Galileo, 240 Mio. km vom Jupiter entfernt. Fotos von den meisten Ereignissen wurden an Bord gespeichert und ab Aug. zur Erde übermittelt. Beobachtungen der Einschlagstellen lieferte aus dem Erdorbit auch das Hubble-Weltraumteleskop, dessen Funktionsfähigkeit nach der Reparatur im Dez. 1993 wieder hergestellt war.

**Rechtschreibreform:** Vom 22. bis 24. Nov. fanden die ›3. Wiener Gespräche zur Neuregelung der dt. Rechtschreibung‹ statt, die den Durchbruch

Anfang des Jahres liefert das Hubble-Weltraumteleskop die ersten Bilder nach seiner erfolgreichen Reparatur im Dezember 1993. Im Bild die Galaxie M 100 – links ohne und rechts mit Korrekturoptik aufgenommen

in den jahrzehntelangen Bemühungen um eine Reform der seit 1901 amtlich geregelten Rechtschreibung brachten. Die Teilnehmer der Wiener Orthographiekonferenz konnten sich über alle strittigen Sachfragen einigen, aber noch nicht über den Termin für das Inkrafttreten. Es wurde vereinbart, das neue Regelwerk und Wörterverzeichnis den zuständigen Ministerien zur Genehmigung vorzulegen und bis zum Ende des Jahres 1995 eine vertragl. Vereinbarung zw. den deutschsprachigen Ländern über die Neuregelung und ihr Inkrafttreten anzustreben. Als Übergangszeit wurden fünf Jahre, also von 1996 bis 2001, ins Auge gefaßt.

Die ›kleine Reform der Vernunft‹ sieht eine Reihe von Vereinfachungen und Verbesserungen vor, ohne das vertraute Schriftbild wesentlich zu ändern. Minimale Änderungen wird es in folgenden Bereichen geben: in der Wortschreibung (z. B. überschwänglich, Kuss, Brennnessel), in der Groß- und Kleinschreibung (z. B. der Einzelne, im Trüben fischen, Angst und Bange machen), in der Zusammen- und Getrenntschreibung und der Schreibung mit Bindestrich (z. B. kennen lernen, Rad fahren, 18-jährig), in der Zeichensetzung sowie in der Worttrennung am Zeilenende (z. B. Wes-ten, Zucker, Pä-dagoge).

**Rechtsextremismus:** In Deutschland zeigte sich R. 1994 erneut in Anschlägen gegen Ausländerheime, Asylbewerber sowie jüd. Einrichtungen. Erstmals seit der NS-Zeit wurde im Mai 1994 in →Lübeck wieder eine Synagoge in Brand gesetzt, die jugendl. Täter werden rechtsextremist. Kreisen zugeordnet. Im Juli 1994 schändeten Skinheads die Gedenkstätte Buchenwald. Bes. abscheulich waren die Ausschreitungen in →Magdeburg am Himmelfahrtstag, als Ausländer von grölenden Randalierern durch die Innenstadt gejagt wurden.

R. zeigte sich zunehmend auch verbal – an Stammtischen und in der Öffentlichkeit. So beschimpfte der Republikanerchef FRANZ SCHÖNHUBER den Vors. des Zentralrats der Juden in Deutschland, IGNATZ BUBIS, als ›einen der schlimmsten Volksverhetzer Deutschlands‹. Öffentl. Kritik erfuhr die Staatsanwaltschaft beim Landgericht Landshut, als sie Anfang April erklärte, SCHÖNHUBER habe sich dadurch nicht der Volksverhetzung im strafrechtl. Sinne schuldig gemacht. Starke Empörung löste die Urteilsbegründung des Landgerichts Mannheim gegen den Bundesvors. der rechtsextremen NPD, DECKERT, aus, die diesem eine ›charakterstarke, verantwortungsbewußte Persönlichkeit‹ bescheinigte (→Deckert-Urteil).

Im Nov. wurde mit sofortiger Wirkung die Wiking-Jugend verboten, die, so Bundesinnenmin. KANTHER, das Grundgesetz ggf. mit Gewalt abschaffen will, um einen nat.-soz. Staat zu errichten.

**Reich-Ranicki,** Marcel, Literaturkritiker poln. Herkunft, * Włocławek 2. 6. 1920. – Um den populären Kritiker entbrannte 1994 eine Debatte, als der Journalist TILMAN JENS Ende Mai in einem Fernsehbeitrag behauptete, R.-R. sei Ende der 1940er Jahre Agent des poln. Geheimdienstes gewesen. Recherchen, die R.-R. bestätigte, ergaben, daß er unter seinem früheren Namen ›Marceli Reich‹ von Okt. 1944 bis Jan. 1950 als hauptamtl. Mitarbeiter des poln. Geheimdienstes geführt wurde. Danach wurde er vom Dienst suspendiert und aus der Kommunist. Partei ausgeschlossen. Der weiterreichende Vorwurf von JENS, R.-R. habe 1948 und 1949 als poln. Konsul in London Emigranten zur Rückkehr ins kommunist. Polen bewegt, blieb jedoch unbewiesen. Zahlreiche Schriftsteller und Intellektuelle, darunter WOLF BIERMANN und ROLF HOCHHUTH, verteidigten den Kritiker, dessen Leben mit seinen Zwangssituationen und Irrtümern exemplarisch für die Lebensläufe anderer in einem von Diktaturen geprägten Jahrhundert stehe. BIERMANN und viele andere beklagten jedoch auch, daß R.-R. im Laufe der Enthüllungen falsche Angaben gemacht und die Wahrheit erst unter wachsendem Druck preisgegeben habe. Er selbst erwiderte darauf, er sei bis zur Veröffentlichung seiner Akte durch poln. Behörden an seine Schweigepflicht gebunden gewesen, und bestritt, als Opfer des Nationalsozialismus der dt. Öffentlichkeit Rechenschaft über die Kriegs- und Nachkriegsjahre zu schulden.

**Reichstag:** Im Sommer befürwortete der Ältestenrat des Bundestags einen überarbeiteten Entwurf des brit. Architekten N. R. →FOSTER zum Umbau des R. mit einer modernen Glaskonstruktion anstelle der zerstörten histor. Kuppel. Das Projekt, das bis zum Einzug des Parlaments 1999 verwirklicht sein muß, wird jedoch weiter diskutiert.

Am 25. Febr. billigte der Bundestag die Aktion ›Wrapped Reichstag‹, die der Verpackungskünstler CHRISTO vom 23. 6. bis 6. 7. 1995 vor Beginn des Umbaus des R. durchführen kann. Seit 22 Jahren hatte der in New York lebende Exilbulgare mit Behörden, Politikern und Interessengruppen um die Verwirklichung seines Projekts gekämpft. Er wird den Bau durch die allmähl. Verhüllung mit 100 000 m² Polypropylenfolie zur Gewandskulptur stilisieren. Die Vereinheitlichung der Formenfülle soll den inneren Zusammenhang des histor. Monuments als ›Symbol der Spannung zw. ideolog. Systemen‹ betonen. Das 8–12 Mio. DM teure Vorhaben will CHRISTO wie seine früheren Projekte durch den Verkauf von Graphiken finanzieren.

**Reina Idíaquez,** Carlos Roberto, honduran. Diplomat und Politiker (Partido Liberal; PL), * Comayaguela 13. 3. 1926. – Bei den Präsidentschaftswahlen am 28. 11. 1993 trat R. I. als Spitzenkandidat des PL an und schlug den Kandidaten des bis dahin regierenden Partido Nacional, OSWALDO RAMOS SOTO, mit 53,3 % der Stimmen. Nach seinem Sieg versprach R. I. mehr Augenmerk auf die Sozialpolitik zu legen, die Korruption zu bekämpfen, den polit. Einfluß des Militärs zurückzudrängen und das Verteidigungsbudget zu kürzen. R. I. trat am 27. Jan. sein Amt an.

Bereits während seines Studiums (Recht und Politik) wie auch später engagierte sich R. I. im PL gegen die Militärreg., was 1945–47 ein Exil in El Salvador und mehrere Inhaftierungen (1944, 1963–68) nach sich zog. 1955–79 war er in z. T. schwierigen diplomat. Missionen für sein Land unterwegs. 1980–88 vertrat er Honduras vor dem Internat. Gerichtshof und war parallel dazu Prof. für Völkerrecht und Internat. Beziehungen in Tegucigalpa.

**Rentenversicherung:** 1994 entfielen mehr als 420 Mrd. DM – rd. 40 % der öffentl. Sozialleistungen – auf die Alterssicherung. Die Rücklage der R. (›Schwankungsreserve‹) betrug Ende 1993 38,7 Mrd. DM (etwa 1,9 Monatsausgaben), bis Ende 1994 ging sie auf ca. 34 Mrd. DM zurück.

Zum 1. 7. 1994 stiegen die Renten in Westdeutschland um effektiv 3,39 %, in Ostdeutschland um effektiv 3,17 %. Überdies wurden die ostdt. Renten ab dem 1. 1. 1995 nochmals um effektiv 2,23 % angehoben; hierbei ist der Rentnerbeitrag zur neuen Pflegeversicherung ab 1. 1. 1995 (0,5 %) schon berücksichtigt. Die verfügbare Standardrente (Rente bei 45 Versicherungsjahren mit durchschnittl. Bruttoentgelt) erreichte 1994 in den neuen Bundesländern mit 1 451 DM 77,2 % des Niveaus in den westl. Bundesländern (1 931 DM); vor dem Inkrafttreten der Wirtschafts-, Währungs- und Sozialunion am 1. 7. 1990 hatte sie rd. 30 % des Westniveaus betragen. Gemeinsam mit dem R.-Bericht 1994 verabschiedete die Bundesreg. im Juli eine neue Beitragssatzverordnung, derzufolge der Beitragssatz zur R. ab Jan. 1995 von 19,2 % auf 18,6 % abgesenkt wird. Hierdurch werden Arbeitnehmer und -geber zus. um mehr als 8 Mrd. DM entlastet. Ausschlaggebend für diese Maßnahme war, daß die Bundesanstalt für Arbeit (BA) von 1995 an höhere Beiträge für Erwerbslose an die Rentenkasse leistet. Bislang wurde der Beitrag nach dem Arbeitslosengeld bzw. der Arbeitslosenhilfe bemessen. Nach der neuen Regelung liegen der Beitragsbemessung nun 80 % des vorherigen Arbeitsentgelts zugrunde; dies führt zu jährl. Mehreinnahmen von 8 bis 9 Mrd. DM, die jedoch zu Lasten der BA und des Bundeshaushalts gehen.

Noch vor der Bundestagswahl 1994 machten die Regierungsparteien mit Unterstützung der oppositionellen SPD die mit der Rentenreform 1992 eingeführte (nach oben) flexible Altersgrenze wieder rückgängig.

**Renz,** Eberhardt, ev. Theologe, * Neenstetten 1. 5. 1935. – Im März von der Landessynode zum neuen Landesbischof der Ev. Landeskirche in Württemberg gewählt, trat R. am 18. April sein Amt an.

Bis 1961 studierte R. Theologie in Tübingen, Wien und Zürich. Ein Stipendium des Luther. Weltbunds führte ihn 1962–64 nach Madras in Indien. Nach Beendigung des Vikariats u. a. in Ulm und Stuttgart wurde R. 1966–68 Stipendienreferent des Luther. Weltdiensts in Stuttgart und war anschließend bis 1971 Lehrbeauftragter am Theolog. College der Presbyterian. Kirche in Kamerun. Er arbeitete dann fünf Jahre als Prälaturpfarrer im ökumen. und Missionsdienst in Reutlingen, bevor er in Basel 1976–87 als Afrikareferent der Basler Mission tätig war. 1988–93 ging R. als Pfarrer nach Esslingen. Zuletzt war er als Referent für Ökumene und Mission beim Oberkirchenrat in Stuttgart beschäftigt.

**Republikaner, Die:** Die 1983 gegr. rechtsextreme Partei scheiterte bei allen Landtagswahlen 1994 wie bei den Wahlen zum Europ. Parlament an der 5 %-Sperrklausel. Lediglich in den Kommunen konnten die R. noch vereinzelt Erfolge erringen. Die R. sind in der parlamentar. Arbeit im wesentlichen eine ›Ein-Thema-Partei‹ geblieben. Sie bieten als Patentlösung für alle Probleme, von der Wirtschafts- über die Sozialpolitik bis zur Umweltpolitik, die Abschottung gegenüber Ausländern an. Die Alleingänge des Bundesvors. SCHÖNHUBER (z. B. sein Treffen mit dem Vors. der rechtsextremist. DVU, FREY) erschütterten außerdem das Selbstverständnis von Teilen der Partei und führten am 1. Okt. zu SCHÖNHUBERS Absetzung, die dieser jedoch nicht anerkannte. Zum neuen Bundesvors. wählte ein Parteitag in Sindelfingen am 18. Dez. ROLF SCHLIERER.

## Rheinland-Pfalz

**Hauptstadt:** Mainz
**Einwohner:** 3,9 Mio.
**Einwohner/km²:** 196
**Regierungschef:**
K. Beck
(seit 26. 10. 1994)
**BIP/Einwohner:**
36 000 DM

### Verabschiedung des Haushalts und Wahlen

Am 21. Jan. verabschiedete der Landtag den 46 Mrd. DM umfassenden Doppelhaushalt für 1994/95, der u. a. hohe Zuwächse beim Sozialhaushalt sowie Abstriche bei der Landwirtschaft enthält.

Die Kommunalwahl am 12. Juni, bei der erstmals die Bürgermeister direkt gewählt wurden, brachte einen Erfolg für die CDU, während sich die Wahl

für die SPD in einigen großen Städten zum Debakel entwickelte. So wurde die CDU mit durchschnittlich 39,4 % der Stimmen wieder stärker als die SPD (38,5 %) und löste diese auch als stärkste Partei in der Landeshauptstadt Mainz ab. Bündnis 90/Die Grünen stabilisierten sich mit 8,1 % als dritte Kraft, während die FDP auf 4,3 % zurückfiel.

Die Landespolitik war 1994 in personeller Hinsicht eng mit der Bundespolitik verflochten, da MinPräs. RUDOLF SCHARPING bei den Bundestagswahlen am 16. Okt. als SPD-Spitzenkandidat gegen Bundeskanzler KOHL antrat und nach seiner Niederlage als Oppositionsführer nach Bonn ging. Sein Nachfolger, der SPD-Landesvors. und Fraktionsvors. KURT BECK, wurde am 26. Okt. zum MinPräs. von R.-P. gewählt.

### Reformen

Die Maßnahmen zur Effizienzsteigerung der öffentl. Verwaltung wurden fortgeführt. So erhalten die Hochschulen ihre Mittel für Forschung und Lehre in Zukunft nach Leistungskriterien; zudem bekommen sie mehr Eigenverantwortung im Bereich Finanzen und Baumaßnahmen.

Am 25. Aug. hob der Landtag einstimmig das Transplantationsgesetz wieder auf, das am 23. Juni mit den Stimmen der Koalitionsparteien von SPD und FDP beschlossen worden war. In der Öffentlichkeit waren starke Bedenken gegen die dort vorgesehene sog. Widerspruchslösung erhoben worden, nach der Organentnahmen möglich gewesen wären, wenn zu Lebzeiten kein entgegenstehender Wille geäußert wurde.

**Rinderwachstumshormon:** Die amerikan. Zulassungsbehörde Food and Drug Association genehmigte nach siebenjähriger Prüfung im Febr. das gentechnisch hergestellte R. **BST** (Abk. für engl. **b**ovine **s**oma**t**otropin). Das körpereigene Eiweißhormon BST erhöht die Milchleistung von Kühen um 11–15 % und erlaubt nach Angaben seiner Hersteller eine höhere Produktivität bei der Milcherzeugung. Verbunden mit der Zulassung ist die Auflage, die mit dem Hormoneinsatz evtl. doch auftretenden Nebenwirkungen von BST bei den behandelten Milchkühen zu dokumentieren. Bes. umstritten war die Entscheidung der Behörde, auf eine Kennzeichnung von Milch oder Milchprodukten BST-behandelter Kühe zu verzichten.

Die Europ. Union (EU) hat ihre Entscheidung, BST in ihren Mitgliedstaaten zuzulassen, auf 1995 vertagt. Innerhalb des Europ. Parlaments ist der Einsatz des Hormons aus veterinärmedizin., agrarpolit. und Gründen des Verbraucherschutzes heftig umstritten.

**Rinderwahnsinn,** umgangssprachl. Bez. für **b**ovine **s**pongiforme **E**ncephalopathie (›schwammartige Gehirnerkrankung beim Rind‹), Abk. **BSE**; eine 1986 in Großbritannien aufgetretene Rinderseuche, die neuropathologisch der Traberkrankheit bei Schafen (Scrapie) und der Creutzfeld-Jakobschen Krankheit beim Menschen gleicht. Als Verursacher werden sog. Prionen, infektiöse Eiweißpartikel, und unkonventionelle Viren diskutiert. Es gilt als sicher, daß sich die Rinder durch Futter (Tiermehl von an Scrapie infizierten Schafen) angesteckt haben. Außerhalb Großbritanniens (etwa 140 000 Fälle) trat BSE bisher nur in Irland und der Schweiz mit jeweils mehr als zehn Fällen auf. Aus Deutschland sind vier Fälle bekannt. Die brit. Veterinärbehörden gehen davon aus, daß sich Menschen durch den Genuß von BSE-verseuchtem Fleisch nicht anstecken können.

Die beängstigenden Meldungen über die Rinderseuche BSE in Großbritannien haben die deutsche Fleischwirtschaft in eine schwere Absatzkrise gestürzt. Eine Metzgerei in Frankfurt am Main versucht ihrer Kundschaft die Verunsicherung zu nehmen, indem sie für die unbedenkliche Herkunft ihres Rindfleischs garantiert

Diese Einschätzung teilte die dt. Bundesreg. nicht, so daß Gesundheitsmin. HORST SEEHOFER innerhalb der EU verschärfte Importbeschränkungen für brit. Rindfleisch durchsetzte, die im Aug. mit der ›BSE-Dringlichkeitsverordnung‹ in nat. Recht umgesetzt wurden. Danach dürfen nichtentbeintes Rindfleisch und Rinderhälften aus Großbritannien nur dann in andere EU-Mitgliedstaaten exportiert werden, wenn dieses Fleisch von Rindern stammt, in deren Herde innerhalb der letzten sechs Jahre kein BSE-Fall aufgetreten ist.

Die nach wie vor ungeklärte Frage des BSE-Erregers und seiner Gefährlichkeit für den Menschen könnte sich durch ein Experiment klären lassen, das auf einem wichtigen Befund amerikan. Molekularbiologen beruht. Den Rocky Mountain Laboratories (Montana) gelang es, im Reagenzglas allein mit Hilfe von Scrapie-Prionen normale Proteine von Gehirnzellen des Schafs krankhaft zu verändern. Sollten die so veränderten Proteine infektiös sein, so ließe sich über ein analoges Experiment mit BSE-Prionen und menschl. Gehirnzellen im Reagenzglas prüfen, ob diese Partikel menschl. Proteine krankhaft verändern können.

**Rodbell,** Martin, amerikan. Biochemiker, * Baltimore (Maryland) 1.12. 1925. – R. wurde mit dem Nobelpreis für Physiologie oder Medizin 1994 ausgezeichnet, den er sich mit ALFRED G. →GILMAN teilt. In den 1960er und 70er Jahren zeigte er mit einer Reihe von Versuchen, wie die Signalübertragung in Zellen durch das Zusammenwirken versch. funktioneller Einheiten bewirkt wird, und bereitete damit die Entdeckung der sog. G-Proteine vor.

R. studierte 1949–54 Biochemie an der Johns Hopkins University in Baltimore (Maryland) und der University of Washington und arbeitete dann bis 1956 an der University of Illinois. 1956–85 war er in versch. Funktionen bei den Nat. Gesundheitsinst. (NIH) in Bethesda (Maryland) tätig. 1985–89 wurde er Direktor des Nat. Inst. für Umweltgesundheitswiss. in North Carolina und leitet dort heute eine Abteilung für sein Spezialgebiet.

**Rose,** Sir Michael, brit. General, * 5. 1. 1940. – Im Jan. 1994 trat R. als neuer Oberbefehlshaber der UNO-Schutztruppen UNPROFOR in Bosnien und Herzegowina die Nachfolge des belg. Generals FRANCIS BRIQUEMONT an.

R. studierte in Oxford und an der Sorbonne Politik, Philosophie und Volkswirtschaft. Später wurde er Mitgl. der Eingreiftruppe Special Air Service (SAS) und leitete die Führungsakademie in Camberly. R. war im Falklandkrieg, in Nordirland und im Nahen Osten eingesetzt. Der leidenschaftl. Fallschirmspringer war vor seinem Einsatz für die UNO Befehlshaber des brit. Feldheeres.

## Ruanda

**Hauptstadt:** Kigali
**Einwohner:** 7,8 Mio.
**Einwohner/km²:** 296
**Staatsoberhaupt:** P. Bizimungu (seit 19. 7. 1994)
**Regierungschef:** F. Twagiramungu (seit 19. 7. 1994)
**BSP/Einwohner:** 250 US-$

### Verheerender Bürgerkrieg

Vor dem Hintergrund einzelner Gewalttaten und Unruhen zw. Hutu und Tutsi zu Beginn des Jahres belastete bes. die Verzögerungstaktik Präs. JUVÉNAL HABYARIMANAS bei der Umsetzung der im Abkommen von Arusha im Aug. 1993 vereinbarten Reformen das Verhältnis zu den Tutsi-Rebellen der Patriot. Front (RPF). Den offenen Bürgerkrieg löste jedoch erst der als Sabotage gegen die Aussöhnung zw. Hutu und Tutsi gewertete Flugzeugabsturz am 6.April aus, bei dem die Präs. R.s und Burundis ums Leben kamen. Die blutigen Ausschreitungen, bei denen gleich nach Bekanntwerden des Absturzes mehrere Politiker, u. a. die Premiermin. AGATHE ULIWINGIYIAMANA, Zivilisten, UNO-Beobachter und -Soldaten in Kigali von ma-

Trotz der bereits im Mai drohenden Gefahr von Cholera- und Ruhrepidemien versorgen sich ruandische Flüchtlinge aus einem verschmutzten See bei Benako in Tansania mit Wasser. Seit April sind unzählige Flüchtlinge aus Ruanda in die Nachbarländer geströmt, um Schutz vor dem rücksichtslos geführten Bürgerkrieg zu finden

rodierenden Soldaten und bewaffneten Banden getötet wurden, breiteten sich rasch ins Landesinnere aus. Neben den außer Kontrolle geratenen, von Hutu dominierten Streitkräften, die sowohl Tutsi als auch oppositionelle Hutu verfolgten, ging die Präsidialgarde mit bes. Brutalität vor. Die Massaker, die in den folgenden Wochen mehr als 500 000 Menschenleben forderten, lösten eine Massenflucht von ca. 3 Mio. Menschen v. a. in die Nachbarstaaten aus. Über 1 Mio. flohen allein nach Zaire bzw. in die dort eingerichteten Flüchtlingslager, von denen insbes. Goma die Aufmerksamkeit der Weltöffentlichkeit fand. Ausländer und Mitarbeiter von Hilfsorganisationen wurden evakuiert. Angesichts der zunehmenden Kämpfe zw. den Streitkräften und der RPF setzte sich die am 9. April gebildete Übergangsreg. unter THÉODORE SINIKUBWABB, die von der RPF nicht anerkannt wurde, nach Gitamara ab. Nach dem Scheitern internat. Vermittlungsversuche entschloß sich Frankreich Mitte Juni wegen des Völkermords an den Tutsi zu einer rein humanitären und bis Ende Juli beschränkten Militärintervention (Operation Türkis), die nach einigem Zögern von der UNO gebilligt wurde.

### Zögerliche Rückkehr der Flüchtlinge

Nach ihrem Sieg über die zahlenmäßig überlegenen Streitkräfte Anfang Juli und der Verkündung des Endes des Bürgerkriegs setzte die RPF am 19. Juli eine neue polit. Führung mit den gemäßigten Hutu PASTEUR BIZIMUNGU als Präs. und FAUSTIN TWAGIRAMUNGU als Premiermin. ein, die sich zur Demokratisierung und zu den Vereinbarungen von Arusha bekannte.
Währenddessen flohen aus Furcht vor Racheakten der siegreichen RPF-Truppen ca. 1,5 Mio. Hutu v. a. nach Zaire, was die ohnehin gespannte Situation in den Flüchtlingslagern wegen mangelhafter Hygiene und Versorgung noch verschlimmerte; allein in den Lagern in Zaire starben mehr als 50 000 Menschen. Der Abzug der Franzosen aus der Sicherheitszone im SW R.s im Aug. löste eine weitere

Fluchtwelle von Hunderttausenden Hutu aus, obwohl sie von afrikan. UNO-Truppen abgelöst wurden. Trotz der Sicherheitsgarantien der Reg. in Kigali, die sich ganz auf den Wiederaufbau R.s konzentrieren will, ließen sich wegen der zunehmend gewalttätigen Einschüchterungsversuche der Hutu-Führer und -Milizen, die sich nach ihrer Flucht nach Ostzaire neu formierten und Gerüchte über Vergeltungsmaßnahmen der Tutsi verbreiteten, nur wenige Flüchtlinge zur Rückkehr nach R. bewegen.

### Rumänien

**Hauptstadt:** Bukarest
**Einwohner:** 23,4 Mio.
**Einwohner/km²:** 98
**Staatsoberhaupt:**
I. Iliescu
**Regierungschef:**
N. Văcăroiu
**BSP/Einwohner:**
1 090 US-$

### Wirtschaftliche Entwicklung

1994 konnte der Produktionsrückgang der letzten Jahre gestoppt werden. Im Vordergrund der Wirtschaftspolitik stand erneut die Bekämpfung der Inflation, die auf unter 100 % gesenkt werden konnte. Die Arbeitslosenquote lag bei 11 %. Die Öffnung R.s für ausländ. Investoren wurde von den Nationalisten als ›Ausverkauf‹ kritisiert. Die Reg. setzte ihre Hoffnungen v. a. auf Kredite des Internat. Währungsfonds (IWF) und der Weltbank, die im April 1994 gewährt wurden. Die Erträge der teilweise privatisierten Landwirtschaft waren gering, weil den Bauern die Mittel für Saatgut und Landmaschinen fehlten.

### Innen- und Außenpolitik

Die innenpolit. Lage des Landes erwies sich 1994 als relativ stabil, obwohl die Reg. das von der Partei der Sozialen Demokratie Rumäniens (PDSR) gestellte Kabinett des MinPräs. NICOLAE VĂCĂROIU seit den Wahlen vom Herbst 1992 nur noch über knapp 30 % der Parlamentssitze verfügt und seither von der Unterstützung der Parteien des links-nationalist. Spektrums abhängig ist. Durch eine Kabinettsumbildung im Aug. wurde die minderheitenfeindlich eingestellte Partei der Rumän. Nat. Einheit (PRNE) an der Reg. beteiligt.

Die weitere Integration in die militär. und polit. Bündnisse des Westens blieb für R. ein wichtiges Ziel seiner Außenpolitik. Als erstes Land trat R. bereits im Jan. 1994 dem NATO-Programm ›Partnerschaft für den Frieden‹ bei. Der beim Beitritt zum Europarat im Nov. 1993 erteilten Auflage, ein Minderheitengesetz zu verabschieden, kam R. nicht nach. Die Beziehungen zum benachbarten Moldawien kühlten ab, nachdem sich deren Bewohner in dem Referendum vom 6. März gegen eine Vereinigung mit R. ausgesprochen hatten.

**Rundfunkurteil:** Das Bundesverfassungsgericht erklärte in seinem achten Rundfunkurteil am 22. Febr. das derzeitige Verfahren der Festsetzung der Rundfunkgebühren allein durch die Länderparlamente als teilweise verfassungswidrig, da es eine polit. Einflußnahme auf die Programme von ARD und ZDF nicht ausschließe und daher gegen die in Art. 5 GG festgelegte Rundfunkfreiheit verstoße. Die nächste, 1997 fällige Gebührenerhöhung, müsse deshalb aufgrund einer Neuregelung erfolgen. Ein politikfreies Gremium, das sich aus Vertretern der Landesrechnungshöfe und Sachverständigen aus Wirtschaft, Rundfunk und Medienwiss. zusammensetze, habe künftig die Gebühren festzusetzen, nachdem ARD und ZDF ihren Finanzbedarf angemeldet hätten. Die öffentl.-rechtl. Sender würden dadurch aus ihrer bisherigen Abhängigkeit von den Werbeeinnahmen weitgehend befreit. Ihre Position im dualen Rundfunksystem wurde gestärkt, da das Karlsruher Urteil ihre Bestands- und Entwicklungsgarantie fortschrieb.

## Rußland

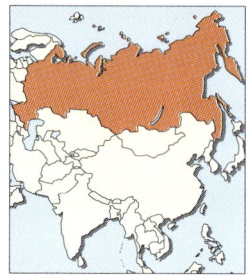

**Hauptstadt:** Moskau
**Einwohner:**
149,3 Mio.
**Einwohner/km²:** 9
**Staatsoberhaupt:**
B. N. Jelzin
**Regierungschef:**
W. S. Tschernomyrdin
**BSP/Einwohner:**
2 680 US-$

### Wirtschaftsreformen ohne Schocktherapie

Trotz Rückschlägen gelang es der Reg., die monatl. Inflationsrate immer deutlicher unter 10 % zu drükken (Juni: 4,8 %). Der Internat. Währungsfonds gab deshalb am 20. April die zweite Tranche eines Kredits für den Systemübergang frei. Allerdings konnten aufgrund der drastisch gesunkenen Staatseinnahmen die russ. Zusagen für eine Begrenzung des Haushaltsdefizits nicht eingehalten werden; das Defizit erreichte 10,4 % des BSP. Am 4. Juni stundete der Pariser Club russ. Auslandsschulden in Höhe von 7 Mrd. US-$. Nach einem drast. Kurseinbruch des Rubel am 11. Okt. mit einer Tagesabwertung gegenüber dem US-Dollar um 22 %, der nur durch massive Stützkäufe der Zentralbank aufgefangen wurde, stieg die Inflation wieder an.

Am 1. Juli ordnete JELZIN eine Aufhebung der Exportquoten für Erdöl, eine Senkung der Unternehmenssteuern, eine Liberalisierung des Handels bei gleichzeitiger Verschärfung der Zollkontrollen und die Schaffung von Anreizen für ausländ. Investoren an. Die Industrieproduktion war im ersten Halbjahr 1994 um 26 % gesunken, die Betriebe waren hoch verschuldet. Neben Getreide gingen auch andere landwirtschaftl. Erträge drastisch zurück (die Buttererzeugung z. B. um 33 %). Den steigenden Exportzahlen für Rohstoffe und Energie standen gesunkene Weltmarktpreise gegenüber. Die Ausfuhr in die GUS-Staaten brach merklich ein.

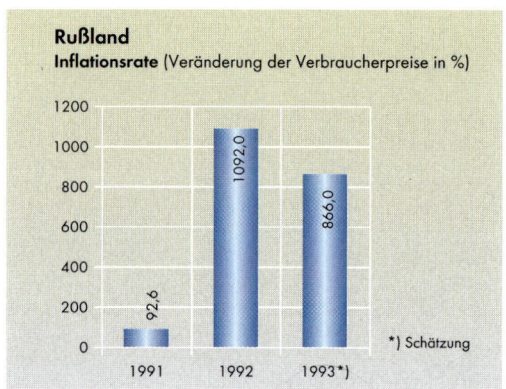

**Rußland**
**Inflationsrate** (Veränderung der Verbraucherpreise in %)

| | 1991 | 1992 | 1993* |
|---|---|---|---|
| | 92,6 | 1 092,0 | 866,0 |

*) Schätzung

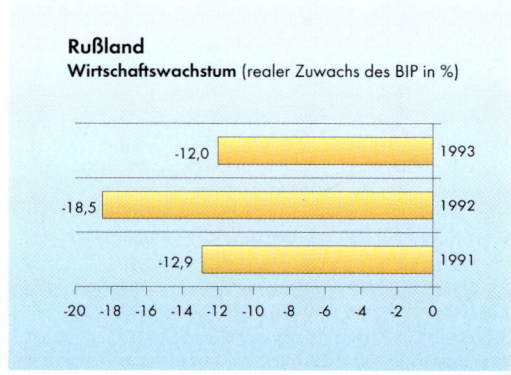

**Rußland**
**Wirtschaftswachstum** (realer Zuwachs des BIP in %)

| Jahr | Wert |
|---|---|
| 1993 | -12,0 |
| 1992 | -18,5 |
| 1991 | -12,9 |

Bei der Privatisierung behielt die Reg. die Initiative. Nach ihren Angaben waren im April 41 % der Industriearbeiter in (teil-)privatisierten Firmen beschäftigt. Am 30. Juni endete die unentgeltliche, in ihrem Nutzen für die Bevölkerung angezweifelte, Gutschein-(Voucher-)Privatisierung für Staatsbetriebe außerhalb der Landwirtschaft. An ihre Stelle trat der freie Verkauf von Anteilen. Als die Staatsduma am 21. Juli ihre Zustimmung versagte, dekretierte JELZIN im Interesse des Umbaus der Wirtschaft die Befreiung des ausländ. Kapitals von der föderalen Gewinnsteuer für bis zu fünf Jahre. Außerdem strich er Restriktionen für ausländ. Banken.

Zu den negativen Folgen der Reformen gehörten die in die Höhe schnellenden Arbeitslosenzahlen (nach niedrigen inoffiziellen Schätzungen 7 bis 8 Mio.). Die Mehrzahl der Betriebe wartete auf staatl. Eingriffe und Subventionen. Erstmals kündigte die Reg. die Schließung unrentabler Unternehmen an. Die Investitionsquote v. a. in der verarbeitenden Industrie und im Bereich Infrastruktur sank auf nur noch 15 % des BIP.

### Innenpolitischer Ausgleich

Trotz turbulenter Umstände beim Zusammentritt des im Dez. 1993 gewählten Parlaments am 11. Jan. stabilisierte sich die polit. Lage in den ersten neun Monaten. MinPräs. TSCHERNOMYRDIN vermittelte geschickt zw. der Staatsspitze, der Staatsduma (Unterhaus) und dem Föderationsrat (Oberhaus). Nach den Rücktritten der Reformer, des stellv. MinPräs. JEGOR T. GAIDAR und des Finanzmin. BORIS FJODOROW, Mitte Jan. erklärte TSCHERNOMYRDIN die ›Zeit der marktwirtschaftl. Romantik‹ für beendet, bekannte sich aber zu einem behutsamen Reformkurs. Damit geriet die Reg. aus der Schußlinie der Befürworter und Gegner eines zielstrebigen Wandels. Gegen die wachsende Kriminalität, der am 27. April erstmals ein Abgeordneter zum Opfer fiel, blieb die Reg. vorerst machtlos. Die unklaren Mehrheitsverhältnisse und instabilen Fraktionen in der Duma verhinderten nahezu jede ernsthafte Gesetzesinitiative. Dies stärkte die Präsidialherrschaft Präs. JELZINS, der mit Dekreten regierte und sich auch nicht durch den Parlamentsbeschluß vom 23. Febr. über die Amnestie der Oktoberputschisten herausfordern ließ, womit er einen Verfassungskonflikt wie 1993 vermied; der ebenfalls angeklagte frühere stellv. Verteidigungsmin. WARENNIKOW, der die Amnestie für sich ablehnte, wurde am 11. Aug. freigesprochen. Während sich die Kommunisten unter GENNADIJ SJUGANOW durch Flügelbildung neutralisierten, erhielt der Extremist WLADIMIR W. SCHIRINOWSKIJ in dem am 26. Febr. aus der Haft entlassenen ALEXANDER W. RUZKOJ einen Konkurrenten auf der Rechten. Die medienwirksame Rückkehr des 1974 ausgebürgerten Literaturnobelpreisträgers SOLSCHENIZYN zog nur kurz die Aufmerksamkeit der Öffentlichkeit auf sich.
Im Verhältnis zu den Regionen der Russ. Föderation strebte die Reg. wie in der gesamten Innenpolitik nach einem ›Bürgerfrieden‹, den ein Memorandum des Präs. vom 28. April besiegeln sollte. Die Unterzeichnung der darin festgelegten Verpflichtung, auf Gewalt und vorgezogene Neuwahlen zu verzichten, verweigerten Kommunisten und Nationalisten sowie einige regionale Führer.

### Krieg gegen Tschetschenien

Die anfangs zurückhaltende Politik gegenüber dem erdölreichen Tschetschenien gab Moskau Anfang September wegen der dortigen Kämpfe auf und unterstützte die gegen den nach Unabhängigkeit strebenden Präs. DSCHOCHAR DUDAJEW kämpfenden Kräfte. Trotz der Aufnahme von Verhandlungen mit Tschetschenien am 6. Dez. verstärkte Moskau seine Truppen an der Grenze zu der Autonomen Rep.; am 11. Dez. begann die russ. Militärintervention mit dem Vormarsch auf die tschetschen. Hauptstadt Grosnyj. Russ. Einheiten drangen in den folgenden Wochen, unterstützt von Luftangriffen auf militär. und zivile Ziele, trotz erbitterten Widerstands in das Zentrum Grosnyjs vor.

Der frühere russische Vizepräsident Alexander Ruzkoj (rechts), der wie andere Putschisten des Oktobers 1993 amnestiert wird, nach seiner Freilassung am 26. Februar. Ende September bekräftigt Ruzkoj seine Absicht, bei den nächsten Präsidentschaftswahlen zu kandidieren

### Regierungskrise

Auf den dramat. Wertverfall des Rubel am 11. Okt. reagierte JELZIN mit der Entlassung des Finanzmin. SERGEJ DUBININ am 12. Okt. Am gleichen Tag überstimmte das zumeist als schwach eingeschätzte Parlament erstmals mit Zweidrittelmehrheit ein Veto JELZINS, das ein Gesetz zur Festlegung des Haushalts 1995 blockieren sollte. Zwei Tage später trat Zentralbankchef WIKTOR GERASCHTSCHENKO zurück (neue Amtsinhaberin: TATJANA PARAMONOWA). Das Mißtrauensvotum in der Duma am 27. Okt., auf das sich die Opposition wochenlang vorbereitet hatte und womit sie v. a. die angestrebte Forcierung der Wirtschaftspolitik von JELZIN und TSCHERNOMYRDIN angriff, überstand die Reg. nur dadurch, daß JELZIN kurz zuvor den der Agrarfraktion angehörenden ALEXANDER NASARTSCHUK als neuen Landwirtschaftsmin. berufen hatte. Die folgende Regierungsumbildung stärkte das polit. Gewicht des Präs. und strebte nach einem Ausgleich zw. Duma und Exekutive. Die Ernennung des Radikalreformers IGOR TSCHUBAIS zum Ersten stellv. MinPräs. signalisierte keine Kursänderung, da zugleich der Kompromißkandidat JEWGENIJ JASSIN den Reformer ALEXANDER SCHOCHIN als Wirtschaftsmin. ablöste. Neu besetzt wurde ferner u. a. das Amt des Finanzmin. (WLADIMIR PANSKOW). Der wegen des unter Korruptionsverdacht geratenen ehem. Kommandeurs der Westgruppe der russ. Streitkräfte, BURLAKOW, in Bedrängnis geratene Verteidigungsmin. GRATSCHOW konnte sich unterdessen noch behaupten.

Im Aug. hatte R. ungewollt die Aufmerksamkeit der Weltöffentlichkeit auf sich gezogen, als in Deutschland aus Moskau stammendes Plutonium gefunden wurde (→Nuklearkriminalität). Wegen seiner Informationspolitik geriet R. auch in die Kritik, als in der Polarrepublik Komi im Okt. der Damm einer seit Febr. lecken Pipeline brach; geschätzt wurde, daß achtmal soviel Öl in die Umwelt abgegeben wurde wie beim Tankerunglück der Exxon Valdez 1989 vor Alaska.

Als erste Amtshandlung zeichnet Forschungsminister Jürgen Rüttgers (links) gemeinsam mit Hilmar Kopper (Deutsche Bank, rechts) den Norweger Jan Öyulvstader als Sieger im Wettbewerb ›Europas Jugend forscht für die Umwelt‹ aus

Tausende von verunsicherten Kleinanlegern belagern aufgrund von Gerüchten über eine bevorstehende Pleite am 27. Juli die Geschäftsstelle der Moskauer Investmentgesellschaft MMM. Diese hatte mit spektakulären Gewinnversprechungen seit Februar Millionen Anleger angelockt

### Außenpolitik mit Großmachtanspruch

In dem Bestreben, nach Jahren der Schwäche wieder als Großmacht aufzutreten, lief die Jelzin-Administration den oppositionellen Nationalisten zeitweise den Rang ab. Nach dem Besuch des amerikan. Präs. und einer Vereinbarung über die Vernichtung ukrain. Atomwaffen vom 13. Jan. verbesserten sich die russ.-amerikan. Beziehungen weiter. Anfang Sept. fand im Südural ein gemeinsames Stabsmanöver statt. Bei seinem Gegenbesuch Ende Sept. in Washington erreichte JELZIN amerikan. Zusagen über Investitionen. Ein weiterer Erfolg war am 10. Juli die Teilnahme am Gipfeltreffen der G-7-Staaten in Neapel. Im Konflikt in Bosnien und Herzegowina, im Nahen Osten, am Golf und in der

Frage der Kontrolle nordkorean. Atomanlagen spielte sich die russ. Diplomatie geschickt in den Vordergrund.

Bei den Verhandlungen über den Beitritt zum NATO-Programm ›Partnerschaft für den Frieden‹ gelang es R. allerdings nicht, einen Sonderstatus durchzusetzen, am 22. Juni unterzeichnete JELZIN in Brüssel das Rahmendokument ohne Vorbedingungen. Im Frühjahr fand ein Manöver von russ. und NATO-Marineeinheiten statt. Beim Treffen des NATO-Kooperationsrates und dem KSZE-Gipfel Anfang Dez. kam es zum offenen Streit zw. R. und den USA über die Ost-Erweiterung der NATO. R., das den Zeitplan für die Aufnahme neuer Mitglieder in die NATO ablehnt, verweigerte die Unterzeichnung des Arbeitsprogramms zur Regelung der Sonderbeziehungen zw. R. und dem Bündnis.

Mit der EU wurde am 11. Mai ein auf zehn Jahre befristetes Abkommen über Partnerschaft und Zusammenarbeit abgeschlossen, das JELZIN am 24. Juni beim EU-Gipfeltreffen auf Korfu unterzeichnete. Es visiert für die Jahrtausendwende eine Freihandelszone an, soll den Nuklearhandel steuern und einer Lockerung der Restriktionen gegen ausländ. Firmen und Banken in R. dienen.

V. a. in den balt. Staaten löste die Ankündigung vom 18. Jan. über Schutzmaßnahmen für die russ. Minderheiten große Besorgnis aus. Bestandteil der ›Kosyrew-Doktrin‹ wurde die am 12. Juli bekundete Bereitschaft, russ. Militärstützpunkte möglicherweise auch außerhalb der GUS einzurichten. Im Grenzstreit mit Estland lehnte JELZIN wiederholt jedes Entgegenkommen ab. Trotzdem gelang es, u. a. auf westl. Drängen hin, sich auf den endgültigen Abzug der letzten russ. Truppen aus dem Baltikum am 31. Aug. zu einigen. Zeitgleich wurde der Truppenabzug aus Deutschland mit einer Abschiedsfeier unter Teilnahme von JELZIN und Bundeskanzler KOHL in Berlin abgeschlossen. Erstmals seit 1957 besuchte Anfang Sept. wieder ein chin. Staats- und Parteichef Moskau: Nach dem Grenzabkommen vom 12. Juli wurde u. a. der ge-

genseitige Verzicht auf den atomaren Erstschlag festgelegt. Am 18. Okt. traf Königin ELISABETH II. als erster brit. Monarch in R. ein.

**Rüttgers,** Jürgen, Politiker (CDU), *Köln 26. 6. 1951. – Am 17. Nov. wurde R. als Bundesmin. für Bildung, Wiss., Forschung und Technologie (›Zukunftsministerium‹) vereidigt. Sein Ressort wurde nach der Bundestagswahl am 16. Okt. neu geschaffen und soll Maßnahmen aus den Bereichen Forschung und Bildungswesen v. a. im Hinblick auf Zukunftsaufgaben bündeln.
R. ist seit 1987 MdB und leitete 1987–89 die Enquete-Kommission ›Technikfolgen-Abschätzung und -Bewertung‹. Seit April 1989 war er parlamentar. Geschäftsführer der CDU/CSU-Fraktion.

## S

### Saarland

**Hauptstadt:** Saarbrücken
**Einwohner:** 1,1 Mio.
**Einwohner/km²:** 422
**Regierungschef:** O. Lafontaine
**BIP/Einwohner:** 37 000 DM

Wirtschaftlich litt das S. nach wie vor unter der Montankrise, insbes. den Folgen des Konkurses der Saarstahl AG im Mai 1993 für die Zulieferbetriebe. Zur Sicherung des heim. Bergbaus plante die Landesreg. die Errichtung eines neuen großen Kohlekraftwerks in Bexbach. 1993 wies das S. mit einer Zunahme des realen BIP von 0,2 % unter allen Bundesländern das geringste Wachstum auf.

Die SPD blieb bei den Kommunalwahlen am 12. Juni zwar die stärkste Partei, verlor aber die absolute Mehrheit in Saarbrücken und in drei der sechs Landkreise. Sie stützte sich nach wie vor auf die Popularität ihres MinPräs. OSKAR LAFONTAINE, der allerdings im Mittelpunkt einiger Kontroversen stand. Diese betrafen v. a. das neue Pressegesetz, das die Zeitungen in jedem Fall zum Abdruck von Gegendarstellungen zwingt, die steuerl. Behandlung einer Zwick-Firma, die ihren Geschäftssitz aus Bayern ins S. verlegt hatte, und den persönl. Lebensstil des MinPräs. Während die FDP bei den letzten Kommunalwahlen bedeutungslos wurde, konnten CDU und Grüne leicht aufholen. Die Landtagswahl wurde im Aug. mit einer Zweidrittelmehrheit des Landtags auf den Termin der Bundestagswahl am 16. Okt. vorgezogen; die beiden großen Parteien rechneten dabei mit takt. Vorteilen. LAFONTAINE war Spitzenkandidat der SPD, für die CDU kandidierte Bundesmin. TÖPFER.
Die Landtagswahl brachte den Sozialdemokraten zwar Verluste, dennoch erreichten sie mit 49,4 % der Stimmen (1990: 54,4 %) die absolute Mehrheit der Mandate. Die CDU verbuchte Gewinne und kam auf 38,6 % gegenüber 33,4 % 1990. Bündnis 90/Die Grünen erreichte mit 5,5 % der Stimmen knapp den Einzug in den saarländ. Landtag, während die FDP mit 2,1 % auch hier deutlich an der Fünfprozenthürde scheiterte.

### Sachsen

**Hauptstadt:** Dresden
**Einwohner:** 4,6 Mio.
**Einwohner/km²:** 252
**Regierungschef:** K. Biedenkopf
**BIP/Einwohner:** 17 600 DM

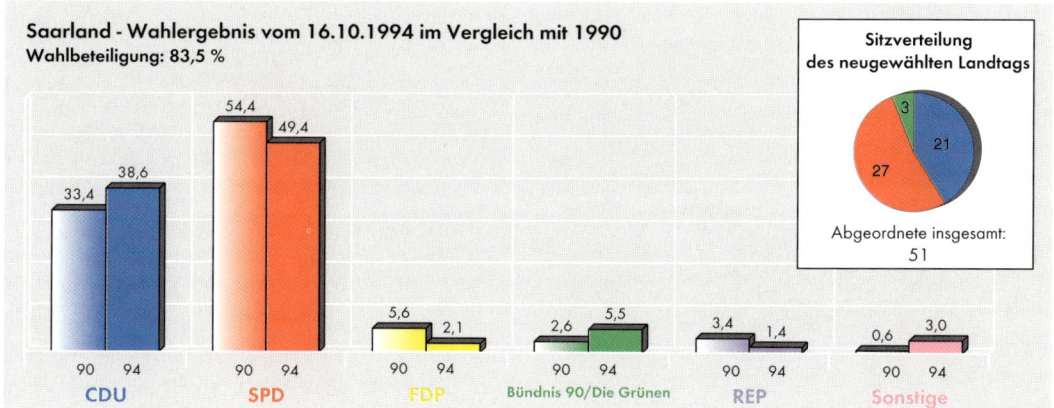

**Saarland - Wahlergebnis vom 16.10.1994 im Vergleich mit 1990**
Wahlbeteiligung: 83,5 %

Sitzverteilung des neugewählten Landtags

Abgeordnete insgesamt: 51

| | CDU | SPD | FDP | Bündnis 90/Die Grünen | REP | Sonstige |
|---|---|---|---|---|---|---|
| 90 | 33,4 | 54,4 | 5,6 | 2,6 | 3,4 | 0,6 |
| 94 | 38,6 | 49,4 | 2,1 | 5,5 | 1,4 | 3,0 |

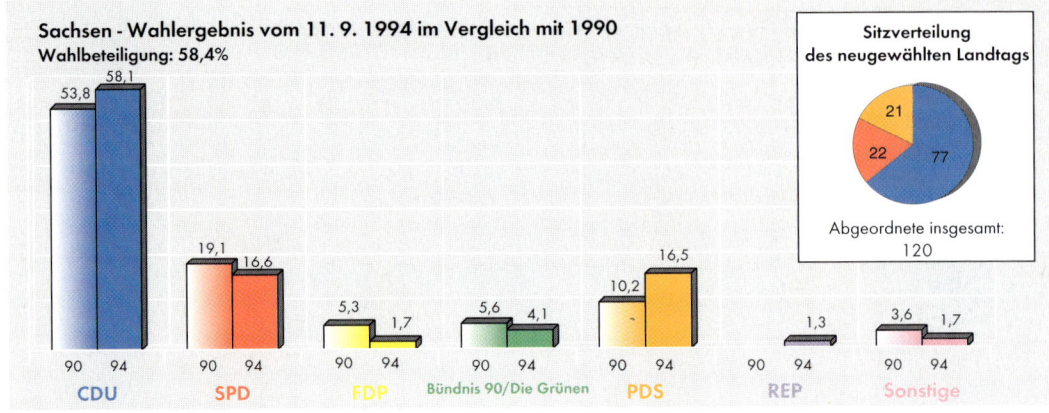

Sachsen - Wahlergebnis vom 11. 9. 1994 im Vergleich mit 1990
Wahlbeteiligung: 58,4%

Sitzverteilung des neugewählten Landtags

21 / 22 / 77

Abgeordnete insgesamt: 120

| | CDU | SPD | FDP | Bündnis 90/Die Grünen | PDS | REP | Sonstige |
|---|---|---|---|---|---|---|---|
| 90 | 53,8 | 19,1 | 5,3 | 5,6 | 10,2 | | 3,6 |
| 94 | 58,1 | 16,6 | 1,7 | 4,1 | 16,5 | 1,3 | 1,7 |

### Anhaltende Wirtschaftsprobleme, aber dynamische Entwicklung bei Dienstleistungen

Die Stadtregion Leipzig avancierte zum neuen dynam. Dienstleistungszentrum, und auch für Dresden fiel im Aug. nach der Ansiedlung der Siemens AG eine weitere große Investitionsentscheidung zum Bau einer Chipfabrik. Dagegen blieb das südöstl. Grenzgebiet des Freistaats außerordentlich strukturschwach. Insgesamt verzeichnete die sächs. Wirtschaft 1993 ein reales Wachstum von 19,1%. Die Umweltbelastungen konnten nicht abgebaut werden, insbes. im ehem. Uranabbaugebiet um Aue. Stark kontaminiert ist auch das ehem. Militärgelände der sowjet. bzw. russ. Streitkräfte. Der Landeshaushalt für 1994, der eine Steigerung um 13,8% gegenüber 1993 aufwies, wurde nur zu 28,9% aus Steuermitteln erwirtschaftet, zu 20,5% jedoch durch Neuverschuldung finanziert. Im Febr. wurde das neue Landtagsgebäude in Dresden eingeweiht, ein moderner Stahlbetonbau für 120 Mio. DM.

### Wahlsieger CDU bei Kommunal- und Landtagswahlen

Der Freistaat S. wird als einziges Bundesland von der CDU mit absoluter Mehrheit regiert. Die CDU blieb bei der Kommunalwahl am 12. Juni mit 38,1% stärkste Partei und erreichte ein besseres Ergebnis als in den anderen neuen Ländern; sie stellt damit in allen Kreisen des Freistaats die Landräte. Die PDS schnitt bei den Europawahlen mit 16,6% schlechter ab als in den anderen neuen Ländern, ihr Kandidat setzte sich aber in Hoyerswerda als Bürgermeister durch. Die SPD konnte sich um 6,9% auf 21,6% verbessern. In Dresden, Plauen, Zwickau und Görlitz stellt die CDU den Bürgermeister, in Leipzig die SPD. Wegen einer Beschwerde beim Sächs. Verfassungsgericht gegen das Kreisreformgesetz vom Mai 1993, das am 23. Juni schließlich für z. T. verfassungswidrig und damit nichtig erklärt wurde, konnte die Wahl in drei Landkreisen und einigen Gemeinden nicht stattfinden.
Bei den Landtagswahlen am 11. Sept. erreichte MinPräs. Kurt Biedenkopf, der im Wahlkampf stark auf das sächs. Identitätsgefühl gesetzt hatte, ein überwältigendes Ergebnis. Die Wahlbeteiligung war mit 58,4 % jedoch gering. Die SPD, die v. a. eine stärkere Bekämpfung der Arbeitslosigkeit gefordert hatte, verlor bei der Landtagswahl weiter an Stimmen und verzeichnete einen Negativrekord bei Landtagswahlen. Sie liegt mit 16,6 % der Stimmen nur ein Mandat vor der PDS, die auf 16,5 % kam. Die FDP scheiterte an der Fünfprozenthürde und erreichte ebenfalls einen Tiefststand. Die Partei Bündnis 90/Die Grünen scheiterte knapp an der Fünfprozentklausel, ein Grund dafür war offenbar die separate Kandidatur des ›Neuen Forums‹.

### Sachsen-Anhalt

**Hauptstadt:**
Magdeburg
**Einwohner:** 2,8 Mio.
**Einwohner/km²:** 137
**Regierungschef:**
R. Höppner
(seit 21. 7. 1994)
**BIP/Einwohner:**
17 900 DM

### Kampf um ostdeutsche Chemiestandorte

Mit einer Arbeitslosenquote von 16,9 % (Aug.) lag S.-A. bundesweit an erster Stelle. Kurz vor der Landtagswahl kam die Einigung der Treuhandanstalt mit der frz. Firma Elf Aquitaine zustande, die sich verpflichtete, bei →Leuna eine moderne Raffinerie zu bauen und damit zum Erhalt des ostdt. Chemiestandorts beizutragen. Der Landeshaushalt 1994 wurde zu je einem Viertel aus Steuermitteln und aus Krediten finanziert, der Rest kam aus Bundes- und Europamitteln bzw. vom Fonds Dt. Einheit. Die Budgetsteigerung für 1994 betrug 8,7 %.

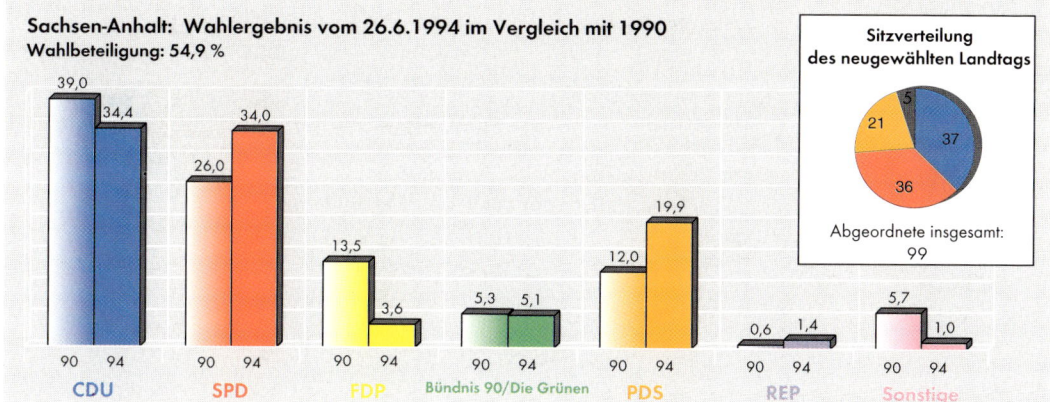

**Sachsen-Anhalt: Wahlergebnis vom 26.6.1994 im Vergleich mit 1990**
Wahlbeteiligung: 54,9 %

CDU 90: 39,0 — 94: 34,4
SPD 90: 26,0 — 94: 34,0
FDP 90: 13,5 — 94: 3,6
Bündnis 90/Die Grünen 90: 5,3 — 94: 5,1
PDS 90: 12,0 — 94: 19,9
REP 90: 0,6 — 94: 1,4
Sonstige 90: 5,7 — 94: 1,0

Sitzverteilung des neugewählten Landtags
37 · 36 · 21 · 5
Abgeordnete insgesamt: 99

## Wahlmarathon, Bildung einer rot-grünen Minderheitsregierung

Der am 2.12. 1993 gewählte CHRISTOPH BERGNER (CDU) konnte die Reg. innerhalb weniger Monate weitgehend stabilisieren. Bei den Kommunalwahlen am 12. Juni erreichte die CDU 31,2% der Stimmen, sie verschlechterte sich gegenüber dem Ergebnis von 1990 um 4,6%. Die SPD erreichte 29,7%, die PDS 18,2%.

Bei der vorgezogenen Landtagswahl am 26. Juni blieb die CDU ebenfalls mit 34,4% der Stimmen knapp stärkste Partei. Ihr Koalitionspartner FDP, der 1990 noch mit 13,5% ein außergewöhnl. Ergebnis errungen hatte, zog nicht mehr in den Landtag ein. Auch die Position in Halle, wo die FDP 1990 mit Hilfe eines ›Genscher-Wahlkampfes‹ in dessen Heimatstadt ihren einzigen direkten Bundestagskandidaten durchgebracht hatte, konnte nicht gehalten werden. Insgesamt verloren die Koalitionspartner 14,5% der Stimmen.

Überraschend bildeten SPD und Bündnis 90/Die Grünen mit zusammen 41 Mandaten eine Minderheitsreg. und sind damit in einzelnen Fällen auf die Unterstützung der oppositionellen PDS angewiesen. Diese Regierungsbildung rief bundesweite Diskussionen hervor, die z.T. sehr polemisch geführt wurden. Am 21. Juli wurde der SPD-Vors. REINHARD HÖPPNER im dritten Wahlgang mit 48 von 95 Stimmen zum MinPräs. gewählt. Bereits im Nov. erklärte jedoch Wirtschaftsmin. JÜRGEN GRAMKE, der die Arbeit im Kabinett zunehmend von Rücksichtnahme auf die PDS bestimmt sah, seinen Rücktritt aus dem rot-grünen Minderheitskabinett. Nachfolger im Amt wurde KLAUS SCHUCHT, ehem. Vorstandsmitgl. der Treuhandanstalt.

Am 12. Mai kam es in →Magdeburg zu schweren ausländerfeindl. Ausschreitungen.

**Sager,** Krista, Politikerin (Bündnis 90/Die Grünen), *Bremen 28. Juli 1953. – Auf der Parteikonferenz am 3. Dez. in Potsdam wurde die hamburg. Gymnasiallehrerin zur neuen Sprecherin des Bundesvorstands der Partei gewählt. Sie folgt MA-RIANNE BIRTHLER im Amt nach. – Noch während ihrer Schulzeit stieß sie zur sozialist. Schüler- und Studentenbewegung und arbeitete seit Mitte der 1970er Jahre in Bürgerinitiativen gegen Atomkraft mit. Ende der 1970er Jahre engagierte sie sich in der Arbeit mit türk. Flüchtlingen. 1989–93 gehörte S. der Hamburger Bürgerschaft an, zunächst in der Frauenfraktion der Grün–Alternativen Liste (GAL), 1990–91 dann in der unabhängigen Frauenfraktion, 1991–93 war sie Fraktionsvors. der GAL-Bürgerschaftsfraktion und Sprecherin für Wirtschaft.

## Saint Kitts und Nevis

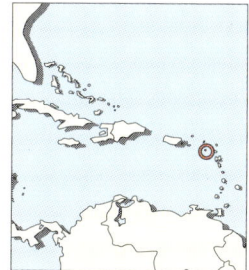

**Hauptstadt:** Basseterre
**Einwohner:** 42 000
**Einwohner/km²:** 161
**Staatsoberhaupt:** Elisabeth II.
**Regierungschef:** K. A. Simmonds
**BSP/Einwohner:** 3 990 US-$

## Saint Lucia

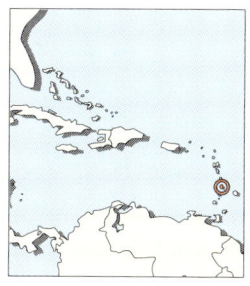

**Hauptstadt:** Castries
**Einwohner:** 139 000
**Einwohner/km²:** 223
**Staatsoberhaupt:** Elisabeth II.
**Regierungschef:** J. Compton
**BSP/Einwohner:** 2 900 US-$

## Saint Vincent and the Grenadines

**Hauptstadt:**
Kingstown
**Einwohner:** 110 000
**Einwohner/km²:** 284
**Staatsoberhaupt:**
Elisabeth II.
**Regierungschef:**
J. F. Mitchell
**BSP/Einwohner:**
1 990 US-$

Bei den Parlamentswahlen am 21. Febr. erhielt die New Democratic Party die absolute Mehrheit, womit die Wähler den amtierenden Premiermin. JAMES F. MITCHELL zum dritten Mal in Folge zur Fortsetzung seiner Regierungstätigkeit legitimierten.

## Salomoninseln

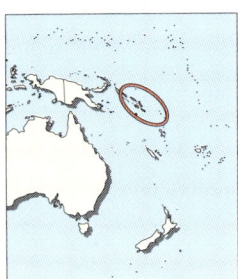

**Hauptstadt:** Honiara
**Einwohner:** 354 000
**Einwohner/km²:** 12
**Staatsoberhaupt:**
Elisabeth II.
**Regierungschef:**
S. Mamaloni
(seit 7. 11. 1994)
**BSP/Einwohner:**
710 US-$

Das Parlament der S. wählte am 7. Nov. SOLOMON MAMALONI zum neuen Premiermin., nachdem der bisherige Amtsinhaber F. B. HILLY am 13. Okt. von Generalgouverneur MOSES PITAKAKA nach dem Verlust der Parlamentsmehrheit abgesetzt worden war. HILLY weigerte sich zunächst, sein Amt niederzulegen, gab aber am 31. Okt. nach. Für MAMALONI ist es bereits die dritte Amtszeit.

## Sambia

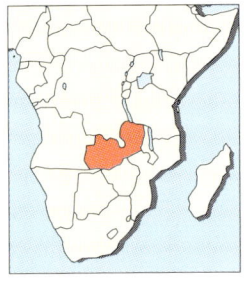

**Hauptstadt:** Lusaka
**Einwohner:** 8,9 Mio.
**Einwohner/km²:** 12
**Staatsoberhaupt:**
F. Chiluba
**Regierungschef:**
F. Chiluba
**BSP/Einwohner:**
290 US-$

Präs. FREDERICK CHILUBA sah sich im Jan. unter steigendem internat. Druck gezwungen, eine Kabinettsumbildung vorzunehmen, da Regierungsmitglieder in Korruption und Drogengeschäfte verwickelt waren. Neuer Außenmin. wurde REMMY MUSHOTA, neuer Innenmin. CHITALU SAMPA; im Juli trat Vizepräs. LEVY MWANAWASA zurück. Das regierende Movement for Multiparty Democracy (MMD) behielt trotz dieser Turbulenzen eine stabile Position. Unter den Oppositionsparteien gewann nur die im Aug. 1993 gegründete National Party (NP), die vier von sechs Nachwahlen für sich entschied, an Bedeutung. Aufgrund der marktwirtschaftl. Öffnung wurden Subventionen abgebaut und auch auf dem für S. wichtigen Bergbausektor Firmen geschlossen. Die Privatisierung dieser Firmen gestaltete sich schwierig, zumal die Weltmarktpreise für Kupfer sanken und Investitionen vielfach unrentabel waren; bei den staatl. Unternehmen gab es zudem starke polit. Widerstände. Trotz eines sinkenden Lebensstandards unterstützte die Bevölkerung den Reformkurs. Im März wurde bei einem Treffen der Geberländer und -organisationen eine Finanzhilfe von 1,13 Mrd. US-$ gewährt.

**Samper Pisano,** Ernesto, kolumbian. Politiker (Partido Liberal, PL), * Bogotá 3. 8. 1950. – Bei den Präsidentschaftswahlen am 28. Mai erreichte der Kandidat des regierenden PL nur 45,3 % der Stimmen und ging erst aus der Stichwahl am 19. Juni mit 50,4 % ganz knapp als Sieger hervor. Am 7. Aug. trat S. P. sein Amt an.
Nach dem Studium der Rechts- und Wirtschaftspolitik leitete S. P. 1974–81 die Vereinigung der Banken und Finanzierungsgesellschaften; 1981 leitete er den Wahlkampf des dann gescheiterten Präsidentschaftskandidaten des PL und wurde 1982 UNO-Botschafter seines Landes. 1985 wurde er in den Senat gewählt, 1987 bestimmte ihn der PL zum neuen Parteivors. 1990 trat S. P. erstmals vergeblich zur Präsidentenwahl an. Der damalige neue Präs. CÉSAR GAVIRIA TRUJILLO ernannte ihn zum Min. für wirtschaftl. Entwicklung, doch schon 1991 ging S. P. als Botschafter nach Spanien, von wo er 1993 zur Vorbereitung seiner Kandidatur für die Präsidentschaftswahl zurückkehrte.

## San Marino

**Hauptstadt:**
San Marino
**Einwohner:** 24 000
**Einwohner/km²:** 392
**Staatsoberhaupt:**
›Capitani Reggenti‹
**Regierungschef:**
›Capitani Reggenti‹
**BSP/Einwohner:**
6 000 US-$

**Santer,** Jacques, luxemburg. Politiker (Christl.-Soziale Volkspartei, CSV), *Wasserbillig 18. 5. 1937. – Nachdem beim Gipfeltreffen der EU Ende Juni der Belgier JEAN-LUC DEHAENE am brit. Widerstand gescheitert und nicht zum neuen Kommissionspräs. der EU nominiert worden war, einigten sich die Staats- und Regierungschefs der EU überraschend schnell am 15. Juli auf den luxemburg. MinPräs. als Nachfolger von JACQUES DELORS.

S. studierte Jura in Straßburg und Paris und zusätzlich Wirtschaft und Finanzwirtschaft am Institut d'Études Politiques in Paris. Er machte zunächst eine Parteikarriere, die ihn 1972 erst zum GenSekr. und 1974 schließlich zum Präs. (bis 1982) der CSV führte. 1972 trat er als Staatssekr. in die Reg. von PIERRE WERNER (CSV) ein und machte sich einen Namen als sozialpolit. Reformer. 1975–79 war S. einer der Vizepräs. des Europ. Parlaments. 1979 bis 1984 gelang ihm als Finanzmin. die Umstrukturierung der luxemburg. Stahlindustrie. Ab 1984 führte S. als MinPräs. Koalitionsreg., v. a. mit der Luxemburg. Sozialist. Arbeiterpartei (LSAP). Nach seiner

Der luxemburgische Ministerpräsident Jacques Santer spricht zum Europaparlament vor seiner Wahl zum neuen Präsidenten der Europäischen Kommission am 21. Juli

Nominierung zum Präs. der Europ. Kommission am 15. Juli und seiner Bestätigung durch das Europ. Parlament gelang es S., in relativ kurzer Zeit die Aufgabenverteilung innerhalb der neuen EU-Kommission einvernehmlich zu regeln.

### São Tomé e Príncipe

**Hauptstadt:**
São Tomé
**Einwohner:** 127 000
**Einwohner/km²:** 132
**Staatsoberhaupt:**
M. Trovoada
**Regierungschef:**
C. da Graça
(seit 25. 10. 1994)
**BSP/Einwohner:**
370 US-$

Nach einem Zerwürfnis mit dem Präs. wurde Premiermin. NOBERTO COSTA ALEGRE im Juli entlassen und Verteidigungsmin. EVARISTO DE CARVALHO zu dessen Nachfolger ernannt. Zugleich gab der Präs. die Auflösung des Parlaments und die Ausschreibung vorzeitiger Neuwahlen für den 2. Okt. bekannt. Bei diesen gewann das Bündnis aus Mouvement pour la Libération de São Tomé e Príncipe und Parti Social-démocrate (MLSTP/PSD) 27 von 55 Sitzen; neuer Premiermin. wurde CARLOS DA GRAÇA.

### Saudi-Arabien

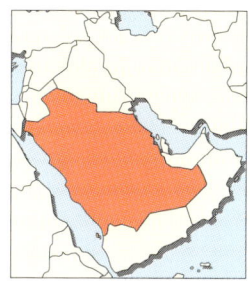

**Hauptstadt:** Riad
**Einwohner:** 16,5 Mio.
**Einwohner/km²:** 8
**Staatsoberhaupt:**
Fahd ibn Abd al-Asis
**Regierungschef:**
Fahd ibn Abd al-Asis
**BSP/Einwohner:**
7 940 US-$

Einkommensrückgänge in der Erdölwirtschaft durch Preisverfall auf dem Weltmarkt legten die strukturellen Schwächen der ausgabenorientierten Wirtschaft S.-A.s bloß und führten zu einer Zunahme der Verschuldung, zum Rückgang der Einlagen bei ausländ. Banken und zu Spekulationen mit der Landeswährung an den Devisenbörsen. In der Folge wurden Budgetkürzungen um rd. 20 % in fast allen Ressorts vorgenommen. Projekte mußten zurückgestellt, Subventionszahlungen zurückgenommen werden. Schwerpunkte des Aufbaus blieben Projekte zur Wasserversorgung (Entsalzungsanlagen) und die Modernisierung der Raffinerie von Ras Tanura. Uneingeschränkt fortgeführt wurde der Hochrüstungskurs, der seit der irak. Invasion Kuwaits verfolgt wird. Der Verbesserung der inneren Sicherheit in der Golfregion diente ein von S.-A., Bahrain, den VAE und Oman Ende Nov. in Riad unterzeichnetes Abkommen über eine verstärkte Zusammenarbeit der Polizeien.
Ein 60 Mitgl. umfassender, für fünf Jahre berufener Konsultativrat nahm 1994 seine Arbeit auf. Auch auf regionaler Ebene wurden Konsultativräte gebildet. Beide Maßnahmen stellen jedoch keinen wirkl. Schritt auf dem Weg zur Demokratisierung dar.

**Säugetiere:** Nachdem Zoologen in diesem Jahrhundert erst vier neue Großsäugerarten entdeckt hatten, berichteten 1994 gleich zwei Gruppen von einer neuen Art. Im vietnames. Vu Quang, wo bereits vor zwei Jahren eine neue Rinderart entdeckt worden war, fanden Zoologen die Knochen eines bes. großen Muntjakhirschs, der ihrer Meinung nach deutlich von den bisher bekannten Arten

Die namengebende Szene des Films ›Schindlers Liste‹, in der Oskar Schindler (Liam Neeson, links) und sein jüdischer Buchhalter Itzhak Stern (Ben Kingsley) eine Liste von über 1 100 jüdischen Arbeitern erstellen, die Schindler zu retten hofft

abweicht. Ein lebendes Exemplar dieses von der einheim. Bevölkerung wegen seines Fleisches gejagten Tiers konnten die Forscher jedoch nicht sichten.

Im indones. Teil Neuguineas stießen austral. Zoologen im Juli auf eine neue Baumkänguruhart. Das von den Einheimischen ›Bondegezou‹ (Mann der Gebirgswälder) genannte Tier nimmt nach Ansicht der Forscher eine Zwischenstellung zw. den am Boden lebenden Känguruharten und den Baumkänguruhs ein. Die Tiere sind etwa 1,2 m hoch, wiegen 15 kg und verständigen sich mit Pfeiflauten.

**Scharping,** Rudolf, Politiker (SPD), * Niederelbert (bei Montabaur) 2. 12. 1947. – S. wurde im Juni 1994 auf dem SPD-Parteitag in Halle/Saale mit überwältigender Mehrheit zum Kanzlerkandidaten der SPD gewählt. Als MinPräs. von Rheinland-Pfalz trat S. am 15. Okt. zurück, um nach der Bundestagswahl im Bundestag präsent sein zu können; am 18. Okt. wählte ihn die Bundestagsfraktion der SPD zu ihrem Vorsitzenden.

S., bereits während des Studiums politisch engagiert, war Landesvors. und stellv. Bundesvors. der Jusos. Nach Abschluß des Studiums der Polit. Wiss., Jura und Soziologie in Bonn wurde S. 1975 Landtagsabgeordneter im rheinland-pfälz. Landtag. 1979 wurde er parlamentar. Geschäftsführer der SPD-Fraktion, 1985 Landesvors. der SPD. 1991 wurde S. nach gewonnenen Landtagswahlen (44,8 %) erster SPD-MinPräs. von Rheinland-Pfalz. Nach dem Rücktritt des SPD-Bundesvors. Björn Engholm am 3. 5. 1993 wurde S. nach einer für ihn positiv verlaufenen Mitgliederbefragung (gegen Gerhard Schröder und Heidemarie Wieczorek-Zeul) auf einem Sonderparteitag am 25. 6. 1993 mit großer Mehrheit zum 6. Bundesvors. der SPD gewählt.

**Schindlers Liste,** amerikan. Spielfilm von Steven Spielberg über den Holocaust, ausgezeichnet 1994 mit insgesamt sieben Oscars. Der Schwarzweißfilm erzählt die Geschichte des sudetendt. Fabrikanten Oskar Schindler (* 1908, † 1974) vom dt. Einmarsch in Polen bis zur Kapitu-

lation im Jahr 1945: Schindler, selbst Mitgl. der NSDAP, folgt der Wehrmacht, um im besetzten Polen Geschäfte zu machen. Dank seiner Verbindungen zur SS ›leiht‹ er sich jüd. Arbeiter für seine Emaillefabrik aus. Als ihm das Ausmaß der Judenverfolgung bewußt wird, versucht er, so viele Menschen wie möglich zu retten. Sein Buchhalter erstellt eine Liste der Namen von über 1 100 Juden, die in Schindlers als kriegswichtig eingestufter Munitionsfabrik arbeiten können. Für sie bedeutet ›Schindlers Liste‹ das Überleben.

Der Film war von Anfang an umstritten. Als bekannt wurde, daß Spielberg Szenen in der Gedenkstätte des ehem. Konzentrationslagers Auschwitz drehen wollte, gab es vehemente Proteste seitens des Jüd. Weltkongresses. In Deutschland entfachte der Film eine Diskussion über die Darstellbarkeit des Genozids. Der frz. Regisseur Claude Lanzmann, der die neunstündige Holocaust-Dokumentation ›Shoa‹ gedreht hatte, plädierte für ein absolutes Bilderverbot, da auch eine noch so gewissenhafte Rekonstruktion dem Grauen der Vernichtung nicht gerecht werden könne. Die meisten Kritiker betonten aber die Notwendigkeit eines Films über das dunkelste Kapitel der dt. Geschichte angesichts rechtsradikaler und antisemit. Ausschreitungen in der Bundesrepublik.

«Was bitte, soll an diesem Programm nicht korrekt genug sein?»

## Schleswig-Holstein

**Hauptstadt:** Kiel
**Einwohner:** 2,7 Mio.
**Einwohner/km²:** 170
**Regierungschef:**
H. Simonis
**BIP/Einwohner:**
36 700 DM

Bei der Kommunalwahl am 20. März mußte die CDU Verluste hinnehmen, verbuchte mit 37,5 % ihr schlechtestes Ergebnis seit 1946 und errang nur noch im Kreis Dithmarschen eine Mehrheit. Auch die SPD verzeichnete nach dem Rücktritt von BJÖRN ENGHOLM 1993 mit 39,5 % Einbrüche und mußte in vielen Kreisen und Städten Koalitionen mit Bündnis 90/Die Grünen oder dem Südschleswigschen Wählerverband eingehen. Bündnis 90/Die Grünen stabilisierte sich mit 10,3 %, die FDP sank auf 4,4 % ab. Nach wie vor spielten in der Landespolitik die ›Nachwehen‹ der Barschel-Affäre eine Rolle, zugespitzt aber nun v. a. auf die Frage, ob SPD-Politiker frühzeitig davon Kenntnis hatten. Kontrovers wurden in S.-H. das Kernkraftwerk Brunsbüttel und der Sender PRO 7 diskutiert. Während die Landesreg. versuchte, mit Auflagen die Schließung des Kernkraftwerks herbeizuführen, zeigte sie an dem zur Kirch-Gruppe gehörenden Sender ein starkes Standortinteresse.
ENGHOLM, wegen eines Beratervertrages mit dem Stromkonzern Preussen Elektra unter Druck, legte zum 8. Nov. sein Landtagsmandat nieder.

**Schlippenbach,** Alexander von, Pianist und Komponist, *Berlin 7. 4. 1938. – Der Jazzmusiker S. erhielt den 1994 von der Union Dt. Jazzmusiker erstmals verliehenen, mit 20 000 DM dotierten Mangelsdorff-Preis.
S. studierte in Köln Komposition und gilt seit den 60er Jahren als namhafter Vertreter des Free Jazz. 1966 schaffte er auf den Berliner Jazztagen den internat. Durchbruch und wurde 1967 und 1970 mit seinem Globe Unity Orchestra zu den Donaueschinger Musiktagen eingeladen. Mit EVAN PARKER (Saxophon) und PAUL LOVENS (Schlagzeug) bildet S. seit Anfang der 70er Jahre ein Trio. Seit 1988 leitet er das Berlin Contemporary Orchestra, 1992 wurde er Lehrbeauftragter an der Hochschule für Künste in Berlin. Während S. mit dem Globe Unity Orchestra als Konzept die freie Interaktion durch Improvisation bevorzugte, verwendet er heute mit dem Berlin Contemporary Orchestra kompositor. Vorgaben, innerhalb derer die Musiker ihre Improvisationen gestalten.

**Schmidt,** Harald, Kabarettist, Moderator und Schauspieler, *Neu-Ulm 18. 8. 1957. – Nach dreijährigem Schauspielunterricht in Stuttgart und einem ersten Engagement in Augsburg wurde S. 1984 an das Düsseldorfer Kom(m)ödchen geholt, wo er als Kabarettist bekannt wurde. 1986 erhielt er den ›Salzburger Stier‹ für den besten Nachwuchskabarettisten und ist seit 1988 beim Fernsehen tätig. Hier moderiert er die Sendung ›Verstehen Sie Spaß?‹ und bestritt mit HERBERT FEUERSTEIN die absurd-kom. Samstagnachtshow ›Schmidteinander‹.

**Schneider,** Helge, Sänger, Komödiant und Schauspieler, *Mülheim a. d. Ruhr 1955. – Nach Abbruch des Gymnasiums begann S. erst eine Bauzeichnerlehre, dann ein Musikstudium, schließlich eine Gärtnerlehre und schlug sich ab 1974 als Musiker in versch. Gruppen durch; 1984 erhielt er den Förderpreis des Ruhrpreises der Stadt Mülheim a. d. Ruhr. 1989 schaffte S. mit seinen absurd-grotesken Liedern den Durchbruch; 1992 erschien der erste Teil seines Buches ›Guten Tach. Auf Wiedersehen‹, 1993 der Film ›Texas – Doc Snyder hält die Welt in Atem‹, eine atemberaubende Wildwestparodie, und der Song ›Katzeklo‹, der zum Kultschlager wurde. 1994 veröffentlichte S. seinen ersten Krimi, ›Zieh Dich aus, Du alte Hippe‹, und stellte seinen neuen Film ›00 Schneider – Jagd auf Nihil Baxter‹ vor.

**Schneider,** Vreni, schweizer. Skisportlerin, *Elm (Kt. Glarus) 26. 11. 1964. – Bislang die erfolgreichste alpine Läuferin bei Olymp. Spielen. S. gewann 1988 Gold im Slalom und Riesenslalom; 1994 siegte sie im Slalom, holte Silber in der Kombination und Bronze im Riesenslalom. Weitere Höhepunkte in ihrer Karriere waren der Gewinn des Weltmeistertitels 1987 im Riesenslalom und 1991 im Slalom sowie der Sieg im alpinen Weltpokal 1989 und 1994.

„Herein, wenn's kein Schneider ist!"

**Schneider-Konkurs,** Zusammenbruch des Immobilienimperiums der Eheleute JÜRGEN SCHNEIDER und CLAUDIA SCHNEIDER-GRANZOW. Eineinhalb Wochen nach SCHNEIDERS Flucht meldeten Mitte April die familieneigene Holding Dr. Schneider AG, Königstein/Taunus' sowie das Tochterunternehmen Technoteam Bauconsult AG Konkurs an. Außerdem wurde das Konkursverfahren über das Privatvermögen der Eheleute beantragt. Die Schulden der Firmengruppe wurden auf 6–7 Mrd. DM geschätzt. Mit Forderungen von knapp 1,2 Mrd. DM war die Dt. Bank die mit Abstand größte Gläubigerbank; zu den Gläubigern gehörten aber auch zahlreiche kleine Handwerksunternehmen und Zulieferbetriebe, deren Existenz vom S.-K. bedroht war.

SCHNEIDERS Konzept war es, Traditionshäuser aufzukaufen und aufwendig zu renovieren, um Höchstmieten zu erzielen. Zu seinem Imperium gehörten u. a. die Schillerpassage und die Zeilgalerie in Frankfurt am Main, das Bernheimer Palais in München, Kaufmannshäuser in Hamburg und zahlreiche Objekte in Leipzig. Der Immobilienkaufmann erwirtschaftete jedoch wegen Mißmanagements jährlich eine halbe Milliarde DM Verlust: Den laufenden Ausgaben in Höhe von knapp 200 Mio. DM für Gehälter und 400 Mio. DM für Zinsen hatten nur 28 Mio. DM an Mieteinnahmen im Jahr gegenübergestanden. SCHNEIDER verstand es jedoch immer wieder, sich Darlehen zu erschleichen. So wurde die sich seit Jahren abzeichnende Krise durch eine starke Beleihung der Objekte verdeckt, was den Banken (v. a. der Dt. Bank) scharfe Kritik einbrachte.

Ende April erließ die Frankfurter Staatsanwaltschaft wegen des Verdachts auf Kreditbetrug Haftbefehl gegen SCHNEIDER. Der Haftbefehl wurde im Juni um den Verdacht eines bes. schweren betrüger. Bankrotts erweitert, und im Sept. leitete die Staatsanwaltschaft ein zusätzl. Steuerstrafverfahren wegen des Verdachts auf Steuerhinterziehung ein. Ende Okt. legten die Verteidiger SCHNEIDERS ihr Mandat nieder.

Im Juli zog die Dt. Bank die Konsequenzen aus der leichtfertigen Kreditvergabe an den Bauinvestor. Sie entließ vier Manager, denen zuviel Vertrauen in

Jürgen Schrempp wird zum neuen Vorstandsvorsitzenden der Daimler Benz AG berufen

die Person SCHNEIDERS sowie unkrit. Kreditprüfung angelastet wurde.

**Schrempp,** Jürgen, Industriemanager, *Freiburg im Breisgau 15. 9. 1944. – Im Juni berief der Aufsichtsrat der Daimler Benz AG S., den Vorstandsvors. des Unternehmensbereichs Dt. Aerospace AG (Dasa), München, zum neuen Vorstandsvors. des Konzerns. Er wird am 24. 5. 1995 EDZARD REUTER an der Spitze des größten dt. Industriekonzerns ablösen.

Nach Mechanikerlehre und Ingenieurstudium im zweiten Bildungsweg arbeitete S. als Diplomingenieur bei Daimler-Benz in Stuttgart. 1974 wechselte er in das Management der südafrikan. Tochtergesellschaft Mercedes-Benz of South Africa, wo er ab 1980 als Vorstandsmitgl. die Verantwortung für die Technik übernahm. Nach zweijährigem USA-Aufenthalt als Präs. bei Euclid Inc., Cleveland/Ohio, einer damals 100%igen Tochter der Daimler-Benz AG, wurde er 1985 Vorstandsvors. der südafrikan. Tochtergesellschaft. 1987 nach Stuttgart zurückgekehrt, wurde er stellv. Vorstandsmitgl. für den Geschäftsbereich Nutzfahrzeuge und 1989 im Zuge der Umgestaltung des Daimler-Benz-Konzerns Vorstandsvors. der neugegründeten Dasa.

**Schulte,** Dieter, Gewerkschafter, *Duisburg 13. 1. 1939. – Der Bundeskongreß des DGB wählte am 14. Juni das Vorstandsmitgl. der IG Metall S. zum Nachfolger des am 9. Mai verstorbenen DGB-Vors. HEINZ WERNER MEYER.

S. absolvierte eine Maurerlehre, arbeitete später bei der Thyssen-Stahl AG als Brenner und Qualitätsbeobachter und begann eine klass. Gewerkschaftskarriere, die ihn vom Vertrauensmann zum Vors. des Gesamtbetriebsrats des Unternehmens führte. Ab 1984 war er in dessen Aufsichtsrat als Arbeitnehmervertreter tätig. Seit 1991 war S. im geschäftsführenden Vorstand der IG Metall für die Bereiche Stahl und Mitbestimmung zuständig. Er war Vertreter im EU-Ausschuß für Kohle und Stahl und im Verwaltungsrat der Treuhandanstalt. S. steht im Ruf eines sehr eigenständigen, pragmat., ergebnisorientierten Arbeiters mit der Fähigkeit zu integrieren.

**Schumacher,** Michael, Automobilrennfahrer, *Hürth-Hermülheim 3. 1. 1969. – Als erster Deut-

Dieter Schulte, Vorstandsmitglied der IG Metall, ist seit 14. Juni neuer DGB-Vorsitzender

scher holte sich S. 1994 auf Benetton-Ford den Titel der Fahrer-Weltmeisterschaft der →Formel 1.
Obwohl wegen versch. Regelverstöße mehrfach bestraft (Sperre für zwei Läufe und zweimalige Renn-
disqualifikation), behauptete der gelernte Autome-
chaniker die zu Saisonbeginn errungene Führung
in der WM-Punktewertung v. a. aufgrund von acht
Siegen in 16 Rennen bis zum Schluß – zuletzt allerdings nur noch mit einem Punkt vor seinem härtesten Konkurrenten, dem Briten DAMON HILL.

Der zielstrebige S. begann seine Karriere auf der
Kartbahn in Kerpen-Manheim, 1988 fuhr er erstmals Automobilrennen. 1991 sprang er als Ersatzmann in die Formel 1 ein. 1992 belegte ›Schumi‹
den 3. Platz der WM-Gesamtwertung, 1993 den
4. Rang. Der erste Grand-Prix-Sieg war ihm 1992
in Spa-Francorchamps gelungen.

**Schürmann-Bau:** Durch das Hochwasser im
Dez. 1993 wurde der Rohbau der ›Erweiterungs-
bauten für den Dt. Bundestag an der Kurt-Schuma-
cher-Straße in Bonn‹ des Architekten JOACHIM
SCHÜRMANN zu etwa 15 % beschädigt. Um die
Zukunft des S.-B., der bislang knapp 400 Mio. DM
gekostet hat, entbrannten heftige Diskussionen:
Die Nutzung durch die Dt. Welle möglichst ab 1. 7.
1997 wird zwar allg. befürwortet, trotzdem stellte
sich die Frage nach Abriß und Neubau durch private Investoren oder Weiterbau. SCHÜRMANN
selbst befürchtet v. a., daß unter dem Vorwand der
Hochwasserschäden sein Projekt der Vervollstän-
digung eines Ensembles von Regierungsbauten zu
einem gewinnbringenden Spekulationsobjekt gemacht werden soll. Im Urteil vieler Beobachter trug
der ungeschickte Umgang mit dem S.-B. zum polit.
Abstieg der bis Nov. amtierenden Baumin. IRM-
GARD SCHWAETZER bei.

Bundesbauministerin Irmgard Schwaetzer
erläutert am 11. Januar vor einer Grundrißzeich-
nung die Schäden am Schürmann-Bau

# SCHWARZAFRIKA

Stand der Beginn der 1990er Jahre in Afrika südlich der Sahara unter dem Zeichen der Demokratisierung, so zeichnet sich jetzt ein neuer Trend ab:
der drohende Zerfall afrikan. Staaten. Die anarch.
Verhältnisse in Sierra Leone, Liberia und Ruanda,
aber auch in weiten Landesteilen Zaires stehen für

Unangefochtener Star des Formel-1-Zirkus
ist Michael Schumacher, im Bild während des
Trainings in Hockenheim

diese Entwicklung. Der gegenwärtige Schrecken
dieser Fälle dürfte jedoch klein erscheinen, wenn
mit dem 90 Mio. Ew. zählenden Nigeria ein weiterer Zerfallskandidat hinzukommt. Einige Beobachter sehen in der nun auslaufenden Demokratisie-
rungswelle die Ursache für diese neue Entwicklung: Der verschärfte polit. Wettbewerb in einem
Mehrparteiensystem habe die Bindekräfte innerhalb des Staates geschwächt und die Fragmentie-
rung gefördert. Dabei übersehen sie jedoch, daß
diese Bindekräfte in den meisten afrikan. Staaten
von jeher sehr schwach waren und der gesellschaftl.
Zusammenhalt zum Großteil nur durch Repression
und Klientelismus gewährleistet werden konnte.

### Die Bedeutung des Klientelismus
### in den afrikanischen Staaten

Klientelismus – verstanden als ein System persönl.
Abhängigkeiten zwischen Gruppen von Menschen
und einzelnen Autoritätspersonen – ist als Struk-
turmerkmal in fast allen Gesellschaften der Welt zu
finden. In den meisten afrikan. Ländern ist er allerdings zum zentralen Instrument der Herrschafts-
ausübung geworden, ohne das die von den Kolo-
nialmächten geschaffenen, künstl. Staatsgebilde
wohl kaum überlebt hätten. Die afrikan. Staatsfüh-
rungen erbten zwar einen stark zentralisierten Verwaltungsapparat, der umfassende Kompetenzen
zur Kontrolle wirtschaftl. Aktivitäten besaß, ihre
tatsächl. Machtausübung war allerdings weitgehend auf die städt. Zentren beschränkt und die Le-
gitimität ihrer Herrschaft in weiten Landesteilen
kaum akzeptiert. Die zur Verfügung stehenden
wirtschaftlichen Ressourcen reichten nicht aus, um
den Herrschaftsbereich weiter auszudehnen. Territoriale Kontrolle über das gesamte Staatsgebiet
war aber Bedingung für die internat. Anerkennung
als Nationalstaat und damit für den Zugang zu internat. Gremien und Finanzquellen.

Die relativ geringen wirtschaftl. Ressourcen reichen aber aus, um randständige Gebiete durch
Nutzbarmachung klientelist. Beziehungen an das

Zentrum zu binden. Die Staatselite bedient sich hierzu lokaler und regionaler Führer als Mittelsmänner. Diese erhalten als Gegenleistung für ihre polit. Loyalität materielle Begünstigungen und immaterielle Privilegien und leiten einen Teil dieser Privilegien oder der Gewinne, die sie daraus ziehen, an ihre Klientel weiter, um sich wiederum deren Loyalität zu sichern. Diese Form des Austauschs findet zumeist auf versch. Hierarchieebenen statt und ermöglicht dadurch dem Staat eine indirekte Durchdringung entlegenster und kleinster Einheiten des Territoriums.

### Die Entstehung klientelistischer Strukturen

Die Klientelen formieren sich vor allem entlang ethn. und regionaler Trennungslinien. Die Gründe hierfür sind zum einen im niedrigen wirtschaftl. und sozialen Entwicklungsstand der Länder zu suchen, zum anderen in der kulturellen Prägung bäuerl. afrikan. Gesellschaften (noch immer leben 70 % der Bevölkerung in Afrika südlich der Sahara auf dem Land). Die geringe soziale Differenzierung afrikan. Gesellschaften begünstigt, daß sich Gruppen, die um die Verteilung knapper Güter konkurrieren, weniger nach sozialen als nach ethnoregionalen Kriterien bilden. Auch soziokulturelle Prägung fördert das Entstehen ethnoregionaler Klientelen: Traditionell gilt die Loyalität des einzelnen der Nachbarschaft, seiner Familie, seiner Alters-

gruppe und den Ahnen, also kommunalen, regional, kulturell und ethnisch bestimmbaren Gemeinschaften. Dieses Beziehungsgeflecht, in das der einzelne eingebunden ist, ist keineswegs zu verwechseln mit Tribalismus, also dem vereinfachenden Konzept, demzufolge sich alle Konflikte Afrikas auf eine archaische und irrationale Fixierung des Afrikaners auf seinen Stamm zurückführen lassen.

### Zukunftsaussichten der afrikanischen Staaten

Der Klientelismus, der sich politisch als effektiv erwiesen hat, besitzt aber einen wesentl. Nachteil: Er ist wirtschaftlich ineffizient. Knappe Ressourcen werden nicht dort eingesetzt, wo die höchsten Profite zu erwarten sind, sondern demjenigen zugeteilt, der sie am machtvollsten einfordert. Daß dieses Zuteilungssystem nicht schon viel früher zu einer Krise in Afrika geführt hat, lag zum Großteil an den Finanztransfers der internat. Gebergemeinschaft. Mit dem Ende des Ost-West-Konflikts und dem Beginn der weltweiten Rezession Ende der 80er Jahre wurde jedoch deren Bereitschaft immer geringer, ihre afrikan., oft autoritär regierenden Verbündeten zu stützen. Schließlich haben die von den internat. Finanzorganisationen verordneten Strukturanpassungsprogramme den staatl. Zugriff auf wirtschaftl. Ressourcen eingeschränkt und so die Erhaltung klientelist. Beziehungen erschwert. Mit dieser entscheidenden Schwächung des Herr-

schaftssystems wurde nicht nur der wachsenden innenpolit. Opposition der Sturz autoritärer Führer erleichtert, es wurde auch der Boden für den Staatszerfall bereitet. Dies ist jedoch nicht nur eine Gefahr für die Region, sondern auch eine Chance. Die Schwächung aufgesetzter polit. Strukturen bietet Raum für die Schaffung neuer Herrschaftsmodelle. Eine ähnl. Entwicklung ist schon seit Jahrzehnten in der Wirtschaft zu beobachten, wo die geringe Leistungsfähigkeit des formell organisierten Sektors den Aufstieg des informell organisierten Sektors begünstigt hat. Staatszerfall muß nicht in einem Genozid wie in Ruanda enden, sondern kann auch die Voraussetzung für eine Neudefinition eines afrikan. Gemeinwesens sein.

**Schwarzmeerflotte,** →Krim.

## Schweden

Während des EU-Gipfeltreffens auf Korfu unterzeichnet Ministerpräsident Carl Bildt (zweiter von rechts) am 24. Juni das Dokument über Schwedens Beitritt zur Europäischen Union. Neben ihm seine Delegationsmitglieder Frank Belfrage (links), Margaretha af Ugglas und Ulf Dinkelspiel

**Hauptstadt:**
Stockholm
**Einwohner:** 8,7 Mio.
**Einwohner/km²:** 19
**Staatsoberhaupt:**
Carl XVI. Gustav
**Regierungschef:**
I. G. Carlsson
(seit 7. 10. 1994)
**BSP/Einwohner:**
26 780 US-$

### Bedrohliche Lage des Staatshaushalts

Die schwed. Wirtschaft hat sich 1994 deutlich erholt. Die industrielle Produktion lag am Jahresende etwa 8% über der des Vorjahres. Die Exportwirtschaft legte um rund 10% zu. Auch die industriellen Investitionen und die Inlandsnachfrage gewannen wieder an Dynamik. Mit 2,5% gab es erstmals seit Jahren wieder ein Wachstum des BIP. Die Preissteigerungsrate bewegte sich um 2%. Das nominale Pro-Kopf-Einkommen tendierte nach dem dramat. Rückgang des Jahres 1993 (−17,4%) wieder nach oben (+3%), was sich in einem Anstieg des privaten Verbrauchs um 1% widerspiegelte. Der Arbeitsmarkt besserte sich indessen nur zögerlich, die offene Arbeitslosigkeit lag weiterhin bei 8%. Sehr problematisch blieb weiterhin die Lage des Staatshaushalts. Das Haushaltsdefizit hat sich seit 1991 verzwölffacht: auf über 1 200 Mrd. Kronen (ca. 250 Mrd. DM) oder fast 90% des Sozialprodukts. Die geringe Solidität der schwed. Staatsfinanzen und die Erwartung inflationärer Schübe haben zu einem Zinssatz geführt, der für langjährige Staatsobligationen bei 11–12% liegt. Der Staat gab etwa 450 Mrd. Kronen aus und nahm lediglich 350 Mrd. ein; hinzu kamen Zinsaufwendungen von rd. 110 Mrd. Kronen. Der Wert der Krone sank zeitweilig auf ein Rekordtief von 1:5 im Verhältnis zur DM.

### Innen- und Außenpolitik

Das Thema Staatsverschuldung beherrschte auch den schwed. Wahlkampf. In bisher in S. nicht erlebtem Maße warnten die Chefs der großen Banken und Konzerne öffentlich vor der galoppierenden Staatsverschuldung. Das Krisenszenario konnte die oppositionelle Sozialdemokratie für sich ausnutzen, indem sie mit Konsolidierungsvorschlägen bei gleichzeitigem Versprechen, keinen Sozialabbau zu betreiben, die Politik der Reg. angriff. Bei den Reichstagswahlen am 18. Sept. erzielten die Sozialdemokraten mit 45,6% der Stimmen (1991: 37,6%) eines ihrer besten Ergebnisse seit vielen Jahren. Ihr Vors., INGVAR CARLSSON, trat als neuer MinPräs. am 7. Okt. sein Amt an. Die Wahlen brachten einen deutl. Linksruck, denn die sozialist. Linkspartei erzielte 6,1% (4,5%), und die Grünen schafften mit 5,0% (3,4%) den Einzug in das Parlament. Während auch die Konservativen des bisherigen MinPräs. CARL BILDT mit 22,2% (21,9%) leicht zulegen konnten, waren die eindeutigen Wahlverlierer die übrigen Parteien des ehem. bürgerl. Regierungsblocks: Die Liberalen mit 7,1%

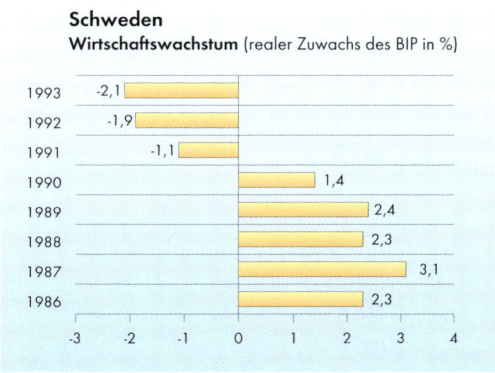

**Schweden**
**Wirtschaftswachstum** (realer Zuwachs des BIP in %)

| Jahr | Wert |
|------|------|
| 1993 | -2,1 |
| 1992 | -1,9 |
| 1991 | -1,1 |
| 1990 | 1,4 |
| 1989 | 2,4 |
| 1988 | 2,3 |
| 1987 | 3,1 |
| 1986 | 2,3 |

(9,1 %), das agrarisch-ökolog. Zentrum mit 7,7 % (8,5 %) und die Christdemokrat. Sammlungspartei, die mit 4,1 % (7,1 %) sogar an der 4 %-Hürde zu scheitern drohte. Die rechtspopulist. Neue Demokratie erzielte nur noch 1,6 % (6,7 %) und schied aus dem Reichstag aus. Mit den diesjährigen Wahlen wurde in S. die vierjährige Legislaturperiode wieder eingeführt.

Beim Referendum über den geplanten EU-Beitritt am 13. Nov. entschieden sich 51,2 % der Schweden für den Beitritt. Das Lager der EU-Gegner ist aber mit 48 % nur knapp unterlegen, so daß es für die Reg. sehr schwierig sein wird, die Spaltung zu überwinden. Die Befürworter des EU-Beitritts sind v. a. im industrialisierten SW und SO des Landes angesiedelt.

**Schweinepest:** Nach dem Auftreten weiterer Fälle der ansteckenden Virusinfektion v. a. in Niedersachsen, und unter dem Eindruck offenbar unzureichender Kontrollen durch die niedersächs. Veterinärbehörden beschloß die Europ. Kommission im März weitere Schutzmaßnahmen gegen die S. in Niedersachsen: Aus dem gesamten Bundesland durften keine lebenden Schweine mehr in andere Bundesländer und in die EU-Mitgliedstaaten exportiert werden. Außerdem durften aus dem Kerngebiet der Seuche (Großteil der Weser-Ems-Region) Schlachtschweine nur nach zusätzl. Untersu-

chungen herausgebracht werden, sofern sie in Niedersachsen geschlachtet wurden. Bei den betroffenen Landwirten riefen die Brüsseler Agrarentscheidungen verständlicherweise Verzweiflung und versch. Protestaktionen hervor. Die Handelssperre für ganz Niedersachsen wurde im Juni aufgehoben, nur noch das Kerngebiet der S. fiel danach unter das Embargo.

Im April erweiterte der Bund seine Hilfe für Landwirte, deren Betriebe von der S. betroffen sind, zum vierten Mal um 10 auf 15 Mio. DM. Die Zahl der aus seuchenhygien. Gründen in Niedersachsen getöteten Schweine erreichte Ende Juni die Millionengrenze.

**Hauptstadt:** Bern
**Einwohner:** 6,9 Mio.
**Einwohner/km²:** 166
**Staatsoberhaupt:**
O. Stich (für 1994)
**BSP/Einwohner:**
36 230 US-$

### Wirtschaftliche Erholung

Die im Sept. von Bundesrat OTTO STICH vorgelegten Zahlen für das Budget 1995 sahen eine Ausgabensteigerung von 5,5 % vor (Anfang 1994 war ein Ausgabenwachstum von 2 % vorgegeben) und rechneten mit einem Defizit von 7,4 Mrd. sFr. trotz zweier Sanierungsrunden und mehrfach bewilligter Mehreinnahmen für den Bund. Es gelang, das Defizit durch Sparmaßnahmen und Leistungskürzungen bis Ende des Jahres auf rd. 6,1 Mrd. sFr. zu senken. Bis 1997 soll der Bundeshaushalt um 4 Mrd. sFr. entlastet werden, wobei die Subventionen für die Landwirtschaft nicht abgebaut werden sollen. Etwa 75 % des Einkommens der Schweizer Bauern stammen aus Subventionen (EU-Länder durchschnittlich 48 %, Österreich 56 %).

Der schweizer. Außenhandel spiegelt eine Erholung der Konjunktur. Die wertmäßigen Exporte nahmen stärker zu als die Importe, so daß sich im ersten Halbjahr 1994 ein Handelsbilanzüberschuß von 17 % im Vergleich zu den ersten sechs Monaten des Vorjahrs ergab. Die Importpreise sanken wegen der Stärke des Frankens deutlich. Die Jahresteuerungsrate lag in der Schweiz unter 1 %. Ein Anstieg der Teuerung wird aber 1995 mit der Einführung der Mehrwertsteuer erwartet. Die OECD-Prognosen sagen eine Teuerung von 2,5 % bei leichtem Rückgang der Arbeitslosigkeit auf 3,8 % voraus. Die Arbeitslosenquote betrug im Nov. gesamtschweizerisch 4,5 %.

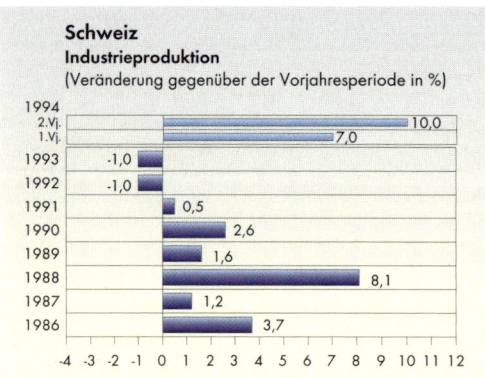

**Schweiz**
**Industrieproduktion**
(Veränderung gegenüber der Vorjahresperiode in %)

| | |
|---|---|
| 1994 2.Vj. | 10,0 |
| 1.Vj. | 7,0 |
| 1993 | -1,0 |
| 1992 | -1,0 |
| 1991 | 0,5 |
| 1990 | 2,6 |
| 1989 | 1,6 |
| 1988 | 8,1 |
| 1987 | 1,2 |
| 1986 | 3,7 |

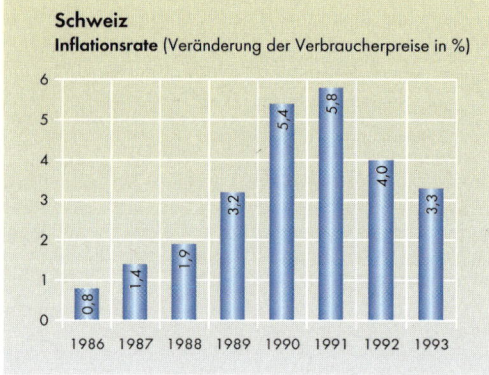

**Schweiz**
**Inflationsrate** (Veränderung der Verbraucherpreise in %)

| 1986 | 1987 | 1988 | 1989 | 1990 | 1991 | 1992 | 1993 |
|---|---|---|---|---|---|---|---|
| 0,8 | 1,4 | 1,9 | 3,2 | 5,4 | 5,8 | 4,0 | 3,3 |

### Innenpolitik

Die 1993 eingeleitete Regierungsreform soll nach Annahme des Regierungs- und Verwaltungsorganisationsgesetzes (RVOG) durch das Parlament zum 1. Jan. 1996 in Kraft treten – ein Jahr später als urspr. vorgesehen. Neben der Entlastung des Bundesrates sollen v. a. seine Kompetenzen zum Umbau der Verwaltung erweitert werden.

Zeitplan und Grundsätze für eine ›Totalrevision der Bundesverfassung‹ stellte Bundesrat ARNOLD KOLLER im Juni vor. Reformvorschläge in den Bereichen ›Volksrechte‹ und Justizreform will das Eidgenöss. Justiz- und Polizeidepartement bis Ende 1995 vorlegen. Die Ausweitung der Staatstätigkeit sowie die Verrechtlichung der Gesellschaft machen die schon 1918, 1934 und 1945 vergeblich in Angriff genommene Totalrevision nötig; die derzeitige Diskussion geht auf Bemühungen seit 1965 zurück.

Zum 1. Aug. wurden die ersten Rechtsgrundlagen für die umfassendste Armeereform der Schweizer Geschichte in Kraft gesetzt. Ab 1. 1. 1995 wird die neue Gliederung der militär. Verbände eingeführt. Eine Reduktion des Armeesollbestandes von 600 000 Armeeangehörigen auf 400 000 ist bei gleichzeitiger Auflösung von 1 700 militär. Formationen durchzuführen. Die drei Heeresklassen Auszug (Armeeangehörige zw. 20. und 32. Lebensjahr), Landwehr und Landsturm sind zu verschmelzen.

Die Volksabstimmung am 25. September in der Schweiz bestätigt mit deutlicher Mehrheit ein Gesetz, das rassistische Propaganda sowie das Leugnen von Völkermord und anderer Verbrechen gegen die Menschlichkeit unter Strafe stellt

Zwei Abstimmungsvorlagen scheiterten am 12. Juli am fehlenden Ständemehr (Verfassungsartikel über die Kulturförderung des Bundes bei 51 % Zustimmung der Stimmbürger, Gesetz über die erleichterte Einbürgerung junger Ausländer der 2. Generation bei 52,9 % Zustimmung der Stimmbürger), eine Vorlage an der Ablehnung durch die Stimmbürger (nur 42,8 % für das Gesetz über die Schaffung eines schweizer. Blauhelm-Bataillons). Hingegen fand der neue Strafrechtsartikel gegen Rassendiskriminierung Aufnahme in die Bundesverfassung (Art. 261$^{bis}$, Abstimmung vom 25. Sept., 54,7 % ja, Stimmbeteiligung 42,2 %).

UNeinsichtige SchweizerInnen?

Die ausländ. Wohnbevölkerung hat binnen Jahresfrist um über 41 500 (3,3 %) zugenommen und im Aug. damit die Höchstmarke von 1,283 Mio. erreicht, was einem Anteil von 18,4 % an der Gesamtbevölkerung entspricht. 12 200 erwarben das Schweizer Bürgerrecht, 28 200 blieben als anerkannte Flüchtlinge in der Schweiz. Das Referendum vom 4. Dez. brachte eine Verschärfung des Ausländerrechts

### Außenpolitik

Durch verstärkte Reisediplomatie sollten die integrationspolit. Optionen (EU-Beitritt) offengehalten und v. a. die Probleme der Verkehrspolitik (Alpentransit) im Ausgleich mit den wichtigsten Anrainerstaaten und der EU gelöst werden. Die S. ist u. a. bestrebt, eine Vollbeteiligung am 4. Forschungsrahmenprogramm der EG 1994–98 zu erreichen. Noch während der dt. EU-Präsidentschaft suchte der Bundesrat Verhandlungen über die künftigen Beziehungen zur EU aufzunehmen. Voraussetzung dafür bildet seitens der EU die Nichtdiskriminierung des Auslands durch die geplante Verlagerung des Güterverkehrs von der Straße auf die Schiene (Volksabstimmung vom 20. Febr. zur →Alpeninitiative). Am 12. Sept. zeigte der Bundesrat der Europ. Kommission an, daß die Alpeninitiative mit marktwirtschaftl. Mitteln und diskriminierungsfrei umgesetzt werde; bilaterale Verhandlungen mit der EU begannen am 12. Dezember.

Am 14. April ratifizierte die S. in Marokko die Schlußergebnisse des GATT/WTO-Abkommens. Hierzu unterbreitete der Bundesrat dem Parlament 16 Gesetzesänderungen (allein im Agrarbereich sieben zentrale Erlasse sowie Änderungen im Urheber- und Bankenrecht), ferner ein neues Bundesgesetz über das öffentl. Beschaffungswesen (29. Sept.), das Gleichbehandlung aller Anbieter garantieren soll. Genf wird nach dem Beschluß des Vorbereitungsausschusses der Welthandelsorganisation (WTO) vom 22. Juli ihr offizieller Sitz.

Die S. zeigte sich schon vorher bereit, 1996 den Vorsitz der KSZE zu übernehmen.

**Seizinger,** Katja, Skisportlerin, *Recklinghausen 10. 5. 1972. – Der überlegene Olympiasieg in der Abfahrt von Lillehammer 1994 scheint nur die vorläufige Krönung der Karriere der nervenstarken ›Flachländerin‹ zu sein, die im Dez. von den dt. Sportjournalisten zur Sportlerin des Jahres gewählt wurde. Bereits 1992 in Albertville hatte sie als Dritte im Super-Riesenslalom für die einzige dt. Olympiamedaille in den alpinen Wettbewerben gesorgt; dazu kam der 4. Rang in der Abfahrt, den sie 1993 bei den Weltmeisterschaften wiederholte, übertroffen vom ersten Platz im Super-Riesenslalom. Für ihre Vielseitigkeit sprechen sowohl der im Gesamt-Weltpokal errungene 3. Platz 1992 als auch der 2. Rang 1993. Seit 1992 hat S. im Weltpokal die Abfahrt und seit 1993 den Super-Riesenslalom für sich entschieden.

**Selten,** Reinhard, Mathematiker und Wirtschaftswissenschaftler, *Breslau 5. 10. 1930. – Mit S. wurde 1994 erstmals ein Deutscher mit dem Nobelpreis für Wirtschaftswissenschaften ausgezeichnet. Er teilt sich den Preis mit JOHN C. HARSANYI und JOHN F. NASH ›für ihre grundlegende Analyse des Gleichgewichts in nichtkooperativer Spieltheorie‹. Im Mittelpunkt steht dabei die Untersuchung der Strategien, die konkurrierenden ›Spielern‹ in einer gegebenen Situation – Wettbewerb zw. Unternehmen, aber auch Verhandlungen zw. Tarifparteien oder im polit. Bereich – zur Verfügung stehen. S. studierte an der Univ. Frankfurt Mathematik, wo er auch 1961 promovierte und sich 1968 habilitierte. Nachdem er 1969–72 einen Lehrstuhl für Volkswirtschaftslehre an der Freien Univ. Berlin innehatte, arbeitete er anschließend am Inst. für Mathemat. Wirtschaftsforschung der Univ. Bielefeld. Seit 1984 ist S. Prof. für Volkswirtschaftslehre an der Univ. Bonn.

Der Bonner Wissenschaftler Reinhard Selten erhält als erster Deutscher den Nobelpreis für Wirtschaftswissenschaften

**Semprún,** Jorge, span. Schriftsteller, *Madrid 10. 12. 1923. – Der v.a. in frz. Sprache schreibende S. erhielt 1994 den Friedenspreis des Dt. Buchhandels.
S. lebte seit Beginn des Span. Bürgerkriegs in Frankreich, schloß sich 1941 der Résistance an und wurde 1943 ins KZ Buchenwald deportiert. Nach der Befreiung aus dem KZ leitete er als führendes Mitgl. der span. Exil-KP von Frankreich aus den

Vier Tage nach ihrem Ausscheiden im Super-G erringt Katja Seizinger am 19. Februar die Goldmedaille im Abfahrtslauf und beschert der deutschen Olympia-Mannschaft damit den dritten Sieg in Lillehammer

Widerstand gegen die Franco-Diktatur, wurde 1964 jedoch aus der Partei ausgeschlossen, als er gegen stalinist. Praktiken protestierte. 1988 wurde er span. Kultusmin., trat aber zwei Jahre später auf Druck von Funktionären der Regierungspartei zurück. Sein stark autobiograph. Werk verteidigt das Individuum gegen das Kollektiv und stellt eine vielschichtige Untersuchung der Totalitarismen dieses Jahrhunderts dar. Zu S.s wichtigsten Büchern gehören ›Le grand voyage‹ (1963; dt. ›Die große Reise‹ 1964), ›Autobiografía de Federico Sánchez‹ (1977; dt. ›Federico Sánchez. Eine Autobiographie‹ 1978), ›Quel beau dimanche‹ (1980; dt. ›Was für ein schöner Sonntag!‹ 1981) und ›La montagne blanche‹ (1986; dt. ›Der weiße Berg‹ 1987).

## Senegal

**Hauptstadt:** Dakar
**Einwohner:** 8 Mio.
**Einwohner/km²:** 40
**Staatsoberhaupt:** A. Diouf
**Regierungschef:** H. Thiam
**BSP/Einwohner:** 780 US-$

Proteste gegen die Abwertung des CFA-Franc vom Jan., verschärft durch den Machtkampf zw. Reg. und Opposition, mündeten im Febr. in gewaltsame

Ausschreitungen. Bes. aktiv war dabei eine radikale muslim. Gruppierung. Wegen der Bildungsreform kam es im April zu Auseinandersetzungen zw. Polizei und Studenten. Der Vertrauensverlust der Reg. wurde zudem durch mehrere gerichtl. Niederlagen gegen den Oppositionsführer ABDOULAYE WADE gefördert, der zus. mit mehreren Mitgefangenen durch einen Hungerstreik die Freilassung aus dem Gefängnis erzwang.

Zur Bewältigung der Folgen der CFA-Franc-Abwertung, die die Konfusion in der Wirtschaftspolitik verstärkte, erhielt Präs. ABDOU DIOUF vom Parlament Sondervollmachten. Die Preise wurden eingefroren, die Gehälter bis zu 24% erhöht. Eine Einigung mit dem Internat. Währungsfonds (Bewilligung von 192 Mio. US-$) wurde durch Umschuldung und Streichung von Schulden (174 Mio. US-$ bzw. 84 Mio. US-$) auf frz. Seite ergänzt. Die enge Bindung an Frankreich zeigte sich auch an der schnellen Unterstützung S.s für die frz. Militäraktion in Ruanda. Infolge der innenpolit. Unruhe in Mali stieg die Unsicherheit im Grenzgebiet zu Mali und Mauretanien, woraufhin die drei Länder ihre militär. Kooperation verstärkten.

**Serienstraftaten,** →fortgesetzte Handlung, fortgesetztes Delikt.

**Serviceroboter,** für den Einsatz im Dienstleistungsbereich konzipierte Spezialroboter. Im Ggs. zu den schon lange in der automatisierten Produktion eingesetzten Industrierobotern müssen S. ihre Aufgabe in stark veränderl. Umgebung bewältigen. Ein Reinigungsroboter etwa muß unerwartete Hindernisse meistern. S. brauchen daher ein hohes Maß an Autonomie. Voraussetzung für ihren Bau sind techn. Sensoren zur differenzierten Erkennung der Umgebung und automatisch planende Steuerungssysteme. Obwohl bislang erst wenige Prototypen im Praxistest sind, hoffen die Entwickler z. B. in Medizin, Baugewerbe oder Katastrophenschutz auf ein großes Marktpotential.

**sexuelle Belästigung:** Das 2. →Gleichberechtigungsgesetz vom 1. 9. 1994 räumt allen Beschäftigten Schutz vor offener oder verdeckter sexueller Belästigung ein. Als solche gilt ›jedes vorsätzlich sexuell bestimmte Verhalten, das die Würde von Beschäftigten am Arbeitsplatz verletzt‹. Neben ohnehin strafbaren Verhaltensweisen sind auch ›sonstige sexuelle Handlungen und Aufforderungen‹ und ›sexuell bestimmte körperl. Berührungen‹ genannt. Auch zotige Bemerkungen, sichtbares Anbringen oder Herumreichen von pornograph. Darstellungen können s. B. sein. Vorgesetzte müssen Schutzmaßnahmen ergreifen: Abmahnung, Versetzung oder Entlassung der belästigenden Person können die Folge sein. Betroffene haben ein Leistungsverweigerungsrecht und können dem Arbeitsplatz fernbleiben, wenn die s. B. nicht abgestellt wird.

**sexueller Mißbrauch:** Die Skandale in Flachslanden und Worms um Kindesmißbrauch, die zu Prozeßserien gegen ganze Großfamilien führten (jeweils mehr als 20 Täter von der Groß-

mutter bis zum Schwiegersohn) machten die Öffentlichkeit auf eine oft mit Schweigen zugedeckte bedrückende Realität aufmerksam. Mit hohen Strafen gegen die Hauptakteure setzten die Gerichte Zeichen.

Der Gesetzgeber vereinheitlichte den bislang in West- und Ostdeutschland unterschiedlich geregelten Jugendschutz gegen s. M. Der stigmatisierende § 175 und der bis dahin fortgeltende § 149 StGB der DDR wichen einer am 11. Juni in Kraft gesetzten Schutzvorschrift, nach der Jugendliche unter 16 Jahren jetzt durch den neuen Straftatbestand des § 182 StGB gegen den s. M. – unabhängig von Geschlecht des Opfers oder Täters – geschützt sind. Eine Freiheitsstrafe von bis zu fünf Jahren oder Geldstrafe droht, wenn eine Person über 18 Jahren eine Person unter 16 Jahren dadurch mißbraucht, daß sie ›unter Ausnutzung einer Zwangslage oder gegen Entgelt sexuelle Handlungen an ihr vornimmt oder an sich vornehmen läßt‹ oder das Opfer nötigt, sexuelle Handlungen mit einer dritten Person vorzunehmen. Wer die ›fehlende Fähigkeit des Opfers zur sexuellen Selbstbestimmung‹ ausnutzt und als Person über 21 Jahren eine Person unter 16 Jahren sexuell mißbraucht, riskiert eine Freiheitsstrafe von bis zu drei Jahren. Hier muß allerdings grundsätzlich ein Strafantrag vorliegen. Eine (in der Handhabung umstrittene) Bestimmung bietet die Möglichkeit, in solchen Fällen von Strafe abzusehen, wenn bei ›Berücksichtigung des Verhaltens‹ des Opfers ›das Unrecht der Tat gering ist‹.

### Seychellen

**Hauptstadt:** Victoria
**Einwohner:** 72 000
**Einwohner/km²:** 158
**Staatsoberhaupt:**
F. A. René
**Regierungschef:**
F. A. René
**BSP/Einwohner:**
5 480 US-$

**Shoemaker-Levy 9,** →Jupiter.

**Shull,** Clifford Glenwood, amerikan. Physiker, * Pittsburgh (Pennsylvania) 23. 9. 1915. – Zusammen mit BERTRAM N. BROCKHOUSE wurde S. für seine wegweisenden Arbeiten in der Neutronenforschung der Nobelpreis für Physik 1994 zuerkannt. In der Zeit nach dem Zweiten Weltkrieg hatte er Methoden der Neutronenstreuung entwickelt, mit denen man die atomare Struktur flüssiger und fester Materie untersuchen kann. S. bedauerte, daß sein bereits verstorbener Kollege ERNEST WOLLAN am Nobelpreis nicht teilhaben könne.

Nach dem Studium am Carnegie Institute of Technology in Pittsburgh promovierte S. 1946 an der

Physiknobelpreisträger Clifford Shull an seiner
früheren Wirkungsstätte, dem Massachusetts
Institute of Technology

New York University. Anschließend ging er als
Forscher zur Texas Company, bevor er 1946–55 am
Oak Ridge National Laboratory (Tennessee) tätig
war. 1955–86 arbeitete er als Prof. am Massachusetts Institute of Technology in Cambridge.

## Sierra Leone

**Hauptstadt:**
Freetown
**Einwohner:** 4,5 Mio.
**Einwohner/km²:** 63
**Staatsoberhaupt:**
V. Strasser
**Regierungschef:**
V. Strasser
**BSP/Einwohner:**
170 US-$

Der des Doppelmordes angeklagte ehemalige
Footballstar O.J. Simpson mit seinem Verteidiger
Robert Shapiro

Der 1993 angekündigte Demokratisierungsprozeß
wurde durch die Veröffentlichung eines Verfas-
sungsentwurfs eingeleitet. 19 hochrangige Personen wurden wegen Korruption und Unterschlagung verhaftet. Gegen eine Offensive der Rebellen
im SO, die mit dem Wiederaufflammen des Bürgerkriegs in Liberia in Zusammenhang stand, konnte
sich die Armee nur mit nigerian. und guineischer
Hilfe behaupten.

## Simbabwe

**Hauptstadt:** Harare
**Einwohner:** 10,9 Mio.
**Einwohner/km²:** 28
**Staatsoberhaupt:**
R. G. Mugabe
**Regierungschef:**
R. G. Mugabe
**BSP/Einwohner:**
570 US-$

Die Umsetzung des umstrittenen Landerwerbsge-
setzes von 1992, das der Umverteilung von Groß-
grundbesitz an Bauernfamilien dienen sollte, geriet
ins Zwielicht, als im März bekannt wurde, daß sich
hohe Funktionäre der Regierungspartei lukrative
enteignete Ländereien gesichert hatten. Infolge
heftiger öffentl. Proteste kündigte Präs. MUGABE
an, diese Vorgänge zu annullieren. Die Umstrukturierung der Wirtschaft wurde durch weitere Inve-
stitions- und Handelserleichterungen sowie den
Abbau protektionist. Schranken fortgesetzt. Zum
4. Juli wurde die volle Konvertibilität der Währung
eingeführt. Präs. MUGABE stellte zudem eine Ver-
kleinerung der Armee um rd. ein Drittel in Aussicht.

**Simpson-Prozeß,** einer der spektakulärsten
Indizienprozesse der amerikan. Kriminalge-
schichte, in dem der amerikan. Schauspieler und
frühere Footballstar O. J. SIMPSON des Doppelmordes angeklagt ist.
In der Nacht vom 12. auf den 13. Juni wurden in
LOS ANGELES SIMPSONS frühere Frau NICOLE
BROWN SIMPSON sowie deren Freund RONALD
GOLDMAN durch Messerstiche ermordet. Die Leichen wurden in der Nähe des von Frau SIMPSON
bewohnten Hauses im Stadtteil Brentwood aufgefunden. Wenige Tage nach der Tat lieferte sich der
in Verdacht geratene O. J. SIMPSON vor laufenden
Fernsehkameras eine Verfolgungsfahrt mit der Polizei. Nach seiner Festnahme wurde im Juli vom
Superior Court Los Angeles das Gerichtsverfahren
eingeleitet und die Anklage verlesen. Die vom
26. Sept. bis 8. Dez. andauernde Geschworenen-
auswahl erwies sich als bes. schwierig. Kam es doch
darauf an, Laienrichter zu finden, die angesichts

›Die Erschaffung des Menschen‹. Nach der Restaurierung erstrahlt Michelangelos Fresko in der Sixtinischen Kapelle in hellen, leuchtenden Farben

des riesigen Medienechos und der ungewöhnlich großen öffentl. Anteilnahme am Fall Simpson noch als unbefangen galten. Der Beginn der Hauptverhandlung ist für Ende Jan. 1995 vorgesehen.

## Singapur

**Einwohner:** 2,8 Mio.
**Einwohner/km²:** 4 528
**Staatsoberhaupt:**
Ong Teng Cheong
**Regierungschef:**
Goh Chok Tong
**BSP/Einwohner:**
15 750 US-$

Scharfe Reaktionen und Proteste des Auslands riefen die von den Gerichten verhängten drakon. Strafen hervor. Anfang Mai wurde ein amerikanischer Jugendlicher mit vier (äußerst schmerzhaften) Stockhieben wegen Vandalismus bestraft, ein wegen Drogenhandels verurteilter Niederländer wurde Ende Sept. trotz versch. Gnadengesuche (u. a. der niederländ. Königin BEATRIX) durch den Strang hingerichtet.

Für das Gesamtjahr erwartete die Reg. ein reales Wirtschaftswachstum von über 10 %. Träger des anhaltenden Wirtschaftsbooms war nach wie vor die Elektronikbranche; aber auch die übrige verarbeitende Industrie konnte im ersten Halbjahr um 13 % zulegen, die Bauwirtschaft um 12 %.
Regierungschef GOH CHOK TONG begann – offenbar im Hinblick auf mögl. Wahlen 1995 – durch eigene Auftritte und Veranstaltungen anderer Prominenter seiner Partei in versch. Stadtteilen mit einer Sympathiekampagne. Er zeigte sich nicht mehr nur als der ›Übergangschef‹ zw. Staatsgründer LEE KUAN YEW und dessen Sohn LEE HSIEN LOONG, er entwickelte sich vielmehr zu einem selbstbewußten Machtpolitiker mit eigenem Profil; die dynast. Machtübertragung auf LEE jun. blieb aus.
Außenpolitisch avancierte S. zu einem führenden Mitgl. der ASEAN und unterstützte das Konzept einer ASEAN-Freihandelszone AFTA (ASEAN Free Trade Area).

**Sixtinische Kapelle:** Anfang April konnte die 1980 begonnene Restaurierung der Fresken MICHELANGELOS in der S. K. in Rom mit dem knapp 200 m² großen Altarbild des ›Jüngsten Gerichts‹ (1536–41) abgeschlossen werden. Wie bei den Deckenmalereien offenbarten die Arbeiten die leuchtende Farbpalette und die raffinierte Lichtführung des Künstlers. Ein Teil der vom 16. bis zum 18. Jh. erfolgten Übermalungen – Verhüllungen der nackten Gestalten im Geiste der Gegenreformation –

wurde dabei abgenommen. Die Restaurierung wurde von einem japan. Unternehmen finanziert, das sich dafür die Bildverwertungsrechte an den Fresken sicherte.

## Slowakische Republik

**Hauptstadt:**
Preßburg
**Einwohner:** 5,3 Mio.
**Einwohner/km²:** 108
**Staatsoberhaupt:**
 M. Kováč
**Regierungschef:**
V. Mečiar
(seit 13. 12. 1994)
**BSP/Einwohner:**
1 920 US-$

### Stabilisierung der wirtschaftlichen Situation

Beim Bruttoinlandsprodukt konnte bis zum Jahresende ein Nullwachstum erzielt werden, nachdem zunächst ein Rückgang von 2% erwartet worden war. Die Inflationsrate blieb rückläufig und erreichte nach 25% im Vorjahr jetzt rd. 15%. Leicht gestiegen ist dagegen die Arbeitslosenquote, die im Jahresdurchschnitt 16% erreichte.

### Innenpolitik im Schatten des ›Volkstribuns‹ Mečiar

Nachdem am 11. März 1994 MinPräs. VLÁDIMÍR MEČIAR vom Parlament wegen seines autoritären Regierungsstils durch ein Mißtrauensvotum gestürzt worden war, beauftragte Staatspräsident MICHAL KOVÁČ den kurz zuvor als Außenmin. zurückgetretenen JOSZEF MORAVČÍK mit der Bildung einer Übergangsregierung. Der als nüchtern-pragmat. geltende Politiker stellte daraufhin ein Links-Rechts-Kabinett zusammen, das sich aus Vertretern der postkommunist. ›Partei der demokrat.

Linken‹ (SDL), der ›Christl. Demokraten‹ (KDH) und der liberalen ›Demokrat. Union‹ (DU) zusammensetzte. Die vorgezogenen Neuwahlen am 30. Sept./1. Okt. brachten dann einen überraschend klaren Wahlsieg für MEČIAR, seine ›Bewegung für eine demokrat. Slowakei‹ (HZDS) errang 35% der Stimmen, die übrigen Parteien nur zw. 5 und 10%. Nach langwierigen Verhandlungen schlossen die HZDS, die rechtsextreme Slowak. Nationalpartei (SNS) und die linksradikale Arbeitervereinigung (ZRS) am 11. Dez. eine Koalitionsvereinbarung. Die drei Parteien verfügen zus. über 83 der 150 Sitze im Parlament. MEČIAR wurde am 13. Dez. als Regierungschef vereidigt.

### Außenpolitik

Am 19. Febr. trat das Land dem NATO-Programm ›Partnerschaft für den Frieden‹ bei. Nahezu zeitgleich wurde ein Abkommen über militär. Zusammenarbeit mit Deutschland unterzeichnet. Das Verhältnis zu Ungarn blieb zwiespältig: Auf der einen Seite wurden Fortschritte in der Frage der ungar. Minderheit im Lande erzielt, auf der anderen Seite setzte sich der Streit um das Donaukraftwerk Gabčikovo fort; diesbezüglich reichten beide Parteien im Mai Klage beim Internat. Gerichtshof in Den Haag ein.

## Slowenien

**Hauptstadt:**
Ljubljana
**Einwohner:** 2 Mio.
**Einwohner/km²:** 97
**Staatsoberhaupt:**
M. Kučan
**Regierungschef:**
J. Drnovšek
**BSP/Einwohner:**
7 150 US-$

S. war auch 1994 der einzige jugoslaw. Nachfolgestaat, der den Prozeß polit. und wirtschaftl. Konsolidierung ohne größere Erschütterungen fortsetzen konnte. Die Reg. blieb im wesentl. stabil, allerdings sorgte das teilweise noch ungefestigte Parteiensystem für Turbulenzen. Die Kommunalwahlen vom 4. Dez. zeigten die Parteien der rechten Mitte im Aufwind; die Christl. Demokraten (SKD) des im Okt. als Außenmin. zurückgetretenen LOJZE PETERLE wurde mit 18,4 % sogar stärkste polit. Kraft. Für 1994 zeichnete sich erstmals seit Jahren wieder ein Wachstum des BIP ab. Ende März unterzeichnete das Land das NATO-Programm ›Partnerschaft für den Frieden‹. Schwierigkeiten bereitete das Verhältnis zu Italien, das wegen des verfassungsrechtlich verbotenen Immobilienerwerbs durch Ausländer in S. die Aufnahme von Assoziationsverhandlungen mit der EU blockierte.

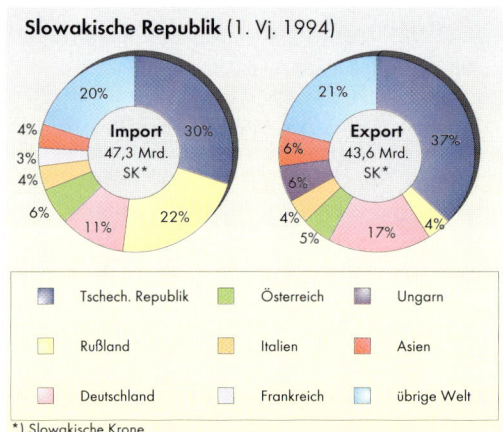

**Slowakische Republik** (1. Vj. 1994)

**Import** 47,3 Mrd. SK*
20%, 30%, 22%, 11%, 6%, 4%, 3%, 4%

**Export** 43,6 Mrd. SK*
21%, 37%, 4%, 17%, 5%, 4%, 6%, 6%

- Tschech. Republik
- Österreich
- Ungarn
- Rußland
- Italien
- Asien
- Deutschland
- Frankreich
- übrige Welt

*) Slowakische Krone

Ein somalischer Junge beobachtet am 1. Februar den abziehenden ersten deutschen UNO-Konvoi auf seinem Weg von Belet Weyne nach Mogadischu

## Somalia

**Hauptstadt:**
Mogadischu
**Einwohner:** 9,5 Mio.
**Einwohner/km²:** 15
**Staatsoberhaupt:**
A. Mahdi Mohammed
**Regierungschef:**
O. Arteh Ghaleb
**BSP/Einwohner:**
230 US-$

Nach den gescheiterten Bemühungen der UNO, eine demokrat. Verwaltungsstruktur aufzubauen, beschloß der Sicherheitsrat Anfang Febr., die Operation ›UNOSOM II‹ auf die Unterstützung des polit. Prozesses in S. und humanitäre Hilfe zu beschränken. Im März wurde der Abzug der UNO-Truppen aus westl. Staaten abgeschlossen, zurück blieben die UNO-Soldaten aus afrikan. und asiat. Ländern, die nach einem UNO-Beschluß bis Ende März 1995 ebenfalls abziehen werden.
Nachdem die Führer der wichtigsten Clans bereits im Jan. ihre Friedensbereitschaft erklärt hatten, einigten sich die Bürgerkriegsparteien am 24. März in Nairobi auf eine Deklaration zur Versöhnung und auf die friedl. Lösung der Probleme. Das Abkommen, das von den beiden mächtigsten Milizführern MOHAMED FARAH AIDID und ALI MAHDI MOHAMMED stellvertretend für alle Fraktionen unterzeichnet wurde, sah – nach Gesprächen mit der Reg. der den N S.s umfassenden Rep. Somaliland im April – für Mitte Mai eine nat. Versöhnungskonferenz in Mogadischu vor, auf der u. a. ein neuer Präs. und Premiermin. bestimmt werden sollten.
Jedoch breiteten sich die Kämpfe zw. den rivalisierenden Clans, die nur unzureichend entwaffnet worden waren, v. a. im Dez. wieder aus, auch auf bis dahin ruhige Gebiete. Angesichts der zunehmend unsicheren Lage in S. (u. a. Überfall von Kämpfern AIDIDS auf Belet Weyne, neue schwere Gefechte in Mogadischu) zogen die Hilfsorganisationen ihre Mitarbeiter aus den bes. gefährdeten Gebieten ab.

**Sommer,** →Hitzewelle, →Ozonwerte.
**Sonnenkraftwerk Toledo,** das größte Sonnenkraftwerk Europas ging im Juni bei Toledo (Spanien) in Betrieb. Die Photovoltaikanlage mit einer Spitzenleistung von 1 MW soll jährlich 1 700 MWh Strom aus Sonnenlicht erzeugen, der ins span. Versorgungsnetz eingespeist wird. Er entsteht in 7 940 Solarmodulen, die eine Fläche von rd. 50 000 m²; bedecken. Im Praxistest werden versch. Zellentypen untersucht und feste bzw. nachgeführte Systeme verglichen. Neue Erfahrungen soll auch das Konzept bringen, dieses Sonnenkraftwerk in Kombination mit einem bestehenden Wasserkraftwerk von 76 MW zu betreiben.

**Sonnentempler,** schweizer.-kanad. Sekte, die 1984 unter dem Namen ›Orden des Sonnentempels‹ durch den Belgier LUC JOURET gegründet wurde. Die S. gelten als eine autoritär und hierarchisch strukturierte Vereinigung, deren Grundlagen esoterisch geprägt und auf eine Weltuntergangserwartung ausgerichtet waren.
Am 5. Okt. wurden in einem abgebrannten Bauernhof in Cheiry (Kanton Freiburg) 23 und in zwei abgebrannten Landhäusern in Les-Granges-sur-Salvan bei Martigny (Kanton Wallis) 25 tote Sektenmitgl. gefunden, nachdem man tags zuvor bereits auf der kanad. Farm der Sekte in Morin Heights (Provinz Quebec) nach einem Brand fünf Leichen entdeckt hatte. Unter den Toten befanden sich auch JOURET und mit JOSEPH DI MAMBRO ein weiterer führender Kopf der Sekte. Die Ermittlungen der schweizer. Behörden ergaben schließlich, daß es sich bei der Tat wohl um einen religiös motivierten und durch eine Mischung aus Endzeitstimmung und Verfolgungswahn ausgelösten Massenselbstmord handelte. Ungeklärt blieb der Verdacht, daß

die Sektenführer in Waffenhandel und Geldwäscherei verstrickt waren.

**sozialer Wohnungsbau:** Nach langwierigen Verhandlungen haben die Regierungsparteien CDU, CSU und FDP mit Zustimmung der SPD noch vor der Bundestagswahl mit dem Wohnungsbauförderungsgesetz Neuregelungen für den s. W. verabschiedet, die am 1. 10. 1994 in Kraft traten. Diese sehen vor, die Bundesfinanzhilfen für den s. W. aufzustocken und die Einkommensgrenzen zur Anspruchsberechtigung anzuheben. Hierdurch werden erheblich mehr Haushalte als zuvor Sozialwohnungen beanspruchen können (rd. 40% aller Haushalte). Eine Vermeidung der Fehlbelegung von Sozialwohnungen erhofft man sich von der einkommensorientierten Wohnungsbauförderung, die für Neubauten eingeführt wurde. Sie besteht aus der Grundförderung von Investoren, durch die der Staat Belegungsrechte an Wohnungen erwirbt, und einer Zusatzförderung, die sich nach dem Einkommen der Mieter solcher Wohnungen richtet. Die Neuregelungen sind als erster Schritt zu einer zukünftigen umfassenden Reform des s. W. gedacht.

## Spanien

**Hauptstadt:** Madrid
**Einwohner:** 39,1 Mio.
**Einwohner/km²:** 77
**Staatsoberhaupt:**
Juan Carlos I.
**Regierungschef:**
F. González Márquez
**BSP/Einwohner:**
14 020 US-$

### Wirtschaft im Aufschwung

Die schlechten makroökonom. Rahmendaten von 1993 lasteten auch noch zu Beginn des Jahres 1994 auf der span. Wirtschaft. Die tiefe Rezession des

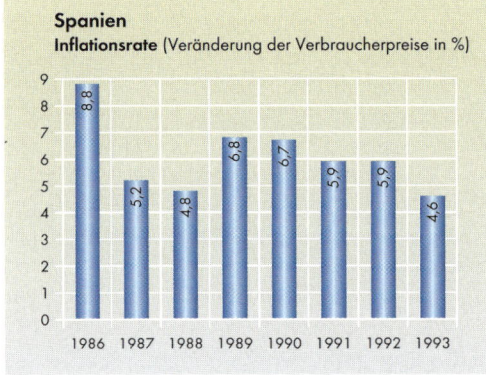

**Spanien**
**Inflationsrate** (Veränderung der Verbraucherpreise in %)

| 1986 | 1987 | 1988 | 1989 | 1990 | 1991 | 1992 | 1993 |
|------|------|------|------|------|------|------|------|
| 8,8 | 5,2 | 4,8 | 6,8 | 6,7 | 5,9 | 5,9 | 4,6 |

Der Spanienbesuch des russischen Präsidenten Boris Jelzin, im Bild während eines Essens im Königspalast mit Königin Sofia und Regierungschef Felipe González am 11. April, soll die noch wenig entwickelten Beziehungen beider Länder vertiefen

Vorjahres hatten zu einer Arbeitslosigkeit von über 20% und zu einer Schrumpfung des BIP geführt. Im Febr. wurde erstmals der Anstieg der Arbeitslosigkeit verlangsamt und gegen Jahresmitte sogar zum Stillstand gebracht. Fast alle Branchen, v. a. aber der Tourismus, die Bauwirtschaft und die Industrieproduktion, konnten im Laufe des Jahres wieder Zuwächse verzeichnen. Auch die Exportwirtschaft, die nach wie vor von der schwachen Pesete profitierte, nahm merklich zu. Der Staatshaushalt konnte durch den Verkauf staatl. Betriebe verbessert werden.

### Verfallserscheinungen und Wahlschlappen der PSOE

Mit dem Verlust der absoluten Mehrheit bei den Parlamentswahlen vom Juni 1993 war die seit 1982 bestehende Alleinherrschaft des Partido Socialista Obrero Español (PSOE; dt. Sozialist. Arbeiterpartei Spaniens) zu Ende gegangen. Am 10. Febr. 1994 einigten sich MinPräs. FELIPE GONZÁLEZ MÁRQUEZ und der katalanische Regierungschef JORDI PUJOL I SOLEY auf einen ›histor. Kompromiß‹: PUJOLS Parteibündnis Convergència i Unió (CiU; dt. Übereinstimmung und Einheit) unterstützt aktiv die Minderheitsreg. im Parlament; dafür sagte GONZÁLEZ zu, den Autonomieprozeß in Katalonien voranzutreiben.

Trotz des parlamentar. Rückhalts sah sich die Reg. ihrer schwersten polit. Krise ausgesetzt. Angesichts des 1993 aufgrund der zahlreichen polit. Skandale und Korruptionsaffären einsetzenden und 1994 anhaltenden Popularitätsverlusts verabschiedete der PSOE auf seinem 33. Parteitag (18.–20. März) einen Katalog von Maßnahmen, mit denen die drükkendsten Probleme des Landes angegangen werden sollten: Eine Steigerung der Wettbewerbsfähigkeit sollte der span. Wirtschaft die weitere Integration in die Europ. Union (EU) erleichtern, eine moderate Lohnpolitik und die Bekämpfung des Sozialversicherungsbetrugs sollten zur Stabilisierung der Unternehmen beitragen, und zur Aufbesserung des

Ansehens der polit. Klasse beschloß die Partei, entschiedener gegen die Korruption vorzugehen.

Die spektakulärste Korruptionsaffäre drehte sich um den ehem. Generaldirektor der Sicherheitspolizei Guardia Civil, Luis Roldán, dem Korruption und Amtsmißbrauch vorgeworfen wurden. Er soll sich in den letzten Jahren um umgerechnet rd. 4,5 Mio. DM bereichert haben, indem er u. a. Gelder aus einem Geheimfonds zur Terrorbekämpfung in seine eigene Tasche fließen ließ. Als am 29. April Haftbefehl gegen Roldán erlassen wurde, war dieser allerdings schon untergetaucht. Innenmin. Antonio Asunción trat daraufhin zurück; sein Nachfolger wurde Juan Alberto Belloch. Die Transferierung unversteuerter Spekulationsgewinne in Höhe von mehreren Millionen DM ins Ausland durch Mariano Rubio, den Gouverneur der Span. Zentralbank 1984–92, war ein weiterer Skandal, der großes Aufsehen erregte. Die Verhaftung des Großfinanziers Javier de la Rosa am 18. Okt. wegen Betrugs, Urkunden- und Bilanzfälschung (seine mit kuwait. Geldern aufgebaute Industrieholding brach unter einer Schuldenlast von rd. 3,2 Mrd. DM zusammen) erschütterte die Position Pujols – er hatte Finanzbürgschaften für de la Rosa übernommen – und wirkte sich damit bis in die span. Innenpolitik aus.

Aufgrund dieser und anderer Vorfälle forderte Oppositionsführer José María Aznar vom Partido Popular (PP; dt. Volkspartei) den MinPräs. und die Reg. wiederholt zum Rücktritt auf. Aznar geriet seinerseits durch die langjährige Unterstützung des im Okt. wegen Veruntreuung zum Rücktritt gezwungenen und zu einer Gefängnisstrafe verurteilten Regierungschefs von Kantabrien unter Beschuß. González wies die Verantwortung von sich und lehnte ebenso die Forderung nach Neuwahlen ab. Die Wähler allerdings reagierten bei den Wahlen zu den Regionalparlamenten auf die polit. Mißstände: In Andalusien, bisher eine Hochburg der Sozialisten, kam am 12. Juni der PSOE, der 1990 noch knapp 50 % der Stimmen erhalten hatte, nur noch auf gut 38 %. Der PP hingegen legte von (1990) 22 % auf 34,5 % zu. Als eine deutl. Absage an die Reg. González war auch das Ergebnis der Europawahlen (12. Juni) anzusehen, bei denen der PP mit 40,2 % den PSOE (30,7 %) klar schlug. Bei den Regionalwahlen am 23. Okt. im Baskenland, wo der PSOE an der Reg. beteiligt war, gingen ihm sechs Parlamentssitze verloren.

**Spartenkanäle,** →Privatfernsehen.

**SPD,** Abk. für Sozialdemokratische Partei Deutschlands: Nachdem mit der Wahl von Rudolf Scharping zum Bundesvors. im Sommer 1993 ein Konsolidierungsprozeß eingesetzt hatte, konnte sich die rd. 880 000 Mitgl. umfassende SPD auf die Ablösung der Reg. Kohl konzentrieren. Nach einem wenig ermutigenden Ergebnis bei der Europawahl vom 12. Juni (32,2 % gegenüber 37,3 % 1989) wählte die SPD auf einem Sonderparteitag am 22. Juni in Halle Scharping mit 95,4 % der abgegebenen Stimmen zum offiziellen Kanzlerkandidaten. Gleichzeitig wurde ein Regierungsprogramm mit den folgenden Schwerpunkten verabschiedet: Aufbau einer sozialen und ökolog. Gesellschaft durch eine ökolog. Steuerreform, Rückführung der Neuverschuldung, Einführung einer Ergänzungsabgabe in Höhe von 10 % auf die Steuerschuld bei Bruttojahreseinkommen von über 120 000 DM für Verheiratete bzw. 60 000 DM für Ledige, Ausstieg aus der Atomenergie bis zur Jahrtausendwende. Ende Aug. 1994 stellte Scharping sein Schattenkabinett vor, in dem der niedersächs. MinPräs. Gerhard Schröder (für Wirtschaft, Energie, Verkehr) und der saarländ. MinPräs. Oskar Lafontaine (für Finanzen) herausragende Positionen einnahmen. Bei den Bundestagswahlen vom 16. Okt. erreichte die SPD 36,4 % und verbesserte ihr Ergebnis von 1990 um 2,9 %, konnte damit jedoch keinen Machtwechsel herbeiführen. Scharping ging als Oppositionsführer nach Bonn.

Im Wahlkampf präsentiert sich die ›SPD-Troika‹ – Saarlands Ministerpräsident Lafontaine (links), Niedersachsens Ministerpräsident Schröder (rechts) und SPD-Chef Scharping – mit der der SPD ein Machtwechsel in Bonn möglich scheint

Auf Länderebene ist die SPD weit erfolgreicher: Sie hat im Bundesrat die Mehrheit, die sie nach den Landtagswahlen in Sachsen-Anhalt, wo sie mit Bündnis 90/Die Grünen eine von der PDS tolerierte Mindesheitsreg. stellt, weiter ausbauen konnte. In Mecklenburg-Vorpommern scheiterte eine beabsichtigte SPD-Minderheitsreg. mit Duldung durch die PDS nicht zuletzt am Widerstand der SPD-Bundesspitze; dort gab es schließlich eine CDU/SPD-Regierung. Auch in Baden-Württemberg, Berlin und – seit Nov. – in Thüringen ist die SPD als kleinerer Partner an einer großen Koalition mit der CDU beteiligt. In zehn Bundesländern stellt sie den Regierungschef, nur in zwei Ländern (Bayern und Sachsen) ist sie Oppositionspartei.

**Spielberg,** Steven, amerikan. Filmregisseur, *Cincinatti (Ohio) 18. 12. 1947. – Mit dem Holocaust-Drama →Schindlers Liste drehte S. den wohl wichtigsten Film des Jahres 1994 und widerlegte damit seinen Ruf, hauptsächlich ein Erzähler märchenhafter Geschichten zu sein.

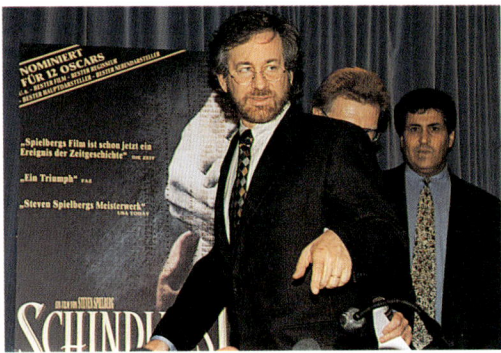

Steven Spielberg stellt am 1. März auf einer Pressekonferenz seinen Film ›Schindlers Liste‹ vor

S., seit seinen ersten Arbeiten das ›Wunderkind‹ des amerikan. Films, ist einer der erfolgreichsten Regisseure aller Zeiten: Von den zehn umsatzstärksten Filmen der Filmgeschichte drehte er vier: ›Jurassic Park‹ (1993), ›E. T.‹ (1982), ›Indiana Jones‹ (1989) und ›Der weiße Hai‹ (1975). Doch neben den auf Kassenerfolg zielenden Streifen gibt es mit Filmen wie ›Die Farbe Lila‹ (1985) und ›Das Reich der Sonne‹ (1987) auch eine oft übersehene ›ernsthafte‹ Komponente in seinem Werk.
Schon zu Beginn der 80er Jahre hatte sich S. die Rechte am Tatsachenroman ›Schindlers Liste‹ des Australiers THOMAS KENEALLY gesichert, schob das Projekt aber zehn Jahre vor sich her. 1992 schließlich drehte S., der sich erst seit den 80er Jahren zu seiner jüd. Herkunft bekennt, den Film zeitgleich mit dem Dinosaurierspektakel ›Jurassic Park‹ an Originalschauplätzen in Polen. ›Schindlers Liste‹ brachte ihm neben weltweiter Anerkennung und zwei ›persönl.‹ Oscars als bester Regisseur des besten Films auch die Ehrendoktorwürde der Hebräischen Univ. Jerusalem ein. Die Gewinne aus dem Film gehen an die von S. 1994 gegr. ›Stiftung für die Geschichte der Überlebenden des Holocaust‹.

## SPORTCHRONIK

**6. Januar.** Der Norweger ESPEN BREDESEN gewinnt die 42. Vierschanzentournee der Skispringer vor JENS WEISSFLOG.
**6. Januar.** Durch einen Schlag mit einer Eisenstange wird die amerikan. Eiskunstläuferin NANCY KERRIGAN beim Training in Detroit vorsätzlich am Knie verletzt. Hinter dem Anschlag stehen der ehem. Ehemann und ein Leibwächter TONYA HARDINGS, die zwar der Mitwisserschaft bezichtigt wird, jedoch ebenso wie KERRIGAN im US-Olympiateam in Lillehammer starten kann. HARDING, die am 16. März wegen ›Behinderung der FBI-Ermittlungen‹ zu einer Geldbuße von 100 000 US-$, drei Jahren Bewährungsaufsicht und einer Ableistung von 500 Stunden Sozialdienst verurteilt wird, muß nach dem Urteil einer Grand Jury in Portland/ Oregon vom 22. März wegen ihrer aufgrund ausrei-

chender Beweise erwiesenen Beteiligung am Attentat noch 50 000 US-$ in einen Fonds für behinderte Sportler zahlen. Im Juni schließt der US-Verband sie auf Dauer aus und erkennt ihr den Landestitel 1994 ab.
**22. Januar.** Bei den Europameisterschaften im Eiskunstlauf in Kopenhagen gewinnen der Russe VIKTOR PETRENKO, die Französin SURYA BONALY, die russischen Paarläufer JEKATERINA GORDEJEWA und SERGEI GRINKOW sowie die brit. Eistänzer JAYNE TORVILL und CHRISTOPHER DEAN.
**29./30. Januar.** Bei den Offenen Austral. Tennismeisterschaften in Melbourne setzt sich STEFFI GRAF im Finale gegen die Spanierin ARANTXA SANCHEZ VICARIO mit 6 : 0 und 6 : 2 durch. Bei den Herren ist der Weltranglistenerste PETE SAMPRAS mit 7 : 6, 6 : 4 und 6 : 4 gegen TODD MARTIN (beide USA) erfolgreich.
**12. Februar.** Eröffnung der →Olympischen Winterspiele im norweg. Lillehammer (bis 27. Febr.).
**19. März.** Die VI. Winter-Paralympics enden in Lillehammer mit einem Triumph Norwegens, das 64 Medaillen, darunter 29 goldene, gewinnt. Deutschland belegt mit ebenfalls 64 Medaillen (25 goldene) den zweiten Rang vor den USA. Insgesamt wurden 129 Wettbewerbe in acht Sportarten und versch. Schadensklassen ausgetragen.
**20. März.** Die Schweizerin VRENI SCHNEIDER und der Norweger KJETIL ANDRE AAMODT gewinnen den alpinen Weltpokal.
**26. März.** Bei den Eiskunstlauf-Weltmeisterschaften im japan. Chiba gewinnen die russischen Olympiasieger im Eistanzen OKSANA GRITSCHUK und JEWGENI PLATOW sowie die russischen Paarläufer JEWGENIA SCHISCHKOWA und WADIM NAUMOW.

Die Französin Surya Bonaly gewinnt am 22. Januar (im Bild beim Technikprogramm tags zuvor) zum vierten Mal in Folge die Damenkonkurrenz der Eiskunstlauf-Europameisterschaften

Das deutsche Team bei der Eröffnungsfeier der Winter-Paralympics, die vom 10. bis 19. März im norwegischen Lillehammer stattfinden

Der Sieg bei den Herren geht an den Kanadier ELVIS STOJKO, bei den Damen an die Japanerin YUKA SATO. TANJA SZEWCZENKO aus Düsseldorf wird Dritte.

**6. April.** Der englische Fußballverband sagt wegen möglicher rechtsextremist. Ausschreitungen das für den 20. April (HITLERS Geburtstag) geplante, bereits zuvor von Hamburg nach Berlin verlegte Länderspiel Deutschland gegen England ab.

**24. April.** Die Amerikanerin SHANNON MILLER gewinnt bei den Weltmeisterschaften der Kunstturner in Brisbane erneut den Kür-Vierkampf. Bei den Herren entthront im Kür-Sechskampf der Weißrusse IWAN IWANENKO seinen Landsmann WITALI SCHERBO.

**26. April.** Das Sportgericht des DFB setzt das Fußball-Bundesligaspiel Bayern München – 1. FC Nürnberg (2:1) neu an, da der Schiedsrichter einen in dieser Partie über die Torauslinie gegangenen Ball irrtümlich als Tor anerkannt hatte.

**1. Mai.** Beim Tennisturnier in Hamburg verliert STEFFI GRAF erstmals wieder nach 36 aufeinanderfolgenden Siegen. Im Finale unterliegt sie wie im Vorjahr der Spanierin ARANTXA SANCHEZ VICARIO, diesmal mit 6:4, 6:7, 6:7.

**4. Mai.** Arsenal London gewinnt in Kopenhagen das Endspiel im Europapokal der Pokalsieger mit 1:0 gegen Cupverteidiger AC Parma.

**7. Mai.** Der FC Bayern München ist nach einem 2:0 über Schalke 04 im letzten Saisonspiel zum 13. Mal Deutscher Fußballmeister. Vizemeister wird mit einem Punkt Rückstand der 1. FC Kaiserslautern.

**8. Mai.** Kanada gewinnt nach 33jähriger Pause zum 20. Mal die Weltmeisterschaft im →Eishockey.

**10. Mai.** Servette Genf erringt zum 16. Mal die Schweizer Fußballmeisterschaft mit einem Punkt Vorsprung vor Grasshoppers Zürich.

**11. Mai.** Inter Mailand gewinnt den UEFA-Pokal durch zwei 1:0-Erfolge über Austria Salzburg.

**12. Mai.** Der österr. Automobilrennfahrer KARL WENDLINGER verunglückt beim Training zum Großen Preis von Monte Carlo schwer.

**15. Mai.** Der Schweizer Radrennfahrer TONY ROMINGER wird zum drittenmal hintereinander Gewinner der Spanien-Rundfahrt.

**15. Mai.** Grasshoppers Zürich wird in Bern zum 18. Mal Schweizer Pokalsieger durch einen 4:0-Endspielsieg über den FC Schaffhausen.

**18. Mai.** Durch ein 4:0 gegen den FC Barcelona in Athen gewinnt der AC Mailand zum fünftenmal den Fußball-Europapokal der Landesmeister.

**4. Juni.** HENRY MASKE bleibt Boxweltmeister im Halbschwergewicht (Version IBF). In Dortmund gewinnt er seinen fünften WM-Kampf gegen den Italiener ANDREA MAGI nach Punkten. (BILD S. 312)

**4./5. Juni.** Spanien dominiert die Einzel der offenen Französischen Tennismeisterschaften. Bei den Herren holt SERGI BRUGUERA erneut den Titel, diesmal gegen seinen Landsmann ALBERTO BERASATEGUI mit 6:3, 7:5, 2:6 und 6:1. Im Dameneinzel ist ARANTXA SANCHEZ VICARIO gegen die Französin MARY PIERCE mit 6:4, 6:4 siegreich.

**5. Juni.** Casino Austria Salzburg gewinnt erstmals die österr. Fußballmeisterschaft. Zwei Punkte zurück, belegt Austria Wien den zweiten Platz.

Die 17jährige Shannon Miller, im Bild auf dem Schwebebalken, ist die überragende Athletin der am 24. April endenden Kunstturn-Weltmeisterschaften

**12. Juni.** Austria Wien wird zum 22. Mal österr. Fußball-Pokalsieger durch einen 4:0-Finalsieg über den FC Linz.

**17. Juni.** Beginn der →Fußball-Weltmeisterschaft in den USA.

**23. Juni.** Das Internationale Olympische Komitee begeht am Gründungsort Paris sein 100jähriges Bestehen (→Olympische Bewegung).

**23. Juni.** Gesamtsieger der 58. Tour de Suisse ist der Schweizer PASCAL RICHARD.

Erschöpft feiert Henry Maske (rechts) den Sieg über Andrea Magi (links), mit dem er am 3. Juni seinen Weltmeistertitel im Halbschwergewicht zum vierten Mal verteidigt. Rechts neben Maske sein Trainer

**2./3. Juli.** Als erste Spanierin gewinnt CONCHITA MARTINEZ das Dameneinzel in Wimbledon mit 6:4, 3:6, 6:3 gegen MARTINA NAVRATILOVA. Bei den Herren verteidigt der Amerikaner PETE SAMPRAS seinen Vorjahrestitel mit 7:6, 7:6 und 6:0 über den Kroaten GORAN IVANISEVIC.

**6. Juli.** Der amerikan. Sprinter LEROY BURRELL verbessert in Lausanne den Weltrekord über 100 m auf 9,85 Sek.

**17. Juli.** Zum Abschluß der Fußball-Weltmeisterschaft 1994 setzt sich Brasilien mit 3:2 nach Elfmeterschießen gegen Italien durch und erringt als erstes Land zum viertenmal den Titel.

**24. Juli.** Der Spanier MIGUEL INDURAIN beendet als dritter Radprofi nach JACQUES ANQUETIL und EDDI MERCKX zum viertenmal hintereinander als Sieger die Tour de France.

**24. Juli.** Spaniens Tennis-Damen verteidigen in Frankfurt am Main erfolgreich den Federation-Cup mit 3:0 gegen die USA.

**24. Juli.** Australien wird in Dublin Hockey-Weltmeister der Damen durch ein 2:0 über Argentinien.

**31. Juli.** Bei den Leichtathletik-Weltmeisterschaften der Behinderten in Berlin, die unter schwacher Zuschauerresonanz litten, schneidet Deutschland mit 26 Siegen und insgesamt 84 Medaillen am erfolgreichsten vor Australien (24mal Gold), USA und Kanada (je 22mal Gold) ab.

**7. August.** Mit sieben Weltmeistertiteln dominieren die deutschen Teilnehmer bei den 2. Weltreiterspielen in Den Haag. Gold holen in der Dressur ISABELL WERTH und die dt. Mannschaft, die Voltigiererin TANJA BENEDETTO, der Gespannfahrer MICHAEL FREUND, die Viererzug-Mannschaft, die Spring-Equipe und FRANKE SLOOTHAAK bei den Springreitern. Die Schweiz stellt mit der Voltige-Gruppe St. Gallen einen Weltmeister.

**14. August.** Abschluß der Leichtathletik-Europameisterschaften in Helsinki. Rußland wird erfolgreichste Nation und gewinnt 25 Medaillen, darunter 10 goldene. Dahinter schneiden Großbritannien (6 Siege, 13 Medaillen) und Deutschland (5 Siege, 14 Medaillen) am besten ab. Gold gewinnen DIETER BAUMANN über 5000 m, SABINE BRAUN im Siebenkampf, HEIKE DRECHSLER im Weitsprung, ILKE WYLUDDA im Diskuswerfen sowie die 4×100-m-Staffel der Damen.

**14. August.** Die USA setzen sich im Endspiel der Basketball-Weltmeisterschaft in Toronto mit 137:91 gegen Rußland durch. Europameister Deutschland wird Zwölfter.

**20. August.** Mit je zweimal Gold, Silber und Bronze schneiden die dt. Bahnradfahrer bei den Weltmeisterschaften in Palermo hinter Frankreich am besten ab. Der Vierer in der 4000-m-Verfolgung sowie CARSTEN PODLESCH im letzten Steherwettbewerb bei Weltmeisterschaften gewinnen Gold. Der Schweizer BRUNO RISI holt sich den Titel im Punktefahren.

**24. August.** Die FIFA sperrt den Argentinier DIEGO ARMANDO MARADONA wegen Verstoßes gegen die Dopingbestimmungen bis zum 29. 9. 1995 und verhängt eine Geldstrafe.

**28. August.** Der Franzose LUC LEBLANC gewinnt in Agrigento auf Sizilien die Straßen-Weltmeisterschaft der Radprofis.

**30. August.** MICHAEL SCHUMACHER wird wegen Mißachtung der schwarzen Flagge zum sofortigen Anhalten beim Training zum Großen Preis von Großbritannien in Silverstone am 10. Juli zu einer Sperre von zwei Rennen verurteilt.

Während der zweiten Etappe fährt der Spanier Miguel Indurain (Mitte) noch neben seinem Mitfavoriten Tony Rominger aus der Schweiz (links), bevor er am 24. Juli zum vierten Mal hintereinander die Tour de France gewinnt

**10./11. September.** Ohne Erfolg bleiben beide dt. Finalisten bei den US Open im Tennis. STEFFI GRAF unterliegt in Flushing Meadow erneut ARANTXA SANCHEZ VICARIO 6:1, 6:7, 4:6, der Amerikaner ANDRE AGASSI besiegt im Herreneinzel MICHAEL STICH 6:1, 7:6, 7:5.

**11. September.** In Rom enden die Schwimm-Weltmeisterschaften, die von China dominiert wurden, das 16 Titel und insgesamt 28 Medaillen gewinnt. Abgeschlagen belegen die USA (7 Siege) und Rußland (5) die nächsten Plätze. Deutschland kommt durch FRANZISKA VAN ALMSICK über 200 m Kraul mit neuem Weltrekord (1:56,78 min) zur einzigen Goldmedaille; ihr Start im Finale wurde durch den Verzicht der Magdeburgerin DAGMAR HASE ermöglicht, die im Vorlauf als Achtschnellste einen Platz vor VAN ALMSICK gelegen hatte.

**18. September.** Bei den Ruder-Weltmeisterschaften in Indianapolis gewinnt Deutschland je dreimal Gold, Silber und Bronze. Österreich stellt den Weltmeister der Herren-Leichtgewichte im Doppelvierer.

**25. September.** Mit vier Titeln, zweimal Silber und dreimal Bronze belegt Deutschland hinter Ungarn den zweiten Platz der Gesamtwertung bei den Kanu-Weltmeisterschaften in Mexiko. BIRGIT SCHMIDT steigert ihren Rekord auf 20 Weltmeisterschaften.

**25. September.** Cupverteidiger Deutschland scheidet im Halbfinale des Davispokals in Hamburg mit 1:4 gegen Rußland aus.

**8. Oktober.** HENRY MASKE verteidigt in Halle (Westfalen) zum fünftenmal mit Erfolg seinen Titel als Box-Weltmeister im Halbschwergewicht (Version IBF) durch einen Abbruchsieg über den Amerikaner IRAN BARKLEY.

**9. Oktober.** In Athen gewinnt Italien die Weltmeisterschaft der Volleyball-Herren durch einen Endspielsieg über die Niederlande.

**16. Oktober.** Die 13. Asienspiele in Hiroshima enden mit einem deutlichen Erfolg Chinas, das 137 Sieger stellt. Zweifel über die chinesischen Erfolge werden durch positive Dopingproben u.a. der vierfachen Schwimmsiegerin LU BIN, bekräftigt.

**16. Oktober.** Nach dem letzten Lauf um die Motorrad-Weltmeisterschaft in Barcelona stehen folgende Sieger fest: bis 125 cm² KAZUTO SAKATA (Japan), bis 250 cm² MASSIMILIANO BIAGGI (Italien) und bis 500 cm² MICHAEL DOOHAN (Australien).

**30. Oktober.** In Rio de Janeiro erringt Kuba die Weltmeisterschaft der Volleyball-Damen durch ein 3:0 über Brasilien. Deutschland belegt den fünften Rang.

**5. November.** Der fast 47jährige GEORGE FOREMAN gewinnt in Las Vegas die Weltmeisterschaft im Schwergewichtsboxen durch K.o.-Sieg in der 10. Runde über den bisherigen Titelträger, den 20 Jahre jüngeren MICHAEL MOORER, zurück. FOREMAN hatte 1974 die Weltmeisterschaft an MUHAMMAD ALI verloren.

**5. November.** Der Schweizer Radrennfahrer TONY ROMINGER verbessert in Bordeaux seinen erst wenige Tage vorher aufgestellten Stundenweltrekord nochmals auf 55,291 km.

**13. November.** MICHAEL SCHUMACHER wird auf Benetton-Ford Automobil-Weltmeister in der →For-

Zur tragischen Figur der Schwimm-Weltmeisterschaften in Rom, die am 11. September enden, wird Dagmar Hase (links): Nachdem sie auf das 200-m-Freistil-Finale zugunsten der Favoritin Franziska van Almsick verzichtet hat, verpaßt sie später jeweils als Vorlauf-Neunte die sicher geglaubten Finalplätze über 400 m und 800 m

mel 1. Beim abschließenden Großen Preis von Australien in Adelaide muß er zwar nach einer Kollision mit seinem Titelkonkurrenten DAMON HILL von der Piste, aber auch der Engländer scheidet aus. SCHUMACHER kommt auf 92, Hill mit Williams-Renault auf 91 Punkte. Dritter wird der Österreicher GERHARD BERGER auf Ferrari (41).

**14. November.** Die Mitglieder des FC Bayern München wählen FRANZ BECKENBAUER zum neuen Vereinspräsidenten.

**20. November.** China (Herren) und Rumänien (Damen) heißen die Mannschafts-Weltmeister im Kunstturnen.

Auf den Schultern von Benetton-Teamchef Flavio Briatore (rechts) und Sportdirektor Tom Walkinshaw (links) jubelt Michael Schumacher am 13. November in Adelaide über seinen Weltmeistertitel in der Formel 1

**20. November.** Zum zweitenmal wird der Amerikaner PETE SAMPRAS in Frankfurt am Main ATP-Weltmeister. Im Finale besiegt er BORIS BECKER 4:6, 6:3, 7:5, 6:4. Titelverteidiger MICHAEL STICH konnte sich nicht für das Turnier der diesjährigen besten acht Tennisspieler qualifizieren.

**20. November.** Nach 1988 gewinnt die Argentinierin GABRIELA SABATINI in New York erneut das Masters-Turnier der Tennis-Damen. Sie besiegt im Finale die Amerikanerin LINDSAY DAVENPORT in 3 Sätzen.

**27. November.** Die Türkei und Rußland bei den Männern sowie Chinas Frauen beherrschen die Weltmeisterschaften im Gewichtheben. In Istanbul werden 49 Weltrekorde überboten, davon 36 bei den Männern.

**3. Dezember.** MANFRED VON RICHTHOFEN wird in Timmendorfer Strand als Nachfolger von HANS HANSEN zum Präsidenten des Deutschen Sportbundes gewählt.

**4. Dezember.** Pakistan sichert sich in Sydney zum viertenmal die Weltmeisterschaft der Hockey-Herren durch einen 4:3-Sieg nach Siebenmeterschießen über die Niederlande. Deutschland belegt nach einer 2:5-Niederlage gegen Australien den vierten Rang.

**4. Dezember.** Schweden wird zum fünftenmal Gewinner des Davispokal nach einem 4:1-Erfolg über Rußland in Moskau.

**11. Dezember.** Im Finale des Grand Slam Cups von München setzt sich der Schwede MAGNUS LARSSON gegen den Weltranglistenersten PETE SAMPRAS (USA) mit 7:6, 4:6, 7:6 und 6:4 durch.

**11. Dezember.** Erstmals wählen die deutschen Sportjournalisten drei Olympiasieger der Winterspiele zu ›Sportlern des Jahres‹: KATJA SEITZINGER, MARKUS WASMEIER und die Skisprung-Mannschaft.

**19. Dezember.** Der Bulgare CHRISTO STOITSCHKOW (FC Barcelona) wird zu Europas ›Fußballer des Jahres‹ gewählt.

**22. Dezember.** Das nationale Fußballidol Brasiliens, Edson Arantes do Nascimento, besser bekannt als PELÉ, wird zum Sportminister in die Regierung unter Präsident CARDOSO berufen.

**29. Dezember.** Der Schwimm-Weltverband sperrt die chinesischen Dopingsünder der Asienspiele von Hiroshima, darunter Weltmeisterin LU BIN, für zwei Jahre. Sie sind damit von den Olympischen Spielen 1996 in Atlanta ausgeschlossen.

## Sri Lanka

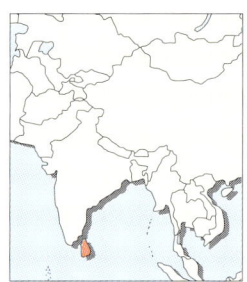

**Hauptstadt:** Colombo
**Einwohner:** 17,9 Mio.
**Einwohner/km²:** 273
**Staatsoberhaupt:**
C. Kumaratunga
(seit 13. 11. 1994)
**Regierungschef:**
S. Bandaranaike
(seit 14. 11. 1994)
**BSP/Einwohner:**
540 US-$

1994 erlebte S. L. einen bedeutsamen Machtwechsel. CHANDRIKA KUMARATUNGA, Tochter des früheren Premiermin. S. BANDARANAIKE und seiner Frau SIRIMAWO, die nach dessen Ermordung Premiermin. geworden war, errang selbst dieses Amt, nachdem ihre linksgerichtete ›People's Alliance‹ (PA) bei der Parlamentswahl am 16. Aug. die ›United National Party‹ (UNP) besiegt hatte, die 17 Jahre an der Macht gewesen war. Ihr Mann, der Politiker VIJAY KUMARATUNGA, war 1989 einem Attentäter zum Opfer gefallen. Sie selbst war daraufhin mit ihren Kindern zeitweilig nach London gegangen und hatte nach ihrer Rückkehr in die Politik im März die Landtagswahlen in der Westprovinz (Raum Colombo) gewonnen.

Ein Bombenattentat bei einer Wahlveranstaltung in Thotalanga bei Colombo tötet am 23. Oktober fast die gesamte Führungsmannschaft der Opposition

Die Reg. hielt am 9. Nov. als Termin der Präsidentschaftswahlen fest, obwohl am Abend des 23. Okt. der UNP-Kandidat GAMINI DISSANAYAKE und mindestens 57 weitere Menschen bei einem Bombenanschlag in Colombo umkamen. DISSANAYAKE galt als aussichtsreichster Rivale der Regierungschefin, die sich ebenfalls um das Präsidentenamt bewarb. Daraufhin verhängte Staatspräs. WIJETUNGA eine unbefristete Ausgangssperre über das ganze Land, und die geplante Wiederaufnahme der Gespräche mit den tamil. Rebellen wurde von der Reg. abgesagt, obwohl diese jede Verantwortung für den Tod DISSANAYAKES zurückgewiesen hatten. Dessen Witwe SIRIMA DISSANAYAKE wurde von der UNP daraufhin zur Präsidentschaftskandidatin ernannt, unterlag jedoch am 9. Nov. CHANDRIKA KUMARATUNGA, die 62% der Stimmen erhielt. Die neue Präs., die für Friedensgespräche mit den tamil. Rebellen eintritt, ernannte ihre Mutter SIRIMAWO BANDARANAIKE zur Premierministerin.

**Statt-Partei:** Nach ihrem überraschenden Erfolg bei den Wahlen zur Hamburger Bürgerschaft im Sept. 1993 wandelte sich die Wählergemeinschaft im Jan. 1994 in eine Partei um und dehnte sich auf andere Bundesländer aus, was jedoch letztendlich zur Spaltung führte. Nachdem der Bundesvors. BERND SCHÜNEMANN nach einmonatiger Amtszeit im Mai abgesetzt worden war, wählte im Juni ein Parteitag den Hamburger MIKE BASHFORD und eine Bundesversammlung im Aug. den Westfalen HARALD KAISER zum Bundesvors. Beide traten im Aug. zurück; danach versuchten die versch. Flügel zu einer Einigung zu kommen. Die hpts. bürgerlich-konservativen Mitgl. nahmen unterschiedl. Positionen v. a. zu der Frage ein, ob die Partei rechtsradikal unterwandert sei. Bei den Wahlen zum Europ. Parlament im Juni blieb die S.-P. unter der 1%-Marke; zu den Bundestagswahlen im Okt. trat sie nicht an. Die krisenhafte Entwicklung setzte sich im Nov. mit der Absetzung des Mitbegründers der S.-P. und Fraktionsvors. in der Hamburger Bürgerschaft, MARKUS WEGNER, durch seinen Landesverband fort.

**Steilmann,** Britta, Modedesignerin und Fußballmanagerin, *Bochum-Wattenscheid 17. 4. 1966. – Anfang Sept. berief der Kanzlerkandidat der SPD, RUDOLF SCHARPING, die nicht gerade durch starke Präferenzen für die SPD auffallende Britta S. in sein Beraterteam. Die Öko-Managerin des Jahres 1993 – für ihre Öko-Kollektionen verwendet sie ausschließlich Stoffe, die ohne Chemie gebleicht sind – sollte im Falle eines SPD-Wahlsiegs den Kanzler SCHARPING in Sachen ›ökolog. Innovationen‹ beraten.
Die gelernte Modedesignerin ist in dem von ihrem Vater KLAUS STEILMANN geführten Textilkonzern für Kommunikation und Umweltfragen verantwortlich. 1993 belegte der Steilmann-Konzern mit rd. 1,6 Mrd. DM Umsatz und 5 400 Beschäftigten Platz 1 der dt. Branchenriesen.
Seit März ist sie – als erste Frau in der Bundesliga – Mitgl. des Vorstands des Fußball-Zweitligisten SG Wattenscheid 09, wo sie für Öffentlichkeitsarbeit zuständig ist. Im Juni entging Frau S. knapp dem Versuch einer erpresser. Entführung.

**Stich,** Otto, schweizer. Politiker (Sozialdemokrat. Partei der Schweiz, SPS), *Dornach (Kt. Solothurn) 10. 1. 1927. – Die schweizer. Bundesversammlung wählte S. für 1994 zum Bundespräs.; am 1. Jan. trat er dieses Amt – zum zweiten Mal nach 1988 – an.
S. entstammt einer Handwerkerfamilie, studierte nach dem Abitur Politikwiss. und Volkswirtschaft und wurde Handelslehrer. 1957–64 übte er das Amt des Gemeindeammans in Dornach aus. 1963–83 gehörte er dem Nationalrat (zunächst als Ersatzmann) an, wo er sich einen Ruf als Finanz- und Wirtschaftsexperte erwarb. Gegen den Willen der SPS-Führung, die eine Frau als Bundesrätin durchsetzen wollte, wurde S. 1983 mit den Stimmen der

bürgerl. Parlamentsmehrheit zum Nachfolger des überraschend verstorbenen Bundesrats WILLI RITSCHARD gewählt. S. erwies sich bald als eigenwilliger, nicht der Parteiraison verpflichteter Leiter des Finanzdepartements, der sich wegen seiner Sachkunde schnell hohes Ansehen in Wirtschaftskreisen verschaffte und große Popularität in der Bevölkerung erwarb.

**Straußwirtschaft, Besenwirtschaft, Häkkerwirtschaft, Heckenwirtschaft,** von Kaiser KARL D. GR. 794 ins Leben gerufene Schankstätten, die seit nunmehr 1 200 Jahren zahlreiche Weinfreunde anlocken. Das frühe ›Weinmarketing‹ des Karolingers (auf jedem seiner Weingüter mußten solche S. betrieben werden) hatte Folgen: Die S. breiteten sich über alle wichtigen Weinbaugebiete aus und halfen zahlreichen Winzern, ihren eigenen Weinausschank – v. a. nach schlechten Jahrgängen – aufzubessern. Bald wurden jedoch zum Schutz der Gastwirte und gegen die ›mißbräuchliche Völlerey‹ Verordnungen erlassen. Auch heute noch müssen die Winzer bestimmte Regeln einhalten: So dürfen sie allenfalls vier Monate im Jahr ausschenken (nur Wein aus eigener Erzeugung) und lediglich ›kalte oder einfach zubereitete warme Speisen‹ anbieten. In allen dt. Weinbaugebieten und auch in Österreich (dort heißen sie Buschenschenken) erfreuen sich die S. großer Beliebtheit.

Mode, Fußball, Politik – die Jungunternehmerin Britta Steilmann zeigt sich vielseitig engagiert

## Südafrika

**Hauptstadt:** Pretoria
**Einwohner:** 40,8 Mio.
**Einwohner/km²:** 33
**Staatsoberhaupt:**
N. R. Mandela
(seit 10. 5. 1994)
**Regierungschef:**
N. R. Mandela
(seit 10. 5. 1994)
**BSP/Einwohner:**
2 670 US-$

### Erste allgemeine Wahlen und Fortgang des Reformprozesses

Mit dem Inkrafttreten der Übergangsverfassung vom 18. 11. 1993 endete am 27. April nach 342 Jahren die Vorherrschaft der aus Europa stammenden Siedler im südl. Afrika. Zugleich fanden vom 26. bis 29. April unter Beobachtung von Vertretern der großen internat. Organisationen (UNO, OAU, EU und Commonwealth) Wahlen zu Nationalversammlung und Senat statt, die zus. eine endgültige Verfassung ausarbeiten sollen. Bei diesen ersten allg. Wahlen errang der African National Congress (ANC) mit großem Abstand die Mehrheit in beiden Häusern, gefolgt von der National Party (NP) und der Inkatha Freedom Party (IFP); die IFP, die Interessenvertretung der traditionsorientierten Kräfte unter den Zulus, gewann die Senatswahlen in der Prov. KwaZulu-Natal, die NP in der Prov. Westkap.
Am 9. Mai wählte das Parlament NELSON MANDELA (ANC) zum Staatspräs., THABO MBEKI (ANC) zum ersten, FREDERIK WILLEM DE KLERK

Der Führer der Inkatha Freedom Party, Mongosuthu Buthelezi (links), entschließt sich am 19. April, doch noch an den ersten allgemeinen Wahlen teilzunehmen. Nach der Wahl tritt er als Innenminister in die von Präsident Nelson Mandela (rechts) gebildete Regierung der nationalen Einheit ein. Frederik Willem de Klerk ist zweiter Vizepräsident

(NP) zum zweiten Vizepräs.; sie wurden in einem Festakt in Anwesenheit vieler internat. Ehrengäste am 10. Mai vereidigt. Der von MANDELA geführten Reg. der nat. Einheit gehören mehrheitlich (insgesamt 20) Mitgl. des ANC an, u. a. ALFRED NZO (Äußeres), JOE MODISE (Verteidigung), SIDNEY MUFAMADI (Sicherheit), TITO MBOWENI (Arbeit), DEREK HANEKOM (Grund und Boden), JOE SLOVO (Wohnungsbau). Die NP entsandte neben dem zweiten Vizepräs. fünf Min. in das Kabinett, u. a. KRAAI VAN NIEHERK (Landwirtschaft), die IFP drei Min., u. a. ihren Führer MONGOSUTHU BUTHELEZI (Inneres).
In den Mittelpunkt ihres Regierungsprogramms stellte die Reg. Mandela ein auf Vorstellungen des ANC zurückgehendes Wiederaufbau- und Entwicklungsprogramm; es soll das gesellschaftl. Ungleichgewicht v. a. zw. der schwarzen Mehrheit und der weißen Minderheit, das durch die Politik der Apartheid noch verschärft worden war, zugunsten

### Südafrika

Ergebnis der Wahlen zur Nationalversammlung vom 26.–29. 4. 1994

| | Stimmen in % | Sitze |
|---|---|---|
| African National Congress | 62,7 | 252 |
| National Party | 20,4 | 82 |
| Inkatha Freedom Party | 10,5 | 43 |
| Vrieheid Front/Freedom Front | 2,2 | 9 |
| Democratic Party | 1,4 | 7 |
| Panafricanist Congress | 1,3 | 5 |
| African Christian Democratic Party | 0,5 | 2 |

einer schnell spürbar werdenden Verbesserung der Lebenssituation der Schwarzafrikaner abbauen und langfristig beseitigen. Zugleich suchte Präs. MANDELA durch eine maßvolle Gestaltung des Reformprozesses Befürchtungen der gesellschaftl. Minderheiten in Zusammenhang mit dem Umbruch in S. zu dämpfen und die Versöhnung zw. Schwarzen und Weißen zu fördern. Neben Maßnahmen zur Arbeitsbeschaffung, zur Ausbildung arbeitsloser Jugendlicher sowie zur kostenlosen Gesundheitsfürsorge für Kinder unter sechs Jahren und werdende Mütter legte die Reg. ein Wiederaufbauprogramm für die Townships auf (u. a. Elektrifizierung von ca. 350 000 Häusern) und leitete eine Erneuerung des Erziehungswesens ein (Einführung einer mind. neunjährigen Schulpflicht).
In ihrer Reformpolitik stand die Reg. Mandela bes. bei der Bekämpfung der Armut unter einem hohen Erwartungsdruck, stieß aber bereits in den ersten hundert Tagen ihrer Amtszeit auf enge finanzielle Grenzen, die eine Verlangsamung des Reformprozesses erforderten. Dieser Konflikt führte im Juli zum Rücktritt des Finanzmin. DEREK KEYS; sein Nachfolger wurde der Bankier CHRISTO LIEBENBERG, Vors. des Rates südafrikan. Banken. Bei heftigen Tarifauseinandersetzungen kam es im Juli und Aug. zu Streiks, die bes. die Autoindustrie betrafen. Gleichzeitig führten diese lohnpolit. Aus-

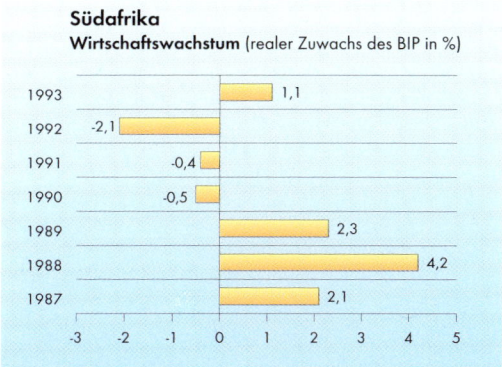

**Südafrika**
**Wirtschaftswachstum** (realer Zuwachs des BIP in %)

| Jahr | Wert |
|------|------|
| 1993 | 1,1 |
| 1992 | -2,1 |
| 1991 | -0,4 |
| 1990 | -0,5 |
| 1989 | 2,3 |
| 1988 | 4,2 |
| 1987 | 2,1 |

**Südafrika**
**Inflationsrate** (Veränderung der Verbraucherpreise in %)

| Jahr | Wert |
|------|------|
| 1987 | 16,2 |
| 1988 | 12,9 |
| 1989 | 14,7 |
| 1990 | 14,3 |
| 1991 | 15,3 |
| 1992 | 13,9 |
| 1993 | 9,7 |

einandersetzungen zu Spannungen zw. dem regierenden ANC und seinen langjährigen Verbündeten, dem Gewerkschaftsverband (OSATU) und der südafrikan. KP.

Auch die Justiz und v. a. die Polizei, die wegen ihrer schweren Menschenrechtsverletzungen während des Apartheidregimes bes. bei der nichtweißen Bevölkerung schlecht angesehen ist, wurden in den Reformprozeß einbezogen. Sicherheitsbeauftragte des ANC werden demgemäß in die neue Polizei integriert; mehr Schwarze sollen zukünftig in Führungspositionen der Sicherheitskräfte aufgenommen werden; die Eingliederung der Guerillakämpfer des ANC und des PAC stieß auf organisator. und, auf seiten der früheren Guerilleros, auf polit.-psycholog. Schwierigkeiten. Zur Unterstützung der Justiz bei der Aufklärung der sowohl vom Apartheidregime als auch von den Widerstandsbewegungen begangenen Menschenrechtsverletzungen sollte außerdem ein Wahrheitsausschuß eingerichtet werden, was jedoch Kritik von seiten der NP hervorrief. In dem Ende Okt. vorgelegten Gesetzentwurf zur Schaffung einer unabhängigen ›Kommission für Wahrheit und Versöhnung‹ war die Behandlung der zw. dem 1.3. 1960 und dem 5.12. 1993 begangenen Menschenrechtsverletzung vor-

gesehen. Die Nederduitse gereformerde Kerk, eine der kirchl. Hauptstützen der Apartheid, formulierte auf ihrer Synode im Okt. Schritte zur Überwindung ihrer früheren rassist. Kirchenpolitik.

Die Kontroversen um den Grad der Föderalisierung der Rep. S. wurden trotz der Vereinbarungen in der Übergangsverfassung auch in der ersten Jahreshälfte fortgesetzt; dabei rückte der ANC immer stärker von seinen zentralist. Vorstellungen zugunsten der v. a. von der IFP vertretenen weitgehenden Föderalisierung ab. Die IFP setzte den ANC und bes. MANDELA, der die Ende April geplanten Wahlen sichern wollte, unter Druck. Mit Inkrafttreten der Übergangsverfassung gingen die früheren Prov. der Rep. (Kapprovinz, Natal, Oranje-Freistaat und Transvaal) sowie die schwarzafrikan. Autonom-Staaten (Transkei, BophutaTswana, Venda und Ciskei) und Homelands in den neun neugebildeten Prov. auf; im Falle von BophutaTswana und Ciskei geschah dies nicht ohne Gewalt (Einmarsch südafrikan. Truppen im März/April). Nach Abschluß der Umstrukturierung, die auch die Integration der bestehenden Verwaltungseinheiten vorsieht, können die neuen Prov. 18 Bereiche, darunter Landwirtschaft, Erziehungs- und Gesundheitswesen, Verkehrs- und Wohnungsangelegenheiten, gesetz-

**Südafrika**
Die neuen Provinzen

|  | Hauptstadt | Fläche in km² | % der Gesamtfläche | Einwohner in 1000** | % der Gesamtbevölkerung |
|---|---|---|---|---|---|
| Nordkap | Kimberley | 361 800 | 29,7 | 721 | 1,9 |
| Ostkap | King William's Town* | 169 600 | 13,9 | 5 889 | 15,7 |
| Oranjefreistaat | Bloemfontein | 129 480 | 10,6 | 2 535 | 6,7 |
| Westkap | Kapstadt | 129 370 | 10,6 | 3 441 | 9,2 |
| Nordtransvaal | Pietersburg | 123 280 | 10,1 | 4 703 | 12,5 |
| Nordwest | Mmabatho | 116 190 | 9,5 | 3 253 | 8,7 |
| KwaZulu-Natal | Pietermaritzburg | 92 180 | 7,6 | 7 955 | 21,2 |
| Osttransvaal | Nelspruit* | 78 370 | 6,4 | 2 585 | 6,9 |
| Gauteng | Johannesburg | 18 810 | 1,5 | 6 507 | 17,3 |
| Republik Südafrika |  | 1 219 080 | 100 | 37 589 | 100 |

 * Stand: September 1994
** Stand: 1990

geberisch eigenverantwortlich regeln. Die Zentralreg. kann in diese Bereiche nur im Falle provinz-
übergreifender Fragen konkurrierend eingreifen.

Anhänger des African National Congress jubeln
über den Sieg ihrer von Nelson Mandela geführten Partei bei den Wahlen vom 26. bis 29. April

### Ende der internationalen Isolierung

Mit dem Fortgang der Verwirklichung eines an den
Menschenrechten orientierten Verfassungsmodells
konnte die Rep. S. immer stärker aus der weltweiten Isolierung heraustreten. Sie nahm v. a. ihren

Platz in der UNO und deren Sonderorganisationen
sowie in der Gemeinschaft des Commonwealth of
Nations wieder ein. Im Okt. stellten die Rep. S. und
die Europ. Union (EU) ihre bereits bestehende Zusammenarbeit auf eine rechtl. Grundlage.
Hatten sich die früheren südafrikan. Reg. in ihrer
Außenpolitik bes. auf Europa und die USA ausgerichtet, so modifizierte Präs. MANDELA diese Linie. Er sieht die Rep. S. v. a. als Regionalmacht, betont die Solidarität der afrikan. Staaten und sucht
sein Land – ohne Vormachtambitionen – auch als
friedenstiftende Macht im südl. Afrika zu etablieren. Am 23. Mai trat die Rep. S. der OAU bei und
schloß sich am 31. Mai der Bewegung der block-
freien Staaten an. In Anwesenheit des südafrikan.
Außenmin. NZO löste sich am 30. Juli die Gruppe
der Frontstaaten (Angola, Botswana, Moçambique, Tansania, Namibia und Sambia) auf, die sich
im Widerstand gegen das südafrikan. Apartheidregime gebildet hatte. Gleichzeitig trat die Rep. S.
der 1979 gegr. Southern African Development
Community (SADC) bei. Bald nach seinem Amtsantritt übernahm Präs. MANDELA regionale Ver-
mittlungsaufgaben, so bes. in Angola und Lesotho.
Nachdem die südafrikan. Übergangsreg. zum
1. März die Walfischbucht an Namibia übergeben
hatte, suchte Präs. MANDELA gute Beziehungen zu
Namibia zu entwickeln und zu festigen. S. wurde
am 12. Dez. wieder in die UNESCO aufgenommen.

## SÜDAFRIKA

### Findet das Land zu sich selbst?
### Anfänglicher Euphorie folgt Ernüchterung

Der Himmel ist nicht eingefallen. Der angedrohte
Bürgerkrieg der weißen Rechten ist ausgeblieben.
Südafrikas politischer Wandel vom Apartheidregime zu einer Mehrparteiendemokratie fand, alles
in allem, friedlich statt. Und NELSON MANDELA,
der berühmteste politische Gefangene der Welt, ist
nach den Wahlen Ende April 1994, bei denen
Schwarze und Weiße in endlosen Schlangen vor
Wahllokalen standen, am 10. Mai mit einer bewegend fröhlichen Einführungsfeier Staatspräsident
geworden.

### Nelson Mandela – ein Glücksfall für Südafrika

Inzwischen ist Südafrika im Alltag angekommen.
Aber zahlreiche weiße Südafrikaner, die zuvor mit
einiger Verachtung über MANDELA sprachen, spüren nun, daß dieser schwarze Präsident ein Glücks-
fall für das Land ist. Der Afrikanische National-
kongreß (ANC) hatte sich aber auch erst dann für
den bewaffneten Kampf gegen die weiße Regierung
entschieden, als alle friedlichen Versuche gescheitert waren, die die herrschende weiße Minderheit
zum Einlenken bewegen sollten. Es war MANDELA,
der keinen anderen Weg mehr sah als den des bewaffneten Aufstands. Daraufhin schlug das Imperium zurück. In einer der denkwürdigsten Verteidi-

gungsreden unseres Jahrhunderts sagte MANDELA
am Ende des Rivonia-Prozesses 1963: ›Ich habe gegen die Vorherrschaft der Weißen ebenso gekämpft
wie gegen schwarze Vorherrschaft. Diesem Ideal
widme ich mein Leben und hoffe, es Wirklichkeit
werden zu sehen.‹ Danach kam der Urteilsspruch:
lebenslänglich.
31 Jahre später, im Jahr 1994, hat MANDELA ohne
Zweifel im gleichen Horizont gedacht und agiert.
Er vertritt glaubwürdig das so belastete und beladene Wort Versöhnung. Der erste wesentliche Er-

Nelson Mandela stellt auf einer Wahlkampfveranstaltung das Programm des African National
Congress zum Wiederaufbau des Landes vor

folg MANDELAS als Staatspräsident liegt ohne Zweifel darin, daß er den rechten weißen Flügel befrieden konnte. Die angedrohte Explosion von rechts gegen eine von Schwarzen geführte Regierung ist ausgeblieben. Wie er den Weißen versicherte, hat sich an ihrer Lebensweise und ihrem Lebensstandard nichts geändert. Den Beschäftigten im großen weißen Verwaltungsapparat Südafrikas hat er eine Garantie auf ihren Arbeitsplatz gegeben. Zu einem Massenexodus von Weißen ist es nach den Wahlen nicht gekommen. MANDELA erklärt immer wieder, ohne die Fähigkeiten der Weißen sei ein demokratisches Südafrika nicht aufzubauen.

Ein weiterer Erfolg ist sicherlich, daß die Integration der bewaffneten Flügel der schwarzen Befreiungsbewegungen in die südafrikanische Armee weitgehend gelungen ist. Am weißen Oberkommando hat sich wenig verändert. Der neue Verteidigungsminister und sein Stellvertreter, beide vom ANC, erweisen sich, wie ihre Vorgänger, als Militaristen reinsten Schlages. Brüche waren da nicht zu erwarten. Das vor den Wahlen immer wieder beschriebene Szenario eines Militärcoups hat sich nicht verwirklicht.

Um die Afrikaaner Widerstandsbewegung (AWB) sammeln sich nach wie vor einige hundert schwerbewaffnete rechtsradikale bis neonazistische Buren. Zwar haben sie keinen Zulauf mehr, aber sie bleiben gefährlich. Auch mit ihnen sucht MANDELA das Gespräch. Er hatte nach seiner Vereidigung erklärt, er wolle keine politische Bewegung verteufeln oder an den Rand drängen.

Mit den weißen Rechtsextremen wird vor allem über eine mögliche Amnestie für Gewalttäter gesprochen, die vor den Wahlen bei Bombenattentaten 20 Menschen töteten und mehr als 200 Menschen schwer verletzten. Die Verbrechen des Apartheid-Regimes und auch die des ANC (in ANC-eigenen Camps außerhalb Südafrikas war es zu Folterungen und Morden gekommen) will man mit einer ›Wahrheitskommission‹ aufklären. Die Täter sollen straffrei bleiben, wenn sie sich ihr gegenüber offenbaren. Den Opfern oder den Angehörigen der Opfer werden finanzielle Entschädigungen in Aussicht gestellt.

**Verhandlungen statt Konfrontation**

NELSON MANDELA war ja ohne jeden Rachegedanken, ohne jedes Vergeltungsbedürfnis nach seiner langen Haft auf die politische Bühne Südafrikas zurückgekehrt. Das hat einige junge militante Schwarze enttäuscht. Sie haben die Kompromißbereitschaft MANDELAS unterschätzt. Möglicherweise auch die ursprünglichen Ziele des ANC aus den Augen verloren. Der ANC war ja nicht darauf aus, den Staat zu stürzen, sondern das Apartheidsystem zu überwinden.

Nur vor diesem Hintergrund ist zu verstehen, daß es im September 1992 zu einer protokollierten Vereinbarung zwischen Staatspräsident FREDERIK WILLEM DE KLERK und ANC-Führer NELSON MANDELA kommen konnte. Zu dem, was man später wohl zurecht den ›historischen Kompromiß‹ zwischen der schwarzen Befreiungsbewegung und der weißen Minderheitsregierung genannt hat. Verabredet wurde ein Demokratisierungsprozeß, der zu freien Wahlen und zu einer Regierung der Nationalen Einheit führen sollte.

Diese Annäherung zwischen der von DE KLERK geführten weißen Nationalen Partei und dem von MANDELA geleiteten ANC ist seitdem stabil geblieben. Beide Seiten haben erkannt, daß sie je alleine Südafrika nicht in eine sichere Zukunft führen können. Der international weitgehend isolierten weißen Minderheitsregierung fehlte die politische Legitimation. Durch Boykotts und Sanktionen ist Südafrikas Wirtschaft entscheidend geschwächt worden. Der ANC mußte sich eingestehen, daß seinem militärischen Flügel Umkonto we Sizwe die Macht fehlte, den riesigen Sicherheitsapparat des Staates in die Knie zu zwingen. Der ANC stellte seinen bewaffneten Kampf ein und erklärte Verhandlungen mit der Regierung zur Fortsetzung des Befreiungskampfes, nun mit friedlichen Mitteln. Präsident DE KLERK erhielt für den von ihm eingeschlagenen Weg der Reformen zweimal die Zustimmung der Mehrheit der Weißen Südafrikas.

Damit waren die Voraussetzungen für Verhandlungen geschaffen, die angesichts einer jahrzehntelang exekutierten Apartheidsideologie, die Tausende von Menschen das Leben kostete und die schwarze Mehrheit des Landes unterdrückte, keinesfalls selbstverständlich waren.

**Die Übergangsverfassung**

Die Ergebnisse wurden in einer Übergangsverfassung festgehalten, auf die man sich im Mehr-Parteien-Forum Ende November 1993 einigte. Diese

Der Autor:
Gerhard Rein, geb. 1936.
ARD-Hörfunk-Korrespondent
im südlichen Afrika
mit Sitz in Johannesburg

Verfassung hat Südafrika einschneidend verändert. Mit den ersten demokratischen Wahlen ist das Land zugleich eine Republik mit neun Provinzen geworden. Jede Provinz, den Ländern der Bundesrepublik Deutschland vergleichbar, kann unter Beachtung der mehr als 30 Prinzipien, über die ein Verfassungsgericht wacht, ihre eigene Verfassung schreiben. Neben der 400köpfigen Nationalversammlung gibt es einen Senat, in den jede Provinz je zehn Delegierte entsendet.

Die Übergangsverfassung, die von dem Willen geprägt ist, politische und wirtschaftliche Stabilität zu schaffen, schrieb auch vor, daß die Regierung der Nationalen Einheit fünf Jahre im Amt bleiben soll. Jede Partei, die mehr als 5% Prozent der Stimmen erreichte, hatte Anspruch, im Kabinett vertreten zu sein.

Diese Verfassung war aber auch umstritten und bleibt es wohl auch. Konkurrierende schwarze Befreiungsbewegungen warfen dem ANC vor, er habe die Sache der Befreiung verraten. Der Panafrikanische Kongreß (PAC) zum Beispiel ging mit der Parole ›One settler – one bullit‹ (›Jedem weißen Siedler eine Kugel‹) in den Wahlkampf. Die schwarze Mehrheit wollte von solchen Sprüchen nichts wissen. Der PAC, der nur noch eine marginale Rolle spielt, erhielt nicht einmal 2% der Stimmen.

Dem Einspruch der weißen Rechten gegen die Verfassung wurde insoweit Rechnung getragen, als zuletzt noch ein nicht näher definiertes Selbstbestimmungsrecht in die Verfassungsprinzipien aufgenommen wurden. Das läßt am fernen Horizont Weißen die Möglichkeit, eine eigene Provinz zu gründen, eine Art Homeland für Weiße, in dem freilich gleiche Rechte für alle zu gelten haben.

### Buthelezi und die Inkatha-Partei – ein eigener politischer Faktor

Der gewichtigste Einspruch gegen die Übergangsverfassung kam von Mongosuthu Buthelezi und der von ihm geführten Inkatha-Partei. Buthelezi begründete sein Nein zu den Wahlen mit Kritik an der ausgehandelten Übergangsverfassung, die ihm nicht föderal genug erschien. Vor allem in der Provinz Natal kam es vor den Wahlen zu bis dahin nicht gekannten Gewaltausbrüchen zwischen Zulus, die dem ANC nahestanden, und Zulus, die der Inkatha-Partei angehörten. Zehntausende starben. Zwischen politisch motivierter und krimineller Gewalt konnte man bald nicht mehr unterscheiden. Auf Buthelezi wurde einiger Druck ausgeübt, sich doch dem Verfassungskompromiß anzuschließen. Auch die internationalen Vermittler Henry Kissinger und Lord Carrington wurden eingesetzt, um ihn zur Teilnahme an den Wahlen zu bewegen. Er blieb bei seinem Nein. Wer es schließlich vermochte, ihn im letzten Augenblick doch in den Demokratisierungsprozeß und in die Wahlen einzubinden, ist bisher nicht wirklich geklärt. Buthelezis Inkatha-Partei führt die Regierung in der Provinz KwaZulu-Natal. Auf der nationalen Ebene ist Buthelezi als Innenminister im Kabinett Mandelas durchaus präsent. Ohne die Mit-

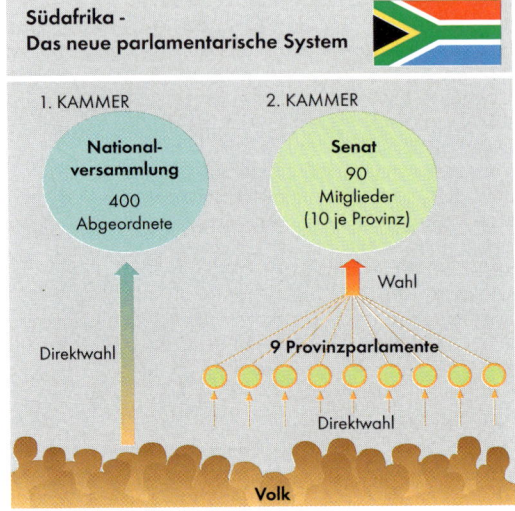

Südafrika – Das neue parlamentarische System

1. KAMMER
Nationalversammlung
400 Abgeordnete

2. KAMMER
Senat
90 Mitglieder (10 je Provinz)

Wahl

Direktwahl

9 Provinzparlamente

Direktwahl

**Volk**

wirkung der Inkatha-Partei wäre die Regierung der Nationalen Einheit unvollständig und deshalb gefährdet. Die Unruhe, die von Buthelezi nach wie vor ausgeht, hängt mit nicht geklärten Strukturen in der Zulu-Hierarchie zusammen. Buthelezi verknüpfte seinen Protest gegen die Übergangsverfassung, gegen den ANC, gegen die Annäherung von de Klerk und Mandela stets mit Forderungen, die er im Namen seines Zulu-Königs Zwelithini erhob. Daß Buthelezi dabei den jungen König für die Inkatha-Sache instrumentalisierte, wurde immer deutlicher. Der König will sich augenscheinlich aus dieser aufgezwungenen Abhängigkeit befreien, doch Buthelezi wird es ihm schwer machen.

In der Provinz KwaZulu-Natal ist die politisch einzuordnende Gewalt jedenfalls nach den Wahlen dramatisch gesunken. Sie ist aber beileibe noch nicht überwunden. Wie überhaupt in ganz Südafrika die kriminelle Gewalt zu einer der größten Herausforderungen für die neue Regierung geworden ist.

### Das Wiederaufbau- und Entwicklungsprogramm

Daß der ANC aus den Wahlen als die überragende politische Kraft hervorgehen würde, war schon vorher abzusehen. Der ANC verpaßte die Zwei-Drittel-Mehrheit, die Nationale Partei erhielt etwas mehr als 20%, die Inkatha über 10%. Geradezu ein Wunschergebnis. Etwas plakativ kann man davon sprechen, daß der ANC die Regierung anführt, damit aber nicht die Macht übernommen hat. Interessanterweise legte aber allein der ANC im Wahlkampf ein ausführliches politisches Konzept, das Wiederaufbau- und Entwicklungsprogramm, vor. Die anderen Parteien in der Regierung der Nationalen Einheit haben sich inzwischen diesem Programm angeschlossen. Mandela hatte es zuvor mit den führenden Industriellen Südafrikas diskutiert.

Zwischen seiner Hinwendung zu den Weißen und den Erwartungen der schwarzen Mehrheit muß NELSON MANDELA eine Balance finden. Die Unterschiede zwischen Arm und Reich sind enorm. Ungeduld als durchgängiges Moment bei der schwarzen Mehrheit ist aber nicht auszumachen. Daß sich diese Regierung, im Unterschied zu allen Vorgängerregierungen, um die sozialen Belange der Mehrheit kümmern will, ist ja überall in Südafrika mit Händen zu greifen.

Erste Schwerpunkte im Wiederaufbau- und Entwicklungsprogramm sehen Wasser- und Elektrifizierungsprojekte für schwarze Städte und Siedlungen vor. Die von Gewalt besonders heimgesuchten Townships östlich von Johannesburg und in Kwa-Zulu-Natal sollen als erste wieder aufgebaut werden. Der forcierte Bau von Kliniken soll dem Ansturm gerecht werden, der die bestehenden Krankenhäuser überfordert, seit am 1. Juni 1994 die medizinische Betreuung für schwangere Frauen und für Kinder unter sechs Jahren kostenfrei wurde. Ein Landreformgesetz soll denen Gerechtigkeit verschaffen, die durch die Apartheid von ihrem angestammten Land vertrieben wurden. Die Regierung will frei verfügbares Farmland aufkaufen und Land, das dem Staat gehört, zu günstigen Bedingungen schwarzen Farmern zur Verfügung stellen. Kein weißer Farmer soll vertrieben werden.

Das im deutschen Einigungsprozeß so umstrittene Prinzip Rückgabe vor Entschädigung soll in Südafrika auf keinen Fall angewandt werden.

### Schlechte Wirtschaftsprognosen

Die Aussichten, daß sich der Lebensstandard der schwarzen Mehrheit bald verbessern könnte, sind eher düster. Entgegen allen Prognosen blieb das Wirtschaftswachstum im ersten Halbjahr 1994 unter 3%. Potentielle Investoren in Südafrikas Wirtschaft haben das Land zwar seit NELSON MANDELAS Amtsantritt fast überfallartig bereist, aber nicht investiert.

Die Arbeitslosigkeit liegt in Südafrika bei rund 50%. Jobs, Jobs, Jobs hatte der ANC versprochen. Vor allem durch das ehrgeizige Wohnungsbauprogramm – eine Million Häuser in drei Jahren – will die Regierung die Wirtschaft ankurbeln. Freilich wird von der Schaffung von vielen neuen Arbeitsplätzen abhängen, ob soziale Unruhen den Demokratisierungsprozeß stören werden.

Südafrika gehört zu den Staaten mit einer höchst ungleichen Wirtschaftsstruktur. 51% des allgemeinen Einkommens geht in 10% der Haushalte, in der Regel weiße Haushalte. Nur 4% des allgemeinen Einkommens entfallen auf die Haushalte der armen schwarzen Mehrheit.

Die früheren Homelands sind aufgelöst, die durch sie geschaffene Armut ist geblieben. Bei der Vergabe der notwendigen öffentlichen Arbeiten spricht der zuständige Minister davon, daß man ›menschenintensiv‹ und nicht ›maschinenintensiv‹ die Aufträge verteilen werde. Das ist in der Situation Südafrikas verständlich, aber auch teuer. Arbeit sei in Südafrika sowieso schon zu teuer, klagen

Unternehmer in Südafrika. Die ersten landesweiten Streiks nach den demokratischen Wahlen führten in Südafrikas Öffentlichkeit zu hysterischen Ausbrüchen. Jetzt, in der Aufbauphase, dürfe man doch nicht streiken. In der Automobilbranche dauerte der Streik fünfeinhalb Wochen. Die Gewerkschaften wollten einen Anteil am Gewinn der erfolgreichen Firmen, die Unternehmen die hohen Arbeitslosenzahlen benutzen, um die Streikenden zu zügeln. Am Ende gab es einen ordentlichen Kompromiß. Die Gewerkschaften hatten zum ersten Mal erreicht, daß es nicht nur um Lohnerhöhungen ging, sondern auch darum, daß die Unternehmen eine Grundschulausbildung der schwarzen Arbeiter finanzieren, die oft nicht lesen und schreiben können und deshalb keine Aufstiegschancen haben. Nun rächt sich, daß das Apartheid-System kein Interesse an schwarzen Facharbeitern hatte.

Als Staatspräsident MANDELA meinte, daß einige Gewerkschaften noch in der Pose des Widerstands verharrten und nicht konstruktiv an dem vom ANC proklamierten Wiederaufbau teilnähmen, wurde er erstmals von den Gewerkschaften öffentlich kritisiert.

Ursprünglich als Protestveranstaltung gegen die Wahlen geplant, wird die Kundgebung am 20. April in Pietermaritzburg nach der Erklärung Buthelezis, doch an ihnen teilzunehmen, zur Wahlkundgebung der Inkatha Freedom Party

Kritik aus den eigenen Reihen erfährt MANDELA aber auch durch die fortgesetzte Waffenproduktion Südafrikas. Der Waffenkonzern Armscor gehört dem Staat. Gegen den Protest einer artikulierten Minderheit im Parlament und außerparlamentarisch durch den populären Bischof DESMOND

TUTU argumentiert die große Koalition der Anhänger von Armscor, man könne mit diesem Industriezweig weitere Arbeitsplätze schaffen. Obwohl verboten, hatte Armscor trotz aller Embargos Waffen heimlich an andere Staaten verkaufen können. Als der Sicherheitsrat der Vereinten Nationen Ende Mai 1994 das letzte Waffenembargo gegenüber Südafrika einstimmig aufhob, wurde in Südafrika die Rückkehr in den offiziellen Waffenmarkt enthusiastisch gefeiert.

### Südafrikas Rolle in der Region

Südafrika ist im Vergleich zu seinen Nachbarstaaten eine Art Supermacht. Die äußeren Feinde gibt es nicht mehr. Ein demokratisiertes Südafrika kann für die ganze Region eine wirtschaftliche Lokomotivfunktion übernehmen. MANDELAS erste Staatsbesuche galten bezeichnenderweise den Nachbarstaaten Moçambique und Namibia. Die Entwicklungsgemeinschaft des Südlichen Afrika (SADC) hat mit dem neuen Mitglied Südafrika zugleich einen starken Befürworter einer engeren Kooperation gewonnen, die zu einer wirtschaftlichen und politischen Einheit nach dem Vorbild der Europäischen Union führen soll.

Wenn ein demokratisches Südafrika gelingt, kann es eine Brücke bilden zwischen erster und dritter Welt. Es gibt schon eine Art Mandela-Faktor, der zur Krisenbewältigung eingesetzt wird. Der legendäre, integre MANDELA soll den angolanischen Bürgerkrieg beenden und Moçambiques Friedensweg sichern helfen. Mit MANDELA an ihrer Seite wollen sich nicht wenige Staatsmänner und Regierungschefs schmücken.

Dabei ist NELSON MANDELA vor allem für Südafrika von allergrößter Bedeutung. In seiner Person verkörpert sich die Sehnsucht der schwarzen Mehrheit nach Harmonie mit den Weißen. Aber bei den Weißen gibt es dafür keine Entsprechung. Die Vorstellung, nach dem gelungenen politischen Übergang gäbe es nun im Alltag zwischen Schwarzen und Weißen eine neue Gemeinsamkeit, ein neues Aufeinanderzu, diese Vorstellung ist falsch. Nach wie vor lebt man getrennt und nicht zusammen.

## Sudan

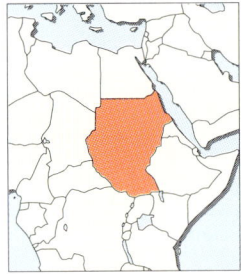

**Hauptstadt:** Khartum
**Einwohner:** 27,4 Mio.
**Einwohner/km²:** 11
**Staatsoberhaupt:**
O. H. A. al-Bashir
**Regierungschef:**
O. H. A. al-Bashir
**BSP/Einwohner:**
390 US-$

In dem seit 1983 anhaltenden Bürgerkrieg zw. dem arabisierten muslim. N und dem schwarzafrikan., mehrheitlich christlich-animist. S führte die islamist. Reg. unter OMAR HASSAN AHMAD AL-BASHIR zu Beginn des Jahres eine weitere Großoffensive gegen den S durch. Nach der Einnahme wichtiger Stellungen flüchteten mehr als 100 000 Zivilisten vor den Regierungstruppen in von internat. Hilfslieferungen abgeschnittene Gegenden oder in die Nachbarstaaten Uganda und Kenia. Weitere Opfer forderten die Auseinandersetzungen zw. den verfeindeten Lagern der südsudanes. Volksbefreiungsarmee (SPLA). Zudem litt die von Hunger und Epidemien bedrohte Bevölkerung unter schweren Menschenrechtsverletzungen (systemat. Morde, Menschenhandel, Folter, Vergewaltigungen).
Bei den ab Mitte März in Nairobi aufgenommenen Friedensgesprächen zwischen der Regierung und den SPLA-Fraktionen wurden, abgesehen von Vereinbarungen über einen reibungslosen Transport humanitärer Hilfe, in den entscheidenden Punkten (religiöse Gleichberechtigung, südsudanes. Selbst-

bestimmung) keine Fortschritte erzielt. Im Sept. wurden die Verhandlungen abgebrochen. Zahlungsrückstände von über 1,7 Mrd. US-$ und die Vernachlässigung der Wirtschaftsreformen bei gleichzeitig verschärfter Wirtschaftslage führten im Okt. zum Ausschluß des S. aus dem Internat. Währungsfonds.
Außenpolitisch blieb das Land isoliert. Die Auslieferung des Terroristen CARLOS an Frankreich im Aug. galt als Versuch des S., von der amerikan. Terrorismusliste gestrichen zu werden. Im Jan. hatte ein Besuch des Erzbischofs von Canterbury im Südsudan zum Abbruch der diplomat. Beziehungen zu Großbritannien geführt.

## Surinam

**Hauptstadt:**
Paramaribo
**Einwohner:** 446 000
**Einwohner/km²:** 3
**Staatsoberhaupt:**
R. R. Venetiaan
**Regierungschef:**
J. Ajodhia
**BSP/Einwohner:**
3 700 US-$

**SV-40-Virus:** Der stets tödlich verlaufende Krebstyp der Rippenfelltumore, der durch eingeatmete Asbestfasern ausgelöst wird, könnte auch durch das Affenvirus SV 40 verursacht oder zumindest begünstigt werden. Mit diesem Virus, das bislang für den Menschen als ungefährlich galt, wurden in den 1950er und frühen 1960er Jahren unbeabsichtigt Millionen von Menschen infiziert, die eine Polioimpfung erhielten. Heutige Polioimpfstoffe enthalten dieses Virus nicht mehr. Ein Forscherteam um MICHELE CARBONE von den Nat. Gesundheitsinst. der USA (NIH) fand im Tumorgewebe bei 29 der 48 untersuchten Patienten mit Rippenfelltumoren Erbmaterial, das entweder von SV 40 oder von einem sehr eng verwandten Virus stammt.

Die NIH bereiteten nach Veröffentlichung dieser Befunde im Mai eine großangelegte Studie vor, die klären soll, ob und in welcher Form ein kausaler Zusammenhang zw. der Virusverunreinigung und dem Auftreten dieses Tumors besteht. Die seinerzeit unerkannt gebliebene Verunreinigung der Zellkulturen zur Herstellung von Polioimpfstoffen mit SV-40-Viren ist aufgrund der hohen Zahl der Geimpften der weitreichendste Zwischenfall in der Impfstoffgeschichte.

## Swasiland

**Hauptstadt:**
Mbabane
**Einwohner:** 814 000
**Einwohner/km²:** 47
**Staatsoberhaupt:**
Mswati III.
**Regierungschef:**
Mbilini
**BSP/Einwohner:**
1 080 US-$

Der schwachen und zerstrittenen Opposition gelang es nach den Wahlen 1993 nicht, ihre Forderung nach einem Mehrparteiensystem durchzusetzen. Anfang des Jahres kündigte Prinz MBILINI, der seit Nov. 1993 die Reg. führt, eine Exportförderung und die Verbesserung des Ausbildungssystems an. Insgesamt zeigte die Wirtschaft nach der schweren Rezession 1993 eine aufwärts weisende Tendenz.

## Syrien

**Hauptstadt:**
Damaskus
**Einwohner:** 13,8 Mio.
**Einwohner/km²:** 74
**Staatsoberhaupt:**
H. al-Assad
**Regierungschef:**
M. as-Subi
**BSP/Einwohner:**
1 110 US-$

Die Koranschule im sudanesischen Omdohoban während des Abendgebets der Gläubigen. Einige Koranschulen des islamischen Nordens spielen als Orte der Verschleppung von südsudanesischen Kindern eine aktive Rolle im Bürgerkrieg

### Wirtschafts- und Innenpolitik

Im Jan. starb der älteste Sohn und potentielle Nachfolger des Präs., BASEL AL-ASSAD, bei einem Autounfall, weshalb die Diskussion um die Nachfolge ASSADS neu entbrannte. Im Aug. wurden zweitägige Parlamentswahlen abgehalten, deren Ausgang die zukünftige Entwicklung S.s kaum beeinflußt, da die Volksvertreter – von denen die Hälfte ohnehin der regierenden Baath-Partei angehören muß – über keine nennenswerten Kompetenzen verfügen.

Fortschritte in der stufenweisen Liberalisierung der Wirtschaft waren unübersehbar, allerdings blieben ausländ. Investitionen weitestgehend aus. Da die Ausbeutung der zur Neige gehenden Ölreserven an Bedeutung verliert, unternimmt die Reg. Anstrengungen, den Tourismussektor auszubauen, um die Devisenzufuhr zu sichern. Internat. Finanzhilfen blieben eingefroren, da S. nach Auffassung der USA den internat. Terrorismus weiterhin unterstützt. Zu einer Annäherung zwischen S. und Rußland kam es in finanzpolit. Fragen; die Tilgung von Altforderungen war Gegenstand zahlreicher Unterredungen.

### Keine Fortschritte bei Friedensverhandlungen

Trotz intensiver Vermittlungsbemühungen v.a. des amerikan. Außenmin. WARREN CHRISTOPHER konnte kein Durchbruch bei den festgefahrenen israel.-syr. Verhandlungen erzielt werden. Immerhin erklärte Präs. ASSAD anläßlich seiner Treffen mit dem amerikan. Präs. CLINTON in Genf (Jan.) und Damaskus (Okt.) S.s prinzipielle Bereitschaft, normale Beziehungen zu Israel zu unterhalten. Der von Israels MinPräs. RABIN unterbreitete Vorschlag, die Golanhöhen binnen acht Jahren etappenweise zu räumen, stieß bei der syr. Führung auf Ablehnung. Sie forderte einen raschen Abzug und vertrat weiterhin die Auffassung, daß ein umfassender Frieden nur nach einem vollständigen israel. Rückzug aus allen besetzten arab. Gebieten denkbar sei. Auch der erfolgreiche Abschluß der jordan.-israel. Friedensverhandlungen brachte wenig Bewegung in den syr.-israel. Dialog.

Der amerikanische Präsident Bill Clinton und sein Amtskollege Hafis al-Assad am Ende ihrer Pressekonferenz am 27. Oktober, auf der der syrische Präsident seine Forderung nach einem vollständigen Abzug Israels von den Golanhöhen bekräftigte

**T**

## Tadschikistan

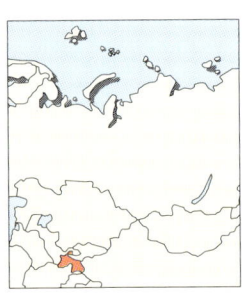

**Hauptstadt:** Duschanbe
**Einwohner:** 5,7 Mio.
**Einwohner/km²:** 40
**Staatsoberhaupt:** E. Rachmanow
**Regierungschef:** D. Karimow (seit 2. 12. 1994)
**BSP/Einwohner:** 480 US-$

Trotz verlangsamter Inflation blieb die Wirtschaftslage prekär: Im Mai warnte die Welternährungsorganisation vor einer Hungerepidemie in den Flüchtlingsgebieten. Aufgrund der Zahlungsunfähigkeit der Reg. reduzierte sich der Warenverkehr auf Austauschbeziehungen, während Ausfuhrlizenzen für die wichtigsten Exportgüter Aluminium und

Baumwolle nur noch drei Staatsunternehmen erteilt wurden. Um das weitere Abfließen des Rubels zu unterbinden, kündigte die Reg. am 11. April die Einführung einer Nationalwährung, des tadschik. Rubels, zum 15. Mai an. Trotz russ. Kredite (1994: 80 Mio. Rubel) und Handelsabkommen mit den mittelasiat. Nachbarn und trotz der (begrenzten) Mittel der Europ. Bank für Rekonstruktion und Entwicklung (200 000 US-$) für die Förderung von kleineren Industrieunternehmen und Bewässerungsprojekten waren die Prognosen für eine Verbesserung der Gesamtsituation schlecht.

Auch im zweiten Jahr konnte der Bürgerkrieg nicht gestoppt werden. Internat. Vermittlungsversuche bei Treffen in Moskau (April), Teheran (Juni, Sept.) und Islamabad (Aug.) waren begleitet von bewaffneten Aktionen oppositioneller Gruppen, die in den Sommermonaten verstärkt von Afghanistan aus in Richtung Berg-Badachschan operierten. Auf dem GUS-Gipfel am 15. März sicherte Rußland T. seine finanzielle Unterstützung zu; ferner wurde das Mandat der GUS-Truppen (darunter 6 000 Russen) verlängert und die Schaffung eines Hilfsfonds für T. beschlossen. Am 20. Okt. trat ein Waffenstillstand in Kraft, der unter Vermittlung Irans zustande gekommen war und durch UNO-Beobachter überwacht werden soll. Zugleich mußte die bedrängte Reg. des Präs. EMOMALI (IMAMALI) RACHMANOW auf Druck der Schutzmächte Rußland und Usbekistan das Zugeständnis machen, zu den urspr. für Sept. vorgesehenen Präsidentschaftswahlen auch Kandidaten der Opposition zuzulassen, nutzte jedoch die Ankündigung, um den Termin auf den 6. Nov. zu verschieben. Bei den Wahlen, bei denen nur der frühere MinPräs. ABDUMALIK ABDULADSCHANOW gegen RACHMANOW antrat, wurde letzterer mit offiziell 60% der Stimmen wiedergewählt.

ABDULADSCHANOW, der auf nur 35% kam, kündigte nach der Wahl die Gründung einer eigenen Partei, der ›Partei der Volkseinheit und Gerechtigkeit‹, an.

Mehrheitl. Zustimmung fand die neue Verfassung. Sie war im Vorfeld kritisiert worden, da sie unzureichende Rechte für Minderheiten (1989 waren 23,5% der Bevölkerung Usbeken) und nicht ausreichende autonomer Gebiete festschreibe.

## Taiwan

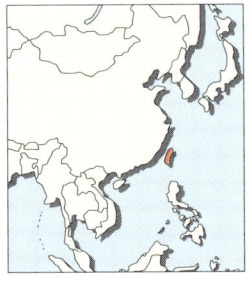

**Hauptstadt:** T'aipei
**Einwohner:** 20,8 Mio.
**Einwohner/km²:** 578
**Staatsoberhaupt:** Li Teng-hui
**Regierungschef:** Lien Chan
**BSP/Einwohner:** 9070 US-$

Obwohl es zw. den beiden chin. Staaten nach wie vor keine offiziellen direkten Beziehungen gab, wurde T. Chinas viertgrößter Handelspartner. Im ersten Halbjahr 1994 erreichte T.s Außenhandelsvolumen im indirekten Handel mit China 7,4 Mrd. US-$, wobei der Exportwert (6,6 Mrd. US-$) um 20 % und der Importwert (800 Mio. US-$) um 60 % gegenüber dem Vorjahreszeitraum zulegte. Für das Gesamtjahr veranschlagte die Reg. das reale Wachstum des BSP mit 5,94 % und die Inflationsrate mit knapp 4 %. T.s Devisenreserven erklommen Ende Juli eine neue Rekordhöhe von 90,5 Mrd. US-$, weltweit steht das Land damit an zweiter Stelle hinter Japan.

Nach drei Monate langen heftigen Auseinandersetzungen zw. den Deputierten der Regierungspartei Kuo-min-tang (KMT) und der größten Oppositionspartei Democratic Progressive Party (DPP) verabschiedete die Nationalversammlung am 29. Juli die neuen Ergänzungs- und Änderungsartikel zur Verfassung. Die wichtigste Änderung ist, daß der Staatspräs., dessen Amtszeit noch bis 1996 läuft, künftig nicht mehr von der Nationalversammlung, sondern vom Volk direkt gewählt wird. Die DPP, die die Nationalversammlung abschaffen will, blieb der Abstimmung der dritten Lesung fern. Auf dem sechsten Parteitag der DPP Ende April/Anfang Mai wurde SHIH MING-TEH als Parteivors. für eine weitere Amtsperiode bestätigt dank der Unterstützung des radikalen Flügels, der die sofortige Gründung eines von China deutlich getrennten neuen Staates T. befürwortet. Auch bei der Zusammensetzung des neuen Ständigen Ausschusses des ZK der KMT am 26. Aug. behielt die sog. Hauptströmungsgruppe, die die Wiedervereinigung mit der VR China nur als Fernziel betrachtet und mittelfristig eine Politik hin zu ›einem Staat, zwei gleichberechtigten polit. Gebilden‹ verfolgt, die Oberhand. Gespräche mit China über Abkommen zu Fragen des Fischereistreits sowie über die Auslieferung von Flugzeugentführern blieben ergebnislos.

Bei der ersten freien Kommunalwahl in T. Anfang Dez. errang die DPP einen bedeutenden Erfolg und stellt in der Hauptstadt T'aipei künftig den Bürgermeister. Die gleichzeitig stattfindende Gouverneurswahl konnte jedoch die regierende KMT für sich entscheiden.

## Tansania

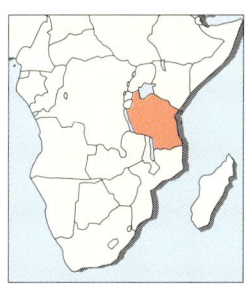

**Hauptstadt:** Dodoma
**Einwohner:** 28,8 Mio.
**Einwohner/km²:** 30
**Staatsoberhaupt:** A. H. Mwinyi
**Regierungschef:** C. D. Msuya (seit 4. 12. 1994)
**BSP/Einwohner:** 110 US-$

Seit Beginn des Jahres bemühte sich T. verstärkt um die Bekämpfung der als Folge der Dürre aufgetretenen Hungersnot. Weitere Belastungen brachten neben den inflationären Tendenzen und dem Haushaltsdefizit die Bedrohung der Ernte durch Schädlinge und verspäteten Regen, der Ausbruch der Cholera in den nordöstl. Landesteilen sowie die große Zahl von Flüchtlingen aus Burundi und Ruanda (ca. 300 000). Dennoch machten die polit. Reformen im Zuge der Hinwendung zu Mehrparteiensystem und Marktwirtschaft weiter Fortschritte. Das Verhältnis zu Sansibar blieb jedoch auch weiterhin nicht ohne Konflikte, obwohl Sansibar seinen Beitritt zur Organization of Islamic Conference (OIC) bereits im Aug. 1993 rückgängig gemacht hatte. Am 4. Dez. wurde nach einer Kabinettsauflösung CLEOPA DAVID MSUYA neuer MinPräs. – T. beteiligte sich an den OAU-Friedenstruppen für Liberia und bemühte sich um eine Lösung im ruand. Bürgerkrieg.

**Tarifpolitik:** Die DGB-Gewerkschaften schlossen im ersten Halbjahr 1994 in den alten Bundesländern Lohn- und Gehaltstarifverträge für rd. 12,3 Mio. Beschäftigte ab. Bezogen auf das Kalenderjahr 1994 wurden durchschnittlich Einkommenserhöhungen von 2,1 % im Vergleich zu 1993 vereinbart. Damit lagen die diesjährigen Tariferhöhungen wiederum unter der Inflationsrate, die im ersten Halbjahr mehr als 3 % betrug.

### Reallohnverluste in den alten Bundesländern

Die 1994 erzielten Tarifabschlüsse bedeuteten durchweg Reallohnverluste und stellten in vielen Fällen nicht einmal eine Konstanz der Nominallöhne sicher. Durch die Kombination von ›Nullmonaten‹, längeren Laufzeiten und Kürzungen v. a. der Jahressonderzahlungen reduzierten sich die Abschlüsse von bis zu 2 % faktisch vielfach auf Null oder noch weniger. Insbes. die großen Wirtschaftsbereiche Chemieindustrie, Metallindustrie und auch der öffentl. Dienst mußten 1994 eine Nullrunde hinnehmen. Bei den vereinbarten Tarifabschlüssen ergaben sich deutl. Unterschiede zw. den versch. Branchen. An der Spitze der Tarifentwicklung 1994 lagen die Bereiche Nahrungs- und Genußmittelgewerbe und der Handel mit einem Zuwachs von 2,9 %, gefolgt vom Baugewerbe mit 2,8 %. Für die Bereiche Kreditinstitute und Versicherungsgewerbe wurden Erhöhungen von 2,5 % abgeschlossen. Die Tarifabschlüsse im Gartenbau und in der Land- und Forstwirtschaft lagen bei 2,3 %. Für den Wirtschaftsbereich Energie- und Wasserversorgung sowie den Bergbau mußte sogar eine Senkung der Tarifeinkommen um 1,9 % hingenommen werden. In den Bereichen Chemie- und Metallindustrie wurde eine Übereinkunft über eine Flexibilisierung der Tarife erzielt. In der Chemieindustrie vereinbarten die Tarifpartner Anfang des Jahres die Einführung eines Arbeitszeitkorridors zw. 35 und 40 Stunden. Darüber hinaus einigte man sich darauf, daß insbes. für Langzeitarbeitslose niedrigere Einstiegstarife gezahlt werden können.

Die 37jährige Martina Navratilova beendet mit einer Niederlage gegen Conchita Martínez ihr letztes Wimbledonturnier

Diese Vereinbarung führte innerhalb des DGB zu erhebl. Konflikten, weil andere Einzelgewerkschaften eine solche Regelung strikt ablehnen. In der Metallindustrie wurde ebenfalls ein Arbeitszeitkorridor vereinbart.

### Weitere Angleichung der Tarifeinkommen in den neuen Ländern

In Ostdeutschland sind die Tarifeinkommen im ersten Halbjahr 1994 zwar weiter an das westliche Niveau angepaßt worden, die Angleichung hat sich allerdings verlangsamt. In der Mehrzahl der Branchen erhielten die Beschäftigten zw. 75 und 85% des Westtarifs. Auch hier ergaben sich deutl. Branchenunterschiede. Im Baugewerbe wurden die Einkommen Anfang Sept. auf 90%, im öffentl. Dienst ab Anfang Okt. auf 82% des Westniveaus angehoben. Im privaten Versicherungsgewerbe (88%), Einzelhandel und privaten Bankgewerbe (86%) sowie in der Druckindustrie (85%) rückten die Einkommen bereits näher an die Westtarife heran. Demgegenüber werden in der ostdt. Bekleidungsindustrie lediglich 57,3% der Westlöhne gezahlt.

**Tennis:** Der Amerikaner PETE SAMPRAS als Sieger der Australian Open und des Wimbledonturniers sowie der Spanier SERGI BRUGUERA, zum zweiten Mal in Folge Gewinner der French Open, bestimmten die erste Hälfte der Saison 1994. In der zweiten Jahreshälfte waren dies der Amerikaner ANDRE AGASSI, der Sieger bei den US Open, und BORIS BECKER. Nach Höhen und Tiefen mit frühzeitigem Ausscheiden etablierte sich der Deutsche wieder in der Weltspitze und erreichte zuletzt das ATP-WM-Finale gegen SAMPRAS, der mit diesem Finalsieg seine Ausnahmestellung 1994 bestätigte. Vorjahres-Weltmeister MICHAEL STICH blieb, vom Erreichen des Endspiels von Flushing Meadow abgesehen, erfolglos. Das wirkte sich auf den Davis-

pokal aus: Cup-Verteidiger Deutschland mußte sich im Halbfinale gegen Rußland mit 1:4 geschlagen geben. Den Davispokal gewann schließlich Schweden im Endspiel gegen Rußland. Der Schweizer Olympiasieger MARC ROSSET und Österreichs Nummer 1 THOMAS MUSTER behaupteten sich unter den besten 20 der Welt.

Bei den Damen startete zwar die Weltranglistenerste STEFFI GRAF mit einem Sieg in Melbourne, mußte sich dann aber v.a. wegen Rückenbeschwerden mit Mißerfolgen wie der Finalniederlage in Flushing Meadow und dem Ausscheiden in Wimbledon in der ersten Runde abfinden. Dennoch führt sie die Weltrangliste an vor den Spanierinnen ARANTXA SANCHEZ-VICARIO und CONCHITA MARTÍNEZ, der ersten span. Siegerin in Wimbledon. SANCHEZ-VICARIO, die in Paris und bei den US Open gewann, wurde zur weltbesten Spielerin des Jahres erklärt. Spanien holte sich auch den Federation Cup. Die Argentinierin GABRIELA SABATINI kehrte durch ihren Sieg im Masters Turnier unter die Top 5 zurück. Mit MARTINA NAVRATILOVA beendete eine der Großen ihre Karriere, während das 14jährige Schweizer Talent MARTINA HINGIS seine Premiere im Grand Prix gab.

### Thailand

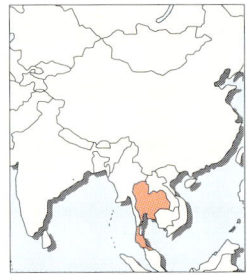

**Hauptstadt:** Bangkok
**Einwohner:** 56,9 Mio.
**Einwohner/km²:** 111
**Staatsoberhaupt:** Rama IX.
**Regierungschef:** Chuan Leekpai
**BSP/Einwohner:** 1 840 US-$

Die Wirtschaft nahm einen unerwartet starken Aufschwung. Das Bruttoinlandsprodukt wuchs real um 8%. Hauptgründe waren die günstigen Bedingungen für Thailand. Exporte und die lebhafte Nachfrage im Inland. Indes stieg die Inflationsrate über den zunächst angenommenen Wert von 4,2%. Der immense Nachholbedarf an Infrastrukturentwicklung und das anhaltende Interesse v.a. asiat. Unternehmen sorgten dafür, daß die Investitionskonjunktur wieder ansprang, gefördert auch durch die Dezentralisierungspolitik und den besseren Schutz für geistiges Eigentum.

Die Reg. unter MinPräs. CHUAN LEEKPAI war weiter im Amt, obwohl die Kritik an ihm sehr zugenommen hatte. Hauptproblem ist jedoch der thailänd. Parlamentarismus, in dem die Eigeninteressen der Parteien eine effiziente Regierungsarbeit stark behindern. Im Dez. kam es zu einer Regierungskrise, als die Neue Hoffnungspartei gegen zwei wichtige Gesetze zur demokrat. Reform durch

Zurückdrängung des Einflusses der Armee stimmte und die Fünf-Parteien-Koalition verließ. Durch den Beitritt der oppositionellen Partei für Nat. Entwicklung in die Koalitionsreg. konnte sich MinPräs. CHUAN LEEKPAI jedoch eine Parlamentsmehrheit sichern und die Krise beilegen. Außenpolitisch suchte T. v. a. sein Ansehen in den Nachbarstaaten am Mekong zu fördern. Als Gastgeber der ASEAN-Außenministerkonferenz nahm das Land teil an dem hohen Prestige, das die ASEAN z. Z. fast überall in der Welt genießt.

## THEATER

### Vom Broadway nach Europa

Zwei neue Stücke aus den USA waren es, die in Deutschland, Österreich und der Schweiz die Spielpläne dominierten. Aber es waren keineswegs dramat. Leichtgewichte, die da vom Broadway kamen: Mit den Mitteln moderner Dramentechnik behandeln die Autoren TONY KUSHNER (›Angels in America‹) und DAVID MAMET (›Oleanna‹) in ihren Stücken schmerzhaft aktuelle Zeitthemen.
›Angels in America‹ handelt von Homosexualität und AIDS in den USA der Reg. Reagan. Alle vier männl. Hauptfiguren sind schwul, zwei davon HIV-infiziert. In schnell wechselnden, z. T. simultan ablaufenden Szenen zeigt das Drama, wie die Protagonisten mit ihrer Sexualität und ihrer Krankheit umgehen. Das homosexuelle Paar Louis und Prior zerbricht an der AIDS-Erkrankung von Prior; der mit der tablettensüchtigen Harper verheiratete Joe wird von Louis ausgegrenzt. Cohn, gestaltet nach

Nach der Erstaufführung im September 1993 in Zürich setzt Tony Kushners Erfolgsstück ›Angels in America‹, das sich dem Thema AIDS zuwendet, auch an deutschsprachigen Theatern neue Akzente

dem berüchtigten McCarthy-Anwalt und konservativen Homosexuellen-Hetzer ROY M. COHN, verleugnet seine Homosexualität sogar noch im Angesicht des eigenen (AIDS-)Todes. Am Ende wird er von den Gespenstern seiner Vergangenheit – in Gestalt von ETHEL ROSENBERG, die der authent. COHN auf den elektr. Stuhl gebracht hatte – heimgesucht. Und auch der todkranke Prior empfängt Besuch aus dem Jenseits: Ein Engel erscheint ...

Ausschnitt aus der Aufführung von ›Oleanna‹ am Wiener Burgtheater

Seit ›Angels in America‹ im Mai 1993 in New York herauskam, gilt KUSHNER als der Retter des Broadway. Ein Stück, das pointiert ein ernstes Thema behandelt und trotzdem ein Kassenerfolg ist, hatte es an der krisengeplagten Theatermeile schon lange nicht mehr gegeben. Im dt. Sprachraum wurde das Erfolgsstück in der vergangenen Spielzeit nach der Erstaufführung in Zürich (Sept. 1993 am Theater Neumarkt) in acht weiteren Städten gespielt; im Nov. 1993 hatte am Broadway ›Perestroika‹, der zweite Teil von ›Angels in America‹, Premiere.
Sex und Politik liefern auch das Spannungsfeld, in das der Dramatiker, Drehbuchautor und Filmregisseur MAMET sein Zweipersonenstück ›Oleanna‹ (Urauff. 1992 in New York) gestellt hat. Die Studentin Carol und der Collegeprofessor John liefern sich einen nicht nur verbalen Schlagabtausch über drei Akte. Die Waffe, mit der die zunächst ganz hilflos erscheinende Carol den scheinbar ganz harmlosen John schließlich an den Rand der Existenzvernichtung treibt, ist ein v. a. in den USA grassierendes radikalmoral. Phänomen namens Political correctness. ›Oleanna‹ ist nicht mehr und nicht weniger als ein – z. T. auf Kosten der psychol. Glaubwürdigkeit – brillant konstruiertes Zeitstück und dazu noch eine Gelegenheit zur Profilierung zweier Schauspieler. Eine Kombination, die auch im dt. Sprachraum sehr erfolgreich war: Auf die Erstaufführung am Wiener Akademietheater (mit SUSANNE LOTHAR und ULRICH MÜHE) im Okt. 1993 folgten nicht weniger als zwölf weitere Inszenierungen; die Aufführung des Züricher Schauspielhauses (mit LESLIE MALTON und EDGAR SELGE) wurde sogar zum Berliner Theatertreffen eingeladen.

### Neue Stücke auf deutschen Bühnen

Mit effektvollen Stücken nach amerikan. Muster kann die deutschsprachige Dramatik selten dienen. Neue Autoren waren – ausgenommen von WOLFGANG MARIA BAUER, dessen Stück ›In den Augen eines Fremden‹ von LEANDER HAUSSMANN allerdings nicht adäquat inszeniert wurde – auch nicht zu entdecken. Statt dessen gab es drei interessante neue Stücke von altbekannten Dramatikern zu sehen.

Ausschnitt aus ›Goethes Faust √1+2‹ des
preisgekrönten Regisseurs Christoph Marthaler

Das bayer. Original HERBERT ACHTERNBUSCH
bringt in seinem clownesken Endspiel ›Der Stiefel
und sein Socken‹ ein wunderl. altes Ehepaar auf die
Bühne, das mühelos Rollen und Geschlechter
wechselt und über Gott, Bayern und den Rest der
Welt philosophiert. Das im Dez. 1993 vom Autor
selbst an den Münchner Kammerspielen (mit ROLF
BOYSEN und RUDOLF WESSELY) uraufgeführte
Stück wurde mit dem Mülheimer Dramatikerpreis
1994 ausgezeichnet.
In ›Herr Paul‹ (Urauff. Febr. 1994 am Dt. Schauspielhaus Hamburg in der Regie von JOSSI WIE-
LER) erzählt TANKRED DORST die parabelhafte
Geschichte des Sitzriesen Paul, der um nichts in
der Welt von der Stelle zu bekommen ist. Das ganze
Stück über versucht der junge Helm, der eine auf-
gelassene Seifenfabrik geerbt hat, den dort hausen-
den Herrn Paul loszuwerden – der aber überlebt
schließlich selbst seine eigene Ermordung.
Mit dem Volksstück ›Der Drang‹ (Urauff. Mai
1994 Münchner Kammerspiele in der Regie des
Autors) schließt FRANZ XAVER KROETZ an seine
sozialrealist. Erfolge der 70er Jahre an. Der aus der
Haft entlassene Triebtäter Fritz zieht bei seiner
Schwester Hilde und deren Mann Otto ein, die eine
Gärtnerei betreiben. Bevor er am Ende des Stücks

wieder auszieht, entwickeln sich zw. Fritz, dem
Ehepaar und der Angestellten Mitzi allerlei Konflikte, die zweierlei gemeinsam haben: Sie sind ausschließlich sexuell motiviert und schamlos ko-
misch.
Bemerkenswerte Erstaufführungen fremdsprachi-
ger Stücke standen in Bochum und Mannheim auf
den Spielplänen. In den Kammerspielen des Bochumer Schauspielhauses inszenierte KARSTEN
SCHIFFLER mit Schauspielschülern die späte
deutschsprachige Erstaufführung des span. Dramas ›Brennende Finsternis‹ von ANTONIO BUERO
VALLEJO, geschrieben 1946 unter der Franco-Herr-
schaft, das in einem Blindenheim spielt und mit
Abstrichen auch heute noch von Relevanz ist. Am
Nationaltheater Mannheim inszenierte HANS-
ULRICH BECKER die dt. Erstaufführung eines russ.
Dramas: ›Walpurgisnacht oder Die Schritte des
Komturs‹ von WENEDIKT JEROFEJEW. Noch Mitte
der 80er Jahre, in der Zeit der Sowjetunion geschrieben, spielt es in einer psychiatr. Anstalt und
ist als russ. Version von ›Einer flog über das Kuk-
kucksnest‹ zu verstehen. Beide Aufführungen wurden denn auch zum Berliner Theatertreffen eingeladen.

**Preisgekröntes**

Zum ›Theater des Jahres‹ wurde bei der alljährl.
Kritikerumfrage der Zeitschrift ›Theater heute‹
das Dt. Schauspielhaus in Hamburg gewählt. Der
neue Intendant FRANK BAUMBAUER, aus Basel
nach Hamburg gewechselt, machte das jahrelang in
künstler. Bedeutungslosigkeit darbende Haus wieder zu einer der ersten Adressen Deutschlands.
Hauptverantwortlich dafür sind ein mutiger, von
neuen Stücken geprägter Spielplan und zwei aus
Basel an die Elbe geholte Regisseure: JOSSI WIE-
LER lieferte mit seiner Interpretation von EL-
FRIEDE JELINEKS Text ›Wolken. Heim.‹ die ›Inszenierung des Jahres‹, und CHRISTOPH MARTHALER,
der ›Regisseur des Jahres‹, sorgte mit dem Stück
›Goethes Faust √1+2‹ für einen weiteren Saison-
höhepunkt.
›Wolken. Heim.‹ ist ein abstrakter, scheinbar un-
spielbarer Text ohne Rollen und Szenenanweisun-

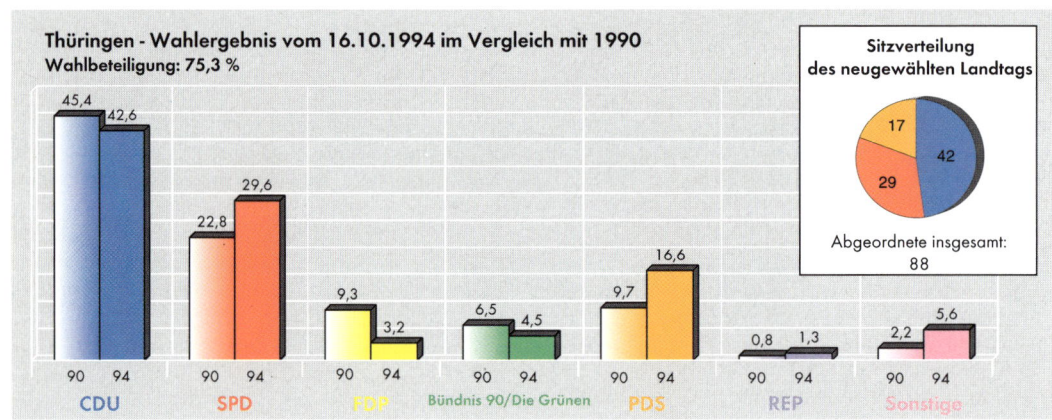

gen, der von ›den Deutschen‹ handelt. In JOSSI WIELERS Inszenierung wird daraus ein virtuoses Kammerspiel für ein Schauspielerinnensextett: Sechs Frauen (Soldatenbräute?, Kriegerwitwen?) befinden sich in einem altdeutsch eingerichteten Bunker, den ihre Männer (vor Jahrzehnten?, eben erst?) verlassen haben, und beschwören die Stimmen der Vergangenheit (Gegenwart?) herauf.

GOETHES ›Faust‹ ist das dt. Stück schlechthin. MARTHALER zerschlägt das literar. Nationalheiligtum in seine Einzelteile, um die Tragödie dann im Geiste der Musik wiederzubeleben. In dem von der ›Bühnenbildnerin des Jahres‹ ANNA VIEBROCK, die auch die Ausstattung für ›Wolken. Heim.‹ entworfen hat, gestalteten Raum, der eine Bibliothek oder ein Museum darstellen könnte, treten mindestens vier Mephistos und ebenso viele Gretchens in Erscheinung. Der von JOSEF BIERBICHLER in monströser Dumpfheit gespielte Faust verzichtet in seinem Anfangsmonolog auf die Konsonanten, von GOETHES Versen sind nur wenige übriggeblieben – um so inbrünstiger intoniert das Ensemble immer wieder dt. Liedgut. MARTHALERS mal liebevollkomische, mal bösartige ›Goethe-Phantasie‹ ist das genaue Gegenteil einer Faust-Inszenierung: Sie handelt von der Unmöglichkeit, heute ›Faust‹ auf die Bühne zu bringen.

## Thüringen

**Hauptstadt:** Erfurt
**Einwohner:** 2,5 Mio.
**Einwohner/km²:** 157
**Regierungschef:**
B. Vogel
**BIP/Einwohner:**
16 400 DM

### Wirtschaftlicher Wachstumsprozeß

Der Freistaat T. wies 1993 mit einer Zunahme des realen BIP von 23,3 % gegenüber 1992 das dynamischste Wirtschaftswachstum aller Bundesländer auf, wobei das Handwerk und die Bauwirtschaft Motor der positiven Entwicklung waren. Im Febr. 1994 übernahm T. vom Bund kostenfrei mehr als 100 Liegenschaften der ehem. Westgruppe der sowjet. Streitkräfte; etwa ein Zehntel der Flächen ist als Bauland oder Bauerwartungsland ausgewiesen. Die Sanierung von ökologisch belasteten Liegenschaften muß das Land tragen. – Der Waldzustandsbericht 1994 wies für das waldreiche Bundesland 45 % aller Bäume als deutlich oder stark geschädigt aus, der Anteil der nicht geschädigten Bäume erhöhte sich jedoch gegenüber 1993 um fünf Prozentpunkte auf 22 %.

### Kommunal- und Landtagswahlen, Bildung einer großen Koalition

Bei den Kommunalwahlen am 12. Juni blieb die CDU trotz eines Verlusts von 4,8 Prozentpunkten gegenüber der Wahl von 1990 mit 37,1 % stärkste Partei. Die FDP kam nur auf 6,2 % der Stimmen, was als negative Signalwirkung für die Landtagswahl am 16. Okt. gewertet wurde. Zweitstärkste Partei wurde die SPD mit 26,1 % (+6,5 %), drittstärkste Partei die PDS mit 15,7 % (+5,2 %). Diese schnitt v. a. in den ehem. Bezirkshauptstädten Suhl und Jena gut ab. Parallel zu den Wahlen am 16. Okt. wurde in T. auch über die Landesverfassung abgestimmt, die bis dahin nur provisor. Gültigkeit hatte. In den zweiten Thüringer Landtag nach der Wende kamen nur noch die CDU (42,6 %), die SPD (29,6 %) und die PDS (16,6 %); sowohl der bisherige CDU-Koalitionspartner FDP als auch Bündnis 90/Die Grünen scheiterten an der Fünfprozenthürde. Einen Monat später einigten sich die Verhandlungsdelegationen von CDU und SPD auf die Bildung einer großen Koalition. Gemäß dem Ende Nov. verabschiedeten Koalitionsvertrag erhielt die CDU einschließlich Staatskanzlei fünf, die SPD vier Ministerposten. BERNHARD VOGEL (CDU) wurde am 30. Nov. mit großer Mehrheit als MinPräs. bestätigt, stellv. MinPräs. und Min. für Wiss., Forschung, Kultur wurde GERD SCHUCHARDT (seit Mitte Dez. auch neuer SPD-Landesvors.), Innenmin. RICHARD DEWES (SPD).

## TIGERSTAATEN

### Club der boomenden Schwellenländer

Der Club asiat. T., ein informeller Wachstumsverbund, hat in den vergangenen Jahrzehnten ein Schwellenland nach dem anderen in O- und SO-Asien in die Moderne gerissen. Urspr. gehörten die vier Länder Süd-Korea, Taiwan, Hongkong und Singapur zu den T., dann kamen in den 1980er Jahren Thailand, Malaysia, Indonesien und die Philippinen hinzu, in den 1990er Jahren stehen Vietnam und China auf dem Sprung.

Die Märkte in O- und SO-Asien verzeichneten auch 1994 einen anhaltenden Aufschwung. Daran änderten selbst die Kurseinbrüche an den dortigen Börsen zu Jahresbeginn nichts. Finanzexperten in Europa gingen sogar von einer Konsolidierung der Wirtschaft in der Region aus und prognostizierten für 1994/95 wieder steigende Wachstumsraten (Hongkong: 5,4 %; Süd-Korea: 6,9 %; Taiwan: 6,3 %; Malaysia: 8 %; Singapur: 7,6 %; dagegen Japan: 1 %). Diese resultieren v. a. aus dem expandierenden chin. Markt mit seinen steigenden Importen. Die Volksrepublik steht unter wirtschaftl. Erfolgsdruck, um ihre enormen sozialen Probleme (Arbeitskräfteüberschuß und die daraus resultierenden unkontrollierten Binnenwanderungen, Unruhen der Landbevölkerung usw.) lösen zu können. Es ist deshalb zu erwarten, daß Peking die Wirtschaftsreformen fortführen und sich der nichtstaatl. Sektor ausweiten wird (schon 1994 erwirtschaftete dieser rd. 75 % des chin. Sozialprodukts). Daß die Region O- und SO-Asien auch für europ. Kapital immer interessanter wird, zeigen (nach dem frz. TGV-Projekt in Süd-Korea) weiterhin steigende Investitionen europ. Unternehmen: So konnte die Siemens AG, München, für das Geschäftsjahr 1992/93 dort einen Zuwachs von 50 % verzeichnen; Frankreich beteiligte sich am Bau einer 500-kV-Hochspannungsleitung von Hanoi nach Saigon.

Ein hoffnungsvoller Aspirant für den ›Tiger-Club‹ ist Vietnam. Vor sieben Jahren kehrte es dem orthodoxen Kommunismus den Rücken und betreibt mittlerweile eine pragmatisch orientierte ›sozialist. Marktwirtschaft‹. Als positiv dürfte auch die Aufhebung des vor 30 Jahren verhängten US-Handelsembargos im Febr. zu werten sein. Der polit. Öffnung steht nach wie vor die Monopolstellung der kommunist. Partei im Wege.

### Offene Märkte und autoritäre Regime

Doch es geht nicht nur um Märkte. Ein derzeit bes. im Westen vieldiskutiertes Thema ist die Menschenrechtsfrage in diesen Ländern. Der Fall des jungen Amerikaners, der in Singapur wegen Vandalismus u. a. zu sechs Rohrstockhieben verurteilt worden war, ist sicher nur ein extremes Beispiel für das Aufeinanderprallen zweier unterschiedl. Wertesysteme. Die Staaten O- und SO-Asiens zeigen

sich in dieser Hinsicht zunehmend selbstbewußter und beanspruchen, mit ihren stark konfuzianistisch und islamisch geprägten Gesellschaftsmodellen eine Alternative zur westl. Gesellschaftsordnung zu besitzen. Allg. ist die Tendenz zu beobachten, sich dem sog. Werteimperialismus des Westens entgegenzustellen.

Als symptomatisch können Äußerungen im Umfeld der im Febr. in Kuala Lumpur abgehaltenen Konferenz ›Asien im 21. Jahrhundert‹ gelten, die von den islam. Ländern der Region dominiert wurde. Dort hieß es, westl. Einfluß solle nur zugelassen werden, wenn er die traditionellen Gesellschaftsstrukturen und Wertesysteme nicht gefährde; dies läuft auf die Parole hinaus: ›Westl. Technik und asiat. Werte‹.

Auf krit. Distanz ging man auch zum westl. Kapitalismusmodell: Gegenüber einer freien Marktwirtschaft sprach man sich für eine Variante aus, die auch gezielte Eingriffe des Staates erlaubt. Ein damit verbundenes Problem ist die soziale Lage in diesen Ländern. Bes. auffällig ist hierbei die Diskrepanz zw. wirtschaftl. Erfolg und dem Lebensstandard der Bevölkerung. Singapur z. B. steht mit einer Pro-Kopf-Ausfuhr von über 25 000 US-$ an der Spitze der aufstrebenden Länder O- und SO-Asiens. Gleichzeitig leben 70 % der Bevölkerung auf dem Niveau des Lebensstandards von 1960. Ein Problem, mit dem auch die anderen Billiglohnlän-

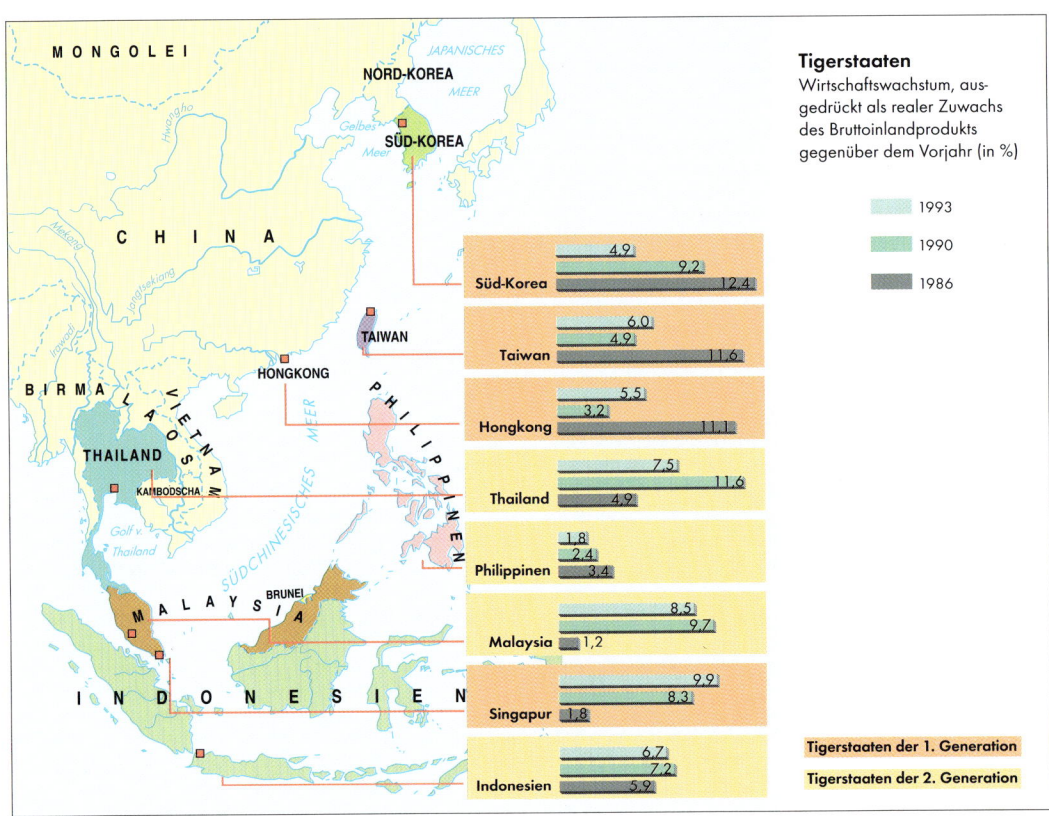

**Tigerstaaten**
Wirtschaftswachstum, ausgedrückt als realer Zuwachs des Bruttoinlandprodukts gegenüber dem Vorjahr (in %)

- 1993
- 1990
- 1986

**Süd-Korea** 4,9 / 9,2 / 12,4

**Taiwan** 6,0 / 4,9 / 11,6

**Hongkong** 5,5 / 3,2 / 11,1

**Thailand** 7,5 / 11,6 / 4,9

**Philippinen** 1,8 / 2,4 / 3,4

**Malaysia** 8,5 / 9,7 / 1,2

**Singapur** 9,9 / 8,3 / 1,8

**Indonesien** 6,7 / 7,2 / 5,9

Tigerstaaten der 1. Generation
Tigerstaaten der 2. Generation

der der Region konfrontiert werden: Die Produktion ist fast ausschließlich exportorientiert, und teure Importware ist für den Großteil der Einheimischen unbezahlbar.

### Sicherheitspolitische Krisenherde

An sicherheitspolit. Krisenherden ist die Region wahrlich nicht arm. Am augenfälligsten wurde dies 1994 an der Weigerung Nord-Koreas, seine Atomanlagen von der Internat. Atomenergiebehörde kontrollieren zu lassen, und der darauf folgenden polit. Eskalation. Auf dem Höhepunkt der Krise, am 8. Juli, verstarb der nordkorean. Staatschef KIM IL SUNG, und bald darauf kam es zu einer Einigung zw. seinem Sohn und Nachfolger, KIM JONG IL, und den USA, derzufolge P'yŏngyang sich zu internat. Kontrollen der Atomanlagen bereit erklärte. Ein weiterer Unruheherd ist Kambodscha. Schon zu Beginn des Jahres kam es wieder zu Kämpfen zw. Regierungstruppen und den Roten Khmer. Unverändert spannungsreich gestaltet sich das Verhältnis zw. der VR China und Taiwan. Bes. die flexible Außenpolitik Taiwans, die fortschreitende Demokratisierung des Landes sowie die Aufrüstung seiner Luftwaffe bereiten Peking Sorgen. Die Volksrepublik beharrt auf ihrem Alleinvertretungsanspruch für ganz China, wohingegen Taiwan sich für die Koexistenz zweier chin. Staaten einsetzt.

### Togo

**Hauptstadt:** Lomé
**Einwohner:** 3,9 Mio.
**Einwohner/km²:** 68
**Staatsoberhaupt:**
É. G. Eyadéma
**Regierungschef:**
E. Kodjo
(seit 23. 4. 1994)
**BSP/Einwohner:**
400 US-$

Ein gescheiterter Anschlag auf Präs. ÉTIENNE EYADÉMA am 6. Jan. mit nachfolgenden heftigen Kämpfen in Lomé, hinter denen Teile der von Ghana aus operierenden militanten Opposition standen, führte zur Verschlechterung der Beziehungen zu Ghana (Grenzschließung). Im Febr. kam es in Zusammenhang mit den Parlamentswahlen erneut zu Unruhen (Anschläge auf Oppositionspolitiker, Boykottdrohung durch die Opposition); eine parlamentar. Mehrheit der Opposition wurde durch die Annullierung der Ergebnisse in drei Wahlkreisen verhindert. Mit der Berufung EDEM KODJOS, des Führers der kleineren Oppositionspartei, zum MinPräs., wurde die Opposition gespalten. – Im Juni nahm Frankreich die Wirtschaftskooperation mit T. wieder auf, die wegen der innenpolit. Unruhen 1993 eingestellt worden war.

### Tonga

**Hauptstadt:**
Nuku'alofa
**Einwohner:** 98 000
**Einwohner/km²:** 131
**Staatsoberhaupt:**
Taufa'ahau Tupou IV.
**Regierungschef:**
Baron Vaea
**BSP/Einwohner:**
1 350 US-$

**Top-Quark:** Die Entdeckung des vermutlich letzten noch fehlenden Materiebausteins gab das Fermi National Accelerator Laboratory bei Chicago (Illinois) Ende April bekannt. Auf seine Spur stießen die Physiker in Teilchenschauern, die beim Zusammenstoß hochenerget. Protonen und Antiprotonen entstehen. Allerdings konnten sie bisher nur wenige Ereignisse registrieren. Die ermittelte Masse von 174 GeV/$c^2$ (etwa einem Goldatom entsprechend) ist mit einem geschätzten Fehler von 10 % behaftet. Die Existenz des äußerst kurzlebigen Teilchens war bereits theoretisch aus dem Standardmodell der Elementarteilchen gefolgert worden, das drei ›Teilchenfamilien‹ unterscheidet. Es kann allerdings die nun gefundene sehr große Masse des T.-Q. nicht erklären. Neue Erkenntnisse hierzu erhofft man sich u. a. vom projektierten Large Hadron Collider am CERN in Genf.

**Touvier,** Paul, ehem. frz. Milizchef und Nazi-Kollaborateur, *Saint-Vincent-sur-Jabran (Alpes-de-Haute-Provence) 3. 4. 1915. – Im ersten Prozeß gegen einen Franzosen wegen Verbrechens gegen die Menschlichkeit wurde T. am 20. April zu lebenslanger Haft verurteilt. Ihm wurde die Erschießung von sieben jüd. Geiseln am 29. 6. 1944 zur Last gelegt. Bis zum Kriegsbeginn 1939 arbeitete T. als Eisenbahnangestellter. Nach dem Waffenstillstand von 1940 trat T. in den paramilitär. Service d'ordre légionnaire (SOL) ein, der sich dem Kampf gegen Bolschewismus, Résistance, Freimaurertum und Zionismus verschrieben hatte. 1943 trat er in die ›Frz. Miliz‹ ein, wo er auch mit dem Nachrichtenoffizier KLAUS BARBIE zusammenarbeitete. 1945 und 1947 wurde T. in Abwesenheit zum Tode verur-

### Die Teilchenfamilien nach dem Standardmodell der Elementarteilchen

| Familie | Quarks | | Leptonen | |
|---------|--------|--------|----------|----------|
| 1 | u | (Up) | $e^-$ | (Elektron) |
|   | d | (Down) | $\nu_e$ | (Elektronneutrino) |
| 2 | c | (Charm) | $\mu^-$ | (Myon) |
|   | s | (Strange) | $\nu_\mu$ | (Myonneutrino) |
| 3 | t | (Top) | $\tau^-$ | (Tauteilchen) |
|   | b | (Bottom) | $\nu_\tau$ | (Tauneutrino) |

teilt. Bis zu seiner Begnadigung 1971 hielt er sich mit kirchl. Unterstützung versteckt. Erst auf Betreiben der Angehörigen der Opfer wurden die Nachforschungen Anfang der 1990er Jahre wieder aufgenommen.

**Transrapid:** Das umstrittene Projekt einer Referenzstrecke für die Magnetschwebebahn T. wurde im Sommer vom parlamentar. Vermittlungsausschuß gebilligt, nachdem das Planungsgesetz ergänzt worden war. Mit der Genehmigung des Bundesrats am 23. Sept. nahm der Bau des T. die letzte gesetzgeber. Hürde. Etwa ab dem Jahr 2005 sollen die bis über 400 km/h schnellen Züge die Strecke Hamburg–Berlin in 53 Minuten bewältigen können.

Während die Befürworter die Magnetschwebetechnik zum Prüfstein für den Industriestandort Deutschland erheben, sehen die Gegner für den T. keinen Platz im europ. Verkehrssystem. Von den Kosten für die 284 km lange Stelzenverbindung (Baubeginn voraussichtlich im Jahr 2000) in Höhe von rd. 10 Mrd. DM will der Bund 3,2 Mrd. DM für die Streckenkosten bereitstellen. Den Betrieb soll ein Konsortium unter Führung der Siemens AG und der Thyssen AG privat finanzieren.

**Transurane:** Die bisher schwersten chem. Elemente, die Elemente 110 und 111, wurden am 9. Nov. bzw. 18. Dez. von Physikern der Gesellschaft für Schwerionenforschung (GSI) in Darmstadt erstmals erzeugt. Der Atomkern von Element 110 besitzt 110 Protonen und 159 Neutronen und hat eine Lebensdauer von etwa $3 \cdot 10^4$ s. Sehr weit auf das Gebiet stabiler Inseln drang eine russ.-amerikan. Forschergruppe vor, der die Synthese zweier Isotope des Elements 106 mit Halbwertszeiten größer als 10 s gelang. Stabilitätsgebiete werden für Elemente im Bereich der Ordnungszahlen 112 bis 118 erwartet sowie nahe dem Element 109 für Kerne mit ca. 162 Neutronen.

Am 17. März wird vor einem Schwurgericht in Versailles der Prozeß gegen den Nazi-Kollaborateur Paul Touvier eröffnet

Otto Schily (SPD), Vorsitzender des Treuhand-Untersuchungsausschusses des Bundestags, legt bei einer Pressekonferenz am 5. September den Abschlußbericht des Gremiums vor

Während das Element 110 noch namenlos ist, brach um seine Vorgänger 104 bis 108 im Herbst ein Namensstreit zw. den Entdeckern und einer Kommission der International Union of Applied and Pure Chemistry (IUPAC) aus. Nach deren Willen sollen die bisher inoffiziell Rutherfordium bzw. Hahnium genannten Elemente 104 und 105 die Namen Dubnium bzw. Joliotium tragen. Das im März von seinen amerikan. Entdeckern urspr. Seaborgium getaufte Element 106 soll nun Rutherfordium heißen. Unter den von der GSI in den 1980er Jahren entdeckten und 1992 benannten Elementen 107 (Nielsbohrium), 108 (Hassium) und 109 (Meitnerium) schlug die Kommission neue Namen für 107 (Bohrium) und 108 (Hahnium) vor. Die jeweiligen Entdecker legten jedoch Einspruch ein und verwiesen auf ihr traditionelles Recht, die von ihnen gefundenen Elemente zu benennen.

**Trapattoni,** Giovanni, italien. Fußballtrainer, *Cusano Milanino 17. 5. 1939. – Mit seinem aufsehenerregenden Wechsel 1994 zum FC Bayern München ist T. der erste italien. Fußballcoach in der Bundesliga. T. war 1953–71 Spieler beim AC Mailand, 1971/72 beim FC Varese. Nach Abschluß seiner Karriere als Spieler ging T. als Jugendtrainer zum AC Mailand; 1974 wurde er dort Cheftrainer. Zwei Jahre später wechselte der Fußballlehrer zu Juventus Turin, mit dessen Mannschaft er bis 1986 eine einzigartige Erfolgsserie aufstellte: sechs italien. Meisterschaften, zwei Pokalsiege, UEFA-Pokal-Sieg 1977, Europapokal der Pokalsieger 1984, Europapokal der Landesmeister 1985, Weltpokal 1985. Seit 1986 bei Inter Mailand, konnte T. diese Mannschaft trotz des Gewinns der italien. Meisterschaft 1989 sowie des UEFA-Pokals 1991 nicht aus dem Schatten des Lokalrivalen AC Mailand herausführen. 1991 kehrte er zu Juventus Turin zurück und holte 1993 erneut den UEFA-Pokal.

**Treuhandanstalt:** Die T. wurde Ende des Jahres aufgelöst. Mit der Vorlage des Abschlußberichts am 30. Dez. in Berlin beendete die T. nach viereinhalb Jahren offiziell ihre Tätigkeit als größte Holding der Welt. Der Bundestag hatte am 28. April ein Gesetz (>T.-Strukturgesetz<) verabschiedet, das den rechtl. Rahmen für die Organisationsstruktur der T.-Nachfolge bildet. Die verbleibenden Aufgaben werden von einer Beteiligungs-Management-Gesellschaft, von der (auf den Bund überführten) Liegenschaftsgesellschaft der T. und von einer Bundesanstalt für vereinigungsbedingte Sonderaufgaben als eigentl. T.-Nachfolgeorganisation übernommen. Der ab 1995 bis zur Jahrtausendwende anfallende Finanzbedarf für die T.-Nachfolger, für den der Bund eine Deckungsgarantie übernimmt, wird ca. 45 Mrd. DM betragen.

Seit 1990 hatte die T. von den einst 13 815 ostdt. Unternehmen mit ihren damals fast 4 Mio. Beschäftigten über 6000 privatisiert, fast 2000 Betriebe an ihre ehemaligen Eigentümer oder an Kommunen zurückgegeben; 3700 Unternehmen gingen in Liquidation. Zur Jahresmitte 1994 betrug der Treuhandbestand an nichtprivatisierten Unternehmen noch 147 Betriebe mit ca. 55 600 Beschäftigten, davon 77 Unternehmen mit ca. 22 300 Mitarbeitern in den fünf Management-Kommanditgesellschaften. Die 65 Unternehmen, die bis Ende 1994 nicht privatisiert werden konnten, gehen zum 1. 1. 1995 in das Eigentum der Beteiligungs-Management-Gesellschaft über, die dem Finanzmin. unterstellt wird. Mit Altschulden der Treuhand-Unternehmen erreichten die Verpflichtungen der T. Ende 1994 rd. 275 Mrd. DM, die Anfang 1995 auf den Erblastentilgungsfonds des Bundes übergehen und damit Bestandteil der Staatsverschuldung werden. Den Gesamtausgaben der T. in Höhe von rd. 344 Mrd. DM standen Einnahmen von rd. 74 Mrd. DM gegenüber.

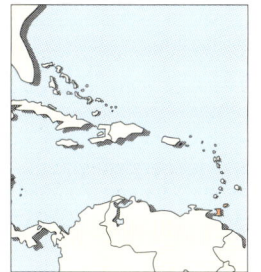

**Hauptstadt:**
Port of Spain
**Einwohner:** 1,3 Mio.
**Einwohner/km²:** 249
**Staatsoberhaupt:**
N. Hassanali
**Regierungschef:**
P. Manning
**BSP/Einwohner:**
3 940 US-$

**Trittin,** Jürgen, Politiker (Bündnis 90/Die Grünen), *Bremen 25. 7. 1954. – Der von den niedersächs. Grünen kommende T. wurde auf der Parteikonferenz in Potsdam am 3. Dez. zum Nachfolger von LUDGER VOLLMER als Vorstandssprecher seiner Partei gewählt. – T. studierte Sozialwiss. in Göttingen. 1980 trat er den Grünen bei, wurde 1981 Assistent der Stadtratsfraktion und danach Pressesprecher der Landtagsfraktion. 1985–90 war T. Mitgl. des Niedersächs. Landtags, 1985/86 und 1988–90 Fraktionsvors. der Grünen. In den Koalitionsverhandlungen nach der Landtagswahl vom Mai 1990 erwies sich T., eigentlich dem fundamentalist. Flügel seiner Partei zugerechnet, als Pragmatiker, dem Übereinstimmung in Sachfragen wichtiger war als Personalfragen. In der am 21. 6. 1990 vereidigten Koalitionsreg. unter MinPräs. GERHARD SCHRÖDER (SPD) war T. 1990–94 Bundesrats- und Europamin.; sein Ministerium gehörte bald zu den am besten geführten der Landesregierung.

**Truppenabzug:** Mit einer offiziellen Abschiedsfeier in Berlin am 31. Aug. fand der Abzug der russ. Truppen aus Deutschland sein Ende. Im

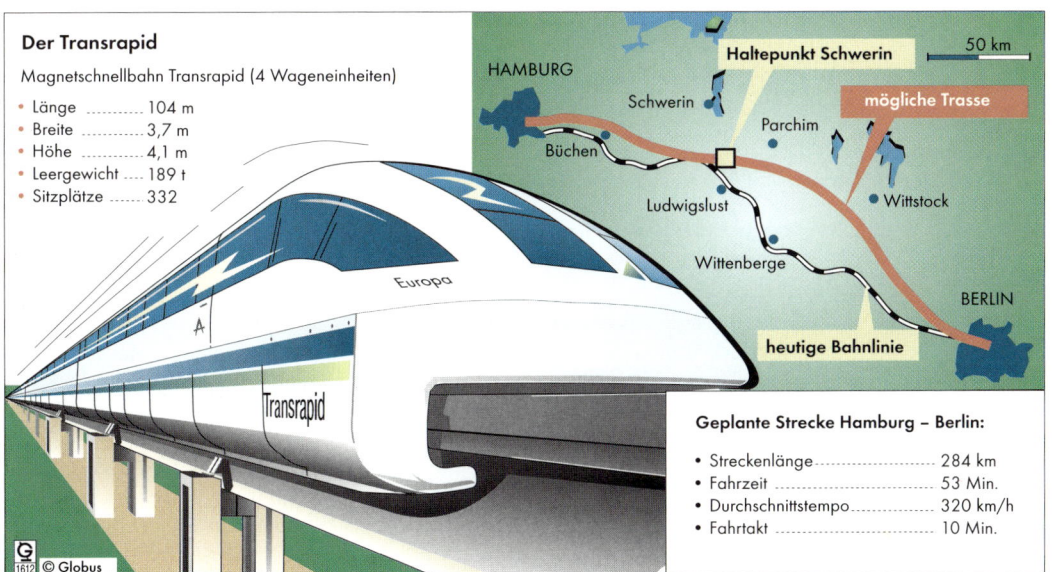

**Der Transrapid**

Magnetschnellbahn Transrapid (4 Wageneinheiten)

- Länge ............ 104 m
- Breite ............ 3,7 m
- Höhe ............. 4,1 m
- Leergewicht .... 189 t
- Sitzplätze ....... 332

50 km

HAMBURG
Haltepunkt Schwerin
Schwerin
mögliche Trasse
Parchim
Büchen
Wittstock
Ludwigslust
Wittenberge
BERLIN
heutige Bahnlinie

**Geplante Strecke Hamburg – Berlin:**

- Streckenlänge .................. 284 km
- Fahrzeit ........................ 53 Min.
- Durchschnittstempo .......... 320 km/h
- Fahrtakt ........................ 10 Min.

1612 © Globus

Zusammenhang mit den Verhandlungen um die dt.-dt. Vereinigung hatten sich im Juli 1990 der sowjet. Präs. GORBATSCHOW und Bundeskanzler KOHL auf die Rückführung der ›Westgruppe der Truppen‹ (bis Mitte 1989 als ›Gruppe der sowjet. Truppen in Deutschland‹ bezeichnet) geeinigt; auf der Basis eines am 12. 10. 1990 abgeschlossenen neuen dt.-sowjet. Stationierungsvertrags begannen Anfang 1991 die ersten Transporte. Zu diesem Zeitpunkt befanden sich auf dem Boden der ehem. DDR und in Ostberlin 338 000 sowjet. Soldaten und 208 000 ihrer Angehörigen. Innerhalb von fast vier Jahren räumte die seit Dez. 1990 unter dem Oberkommando von Generaloberst MATWEJ P. BURLAKOW stehende Streitkräftegruppierung 1 026 Liegenschaften – darunter 47 Flugplätze – mit einer Gesamtfläche von etwa 2 430 km² (etwas weniger als die Fläche des Saarlandes). Die dt. Reg. unterstützte den T. mit 14 Mrd. DM, mehr als 8 Mrd. davon wurden zum Bau von 46 000 Wohnungen für die heimkehrenden Soldaten gezahlt. Daß die Verabschiedung der russ. Truppen getrennt von der der westalliierten Soldaten stattfand, die am 8. Sept. Berlin verließen, stieß z. T. auf Kritik und Bedauern, v. a. in Rußland.

## Tschad

**Hauptstadt:**
N'Djamena
**Einwohner:** 6 Mio.
**Einwohner/km²:** 5
**Staatsoberhaupt:**
I. Déby
**Regierungschef:**
D. K. Koumakoye
**BSP/Einwohner:**
220 US-$

Nach der Abwertung des CFA-Franc im Jan. kam es zu einer Verschärfung der wirtschaftl. Schwierigkeiten: Die nachfolgenden drast. Preiserhöhungen, Versorgungsengpässe und das Ausbleiben von Gehaltszahlungen führten zu Streiks.
In dem seit dreißig Jahren vom Bürgerkrieg zw. dem arab. N und dem christlich-animist. S zerrissenen Land kam es auch 1994 immer wieder zu blutigen Zusammenstößen mit den versch. Rebellengruppen im S und W, Ende Jan. jedoch auch im O, als Teile der Nat. Front (ENT) eine Militärbasis angriffen. Am 4. April verlängerte der 1993 eingesetzte Hohe Übergangsrat die Übergangsperiode um ein Jahr, da die neue Verfassung, die durch ein Referendum angenommen werden soll und die Grundlage für die folgenden Parlaments- und Präsidentenwahlen bildet, nicht rechtzeitig fertiggestellt wurde. Als neuer Termin für die Parlamentswahlen wurde Jan. 1995, für die Präsidentenwahl März 1995 genannt. Jedoch kamen Zweifel an der

Realisierbarkeit dieses Plans auf, da bislang nur die patriot. Heilsbewegung (MPS) des Präs. und die Nationaldemokrat. Volkspartei (RNDP) unbeschränkt arbeiten konnten. – Nach dem Abzug der libyschen Soldaten aus dem Aouzou-Streifen Ende Mai aufgrund des Urteils des Internat. Gerichtshofs in Den Haag vom Febr. schlossen T. und Libyen am 4. Juni einen Freundschafts- und Kooperationsvertrag. Am 25. Aug. wurde die Reg. T.s von der UNO wegen Verletzung der Menschenrechte offiziell angeklagt.

## Tschechische Republik

**Hauptstadt:** Prag
**Einwohner:** 10,3 Mio.
**Einwohner/km²:** 131
**Staatsoberhaupt:**
V. Havel
**Regierungschef:**
V. Klaus
**BSP/Einwohner:**
2 440 US-$

### Vorbildliche Wirtschaftsentwicklung

Aufgrund der positiven wirtschaftl. Entwicklung 1994 wurde die T. R. gelegentlich schon als reformpolitischer Vorzeigestaat angesprochen und der ›tschech. Weg‹ als Modell empfohlen. Die Coupon-Privatisierung wurde abgeschlossen: 90 % der verstaatlichten Betriebe gelangten auf diese Weise in Privateigentum. Wichtig war hierbei, daß die Privatisierung nicht zu Massenentlassungen führte. Das Bruttoinlandsprodukt (BIP) stieg um 4 %, als Wachstumsträger erwies sich die Exportwirtschaft. Als Folge des massiven Devisenzustroms konnte die T. R. im Aug. die eigtl. erst 1996–99 fälligen Kredite an den Internat. Währungsfonds (IWF) zurückzahlen. Die Inflationsrate sank von 17 % im Vorjahr auf 11 %. Die um 5,5 % schwankende Arbeitslosenquote gehörte zu den niedrigsten im gesamten ehem. Ostblock. Partiell führten jedoch die Preissteigerungen zu polit. Unzufriedenheit, Kriminalitätszuwachs und nicht zuletzt auch zum Absinken eines Teils der Bevölkerung unter die Armutsgrenze.

### Außen- und Innenpolitik

Seit ihrer am 1. 1. 1993 erlangten Eigenstaatlichkeit zeigt sich die T. R. als derjenige postkommunist. Staat, dem die Transformation am schnellsten und besten gelingt. Die Koalitionsreg. unter MinPräs. VÁCLAV KLAUS blieb relativ stabil, obgleich der Streit um die Restitution des Kirchenbesitzes die Koalition spaltete. Als noch nicht gefestigt erwies sich jedoch die Staatsordnung. Die verfassungsrechtlich vorgesehene zweite Kammer des Parlaments, der Senat, konnte noch nicht gebildet, das dafür erforderl. Wahlgesetz noch nicht verabschiedet werden. Die Gebiets- und Verwaltungsreform bereitete gleichfalls Schwierigkeiten.

Außenpolitisch drängte die T. R. weiterhin auf möglichst rasche Integration in die EU und die NATO. Überzeugt davon, daß auf dem Weg in die westl. Bündnisse die Partner der Visegrád-Gruppe (Polen, Slowak. Rep., Ungarn) eher hinderlich seien, lehnte Prag jegliche institutionelle Verfestigung der Beziehungen zu diesen Staaten ab. Am 12. März unterzeichnete die tschech. Reg. das NATO-Programm ›Partnerschaft für den Frieden‹. Belastend für das tschech.-dt. Verhältnis war nach wie vor die sudetendt. Frage. – Am 3. Nov. vereinbarten die T. R. und Deutschland die Rücknahme von Personen, die illegal über die tschech. Grenze nach Deutschland eingereist sind.

**Tschurkin,** Witalij Iwanowitsch, russ. Politiker, * 1952. – Der stellv. Außenmin. T. ist der Sonderbeauftragte des russ. Präs. BORIS JELZIN für das ehem. Jugoslawien. In dieser Funktion reiste T. mehrfach in das bosn. Kriegsgebiet, um zw. Serben und Bosniern zu vermitteln. Dabei kritisierte er die serb. Seite teilweise heftig wegen ihrer ablehnenden Haltung gegenüber den versch. Friedensplänen der internat. Kontaktgruppe.

T. absolvierte das als ›Kaderschmiede‹ geltende Institut für Internat. Beziehungen in Moskau und trat 1974 in den diplomat. Dienst der UdSSR ein. Zunächst arbeitete er in der Übersetzungsabteilung des Außenministeriums, 1982 wurde er in die Amerika-Abteilung versetzt. 1987–89 war er in der Internat. Abteilung beim ZK der KPdSU angestellt, 1989–91 beim Ministerrat. 1990–92 leitete er die Hauptabteilung für Information und wurde 1992 schließlich stellv. Außenminister.

**Hauptstadt:** Tunis
**Einwohner:** 8,6 Mio.
**Einwohner/km²:** 52
**Staatsoberhaupt:**
Zine al-Abidine
Ben Ali
**Regierungschef:**
H. Karoui
**BSP/Einwohner:**
1 740 US-$

Bei den Präsidentschaftswahlen am 20. März wurde ZINE AL-ABIDINE BEN ALI, der einzige Kandidat, mit 99,9% der Stimmen im Amt bestätigt; bei den gleichzeitigen Parlamentswahlen zogen erstmals seit der Unabhängigkeit T.s neben der Regierungspartei Rassemblement Constitutionnel Démocratique (RCD) auch die sechs zugelassenen Opposi-

tionsparteien, die nur ca. 2% der Stimmen gewannen, aber, wie bereits vor der Wahl zugesichert, 19 der 163 Parlamentssitze erhielten, ins Parlament ein. Daß die Wahlen jedoch bes. der Legitimation der Reg. dienten, offenbarte sich v. a. in den Repressionen gegenüber Presse und auch linker Opposition während der Wahlperiode. Eine Eskalation der innenpolit. Situation, wie z. B. in Algerien, suchte die Reg. Ben Ali durch ambitionierte sozialpolit. und Wirtschaftsprojekte zu verhindern.

Bei den Präsidentschaftswahlen in Tunesien am
20. März wird der einzige Kandidat, Staatspräsident
Zine al-Abidine Ben Ali, wiedergewählt.
Zu den gleichzeitig stattfindenden Parlamentswahlen sind erstmals auch Oppositionsparteien
zugelassen

**Hauptstadt:** Ankara
**Einwohner:** 59,6 Mio.
**Einwohner/km²:** 76
**Staatsoberhaupt:**
S. Demirel
**Regierungschef:**
T. Çiller
**BSP/Einwohner:**
1 950 US-$

### Stabilisierungsprogramm contra Wirtschaftskrise

Im ersten Halbjahr 1994 durchlebte die T. die schwerste Finanz- und Wirtschaftskrise seit zwei Jahrzehnten. Diese war geprägt durch eine starke Abwertung des Türk. Pfunds, wachsende Inflationsraten (im Mai bis 117%), ein enorm gestiegenes Haushaltsdefizit, eine alarmierende In- und Auslandsverschuldung, sehr hohe Zinssätze (im Mai bis zu 1 000%), einen Rückgang der Industrieproduktion und der Investitionstätigkeit, Firmen- und Bankenpleiten sowie eine hohe strukturelle und verdeckte Arbeitslosigkeit.

Ein von der Koalitionsreg. der konservativen Partei des rechten Weges (DYP) und der Sozialdemokrat. Volkspartei (SHP) am 5. April verkündetes Sparprogramm brachte im zweiten Halbjahr eine leichte Stabilisierung der Situation. Kernpunkte des auf zweieinhalb Jahre angelegten, von Weltbank und Internat. Währungsfonds (IWF) durch Kredite gestützten Programms waren: Schließung unprofitabler Staatsunternehmen, Entlassungen von bis zu 40 000 Arbeitskräften im ersten Jahr, eine umfangreiche Privatisierung, das Einfrieren von Löhnen, drast. Preiserhöhungen und neue Steuern. Seine teils radikale Umsetzung bewirkte einerseits eine Verminderung des Haushaltsdefizits, eine Reduzierung des Außenhandelsdefizits, die Aufstockung der Devisenreserven, einen Stopp des Währungsverfalls sowie Zinssenkungen; andererseits verschärfte sich die soziale Situation infolge der ungleichen Lastenverteilung. Zudem verschlang der zur innenpolit. Priorität erhobene Kampf gegen die kurd. Extremisten mehr als ein Drittel des Staatshaushalts. Dies und die zurückgehenden Einnahmen aus dem Tourismusgeschäft setzten der Wirkung des Stabilisierungsprogramms Grenzen. Mit der Einweihung eines Wasserstollens in der Nähe der südostanatol. Stadt Urfa ging das Herzstück eines gigantischen Energie- und Bewässerungsprojekts in Betrieb, mit dem das Wasser des Euphrat in die Kanäle der Harran-Ebene geleitet wird. Die Trockenebene soll dadurch zur Kornkammer des Nahen Ostens verwandelt werden.

### Angespannte innenpolitische Lage

Die Kommunalwahlen am 27. März endeten mit einem knappen Sieg der DYP, gefolgt von der Mutterlandspartei. Eigentl. Gewinnerin war jedoch die 3 Mio. Mitgl. zählende islam. Wohlfahrtspartei (RP), die mit den Slogans ›Islam. Gerechtigkeit‹ und ›Ende der Nachahmung des Westens‹ ihren Stimmenanteil gegenüber den letzten Wahlen verdoppeln konnte. Die RP errang zwei Drittel aller Bürgermeistersitze, u. a. die von Istanbul und Ankara. Die Wahlbeteiligung lag bei 92 %, in den Kurdengebieten, wo die Arbeiterpartei Kurdistans (PKK) zum Wahlboykott aufgerufen hatte, bei immerhin 50 %.

Am 6. Jan. wurde der Wehrdienst von 15 auf 18 Monate verlängert. Begründet wurde dies mit der steigenden Zahl von Rekruten, die sich dem Wehrdienst entziehen, weil sie nicht gegen die PKK kämpfen wollen, sowie mit der gewachsenen äußeren Bedrohung, z. B. durch Griechenland und Armenien. Der Konflikt mit der PKK und den →Kurden nahm insgesamt an Intensität zu. Amtlich gedeckte Zwangsevakuierungen und das Niederbrennen von Dörfern, Verhaftungen und Verurteilungen kurd. Abgeordneter und Journalisten, das Verbot kurd. Parteien und Zeitungen, die weitere Verlängerung des Ausnahmezustands in zehn Provinzen (ab 19. März) und die radikale Durchsetzung der Informationssperre über die Lage in den Kurdengebieten sowie eine Winteroffensive verhinderten jegl. Kompromißlösung.

Angesichts des Scheiterns des Anfang der 1990er Jahre erhobenen Anspruchs auf eine neue Führungsrolle im Nahen Osten, im Kaukasus und in Mittelasien konzentrierten sich die außenpolit. Bemühungen wieder verstärkt auf eine Verbindung zur NATO und zu Westeuropa. Schwerpunkte der Außenpolitik waren die Verbesserung der Beziehungen zur EU, die permanente Zypernkrise, der Streit um das Euphratwasser mit Syrien und dem Irak, die Auseinandersetzungen mit Armenien wegen des Konflikts um Bergkarabach und Befürchtungen wegen einer erneuten Vormachtstellung Rußlands im Kaukasus und in Mittelasien. Aktivitäten im Zusammenhang mit der bedrohten Lage der muslim. Minderheiten auf dem Balkan und zur Beilegung des Bosnienkonflikts, das mit Irak, Iran und Syrien abgestimmte Vorgehen gegen die Kurden sowie der eskalierende Streit mit Griechenland um die Ägäis waren weitere Themen der Außenpolitik. Wegen ›nicht zu überbrückender Differenzen‹ mit MinPräs. ÇILLER trat am 28. Nov. der erst im Aug. berufene sozialdemokrat. Außenmin. SOYSAL zurück. Nachfolger im Amt wurde der stellv. MinPräs. MURAT KARAYALCIN.

## Turkmenistan

**Hauptstadt:**
Aschchabad
**Einwohner:** 4 Mio.
**Einwohner/km²:** 8
**Staatsoberhaupt:**
S. Nijasow
**Regierungschef:**
K. Achmedow
**BSP/Einwohner:**
1 270 US-$

Die seit 1992 kostenlose Abgabe von Gas, Strom und Wasser sicherte zwar die Popularität der Reg., konnte jedoch nicht über die Abhängigkeit vom Außenhandel hinwegtäuschen. Die Schulden der GUS-Staaten (ca. 1 Mrd. US-$) bei T., das weltweit über die viertgrößten Erdgasreserven verfügt, machten Gaslieferungen in diese Länder unattraktiv. Da die einzige, über Kasachstan, Rußland und die Ukraine führende Verbindung nach Westeuropa die Ausfuhren begrenzt (11 Mrd. m³/Jahr), war die Mitte Aug. erreichte Übereinkunft zw. T., Rußland, Kasachstan, Iran und der Türkei über den Bau einer neuen Pipeline über Iran und die Türkei von großer Bedeutung. Gleichzeitig konnten die Beziehungen in den asiat. Raum ausgebaut werden. Das chin.-turkmen. Kooperationsabkommen vom 22. April soll den Handel mit China intensivieren, dessen Volumen seit 1992 auf mehr als das Doppelte gestiegen ist.

Als mittelasiat. Land mit dem geringsten russ. Bevölkerungsanteil (330 000) führte T. im Dez. 1993 als erster GUS-Staat die doppelte Staatsbürgerschaft ein. Da eine Opposition fehlt, blieb T. von innenpolit. Machtkämpfen unberührt. Präs. SEPARMURAD NIJASOW konnte sich als ›Türkmenbaschi‹, als absoluter nat. Führer, feiern lassen. Bei den Parlamentswahlen am 11. Dez. baute er seine Machtposition über die Demokrat. Partei (DP) aus; fast alle 50 Bewerber um die Parlamentssitze kamen aus den Reihen der Nijasow-Anhänger.

## Tuvalu

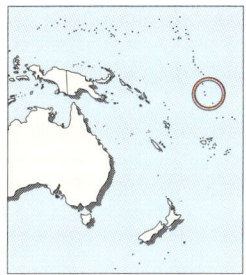

**Hauptstadt:** Funafuti
**Einwohner:** 13 000
**Einwohner/km²:** 500
**Staatsoberhaupt:**
Elisabeth II.
**Regierungschef:**
K. Latasi
**BSP/Einwohner:**
660 US-$

Für Wirbel im südpazif. Inselstaat und eine Beeinträchtigung des Verhältnisses zu London sorgte im Juni Premiermin. KAMUTA LATASI, als er den noch von seinem Vorgänger eingesetzten Generalgouv. TOMO SIONE absetzte und zum neuen Repräsentanten der brit. Königin TULAGA MANUELLA, einen Mann seines Vertrauens, bestimmte.

## U

## Uganda

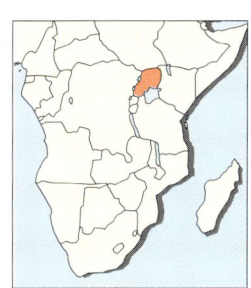

**Hauptstadt:** Kampala
**Einwohner:** 19,3 Mio.
**Einwohner/km²:** 82
**Staatsoberhaupt:**
Y. Museveni
**Regierungschef:**
C. G. Adyebo
**BSP/Einwohner:**
170 US-$

Bei den Wahlen zur Verfassunggebenden Versammlung, den ersten freien seit 1980, errang die Nat. Widerstandsbewegung (RNM) des Präs. YOWERI MUSEVENI mit einer Zweidrittelmehrheit (145 von 214 gewählten Mandaten neben 64 von versch. Interessengruppen und zehn vom Präs. be-

stimmten) einen deutl. Sieg. Aufgabe des neuen Gremiums war es, die im Entwurf vorliegende Verfassung endgültig zu verabschieden, einen Termin für die Präsidenten- und Parlamentswahlen festzusetzen und über die Einführung eines Mehrparteiensystems zu entscheiden. Mit dem Wahlsieg der RNM, der MUSEVENIS Versöhnungsstrategie durch Einbeziehung von Oppositionellen in die Exekutive bestätigte, war jedoch der Verzicht auf ein pluralist. System vorprogrammiert: MUSEVENI lehnte es ab, da er ein Wiederaufleben der von den religiös und ethnisch orientierten Parteien geschürten sozialen und polit. Konflikte fürchtete. – Zur Fortsetzung des Wiederaufbauprogramms gewährte die Weltbank U. am 13. Mai zwei zinslose Darlehen in Höhe von 94 Mio. US-$ auf 40 Jahre. – U. verstärkte die Kooperation mit Kenia und Tansania und sandte im Rahmen der Organisation für Afrikan. Einheit Friedenstruppen nach Liberia. Im Mai traf sich MUSEVENI mit dem sudanes. Präs. AL-BASHIR zu Gesprächen über eine Vertiefung der bilateralen Beziehungen und den Bürgerkrieg im Südsudan. Ende Juli wurde nach 22 Jahren die Wiederaufnahme diplomat. Beziehungen zu Israel angekündigt.

Der russische Pianist Anatol Ugorski, der 1994 durch seine Einspielung der Beethoven-Sonaten hervortritt

**Ugorski,** Anatol, russ. Pianist, *Leningrad (heute St. Petersburg) 28. 9. 1942. – U. studierte 1960–65 Klavier am Leningrader Konservatorium. In der UdSSR setzte er sich v. a. gegen die sowjet. Kulturpolitik für die zeitgenöss. Klaviermusik ein. Nach überstürzter Reise nach Berlin im Sept. 1990, wo er und seine Familie in einem Flüchtlingslager untergebracht waren, machte sich U. zunächst in der Hauptstadt einen Namen und sorgte nach einem erfolgreichen Debüt in München als ›Einspringer‹ für eine Sensation bei den Salzburger Festspielen 1992. Auf dem Schallplattenmarkt machte U. 1994 mit seinen eigenwilligen Einspielungen von BEETHOVENS Klaviermusik auf sich aufmerksam. Kennzeichnend ist für seinen Stil der scharfe Gegensatz zw. langsamen und schnellen Tempi. Der scheidende Bundespräs. RICHARD VON WEIZSÄCKER lud U. als Ausführenden des letzten Konzerts während seiner Amtszeit in sein Berliner Domizil Schloß Bellevue ein.

## Ukraine

**Hauptstadt:** Kiew
**Einwohner:** 52,2 Mio.
**Einwohner/km²:** 87
**Staatsoberhaupt:**
L. Kutschma
(seit 19. 7. 1994)
**Regierungschef:**
V. Massol
(seit 16. 6. 1994)
**BSP/Einwohner:**
1 670 US-$

### Anhaltende negative Wirtschaftsentwicklung

Der Rückgang der Energielieferungen aus Rußland um bis zu 20% – wegen Zahlungsunfähigkeit der U. – führte zus. mit dem Ausbleiben der Modernisierung und Entstaatlichung der Wirtschaft zu einem Rückgang der gesamten Industrieproduktion allein im ersten Halbjahr um 40%; die der Verbrauchsgüter ging um bis zu 80% zurück. Die im Land vorhandenen Energieträger konnten nicht ausreichend genutzt werden, da Erneuerungsinvestitionen ausblieben. Aus sozialpolit. Überlegungen wurden weder unrentable Betriebe stillgelegt noch die eigtl. nötige Freigabe der Energiepreise eingeleitet. Der Außenhandel wurde durch den anhaltenden Verfall des Karbowanez erheblich beeinträchtigt.

Zwischen den beiden Präsidentschaftskandidaten Leonid Kutschma (links) und Leonid Krawtschuk muß die Stichwahl am 10. Juli entscheiden, wer der künftige Präsident der Ukraine ist

### Parlaments- und Präsidentschaftswahlen

Aus den am 27. März begonnenen Parlamentswahlen, die aufgrund des Mehrheitswahlrechts Nachwahlen bis in den Jahreswechsel 1994/95 nach sich zogen, ging kein eindeutiger Sieger hervor. Im Aug. stellten die Kommunisten mit 93 von 450 Abgeordneten die größte geschlossene Gruppe; auf die Bauernpartei entfielen 21, auf die Sozialisten 13 Sitze. 231 Kandidaten – zu großen Teilen einflußreiche

Vertreter aus Verwaltung und Staatsunternehmen – waren parteilos, galten aber als Anhänger der Kommunisten und Sozialisten.
Eine Überraschung stellte der Sieg Kutschmas bei den Präsidentschaftswahlen dar. Er erhielt im zweiten Wahlgang am 10. Juli 52,4% der Stimmen und löste am 19. Juli den bisherigen Amtsinhaber Leonid Krawtschuk ab. Kutschma machte in seiner Antrittsrede deutlich, daß die Zusammenarbeit mit Rußland und mit der Gemeinschaft Unabhängiger Staaten (GUS) für ihn Vorrang habe, und kündigte eine vorsichtige Reformpolitik an. Dennoch gab es wenige Umbesetzungen in der neuen Reg.: MinPräs. Vitalij Massol, der als Altkommunist gilt, blieb im Amt; lediglich für Inneres, Äußeres und Verteidigung wurden neue Min. ernannt. Zwar umgab sich Krawtschuk mit marktwirtschaftlich orientierten Wirtschaftsberatern, am 29. Juli setzte jedoch das Parlament die Privatisierung für anderthalb Monate aus. Das Verbot der kommunist. Partei hob es dagegen Mitte Okt. auf. Um seine Politik effektiver umsetzen zu können und um die Obstruktion der am alten System orientierten Kräfte zu brechen, erweiterte Kutschma seine Befugnisse, indem er sich am 9. Aug. die Reg. und die Verwaltungschefs auf regionaler Ebene direkt unterstellte. Ende Dez. erhielt er zusätzlich vom Parlament Vollmachten, durch die die Reg. vollständig seiner Kontrolle unterstellt wurde. Bereits Anfang des Jahres kam es mit den Präsidentschaftswahlen auf der →Krim zu Spannungen mit dem ukrain. Parlament.

### Außenpolitik

Die U. unterzeichnete am 14. Juni als erstes (assoziiertes) GUS-Mitgl. ein Partnerschafts- und Kooperationsabkommen mit der EU, das u. a. die Meistbegünstigung im Handel vorsieht. Zuvor sicherte Krawtschuk die Stillegung der Atomreaktoren in Tschernobyl zu, über deren Bedingungen aber Uneinigkeit besteht. Mit einer Reihe von Staaten wurden Handels- und Kooperationsverträge abgeschlossen. Eine wichtige Parlamentsentscheidung war der am 3. Febr. gefaßte Beschluß, die Einschränkungen bei der Ratifizierung des START-I-Abkommens vom Nov. 1993 aufzugeben und die U. nuklear vollständig abzurüsten; am 5. Dez. trat START I in Kraft.
Dem Kernwaffensperrvertrag trat die U. als letzter Nachfolgestaat der UdSSR, auf dessen Gebiet Atomwaffen lagern, am 16. Nov. gegen eine formelle Sicherheitsgarantie der Großmächte bei. Im Gegenzug erhielt die U. die Zusage der USA über rd. 1 Mrd. DM (zur Hälfte für die Verschrottung der Atomwaffen bestimmt) und über eine Wirtschaftshilfe von 155 Mio. DM (23. Nov.); weitere finanzielle Hilfe stellten 14 westl. Staaten in Aussicht. Rußland verpflichtete sich, den Energiebedarf des Nachbarlandes zu decken. Ende Okt. hatte der Internat. Währungsfonds Sonderziehungsrechte in Höhe von 371 Mio. US-$ bewilligt. – Der Streit mit Rußland um die Schwarzmeerflotte (→Krim) hielt auch 1994 an.

## Ungarn

**Hauptstadt:**
Budapest
**Einwohner:** 10,5 Mio.
**Einwohner/km²:** 113
**Staatsoberhaupt:**
A. Göncz
**Regierungschef:**
G. Horn
(seit 15. 7. 1994)
**BSP/Einwohner:**
3 010 US-$

### Wirtschaftliche Konsolidierung

Nachdem 1993 das BIP um 2% geschrumpft war, erholte sich 1994 die Wirtschaft U.s. Die sich aus der Umstellung auf marktwirtschaftl. Strukturen ergebenden sozialen Belastungen der Bevölkerung blieben jedoch hoch. So ging die Arbeitslosenquote nur geringfügig auf 12% zurück, die Inflationsrate erreichte aufgrund des stark defizitären Staatshaushalts jahresdurchschnittlich rd. 20%. Das Handelsbilanzdefizit konnte zwar auf 1,7 Mrd. US-$ reduziert werden, ihm stand jedoch eine Auslandsverschuldung in Höhe von etwa 25 Mrd. US-$ gegenüber. Bes. belebend wirkte sich die anhaltende ausländ. Investitionstätigkeit aus, deren Volumen in Höhe von fast 6 Mrd. US-$ den Spitzenwert unter allen mittel- und osteurop. Reformstaaten darstellte.

### Innen- und Außenpolitik

Aus den Parlamentswahlen im Mai ging die Ungar. Sozialist. Partei (MSzP) des ehem. Außenmin. GYULA HORN als stärkste Kraft hervor; sie errang mit 53,9% der Stimmen (209 Mandate) die absolute Mehrheit. Zweitstärkste Partei wurde der liberale Bund Freier Demokraten (SzDSz) mit 70 Parlamentssitzen. Lediglich 37 Abgeordnetenplätze entfielen auf das Ungar. Demokrat. Forum (MDF),

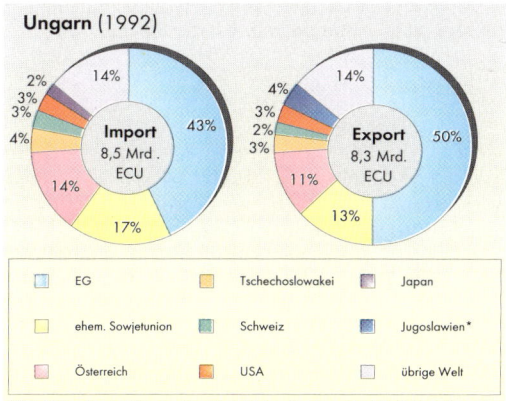

**Ungarn (1992)**

Import 8,5 Mrd. ECU: EG 43%, übrige Welt 14%, Österreich 14%, ehem. Sowjetunion 17%, USA 4%, Schweiz 3%, Tschechoslowakei 3%, Jugoslawien* 2%

Export 8,3 Mrd. ECU: EG 50%, übrige Welt 14%, Österreich 13%, ehem. Sowjetunion 11%, USA 3%, Schweiz 2%, Tschechoslowakei 3%, Jugoslawien* 4%

| | | |
|---|---|---|
| EG | Tschechoslowakei | Japan |
| ehem. Sowjetunion | Schweiz | Jugoslawien* |
| Österreich | USA | übrige Welt |

*) Einschl. Bosnien- und Herzegowina, Kroatien, ehem. jugoslaw. Republik, Makedonien und Slowenien.

die führende Partei der bis dahin regierenden konservativen Koalition. Staatspräs. ARPAD GÖNCZ beauftragte daraufhin den Vors. der MSzP mit der Regierungsbildung. Obwohl er über die absolute Mehrheit verfügte, nahm HORN Koalitionsverhandlungen auf, um die Verantwortung für die künftigen Aufgaben zu teilen. Mitte Juli konnte er die neue, aus neun Sozialisten und drei Liberalen bestehende Koalitionsreg. bilden, die ihr Amt Mitte Juli antrat; zum neuen MinPräs. wurde HORN gewählt.

In der Außenpolitik war U. bestrebt, die von Minderheitenproblemen belasteten Beziehungen zu den Nachbarstaaten (insbes. zur Slowak. Rep.) durch bilaterale Grundlagenverträge zu verbessern. Die Anbindung an die westl. Vertragssysteme erfuhr durch das Inkrafttreten des Assoziierungsvertrags mit der Europ. Union (EU) am 1. Febr. und den Beitritt zum NATO-Programm ›Partnerschaft für den Frieden‹ am 8. Febr. weitere Fortschritte. Im April stellte das Land den Antrag auf Vollmitgliedschaft in der EU.

Müde, aber glücklich über das Abschneiden der Sozialistischen Partei Ungarns (MSzP) in der ersten Runde der ungarischen Parlamentswahlen am 9.Mai lehnt der Sprecher der MSzP, Sandor Csintalan (rechts), seinen Kopf auf die Schulter des stellvertretenden Vorsitzenden Imre Szekeres

**UNO,** Abk. für United Nations Organization (Vereinte Nationen): 1993/94 wurden die Grenzen der UNO-Friedensmissionen deutlich, als die UNO ihre Mission in Somalia spürbar reduzierte und im Jugoslawienkrieg das Vorgehen der versch. Kriegsparteien nicht stoppen konnte. In der in diesem Zusammenhang aufkommenden Kritik an der UNO blieb unberücksichtigt, daß die UNO nur die Summe der 185 Mitgliedstaaten darstellt und insbes. von der Übereinstimmung der ständigen Sicherheitsratsmitgl. abhängig ist. Dabei wird die UNO überfordert, da ihr die Mitgl. weder genügend personelle noch finanzielle Ressourcen zur Verfügung stellen. So schuldeten Mitte Febr. 1994 die Mitgl. noch mehr als 2,7 Mrd. US-$. Zu den zehn größten Schuldnern gehören Rußland, die USA, die Ukraine, Japan und Deutschland. Allein die USA, größter Finanzier und Schuldner zugleich, strichen im Aug. 1994 einen Betrag von 300 Mio. US-$ für den Einsatz von Blauhelmen. Präs.

CLINTONS Sicherheitsberater ANTHONY LAKE hatte bereits im Mai 1994 angekündigt, die USA würden Friedensmissionen nur noch begrenzt zustimmen. Erste Bedingung sollte die ›Förderung amerikan. Interessen‹ sein.

Eine Verbesserung der finanziellen Lage der UNO soll durch die Einrichtung eines ›Generalinspekteurs‹ für Finanzen im Range eines Untergeneralsekr. erzielt werden. Dieses Amt zur Kontrolle von Finanzen, Projekten und Personal übt seit 1. Okt. der dt. Diplomat KARL-THEODOR PASCHKE aus. Die USA kündigten daraufhin an, ihre Schulden noch 1994 zu begleichen.

In der auch 1994 diskutierten Reform der Weltorganisation markierten die Forderung ihres Generalsekr. BOUTROS BOUTROS GHALI nach dem Aufbau von UNO-Streitkräften und die vorgesehene Erweiterung des Sicherheitsrats um ständige Sitze für Staaten wie Deutschland, Japan, Brasilien, Indien, Nigeria und Indonesien, die die Arbeitsfähigkeit dieses Gremiums jedoch erheblich einschränken könnten, wichtige Positionen. Angesichts der Vielzahl der Konflikte wurde indessen auch immer wieder auf die Notwendigkeit hingewiesen, Prioritäten zu setzen. Hoffnungen gründeten sich auf die Organisation für Sicherheit und Zusammenarbeit in Europa (OSZE; →KSZE), eine Art europ. UNO zur Entlastung der Weltorganisation.

In Somalia, wo die Blauhelme 1993/94 zur Kriegspartei geworden waren, wurden die Truppen im März stark reduziert. Auch in Bosnien und Herzegowina war der Übergang vom Blauhelmeinsatz zur Kriegspartei fließend. Die UNO-Schutztruppe (UNPROFOR) arbeitete dort in enger Kooperation mit den beiden Regionalbündnissen NATO und Westeurop. Union (WEU) zusammen, wobei es z. T. zu polit. und organisator. Differenzen zw. NATO und UNO kam. In Ruanda wurde 1994 eine kleine Blauhelmtruppe tätig, sie konnte aber den Bürgerkrieg zw. Hutus und Tutsis nicht verhindern. Es sollten sich aber auch Missionen neuen Typs entwickeln. So überwachte die UNO zus. mit Kontingenten der Organisation für Afrikan. Einheit (OAU), der Europ. Union (EU) wie auch einzelner Länder erfolgreich die Wahlen in Südafrika vom April 1994. Die traditionellen, klass. Blauhelmmissionen setzte die UNO 1994 auf Zypern, in Indien, im Irak und in Kuwait fort. Im Nahen Osten sind drei Missionen tätig: die seit 1948 bestehende UNO-Organisation zur Überwachung des Waffenstillstands (UNTSO), die seit 1974 auf den Golanhöhen stationierte Beobachtergruppe zur Truppenentflechtung (UNDOF) und die seit 1978 im Libanon tätige Truppe (UNIFIL).

**UNO-Hochkommissar für Menschenrechte:** Im Febr. 1994 wurde der ecuadorian. Diplomat JOSÉ AYALA LASSO, 1989–94 Vertreter seines Landes bei den Vereinten Nationen, zum ersten UNO-Hochkommissar für Menschenrechte ernannt. Der Hochkommissar ist stellv. UNO-Generalsekr., hat seinen Sitz in Genf und verfügt über ein Budget von 0,7 % des UNO-Haushalts. Er hat die Aufgabe, die Aktivitäten zum Schutz der Menschenrechte zu koordinieren. Die Einrichtung dieses Postens war bes. in der dritten Welt umstritten, sahen doch zahlreiche Entwicklungsländer darin ein Instrument der Industriestaaten zur Durchsetzung der westl. Menschenrechtsvorstellungen.

**UNO-Hochkommissarin für Flüchtlinge:** Die japan. Professorin für internat. Beziehungen, SADAKO OGATA, seit 1991 Hohe Kommissarin für Flüchtlinge der Vereinten Nationen (UNHCR), legte im Juni in Bonn ihren ›Bericht zur Lage der Flüchtlinge in der Welt‹ vor. 1976 gab es noch insgesamt 2,8 Mio., 1993 bereits 22,3 Mio. offiziell registrierte Flüchtlinge. 1983 baten 100 000 Menschen in den reichen Industrienationen um Asyl, 1993 mehr als siebenmal so viele. Größtes Problem sind lt. Bericht die Binnenflüchtlinge, die durch den Zerfall von Staaten entstehen; bes. viele Flüchtlinge kamen 1994 aus dem ehem. Jugoslawien, Somalia, Sudan und Ruanda. Wichtigste Aufgabe der Flüchtlingskommissarin ist die Versorgung der Flüchtlinge mit Medikamenten und Lebensmitteln.

**Unterweger,** Johann (›Jack‹), österr. Schriftsteller, * Judenberg 16. 8. 1950, † Graz 29. 6. 1994. – 1994 endete der 18 Monate zuvor begonnene größte Mordprozeß der österr. Justizgeschichte vor dem Landgericht Graz, in dem U. des elffachen Mordes und der schweren Körperverletzung in einem Fall für schuldig befunden wurde. Die Morde an Prostituierten wurden zw. Sept. 1990 und Juli 1991 in Prag, Bregenz, Wien, Graz und Los Angeles begangen. Da es weder ein Geständnis noch Tatzeugen gab, stützte sich die Anklage allein auf Indizien. Wenige Stunden nach der Urteilsverkündung nahm sich U. das Leben. Bereits 1976 war U. wegen Mordes zu lebenslanger Haft verurteilt worden. Er begann zu schreiben (›Fegefeuer oder die Reise ins Zuchthaus‹, 1983, auch verfilmt) und machte sich als ›Gefängnisliterat‹ einen Namen. Im Mai 1990 wurde er aufgrund der Fürsprache von Intellektuellen und Verfechtern der Resozialisierung auf Bewährung aus der Haft entlassen. Ein psychiatr. Gutachten, das seinerzeit vorlag, sprach bei U. jedoch von einer ›tiefgreifenden narzißt. Persönlichkeitsstörung‹.

## Uruguay

**Hauptstadt:**
Montevideo
**Einwohner:** 3,2 Mio.
**Einwohner/km²:** 18
**Staatsoberhaupt:**
L. A. Lacalle Herrera
**Regierungschef:**
L. A. Lacalle Herrera
**BSP/Einwohner:**
3 340 US-$

### Konsequente Sparpolitik

Die Sparpolitik führte zu einem weitgehend ausgeglichenen Staatshaushalt und einer Arbeitslosenquote von unter 10 %. Im Mai sank die jährl. Inflationsrate mit 45 % erstmals seit den 1960er Jahren unter die 50 %-Marke. Der Einbruch im verarbeitenden Gewerbe ließ die Gewerkschaften und die Industrie Maßnahmen zur Stärkung der heim. Industrie fordern. Die Forderung nach einer die Exporte konkurrenzfähiger machenden Freigabe der Wechselkurse wies Präs. Luis Alberto Lacalle Herrera wegen der Inflationsrate zurück.

### Volksentscheid und Präsidentschaftswahlen

Am 28. Aug. fand ein Referendum statt, in dem die Wähler U.s über das Inkrafttreten der Verfassungsreform (v. a. des Wahlgesetzes) entschieden, die am 16. Juni mit einer Zweidrittelmehrheit in Parlament und Senat gebilligt worden war. Die Abschaffung der sog. geschlossenen Wählerlisten sollte bewirken, daß mit der Stimmabgabe für einen Kandidaten bei den Präsidentschaftswahlen nicht gleichzeitig auch Parlamentsabgeordnete, Bezirkspolitiker und Bürgermeister gewählt werden. Bei 63 % Neinstimmen stimmten jedoch nur 28 % der rd. 2,3 Mio. Wahlberechtigten zu. Die Ablehnung wurde aber v. a. auf den anderen Gegenstand des Referendums, die Privatisierung der Sozialversicherung, zurückgeführt. Neben Hunderttausenden von Beamten

sahen v. a. Rentner – mehr als eine halbe Million Wähler – die Sicherheit ihrer Renten gefährdet.
Aus den Parlaments- und Präsidentschaftswahlen am 27. Nov. gingen die oppositionelle Colorado-Partei und ihr Kandidat Julio María Sanguinetti, der bereits 1985–90 Präs. U.s war, mit 32,3 % der Stimmen als Sieger hervor. Die regierenden Blancos fielen von (1989) 38,9 auf 30 % zurück. Die linksgerichteten Parteienbündnisse Frente Amplio und Nuevo Espacio kamen auf 29,7 bzw. 5 %.

## USA

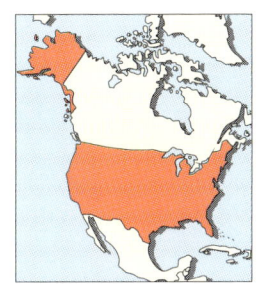

**Hauptstadt:**
Washington (D. C.)
**Einwohner:**
257,8 Mio.
**Einwohner/km²:** 28
**Staatsoberhaupt:**
W. J. Clinton
**Regierungschef:**
W. J. Clinton
**BSP/Einwohner:**
23 120 US-$

### Positive wirtschaftliche Entwicklung

Eigentlich war es ein gutes Jahr für die USA. Die Wirtschaft, die sich schon 1993 zu erholen begonnen hatte, zeigte robuste Wachstumsraten. Die Produktivität konnte so weit gesteigert werden, daß die USA wieder die führende Stellung in der Welt – auch beim Export – übernahmen. Dabei trat die vielfach befürchtete Zunahme der bislang geringen Inflationsrate nicht ein; so konnten auch die Zinssätze vergleichsweise niedrig gehalten werden. Der Arbeitsmarkt entwickelte sich unter diesen Bedingungen kräftig: Ende 1994 lag die Zahl der Arbeitslosen unter 6 %. Diese Wirtschaftsentwicklung trug dazu bei, daß sich die Zunahme des Haushaltsdefizits drastisch verringerte. Präs. Clinton schien sein Versprechen der wirtschaftl. Erneuerung des Landes einzuhalten.

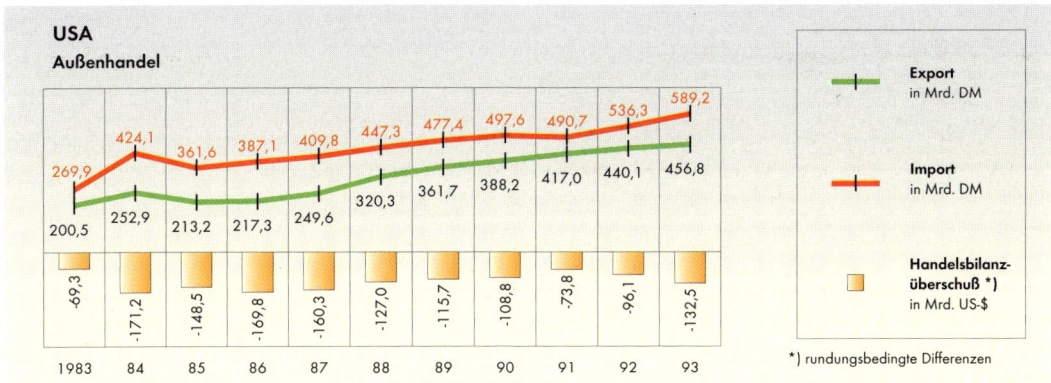

**USA**
**Außenhandel**

Export in Mrd. DM

Import in Mrd. DM

Handelsbilanzüberschuß *) in Mrd. US-$

Import: 269,9 | 424,1 | 361,6 | 387,1 | 409,8 | 447,3 | 477,4 | 497,6 | 490,7 | 536,3 | 589,2

Export: 200,5 | 252,9 | 213,2 | 217,3 | 249,6 | 320,3 | 361,7 | 388,2 | 417,0 | 440,1 | 456,8

Handelsbilanzüberschuß: -69,3 | -171,2 | -148,5 | -169,8 | -160,3 | -127,0 | -115,7 | -108,8 | -73,8 | -96,1 | -132,5

1983 | 84 | 85 | 86 | 87 | 88 | 89 | 90 | 91 | 92 | 93

*) rundungsbedingte Differenzen

### Außenpolitische Erfolge

Auch mit der außenpolit. Bilanz ihres Präs. hätten die Amerikaner zufrieden sein können. Es kam nicht zu militär. Verwicklungen, die amerikan. Soldaten das Leben kosteten. Der Einsatz amerikan. Militärmacht in Haiti und am Pers. Golf hingegen führte – ohne Blutvergießen – zu beachtl. Erfolgen. In →Haiti gaben die Militärmachthaber schließlich dem Druck der USA nach und gingen ins Exil. Präs. J.-B. ARISTIDE konnte wieder in sein Amt eingesetzt werden, während internat. Militär- und Polizeieinheiten unter Leitung der USA sich an die Aufgabe machten, dem Land politisch und wirtschaftlich auf die Beine zu helfen. Mit dem kuban. Machthaber FIDEL CASTRO kam es zu einer Verständigung über die Regulierung des Einwanderungsstromes in die USA, nachdem die katastrophale Entwicklung auf →Kuba zeitweise zu einer Massenflucht geführt hatte. Am Pers. Golf veranlaßte die rasche Verlagerung amerikan. Einheiten nach Kuwait den irak. Diktator SADDAM HUSAIN, seinen Truppenaufmarsch an der Grenze zu Kuwait einzustellen. Mit Nord-Korea (→Korea) konnte nach langwierigen Verhandlungen eine Übereinkunft über die internat. Kontrolle nordkorean. Atomanlagen, in denen möglicherweise nukleare Waffen produziert wurden, erzielt werden. Auch Rußland und die Ukraine gingen auf amerikan. Vorschläge zum weiteren Abbau ihrer Atomwaffen ein. Auf diese Weise leistete die amerikan. Reg. einen wichtigen Beitrag zur Verhinderung der Verbreitung von nuklearen Waffen.

Auch im Bereich der zunehmend wichtigen internat. Handelsbeziehungen war es ein erfolgreiches Jahr für die USA. Am 1. Jan. trat das Nordamerikan. Freihandelsabkommen (→NAFTA) mit Kanada und Mexiko in Kraft, dessen erste Auswirkungen in den USA positiver ausfielen, als man zunächst erwartet hatte. Diese Entwicklung verlieh der Ratifizierung der Neufassung des →GATT den innenpolitisch notwendigen Impuls. Auch die seit langem schwelenden Probleme des unausgegliche-

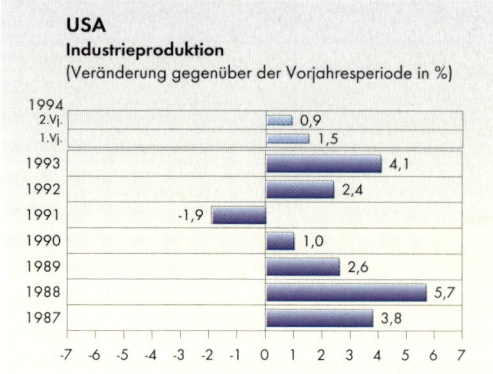

**USA**
**Industrieproduktion**
(Veränderung gegenüber der Vorjahresperiode in %)

| Jahr | % |
|---|---|
| 1994 2. Vj. | 0,9 |
| 1994 1. Vj. | 1,5 |
| 1993 | 4,1 |
| 1992 | 2,4 |
| 1991 | -1,9 |
| 1990 | 1,0 |
| 1989 | 2,6 |
| 1988 | 5,7 |
| 1987 | 3,8 |

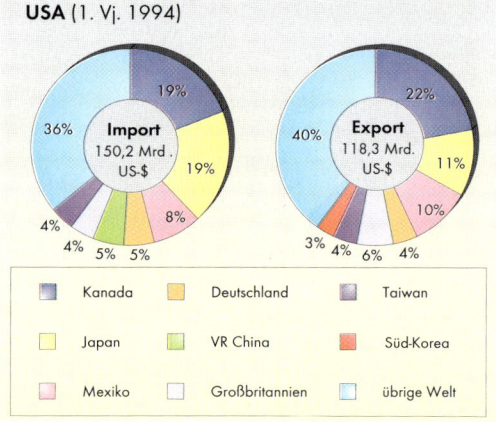

**USA** (1. Vj. 1994)

Import 150,2 Mrd. US-$: 19%, 36%, 4%, 4%, 5%, 5%, 8%, 19%

Export 118,3 Mrd. US-$: 22%, 40%, 11%, 10%, 3%, 4%, 6%, 4%

- Kanada
- Japan
- Mexiko
- Deutschland
- VR China
- Großbritannien
- Taiwan
- Süd-Korea
- übrige Welt

nen Handels mit Japan konnten durch einen Kompromiß in letzter Minute zumindest vorläufig bereinigt werden. Eine Beeinträchtigung des drastisch angestiegenen Handels mit China vermied CLINTON, als er die bislang geltende Verknüpfung der Meistbegünstigung mit chin. Zugeständnissen bei den Menschenrechten endgültig aufhob.

### Der politische Erdrutsch vom 8. November

All diese Erfolge in der Wirtschafts- und Außenpolitik zählten jedoch wenig, als die Amerikaner am 8. Nov. zur Wahl gingen, um turnusmäßig alle 435 Abgeordneten des Repräsentantenhauses, ein Drittel der Senatoren und eine Reihe von Gouv. der Einzelstaaten neu zu wählen. Die den Kongreß seit langem beherrschende Demokrat. Partei erlitt eine fast vernichtende Niederlage, die dazu führte, daß die polit. Landschaft völlig neue Züge annahm. Präs. CLINTON, die führende Figur der Demokraten, mußte zwar nicht sein Amt aufgeben (der Präs. wird unabhängig vom Kongreß alle vier Jahre vom Volk gewählt), aber seine weitere Regierungsfähigkeit wurde erheblich eingeschränkt. So entwickelte sich diese Wahl zum wichtigsten polit. Ereignis des Jahres – vielleicht sogar des Jahrzehnts, denn zum ersten Mal seit 40 Jahren war es den Republikanern gelungen, die Mehrheit in beiden Häusern des Kon-

Ein Schiff der amerikanischen Küstenwache bringt am 22. August Flüchtlinge zum US-Stützpunkt Guantánamo Bay auf Kuba

gresses zu gewinnen. Das Ausmaß ihres Erfolges war allein daran zu erkennen, daß kein republikan. Abgeordneter oder Senator, der sich zur Wiederwahl stellte, abgewählt wurde, während die Demokraten im Senat neun, im Repräsentantenhaus mehr als 50 Sitze einbüßten.

### Innenpolitische Entwicklung 1994: Vertrauensverlust für den Präsidenten und seine Partei

Dieser offensichtl. Verlust des Vertrauens in den Präs. und die Demokrat. Partei war auf eine Reihe von innenpolit. Faktoren zurückzuführen, welche die außen- und wirtschaftspolit. Erfolge aufwogen: Die Person des Präs. selbst war umstritten. Der nach wie vor jugendlich wirkende CLINTON hatte es nicht vermocht, in seinem Amt an Statur zu gewinnen. Einige zweifelhafte Entscheidungen, vielleicht sogar auch seine allzu große Kompromißbereitschaft gegenüber den kommunist. Machthabern in China, Kuba und Nord-Korea, schadeten seinem Ansehen. Zusätzlich belastete ihn die Aufdeckung persönl. Verfehlungen aus seiner Zeit als Gouv. von Arkansas, die von der zunehmend aggressiven Opposition – angeleitet von einflußreichen Radio- und Fernsehkommentatoren – ausgeschlachtet wurden und zur Einsetzung von Sonderanklägern und Untersuchungsausschüssen führten, deren Nachforschungen allerdings ergebnislos blieben.
Solchermaßen unter polit. Druck, gelang es dem Präs. nicht, den Kongreß – obwohl formell von seiner Partei beherrscht – zur Annahme wichtiger Gesetzesvorhaben zu bewegen. Vor allem das Kernstück seiner Reformpolitik, die Neugestaltung des Gesundheitswesens mit dem Ziel, die Kosten insgesamt zu senken, dabei aber den Versicherungsschutz für alle Amerikaner zu gewährleisten, scheiterte an den schier endlosen Auseinandersetzungen im Kongreß – begünstigt allerdings durch die außergewöhnliche Komplexität der Gesetzesvorlage. Ähnlich erging es seinen Vorschlägen zur Reform

Eltern und Freunde von Schußwaffenopfern reihen im September vor dem Kapitol in Washington über 38 000 Paar Schuhe von Toten auf, die seit 1991 von einer Gewehrkugel getötet wurden. Die Aktion zielt auf neue, in den USA kontrovers diskutierte Gesetze zur Erschwerung des Schußwaffenerwerbs

des gesamten Sozialwesens. So entstand der von den Republikanern nachhaltig geförderte Eindruck eines hilflos operierenden Präsidenten.
Gleichzeitig gewann ein anderes innenpolit. Problem an Bedeutung: die Kriminalität. Zwar gelang es CLINTON, ein Verbrechensbekämpfungsgesetz durchzusetzen, aber es kam zu spät und ging vielen nicht weit genug, obwohl es z. B. die Durchführung der Todesstrafe verschärfte. Eine Reihe spektakulärer Verbrechen verstärkte den Eindruck einer Entwicklung, die außer Kontrolle zu geraten drohte. Das größte Aufsehen erregte dabei die Ermordung der geschiedenen Frau eines prominenten Film- und Footballstars (→Simpson-Prozeß).

### Politischer Kurswechsel

So entwickelten sich die Kongreßwahlen nicht nur zu einer Abstimmung über den Präs. und seine Politik, sondern auch zu einer grundlegenden Entscheidung zw. liberaler und konservativer Gesellschaftspolitik. Der von den zutiefst verärgerten und verunsicherten Wählern zum Ausdruck gebrachte Protest gegenüber den allg. Verhältnissen im Lande und der Unfähigkeit der Politiker in Washington, für Lösungen zu sorgen, bedeutete einen scharfen Kurswechsel: weg von einer fürsorgl. – aber zunehmend kostspieligen – Rolle des Staates bei der Lösung gesellschaftl. Probleme wie Armut, Rassendiskriminierung und Gesundheitsfürsorge und hin zu einer stärkeren Betonung der Eigenverantwortung bei gleichzeitiger Kürzung staatl. Hilfeleistungen außer bei der Bekämpfung der Kriminalität. Das polit. Klima in den USA hat sich so am Ende des Jahres 1994 entscheidend verändert.

Am 13. September unterzeichnet Präsident Bill Clinton das Gesetz zur Verbrechensbekämpfung. Es war sein größter innenpolitischer Sieg vor den Kongreßwahlen am 8. November, die zu einer herben Niederlage für die Demokraten wurden

**Hauptstadt:**
Taschkent
**Einwohner:** 21,9 Mio.
**Einwohner/km²:** 49
**Staatsoberhaupt:**
I. A. Karimow
**Regierungschef:**
A. Mutalow
**BSP/Einwohner:**
860 US-$

Obwohl U. in den letzten Jahren nicht von wirtschaftl. Einbrüchen verschont blieb, fielen die Produktions- und Außenhandelsrückgänge geringer als in anderen mittelasiat. Rep. aus. Der Transformationsprozeß wurde durch sozialpolit. Maßnahmen, wie die Erhöhung der staatl. Aufkaufpreise für Baumwolle um 330%, abgefedert. Trotzdem stieg die Zahl der Arbeitslosen auf über 100 000. Das monatl. Familieneinkommen wurde Anfang 1994 mit 60 000–100 000 Som (60–100 US-$) angegeben. Mit dem Erlaß des Präs. ISLAM KARIMOW vom 21. Jan. über ›Maßnahmen zur weiteren Vertiefung der Wirtschaftsreform‹ wurde das bisher umfangreichste Reformprogramm verabschiedet, das möglicherweise eine Wende der bisherigen Privatisierungspolitik andeutet. So wurde der Kreis der Personen, die Aktien sowie Grund und Boden erwerben können, um Ausländer erweitert. Bis zum 1. 1. 1994 waren 28,3% der 65 082 Industrie- und Baubetriebe, Handels- und Dienstleistungseinrichtungen privatisiert, während 12% (553 000 ha) der landwirtschaftl. Nutzfläche privat bearbeitet wurden. Die Wahlen zum 250 Mitgl. umfassenden Parlament wurden völlig von der postkommunist. Regierungspartei PPD dominiert, die bereits im 1. Wahlgang (25. Dez.) 198 von 205 Sitzen gewann. – Am 13. Juli trat U. der NATO-Initiative ›Partnerschaft für den Frieden‹ bei.

**V**

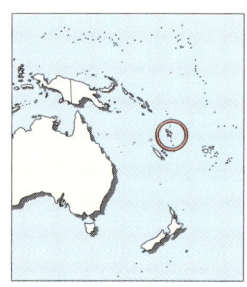

**Hauptstadt:** Vila
**Einwohner:** 161 000
**Einwohner/km²:** 13
**Staatsoberhaupt:**
F. Timakata
**Regierungschef:**
M. Carlot
**BSP/Einwohner:**
1 220 US-$

**Einwohner:** 750
**Einwohner/km²:** 1 705
**Staatsoberhaupt:**
Johannes Paul II.
**BSP/Einwohner:** -

Nach dem Grundlagenvertrag mit Israel vom 30. 12. 1993, der umfassende Verhandlungen über den Status der kath. Kirche in Israel vorsieht und den Vatikan stärker an den Nahost-Verhandlungen beteiligen soll, nahmen beide Staaten am 15. Juni volle diplomat. Beziehungen auf. Mit Rücksicht auf den erstrebten internat. Sonderstatus für Jerusalem entsandte der Vatikan am 28. Juni einen Nuntius nach Jaffa bei Tel Aviv, erster Nuntius ist Erzbischof A. CORDERO LANZA DI MONTEZEMOLO. Diplomat. Beziehungen zu Jordanien bestehen schon seit dem 3. März; zur PLO sollen sie noch folgen. Darüber hinaus nahm die V. diplomat. Beziehungen mit Kambodscha, Mikronesien, Tonga und Südafrika auf. – Trotz abweichender Positionen unterzeichnete auch der Vatikan das Abschlußdokument der Weltbevölkerungskonferenz.

**Hauptstadt:** Caracas
**Einwohner:** 20,6 Mio.
**Einwohner/km²:** 23
**Staatsoberhaupt:**
R. Caldera Rodríguez
(seit 2. 2. 1994)
**Regierungschef:**
R. Caldera Rodríguez
(seit 2. 2. 1994)
**BSP/Einwohner:**
2 900 US-$

In die Reg. des am 2. Febr. vereidigten RAFAEL CALDERA RODRÍGUEZ, die auf eine parteienübergreifende Zusammenarbeit angewiesen ist, wurden v. a. parteienunabhängige Fachkräfte berufen. CALDERA versprach eine Amnestie (23. Febr.) für einen Großteil der Offiziere, die im Febr. und Nov. 1992 an den Putschversuchen gegen den damaligen Präs. CARLOS ANDRÉS PÉREZ RODRÍGUEZ beteiligt gewesen waren, und wechselte die Militärführung einschließl. des Verteidigungsmin. aus. Am 22. Nov. begann gegen PÉREZ ein Prozeß wegen Korruption und Amtsmißbrauchs.

### Schwerste Finanz- und Wirtschaftskrise seit Jahrzehnten

Neben der hohen Kriminalitätsrate und der verbreiteten Korruption zeichneten sich zu Jahresbeginn Schwierigkeiten im Finanzsektor ab, als der Banco Latino, die zweitgrößte Privatbank des Landes, am 14. Jan. zahlungsunfähig und ein staatl. Eingriff erforderlich wurde. Bis Juni folgten acht weitere große Banken, woraufhin der Staat erneut eingriff. Die zur Sicherung der Bankeinlagen benötigten Mittel in Höhe von rd. 6 Mrd. US-$ beschaffte sich die Reg. zunächst über die Notenpresse, was der Bekämpfung der hohen Inflationsrate (über 100 %) zuwiderlief. Die Reg. verfügte nicht über kurzfristig abrufbare Beträge in erforderlicher Höhe, da die gefallenen Erdölpreise ein Loch von 4 Mrd. US-$ in den Staatshaushalt gerissen hatten, der zu 80 % durch Erdölexporte gedeckt wird. Die Devisenreserven schrumpften von 13 auf 9 Mrd. US-$ im Juli.

Rafael Caldera Rodríguez, im Bild nach seiner Wahl zum neuen Staats- und Regierungschef Venezuelas am 5. Dezember 1993, tritt am 2. Februar sein Amt an

Am 28. Juni kündigte CALDERA einen Notstandsplan an, der von der Bevölkerung im wesentlichen befürwortet wurde. Zu den Maßnahmen zählten v. a. die Preiskontrolle für Grundbedarfsgüter, die Kontrolle der Wechselkurse durch die Notenbank, Devisenbewirtschaftung und die vorübergehende Außerkraftsetzung einiger Artikel der Verfassung (z. B. Grundrecht auf freie wirtschaftl. Betätigung, Garantie der Eigentumsrechte). Die mangelhafte Handhabung der Devisen- und Preiskontrollen ließ jedoch einen ausgedehnten Schwarzmarkt entstehen. Am 12. Sept. präsentierte die Reg. ein weiteres Wirtschaftsprogramm, das das Haushaltsdefizit reduzieren sollte (u. a. Privatisierung des Erdölsektors, Schaffung zweier neuer Ministerien). Am 30. Juni wurde in Caracas die Bildung der →Association of Caribbean States eingeleitet.

**Verbrechensbekämpfung:** In Europa spielt Deutschland als Standort für organisierte Kriminalität (OK) zunehmend eine wichtige Rolle. Unter den fast 9900 OK-Tatverdächtigen 1993 in Deutschland waren 45,5 % Deutsche, die restl. 54,5 % gehörten insgesamt 90 versch. Nationen an. Mit 6,7 Mio. Straftaten 1993 (1992: 6,3 Mio.) registrierte die Polizeil. Kriminalstatistik (PKS) einen Höchststand, dessen Schadensvolumen allein für die alten Bundesländer auf mehr als 12 Mrd. DM beziffert wurde. Beim schweren Diebstahl hat insbes. der Kfz-Diebstahl (1992 wurden 130 000, 1993 144 000 Fahrzeuge als gestohlen gemeldet) zugenommen. Von 227 000 Wohnungseinbrüchen entfielen 184 000 auf die alten Bundesländer. Ein Vordringen der OK in die öffentl. Verwaltung, insbes. auf kommunaler Ebene, war zu verzeichnen; bei jedem zehnten OK-Ermittlungsverfahren in Deutschland wurde eine Einflußnahme der OK auf die öffentl. Verwaltung nachgewiesen. Die Wirtschaftskriminalität, deren Folgeschäden in Deutschland auf bis zu 300 Mrd. DM geschätzt (Juni 1994) werden, zeigt Überschneidungen mit der OK. Laut BKA belief sich der für 1993 festgestellte Gesamtschaden auf fast 1,9 Mrd. DM, allein in dem Untersuchungskomplex wegen Untreuehandlungen und Straftaten in Zusammenhang mit der Währungsumstellung zum Nachteil der Treuhandgesellschaft wurde ein Schaden von ca. 1,03 Mrd. DM ermittelt. Bis Dez. 1993 konnte die Zentrale Ermittlungsstelle für Regierungs- und Vereinigungskriminalität (ZERV) kriminellen Seilschaften 2,5 Mrd. DM entziehen. Diese alten Seilschaften der ehem. DDR haben laut ZERV die Form der OK erreicht.

### Maßnahmen zur Verbrechensbekämpfung

Zu den Maßnahmen der V. gehörten auf nat. Ebene das →Verbrechensbekämpfungsgesetz in seiner vom Vermittlungsausschuß gefundenen Form und das Bundesgrenzschutzgesetz in seiner neuen Fassung, die im Sept. den Bundesrat passierten. Zu den erweiterten Aufgaben des Bundesgrenzschutzes (BGS) gehören die Bekämpfung von Rauschgift-, Waffen- und Autoschmuggel sowie Schlepperkriminalität. Nach dem Vorbild der amerikan. Coast Guard wurden Einheiten von BGS, Zoll, Fischereiaufsicht und Schiffahrtsverwaltung koordiniert und nehmen als eigenständige Küstenwache seit 1. Juli die Überwachung der Nord- und Ostsee auf Schiffsunfälle, Ölverunreinigungen, Schmuggelaktionen u. ä. behördenübergreifend wahr. Beispiele internat. V. waren bilaterale Abkommen über OK-Bekämpfung mit Rußland im März und vor dem Hintergrund des sog. Atomschmuggels (→Nuklearkriminalität) im Aug., mit Großbritannien im April und den USA im Juni. Auf einer BKA-Tagung im Juli vereinbarten Deutschland, Rußland, die USA, Kanada und Italien eine engere Zusammenarbeit in der OK-Bekämpfung, deren Fernziel laut FBI die Schaffung einer Nordatlant. Polizeiorganisation (NAPO) ist. Die Polizeiorganisation Europol mit Sitz in Den Haag nahm ihre Tätigkeit offiziell am 16. Febr. auf. Zum Koordinator der polizeil. Zentralstelle der EU wurde von den Innenmin. der Direktor des BKA, JÜRGEN STORBECK, ernannt. So kann Europol auch nach dem Wegfall der Personalkontrollen an den EU-Binnengrenzen im Rahmen des Schengener Abkommens genutzt werden.

In den USA setzte Präs. CLINTON im Aug. das größte Programm zur V. in der US-Geschichte um. Die über 30 Mrd. US-$ teure ›Crime Bill‹ sieht u. a. die Neueinstellung von 100 000 Polizisten, den Bau zusätzl. Gefängnisse und die Ausweitung der Todesstrafe auf rd. 60 Verbrechen (z. B. illegaler Drogengroßhandel) vor.

Ende Nov. fand in Neapel eine UNO-Konferenz über die Bekämpfung des organisierten Verbrechens statt, bei der sich die 1 200 Teilnehmer mit neuen Strategien gegen transnat. Verbrecherbanden befaßten. Sie endete mit einem von den 138 teilnehmenden Staaten einstimmig verabschiedeten Aktionsplan, der u. a. eine engere Zusammenarbeit der Polizeiapparate und eine Angleichung der Strafverfolgungsmaßnahmen vorsieht. Außerdem enthält der Plan einen Resolutionsentwurf, der dem UNO-Sicherheitsrat vorgelegt werden soll.

«Niedlich, gell?»

**Verbrechensbekämpfungsgesetz:** Das am 1. Dez. in Kraft getretene V. enthält Gesetzesänderungen, die v. a. der Bekämpfung organisierter und aus polit. Motiven herrührender Kriminalität dienen sollen. Betroffen sind u. a. das Strafgesetzbuch, das G-10-Gesetz zum Abhören von Telefonen, das Ausländer- und Asylrecht und die Strafprozeßordnung. Eine grundsätzl. Neuerung ist der mögl. Einsatz von Nachrichtendiensten bei der Verbrechensbekämpfung. Der Einsatz elektron. Beweissicherung (›Lauschangriff‹) durch den Bundesnachrichtendienst zu Ermittlungszwecken bei organisierter Kriminalität wird mit gewissen Einschränkungen erlaubt. Die bislang auf Straftaten mit terrorist. Hintergrund beschränkte Kronzeugenregelung wird auf Delikte der organisierten Kriminalität ausgeweitet (befristet bis 1995). Das öffentl. Leugnen der Verbrechen des Nationalsozialismus kann künftig mit bis zu fünf Jahren, das Verbreiten nat.-soz. oder ähnl. Symbole mit bis zu drei Jahren Haft bestraft werden. Das Strafmaß für Körperverletzung wurde von drei auf fünf Jahre, für bes. schwere Körperverletzung von fünf auf zehn Jahre erhöht. Die Ausweisungsregelungen für straffällig gewordene Ausländer wurden verschärft.

## Vereinigte Arabische Emirate

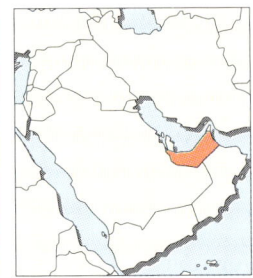

**Hauptstadt:** Abu Dhabi
**Einwohner:** 1,7 Mio.
**Einwohner/km²:** 20
**Staatsoberhaupt:** S. ibn Sultan an-Nuhajan
**Regierungschef:** M. ibn Rashid al-Maktum
**BSP/E.:** 22 220 US-$

Nach dem kurzen Nachkriegsboom verlangsamte sich das wirtschaftl. Wachstum durch den Preisverfall für Erdöl auf dem Weltmarkt und den Rückgang der Förderzahlen in Dubai. Die höchsten Einnahmen aus der Erdölförderung erzielte weiterhin Abu Dhabi, das den größten Teil der Einkünfte zum Budget der V. A. E. beisteuerte. Um die einseitige Abhängigkeit von der Ölwirtschaft zu mindern (z. Z. 40 % des BSP), wurde die wirtschaftl. Diversifikation fortgeführt. Dubai profilierte sich weiter als Handels-, Banken- und Geschäftszentrum; in der Freizone Djebel Ali siedelten sich 625 Filialen internat. Unternehmen an. Der Hafen ist einer der 15 bedeutendsten Containerhäfen der Welt.

**Verpackungsabgabe:** Die ›erste dt. Öko-Steuer‹ sehen Experten in mögl. kommunalen Steuern auf Einwegprodukte. Nach einer Entscheidung des Berliner Bundesverwaltungsgerichts dürfen Kommunen Abgaben für Einwegabfälle erheben. Betroffen davon sind u. a. Serviceverpackungen wie Einweggeschirr und -becher. Etwa 10 Mrd. dieser Artikel fallen jedes Jahr z. B. in Schnellimbissen und Fast-food-Restaurants an. Die Entscheidung des Bundesverwaltungsgerichts ebnet jedoch auch den Weg für Steuern auf andere Gebrauchsartikel, die schnell zu Abfall werden, z. B. Feuerwerkskörper. Etwa 400 Kommunen erwägen die Einführung derartiger Steuern. Experten erwarten dadurch stärkere Auswirkungen auf die Abfallmenge als durch das Duale System.

## Vietnam

**Hauptstadt:** Hanoi
**Einwohner:** 70,9 Mio.
**Einwohner/km²:** 214
**Staatsoberhaupt:** Le Duc Anh
**Regierungschef:** Vo Van Kiet
**BSP/Einwohner:** 38 US-$

Trotz hohen Wirtschaftswachstums (ca. 8%) und relativ niedriger Inflationsrate (ca. 7%) gehört V. weiterhin zu den ärmsten Staaten der Erde. Schwerfällige Bürokratie, Korruption, hohe Arbeitslosigkeit und wachsende Kriminalität behindern die wirtschaftl. Liberalisierung. Gesetze wie das Konkursgesetz von Ende 1993 und das im Juni verabschiedete erste Arbeitsgesetz verdeutlichen jedoch das Ziel der an ihrem Machtmonopol festhaltenden kommunistischen Staatsführung, den Transformationsprozeß sozial erträglich zu gestalten.

Die im Juni 1995 formell wirksame ASEAN-Mitgliedschaft V.s und die Aufhebung des knapp 20 Jahre alten Handelsembargos der USA im Febr. 1994 setzten weitere Meilensteine im Bemühen V.s um stärkere Integration in die internat. Staatengemeinschaft. Der ›Löwenanteil‹ der Investitionen in einem der Zukunftsmärkte SO-Asiens floß auch 1994 in die industrielle Produktion, die Entwicklung des Tourismus sowie die Erdöl- und Gaswirtschaft.

Durch die Aufhebung des amerikanischen Handelsembargos gegen Vietnam am 3. Februar können von einem mit Pepsi-Cola-Fähnchen dekorierten Lastwagen Becher mit diesem Getränk an die Bevölkerung in Ho-Chi-Minh-Stadt verteilt werden

**Vogts,** Hans-Hubert (›Berti‹), Fußball-Bundestrainer, *Korschenbroich bei Neuss 30. 12. 1946. – V. stand 1994 vor und bes. nach dem enttäuschenden Abschneiden der dt. Nationalmannschaft bei der →Fußball-Weltmeisterschaft im Brennpunkt öffentl. Auseinandersetzungen, bis hin zu einer Medienkampagne, die ihn zum Rücktritt bewegen sollte. Seine Konsequenz im ›Fall Effenberg‹, sein Festhalten an älteren Spielern, aber auch zutagetretende Probleme mit der Mannschaftsführung lösten harsche Kritik aus.

Als kompromißloser Außenverteidiger (Spitzname ›Terrier‹) gehörte V. zur legendären Mönchengladbacher ›Fohlenelf‹ der 1970er Jahre. Mit dieser Mannschaft gewann er fünfmal den dt. Meistertitel, wurde 1973 dt. Pokalsieger und holte 1975 den UEFA-Pokal. Zw. 1967 und 1978 bestritt V. 96 Länderspiele, der Höhepunkt seiner Fußballerkarriere war der Gewinn des Weltmeistertitels 1974. Unmittelbar nach Beendigung seiner aktiven Laufbahn trat er als Trainer in die Dienste des DFB. Nach dem Ausscheiden von Teamchef FRANZ BECKENBAUER, dem er zuletzt assistiert hatte, übernahm V. nach der WM 1990 das Amt des Bundestrainers.

**Vormensch:** Im Sept. 1994 veröffentlichte die Zeitschrift ›Nature‹ die Untersuchungsergebnisse zu den 1992 und 1993 in Äthiopien entdeckten ältesten Knochen menschl. Vorfahren. Der Australopithecus ramidus lebte vor rd. 4,4 Mio. Jahren und läßt so die Entwicklung des Menschen über ›Lucy‹, die bekannteste Vertreterin des Australopithecus afarensis, um etwa 1 Mio. Jahre weiter zurückverfolgen. Der Fund bestätigt die enge Verwandtschaft der Vorfahren des Menschen zu den Schimpansen. Wichtig ist auch die Erkenntnis, daß die Trennung von dem gemeinsamen Vorfahren viel später als bisher vermutet vor vielleicht erst 5 Mio. Jahren erfolgte und die Entwicklung des Menschen nicht in den Savannen, sondern in bewaldeten Gebieten begonnen hat.

**Vox:** Der mit seinem Konzept eines ›informationsorientierten Vollprogramms‹ bereits im Jahr seiner Gründung (1993) gescheiterte Kommerzsender trat wegen der Kündigung seiner Gesellschafter zum 31. März in eine bis zum 30. Juni während Liquidationsphase, in der eine neue Gesellschafterstruktur geschaffen werden mußte. Hatten zunächst die Essener WAZ-Gruppe und der luxemburg. Medienkonzern CLT ihr Interesse an einer Beteiligung gezeigt und schien eine Anstalt ›RTL 3‹ schon so gut wie sicher, nahmen die Verhandlungen am 1. Juli eine überraschende Wende, als der austral. Medienzar RUPERT MURDOCH mit 49,9% bei V. einstieg. 24,9% der Anteile hält weiterhin die Bertelsmann-Tochter Ufa, 0,3% übernahm ALEXANDER KLUGES Produktionsfirma DCTP (zuvor 11%), während die verbleibenden 24,9% an Canal Plus, den Pay-TV-Marktführer in Europa, gingen, mit dem Bertelsmann bereits im Bereich zukünftiger Fernsehformen eng zusammenarbeitet. Der neue Sender V. strebt einen Marktanteil von 5–10% an.

# W

**Walfang:** Ende Mai verlängerte die Internat. W.-Kommission das Verbot, Wale kommerziell zu jagen. Dennoch gab Norwegen seinen Walfängern die Jagd auf 301 Wale frei. 109 davon sollen zu sog. wiss. Zwecken erlegt werden. Etwa zwei Drittel der jährlich getöteten Wale sind schwangere Weibchen. Greenpeace und zahlreiche weitere Umweltorganisationen protestierten gegen den norweg. W. Als am 3. Juli mehrere Greenpeace-Aktivisten 100 km von der Küste entfernt das W.-Schiff ›Senet‹ geentert hatten, warf die Senet-Besatzung sie ins Meer. Bei weiteren Aktionen gegen den W. nahm die norweg. Küstenwache im Juli zwei Greenpeace-Mitgl.

fest und beschlagnahmte die beiden Greenpeace-Schiffe ›Solo‹ und ›Sirius‹. Auf 2,8 Mio. DM schätzt Norwegen den Ertrag aus dem W.; daneben betreibt v. a. Japan noch kommerziellen Walfang.

**Warenkorb,** Verbrauchsschema, das zur Ermittlung des durchschnittl. Anstiegs der Verbraucherpreise bei den Waren und Dienstleistungen, die Durchschnittshaushalte zu kaufen pflegen (Preisindex für die Lebenshaltung), herangezogen wird. Der Inhalt des W. (ca. 750 Preisrepräsentanten) wird über eine Reihe von Jahren hinweg als konstant angenommen. Ende 1994 bekam der Lebenshaltungskostenindex einen neuen Warenkorb. Damit setzte das Statist. Bundesamt seine Arbeiten fort, etwa alle fünf Jahre das Wägungsschema im Preisindex den Veränderungen der Verbrauchsgewohnheiten anzupassen. Als neues Basisjahr für die Ermittlung der durchschnittl. Preissteigerungsrate wurde 1991 festgelegt, wobei vorerst kein gesamtdt. Preisindex für die Lebenshaltung veröffentlicht wurde. Bei der Reform wurden 32 Positionen herausgenommen (z. B. Anthrazitkohle, Superbenzin mit Bedienung), 25 (z. B. Mikrowellenherd, Einwegfeuerzeug) kamen hinzu.

**Wasmeier,** Markus, Skisportler, * Schliersee 9. 9. 1963. – Nach dem Gewinn der Weltmeisterschaft 1985 im Riesenslalom sowie der beiden WM-Bronzemedaillen im Super-Riesenslalom und in der Kombination zwei Jahre später gehörte W. zu den internat. Spitzenfahrern, doch blieben ihm zunächst weitere große Erfolge versagt. Bei seinen beiden ersten Olympiateilnahmen verpaßte er dreimal knapp die Medaillenränge: 1988 als Sechster in der Abfahrt, 1992 als Vierter in der Abfahrt und als Fünfter in der Kombination. Um so überraschender gelangen ihm 1994 in Lillehammer nach einem

Greenpeace-Aktivisten formen am 21. Mai vor der mexikanischen Küste den Umriß eines Wals. Mit dieser Aktion begleiten sie die Eröffnung der Walfang-Konferenz in Puerto Vallarta

enttäuschenden Abschneiden in der Abfahrt gleich zwei Olympiasiege: zuerst im Super-Riesenslalom und danach auch noch im Riesenslalom. – Im Dez. wurde W. von den dt. Sportjournalisten zum ›Sportler des Jahres‹ gewählt.

**Weißflog,** Jens, Skispringer, * Erlabrunn (Kr. Schwarzenberg) 21. 7. 1964. – Als einer der ›alten Hasen‹ der dt. Wintersportler zeigte W. bei den Olymp. Spielen in Lillehammer nochmals eine große Leistung und gewann im Einzelwettbewerb auf der Großschanze und im Mannschaftswettbewerb jeweils die Goldmedaille. Bereits 1984 war er Olympiasieger auf der Normalschanze und Zweiter auf der Großschanze gewesen, 1985 und 1989 folgten die Weltmeistertitel auf der Normalschanze. Weitere herausragende Erfolge in seiner Laufbahn waren die Siege bei der Vierschanzentournee 1984, 1985 und 1991.

## Weißrußland

**Hauptstadt:** Minsk
**Einwohner:** 10,3 Mio.
**Einwohner/km²:** 50
**Staatsoberhaupt:**
A. G. Lukaschenka
(seit 20. 7. 1994)
**Regierungschef:**
M. Tschigir
(seit 21. 7. 1994)
**BSP/Einwohner:**
2 910 US-$

Markus Wasmeier wagt ein Tänzchen, nachdem er am 23. Februar im Riesenslalom seine zweite Goldmedaille gewonnen hat

### Wirtschaftlicher Niedergang

Trotz einer Reihe in Kraft getretener Verordnungen und Gesetze zur Entstaatlichung und Privatisierung kam der Transformationsprozeß kaum voran; vielmehr setzte sich der wirtschaftl. Rückgang in allen Sektoren fort. 11 % aller Betriebe W.s waren Mitte des Jahres praktisch bankrott. Ursachen waren die aufgrund von Zahlungsunfähigkeit reduzierten Energielieferungen aus Rußland sowie der Verlust von Märkten in Ost und West, da sich die Wettbewerbsfähigkeit weißruss. Produkte weiter verschlechterte. Der Wertverlust der nat. Währung gegenüber dem russ. Rubel und eine hohe Inflationsrate waren Kennzeichen des Niedergangs. Um eine Reintegration in die Wirtschaft Rußlands, des wichtigsten Handelspartners, zu erreichen, wurde am 13. April eine russ.-weißruss. Währungsunion unterzeichnet, die als erste von zwei Phasen ab 1. Mai Zollfreiheit für Waren aus dem jeweiligen Nachbarland vorsah; die spätere Ablösung des weisruss. Saitschik durch den Rubel wurde von russ. Seite unter Vorbehalt gestellt.

### Währungsunion bei gleichzeitiger nationaler Souveränität

Die Politik der nach wie vor herrschenden Nomenklatura des vergangenen sowjet. Systems war von der Wiederannäherung an Rußland und die GUS geprägt. Der als Staatsoberhaupt fungierende Parlamentspräs. STANISLAW SCHUSCHKJEWITSCH wurde – kaum daß der amerikan. Präsident seinen Staatsbesuch absolviert hatte – am 26. Jan. wegen angebl. Korruption durch ein Mißtrauensvotum gestürzt. Das Parlament und die von WJATSCHE-SLAW KEBITSCH geführte Reg. wollten seine eher westlich orientierte und auf weißruss. Selbständigkeit setzende Politik nicht mehr mittragen. Zum Nachfolger SCHUSCHKJEWITSCHS wurde am 28. Jan. General METSCHISLAW GRIB gewählt. Dessen Amtszeit währte nicht lange, denn gemäß

Zehn Jahre nach seinem ersten Olympiasieg kann sich Jens Weißflog am 20. Februar wieder über Gold im Skispringen freuen

der am 15. März verabschiedeten Verfassung, die ein Präsidialsystem einführte, muß der Staatspräs. direkt von der Bevölkerung gewählt werden. Mit 80,1 % der abgegebenen Stimmen wurde im zweiten Wahlgang am 10. Juli ALEXANDER LUKASCHENKA, im Wahlkampf ein Verfechter der Rußland-Orientierung, in dieses Amt gewählt. Nachfolger des MinPräs. KEBITSCH wurde am 21. Juli MICHAEL TSCHIGIR, der als Anhänger der Marktwirtschaft gilt. Der Personalwechsel an der Spitze des Staates brachte keine wesentl. Änderung des innen- und außenpolit. Kurses des Landes.

Die außenpolit. Aktivitäten blieben auf den Abschluß von Wirtschafts- und Kooperationsabkommen, v. a. mit den GUS-Staaten, beschränkt. Im März begann der Abzug der letzten zwei noch in W. stationierten strateg. Divisionen nach Rußland.

Franz Welser-Möst (links), Dirigent des London Philharmonic Orchestra, im Juni während eines Gesprächs mit seinem niederländischen Kollegen Bernard Haitink

**Welser-Möst,** Franz, österr. Dirigent, *Linz 16. 8. 1960. – W.-M. studierte in Linz und München Violine und Klavier, machte aber früh als Dirigent auf sich aufmerksam. 1984 engagierte ihn HERBERT VON KARAJAN für die Pfingstfestspiele in Salzburg als Ersatz für LORIN MAAZEL und SEIJI OZAWA; im folgenden Jahr debütierte er bei den Salzburger Festspielen, wurde 1986 Assistent von CLAUDIO ABBADO an der Wiener Staatsoper und Chefdirigent des Symphonieorchesters Norrköping. Seine Leistungen als Gastdirigent führten 1990 zur Übernahme des London Philharmonic Orchestra. Von Londoner Kritikern wurde ihm jedoch sein begrenztes Repertoire und Oberflächlichkeit bei der Einstudierung neuer Werke vorgeworfen und seinen Wagner- und Mahlerinterpretationen künstler. Unreife bescheinigt. W.-M. kündigte daher 1994 seinen Vertrag und wird zur Spielzeit 1995/96 Chef des Orchesters am Opernhaus in Zürich.

**Weltbevölkerungskonferenz:** Im Sept. fand in Kairo die 3. Internat. Konferenz über Bevölkerung und Entwicklung statt, die vom Bevölkerungsfonds der UNO (UNFPA) ausgerichtet wird. Ägypt. Islamisten hatten im Vorfeld Drohungen gegen die W. ausgesprochen, was zur Absage der Teilnahme u. a. von Saudi-Arabien und dem Sudan geführt hatte. Die W. verabschiedete nach neuntägigen, oft erbittert geführten Verhandlungen am 13. Sept. ein Programm zur Eindämmung des globalen Bevölkerungswachstums (Weltbevölkerung 1994: 5,67 Mrd.) in den kommenden 20 Jahren (angestrebte Stabilisierung der Weltbevölkerung bis zum Jahr 2050 bei 7,8 bis 8 Mrd.). Das für die Teilnehmerstaaten nicht bindende Maßnahmenpaket zielt v. a. auf die Verminderung des Bevölkerungswachstums und die Verbesserung der Lebenssituation von Frauen ab; es umfaßt Maßnahmen der Familienplanung wie die Verteilung von empfängnisverhütenden Mitteln, Sexualerziehung, Unterweisung in Gesundheitskunde und die stärkere Einbeziehung von Frauen in das Berufsleben.

Die neuen Pyramiden von Kairo.

Bes. umstritten waren in dem Programm die Passagen zu Abtreibung, Sexualität und Familienzusammenführung bei Auswanderern, für die jedoch Kompromißformulierungen gefunden wurden; islam. und lateinamerikan. Staaten sowie der Vatikan meldeten in einigen Punkten Vorbehalte an. Während Delegationen aus über 170 Ländern schließlich das Dokument als Ganzes annahmen, stimmte der Vatikan nur Teilen der Erklärung zu, was formell jedoch nicht als Widerspruch zur allg. Übereinstimmung auf der Konferenz galt.

**Welthandel:** Bedingt durch die positive konjunkturelle Entwicklung in den Industrieländern nahm auch der W. im laufenden Jahr zu. Preis- und wechselkursbereinigt lag er im ersten Halbjahr 1994 um 7 bis 8% höher als im vergleichbaren Vorjahreszeitraum. Der Zuwachs war damit fast doppelt so hoch wie im Jahresdurchschnitt 1993. Die Importe der Industrieländer stiegen gegenüber dem Vorjahr um 7%, die der Entwicklungsländer, einschl. der Schwellenländer, um 9%. Bei den Exporten führte die positive konjunkturelle Weltlage in fast allen Industrieländern zu einer deutl. Zunahme der Exporte, wobei allerdings Wechselkursänderungen der beiden letzten Jahre zu berücksichtigen sind. Bes. negativ wirkte sich die Wechselkursentwicklung auf die japan. Exporte aus. Sie stiegen zwar auch dort im ersten Halbjahr 1994, lagen aber real unter dem Niveau des Vorjahreszeitraums, weil der Yen insbes. im zweiten Quartal 1994 bes. hoch gewertet wurde. Die Exporte aus den USA und Westeuropa nahmen demgegenüber weitaus mehr zu, wobei sich die expansivere Entwicklung der westeurop. Exporte dadurch ergab, daß die westeurop. Währungen gegenüber dem US-Dollar und dem Yen niedriger bewertet wurden. Der Außenhandel innerhalb der wichtigsten westl. Handelsnationen war durch ein erhebl. Gefälle gekennzeichnet. Während in den USA die Importe stärker zunahmen als die Exporte, verzeichneten die westeurop. Länder eine entgegengesetzte Entwicklung. In Japan gab es im Verlauf des Jahres erste Anzeichen für eine leichte Abnahme des Handelsbilanzüberschusses. Insgesamt war der nominale Exportüberschuß der Industrieländer gegenüber dem Vorjahr rückläufig. Dazu trug in bes. Maße eine Verteuerung der importierten Rohstoffe bei, die durch die positive Entwicklung der Weltkonjunktur ausgelöst wurde. Von dieser Entwicklung profitierten v. a. einige rohstoffexportierende Entwicklungsländer, die ihre Außenhandelsposition im ersten Halbjahr 1994 verbessern konnten. Nach Prognosen des Internat. Währungsfonds (IWF) wird der gesamte W. im Berichtsjahr um 6,8% und 1995 um 6,3% wachsen. Für die Industrieländer wurden dabei Wachstumsraten des Außenhandels von 2,6% für 1994 und 2,7% für 1995 prognostiziert. Die Vorausschätzungen für Afrika, den Mittleren Osten und insbes. Rußland gehen von einer weiteren Abschwächung des Außenhandels aus. Dagegen wird für einige andere Regionen, in denen wirtschaftl. Reformen zu greifen beginnen (v. a. Lateinamerika), eine eher expansive Entwicklung des Außenhandels erwartet.

### Die neue Welthandelsordnung nach der Uruguay-Runde – Vom GATT zur WTO

#### Internationale Handelsorganisation, GATT und Uruguay-Runde

Die Vorschläge der USA von 1945 und 1946 hatten zum Ziel, in Ergänzung zu den Währungsinstitutionen von Bretton Woods (1944 Tagungsort der Währungs- und Finanzkonferenz der UNO) eine internationale Organisation für den Handel (International Trade Organization, ITO) zu schaffen. Im Mittelpunkt der folgenden Verhandlungen standen Fragen der Beschäftigung, der wirtschaftlichen Entwicklung und des Wiederaufbaus, der Handelspolitik, des Wettbewerbs und der Rohprodukteabkommen. Da die Verhandlungen länger als vorgesehen dauerten, das amerikanische Zollangebot Ende 1947 auslief und allseits der Wunsch nach Zollsen-

Blick in den ›Salle des Vizirs‹ in Marrakesch während der Eröffnung der viertägigen GATT-Konferenz am 12. April, die die sogenannte Uruguay-Runde abschließt und die Gründung der Welthandelsorganisation (WTO) vorbereitet

kungen bestand, wurden die ITO-Bestimmungen über die internationale Handelspolitik vorgängig als Allgemeines Zoll- und Handelsabkommen (General Agreement on Tariffs and Trade, GATT) in Kraft gesetzt, in der Absicht, diesen Teil später in die bis dahin geschaffene ITO zurückzuführen. Nach dem Scheitern der ITO – den Vertretern des Freihandels war die vorgesehene Handelsordnung zu protektionistisch und den Protektionisten zu freiheitlich – verblieb von den jahrelangen Verhandlungsanstrengungen einzig das provisorisch in Kraft gesetzte Allgemeine Zoll- und Handelsabkommen (GATT).

Trotz der Erfolge des GATT während Jahrzehnten (Zollabbau, Streitschlichtung und Ausweitung der Vertragspartnerschaft und damit des Geltungsbereichs der freiheitlichen Handelsordnung) standen in den achtziger Jahren zusehends Welthandelsprobleme an, denen das GATT in seiner bisherigen Form nicht mehr gewachsen war: anhaltender Protektionismus im Agrarmarkt, Nichterfassung des immer bedeutsamer werdenden Dienstleistungshandels, Umgehung der GATT-Bestimmungen über bilaterale Verträge und Aushöhlung der eingegangenen Verpflichtungen über nationale Gesetze zum Schutz der eigenen Wirtschaft in den USA und in der EG. Um das in manchen Fachkreisen bereits zum Tode verurteilte GATT den neuen Verhältnissen anzupassen, einigten sich die Vertragspartner auf eine neue Handelsrunde, die 1986 in Uruguay eröffnet und im Herbst 1993 in Genf abgeschlossen werden konnte. Das am 15. April in Marrakesch von den Vertragsparteien unterzeichnete Regelwerk tritt voraussichtlich im Verlauf des Jahres 1995 in Kraft.

Die Uruguay-Runde verfolgte nicht das Ziel, eine völlig neue Welthandelsordnung zu schaffen, sondern sollte das bisher Erreichte wahren, vertiefen und ausweiten. Die Wahrung des Erreichten zeigt sich in der vollständigen Übernahme der bisher geltenden Güter-Handelsordnung (GATT), die Vertiefung in der Ausgestaltung der Agrar-, Dumping-, Subventions- und anderer Bestimmungen und die Ausweitung in der Einbeziehung der bislang nicht

erfaßten grenzüberschreitenden Dienstleistungen und des Schutzes der geistigen Eigentumsrechte.

### Institutionelle Neuerungen

An die Stelle des GATT-Provisoriums von 1947 tritt mit der World Trade Organization (→WTO) eine Dachorganisation, die auf drei Pfeilern ruht. Der erste Pfeiler ist das bisherige Allgemeine Zoll- und Handelsabkommen (GATT) zusammen mit den zwölf Einzelverträgen über den Agrar- und den Textilhandel, das Dumping, die Subventionen usw. Den zweiten Pfeiler bildet das Allgemeine Übereinkommen über den Handel mit Dienstleistungen (General Agreement on Trade in Services, GATS) und den dritten der Vertrag über handelsbezogene Aspekte der Rechte des geistigen Eigentums (Agreement on Trade-related Aspects of Intellectual Property Rights, TRIPS). Im Gegensatz zum früheren Vertragswerk, in dem die Kodizes (Dumping, Subventionen usw.) nur die ratifizierungswilligen Staaten verpflichteten, binden die Bestimmungen der drei tragenden Pfeiler alle Mitgliedstaaten der WTO. Nicht allgemein verbindlich sind lediglich die vier Abkommen über den Handel mit Zivilluftfahrzeugen, das öffentl. Beschaffungswesen sowie den Milch- und Rindfleischhandel.

Die WTO ist institutionell auf weite Strecken eine Fortführung der bisherigen GATT-Praxis in einer völkerrechtlich neu definierten Form, ausgestattet mit zusätzlichen Organen für die erwarteten Tätigkeitsbereiche im Dienstleistungshandel und zum Schutz der geistigen Eigentumsrechte.

Der Autor:
Richard Senti, geb 1935.
Professor für Volkswirtschaftslehre (Außenwirtschaft)
am Institut für Wirtschaftsforschung der ETH Zürich

Eine Straffung und Stärkung hat das Schiedsgericht erfahren, indem die einzuhaltenden Fristen gekürzt, ein ständiges Schiedsgerichtsorgan und eine Rekursinstanz geschaffen wurden. Es ist vorgesehen, daß künftige Streitfälle, die bisher in landesinternen Behördenverfahren beurteilt wurden, nach WTO-Recht dem Schiedsgericht vorgelegt werden (z. B. im Bereich des Dumping und des Subventionswesens).

### Der Güterhandel

Die WTO hat die bisherige GATT-Regelung des internationalen Güterhandels übernommen: Meistbegünstigungspflicht, Inländerprinzip, Abbau der Zölle und Beseitigung der nichttarifären Handelshemmnisse.

1) **Meistbegünstigungspflicht:** Ein Vertragspartnerland, das einem anderen Land (gleichgültig, ob WTO-Mitgliedstaat oder nicht) Handelsvorteile gewährt, hat diese Begünstigungen allen WTO-Mitgliedstaaten unverzüglich und bedingungslos für gleiche Produkte zu gewähren. Zwei Ausnahmen sind erlaubt: a) Die Vertragspartnerländer dürfen wirtschaftlich schwachen Staaten Präferenzen gewähren, ohne diese Bevorzugung an die anderen Mitgliedstaaten der WTO weitergeben zu müssen. b) Die Bildung von Integrationsräumen ist zugelassen, wenn annähernd der gesamte Handel erfaßt und die neu eingeführten Zölle und Handelsvorschriften die übrigen WTO-Mitgliedstaaten nicht zusätzlich belasten.

2) **Inländerprinzip:** Ein Vertragspartnerstaat darf Güter ausländischer Herkunft in bezug auf innere Abgaben oder Rechtsvorschriften nicht ungünstiger behandeln als gleichwertige Ware aus dem Inland.

3) **Abbau der Zölle:** Gemäß GATT steht jedem Land das Recht zu, bei Bedarf seine Wirtschaft über Zölle zu schützen. Das GATT strebt möglichst niedrige Zölle an, aber nicht a priori deren Abschaffung. Das durchschnittliche Zollniveau der Industrieprodukte konnte im Verlauf der GATT-Geschichte von 40–50% des Importwerts auf 6,3% und im Verlauf der Uruguay-Runde auf 3,9% gesenkt werden (die durchschnittlichen Zollsätze betragen nach der Uruguay-Runde 12,1% für Textilien und Bekleidung, 7,3% für Leder- und Gummi-

waren, 5,8% für Transportmittel usw.). Die Zollreduktion wird von den wirtschaftlich schwachen Staaten mit Skepsis verfolgt, weil dadurch die ihnen gewährten Präferenzen schwinden.

4) **Beseitigung der nichttarifären Handelshemmnisse:** Unter nichttarifären Handelshemmnissen werden jene Restriktionen verstanden, die außerhalb der Zolltarife bestehen. Das GATT verlangt – in einem bisher nicht sehr erfolgreichen Kampf – deren totale Beseitigung. Nach wie vor wenden aber alle Staaten unter dem Deckmantel von Sicherheit und Gesundheit von Menschen, Tieren und Pflanzen mannigfache nichttarifäre Handelshemmnisse an.

Neu gegenüber dem bisherigen GATT ist in der WTO-Handelsordnung die Reintegration des Agrarhandels. Der Handel mit Agrarprodukten soll in einer Übergangsfrist von sechs bis zehn Jahren jenem mit gewerblichen und industriellen Produkten gleichgestellt werden. Der als notwendig erachtete Grenzschutz hat künftig über Zölle und Zollkontingente und die im Inland bisher gewährten Produktionssubventionen haben über Direktzahlungen zu erfolgen.

Ein weiteres Ziel der WTO-Ordnung ist die Zurückführung des internationalen Textilhandels in eine GATT-konforme Marktordnung. Das neue Textilabkommen sieht vor, die bestehenden Handelsschranken im Textilhandel (in den meisten Industrieländern bestehen mengenmäßige Importbeschränkungen) bis ins Jahr 2005 aufzuheben. Für den Fall von Handelsstörungen sieht das neue Abkommen erneut die Möglichkeit von Schutzmaßnahmen vor.

### Der Dienstleistungshandel

Das im Rahmen der Uruguay-Runde ausgehandelte Dienstleistungsabkommen (GATS) ist deshalb von besonderer Bedeutung, weil mit den Dienstleistungen ein Handelsbereich in die Welthandelsordnung aufgenommen worden ist, der ein Viertel bis ein Drittel des internationalen Güterhandels ausmacht (wobei eine genaue Trennung zwischen Güter- und Dienstleistungshandel nicht möglich ist, wenn Dienstleistungen in die Güter eingebaut sind, wie z. B. bei computergesteuerten Maschinen). Der Vertrag ist aber auch deshalb in-

**Welthandel** ———————————————

Zollreduktion während der Uruguay-Runde (UR)

| Produktgruppen | Importwert in Mrd. US-$ | Durchschnittlicher Zoll in % | | |
| --- | --- | --- | --- | --- |
| | | vor UR | nach UR | Reduktion |
| Alle Industrieprodukte | 736,9 | 6,3 | 3,9 | 38 |
| Textilien | 66,4 | 15,5 | 12,1 | 22 |
| Leder- und Gummiwaren | 31,7 | 8,9 | 7,3 | 18 |
| Transportmittel | 96,3 | 7,5 | 5,8 | 23 |
| Chemische Produkte | 61,0 | 6,7 | 3,9 | 42 |
| Elektrische Geräte | 86,0 | 6,6 | 3,5 | 47 |
| Fisch- und Fischprodukte | 18,5 | 6,1 | 4,5 | 26 |
| Metalle | 69,4 | 3,7 | 1,5 | 59 |
| Mineralische Produkte, Steine | 72,9 | 2,3 | 1,1 | 52 |

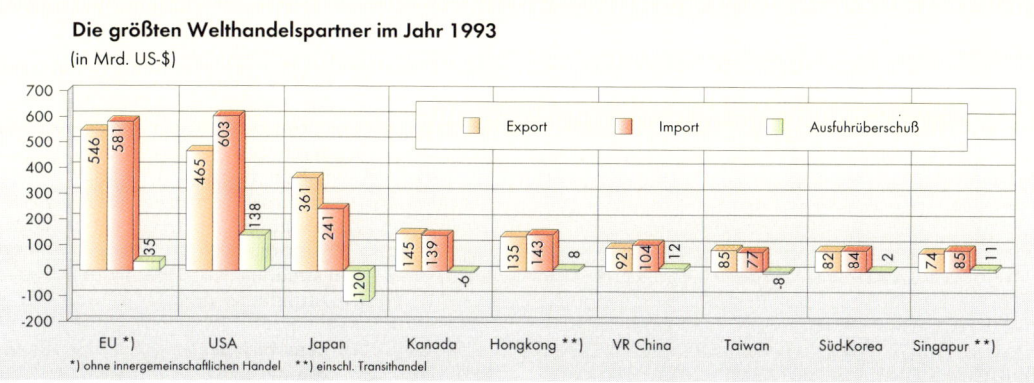

**Die größten Welthandelspartner im Jahr 1993**
(in Mrd. US-$)

Export   Import   Ausfuhrüberschuß

| | EU *) | USA | Japan | Kanada | Hongkong **) | VR China | Taiwan | Süd-Korea | Singapur **) |
|---|---|---|---|---|---|---|---|---|---|
| Export | 546 | 465 | 361 | 145 | 135 | 92 | 85 | 82 | 74 |
| Import | 581 | 603 | 241 | 139 | 143 | 104 | 77 | 84 | 85 |
| Ausfuhrüberschuß | 35 | 138 | 120 | -6 | 8 | 12 | -8 | 2 | 11 |

*) ohne innergemeinschaftlichen Handel   **) einschl. Transithandel

teressant, weil mit diesem Abkommen erstmals Elemente in die Welthandelsordnung eingehen, die man in dieser Form bis dahin nicht kannte. Es handelt sich um den Einsatz von nichttarifären Handelshemmnissen anstelle von Zöllen, die Anwendung von Positivlisten bei der Regelung des Marktzutritts sowie die Öffnung des Vertrags für spätere Verhandlungen. Zudem bezieht sich das Dienstleistungsabkommen nicht nur auf Maßnahmen der zentralstaatlichen Stellen. Miteinbezogen sind auch die regionalen und lokalen Regierungen und Behörden sowie alle nichtstaatlichen Stellen mit öffentlichen Aufgaben. Ausgenommen sind allein staatliche Dienste, die weder auf kommerzieller Basis noch in Konkurrenz zu anderen Anbietern in Ausübung hoheitlicher Gewalt erbracht werden.

Die beiden Kernbereiche des Dienstleistungsabkommens sind die Meistbegünstigung und die Gewährung des freien Marktzutritts. Analog zum Güterhandel verlangt die Dienstleistungsordnung die Einhaltung der Meistbegünstigung, gewährt jedoch allgemeine, im Vertrag festgehaltene und länderspezifische, in Listen aufgeführte Ausnahmen. Die vertraglichen Ausnahmen beziehen sich auf die wirtschaftliche Integration (wie im GATT), die Anerkennung ausländischer Qualitätsanforderungen, das öffentliche Beschaffungswesen und den Schutz des Lebens und der Gesundheit von Menschen, Tieren und Pflanzen. In den Länderlisten führen die einzelnen Vertragspartner zusätzlich jene Handelsbereiche auf, die sie ebenfalls von der Meistbegünstigung ausnehmen. Für die Listenausnahmen ist eine Frist von zehn Jahren vorgesehen; eine Verlängerung ist möglich.

Die bisherige Welthandelsordnung beruhte auf dem Grundsatz des freien Marktzutritts mit Ausnahmemöglichkeiten. Nach dem gleichen Prinzip sind auch die Dienstleistungsordnungen in den Freihandelsverträgen USA/Israel, USA/Kanada und NAFTA (Nordamerikanisches Freihandelsabkommen) konzipiert. Anders das WTO-Dienstleistungsabkommen: Grundsätzlich besteht kein freier Marktzutritt, es sei denn, die einzelnen Länder gewähren spezielle Zugeständnisse in Form von Positivlisten. Im Rahmen der Uruguay-Runde ist jedes Land einen Grundstock erster Marktzutritts-

und Inländerbehandlungsverpflichtungen eingegangen. Die Zugeständnisse richteten sich nach der Leistungsfähigkeit der einzelnen Länder und der Ausgewogenheit der gegenseitigen Zugeständnisse. Die Anwendung von Positivlisten ist – je nach Betrachtungsweise – mit Vor- und Nachteilen verbunden: Der Vorteil der Teilnehmerstaaten besteht darin, im Handel mit neuartigen Dienstleistungen völlig frei, das heißt keine Verpflichtungen eingegangen zu sein. Aus der Optik einer freiheitlichen Weltmarktordnung hingegen wirken sich Positivlisten insofern nachteilig aus, als diese den Freihandel auf einem einmal gegebenen Stand fixieren und neue Arten von Dienstleistungen nicht automatisch erfassen. Positivlisten bedürfen, soll das jeweilige Liberalisierungsniveau beibehalten werden, ständig weiterer Verhandlungen. Sind die Verhandlungen nicht erfolgreich, nimmt der Liberalisierungsgrad im Dienstleistungsbereich trotz oder gerade wegen des bestehenden Abkommens ab. Der vorliegende Vertrag verlangt die Aufnahme von neuen Verhandlungen nach spätestens fünf Jahren.

### Der Schutz geistiger Eigentumsrechte

Das Abkommen über den Schutz geistiger Eigentumsrechte im grenzüberschreitenden Verkehr (TRIPS) bildet den dritten Pfeiler der WTO. Seine Entstehung beruht auf dem Wunsch der Industriestaaten, die unterschiedlichen Bestimmungen über das Urheberrecht, den Markenschutz, das Patentrecht usw. vermehrt aufeinander abzustimmen und den Anforderungen einer immer intensiveren internationalen Handelsverflechtung anzupassen. Aus den Vertragsunterlagen geht nicht hervor, wie sich die WTO und die seit der Jahrhundertwende bestehende Weltorganisation für geistiges Eigentum (WIPO) die Arbeit teilen werden.

In Anlehnung an die allgemeinen WTO-Grundsätze verlangt das TRIPS von seinen Vertragspartnern die Einhaltung der Meistbegünstigung und des Inländerprinzips. Das Prinzip der Meistbegünstigung, die Nichtdiskriminierung zwischen den Vertragspartnern, hat im Bereich des Schutzes der Eigentumsrechte in dieser Form nicht bestanden und ist aus der Sicht eines einheitlichen Markts zu begrüßen. Das Inländerprinzip, die Gleichstellung von in- und ausländischen Rechtsinhabern, fand sich bereits in den heute noch geltenden Konventionen (Pariser Konvention 1883/1979; Berner Konvention 1886/1979) und wurde vom Abkommen über den Schutz geistiger Eigentumsrechte lediglich übernommen.

### Würdigung

Die neue Welthandelsordnung ist das Ergebnis jahrelanger Verhandlungen zwischen Vertragsparteien, die ungeachtet ihrer Bekenntnisse zum weltweiten Freihandel letztlich auch ihre nationalen Interessen vertreten. Je nach Standpunkt des Betrachters ist das Vertragswerk unterschiedlich zu werten:

1) Mit dem Abschluß der Uruguay-Runde ist die in den achtziger Jahren schwelende GATT-Krise vorderhand überwunden worden. Gleichzeitig ist es gelungen, die bisherige Welthandelsordnung über den Güterhandel hinaus auf den grenzüberschreitenden Dienstleistungsverkehr und den Schutz geistiger Eigentumsrechte auszuweiten.

2) Mit einer Teilnehmerzahl von rund 120 Ländern ist ein relativ breiter Geltungsbereich der Grundprinzipien Meistbegünstigung und Inländerprinzip gewährleistet. Die Volksrepublik China und die ehemaligen Länder der UdSSR interessieren sich für eine möglichst baldige Mitgliedschaft. Wie Taiwan handelsmäßig eingebunden werden kann, steht noch offen.

3) Eine Neuerung der Uruguay-Runde ist auch die weitgehende Aufhebung des ›GATT à la carte‹. Bis dahin waren viele Teilverträge wie zum Beispiel diejenigen über Dumping und Subventionen nur für die ratifizierungswilligen Staaten verbindlich. Nach der neuen WTO-Ordnung sind – von wenigen Ausnahmen abgesehen – die Verträge für alle Mitgliedstaaten verpflichtend.

4) Die WTO-Zielsetzung spricht nicht mehr in den Worten des GATT von der ›vollen Erschließung der Hilfsquellen der Welt‹. Sie knüpft statt dessen die Erhöhung des Lebensstandards und die Verwirklichung der Vollbeschäftigung an die Bedingung einer ›optimalen Nutzung der Weltressourcen‹, abgestimmt auf eine nachhaltige Entwicklung, welche die Umwelt sowohl schützt und erhält, als auch die

dazu notwendigen Mittel mehrt. Damit hat die Welthandelsordnung in ihrer Zielsetzung eine auf die Umwelt abgestimmte Neuausrichtung erfahren.

5) Die Vertragsdelegationen waren bestrebt, den internationalen Agrarhandel in die neue Welthandelsordnung zu reintegrieren. Das neue Agrarabkommen verpflichtet die Teilnehmerstaaten, sämtliche Handelshemmnisse nichttarifärer Art in Zölle umzuwandeln und im Verlauf der nächsten Jahre teilweise abzubauen. Die in den Partnerländern zur Zeit feststellbaren Bestrebungen, das Abkommen nach allen Ausnahmen und Nischen zu durchforsten, um den bisherigen Besitzstand an Protektionismus – eventuell in einem geänderten System – zu wahren, stellen indessen die Verhandlungsergebnisse auf weiten Strecken wiederum in Frage.

6) Ähnliche nationale Bestrebungen wie im Agrarsektor finden sich auch im Dienstleistungsbereich. Die einzelnen Partnerstaaten schützen sich mit Ausnahmelisten vor der Meistbegünstigungspflicht und dem freien Marktzutritt. Vor allem die Konstruktion von Positivlisten kann sich längerfristig verhängnisvoll auswirken, weil mit neuen Dienstleistungsarten der Liberalisierungsgrad des Dienstleistungshandels abnimmt.

7) Bestand die bisherige Welthandelsordnung aus einem 60seitigen GATT-Vertrag und einigen Kodizes von insgesamt rund 200 Seiten, so umfassen die WTO-Grundverträge etwa 600 Seiten, ergänzt durch Listen, Erklärungen, Protokolle und Entscheide von über 20 000 Seiten. Die Seitenzahlen mögen eine Äußerlichkeit darstellen, sie weisen aber auf die Gefahr eines immer stärker reglementierten und immer intensiver administrierten Außenhandels hin. Letztlich können auch freiheitliche Regelungen so kompliziert sein, daß sie wieder zu einem echten Handelshemmnis werden.

8) Viele Ergebnisse der Uruguay-Runde sind – abgesehen von den laufenden Ratifizierungsverfahren - nicht definitiv. Im Bewußtsein, daß das gegenwärtig vorliegende Werk in der heutigen Form nicht abgeschlossen und nicht endgültig sein kann, verlangen einzelne Vertragstexte eine Überprüfung des Erreichten sowie baldige Neuverhandlungen. Die neue Welthandelsordnung ist ein Vertragstext im Werden.

---

**Weltrechtsprinzip:** Das W. im dt. Strafrecht (§ 6 StGB) folgt dem Gedanken internat. Solidarität gegen weltweit geächtete Kriminalität. So gilt dt. Recht auch für Taten, die im Ausland verübt wurden wie z. B. Völkermord, Kernenergie- und Sprengstoffverbrechen, Luftpiraterie, Menschen- und Drogenhandel. Urteile ausländ. Gerichte hindern nicht die erneute Bestrafung wegen derselben Tat, verbüßte Haftzeiten im Ausland werden aber angerechnet (§ 51 III StGB). Nach dem W. ermittelt die Bundesanwaltschaft z.Z. gegen 51 mutmaßl. Kriegsverbrecher serb. Herkunft, die sich in Deutschland aufhalten. Es ermöglichte der Bundesanwaltschaft außerdem im Okt. das Ausliefe-

rungsersuchen an Norwegen wegen der mutmaßl. Terroristin und Entführerin der Lufthansamaschine ›Landshut‹ (1977 nach Mogadischu), SORAYA ANSARI, und die Anklage gegen den mutmaßl. serb. Kriegsverbrecher DUŠKO TADIĆ, um dessen Auslieferung das →Kriegsverbrechertribunal im Nov. ersuchte.

**Werbung:** Da es den werbungtreibenden Firmen angesichts der ständig steigenden Zahl von Produkten, Mitbewerbern und Werbeträgern immer schwerer fällt, öffentl. Aufmerksamkeit zu erringen, werden nicht selten gezielt und kalkuliert Werbemaßnahmen äußerst provokator. Charakters eingesetzt. So warb z. B. der italien. Textilhersteller

Benetton 1994 für seinen Firmennamen auf Plakaten mit Soldatenfriedhöfen, blutverschmierten Neugeborenen oder einem sterbenden AIDS-Kranken. Eine derartige Ausnutzung der Gefühle der Betrachter zur bloßen Durchsetzung wirtschaftl. Interessen wird nicht nur vom Dt. Werberat scharf kritisiert. Die Darstellung von Leid und existentieller Not in der W. für Textilien wurde vielmehr auch von den Gerichten inzwischen als sittenwidrig untersagt.

**Westerwelle,** Guido, Politiker (FDP), *Bad Honnef 27. 12. 1961. – Der Bonner Rechtsanwalt W. wurde auf Vorschlag des FDP-Chefs KLAUS KINKEL als Nachfolger des glücklos agierenden WERNER HOYER zum GenSekr. vorgeschlagen und auf dem Sonderparteitag am 12. Dez. in Gera gewählt. Er soll die FDP v. a. auch für das junge Bürgertum interessant machen.
Nach dem Schulbesuch studierte W. Jura in Bonn und eröffnete anschließend eine Praxis als Rechtsanwalt. W. trat 1980 in die FDP ein und war Gründungsmitgl. und 1983–88 Bundesvors. der Jungen Liberalen. Seit 1988 gehört er dem Bundesvorstand der FDP an.

**Westeuropäische Union,** Abk. WEU: Auf dem Treffen der Außen- und Verteidigungsmin. der WEU (alle EU-Mitgliedstaaten außer Dänemark und Irland) am 9. Mai in Luxemburg wurde der Status eines assoziierten Partners geschaffen – in Anlehnung an die von der NATO initiierte →Partnerschaft für den Frieden. Dieser Status wurde neun mittel- und osteurop. Ländern zuerkannt: Bulgarien, Estland, Lettland, Litauen, Polen, Rumänien, der Slowak. und der Tschech. Rep. sowie Ungarn. Der luxemburg. Außenmin. JACQUES POOS kündigte die Absicht seines Landes an, dem Eurocorps beizutreten.

Eine Welle des Protests erhebt sich im Februar gegen Zeitungsanzeigen des Bekleidungsunternehmens Benetton, die den blutverschmierten Kampfanzug eines erschossenen Kroaten zeigen. Benetton hingegen will das Bild als ein Signal gegen den Krieg verstanden wissen

### Westsamoa

**Hauptstadt:** Apia
**Einwohner:** 158 000
**Einwohner/km²:** 56
**Staatsoberhaupt:** Malietoa Tanumafili II.
**Regierungschef:** Tofilau Eti Alesana
**BSP/Einwohner:** 940 US-$

Oberstärztin Verena von Weymarn wird als erste Frau in der Bundeswehr am 1. April zum General befördert und übernimmt den Posten des ›Generalarztes der Luftwaffe‹

**Weymarn,** Verena von, Generalärztin der Luftwaffe, *Riga 16. 7. 1943. – Am 23. März übernahm W. den Posten ›Generalarzt der Luftwaffe‹, damit war die Beförderung zum Dienstgrad ›Generalarzt‹ (entspricht dem Brigadegeneral) verbunden. Im Sept. 1976 als Stabsarzt in die Bundeswehr eingetreten, wurde die Medizinerin 1985 Divisionsarzt der 1. Luftwaffendivision (1986 Beförderung zum Oberstarzt) und 1989 Chefärztin im Bundeswehrkrankenhaus Gießen. Das publizist. Echo, das der Amtsantritt des ersten weibl. Generals in der dt. Militärgeschichte hervorrief, machte in der Öffentlichkeit auch die Tatsache bekannt, daß im sanitätsdienstl. Bereich der Bundeswehr zu diesem Zeitpunkt 1900 Frauen (darunter 326 Ärztinnen) Dienst leisteten.

**Whitewater-Affäre:** Ein mehr als zehn Jahre zurückliegendes undurchsichtiges Immobiliengeschäft von BILL und HILLARY CLINTON in Arkansas wurde der breiten Öffentlichkeit unter dem Namen W.-A. bekannt. Die Finanzierung eines Ferien- und Erholungszentrums entlang des White River in Arkansas, an dem sich die Clintons beteiligt hatten, erfolgte über eine mittlerweile bankrotte Bank, die durch HILLARY CLINTON vertreten wurde und deren Rettung den US-Steuerzahler über 60 Mio. US-$ kostete. Einige Präsidentenberater hatten Ende 1993/Anfang 1994 versucht, durch fragwürdige Machenschaften Einfluß auf die staatl. Untersuchungen zu nehmen, nach deren Bekanntwerden der Justitiar des Weißen Hauses, BERNHARD NUSSBAUM, und weitere Mitarbeiter CLINTONS zurücktreten mußten.

Grußlos geht die Witwe Willy Brandts, Brigitte Seebacher-Brandt, am 23. März am früheren Geschäftsführer der SPD-Bundestagsfraktion Karl Wienand (rechts) vorbei, der eine Unterlassungsklage gegen sie angestrengt hat

**Wienand,** Karl, Politiker (SPD), *Lindenpütz/ Sieg 15. 12. 1926. – Anfang Mai 1994 wurde W. durch den Generalbundesanwalt wegen Spionageverdachts angeklagt. Er soll von Okt. 1970 bis Okt. 1989 ›in einer bewußten nachrichtendienstl. Verbindung zur damaligen DDR‹ gestanden haben. – W. studierte von 1948–53 Rechts- und Volkswirtschaft in Bonn. 1953 zog er als jüngster Abgeordneter in den Bundestag ein und entwickelte sich zum Wehrexperten der SPD-Fraktion. Von 1967–74 war W. deren parlamentar. Geschäftsführer und damit engster Mitarbeiter des Fraktionsvors. HERBERT WEHNER. 1973 kam es im Zusammenhang mit dem konstruktiven Mißtrauensvotum gegen Bundeskanzler WILLY BRANDT (1972) zur sog. Steiner-Wienand-Affäre. Der CDU-Abgeordnete JULIUS STEINER hatte behauptet, von W. einen Betrag von 50 000 DM erhalten zu haben, um für BRANDT zu stimmen. Diese Affäre wurde nie restlos aufgeklärt, schädigte aber den Ruf von W., dessen polit. Karriere sich damit dem Ende näherte.

**Windpark Fehmarn:** Der mit 17 MW installierter Leistung derzeit größte Windpark Deutschlands wurde im Juli auf der Ostseeinsel Fehmarn in Betrieb genommen. Zwei ortsansässige Betreibergemeinschaften wollen künftig mit insgesamt 34 Dreiblattrotor-Anlagen an zwei versch. Standorten einen Jahresertrag von 48 Mio. kWh ins Inselnetz einspeisen. Gemessen am statist. Verbrauch in Schleswig-Holstein entspricht dies etwa dem jährl. Durchschnittsbedarf von 13 700 Haushalten.

**Witwenstreit:** Am 26. Jan. veröffentlichte die ›Frankfurter Allg. Zeitung‹ von BRIGITTE SEEBA-CHER-BRANDT herausgegebene persönl. Notizen ihres verstorbenen Mannes WILLY BRANDT, die Mutmaßungen über ein Zusammenspiel des früheren SPD-Fraktionsvors. HERBERT WEHNER mit Ost-Berlin beim Sturz des Bundeskanzlers über die Guillaume-Affäre 1974 enthielten. Die Notizen wurden von Historikern als wenig aussagekräftig beurteilt, aber ihre Auslegung durch Frau SEEBACHER-BRANDT führte zu einem über die Medien ausgetragenen Streit zw. der Brandt-Witwe auf der einen Seite, WEHNERS Witwe GRETA, die die Vorwürfe entschieden zurückwies, und der SPD auf der anderen Seite. Die Gauck-Behörde gab ebenfalls im Jan. Aktenmaterial über die Tätigkeit WEHNERS als Funktionär der KPD in den Jahren 1937 bis 1942 heraus. Dieses erhärtete nicht den Vorwurf, WEHNER habe in dieser Zeit für die Sowjetunion gearbeitet.

**WTO,** Abk. für **W**orld **T**rade **O**rganization, Welthandelsorganisation, die als Nachfolgerin des GATT vom 1. 1. 1995 an Freihandelsregeln durchsetzen soll. – Die am 15. 12. 1993 in Genf beschlossene WTO besitzt nicht nur weit mehr Kompetenzen (eigene Rechtspersönlichkeit), sondern auch höheres polit. Gewicht als das 1947 gegr. →GATT. Die WTO als eine Art Weltsicherheitsrat für internat. Wirtschaftsprobleme soll in der Handelspolitik zur dritten Säule neben Weltbank und Internat. Währungsfonds (IWF) werden; sie soll sich aber auch um Menschenrechte und Umweltschutz kümmern. Die Frage des Sitzes – Genf oder Bonn – wurde nach einem teilweise mit harten Bandagen geführten Wettstreit im Juli zugunsten Genfs entschieden. Erster WTO-Chef wird PETER SUTHERLAND, Generaldirektor des GATT, der die Organisation bis zum 15. 3. 1995 leiten will. →Welthandel

**Wulf-Mathies,** Monika, Gewerkschaftsführerin, *Wernigerode, 17. 3. 1942. – Die bisherige

Nach ihrer Abschiedsrede am 19. September beim außerordentlichen ÖTV-Kongreß in Bremen bedankt sich Monika Wulf-Mathies für den Beifall der Delegierten

Vors. der Gewerkschaft ÖTV, die von der Bundes-reg. als EU-Kommissarin vorgeschlagen worden war, trat ihr Amt im Jan. 1995 an.

W.-M. studierte nach dem Abitur 1961 Geschichte, Germanistik und Volkswirtschaft und promovierte 1968. Zunächst Hilfsreferentin im Bundeswirt-schaftsministerium, wechselte sie 1971 in das Bun-deskanzleramt, wo sie 1973 Referatsleiterin für So-zial- und Gesellschaftspolitik wurde. Außerdem baute sie die Gewerkschaftsarbeit der ÖTV in Bonn auf. 1976 wurde sie in den geschäftsführenden Hauptvorstand der ÖTV und 1982 zur ÖTV-Vors. gewählt. Erstmals führte damit in Deutschland eine Frau eine Gewerkschaft. W.-M. profilierte sich schnell in den Tarifverhandlungen für den öffentl. Dienst als harte Verhandlungspartnerin, die es auch verstand, eigene Vorstellungen in der Großen Tarifkommission der ÖTV durchzusetzen. Ihre härteste Bewährungsprobe erfuhr sie nach dem Streik des öffentl. Dienstes 1992, als sie wegen Art und Ergebnis des Tarifabschlusses heftig von den Gewerkschaftsmitgl. kritisiert wurde. Dennoch wurde sie auf dem Gewerkschaftstag 1992 als Vors. bestätigt, legte aber den ÖTV-Vorsitz wegen des Wechsels in die EU-Kommission im Nov. 1994 nieder.

**Wulkow,** Gemeinde in Brandenburg bei Frank-furt (Oder), 142 Ew. Für ihr Konzept einer ökolog. Modellgemeinde erhielt W. im April den Dt. Um-weltpreis 1994 der Bundesstiftung Umwelt. Von der DDR-Verwaltung schon zum ›Leerwohnen‹ be-stimmt, initiierten W. und der Verein ›Ökospeicher‹ nach der dt. Einheit eine Reihe ökolog. Projekte, die weitgehend ohne staatliche Förderung aus-kommen.

# Z

## Zaire

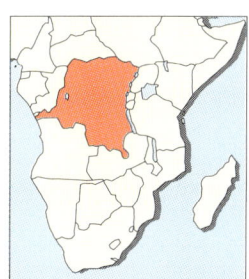

**Hauptstadt:**
Kinshasa
**Einwohner:** 41,2 Mio.
**Einwohner/km²:** 18
**Staatsoberhaupt:**
Mobutu S. S.
**Regierungschef:**
J. Kengo Wa Dondo
(seit 14. 6. 1994)
**BSP/Einwohner:**
210 US-$

Am 14. Jan. einigten sich die von MOBUTU SESE SEKO eingesetzte Reg. Birindwa und die Opposi-tionsmehrheit darauf, das Oppositionsparlament Hoher Rat der Rep. mit der vom Präs. installierten Nationalversammlung zu einem Übergangsparla-ment zusammenzulegen und die Reg. Birindwa zu entlassen. Mit diesem Abkommen, das auch auf

Das Dorf Wulkow und der Verein ›Ökospeicher‹ werden am 17. April für ihre Bemühungen um ökologische Erneuerung und umweltgerechte Entwicklung mit dem Deutschen Umweltpreis ausgezeichnet. Das Niedrigenergiehaus in Rundbauweise ist das erste seiner Art in Deutsch-land

Druck der wichtigsten westl. Geberländer Frank-reich, Belgien und USA zustande gekommen war, sollte die polit. Krise Z.s, die zu zwei Reg. und zwei Parlamenten geführt hatte, beendet werden. Ab Febr. kam es zu einer Spaltung des Oppositions-bündnisses Union Sacrée de l'Opposition Radicale (USOR), nachdem die Forderung des moderaten, gegenüber MOBUTU kompromißbereiten Lagers nach einer Neuwahl des MinPräs. vom bisherigen MinPräs. der Opposition, ETIENNE TSHISEKEDI, abgelehnt wurde. Am 8. April verabschiedete das Übergangsparlament eine provisor. Verfassung, die innerhalb von 15 Monaten ein Referendum über die endgültige Verfassung und anschließend Parla-ments- und Präsidentenwahlen vorsieht. Nach dem Ausschluß mehrerer TSHISEKEDI nahestehender Parteien aus der USOR im Mai wurde am 14. Juni der moderate Kandidat JOSEPH KENGO WA DONDO vom Übergangsparlament zum neuen MinPräs. gewählt.

Ab Mai war Z. in den ruand. Bürgerkrieg invol-viert, da über 2 Mio. Ruander nach Z. flohen. In den überfüllten Flüchtlingslagern in Goma, Bu-kavu und Kisangani entstand eine katastrophale Notlage. Zudem führte die Plünderung von Hilfs-gütern durch zair. Soldaten häufig zu Zusammen-stößen mit den Flüchtlingen. Für MOBUTU, der zair. Territorium als Basis für die frz. Operation ›Türkis‹ zur Verfügung stellte, ergab sich mit der Aufhebung seiner internat. Isolation aus der ruand. Krise ein positiver Effekt. – Wegen seiner hohen Beitragsrückstände wurde Z. vom Internat. Wäh-

Von den mehr als vier Millionen Flüchtlingen aus Ruanda leben im Juli allein rund 1,2 Millionen im Nachbarland Zaire; im Bild das Lager Kibumba 35 km nördlich von Goma

rungsfonds, bei dem es mit ca. 135 Mio. US-$ verschuldet ist, ausgeschlossen.

**Zedillo Ponce de León,** Ernesto, mexikan. Politiker (Partei der Institutionalisierten Revolution, PRI), *Mexiko 27.12. 1951. – Am 1. Dez. trat der neue mexikan. Präs. Z. P. de L. sein Amt an. Der aus einfachen Verhältnissen stammende Politiker studierte Wirtschaftswiss. in Mexiko und dank eines Stipendiums in Yale. Ab 1978 arbeitete er im Planungsstab der mexikan. Zentralbank und wurde 1987 stellv. Direktor der volkswirtschaftl. Forschungsabteilung. 1988 holte ihn der neue Präs. CARLOS SALINAS DE GORTARI als Planungsmin. in die Reg.; in diesem Amt sorgte er mit dem nat. Entwicklungsplan für die Gesundung der Staatsfinanzen und schuf die Voraussetzungen für den Beitritt Mexikos zur Nordamerikan. Freihandelszone (NAFTA). Ab 1992 Erziehungsmin., leitete Z. P. de

L. 1994 den Wahlkampf des PRI-Präsidentschaftskandidaten LUIS DONALDO COLOSIO MURRIETA, der am 23. März einem Attentat zum Opfer fiel. Präs. SALINAS DE GORTARI bestimmte Z. P. de L. eine Woche später zum neuen Kandidaten des PRI. Am 21. Aug. wählte ihn die Bevölkerung zum neuen Präsidenten. Z. P. de L. gilt als Technokrat mit hohem wirtschaftl. Sachverstand. Für die Zukunft muß er Reformen in der mexikan. Gesellschaft durchsetzen, die Staatspartei PRI vom Ruf der Korruption befreien und den NAFTA-Staaten beweisen, daß Mexiko ein zuverlässiger, demokratisch regierter Partner ist.

### Zentralafrikanische Republik

**Hauptstadt:** Bangui
**Einwohner:** 3,3 Mio.
**Einwohner/km²:** 5
**Staatsoberhaupt:**
A.-F. Patassé
**Regierungschef:**
J.-L. Mandaba
**BSP/Einwohner:**
410 US-$

Die Außenpolitik von Präs. ANGE-FÉLIX PATASSÉ war darauf gerichtet, weitere Verwicklungen der Z. R. in die Bürgerkriege im Sudan und im Tschad zu vermeiden. – Nachdem eine Kommission die Amtszeit des früheren Diktators ANDRÉ KOLINGBA untersucht hatte, kam es zu zahlreichen Verhaftungen.

**Zentralrat der Muslime:** Ende Nov. wurde in Köln die Gründung eines Z. d. M. bekanntgegeben, der aus dem bisherigen ›Islam. Arbeitskreis in

Der neue Präsident Mexikos, Ernesto Zedillo, bei der Stimmabgabe in Mexiko-Stadt am 21. August

Deutschland‹ hervorging und von dem Aachener Muslim NADIM ILYAS geleitet wird. Der Organisation gehören nach eigenen Angaben 15 islam. Dachverbände mit mehr als 1 200 Gemeinden an. Somit vertritt sie rd. 70 % der mehr als 2 Mio. in Deutschland lebenden Muslime, deren religiöses Leben in den rd. 1 000 Moscheen und Gebetsräumen meist unauffällig verläuft. Fundamentalist. und militante Gruppen, deren Anhängerschaft auf rd. 40 000 geschätzt wird, versuchen jedoch, durch Propaganda größeren Einfluß zu gewinnen. Die Auseinandersetzung mit religiös-polit. Eiferern und Radikalen könnte neben den prakt. Fragen des Alltags (Einrichtung von Gemeindezentren, Religionsunterricht) in Zusammenarbeit mit den dt. Behörden zu den wichtigsten Aufgaben des Zentralrats werden.

**Zéroual,** Lamine, alger. General und Staatspräs., * Batna (Ostalgerien) 3. 7. 1941. – Der Oberste Staatsrat ernannte den pensionierten General Z. am 30. Jan. zum neuen Staatspräs. Algeriens. Seine Amtszeit beträgt drei Jahre.
Schon als 16jähriger nahm Z. am Befreiungskampf gegen die frz. Kolonialmacht teil. Danach studierte er an Militärakademien in Moskau und Paris. Sein Aufstieg innerhalb der Armee begann 1974 und führte 1989 bis an die Spitze des Heeres. Mit seinen Vorstellungen über eine Heeresreform geriet er in Ggs. zu Staatspräs. BENDJEDDID CHADLI und schied 1990 aus dem Militärdienst aus. 1990/91 war er Botschafter in Rumänien. Im Jan. 1992 erzwang das Militär angesichts des zu erwartenden Wahlsiegs der fundamentalist. Islam. Heilsfront (FIS) den Rücktritt CHADLIS und setzte einen Obersten Staatsrat ein, der Z. Anfang Sept. 1993 zum Verteidigungsmin. ernannte. Mit seinem scharfen Vorgehen gegen die FIS konnte Z. zeitweilig für Ruhe und Sicherheit sorgen. Nachdem das Mandat des vom Militär 1992 installierten Obersten Staatsrats abgelaufen war, wurde Z. für drei Jahre zum Staatspräs. ernannt.

**Zertifizierung,** Nachweis innerbetriebl. Qualitätssicherungssysteme nach den Normen der DIN ISO 9 000, die detailreich regeln, welche Voraussetzungen ein Unternehmen erfüllen muß, um sich mit seinem Qualitätsanspruch öffentlich ›schmücken‹ zu können. Voraussetzung für die Z. ist lediglich,

daß Unternehmen nachweisen können, daß sie sich ständig um die Verbesserung der Qualität bemühen und zu diesem Zweck eine Organisation aufgebaut haben, in der qualitätssichernde Abläufe festgelegt sind. Über die Qualität des Endproduktes ist damit allerdings noch nichts ausgesagt; der Aspekt der kundenbezogenen Qualität wird vernachlässigt. Darüber, welche Rolle die Z. nach den Normen der DIN ISO 9 000 im Zusammenhang mit einem Total Quality Management – v. a. im Hinblick auf Wettbewerbsvorteile – zukünftig spielen wird, herrschte bei Fachwissenschaftlern Ungewißheit.

**Zubak,** Krešimir, bosnischer Politiker, * Doboj (Nordbosnien) 1948. – Am 31. Mai legte Z., ehem. Präs. des Gerichtshofs von Doboj, den Amtseid als einstimmig gewählter, neuer Präs. des kroat.-muslim. Föderationsstaats Bosnien und Herzegowina ab. Er wurde für eine Übergangszeit von nur sechs Monaten gewählt. Z. ist Jurist und gehört zum kroat. Bevölkerungsteil. Er war in der von Kroatenführer MATE BOBAN ausgerufenen ›Kroat. Rep. Herceg-Bosna‹ Justizmin. und löste BOBAN am 8. Febr. als Präs. dieser Rep. ab. Z., der als gemäßigt gilt, brachte bald darauf zus. mit dem ›Außenmin.‹ der bosn. Kroaten, MATE GRANIĆ, die Einigung zw. Muslimen und Kroaten zustande, die unter amerikan. Vermittlung zur Gründung eines kroat.-muslim. Föderationsstaates und zur Verabschiedung einer Verfassung führte, die am 31. Mai angenommen wurde.

**Zugbeeinflussung:** Mit Hilfe anspruchsvoller Elektronik will die Deutsche Bahn AG die Leistungsfähigkeit ihres Schienennetzes erhöhen. Insgesamt sollen rd. 4 500 km mit dem System CIR-ELKE (**C**omputer **I**ntegrated **R**ailroading – **E**rhöhung der **L**eistungsfähigkeit im **Ke**rnnetz) ausgerüstet werden, was Investitionen in der Größenordnung von 4 Mrd. DM erfordert. Zunächst soll das System auf der vielbefahrenen Strecke zw. Offenburg und Basel erprobt werden. Statt in einem Raster starrer Blockabschnitte mit zwangsweise großen Sicherheitsabständen sollen sich die Züge in verkürzten Hochleistungsblocks bewegen, wobei über einen Linienleiter im Gleis Daten über die Streckenbelegung ausgetauscht werden. Gleichzeitig müssen auch die Lokomotiven entsprechend ausgerüstet werden.

---

**ZWANZIGSTER JULI**

---

### Betrachtungen zum 50. Jahrestag des 20. Juli 1944

#### Widerstand und deutsch-deutsche Gemeinsamkeit

Der 50. Jahrestag des 20. Juli 1944 stellt eine Herausforderung dar, sich über die Geschichte und Vorgeschichte des Attentats gegen HITLER mit dem politischen Erbe des deutschen Widerstands in allen seinen Verzweigungen klarzuwerden. Der Rückblick auf das Ereignis, das als Kulmination des Widerstands in Deutschland in allen seinen

Spielarten gelten kann, bietet die Chance, die einander kontrastierenden Widerstandsbilder der alten Bundesrepublik und der neuen Bundesländer in ihrer relativen Polarität zu begreifen und an diesem Ausschnitt der jüngsten deutschen Geschichte die Konturen eines gemeinsamen Geschichtsbilds herauszuarbeiten.
Statt dessen verstärkt sich in der Bundesrepublik die Bestrebung, den kommunistischen Widerstandskampf gegen das NS-Regime ganz oder zu Teilen für illegitim zu erklären und aus der gemein-

samen Erinnerung herauszunehmen. Viele sträuben sich einzugestehen, daß der kommunistische Widerstand aus eigenem Recht einem Regime entgegentrat, das die KPD mit allen Mitteln bekämpfte und ihre Anhänger um der Selbstbehauptung willen von vornherein in den Abwehrkampf hineinzwang, der ihnen zweifellos die schwersten Opfer von allen politischen Gruppierungen der deutschen Opposition abforderte. Dies war jedoch ebensosehr auf die Fehleinschätzung der inneren Situation im Deutschen Reich durch die schließlich in Moskau residierende Parteiführung unter WALTER ULBRICHT und WILHELM PIECK zurückzuführen, die die Kominternbeschlüsse getreulich ausführte und noch 1942 zum Massenwiderstand gegen das Regime aufrief, der angesichts der Verhältnisse illusorisch war. Die berechtigte Kritik an der stalinistisch geprägten Strategie der Komintern und der KPD-Führung, die 1937 den Versuch einer Einigung der bis zu linksbürgerlichen Gruppierungen reichenden Deutschen Volksfront verhinderten, kann gleichwohl nicht dazu führen, dem Widerstandskampf der einzelnen Kommunisten in Deutschland und in der Emigration die innere Berechtigung abzusprechen. Es wäre verhängnisvoll, wollte man im nachhinein einzelne Richtungen aus der Einheit des deutschen Widerstands gegen HITLER herauslösen. Vielmehr sollte alles getan werden, um gerade in dieser Hinsicht der deutschen Spaltung entgegenzuwirken. Denn anders als in Westdeutschland sind viele Ostdeutsche geneigt, im Antifaschismus, unter dem sie anders als die geläufige kommunistische Propagandaformel die Fülle der Widerstandshandlungen gegen das Regime verstehen, etwas Positives zu sehen. Denn für

sie stellte der Antifaschismus der SED, so verlogen er war und im Laufe der Jahre – etwa durch das Verbot der Vereinigung der Verfolgten des Naziregimes (VVN) – von ihr verleugnet wurde, doch die Hoffnung auf die Chance einer Liberalisierung dar, als nicht eingelöstes Versprechen der SED, zu einer freien Gesellschaft zurückzukehren.

**Politische Neuordnungsvorstellungen**

Es liefe auf eine Verzeichnung der historischen Realität hinaus, wollte man nur die bürgerlich-aristokratische Opposition, die an der Spitze des Attentatsversuchs des 20. Juli 1944 stand, zum Widerstand rechnen. Zudem spielten auch in der Bewegung des 20. Juli nicht nur freie, christliche und nationale Gewerkschafter, sondern auch Sozialdemokraten eine zunehmend wichtiger werdende Rolle. Andererseits repräsentierte der nationalkonservative Widerstand, wie diese Gruppierungen gewöhnlich bezeichnet werden, nicht das gesamte Spektrum der Opposition, ganz abgesehen von den vielen einzelnen, die sich, ohne in organisatorischem Zusammenhang zu stehen, den Zumutungen des Regimes unter dem Risiko ihres Lebens widersetzten und Verfolgten, nicht zuletzt jüdischen Mitbürgern, zu helfen versuchten.

Der nationalkonservative Widerstand vereinigte jene politischen Kräfte, die im weitesten Sinne der Idee des ›deutschen Weges‹ verpflichtet waren und ein Deutschland vor Augen hatten, das den ›westlichen Individualismus‹ ebenso wie den ›östlichen Kollektivismus‹ zu einer höheren Einheit zusammenführen sollte. Ihre politische Vorstellungswelt lag nicht auf der Linie des liberal-parlamentarischen Prinzips, sondern sie strebte eine Neuordnung von Staat und Gesellschaft in einem autoritär-berufsständischen Sinne an. Dies war angesichts der Tatsache verständlich, daß seit der Mitte der 30er Jahre das parlamentarische Prinzip in weiten Teilen Europas für überwunden gehalten wurde. Zugleich glaubten nicht wenige konservativ denkende Verschwörer, daß HITLERS Machteroberung die Folge der von ihnen abgelehnten ›Massendemokratie‹, das Ergebnis einer schädlichen ›Überdemokratisierung‹, aber auch übertriebener Industrialisierung und Urbanisierung und der dadurch bedingten gesellschaftlichen Vermassung gewesen sei.

Für die deutsche Widerstandsbewegung gegen HITLER gilt, daß die politische Mitte darin kaum vertreten gewesen ist. In der Tat hatten die bürgerlichen Liberalen nicht nur einen großen Teil ihres politischen Anhangs, sondern auch ihrer politischen Ideale bereits im Lauf der 20er Jahre verloren, und sie schwenkten am Beginn der 30er Jahre in die vorherrschende autoritäre Strömung ein, die die Stärkung des Reichspräsidenten und den Umbau des politischen Systems nach dem Vorbild des italienischen Faschismus anstrebte. Dies erklärt, warum Vertreter des parlamentarischen Prinzips mit ganz wenigen Ausnahmen sich vom Widerstand fernhielten. Auch sie betrachteten die Weimarer Reichsverfassung als gescheitert.

In Hitlers Hauptquartier, der ›Wolfsschanze‹ bei Rastenburg, fünf Tage vor dem Attentat vom 20. Juli 1944: der spätere Attentäter Claus Schenk von Stauffenberg (ganz links), Hitler und Wilhelm Keitel (rechts), der Chef des Oberkommandos der Wehrmacht

Peter Yorck von Wartenburg, Mitbegründer des Kreisauer Widerstandskreises, vor dem Volksgerichtshof. Er wurde am 8. 8. 1944 in Berlin-Plötzensee hingerichtet

Im Unterschied zu den oppositionellen Bestrebungen im linken Spektrum bedurften die rechtsbürgerlichen Gruppierungen einer vergleichsweise langen Wegstrecke, bis sie erkannten, daß Systemkorrekturen nicht ausreichten, sondern daß die vollständige Beseitigung der 1933 geschaffenen politischen Ordnung vonnöten war. Zugleich glaubten sie, auf einer politischen Tabula rasa zu handeln und eine Neuordnung von Staat und Gesellschaft anstreben zu können, die auf die bisherigen politischen Parteien, insbesondere auf die KPD, keine Rücksicht nahm und die in starkem Maße berufsständisch-autoritären Formen verpflichtet war, obwohl sie andererseits, insbesondere im Kreisauer Kreis, eine Reaktivierung der personalen Verantwortung des einzelnen anstrebte.

In der politischen Ausrichtung der nationalkonservativen Opposition traten die historischen Vorbelastungen der parlamentarischen Demokratie, auf die ERNST FRAENKEL hingewiesen hat, deutlich zutage. Wer immer sich mit der Geschichte des Widerstands gegen HITLER befaßt, kommt um das Eingeständnis nicht herum, daß es nicht die Demokraten, nicht die Repräsentanten des Weimarer Verfassungsstaates, sondern die politischen Flügelgruppen waren, die der nationalsozialistischen Gewaltherrschaft entgegenzutreten versuchten. Es wäre daher eine Verzeichnung, wenn man aus diesem polaren Bild des deutschen Widerstandes die deutschen Kommunisten herausnehmen wollte, so wenig bezweifelt werden darf, daß sie sehr weitgehend an der Kandare der stalinistisch geprägten Kominternpolitik hingen, obgleich die kommunistischen Untergrundorganisationen im Reichsgebiet durchaus eigenständige Vorstellungen von der Verfassung eines künftigen sozialistischen Deutschland entwickelten und übrigens auch nicht immer die Programmatik des 1943 gegründeten ›Nationalkomitees Freies Deutschland‹ übernahmen.

### Stufen des Widerstands

Mit Ausnahme der Kommunisten, die sich unter hohen Opfern regenerierten, wurden die sich im Anschluß an die Verbände der Weimarer Republik formierenden Widerstandsgruppen bis 1938 von der Gestapo weitgehend aufgerieben, oder sie verzichteten auf konspirative Arbeit zugunsten der Pflege loser Verbindungen, die formell unpolitisch blieben. Die illegale KPD versuchte bis 1944, eine geschlossene Organisation zu errichten, obwohl die von außen aufgezwungene Zentralisierung den Eingriff der Gestapo erleichterte. Es gelang ihr nur gelegentlich, über ihre frühere Klientel hinauszugelangen. Hingegen formierte sich der bürgerlich-militärische Widerstand, abgesehen von einzelnen entschlossenen Hitler-Gegnern der ersten Stunde, nicht vor 1938. Da er auf konspirative Organisationsformen verzichtete und zudem oppositionelle Einstellungen der Oberschicht von der Gestapo nicht hinreichend ernst genommen wurden, konnte er sich deren Zugriff im allgemeinen entziehen. Das Netz persönlicher Kontakte, das Persönlichkeiten

Der Autor:
Hans Mommsen, geb .1930. Seit 1968 Professor für Neuere Geschichte an der Ruhr-Universität Bochum; befaßt sich v.a. mit der Weimarer Republik, dem Dritten Reich und dem Widerstand

wie CARL GOERDELER, der ehemalige Leipziger Oberbürgermeister und Reichspreiskommissar, oder HELMUTH JAMES VON MOLTKE und PETER YORCK VON WARTENBURG, die Nestoren des Kreisauer Kreises, unermüdlich knüpften, entstand überwiegend in den gesellschaftlichen Residuen, die der Kontrolle der Gestapo entgingen.

### Widerstand ohne Volk

Ursprünglich empfanden sich insbesondere die Mitglieder des Widerstandskreises um CARL GOERDELER und LUDWIG BECK, der für die beginnende Militäropposition stand, als geborene Führer der Nation. Erst schrittweise erkannten sie die Notwendigkeit, einen stärkeren Rückhalt in der Bevölkerung zu suchen, was GOERDELER durch das Bündnis mit Vertretern des im April 1933 gegründeten Führerkreises der deutschen Gewerkschaften anstrebte. Parallel dazu versuchten die Kreisauer, mit der Arbeiterschaft in Kontakt zu kommen, doch blieb der Widerstand insgesamt ohne Verbindung zum Volk und mußte, wie die Planung des Attentats zeigt, bei der breiten Bevölkerung sogar zunächst mit einer gewissen Opposition rechnen.

Unterstützt von der sowjetischen Regierung gründeten deutsche Kriegsgefangene und kommunistische Emigranten das Nationalkomitee Freies Deutschland, das zum Sturz des NS-Regimes aufrief. Das Bild zeigt die Gründungsversammlung in Krasnogorsk am 13. 7. 1943

Die Bildung des Nationalkomitees Freies Deutschland im Sommer 1943 veranlaßte die inzwischen enger zusammenarbeitenden zivilen Verschwörer, das ursprünglich von dem liberalen Oppositionellen HANS ROBINSOHN stammende Konzept einer demokratischen Volksbewegung, auf die sich die Umsturzregierung stützen sollte, in veränderter Form zu übernehmen. Das Konzept für die Schaffung einer überparteilichen Volksbewegung wurde Pfingsten 1943 von CARLO MIERENDORFF und THEODOR HAUBACH unter dem Stichwort ›Sozialistische Aktion‹ vorgelegt. Über die Programmatik

der zu schaffenden Volksbewegung, die christliche und sozialistische Ideen verknüpfen sollte, kam es im Kreis der Verschwörer zu deutlichen Gegensätzen, die vor dem Attentat nicht mehr ausgeglichen werden konnten. Dabei spielte eine wichtige Rolle, daß JULIUS LEBER unter dem Druck der mit der vordringenden Roten Armee an Bedeutung gewinnenden kommunistischen Bewegung eine christlich-konservativ gefärbte Programmatik, die die Gewerkschafter im Umkreis GOERDELERS ins Auge faßten, für nicht mehr tragbar hielt. Die Entscheidung der Verschwörer, eine überparteiliche Volksbewegung zu schaffen, stellte somit einen klaren Bruch mit der bisherigen Honoratiorenpolitik dar.

### Wiederherstellung der Bedingungen humaner Politik

Aus heutiger Sicht sind es weniger die vielseitigen Pläne zur Verfassungs- und Gesellschaftsreform, die sowohl vom Kreis um GOERDELER, LEUSCHNER und JAKOB KAISER als auch von den Kreisauern vorgelegt wurden – sie tragen in vieler Hinsicht unausgereifte und gelegentlich utopische Züge und verraten, daß Berufspolitiker unzureichend beteiligt waren –, als vielmehr die Analyse der Wirkungen der nationalsozialistischen Terrorherrschaft, die eine besondere Beachtung verdienen.

Insbesondere die Vertreter des Kreisauer Kreises, nicht zuletzt die Gruppe der Münchner Jesuiten um AUGUSTIN RÖSCH und ALFRED DELP, erkannten, daß es nicht nur einer Gesinnungs-, sondern einer grundlegenden Zuständereform bedurfte, um der Auflösung der Politik entgegenzutreten. Denn die Zerstörung der gewachsenen Grundlagen der Gesellschaft, die Aufsprengung der sozialmoralischen Milieus, die Auflösung der Familie und nachbarschaftlichen Verbände, die Unterbindung normaler Kommunikation und die Herausbildung einer Lagergesellschaft, in der die einzelnen nach Rasse, Geschlecht, Alter und Beruf, Nationalität und Status unter Preisgabe privater Intimität getrennt wurden, liefen auf eine tiefgreifende gesellschaftliche ›Anomie‹ hinaus.

DELP formulierte angesichts der fortschreitenden gesellschaftlichen Auflösung im Kriege, die Deutschen seien zu einem ›Volk auf der Straße‹ geworden, dessen ›Heimatgefühl‹ zerstört worden sei, und er konstatierte einen tiefgreifenden ›Verlust der religiösen und geistigen Substanz‹. Er forderte die ›Wiederfindung einer abendländischen Lebensreform‹, um den Menschen aus seiner ›Verlassenheit‹ herauszuführen und ihn wieder zu befähigen, ›Verantwortung für das Ganze‹ zu übernehmen. Ähnlich formulierte HELMUTH JAMES VON MOLTKE, daß es in erster Linie darum gehen müsse, ›das Bild des Menschen im Herzen unserer Mitbürger wiederaufzurichten‹.

Die in mancher Hinsicht utopischen Pläne der Kreisauer, so das Programm der ›kleinen Gemeinschaften‹, aber auch der Selbstverwaltungsgedanke bei GOERDELER, zielten darauf ab, die Politikfähigkeit des einzelnen wiederherzustellen, trugen aber auch gewisse elitäre Züge. Für die Kreisauer, aber auch für die engere Gruppierung um CLAUS SCHENK VON STAUFFENBERG, bestand jedoch kein Zweifel daran, daß es als Voraussetzung dafür umfassender sozialer Reformen bedurfte, die die Arbeiterschaft zu umfassender Kooperation im künftigen Gemeinwesen instand setzte.

Es wäre irreführend, den bürgerlich-militärischen Widerstand als eine einheitliche Gruppierung zu betrachten und den Reichtum der darin hervortretenden, unterschiedlichen, aber auch gegensätzlichen Positionen herunterzuspielen und zu leugnen, daß sie gelegentlich auch eine Affinität zu Ideen des Nationalsozialismus aufwiesen. In der Forderung der ›Wiederaufrichtung des zertretenen Rechts‹ und der ›Wiederherstellung des unveräußerlichen göttlichen und natürlichen Rechts der menschlichen Person‹ fanden die Ideen der Verschwörung einen gemeinsamen Nenner. Dazu trat schließlich die Empörung über die Gewaltpolitik des Regimes, nicht zuletzt über die Genozid-Politik gegenüber den Juden, nachdem ein Teil der bürgerlichen Verschwörer, der eine völlige Gleichstellung des Judentums in der deutschen Gesellschaft äußerst zurückhaltend betrachtete, die Tragweite der Judenverfolgung ursprünglich nicht hinreichend beachtet hatte.

### Chancen des 20. Juli 1944

Es ist unbestreitbar, daß für den Entschluß, das letzte zu wagen, für den Widerstand in der Grenzsituation, bloße politische Interessen, Ehrgeiz und Machtwillen wenig gegenüber der moralischen Entscheidung wogen, aus der Gemeinsamkeit des eigenen Volkes herauszutreten und, wie es HENNING VON TRESCKOW unvergeßlich formuliert hat, das Nessushemd des nationalen Verrats anzuziehen, wohl wissend, daß die Masse des Volkes die wahren nationalen Motive der Verschwörer nicht durchschauen würde. Indessen wäre es verfehlt, ihr Handeln ausschließlich unter moralischen Motiven zu betrachten und nicht zu realisieren, daß die Opposition politisch zu handeln strebte und damit notwendig in die Bedingungen des politischen Systems verstrickt war.

Es ist sachlich verfehlt anzunehmen, daß in der völlig geänderten politischen Konstellation nach dem Zusammenbruch im Mai 1945 an die Ideengänge des nationalkonservativen Widerstands hätte angeknüpft werden können, zumal die sich früh abzeichnende Spaltung Europas sich auch dahin auswirkte, daß die beiden politischen Systeme in Deutschland sich in spiegelbildlicher Verzerrung auf den Widerstand gegen HITLER beriefen, um ihre innere Legitimation abzustützen. Ob sich die Umsturzregierung nach einem erfolgreichen Attentat hätte stabilisieren können, ist ebenfalls alles andere als sicher. Es spricht vieles dafür, daß es zu einer Aufspaltung des deutschen Herrschaftsbereichs und zu einer bürgerkriegsartigen Situation gekommen wäre. Sie hätte den Vorzug gehabt, eine rasche Beendigung der Kampfhandlungen zu erzwingen. Denn die Hoffnungen der Opposition, die Front gegenüber der Sowjetunion zunächst aufrechterhalten zu können, waren fragwürdig geworden. Erst spät erkannten die Verschwörer, daß mit Konzessionen von seiten der Alliierten zunächst jedenfalls nicht gerechnet werden konnte.

Gleichwohl hätte ein erfolgreiches Attentat zur raschen Beendigung des Krieges entscheidend beigetragen, in dem seit 1943 täglich ungefähr 6 000 deutsche Soldaten und Zivilisten umkamen. Ungeheure Menschenverluste, zugleich riesige Zerstörungen in weiten Teilen Europas hätten vermieden werden können. Allein dies hätte ein Attentat, aber auch den Versuch des Nationalkomitees gerechtfertigt, die Ostfront zu öffnen und den sinnlos werdenden Abwehrkampf einzustellen.

Zum 50. Jahrestag des mißglückten Attentats auf Hitler findet am 20. Juli in der Gedenkstätte Deutscher Widerstand im Bendler-Block in Berlin die zentrale Feierstunde statt. Bundespräsident Roman Herzog, der alle Beteiligten am Widerstand gegen den Nationalsozialismus würdigt, legt einen Kranz dort nieder, wo die beteiligten Offiziere um Claus Graf Schenk von Stauffenberg noch am 20. 7. 1944 erschossen worden waren

Darüber hinaus aber war es von grundlegender Bedeutung, durch das entschlossene Handeln, auch wenn es nur dasjenige einer kleinen Minderheit war, den Mythos der Allmacht des Systems zu durchbrechen und damit Grundlagen für eine Wiederherstellung der Politik zu legen. Denn letzten Endes lag die Leistung der Verschwörer vor allem darin, durch ihr Handeln dem einzelnen den Glauben an die Möglichkeit sinnerfüllten politischen Handelns wiedergegeben zu haben, der unter der Gewaltherrschaft des Dritten Reiches in einem Meer von Blut, Zynismus, Verbrechen und Unmenschlichkeit unterzugehen schien. Der totalitären Zumutung widerstanden auch die vielen einzelnen, die Juden versteckten oder ins Ausland schafften, die Zwangsarbeitern und Kriegsgefangenen halfen oder sich gegen die Politik der ›verbrannten Erde‹ wandten und unmenschlichen Durchhaltebefehlen zuwiderhandelten.

**Zwick-Affäre:** Die Tatsache, daß der bayer. Unternehmer EDUARD ZWICK, ein enger Freund des 1988 verstorbenen MinPräs. FRANZ JOSEF STRAUSS, seit 1971 keine Steuern an den Freistaat mehr gezahlt hatte, fügte den bayer. →Amigo-Affären eine weitere Facette hinzu, die den Rücktritt des stellv. CSU-Vors. GEROLD TANDLER am 17. März nach sich zog.
ZWICK hatte sich der Steuerzahlung und dem in Deutschland gegen ihn erwirkten Haftbefehl 1982 durch Flucht in die Schweiz entzogen. In der Amtszeit TANDLERS als Finanzmin. wurde 1990 die Niederschlagung der fast 71 Mio. DM betragenden Steuerschuld gegen Zahlung von 8,3 Mio. DM ausgehandelt. Wenn TANDLER auch keinen Einfluß auf diese Entscheidung genommen haben will, so führte doch die Enthüllung, daß er ein Privatdarlehen über 700 000 DM von ZWICK erhalten hatte (von dem bei Aufdeckung der Affäre 500 000 DM zurückgezahlt waren), zu dessen Amtsverzicht im März. Im April erklärte ZWICK in einem Gespräch mit dem ›Spiegel‹, daß er die CSU auch nach seiner Flucht noch eine Zeitlang mit monatlich rd. 20 000 DM unterstützt habe.
Im Jan. wurde der Sohn des ›Bäderkönigs‹, JOHANNES ZWICK, wegen dringenden Tatverdachts der Steuerhinterziehung von mehr als 100 Mio. DM verhaftet, im Juni aber wieder auf freien Fuß gesetzt.

### Zypern

**Hauptstadt:** Nikosia
**Einwohner:** 723 000
**Einwohner/km²:** 78
**Staatsoberhaupt:**
G. Klerides
**Regierungschef:**
G. Klerides
**BSP/Einwohner:**
9 820 US-$

### Wenig Hoffnung auf eine Einigung Zyperns

Die ›Rep. Nordzypern‹ wird allein von der Türkei diplomatisch anerkannt. Hingegen faßte die EU zwar einen Grundsatzbeschluß über die Aufnahme der Rep. Z., legte dafür aber kein Datum fest. Für den Fall der Realisierung dieses Beschlusses vor Aufnahme der Türkei in die EU als Vollmitgl. drohte der Präs. Nordzyperns, RAUF DENKTASCH, mit dem Anschluß Nordzyperns an die Türkei. Am 21. März verabschiedete die UNO ein Arbeitspapier über ›vertrauensbildende Maßnahmen‹ (u.a. Öffnung des Flughafens von Nikosia unter UNO-Aufsicht, Öffnung von Famagusta, Erleichterungen für den nordzypr. Reiseverkehr). Die anschließenden Wiener Verhandlungen verliefen indessen ergebnislos; UNO-GenSekr. GHALI wies hierfür v. a. der türk.-zypr. Seite die Schuld zu. In Anbetracht der türk. Truppenpräsenz auf der Insel drängt Präs. GLAFKOS KLERIDIS auf Verstärkung der griech. Truppen, was Griechenland jedoch zugunsten anderer Formen der Kooperation (z.B. Kooperation der Stäbe, gemeinsame Manöver) ablehnt.
Als schwere Belastung einer Regelung des Zypernproblems erweist sich der Zustrom türk. Umsiedler aus Kleinasien nach Nordzypern. Im Mai 1994 vereinbarte die Rep. Z. mit Israel und mit der PLO die Verbesserung der Beziehungen.

### Schwierige Lage in Nordzypern

Auf Nordzypern erlitt die Koalition der Demokrat. Partei (DP) und der Republikan. Türk. Partei (CTP) in den Gemeindewahlen vom Juni eine Niederlage: Von 27 Bürgermeisterposten gingen 11 an die rechte Nat. Einheitspartei (UBP), die bereits aus den Parlamentswahlen vom 12. 12. 1993 als stärkste Fraktion hervorgegangen war, aber die absolute Mehrheit verfehlt hatte und daher die Reg. nicht zum Rücktritt zwingen konnte. Nordzypern ist mit schwer lösbaren wirtschaftl. Problemen konfrontiert: Durch ein Urteil des Europ. Gerichtshofes vom 5. Juli wurden nordzypr. Exporte ohne Ausfuhrzertifikate der anerkannten südzypr. Behörden in die Staaten der EU verboten.

Hermann Josef Abs bei Sotheby's in London

**Abs,** Hermann Josef, Bankfachmann, * 1901, † Bad Soden 6. 2. 1994
**Abuladse,** Tengis, georg. Filmregisseur, * 1924, † Tiflis 6. 3. 1994
**Aland,** Kurt, ev. Theologe, * 1915, † Münster 13. 4. 1994
**Althoff,** Carl, Zirkusdirektor, * 1912, † Osnabrück 22. 5. 1994
**Anderson,** Lindsay, brit. Film- und Theaterregisseur, * 1923, † in der Dordogne (Frankreich) 30. 8. 1994
**Araki,** Muhammad Ali, iran. schiit. Geistlicher, Großayatollah, * 1891, † Ghom 29. 11. 1994
**Arnold,** Heinz, Opernregisseur, * 1906, † Baden-Baden 24. 7. 1994

**Baldin,** Aldo, brasilian. Sänger (Tenor), * 1945, † Waldbronn 5. 1. 1994
**Ball,** George Wildman, amerikan. Politiker, * 1909, † New York 26. 5. 1994
**Balsam,** Artur, amerikan. Pianist poln. Herkunft, * 1906, † New York 1. 9. 1994
**Barker,** Daniel Moses (Danny), amerikan. Jazzmusiker, * 1909, † New Orleans (La.) 14. 3. 1994
**Barrault,** Jean-Louis, frz. Schauspieler und Regisseur, * 1910, † Paris 22. 1. 1994
**Belluschi,** Pietro, amerikan. Architekt italien. Herkunft, * 1899, † Portland (Oreg.) 14. 2. 1994

**Bich,** Marcel, frz. Industrieller, * 1914, † Paris 30. 5. 1994
**Bill,** Max, schweizer. Maler, Plastiker und Architekt, * 1908, † Berlin 9. 12. 1994
**Bloch,** Robert, amerikan. Schriftsteller, * 1917, † Los Angeles (Cal.) 23. 9. 1994
**Boeselager,** Csilla von, Gründerin des Ungar. Malteser Hilfsdienstes, * 1941, † Höllinghofen 23. 2. 1994
**Bondartschuk,** Sergej Fjodorowitsch, russ. Schauspieler und Filmregisseur, * 1920, † Moskau 20. 10. 1994
**Borotra,** Jean, frz. Tennisspieler, * 1898, † Arbonne 17. 7. 1994
**Boulle,** Pierre, frz. Schriftsteller, * 1912, † Paris 31. 1. 1994
**Brazzi,** Rossano, italien. Filmschauspieler, * 1917, † Rom 26. 12. 1994
**Breidenbach,** Tilli, Schauspielerin, * 1910, † München 22. 10. 1994
**Brink,** Charles Oscar, klass. Philologe, * 1907, † Cambridge 2. 3. 1994
**Brooks,** Cleanth, amerikan. Literaturwissenschaftler, * 1906, † New Haven (Conn.) 10. 5. 1994
**Brun,** Philippe, frz. Jazztrompeter, * 1908, † Paris 15. 1. 1994
**Bruns,** Marianne, Schriftstellerin, * 1897, † Dresden 1. 1. 1994
**Bukowski,** Charles, amerikan. Schriftsteller, * 1920, † San Pedro (Cal.) 9. 3. 1994
**Burck,** Erich Wilhelm, klass. Philologe, * 1901, † Kiel 10. 1. 1994

Charles Bukowski

**Burle Marx,** Roberto, brasilian. Landschaftsarchitekt, * 1909, † Rio de Janeiro 4. 6. 1994
**Buthe,** Michael, Künstler, * 1944, † Bonn 15. 11. 1994

**Calef,** Henri, frz. Filmregisseur, * 1910, † Paris 18. 8. 1994
**Calloway,** Cab, amerikan. Jazzmusiker (Sänger und Bandleader), * 1907, † Hoschessin (Del.) 18. 11. 1994

Literatur-Nobelpreisträger Elias Canetti

**Canetti,** Elias, Schriftsteller und Nobelpreisträger spanisch-jüd. Herkunft, * 1905, † Zürich 14. 8. 1994
**Carmet,** Jean, frz. Schauspieler, * 1920, † Sèvres 20. 4. 1994
**Černik,** Oldrich, tschech. Politiker, * 1921, † Prag 19. 10. 1994
**Chacel,** Rosa, span. Schriftstellerin, * 1898, † Madrid 27. 7. 1994
**Chappel,** William, brit. Tänzer, Choreograph und Bühnenbildner, * 1908, † London 1. 1. 1994
**Chudnik,** Robert, amerikan. Jazzmusiker (Trompeter), * 1928, † Boynton-Beach (Fla.), 27. 5. 1994
**Clavell,** James, brit. Schriftsteller, * 1924, † Vevey 7. 9. 1994
**Cobain,** Kurt, amerikan. Rockmusiker (Gruppe Nirvana), * 1967, † Seattle (Wash.) 8. 4. 1994 (Selbstmord)
**Colosio,** Luis Donaldo, mexikan. Politiker, Präsidentschaftskandidat,

* 1950, † Tijuana 23. 3. 1994
(ermordet)
**Conrad,** William, amerikan.
Schauspieler, * 1920, † Los Angeles
11. 2. 1994
**Cordeiro,** Joseph, pakistan.
Kardinal, * 1918, † Karachi 11. 2.
1994
**Cotten,** Joseph, amerikan.
Filmschauspieler, * 1905, † Los
Angeles (Cal.) 6. 2. 1994
**Cuny,** Alain, frz. Schauspieler,
* 1908, † Paris 17. 4. 1994
**Curry,** John, brit. Eiskunstläufer,
* 1949, † Stratford upon Avon
15. 4. 1994
**Cushing,** Peter, brit. Schauspieler,
* 1913, † Canterbury 11. 8. 1994
**Cziffra,** György, frz. Pianist ungar.
Herkunft, * 1921, † Paris 15. 1. 1994

Eberhard Feik (rechts) als ›Thanner‹ mit Götz George in der
Krimiserie ›Tatort‹

**Danielou,** Alain, frz. Indien-
forscher, * 1907, † in der Schweiz
27. 1. 1994
**Davidoff,** Zino, schweizer.
Industrieller ukrain. Herkunft,
* 1906, † Genf 14. 1. 1994

Zino Davidoff in seinem Laden in der
Genfer Rue de Rive

**Decourtray,** Albert, frz.
Kardinal, * 1923, † Lyon 16. 9. 1994
**Degrelle,** Léon, belg. Politiker,
* 1906, † Malaga 31. 3. 1994
**Delvaux,** Paul, belg. Maler, * 1897,
† Veurne 20. 7. 1994
**Diamantis,** Adamantios, zypr.
Maler, * 1900, † Nikosia 28. 4. 1994
**Diego,** Eliseo, kuban. Schriftstel-
ler, * 1920, † Mexiko City 1. 3. 1994
**Dobraczynski,** Jan, poln. Schrift-
steller, * 1910, † Warschau 5. 3. 1994
**Doucet,** Jacques, frz. Maler
(Mitgl. der Gruppe Cobra), * 1924,
† Paris 11. 3. 1994

**Eichhorn,** Kurt, Dirigent, * 1908,
† Murnau 29. 6. 1994
**Ellison,** Ralph, afroamerikan.
Schriftsteller, * 1914, † New York
16. 4. 1994
**Engelmann,** Bernt, Schriftsteller,
* 1921, † München 14. 4. 1994
**Enrique y Tarancón,** Vicente,
Erzbischof von Madrid, * 1907,
† Valencia 28. 11. 1994
**Erikson,** Erik Homburger,
amerikan. Psychologe dt. Herkunft,
* 1902, † Harwich (Mass.) 12. 5. 1994
**Erné,** Nino, Schriftsteller, * 1921,
† Mainz 11. 12. 1994

**Fábri,** Zoltán, ungar. Film-
regisseur, * 1917, † Budapest
23. 8. 1994
**Feik,** Eberhard, Schauspieler,
* 1943, † Oberried 18. 10. 1994
**Feyerabend,** Paul Karl, österr.
Wissenschaftstheoretiker, * 1924,
† Genf 11. 2. 1994
**Filipow,** Grischa, bulgar. Politiker,
* 1919, † Sofia 2. 11. 1994
**Fink,** Agnes, schweizer. Schauspie-
lerin dt. Herkunft, * 1919,
† München 28. 10. 1994
**Firkusny,** Rudolf, tschech.
Pianist, * 1912, † Staatsburg (N.Y.)
19. 7. 1994
**Firnberg,** Hertha, österr. Politike-
rin, * 1909, † Wien 14. 2. 1994
**Fischer-Dieskau,** Klaus,
Dirigent und Komponist, * 1921,
† Berlin 19. 12. 1994
**Flocon,** Albert, frz. Maler, * 1909,
† Paris 12. 10. 1994
**Francis,** Sam, amerikan. Maler
und Graphiker, * 1923, † Santa
Monica (Cal.) 4. 11. 1994

**Frey,** Max, schweizer. Verleger,
* 1910, † Loano 19. 1. 1994
**Frick,** Gottlob, Sänger (Baß),
* 1906, † Mühlacker 18. 8. 1994
**Froment,** Louis Georges, frz.
Dirigent, * 1921, † Cannes 19. 8. 1994
**Fuenmayor,** Alfonso, kolumbian.
Schriftsteller, * 1917, † Barranquilla
20. 9. 1994
**Fuks,** Ladislav, tschech. Schriftstel-
ler, * 1923, † Prag 19. 8. 1994

**Gattermann,** Hans Hermann,
Politiker (FDP), * 1931, † Dortmund
27. 1. 1994
**Geiger,** Willi, Jurist, * 1909,
† Karlsruhe 19. 1. 1994
**Gennimatas,** Georgios, griech.
Politiker, * 1939, † Athen 25. 4. 1994
**Gerulaitis,** Vitas, amerikan.
Tennisspieler, * 1954, † South-
ampton (N.Y.) 18. 9. 1994 (tot
aufgefunden)
**Gómez Dávila,** Nicolás,
kolumbian. Schriftsteller, * 1913,
† Santafé de Bogotá 17. 5. 1994
**Goria,** Giovanni, italien. Politiker,
* 1944, † Asti 21. 5. 1994
**Gouhier,** Henri, frz. Philosoph,
* 1898, † Paris 31. 3. 1994
**Grimault,** Paul, frz. Animations-
filmregisseur, * 1905, † Mesnil-Saint-
Denis 29. 3. 1994

**Habyarimana,** Juvénal, Präsident
von Ruanda, * 1937, † Kigali 6. 4.
1994 (Flugzeugabsturz)
**Hachfeld,** Eckart, Schriftsteller,
* 1910, † Berlin 6. 11. 1994
**Hadjidakis,** Manos, griech.
Komponist, * 1925, † Athen 15. 6.
1994

**Haubenstock-Ramati,** Roman, österr. Komponist, * 1919, † Wien 3. 3. 1994

**Hemmerle,** Klaus, kath. Bischof, * 1929, † Aachen 23. 1. 1994

**Hering,** Gunnar, Neogräzist, * 1934, † Wien 22. 12. 1994

**Hiller,** Lejaren, amerikan. Komponist, * 1924, † Buffalo (N.Y.) 26. 1. 1994

**Hilty,** Hans Rudolf, schweizer. Schriftsteller, * 1925, † Jona 5. 7. 1994

**Hoad,** Lewis, austral. Tennisspieler, * 1934, † Malaga 3. 7. 1994

**Hodgkin,** Dorothy, brit. Chemikerin, Nobelpreisträgerin, * 1910, † Shipston-on-Stour 29. 7. 1994

**Hofstätter,** Peter, österr. Psychologe, * 1913, † Buxtehude 13. 6. 1994

**Holst,** Johan Jørgen, norweg. Politiker, * 1937, † Oslo 13. 1. 1994

**Honecker,** Erich, ehem. Staatsund Parteichef der DDR, * 1912, † Santiago de Chile 29. 5. 1994

**Hubala,** Erich, Kunsthistoriker, * 1920, † München 8. 1. 1994

**Hürlimann,** Hans, schweizer. Politiker, * 1918, † Zug 22. 2. 1994

**Ichac,** Marcel, frz. Filmregisseur, * 1906, † Paris 9. 4. 1994

**Ionesco,** Eugène, frz. Schriftsteller rumän. Herkunft, * 1909, † Paris 28. 3. 1994

**Itō Masayoshi,** japan. Politiker, * 1913, † 20. 5. 1994

**Jakob,** Hans, Fußballspieler, * 1908, † Regensburg 24. 3. 1994

**Janka,** Walter, Publizist, * 1914, † Potsdam 17. 3. 1994

**Jaumann,** Anton, Politiker (CSU), * 1927, † München 23. 1. 1994

**Jerne,** Niels Kaj, dän. Immunologe, Nobelpreisträger, * 1911, † Castillon-du-Gard 7. 10. 1994

**Jobim,** Antonio Carlos, brasilian. Komponist, Mitbegr. der Bossa Nova, * 1927, † New York 8. 12. 1994

Eugène Ionesco

**Judd,** Donald, amerikan. Bildhauer, * 1928 † New York 12. 2. 1994

**Julia,** Raul, amerikan. Film- und Theaterschauspieler, * 1940, † Manhasset (N.Y.) 24. 10. 1994

**Jungk,** Robert, österr. Wissenschaftspublizist dt. Herkunft, * 1913, † Salzburg 14. 7. 1994

**Juskewitsch,** Igor, amerikan. Ballettänzer ukrain. Herkunft, * 1912, † New York 13. 6. 1994

**Kaminsky,** Max, amerikan. Jazzmusiker (Trompeter), * 1908, † Castle Point (N.Y.) 6. 9. 1994

**Kamitz,** Reinhard, österr. Politiker (ÖVP), * 1907, † Wien 9. 8. 1994

**Käser,** Helmut, schweizer. Fußballfunktionär, * 1912, † Küsnacht 11. 5. 1994

**Kay,** Connie, amerikan. Jazzmusiker (Schlagzeuger), * 1927, † New York 30. 11. 1994

**Kennedy Onassis,** Jacqueline, amerikan. Lektorin, Witwe von J. F. Kennedy und A. Onassis, * 1929, † New York 19. 5. 1994

**Kienholz,** Edward, amerikan. Künstler, * 1927, † Hope (Id.) 10. 6. 1994

**Kim Il Sung,** nordkorean. Staatsund Parteichef, * 1912, † P'yŏngyang 8. 7. 1994

**Klemke,** Werner, Graphiker, * 1917, † Berlin 26. 8. 1994

**Koscina,** Sylva, italien. Schauspielerin, * 1934, † Rom 27. 12. 1994

**Krautheimer,** Richard, amerikan. Kunsthistoriker dt. Herkunft, * 1897, † Rom 1. 11. 1994

**Kregel,** Wilhelm, Sportfunktionär, * 1909, † Verden 3. 6. 1994

**Kunze,** Emil, Archäologe, * 1901, † bei München 13. 1. 1994

**Lancaster,** Burt, amerikan. Filmschauspieler, * 1913, † Los Angeles (Cal.) 20. 10. 1994

**Lefranc,** Guy, frz. Filmregisseur, * 1919, † Saint-Germain-en-Laye 1. 2. 1994

**Leibowitz,** Jeshajahu, israel. Philosoph, * 1903, † Jerusalem 18. 8. 1994

**Lejeune,** Jérôme, frz. Mediziner, Genetiker, * 1926, † Paris 3. 4. 1994

**Lemnitz,** Tiana, Sängerin (Sopran), * 1897, † Berlin 5. 2. 1994

**Leonow,** Leonid Maksimowitsch, russ. Schriftsteller, * 1899, † Moskau 8. 8. 1994

**Levy,** Marcel, frz. Schriftsteller, * 1899, † Zürich 10. 2. 1994

**Lorentz,** Lore, Kabarettistin, * 1922, † Düsseldorf 22. 2. 1994

**Lorenzen,** Paul, Philosoph und Mathematiker, * 1915, † Göttingen 1. 10. 1994

**Louis Ferdinand,** Prinz von Preußen, Chef des Hauses Hohenzollern, * 1907, † Bremen 25. 9. 1994

**Löw,** Reinhard, Philosoph, * 1949, † Nürnberg 25. 8. 1994

**Lucebert,** eigtl. Lubertus Jacobus Swaanswijk, niederländ. Schrift-

Burt Lancaster zusammen mit Deborah Kerr in der berühmten Strandszene aus ›Verdammt in alle Ewigkeit‹ (1953)

steller und Maler, * 1924, † Bergen
11. 5. 1994
**Lutoslawski,** Witold, poln.
Komponist, * 1913, † Warschau 7. 2.
1994
**Lwoff,** André, frz. Mikrobiologe,
Nobelpreisträger, * 1902, † Paris
30. 9. 1994

**Mancini,** Henry, amerikan.
Filmmusiker, * 1924, † Los Angeles
(Cal.) 14. 6. 1994
**Manger,** Jürgen von, Schauspieler
und Kabarettist, * 1923, † Herne
15. 3. 1994

Jürgen von Manger in seiner Paraderolle
als ›Adolf Tegtmeier‹

**Mann,** Golo, Historiker und
Publizist, * 1909, † Leverkusen 7. 4.
1994
**Marty,** François, frz. Kardinal,
* 1904, † bei Villefranche-de-
Rouergue 16. 2. 1994
**Marx,** Werner, Philosoph, * 1910,
† Bollschweil 22. 11. 1994
**Masina,** Giulietta, italien.
Schauspielerin, * 1921, † Rom 23. 3.
1994
**McCann,** Owen, südafrikan.
Kardinal, * 1907, † Kapstadt 26. 3.
1994
**McRae,** Carmen, amerikan.
Jazzmusikerin, * 1922, † Beverly
Hills (Cal.) 10. 11. 1994
**Meisel,** Kurt, österr. Schauspieler,
* 1912, † Wien 4. 4. 1994
**Mercouri,** Melina, griech. Schau-
spielerin und Politikerin, * 1925,
† New York 6. 3. 1994
**Meyer,** Heinz-Werner, Vors. des
Dt. Gewerkschaftsbunds, * 1932,
† Siegburg 9. 5. 1994
**Meynen,** Emil, Geograph, * 1902,
† Bonn 23. 8. 1994
**Michelsen,** Hans Günther,
Schriftsteller, * 1920, † Dießen am
Ammersee 27. 11. 1994
**Millar,** Margaret, amerikan.
Schriftstellerin, * 1915, † Santa
Barbara (Cal.) 26. 3. 1994

**Minelli,** Severino, schweizer.
Fußballspieler, * 1909, † Küsnacht
21. 9. 1994
**Mittag,** Günter, Politiker (SED),
* 1926, † Berlin 18. 3. 1994
**Mnacko,** Ladislav, slowak. Schrift-
steller, * 1919 † Bratislava 24. 2. 1994
**Morawietz,** Kurt, Lyriker und
Essayist, * 1930, † Hannover 16. 7.
1994
**Morlock,** Max, Fußballspieler,
* 1925, † Nürnberg 10. 9. 1994
**Moschino,** Franco, italien.
Modeschöpfer, * 1950, † Annone
(bei Mailand) 18. 4. 1994
**Mouloudji,** Marcel, frz. Chanson-
nier, * 1923, † Neuilly-sur-Seine
14. 6. 1994
**Moya,** John Hidalgo, brit.
Architekt, * 1920, † Hastings 3. 8.
1994
**Müller,** Max, Philosoph, * 1906,
† Freiburg 18. 10. 1994
**Muster,** Wilhelm, österr. Schrift-
steller, * 1916, † Graz 26. 1.
1994

**Nagibin,** Juri Markowitsch, russ.
Schriftsteller, * 1920, † Moskau
17. 6. 1994
**Navarre,** Yves, frz. Schriftsteller,
* 1940, † Paris 24. 1. 1994 (tot
aufgefunden)
**Niehaus,** Ruth, Schauspielerin,
* 1928, † Hamburg 24. 9. 1994
**Nilsson,** Harry, amerikan. Sänger
und Komponist, * 1952, † Los
Angeles (Cal.) 15. 1. 1994
**Nixon,** Richard Milhouse, ehem.
Präs. der USA, * 1913, † New York
22. 4. 1994
**Ntaryamira,** Cyprien, Präs. von
Burundi, * 1955, † Kigali 6. 4. 1994
(Flugzeugabsturz)

Der Chemie- und Friedensnobelpreisträger
Linus Pauling

**O'Donoghue,** Michael, amerikan.
Comicautor und Unterhaltungs-
schriftsteller, * 1940, † New York
9. 11. 1994
**O'Neil,** Thomas (›Tip‹), amerikan.
Politiker, * 1913, † Boston (Mass.)
5. 1. 1994
**Odinga,** Ajuma Oginga, kenian.
Politiker, * 1911, † Kisumu 20. 1.
1994
**Oesterlen,** Dieter, Architekt,
* 1911, † Hannover 5. 4. 1994
**Ogarkow,** Nikolaj Wassiljewitsch,
ehem. sowjet. Generalstabschef,
* 1917, † Moskau 23. 1. 1994
**Onetti,** Juan Carlos, uruguay.
Schriftsteller, * 1909, † Madrid
30. 5. 1994
**Osborne,** John, brit. Dramatiker,
* 1929, † Shrewsbury (Shropshire)
24. 12. 1994
**Özal,** Turgut, türk. Staatspräs.,
* 1927, † Ankara 17. 4. 1994

Richard Nixon (zweiter von links) 1990 bei der Eröffnung der ›Nixon-Bibliothek‹
in Yorba Linda (Kalifornien) gemeinsam mit (von links) Ronald Reagan, George Bush
und Gerald Ford

**Paretti,** Sandra, Schriftstellerin, * 1935, † Meilen 12. 3. 1994 (Selbstmord)

**Pass,** Joe, amerikan. Jazzmusiker (Gitarrist), * 1929, † Los Angeles (Cal.) 23. 5. 1994

**Pauling,** Linus Carl, amerikan. Chemiker, zweifacher Nobelpreisträger, * 1901, † Big Sur (Cal.) 19. 8. 1994

**Peppard,** George, amerikan. Schauspieler, * 1928, † Los Angeles (Cal.) 8. 5. 1994

**Petitpierre,** Max, schweizer. Politiker, * 1899, † Neuenburg 25. 3. 1994

**Petrović,** Alexander, jugoslawisch-frz. Filmregisseur, * 1929, † Paris 20. 8. 1994

**Pezzey,** Bruno, österr. Fußballspieler, * 1956, † Innsbruck 31. 12. 1994

**Pinay,** Antoine, frz. Politiker, * 1891, † Saint-Chamond (Dp. Loire) 13. 12. 1994

**Pope-Hennessy,** Sir John Wyndham, brit. Kunsthistoriker, * 1913, † Florenz 31. 10. 1994

**Popper,** Sir Karl, brit. Philosoph und Wissenschaftstheoretiker österr. Herkunft, * 1902, † London (Croydon) 17. 9. 1994

**Portillo,** Alvaro del, span. Bischof (Leiter des Opus Dei), * 1914, † Rom 23. 3. 1994

**Primus,** Pearl, amerikan. Tänzerin und Choreographin, * 1919, † New Rochelle (N.Y.) 29. 10. 1994

**Prokop,** Gert, Kriminalschriftsteller, * 1933, † Berlin 2. 3. 1994

**Raisman,** Julij, russ. Filmregisseur, * 1904, † Moskau 31. 12. 1994

**Rea,** Domenico, italien. Schriftsteller, * 1921, † Neapel 26. 1. 1994

**Renaud,** Madeleine, frz. Schauspielerin, * 1900, † Neuilly-sur-Seine 23. 9. 1994

**Rey,** Fernando, span. Schauspieler, * 1912, † Madrid 9. 3. 1994

**Ribeyro,** Julio Ramón, peruan. Schriftsteller, * 1929, † Lima 4. 12. 1994

**Rieti,** Vittorio, amerikan. Komponist italien. Herkunft, * 1898, † New York 19. 2. 1994

**Rivera y Damas,** Arturo, Erzbischof von San Salvador, * 1922, † San Salvador 26. 11. 1994

**Rogers,** Shorty, amerikan. Jazzmusiker (Trompete, Flügelhorn), * 1924, † Van Nuys (Cal.) 7. 11. 1994

Heinz Rühmann

**Rohwer,** Jens, Komponist und Musiktheoretiker, * 1914, † Lübeck 4. 6. 1994

**Rona,** Viktor, ungar. Tänzer und Choreograph, * 1936, † Budapest 16. 1. 1994

**Roosa,** Stuart A., amerikan. Astronaut, * 1933, † Falls Church (Va.) 12. 12. 1994

**Roschdestwenskij,** Robert Iwanowitsch, russ. Lyriker, * 1932, † Moskau 20. 8. 1994

**Rosenthal,** Waldemar, frz. Komponist, * 1904, † Paris 11. 7. 1994

**Rudolph,** Wilma, amerikan. Leichtathletin, * 1942, † Nashville (Ten.) 12. 11. 1994

**Rühmann,** Heinz, Schauspieler, * 1902, † Berg 3. 10. 1994

**Rusk,** Dean, amerikan. Politiker, * 1909, † Athens (Ga.) 20. 12. 1994

**Sablon,** Jean, frz. Chansonnier und Komponist, * 1906, † Cannes-la Bocca 24. 2. 1994

**Savalas,** Telly, amerikan. Schauspieler, * 1924, † Los Angeles (Cal.) 22. 1. 1994

**Schaaf,** Julius, Philosoph, * 1910, † Landau 3. 3. 1994

**Schickedanz,** Grete, Unternehmerin, * 1911, † Fürth 23. 7. 1994

Formel-1-Weltmeister Ayrton Senna wenige Stunden vor seinem tödlichen Unfall in Imola

**Schiller,** Karl, Nationalökonom und Politiker (SPD), * 1911, † Hamburg 26. 12. 1994

**Schmidt,** Willi, Bühnenbildner, * 1910, † Berlin 20. 2. 1994

**Schoonhoven,** Jan, niederländ. Künstler, * 1914, † Delft 31. 7. 1994

**Schröder,** Ernst, Schauspieler, * 1915, † Berlin 26. 7. 1994 (Selbstmord)

**Schwab,** Werner, österr. Schriftsteller, * 1958, † Graz 1. 1. 1994

**Schweitzer,** Pierre-Paul, frz. Wirtschafts- und Finanzfachmann, * 1912, † Genf 2. 1. 1994

**Schwinger,** Julian Seymour, amerikan. Physiker, Nobelpreisträger, * 1918, † Los Angeles (Cal.) 16. 7. 1994

**Sebon,** Karl-Bernhard, Flötist, * 1928, † Berlin 21. 4. 1994

**Sello,** Gottfried, Kunsthistoriker, * 1912, † Hamburg 30. 1. 1994

Erwin Strittmatter

**Sengle,** Friedrich, Germanist, * 1909, † München 14. 3. 1994

**Senna da Silva,** Ayrton, brasilian. Formel-1-Pilot, * 1960, † Bologna 1. 5. 1994

**Sharkey,** Jack, amerikan. Boxer, * 1902, † Beverly (Mass.) 17. 8. 1994

**Siegenthaler,** Walter, schweizer. Sportfunktionär, * 1904, † Gümlingen 17. 5. 1994

**Smith,** John, Vors. der brit. Labour Party, * 1938, † London 12. 5. 1994

**Spadolini,** Giovanni, italien. Politiker, * 1925, † Rom 4. 8. 1994

**Sperry,** Roger Wolcott, amerikan. Neurologe und Psychobiologe, Nobelpreisträger, * 1913, † Pasadena (Cal.) 17. 4. 1994

**Steiff,** Hans-Otto, Unternehmer, (Steiff-Tiere), * 1919, † Ulm 31. 12. 1994

**Steinhoff,** Johannes, General,
* 1913, † Bonn 21. 2. 1994
**Strittmatter,** Erwin, Schriftstel-
ler, * 1912, † Dollgow 31. 1. 1994 –
BILD S. 369
**Styne,** Jule, amerikan.
Komponist, * 1905, † New York
20. 9. 1994
**Symons,** Julian, engl. Schriftstel-
ler, * 1912, † Walme 19. 11. 1994
**Synge,** Richard, brit. Bio-
chemiker, Nobelpreisträger, * 1914,
† Norwich 18. 8. 1994

**Talhuni,** Bahjat, jordan. Politiker,
* 1913, † Amman 30. 1. 1994
**Tami,** Rino, schweizer. Architekt,
* 1908, † Sorengo 15. 3. 1994
**Tandy,** Jessica, amerikan.
Schauspielerin, * 1907, † Easton
(Con.) 11. 9. 1994
**Temin,** Howard Martin, amerikan.
Biologe, Nobelpreisträger, * 1934,
† Madison (Wis.) 9. 2. 1994
**Tenbruck,** Friedrich Heinrich,
Soziologe, * 1919, † Tübingen 9. 2.
1994
**Thiele,** Rolf, Produzent und
Regisseur, * 1918, † München 9. 10.
1994
**Tinbergen,** Jan, niederländ.
Volkswirtschaftler, * 1903, † Den
Haag 9. 6. 1994
**Trooger,** Margot, Schauspielerin,
* 1923, † Mörlenbach 24. 4. 1994

Margot Trooger im Edgar-Wallace-
Krimi ›Der Hexer‹ (1964)

**Tschakowskij,** Alexandr Borisso-
witsch, russ. Schriftsteller, * 1913,
† Moskau 17. 2. 1994

**Viola,** Roberto Eduardo, argentin.
General und Politiker, * 1924,
† Buenos Aires 30. 9. 1994
**Volponi,** Paolo, italien. Schriftstel-
ler, * 1924, † Ancona 23. 8. 1994

**Wain,** John, engl. Schriftsteller,
* 1925, † Oxford 24. 5. 1994
**Walcott,** Jersey Joe, amerikan.
Boxer, * 1914, † Camden (N.J.)
25. 2. 1994

**Walter,** Otto Friedrich, schweizer.
Schriftsteller, * 1928, † Solothurn
24. 9. 1994
**Wickert,** Günter, Markt- und
Meinungsforscher, * 1928,
† Altenstadt 7. 10. 1994
**Wirtz,** Karl, Physiker, * 1910,
† 12. 2. 1994
**Wittlinger,** Karl, Schriftsteller,
* 1922, † Lippertsreute 22. 11. 1994
**Wöhr,** Lia, Schauspielerin,
Produzentin und Regisseurin,
* 1911, † Frankfurt am Main, 15. 11.
1994
**Wörner,** Manfred, Politiker
(CDU), NATO-Generalsekretär,
* 1934, † Brüssel 13. 8. 1994
**Wright,** William Ambrose (Billy),
engl. Fußballspieler, * 1924, † Barnet
3. 9. 1994

**Young,** Terence, brit. Filmregisseur, * 1915, † Cannes 7. 9. 1994

**Zail Singh,** ehem. ind. Staatspräs.,
* 1916, † Chandigarh 26. 12. 1994
**Zetterling,** Mai, schwed. Schauspielerin und Regisseurin, * 1925,
† London 15. 3. 1994
**Zilcher,** Eva, Schauspielerin,
* 1920, † Wien 19. 1. 1994
**Zinner,** Helga, Schriftstellerin,
* 1907, † Berlin 1. 7. 1994

# ABKÜRZUNGSVERZEICHNIS

Abb. . . . . . . Abbildung
ABGB . . . . Allgemeines
    Bürgerliches
    Gesetzbuch
    (Österreich)
Abk. . . . . . . Abkürzung
Abs. . . . . . . Absatz
AG . . . . . . . Aktiengesellschaft
allg. . . . . . . allgemein
    (Adj. u. Adv.)
AO . . . . . . . Abgabenordnung
Art. . . . . . . Artikel
A. T. . . . . . Altes Testament
Aufl. . . . . . Auflage
Aug. . . . . . August
bes. . . . . . . besonders, besonderer
Bez. . . . . . . Bezeichnung
BGB . . . . . . Bürgerliches
    Gesetzbuch
BGH . . . . . Bundesgerichtshof
BIP . . . . . . Bruttoinlandsprodukt
BSP . . . . . . Bruttosozialprodukt
bzw. . . . . . . beziehungsweise
ca. . . . . . . . circa
chin. . . . . . chinesisch
D. C. . . . . . District of Columbia
Dez. . . . . . Dezember
dgl. . . . . . . dergleichen,
    desgleichen
d. h. . . . . . . das heißt
d. i. . . . . . . das ist
Distr. . . . . . Distrikt
dt. . . . . . . . deutsch
DDR . . . . . Deutsche
    Demokratische
    Republik
ebd. . . . . . . ebenda
EG . . . . . . . Europäische
    Gemeinschaft(en)
EU . . . . . . . Europäische Union
ehem. . . . . ehemalig, ehemals
eigtl. . . . . . eigentlich
einschl. . . . einschließlich
EStG . . . . . Einkommensteuer-
    gesetz
europ. . . . . europäisch
ev. . . . . . . . evangelisch
e. V. . . . . . . eingetragener Verein
evtl. . . . . . . eventuell
Ew. . . . . . . Einwohner
Febr. . . . . . Februar
frz. . . . . . . . französisch
geb. . . . . . . geborene(r)
gegr. . . . . . gegründet(e)
Gem. . . . . . Gemeinde
GenSekr. . . Generalsekretär(in)
GG . . . . . . . Grundgesetz
ggf. . . . . . . gegebenenfalls
Ggs. . . . . . . Gegensatz
GmbH . . . . Gesellschaft mit
    beschränkter Haftung
Gouv. . . . . Gouverneur(in),
    Gouvernement
hebr. . . . . . hebräisch

Hg. . . . . . . Herausgeber(in)
HGB . . . . . Handelsgesetzbuch
hg. v. . . . . . herausgegeben von
hpts. . . . . . hauptsächlich
i. a. . . . . . . im allgemeinen
i. d. F. v. . . in der Fassung vom
i. d. R. . . . . in der Regel
i. e. S. . . . . im engeren Sinn
insbes. . . . . insbesondere
Inst. . . . . . Institut
internat. . . international
i. w. S. . . . . im weiteren Sinn
Jahrtsd. . . . Jahrtausend
Jan. . . . . . . Januar
Jh. . . . . . . . Jahrhundert
jr. . . . . . . . junior
kath. . . . . . katholisch
Kfz . . . . . . Kraftfahrzeug
KG . . . . . . Kommanditgesellschaft
Kr. . . . . . . . Kreis
Kt. . . . . . . . Kanton
Kw. . . . . . . Kunstwort, Kurzwort
kW . . . . . . Kilowatt
l . . . . . . . . Liter
lat. . . . . . . lateinisch
Lit. . . . . . . Literatur
M- . . . . . . . Mittel...
max. . . . . . maximal
MdB . . . . . Mitglied des
    Bundestages
MdEP . . . . Mitglied des
    Europäischen
    Parlaments
MdL . . . . . Mitglied des Landtages
min. . . . . . minimal
Min. . . . . . Minister(in)
mind. . . . . . mindestens
MinPräs. . . Ministerpräsident(in)
Mio. . . . . . Million
Mitgl. . . . . Mitglied
Mrd. . . . . . Milliarde
N . . . . . . . Nord(en)
nat. . . . . . . national
nat.-soz. . . nationalsozialistisch
n. Br. . . . . . nördliche Breite
n. Chr. . . . . nach Christi Geburt
nlat. . . . . . . neulateinisch
NO . . . . . . Nordost(en)
Nov. . . . . . November
Nr. . . . . . . . Nummer
NRW . . . . . Nordrhein-Westfalen
N. T. . . . . . Neues Testament
NW . . . . . . Nordwest(en)
N. Y. . . . . . New York
O . . . . . . . Ost(en)
o. ä. . . . . . . oder ähnlich
Okt. . . . . . . Oktober
ö. L. . . . . . östliche Länge
OLG . . . . . Oberlandesgericht
OR . . . . . . Obligationsrecht
    (Schweiz)
orth. . . . . . orthodox
österr. . . . . österreichisch
Pl. . . . . . . . Plural

portug. . . . portugiesisch
Präs. . . . . . Präsident(in)
Prof. . . . . . Professor(in)
prot. . . . . . protestantisch
Prov. . . . . . Provinz
rd. . . . . . . . rund
Reg. . . . . . Regierung
Rep. . . . . . Republik
s. . . . . . . . . siehe
S . . . . . . . . Süd(en)
S. . . . . . . . Seite
s. Br. . . . . . südliche Breite
Sekr. . . . . . Sekretär(in)
Sept. . . . . . September
Sg. . . . . . . . Singular
SO . . . . . . Südost(en)
sog. . . . . . . sogenannt
St. . . . . . . . Sankt
Staatspräs. Staatspräsident(in)
Std. . . . . . . Stunde
stellv. . . . . stellvertretende(r)
Stellv. . . . . Stellvertreter(in)
StGB . . . . . Strafgesetzbuch
StPO . . . . . Strafprozeßordnung
svw. . . . . . soviel wie
SW . . . . . . Südwest(en)
t . . . . . . . . Tonne
Tab. . . . . . Tabelle
Tsd. . . . . . Tausend
u. a. . . . . . . und andere;
    unter anderem
u. a. m. . . . und anderes mehr
u. ä. . . . . . . und ähnlich
UdSSR . . . Sowjetunion
u. d. T. . . . unter dem Titel
Univ. . . . . . Universität
Urauff. . . . Uraufführung
urspr. . . . . ursprünglich
USA . . . . . Vereinigte Staaten
    von Amerika
usw. . . . . . und so weiter
u. U. . . . . . unter Umständen
u. v. a. . . . . und viele(s) andere
v. a. . . . . . . vor allem
v. Chr. . . . . vor Christi Geburt
verh. . . . . . verheiratete(r)
versch. . . . verschieden (Adj.)
Verw. . . . . Verwaltung
vgl. . . . . . . vergleiche
VO . . . . . . Verordnung
Vors. . . . . . Vorsitzende(r)
VR . . . . . . Volksrepublik
W . . . . . . . West(en)
wiss. . . . . . wissenschaftlich
...wiss. . . . ...wissenschaft(en)
Wiss. . . . . Wissenschaft(en)
w. L. . . . . . westliche Länge
z. B. . . . . . zum Beispiel
ZGB . . . . . Zivilgesetzbuch
ZPO . . . . . Zivilprozeßordnung
z. T. . . . . . zum Teil
zus. . . . . . . zusammen
zw. . . . . . . zwischen
z. Z. . . . . . zur Zeit

# DIE MITARBEITER DES JAHRBUCHS 1994

Dr. Eva-Maria Auch, Greifswald
Gerhard Baum, Weinheim
Prof. Dr. Walter Bernecker, Nürnberg
Dr. Dieter Bingen, Köln
Marianne Bleckmann, Hamburg
Dr. Robert Bohn, Kiel
Dr. Heinz Brahm, Köln
Ulrike Brummert, docteur d'État, Mannheim
Ursula Dann, Mannheim
Daniel Daul, Mannheim
Prof. Dr. Günther Drosdowski, Mannheim
Dipl.-Phys. Bernhard Eusemann, Ihringen
Dr. Stefan Fisch, München
Dr. Eberhard Franz, Hamburg
Prof. Dr. Wolfgang Franz, Konstanz
Sieglinde Gauer-Lietz, Isernhagen
Axel Gehrmann M. A., Berlin
Lic. Seraina Gilly, Winterthur
Dr. Martina Graf, Seeheim
Günter Grass, Berlin
Prof. Dr. Horst Grienig, Berlin
Dr. Gernot Gruber, Wiesbaden
Dr. Marianne Hausleitner-Funk, Berlin
Achim Heidenreich M. A., Mainz
Prof. Dr. Gunnar Hering (†), Wien
Dr. Irina Hetsch, Berlin
Dr. Sabine Hofmann, Berlin
Rudolf Hofstätter, Salzburg
Dr. Paul Ingendaay, Frankfurt a. M.
Dr. Werner Karr, Erlangen
Dr. Nikolaus Katzer, Königstein
Dr. Anette Kleszcz-Wagner, Kassel
Wolfgang Kralicek, Wien
Hans-Dieter Krebs, Bergheim
Hans Peter Liederbach, Tübingen
Dr. Ingrid Mährdel, Berlin
Dr. Stefan Mair, Ebenhausen
Dr. Peter Malina, Wien
Dr. Rudolf A. Mark, Lüneburg
Gerlind Melsbach, Stuttgart
Susan Molkenbuhr, Hamburg
Prof. Dr. Hans Mommsen, Bochum
Dr. Werner Müller, Saarbrücken

Dr. Wolfgang Müller, Mannheim
Dr. Nieh Yu-hsi, Hamburg
Dr. Ursula Nothelle-Wildfeuer, St. Augustin
Dipl.-Sozialökonom Klaus-D. Oelmann, Hamburg
Dr. Friedbert Pflüger, Bonn
Dr. Manfred Pohl, Hamburg
Dr. Klaus-Albrecht Pretzell, Hamburg
Dr. Werner Raith, Borgo Hermada (Italien)
Prof. Dr. Jürgen Raschert, Berlin
Prof. Dr. Jens Reich, Berlin
Gerhard Rein, Bryanston (Südafrika)
Michael Reissenberger, Karlsruhe
Dr. Dieter Roth, Mannheim
Prof. Dr. Dietmar Rothermund, Heidelberg
Jochen Rudolph, London
Helena Sabbagh, Hamburg
Prof. Dr. Christian Scheer, Bonn
Volker Schirmer, Nürnberg
Dr. Karin Schmid, Bonn
Prof. Dr. Manfred Schmidt, Heidelberg
Dr. Margot Schüller, Hamburg
Gerhard Schwabenthal, Frankfurt a. M.
Wolfram Schwachulla, Mannheim
Dr. Gebhard Schweigler, Ebenhausen
Prof. Dr. Richard Senti, Zürich
Barbara Sichtermann, Berlin
Dorit Stenke, Dresden
Prof. Dr. Holm Sundhaussen, Berlin
Prof. Dr. Rita Süssmuth, Bonn
Bernd Georg Thamm, Berlin
Prof. Dr. Dietrich Thränhardt, Münster
Prof. Dr. Joachim Treusch, Jülich
Gerd Trogemann M. A., Bonn
Dipl.-Volkswirt Wolf-Dieter Wabschke, Asendorf
Jörg Weber, Dortmund
Regina Wegemund, Hamburg
Dr. Klaus Werner, Leipzig
Rudolf Worschech, Frankfurt a. M.
Prof. Dr. Wichard Woyke, Münster
Rolf Andreas Zell, Stuttgart
Björn Ziegert, Norderstedt
Swantje Ziegert, Norderstedt
Dr. Wilhelm Ziehr, Udligenswil (Schweiz)

# BILDQUELLENVERZEICHNIS

Archiv Dr. Karkosch, Inh. M. Kube, Gilching
Archiv für Kunst und Geschichte, Berlin
The Associated Press, Frankfurt am Main
PRESSE-FOTO baumann, Ludwigsburg
Bayreuther Festspiele, Foto: J. Schulze,
  Bayreuth
Bibliographisches Institut & F. A. Brockhaus,
  Mannheim
Bildarchiv Preußischer Kulturbesitz, Berlin
Bundesarchiv, Stiftung Archiv der Parteien und
  Massenorganisationen der DDR, Berlin
Burgtheater Wien, Foto: L. Degonda, Zürich
Creditanstalt-Bankverein, Wien
C & W Syndication, New York
Deutsche Aerospace, München
Deutsches Schauspielhaus, Foto: M. Horn,
  Hamburg
Deutsche Welle, Foto: Stevens, Köln
dpa Bildarchiv, Frankfurt am Main und Stuttgart
ESOC – European Space Operations Centre,
  Darmstadt
FORSCHUNGSZENTRUM JÜLICH
Gamma, Limours
GLOBUS-KARTENDIENST, Hamburg
Haags Gemeentemuseum, Den Haag
H. Haitzinger, München
INSTITUT MAX VON LAUE – PAUL
  LANGEVIN, Grenoble
Interfoto Friedrich Rauch, München
Keystone Pressedienst, Hamburg und Zürich
KNA – Kath. Nachrichten Agentur, Frankfurt am
  Main
Kohte & Klewes, Q A Photos, Düsseldorf
P. Kullmann, ZONE 5, Mainz
Kunsthistorisches Museum, Wien

Kunstmuseum Wolfsburg, Foto: H. Mundt,
  Wolfsburg
Lutherischer Weltbund, Foto: P. Williams, Genf
G. Mester, Wiesbaden
B. Mohr, Bonn
MPI für Astronomie, Heidelberg
Museum der bildenden Künste, Leipzig
F. Mussil, Frankfurt am Main
Nebelspalter, Rorschach, Schweiz
NIPPON TELEVISION NETWORK
  CORPORATION, Tokio
A. Rulle, Worms
Salzburger Festspiele
W. Schliephack, Hamburg
C. Schura, Mannheim
M. Schweizer, Hamburg
set PHOTOPRODUCTIONS, München
Sven Simon Fotoagentur, Bonn und Essen
N. Stauss, Zürich
Stern-Bildarchiv, Foto: Hegenbart, Hamburg
Süddeutscher Rundfunk, Stuttgart
Süddeutscher Verlag-Bilderdienst, München
VDI VEREIN DEUTSCHER INGENIEURE,
  Düsseldorf
R. Walz, Berlin
M. von Wrede, Meerbusch
R. Wuthe, Weinheim
Die Zeit, Hamburg
Zweites Deutsches Fernsehen, Foto: R. Schäfer,
  Mainz

Reproduktionsgenehmigungen für Abbildungen
künstlerischer Werke von Mitgliedern und
Wahrnehmungsberechtigten wurden erteilt durch
die Verwertungsgesellschaft BILD-KUNST/Bonn

**Vorbemerkung**: Das Personenregister führt in alphabetischer Reihenfolge alle Personennamen auf, die im Einleitungsessay, in der Chronik und im Lexikon enthalten sind. Seitenzahlen in Normalschrift weisen auf Erwähnungen im Text hin, Seitenzahlen in *kursiver Schrift* auf Bildunterschriften. Ist eine Seitenzahl in **halbfetter Schrift** angegeben, so beginnt auf dieser Seite ein biographischer Artikel über die betreffende Person.